인스TV 보험조사분석사

PART I + PART II 통합본

한권으로 끝내기

인스TV보험교육원 편저

since 2001

보험조사분석사(CIFI) 자격시험 안내

01 보험조사분석사(CIFI)란

보험조사분석사란 보험조사 분야의 전문성을 바탕으로 보험업무 全 단계에서 보험사고의 조사, 분석 및 보험범죄의 적발, 예방 업무를 담당하는 보험조사 전문가의 인증 및 양성을 위해 보험연수원이 개발·운영하는 자격제도를 지칭함.

보험조사분석사 자격제도는 보험범죄 조사 인력의 전문성을 평가하기 위해 보험연수원이 운영하는 민간자격으로 자격의 취득이 보험조사업무 수행의 필수요건이 되거나 자격 취득자가 공식적인 수사권한 등을 위임 받는 것은 아님.

02 시험과목

	시험과목	세부과목	문항	배점
파트 I	보험관계법령 및 약관	• 보험관계법(보험업법, 계약법) • 약관	40	100
	형사법 및 범죄학개론	• 형사법(형법, 형사소송법) • 범죄수사학, 범죄심리학	40	100
파트 II	보험조사론 I (이론)	• 보험조사 개론 • 보험조사의 법률적 이해 • 보험조사 관련 판례	40	100
	보험조사론 II (실무)	• 보험조사 실무 • 과학조사 실무 • 신용·개인정보보호	40	100
합계			160	400

03 자격 종류

등록민간자격(등록번호 제2016-002586호)

04 시행기관

보험연수원

05 응시자격

응시자격에는 특별한 제한을 두지 않음

※ 관련 업무분야 : SIU, 언더라이팅, 손해사정, 보상 등(생명보험·손해보험 공통)
※ 응시 결격사유는 「보험연수원 홈페이지-자격시험-보험조사분석사-공지사항」 참조

06 합격자 결정방법

합격자는 파트별로 구분함

- 부분합격: 파트Ⅰ 또는 파트Ⅱ 합격
- 최종합격: 파트Ⅰ과 파트Ⅱ 모두 합격

※ 부분합격의 유효기간은 당해 시험 후 연속되는 1회의 시험까지임
  (예 제1회 시험 부분합격자의 합격 유효기간은 제2회 시험 응시일까지임)

시험과목		배점	과락기준	합격기준
파트Ⅰ	보험관계법령 및 약관	100점	40점 미만	평균 60점 이상
	형사법 및 범죄학개론	100점	40점 미만	
파트Ⅱ	보험조사론Ⅰ(이론)	100점	40점 미만	평균 60점 이상
	보험조사론Ⅱ(실무)	100점	40점 미만	
합계		400점		

※ 파트Ⅰ의 과목면제자의 경우, 나머지 응시과목만으로 60점 이상 득점시 파트Ⅰ 합격
  (예 '보험관계법령 및 약관' 과목 면제자의 경우 '형사법 및 범죄학개론' 과목만으로 60점 이상 득점해야 함)

CONTENTS

PART 1 보험조사분석사

┃제1과목┃ 보험관계법령 및 약관

제1편 보험관계법령_보험계약법편 ··· 3
- CHAPTER 01 보험제도 ·· 4
- CHAPTER 02 상법 보험편: 보험계약 ··· 9
- 제1편 출제예상문제 ·· 95

제2편 보험관계법령_보험업법편 ··· 113
- CHAPTER 01 보험업법 개관 ·· 114
- CHAPTER 02 용어의 정의 ··· 115
- CHAPTER 03 보험사업의 주체 ·· 121
- CHAPTER 04 보험모집에 대한 규제 ··· 126
- CHAPTER 05 보험사기방지 특별법 ·· 135
- CHAPTER 06 금융소비자 보호에 관한 법률 ······························· 139
- 제2편 출제예상문제 ·· 147

제3편 약관_보험상품편 ··· 155
- CHAPTER 01 보험상품의 구분 ·· 156
- CHAPTER 02 질병상해보험 표준약관 해설 ································· 159
- 제3편 출제예상문제 ·· 206

제4편 약관_손해보험편 ··· 217
- CHAPTER 01 화재보험 ·· 218
- CHAPTER 02 배상책임보험 ··· 232
- CHAPTER 03 자동차보험 ·· 243
- CHAPTER 04 운전자보험 ·· 283
- CHAPTER 05 여행보험 ·· 289
- 제4편 출제예상문제 ·· 292

제5편 약관_인보험편 ·· 305
- CHAPTER 01 상해보험 ·· 306
- CHAPTER 02 교통상해보험 ··· 309
- CHAPTER 03 사망보험금과 후유장해 ·· 312
- CHAPTER 04 질병보험과 특별약관 ·· 323

CHAPTER 05 암보험과 CI보험 ·· 340
CHAPTER 06 실손의료보험 ·· 348
제5편 출제예상문제 ··· 375

┃1과목┃ 모의고사 ·· 383

┃제2과목┃ 형사법 및 범죄학개론

제1편 형사법_형법총칙 ··· 449
CHAPTER 01 형법의 의의 ·· 450
CHAPTER 02 범죄론 ·· 453
CHAPTER 03 형벌 및 보안처분론 ·· 479

제2편 형사법_형법각론 ··· 483
CHAPTER 01 개인적 법익에 대한 죄 ·· 484
CHAPTER 02 사회적 법익에 대한 범죄 ·· 505
CHAPTER 03 국가적 법익에 대한 죄 ·· 511

제3편 형사법_형사소송법 ··· 515
CHAPTER 01 형사소송법의 의의 ·· 516
CHAPTER 02 소송의 주체 ·· 521
CHAPTER 03 수사 ·· 528
CHAPTER 04 공소제기 및 공판절차 ·· 547
CHAPTER 05 증거 ·· 557
CHAPTER 06 재판 ·· 567

제4편 범죄학개론_범죄수사학 ··· 575
CHAPTER 01 수사의 기초이론 ·· 576
CHAPTER 02 수사의 개시 ·· 580
CHAPTER 03 임의수사와 강제수사 ·· 582
CHAPTER 04 수사기법 ·· 589
CHAPTER 05 수사의 종결 ·· 597
CHAPTER 06 사기범죄의 조사 및 수사 ·· 599

제5편 범죄학개론_범죄심리학 ········· 605
- CHAPTER 01 범죄심리학의 개념 ········· 606
- CHAPTER 02 범죄원인론 ········· 612
- CHAPTER 03 정신병질과 범죄 ········· 624
- CHAPTER 04 범죄조사에서의 심리학 활용 ········· 629
- CHAPTER 05 보험사기 범죄 ········· 639

┃2과목┃ 모의고사 ········· 641

PART 2 보험조사분석사

┃제1과목┃ 보험조사론 I (이론)

제1편 보험조사 개론 ········· 695
- CHAPTER 01 보험조사분석사 ········· 696
- CHAPTER 02 보험사기범죄 ········· 699
- CHAPTER 03 보험사기범죄 발생 현황 및 대응체계 ········· 705

제2편 보험조사의 법률적 이해 ········· 713
- CHAPTER 01 보험조사분석사의 지위와 업무범위 ········· 714
- CHAPTER 02 보험사기의 유형 및 관련 규정 ········· 719
- CHAPTER 03 보험사기의 성립요건 ········· 723
- CHAPTER 04 보험조사분석사의 유의사항 ········· 728

제3편 보험조사 관련 판례 ········· 731
- CHAPTER 01 고의사고 ········· 732
- CHAPTER 02 사고 내용 조작(생명·장기보험) ········· 735
- CHAPTER 03 사고 내용 조작(자동차) ········· 739
- CHAPTER 04 부수범죄 ········· 742
- CHAPTER 05 보험사기 관련 민사판결 ········· 745

┃1과목┃ 모의고사 ········· 747

제2과목 | 보험조사론 II (실무)

제1편 보험조사 실무 ··· 789
- CHAPTER 01 보험사기범죄 조사 개관 ··· 790
- CHAPTER 02 보험사기범죄 조사 기법 ··· 792
- CHAPTER 03 보험사기범죄 주체별 조사 방법 ··· 802
- CHAPTER 04 보험사기범죄 사례분석 ··· 811

제2편 과학조사 실무 ··· 817
- CHAPTER 01 법과학과 증거물 ··· 818
- CHAPTER 02 거짓의 탐지 ··· 821
- CHAPTER 03 음성음향분석 ··· 823
- CHAPTER 04 유리 파괴분석 ··· 824
- CHAPTER 05 지문 ··· 830
- CHAPTER 06 DNA ··· 832
- CHAPTER 07 혈흔형태 분석 ··· 833
- CHAPTER 08 화재패턴 ··· 835
- CHAPTER 09 교통사고 조사 ··· 844
- CHAPTER 10 운전자 식별 ··· 848
- CHAPTER 11 교통사고의 재현 ··· 849
- CHAPTER 12 자동차 기록장치 ··· 852
- CHAPTER 13 상해가능성 ··· 854
- CHAPTER 14 사망진단서(시체검안서) ··· 856
- CHAPTER 15 검시 및 부검 ··· 858
- CHAPTER 16 사후변화 및 시체 현상 ··· 859
- CHAPTER 17 질병에 의한 돌연사 ··· 863
- CHAPTER 18 손상 ··· 864
- CHAPTER 19 질식사 ··· 868
- CHAPTER 20 환경에 의한 사망 ··· 871

제3편 신용 · 개인정보보호 ··· 875
- CHAPTER 01 개인정보보호법의 이해 ··· 876
- CHAPTER 02 개인정보보호법과 보험산업 ··· 880
- CHAPTER 03 의료법과 개인정보의 제공 ··· 883

2과목 | 모의고사 ··· 885

한권으로 끝내기
보험조사분석사

PART 1

보험조사분석사

제1과목
보험관계법령 및 약관

제2과목
형사법 및 범죄학개론

제1과목
보험관계법령 및 약관

보험관계법령
보험계약법편

제1편

CHAPTER 01 보험제도

제1절 보험의 정의와 구별 개념

1. 보험의 의의

보험을 정의하면, 동질적인 위험을 보유한 다수의 사람들이 모여 통계를 기초로 산출된 보험료를 납부하여 하나의 위험단체를 구성한 뒤, 이후 보험에 가입한 사람들 중에서 예상했던 불확정한 위험이 발생할 경우에 보험자는 계약에서 약정하였던 보험금을 지급하여 주는 경제제도이다. 즉 보험계약자는 보험료를 지급하고 자신의 불확실한 위험을 보험자에게 전가하며 보험자는 보험계약자로부터 전가받은 불확실한 위험을 결합하여 확실한 하나의 손실로 만드는 것이다.

> **시험 출제 포인트**
> 보험계약자의 입장에서 보면 보험은 위험전가 제도이지만, 보험자의 기술적인 측면에서 보면 보험은 다수의 위험단위를 집단화함으로써 개별 계약자의 손실에 대한 불확실성을 경감하는 위험결합 제도이다.
> 보험이란 단순히 말해서 위험의 결합으로 불확실성을 확실성으로 전환시키는 사회적 제도라고 할 수 있다. 즉, 보험은 다수의 동질적 위험을 한 곳에 모으는 위험결합을 통해서 가계나 기업의 실제손실을 평균손실로 대체하는 제도라고 할 수 있다.

2. 보험과 다른 제도와의 비교

가. 보험과 저축

저축은 경제 주체가 미래의 안정된 생활을 위하여 스스로 그 재원을 비축하는 제도를 말한다. 경제 주체가 장래에 직면할 수 있는 불안정한 경제생활을 대비한다는 점에서 보험과 유사하다고 할 수 있다. 그러나 저축은 보험과는 다르게 필요한 재원을 개별적으로 비축한다는 점이나, 비축된 재산을 자유로이 처분이 가능하다는 점, 실제 사고 시 지급되는 금원이 비축된 재산과 그에 대한 이자에 그치는 점에서 보험과는 다르다.

나. 보험과 공제

동일한 직장·직업·지역에 속하는 사람들이 단체를 구성하여 보험료에 상당한 금원을 납입하고 약정한 사고가 발생하면 일정한 금액을 지급하는 제도이다. 공제는 그 구성원이 특정한 조합원에 한정된다는 점에서 보험과 차이가 있지만, 그 실체는 보험과 거의 같다고 할 수 있다. 공제는 보통 특별법에 의하여 설립 운영되며, 해당 관청의 감독을 받고 있어 보험업법상 보험감독의 대상은 아니지만, 공제도 사보험계약(私保險契約)이므로 보험계약법의 적용 대상에 포함된다.

다. 보험과 보증

채무자가 채권자에게 채무(주채무)를 제대로 이행하지 않을 위험에 대비하기 위하여 제3자가 채무의 이행을 담보(종된채무)하는 제도를 민법상 보증이라고 한다. 보증은 채무자의 채무불이행에 의한 채권자의 손해를 대처한다는 점에서 보험과 비슷하다. 그러나 보증은 개별 채무만을 담보하기 때문에 다수인의 결합을 본질적 요소로 하는 보험과는 구별된다. 한편 보증의 경우에도 채무불이행의 위험을 통계적 확률로 계산하여 보험제도로 운영하는 경우가 있는데 이를 보증보험이라고 한다. 우리 상법은 보증보험에 대해서 별도의 규정을 마련하면서, 그 성질에 반하지 않는 범위 내에서 민법의 보증에 관한 규정을 준용하도록 하였다. 보증보험과 일반적인 보험도 다소 차이가 있는데, 보증보험료는 보험계약자의 신용을 대체하는 수수료의 개념인데 반하여 일반적인 보험의 보험료는 발생손실에 대한 기대비용에 해당한다. 담보 손실에 있어서도 보증보험의 위험은 보험가입자가 스스로 통제할 수 있는 것이지만, 일반적인 보험은 보험가입자의 통제가 불가능한 우연한 손실을 담보한다는 차이점이 있다.

라. 보험과 도박(賭博)·복권(福券)

도박이나 복권은 다수인이 참여하여 동일한 목적으로 운영된다는 것이나 아직 확정되지 않은 불확실한 사건에 의하여 급부가 결정(사행성)되고 구성원에 의하여 형성된 자금과 도박이나 복권에 당첨된 사람에 대한 급부가 균형을 이룬다는 점 등에서 보험과 유사하다. 그러나 보험은 경제생활의 안정을 확보하기 위하여 사회적으로 인정되는 제도임에 반하여 도박과 복권은 단순히 그 제도에 참여한 사람의 경제적 이익을 목적으로 한다는 점에서 보험과 다르다. 또한 도박은 모든 경우의 수가 미리 정해진 사전적 확률에 기초하는 반면에, 보험은 위험을 예측하여 보험료를 산출할 뿐 실제 위험은 보험기간이 끝난 이후에 확인할 수 있으므로 사후적 확률에 기초한다는 차이점이 있다.

구분	보험	공제	도박
동기	위험의 제거, 감소	위험의 제거, 감소	부의 획득
사회적 인식	생산적	생산적	비생산적
대상위험	순수위험	순수위험	투기위험
가입대상	전체	조합원	전체

제2절 보험의 순기능과 역기능

1. 보험의 순기능(사회적 기능)

가. 손해보상

보험은 우연한 사고로 인하여 손해를 입은 당사자에게 손해 발생 전과 동일한 경제적 상황으로로 복구할 수 있도록 보험금을 지급한다. 이러한 손해보상의 기능은 보험의 가장 궁극적인 기능이라고 할 수 있다.

나. 불확실성 감소

보험은 위험단체 구성원들이 보유한 잠재적 손실에 대한 불확실성을 현재의 확실성으로 바꾸어준다. 따라서 보험가입자는 미래에 대한 불확실한 불안과 초조함을 극복할 수 있으며 심리적 안정감을 얻는다.

다. 위험관리 향상

보험자는 위험관리에 대한 전문성을 가지고 있기 때문에 위험관리에 대한 조언을 얻을 수 있다. 보험자는 사고에 대한 전문인을 고용하고 이들 전문인은 각각 자기의 분야에서 여러가지 경험과 노하우를 보유하고 있기 때문에 보험가입자는 전문적인 위험관리 서비스를 받을 수 있다.

라. 자산운용의 효율성 향상

보험에 가입하면 경제적 불안을 대비하기 위한 자금을 보유할 필요가 없어 자산운용의 효율성을 향상시킬 수 있다. 보험가입자는 잠재적인 손해 발생을 대비하기 위하여 비축할 돈을 가계의 생활수준을 향상시키거나 기업의 성장을 위한 비용으로 사용할 수 있다.

마. 신용증대

채권자의 불확실성을 감소시켜 채무자의 신용을 증대하는 효과가 있다. 채권자는 채무자에게 대여하여 주었던 대출금이 제대로 상환되지 않는다면 보증인에게 채무 이행을 촉구하거나 부동산 등의 저당물에 대한 강제집행을 통하여 채권 회수 절차를 밟는다. 보험은 이러한 보증이나 저당물에 대한 신용을 높여줄 뿐만 아니라, 보증보험을 통하여 직접적인 신용 증대 역할을 수행하기도 한다.

바. 자본의 형성과 공급

장기손해보험이나 생명보험과 같은 경우에는 보험계약자로부터 지급받는 보험료와 보험자가 지급하는 보험금 사이에 일정기간 시차가 존재한다. 따라서 보험자는 위험단체 구성원들로부터 받은 보험료를 활용하여 일정한 기금을 조성하며, 이를 투자 목적의 자금으로 활용할 수 있다. 이처럼 축적된 자본은 시장경제에 금융자금을 공급하는 역할을 담당하여 산업경제와 국민경제 발전에 기여를 할 수 있다. 다만 보험자가 관리하는 자금은 어디까지나 보험계약자에게서 받은 보험료를 바탕으로 하는 것이기 때문에 투자 활동에 있어서도 보험업법에 의하여 엄격한 통제와 규제를 받는다.

2. 보험의 역기능(사회적 비용)

가. 사업비용의 발생

보험료는 위험 보장을 위한 금전으로만 구성된 것은 아니며, 모집인의 수수료, 일반경비 등 위험을 보장받기 위한 담보와는 무관하게 보험회사의 경영을 위한 부가보험료도 같이 포함되어 있다. 이러한 사업비용은 보험에 가입하지 않는다면 발생하지 않는 비용이며, 보험계약자가 부담해야 하는 비용이다.

나. 보험사기의 발생

보험가입자가 지불하는 보험료는 소액인데 반하여, 사고 발생 시 받을 수 있는 보험금은 고액이다. 이러한 보험의 비등가성을 노린 범죄가 발생한다. 보험금을 편취할 목적으로 보험에 가입된 건물에 고의로 방화를 하거나 자동차 사고를 임의로 발생시켜 보험금을 타내는 행위가 대표적인 예이다. 이러한 도덕적 위태(moral hazard)는 결국 보험료의 인상을 가져오고, 선의의 보험계약자에게 부담으로 전가되어 사회적 비용에 해당한다.

다. 보험금 과잉청구로 인한 사회적 비용 증가

경미한 사고가 발생하였음에도 필요이상으로 수리를 하여 과도한 수리비를 청구하거나, 의료기관이 과잉진료를 시행하여 의료비를 과도하게 청구하기도 하며, 환자들은 보험금을 받기 위한 목적으로 입원기간을 고의적으로 연장하기도 한다. 보험금을 받기 위한 이러한 행위들은 궁극적으로 보험의 폐해에 해당하며 보험료 인상을 가져오기 때문에 선의의 보험계약자에게 그 피해가 돌아간다.

오엑스 문제풀이

01 보험은 보험계약자의 입장에서 보면 위험결합 제도이며, 보험자의 입장에서 보면 위험전가 제도이다. O/X

> 해설 보험은 보험계약자의 입장에서 보면 위험전가 제도이며, 보험자의 입장에서 보면 위험결합 제도이다.

02 보험과 공제는 가입대상이 다르다는 차이점이 있다. O/X

> 해설 보험과 공제는 서로 유사한 제도이지만, 가입대상이 다르다는 차이점이 있다.

03 보험의 순기능에는 보험사기의 발생이 있다. O/X

> 해설 보험사기의 발생은 보험의 역기능에 해당한다.

04 보험에 가입하여 신용이 증대되는 효과가 있다. O/X

> 해설 보험은 채권자의 불확실성을 감소시켜 채무자의 신용을 증대하는 효과가 있다.

🔒 01. × 02. ○ 03. × 04. ○

CHAPTER 02 상법 보험편: 보험계약

제1절 서설

1. 보험계약의 특성

가. 광의의 보험법

보험법을 넓은 범위로 이해하면 공보험과 사보험 모두에 적용되는 법이라고 할 수 있다. 즉 국가나 공공단체가 운영하는 사회보험이나 국책보험(예 국민건강보험, 고용보험, 수출입보험, 산업재해보상보험 등)과 더불어 민간에서 운영하는 일반 사보험이 모두 포함된다. 이 중 민간에서 운영하는 사보험에는 보험계약 체결에 따른 권리 의무를 규율하는 보험계약 법규(상법 제4편 보험편)와 보험업을 운영하는 주체 즉 보험회사를 규율하는 법규(보험업법, 보험업법 시행령, 보험업법 시행규칙)가 있다.

나. 협의의 보험법

일반적으로 보험계약법이라고 하면 상법 제4편을 뜻한다. 보험계약법은 영리 목적의 상행위에 속하는 보험계약을 규율하는 법규이다. 따라서 영리보험에 대해서는 당연히 그 적용이 있다. 다만, 상법은 영리보험 이외에 상호보험이나 공제에 대해서도 그 성질에 반하지 않는 범위에서 보험계약법을 준용하도록 규정하고 있다.

> **시험 출제 포인트**
> ▶ 보험계약에 관한 법 적용 순서
> 상법 보험편의 규정 → 상사계약에 관한 상법의 규정 → 민법

다. 보험법의 특성

(1) 단체성

보험은 동일한 위험을 보유한 다수의 가입자들이 모여 하나의 위험단체를 구성하여 위험을 분담하는 제도이다. 따라서 보험계약을 해석하고 운영할 때에 보험단체를 고려하여야 한다. 보험자가 보험계약자의 청약에 대하여 위험을 선택할 수 있는 underwriting 권한을 부여한 것이나, 특정 보험계약자에 대하여 특별이익을 제공하는 것을 금지하는 보험업법 규정도 이러한 단체성에서 비롯된 것이다. 또한 보험계약자 평등 대우의 원칙도 이러한 보험의 단체성에서 비롯된 것이라고 할 수 있다.

(2) 기술성

보험자는 대수의 법칙에 의한 수리 통계적 기법 등 전문적이고 기술적인 특성을 반영하여 보험제도를 운영한다. 일정한 기간 중에 위험단체 내에서 발생하는 사고의 확률과 손해액의 크기를 정확히 파악할 수 있어야 보험제도를 합리적으로 운영할 수 있다. 보험자가 적정한 보험료를 산출하기 위해서는 대수의 법칙과 수지상등의 원칙에 기초한 여러가지 수학적 통계적 기법이 사용되며, 이러한 기법들은 일반적인 보험계약자가 보험제도의 기술적인 특성을 이해하기에 어렵다는 한계를 만든다. 또한 수리적 계산을 기초로 하는 보험계약을 통제하기 위한 보험계약법도 자연스럽게 기술적인 성격을 가진다.

(3) 윤리성과 선의성

민법의 일반 원칙상 계약 관계에는 당사자들이 권리를 행사하거나 의무를 이행할 때에 상대방의 정당한 이익을 배려하고 신뢰를 저버리지 않아야 한다는 신의성실의 원칙이 적용된다. 그러나 보험계약은 보험계약자가 납부하는 보험료는 소액이며 보험사고 발생 시 지급받는 보험금은 고액이라는 비등가성으로 인해 보험계약의 사행성을 악용할 염려가 항상 존재한다. 또한 위험에 대한 정보가 보험계약자 측에게 집중되어 보험가입자가 높은 사고 위험을 숨기고 적극적으로 보험에 가입하는 역선택의 우려도 높다. 보험계약법은 이러한 도덕적 위험과 역선택의 발생을 막고 당사자의 선의성을 유지하기 위하여 여러가지 규정들을 두고 있다. 보험계약자 등의 고지의무, 위험변경증가 통지의무, 사고발생 통지의무, 손해방지의무 등이 그것이다. 또한 이러한 제도적인 장치들 이외에도 보험계약자가 보험금을 부정 취득하려는 목적(예 피보험자를 살해하여 보험금을 편취하려는 목적으로 체결한 생명보험계약)으로 보험에 가입하였다면 해당 보험계약을 선량한 풍속 기타 사회질서에 위반한 법률행위로 보아 무효로 해석한다.

(4) 사회성과 공공성

보험계약은 상법이 적용되므로 상행위이며 영리행위임에는 틀림없다. 다만 보험은 불특정 다수의 보험가입자가 모여 위험단체를 구성하는 특성을 가지고 있기 때문에 사회 구성원 전체에 미치는 영향력이 다른 일반적인 상행위에 비해서는 크다고 할 수 있다. 따라서 보험은 다른 일반적인 상행위와는 달리 여러가지 사회적, 공공적인 관점에서 제약을 받는다. 대표적으로 보험업법이 이러한 규제에 해당한다.

(5) 상대적 강행법규(편면적 강행규정)

보험은 기술적, 법률적으로 전문화된 특성을 보유하고 있기 때문에 일반적인 보험계약자가 보험을 이해하기에는 어렵다는 한계가 있다. 따라서 계약 관계에서 보험계약자는 상대적으로 약자의 위치에 있으며 반대로 보험자는 전문성을 지닌다. 상법은 상대적 약자인 보험계약자를 보호하기 위하여 상법 제4편의 내용을 보험계약자 또는 피보험자나 보험수익자의 불이익으로 변경하는 것을 금지하고 있다(상법 제663조). 다만 불이익으로 변경하는 것을 금지하는 것이기 때문에 이익으로(유리하게) 변경하는 것은 얼마든지 가능하다. 이를 상대적 강행법규라고 한다.

다만 이 원칙은 재보험 및 해상보험, 기타 이와 유사한 보험계약(기업보험)의 경우에는 적용하지 않는다. 불이익 변경을 금지하는 취지가 계약 당사자 사이의 불평등한 위치에 기인한 것이므로, 이러한 우려가 없는 기업보험에서는 불이익 변경 금지의 원칙을 적용할 이유가 없기 때문이다. 이러한 보험에서는 오히려 민법의 일반 원칙인 계약자유의 원칙에 따라 당사자의 의사를 최대한 존중하는 것이 더욱 합리적이라고 하겠다. 따라서 가계보험을 제외한 기업보험 성격을 지닌 보험은 불이익 변경 금지 원칙이 적용되지 않는다.

> **시험 출제 포인트**
>
> | 가계보험 | 상법의 규정보다 보험계약자 등에게 불이익하게 변경하는 것이 금지된다.
상법의 규정보다 보험계약자 등에게 유리하게 변경하는 것이 가능하다. |
> |---|---|
> | 기업보험 | 상법의 규정보다 보험계약자 등에게 불이익하게 변경하는 것이 가능하다.
상법의 규정보다 보험계약자 등에게 유리하게 변경하는 것이 가능하다. |

2. 보험계약에 적용되는 법원

가. 법원(法源, source of law)

법원(法源)이란 법의 존재형식을 의미한다. 법원 중 가장 중요한 것은 제정법이며 다양한 형태로 존재하며 보험계약법의 법원은 크게 성문법원과 불문법원으로 나눌 수 있다.

나. 제정법(成文法源, 성문법원)

보험계약법의 법원으로써 가장 중심이 되는 것은 상법 제4편[보험편]이다. 보험의 인수는 기본적 상행위에 해당하기 때문에 상법의 총칙편이나 상행위편의 규정들도 적용된다. 또한 계약의 성립과 관련하여 민법의 규정들도 적용된다. 보험업법, 자동차손해배상보장법, 민법, 제조물책임법, 무역보험법, 화재로 인한 재해보상 및 보험가입에 관한 법률, 원자력손해배상법 등도 부분적으로 법원에 해당한다.

다. 관습법(不文法源, 불문법원)

관습법은 거래분야에서 일정한 관행이 있고 그에 대한 법적 확신이 있는 경우에 인정된다. 관습법과 사실인 관습을 구분하기도 하지만, 우리나라는 성문법원을 주요 법원으로 인정하며 불문법은 거의 인정하지 않기 때문에 구분의 실익은 없다. 드물게 재보험이나 해상보험과 같이 국제적인 거래 관계에 있는 보험 분야에서는 상관습이 인정된다.

라. 판례
대법원 판례는 거래계에 사실상의 영향을 미치고 있으나, 법원은 아니다.

마. 보험약관
동질의 위험에 처해있는 다수의 보험계약자와 보험계약을 체결하기 위하여 보험자가 미리 작성한 일반적·정형적·표준적인 계약조항을 말한다. 보험계약은 보험자가 다수인을 상대로 계약을 체결하는 방식으로 이루어지기 때문에 업무의 신속성, 효율성을 위하여 보험약관이 사용되는 것이 일반적이다. 보험계약의 당사자는 보험약관을 계약의 내용으로 하여 계약을 체결하며 보험계약에서 분쟁이 발생할 때에 가장 기본이 되는 법원이다.

3. 보험약관

가. 약관이 필요한 이유
보험의 단체성에서 비롯되는 부합계약의 특성에서 찾을 수 있다. 보험계약은 다수의 동질의 위험단체를 구성하기 때문에 이들을 상대로 반복적인 계약내용을 매번 체결하는 것은 현실적으로 힘들다. 따라서 이러한 부합계약적 성격 때문에 보통보험약관이 존재하는 것이다. 또한 동질의 위험을 가진 위험단체 구성원들을 모두 동일하게 취급하여야 한다는 단체성에서도 보통보험약관의 존재 이유를 찾을 수 있다. 보통보험약관을 통하여 동일한 조건으로 보험계약이 체결되기 때문이다.

나. 약관의 구속력

(1) 의사설
보험계약의 당사자가 약관이 정한 바에 따르기로 합의하였기 때문에 그 계약의 내용에 구속된다는 입장이다. 보통보험약관은 보험자가 일방적으로 작성한 계약의 모형에 불과하기 때문에 이것이 당연히 구속력을 갖는다고 볼 수 없고 보험약관의 내용을 계약의 내용으로 편입한다는 당사자간의 합의, 즉 편입의사가 있는 경우에만 보험약관이 계약의 내용이 된다는 학설이다.

(2) 규범설
보험약관은 그 자체만으로 법대행적 기능을 하며 보험관계자로 이루어지는 사회에 타당한 규범이라는 입장이다. 즉 보험약관은 하나의 위험단체의 구성원을 규율하는 법규범적인 성질을 가지는 것이기 때문에 당사자의 의사와 관계없이 계약내용을 규율하고 당사자를 구속한다는 이론이다. 객관주의, 단체주의적 입장에서 약관의 구속력을 강하게 인정하는 견해로 보험계약자 평등 대우의 원칙을 실현하기 쉽다는 장점이 있다.

(3) 대법원의 입장
대법원은 일관되게 의사설의 입장을 취하고 있다. 약관이 계약당사자를 구속하는 것은 그 자체가 법규범의 성질을 가진 것 때문이 아니라 계약 당사자가 상호 간에 약관의 내용을 계약으로 하기로 합의하였기 때문이라는 논리이다.

> 📑 **관련판례**
>
> ▶ **대법원 1989. 3. 28. 선고 88다4645 판결**
> 보통보험약관이 계약당사자에 대하여 구속력을 갖는 것은 그 자체가 법규범 또는 법규범적 성질을 가진 약관이기 때문이 아니라 당사자가 계약내용에 포함시키기로 합의하였기 때문인 바, 일반적으로 보통보험약관을 계약내용에 포함시킨 보험계약서가 작성되면 약관의 구속력은 계약자가 그 약관의 내용을 알지 못하더라도 배제할 수 없으나 당사자가 명시적으로 약관의 내용과 달리 약정한 경우에는 배제된다고 보아야 하므로 보험회사를 대리한 보험대리점 내지 보험외판원이 보험계약자에게 보통보험약관과 다른 내용으로 보험계약을 설명하고 이에 따라 계약이 체결되었으면 그때 설명된 내용이 보험계약의 내용이 되고 그와 배치되는 약관의 적용은 배제된다.

다. 약관 해석의 원칙

(1) 신의성실의 원칙

보험약관은 보험계약자가 배제된 채 보험자가 일방적으로 작성하는 계약의 조건이다. 따라서 보험계약자가 약관의 내용을 정확히 알지 못한 채 보험계약이 체결된다는 현실적인 제약을 고려할 때에 약관 해석에 있어서 신의성실의 원칙이 강하게 요구된다. 보험자는 보험계약자의 정당한 이익을 침해하지 않고 합리적 신뢰와 형평에 맞도록 약관을 작성하고 해석해야 하는데, 이것이 신의성실의 원칙이다(대법원 1991. 12. 24. 선고 90다카23899 전원합의체 판결). 따라서 보험약관은 신의성실의 원칙에 따라 공정하게 해석되어야 하며 고객에 따라 다르게 해석되어서는 아니 된다(약관규제법 제5조 제1항). 신의성실의 원칙은 뒤에 설명할 다른 약관 해석의 원칙들을 통하여 구체적으로 구현되는 가장 기본적인 약관 해석의 원칙이다.

(2) 수기문언 우선 원칙(개별약정 우선의 원칙)

보험계약의 당사자가 명시적으로 보험약관의 내용과 다른 내용으로 개별약정을 하였거나 달리 합의한 사항이 있다면 그러한 개별약정이나 합의한 사항이 보험약관에 우선한다(약관규제법 제4조). 즉 보통약관과 특별약관을 해석할 때에 특별약관이 당해 보험계약에 우선적으로 적용되며 이후에 보통약관이 보충적으로 적용된다. 만약 보험약관에 수기 문언의 기록이 있으면 그 수기 문언이, 그 다음은 Typing 또는 Stamping 문언이, 마지막으로 인쇄 문언의 순서로 적용된다.

(3) 효력유지적 축소 해석(수정해석)의 원칙

보험약관을 해석할 때에 신의성실의 원칙을 준수하기 위해서 약관 조항의 내용을 일정한 범위로 축소하거나 제한하여 해석하는 원칙이다. 이는 보험약관이 보험자에 의하여 일방적으로 작성된다는 현실을 고려하여, 법원에 의한 수정해석의 정당성을 인정하는 논리이다. 약관의 작성이 아무리 사적자치의 영역에 속하는 것이라고 하더라도 신의성실의 원칙에 반하는 약관조항은 사적자치의 한계를 벗어나는 것이므로 법원에 의한 내용통제, 즉 수정해석의 대상이 되는 것이 당연하며, 이러한 수정해석은 조항 전체가 무효사유에 해당하는 경우 뿐만 아니라 조항 일부가 무효사유에 해당하고 그 무효부분을 추출 또는 배제하더라도 잔존 부분만으로 유효하게 존속시킬 수 있는 경우에도 가능하다(대법원 1991. 12. 24. 선고 90다카23899 전원합의체 판결).

(4) 객관적 해석의 원칙

보험약관은 다수의 거래를 편의성을 위하여 계약당사자 중 일방인 보험자가 미리 작성하여 다수의 거래자와 체결하는 계약의 내용이다. 즉 보험약관은 개별 계약자의 구체적인 거래를 대상으로 하는 것이 아니라 다수의 공통된 거래를 전제로 하여 만들어진다. 이러한 특성에 비추어 볼 때 보험약관의 해석은 일반 법률행위와는 달리 개개 계약당사자가 기도한 목적이나 의사를 기준으로 하지 않고 평균적 고객의 이해가능성을 기준으로 하되 보험단체 전체의 이해관계를 고려하여 객관적, 획일적으로 해석하여야 한다. 다만 약관을 계약내용으로 편입하는 개별약정에 약관과 다른 내용이 있을 때에 한하여 개별약정이 우선할 뿐이다. 즉 보험약관은 보험계약의 단체적 성질을 고려하여 신의성실의 원칙에 따라 공정하게 해석하여야 하며 보험계약자에 따라 다르게 해석해서는 아니 된다(약관규제법 제5조 제1항).

(5) POP해석 원칙

약관문장 또는 용어는 평이하게(plain) 고유의미로(ordinary) 통속적(popular) 의미로 해석하여야 한다. 보험약관을 지나치게 기술적이고 기교적인 방법으로 해석하는 것은 보험약관의 올바른 해석 방법에 해당하지 않는다.

(6) 동종제한 해석의 원칙

총괄적 문언의 해석은 그 문언 앞에 나열된 것과 동종 유사한 것으로 제한하여 해석해야 한다는 약관 해석원칙을 말한다. 예를 들어, 보험약관 조항 중 "지진, 분화, 태풍, 해일, 범람, 기타 이와 유사한 천재지변의 경우~"와 같은 문장에 있어 "기타 이와 유사한 천재지변"의 총괄적인 문언 해석은 그에 앞서 서술 나열된 지진, 분화, 태풍, 해일 등과 유사한 것으로 제한하여 해석해야 한다는 원칙을 말한다.

(7) 작성자 불이익 해석의 원칙

보험약관에 사용된 용어가 애매모호함으로써 여러 가지 의미로 해석될 수 있는 경우, 작성자가 이를 명확하게 작성하여야 할 책임이 있기 때문에 그 용어의 애매모호함으로 인한 불이익은 작성자가 부담해야 한다는 원칙이다. 작성자 불이익 해석의 원칙은 보험약관 해석에 관한 다른 원칙들을 모두 적용한 뒤에도 그 뜻이 명확하지 않을 때 최종적으로 적용하는 해석 원칙이다. 따라서 평균적인 고객의 이해가능성을 기준으로 객관적이고 획일적으로 약관을 해석한 결과 약관 조항이 충분히 합리적으로 해석 가능하다면 굳이 작성자 불이익 해석의 원칙을 적용할 필요가 없으며, 고객에게 유리하게 해석할 여지도 없다.

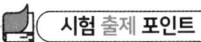
시험 출제 **포인트**

> 작성자 불이익의 원칙은 보험약관 해석에 관한 다른 원칙들을 모두 적용한 뒤에도 그 뜻이 명확하지 않을 때 <u>최종적으로 적용</u>하는 해석 원칙이다.

라. 보험약관 교부설명의무

(1) 의의

보험자가 보험계약을 체결할 때에 보험계약자에게 보험약관의 중요한 내용을 설명하고, 해당 약관을 교부해 주어야 할 의무를 말한다.

(2) 취지

보험계약은 보험계약의 당사자 일방인 보험자가 일방적으로 작성한 보험약관에 의하여 체결되며 보험계약자는 보험자가 마련한 계약 조건에 따를 수밖에 없다는 부합계약의 성격을 가지고 있다. 따라서 보험에 관하여 상대적 약자인 보험계약자의 입장에서 계약의 내용을 제대로 이해하지 못한 채로 계약이 체결되어 예측하지 못한 불이익을 당할 염려가 존재한다. 이러한 우려 때문에 보험약관을 작성하는 보험자가 거래 상대방인 보험계약자에게 보험약관의 내용을 최대한 성실히 알려 주도록 법으로 규정한 것이다.

(3) 의무의 주체와 상대방

보험약관의 설명의무를 부담하는 자는 보험자이며 보험모집 종사자도 이러한 의무를 대신할 수 있다(대법원 2018. 4. 12. 선고 2017다229536 판결). 우리나라 보험실무상 보험자가 직접 설명하기보다는 대부분 보험모집 종사자가 설명의무를 대신하고 있다. 설명의무의 대상은 보험계약자인 것이 원칙이지만, 반드시 보험계약자 본인에게 국한되는 것은 아니며 만약 보험계약자의 대리인과 계약을 체결하는 경우라면 그 대리인에게 보험약관 교부설명 의무를 이행하는 것으로도 충분하다(대법원 2001. 7. 27. 선고 2001다23973 판결).

(4) 설명하여야 할 내용

상법에서는 보험자가 설명의무를 부담하는 대상에 대해서 '중요한 사항'이라고 규정하고 있으며 여기서 말하는 중요한 사항이란 고객의 이해관계에 중대한 영향을 미치는 사항으로서 사회통념상 그 사항의 지(知) 부지(不知)가 계약체결의 여부에 영향을 줄 수 있는 모든 사항을 말한다. 따라서 보험사고의 내용이나 범위에 관한 사항이라도 보험계약 체결 여부에 영향을 미치지 않는 사항은 중요한 사항으로 보지 않는다. 대법원 판례에 의하면 보험료와 그 지급방법, 보험금액, 보험기간, 보험사고의 내용, 보험자의 면책사유, 보험계약의 해지사유, 보험청약서 상 기재사항의 변동사항 등은 보험자가 설명하여야 할 중요한 사항으로 취급된다.

(5) 설명하지 않아도 되는 내용

① 가입자가 이미 잘 알고 있는 사항
- 대법원 1998. 4. 14. 선고 97다39308 판결
- 보험계약자가 이미 약관의 내용을 충분히 알고 있는 사항

② 거래상 널리 알려진 사항
- 대법원 2001. 7. 27. 선고 99다55533 판결
- 거래상 일반적이고 공통된 것이어서 별도의 설명 없이도 충분히 예상할 수 있었던 사항

③ 설명하였더라도 계약이 체결되었으리라 인정되는 사항
- 대법원 1994. 10. 25. 선고 93다39942 판결
- 설명을 들었었더라도 가입하지 않았을 것으로 보이지 않는 사항

④ 법령에 정해진 사항
- 대법원 2011. 7. 28. 선고 2011다23743,23750 판결
- 이미 법령에 의해 정하여진 것을 되풀이하거나 부연하는 정도에 불과한 사항

마. 설명의무 위반에 따른 효과

(1) 상법에 의한 효과

보험자가 보험약관의 교부설명 의무를 위반한 경우 보험계약자는 계약이 성립한 날로부터 <u>3개월</u> 내에 그 계약을 <u>취소</u>할 수 있다.

> **관련조항**
> ▶ 제638조의3(보험약관의 교부·설명 의무)
> ① 보험자는 보험계약을 체결할 때에 보험계약자에게 보험약관을 교부하고 그 약관의 중요한 내용을 설명하여야 한다.
> ② 보험자가 제1항을 위반한 경우 보험계약자는 보험계약이 성립한 날부터 3개월 이내에 그 계약을 취소할 수 있다.

(2) 약관의 규제에 관한 법률(이하 '약관규제법'이라 한다)에 의한 효과

보험자가 설명의무를 위반하여 보험계약을 체결한 경우에는 해당 약관조항을 <u>보험계약의 내용으로 주장할 수 없다.</u>

> **관련조항**
> ▶ 제3조(약관의 작성 및 설명의무 등)
> ③ 사업자는 약관에 정하여져 있는 중요한 내용을 고객이 이해할 수 있도록 설명하여야 한다. 다만, 계약의 성질상 설명하는 것이 현저하게 곤란한 경우에는 그러하지 아니하다.
> ④ 사업자가 제2항 및 제3항을 위반하여 계약을 체결한 경우에는 해당 약관을 계약의 내용으로 주장할 수 없다.

(3) 상법과 약관규제법의 관계에 대한 학설

(가) 상법 단독적용설

상법 제638조의3이 적용되는 경우에 약관규제법의 적용은 배제되고, 보험계약자가 3개월이 경과하도록 취소권을 행사하지 아니하면 취소권은 소멸되어 본래의 보험약관의 내용에 따라 효력이 발생한다는 의견이다. 이 학설에 의하면, 보험자가 비록 보험약관 설명의무를 위반하였더라도 보험계약자가 취소권을 행사하지 않고 보험계약일로부터 3개월이 경과하였다면 보험약관의 효력은 그대로 발생한다. 따라서 보험자는 약관의 설명여부와 관계없이 약관의 효력을 주장할 수 있다.

(나) 약관규제법 중첩적용설

보험계약자의 취소권은 보험계약자에게 주어진 권리일 뿐 의무는 아니기 때문에 보험계약자는 보험계약 성립일로부터 3개월 이내에 취소할 수 있고, 만약 취소권을 행사하지 아니하였더라도 보험자의 설명의무 위반이 치유되는 것이 아니라는 견해로서 약관의 구속력을 의사설에서 구하고자 하는 이론이다. 이 학설에 의하면, 보험계약자는 보험자의 설명의무 위반에 대하여 계약 성립일로부터 3개월 이내에는 상법의 규정에 따라 계약을 취소할 수 있고, 3개월이 경과한 때에는 약관규제법 제3조에 의하여 보험자가 설명하지 아니한 해당 약관 조항의 효력을 배척할 수 있다.

(다) 대법원의 입장

대법원은 일관되게 <u>약관규제법 중첩적용설</u>을 지지한다. 즉 보험자가 보험약관의 설명의무를 위반하였다면 해당 약관 조항은 계약의 내용이 될 수 없으며, 따라서 보험자는 약관의 효력을 주장할 수 없다.

> **관련판례**
>
> ▶ 대법원 1996. 4. 12. 선고 96다4893 판결
> 보험자가 약관의 교부설명의무를 위반한 때에 보험계약자가 보험계약 성립일로부터 1개월[1]내에 행사할 수 있는 취소권은 보험계약자에게 주어진 권리일 뿐 의무가 아님이 그 법문상 명백하므로, 보험계약자가 보험계약을 취소하지 않았다고 하더라도 보험자의 설명의무 위반의 법률효과가 소멸되어 이로써 보험계약자가 보험자의 설명의무 위반의 법률효과를 주장할 수 없다거나 보험자의 설명의무 위반의 하자가 치유되는 것은 아니다. 따라서 보험자는 설명의무에 위반한 약관조항을 계약의 내용으로 주장할 수 없다.

---

[1] 저자주: 본 판결은 2014년 상법 개정 이전으로 당시의 취소권 기간은 1개월이었다. 현재는 3개월이다.

바. 보험약관에 대한 통제

(1) 입법적 통제

입법적 통제란 제정법을 통하여 보험약관의 내용을 규제하는 방식이다. 약관에 대한 입법적 통제는 크게 상법 제663조에 의한 불이익변경 금지의 원칙과 약관규제법으로 구분할 수 있다. 이 밖에도 보험업법 및 금융소비자 보호에 관한 법률 등에서도 보험약관에 대한 통제 규정을 찾아볼 수 있다.

(2) 행정적 통제

행정적 통제란 행정관청이 보험약관에 대하여 규제 및 감독을 하는 행정적 조치를 말한다. 보통보험약관은 금융위원회에 의하여 일정한 규제를 받으며, 금융위원회에 보험약관의 변경 등에 관한 명령권을 부여함으로써 행정적 통제를 가하고 있다. 즉 보험사업을 경영하고자 하는 자는 보험업법의 규정에 따라 기초서류의 하나인 보험약관을 작성하여 금융위원회에 제출하여야 하며, 이를 변경하는 경우에도 금융위원회에 신고하여야 한다. 그 밖에 금융위원회는 보험약관에 대한 변경 명령권과 소급적용 명령권도 가지고 있다. 또한 약관규제법에 근거하여 공정거래위원회에 의한 행정적 통제도 이루어진다.

(3) 사법적 통제

사법적 통제란 법원이 보험약관의 조항을 구체적인 사건에 적용하여 계약의 성립여부, 효력여부, 편입여부 등을 판단하는 것을 말한다. 법원을 통한 사법적 통제는 당사자간에 분쟁이 생긴 이후 당사자가 소를 제기하여야만 법원이 약관을 심사하고 효력에 대한 판결을 한다는 점에서 사후적이고 소극적 규제방식이다. 또한 판결의 효력이 소송 당사자에게만 미치기 때문에 개별적 규제방식이다. 따라서 대법원이 특정한 약관의 규정을 무효라고 판결하였더라도 해당 사업자가 약관을 자발적으로 개정하거나, 행정기관의 명령에 의하여 해당 약관을 변경하지 않았다면 그 약관은 여전히 다른 보험계약자에게는 유효하다. 법원에 의한 사법적 규제는 보험약관 통제를 위한 최후의 수단이다.

오엑스 문제풀이

01 상법은 영리보험에만 적용되며 상호보험이나 공제에 대해서는 적용이 금지되어 있다. O/X

해설 상법은 영리 목적의 상행위에 속하는 보험계약을 규율하는 법규이다. 따라서 영리보험에 대해서는 당연히 그 적용이 있다. 다만, 상법은 영리보험 이외에 상호보험이나 공제에 대해서도 그 성질에 반하지 않는 범위에서 보험계약법을 준용하도록 규정하고 있다.

02 보험의 단체성을 구현하는 규정에는 보험계약자 등의 고지의무, 위험변경증가 통지의무, 사고발생 통지의무 등이 있다. O/X

해설 보험계약은 항상 도덕적 위험과 역선택의 가능성이 있으므로 다른 분야에 비하여 당사자의 윤리성과 선의성이 강하게 요구된다. 이러한 윤리성, 선의성을 구현하는 규정에는 보험계약자 등의 고지의무, 위험변경증가 통지의무, 사고발생 통지의무 등이 있다.

03 대법원 판례는 거래계에 사실상의 영향력을 주고 있으나 법원에는 해당하지 않는다. O/X

해설 대법원 판례는 거래계에 사실상 영향을 미치고 있으나, 법원은 아니다.

04 약관의 구속력과 관련하여 대법원은 규범설의 입장에 있다. O/X

해설 약관의 구속력과 관련하여 대법원은 일관되게 의사설의 입장을 취하고 있다. 약관이 계약당사자를 구속하는 것은 그 자체가 법규범의 성질을 가진 것 때문이 아니라 계약 당사자가 상호 간에 약관의 내용을 계약으로 하기로 합의하였기 때문이라는 논리이다

05 작성자 불이익 해석의 원칙은 약관 해석의 원칙 중 가장 먼저 적용해야 하는 원칙이다. O/X

해설 작성자 불이익 해석의 원칙은 보험약관 해석에 관한 다른 원칙들을 모두 적용한 뒤에도 그 뜻이 명확하지 않을 때 최종적으로 적용하는 해석 원칙이다.

06 보험자가 보험약관의 교부설명 의무를 위반한 경우 보험계약자는 계약이 성립한 날로부터 3개월 내에 그 계약을 취소할 수 있다. O/X

해설 보험자가 보험약관의 교부설명 의무를 위반한 경우 보험계약자는 계약이 성립한 날로부터 3개월 내에 그 계약을 취소할 수 있다(상법 제638조의3).

01. × 02. × 03. ○ 04. × 05. × 06. ○

제2절 보험계약의 성립

1. 보험계약의 개념

보험계약은 당사자 일방이 약정한 보험료를 지급하고 재산 또는 생명이나 신체에 불확정한 사고가 발생할 경우에 상대방이 일정한 보험금이나 그 밖의 급여를 지급할 것을 약정함으로써 효력이 생긴다(상법 제638조).

2. 보험계약의 법적 성질

가. 불요식낙성계약

보험계약은 형식을 필요로 하지 않으며, 계약자의 청약에 대한 보험자의 승낙이라는 두 의사표시의 합치만으로 유효하게 성립한다. 따라서 청약서의 작성이나 보험증권의 교부는 보험계약의 성립요건이 아니다. 또한 보험계약은 요물계약(要物契約)이 아니기 때문에 보험료의 지급 유무도 보험계약의 성립과는 관계없다. 즉, 보험료의 지급이 없어도 청약과 승낙이라는 의사표시의 합치만 있다면 보험계약은 유효하게 성립한다. 보험료의 지급은 보험계약 성립요건이 아니라 보험자의 책임 개시요건이다. 따라서 청약이 승낙되고 보험료가 지급되지 않았다면 보험계약은 성립하였으나 보험자가 책임을 지지 않을 뿐이다.

나. 유상쌍무계약

계약의 당사자가 서로 대가적 의미를 가지는 재산을 출연하며, 서로 대가적 의미를 가지는 채무를 부담하는 계약이다. 보험계약자는 보험료 지급의무를 부담하며 보험자는 보험사고 발생 시에 보험금 지급의무를 부담한다. 보험계약자가 지불한 보험료에 대하여 보험자의 의무는 위험부담 그 자체(危險負擔說)이며, 보험계약자에게 보험사고가 발생하지 않았다고 하더라도 보험자는 급부를 이행한 것으로 보는 것이 통설이다. 즉, 보험계약자가 지불하는 보험료는 사고발생 시 피보험자나 보험수익자가 받게 될 보험금의 기대치와 대가적 관계를 이루고 있다.

다. 상행위성

보험은 영업을 기본으로 하는 상행위이다. 보험계약은 상행위성이 인정되며, 그 영업의 주체인 보험자는 당연상인(상법 제4조)이다. 따라서 보험계약도 상행위에 관한 규정이 적용된다. 상호보험회사가 체결하는 보험계약은 영업적 상행위에 해당하지는 않으나 그 성질이 상반되지 않는 범위 내에서 보험계약법의 규정이 준용된다. 그러나 영리를 목적으로 운영되는 보험이 아닌 공보험(국민건강보험, 국민연금보험 등)은 보험계약법을 적용받지 않는다.

라. 사행계약

투자비용에 비해 산출물이 훨씬 큰 것을 사행성이라 한다. 보험도 이러한 성향이 있기 때문에 이를 악용하려는 도덕적 위험성(moral risk)이 항상 존재한다. 따라서 도덕적 위험을 억제하기 위한 많은 제도와 장치가 있으며, 피보험이익제도, 실손보상의 원칙, 사기에 의한 초과, 중복보험 무효, 고의사고 면책, 고지의무, 최대선의의무 등이 이에 해당한다.

마. 부합계약성

부합계약이란 당사자 일방이 계약의 조건을 일방적으로 작성하고 다른 상대방은 해당 조건에 따를 수 밖에 없는 형태로 체결되는 계약을 말한다. 보험계약도 계약 당사자 일방인 보험자가 작성한 보험약관에 다른 상대방인 보험계약자가 일방적으로 따를 수밖에 없는 방식으로 체결되기 때문에 부합계약의 성격을 갖는다. 이러한 부합계약성 때문에 보험계약자는 보험계약의 내용을 잘 알지 못하고 계약을 체결하여 피해를 볼 수 있는 우려가 존재한다. 우리 상법은 이러한 보험계약자의 불이익을 방지하기 위하여 보험계약자 등의 불이익 변경 금지의 원칙(상법 제663조), 보험약관의 교부설명의무(상법 제638조의3) 등과 같은 규정을 두어 보험계약자를 보호하고 있다.

바. 계속계약성

보험은 보험기간이라는 일정한 기간 동안 계약의 효력이 지속되는 계약으로 단기간 내에 급부의 교환으로 계약이 종료되는 보통의 거래와는 그 형태가 다르다. 따라서 계약의 효력을 장래에 향하여 소멸시키는 해지와 같은 개념이 발생한다. 보험계약자나 피보험자 등에게 부여하고 있는 위험변경증가 통지의무(상법 제652조), 위험유지의무(상법 제653조) 등도 보험의 계속계약성으로 인해 부담하는 의무이다.

사. 독립계약성

보험계약은 민법상의 전형계약에 속하지 않으며, 다른 계약에 부속하는 것이 아니라 보험계약 자체가 독립된 하나의 계약이다. 여기서 독립계약이라는 것은 법률상 독립성을 갖는다는 의미로 다른 계약과 부수하여 보험계약을 체결하였더라도 그 계약과 보험계약은 서로 독립적으로 존재하게 된다.

아. 최대선의성

보험계약은 사행계약적 성격을 가지고 있기 때문에 보험을 악용하여 보험계약이 도박화 될 가능성이 항상 존재한다. 따라서 보험계약에서는 일반적으로 계약 당사자에게 요구되는 계약의 원칙인 신의성실의 원칙보다 더 큰 최대선의성(utmost good faith)을 요구한다. 보험계약자나 피보험자는 자신에게 불리한 사실까지 보험자에게 적극적으로 알려야 하는 고지의무가 대표적이다. 보험의 정보 비대칭성과 사행계약성으로 최대선의의 원칙이 강조된 것이다.

3. 보험계약의 요소

가. 보험계약의 당사자와 관계자

(1) 보험계약의 당사자

(가) 보험계약자

보험계약자는 보험계약의 당사자로서 보험료 지급의무를 지는 자이다. 권리능력이 있는 한 보험계약자의 자격에는 제한이 없으므로 자연인, 법인 모두 보험계약자가 될 수 있다. 권리능력이 있으면 족하기 때문에 미성년자 등 제한능력자도 보험계약자가 될 수 있다. 다만 행위능력이 결여되었기 때문에 법정대리인을 통하여 보험계약을 체결하여야 한다. 보험계약은 보험계약자가 직접 체결하는 것이 보통이지만 대리인을 통하여 보험계약을 체결할 수도 있으며, 이 때 대리인이 안 사유는 본인이 안 것과 동일한 것으로 한다.

(나) 보험자

보험자는 보험사고가 발생한 때에 보험금 지급의무를 부담하는 자로서 보험계약의 당사자이며 위험단체를 관리하고 유지하는 주체이다. 일반적으로 보험회사를 생각하면 쉽다. 보험업을 경영하기 위해서는 보험업법 규정에 따라 금융위원회의 허가를 얻어야 한다. 금융위원회의 허가 절차를 거치지 않고 보험업을 영위하였다면 보험업법 규정에 따라 일정한 제재 조치를 받는다. 보험의 인수는 기본적 상행위에 해당하며 따라서 보험의 인수를 영업으로 하는 보험자는 상법상 당연상인이다(상법 제4조 및 제46조).

> **시험 출제 포인트**
> 보험계약의 당사자는 보험자, 보험계약자 둘 뿐이며, 피보험자, 보험수익자, 보험설계사, 보험대리상, 보험중개사, 보험의는 보험계약의 당사자가 아니니 주의해야 한다.

(2) 보험계약 관계자

(가) 피보험자

① 손해보험: 손해보험에서의 피보험자는 보험목적물에 대하여 경제적 이해관계를 가진 자로서 보험금 청구권을 가진 사람을 말한다. 손해보험에서의 피보험자는 피보험이익이 있으면 충분하며 별도의 제한 규정을 두지 않는다. 따라서 자연인 뿐만 아니라 법인도 피보험자가 될 수 있다. 보험계약자와 피보험자가 같으면 자기를 위한 손해보험 계약이며, 보험계약자와 피보험자가 다르면 타인을 위한 손해보험 계약이다.

② 인보험: 인보험에서의 피보험자는 보험사고의 객체가 되는 사람을 말한다. 인보험의 보험사고는 사람의 생명 또는 신체에 관한 사고이므로 그 성질상 자연인만 가능하다. 또한 인보험의 피보험자는 손해보험과는 달리 i) 타인의 사망보험에서 피보험자의 서면 동의 필요, ii) 만15세 미만자 등을 피보험자로 하는 사망보험 계약 무효 등의 제한 규정을 두고 있다. 이러한 규정은 도덕적 위험을 방지하기 위한 강행규정이기 때문에

이를 위반하였다면 해당 보험계약은 무효이다. 보험계약 성립 이후에 이미 무효로 된 계약을 추인한다고 하더라도 그 계약은 여전히 무효이다. 다만 상해보험, 질병보험에서는 자연인이면 족하며 피보험자의 자격에 제한이 없다. 따라서 15세 미만자 등도 상해보험과 질병보험의 피보험자가 될 수 있다. 인보험에서 보험계약자와 피보험자가 다른 경우를 타인의 보험이라고 한다. 타인의 사망을 보험사고로 하는 이른바 타인의 사망보험 계약을 체결할 때에는 그 타인의 서면에 의한 동의를 얻어야 하며 만약 이를 얻지 못했다면 해당 보험계약은 무효이다.

(나) 보험수익자

인보험에서 보험금 청구권을 가지는 사람이 보험수익자이다. 보험수익자도 자격에는 특별한 제한이 없으므로 미성년자와 같은 제한능력자(制限能力者)도 얼마든지 보험수익자가 될 수 있다. 보험수익자는 보험계약자가 지정 또는 변경할 권한이 있으며, 보험실무상 특정인을 지정하는 경우도 있고 '법정상속인'과 같이 관계를 지정하는 경우도 있다. 인보험에서는 보험계약자와 보험수익자가 같은 계약은 자기를 위한 계약이며, 다른 계약을 타인을 위한 계약이라고 한다.

(다) 보험계약자, 피보험자, 보험수익자의 관계

인보험에서 보험계약자와 피보험자(보험대상자)가 같은 경우 '자기의 보험', 다른 경우 '타인의 보험'이라고 하고, 보험계약자와 보험수익자(보험금을 받는 자)가 같은 경우를 '자기를 위한 보험', 다른 경우 '타인을 위한 보험'이라고 한다. 반면 손해보험에서는 보험계약자와 피보험자(손해보험에서의 피보험자는 보험금 청구권을 갖는다는 점에서는 인보험에서의 보험금을 받는 자에 해당)가 같은 경우를 '자기를 위한 보험', 다른 경우 '타인을 위한 보험'이라고 하며, '자기의 보험', '타인의 보험'이라는 개념은 존재하지 않는다.

시험 출제 포인트

	타인을 위한 계약	타인의 계약
손해보험	보험계약자와 피보험자가 다른 계약	×
인보험	보험계약자와 보험수익자가 다른 계약	보험계약자와 피보험자가 다른 계약

(라) 보험의 보조자

보험대리상	보험자를 위하여 보험계약의 체결을 대리하는 독립된 상인으로 보험계약의 체결과 관련하여 보험자를 보조하는 자이다. 상법에서는 보험대리상이라고 하며, 보험업법에서는 보험대리점으로 부르고 있다. 보험대리상은 다음의 권한이 있다. ① 보험료수령권 ② 보험자가 작성한 보험증권을 보험계약자에게 교부할 수 있는 권한 ③ 보험계약자로부터 의사표시를 수령할 수 있는 권한 ④ 보험계약자에게 의사표시를 할 수 있는 권한 다만, 보험자는 개별계약을 통하여 보험대리상의 권한을 제한할 수 있으나, 보험자는 그러한 권한 제한을 이유로 선의의 보험계약자에게 대항하지 못한다.
보험중개사	보험중개사는 보험자에 소속되지 않고 독립적으로 보험계약의 체결을 중개하는 자이다. 보험중개사는 보험계약자와 보험자 사이에서 보험계약체결을 이행 보조한다는 점과 독립된 상인이라는 점에서 보험대리상과 유사하나 특정한 보험자의 위임을 받아 그 보험자를 위하여 중개하는 것이 아니라는 점에서 보험대리상과 차이가 있다. 보험계약체결권, 고지수령권, 보험료수령권 등 보험계약과 관련된 일체의 권한이 없다. 다만, 업무의 성격상 보험요율의 협상권 정도만 인정될 뿐이다.
보험설계사	보험대리상이 아니면서 특정한 보험자를 위하여 보험계약의 체결을 중개하는 자이다. 보험업법에서는 보험회사ㆍ보험대리점 또는 보험중개사에 소속되어 보험계약의 체결을 중개하는 자로 정의한다. 보험설계사는 독립된 상인이 아니며 특정 사업자에 전속되어 보험계약의 체결을 중개하기 때문에 보험중개사와는 차이가 있으며 불특정 다수의 보험회사를 위해서 보험계약의 중개를 할 수 없다. 보험설계사는 고지수령권이 없으므로 보험계약자가 보험설계사에게 고지하였다고 하더라도 이를 보험자에게 전달하지 않으면 정상적인 고지의무 이행으로 볼 수 없다. 보험설계사는 다음의 권한이 인정된다. ① 보험자가 작성한 보험증권을 보험계약자에게 교부하는 권한 ② 보험자가 작성한 영수증을 보험계약자에게 교부하는 경우에 한하여 보험료수령권
보험의	인보험계약에서 피보험자의 신체검사를 행하여 보험자에게 그 결과를 전달하는 보조자이다. 보험계약체결권, 보험료수령권 등은 인정되지 않지만 고지수령권은 인정된다. 따라서 보험계약자 또는 피보험자가 중요한 병력사항을 청약서에는 진술하지 않았지만 신체검사 당시에 보험의에게 고지하였다면 이는 고지의무를 이행한 것으로 본다.

시험 출제 포인트

주요 권리	보험설계사	보험대리상	보험중개사	보험의
고지수령권	×	○	×	○
계약체결대리권	×	○	×	×
보험료 수령권	△ (보험자가 발급한 영수증을 교부하는 경우에 한함)	○	×	×
보험증권 교부권	○	○	×	×
의사표시 수령권	×	○	×	×
의사표시권	×	○	×	×

나. 보험 사고

(1) 의의

보험자의 보험금 지급의무를 구체화시키는 우연한 사고를 말한다. 즉, 화재의 발생이나 사람의 사망, 자동차의 사고 등과 같이 보험계약에서 보험자에게 보험금 지급책임을 발생시키는 우연한 사고를 의미한다.

(2) 요건

보험사고는 1) 우연하며, 2) 발생 가능하여야 하고, 3) 한정성이 있어야 한다. 다만 보험사고의 불확정성은 반드시 객관적일 필요는 없고, 당사자 사이에 주관적으로 불확정하면 충분하다. 예를 들어 보험계약을 체결할 당시에 보험사고가 이미 발생하였으나, 보험계약의 당사자 쌍방과 피보험자가 이를 알지 못했다면 그 보험계약은 유효하다. 또한 사고 발생 여부가 불확정인 것 뿐만 아니라 발생 시기가 불확실한 것도 보험사고의 우연성을 만족한 것으로 볼 수 있다. 예를 들어 생명보험 계약에서 보험사고인 사람의 사망은 누구나 사망을 하지만(확정적), 언제 사망할지 모르게 때문에(불확정적) 우연성을 만족하여 보험사고의 대상이 될 수 있다.

다. 보험의 목적

보험사고가 발생하는 대상이 되는 객체이다. 피보험자의 재산이나 물건이 해당하며 인보험이라면 사람의 생명 또는 신체가 보험의 목적이다. 법인은 그 성질상 인보험의 보험의 목적이 될 수 없다. 다만 자연인이라고 하여 모두 인보험에서 보장하는 보험의 목적이 될 수 있는 것은 아니다. 예를 들어 만 15세 미만자 등의 사망을 보험사고로 하는 경우에는 해당 보험계약을 무효로 하는 등 제약이 있다.

라. 보험료와 보험금액

보험료는 보험계약에 따라 보험계약자가 보험자에게 지급하는 금액이다. 당사자 간에 다른 약정이 없으면 보험자의 책임은 보험자가 최초의 보험료를 지급받은 때부터 개시한다(상법 제656조). 보험자는 보험계약자의 보험료 지급의무에 상응하여 보험사고 발생시 보험금 지급의무를 부담한다. 보험금액은 손해보험에서 보험자가 책임지는 계약상 최고 한도액(보험가입금액)을 말하며, 현실적으로 보험자가 지급하는 보상액(보험금)의 의미로 사용하기도 한다. 보험금은 현금으로 지급하는 것이 보통이나 당사자의 약정에 따라 현물이나 기타의 서비스로 지급하는 것도 가능하다.

마. 보험기간과 보험료기간

(1) 보험기간

보험기간이란 보험자의 책임이 개시되고 종료할 때까지의 일정기간을 말하는 것으로 책임기간 또는 위험기간이라고도 한다. 보험자가 보험금을 지급하기 위해서는 보험사고가 보험기간 내에 발생하여야 하기 때문에 보험자의 책임을 기간으로 한정하는 것으로 이해하면 쉽다. 별도의 약정이 없는 한 보험기간은 보험자가 <u>최초의 보험료를 받은 때</u>부터 시작된다. 보험기간을 정의하는 방법에는 시간을 기준으로 하는 기간보험(time period), 행위를 기준으로 하는 구간보험(voyage period), 기간보험과 구간보험의 요소가 섞여 있는 혼합보험(mixed period)이 있다.

> **시험 출제 포인트**
>
> ▶ 현재 국내에서 사용 중인 해외여행보험 약관 문구
> 회사는 피보험자가 보험증권에 기재된 여행을 목적으로 주거지를 출발하여 여행을 마치고 주거지에 도착할 때까지의 여행 도중에 보험금 지급사유가 발생한 경우에 약정한 보험금을 지급합니다.

(2) 보험계약기간

보험계약이 유효하게 존속하는 기간을 말한다. 보험계약의 성립은 보험계약자의 청약과 보험자의 승낙으로 이루어지므로 보험자의 승낙시점이 보험계약기간의 시기가 되고 보험계약에서 정한 만료일이 보험계약기간의 종기이다. 일반적으로 보험계약기간과 보험기간은 일치하는 것으로 기대되지만, 소급보험이나 승낙전 사고 담보제도가 적용되는 경우처럼 보험기간이 보험계약기간보다 장기인 경우도 얼마든지 존재할 수 있다. 또한 보험계약 성립 이후 장래의 특정일로부터 보험자의 책임이 개시되는 예정보험이나, 보험계약이 성립한 날로부터 그 날을 포함하여 90일 이후에 보험자의 책임이 개시되는 암보험과 같이 보험계약 성립 후 일정한 기간 이후에 보장이 개시되는 보험도 존재한다. 따라서 보험기간과 보험계약기간은 반드시 일치하는 것은 아니다.

(3) 보험료기간

보험자가 위험을 측정하여 보험료를 산출하는 단위기간을 말한다. 보험자가 보험제도를 운영하기 위해서는 통계적으로 위험을 측정하여야 하는데, 그 위험을 측정하기 위한 일정한 단위기간이다. 실무상 보통 1년의 기간을 말하며 이 기간에 기초하여 사고발생률을 측정하여 계산한다. 예를 들어 화재보험의 위험발생률과 손실심도는 계절에 따라 크게 달라지므로, 1년 단위로 계산하는 것이다.

(4) 보험료 불가분의 원칙

상법에 명문화된 규정이 없으나 보험기술상 인정되는 것으로 보험료 기간의 보험료는 하나이므로 보험기간 중 보험계약이 해지되더라도 보험자는 그 보험료 전액을 취득한다는 원칙이다. 따라서 보험자가 손해를 보상할 경우에 보험료의 지급을 받지 아니한 잔액이 있으면 그 지급기일이 도래하지 아니한 때라도 보상할 금액에서 이를 공제할 수 있다(상법 제677조). 그러나 오늘날 통계기술의 발달과 소비자 보호 측면에서 실무상 일할 계산한 나머지의 보험료를 환급하는 경우가 많다. 보험료 불가분의 원칙은 보험의 기술적인 측면에서 제시된 이론이므로 절대적인 것이 아니며 계약 당사자의 합의로 얼마든지 그 적용 여부 및 범위를 변경할 수 있기 때문이다.

(5) 소급보험

보험계약이 성립하기 전의 어느 시점부터 보험기간이 시작되는 보험을 말한다. 소급보험이 성립하기 위해서는 주관적 우연성이 존재하여야 한다. 해상보험을 예로 들면 1월 1일 선박이 출항한 이후, 1월 20일에 보험계약을 체결하면서 보험기간을 1월 1일부터 시작으로 설정하는 것이 소급보험이다. 원칙적으로 보험계약 체결 이전인 1월 10일에 보험사고가 이미 발생하였다면 그 계약은 무효이나, 당사자 쌍방과 피보험자가 보험사고가 발생했다는 사실을 알지 못했다면 보험계약은 유효하다.

> **시험 출제 포인트**
>
> 원칙적으로 보험계약 당시에 보험사고가 이미 발생하였거나 발생할 수 없는 때에는 보험제도의 의미가 없는 바 그 계약은 무효이다. 다만, 이러한 보험사고의 우연성은 객관적으로 우연할 것이 아니라 보험계약자 당사자 쌍방과 피보험자가 몰랐다면 충분하다는 주관적 우연성을 필요로 한다. 따라서 보험계약자, 보험자 및 피보험자가 보험사고의 발생 사실을 알지 못한 상태에서 보험계약을 체결하였다면 해당 보험계약은 유효하다. 이로서 소급보험 성립이 가능한 것이다.

4. 보험계약의 체결

가. 계약의 성립

보험계약은 별도의 형식을 요하지 않는 불요식 계약이며, 보험계약자의 청약에 대하여 보험자의 승낙만으로 성립하는 낙성계약이다. 보험계약자의 청약의 방식에는 제한이 없으므로 서면은 물론이고 전화, 구두, 팩스, 인터넷 등의 방법이 모두 가능하다. 보험자의 승낙 의사표시도 별도의 제한이 없으나 실무상 보험증권을 전달하는 것으로 승낙 의사표시를 한다. 보험계약의 성립은 청약과 승낙이라는 의사의 합치만으로 성립하므로 보험료의 납입이나 보험증권의 교부는 보험계약 당사자의 권리와 의무일 뿐이지 계약의 성립요건이 아니다.

나. 낙부 통지의무

(1) 의의

민법의 일반 원칙상 청약자가 자신의 청약에 대한 승낙의 통지를 상당한 기간 동안 받지 못하였다면 청약은 효력을 잃으며 계약도 성립하지 않는다(민법 제528조 및 제529조). 그러나 보험계약의 청약에 있어서는 보험가입자의 합리적인 기대를 보호하기 위하여 보험자에게 일정한 기간 내에 청약에 대한 승낙 혹은 거부의 의사표시를 발송할 의무를 규정하고 있다. 이를 낙부(승낙 or 거부) 통지의무라고 한다.

(2) 인정 취지

보험계약자는 자신의 위험을 보험자에게 전가하기 위하여 청약과 함께 보험료의 전부 또는 일부를 지급하면 그때부터 위험에 대한 보장을 받는 것으로 신뢰하는 경우가 많고, 보험자의 입장에서도 위험보장의 대가인 보험료를 지급받았다면 지체없이 위험의 인수여부를 결정하고 그 결과를 상대방에게 통지하는 것이 타당하기 때문이다.

(3) 내용 및 기산점

보험자가 유효한 보험계약의 청약과 함께 보험료의 전부 또는 일부를 받았을 때에는 다른 약정이 없으면 30일 이내에 보험계약자에게 낙부(승낙 or 거절)의 통지를 발송하여야 한다. 따라서 낙부통지의 기산일은 원칙적으로 청약과 함께 보험료를 지급받은 때부터이다. 다만 인보험계약에서 신체검사를 필요로 하는 보험계약은 신체검사를 받은 날로부터 기산한다. 만약 피보험자가 신체검사를 재검사하여야 하는 경우에는 재검사일로부터 기산한다.

다. 승낙의제

보험자가 30일이 지나도록 낙부의 통지를 게을리한 때에는 해당 보험계약을 승낙한 것으로 보는데 이를 "승낙의제"라고 한다.

> **관련조항**
>
> ▶ 제638조의2(보험계약의 성립)
>   ① 보험자가 보험계약자로부터 보험계약의 청약과 함께 보험료 상당액의 전부 또는 일부의 지급을 받은 때에는 다른 약정이 없으면 30일내에 그 상대방에 대하여 낙부의 통지를 발송하여야 한다. 그러나 인보험계약의 피보험자가 신체검사를 받아야 하는 경우에는 그 기간은 신체검사를 받은 날부터 기산한다.
>   ② 보험자가 제1항의 규정에 의한 기간내에 낙부의 통지를 해태한 때에는 승낙한 것으로 본다.
>   ③ 보험자가 보험계약자로부터 보험계약의 청약과 함께 보험료 상당액의 전부 또는 일부를 받은 경우에 그 청약을 승낙하기 전에 보험계약에서 정한 보험사고가 생긴 때에는 그 청약을 거절할 사유가 없는 한 보험자는 보험계약상의 책임을 진다. 그러나 인보험계약의 피보험자가 신체검사를 받아야 하는 경우에 그 검사를 받지 아니한 때에는 그러하지 아니하다.

라. 승낙전 사고 담보

(1) 의의

보험계약은 보험계약자의 청약과 보험자의 승낙으로 성립하므로 보험자의 보상책임은 보험계약이 성립한 이후부터 발생하는 것이 타당하다. 다만 보험계약자가 청약과 함께 보험료 상당액의 전부 또는 일부를 납입한 경우에 보험자가 승낙의 의사표시를 하기 전이라고 하더라도 그 청약을 거절할 사유가 없는 한 보험자가 보상책임을 부담한다. 이를 '승낙 전 사고 담보제도' 또는 '잠정적 보호제도(temporary cover)'라고 한다.

(2) 취지

보험제도에 대하여 잘 이해하지 못하는 일반 보험계약자는 보험계약의 청약과 보험료를 납입한 경우에 보험자의 보장이 시작되었을 것으로 기대하므로 이러한 기대와 신뢰를 보호할 필요가 있다. 또한 보험자의 입장에서도 위험보장에 상응하는 보험료를 지급받았다면 보험

청약을 승낙하기 이전까지 실제로 위험을 인수하지 않으면서도 금전적 이익을 누리고 있으므로 보험료와 위험보장의 대칭성을 유지할 필요가 있다. 청약을 거절할 만한 사유가 없는 상황에서 단지 보험자의 승낙이 아직 없었다는 이유로 보험료를 이미 수령한 보험자가 그 사이에 발생한 보험사고에 대해 보험금 지급책임을 부담하지 않는 것은 불합리하다.

(3) 법적 성질

승낙 전 보호제도는 보험계약의 성립을 요건으로 하는 것이 아니기 때문에 계약상의 책임이 아니라 법이 부여하는 법정 책임이다.

(4) 요건

① 보험계약자의 청약
② 보험료의 상당액의 전부 또는 일부(제1회 보험료)의 지급
③ 청약을 승낙하기 전에 보험사고 발생
④ 그 청약을 거절할 사유가 없어야 함
⑤ 인보험계약의 피보험자가 신체검사를 받아야 하는 경우에 그 검사를 받아야 함

(5) 거절할 사유

상법에는 거절할 사유에 대해서 아무런 설명이 없다. 일반적으로 청약을 거절할 사유란 보험자가 마련한 인수기준에 의하여 인수할 수 없는 위험 상태이거나 인수하기에 적합하지 않은 위험을 말한다. 객관적인 인수기준에 의한 부적격 피보험체이거나 고지의무 위반 사실이 있는 경우가 이에 해당한다. 또한 <u>청약을 거절할 사유의 존재에 대한 증명책임은 보험자</u>에게 있다(대법원 2008. 11. 27. 선고 2008다40847 판결). 만약 승낙전 사고 담보가 인정된다면 사고 발생 사실을 보험자에게 통지하지 않았다는 사정은 청약을 거절할 사유가 될 수 없다.

5. 고지의무(duty of disclosure)

가. 의의

보험계약을 체결할 때에 보험계약자 또는 피보험자가 중요한 사실을 보험자에게 고지하고, 부실의 고지를 하지 않을 의무이다. 생명보험 표준약관에서는 계약전 알릴의무라고 표현한다. 고지의무는 보험자가 부담하는 약관 교부설명의무와 대응되는 성격을 가진다.

나. 법적 성질

보험계약자 측의 고지의무 위반이 있더라도 보험자가 손해배상을 청구하거나 의무 이행을 강제할 수 없다. 따라서 간접의무이며 자기의무이다. 또한 보험계약의 효과에 의하여 발생하는 것이 아니라 보험계약 성립 전에 상법에서 정한 법률 규정에 의하여 발생하므로 법정의무이다. 즉 보험계약의 묵시적 조건이 아니라 계약 밖에서 인정되는 보험법상의 특수한 의무이다.

다. 당사자

(1) 고지의무자

보험계약자와 피보험자가 고지의무를 부담한다. 의무의 이행은 대리인에 의해서도 가능하며, 대리인에 의하여 보험계약이 체결되는 경우에는 보험계약자 등 본인이 알고 있는 사실 뿐만 아니라 대리인 자신이 알고 있는 사항도 고지하여야 한다(상법 제646조). 보험계약자와 피보험자가 동일인이면 문제가 없으나 타인을 위한 손해보험이나 타인의 생명보험의 경우에는 보험계약자와 별도로 피보험자도 고지의무를 이행하여야 한다. 손해보험의 경우 피보험자는 피보험이익의 주체이며 보험의 목적을 실질적으로 지배하고 있기 때문이며, 인보험에서도 피보험자의 생명과 신체에 관한 사항은 피보험자 본인이 가장 잘 알고 있기 때문이다. 인보험의 보험수익자는 고지의무자에 포함되지 않으니 주의하여야 한다.

(2) 고지수령권자

보험자는 보험계약의 당사자로서 당연히 고지수령권을 가진다. 이외에 보험대리상과 인보험에서 보험의도 고지수령권을 가진다. 보험의는 보험계약 체결에 관한 권한은 없으나 의사라는 특성과 계약 체결과정에서의 역할을 고려하여 고지수령권이 인정된다. 다만, 보험자에게 소속된 의사가 보험계약자 등을 검진하였다고 하더라도 그 검진이 위험측정자료를 보험자에게 제공하는 보험자의 보조자로서의 자격으로 행해진 것이 아니라면 그 의사가 보험자에게 소속된 의사라는 사유만으로 그 의사가 검진 과정에서 알게 된 보험계약자 등의 질병을 보험자도 알고 있으리라고 보거나 그것을 알지 못한 것이 보험자의 중대한 과실에 의한 것이라고 할 수는 없다(대법원 2001. 1. 5. 선고 2000다40353 판결). 보험설계사와 보험중개사는 고지수령권이 없다. 따라서 이들에게 행한 고지는 고지의무 이행으로 효력이 인정되지 않는다. 예를 들어 보험청약서에 자신이 보유하고 있는 병력에 관한 사항을 기재하지 않고 보험설계사에게 구두로만 말한 것은 제대로 된 고지의무를 이행한 것이 아니다.

라. 의무 이행의 시기와 방법

(1) 시기

상법 제651조에서는 보험계약 당시에 고지하도록 규정하고 있다. 여기서 계약 당시란 보험계약자가 보험 청약을 한 때가 아니라 계약의 성립 시를 말한다. 즉 고지의무 위반 여부는 보험계약 성립 시를 기준으로 판단한다(대법원 2012. 8. 23. 선고 2010다78135,78142 판결). 따라서 보험계약자는 보험 청약 시에 고지하지 못한 내용이라도 보험계약 성립 시, 즉 보험자가 승낙하기 전까지 고지하면 고지의무를 이행한 것으로 본다. 반면에 보험계약청약 시에 존재하지 않은 사실이라고 하더라도 보험계약 성립 이전에 발생한 사실은 보험자에게 고지하여야 한다.

(2) 방법

보험계약은 불요식 계약으로 고지의 방법에는 제한이 없다. 구두, 서면, 인터넷, 전화 등과 같이 보험자에게 그 뜻을 전달할 수 있는 방법이면 무엇이든 가능하다. 다만 보험실무에서는 보험계약자가 무엇이 중요한지 알지 못하는 경우가 많고, 고지여부에 대한 입증을 명확히 하고 차후 분쟁을 회피하기 위하여 질문표를 사용하는 것이 일반적이다.

마. 중요한 사항

(1) 중요한 사항

고지의 대상이 되는 것은 중요한 사항이다. 여기서 말하는 중요한 사항이란 보험자가 위험을 측정하여 보험료를 산출하는 것에 영향을 주는 사항으로 계약 당시에 그 사실을 알았더라면 보험계약을 체결하지 않았거나 적어도 같은 조건으로는 체결하지 않았으리라 예상되는 사항을 말한다. 어떠한 사실이 이에 해당하는가는 사실 인정의 문제로 보험의 기술에 비추어 객관적으로 관찰하여 판단하여야 한다.

(2) 서면에 의한 질문

보험계약자의 입장에서는 어떤 사항이 중요한 것인지 잘 알지 못하는 경우가 많으며 중요성에 대한 판단은 서로의 이해관계에 따라 다를 수 있기 때문에 분쟁의 우려가 높다. 따라서 보험 실무상 청약서의 질문표를 이용하여 고지의무를 이행하도록 유도하고 있으며 우리 상법은 보험자가 서면으로 질문한 사항은 중요한 사항으로 추정한다고 하여 이를 뒷받침하고 있다(상법 제651조의2).

바. 고지의무 위반

(1) 의무 위반의 성립

보험계약자 또는 피보험자의 고의 또는 중대한 과실로 중요한 사항에 대하여 불고지 또는 부실고지를 하였다면 고지의무 위반이 성립한다. 고지의무 위반에 대한 증명책임은 의무 위반을 이유로 보험계약을 해지하고자 하는 보험자에게 있다.

(2) 해지권 행사

보험계약자 측에게 고지의무 위반이 있다면 보험자는 그 계약을 해지할 수 있다. 해지의 효력은 장래에 향하여 발생하는 것이 원칙이지만 고지의무 위반을 이유로 보험계약을 해지하는 경우에는 보험자는 보험금을 지급할 책임이 없고 이미 지급한 보험금의 반환을 청구할 수 있다. 이렇게 보험계약에서 고지의무 위반 해지에 대하여 특칙을 부여한 이유는, 일반적으로 보험자가 보험계약자 측의 고지의무 위반 사실을 알게 되는 것은 보험사고가 발생한 이후이기 때문이다. 따라서 해지의 장래효를 그대로 인정하면, 보험자의 입장에서는 고지의무 위반에도 불구하고 보험금을 지급해야 하기 때문에 해지가 무의미한 조항이 되어 버린다. 이러한 점에서 특칙을 인정한 것이다.

(3) 해지권 행사 제한 사유

고지의무 위반 사실을 안 날로부터 1월, 계약이 성립한 날로부터 3년이 지나면 그 계약을 해지할 수 없다. 보험자가 보험계약 체결 당시에 고지의무 위반 사실을 알았거나 중대한 과실로 알지 못한 때에도 그 계약을 해지할 수 없다.

(4) 보험금 지급과의 관계

상법 제655조 단서에 의하면 고지의무(告知義務)를 위반한 사실이 보험사고 발생에 영향을 미치지 않았음이 증명된 경우에는 보험자는 보험금을 지급할 책임이 있다. 이때 고지의무 위반 사실과 보험사고 발생 사이에는 상당인과관계를 요구하는 것이 아니며 인과관계를 조금이라도 엿볼 수 있는 여지가 있으면 인과관계를 인정한다.

> **관련판례**
>
> ▶ 대법원 1992. 10. 23. 선고 92다28259 판결
> 보험계약을 체결함에 있어 중요한 사항의 고지의무를 위반한 경우 고지의무 위반사실이 보험사고의 발생에 영향을 미치지 아니하였다는 점, 즉 보험사고의 발생이 보험계약자가 불고지하였거나 부실고지한 사실에 의한 것이 아니라는 점이 증명된 때에는 상법 제655조 단서의 규정에 의하여 보험자는 위 부실고지를 이유로 (생략) 만일 그 <u>인과관계의 존재를 조금이라도 규지할 수 있는 여지가 있으면 위 단서는 적용되어서는 안될</u> 것이다.

(5) 설명의무와의 충돌

보험자는 보험계약 체결 당시에 보험계약자에게 약관의 중요한 내용에 대하여 구체적이고 상세하게 설명하여야 할 의무가 있다. 보험자가 이러한 약관 교부 설명의무를 위반한 경우와 보험계약자 측의 고지의무 위반이 서로 충돌하는 경우에는 보험계약자가 설명 받지 아니한 사항에 대하여 고지의무를 위반하였다고 하더라도 보험자는 이를 이유로 계약을 해지할 수 없다(대법원 1998. 4. 10. 선고 97다47255 판결). 예를 들어 보험계약자가 자동차보험을 체결하면서 주운전자에 대하여 고지의무를 위반하였으나 보험자가 그에 관하여 아무런 설명을 하지 않은 경우라면 보험계약자의 고지의무 위반을 이유로 보험계약을 해지할 수 없다.

사. 고지의무 위반이 사기에도 해당하는 경우

(1) 상법상 고지의무 위반

상법 규정에 의하면 보험계약자 또는 피보험자가 보험계약 당시에 고의 또는 중대한 과실로 인하여 고지의무를 위반한 경우 보험자는 그 사실을 안 날로부터 1월 내에, 계약을 체결한 날로부터 3년 내에 한하여 보험계약을 <u>해지</u>할 수 있다.

(2) 민법상 사기 착오 취소

민법 제109조와 제110조의 규정에 의하면 법률행위의 중요 부분에 착오가 있는 때에는 해당 법률행위를 <u>취소</u>할 수 있으며, 사기나 강박에 의한 의사표시를 <u>취소</u>할 수 있다. 민법에 의하

여 계약을 취소하는 경우에는 추인할 수 있는 날로부터 3년, 법률행위를 한 날로부터 10년의 기간동안 취소권을 행사할 수 있다. 따라서 상법상 해지와 비교하여 행사 기간의 차이가 발생한다.

(3) 고지의무 위반이 사기 착오에도 해당하는 경우

단순 고지의무 위반이라면 상법상 해지권만 적용하는 것이 당연하겠으나, 고지의무 위반이 사기나 착오에도 해당하는 경우에 보험자가 상법상 해지권만 행사할 수 있는지 혹은 민법상 취소권도 행사할 수 있는지에 대해서는 학설이 대립되고 있다.

① 상법 단독적용설: 상법은 민법에 대한 특칙이므로 상법상 해지권만 적용할 수 있는 입장이다.
② 민상법 중복적용설: 보험자의 선택에 따라 상법상 해지권과 민법상 취소권을 모두 적용할 수 있다는 입장이다.
③ 절충설(사기 착오 구별설): 단순한 착오인 경우에는 상법상 해지권만 적용하는 것이 타당하겠으나, 보험계약자의 사기가 있는 경우에는 특혜를 줄 필요가 없으니 상법상 해지권과 민법상 취소권을 모두 적용하자는 주장이다.
④ 판례 및 통설: 대법원 판례는 민상법 중복적용설이며, 다수설은 절충설[2])에 따른다.

> **관련판례**
>
> ▶ **대법원 1991. 12. 27. 선고 91다1165 판결**
> 보험계약을 체결함에 있어 중요한 사항에 관하여 보험계약자의 고지의무위반이 사기에 해당하는 경우에는 보험자는 상법의 규정에 의하여 계약을 해지할 수 있음은 물론 민법의 일반원칙에 따라 그 보험계약을 취소할 수 있다.
>
> ▶ **대법원 2002. 7. 26. 선고 2001다36450 판결**
> 공사도급계약과 관련하여 체결되는 이행(계약)보증보험계약이나 지급계약보증보험에 있어 그 보험사고에 해당하는 수급인의 채무불이행이 있는지 여부는 그 보험계약의 대상으로 약정된 도급공사의 공사금액, 공사내용 및 공사기간과 지급된 선급금 등을 기준으로 판정하여야 하므로, 이러한 보증보험계약에 있어 공사계약 체결일이나 실제 착공일, 공사기간도 공사대금 등과 함께 그 계약상 중요한 사항으로서 수급인 측에서 이를 허위로 고지함으로 말미암아 보험자가 그 실제 공사의 진행상황을 알지 못한 채 보증보험계약을 체결한 경우에는 이는 법률행위의 중요한 부분에 관한 착오로 인한 것으로서 민법의 일반원칙에 따라 보험자가 그 보험계약을 취소할 수 있다.

---

2) 실무에서는 표준약관에 '사기에 의한 계약'이라는 조항을 두어 사기로 계약이 성립되었을 경우에만 계약 취소권을 행사하되 그 기간을 안 날로부터 1월, 계약체결일로부터 5년으로 축소하여 절충설의 입장에 있다.

6. 보험계약의 효과

가. 보험자의 의무

(1) 보험증권의 작성 교부

(가) 보험증권

보험증권이란 보험계약의 성립과 그 내용을 증명하기 위하여 보험자가 보험계약의 내용을 기재하여 보험계약자에게 교부하는 증권을 말한다. 일반적으로 보험자가 보험증권을 교부하는 것으로 승낙의 의사표시를 한다.

(나) 보험증권의 법적 성질

요식증권	보험증권에 기재하여야 할 사항에 대하여 상법이 명시하고 있으므로 요식증권의 성격을 가지고 있다. 그러나 이러한 경우에도 보험계약 자체는 불요식 계약임에는 틀림없으며, 어음이나 수표와 같은 엄격한 요식성을 필요로 하는 것은 아니므로 불완전한 요식증권성에 불과하다. 보험증권에 흠결이 있다고 하여 보험계약의 효력이 좌우되는 것은 아니기 때문이다.
면책증권	보험자가 보험증권을 제시한 자에게 악의 또는 중과실 없이 보험금을 지급하면 그로써 책임을 면한다. 보험자가 보험증권을 제시하는 자의 자격을 조사할 권리는 있어도 의무사항은 아니기 때문이다.
상환증권	보험증권과 상환하여 보험금을 지급하는 경우에는 상환증권성을 인정할 수 있다. 그러나 현실적으로 보험증권을 제출할 수 없는 경우에 다른 방법으로 권리를 증명함으로써 보험금 청구가 가능하며, 상법에서도 보험증권이 멸실이나 훼손되는 경우에 보험증권을 재교부할 수 있도록 규정하고 있는 바, 보험증권의 상환증권성을 인정할 필요가 없다는 것이 통설이다. 운송보험 등에서 일부 상환증권성을 인정해야 한다는 견해도 있으나 이 경우에도 약한 상환증권의 성격을 보유하고 있다고만 주장할 뿐이다.
증거증권	일반적인 보험증권은 보험계약의 성립을 증명하기 위하여 보험자가 발행하는 증거증권에 불과하므로 보험증권을 작성하여야만 보험계약상의 권리의무가 발생하는 것이 아니다. 따라서 보험증권의 발행은 보험계약 성립요건에 해당하지 않는다. 보험증권에 기재된 내용은 사실 상의 추정으로 증거의 효력이 인정되므로 만약 다른 증거 등에 의하여 반대사실이 입증된다면 그 추정이 번복될 수 있다.
유가증권	유가증권이란 재산적 가치가 있는 증권으로 권리의 행사를 위해 증권의 소지를 필요로 하는 것을 말한다. 유가증권은 권리의 주체로부터 권리를 분리시킴으로써 이를 유통의 대상으로 할 수 있도록 만들어진 제도이다. 일부 지시식 또는 무기명식으로 보험증권이 발행되는 운송보험이나 적하보험에서 유가증권성이 인정되기는 하지만 이러한 경우에도 보험증권상의 권리는 일종의 기대권에 불과한 점 등에서 불완전한 유가증권에 불과하다. 특히 피보험자의 생명 또는 신체를 담보로 하는 인보험의 경우에는 더욱 유가증권성을 인정하기 어렵다.

유인증권	유인증권이란 증권의 권리가 증권의 발행만으로 발생하지 아니하고 원인이 되는 법률관계의 존재를 필요로 하는 증권이다. 보험증권의 효력은 증권 그 자체만으로 발생하지는 않으며, 보험증권의 원인이 되는 보험계약에 따라 영향을 받는다. 만약 보험증권의 원인이 되는 보험계약이 해지 등 법률 효력에 변경이 발생하였다면 정당한 보험증권 소지인이라고 하더라도 그 영향을 받을 수 밖에 없다. 따라서 보험증권은 유인증권에 해당한다.

(다) 보험증권의 작성 교부의무

보험자는 보험증권을 작성하여 보험계약자에게 교부하여야 한다. 타인을 위한 보험계약이라고 달라지지 않으므로, 타인(피보험자나 보험수익자)이 아니라 보험계약자에게 보험증권을 교부하여야 한다. 보험계약자는 1인이고 피보험자가 수인인 단체보험에서도 보험계약자에게만 보험증권을 교부한다. 즉 수인의 피보험자 전부에게 보험증권을 교부할 필요가 없다.

(라) 이의 약관

보험계약의 당사자는 보험증권의 교부가 있는 날부터 1월을 내리지 않는 기간에서 그 증권내용의 정부에 관하여 이의를 제기할 수 있음을 약정할 수 있다. 즉 증권 이의 제기기간은 1개월 이상으로 하여야 한다.

(마) 보험증권의 멸실 훼손과 재교부

보험증권을 멸실 또는 현저하게 훼손한 때에는 보험계약자는 보험자에 대하여 보험증권의 재교부를 청구할 수 있다. 재교부를 위한 보험증권 작성 비용은 보험계약자의 부담으로 한다.

(2) 보험사고 발생 시의 보험금 지급의무

(가) 보험금 지급책임의 발생

① 보험사고의 발생: 보험자의 보험금 지급책임을 발생시키는 사고이다. 보험기간 중에 보험계약에서 정한 보험사고가 발생하고 이로 인한 손해가 있어야 한다.

② 보험계약자의 보험료 지급: 보험계약이 성립하였더라도 최초보험료가 지급되지 않았으면 보험자는 보험금을 지급할 책임이 없다. 일부의 경우(예 소급보험)를 제외하고 원칙적으로 보험기간이 개시되는 시점은 최초의 보험료를 지급받은 때부터이다. 따라서 보험사고도 최초의 보험료를 지급받은 시점 이후에 발생하여야 한다.

③ 승낙전 사고 담보: 보험자가 보험계약자로부터 보험계약의 청약과 함께 보험료 상당액의 전부 또는 일부를 받은 경우에 그 청약을 승낙하기 전에 보험계약에서 정한 보험사고가 생긴 때에는 그 청약을 거절할 사유가 없는 한 보험자는 보험계약상의 책임을 진다.

④ 보험사고 발생 통지의무: 보험계약자 또는 피보험자나 보험수익자는 사고의 발생을 안 때에는 지체없이 이를 보험자에게 통지하여야 한다. 만약 보험사고 발생 통지의무를 게을리하여 손해가 증가되었다면 보험자는 그 증가된 손해에 대해서는 보상할 책임이 없다.

(나) 보험금 지급

① 보험금 청구권자: 손해보험에서는 피보험자이며, 인보험에서는 보험수익자가 보험금 청구권을 행사한다.

② 지급방법과 지급시기: 보험금은 금전으로 지급하는 것이 원칙이나, 당사자 간의 약정에 따라 현물 또는 그 밖의 급여로 지급하는 것도 가능하다. 보험금 지급에 관하여 약정한 기간이 있는 경우에는 그 기간 내에, 약정한 기간이 없으면 지체 없이 그 지급할 보험금액을 정하고, 그 정하여진 날부터 <u>10일 이내</u>에 보험금액을 지급하여야 한다.

③ 보험금청구권의 소멸시효: 보험금 청구권은 <u>3년</u>간 행사하지 아니하면 시효의 완성으로 소멸한다. 보험금 청구권의 기산점에 관련하여서는 상법에 달리 정해진 바가 없으므로 민법의 일반원칙 따라「권리를 행사할 수 있는 때」부터 시작한다고 해석한다. 따라서 보험금 지급에 있어서는 원칙적으로 보험사고 발생시이다. 만약 보험사고가 발생한 것인지 그렇지 않은 것인지 객관적으로 분명하지 않아 보험금 청구권자가 과실 없이 보험사고 발생을 알 수 없었던 경우에는 보험사고가 발생하였음을 알았거나 알 수 있었을 때부터 소멸시효가 진행한다. 한편 대법원 판례에 의하면 보험금 지급유예 기간이 있는 경우에도 소멸시효의 기산점은 보험사고가 발생한 때부터 진행하고 지급유예 기간이 경과한 다음 날부터 진행한다고는 볼 수 없다.

> **시험 출제 포인트**
>
> 보험금청구권의 기산점에 관련하여서는 상법에는 달리 정해진 바가 없으며, 보통 민법에 따라「권리를 행사할 수 있는 때」부터 시작한다고 해석한다. 보험에서는 원칙적으로 보험사고 발생시이다.

(다) 보험자의 면책사유

① 의의: 면책사유란 보험자가 보험금을 지급하지 않는 사유로, 보상에서 제외하는 사항(비담보위험, exclusion)과 보험사고의 원인에서 제외하는 사항(면책위험, exception)으로 구분할 수 있다. 다만, 구분의 큰 의미는 없다.

② 면책사유의 종류: 법에서 규정하고 있는 법정 면책사유와, 당사자 간의 약정으로 규정하는 약정 면책사유로 구분할 수 있다. 또다른 분류법으로는 공서양속에 반하거나 보험제도의 본질에 반하기 때문에 어떠한 이유에서건 인정될 수 없는 면책사유인 절대적 면책사유와, 보험기술상 어렵거나 고액의 보험료를 부과할 수 밖에 없이 인정하는 상대적 면책사유가 있다.

③ 법정 면책사유 – 공통

인위적 사고	보험사고가 보험계약자, 피보험자 또는 보험수익자의 고의 또는 중대한 과실로 인하여 생긴 때에는 보험자는 보험금을 지급할 책임이 없다. 이는 보험제도의 본질에 반하는 것이므로 절대적 면책사유이다. 다만 인보험에서는 고의사고만 면책이며 중과실로 인한 사고는 보험금을 지급한다. 면책사유 적용을 위해서 고

	의사고를 일으킨 자에게 보험금을 취득하고자 하는 의사가 있어야 하는 것은 아니다. 즉 사고에 대한 고의만 있으면 충분하며 보험금 취득에 대한 고의까지 필요로 하는 것은 아니다. 예를 들어 피보험자를 고의로 살해하였다면 생명보험금 지급이 면책되는 것이지, 보험금을 지급받기 위하여 피보험자를 살해하였다는 것까지 보험자가 증명할 필요는 없다. 또한 생명보험에서 고의 면책사유로 규정하고 있는 자살은 사망자가 자신의 생명을 끊는다는 것을 의식하고 그것을 목적으로 의도적으로 자신의 생명을 절단하여 사망의 결과를 발생케 하는 행위를 의미하므로, 피보험자가 정신질환 등으로 자유로운 의사결정을 할 수 없는 상태에서 자신의 목숨을 끊어 사망하였다면 이는 고의에 해당하지 않는바 생명보험금 지급사유에 해당한다(대법원 2011. 4. 28. 선고 2009다97772 판결).
전쟁위험 등	보험사고가 전쟁 기타의 변란으로 인하여 생긴 때에는 당사자 간에 다른 약정이 없으면 보험자는 보험금을 지급할 책임이 없다. 다른 약정이 없으면 보험자가 면책되므로 다른 약정(추가보험료 납입 등)에 의하여 보험자의 보장이 가능하다. 이를 상대적 면책사유라고 한다. 전쟁은 국가 간의 교전을 의미하며 선전포고 여부를 묻지 않는다. 변란이란 내란, 폭동, 소요와 같이 통상의 경찰력으로 치안을 유지할 수 없는 상태를 말하고, 소요는 폭동에는 이르지 않았으나 한 지방에서의 공공의 평화 내지 평온을 해할 정도로 다수의 군중이 집합하여 폭행, 협박 또는 손괴 등 폭력을 행사하는 상태를 말한다(대법원 1994. 11. 22. 선고 93다55975 판결).

※ 보험계약자, 피보험자와 특수한 관계에 있는 자들의 행위에 대해서도 면책한다는 이른바 대표자책임이론은 부정하는 것이 통설이자 판례이다.

④ 법정 면책사유 – 개별

손해보험 통칙	보험의 목적의 성질, 하자 또는 자연소모로 인한 손해는 보험자가 보상할 책임이 없다.
운송보험	송하인 또는 수하인의 고의 또는 중과실로 발생한 손해는 보험자가 보상할 책임이 없다. 운송인의 고의 또는 중과실은 면책사유에 해당하지 않음에 주의하여야 한다. 즉, 운송인의 고의 또는 중과실로 인한 사고는 보험금을 지급한다.
해상보험	해상보험은 그 특수성 때문에 다양한 면책사유가 있다.
보증보험	보증보험에 있어서는 보험계약자의 사기, 고의 또는 중대한 과실이 있는 경우에도 이에 대하여 피보험자에게 책임이 있는 사유가 없으면 보험자는 면책되지 않는다. 즉, 보험금을 지급하여야 한다. 이는 채권자(피보험자) 보호를 위해 존재하는 보증보험의 특성상 당연한 규정이다.

⑤ 약정 면책사유: 실무에서는 보험계약자 또는 피보험자가 보험금 청구에 관한 서류에 고의로 사실과 다른 것을 기재하거나 그 서류를 위조 또는 변조하였을 경우에는 보험금 청구권을 상실한다는 이른바 보험금청구권 상실조항을 두고 있는 경우가 있다. 판례는 이 조항에 대하여 보험금 청구권 전체를 상실하는 것은 아니며, 허위청구를 한 해당 보험목적물에 한하여 상실한다고 해석한다(대법원 2009. 12. 10. 선고 2009다56603 판결). 또한 피보험자가 보험금을 청구하면서 실손해액에 관한 증빙서류 구비

의 어려움 때문에 구체적인 내용이 일부 사실과 다른 서류를 제출하거나 보험목적물의 가치에 대한 견해 차이 등으로 보험목적물의 가치를 다소 높게 신고한 경우까지 보험금 청구권이 상실되는 것은 아니라고 보고 있다(대법원 2007. 12. 27 선고 2006다29105 판결).

(3) 해약환급금과 보험료 반환 의무

(가) 해약환급금 반환

해약환급금은 보험자가 적립하는 책임준비금 중에서 보험계약자를 위하여 적립한 금액이다. 보험계약이 해지되면 보험자는 해약환급금을 반환하여야 한다. 해약환급금의 구체적인 계산은 기초서류 중 하나인 보험료 및 해약환급금 산출방법서에 의한다.

(나) 보험료 반환

① 무효인 경우: 보험계약의 전부 또는 일부가 무효인 경우에 보험계약자와 피보험자가 선의이며 중대한 과실이 없는 때에는 보험자에 대하여 보험료의 전부 또는 일부의 반환을 청구할 수 있다. 보험계약자와 보험수익자가 선의이며 중대한 과실이 없는 때에도 같다.

② 해지된 경우: 보험사고가 발생하기 전이라면 보험계약자는 언제든지 계약의 전부 또는 일부를 해지할 수 있다. 그러나 타인을 위한 보험계약의 경우에는 보험계약자는 그 타인의 동의를 얻거나 보험증권을 소지하는 경우에만 해지권을 행사할 수 있다. 보험계약이 해지된 경우에는 보험계약자는 당사자 간에 다른 약정이 없으면 미경과보험료의 반환을 청구할 수 있다.

(다) 보험적립금 반환

인보험에서 보험계약이 해지되거나 보험금의 지급책임이 면제된 때에는 보험자는 보험수익자를 위하여 적립한 금액(보험적립금)을 보험계약자에게 지급하여야 한다. 인보험은 일반 손해보험에 비하여 보험기간이 장기간이라는 특성을 가지고 있으므로 위험 보장을 위한 보험료 이외에 별도로 보험적립금을 운용하고 있다. 이러한 보험적립금은 위험 보장과는 관계없이 보험계약자의 저축 등을 위한 금전이므로 보험계약이 해지되거나 보험자의 지급책임이 면제된 때에 그 금액을 보험계약자에게 반환하는 것이 합리적이기 때문이다. 그러나 다른 약정이 없으면 보험사고가 보험계약자의 고의에 의하여 발생한 경우에는 반환하지 않아도 된다.

(라) 소멸시효

보험료 또는 적립금의 반환청구권은 <u>3년</u>간 행사하지 아니하면 시효의 완성으로 소멸한다.

나. 보험계약자 등의 의무

(1) 보험료 지급의무

(가) 보험료 지급

① 지급의무: 보험계약이 성립하면 보험계약자는 보험료를 지급할 의무를 부담한다. 다만 타인을 위한 보험계약에서 보험계약자가 파산선고를 받거나 보험료 지급을 지체한 때에는 그 타인이 권리를 포기하지 아니하는 한 그 타인도 이차적으로 보험료 지급의무를 부담한다.

② 어음이나 수표에 의한 보험료 지급

해제조건부 대물변제설	어음수표의 교부 시점부터 보험료를 받은 것으로 보아 보험자의 보상책임이 개시되지만 해당 어음수표의 교부는 해제조건이 첨부된 보험료의 대물변제라는 입장이다. 즉 부도를 해제조건으로 어음수표가 현금에 갈음하여 교부된 것으로 본다. 교부 시점부터 보험료 채무가 이행된 것으로 보기 때문에 어음수표의 결제 전에 사고가 발생하더라도 일단 보험자는 보상책임을 부담하며, 차후 정상적으로 어음수표의 결제가 이루어진다면 아무런 문제가 없다. 다만 어음수표의 결제에 문제가 발생(부도 등)한다면 해제조건에 의하여 처음으로 소급하여 보험료 채권이 해제된다. 즉 어음수표의 부도시에는 보험자가 보상책임을 부담하지 않는다.
지급유예설	어음수표가 교부되었을 때에 보험자가 보상책임을 개시하지만 아직 실질적으로 보험료를 지급받지는 못한 상태이므로, 보험자가 어음수표가 결제될 때까지 보험료 지급을 유예한 것으로 보는 입장이다. 즉 어음수표를 보험료 지급을 위하여 교부된 것으로 보기는 하지만, 실질적인 보험료 지급을 결제시까지 유예하면서 보험금 지급책임은 어음수표를 교부받은 때부터 부담하기로 하는 당사자 사이의 합의가 있다고 보는 의견이다. 이 의견에 따르면 어음수표의 교부 시에 보험자의 책임이 개시되는 것으로 당사자가 의사 합치하였으므로, 결제 이전에 보험사고가 발생하더라도 보험자는 보험금 지급책임을 부담한다. 보험료 지급을 위하여 교부한 것이기 때문에 어음이나 수표가 부도 등으로 보험료 지급채무가 이행되지 않았더라도 이러한 효과는 소급하지 않고 장래에 향하여 발생한다. 보험자가 보험료 지급을 유예하기로 하고 보상책임을 부담하는 것이기 때문에 차후 어음수표의 결제에 문제가 발생(부도 등)하더라도 보험료 채권은 문제되지 않고 단지 어음수표의 채무불이행만이 문제된다. 즉 어음수표의 부도시에도 보험자가 보상책임을 부담한다.
어음 수표 구분설	수표는 지급증권이므로 해제조건부 대물변제설에 따라 이해하고, 어음은 신용증권에 해당하므로 지급유예설로 보자는 이원설의 입장이다.
유가증권 법리설	유가증권의 일반적인 법리에 따라 해결하자는 입장이다. 즉 어음이나 수표의 교부가 보험료의 지급을 위하여 이루어진 것이라면 실제 지급이 이루어지는 때에 보험자의 책임이 개시하며, 보험료의 지급에 갈음하여 이루어진 것이라면 교부 시부터 보험자의 책임이 개시한다. 이 경우 당사자의 의사가 명백하지 않다면 보험료 지급을 위하여 교부한 것으로 보기 때문에 어음 또는 수표의 지급이 실제 이루어진 때부터 보험자의 책임이 개시한다.

③ 판례의 입장: 제1회의 보험료를 현금이 아닌 선일자수표로 지급한 경우 보험자의 보험금 지급 책임의 발생시기가 문제된 사안에서, 대법원은 선일자수표는 대부분의 경우 당해 발행일자 이후의 제시기간 내의 제시에 따라 결제되는 것이라고 보아야 하므로 선일자수표가 발행 교부된 날에 액면금의 지급효과가 발생된다고 볼 수 없고 설령 보험모집인이 보험료 가수증을 해주었다고 하더라도, 선일자수표를 받은 날을 보험자의 책임발생 시점이 되는 제1회 보험료의 수령일로 보는 것은 적절하지 않다고 판단하였다. 따라서 유효한 보험계약의 청약과 함께 선일자수표를 보험료로 교부하였더라도 이는 승낙전사고 담보의 유효한 적용 요건에는 해당하지 않는다.

(나) 보험료의 증감

특별한 위험을 예기하여 보험료의 액을 정한 경우에 보험기간 중에 그 예기한 위험이 소멸한 때에는 보험계약자는 그 후의 기간에 해당하는 보험료의 감액을 청구할 수 있다. 반대로 보험계약 체결 후에 보험료 산출의 기초가 되는 위험상태가 높아졌다면 보험자는 보험료 증액을 청구할 수 있다.

(다) 보험료 부지급의 효과

① 최초보험료: 보험계약자는 계약체결 후 지체없이 보험료의 전부 또는 제1회 보험료를 지급하여야 하며, 보험계약자가 이를 지급하지 아니하는 경우에는 다른 약정이 없는 한 계약성립 후 <u>2월</u>이 경과하면 그 계약은 <u>해제</u>된 것으로 본다.

② 계속보험료: 계속보험료가 약정한 시기에 지급되지 아니한 때에는 보험자는 <u>상당한 기간</u>을 정하여 보험계약자에게 <u>최고</u>하고 그 기간 내에 지급되지 아니한 때에는 그 계약을 <u>해지</u>할 수 있다.

> **시험 출제 포인트**
> 대법원 판례상 계속보험료 미납시에 최고절차 없이 보험계약이 해지되도록 규정한 <u>실효약관은 무효</u>이다.

③ 타인을 위한 보험: 특정한 타인을 위한 보험의 경우에 보험계약자가 보험료의 지급을 지체한 때에는 보험자는 그 타인에게도 상당한 기간을 정하여 보험료의 지급을 최고한 후가 아니면 그 계약을 해제 또는 해지하지 못한다(상법 제650조 제3항).

(2) 각종 통지의무

(가) 위험 변경증가 통지의무

① 의의: 보험기간 중에 보험계약자 또는 피보험자가 사고발생의 위험이 현저하게 변경 또는 증가된 사실을 안 때에는 지체 없이 보험자에게 통지하여야 한다.

② 법적성질: 고지의무와 마찬가지로 법정의무, 간접의무, 자기의무이다. 따라서 의무이행을 강제하거나 손해배상을 청구할 수 없다.

③ 의무 이행자와 수령자: 보험계약자와 피보험자가 통지의무를 부담한다. 인보험의 보

험수익자는 통지의무자에 포함되지 않으니 주의해야 한다. 보험자는 보험계약의 당사자로서 당연히 수령권을 가지며 보험대리상도 수령권을 가진다. 보험설계사와 보험중개사는 수령권이 없음에 주의해야 한다.

④ 현저한 증가: 위험이 현저하게 변경 또는 증가된 사실이란, 보험자가 위험을 측정하여 보험료를 산출하는 것에 영향을 주는 사항을 말한다. 즉, 보험자가 그 사실을 알았다면 보험계약을 체결하지 않았거나 적어도 같은 조건으로는 보험계약을 인수하지 않았을 것으로 예상되는 사실을 말하며, 이는 객관적으로 판단하여야 한다. 판례에 의하면 어떠한 상태의 발생이나 변경이 현저한 위험의 변경에 해당하는지는 구체적인 여러 사정을 종합하여 판단하여야 할 사실 인정의 문제에 해당한다. 또한 위험의 변경증가는 일정기간 지속 가능성이 있는 경우를 말하며, 일시적인 위험의 변경증가는 통지의무의 대상에 해당하지 않는다.

⑤ 이행시 효과: 보험자는 통지를 받은 때에는 <u>1월</u> 내에 <u>보험료의 증액</u>을 청구하거나 계약을 <u>해지</u>할 수 있다.

⑥ 위반시 효과: 보험자는 위반 사실을 안 날로부터 <u>1월</u> 내에 계약을 <u>해지</u>할 수 있다. 보험계약자 측의 통지의무 불이행으로 보험자가 보험계약을 해지하면 고지의무와 마찬가지로 보험자는 보험금을 지급할 책임이 없고 이미 지급한 보험금액의 반환을 청구할 수 있다. 다만, 위험이 현저하게 변경되거나 증가된 사실이 보험사고 발생에 영향을 미치지 아니하였음이 증명된 경우에는 보험자는 보험금을 지급할 책임이 있다. 판례에 따르면 해지권 행사의 기산점은 보험자가 위험의 현저한 변경증가 사실을 안 때가 아니라 보험계약자 등이 통지의무를 이행하지 않은 사실을 안 때이다.

(나) 보험계약자 등의 고의, 중과실로 인한 위험증가(위험 유지의무)

① 의의: 보험기간 중에 보험계약자, 피보험자 또는 보험수익자의 고의 또는 중대한 과실로 인하여 사고발생의 위험이 현저하게 변경 또는 증가된 때에는 보험자는 그 사실을 안 날부터 <u>1월</u> 내에 <u>보험료의 증액</u>을 청구하거나 계약을 <u>해지</u>할 수 있다.

② 의무이행자: 보험계약자, 피보험자 또는 보험수익자가 의무이행자이다. 고지의무와 통지의무와는 다르게 보험수익자도 의무이행자에 포함되는 것에 주의해야 한다.

③ 위험 변경증가 통지의무와의 차이점: 위험 변경증가 통지의무에서는 보험계약자나 피보험자의 고의, 중과실로 인한 위험의 변경증가 여부를 따지지 않으며 다만, 객관적으로 보아 위험의 변경증가가 있다면 그 사실을 보험자에게 통지하도록 규정하고 있다. 이에 반하여 위험유지의무는 보험계약자, 피보험자 또는 보험수익자의 고의 또는 중대한 과실로 인하여 위험을 현저하게 변경 또는 증가시키지 않도록 하는 의무이며 보험기간 동안 위험을 일정하게 유지할 것을 규정하는 의무이다. 법률 해석상 이렇게 구분되기는 하나, 보험 실무에서는 일반적으로 이를 특별히 구분하지 않으며 통칭하여 통지의무라고 부르는 경우가 많다.

(다) 보험사고 발생의 통지의무
① 의의: 보험계약자 또는 피보험자나 보험수익자는 보험사고의 발생을 안 때에는 지체 없이 보험자에게 그 통지를 발송하여야 한다.
② 법적성질: 보험금 청구의 전제조건이며, 진정의무이다.
③ 통지 수령권: 기본적으로 보험자가 통지 수령권을 가지며, 보험대리상도 보험자가 그 권한을 제한하지 않는 이상 통지수령권이 있다. 또한 제한을 하였더라도 선의의 보험계약자 등에게 대항하지 못한다.
④ 위반 시 효과: 통지를 게을리하여 손해가 증가된 때에는 그 증가된 손해를 보상할 책임이 없다.

7. 보험계약의 해제, 해지, 취소, 무효

가. 해제

계약당사자의 일방적인 의사표시에 의하여 유효하게 성립된 계약의 효력을 소급적으로 소멸시켜 계약이 처음부터 없었던 것과 같은 법률효과를 발생시키는 것을 말한다. 계약이란 당사자 사이의 맺어진 일종의 약속이므로 계약이 성립되었다면 그 계약의 당사자는 계약에 따른 의무를 성실하게 수행해야 한다. 만약 계약당사자 어느 일방이 이러한 의무를 지키지 않은 때에는 다른 당사자가 계약을 해제할 수 있다. 해제는 당사자 일방의 의사표시에 의하여 효력이 발생하고, 상대방과의 합의를 요하지 않는 단독행위인 점에서 해제계약 또는 합의해제와 구별되고, 계약의 효력을 소급하여 소멸시키는 점에서 장래에 대하여 소멸시키는 해지(解止)와 구별된다. 계약이 해제되면 아직 이행되지 않은 채무는 이행할 필요가 없고, 이미 이행된 경우에는 상대방에게 부당이득반환의무의 일종인 원상회복의무가 생긴다.

나. 해지

이미 유효하게 성립한 계속적인 계약을 일방적인 의사표시로 장래에 향하여 소멸시키는 것을 말한다. 장래에 향하여 계약을 소멸시키는 점에서 해제의 소급적 효력과는 구별된다. 해지는 장래에 대한 소멸이므로 원상회복의 의무가 발생하지 않는다는 특징이 있다.

다. 취소

일단 유효하게 성립한 법률행위의 효력을 계약의 흠결 등을 이유로 소급하여 소멸하게 하는 의사표시를 말한다. 특정인이 취소를 하겠다는 의사표시가 필요하다는 점에서 무효와 구분되며 법률행위를 소급적으로 소멸시키는 점에서 해지와 구분된다. 따라서 특정인(취소권자)이 취소권을 행사하기 전에는 법률행위가 유효한 것으로 다루어 지며, 추인을 하여 취소권이 포기되거나 기간의 경과로 취소권이 소멸되면 그 행위는 완전히 유효한 것으로 확정된다. 이것이 무효와의 대표적인 차이점이다.

라. 무효

법률행위가 법률요건을 결하였기 때문에 당사자가 의도한 법률상의 효과가 발생하지 않는 것을 말한다. 무효는 법률효과를 절대로 발생시키지 않는 점에서 추인에 의하여 유효하게 되는 취소와 다르며, 특정인의 주장이 필요없이 당연히 효력이 없다는 특징이 있다. 무효인 법률행위에 의하여 이미 발생한 부분은 일반적으로 부당이득에 해당하므로 부당이득 반환의 소를 제기할 수 있다.

마. 보험계약의 무효

(1) 보험사고가 확정된 후의 보험계약

보험계약 당시에 보험사고가 이미 발생하였거나 또는 발생할 수 없는 것인 때에는 그 계약은 무효로 한다. 그러나 당사자 쌍방과 피보험자가 이를 알지 못한 때에는 그러하지 아니한다.

(2) 사기로 체결된 초과, 중복보험

보험계약자의 사기로 인하여 체결된 초과보험과 중복보험은 무효이다. 이 경우 보험자는 그 사실을 안 때까지의 보험료를 청구할 수 있다.

(3) 만 15세 미만자 등을 피보험자로 하는 사망보험

만 15세 미만자, 심신상실자 또는 심신박약자의 사망을 보험사고로 한 보험계약은 무효이다. 다만 심신박약자가 보험계약을 체결하거나 단체보험의 피보험자가 될 때에 의사능력이 있는 경우에는 유효하다.

(4) 피보험자의 서면동의 없는 타인의 사망보험

타인의 사망을 보험사고로 하는 보험계약에는 보험계약 체결 시에 그 타인의 서면에 의한 동의를 얻어야 하며, 동의가 없는 보험계약은 무효이다. 이 때 서면동의에는 전자서명법에 따른 전자서명이 있는 경우로서 대통령령으로 정하는 바에 따라 본인 확인 및 위조·변조 방지에 대한 신뢰성을 갖춘 전자문서를 포함한다.

(5) 플러스 알파

① 보험계약자 등의 불이익 변경 금지 원칙: 상법 제4편의 규정은 당사자 간의 특약으로 보험계약자 또는 피보험자나 보험수익자의 불이익으로 변경하지 못한다. 만약 불이익하게 변경한 약관 조항이 있다면 그 조항은 무효이다. 다만 이 때의 무효는 계약 전체가 무효로 되는 것은 아니며 불이익으로 변경된 해당 약관 조항만 무효이다.

② 민법 일반원칙에 의한 무효: 선량한 풍속 기타 사회질서에 반하는 법률행위는 무효이다. 예를 들어 처음부터 보험금을 부정 취득할 목적으로 보험계약을 체결하였거나, 피보험자를 살해하여 보험금을 편취할 목적으로 생명보험 계약을 체결하였다면 그 보험계약은 무효이다.

③ 보험료의 반환: 보험계약의 전부 또는 일부가 무효인 경우에 보험계약자와 피보험자가 선의이며 중대한 과실이 없는 때에는 보험자에 대하여 보험료의 전부 또는 일부의 반환을 청구할 수 있다. 보험계약자와 보험수익자가 선의이며 중대한 과실이 없는 때에도 같다.

바. 보험계약의 당연 소멸사유

보험사고 발생	보험사고가 발생하여 보험자가 보험금을 전부 지급하였다면 그 계약은 소멸한다. 그러나 최근에는 보험금을 지급한 이후에도 존속하는 계약이 많다.
보험기간 만료	보험기간의 만료로 그 계약은 소멸한다.
보험목적 멸실	보험사고 이외의 원인으로 멸실한 경우에 그 계약은 소멸한다. 예를 들어 화재보험에 가입한 상태에서 지진으로 건물이 무너진 경우나, 암보험에 가입한 상태에서 자동차사고로 피보험자가 사망한 경우이다.
보험료 부지급	보험료의 전부 또는 제1회 보험료가 지급되지 않으면 다른 약정이 없는 한 2월이 경과한 후 그 보험계약은 해제된 것으로 보며, 그에 따라 그 계약은 소멸한다(상법 제650조 제1항).
보험자 파산	보험자가 파산선고를 받은 때에 보험계약자가 계약을 해지하지 않으면 파산선고 후 3월이 경과한 후 그 보험계약은 효력을 잃는다(상법 제654조 제2항).

사. 보험자의 해지

(1) 계속보험료 미납

계속보험료가 약정한 시기에 지급되지 않은 때에는 보험자는 상당한 기간을 정하여 보험계약자에게 최고(독촉)하고 그 기간 내에도 지급되지 않으면 그 계약을 해지할 수 있다. 다만, 특정한 타인을 위한 보험의 경우에 보험계약자가 보험료의 지급을 지체한 때에는 보험자는 그 타인에게도 상당한 기간을 정하여 보험료의 지급을 최고한 후가 아니면 그 계약을 해지하지 못한다.

(2) 고지의무 위반

보험계약자 또는 피보험자가 보험계약 당시에 고의 또는 중대한 과실로 인하여 고지의무를 위반한 경우 보험자는 그 사실을 안 날로부터 1월 내에, 계약을 체결한 날로부터 3년 내에 한하여 계약을 해지할 수 있다. 그러나 보험자가 계약 당시에 그 사실을 알았거나 중대한 과실로 인하여 알지 못한 때에는 그 계약을 해지하지 못한다.

(3) 위험변경증가 통지의무 이행

보험기간 중에 보험계약자 또는 피보험자가 사고발생의 위험이 현저하게 변경 또는 증가된 사실을 안 때에는 지체 없이 보험자에게 통지하여야 한다. 보험자가 위험변경증가의 통지를 받은 때에는 1월 내에 보험료의 증액을 청구하거나 계약을 해지할 수 있다.

(4) 위험변경증가 통지의무 위반

보험기간 중에 보험계약자 또는 피보험자가 사고발생의 위험이 현저하게 변경 또는 증가된 사실을 안 때에는 지체없이 보험자에게 통지하여야 한다. 이를 해태한 때에는 보험자는 그 사실을 안 날로부터 1월 내에 한하여 계약을 해지할 수 있다.

(5) 위험유지의무 위반

보험기간 중에 보험계약자, 피보험자 또는 보험수익자의 고의 또는 중대한 과실로 인하여 사고발생의 위험이 현저하게 변경 또는 증가된 때에는 보험자는 그 사실을 안 날부터 1월 내에 보험료의 증액을 청구하거나 계약을 해지할 수 있다

(6) 선박미확정의 적하예정보험

보험계약의 체결 당시에 하물을 적재할 선박을 지정하지 않은 경우에 보험계약자 또는 피보험자가 그 하물이 선적되었음을 안 때에는 지체없이 보험자에 대하여 그 선박의 명칭, 국적과 하물의 종류, 수량과 가액의 통지를 발송하여야 한다. 이러한 통지를 해태한 때에는 보험자는 그 사실을 안 날부터 1월 내에 계약을 해지할 수 있다.

아. 보험계약자의 해지

(1) 보험계약자의 임의 해지

보험사고가 발생하기 전에는 보험계약자는 언제든지 계약의 전부 또는 일부를 해지할 수 있다. 그러나 타인을 위한 보험계약의 경우에는 보험계약자는 그 타인의 동의를 얻지 않았거나 보험증권을 소지하지 않았으면 그 계약을 해지하지 못한다.

(2) 자동복원주의

보험사고의 발생으로 보험자가 보험금액을 지급한 때에도 보험금액이 감액되지 않는, 이른바 자동복원주의 보험의 경우에는 보험계약자는 그 사고 발생 후에도 보험계약을 해지할 수 있다.

(3) 보험자의 파산

보험자가 파산 선고를 받은 때에는 보험계약자는 보험계약을 해지할 수 있다. 만약 해지하지 않은 계약은 보험자의 파산 선고 후 3월이 경과하면 효력을 잃는다.

자. 보험계약의 취소

(1) 보험약관 교부설명의무 위반시 보험계약자의 취소권

보험자는 보험계약을 체결할 때에 보험계약자에게 보험약관을 교부하고 그 약관의 중요한 내용을 설명하여야 한다. 보험자가 이를 위반한 경우 보험계약자는 보험계약이 성립한 날부터 3개월 이내에 그 계약을 취소할 수 있다.

(2) 고지의무 위반이 사기에도 해당하는 경우 보험자의 취소권

고지의무 위반이 사기 착오에도 해당하는 경우 민상법 중복적용설에 따르면 보험자의 선택에 따라 상법상 해지권과 민법상 취소권을 모두 적용할 수 있다. 상세내역은 고지의무에 대한 부분을 참고하기 바란다.

8. 보험계약의 부활

가. 의의

계속보험료 미납에 따라 보험계약이 해지되고 해지환급금이 지급되지 아니한 경우에 보험계약자는 일정한 기간 내에 연체보험료에 약정이자를 붙여 보험자에게 지급하고 그 계약의 부활을 청구할 수 있다.

나. 요건

계속보험료 미납으로 인한 해지	계속보험료 미납으로 해지된 보험계약이 부활 대상이다. 고지의무 위반 등으로 해지된 보험계약은 부활이 불가능하다.
해지환급금 미지급	해지환급금이 지급되지 않았어야 한다. 보험계약자가 해지환급금까지 받았다면 해당 계약은 완전히 소멸되었다고 보기 때문이다. 다만 보험금에 관한 약정지급사유가 발생한 이후에 그 보험계약이 해지, 실효되었다는 보험회사 직원의 말을 믿고 해지환급금을 수령한 경우라면 부활 청구가 가능하다는 대법원 판례가 있다(대법원 2002. 7. 26. 선고 2000다25002 판결). 한편 해지환급금이 없는 계약이거나 해지환급금이 발생하지 않는 계약이라면 당연히 부활 청구가 가능하다.
보험계약자의 청약	일정한 기간 내에 연체보험료에 약정이자를 붙여 보험자에게 부활을 청약하여야 한다.
보험자의 승낙	보험자가 부활 청약을 심사하여 승낙하면 보험계약이 부활한다. 부활청약에 대해서도 낙부통지의무, 승낙의제, 승낙전보호제도가 모두 그대로 적용된다. 보험자는 보험계약자의 부활 청약에 대하여 다른 약정이 없는 한 30일 내에 낙부의 통지를 발송해야 하고, 그 기간 내에 통지하지 아니하면 보험자의 승낙이 의제된다. 낙부 통지기간의 경과 전에 보험사고가 발생한 때에는 부활의 청구를 거절할 사유가 없는 한 부활 계약상의 책임을 진다.

다. 효과

부활 이후 종전의 계약과 동일한 내용의 효력이 존속한다. 다만 해지부터 부활 사이에 발생한 사고에 대해서는 보상하지 않는다.

라. 법적 성질

해지된 계약과 동일한 내용을 가지는 별도의 새로운 계약이 아니라 해지된 기존 계약을 회복시키는 상법상 특수한 계약으로 보는 것이 일반적인 통설이다. 따라서 해지된 계약을 부활할 때 기존 계약의 무효, 실효, 해지 등의 원인이 있다면 그 원인이 제거되지 않는 이상 부활계약에서도 그대로 인정된다.

> **시험 출제 포인트**
> 고지의무 해지권의 기산점, 자살 면책기간의 기산점은 모두 부활시를 기준으로 한다.

9. 타인을 위한 보험계약

가. 의의

보험계약자는 위임을 받거나 위임을 받지 아니하고 특정 또는 불특정의 타인을 위하여 보험계약을 체결할 수 있는데, 이 때의 보험계약을 타인을 위한 보험계약이라고 한다. 보험계약의 대표적인 효용은 보험금 청구권이므로, 손해보험에서는 보험계약자와 피보험자가 다른 계약을 말하며, 인보험에서는 보험계약자와 보험수익자가 다른 계약을 말한다.

손해보험	보험계약자와 피보험자가 다른 계약
인보험	보험계약자와 보험수익자가 다른 계약

나. 법적 성질

타인을 위한 보험계약의 법적 성질은 민법상 제3자를 위한 계약으로 보는 것이 일반적인 견해이다. 다만, 민법상 제3자를 위한 계약에서 제3자의 권리가 발생하려면 수익의 의사표시가 있어야 하는 것(민법 제539조 제2항)과는 달리, 타인을 위한 보험계약에서는 타인의 수익 의사표시가 필요없다는 차이점이 있다. 따라서 보험사고가 발생하면 피보험자 또는 보험수익자는 보험계약자의 동의나 협조가 없더라도 당연히 보험금청구권을 가진다.

다. 요건

타인을 위한다는 의사표시	보험계약자가 타인을 위하겠다는 의사표시가 있어야 한다. 타인이 특정될 필요는 없으나 보험사고 발생 시에는 확정되어야 한다. 보험의 목적물과 위험의 종류만이 정해져 있고 피보험자와 피보험이익이 명확하지 않은 경우에 그 보험계약이 자기를 위한 것인지, 타인을 위한 것인지를 판단하기 위하여 보험계약서 및 당사자가 보험계약의 내용으로 삼은 약관의 내용, 당사자가 보험계약을 체결하게 된 경위와 그 과정, 보험회사의 실무처리 관행 등 여러 사정을 참작하여 결정하여야 한다. 만약 임차인이 임차건물과 그 안에 있는 시설 및 집기비품 등에 대하여 피보험자에 대하여는 명확한 언급이 없이 자신을 보험목적의 소유자로 기재하여 화재보험을 체결하였다면, 이러한 화재보험은 다른 특약이 없는 한 피보험자가 그 목적물의 소유자인 타인에게 손해배상의무를 부담하게 됨으로써 입게 되는 손해까지 보상하기로 하는 책임보험의 성격을 갖는다고는 할 수 없다(대법원 2009. 12. 10. 선고 2009다56603, 56610 판결). 따라서 이러한 형태의 보험계약에서 건물에 대한 부분은 보험계약자인 임차인이 건물의 소유자를 위하여 체결한 타인을 위한 보험으로 보는 것이 타당하다.
피보험자 또는 보험수익자	타인을 특정할 수도(예 홍길동) 있고 특정하지 않을 수도(예 법정상속인)있다. 반드시 타인이 구체적으로 특정되어야 하는 것도 아니므로 보험사고의 발생 시에 피보험이익의 주체가 되는 자를 피보험자로 하거나, 피보험자나 보험계약자의 상속인을 보험수익자로 하는 등과 같이 이른바 불특정 타인을 위한 보험계약도 가능하다. 보험실무상 생명보험에서는 사망수익자를 대부분 법정상속인으로 지정하는 경우가 많다.
타인의 위임 여부	타인의 위임이 없더라도 보험계약은 유효하게 성립한다. 다만 손해보험 계약에서 그 타인의 위임이 없는 때에는 이를 보험자에게 고지하여야 하고, 그 고지가 없는 때에는 타인이 그 보험계약이 체결된 사실을 알지 못하였다는 사유로 보험자에게 대항하지 못한다.

라. 효과

(1) 보험자와 보험계약자의 관계

(가) 보험계약자의 권리

타인을 위한 보험계약에서도 보험계약자는 엄연히 보험계약의 당사자이다. 따라서 보험증권교부청구권, 보험계약해지권, 보험료 반환청구권, 보험료 감액청구권, 보험료적립금 반환청구권, 인보험에서는 보험수익자 지정 변경권 등 보험계약과 관련된 여러가지 권한을 가진다. 다만 보험계약해지권은 타인의 동의를 얻거나 보험증권을 해지한 경우에만 행사할 수 있다.

> **시험 출제 포인트**
> 보험금청구권은 원칙적으로 타인의 권리이므로 보험계약자는 권리를 행사할 수 없다. 다만 손해보험계약의 경우에 보험계약자가 그 타인에게 보험사고의 발생으로 생긴 손해의 배상을 한 때에는 보험계약자는 그 타인의 권리를 해하지 아니하는 범위 안에서 보험자에게 보험금청구권을 행사할 수 있다.

(나) 보험계약자의 의무

보험계약자는 계약의 당사자로서 모든 의무를 부담한다. 보험료 지급의무, 고지의무, 위험 변경증가 통지의무, 위험유지의무, 사고발생 통지의무 등을 부담하며, 손해보험의 보험계약자는 손해방지의무를 부담한다.

(2) 보험자와 피보험자, 보험수익자의 관계

(가) 피보험자, 보험수익자의 권리

민법상 제3자를 위한 계약에서 제3자의 권리가 발생하려면 수익의 의사표시가 있어야 하는 것과는 달리, 타인을 위한 보험계약에서는 타인의 수익 의사표시가 필요없다. 따라서 보험사고가 발생하면 피보험자 또는 보험수익자는 당연히 보험금 청구권을 가진다. 다만 보험금 청구권은 그 타인이 당연히 취득하는 권리이지만 보험자는 보험계약자에게 가지는 항변 사유로 타인에게 대항할 수 있다. 예를 들어 고지의무 위반으로 인한 보험계약의 해지, 계속보험료 미납으로 인한 보험계약의 실효 등을 이유로 타인의 보험금 청구를 거절할 수 있다.

(나) 피보험자, 보험수익자의 의무

손해보험의 피보험자는 고지의무, 위험 변경증가 통지의무, 위험유지의무, 사고발생 통지의무, 손해방지의무 등을 부담하며, 만약 보험계약자가 파산선고를 받거나, 보험료 지급을 지체한 때에는 보험금 청구권을 포기하지 않는 이상 이차적으로 보험료 지급의무를 부담한다. 인보험의 보험수익자는 위험유지의무, 사고발생 통지의무 등을 부담한다.

⭕❌ 오엑스 문제풀이

01 당사자 일방이 계약의 조건을 일방적으로 작성하고 다른 상대방은 해당 조건에 따를 수 밖에 없는 형태로 체결되는 계약은 사행계약을 말한다. O/X

> 해설 당사자 일방이 계약의 조건을 일방적으로 작성하고 다른 상대방은 해당 조건에 따를 수 밖에 없는 형태로 체결되는 계약은 부합계약을 말한다. 사행계약이란 투자비용에 비해 산출물이 훨씬 큰 계약을 말한다.

02 보험계약의 당사자는 보험자, 보험계약자, 피보험자이다. O/X

> 해설 보험계약의 당사자는 보험자, 보험계약자 둘 뿐이며, 피보험자, 보험수익자, 보험설계사, 보험대리상, 보험중개사, 보험의는 보험계약의 당사자가 아니니 주의해야 한다.

03 손해보험에서 보험계약자와 피보험자가 다른 계약을 타인을 위한 보험이라고 한다. O/X

> 해설 인보험에서는 보험계약자와 보험수익자가 다른 계약, 손해보험에서는 보험계약자와 피보험자가 다른 계약을 타인을 위한 보험이라고 한다.

04 보험설계사는 보험자가 작성한 보험증권을 보험계약자에게 교부하는 권한이 있다. O/X

> 해설 보험설계사는 1) 보험자가 작성한 보험증권을 보험계약자에게 교부하는 권한, 2) 보험자가 작성한 영수증을 보험계약자에게 교부하는 경우에 한하여 보험료수령권이 있다.

05 보험기간은 별도의 약정이 없는 한 보험자가 최초의 보험료를 받은 때부터 시작한다. O/X

> 해설 보험기간은 별도의 약정이 없는 한 보험자가 최초의 보험료를 받은 때부터 시작된다.

06 소급보험은 객관적 우연성을 전제로 한다. O/X

> 해설 소급보험이 성립하기 위해서는 주관적 우연성이 존재하여야 한다.

07 유효한 보험계약의 청약과 함께 보험료의 전부 또는 일부를 보험자가 받았을 때는 30일 이내에 그 상대방에 대하여 낙부(승낙 or 거절)의 통지를 발송하여야 한다. O/X

> 해설 유효한 보험계약의 청약과 함께 보험료의 전부 또는 일부를 보험자가 받았을 때는 30일 이내에 그 상대방에 대하여 낙부(승낙 or 거절)의 통지를 발송하여야 하는데 이를 낙부통지의무라고 한다.

08 보험계약자, 피보험자, 보험수익자는 고지의무를 부담한다. O/X

> 해설 보험계약자와 피보험자가 고지의무를 부담한다. 보험수익자는 포함되지 않는 것에 주의해야 한다.

09 고지의무 위반이 사기에도 해당하는 경우 판례는 상법 단독 적용설에 따른다. O/X

> 해설 대법원 판례는 민상법 중복적용설에 따른다.

10 보험증권 재교부의 비용은 보험계약자가 부담한다. O/X

> 해설 보험증권을 멸실 또는 현저하게 훼손한 때에는 보험계약자는 보험자에 대하여 증권의 재교부를 청구할 수 있다. 그 증권작성의 비용은 보험계약자의 부담으로 한다.

11 대표자 책임이론은 우리나라에서 폭 넓게 인정되고 있다. O/X

해설 보험계약자, 피보험자와 특수한 관계에 있는 자들의 행위에 대해서도 면책한다는 이른바 대표자책임이론은 부정하는 것이 통설이자 판례이다.

12 취소는 이미 유효하게 성립한 계속적인 계약을 일방적인 의사표시로 장래에 향하여 소멸시키는 것을 말한다. O/X

해설 해지란 이미 유효하게 성립한 계속적인 계약을 일방적인 의사표시로 장래에 향하여 소멸시키는 것을 말한다. 취소는 일단 유효하게 성립한 법률행위의 효력을 계약의 흠결 등을 이유로 소급하여 소멸하게 하는 의사표시를 말한다

13 고지의무 위반 등으로 인한 해지된 보험계약이라면 부활이 불가능하다. O/X

해설 계속보험료 미납으로 인한 해지일 때에만 부활이 가능하다. 따라서 고지의무 위반 등으로 인한 해지된 보험계약이라면 부활이 불가능하다.

01. × 02. × 03. ○ 04. ○ 05. ○ 06. × 07. ○ 08. × 09. × 10. ○ 11. × 12. × 13. ○

제3절 손해보험 총론

1. 손해보험계약

가. 의의

보험자가 우연한 보험사고로 인하여 생길 상대방의 재산 상의 손해를 보상할 것을 약속하고 보험계약자는 그에 따른 보험료를 지급하는 계약이다(상법 제665조).

나. 인보험과의 구분

재산상의 손해를 보상하기 위한 보험계약이라는 점에서 사람의 신체 또는 생명에 관한 인보험과 구분되는 특징을 가지고 있다. 손해보험은 물건이나 재산상의 손해를 보상하기 때문에 실제 손해액은 사고가 발생한 이후에 측정할 수 있다는 점에서 부정액보험에 해당한다. 다만, 인보험 중에서도 실제손해액을 보상하는 보험상품(예 실손의료비 보험)이 있으므로 이는 절대적인 차이는 아니다. 손해보험은 피보험자에게 발생한 실제 손해액을 보상하며 그 이상의 금액은 지급하지 않는다는 이득금지의 원칙이 존재하며 이는 손해보험의 대원칙으로 작용하고 있다. 따라서 손해보험에는 이득금지의 원칙의 기준이 되는 보험가액을 중심으로 초과보험, 중복보험, 일부보험 등의 개념이 인정된다. 보험기간에 있어서도 인보험은 비교적 장기인데 반하여 손해보험은 단기로 체결되는 경우가 많다. 인보험과 구분되는 가장 명확한 특징은 손해보험에서는 피보험이익의 개념이 인정된다는 점이다.

2. 피보험이익

가. 개념

피보험이익이란 보험사고 발생 시에 피보험자가 보험목적물에 대하여 가지는 경제상의 이해관계를 말한다. 상법에서는 '보험계약의 목적'이라고 표현하고 있다. 손해보험은 피보험자가 입은 재산상의 손해를 보전하는 것을 목적으로 하기 때문에 보험자가 보험금을 지급하기 위해서는 피보험자에게 피보험이익이 있다는 것을 전제로 한다. 이를 이득금지의 원칙이라고 하며 피보험이익은 도박과 보험을 구분하는 기준이 된다. 우리 상법은 금전으로 산정할 수 있는 이익에 한하여 피보험이익으로 할 수 있다(상법 제668조)고 규정하고 있다.

나. 피보험이익의 요건

적법성	탈세, 절도, 밀수, 성매매 등 불법한 이익이나 선량한 풍속 기타 사회질서에 반하는 이익은 피보험이익이 될 수 없다.
금전 산정 가능성	금전으로 산정이 가능한 경제적 이익이어야 한다. 따라서 피보험자의 도덕적 가치, 종교적 신념 등 금전으로 산정이 불가능한 주관적 가치는 피보험이익이 될 수 없다.
확정 가능성	보험계약 당시에 확정되지 않아도 되나, 적어도 보험사고 발생 시까지는 확정되어야 한다. 따라서 확정 가능성이 있다면 현재의 이익 뿐만 아니라 장래의 이익, 조건부 이익도 보험계약의 목적이 될 수 있다.

다. 피보험이익의 효용

보험자 책임한도 설정	손해보험은 피보험이익에 생긴 실제 손해를 보상할 것을 목적으로 하는 보험계약이기 때문에 보험자의 보상책임을 부담하는 최고 한도는 피보험이익의 가액을 한도로 한다. 즉, 피보험자는 피보험이익의 값을 초과하는 금액은 보상받을 수 없고, 보험자는 피보험이익 한도 내에서 보상책임을 부담한다.
초과보험, 중복보험 판정 기준	보험가입금액이 보험가액을 넘어서는 초과, 중복보험의 경우 보험금을 지급할 때 특별한 규제를 받는데, 이러한 초과, 중복보험의 보상액을 판정할 때 피보험이익의 가액을 기준으로 한다.
도박보험 방지	도박과 보험계약은 사행성을 가진다는 점에서 유사하나, 보험은 피보험이익을 가진다는 점에서 도박화를 방지하고 보험사고의 발생 시에 피보험자는 피보험이익의 평가액을 한도로 보상받게 되므로 인위적인 위험 초래를 방지할 수 있다.
보험계약의 동일성 판정	보험의 목적이 동일할 뿐 피보험이익이 동일하지 않으면 중복보험이 되지 않으므로, 피보험이익은 보험계약의 동일성 여부를 판단하는 기준이 된다.

3. 보험가액과 보험금액

가. 보험가액

(1) 의의

보험가액이란 피보험자의 경제적 이해관계라는 주관적인 피보험이익을 금전이라는 객관적인 기준으로 평가한 금액이다. 즉, 피보험이익의 값이다. 보험가액은 보험자가 보상하는 법률상 최고 한도액을 의미한다. 보험가액은 언제나 일정한 것은 아니며 경기나 물가의 변동에 따라 바뀔 수 있다. 보험가액은 특정물을 담보하는 물건보험에서는 반드시 존재하지만, 책임보험에서는 원칙적으로 존재하지 않는다.

(2) 보험가액 결정방법

(가) 원칙 - 미평가보험

당사자 사이에 보험가액에 대해서 아무런 평가를 하지 않은 미평가보험의 경우에는 사고가 발생한 때와 곳의 가액에 의하여 산정한다.

(나) 당사자 간에 보험가액을 정한 경우
① 기평가보험: 보험계약 체결 시에 당사자 간에 보험가액을 미리 정하는 보험을 기평가보험이라고 한다. 기평가보험을 통하여 보험가액과 둘러싼 분쟁을 방지하는 효과와 보험가액 산정에 소요되는 시간과 경비를 절약하는 효과를 기대할 수 있다. 또한 보험 목적물이 수시로 장소적 이동이 있는 경우 등과 같이 보험 목적물의 가액을 평가하기 곤란한 경우에 이용된다. 해상보험의 경우에는 항해 중에 발생하는 사고는 바다 한가운데가 사고가 발생한 곳이 되므로 이를 기준으로 보험가액을 평가하는 것은 사실상 불가능하다. 이와 같은 경우에 기평가보험의 효용이 있다.
② 보험가액 평가: 당사자 간에 정한 가액(협정보험가액)을 사고발생 시의 가액으로 <u>추정</u>한다. 기평가보험으로 인정되기 위한 당사자 사이의 보험가액에 대한 합의는, 명시적인 것이어야 하지만 반드시 협정보험가액 혹은 약정보험가액이라는 용어 등을 사용하여야만 하는 것은 아니고 당사자 사이에 보험계약을 체결하게 된 제반 사정과 보험증권의 기재 내용 등을 통하여 당사자의 의사가 보험가액을 미리 합의하고 있는 것이라고 인정할 수 있으면 충분하다.

시험 출제 포인트	
추정하다	일단 효과가 발생하나, 반대 사실이 입증되면 적용이 배제되는 것
본다(간주하다)	반대 사실이 입증되더라도 효과를 바로 뒤집을 수 없는 것

③ 예외: 당사자 간에 정한 가액이 사고발생 시의 가액을 <u>현저하게</u> 초과할 때에는 사고발생 시의 가액을 보험가액으로 한다. 이와 같은 예외를 둔 것은 당사자는 미리 협정한 보험가액에 구속되는 것이 원칙이지만, 그렇다고 하여 피보험자가 보험을 통하여 과도한 이득을 얻는 것은 허용될 수 없기 때문이다. 양자 사이에 현저한 차이가 있는지 여부는 거래관계나 사회의 통념에 따라 판단하여야 한다. 또한 보험자는 협정보험가액이 사고발생 시의 가액을 현저하게 초과한다는 점에 대한 증명책임을 부담한다.
(다) 재조달가액(신품가액)에 의한 손해액 산정
① 신가보험(재조달가액보험, 신품가액보험, Replacement value insurance): 신가보험은 보험사고 발생 시의 시가를 보험가액으로 하지 않고 재조달가액을 보험가액으로 하는 보험계약을 말한다.
② 예시: 신가보험은 재조달가액을 기준으로 보상하므로, 실손보상의 원칙에 대한 예외에 해당한다. 따라서 도덕적 위험이 발생할 염려가 적은 분야에서 주로 사용된다. 기계보험(Machinery insurance)이 대표적이다.

> **시험 출제 포인트**
> 재조달가액이란 보험목적물과 동일한 성능의 신제품을 구매하기 위하여 필요한 비용을 말한다.
> - 시가=재조달가액－감가상각액

나. 보험금액

보험자가 지급할 금액의 최고 한도로 보험계약의 당사자 간에 약정한 금액(보험가입금액)을 말한다. 보험자가 현실적으로 지급하는 것은 흔히 '보험금'이라고 하여 보험금액과 다르지만 상법은 현실적으로 지급하는 것도 '보험금액'이라고 표현하고 있으며 실무상 보험금액과 보험금이라는 용어가 혼용되어 사용되기도 한다.

> **시험 출제 포인트**
>
> | 보험가액 | 보험자가 보상책임을 지는 <u>법률상</u> 최고 한도액 |
> |---|---|
> | 보험금액 | 보험자가 보상책임을 지는 <u>계약상</u> 최고 한도액 |

다. 보험가액과 보험금액의 관계

(1) 초과보험

보험금액이 보험가액을 <u>현저하게</u> 초과하는 보험을 말한다. 초과보험 여부는 원칙적으로 보험계약 체결시의 보험가액이 기준이나, 보험기간 중에 보험가액이 현저하게 감소한 때에는 그때의 가액을 기준으로 한다.

단순 초과보험	보험자 또는 보험계약자는 보험료와 보험금액의 감액을 청구할 수 있다. 다만, 보험료의 감액은 장래에 대하여서만 그 효력이 있다.
사기에 의한 초과보험	보험계약자의 사기로 체결된 초과보험은 보험계약 전부가 무효이다. 보험자는 그 사실을 안 때까지의 보험료를 청구할 수 있다. 본래 민법 일반 규정에 의하면 계약이 무효라면 계약의 당사자 쌍방은 보험금과 보험료를 전부 반환하여야 하나, 악의의 보험계약자를 응징하기 위한 예외규정으로 보험자의 보험료의 청구권을 인정한 것이다. 보험계약자의 사기로 체결된 초과보험이라는 것에 대한 증명책임은 보험가액의 제한 또는 보험계약의 무효를 주장하고자 하는 보험자에게 있다(대법원 1988. 2. 9. 선고 86다카2933, 2934, 2935 판결).

(2) 중복보험

(가) 의의

동일한 보험계약의 목적과 동일한 사고에 관하여 공통된 보험기간에 걸쳐서 수인의 보험자와 동시에 또는 순차로 수개의 보험계약이 체결된 경우에 그 보험금액의 총액이 보험가액을 초과하는 보험을 말한다. 수개의 보험계약이 체결되었으나 보험금액의 합계가 보험가액을 초과하지 않은 경우를 따로 구분하여 병존보험이라고도 한다.

(나) 요건
　① 수개의 보험계약을 체결하였을 것
　② 피보험이익이 동일할 것
　③ 보험사고가 동일할 것
　④ 보험기간이 같거나 일부라도 겹칠 것
　⑤ 보험금액의 합계 총액이 보험가액을 초과할 것
　⑥ 피보험자가 동일인일 것(판례)
　※ 보험계약자가 동일인일 필요는 없으니 주의해야 한다.

(다) 처리방법

단순 중복보험	보험자들은 각자의 보험금액의 한도 내에서 연대책임을 진다. 이 경우 각 보험자는 보험금액에 대한 각 보험금액의 비율에 따른다. 다만, 반드시 연대비례주의를 따라야 하는 것은 아니며 보험계약이나 약관을 통하여 다른 방식의 분담방법(예 독립책임액 분담방식)을 정하는 것도 얼마든지 가능하다.
사기에 의한 중복보험	보험계약자의 사기로 체결된 중복보험은 보험계약 전부가 무효이다. 보험자는 그 사실을 안 때까지의 보험료를 청구할 수 있다. → 초과보험의 처리방법과 동일하다

(라) 통지의무
　보험계약자는 각 보험자에 대하여 각 보험계약의 내용을 통지하여야 한다. 이때 발생하는 통지의무는 중복보험 뿐만 아니라 병존보험의 경우에도 부여되는 것에 주의해야 한다. 즉, 동일한 피보험이익과 동일한 보험사고에 관하여 수개의 보험계약이 체결되었으나 보험금액의 합계액이 보험가액을 초과하지 않았더라도 보험계약자는 다른 보험계약에 대한 통지의무를 부담한다. 이는 사기에 의한 보험계약의 체결을 방지하고 보험사고 발생 시에 각 보험자가 연대책임을 질 때에 이중보상을 방지하기 위한 것이다. 다만, 우리 상법은 통지의무 위반에 대한 규정은 두고 있지 않다. 대법원 판례는 상법에서 병존보험을 체결할 때에 다른 보험계약에 대한 내용을 통지하여야 하는 통지의무는 부당한 이득을 얻기 위한 사기에 의한 보험계약의 체결을 사전에 방지하고 보험자로 하여금 보험사고 발생 시 손해의 조사 또는 책임의 범위의 결정을 다른 보험자와 공동으로 할 수 있도록 하기 위한 것일 뿐, 보험사고 발생의 위험을 측정하여 계약을 체결할 것인지 또는 어떤 조건으로 체결할 것인지 판단할 수 있는 자료를 제공하기 위한 것이라고 볼 수는 없으므로 상법 제651조의 고지의무의 대상이 되는 중요한 사항에 해당되지 않는다고 본다(대법원 2003. 11. 13. 선고 2001다49623 판결).

(마) 권리포기
　보험자 1인에 대한 권리의 포기는 다른 보험자의 권리의무에 영향을 미치지 않는다. 따라서 피보험자가 다른 보험자에게 보험계약에 대한 권리를 포기하겠다고 의사를 밝혔더라도 각 보험자는 자기가 부담할 부분만을 보험금으로 지급한다. 이는 피보험자가 특정한 보험자와 공모하여 다른 보험자에게 손해를 입히는 것을 방지하기 위한 규정이다. 그러므로 피보험자가 특정 보험자 1인에 대하여 보험금청구권을 포기하였을 때에도 그 보험자의 부담 부분에 대하여는 다른 보험자가 보상할 책임이 없으며, 만약 다른 보험자가 피보험자에게 보상하였을 때에는 보상을 행한 보험자는 그 부분에 대하여 구상권을 행사할 수 있다.

(3) 일부보험

보험계약 당시에 약정한 보험금액이 보험가액에 미달하는 보험을 일부보험이라고 한다. 보험가액의 일부를 보험에 붙인 경우에는 보험자는 보험금액의 보험가액에 대한 비율에 따라 보상할 책임을 진다. 그러나 당사자 간에 다른 약정이 있는 때에는 보험자는 보험금액의 한도 내에서 그 손해를 보상할 책임을 진다. 이를 1차위험보험이라고 한다. 1차위험보험이 체결되면 피보험자는 보험가입금액의 한도 내에서 실제 손해액의 전부를 보상받을 수 있다.

∥예시∥

▶ **일부보험에서 보상액**
- 보험가액: 1억원
- 보험가입금액: 6천만원
- 손해액: 5천만원
- → 보험금: 5천만원 × $\dfrac{6천만원}{1억원}$ = 3천만원

▶ **일부보험에서 1차위험담보 특약이 부가된 경우**
- 보험가액: 1억원
- 보험가입금액: 6천만원
- 손해액: 5천만원
- → 보험금: 보험가입금액(6천만원) 한도 내에서 손해액 전액 보상: 5천만원

4. 손해보험계약의 효과

가. 보험계약에 공통된 당사자의 의무

보험계약이 성립하면 보험계약자는 보험료 지급의무를 부담하며 보험자는 보험사고 발생 시에 보험금 지급의무를 부담한다. 이외에도 보험계약자 측의 고지의무, 위험의 현저한 변경증가 통지의무, 위험유지의무, 손해방지의무, 사고발생 통지의무 등이 있으며 보험자는 보험증권 발행의무 등도 부담한다.

나. 보험자의 손해보상 의무

(1) 보상의무의 요건

당사자 간에 다른 약정이 없으면 보험자가 최초의 보험료를 받은 때부터 보험자의 보상의무가 발생한다. 보험사고는 보험기간 내에 발생하여야 하며 재산상의 손해이어야 한다. 따라서

정신적 손해에 대한 배상인 위자료는 지급대상이 아니다. 또한 보험사고로 인하여 상실된 피보험자가 얻을 이익이나 보수는 당사자 간에 다른 약정이 없는한 보험자가 보상할 손해액에 산입하지 않는다(상법 제667조).

(2) 면책사유

보험의 목적의 성질, 하자 또는 자연소모로 인한 손해는 보험자가 보상할 책임이 없다. 이외에도 고의, 중과실 등 면책사유에 해당한다면 보험자의 보상의무가 면제된다.

(3) 손해의 보상

보험자가 보상할 손해액은 손해가 발생한 때와 곳의 가액에 의하여 산정한다. 다만, 당사자 간의 다른 약정으로 신품가액에 의하여 손해액을 산정할 수 있다. 손해의 보상은 금전으로 하는 것이 원칙이지만 현물이나 기타의 서비스를 제공하는 것도 가능하다. 만약 보험자가 보험금액을 지급할 때에 아직 지급받지 않은 보험료의 잔액이 있다면 아직 지급기일이 도래하지 않은 때라도 보상할 금액에서 이를 공제하고 지급할 수 있다(상법 제677조).

다. 보험계약자 등의 손해방지의무

(1) 의의

보험계약자와 피보험자는 손해의 방지와 경감을 위하여 노력하여야 하는데 이를 손해방지의무라고 한다. 손해방지의무는 보험계약의 체결에 따른 계약 상의 의무가 아니라 상법에서 특별히 정한 법정의무이다.

(2) 요건

(가) 보험사고의 발생

<u>보험사고가 발생한 이후</u>에 그 손해가 더 이상 확대되지 않도록 방지하는 의무를 말하며, 보험사고의 발생을 미리 막기 위한 예방의무와는 다르다. 따라서 손해방지의무는 의무자가 보험사고의 발생 사실을 안 때부터 부담하는 것이 원칙이다.

(나) 의무의 내용

보험계약자 등이 기울여야 할 노력은 보험계약이 없었더라면 본인의 재산에 대하여 스스로 기울였을 정도의 노력이다(주의깊은 무보험 소유자의 주의). 또한 보험자가 책임을 지는 사고가 발생한 경우에 한하므로 보험자가 책임을 지지 않는 손해(예 면책사고)에 대해서는 손해방지의무를 부담하지 않는다. 예를 들어 전손만 담보하는 보험에서 분손 사고가 발생하였다면 이 의무를 부담하지 않는다.

(3) 의무위반의 효과

상법에서는 손해방지의무 위반에 대하여 명시적인 규정을 두고 있지 않다. 개별 약관에서는 의무 위반이 없었더라면 방지 또는 경감할 수 있었으리라 예상되는 금액을 제외하여 보험금을 지급하도록 규정하고 있다.

(4) 손해방지비용의 부담

보험계약자 등이 손해의 방지와 경감을 위하여 노력하는데 필요 또는 유익하였던 비용과 보상액이 보험금액을 초과한 경우라도 보험자가 이를 부담한다. '필요 또는 유익한 비용'이라고 하였으므로 실제 손해방지 활동의 효과가 없었더라도 이를 부담하여야 한다.

(5) 방어비용과의 구분

상법 제680조 제1항에 규정된 '손해방지비용'은 보험자가 담보하고 있는 보험사고가 발생한 경우에 보험사고로 인한 손해의 발생을 방지하거나 손해의 확대를 방지함은 물론 손해를 경감할 목적으로 행하는 행위에 필요하거나 유익하였던 비용을 말하는 것이고, 제720조 제1항에 규정된 '방어비용'은 피해자가 보험사고로 인적·물적 손해를 입고 피보험자를 상대로 손해배상청구를 한 경우에 그 방어를 위하여 지출한 재판상 또는 재판 외의 필요비용을 말하는 것으로서, 위 두 비용은 서로 구별되는 것이므로, 보험계약에 적용되는 보통약관에 손해방지비용과 관련한 별도의 규정을 두고 있다고 하더라도, 그 규정이 당연히 방어비용에 대하여도 적용된다고 할 수는 없다(대법원 2006. 6. 30. 선고 2005다21531 판결).

(6) 보험사고 여부가 명확하지 않을 때

손해방지비용은 보험자가 담보하고 있는 보험사고가 발생한 경우에 보험사고로 인한 손해의 발생을 방지하거나 손해의 확대를 방지함은 물론 손해를 경감할 목적으로 행하는 행위에 필요하거나 유익하였던 비용을 말하는 것이다. 따라서 원칙적으로 보험사고의 발생을 전제로 하는 것이므로, 보험자가 보상책임을 지지 아니하는 사고에 대하여는 손해방지의무가 없고 이로 인한 보험자의 비용부담 등의 문제도 발생할 수 없다. 다만, 보험사고가 발생한 것과 같게 볼 수 있는 상태가 생겼을 경우에 피보험자의 법률상 책임 여부가 판명되지 아니한 상태에서 피보험자가 손해확대방지를 위한 긴급한 행위를 하였다면 이로 인하여 발생한 필요·유익한 비용도 손해방지의무 이행으로 인한 비용으로 보아야 한다(대법원 2003. 6. 27. 선고 2003다6958 판결, 대법원 2002. 6. 28. 선고 2002다22106 판결).

▌예시▐
보험사고가 발생하여 손해방지를 위한 비용을 지출하였으나 결국 그 효과가 없이 전손이 발생하였음
- 보험가액: 1억원
- 보험가입금액: 1억원
- 손해방지비용: 1백만원
- 손해액: 1억원 (전손)
  → 이러한 경우에도 손해방지비용을 지급해야 하며, 비용과 보상액이 보험가입금액을 초과하더라도 이를 보상하여야 한다. 따라서 보험자가 지급해야할 최종금액은 손해액 1억원에 손해방지비용 1백만원을 합친 1억 1백만원이다.

라. 보험자대위

(1) 의의

보험자가 보험사고로 보험금을 지급한 경우, 보험계약자 또는 피보험자가 보험의 목적이나 제3자에 대하여 가지는 권리를 법률상 취득하는 것을 말한다. 보험자대위는 크게 보험목적에 대한 대위(잔존물대위)와 제3자에 대한 대위(청구권대위)로 구분한다. 보험자대위는 손해보험에서만 인정되고 인보험에서는 보험자 대위가 원칙적으로 금지된다. 다만, 상해보험계약의 경우에 당사자 간에 다른 약정이 있는 때에는 보험자는 피보험자의 권리를 해하지 아니하는 범위안에서 그 권리를 대위하여 행사할 수 있다. 보험자대위는 당사자의 의사표시에 따른 양도행위의 효과가 아니라 보험금을 지급한 보험자가 법률상 당연히 그 권리를 취득하는 제도이다. 즉, 대위의 요건이 충족된다면 당사자의 의사표시와 상관없이 보험자는 당연히 그 권리를 취득한다. 따라서 보험목적에 대한 대위(잔존물대위)에서 인도 등기를 요하는 물권변동의 절차나 제3자에 대한 대위(청구권대위)에서 지명채권 양도의 대항요건의 절차가 없더라도 보험자는 채무자 또는 그 밖의 제3자에 대하여 대위권을 행사할 수 있다.

(2) 보험목적에 관한 보험대위

(가) 의의

보험의 목적의 전부가 멸실한 경우에 보험금액의 전부를 지급한 보험자는 그 목적에 대한 피보험자의 권리를 취득하는데 이를 보험목적에 관한 보험대위라고 한다. 보통 잔존물대위라고 부르기도 한다.

(나) 요건

① 보험의 목적의 <u>전부 멸실</u>: 보험사고로 보험의 목적의 전부가 멸실되어야 한다. 여기서 전부 멸실이란 보험계약 체결 당시에 보험의 목적이 지닌 형태의 멸실을 의미하고, 일부 잔존물이 있어도 경제적 가치가 전부 멸실한 것도 포함한다. 보험목적물의 손상으로 수리비 또는 원상회복 비용이 목적물의 가액보다 많으면 전손으로 해석된다. 반면, 합리적인 비용을 들여 정상적인 목적으로 회복할 수 있다면 이는 분손에 해당한다. 따라서 전손의 여부는 잔존물의 회복능력과 회복가치의 유무로 판단할 수 있다.

② 보험금액의 <u>전부 지급</u>: 보험자가 보험금액의 전부를 피보험자에게 지급하여야 한다. 보험금액의 전부 지급이란 보험의 목적이 입은 손해액 뿐만 아니라 보험자가 부담하는 손해방지비용이나 기타의 비용까지 전부 지급한 것을 말한다. 따라서 보험금의 일부만 지급한 보험자는 잔존물 대위를 취득할 수 없으며 지급액에 비례한 권리도 취득하지 못한다.

(다) 효과

보험의 목적에 대한 <u>피보험자의 권리</u>가 보험자에게 이전된다. 대위권은 당연한 이전이므로 따로 권리이전의 의사표시나 절차를 밟지 않아도 권리이전을 주장할 수 있다. 다만,

잔존물 취득에 따른 처리비용이 오히려 잔존물의 가액을 초과하는 경우도 있는바, 보험자는 대위권을 포기할 수 있다.

(라) 일부보험의 경우

잔존물 대위는 전부보험이 아니라 일부보험인 경우에도 발생할 수 있으며 일부보험에서 보험자는 보험금액의 보험가액에 대한 비율에 따라 대위권을 취득한다.

(3) 제3자에 대한 보험대위

(가) 의의

손해가 제3자의 행위로 인하여 발생한 경우에 보험금을 지급한 보험자는 그 지급한 금액의 한도에서 그 제3자에 대한 보험계약자 또는 피보험자의 권리를 취득하는데 이를 제3자에 대한 보험대위라고 한다. 보통 청구권대위라고 부르기도 한다.

(나) 요건

① 제3자의 행위로 손해 발생: 보험사고로 인한 피보험자의 손해가 제3자의 행위로 말미암은 것이어야 한다. 여기서 제3자의 행위란 보험계약의 목적(피보험이익)에 대하여 손해를 일으키는 행위로서 불법행위 뿐만 아니라 채무불이행으로 인한 손해배상의무를 부담하는 경우를 포함한다. 또한 선장의 공동해손으로 인한 경우와 같이 적법한 행위로 인한 경우도 포함된다. 제3자란 피보험자에게 손해배상의무를 부담하는 자를 말한다. 제3자는 1인이든, 수인이든 상관없고 손해를 일으킨 자와 채무를 부담하는 자가 반드시 동일인임을 요하지 않는다.

② 보험계약자 또는 피보험자의 제3자에 대한 권리 존재: 보험자의 대위권은 보험자가 보험금을 지급하면 당연히 발생하지만, 그 권리는 피보험자가 제3자에 대하여 가지는 권리에서 나오는 것이므로 피보험자가 제3자에 대하여 손해배상 청구권을 가지고 있어야 한다. 이때 손해배상 청구권의 원인은 불문한다. 제3자에 대한 피보험자의 손해배상 청구권 등의 권리가 시효 또는 변제로 인해 이미 소멸하였거나 피보험자가 보험자로부터 보험금을 받기 전에 이 청구권을 행사하거나 처분한 경우에는 피보험자는 그 한도 내에서 보험자에 대한 청구권을 상실하게 되고 제3자에 대한 권리가 존재하지 않으므로 보험자 대위권은 인정되지 않는다(대법원 1981. 7. 7. 선고 80다1643 판결).

③ 보험금 지급: 보험자가 피보험자에게 보험금을 지급하여야 한다. 잔존물대위와의 차이점은 보험자가 보험금의 일부를 지급하여도 그 지급한 범위 안에서 대위권을 행사할 수 있다는 점이다. 보험자가 지급하는 보험금은 보험계약이 유효한 상태에서 보험계약에 따른 적법한 것이어야 한다. 따라서 보험자가 면책사고 또는 부담보 사고임에도 불구하고 보험금을 지급한 경우에 보험자는 대위권을 취득하지 못하며 보험계약이 무효인 경우에도 청구권 대위를 행사할 수 없다.

(다) 효과

제3자에 대한 보험계약자 또는 피보험자의 권리가 보험자에게 이전된다. 만약 보험자가 보상할 보험금의 일부를 지급한 경우에는 피보험자의 권리를 침해하지 아니하는 범위에서 그 권리를 행사할 수 있다. 보험자의 대위권 취득 시기는 '보험금을 지급한 때'에 이전하고, 권리이전은 보험자 또는 피보험자의 의사표시나 채권양도 등의 절차(등기, 인도 등)가 필요없이 법률상 당연히 이전한다.

(라) 일부보험의 경우에 대한 학설

잔존물대위와는 달리 청구권대위에 대하여 상법은 아무런 규정을 두고 있지 않다. 이 경우 피보험자의 권리와 보험자의 권리가 경합할 때에 대한 학설은 크게 세가지로 나뉜다.

① 절대설(보험자 우선설): 보험자가 지급한 보험금액의 범위에서 먼저 대위권을 행사하고 나머지 금액에 대하여 피보험자의 권리가 발생한다는 입장이다.

② 상대설(비례설): 상법 제681조 잔존물대위의 일부보험 규정을 준용하여 보험자의 대위권과 피보험자의 청구권을 각각의 비율에 따라 분배하여야 한다는 입장이다.

③ 차액설(피보험자 우선설): 상법 제682조 단서의 취지를 고려하여 피보험자가 우선적으로 청구권을 행사하고 나머지 금액에 대하여 보험자가 대위권을 행사할 수 있다는 입장이다.

④ 판례: 대법원은 이전에는 상대설의 입장이었으나 2015년 전원합의체 판결에 의하여 차액설에 따르는 것으로 입장을 변경하였다.

> **관련판례**
>
> ▶ 대법원 2015. 1. 22. 선고 2014다46211 전원합의체 판결
>
> 손해보험의 보험사고에 관하여 동시에 불법행위나 채무불이행에 기한 손해배상책임을 지는 제3자가 있어 피보험자가 그를 상대로 손해배상청구를 하는 경우에, 피보험자가 손해보험계약에 따라 보험자로부터 수령한 보험금은 보험계약자가 스스로 보험사고의 발생에 대비하여 그때까지 보험자에게 납입한 보험료의 대가적 성질을 지니는 것으로서 제3자의 손해배상책임과는 별개의 것이므로 이를 그의 손해배상책임액에서 공제할 것이 아니다.
>
> 따라서 위와 같은 피보험자는 보험자로부터 수령한 보험금으로 전보되지 않고 남은 손해에 관하여 제3자를 상대로 그의 배상책임을 이행할 것을 청구할 수 있는바, 전체 손해액에서 보험금으로 전보되지 않고 남은 손해액이 제3자의 손해배상책임액보다 많을 경우에는 제3자에 대하여 그의 손해배상책임액 전부를 이행할 것을 청구할 수 있고, 위 남은 손해액이 제3자의 손해배상책임액보다 적을 경우에는 그 남은 손해액의 배상을 청구할 수 있다. 후자의 경우에 제3자의 손해배상책임액과 위 남은 손해액의 차액 상당액은 보험자대위에 의하여 보험자가 제3자에게 이를 청구할 수 있다(상법 제682조).

■ 예시문제 ■

피보험자인 甲은 보험자와 보험가액이 1억원인 자신소유의 건물에 대하여 보험금액을 6천만원으로 하는 화재보험에 가입하였다. 그러나 제3자인 乙의 방화로 6천만원의 손해가 발생하였다. 이에 따라 보험자는 일부보험 법리에 따라 보험가액 비율(6/10)인 3천 6백만원을 甲에게 지급하였다. 그런데 乙의 변제자력이 4천만원인 경우를 가정하였을 때 피보험자우선설(차액설)에 따라 보험자가 乙에게 청구할 수 있는 금액은 얼마인가?

① 1천 6백만원　　　　　　② 2천 4백만원
③ 3천만원　　　　　　　　④ 4천만원

해설과 정답

문제에서와 같이 보험자가 행사하는 대위권과 피보험자가 행사하는 손해배상청구권이 서로 충돌하는 경우, 이에 대한 학설은 절대설, 상대설, 차액설로 나뉜다. 절대설은 보험자가 우선하여 공제받는 것이며, 상대설은 둘의 비율에 따라 공제받는 것이며, 차액설은 피보험자가 우선하여 공제받는 것이다.
대법원은 피보험자가 우선하여 공제받는 차액설(피보험자 우선 공제설)의 입장에 있다.

▶ 甲과 보험자가 乙에게 청구할 수 있는 금액
　甲의 남은 손해: 총손해 6,000만원－3,600만원(보험금)＝2,400만원
　보험회사의 대위권: 3,600만원
▶ 차액설에 따라 甲이 우선적으로 乙에게 청구
　甲이 우선적으로 청구하는 금액: <u>2,400만원</u>(甲의 남은 손해)
　보험자가 乙에게 청구할 수 있는 금액: 4,000만원(乙의 변제자력)－2,400만원(甲이 우선 청구한 금액)
　＝<u>1,600만원</u>

정답 ①

(마) 타인을 위한 보험에서 보험계약자

대법원 판례상 타인을 위한 손해보험 계약에서 보험계약자는 제3자에 해당한다. 타인을 위한 손해보험 계약은 타인의 이익을 위한 계약으로서 그 타인(피보험자)의 이익이 보험의 목적이 되는 것이지 여기에 당연히(특약없이) 보험계약자의 보험이익이 포함되거나 예정되어 있는 것은 아니라 할 것이므로 피보험이익의 주체가 아닌 보험계약자는 비록 보험자와의 사이에서는 계약 당사자이고 약정된 보험료를 지급할 의무자이지만 그 지위의 성격과 보험자대위 규정의 취지에 비추어 보면 보험자대위에 있어서 보험계약자와 보험계약자 아닌 제3자와를 구별하여 취급하여야 할 법률상의 이유는 없는 것이며 따라서 타인을 위한 손해보험계약자가 당연히 제3자의 범주에서 제외되는 것은 아니기 때문이다(대법원 1990. 2. 9. 선고 89다카21965).[3]

(바) 생계를 같이 하는 가족

보험계약자나 피보험자의 권리가 그와 생계를 같이 하는 가족에 대한 것인 경우 보험자

---

[3] 저자주: 첨언하자면 보험계약자를 제3자에 포함시켜 보험자대위의 대상이 되도록 한 본 판례는 타인을 위한 보험계약의 취지와 효용을 고려하지 않았다고 하여 학계는 물론이고 보험업계에서도 많은 비판을 받았다. 현재는 개별 약관에서 보험계약자에 대한 대위권을 포기함을 명시하여 이를 해결하고 있다(보험업감독업무시행세칙 별표15 화재보험 표준약관: 회사는 타인을 위한 계약의 경우에는 계약자에 대한 대위권을 포기합니다).

는 그 권리에 대하여 대위권을 행사할 수 없다. 주택건물에 화재보험을 가입한 경우 피보험자와 생계를 같이 하는 가족의 과실로 인하여 화재가 발생하였다고 하더라도 피보험자가 그 가족 구성원에게 손해배상을 청구한다고 인정하기 어렵다. 따라서 가족 구성원은 보험자대위의 객체가 되지 못한다고 보는 것이 대법원 판례의 입장이었으며, 2014년 상법 개정을 통하여 이를 법률 조항으로 명문화하였다. 다만, 손해가 그 가족의 고의로 인하여 발생한 경우에는 대위권을 행사할 수 있다.

마. 보험목적의 양도

(1) 의의

보험계약의 대상이 되는 보험목적물을 보험기간 존속 중에 피보험자가 다른 사람에게 양도하는 것을 말한다. 본래 보험목적물을 양도받는 양수인은 보험계약과는 아무런 관련이 없기 때문에 보험계약도 종료되어야 하는 것이 원칙이나, 이렇게 되면 무보험 상태가 발생하며 보험자의 입장에서도 기존계약의 해지와 새로운 계약의 체결이라는 번거로운 과정이 필요하기 때문에, 우리 상법은 양수인이 보험계약 상의 권리와 의무를 승계한 것으로 추정하도록 하고 있다. 보험목적물의 양도는 그 성질상 손해보험에서만 존재하며 인보험에서는 존재할 수 없다. 보험목적물의 양도는 보통 매매나 증여의 형태로 나타나며 개별적 양도라는 점에서 보험계약 상의 권리 의무가 포괄적으로 승계되는 상속이나 합병과는 구분된다. 또한 피보험자의 지위를 승계한다는 점에서 단순한 채권 양도인 보험금 청구권 양도와 구분된다.

(2) 요건

보험계약의 존속	보험의 목적이 양도될 때 양도인과 보험자 사이에 유효한 보험계약이 존속하여야 한다. 유효한 보험계약이 존속하는 한 해지사유와 면책사유가 있더라도 보험계약은 일단 양수인에게 이전하고 보험자는 양수인에 대하여 보험계약의 해지와 면책을 주장할 수 있다.
양도 객체는 물건	보험목적물이 물건(物件)임을 원칙으로 하며 물건인 이상 동산이나 부동산, 유체재산이나 무체재산을 가리지 않는다. 다만, 물건은 특정 또는 개별화되어 있어야 하므로 집합보험에서 일부 물건의 양도의 경우에도 보험관계의 이전이 발생하지 않는다. 임원배상책임보험이나 전문직업인배상책임보험 등 일정한 지위나 전문자격이 필요한 경우의 책임보험에서는 보험계약이 이전되지 않는다.
보험목적의 양도	채권적 양도만으로는 부족하며 물권적 양도가 있어야 한다. 즉, 양도의 채권계약만 있는 상태로는 부족하며 소유권이 양수인에게 이전되어야 한다. 그러므로 목적물의 소유자가 단순히 목적물을 임대하거나 담보권을 설정한 것은 보험목적물의 양도에 해당하지 않는다.

(3) 효과

(가) 보험계약상의 권리, 의무 이전 추정
양수인은 보험계약상의 권리와 의무를 승계한 것으로 **추정한다.** 추정의 법률적 효과에 의하여 만약 보험목적의 양도에 관하여 당사자가 다른 약정을 하였다면 보험계약의 승계를 부인할 수 있다.

(나) 통지의무 이행
보험의 목적의 양도인 또는 양수인은 보험자에 대하여 지체없이 그 사실을 통지하여야 한다. 통지의무자는 양도인과 양수인 중 누구라도 통지하면 된다. 통지의 방식도 구두, 서면 또는 전화 등 특별한 제한이 없다.

(다) 통지의무 위반
양도 통지의무를 위반했을 때에 대하여 상법은 아무런 규정을 두고 있지 않다. 판례는 위험변경증가 통지의무(상법 제652조 제2항)를 준용하여 목적물의 양도에 따라 위험이 현저하게 변경증가가 있는 경우에만 보험계약을 해지할 수 있다고 본다. 따라서 보험목적물 양도에 대한 통지의무가 이행되지 않았더라도 위험의 현저한 변경증가가 없었다면 보험자는 보험계약을 해지할 수 없고 양수인은 보험사고 발생 시 보험금을 청구할 수 있다.

> **관련판례**
>
> ▶ 대법원 1996. 7. 26. 선고 95다52505 판결
>
> 보험목적물의 양도를 보험계약자의 통지의무 사유로 들고 있는 화재보험보통약관 제9조와 '현저한 위험의 변경 또는 증가와 관련된 제9조에 정한 계약 후 알릴 의무를 이행하지 아니하였을 때'를 보험계약의 해지사유로 들고 있는 같은 약관 제11조 제2항의 규정을 종합하여 보면, 화재보험의 목적물이 양도된 경우 그 양도로 인하여 현저한 위험의 변경 또는 증가가 있고 동시에 보험계약자 또는 피보험자가 양도의 통지를 하지 않는 경우에는 보험자는 통지의무 위반을 이유로 당해 보험계약을 해지할 수 있으나, 보험목적의 양도로 인하여 현저한 위험의 변경 또는 증가가 없는 경우에는 양도의 통지를 하지 않더라도 통지의무 위반을 이유로 당해 보험계약을 해지할 수 없다고 봄이 상당하다.

> **시험 출제 포인트**
>
> ▶ 자동차, 선박의 특칙
>
> | | |
> |---|---|
> | 자동차 | 보험자의 승낙을 얻은 경우에 한하여 권리의무가 승계된다. |
> | 선박 | 보험자의 동의가 없으면 보험계약은 종료한다. |

오엑스 문제풀이

01 상법에서는 금전으로 산정할 수 있는 이익에 한하여 피보험이익으로 할 수 있다고 규정하고 있다. O/X

해설 상법은 금전으로 산정할 수 있는 이익에 한하여 피보험이익으로 할 수 있다(상법 제668조)고 규정하고 있다.

02 피보험이익은 금전으로 산정이 가능한 경제적 이익이어야 한다는 것은 확정가능성을 의미한다. O/X

해설 피보험이익은 금전으로 산정이 가능한 경제적 이익이어야 한다는 것은 금전 산정 가능성을 의미한다. 따라서 피보험자의 도덕적 가치, 종교적 신념 등 금전으로 산정이 불가능한 주관적 가치는 피보험이익이 될 수 없다.

03 기평가보험인 경우 당사자 간에 정한 가액은 사고 발생 시의 가액으로 본다. O/X

해설 기평가보험인 경우 당사자 간에 정한 가액(협정보험가액)을 사고 발생 시의 가액으로 추정한다. 추정한다와 본다는 법률용어로 둘의 뜻이 다르니 주의해야 한다.

04 이득금지의 원칙을 실현하기 위한 제도에는 신가보험이 있다. O/X

해설 신가보험은 사고 발생 시에 시가가 아닌 재조달가액을 기준으로 보상하는 보험으로 이득금지의 원칙에 대한 예외에 해당한다.

05 초과보험이 보험계약자의 사기로 체결된 경우에는 보험계약 전부가 무효이므로 보험자는 보험료를 반환하여야 한다. O/X

해설 초과보험이 보험계약자의 사기로 체결된 경우에는 보험계약 전부가 무효이며, 보험자는 그 사실을 안 때까지의 보험료를 청구할 수 있다.

06 중복보험에서 보험자 1인에 대한 권리의 포기는 다른 보험자의 권리의무에 영향을 미치지 않는다. O/X

해설 보험자 1인에 대한 권리의 포기는 다른 보험자의 권리의무에 영향을 미치지 않는다. 따라서 피보험자가 다른 보험자에 대하여 권리를 포기하였더라도 각 보험자는 자기가 부담할 부분만을 보험금으로 지급한다.

07 손해방지의무란 보험사고가 발생하지 않도록 막아야 하는 의무를 말한다. O/X

해설 손해방지의무란 이미 사고가 발생한 경우에 손해가 더 이상 커지는 것을 방지해야 하는 의무를 말한다. 사고 발생 자체를 막아야 하는 예방의무와는 다르다.

08 손해방지의무를 부담하는 사람은 보험계약자, 피보험자 및 보험수익자이다. O/X

해설 보험계약자와 피보험자가 의무를 부담한다. 인보험의 보험수익자는 손해방지 의무자에 포함되지 않으니 주의해야 한다.

09 보험계약자 등이 손해의 방지와 경감을 위하여 노력하는데 필요 또는 유익하였던 비용과 보상액은 보험금액 한도 내에서 보험자가 이를 부담한다. O/X

해설 보험계약자 등이 손해의 방지와 경감을 위하여 노력하는데 필요 또는 유익하였던 비용과 보상액이 보험금액을 초과한 경우라도 보험자가 이를 부담한다.

01. O 02. × 03. × 04. × 05. × 06. O 07. × 08. × 09. ×

제4절 손해보험 각칙

1. 화재보험

가. 요소

(1) 보험사고

화재보험의 보험사고는 화재이며, 열 또는 빛을 수반하며 독립한 연소 작용을 가진 화력을 말한다. 따라서 불자리를 벗어나지 않았거나 스스로 연소 작용이 없는 경우는 화재보험의 대상이 아니다. 예를 들어 귀중품을 난로에 숨겨 둔 상태에서 그 사실을 깜빡하고 난로에 불을 피워 손해가 발생한 경우에는 불자리를 벗어난 것이 아니기 때문에 화재보험의 보상대상이 되지 않는다.

(2) 집합보험

(가) 특정보험

집합된 물건을 일괄하여 보험의 목적으로 한 때에는 피보험자의 가족과 사용인의 물건도 보험의 목적에 포함된 것으로 한다. 이 경우에는 그 보험은 그 가족 또는 사용인을 위하여서도 체결한 것으로 본다.

(나) 총괄보험

집합된 물건을 일괄하여 보험의 목적으로 한 때에는 그 목적에 속한 물건이 보험기간 중에 수시로 교체된 경우에도 보험사고의 발생 시에 현존한 물건은 보험의 목적에 포함된 것으로 한다. 보험기간 중에 보험의 목적이 수시로 변경되어 보험의 목적을 특정하기 어려운 경우에 이를 일괄하여 보험의 목적으로 하는 보험의 형태이다. 따라서 보험계약 체결시에 보험가액을 정하지 않는 것이 일반적이다.

(3) 피보험이익

화재보험의 피보험이익은 그 보험목적물이 동일하더라도 피보험자의 지위에 따라 소유자 이익, 임차인 이익, 담보권자 이익이 될 수 있으며 만약 피보험이익이 명확하지 않으면 소유자의 피보험이익으로 본다. 판례에 따르면 임차인이 임차건물에 대하여 자신을 피보험자로 하여 화재보험계약을 체결한 경우에 임차인은 임대인의 건물에 대하여 피보험이익이 없으므로 화재보험계약은 타인(소유자=임대인)을 위한 보험계약으로 해석된다(대법원 2009. 12. 10. 선고 2009다56603 판결).

나. 화재보험자의 손해보상 범위

(1) 위험보편의 원칙

보험자는 면책위험이 아닌 이상 화재의 원인을 묻지 않고 화재로 인하여 생긴 손해를 보상할 책임이 있다. 예를 들어 폭발(비담보 위험)로 인하여 화재(담보 위험)가 발생한 경우에도 폭발로 인한 손해는 보상하지 않지만, 화재로 인한 손해는 보상하여야 한다.

> **시험 출제 포인트**
>
> ▶ **현재 사용 중인 화재보험 약관**
> 화재로 생긴 것이든 아니든 파열 또는 폭발로 생긴 손해는 보상하여 드리지 아니합니다. 그러나 이 결과로 생긴 화재손해는 보상하여 드립니다.

(2) 대표자 책임이론

대표자책임이론이란 보험사고의 발생이 보험계약자, 피보험자 또는 보험수익자의 고의나 중과실에 의한 것이 아니더라도, 그와 특수한 관계에 있는 자, 예를 들어 동거 가족 혹은 피용자 등의 고의나 중과실에 의한 것으로 발생한 경우에도 보험자를 면책하자는 이론이다.

> **시험 출제 포인트**
>
> 대표자책임이론은 독일의 판례법에서 주장되는 이론이며, 우리나라에서는 인정되지 않는다. 대표자책임이론을 일부 수용하였던 예전 화재보험 약관의 "피보험자에게 보험금을 받도록 하기 위하여 피보험자와 세대를 같이 하는 친족 또는 고용인이 고의로 사고를 일으킨 손해에 대해서는 보험자가 보상하지 아니한다"라는 조항도 2010년 4월 이후로 삭제되었다.

(3) 소방 등의 조치로 인한 손해

직접적인 화재손해 이외에 화재의 소방 또는 손해의 감소에 필요한 조치로 인한 손해도 보험자가 보상할 책임이 있다. 예를 들어 서적을 보관하던 창고에 화재가 발생하여 물을 뿌린 경우, 화재로 인한 손해뿐만 아니라 물에 젖어 사용하지 못하게 된 서적에 대한 손해도 보상범위에 속한다.

2. 운송보험

가. 의의

운송물에 그 운송에 관한 사고로 손해가 생길 때 그 손해를 보상하는 보험이다. 해상 운송의 운송물은 해상 적하보험의 영역에 속하며, 여객이나 운송수단은 책임보험, 자동차보험에서 보장된다. 따라서 일반적으로 운송보험이라고 할 때에는 육상 운송만을 대상으로 한다.

나. 요소

보험의 목적	운송물이 보험의 목적물이다.
보험사고	운송 중 발생하는 모든 사고를 대상으로 한다. 이때 발생하는 사고에는 운송인의 고의 또는 과실로 인한 운송물의 멸실 또는 훼손까지 포함한다.
보험기간	당사자 간에 다른 약정이 없으면 '운송인이 운송물을 수령한 때부터 수하인에게 인도할 때까지'이다. 따라서 운송물이 실제 운반될 때 뿐만 아니라 수하인에게 인도되기 전까지 보관하던 중에 발생한 사고도 보상한다.
보험가액	운송물의 보험에 있어서는 발송한 때와 곳의 가액과 도착지까지의 운임 기타의 비용을 보험가액으로 한다. 본래 보험가액은 사고가 발생한 때와 곳의 가액에 따르는 것이 원칙이지만, 운송보험은 보험기간이 비교적 단기이고 보험가액의 변동이 적기 때문에 특칙을 둔 것이다. 운송물의 도착으로 인하여 얻을 이익은 약정이 있는 때에 한하여 보험가액 중에 산입한다.

다. 효력

(1) 면책사유

의 고의 또는 중대한 과실로 인하여 발생한 때에는 보험자는 이로 인하여 생긴 손해를 보상할 책임이 없다. 운송보조자(송하인과 수하인)는 비록 보험계약자나 피보험자는 아니지만 운송계약에 있어서 일정한 권리와 의무(상법 제139조 내지 제141조)를 지니므로 이들의 고의, 중과실로 인한 사고는 보험계약자 또는 피보험자에 의한 것과 동일시 취급하여 면책사유로 한 것이다.

> **시험 출제 포인트**
> 운송인의 고의, 중과실은 운송보험의 면책사유에 해당하지 않으니 주의해야 한다.

(2) 운송의 중지와 변경

운송보험계약은 다른 약정이 없으면 운송의 필요에 의하여 일시운송을 중지하거나 운송의 노순 또는 방법을 변경한 경우에도 그 효력을 잃지 않는다. 육상운송의 노순 변경은 해상운송과는 달리 위험 발생 가능성이 크게 높아지지 않으며 실무상 육상운송 도중에 노순 및 방법을 변경하거나 일시운송을 중지하는 행위가 빈번하게 이루어진다는 점을 감안하여 운송보험에서도 이로 인하여 효력을 잃지 않도록 규정한 것이다. 유사한 개념과 비교하여 해상 적하보험에서는 운송 중지나 노순 변경이 있을 때에 보험자가 책임지지 않으므로 주의해야 한다.

3. 해상보험

가. 총설

(1) 의의

해상보험은 해상사업에 관한 사고로 인하여 손해가 발생하였을 때 이를 보상하는 보험이다. 상법 제693조에서도 '해상보험계약의 보험자는 해상사업에 관한 사고로 인하여 생길 손해를 보상할 책임이 있다.'라고 하여 해상사업과 관련된 위험이 보험의 목적임을 명시하고 있다. 따라서 해상사업과 관련된 것이라면 반드시 바다 위에서 발생하는 것이 아니라고 하더라도 얼마든지 해상보험의 대상이 될 수 있다. 예를 들면 육지 내에서 해상 항구까지 운반하는 도중에 발생하는 위험, 항해에 관계되는 내수(內水) 또는 창고까지의 위험도 해상보험에서 보상하는 위험으로 정할 수 있다. 해상보험은 근대보험의 효시로서 가장 오랜 보험의 형태이다.

(2) 해상보험의 종류

(가) 선박보험

선박을 보험의 목적으로 한 것으로 선박의 속구, 연료, 양식 기타 항해에 필요한 모든 물건을 보험의 목적으로 하는 보험이다. 보험가액은 보험자의 책임이 개시될 때의 선박가액을 보험가액으로 한다.

(나) 적하보험

선박이 운송 중인 적하를 보험의 목적으로 하는 보험이다. 적하의 보험에 있어서는 선적한 때와 곳의 적하의 가액과 선적 및 보험에 관한 비용을 보험가액으로 한다. 국제운송 중 발생하는 사고에 대하여 화주는 운송인에게 손해배상을 청구할 수 있으나 이는 각종 면책사유로 제한되고 있으며 설령 손해배상을 받는다고 하더라도 일정 금액을 한도로 책임이 제한된다. 따라서 적하보험 가입이 필수이다.

(다) 희망이익보험

적하의 도착으로 인하여 얻을 이익 또는 보수의 보험에 있어서는 계약으로 보험가액을 정하지 않은 때에는 보험금액을 보험가액으로 한 것으로 추정한다.

(라) 보험기간에 따른 분류

① 기간보험(Time policy): 시간을 기준으로 보험기간을 정하는 보험으로 주로 선박보험에서 활용된다. 보험실무상 대부분 1년을 보험기간으로 한다.

② 항해보험(Voyage policy): 항해보험이란 장소를 기준으로 보험기간을 정하는 보험을 말한다. 예를 들어 "부산에서부터 뉴욕까지"라는 방식으로 보험기간을 정하는 것이다.

나. 해상보험의 특성

(1) 기업보험

해상보험은 해운업자나 무역업자들이 주로 이용하는 보험이므로 기업보험의 성격을 가지고 있다. 그러므로 계약 자유의 원칙(사적 자치의 원칙)이 존중되며 상법 제663조 <u>보험계약자 등의 불이익 변경 금지 원칙이 적용되지 않는다.</u> 다만, 대법원 판례상 수산업협동조합 중앙회가 실시하는 어선 공제사업은 해상보험의 일종이기는 하지만, 소형 어선을 소유하며 근해어업에 종사하는 영세어민을 위한 것이므로 보험계약자 등의 불이익 변경 금지 원칙을 규정한 상법의 취지를 고려하여 불이익 변경 금지 원칙을 적용하여야 한다.

(2) 영국 해상보험법 적용

해상보험 실무에서는 우리나라의 상법과 약관보다는 영국의 런던 보험자 협회가 작성한 협회약관과 영국의 해상보험법(Marine Insurance Act, 1906) 적용이 일반적이며, 판례도 해상보험의 특수성을 감안하여 이를 긍정한다.

(3) 최대선의의 원칙

해상보험은 최대선의의 원칙(utmost good faith)에 근거하므로 이에 어긋나는 경우 그 계약의 효력에 영향을 미친다. 영국의 해상보험법의 고지의무는 이러한 최대선의의 원칙에 근거한 것으로 우리 상법의 고지의무보다 더 엄격하게 적용되고 있다.

(4) 해운회사와 선박보험

선박은 항해를 하면서 좌초, 침몰, 화재 등의 위험에 항상 노출되어 있으며 해상사고가 발생하면 선주는 선박 자체의 손해는 물론이고 사고가 발생한 시점부터 정상적인 활동으로 복귀할 때까지의 운임, 용선료 등의 비용 손실도 발생한다. 선박보험은 다수의 선주들로부터 일정한 보험료를 받아 사고가 발생한 소수의 선주들의 손해를 보전하는 역할을 한다.

(5) 무역회사와 적하보험

국제무역의 3대 지주는 해운, 국제금융, 적하보험으로, 적하보험은 오늘날 무역거래의 중요한 역할을 담당하고 있다. 즉, 화물의 운송은 해운, 화물대금 결제는 은행, 운송 중 발생하는 손해는 적하보험이 담당하는 프로세스로 국제무역이 이루어진다.

(6) 국제경쟁성

해상보험 시장은 국제적인 경쟁시장이다. 예를 들어 선박보험을 체결할 때에 선주의 국적을 따라 선박의 국적을 취득할 필요가 없으며 선박보험도 국내와 해외 보험사와 어느 쪽이든 자유롭게 체결할 수 있다.

다. 해상보험의 요소

(1) 보험의 목적

해상보험의 보험자가 보상책임을 부담하는 범위는 '해상사업과 관련된 모든 사고'이다. 따라서 해상에서 발생하는 해상 고유의 사고인 침몰, 좌초, 악천후 뿐만 아니라 화재, 도난, 폭발, 선원의 불법행위, 하역 중의 사고 등이 모두 해상보험에서 담보하는 위험에 해당한다. 사고장소도 반드시 해상에 국한되는 것은 아니며 부두 등 하역 중에 생긴 사고도 보상하며, 항해를 하기 위한 과정에서 발생하는 육상에서의 사고도 특약을 통하여 보상할 수 있다.

> **시험 출제 포인트**
>
> ▶ 보험가액 불변경주의
> 해상보험에서는 보험기간 동안 보험가액이 변경되지 않는 보험가액 불변경주의를 따른다.
> ① 선박보험
>   - 선박의 보험에 있어서는 보험자의 책임이 개시될 때의 선박가액을 보험가액으로 한다.
>   - 선박의 속구, 연료, 양식 기타 항해에 필요한 모든 물건은 보험의 목적에 포함된 것으로 한다.
> ② 적하보험
>   - 적하의 보험에 있어서는 선적한 때와 곳의 적하의 가액과 선적 및 보험에 관한 비용을 보험가액으로 한다.
> ③ 희망이익보험
>   - 적하의 도착으로 인하여 얻을 이익 또는 보수의 보험에 있어서는 계약으로 보험가액을 정하지 아니한 때에는 보험금액을 보험가액으로 한 것으로 추정한다.

(2) 보험기간

(가) 보험기간의 개시

① 항해단위 선박보험의 보험기간은 하물 또는 저하의 선적에 착수한 때에 개시한다.
② 적하보험의 보험기간은 하물의 선적에 착수한 때에 개시한다. 그러나 출하지를 정한 경우에는 그 곳에서 운송에 착수한 때에 개시한다.
③ 하물 또는 저하의 선적에 착수한 후에 보험계약이 체결된 경우에는 보험기간은 계약이 성립한 때에 개시한다.

(나) 보험기간의 종료

① 항해단위 선박보험의 보험기간은 도착항에서 하물 또는 저하를 양륙한 때에 종료한다.
② 적하보험의 보험기간은 양륙항 또는 도착지에서 하물을 인도한 때에 종료한다.
③ 불가항력으로 인하지 아니하고 양륙이 지연된 때에는 그 양륙이 보통 종료될 때에 종료된 것으로 한다.

라. 해상보험자의 손해보상책임

(1) 보상하는 손해

공동해손	선박과 적하에 공동의 위험이 발생했을 때 선장이 이를 제거, 경감하기 위하여 선체나 적하의 일부를 처분하여 발생한 손해와 경비를 말한다. 보험자는 피보험자가 지급할 공동해손의 분담액을 보상할 책임이 있다. 그러나 보험의 목적의 공동해손분담가액이 보험가액을 초과할 때에는 그 초과액에 대한 분담액은 보상하지 않는다.
구조료	구조료란 해상 운송 중 발생한 긴급한 위난 상황에서 이를 구조한 구조자가 받을 보수를 말한다. 선박이나 적하가 해난에 부딪쳐 구조를 받은 경우 보험자는 피보험자에게 부과된 구조료를 보상할 책임이 있다. 그러나 보험의 목적물의 구조료 분담가액이 보험가액을 초과할 때에는 그 초과액에 대한 분담액은 보상하지 않는다.
특별비용	특별비용이란 보험에서 담보하는 위험으로 인하여 보험 목적의 안전이나 보존을 위하여 지출하는 비용을 말한다. 보험목적의 손해를 방지하기 위한 비용을 포괄하는 개념으로 공동해손과 구조료가 아닌 비용이다. 보험자는 특별비용을 보험금액의 한도내에서 보상할 책임이 있다.
충돌손해	상법상 명문 규정은 없으나 선박의 충돌로 인하여 다른 선박에 생긴 손해는 다른 특약이 없는 한 해상 고유의 위험(perils of the seas)에 해당하지 않으므로 해상보험자의 보상책임이 발생하지 않는다. 실무에서는 충돌약관(Running Down Clause)을 보험계약에 삽입하여 선박 충돌에 따른 위험을 대비하고 있다. 충돌약관이 첨부되면 보험자는 충돌손해배상금의 3/4를 부담하기 때문에 보통 실무에서는 '3/4 충돌배상책임약관'이라고도 부른다. 이러한 충돌약관은 배상책임 보험의 영역에 해당한다고 할 수 있다.

(2) 보상하는 손해의 범위

(가) 선박의 일부손해

① 선박의 일부가 훼손되어 그 훼손된 부분의 전부를 수선한 경우에는 보험자는 수선에 따른 비용을 1회의 사고에 대하여 보험금액을 한도로 보상할 책임이 있다.

② 선박의 일부가 훼손되어 그 훼손된 부분의 일부를 수선한 경우에는 보험자는 수선에 따른 비용과 수선을 하지 아니함으로써 생긴 감가액을 보상할 책임이 있다.

③ 선박의 일부가 훼손되었으나 이를 수선하지 않은 경우에는 보험자는 그로 인한 감가액을 보상할 책임이 있다.

(나) 적하의 일부 손해

보험자는 그 훼손된 상태의 가액과 훼손되지 아니한 상태의 가액과의 비율에 따라 보험가액의 일부에 대한 손해를 보상할 책임이 있다.

(다) 적하의 매각

항해도중에 불가항력으로 적하를 매각한 때에는 보험자는 그 대금에서 운임 기타 필요한 비용을 공제한 금액과 보험가액과의 차액을 보상하여야 한다. 이 때 매수인이 대금을 지급하지 아니한 때에는 보험자는 그 금액을 지급하여야 하며, 대신 피보험자의 매수인에 대한 권리를 취득한다.

마. 해상보험계약의 변경 및 소멸

(1) 보험관계의 변경

(가) 항해 변경

보험자는 다음의 경우에 책임을 지지 않는다.
① 발항항이 아닌 다른 항에서 출항한 때
② 도착항이 아닌 다른 항을 향하여 출항한 때
③ 도착항이 변경된 경우에는 그 항해의 변경이 결정된 때부터
④ 이로: 선박이 정당한 사유없이 보험계약에서 정하여진 항로를 이탈한 경우에 보험자는 그때부터 책임을 지지 않는다. 선박이 손해발생 전에 원래 항로로 돌아오더라도 책임을 지지 않는다. 유사한 개념과 비교하여 운송보험은 운송의 중지 및 변경이 있더라도 보험자가 책임을 부담하니 주의해야 한다.

(나) 발항 또는 항해의 지연

피보험자가 정당한 사유없이 발항 또는 항해를 지연한 때에는 보험자는 발항 또는 항해를 지체한 이후의 사고에 대하여 책임을 지지 않는다.

(다) 선박의 변경

적하보험	보험계약자 또는 피보험자의 책임있는 사유로 인하여 선박을 변경한 때에는 그 변경 후의 사고에 대하여 책임을 지지 않는다.
선박보험	보험자의 동의 없이 다음의 사유가 있는 경우에는 보험계약이 종료한다. 1. 선박을 양도할 때 2. 선박의 선급을 변경한 때 3. 선박을 새로운 관리로 옮긴 때

(2) 선박 미확정의 적하 예정보험

보험계약 체결 당시에 하물을 적재할 선박을 지정하지 않은 보험을 말한다. 보험계약자 또는 피보험자가 그 하물이 선적되었음을 안 때에는 지체 없이 보험자에 대하여 그 선박의 명칭, 국적과 하물의 종류, 수량과 가액의 통지를 발송하여야 하며, 이를 위반한 때에는 보험자는 그 사실을 안 날부터 1월내에 계약을 해지할 수 있다. 본래 예정보험이란 보험계약의 주요 내용 중 일부의 내용이 확정되지 않은 채로 체결하는 보험계약을 말한다. 예정보험은 이미 성립한 계약이므로 미확정된 내용이 확정되면 이를 지체 없이 보험자에게 통지하여야 하며, 그러한 통지에 따라 보험계약의 내용이 확정된다. 이러한 예정보험을 통하여 신속한 보험계약 체결이 가능하므로 무보험상태를 피할 수 있다는 장점이 있다.

바. 보험위부

(1) 의의
보험위부란 해상보험 특유의 제도로, 보험의 목적이 전부 멸실한 것과 동일시할 수 있는 경우에 피보험자에게 보험금액 전액을 청구할 수 있게 하고 피보험자가 가졌던 보험의 목적물에 대한 권리를 보험자가 취득하는 제도이다. 해상 사업의 특수성을 감안하여 사고 발생 사실이나 손해액 산정절차를 생략하고 보험관계를 신속하게 정리하기 위한 해상보험 제도이다.

(2) 위부의 원인(추정전손)
① 피보험자가 보험사고로 인하여 자기의 선박 또는 적하의 점유를 상실하여 이를 회복할 가능성이 없거나 회복하기 위한 비용이 회복하였을 때의 가액을 초과하리라고 예상될 경우
② 선박이 보험사고로 인하여 심하게 훼손되어 이를 수선하기 위한 비용이 수선하였을 때의 가액을 초과하리라고 예상될 경우
③ 적하가 보험사고로 인하여 심하게 훼손되어서 이를 수선하기 위한 비용과 그 적하를 목적지까지 운송하기 위한 비용과의 합계액이 도착하는 때의 적하의 가액을 초과하리라고 예상될 경우

(3) 선박의 행방불명
선박이 2개월간 행방불명된 때에는 전손으로 추정한다. 따라서 보험계약자는 위부를 할 필요가 없으며 그냥 전손보험금을 청구하면 된다. 상법 제711조 제2항에 "전손으로 추정한다"라는 문구 때문에 선박의 행방불명이 추정전손이라는 주장도 있으나, 이는 단지 "추정"이라는 단어가 같이 사용되어 발생한 혼동에 불과하다. 추정전손은 그 자체가 하나의 보험사고에 해당하며, 곧 위부의 대상이 된다. 우리 상법은 추정전손, 즉, 보험위부의 원인을 제710조에서 3가지로 규정하고 있으며, 선박의 행방불명은 이와는 별도로 제711조에서 전손으로 추정한다고 규정하고 있다. 선박의 행방불명은 추정전손이 아니며, 보험위부의 대상도 되지 않는다. 즉, "추정전손"과 "전손으로 추정한다"는 서로 다른 의미이다.

(4) 위부의 통지
피보험자가 위부를 하고자 할 때에는 상당한 기간 내에 보험자에게 그 통지를 발송하여야 한다. 통지의 방식에는 제한이 없으나 통지가 보험자에게 도달한 이후에는 위부를 철회할 수 없다.

(5) 위부권 행사의 요건
① 위부는 무조건이어야 한다. 즉, 조건을 붙일 수 없다.
② 위부는 보험의 목적의 전부에 대하여 이를 하여야 한다. 그러나 위부의 원인이 그 일부에 대하여 생긴 때에는 그 부분에 대하여서만 이를 할 수 있다.
③ 보험가액의 일부를 보험에 붙인 경우 위부는 보험금액의 보험가액에 대한 비율에 따라서만 이를 할 수 있다.

(6) 위부의 승인

① 보험자가 위부를 승인한 후에는 그 위부에 대하여 이의를 하지 못한다.
② 보험자가 위부를 승인하지 아니한 때에는 피보험자는 위부의 원인을 증명하지 않으면 보험금액의 지급을 청구하지 못한다.

(7) 위부의 효과

위부가 발생하면 보험자는 위부로 인하여 그 보험의 목적에 관한 피보험자의 모든 권리를 취득한다. 모든 권리에는 보험목적물이 현존하고 있을 때 발생하는 권리 뿐만 아니라 잔존물이 있을 때는 그에 대한 소유권, 그 밖에 보험의 목적과 관련된 모든 권리가 포함된다.

시험 출제 포인트

구분	잔존물 대위	위부
적용보험	손해보험 전반	해상보험
효력 발생 시점	보험금 지급 시점	위부 통지 시점
의사표시	의사와 관계없이 발생	위부 의사 표시로 발생
목적물	현실전손	추정전손
범위	지급보험금 한도 내에서 행사	지급보험금 초과하더라도 행사

4. 책임보험

가. 총론

(1) 의의

책임보험 계약은 피보험자가 보험기간 중의 사고로 인하여 제3자에게 배상책임을 질 경우에 그에 대한 손해를 보상하는 보험이다. 책임보험에서의 배상책임은 원칙적으로 민사상 책임을 전제로 한다. 따라서 불법행위로 인한 배상책임과 채무불이행으로 인한 배상책임이 대표적인 책임보험의 보상하는 손해에 해당한다. 다만 일부 상품의 경우에는 자동차의 운행 과실에 따른 피보험자의 형사상 책임을 보상하는 경우도 있다. 우연한 사고를 전제로 하는 보험제도의 특성상 고의나 중과실에 의한 사고는 보상하지 않는 것이 원칙이다. 다만 책임보험의 보험사고는 대부분 보험계약자나 피보험자의 중과실로 인하여 발생하는 현실을 반영하여, 개별 보험상품의 약관 규정에 따라 중과실로 인한 사고는 보험자가 보상책임을 지도록 규정하는 경우가 많다.

(2) 책임보험의 기능

일반적인 손해보험은 피보험자의 경제적 손실을 보상하는 기능을 한다. 책임보험은 피보험자의 보호 기능과 더불어 피해자 보호 기능도 수행하고 있다. 예를 들어 배상 의무자인 피보험자(가해자)에게 배상자력이 없다면 피해자는 제대로 된 피해보상을 받지 못하는 경우가 많으며, 설령 배상자력이 있다고 하더라도 피해보상까지 장기간의 시간과 비용이 발생할 수 있다. 그러나 피보험자(가해자)가 책임보험에 가입하였다면 피해자는 배상의무자의 배상자력과는 관계없이 피해를 보상받을 수 있으며 직접청구권을 행사하여 신속한 보장도 가능하다. 이처럼 책임보험은 피보험자 보호 기능 뿐만 아니라 피해자 보호 기능도 하고 있으며, 이러한 사회 안전망으로서의 역할 분담으로 인하여 법률상 보험 가입이 강제된 경우가 많다.

(3) 책임보험계약의 성질

책임보험은 피보험자에게 직접 발생하는 손해를 보상하는 것이 아니며 피보험자가 손해배상을 하여 입은 간접손해를 보상한다는 점에서 소극보험에 해당한다. 책임보험계약은 피해자 보호 기능에도 불구하고 민법상 제3자를 위한 계약이거나 타인을 위한 보험계약은 아니니 주의하여야 한다.

나. 책임보험계약의 요소

(1) 보험의 목적

책임보험은 피보험자가 제3자에게 부담하는 손해를 보상하므로, 책임보험에서 보험의 목적은 피보험자의 전재산이라고 할 수 있다.

(2) 피보험이익과 보험가액

책임보험도 손해보험의 일종이므로 당연히 피보험이익이 존재하여야 한다. 책임보험에서의 피보험이익은 피보험자가 제3자에 대하여 법률상 손해배상 책임을 짐으로써 입게 될 경제적 이해관계이다. 다만 책임보험의 특성상 사고발생 시의 손해액이 불확정이므로 보험가액은 존재하지 않는다는 것이 통설이다. 따라서 책임보험에서는 보상한도액(보험자가 보상책임을 부담하는 최고 한도액)이라는 개념이 자주 사용된다. 다만 보관자 책임보험과 같이 보험 목적물이 특정된 경우에는 보험가액이 인정될 수 있다.

다. 책임보험계약의 효과

(1) 보험자의 의무

(가) 손해보상의무

보상범위	1. 변제, 승인, 화해 또는 재판으로 인하여 확정된 채무 2. 제3자의 청구를 방어하기 위하여 지출한 재판상 또는 재판 외의 필요비용(방어비용) 3. 피보험자가 담보의 제공 또는 공탁으로써 재판의 집행을 면할 수 있는 경우에는 보험금액의 한도 내에서 그 담보의 제공 또는 공탁 2번과 3번의 비용이 보험자의 지시에 의한 것인 경우에는 그 금액에 손해액을 가산한 금액이 보험금액을 초과한 때에도 보험자가 이를 부담해야 한다.
이행시기	피보험자가 제3자에 대하여 변제, 승인, 화해 또는 재판으로 인하여 채무가 확정된 때에는 지체 없이 보험자에게 그 통지를 발송하여야 하며, 보험자는 통지를 받은 10일 내에 보험금액을 지급하여야 한다.

(나) 방어비용

① 의의: 방어비용이란 피해자가 피보험자를 상대로 손해배상을 청구한 경우에 방어를 위하여 지출한 재판상 또는 재판 외의 필요비용을 말한다. 따라서 방어비용은 피해자의 손해배상 청구가 있는 경우에만 인정되며, 피해자로부터 아직 손해배상 청구가 없다면 방어비용이 인정될 여지가 없다. 다만, 이 경우에도 반드시 재판상 청구한 경우에 한하여 방어비용이 인정되는 것은 아니다(대법원 1995. 12. 8. 선고 94다27076 판결).

② 방어비용의 보상: 피보험자가 지출한 방어비용은 보험의 목적에 포함되며, 피보험자는 그 비용의 선급을 청구할 수 있다. 또한 피보험자가 담보의 제공 또는 공탁으로써 재판의 집행을 면할 수 있는 경우에는 보험자에 대하여 보험금액의 한도 내에서 그 담보의 제공 또는 공탁을 청구할 수 있다. 방어비용의 발생이 <u>보험자의 지시에 의한 것인 경우</u>에는 그 금액에 손해액을 가산한 금액이 보험금액을 초과하는 때에도 보험자가 이를 부담하여야 한다. 유사한 개념과 비교하여 손해방지비용은 보험자의 지시 여부를 불문하고 보험자가 이를 부담하니 주의해야 한다.

(2) 피보험자의 의무

(가) 보험자에 대한 통지의무

피보험자가 제3자로부터 배상청구를 받았을 때에는 지체 없이 보험자에게 그 통지를 발송하여야 하며, 만약 통지를 게을리하여 손해가 증가되었다면 보험자는 그 증가된 손해를 보상할 책임이 없다.

(나) 보험자에 대한 협조의무

피보험자는 보험자의 요구가 있을 때에는 필요한 서류·증거의 제출, 증언 또는 증인의 출석에 협조하여야 한다.

라. 피해자 직접청구권

(1) 의의

피해자 직접청구권이란 책임보험에서 피해자가 피보험자를 통하지 않고 보험자에게 직접 손해의 보상을 청구할 수 있는 권리를 말한다. 피해자는 피보험자가 책임 질 사고로 입은 손해에 대하여 보험가입금액의 한도 내에서 보험자에게 직접 보상을 청구할 수 있다.

(2) 보험금 청구권설

피해자 직접청구권을 피보험자의 보험금청구권으로 보는 견해이다. 보험자는 사고에 대하여 귀책사유가 없고 단지 보험계약을 통하여 보험금을 지급하는 것뿐이므로 보험금으로 보아야 한다는 주장이다.

(3) 손해배상 청구권설

피해자 직접청구권을 피해자의 손해배상청구권으로 보는 견해이다. 피해자는 보험계약 관계가 없으므로 보험자가 피보험자의 피해자에 대한 손해배상채무를 병존적으로 인수한 것으로서 보아야 한다는 주장이다.

(4) 대법원 판례의 견해

대법원은 일관되게 손해배상청구권설을 지지한다.

> **관련판례**
>
> ▶ **대법원 1998. 9. 18. 선고 96다19765 판결**
> 상법 제682조의 보험자 대위에 의하여 보험자가 취득하는 권리는 당해 사고의 발생 자체로 인하여 피보험자가 제3자에 대하여 가지는 불법행위로 인한 손해배상청구권이나 채무불이행으로 인한 손해배상청구권을 포함하는 것이고, 한편 같은 법 제724조 제2항에 의하여 피해자에게 인정되는 직접청구권의 법적 성질은 보험자가 피보험자의 피해자에 대한 손해배상채무를 병존적으로 인수한 것으로서 피해자가 보험자에 대하여 가지는 손해배상청구권이므로, 이와 같은 피해자의 직접청구권도 역시 상법 제682조의 보험자 대위에 의하여 보험자가 취득하는 권리에 당연히 포함된다.

(5) 보험금청구권과 직접청구권의 경합

피해자는 보험자에 대한 직접청구권과 피보험자에 대한 손해배상청구권을 선택하여 행사할 수 있다. 보험자의 입장에서 피해자의 직접청구권과 피보험자의 보험금청구권이 경합할 경우에는 피해자의 직접청구권이 우선한다(상법 제724조 제1항).

(6) 피보험자 개별 적용

피보험자 개별 적용이란 손해배상책임보험에서 동일한 사고로 피해자에 대하여 배상책임을 지는 피보험자가 복수로 존재하는 경우에는 피보험이익도 피보험자마다 개별로 독립하여 존재하는 것이므로 각각의 피보험자마다 손해배상책임의 발생요건이나 면책조항의 적용 여부 등을 개별적으로 가려서 보상책임의 유무를 결정하여야 한다는 것을 말한다. 피해자에 대하여 배상책임을 지는 피보험자가 복수로 존재하는 경우에는 그 피보험이익도 피보험자마다 개별로 독립하여 존재하기 때문에 그의 피보험이익도 보호되어야 한다는 점에서 인정되고 있다.

마. 영업책임보험에서의 보험목적의 확대

피보험자가 제3자에게 배상책임을 짐으로써 입은 손해를 보상할 뿐만 아니라, 피보험자의 대리인 또는 그 사업감독자의 제3자에 대한 책임도 보험의 목적에 포함된 것으로 한다.

바. 보관자 책임보험

(1) 의의

보관자 책임보험이란 임차인 또는 기타 타인의 물건을 보관하는 보관자가 보험기간 중에 보관 또는 사용 중인 타인의 물건에 손상을 입혀 타인에게 손해배상책임을 진 경우에 그 손해를 보험자가 보상할 것을 목적으로 하는 책임보험을 말한다. 피보험자는 보관자 자신이므로 자기를 위한 보험에 해당하며, 목적물의 소유자를 피보험자로 하는 타인을 위한 보험과 구별된다. 하지만, 피해자(목적물의 소유자)는 직접청구권을 행사하여 보험자를 상대로 보상청구를 할 수 있으므로 사실상 타인을 위한 보험의 기능도 하고 있다.

(2) 소유자의 직접청구권

보관자 책임보험에 있어 목적물의 소유자는 보험자에게 직접 그 손해의 보상을 청구할 수 있다. 본래 보관자책임보험에서의 피보험자는 보관자 자신이므로 보험금 청구권은 피보험자(보관자)가 가지게 될 것이지만 보관자의 무자력, 파산 등으로 소유자가 손해배상을 받지 못하게 되는 경우가 있다. 이러한 경우에 소유자의 이익을 보호하기 위하여 소유자 직접청구권을 인정하고 있다.

사. 수개의 책임보험

책임보험은 보험가액이 없으므로 원칙적으로 중복보험이 발생하지 않는다. 그러나 수개의 책임보험이 체결된 경우 각각의 보험자가 보험금액을 지급하면 중복보험과 동일하게 중복보상의 문제가 발생하므로 우리 상법은 이를 해결하기 위하여 상법 제725조의2에서 '수개의 책임보험'에 대한 규정을 두고 있다. 따라서 피보험자가 동일한 사고로 제3자에게 배상책임을 짐으로써 입은 손해를 보상하는 수개의 책임보험계약이 동시 또는 순차로 체결된 경우에 그 보험금액의 총액이 피보험자의 제3자에 대한 손해배상액을 초과하는 때에는 중복보험에 대한 규정을 준용하여 그 사실을 각 보험자에게 통지할 의무가 있으며 보험자의 보상책임도 중복보험과 같이 연대책임 및 비례보상의 원칙에 따라 결정된다.

> **관련조항**
>
> ▶ 제725조의2(수개의 책임보험)
> 피보험자가 동일한 사고로 제3자에게 배상책임을 짐으로써 입은 손해를 보상하는 수개의 책임보험계약이 동시 또는 순차로 체결된 경우에 그 보험금액의 총액이 피보험자의 제3자에 대한 손해배상액을 초과하는 때에는 제672조(중복보험)와 제673조(중복보험과 보험자 1인에 대한 권리포기)의 규정을 준용한다.

아. 재보험

(1) 재보험계약 일반

(가) 재보험의 의의
재보험이란 보험자가 인수한 보험계약 상의 책임의 전부 또는 일부를 다른 보험자에게 인수시키는 보험계약을 말한다.

(나) 재보험계약의 법적 성질
① 독립계약성: 재보험은 원보험계약의 효력에 영향을 미치지 않으며 따라서 원보험계약과 독립한 별개의 계약이다. 따라서 원보험료가 지급되지 않았음을 이유로 재보험료 지급을 거절할 수 없으며, 반대로 재보험금이 지급되지 않았다고 하여 원보험금 지급을 거절할 수 없다.
② 책임보험성: 재보험은 원보험사의 보험계약 상의 보상책임을 담보하기 위한 보험이므로, 책임보험의 일종이다.
③ 기업보험성: 재보험계약의 당사자는 기업보험에 속한다. 따라서 상법 제663조 보험계약자 등의 불이익변경금지 원칙이 적용되지 않는다.

(2) 책임보험규정의 재보험에의 준용
책임보험에 대한 규정은 그 성질에 반하지 않는 범위 내에서 재보험계약에 준용된다. 따라서 원보험이 손해보험인지 인보험인지 여부를 묻지 않고 재보험계약은 책임보험계약으로 분류된다. 성질에 반하지 않는 범위 내에서 재보험계약에 준용되기 때문에 일부 조항은 재보험에 준용되지 않는다. 예를 들어 책임보험에서 사용되는 피해자 직접청구권은 별도의 재보험 특약(예 Cut-through clause)이 없는한 재보험에는 적용되지 않으며, 재보험자는 원보험의 보험금 청구에 대해서 방어의무가 없으므로 방어의무 및 방어비용에 대한 규정도 별도의 약정이 없다면 적용되지 않는다.

(3) 재보험의 기능

(가) 위험의 분산
재보험은 위험을 양적, 질적, 장소적으로 분산하는 기능이 있다. 원보험자가 단독으로 인수하기 어려운 대형위험을 인수할 때에 그 위험의 전부 또는 일부를 재보험자에게 분산할 수 있도록 하기 때문에 대형위험도 인수가 가능하게 하고(양적 분산), 사고발생 위험률이 높은 위험도 인수할 수 있게 하는 기능(질적 분산)도 있다. 또한 특정 장소에 몰려 있는 위험을 재보험을 통하여 국제적으로 분산시키는 기능(장소적 분산)도 가지고 있다.

(나) 보험경영의 합리화
재보험은 원보험자의 경영안정과 재무구조를 개선하는 기능이 있다. 원보험자는 자신이 인수한 대형위험이 현실화되는 경우에 발생하는 대규모의 보상책임을 재보험으로 대처하여 경영안정을 꾀할 수 있다. 또한 재보험에 가입한 부분에 해당하는 미경과보험료적립금은 그만큼 원보험자의 적립의무가 면제되기 때문에 원보험자의 입장에서는 부채 적립 부담이 경감되어 재무구조를 개선하는 효과도 있다.

(다) 신규 보험상품 개발 촉진

재보험자로부터 직간접적인 보험기술과 정보를 제공받을 수 있고, 원보험자가 아직 합리적인 위험측정이 어려운 새로운 위험을 보장하는 신규 보험상품의 개발과 판매에 보다 적극적으로 임하여 신상품의 개발이 촉진될 수 있다.

(라) 인수능력 강화

원보험자가 단독으로 위험 물건을 인수하는 것보다 재보험을 활용하면 원보험자의 인수능력을 강화된다. 따라서 더욱 많은 물건에 대한 보험 서비스를 제공할 수 있다.

(4) 재보험의 종류

(가) 임의 재보험과 특약 재보험

임의 재보험(facultative reinsurance)은 원보험자가 인수한 개개의 위험에 대하여 개별적, 임의적으로 재보험에 가입하는 것이고, 특약 재보험(treaty reinsurance)이란 원보험자가 일정한 기간 안에 인수한 일정영역의 모든 위험에 대하여 포괄적으로 재보험에 붙이는 것이다.

(나) 비례적 재보험과 비비례적 재보험

비례적 재보험(proportional reinsurance)은 정해진 일정한 비율에 따라서 원보험자와 재보험자가 서로 보험료와 보험금액을 비례하여 나누는 방식을 말하며, 비비례적 재보험(non-proportional reinsurance)은 원보험자와 재보험자에게 보험료와 보험금액이 서로 비례하지 않는 방식으로 출재하는 것을 말한다.

5. 자동차보험

가. 의의

자동차보험은 피보험자가 자동차를 소유, 사용 또는 관리하는 동안에 발생한 사고에 대하여 손해의 보상을 목적으로 하는 보험계약이다. 상법상 명문 규정이 있으나 실무에서는 상법보다는 자동차손해배상보장법이 적용되는 경우가 대부분이다. 자동차보험에서는 기명피보험자, 승낙피보험자, 친족피보험자, 사용피보험자, 운전피보험자 등 다양한 피보험자가 존재한다. 이에 따라 사고 발생 시에 피해자에게 배상책임이 있는 피보험자가 복수로 존재할 수 있는데 이 때에는 피보험자 개별적용에 따라 각각의 피보험자 별로 따로 손해배상책임 발생요건이나 면책 규정을 적용하여 보험금 지급책임 여부를 판단하여야 한다.

나. 양도에 관한 특칙

① 피보험자가 보험기간 중에 자동차를 양도한 때에는 양수인은 보험자의 승낙을 얻은 경우에 한하여 보험계약으로 인하여 생긴 권리와 의무를 승계한다.
② 보험자가 양수인으로부터 양수사실을 통지받은 때에는 지체없이 낙부를 통지하여야 하고 통지받은 날부터 10일 내에 낙부의 통지가 없을 때에는 승낙한 것으로 본다.
③ 자동차의 양도에 있어서는 승낙전담보가 적용되지 않기 때문에 만약 보험자가 승낙 여부를 통지하기 전에 보험사고가 발생하였다면 보장을 하지 않는 것이 원칙이다. 그러나 실제로는 자동차손해배상보장법의 규정과 자동차보험 일시담보 특약에 의하여 승낙전 사고에 대하여도 보장이 제공된다.

다. 손해보상

자동차보험은 피보험자동차의 사고로 인하여 피보험자가 부담하는 법률상 손해배상책임을 보험사고로 한다. 자동차손해배상보장법에서는 민법의 불법행위 손해배상책임보다 넓은 범위의 운행자 책임을 규정하고 있으며 피해자 보호를 두텁게 하고 있다.

라. 자동차보험의 구성

자동차보험은 대인배상Ⅰ, 대인배상Ⅱ, 대물배상, 자기신체사고, 무보험자동차 상해, 자기차량사고의 6가지 보험담보가 하나로 묶여 패키지보험의 형태로 운영되고 있다. 이 중에 대인배상Ⅰ과 대물배상의 일정한 금액까지는 법률에 의하여 보험이 강제되는 의무보험으로 운영되며, 나머지 담보인 대인배상Ⅱ, 대물배상에서 의무보험을 초과하는 부분, 자기신체사고, 무보험자동차 상해, 자기차량사고 담보는 보험계약자가 선택적으로 가입할 수 있는 임의보험이다. 대인배상Ⅰ과 대인배상Ⅱ, 대물배상은 배상책임보험의 영역에 해당되며 자동차사고로 다른 사람을 다치게 하여 배상책임을 지게 되는 경우(대인배상)와 자동차사고로 다른 사람의 재물을 손상하여 배상책임을 지게 되는 경우(대물배상)를 각각 담보한다. 자기신체사고와 무보험자동차 상해는 인보험의 상해보험 영역에 해당하며 자기신체사고는 자동차사고로 피보험자 본인이 다쳤을 경우를 담보하며, 무보험자동차 상해는 무보험자동차에 의하여 피보험자가 사상한 때에 그로 인한 손해를 담보하는 것으로 손해보험형 상해보험이라고 할 수 있다. 마지막으로 자기차량사고는 물건보험에 해당하며 피보험자동차에 생긴 파손 및 도난 등의 손해를 보상하는 담보이다.

마. 자동차보험의 피보험자

(1) 기명피보험자

피보험자동차를 소유·사용·관리하는 자 중에서 보험계약자가 지정하여 보험증권의 기명피보험자란에 기재되어 있는 피보험자를 말한다.

(2) 친족피보험자

기명피보험자와 같이 살거나 살림을 같이 하는 친족으로서 피보험자동차를 사용하거나 관리하고 있는 자를 말한다.

(3) 승낙피보험자

기명피보험자의 승낙을 얻어 피보험자동차를 사용하거나 관리하고 있는 자를 말한다.

(4) 사용피보험자

기명피보험자의 사용자 또는 계약에 따라 기명피보험자의 사용자에 준하는 지위를 얻은 자를 말한다. 다만, 기명피보험자가 피보험자동차를 사용자의 업무에 사용하고 있는 때에 한한다.

(5) 운전피보험자

다른 피보험자(기명피보험자, 친족피보험자, 승낙피보험자, 사용피보험자를 말함)를 위하여 피보험자동차를 운전 중인 자(운전보조자를 포함)를 말한다.

6. 보증보험

가. 총설

(1) 보증보험의 의의

보험계약자가 피보험자에게 계약상의 채무불이행 또는 법령상의 의무불이행으로 입힌 손해를 보상하는 보험을 말한다. 보증보험은 사회적 중요성에도 불구하고 그동안 따로 상법의 규정이 없었으나 2014년 상법을 개정하면서 새롭게 하나의 규정으로 편성되었다. 보증보험을 통하여 채권자는 채무이행을 보장받을 수 있고, 채무자는 자신의 신용을 높일 수 있다. 보증보험을 가입하면 채권자에게는 담보가 제공되는 것과 같은 효과가 있으므로 채무자의 신용을 강화하는 기능을 한다. 신원보증보험, 공사 이행보증보험 등 다양한 보증보험 상품이 개발되어 판매 중이다.

(2) 법적 성질

(가) 민법 준용

보증보험은 형식적으로 보험계약이지만 실질적으로는 보증의 성격을 강하게 가지고 있다. 따라서 그 성질에 반하지 아니하는 범위에서 보증채무에 관한 「민법」의 규정을 준용한다.

(나) 부종성

보증보험은 주채무를 전제로 한다. 따라서 주채무가 무효, 취소 등으로 성립하지 않으면 보증채무도 성립하지 않으며 주채무가 소멸하면 보증채무도 소멸한다. 보증인은 주채무자가 가지는 항변권을 이유로 채권자에게 대항할 수 있고(민법 제433조 제1항), 주채무의 시효 중단은 보증채무에 대해서도 효력이 있다(민법 제440조).

(다) 타인을 위한 보험

보증보험은 채무자인 보험계약자가 채권자인 피보험자를 위하여 체결하는 타인을 위한 보험이다. 유사한 개념과 비교하여 신용보험은 보험계약자가 동시에 피보험자이며 채무자의 채무 불이행 등으로 인하여 발생한 손해를 위하여 채권자가 체결하는 자기를 위한 보험이다.

나. 보증보험계약의 법률 관계

(1) 보증보험 계약

(가) 보증보험계약의 당사자

보증보험은 채무자가 보험계약자이며, 채권자가 피보험자인 보험계약으로 <u>타인을 위한 보험계약</u>의 형태이다. 즉 채무자(보험계약자)가 보증보험을 체결하고 보험사고(채무 불이행)가 발생하면 채권자(피보험자)에게 보험금을 지급한다.

(나) 보험계약자의 보증보험계약 임의해지 제한

보험계약자는 보험사고가 발생하기 전까지는 언제든지 계약의 전부 또는 일부를 해지할 수 있다. 그러나 보증보험은 채권 담보적 기능을 하기 때문에 타인을 위한 보험계약의 규정에 따라 피보험자의 동의가 있거나 보험증권을 소지한 경우에 한하여 계약을 해지할 수 있다. 다만 보증보험 실무상 보험증권을 소지하고 있다고 하더라도 피보험자에게 별도의 확인 절차를 거치는 것이 보통이다.

(다) 보험기간

보증보험의 보험기간은 보험자가 보증보험 계약상 책임을 부담하는 기간으로 보험계약 조건에 따라 결정된다. 예를 들어 주채무의 목적이나 기간이 연장된다고 하여 보험기간이 당연히 연장되는 것은 아니다.

(2) 보험자의 취소권 및 해지권 제한

보증보험에서 보험계약자의 사기, 고의 또는 중대한 과실이 있는 경우에도 이에 대하여 피보험자에게 책임이 있는 사유가 없다면 고지의무 위반(제651조), 위험변경증가 통지의무 위반(제652조), 위험유지의무 위반(제653조) 및 면책사유(제659조 제1항) 규정을 적용하지 않는다. 이는 채권자(피보험자) 보호를 위해 존재하는 보증보험의 특성상 당연한 규정이다.

(3) 보험계약자에 대한 구상권

보험금을 지급한 보증보험자는 보험계약자에 대하여 구상권을 가진다. 구상권의 법적 성질은 민법상 수탁보증인의 구상권(민법 제441조)이다.

오엑스 문제풀이

01 화재보험에서는 위험 보편의 원칙이 적용된다. O/X

해설 화재보험에서는 보험의 목적에 화재로 인하여 손해가 생긴 때에는 그 화재의 원인을 불문하고 보험자는 그 손해를 보상할 책임을 진다는 위험 보편의 원칙이 적용된다.

02 화재의 소방 또는 손해의 감소에 필요한 조치로 인하여 생긴 손해도 보험자가 보상할 책임이 있다. O/X

해설 화재보험에서는 화재로 인한 직접적인 손해는 물론 화재의 소방 또는 손해의 감소 조치로 인해 야기된 손해도 보험자가 보상책임을 부담한다.

03 집합된 물건을 일괄하여 보험의 목적으로 한 때에는 피보험자의 가족과 사용인의 물건은 제외된 것으로 한다. O/X

해설 집합된 물건을 일괄하여 보험의 목적으로 한 때에는 피보험자의 가족과 사용인의 물건도 이를 포함한 것으로 하고, 그 보험은 그 가족 또는 사용인을 위해서도 체결한 것으로 본다.

04 운송보험의 보험가액은 사고가 발생한 때와 곳의 가액을 기준으로 한다. O/X

해설 운송물의 보험에 있어서는 발송한 때와 곳의 가액과 도착지까지의 운임 기타의 비용을 보험가액으로 한다.

05 송하인 또는 수하인의 고의 또는 중과실로 인한 사고는 운송보험에서 면책사유에 해당한다. O/X

해설 운송보조자(송하인 또는 수하인)의 고의 또는 중과실로 인한 사고는 운송보험에서 면책사유에 해당한다.

06 선박이 정당한 사유없이 보험계약에서 정하여진 항로를 이탈한 경우에도 보험자는 책임을 부담한다. O/X

해설 선박이 정당한 사유없이 보험계약에서 정하여진 항로를 이탈한 경우에는 보험자는 책임을 지지 않으며 손해발생 전에 원항로로 돌아온 경우에도 책임을 지지 않는다.

07 선박이 2월간 행방불명이면 그 선박은 전손으로 추정한다. O/X

해설 선박이 2월간 행방불명이면 그 선박은 전손으로 추정하며, 이에 따라 보험계약자는 위부를 할 필요없이 보험금을 청구하면 된다.

08 추정전손이 발생하면 피보험자는 보험위부를 할 수 있다. O/X

해설 보험위부란 보험의 목적이 전부 멸실한 것과 동일하게 취급할 수 있는 경우(추정전손)에 피보험자가 보험의 목적에 관한 자신의 모든 권리를 보험자에게 양도하고 보험자에게 보험금액의 전부를 청구하는 것으로, 해상보험 특유의 제도를 말한다.

09 피해자 직접청구권의 법적 성격에 대하여 대법원은 일관되게 보험금 청구권이라는 입장을 지지한다. O/X

해설 대법원은 피해자 직접청구권이 손해배상 청구권이라는 손해배상청구권설을 지지하고 있다.

10 방어비용의 발생이 보험자의 지시에 의한 것인 경우에는 그 금액에 손해액을 가산한 금액이 보험금액을 초과한 경우에도 보험자가 이를 부담하여야 한다. O/X

해설 맞는 지문이다. 유사한 개념과 비교하여 손해방지비용은 보험자의 지시 여부를 불문하고 보험자가 이를 부담하니 주의하여야 한다.

11 자동차보험은 임의보험으로 운영되며 법률상 보험이 가입이 강제되지 않는다. O/X

> 해설 자동차보험 중 대인배상 I 과 대물배상의 일정금액까지는 법률 규정에 의하여 보험 가입이 강제되는 의무보험으로 운영된다.

12 보증보험은 타인을 위한 보험의 형태로 운영된다. O/X

> 해설 보증보험은 채무자인 보험계약자가 채권자인 피보험자를 위하여 체결하는 타인을 위한 보험이다.

🔒 01. O 02. O 03. × 04. × 05. O 06. × 07. O 08. O 09. × 10. O 11. × 12. O

제5절 인보험

1. 통칙

가. 인보험의 의의

피보험자의 생명이나 신체에 관하여 보험사고가 발생할 경우에 이를 보상하는 보험을 말한다. 상법은 인보험을 크게 생명보험, 상해보험, 질병보험으로 구분한다. 또한 인보험의 보험금은 일시금 이외에 당사자 간의 약정에 의하여 연금으로 분할하여 지급할 수 있다.

나. 인보험의 특징

(1) 이득금지원칙과 보험자대위의 원칙적 금지

인보험계약은 손해의 보상을 목적으로 하지 않기 때문에 실손보상의 원칙이 적용되지 않으며, 보험사고 발생 시 계약에서 약정한 금액을 지급하는 정액보험으로 운영된다. 따라서 이득금지의 원칙과 보험자대위가 적용되지 않는다.

> 📢 **시험 출제 포인트**
> 다만 상해보험계약의 경우에 당사자 간에 다른 약정이 있는 때에는 보험자는 피보험자의 권리를 해하지 아니하는 범위 안에서 대위권을 행사할 수 있다(상법 제729조).

(2) 피보험이익의 관념 부인

피보험이익이란 피보험자가 보험사고와 관련하여 가지는 경제상의 이해관계를 말하는 것으로, 인보험은 사람의 생명과 신체에 관한 것이기 때문에 이를 금전적으로 평가한다는 것은 적절하지 않다. 따라서 인보험에서는 피보험이익의 존재를 부인하는 것이 통설이다.[4]

---
[4] 다만, 영미법 계열의 나라에서는 인보험에서도 피보험이익을 인정하고 있다. 예를 들어 타인의 생명보험계약을 체결할 때 피보험

(3) 다른 보험계약 체결사실의 통지의무

(가) 고지의무

생명보험 실무에서는 청약서 질문사항으로 다른 보험계약의 존재 여부를 묻는 경우가 많다. 이는 보험자가 그러한 사정을 바탕으로 보험계약을 체결할 것인지 여부에 관한 판단자료로 삼겠다는 의사를 명백히 한 것으로 볼 수 있고 그러한 경우에는 다른 보험계약의 존재여부가 고지의무의 대상이 된다고 할 수 있다. 다만, 그러한 경우에도 보험자가 다른 보험계약의 존재 여부에 관한 고지의무 위반을 이유로 보험계약을 해지하기 위해서는 보험계약자 또는 피보험자가 그러한 사항에 관한 고지의무의 존재와 다른 보험계약의 존재에 관하여 이를 알고도 고의로 또는 중대한 과실로 인하여 이를 알지 못하여 고지의무를 다하지 않은 사실이 입증되어야 한다(대법원 2001. 11. 27. 선고 99다33311 판결).

(나) 해지권 부정

보험계약 체결 당시 다른 보험계약의 존재 여부에 관하여 고지의무가 인정될 수 있는 것과 마찬가지로 보험계약 체결 후 동일한 위험을 담보하는 보험계약을 체결할 경우 이를 통지하도록 하고, 그와 같은 통지의무의 위반이 있으면 보험계약을 해지할 수 있다는 내용의 약관은 유효하다고 할 수 있다. 다만, 대법원은 생명보험 계약을 체결한 후에 다른 생명보험에 다수 가입하였다는 사정만으로는 사고발생의 위험이 현저하게 변경 또는 증가된 경우에 해당한다고 볼 수 없어 보험자의 해지권은 부정하였다.

(4) 고의사고

생명보험에서 고의사고는 보험자의 면책사유에 해당한다. 이 때의 고의는 보험사고에 대한 고의라면 충분하며 보험금을 받고자 하는 고의까지 요구하는 것은 아니다. 예를 들어 보험계약자가 피보험자를 살해하였다면 보험자가 면책되는 것이지, 보험금을 받기 위하여 피보험자를 살해하였다는 것까지 증명될 필요는 없다. 또한 상법상 규정은 없으나 생명보험 표준약관에서는 피보험자의 고의(자살)에 대해서도 보험계약 체결일로부터 일정한 기간(2년)이 경과하면 일반 사망보험금을 지급하도록 규정하고 있다. 이는 생명보험의 보험금은 수익자에게 지급된다는 특수성을 반영한 것이다. 피보험자가 고의로 사망한 경우에 보험자는 원칙적으로 보험금의 지급책임이 없으나 피보험자가 심신상실 등으로 자유로운 의사결정을 할 수 없는 상태에서 자신을 해친 경우에 보험자는 보상책임을 면하지 못한다. 여기서 '자유로운 의사결정을 할 수 없는 상태'란 피보험자가 합리적인 이성적 판단 하에 결과 발생을 스스로 용인하지 않은 상태를 말하며, 이러한 상태에서의 행위는 피보험자에게 행위의 결과에 따른 책임을 물을 수 없기 때문에 고의의 범주에서 제외시킨 것이다.

이익이 존재하여야만 계약이 유효하다고 보는 것이다. 이에 반하여 우리나라는 타인의 사망보험을 체결할 때에 그 타인의 서면에 의한 동의를 얻도록 하고 있다. 이를 각각 이익주의와 동의주의라고 한다.

(5) 중과실 사고

생명보험에서는 보험계약자 또는 피보험자나 보험수익자의 중대한 과실로 보험사고가 발생한 경우에도 보험자가 보험금 지급책임을 진다. 이 규정은 상해보험과 질병보험에도 준용된다. 따라서 대법원 판례상 피보험자의 음주운전을 면책사항으로 규정한 인보험 약관은 무효로 다루어진다. 음주운전은 고의적인 범죄행위인 것 자체는 맞지만 특별한 사정이 없는한 고의는 음주운전 자체에 대한 것이고 보험사고에 대한 고의는 아니기 때문이다.

(6) 둘 이상의 보험수익자

둘 이상의 보험수익자 중 일부가 고의로 피보험자를 사망하게 한 경우 보험자는 다른 보험수익자에 대한 보험금 지급 책임을 면하지 못한다. 예를 들어 수익자 A, B, C 중에서 A가 피보험자를 살해한 경우에 보험자는 A에 대해서는 보험금 지급책임을 면하지만 나머지 수익자인 B, C에 대해서는 보험금을 지급하여야 한다. 이는 생명보험 표준약관에서 규정하던 내용을 2014년 상법 개정 시에 법으로 명시한 것이다.

2. 인보험 각칙

가. 생명보험

(1) 생명보험계약의 의의

피보험자의 사망, 생존, 사망과 생존에 관한 보험사고가 생길 경우에 약정한 금액을 지급할 책임을 지는 계약을 말한다.

(2) 생명보험의 종류

(가) 보험사고에 따른 분류

사망보험	피보험자가 보험기간 중에 사망했을 경우에 보험금을 지급하는 보험이다. 보험실무상 생명보험이라고 하면 보통 사망보험을 말하는 경우가 많다. 피보험자의 자격에 일정한 제약이 있는데 만 15세 미만자, 심신상실자 또는 심신박약자의 사망을 보험사고로 한 보험계약은 무효이다. 다만, 심신박약자가 보험계약을 체결하거나 단체보험의 피보험자가 될 때에 의사능력이 있는 경우에는 유효하다.
생존보험	피보험자가 일정한 시점까지 살아있는 경우에 보험금을 지급하는 보험이다.
생사혼합보험	피보험자가 일정한 시점까지 살아있는 경우에는 만기보험금을 지급하고 사망하면 사망보험금을 지급하는 보험이다.

(나) 피보험자 수에 따른 분류

피보험자가 한명인 보험을 개인보험 혹은 단생보험이라고 하며, 피보험자가 복수인 경우를 연생보험이라고 한다. 연생보험은 피보험자를 '부부'처럼 2인으로 하고 그 중 1인이 사망한 경우에 다른 1인에게 보험금액을 지급하는 보험이다. 한편, 회사 등에서 단체의 구성원 전부 또는 일부를 피보험자로 하여 보험계약을 체결할 수도 있는데 이를 단체보험이라고 한다.

(다) 지급방식에 따른 분류

보험사고 발생 시에 보험자가 보험금액을 전부 일시에 지급하는 것을 일시금 보험이라 하며, 약정에 따라 보험금액을 분할하여 지급하는 것을 연금식 보험이라고 한다.

(3) 타인의 생명보험

(가) 의의

보험계약자가 타인의 생명을 보험에 붙여 그 타인이 피보험자가 되는 생명보험을 말한다. 즉, 보험계약자와 피보험자가 다른 생명보험 계약이다.

(나) 동의

타인의 사망을 보험사고로 하는 보험계약에는 보험계약 체결 시에 그 타인의 서면에 의한 동의를 얻어야 한다. 서면에는 「전자서명법」에 따른 전자서명이 있는 경우로서 대통령령으로 정하는 바에 따라 본인 확인 및 위조·변조 방지에 대한 신뢰성을 갖춘 전자문서를 포함한다.

> **시험 출제 포인트**
> 대통령령으로 정하는 신뢰성은 아래의 요건을 모두 갖추는 경우이다.
> 1. 전자문서에 보험금 지급사유, 보험금액, 보험계약자와 보험수익자의 신원, 보험기간이 적혀 있을 것
> 2. 전자문서에 전자서명을 하기 전에 전자서명을 할 사람을 직접 만나서 전자서명을 하는 사람이 보험계약에 동의하는 본인임을 확인하는 절차를 거쳐 작성될 것
> 3. 전자문서에 전자서명을 한 후에 그 전자서명을 한 사람이 보험계약에 동의한 본인임을 확인할 수 있도록 지문정보를 이용하는 등 법무부장관이 고시하는 요건을 갖추어 작성될 것
> 4. 전자문서 및 전자서명의 위조·변조 여부를 확인할 수 있을 것

(다) 동의의 성질

보험계약의 성립은 보험계약자의 청약과 보험자의 승낙으로 이루어지므로 타인의 생명보험에서 피보험자의 동의는 계약 성립요건이 아니라 효력 발생요건이다. 따라서 보험자가 청약을 승낙하였다면 피보험자의 동의가 없더라도 보험계약은 성립한다. 다만 피보험자의 동의가 없기 때문에 보험계약의 효력이 발생하지는 않는다. 또한 이는 강행규정이므로 보험계약 당사자 사이의 다른 약정으로도 그 적용을 배제할 수 없다.

(라) 동의의 방식

동의는 서면으로 한정한다. 전자서명이 있는 경우로서 대통령령으로 정하는 바에 따라 본인 확인 및 위조·변조 방지에 대한 신뢰성을 갖춘 전자문서도 서면동의의 방식에 포함한다.

(마) 개별적 동의

피보험자의 동의는 각 계약에 대하여 개별적으로 하여야 하며, 포괄적 동의 혹은 묵시

적, 추상적 동의는 인정되지 않는다. 또한 피보험자의 동의는 당사자 간의 특약으로도 배제할 수 없는 강행법적 성질을 가진다.

(바) 동의의 시기

피보험자가 동의 의사표시를 하여야 하는 시점은 보험계약 체결 시까지이고, 이는 강행규정이므로 이에 위반한 보험계약은 무효이다. 따라서 타인의 생명보험계약 성립 당시 피보험자의 서면동의가 없었다면 그 보험계약은 확정적으로 무효가 되고, 피보험자가 이미 무효가 된 보험계약을 나중에 추인하였다고 하더라도 그 보험계약이 유효로 될 수는 없다.

(사) 동의가 결여된 계약의 효력

타인의 동의가 없는 생명보험계약은 무효이다. 이는 강행규정이다.

(아) 설명의무와의 관계

판례는 타인의 사망을 보험사고로 하는 보험계약을 체결할 때에 보험모집인 등이 타인의 서면 동의가 필요하다는 내용을 보험계약자 측에게 설명할 의무를 부담한다고 본다(대법원 2004. 4. 23. 선고 2003다62125 판결). 보험모집인이 타인의 서면 동의가 필요하다는 내용을 설명하지 않아 피보험자의 서면 동의를 받지 못한 경우에도 그 계약이 무효가 된다는 것에는 변함없다. 타인의 생명보험에서 그 타인의 서면 동의는 강행규정이기 때문이다. 다만 보험자는 설명의무 위반으로 인하여 보험계약자에게 그 보험금 상당액의 손해를 배상할 책임을 진다. 즉 보험금 지급책임이 아니라 손해배상책임을 부담한다.

(4) 타인을 위한 생명보험

(가) 의의

보험계약자가 자신이 아닌 제3자를 보험수익자로 한 생명보험계약을 말한다. 즉, 보험계약자와 보험수익자가 다른 생명보험 계약이다.

(나) 보험수익자의 지정 변경

① 지정 변경권의 행사: 보험계약자는 보험수익자를 임의로 지정할 수 있고 보험사고 발생 전에는 언제든지 이를 변경할 권리가 있다. 보험수익자가 보험 존속 중에 사망한 때에는 보험계약자는 다시 보험수익자를 지정할 수 있다. 이 경우에 보험계약자가 지정권을 행사하지 아니하고 사망한 때에는 보험수익자의 상속인을 보험수익자로 한다.

② 보험계약자의 사망과 보험수익자의 지위: 보험계약자가 지정권을 행사하지 아니하고 사망한 때에는 피보험자를 보험수익자로 하고 보험계약자가 변경권을 행사하지 아니하고 사망한 때에는 보험수익자의 권리가 확정된다. 그러나 보험계약자가 사망한 경우에는 그 승계인이 그 권리를 행사할 수 있다는 약정이 있는 때에는 그 승계인이 권리를 가진다.

③ 지정권 행사 전의 보험사고 발생: 보험계약자가 지정권을 행사하기 전에 보험사고가 생긴 경우에는 피보험자 또는 보험수익자의 상속인을 보험수익자로 한다.

(다) 보험자에 대한 통지

보험수익자 지정 또는 변경권은 보험계약자의 고유 권리이며 형성권이므로, 보험자나 보험수익자의 동의가 불필요하며 보험계약자가 자유로이 권리를 행사할 수 있고 그 행사에 의하여 변경의 효력이 즉시 발생한다. 따라서 보험자에게 따로 통지를 하지 않아도 얼마든지 보험계약자의 권리 행사로 보험수익자의 지정 또는 변경이 가능하며, 보험수익자 변경의 의사표시가 객관적으로 확인되는 이상 그러한 의사표시가 보험자나 보험수익자에게 도달하지 않았다고 하더라도 보험수익자 변경의 효과는 발생한다. 다만 보험수익자를 지정 또는 변경을 보험자에게 통지를 하지 않으면 그로 인하여 보험자에게 대항하지 못한다. 이는 보험자가 보험금을 이중 지급하는 위험을 방지하기 위함이다. 또한 타인의 생명보험이라면 보험수익자를 지정 또는 변경할 때에 피보험자의 서면 동의가 필요하다.

> **관련판례**
>
> ▶ 대법원 2020. 2. 27. 선고 2019다204869 판결
> 보험계약자는 보험수익자를 변경할 권리가 있다(상법 제733조 제1항). 이러한 보험수익자 변경권은 형성권으로서 보험계약자가 보험자나 보험수익자의 동의를 받지 않고 자유로이 행사할 수 있고 그 행사에 의해 변경의 효력이 즉시 발생한다. 다만, 보험계약자는 보험수익자를 변경한 후 보험자에 대하여 이를 통지하지 않으면 보험자에게 대항할 수 없다(상법 제734조 제1항). 이와 같은 보험수익자 변경권의 법적 성질과 상법 규정의 해석에 비추어 보면, 보험수익자 변경은 상대방 없는 단독행위라고 봄이 타당하므로, 보험수익자 변경의 의사표시가 객관적으로 확인되는 이상 그러한 의사표시가 보험자나 보험수익자에게 도달하지 않았다고 하더라도 보험수익자 변경의 효과는 발생한다.

(5) 단체보험

(가) 의의

단체보험이란 회사 등에서 단체의 구성원 전부 또는 일부를 피보험자로 하여 보험계약을 체결하는 것을 말한다. 상법에서는 단체가 규약에 따라 구성원의 전부 또는 일부를 포괄하여 피보험자로 체결하는 보험계약으로 정의한다.

(나) 서면동의 불필요

단체보험은 일반적으로 회사 등에서 직원들의 복지 차원에서 그 구성원의 이익을 위하여 체결되는 경우가 대부분이다. 상법은 그 취지를 반영하여 피보험자의 개별적인 서면 동의가 없더라도 단체가 규약에 따라 보험계약을 체결하는 경우에는 보험계약이 유효하도록 규정하고 있다. 이 때 말하는 규약이란, 단체협약, 취업규칙, 정관 등과 같은 형식을 불문하고 단체보험의 가입에 관한 단체내부의 협정에 해당하는 것으로써 반드시 당해 보험가입과 관련한 상세한 사항까지 규정하고 있을 필요는 없고 그러한 종류의 보험가입에 관하여 대표자가 구성원을 위하여 일괄하여 계약을 체결할 수 있다는 취지를 담고 있는 것으로 족하다.

(다) 보험증권 교부

단체의 구성원(피보험자) 모두에게 보험증권을 교부할 필요가 없으며 보험계약자에 대하여서만 보험증권을 교부하면 된다.

(라) 보험수익자 지정 서면 동의

보험계약에서 보험계약자가 피보험자 또는 그 상속인이 아닌 자를 보험수익자로 지정할 때에는 단체의 규약에서 명시적으로 정하는 경우 외에는 그 피보험자의 서면 동의를 받아야 한다.

나. 상해보험

(1) 의의

상해보험이란 피보험자 신체의 상해에 관한 보험사고를 보상책임으로 하는 보험계약이다. 상해보험은 보험업법상 제3보험에 속하며 정액보험과 부정액보험의 성격을 모두 가지고 있다. 상해보험 보험증권 기재사항은 인보험 기재사항과 동일하다. 다만, 피보험자와 보험계약자가 다른 때에 인보험 보험증권 기재사항 중 '피보험자의 주소, 성명 및 생년월일'에 대신하여 '피보험자의 직무 또는 직위'만을 기재할 수 있다.

(2) 보험사고

(가) 급격성

급격성이란 사고를 피할 수 없는 긴박성을 말한다. 여기서의 긴박성은 시간적 긴박성만을 의미하는 것이 아니고 피보험자가 예견하지 아니하였거나 예견할 수 없는 순간에 사고가 발생한 것을 말한다. 따라서 예측 불능과 회피 불가능성의 여부는 급격성의 판단에 중요한 요소가 된다. 예를 들어 다른 사람이 피보험자를 살해할 목적으로 소량의 독극물을 계속적으로 음식물에 섞어 섭취하게 한 경우, 이는 시간적으로는 장기간이 소요되었지만 피보험자에게 예측 불능과 회피 불가능성이 인정되기 때문에 급격성을 만족하는 것이다.

(나) 우연성

우연성이란 우연히 발생하여 통상적인 과정으로는 예측할 수 없는 결과를 가져오는 사고를 의미한다. 고의와 반대되는 개념으로 이해하면 쉽다. 판례는 상해보험에서 우연한 사고로 함은 사고가 피보험자가 예측할 수 없는 원인에 의하여 발생하는 것으로 고의에 의한 것이 아니고 예견치 않았는데 우연히 발생하고 통상적인 과정으로는 기대할 수 없는 결과를 가져오는 사고를 의미한다고 보았다(대법원 2003. 11. 28. 선고 2003다35215, 35222 판결).

(다) 외래성

외래성이란 상해의 원인이 외부로부터 야기되어야 한다는 뜻이다. 질병과 반대되는 개념으로 이해하면 쉽다. 외래성은 상해의 원인이 피보험자의 신체 밖으로부터 작용하여야 한다는 의미이며 상해 자체가 신체 밖에서 발생하여야 한다는 의미는 아니다. 따라서 술에 취하여 자다가 구토로 인하여 구토물이 기도를 막아 사망한 경우에는 비록 구토물이 신체 내부에서 비롯된 것이기는 하지만, 신체적 결함이나 체질적인 요인 등에 기인한 것이 아닌 술을 마신 외부의 행위에 의한 것이기 때문에 외래성이 인정된다(대법원 1998. 10. 13. 선고 98다28114 판결). 외부로부터 야기되는 것은 유형물 뿐만 아니라 온도, 습도, 열 등과 같은 자연력도 포함된다.

(라) 인과관계

상해보험에서 급격하고 우연한 외래의 사고와 상해라는 결과 사이에는 상당인과관계가 있는 경우에 보험자의 보험금지급책임이 발생한다. 한편 민사 분쟁에서의 인과관계는 의학적 또는 자연적 인과관계가 아니라 사회적 또는 법적 의미에서의 인과관계를 말하며, 그 인과관계는 반드시 의학적 또는 자연과학적으로 명백하게 입증되어야 하는 것은 아니다.

(3) 생명보험 규정의 준용

상해보험은 기본적으로 생명보험에 관한 규정을 준용한다. 다만, 한가지 규정은 준용을 하지 않는데, 이는 만 15세 미만자, 심신상실자, 심신박약자의 보험에 관한 규정이다. 따라서 만 15세 미만자, 심신상실자, 심신박약자의 상해보험 계약은 유효하다.

다. 질병보험

질병보험이란 피보험자의 질병에 관한 보험사고를 보상책임으로 하는 보험계약을 말한다. 기존의 상법은 질병보험에 관한 규정을 따로 두고 있지 않았으나, 2014년 상법 개정 시에 별도로 질병보험에 관한 규정을 두어 법률 적용의 명확성을 확보하였다. 질병보험은 그 사고의 원인이 피보험자의 신체에서부터 야기된다는 점에서 외래성을 특징으로 하는 상해보험과는 구분된다. 질병보험에 관하여는 그 성질에 반하지 아니하는 범위에서 생명보험 및 상해보험에 관한 규정을 준용한다.

오엑스 문제풀이

01 인보험에서 피보험이익은 절대적 요소이다. O/X

해설 손해보험에서 피보험이익은 절대적 요소이지만, 인보험에서는 피보험이익을 인정하지 않는다.

02 인보험에서는 고의에 의한 사고만 보험자의 면책사유에 해당하며, 중과실에 의한 사고는 보험자가 보상책임을 부담한다. O/X

해설 인보험에서는 보험계약자, 피보험자, 보험수익자의 고의에 의한 사고만 보험자의 면책사유에 해당하며 중과실로 사고가 발생하였다면 보험금을 지급하여야 한다.

03 타인의 생명보험 계약에서 보험계약자가 보험수익자를 지정 또는 변경하기 위해서는 타인의 서면에 의한 동의가 필요하다. O/X

해설 타인의 생명보험 계약에서 보험계약자가 보험수익자를 지정하거나 변경하기 위해서는 그 타인의 서면에 의한 동의가 필요하다.

04 타인의 생명보험이란 보험계약자가 자신이 아닌 타인을 보험수익자로 하여 체결하는 사망보험 계약을 말한다. O/X

해설 타인의 생명보험이란 보험계약자가 자신이 아닌 타인을 피보험자로 하여 체결하는 사망보험 계약을 말한다. 즉, 보험계약자와 피보험자가 다른 생명보험계약이다. 보험계약자와 보험수익자가 다른 경우는 타인을 위한 생명보험이라고 한다.

05 타인의 생명보험에서 피보험자의 서면 동의가 없었다면 그 보험계약은 확정적으로 무효가 되고, 피보험자가 나중에 추인하면 그 보험계약은 유효이다. O/X

해설 타인의 생명보험에서 피보험자의 서면 동의가 없었다면 그 보험계약은 확정적으로 무효가 되고 피보험자가 나중에 추인하였다고 하더라도 그 보험계약이 유효가 될 수 없다.

06 상해보험은 생명보험에 관한 규정이 준용되므로, 만 15세 미만자, 심신상실자, 심신박약자를 피보험자로 하는 상해보험계약은 무효이다. O/X

해설 상해보험은 기본적으로 생명보험에 관한 규정을 준용한다. 다만, 한가지 규정은 준용을 하지 않는데, 이는 만 15세 미만자, 심신상실자, 심신박약자의 보험에 관한 규정이다. 따라서 만 15세 미만자, 심신상실자, 심신박약자의 상해보험계약은 유효하다.

07 우리 상법은 질병보험에 관하여 별도의 규정을 두고 있지 않다. O/X

해설 기존의 상법은 질병보험에 관한 규정을 따로 두고 있지 않았으나, 2014년 상법 개정 시에 별도로 질병보험에 관한 규정을 두어 법률 적용의 명확성을 확보하였다.

🔒 01. × 02. ○ 03. ○ 04. × 05. × 06. × 07. ×

제1편 출제예상문제

01 보험과 도박을 비교한 다음 설명 중 옳지 않은 것은?
① 보험은 투기위험을 대상으로 하지만, 도박은 순수위험을 대상으로 한다.
② 보험과 도박 모두 사행계약의 특성을 갖고 있다.
③ 보험은 이미 존재하고 있는 리스크를 대상으로 하나, 도박은 리스크를 새로이 창출한다.
④ 보험은 피보험이익이 있으나, 도박은 피보험이익이 없다.

정답 ①
해설 보험과 도박은 모두 어떤 사건이 발생할 확률에 의존한다는 점에서 매우 유사하다. 그러나 보험은 순수위험을 대상으로 하는 것에 반하여 도박은 투기위험을 대상으로 한다는 점에서 차이가 있다. 순수위험은 손실 가능성만 있는 위험(예 화재 발생)을 말하고, 투기위험은 이득과 손실 발생 가능성이 모두 있는 위험(예 주식 투자)을 말한다.

02 다음 중 보험의 순기능에 해당하지 않는 것은?
① 손해보상
② 불확실성 감소
③ 자산운용의 효율성 향상
④ 보험사기의 발생

정답 ④
해설 보험의 순기능에는 손해보상, 불확실성 감소, 위험관리 향상, 자산운용의 효율성 향상, 신용증대, 자본의 형성과 공급이 있다. 보험의 역기능에는 사업비용의 발생, 보험사기의 발생, 보험금 과잉청구로 인한 사회적 비용 증가가 있다.

03 보험계약법의 적용에 관한 다음 설명 중 틀린 것은?
① 보험법을 넓은 범위로 이해하면 공보험과 사보험 모두에 적용되는 법이라고 할 수 있다.
② 보험계약법은 영리 목적의 상행위에 속하는 보험계약을 규율하는 법규이다.
③ 보험계약법은 영리보험에만 적용되고 상호보험이나 공제에 대해서는 그 적용이 금지된다.
④ 사보험의 보험계약 체결에 따르는 권리 의무를 규율하는 것은 보험계약법이며, 보험업을 운영하는 주체 즉, 보험회사를 규율하는 법은 보험업법이다.

정답 ③
해설 보험계약법은 일반적으로 상법 제4편을 의미하며 영리보험에 대해서 당연히 그 적용이 있으며, 상호보험이나 공제에 대해서도 그 성질에 반하지 않는 범위 내에서 준용된다.

04 보험계약의 사행계약성(射倖契約性)과 직접적인 관련이 없는 상법규정은?

① 상법 제650조의2(보험계약의 부활)
② 상법 제651조(고지의무)
③ 상법 제680조(손해방지의무)
④ 상법 제732조(15세 미만자 등에 대한 계약의 금지)

정답 ①

해설 사행계약이란 불확실하고 우연한 사건에 의하여 계약의 이득 여부가 결정되는 계약을 말한다. 보험계약은 장래의 불확정한 사고를 그 대상으로 하므로 사행계약성이 있다. 상법은 이러한 보험의 사행성을 최소화하기 위해 보험계약자 등에게 일정한 의무를 부여한다. 여기에는 고지의무, 위험 변경증가 통지의무, 위험유지의무, 손해방지의무 등이 있다. 또한 타인의 사망을 보험사고로 하는 보험계약에서 그 타인의 서면 동의를 얻지 못하거나 만 15세 미만자 등의 사망을 보험사고로 하는 보험계약을 무효로 하는 규정이 있다.

05 다음 중 보험계약 체결 시에 보험자가 설명하여야 하는 중요사항은?

① 거래상 일반적이고 공통된 사항이어서 보험계약자가 별도의 설명이 없어도 충분히 예상할 수 있었던 사항
② 법령에 이미 정하여진 사항을 약관에서 다시 반복하거나 부연설명하고 있는 것에 불과한 사항
③ 보험계약자가 같거나 비슷한 계약을 여러 번 체결하거나 보험모집에 종사한 경험이 풍부하여 중요사항의 내용을 알고 있으리라 인정되는 사항
④ 보험계약자가 그 사실을 알았더라면 보험계약을 체결하지 않았거나 적어도 같은 조건으로 계약을 체결하지는 않았으리라고 인정되는 사항

정답 ④

해설 보험자는 보험계약을 체결할 때에 보험계약자에게 보험약관을 교부하고 그 약관의 중요한 내용을 설명하여야 한다(상법 제638조의3 제1항). 만약 보험자가 약관 교부설명의무를 위반할 경우 계약자는 계약이 성립한 날로부터 3개월 내에 그 계약을 취소할 수 있다. 이때 보험자가 설명하여야할 중요한 사항과 설명하지 않아도 되는 사항은 다음과 같다.

▶ 설명할 중요사항
  보험계약자가 그 사실을 알았더라면 보험계약을 체결하지 않았거나 적어도 같은 조건으로 계약을 체결하지는 않았으리라고 인정되는 사항
▶ 설명하지 않아도 되는 사항
  1) 가입자가 이미 잘 알고 있는 사항
    - 대법원 1998. 4. 14. 선고 97다39308 판결
    - 보험계약자가 이미 약관의 내용을 충분히 알고 있는 사항
  2) 거래상 널리 알려진 사항
    - 대법원 2001. 7. 27. 선고 99다55533 판결
    - 거래상 일반적이고 공통된 것이어서 별도의 설명 없이도 충분히 예상할 수 있었던 사항
  3) 설명하였더라도 계약이 체결되었으리라 인정되는 사항
    - 대법원 1994. 10. 25. 선고 93다39942 판결
    - 설명을 들었었더라도 가입하지 않았을 것으로 보이지 않는 사항

4) 법령에 정해진 사항
- 대법원 2011. 7. 28. 선고 2011다23743,23750 판결
- 이미 법령에 의해 정하여진 것을 되풀이하거나 부연하는 정도에 불과한 사항

06 보험계약을 기업보험과 가계보험으로 구분하는 것과 가장 밀접한 관련이 있는 것은 무엇인가?

① 보험계약의 성립
② 보험약관의 교부 설명의무
③ 손해방지의무
④ 보험계약자 등의 불이익 변경 금지의 원칙

정답 ④

해설 기업보험과 가계보험을 구분하는 실익은 상법 제663조 보험계약자 등의 불이익 변경 금지의 원칙 적용 여부에 있다. 보험계약자 등의 불이익 변경 금지의 원칙은 가계보험에는 적용되나 기업보험에는 적용이 배제되기 때문이다.

07 다음 중 상법상 보험대리상이 아니면서 특정한 보험자를 위하여 보험계약의 체결을 중개하는 자에게 부여된 권한에 대한 설명으로 옳지 않은 것은?

① 보험증권을 작성하여 보험계약자에게 교부할 수 있는 권한이 있다.
② 보험자가 작성한 영수증을 보험계약자에게 교부하는 경우에 한하여 보험료수령권이 인정된다.
③ 보험계약자로부터 의사표시를 수령할 수 있는 권한은 인정되지 않는다.
④ 보험계약자에게 의사표시를 할 수 있는 권한이 없다.

정답 ①

해설 보험대리상이 아니면서 특정한 보험자를 위하여 보험계약의 체결을 중개하는 자에게는 보험계약체결권, 고지수령권, 보험료수령권이 없다. 1번 지문은 보험증권을 작성하여 보험계약자에게 교부할 수 있는 권한이라고 하였으므로 틀린 지문이다. 보험자가 작성한 보험증권을 교부할 수 있는 권한을 인정할 뿐이지, 보험증권을 작성하는 권한을 인정하는 것은 아니니 주의해야 한다. 상법에서는 계속적으로 특정 보험자에게 보험계약을 중개하는 자에게 다음의 권한을 인정하고 있다.
1) 보험자가 작성한 보험증권을 보험계약자에게 교부하는 권한
2) 보험자가 작성한 영수증을 보험계약자에게 교부하는 경우에 한하여 보험료수령권

시험 출제 포인트

주요 권리	보험설계사	보험대리상	보험중개사	보험의
고지수령권	×	○	×	○
계약체결대리권	×	○	×	×
보험료 수령권	△ (보험자가 발급한 영수증을 교부하는 경우에 한함)	○	×	×
보험증권 교부권	○	○	×	×
의사표시 수령권	×	○	×	×
의사표시권	×	○	×	×

08 보험약관의 성질과 효력에 관한 다음 설명은 어떤 입장인가?

> 보험계약의 당사자가 약관이 정한 바에 따르기로 합의하였기 때문에 그 계약의 내용에 구속된다는 입장이다. 보험약관의 성질과 효력에 관한 다수설이자 대법원 판례의 입장이기도 하다.

① 의사설
② 규범설
③ 절충설
④ 부가설

정답 ①

해설 보험약관의 성질과 효력에 관해서는 크게 의사설과 규범설로 나뉜다. 이 중 의사설이 다수설이자 대법원 판례의 입장이기도 하다.

의사설	보험계약의 당사자가 약관이 정한 바에 따르기로 합의하였기 때문에 그 계약의 내용에 구속된다는 입장이다.
규범설	약관은 법대행적 기능을 하며 보험관계자로 이루어지는 사회에 타당한 규범이라는 입장이다.

09 보험기간과 보험료기간에 대한 다음 설명 중 틀린 것은?

① 보험기간은 원칙적으로 보험자가 보험계약자의 청약을 승낙한 때부터 개시한다.
② 보험료 기간이란 보험자가 보험사고 발생의 위험을 측정하여 보험료를 산출하기 위하여 기초가 되는 단위 기간을 말한다.
③ 보험기간을 그 계약 전의 어느 시기부터 시작되는 것으로 정하는 것도 가능하다.
④ 보험료불가분의 원칙은 통계기술의 발달 등으로 보험료 산출의 기초가 되는 기간이 짧아져서 그 절대성을 잃었다.

정답 ①

해설 ① 보험기간은 원칙적으로 <u>최초의 보험료를 지급받은 때부터</u> 개시한다(상법 제656조). 보험자의 승낙은 보험자의 책임개시 요건이 아니라, 보험계약의 성립 요건이다. 예를 들어 보험자가 보험계약자의 청약을 승낙하여 보험계약이 성립하였더라도 보험료가 납부되지 않았다면 아직 보험자의 책임이 개시(보험기간의 개시)되지 않은 것으로 보아야 한다.
② 보험료 기간이란 보험자가 보험사고 발생의 위험을 측정하여 보험료를 산출하기 위하여 기초가 되는 단위 기간을 말한다.
③ 보험기간을 그 계약 전의 어느 시기부터 보험기간이 시작되는 것으로 정할 수 있는데 이것을 소급보험이라고 한다. 예를 들어 공휴일에 이미 출항한 선박의 적하에 대하여 보험자의 영업일에 보험계약을 체결하면서 출항시부터 보험기간을 설정하는 경우가 이에 해당한다.
④ 보험료불가분의 원칙은 보험료기간의 보험료는 관념상 하나로 보아야 한다는 원칙이다. 보험기간 중 보험계약이 해지됨으로써 보험자가 보험료기간의 일부(해지되기 전까지)에 대하여만 위험을 부담하였다고 하더라도 그 보험료 전액을 취득하고 나머지 기간에 상당하는 보험료를 돌려줄 의무는 없다는 것이다. 그러나 통계기술의 발달 등으로 보험료 산출의 기초가 되는 기간이 짧아져서 그 절대성을 잃었다.

10 일정한 요건에 해당할 경우 보험자는 보험계약자의 청약을 승낙하기 전에 사고가 발생하였다면 이를 보상해주어야 한다. 이를 승낙전 사고에 대한 보험자의 책임이라고 하는데, 다음 중 그 요건에 해당하지 않는 것은?

① 보험료의 상당액의 전부 또는 일부(제1회 보험료)의 지불
② 청약을 승낙하기 전에 보험사고 발생
③ 그 청약을 승낙할 사유가 없어야 함
④ 인보험계약의 피보험자가 신체검사를 받아야 하는 경우에 그 검사를 받아야 함

정답 ③
해설 승낙전 사고에 대한 보험자의 책임은 보험계약자가 보험계약의 청약과 함께 보험료 상당액의 전부 또는 일부를 납부한 경우에 아직 보험자가 청약을 승낙하기 전에 보험사고가 발생하였다면 이를 보상해 주는 제도를 말한다. 다음의 요건에 해당할 경우 적용 가능하다.
① 보험계약자의 청약
② 보험료의 상당액의 전부 또는 일부(제1회 보험료)의 지불
③ 청약을 승낙하기 전에 보험사고 발생
④ 그 청약을 거절할 사유가 없어야 함
⑤ 인보험계약의 피보험자가 신체검사를 받아야 하는 경우에 그 검사를 받아야 함

11 다음 중 고지의무를 부담하는 사람은 모두 몇 명인가?

- 보험계약자
- 피보험자
- 보험수익자
- 보험대리상
- 보험설계사
- 보험중개사

① 1명　　　　　　　　　　　② 2명
③ 3명　　　　　　　　　　　④ 4명

정답 ②
해설 보험계약자와 피보험자가 고지의무를 부담한다. 인보험의 보험수익자는 고지의무자에 포함되지 않으니 주의하여야 한다.

12 고지의무 및 그 위반으로 인한 계약해지권에 관한 설명으로 틀린 것은?

① 고지의무는 보험계약의 효과에 의하여 부담하는 의무가 아니다.
② 보험자가 고지의무 위반 사실을 알았다면, 보험사고가 발생하기 전이라도 보험계약을 해지할 수 있다.
③ 고지의무는 직접의무이다.
④ 고지의무 위반에 따라 보험계약을 해지하였을 때에는 보험금을 지급할 책임이 없고 이미 지급한 보험금의 반환을 청구할 수 있다.

정답 ③
해설 ① 보험계약의 효과에 의하여 발생하는 것이 아니라 보험계약 성립 전에 상법에서 정한 법률 규정에 의하여 발생하므로 법정의무이다. 즉 보험계약의 묵시적 조건이 아니라 계약 밖에서 인정되는 보험법상의 특수한 의무이다.

② 보험자가 고지의무 위반 사실을 알았다면, 보험사고가 발생하기 전이라도 보험계약을 해지할 수 있다.
③ 보험계약자 측의 고지의무 위반이 있더라도 보험자가 손해배상을 청구하거나 의무 이행을 강제할 수 없다. 따라서 간접의무이다.
④ 고지의무 위반에 따라 보험계약을 해지하였을 때에는 보험금을 지급할 책임이 없고 이미 지급한 보험금의 반환을 청구할 수 있다(상법 제655조).

13 보험증권에 관한 설명 중 틀린 것은?

① 보험계약이 성립하여도 보험료의 전부 또는 최초의 보험료가 지급되지 않으면 보험자는 보험증권교부의무가 없다.
② 상법상 보험증권의 재교부시 증권작성비용은 보험계약자가 부담한다.
③ 보험증권 내용의 정부에 관한 이의제기기간은 보험증권의 교부일로부터 3월을 내리지 못한다.
④ 보험증권은 유인증권이다.

정답 ③

해설 보험계약의 당사자는 보험증권의 교부가 있은 날로부터 일정한 기간 내에 한하여 그 증권내용의 정부(正否)에 관한 이의를 할 수 있음을 약정할 수 있다. 이 기간은 1월을 내리지 못한다. 즉, 1월 이상으로 하여야 한다.

14 다음 중 법정 면책사유에 해당하지 않는 것은?

① 보험사고가 보험계약자 또는 피보험자나 보험수익자의 고의 또는 중대한 과실로 인하여 발생한 경우
② 보험사고가 전쟁 기타의 변란으로 인하여 생긴 때
③ 계약자 또는 피보험자가 보험금 청구에 관한 서류에 고의로 사실과 다른 것을 기재하거나 그 서류를 위조 또는 변조하였을 경우
④ 보험의 목적의 성질, 하자 또는 자연소모로 인한 손해

정답 ③

해설 법정 면책사유에는 고의나 중과실과 같은 인위적 사고, 전쟁 기타의 변란으로 인한 보험사고, 손해보험에서 보험의 목적의 성질, 하자 또는 자연소모로 인한 손해, 운송보험에서 송하인 또는 수하인의 고의 또는 중과실로 발생한 손해 등이 있다. 계약자 또는 피보험자가 보험금 청구에 관한 서류에 고의로 사실과 다른 것을 기재하거나 그 서류를 위조 또는 변조하였을 경우에 보험금 청구권을 상실한다는 이른바 보험금 청구권 상실조항은 상법에 근거를 둔 것이 아니며 약관상 면책사유에 해당한다.

15 다음 괄호 안에 들어갈 단어가 적절한 것은?

보험자가 보험계약자 또는 피보험자로부터 위험의 현저한 변경 증가에 대한 통지를 받았다면 ( )내에 보험료의 증액을 청구하거나 계약을 ( )할 수 있다.

① 1월, 해지
② 3월, 해지
③ 1월, 해제
④ 3월, 해제

정답 ①

해설 보험자가 보험계약자 또는 피보험자로부터 위험의 현저한 변경 증가에 대한 통지를 받았다면 1월내에 보험료의 증액을 청구하거나 계약을 해지할 수 있다.

16 다음 중 보험계약의 무효사유가 아닌 것은?

① 보험계약 당시에 보험사고가 이미 발생하였거나 발생할 수 없는 것이며, 당사자 쌍방과 피보험자가 이를 알지 못한 경우
② 보험계약이 선량한 풍속 기타 사회질서에 반하는 행위로 체결된 경우
③ 보험계약자의 사기로 인하여 체결된 초과보험
④ 보험계약자의 사기로 인하여 체결된 중복보험

정답 ①

해설 보험계약 당시에 보험사고가 이미 발생하였거나 또는 발생할 수 없는 것인 때에는 그 계약은 무효로 한다. 그러나 당사자 쌍방과 피보험자가 이를 알지 못한 때에는 그 보험계약은 유효하다. 나머지는 모두 보험계약의 무효사유에 해당한다.

17 보험계약의 부활에 관한 다음의 설명 중 옳은 것은?

① 고지의무 위반으로 인하여 보험계약이 해지된 경우에는, 의무 위반에 대한 흠결을 치유한 후에 보험계약의 부활을 청구할 수 있다.
② 보험자가 해지환급금을 반환한 경우에는 보험계약자는 환급 받은 날로부터 3년 내에 부활의 청약을 하여야 한다.
③ 보험계약의 부활은 당사자 간의 합의에 의하여 종전의 보험계약을 다시 회복시키는 특수한 계약이므로, 종전 계약의 해지시점부터 부활 시점 사이에 발생한 사고에 대하여 보험자에게 보상책임이 인정된다.
④ 보험자는 보험계약부활의 청약과 함께 보험료 상당액의 전부 또는 일부의 지급을 받은 때에는 다른 약정이 없으면 30일 내에 낙부의 통지를 발송하여야 한다.

정답 ④

해설 ① 보험계약의 부활은 <u>계속보험료 미납으로 인한 해지 시에만 가능</u>하다. 고지의무 위반으로 인한 해지의 경우에는 보험계약의 부활을 청약할 수 없다.
② 보험자가 해지환급금을 반환한 경우에는 해당 계약의 <u>부활을 청약할 수 없다</u>. 보험계약자가 해지환급금까지 받았다면 계약이 완전히 소멸되었다고 보기 때문이다.
③ 부활 이후 종전의 계약과 동일한 내용의 효력이 존속한다. 다만 해지부터 부활 사이에 발생한 사고에 대해서는 <u>보상하지 않는다</u>.
④ 보험계약의 부활에 대해서는 보험계약의 성립 조항이 준용되므로 보험자는 30일의 낙부통지 의무를 부담하며, 승낙전 사고 담보조항도 적용받는다.

18 타인을 위한 보험계약에 대한 다음 설명 중 틀린 것은?

① 타인을 위한 보험은 타인의 위임을 받아 보험계약을 체결하는 것을 말한다.
② 손해보험계약에서 타인의 위임이 없는 때에는 보험계약자는 이를 보험자에게 고지하여야 한다.
③ 민법상 제3자를 위한 계약으로 보는 것이 일반적이지만, 제3자가 계약의 이익을 받겠다는 의사표시가 불필요하다는 것이 차이점이다.
④ 타인은 특정되어도 되며, 특정되지 않아도 된다.

정답 ①

해설 보험계약자는 위임을 받거나 위임을 받지 아니하고 특정 또는 불특정의 타인을 위하여 보험계약을 체결할 수 있다. 그러나 손해보험계약의 경우에 그 타인의 위임이 없는 때에는 보험계약자는 이를 보험자에게 고지하여야 하고, 그 고지가 없는 때에는 타인이 그 보험계약이 체결된 사실을 알지 못하였다는 사유로 보험자에게 대항하지 못한다.

19 다음 중 피보험이익의 요건에 해당하지 않는 것은?

① 적법한 것이어야 한다.
② 금전상 산정이 가능한 것이어야 한다.
③ 통계적으로 측정 가능한 것이야 한다.
④ 확정 가능한 것이어야 한다.

정답 ③

해설 피보험이익은 다음의 요건을 갖추어야 한다.
① 적법성
② 금전 산정 가능성
③ 확정 가능성

20 보험가액에 관한 다음 설명 중 틀린 것은?

① 당사자간에 보험가액을 정한 때에는 그 가액은 사고발생 시의 가액으로 정한 것으로 추정한다.
② 당사자간에 보험가액을 정하지 아니한 때에는 보험계약 체결시의 가액을 보험가액으로 한다.
③ 희망이익보험은 보험금액을 보험가액으로 한 것으로 추정한다.
④ 보험가액은 피보험이익의 금전적 평가액을 말한다.

정답 ②
해설 당사자간에 보험가액을 정하지 아니한 때에는 사고발생 시의 가액을 보험가액으로 한다.

21 초과보험에 관한 다음 설명 중 틀린 것은?

① 책임보험의 경우에는 원칙적으로 초과보험이 성립될 여지가 없다.
② 초과보험은 경기의 변동으로 피보험이익의 가치가 떨어진 경우에도 생길 수 있다.
③ 판례에 의하면 사기에 의한 초과보험의 경우 사기의 입증책임은 보험자가 부담한다.
④ 초과보험 계약이 보험계약자의 사기로 인하여 체결된 때에는 그 계약은 무효로 하며, 보험자는 그 사실을 안 때까지의 보험료를 청구할 수 없다.

정답 ④
해설 보험계약자의 사기로 체결된 초과보험계약은 무효에 해당하며, 보험자는 그 사실을 안 때까지의 보험료를 청구할 수 있다. 이는 악의의 보험계약자를 응징하기 위한 조항이다.

22 1차위험보험에서 보험자는 어떠한 방식으로 보험금을 지급하는가?

① 비례부담의 원칙에 따라 지급한다.
② 보험가액의 일정비율의 범위 내에서 지급한다.
③ 보험금액의 범위 내에서 손해액 전액을 지급한다.
④ 보험의 목적이 전부 멸실한 경우에만 보험금액을 지급한다.

정답 ③
해설 1차위험보험은 당사자간의 특약으로 분손이 발생한 경우에도 보험금액의 범위 내에서 손해액의 전부를 보상하기로 약정한 보험을 말한다.

23 손해방지의무에 대한 설명 중 틀린 것은?

① 보험자가 전손만을 담보하는 보험계약에 있어서 분손이 발생하였다면 손해방지의무는 발생하지 않는다.
② 상법상 일부보험의 손해방지비용은 보험금액의 보험가액에 대한 비율로 부담한다.
③ 보험계약자 등이 행하는 손해방지의무는 그 효과가 반드시 나타나야 하는 것은 아니다.
④ 손해방지의무는 계약 당사자인 보험계약자 뿐만 아니라 피보험자도 부담한다.

정답 ②

해설 상법상 일부보험의 경우 손해방지비용의 보상에 대한 명시적인 규정은 없다. 다만, 개별약관 규정에 의하여 보험금액의 보험가액에 대한 비율에 따라 보험자가 부담할 뿐이다.

24 다음 중 잔존물대위와 청구권대위에서 공통되는 사항은?

① 보험목적의 전부가 멸실해야 한다.
② 보험금액의 전부를 지급해야 한다.
③ 피보험자의 권리를 취득한다.
④ 보험계약자의 권리를 취득한다.

정답 ③

해설 상법상 잔존물대위와 청구권대위에 대한 내용을 정리하면 아래와 같다.

▶ 잔존물 대위에 관한 사항
1. 보험의 목적 전부가 멸실한 경우에
2. 보험금액의 전부를 지급한 보험자는
3. 그 목적에 대한 피보험자의 권리를 취득한다.
4. 일부보험의 경우에는 보험금액의 보험가액에 대한 비율에 따른다.

▶ 청구권 대위에 관한 사항
1. 손해가 제3자의 행위로 인하여 발생한 경우에
2. 보험금을 지급한 보험자는
3. 지급한 금액 한도에서 보험계약자 또는 피보험자의 권리를 취득한다.
4. 보상할 보험금의 일부를 지급한 경우에는 피보험자의 권리를 침해하지 아니하는 범위 내에서 행사할 수 있다.

따라서 주어진 보기 중에서 잔존물 대위와 청구권 대위와 공통되는 사항은 피보험자의 권리를 취득한다는 지문이다.

25 보험목적물의 양도에 관한 다음의 설명 중 틀린 것은?

① 자동차보험에서 자동차를 양도하는 경우에는 보험자의 승낙이 있어야 보험계약이 승계된다.
② 보험목적물의 양도 통지의무를 위반하였다면 설령 위험의 변경증가가 없었더라도 보험자는 양도 통지의무 위반을 이유로 보험계약을 해지할 수 있다.
③ 선박보험에서 선박의 양도는 보험자의 동의가 없으면 보험계약이 종료된다.
④ 상법은 피보험자가 보험의 목적을 양도한 경우 통지의무를 지우고 있을 뿐 이를 게을리한 때의 효과를 규정하지 않고 있다.

정답 ②
해설 ①③ 자동차보험에서 자동차를 양도하는 경우에는 보험자의 승낙이 있어야 보험계약이 승계되며, 선박보험에서 선박의 양도는 보험자의 동의가 없으면 보험계약이 종료된다.
② 대법원 판례에 따르면 보험 목적의 양도에는 위험변경증가 통지의무의 규정을 준용하므로, 양도에 따라 위험이 현저히 증가하게 되지 않았다면, 보험자는 양도 통지의무의 위반을 이유로 보험계약을 해지할 수 없다.
④ 상법은 피보험자가 보험의 목적을 양도한 경우 통지의무를 지우고 있을 뿐 이를 게을리한 때의 효과를 규정하지 않고 있다.

26 다음에서 설명하는 보상책임에 관한 원칙은?

(1) 손해의 결과에 대하여 선행하는 위험이 면책위험이 아닐 경우 보험자는 면책을 주장할 수 없다.
(2) 화재보험에서 발화의 원인을 불문하고 그 화재로 인하여 보험목적물에 손해가 생긴 때에는 보험자는 그 손해를 보상할 책임이 있다.
(3) 일반화재보험에서 폭발손해 자체는 화재로 인한 것이든 아니든 면책이지만, 폭발로 발생한 화재손해에 대해서는 보험자의 책임이 발생한다.

① 위험보편의 원칙
② 위험개별의 원칙
③ 우선효력의 원칙
④ 분담주의 원칙

정답 ①
해설 위험보편의 원칙에 대한 설명이다. 보험자는 면책위험이 아닌 이상 화재의 원인을 묻지 않고 화재로 인하여 생긴 손해를 보상할 책임이 있다. 예를 들어 폭발(비담보 위험)로 인하여 화재(담보 위험)가 발생한 경우에도 폭발로 인한 손해는 보상하지 않지만, 화재로 인한 손해는 보상하여야 한다.

27 운송보험에 대한 다음 설명 중 틀린 것은?

① 운송보험의 보험목적물은 운송인의 배상책임이 아니며 운송물이다.
② 당사자 간에 다른 약정이 없으면 '운송인이 운송물을 수령한 때부터 수하인에게 인도할 때까지'를 보험기간으로 한다.
③ 운송물의 보험에 있어서는 발송한 때와 곳의 가액과 도착지까지의 운임 기타의 비용을 보험가액으로 한다.
④ 운송인의 고의 또는 중대한 과실로 인하여 발생한 사고는 보험자의 면책사유이다.

정답 ④

해설 송하인 또는 수하인의 고의 또는 중대한 과실로 인하여 발생한 때에는 보험자는 이로 인하여 생긴 손해를 보상할 책임이 없다. 운송보조자(송하인과 수하인)은 비록 보험계약자나 피보험자는 아니지만 운송계약에 있어서 일정한 권리와 의무(상법 제139조 내지 제141조)를 지니므로 이들의 고의, 중과실로 인한 사고는 보험계약자 또는 피보험자에 의한 것과 동일시 취급하여 면책사유로 한 것이다. 다만, 운송인의 고의, 중과실은 운송보험의 면책사유에 해당하지 않으니 주의해야 한다.

28 해상보험자의 손해보상책임에 관한 다음 설명 중 틀린 것은?

① 보험자는 피보험자가 지급할 공동해손의 분담액을 보상할 책임이 있다. 그러나 보험의 목적의 공동해손분담가액이 보험가액을 초과할 때에는 그 초과액에 대한 분담액은 보상하지 아니한다.
② 보험자는 피보험자가 보험사고로 인하여 발생하는 손해를 방지하기 위하여 지급할 구조료를 보상할 책임이 있다. 그러나 보험의 목적물의 구조료분담가액이 보험가액을 초과할 때에는 그 초과액에 대한 분담액은 보상하지 아니한다.
③ 보험자는 보험의 목적의 안전이나 보존을 위하여 지급할 특별비용을 보험가액의 한도내에서 보상할 책임이 있다.
④ 선박의 충돌로 인하여 다른 선박에 생긴 손해에 관해서는 상법상 명문 규정이 없다.

정답 ③

해설 보험자는 보험의 목적의 안전이나 보존을 위하여 지급할 특별비용을 보험금액의 한도내에서 보상할 책임이 있다.

29 다음 중 위부의 대상이 아닌 경우는?
  ① 피보험자가 보험사고로 인하여 자기의 선박 또는 적하의 점유를 상실하여 이를 회복할 가능성이 없거나 회복하기 위한 비용이 회복하였을 때의 가액을 초과하리라고 예상될 경우
  ② 선박이 보험사고로 심하게 훼손되어 이를 수선하기 위한 비용이 수선하였을 때의 가액을 초과하리라 예상되는 경우
  ③ 적하가 보험사고로 심하게 훼손되어 이를 수선하기 위한 비용과 그 적하를 목적지까지 운송하기 위한 비용과의 합계액이 도착하는 때의 적하의 가액을 초과하리라 예상되는 경우
  ④ 선박이 존부가 2월간 분명하지 아니한 경우

  정답 ④
  해설 상법 제711조에서 선박의 존부가 2월간 분명하지 아니한 때에는 그 선박은 행방이 불명한 것으로 보며 이 때에는 전손으로 추정한다고 규정하고 있다. 따라서 보험계약자는 위부를 할 필요가 없으며 그냥 전손보험금을 청구하면 된다.

30 방어비용에 대한 다음 설명 중 틀린 것은?
  ① 피보험자가 제3자의 청구를 방어하기 위하여 지출한 재판상 또는 재판외의 필요비용은 보험의 목적에 포함된 것으로 한다.
  ② 피보험자는 보험자에 대하여 방어비용의 선급을 청구할 수 있다.
  ③ 피보험자가 담보의 제공 또는 공탁으로써 재판의 집행을 면할 수 있는 경우에는 보험자에 대하여 보험금액의 한도내에서 그 담보의 제공 또는 공탁을 청구할 수 있다.
  ④ 보험자의 지시 여부를 불문하고 방어비용에 손해액을 가산한 금액이 보험금액을 초과하는 때에도 보험자가 이를 부담하여야 한다.

  정답 ④
  해설 보험자의 지시에 의한 것인 경우에는 방어비용에 손해액을 가산한 금액이 보험금액을 초과하는 때에도 보험자가 이를 부담하여야 한다(상법 제720조 제3항). 유사한 개념과 비교하여 손해방지비용은 보험자의 지시 여부를 불문하고 보험자가 이를 부담하니 주의해야 한다.

31 피해자 직접청구권에 대한 다음 설명 중 틀린 것은?

① 피해자는 피보험자가 책임 질 사고로 입은 손해에 대하여 보험가입금액의 한도 내에서 보험자에게 직접 보상을 청구할 수 있다.
② 피해자의 직접청구권과 피보험자의 보험금청구권이 경합할 경우에는 피해자의 직접청구권이 우선한다.
③ 피해자 직접청구권의 법적 성질에 관하여 대법원은 일관되게 보험금 청구권설을 지지한다.
④ 보험자가 피해자 직접청구권을 받은 때에는 지체없이 피보험자에게 이를 통지하여야 한다.

정답 ③
해설 피해자 직접청구권의 법적 성질에 관하여 피보험자의 보험금 청구권으로 보는 보험금 청구권설과 피해자의 손해배상 청구권으로 보는 손해배상 청구권설이 있다. 대법원은 일관되게 손해배상청구권설을 지지한다(대법원 1998. 9. 18. 선고 96다19765 판결).

32 다음 중 재보험의 기능에 해당하지 않는 것은?

① 도덕적 위험 감소
② 위험의 분산
③ 보험경영의 합리화
④ 신규 보험상품 개발 촉진

정답 ①
해설 재보험이란 보험자가 인수한 보험계약 상의 책임의 전부 또는 일부를 다른 보험자에게 인수시키는 보험계약을 말한다. 재보험의 기능에는 위험의 분산, 보험경영의 합리화, 신규 보험상품 개발 촉진, 인수능력 강화 등이 있다. 재보험에 가입하였다고 하여 도덕적 위험이 감소되는 효과가 발생하는 것은 아니다.

33 자동차보험에 대한 다음 설명 중 틀린 것은?

① 피보험자가 보험기간 중에 자동차를 양도한 때에는 양수인은 보험자의 승낙을 얻은 경우에 한하여 보험계약으로 인하여 생긴 권리와 의무를 승계한다.
② 보험자가 양수인으로부터 자동차 양수사실을 통지받은 때에는 지체없이 낙부를 통지하여야 하고 통지받은 날부터 30일 내에 낙부의 통지가 없을 때에는 승낙한 것으로 본다.
③ 자동차손해배상보장법에서는 민법 상의 불법행위 손해배상책임보다 넓은 범위의 운행자 책임을 규정하고 있으며 이로 인하여 피해자 보호를 두텁게 하고 있다.
④ 자동차보험의 피보험자에는 기명피보험자, 친족피보험자, 승낙피보험자, 사용피보험자, 운전피보험자가 있다.

정답 ②
해설 보험자가 양수인으로부터 자동차 양수사실을 통지받은 때에는 지체없이 낙부를 통지하여야 하고 통지받은 날부터 10일 내에 낙부의 통지가 없을 때에는 승낙한 것으로 본다(상법 제726조의4 제2항).

34 보증보험에 관한 다음 설명 중 틀린 것은?

① 보험계약자가 피보험자에게 계약상의 채무불이행으로 입힌 손해를 보상한다.
② 보험계약자가 피보험자에게 법령상의 의무불이행으로 입힌 손해를 보상한다.
③ 보험계약자의 고의가 있는 경우에는 피보험자의 귀책 여부를 불문하고 보험자는 보험금을 지급할 책임이 없다.
④ 그 성질에 반하지 아니하는 범위에서 보증채무에 관한 민법의 규정을 준용한다.

정답 ③

해설 ①② 보증보험 계약의 보험자는 보험계약자가 피보험자에게 계약 상의 채무 불이행 또는 법령 상의 의무 불이행으로 입힌 손해를 보상할 책임이 있다(상법 제726조의5).
③ 보험계약자의 고의는 원칙적으로 보험에서 절대적 면책사유에 해당한다. 다만, 보증보험에 관하여는 보험계약자의 사기, 고의 또는 중대한 과실이 있는 경우에도 이에 대하여 피보험자에게 책임이 있는 사유가 없으면 보험자는 보험금을 지급할 책임을 면하지 못한다(상법 제726조의6). 이는 보증보험의 특성상 보험의 일반 법리를 따르기 보다는 민법상 보증에 관한 규정을 따르는 것이 더욱 합리적이기 때문이다.
④ 보증보험에 관하여는 그 성질에 반하지 아니하는 범위에서 보증채무에 관한 민법의 규정을 준용한다(상법 제726조의7).

35 상법상 생명보험의 관한 다음 설명 중 틀린 것은?

① 타인의 사망을 보험사고로 하는 보험계약에서 그 타인의 서면 동의를 얻어야 하는 시기는 보험계약체결 시까지 이다.
② 만 15세 미만자의 사망을 보험사고로 하는 보험계약은 무효이다.
③ 심신박약자가 의사능력이 있는 경우에는 사망보험의 피보험자가 될 수 있다.
④ 심신상실자는 생명보험 계약의 보험수익자가 될 수 없다.

정답 ④

해설 ① 타인의 사망을 보험사고로 하는 보험계약에서는 보험계약 체결 시에 그 타인의 서면에 의한 동의를 반드시 얻어야 한다(상법 제731조 제1항). 이는 보험 계약의 도덕적 위험 방지를 위하여 마련된 강행규정이며, 만약 계약 체결 시까지 서면 동의를 얻지 못하였다면 해당 보험계약은 확 정적으로 무효이다. 이 때 피보험자가 서면으로 동의의 의사표시를 하여야 하는 시점은 '보험계약 체결시까지'이고, 보험 계약 체결시에 서면 동의를 얻지 못하였다가 추후에 피보험자의 서면 동의를 얻었다고 하더라도 그 보험계약을 유효로 볼 수는 없다.
② 만 15세 미만자, 심신상실자 또는 심신박약자의 사망을 보험사고로 하는 계약은 원칙적으로 무효이다.
③ 그러나 2014년 3월 상법 개정에 따라 심신박약자가 보험계약을 체결하거나 단체보험의 피보험자가 될 때에 의사능력이 있는 경우에는 보험 가입이 가능하게 되었다. 이는 무조건적으로 심신박약자의 생명보험 가입을 막았던 기존 규정이 장애인에 대한 차별대우로 비춰질 수 있으며, 의사 능력 있는 심신박약자의 보험 가입까지 막는 것은 제도 규정의 취지에 반한다는 비판에서 비롯된 것이다. 그러나 본 규정은 심신박약자에 해당하는 것이기 때문에, 만 15세 미만자나 심신상실자에 대한 생명보험 계약은 의사능력 여부와 관계없이 여전히 무효이다.
④ 만 15세 미만자, 심신상실자 또는 심신박약자에 대한 무효 규정은 이들이 사망을 보험사고로 한 보험계약의 피보험자가 되었을 때 적용되는 규정이지, 보험수익자일 때 적용되는 규정이 아니다. 따라서 만 15세 미만자 등을 보험수익자로 지정하는 것은 얼마든지 가능하다.

36 생명보험에서의 면책사유에 대한 다음 설명 중 틀린 것은?

① 보험계약자, 피보험자 또는 보험수익자의 고의 또는 중과실로 인한 보험사고는 보험금을 지급할 책임이 없다.
② 고의는 보험사고에 대한 고의라면 충분하며 보험금을 받고자 하는 고의까지 요구하는 것은 아니다.
③ 상법상 명문규정은 없으나 생명보험 표준약관에서는 피보험자의 고의(자살)에 대해서도 보험계약 체결일로부터 일정한 기간(2년)이 경과하면 일반 사망보험금을 지급하도록 규정하고 있다.
④ 둘 이상의 보험수익자 중 일부가 고의로 피보험자를 사망하게 한 경우 보험자는 다른 보험수익자에 대한 보험금 지급 책임을 면하지 못한다.

정답 ①
해설 보험계약자, 피보험자 또는 보험수익자의 고의로 인한 보험사고는 보험금을 지급할 책임이 없다. 다만 생명보험에서는 보험계약자 또는 피보험자나 보험수익자의 중대한 과실로 보험사고가 발생한 경우에도 보험자가 보험금 지급책임을 진다. 참고로 본 규정은 상해보험과 질병보험에도 준용된다.

37 타인의 사망을 보험사고로 하는 보험계약에서 타인의 서면동의에 포함되는 전자문서의 요건으로서 옳지 않은 것은?

① 전자문서에 보험금 지급사유, 보험금액, 보험수익자의 신원, 보험기간이 적혀 있을 것
② 전자서명을 하기 전에 전자서명을 할 사람을 직접 만나서 전자서명을 하는 사람이 보험계약에 동의하는 본인임을 확인하는 절차를 거쳐 작성될 것
③ 전자문서 및 전자서명의 위조·변조 여부를 확인할 수 있을 것
④ 전자문서에 전자서명을 한 후에 그 전자서명을 한 사람이 보험계약에 동의한 본인임을 확인할 수 있도록 지문정보를 이용하는 등 금융위원장이 고시하는 요건을 갖추어 작성될 것

정답 ④
해설 ① 전자문서에 보험금 지급사유, 보험금액, 보험계약자와 보험수익자의 신원, 보험기간이 적혀 있을 것
② 전자문서에 법 제731조 제1항에 따른 전자서명을 하기 전에 전자서명을 할 사람을 직접 만나서 전자서명을 하는 사람이 보험계약에 동의하는 본인임을 확인하는 절차를 거쳐 작성될 것
③ 전자문서에 전자서명을 한 후에 그 전자서명을 한 사람이 보험계약에 동의한 본인임을 확인할 수 있도록 지문정보를 이용하는 등 법무부장관이 고시하는 요건을 갖추어 작성될 것
④ 전자문서 및 전자서명의 위조·변조 여부를 확인할 수 있을 것

38 상해보험에 관한 다음 중 틀린 것은?

① 상해보험에서는 보험사고의 시기와 보험사고의 발생 여부가 불확정적이다.
② 만 15세 미만자, 심신상실자 또는 심신박약자의 상해를 보험사고로 한 보험계약은 무효이다.
③ 상해보험계약의 보험자는 신체의 상해에 관한 보험사고가 발생할 경우에 보험금액 기타의 급여를 지급할 책임이 있다.
④ 상해보험에 있어서 피보험자와 보험계약자가 동일인이 아닐 경우에는 보험증권의 기재사항 중에서 피보험자의 주소·성명 및 생년월일에 갈음하여 피보험자의 직무 또는 직위만을 기재할 수 있다.

정답 ②
해설 상해보험에 관하여는 제732조(15세 미만자 등에 대한 계약의 금지)를 제외하고 생명보험에 관한 규정을 준용한다. 즉, 만 15세 미만자, 심신상실자, 또는 심신박약자의 상해를 보험사고로 하는 보험계약은 유효하다.

39 질병보험에 관한 설명으로 옳지 않은 것은?

① 질병보험은 보험사고의 원인이 신체의 질병과 같은 내부적 원인에 기인하는 것을 담보한다.
② 질병보험에 관하여는 그 성질에 반하지 않는 한 생명보험 및 상해보험의 일부 규정을 준용한다.
③ 질병보험의 보험금 지급은 정액방식으로만 가능하다.
④ 질병보험은 상법상 인보험에 속하며 보험업법상으로는 제3보험에 속한다.

정답 ③
해설 질병보험의 보험금 지급은 대부분 정액방식에 의하고 있지만, 반드시 그런 것은 아니며 부정액방식도 가능하다. 예를 들어 실제 손해를 보상하는 형태(예 실손의료비 보험)로 부정액보험의 성격을 지닌 보험상품도 가능하다.

40 다음 괄호 안에 들어갈 말을 순서대로 고른 것은?

> 인보험계약에서 보험사고가 제3자의 행위로 생긴 경우에 보험금액을 지급한 보험자는 (　　) 또는 (　　)의 제3자에 대한 권리를 대위하여 행사하지 못한다. 그러나 (　　) 계약에서는 당사자간에 다른 약정이 있으면 보험자는 피보험자의 권리를 해하지 아니하는 범위 안에서 그 권리를 대위하여 행사할 수 있다.

① 보험계약자, 피보험자, 상해보험
② 보험계약자, 보험수익자, 상해보험
③ 보험계약자, 피보험자, 생명보험
④ 보험계약자, 보험수익자, 생명보험

정답 ②
해설 인보험계약에서 보험사고가 제3자의 행위로 생긴 경우에 보험금액을 지급한 보험자는 보험계약자 또는 보험수익자의 제3자에 대한 권리를 대위하여 행사하지 못한다. 그러나 상해보험 계약에서는 당사자간에 다른 약정이 있으면 보험자는 피보험자의 권리를 해하지 아니하는 범위 안에서 그 권리를 대위하여 행사할 수 있다.

보험관계법령
보험업법편

제2편

CHAPTER 01 보험업법 개관

제1절 보험업법의 의의

보험업법은 보험업에 대한 행정감독 및 보험업의 조직 등에 대하여 규정하고 있는 사기업이 영위하는 민영보험업에 대한 기본적인 법률이다.

제2절 보험업법의 필요성

보험업법은 보험업을 경영하는 자의 건전한 경영을 도모하고 보험계약자, 피보험자, 그 밖의 이해관계인의 권익을 보호함으로써 보험업의 건전한 육성과 국민경제의 균형 있는 발전에 기여함을 목적으로 한다. 보험감독이란 국가가 민영보험 사업을 효율적으로 지도 감독하는 것을 말하며 보험사업에 대하여 어느 정도의 감독을 할 것인가는 입법정책 및 보험정책에 관한 문제로서, 그 유형은 공시주의, 준칙주의, 실질적 감독주의로 구분할 수 있다. 우리나라는 이 중 가장 엄격한 방식인 실질적 감독주의의 입장을 취하고 있다.

제3절 보험업법의 구성

보험업법은 보험업법, 보험업법 시행령, 보험업법 시행규칙의 3단 구성을 하고 있다. 보험업법 시행령은 보험업법에서 위임된 사항에 대한 대통령령이며, 보험업법 시행규칙은 총리령이다.

CHAPTER 02 용어의 정의

제1절 보험업법 제2조

1. 보험상품

위험보장을 목적으로 우연한 사건 발생에 관하여 금전 및 그 밖의 급여를 지급할 것을 약정하고 대가를 수수(授受)하는 계약(「국민건강보험법」에 따른 건강보험, 「고용보험법」에 따른 고용보험 등 보험계약자의 보호 필요성 및 금융거래 관행 등을 고려하여 대통령령으로 정하는 것은 제외한다)으로서 다음의 것을 말한다.

가. 생명보험상품

위험 보장을 목적으로 사람의 생존 또는 사망에 관하여 약정한 금전 및 그 밖의 급여를 지급할 것을 약속하고 대가를 수수하는 계약으로서 대통령령으로 정하는 계약

나. 손해보험상품

위험 보장을 목적으로 우연한 사건(질병·상해 및 간병은 제외한다)으로 발생하는 손해(계약상 채무불이행 또는 법령상 의무불이행으로 발생하는 손해를 포함한다)에 관하여 금전 및 그 밖의 급여를 지급할 것을 약속하고 대가를 수수하는 계약으로서 대통령령으로 정하는 계약

다. 제3보험상품

위험 보장을 목적으로 사람의 질병·상해 또는 이에 따른 간병에 관하여 금전 및 그 밖의 급여를 지급할 것을 약속하고 대가를 수수하는 계약으로서 대통령령으로 정하는 계약

> **시험 출제 포인트**
>
> ▶ 생명보험상품
>   1. 생명보험계약   2. 연금보험계약(퇴직보험계약을 포함한다)
>
> ▶ 손해보험상품
>   1. 화재보험계약   2. 해상보험계약(항공·운송보험계약을 포함한다)
>   3. 자동차보험계약   4. 보증보험계약   5. 재보험계약
>   6. 책임보험계약   7. 기술보험계약   8. 권리보험계약
>   9. 도난보험계약   10. 유리보험계약   11. 동물보험계약
> 12. 원자력보험계약   13. 비용보험계약   14. 날씨보험계약
>
> ▶ 제3보험상품
>   1. 상해보험계약   2. 질병보험계약   3. 간병보험계약

2. 보험업

보험상품의 취급과 관련하여 발생하는 보험의 인수(引受), 보험료 수수 및 보험금 지급 등을 영업으로 하는 것으로서 생명보험업·손해보험업 및 제3보험업을 말한다.

3. 생명보험업

생명보험상품의 취급과 관련하여 발생하는 보험의 인수, 보험료 수수 및 보험금 지급 등을 영업으로 하는 것을 말한다.

4. 손해보험업

손해보험상품의 취급과 관련하여 발생하는 보험의 인수, 보험료 수수 및 보험금 지급 등을 영업으로 하는 것을 말한다.

5. 제3보험업

제3보험상품의 취급과 관련하여 발생하는 보험의 인수, 보험료 수수 및 보험금 지급 등을 영업으로 하는 것을 말한다.

6. 보험회사

보험업법 제4조에 따른 허가를 받아 보험업을 경영하는 자를 말한다.

7. 상호회사

보험업을 경영할 목적으로 보험업법에 따라 설립된 회사로서 보험계약자를 사원(社員)으로 하는 회사를 말한다.

8. 외국보험회사

대한민국 이외의 국가의 법령에 따라 설립되어 대한민국 이외의 국가에서 보험업을 경영하는 자를 말한다.

9. 보험설계사

보험회사·보험대리점 또는 보험중개사에 소속되어 보험계약의 체결을 중개하는 자[법인이 아닌 사단(社團)과 재단을 포함한다]로서 보험업법 제84조에 따라 등록된 자를 말한다.

10. 보험대리점

보험회사를 <u>위하여</u> 보험계약의 체결을 <u>대리</u>하는 자(법인이 아닌 사단과 재단을 포함한다)로서 보험업법 제87조에 따라 등록된 자를 말한다.

11. 보험중개사

<u>독립적으로</u> 보험계약의 체결을 <u>중개</u>하는 자(법인이 아닌 사단과 재단을 포함한다)로서 보험업법 제89조에 따라 등록된 자를 말한다.

> **시험 출제 포인트**
>
> ▶ 보험모집인 정리
>
> | 보험설계사 | 소속되어 | 중개하는 자 |
> |---|---|---|
> | 보험대리점 | 보험회사를 위하여 | 대리하는 자 |
> | 보험중개사 | 독립적으로 | 중개하는 자 |

12. 모집

보험계약의 체결을 중개하거나 대리하는 것을 말한다.

13. 신용공여

대출 또는 유가증권의 매입(자금 지원적 성격인 것만 해당한다)이나 그 밖에 금융거래상의 신용위험이 따르는 보험회사의 직접적·간접적 거래로서 대통령령으로 정하는 바에 따라 금융위원회가 정하는 거래를 말한다.

14. 총자산

재무상태표에 표시된 자산에서 영업권 등 대통령령으로 정하는 자산을 제외한 것을 말한다.

15. 자기자본

납입자본금·자본잉여금·이익잉여금, 그 밖에 이에 준하는 것(자본조정은 제외한다)으로서 대통령령으로 정하는 항목의 합계액에서 영업권, 그 밖에 이에 준하는 것으로서 대통령령으로 정하는 항목의 합계액을 뺀 것을 말한다.

16. 동일차주

동일한 개인 또는 법인 및 이와 신용위험을 공유하는 자로서 대통령령으로 정하는 자를 말한다.

17. 대주주

「금융회사의 지배구조에 관한 법률」 제2조 제6호에 따른 주주를 말한다.

18. 자회사

보험회사가 다른 회사(「민법」 또는 특별법에 따른 조합을 포함한다)의 의결권 있는 발행주식(출자지분을 포함한다) 총수의 <u>100분의 15</u>를 초과하여 소유하는 경우의 그 다른 회사를 말한다.

19. 전문보험계약자

보험계약에 관한 전문성, 자산규모 등에 비추어 보험계약의 내용을 이해하고 이행할 능력이 있는 자로서 다음 각 목의 어느 하나에 해당하는 자를 말한다.
가. 국가
나. 한국은행
다. 대통령령으로 정하는 금융기관
라. 주권상장법인
마. 그 밖에 대통령령으로 정하는 자

20. 일반보험계약자

전문보험계약자가 아닌 보험계약자를 말한다.

> **시험 출제 포인트**
>
> 전문보험계약자 중에서 다음에 해당하는 자가 일반보험계약자로 대우를 받겠다고 서면으로 의사표시를 하고 보험회사가 이에 동의하면 일반보험계약자로 전환이 가능하다.
> 1. 지방자치단체
> 2. 주권상장법인
> 3. 외국금융기관
> 4. 법률에 따라 설립된 기금(기술보증기금과 신용보증기금은 제외한다) 및 그 기금을 관리·운용하는 법인
> 5. 해외 증권시장에 상장된 주권을 발행한 국내법인
> 6. 그 밖에 보험계약에 관한 전문성, 자산규모 등에 비추어 보험계약의 내용을 이해하고 이행할 능력이 있는 자로서 금융위원회가 정하여 고시하는 자

제2절 주요개념

1. 보험상품과 보험업

보험업법에서는 보험의 분류를 생명보험, 손해보험, 제3보험으로 크게 세가지로 구분한다. 보험계약법에서의 구분과는 다르니 주의하여야 한다.

생명보험	가. 생명보험 나. 연금보험(퇴직보험을 포함한다) 다. 그 밖에 대통령령으로 정하는 보험종목
손해보험	가. 화재보험 나. 해상보험(항공·운송보험을 포함한다) 다. 자동차보험 라. 보증보험 마. 재보험(再保險) 바. 그 밖에 대통령령으로 정하는 보험종목
제3보험	가. 상해보험 나. 질병보험 다. 간병보험 라. 그 밖에 대통령령으로 정하는 보험종목

2. 보험사업의 주체

주식회사, 상호회사, 외국보험회사로 정의하고 있다. 상호회사란 보험업을 영위하기 위하여 상호부조의 원리를 기초로 하여 보험계약자를 사원으로 하여 설립된 회사를 말한다. 현재 우리나라에는 보험업법에 의하여 설립된 상호보험회사가 없으므로, 이론으로만 존재하는 회사의 형태이다. 외국보험회사는 대한민국 외의 국가의 법령을 준거법으로 하여 설립되고 대한민국 외에서 보험업을 영위하는 자이다. 따라서 외국보험회사의 한국법인과 같이 우리나라 법률을 설립준거법으로 하는 법인은 외국보험회사가 아니라 '보험회사'이다. 또한 외국보험회사의 국내지점은 금융위원회의 허가를 받아 보험업을 경영하므로 보험회사로 간주된다.

3. 보험계약 체결의 금지

누구든지 보험회사가 아닌 자와 보험계약을 체결하거나 중개 또는 대리하지 못한다. 다만, 다음에 해당하는 경우에는 보험계약을 체결하거나 중개 또는 대리할 수 있다(보험업법 제3조 및 동법 시행령 제7조).

① 외국보험회사와 생명보험계약, 수출적하보험계약, 수입적하보험계약, 항공보험계약, 여행보험계약, 선박보험계약, 장기상해보험계약 또는 재보험계약을 체결하는 경우

② 제1호 외의 경우로서 대한민국에서 취급되는 보험종목에 관하여 셋 이상의 보험회사로부터 가입이 거절되어 외국보험회사와 보험계약을 체결하는 경우
③ 대한민국에서 취급되지 아니하는 보험종목에 관하여 외국보험회사와 보험계약을 체결하는 경우
④ 외국에서 보험계약을 체결하고, 보험기간이 지나기 전에 대한민국에서 그 계약을 지속시키는 경우
⑤ 제1호부터 제4호까지 외에 보험회사와 보험계약을 체결하기 곤란한 경우로서 금융위원회의 승인을 받은 경우

4. 보험관계인

보험설계사, 보험대리점, 보험중개사 등 보험모집에 대한 관계인을 정의하고 있다.

보험설계사는 보험계약의 체결을 중개하는 자로서 계약의 체결을 대리하는 권한이 없는바 언제나 중개인에 해당한다.

보험대리점은 보험계약의 체결을 대리하는 자라고 규정하고 있으므로 보험업법은 보험대리점을 마치 체약대리점인 것처럼 규정하고 있다. 그러나 우리나라 보험대리점은 대다수 중개대리점에 그치고 있어 현실과 맞지 않는다는 비판이 있다.

보험중개사는 보험계약의 체결을 중개하는 자로서 계약의 체결을 대리하는 권한이 없는바 보험설계사와 동일하게 언제나 중개인에 해당한다.

5. 보험계약자의 분류

전문보험계약자와 일반보험계약자로 구분하고 있다. 이는 보험에 있어 비전문가인 일반보험계약자의 보호를 두텁게 하는 것과 동시에 보험에 대하여 능숙한 전문보험계약자에 대하여 과도한 업무 부담을 줄이려는 것이다. 다만, 전문보험계약자 중 대통령령으로 정하는 자가 일반보험계약자와 같은 대우를 받겠다는 의사를 보험회사에 서면으로 통지하는 경우 보험회사는 정당한 사유가 없으면 이에 동의하여야 하며, 보험회사가 동의한 경우에는 해당 보험계약자는 일반보험계약자로 본다.

CHAPTER 03 보험사업의 주체

제1절 보험업의 허가

1. 종목별 허가

보험업을 경영하려는 자는 다음의 보험종목별로 금융위원회의 허가를 받아야 한다.

▶ **생명보험업의 보험종목**
  가. 생명보험
  나. 연금보험(퇴직보험을 포함한다)
  다. 그 밖에 대통령령으로 정하는 보험종목

▶ **손해보험업의 보험종목**
  가. 화재보험
  나. 해상보험(항공·운송보험을 포함한다)
  다. 자동차보험
  라. 보증보험
  마. 재보험(再保險)
  바. 그 밖에 대통령령으로 정하는 보험종목

▶ **제3보험업의 보험종목**
  가. 상해보험
  나. 질병보험
  다. 간병보험
  라. 그 밖에 대통령령으로 정하는 보험종목

2. 허가의제

① 보험종목의 허가를 받은 자는 해당 보험종목의 재보험에 대한 허가를 받은 것으로 본다. 다만, 일정한 기준에 해당하는 소액단기전문보험회사는 제외이다.
② 생명보험업이나 손해보험업에 해당하는 보험종목의 전부(보증보험 및 재보험은 제외한다)에 관하여 허가를 받은 자는 제3보험업에 해당하는 보험종목에 대한 허가를 받은 것으로 본다.

③ 생명보험업 또는 손해보험업에 해당하는 보험종목의 전부(보증보험 및 재보험은 제외한다)에 관하여 허가를 받은 자는 경제질서의 건전성을 해친 사실이 없으면 해당 생명보험업 또는 손해보험업의 종목으로 신설되는 보험종목에 대한 허가를 받은 것으로 본다.

④ 제3보험업에 관하여 허가를 받은 자는 대통령령으로 정하는 기준에 따라 제3보험의 보험종목에 부가되는 보험종목을 취급할 수 있다.

⑤ 보험업의 허가를 받을 수 있는 자는 <u>주식회사, 상호회사 및 외국보험회사</u>로 제한하며, 보험업법에 따라 허가를 받은 외국보험회사의 국내지점은 보험업법에 따른 보험회사로 본다.

⑥ 금융위원회는 허가에 <u>조건을 붙일 수 있다</u>.

⑦ 조건이 붙은 보험업 허가를 받은 자는 사정의 변경, 그 밖의 정당한 사유가 있는 경우에는 금융위원회에 그 조건의 취소 또는 변경을 신청할 수 있다. 이 경우 금융위원회는 2개월 이내에 조건의 취소 또는 변경 여부를 결정하고, 그 결과를 지체 없이 신청인에게 문서로 알려야 한다.

3. 허가받을 수 있는 자

<u>주식회사, 상호회사, 외국보험회사</u>로 제한된다. 따라서 개인, 조합, 권리능력 없는 사단, 재단, 합명회사, 합자회사, 유한회사, 유한책임회사는 보험사업을 영위할 수 없다.

4. 자본금 또는 기금의 납입

가. 원칙

<u>300억원</u> 이상의 자본금 또는 기금을 납입함으로써 보험업을 시작할 수 있으며, 일부 보험종목만 영위하려는 보험회사는 <u>50억원</u> 이상으로 다음의 정한 금액을 자본금 또는 기금으로 납입하여 보험업을 시작할 수 있다.

1. 생명보험: 200억원
2. 연금보험(퇴직보험을 포함한다): 200억원
3. 화재보험: 100억원
4. 해상보험(항공·운송보험을 포함한다): 150억원
5. 자동차보험: 200억원
6. 보증보험: 300억원
7. 재보험: 300억원
8. 책임보험: 100억원
9. 기술보험: 50억원
10. 권리보험: 50억원
11. 상해보험: 100억원
12. 질병보험: 100억원

13. 간병보험: 100억원
14. 제1호부터 제13호까지 외의 보험종목: 50억원

나. 예외

(1) 통신판매전문회사

(가) 정의

통신판매전문회사란 총보험계약건수 및 수입보험료의 100분의 90 이상을 전화, 우편, 컴퓨터통신 등 통신수단을 이용하여 모집하는 보험회사를 말한다. 만약 모집비율(100분의 90 이상)을 위반한 경우에는 그 비율을 충족할 때까지 통신수단 외의 방법으로는 모집을 할 수 없다.

(나) 자본금 또는 기금의 특례

통신판매전문회사는 자본금 또는 기금의 3분의 2에 상당하는 금액 이상을 납입함으로써 보험업을 시작할 수 있다.

(2) 소액단기전문보험회사

(가) 정의

모집할 수 있는 보험상품의 종류, 보험기간, 보험금의 상한액, 연간 총보험료 상한액 등 대통령령으로 정하는 기준을 충족하는 보험회사를 말한다.

(나) 적용기준

1) 모집할 수 있는 보험상품의 종류: 다음 각 목의 보험상품
   가) 생명보험상품 중 생명보험계약
   나) 손해보험상품 중 책임보험계약, 도난보험계약, 유리보험계약, 동물보험계약, 비용보험계약, 날씨보험계약
   다) 제3보험상품 중 상해보험계약, 질병보험계약
2) 보험기간: 2년 이내의 범위에서 금융위원회가 정하여 고시하는 기간
3) 보험금의 상한액: 5천만원
4) 연간 총보험료 상한액: 500억원

(다) 자본금 또는 기금의 특례

소액단기전문보험회사는 10억원 이상의 범위에서 대통령령으로 정하는 금액(현행 20억원) 이상을 납입함으로써 보험업을 시작할 수 있다.

다. 외국보험회사의 경우

외국보험회사가 대한민국에서 보험업을 경영하려는 경우에는 대통령령으로 정하는 영업기금을 자본금 또는 기금으로 본다.

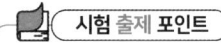
대통령령에서 정하는 외국보험회사의 영업기금은 30억원 이상이다.

5. 허가 신청서류

보험업 경영의 허가를 받으려면 다음의 서류를 첨부하여 금융위원회에 제출하여야 한다. 다만 취급하는 보험종목을 추가하려는 경우에는 정관은 제출하지 않아도 된다.
① 정관
② 업무 시작 후 3년간의 사업계획서(추정재무제표를 포함한다)
③ 경영하려는 보험업의 보험종목별 사업방법서, 보험약관, 보험료 및 해약환급금의 산출방법서 중 대통령령으로 정하는 서류 → 대통령령으로 정하는 서류는 <u>보험종목별 사업방법서</u>이다.
④ 제1호부터 제3호까지의 규정에 따른 서류 이외에 대통령령으로 정하는 서류

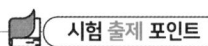
경영하려는 보험업의 보험종목별 사업방법서, 보험약관, 보험료 및 해약환급금의 산출방법서를 기초서류라고 부른다.

제2절 보험회사의 겸영제한

1. 생명보험업, 손해보험업의 겸영제한

보험회사는 생명보험업과 손해보험업을 함께 영위할 수 없다. 다만, 다음의 하나에 해당하는 경우에는 겸영할 수 있다.

가. 생명보험의 재보험 및 제3보험의 재보험
나. 다른 법령에 따라 겸영할 수 있는 보험종목으로서 대통령령으로 정하는 보험종목
　① 「소득세법」에 따른 연금저축계좌를 설정하는 계약
　② 「근로자퇴직급여 보장법」에 따른 보험계약 및 근로자퇴직급여 보장법 전부개정법률 부칙 제2조 제1항 본문에 따른 퇴직보험계약
　③ 다만, 손해보험업의 보험종목(재보험과 보증보험은 제외한다)의 일부만을 취급하는 보험회사와 제3보험업만을 경영하는 보험회사는 겸영 불가
다. 대통령령으로 정하는 기준에 따라 제3보험의 보험종목에 부가되는 보험: 질병을 원인으로 하는 사망을 제3보험의 특약 형식으로 담보하는 보험으로서 다음 각 호의 요건을 충족하는 보험을 말한다.
　① 보험만기 80세 이하일 것

② 보험금액의 한도는 개인당 2억원 이내일 것
③ 만기 시에 지급하는 환급금은 납입보험료 합계액의 범위 내일 것

2. 보험업 이외의 겸영제한

가. 원칙

보험회사는 원칙적으로 보험업 이외의 다른 사업을 목적으로 할 수 없다.

나. 겸영업무

보험회사는 경영건전성을 해치거나 보험계약자 보호 및 건전한 거래질서를 해칠 우려가 없는 금융업무로서 다음 각 호에 규정된 업무를 할 수 있다. 이 경우 보험회사는 제1호 또는 제3호의 업무를 하려면 그 업무를 시작하려는 날의 7일 전까지 금융위원회에 신고하여야 한다.
① 대통령령으로 정하는 금융 관련 법령에서 정하고 있는 금융업무로서 해당 법령에서 보험회사가 할 수 있도록 한 업무
② 대통령령으로 정하는 금융업으로서 해당 법령에 따라 인가·허가·등록 등이 필요한 금융업무
③ 그 밖에 보험회사의 경영건전성을 해치거나 보험계약자 보호 및 건전한 거래질서를 해칠 우려가 없다고 인정되는 금융업무로서 대통령령으로 정하는 금융업무

> **시험 출제 포인트**
> 금융위원회에 신고의무가 있는 겸영업무는 제1호 또는 제3호의 업무이다. 제2호의 업무는 신고의무가 없다.

다. 부수업무

보험회사는 보험업에 부수(附隨)하는 업무를 하려면 그 업무를 하려는 날의 7일 전까지 금융위원회에 신고하여야 한다. 다만, 금융위원회가 공고한 다른 보험회사의 부수업무(제한명령 또는 시정명령을 받은 것은 제외한다)와 같은 부수업무를 하려는 경우에는 신고를 하지 아니하고 그 부수업무를 할 수 있다. 금융위원회는 보험회사가 하는 부수업무가 다음 각 호의 어느 하나에 해당하면 그 부수업무를 하는 것을 제한하거나 시정할 것을 명할 수 있다.
① 보험회사의 경영건전성을 해치는 경우
② 보험계약자 보호에 지장을 가져오는 경우
③ 금융시장의 안정성을 해치는 경우

3. 지배구조

보험회사의 건전하고 투명한 지배구조 구축을 위하여 보험업법은 여러 규정을 두고 있었으나, 2016년 8월 1일 시행된 금융회사의 지배구조에 관한 법률에 따라 보험회사도 해당 법규의 적용을 받게 되었다.

CHAPTER 04 보험모집에 대한 규제

제1절 모집할 수 있는 자의 한정과 등록

1. 모집할 수 있는 자

모집을 할 수 있는 자는 다음의 어느 하나에 해당하는 자이어야 한다.
(1) 보험설계사
(2) 보험대리점
(3) 보험중개사
(4) 보험회사의 임원(대표이사 · 사외이사 · 감사 및 감사위원은 제외한다) 또는 직원

2. 금융기관 보험대리점의 제한

금융기관보험대리점등은 그 금융기관 소속 임직원이 아닌 자로 하여금 모집을 하게 하거나, 보험계약 체결과 관련한 상담 또는 소개를 하게 하고 상담 또는 소개의 대가를 지급하여서는 아니 된다.

3. 보험설계사 등록 규정

가. 등록

보험회사, 보험대리점, 보험중개사는 소속 보험설계사가 되려는 자를 금융위원회에 등록하여야 한다.

나. 등록결격사유

(1) 피성년후견인 또는 피한정후견인
(2) 파산선고를 받은 자로서 복권되지 아니한 자
(3) 보험업법 또는 금융소비자 보호에 관한 법률에 따라 벌금 이상의 형을 선고받고 그 집행이 끝나거나(집행이 끝난 것으로 보는 경우 포함) 집행이 면제된 날부터 2년이 지나지 아니한 자
(4) 보험업법 또는 금융소비자 보호에 관한 법률에 따라 금고 이상의 형의 집행유예를 선고받고 그 유예기간 중에 있는 자
(5) 보험업법에 따라 보험설계사, 보험대리점 또는 보험중개사의 등록이 취소(제1호 또는 제2호에 해당하여 등록이 취소된 경우는 제외)된 후 2년이 지나지 아니한 자

(6) 제5호에도 불구하고 보험업법에 따라 보험설계사, 보험대리점 또는 보험중개사의 등록취소 처분을 2회 이상 받은 경우 최종 등록취소 처분을 받은 날부터 3년이 지나지 아니한 자
(7) 보험업법 또는 금융소비자 보호에 관한 법률에 따라 과태료 또는 과징금 처분을 받고 이를 납부하지 아니하거나 업무정지 및 등록취소 처분을 받은 보험대리점, 보험중개사 소속 임직원이었던 자(처분사유의 발생에 관하여 직접 또는 이에 상응하는 책임이 있는 자로서 대통령령으로 정하는 자만 해당)로서 과태료, 과징금, 업무정지 및 등록취소 처분이 있었던 날부터 2년이 지나지 아니한 자
(8) 영업에 관하여 성년자와 같은 능력을 가지지 아니한 미성년자로서 그 법정대리인이 제1호부터 제7호까지의 규정 중 어느 하나에 해당하는 자
(9) 법인 또는 법인이 아닌 사단이나 재단으로서 그 임원이나 관리인 중 제1호부터 제7호까지의 규정 중 어느 하나에 해당하는 자
(10) 이전에 모집에 관하여 보험료, 대출금 또는 보험금을 다른 용도로 유용(流用)한 후 3년이 지나지 아니한 자

다. 등록 취소

금융위원회는 보험설계사가 다음 각 호의 어느 하나에 해당하는 경우에는 그 <u>등록을 취소하여야 한다.</u>
(1) 등록 이후 등록결격사유에 해당하는 경우
(2) 등록 당시 등록결격사유에 해당하는 자이었음이 밝혀진 경우
(3) 거짓이나 그 밖의 부정한 방법으로 등록을 한 경우
(4) 보험업법에 따라 업무 정지처분을 2회 이상 받은 경우

라. 업무정지 또는 등록 취소

금융위원회는 보험설계사가 다음 각 호의 어느 하나에 해당하는 경우에는 6개월 이내의 기간을 정하여 그 <u>업무의 정지</u>를 명하거나 그 <u>등록을 취소할 수 있다.</u>
(1) 모집에 관한 보험업법 규정을 위반한 경우
(2) 보험계약자, 피보험자 또는 보험금을 취득할 자로서 보험사기행위를 한 경우
(3) 보험 관계 업무 종사자의 의무 규정을 위반한 경우
(4) 보험업법에 따른 명령이나 처분을 위반한 경우
(5) 보험업법에 따른 과태료 처분을 2회 이상 받은 경우
(6) 금융소비자 보호에 관한 법률에 따른 등록 취소사유에 해당하는 경우
(7) 금융소비자 보호에 관한 법률에 따라 업무의 정지를 명하는 조치를 받은 경우

> **시험 출제 포인트**
> '등록을 취소하여야 한다.'와 '등록을 취소할 수 있다.'를 구분하여야 한다.

제2절 보험설계사에 의한 모집의 제한

보험회사 등은 다른 보험회사 등에 소속된 보험설계사에게 모집을 위탁하지 못하며, 보험설계사는 자기가 소속된 보험회사 등 이외의 자를 위하여 모집하지 못한다. 다만, 다음에 해당하는 경우에는 모집을 할 수 있다. 이를 교차모집이라고 한다.
(1) 생명보험회사 또는 제3보험업을 전업(專業)으로 하는 보험회사에 소속된 보험설계사가 1개의 손해보험회사를 위하여 모집을 하는 경우
(2) 손해보험회사 또는 제3보험업을 전업으로 하는 보험회사에 소속된 보험설계사가 1개의 생명보험회사를 위하여 모집을 하는 경우
(3) 생명보험회사나 손해보험회사에 소속된 보험설계사가 1개의 제3보험업을 전업으로 하는 보험회사를 위하여 모집을 하는 경우

제3절 보험설계사 등의 교육

보험회사 등은 대통령령으로 정하는 바에 따라 소속 보험설계사에게 보험계약의 모집에 관한 교육을 하여야 한다. 이에 따라 보험회사, 보험대리점 및 보험중개사는 소속 보험설계사에게 최초로 등록(등록이 유효한 경우로 한정한다)한 날부터 2년이 지날 때마다 2년이 된 날부터 6개월 이내에 일정한 기준에 따라 교육을 하여야 한다. 법인이 아닌 보험대리점 및 보험중개사는 등록한 날부터 2년이 지날 때마다 2년이 된 날부터 6개월 이내에 일정한 기준에 따라 교육을 받아야 한다.

제4절 보험설계사에 대한 불공정 행위 금지

보험회사 등은 보험설계사에게 보험계약의 모집을 위탁할 때 다음 각 호의 행위를 하여서는 아니 된다. 만약 이를 위반하였을 경우에는 1천만원 이하의 과태료가 부과된다.
(1) 보험모집 위탁계약서를 교부하지 아니하는 행위
(2) 위탁계약서상 계약사항을 이행하지 아니하는 행위
(3) 위탁계약서에서 정한 해지요건 외의 사유로 위탁계약을 해지하는 행위
(4) 정당한 사유 없이 보험설계사가 요청한 위탁계약 해지를 거부하는 행위
(5) 위탁계약서에서 정한 위탁업무 외의 업무를 강요하는 행위

(6) 정당한 사유 없이 보험설계사에게 지급되어야 할 수수료의 전부 또는 일부를 지급하지 아니하거나 지연하여 지급하는 행위
(7) 정당한 사유 없이 보험설계사에게 지급한 수수료를 환수하는 행위
(8) 보험설계사에게 보험료 대납(代納)을 강요하는 행위
(9) 그 밖에 대통령령으로 정하는 불공정한 행위

제5절 고객 응대직원에 대한 보호조치 의무

보험회사는 고객을 직접 응대하는 직원을 고객의 폭언이나 성희롱, 폭행 등으로부터 보호하기 위하여 다음 각 호의 조치를 하여야 하며, 직원은 보험회사에게 조치를 요구할 수 있다. 또한 보험회사는 이러한 조치를 이유로 직원에게 불이익을 주어서는 아니된다.
(1) 직원이 요청하는 경우 해당 고객으로부터의 분리 및 업무담당자 교체
(2) 직원에 대한 치료 및 상담 지원
(3) 고객을 직접 응대하는 직원을 위한 상시적 고충처리 기구 마련. 다만, 「근로자참여 및 협력증진에 관한 법률」에 따라 고충처리위원을 두는 경우에는 고객을 직접 응대하는 직원을 위한 전담 고충처리위원의 선임 또는 위촉
(4) 그 밖에 직원의 보호를 위하여 필요한 법적 조치 등 대통령령으로 정하는 조치
　(4-1) 고객의 폭언이나 성희롱, 폭행 등(이하 폭언 등)이 관계 법률의 형사처벌규정에 위반된다고 판단되고 그 행위로 피해를 입은 직원이 요청하는 경우: 관할 수사기관 등에 고발
　(4-2) 고객의 폭언 등이 관계 법률의 형사처벌규정에 위반되지는 아니하나 그 행위로 피해를 입은 직원의 피해정도 및 그 직원과 다른 직원에 대한 장래 피해발생 가능성 등을 고려하여 필요하다고 판단되는 경우: 관할 수사기관 등에 필요한 조치 요구
　(4-3) 직원이 직접 폭언 등의 행위를 한 고객에 대한 관할 수사기관 등에 고소, 고발, 손해배상 청구 등의 조치를 하는 데 필요한 행정적, 절차적 지원
　(4-4) 고객의 폭언 등을 예방하거나 이에 대응하기 위한 직원의 행동요령 등에 대한 교육 실시
　(4-5) 그 밖에 고객의 폭언 등으로부터 직원을 보호하기 위하여 필요한 사항으로서 금융위원회가 정하여 고시하는 조치

제6절 모집관련 준수사항

1. 보험 안내자료

모집을 위하여 사용하는 보험안내 자료에는 일정한 사항을 명백하고 알기 쉽게 적어야 한다. 이 때 말하는 일정한 사항이란 다음의 내용을 말한다.
(1) 보험회사의 상호나 명칭 또는 보험설계사·보험대리점 또는 보험중개사의 이름·상호나 명칭
(2) 보험 가입에 따른 권리·의무에 관한 주요 사항
(3) 보험약관으로 정하는 보장에 관한 사항
(4) 보험금 지급제한 조건에 관한 사항
(5) 해약환급금에 관한 사항
(6) 「예금자보호법」에 따른 예금자보호와 관련된 사항
(7) 그 밖에 보험계약자를 보호하기 위하여 대통령령으로 정하는 사항

2. 모집시 준수사항

가. 설명의무

(1) 보험회사는 보험계약의 체결 시부터 보험금 지급 시까지의 주요 과정을 대통령령으로 정하는 바에 따라 일반보험계약자에게 설명하여야 한다. 다만, 일반보험계약자가 설명을 거부하는 경우에는 그러하지 아니한다.
(2) 보험회사는 일반보험계약자가 보험금 지급을 요청한 경우에는 대통령령으로 정하는 바에 따라 보험금의 지급절차 및 지급내역 등을 설명하여야 하며, 보험금을 감액하여 지급하거나 지급하지 아니하는 경우에는 그 사유를 설명하여야 한다.

나. 중복계약 체결 확인 의무

(1) 보험회사 또는 보험의 모집에 종사하는 자는 대통령령으로 정하는 보험계약을 모집하기 전에 보험계약자가 되려는 자의 동의를 얻어 모집하고자 하는 보험계약과 동일한 위험을 보장하는 보험계약을 체결하고 있는지를 확인하여야 하며 확인한 내용을 보험계약자가 되려는 자에게 즉시 알려야 한다.
(2) 중복계약 체결 확인 의무가 부여되는 보험계약은 실제 부담한 의료비만 지급하는 제3보험상품계약(실손의료보험계약)과 실제 부담한 손해액만을 지급하는 것으로서 금융감독원장이 정하는 보험상품계약(기타손해보험계약)을 말한다.

다. 통신수단을 이용한 모집·철회 및 해지 등 관련 준수사항

(1) 전화·우편·컴퓨터통신 등 통신수단을 이용하여 모집을 하는 자는 보험업법에 따라 모집을

할 수 있는 자이어야 하며, 다른 사람의 평온한 생활을 침해하는 방법으로 모집을 하여서는 아니된다.
(2) 통신수단을 이용한 모집은 통신수단을 이용한 모집에 대하여 동의를 한 자를 대상으로 하여야 한다.
(3) 보험회사는 다음 각호의 어느 하나에 해당하는 경우 통신수단을 이용할 수 있도록 하여야 한다.
  (가) 보험계약자가 청약한 자가 청약의 내용을 확인, 정정 요청하거나 청약을 철회하고자 하는 경우
  (나) 보험계약자가 체결한 계약의 내용을 확인하고자 하는 경우
  (다) 보험계약자가 체결한 계약을 해지하고자 하는 경우. 다만 보험계약자가 계약을 해지하기 전에 안전성 및 신뢰성이 확보되는 방법을 이용하여 보험계약자 본인임을 확인받은 경우에 한정한다.

3. 체결 또는 모집에 관한 금지행위

가. 승환계약 금지

(1) 보험계약자 또는 피보험자로 하여금 이미 성립된 보험계약(기존보험계약)을 부당하게 소멸시킴으로써 새로운 보험계약(대통령령으로 정하는 바에 따라 기존보험계약과 보장 내용 등이 비슷한 경우만 해당한다)을 청약하게 하거나 새로운 보험계약을 청약하게 함으로써 기존보험계약을 부당하게 소멸시키거나 그 밖에 부당하게 보험계약을 청약하게 하거나 이러한 것을 권유하는 행위는 금지된다.
(2) 다음 각 호의 어느 하나에 해당하는 경우 승환계약으로 본다.
  ① 기존보험계약이 소멸된 날부터 1개월 이내에 새로운 보험계약을 청약하게 하거나 새로운 보험계약을 청약하게 한 날부터 1개월 이내에 기존보험계약을 소멸하게 하는 행위. 다만, 보험계약자가 기존 보험계약 소멸 후 새로운 보험계약 체결 시 손해가 발생할 가능성이 있다는 사실을 알고 있음을 자필로 서명하는 등 대통령령으로 정하는 바에 따라 본인의 의사에 따른 행위임이 명백히 증명되는 경우는 그러하지 아니하다.
  ② 기존보험계약이 소멸된 날부터 6개월 이내에 새로운 보험계약을 청약하게 하거나 새로운 보험계약을 청약하게 한 날부터 6개월 이내에 기존보험계약을 소멸하는 경우로서 해당 보험계약자 또는 피보험자에게 기존보험계약과 새로운 보험계약의 보험기간 및 예정 이자율 등 대통령령으로 정하는 중요한 사항을 비교하여 알리지 아니하는 행위
(3) 승환계약 금지 규정을 위반하여 기존보험계약을 소멸시키거나 소멸하게 하였을 때에는 그 보험계약의 체결 또는 모집에 종사하는 자가 속하거나 모집을 위탁한 보험회사에 대하여 그 보험계약이 소멸한 날부터 6개월 이내에 소멸된 보험계약의 부활을 청구하고 새로운 보험계약은 취소할 수 있다.

(4) 보험계약의 부활 청구를 받은 보험회사는 특별한 사유가 없으면 보험계약의 부활을 승낙하여야 한다.

나. 명의 도용 등 금지

(1) 실제 명의인이 아닌 자의 보험계약을 모집하거나 실제 명의인의 동의가 없는 보험계약을 모집하는 행위
(2) 보험계약자 또는 피보험자의 자필서명이 필요한 경우에 보험계약자 또는 피보험자로부터 자필서명을 받지 아니하고 서명을 대신하거나 다른 사람으로 하여금 서명하게 하는 행위
(3) 다른 모집 종사자의 명의를 이용하여 보험계약을 모집하는 행위

다. 부당 모집행위

(1) 보험계약자 또는 피보험자와의 금전대차 관계를 이용하여 보험계약자 또는 피보험자로 하여금 보험계약을 청약하게 하거나 이러한 것을 요구하는 행위
(2) 정당한 이유 없이 「장애인차별금지 및 권리구제 등에 관한 법률」 제2조에 따른 장애인의 보험 가입을 거부하는 행위
(3) 보험계약의 청약철회 또는 계약 해지를 방해하는 행위

라. 특별이익 제공 금지

보험계약의 체결 또는 모집에 종사하는 자는 그 체결 또는 모집과 관련하여 보험계약자나 피보험자에게 다음 각 호의 어느 하나에 해당하는 특별이익을 제공하거나 제공하기로 약속하여서는 아니된다.

(1) 금품

> **시험 출제 포인트**
> 다만 보험계약 체결 시부터 최초 1년간 납입되는 보험료의 100분의 10과 3만원(보험계약에 따라 보장되는 위험을 감소시키는 물품의 경우에는 20만원) 중 적은 금액을 초과하지 않는 금품의 제공은 가능하다.

(2) 기초서류에 정한 사유에 근거하지 아니한 보험료의 할인 또는 수수료의 지급
(3) 기초서류에서 정한 보험금액보다 많은 보험금액의 지급 약속
(4) 보험계약자나 피보험자를 위한 보험료의 대납
(5) 보험계약자나 피보험자가 해당 보험회사로부터 받은 대출금에 대한 이자의 대납
(6) 보험료 받은 수표 또는 어음에 대한 이자 상당액의 대납
(7) 상법 제682조에 따른 제3자에 대한 청구권 대위행사의 포기

마. 수수료 지급 등의 금지

(1) 보험회사는 보험의 모집을 할 수 있는 자 이외의 자에게 모집을 위탁하거나 모집에 관하여 수수료, 보수, 그 밖의 대가를 지급하지 못한다. 다만, 다음 각 호의 어느 하나에 해당하는 경우

에는 그러하지 아니하다.
① 기초서류에서 정하는 방법에 따른 경우
② 보험회사가 대한민국 밖에서 외국 보험회사와 공동으로 원보험계약을 인수하거나 대한민국 밖에서 외국의 모집조직(외국의 법령에 따라 모집을 할 수 있도록 허용된 경우만 해당한다)을 이용하여 원보험계약 또는 재보험계약을 인수하는 경우
③ 그 밖의 대통령령으로 정하는 경우
(2) 보험중개사는 대통령령으로 정하는 경우 이외에는 보험계약 체결의 중개와 관련한 수수료나 그 밖의 대가를 보험계약자에게 청구할 수 없다.

오엑스 문제풀이

01 보험설계사란 보험회사를 위하여 보험계약의 체결을 대리하는 자(법인이 아닌 사단과 재단을 포함한다)로서 제87조에 따라 등록된 자를 말한다. O/X

해설 보험대리점이란 보험회사를 위하여 보험계약의 체결을 대리하는 자(법인이 아닌 사단과 재단을 포함한다)로서 제87조에 따라 등록된 자를 말한다. 보험설계사란 보험회사·보험대리점 또는 보험중개사에 소속되어 보험계약의 체결을 중개하는 자[법인이 아닌 사단(社團)과 재단을 포함한다]로서 제84조에 따라 등록된 자를 말한다.

02 자회사란 보험회사가 다른 회사의 의결권 있는 발행주식 총수의 100분의 50을 초과하여 소유하는 경우의 그 다른 회사를 말한다. O/X

해설 자회사란 보험회사가 다른 회사(「민법」 또는 특별법에 따른 조합을 포함한다)의 의결권 있는 발행주식(출자지분을 포함한다) 총수의 100분의 15를 초과하여 소유하는 경우의 그 다른 회사를 말한다.

03 보험사업의 허가를 받을 수 있는 것은 주식회사, 상호회사, 외국보험회사이다. O/X

해설 주식회사, 상호회사, 외국보험회사로 제한된다. 따라서 개인, 조합, 권리능력 없는 사단, 재단, 합명회사, 합자회사, 유한회사, 유한책임회사는 보험사업을 영위할 수 없다.

04 기초서류에는 보험업의 보험종목별 사업방법서, 보험약관, 보험료 및 해약환급금의 산출방법서 3가지가 있다. O/X

해설 보험업의 보험종목별 사업방법서, 보험약관, 보험료 및 해약환급금의 산출방법서를 기초서류라고 부른다.

05 보험회사가 겸영업무를 하려면 7일 전까지, 부수업무를 하려면 10일 전까지 금융위원회에 신고하여야 한다. O/X

해설 겸영업무와 부수업무 모두 업무를 시작하려는 날의 7일 전까지 금융위원회에 신고하여야 한다.

06 보험업법에 따라 보험설계사, 보험대리점 또는 보험중개사의 등록취소 처분을 2회 이상 받은 경우 최종 등록취소 처분을 받은 날부터 2년이 지나지 아니한 자는 보험설계사가 되지 못한다. O/X

해설 보험업법에 따라 보험설계사, 보험대리점 또는 보험중개사의 등록취소 처분을 2회 이상 받은 경우 최종 등록취소 처분을 받은 날부터 3년이 지나지 아니한 자는 보험설계사가 되지 못한다.

07 중복계약 체결 확인의무가 있는 보험계약 중에는 실손의료보험계약이 있다. O/X

> 해설 중복계약 체결 확인의무가 있는 보험계약에는 실손의료보험계약과 기타손해보험계약이 있다.

08 보험계약자가 통신수단을 이용하여 계약을 해지하려면 보험계약을 체결하기 전에 통신수단을 이용한 계약 해지에 동의한 경우에만 가능하다. O/X

> 해설 이전에는 보험계약자가 통신수단을 이용하여 계약을 해지하려면 보험계약을 체결하기 전에 통신수단을 이용한 계약 해지에 동의한 경우에만 가능했으나, 2021년 8월 보험업법의 개정으로 이제는 보험계약자가 본인임을 확인 받았다면 통신수단을 이용한 보험계약 해지가 가능하다.

09 기초서류에 근거한 보험료의 할인 또는 수수료의 지급은 특별이익 제공에 해당한다. O/X

> 해설 기초서류에 정한 사유에 근거하지 아니한 보험료의 할인 또는 수수료의 지급은 특별이익 제공에 해당한다.

10 보험중개사는 일정한 경우를 제외하고는 보험계약 체결의 중개와 관련한 수수료나 그 밖의 대가를 보험계약자에게 청구할 수 없다. O/X

> 해설 보험중개사는 대통령령으로 정하는 경우 이외에는 보험계약 체결의 중개와 관련한 수수료나 그 밖의 대가를 보험계약자에게 청구할 수 없다.

🔒 01. × 02. × 03. ○ 04. ○ 05. × 06. × 07. ○ 08. × 09. × 10. ○

CHAPTER 05 보험사기방지 특별법

제1절 보험사기의 의미

1. 보험업법

가. 보험계약자 등의 의무(보험업법 제102조의2)

보험계약자, 피보험자, 보험금을 취득할 자, 그 밖에 보험계약에 관하여 이해관계가 있는 자는 보험사기행위를 하여서는 아니 된다.

나. 보험 관계 업무 종사자의 의무(보험업법 제102조의3)

보험회사의 임직원, 보험설계사, 보험대리점, 보험중개사, 손해사정사, 그 밖에 보험 관계 업무에 종사하는 자는 다음 각 호의 어느 하나에 해당하는 행위를 하여서는 아니 된다.

(1) 보험계약자, 피보험자, 보험금을 취득할 자, 그 밖에 보험계약에 관하여 이해가 있는 자로 하여금 고의로 보험사고를 발생시키거나 발생하지 아니한 보험사고를 발생한 것처럼 조작하여 보험금을 수령하도록 하는 행위

(2) 보험계약자, 피보험자, 보험금을 취득할 자, 그 밖에 보험계약에 관하여 이해가 있는 자로 하여금 이미 발생한 보험사고의 원인, 시기 또는 내용 등을 조작하거나 피해의 정도를 과장하여 보험금을 수령하도록 하는 행위

2. 보험범죄와 보험사기

가. 보험범죄

(1) 보험과 관련된 범죄라는 의미에서 보험가입자 또는 제3자가 받을 수 없는 보험 보호를 거저 얻거나 부당하게 낮은 보험료를 지불할 목적이나 또는 부당하게 높은 보험금의 지급을 요구할 목적으로 고의적이며 악의적으로 하는 일련의 행위

(2) 피보험자가 보험계약을 이용하여 보험회사의 부담으로 자기 또는 제3자에게 보험금의 형식으로 불법한 이익을 보게 하는 행위

나. 보험사기

(1) 보험사고를 불법한 방법으로 야기하거나 보험자를 기망하여 보험금을 편취하는 것을 목적으로 고의적 행위를 하는 범죄

(2) 보험계약자나 제3자가 고의로 계약 및 법을 위반하여 보험 급부를 청구하는 모든 행위 또는 상태
(3) 보험금을 부당하게 수취할 목적으로 고의로 보험사고를 조작하거나 과장하는 행위
(4) 재산적 이익을 얻을 목적으로 보험회사를 기망하는 행위로 형법 사기죄의 한 유형

> **시험 출제 포인트**
> ▶ 보험사기 방지를 위해 설립된 국제조사기구(IASIU)에서의 정의
> 보험사기란 보험회사를 기망할 의도로 고의적으로 행한 주요사실에 대한 계획적인 허위진술을 말한다.

제2절 보험사기방지 특별법의 입법 취지

보험사기방지 특별법은 보험사기행위의 조사·방지·처벌에 관한 사항을 정함으로써 보험계약자, 피보험자, 그 밖의 이해관계인의 권익을 보호하고 보험업의 건전한 육성과 국민의 복리증진에 이바지함을 목적으로 한다.

제3절 보험사기방지 특별법의 주요내용

1. 보험사기행위

보험사기행위란 보험사고의 발생, 원인 또는 내용에 관하여 보험자를 기망하여 보험금을 청구하는 행위를 말한다.

2. 특별법으로서의 지위

보험사기행위의 조사·방지 및 보험사기행위자의 처벌에 관하여는 다른 법률에 우선하여 보험사기 특별법을 적용한다.

3. 보험사기 의심 사건에 대한 보고권

보험회사는 보험계약의 보험계약자, 피보험자, 보험금을 취득할 자, 그 밖에 보험계약 또는 보험금 지급에 관하여 이해관계가 있는 자의 행위가 보험사기행위로 의심할 만한 합당한 근거가 있는 경우에는 금융위원회에 보고할 수 있다.

4. 보험계약자 보호의무

보험회사는 보험사고 조사 과정에서 보험계약자 등의 개인정보를 침해하지 아니하도록 노력하여야 하며, 대통령령으로 정하는 사유 없이 보험사고 조사를 이유로 보험금의 지급을 지체 또는 거절하거나 삭감하여 지급하여서는 아니 된다.

5. 보험사기행위의 알선·권유 등의 금지

누구든지 보험사기행위를 알선·유인·권유 또는 광고하는 행위를 하여서는 아니 된다.

6. 고발권 및 수사의뢰권

금융위원회, 금융감독원, 보험회사는 보험계약자 등의 행위가 보험사기행위로 의심할 만한 합당한 근거가 있는 경우에는 관할 수사기관에 고발 또는 수사의뢰하거나 그 밖에 필요한 조치를 취하여야 한다. 또한 관할 수사기관에 고발 또는 수사의뢰를 한 경우에는 해당 보험사고와 관련된 자료를 수사기관에 송부하여야 한다.

7. 수사기관의 심사의뢰권

수사기관은 보험사기행위 수사를 위하여 보험계약자 등의 입원이 적정한 것인지 여부에 대한 심사가 필요하다고 판단되는 경우 건강보험심사평가원에 그 심사를 의뢰할 수 있다. 건강보험심사평가원은 의뢰를 받은 경우 보험계약자 등의 입원적정성을 심사하여 그 결과를 수사기관에 통보하여야 한다.

8. 보험사기 행위에 대한 형사 처벌

다음 각 호의 어느 하나에 해당하는 자는 10년 이하의 징역 또는 5천만원 이하의 벌금에 처한다.
(1) 보험사기행위로 보험금을 취득하거나 제3자에게 보험금을 취득하게 한 자. 이 경우 징역형과 벌금형을 병과할 수 있다.
(2) 보험사기행위를 알선·유인·권유 또는 광고한 자

9. 특정한 보험사기 행위시 가중처벌

가. 상습범

상습으로 보험사기죄를 범한 자는 그 죄에 정한 형의 2분의 1까지 가중한다.

나. 미수범

미수범은 처벌한다.

다. 취득금액

보험사기이득액이 5억원 이상일 때에는 다음 구분에 따라 가중처벌한다.
① 보험사기이득액이 50억원 이상일 때: 무기 또는 5년 이상의 징역
② 보험사기이득액이 5억원 이상 50억원 미만일 때: 3년 이상의 유기징역

10. 보험사기 관련 업무자의 비밀유지의무

보험사기행위 조사업무에 종사하는 자 또는 해당 업무에 종사하였던 자는 직무수행 중 취득한 정보나 자료를 타인에게 제공 또는 누설하거나 직무상 목적 외의 용도로 사용하여서는 아니 된다. 이는 보험계약자 등을 위한 보험회사의 보호의무에 해당한다.

11. 처벌규정

직무수행 중 취득한 정보나 자료를 타인에게 제공 또는 누설하거나 목적 외의 용도로 사용한 자는 3년 이하의 징역 또는 3천만원 이하의 벌금에 처한다. 또한 대통령령으로 정하는 사유 없이 보험사고 조사를 이유로 보험금의 지급을 지체 또는 거절하거나 삭감하여 지급한 보험회사와 정당한 사유없이 자료를 제출하지 아니하거나 거짓으로 제출한 정보통신서비스 제공자에게는 1천만원 이하의 과태료를 부과한다.

CHAPTER 06 금융소비자 보호에 관한 법률

제1절 목적 및 정의

1. 목적

금융소비자 보호에 관한 법률(이하 '금융소비자보호법'이라고 한다)은 금융소비자의 권익 증진과 금융상품판매업 및 금융상품자문업의 건전한 시장질서 구축을 위하여 금융상품판매업자 및 금융상품자문업자의 영업에 관한 준수사항과 금융소비자 권익 보호를 위한 금융소비자정책 및 금융소비자분쟁조정절차 등에 관한 사항을 규정함으로써 금융소비자 보호의 실효성을 높이고 국민경제 발전에 이바지함을 목적으로 한다. 보험상품도 금융상품에 속하기 때문에 기존에 보험업법에 있던 많은 규정들이 금융소비자보호법으로 이전되었다.

2. 금융상품

① 예금성 상품: 예금 및 이와 유사한 것으로서 대통령령으로 정하는 금융상품
② 대출성 상품: 대출, 신용카드, 시설대여, 연불판매, 할부금융 및 이와 유사한 것으로서 대통령령으로 정하는 금융상품
③ 투자성 상품: 금융투자상품 및 이와 유사한 것으로서 대통령령으로 정하는 금융상품
④ 보장성 상품: 보험상품 및 이와 유사한 것으로서 대통령령으로 정하는 금융상품

> **시험 출제 포인트**
> ▶ 예시
>   ① 예금성 상품: 예금, 적금
>   ② 대출성 상품: 주택담보대출, 신용카드
>   ③ 투자성 상품: 펀드, 신탁
>   ④ 보장성 상품: 생명보험, 손해보험

3. 금융회사 등의 업종 구분

① 금융상품직접판매업자: 금융상품판매업자 중 금융상품직접판매업을 영위하는 자
② 금융상품판매대리중개업자: 금융상품판매업자 중 금융상품판매대리중개업을 영위하는 자
③ 금융상품자문업자: 금융상품자문업을 영위하는 자로서 금융관계법률에서 금융상품자문업에 해

당하는 업무에 대하여 인허가 또는 등록을 하도록 규정한 경우에 해당 법률에 따른 인허가를 받거나 등록을 한 자 및 금융소비자보호법에 따라 금융상품자문업의 등록을 한 자를 말한다.

> **시험 출제 포인트**
>
> ▶ 예시
> ① 금융상품직접판매업자: 은행, 보험회사, 저축은행
> ② 금융상품판매대리중개업자: 투자권유대행인, 보험설계사, 보험중개사, 보험대리점, 카드모집인, 대출모집인
> ③ 금융상품자문업자: 투자자문업자

4. 영업행위 준수사항

가. 적합성의 원칙

금융상품판매업자등은 일반금융소비자에게 보험업법에 따른 변액보험 등 금융상품 계약 체결을 권유(금융상품자문업자가 자문에 응하는 경우를 포함한다)하는 경우에는 면담·질문 등을 통하여 다음 각 호의 구분에 따른 정보를 파악하고, 일반금융소비자로부터 서명(「전자서명법」 제2조 제2호에 따른 전자서명을 포함한다.), 기명날인, 녹취 또는 그 밖에 대통령령으로 정하는 방법으로 확인을 받아 이를 유지·관리하여야 하며, 확인받은 내용을 일반금융소비자에게 지체 없이 제공하여야 한다. 이 경우 제공된 정보를 고려하여 그 일반금융소비자에게 적합하지 아니하다고 인정되는 계약 체결을 권유해서는 아니 된다.
① 일반금융소비자의 연령
② 재산상황(부채를 포함한 자산 및 소득에 관한 사항을 말한다)
③ 보장성 상품 계약 체결의 목적

나. 적정성의 원칙

금융상품판매업자는 보험업법에 따른 변액보험 등 보장성 상품 등에 대하여 일반금융소비자에게 계약 체결을 권유하지 아니하고 금융상품 판매 계약을 체결하려는 경우에는 미리 면담·질문 등을 통하여 일반금융소비자의 연령, 재산상황, 보장성 상품 계약 체결의 목적의 정보를 파악하여야 한다. 또한 확인한 사항을 고려하여 해당 금융상품이 그 일반금융소비자에게 적정하지 아니하다고 판단되는 경우에는 그 사실을 알리고, 그 일반금융소비자로부터 서명, 기명날인, 녹취, 그 밖에 방법으로 확인을 받아야 한다.

다. 설명의무

금융상품판매업자등은 일반금융소비자에게 계약 체결을 권유(금융상품자문업자가 자문에 응하는 것을 포함한다)하는 경우 및 일반금융소비자가 설명을 요청하는 경우에는 금융상품에 관한 중요한 사항(일반금융소비자가 특정 사항에 대한 설명만을 원하는 경우 해당 사항으로 한정한

다)을 일반금융소비자가 이해할 수 있도록 설명하여야 한다. 이 중 보장성 상품의 경우에는 다음의 사항을 설명하여야 한다.
① 보장성 상품의 내용
② 보험료(공제료를 포함한다)
③ 보험금(공제금을 포함한다) 지급제한 사유 및 지급절차
④ 위험보장의 범위
⑤ 그 밖에 위험보장 기간 등 보장성 상품에 관한 중요한 사항으로서 대통령으로 정하는 사항

라. 불공정 영업행위의 금지

금융상품판매업자등은 우월적 지위를 이용하여 금융소비자의 권익을 침해하는 다음 각 호의 어느 하나에 해당하는 행위(불공정영업행위)를 해서는 아니 된다. 불공정 영업행위 중에는 대출성 상품, 그 밖에 대통령으로 정하는 금융상품에 관한 계약체결과 관련하여 금융소비자의 의사에 반하여 다른 금융상품의 계약체결을 강요하는 행위나, 대출성 상품, 그 밖에 대통령으로 정하는 금융상품에 관한 계약체결과 관련하여 부당하게 담보를 요구하거나 보증을 요구하는 행위가 있다.

마. 부당권유 금지

금융상품판매업자등은 계약 체결을 권유(금융상품자문업자가 자문에 응하는 것을 포함한다)하는 경우에 다음 각 호의 어느 하나에 해당하는 행위를 해서는 아니 된다.
(1) 불확실한 사항에 대하여 단정적 판단을 제공하거나 확실하다고 오인하게 할 소지가 있는 내용을 알리는 행위
(2) 금융상품의 내용을 사실과 다르게 알리는 행위
(3) 금융상품의 가치에 중대한 영향을 미치는 사항을 미리 알고 있으면서 금융소비자에게 알리지 아니하는 행위
(4) 금융상품 내용의 일부에 대하여 비교대상 및 기준을 밝히지 아니하거나 객관적인 근거 없이 다른 금융상품과 비교하여 해당 금융상품이 우수하거나 유리하다고 알리는 행위
(5) 보장성 상품의 경우 다음 각 목의 어느 하나에 해당하는 행위
　① 금융소비자가 보장성 상품 계약의 중요한 사항을 금융상품직접판매업자에게 알리는 것을 방해하거나 알리지 아니할 것을 권유하는 행위
　② 금융소비자가 보장성 상품 계약의 중요한 사항에 대하여 부실하게 금융상품직접판매업자에게 알릴 것을 권유하는 행위
(6) 투자성 상품의 경우 다음 각 목의 어느 하나에 해당하는 행위
　① 금융소비자로부터 계약의 체결권유를 해줄 것을 요청받지 아니하고 방문 · 전화 등 실시간 대화의 방법을 이용하는 행위

② 계약의 체결권유를 받은 금융소비자가 이를 거부하는 취지의 의사를 표시하였는데도 계약의 체결권유를 계속하는 행위

(7) 그 밖에 금융소비자 보호 또는 건전한 거래질서를 해칠 우려가 있는 행위로서 대통령령으로 정하는 행위

바. 광고규제

(1) 금융상품판매업자가 아닌 자의 금융상품 광고의 금지

금융상품판매업자등이 아닌 자 및 투자성 상품에 관한 금융상품판매대리·중개업자 등 대통령령으로 정하는 금융상품판매업자등은 금융상품판매업자등의 업무에 관한 광고 또는 금융상품에 관한 광고를 해서는 아니 된다. 다만, 생명보험협회, 손해보험협회, 그 밖에 금융상품판매업자등이 아닌 자로서 금융상품판매업자등을 자회사 또는 손자회사로 하는 금융지주회사 등은 광고를 할 수 있다.

(2) 광고 규제사항

금융상품판매업자등이 금융상품등에 관한 광고를 하는 경우에는 금융소비자가 금융상품의 내용을 오해하지 아니하도록 명확하고 공정하게 전달하여야 한다.

사. 계약서류의 제공의무

금융상품직접판매업자 및 금융상품자문업자는 금융소비자와 금융상품 또는 금융상품자문에 관한 계약을 체결하는 경우 금융상품의 유형별로 계약서류를 금융소비자에게 지체 없이 제공하여야 한다. 다만, 계약내용 등이 금융소비자 보호를 해칠 우려가 없는 경우로서 대통령령으로 정하는 경우에는 계약서류를 제공하지 아니할 수 있다. 이 때 계약서류의 제공 사실에 관하여 금융소비자와 다툼이 있는 경우에는 금융상품직접판매업자 및 금융상품자문업자가 이를 증명하여야 한다.

5. 금융 분쟁의 조정

가. 목적

금융위원회의 설치 등에 관한 법률에 따라 금융감독원의 검사를 받는 기관(이하 '조정대상기관'이라 한다.), 금융소비자 및 그 밖의 이해관계인 사이에 발생하는 금융 관련 분쟁의 조정에 관한 사항을 심의·의결하기 위하여 금융감독원에 금융분쟁조정위원회를 둔다.

나. 구성

위원장 1명을 포함한 30명 이내의 위원으로 구성하며, 위원장은 금융감독원장이 그 소속 부원장 중에서 지명한다. 조정위원회 위원은 금융감독원장이 소속 부원장보 중에서 지명하는 사람 및 다음 각 호의 어느 하나에 해당하는 사람 중에서 성별을 고려하여 금융감독원장이 위촉한 사람으로 한다.

(1) 판사·검사 또는 변호사 자격이 있는 사람
(2) 「소비자기본법」에 따른 한국소비자원 및 같은 법에 따라 등록한 소비자단체의 임원, 임원으로 재직하였던 사람 또는 15년 이상 근무한 경력이 있는 사람
(3) 조정대상기관 또는 금융 관계 기관·단체에서 15년 이상 근무한 경력이 있는 사람
(4) 금융 또는 소비자 분야에 관한 학식과 경험이 있는 사람
(5) 전문의(專門醫) 자격이 있는 의사
(6) 그 밖에 분쟁조정과 관련하여 금융감독원장이 필요하다고 인정하는 사람

다. 분쟁의 조정

(1) 조정의 신청을 할 수 있는 자

조정대상기관, 금융소비자 및 그 밖의 이해관계인은 금융과 관련하여 분쟁이 있을 때에는 금융감독원장에게 분쟁조정을 신청할 수 있다.

(2) 합의권고

금융감독원장은 분쟁조정의 신청을 받은 때에는 관계 당사자에게 그 내용을 통지하고 합의를 권고할 수 있다.

(3) 합의권고를 하지 않거나 조정위원회에 회부하지 않을 수 있는 경우

1) 신청한 내용이 분쟁조정대상으로서 적합하지 아니하다고 금융감독원장이 인정하는 경우
2) 신청한 내용이 관련 법령 또는 객관적인 증명자료 등에 따라 합의권고절차 또는 조정절차를 진행할 실익이 없는 경우
3) 그 밖에 제1호나 제2호에 준하는 사유로서 대통령령으로 정하는 경우
   3-1) 조정위원회에 회부되기 전에 소가 제기된 경우
   3-2) 신청 내용의 보완을 2회 이상 요구하였으나 이에 응하지 않은 경우
   3-3) 신청 내용이 신청인과 직접적인 이해관계가 없는 경우

(4) 조정위원회 회부

내용	처리권장	기한 및 절차
분쟁조정의 신청	금감원장	30일내에 합의가 이루어지지 않으면 조정위원회 회부
조정의 회부	조정위원회	60일 이내 심의 후 조정안 작성

라. 조정위원회의 회의

조정위원회 위원장이 소집하며, 조정위원회 위원장이 지명하는 6명 이상 10명 이하의 조정위원회 위원으로 조정위원회를 구성한다. 구성원의 과반수의 출석과 과반수의 찬성으로 의결한다.

마. 조정의 효력

분쟁의 당사자가 조정안을 수락한 경우 그 조정안은 재판상의 화해와 동일한 효력을 갖는다.

> **시험 출제 포인트**
> ▶ **재판상 화해와 민법상 화해**
> 소비자단체협의회 등의 경우에도 분쟁조정 업무를 할 수 있지만 소비자단체협의회의 분쟁조정은 민법상 화해와 같은 효력이어서 추후 소송 제기가 여전히 가능하다. 금융감독원의 분쟁조정은 재판상 화해와 동일한 효력이 있기 때문에 당사자가 수락하면 더 이상 법적 다툼을 할 수 없다.

바. 시효의 중단

(1) 소송절차의 중지

조정이 신청된 사건에 대하여 신청 전 또는 신청 후 소가 제기되어 소송이 진행 중일 때에는 수소법원(受訴法院)은 조정이 있을 때까지 소송절차를 중지할 수 있다.

(2) 조정절차의 중지

조정위원회는 소송절차가 중지되지 아니하는 경우에는 해당 사건의 조정절차를 중지하여야 한다.

(3) 동종·유사 사건에 대한 처리

조정위원회는 조정이 신청된 사건과 동일한 원인으로 다수인이 관련되는 동종·유사 사건에 대한 소송이 진행 중인 경우에는 조정위원회의 결정으로 조정절차를 중지할 수 있다.

사. 소액분쟁사건에 대한 특례

조정대상기관은 다음 각 호의 요건 모두를 충족하는 분쟁사건(소액분쟁사건)에 대하여 조정절차가 개시된 경우에는 조정안을 제시받기 전에는 소를 제기할 수 없다. 다만, 금융감독원장이 합의권고를 하지 않거나 조정위원회에 회부하지 아니한다는 서면통지를 받거나 조정안을 60일 이내에 제시받지 못한 경우에는 그러하지 아니하다.
(1) 일반금융소비자가 신청한 사건일 것
(2) 조정을 통하여 주장하는 권리나 이익의 가액이 2천만원 이내에서 대통령령으로 정하는 금액(현재는 2천만원이다) 이하일 것

6. 청약철회와 계약해지

가. 청약철회

(1) 청약철회 기간

금융상품판매업자등과 계약의 청약을 한 일반금융소비자는 다음 각 호의 구분에 따른 기간

(거래 당사자 사이에 다음 각 호의 기간보다 긴 기간으로 약정한 경우에는 그 기간) 내에 청약을 철회할 수 있다.

① **보장성 상품**: 보험증권을 받은 날부터 15일과 청약을 한 날부터 30일 중 먼저 도래하는 기간

② **투자성 상품, 금융상품자문**: 계약서류를 제공받은 날 또는 계약체결일로부터 7일

③ **대출성 상품**: 계약서류를 제공받은 날, 계약체결일 또는 금전·재화·용역의 지급일로부터 14일

(2) 보장성 상품

보장성 상품의 경우 청약이 철회된 당시 이미 보험금의 지급사유가 발생한 경우에는 청약 철회의 효력은 발생하지 아니한다. 다만, 일반금융소비자가 보험금의 지급사유가 발생했음을 알면서 청약을 철회한 경우에는 그러하지 아니하다.

나. 위법계약의 해지

(1) 계약해지권

금융소비자는 금융상품판매업자등이 판매원칙을 위반하여 대통령령으로 정하는 금융상품에 관한 계약을 체결한 경우 5년 이내의 대통령령으로 정하는 기간 내에 서면등으로 해당 계약의 해지를 요구할 수 있다. 이 경우 금융상품판매업자등은 해지를 요구받은 날부터 10일 이내에 금융소비자에게 수락여부를 통지하여야 하며, 거절할 때에는 거절사유를 함께 통지하여야 한다. 금융소비자는 금융상품판매업자등이 정당한 사유 없이 해지 요구를 따르지 않는 경우 해당 계약을 해지할 수 있다.

(2) 해지 비용 요구 금지

계약이 해지된 경우 금융상품판매업자등은 수수료, 위약금 등 계약의 해지와 관련된 비용을 요구할 수 없다.

⭕❌ 오엑스 문제풀이

01 보험사기방지특별법에서 말하는 보험사기행위란 보험사기를 목적으로 보험계약을 체결하는 행위를 말한다.　　○/X

> 해설 보험사기방지특별법에서 말하는 보험사기행위란 보험사고의 발생, 원인 또는 내용에 관하여 보험자를 기망하여 보험금을 청구하는 행위를 말한다.

02 보험사기행위로 보험금을 취득하거나 제3자에게 보험금을 취득하게 한 자는 10년 이하의 징역 또는 2천만원 이하의 벌금에 처해진다.　　○/X

> 해설 보험사기방지 특별법에서는 보험사기행위로 보험금을 취득하거나 제3자에게 보험금을 취득하게 한 자는 10년 이하의 징역 또는 5천만원 이하의 벌금에 처하도록 규정하고 있어, 형법에서 규정하고 있는 일반사기죄 보다 더 중하게 처벌하고 있다.

03 금융소비자보호법에서 보험상품은 보장성 상품에 해당한다.　　○/X

> 해설 금융소비자보호법에서 보장성 상품은 생명보험, 손해보험을 말한다. 즉, 보험상품은 보장성 상품에 해당한다.

04 적합성의 원칙이란 계약 체결을 권유하지 아니하고 금융상품 판매 계약을 체결하려는 경우에는 미리 면담·질문 등을 통하여 일반금융소비자의 연령, 재산상황, 보장성 상품 계약 체결의 목적의 정보를 파악하여야 한다는 것을 말한다.　　○/X

> 해설 적정성의 원칙이란 계약 체결을 권유하지 아니하고 금융상품 판매 계약을 체결하려는 경우에는 미리 면담·질문 등을 통하여 일반금융소비자의 연령, 재산상황, 보장성 상품 계약 체결의 목적의 정보를 파악하여야 한다는 것을 말한다. 적합성의 원칙은 계약의 체결을 권유하는 경우에 적용된다.

05 당사자가 금융분쟁조정위원회의 조정안을 수락한 경우 해당 조정안은 재판상 화해와 동일한 효력을 갖는다.　　○/X

> 해설 당사자가 금융분쟁조정위원회의 조정안을 수락한 경우 해당 조정안은 재판상 화해와 동일한 효력을 갖는다.

06 보장성 상품은 보험증권을 받은 날부터 15일과 청약을 한 날부터 30일 중 먼저 도래하는 기간 내에 청약철회를 할 수 있다.　　○/X

> 해설 보장성 상품은 보험증권을 받은 날부터 15일과 청약을 한 날부터 30일 중 먼저 도래하는 기간 내에 청약철회를 할 수 있다. 투자성 상품은 7일, 대출성 상품은 14일이다.

07 위법계약의 해지권으로 계약이 해지된 경우 금융상품판매업자등은 수수료, 위약금 등 계약의 해지와 관련된 비용을 요구할 수 있다.　　○/X

> 해설 위법계약의 해지권으로 계약이 해지된 경우 금융상품판매업자등은 수수료, 위약금 등 계약의 해지와 관련된 비용을 요구할 수 없다.

🔒 01. ×　02. ×　03. ○　04. ×　05. ○　06. ○　07. ×

제2편 출제예상문제

01 다음 중 보험업법상 보험업의 정의로 옳은 것은?

① 보험상품의 취급과 관련하여 발생하는 보험의 중개, 보험료 수수 및 보험금 지급 등을 영업으로 하는 것으로서 생명보험업·손해보험업 및 제3보험업을 말한다.
② 보험상품의 취급과 관련하여 발생하는 보험의 중개, 보험료 수수 및 보험금 지급 등을 영업으로 하는 것으로서 손해보험업 및 인보험업을 말한다.
③ 보험상품의 취급과 관련하여 발생하는 보험의 인수, 보험료 수수 및 보험금 지급 등을 영업으로 하는 것으로서 생명보험업·손해보험업 및 제3보험업을 말한다.
④ 보험상품의 취급과 관련하여 발생하는 보험의 인수, 보험료 수수 및 보험금 지급 등을 영업으로 하는 것으로서 손해보험업 및 인보험업을 말한다.

정답 ③
해설 보험업법 제2조에서 규정하고 있는 보험업의 정의는 다음과 같다. "보험업"이란 보험상품의 취급과 관련하여 발생하는 보험의 인수(引受), 보험료 수수 및 보험금 지급 등을 영업으로 하는 것으로서 생명보험업·손해보험업 및 제3보험업을 말한다.

02 다음 괄호 안에 들어갈 말로 적절한 것은?

> 자회사란 보험회사가 다른 회사(「민법」 또는 특별법에 따른 조합을 포함한다)의 의결권 있는 발행주식(출자지분을 포함한다) 총수의 (　　)을/를 초과하여 소유하는 경우의 그 다른 회사를 말한다.

① 100분의 10
② 100분의 15
③ 100분의 30
④ 100분의 50

정답 ②
해설 자회사란 보험회사가 다른 회사(「민법」 또는 특별법에 따른 조합을 포함한다)의 의결권 있는 발행주식(출자지분을 포함한다) 총수의 100분의 15를 초과하여 소유하는 경우의 그 다른 회사를 말한다.

03 보험업법상 제3보험업의 허가종목을 모두 고른 것은?

| 가. 연금보험 | 나. 상해보험 | 다. 질병보험 |
| 라. 퇴직보험 | 마. 간병보험 | 바. 보증보험 |

① 가, 다, 라
② 다, 마, 바
③ 나, 다, 마
④ 가, 나, 다

정답 ③

해설
1. 생명보험업의 보험종목
   가. 생명보험
   나. 연금보험(퇴직보험을 포함한다)
   다. 그 밖에 대통령령으로 정하는 보험종목
2. 손해보험업의 보험종목
   가. 화재보험
   나. 해상보험(항공·운송보험을 포함한다)
   다. 자동차보험
   라. 보증보험
   마. 재보험(再保險)
   바. 그 밖에 대통령령으로 정하는 보험종목
3. 제3보험업의 보험종목
   가. 상해보험
   나. 질병보험
   다. 간병보험
   라. 그 밖에 대통령령으로 정하는 보험종목

04 보험업의 허가를 받으려는 자가 허가신청 시에는 제출하여야 하나, 보험회사가 취급하는 종목을 추가하려는 경우에 제출하지 아니할 수 있는 서류는?

① 정관
② 업무 시작 후 3년간의 사업계획서(추정재무제표 포함)
③ 경영하려는 보험업의 보험종목별 사업방법서
④ 보험약관

정답 ①

해설 보험업 경영의 허가를 받으려면 다음의 서류를 첨부하여 금융위원회에 제출하여야 한다. 다만 취급하는 보험종목을 추가하려는 경우에는 정관은 제출하지 않아도 된다.
1) 정관
2) 업무 시작 후 3년간의 사업계획서(추정재무제표를 포함한다)
3) 경영하려는 보험업의 보험종목별 사업방법서, 보험약관, 보험료 및 해약환급금의 산출방법서 중 대통령령으로 정하는 서류 → 대통령령으로 정하는 서류는 보험종목별 사업방법서이다.
4) 제1호부터 제3호까지의 규정에 따른 서류 이외에 대통령령으로 정하는 서류

05 보험업법상 보험을 모집할 수 없는 자에 해당하는것은?
① 보험중개사
② 보험회사의 사외이사
③ 보험회사의 직원
④ 보험설계사

정답 ②
해설 보험의 모집을 할 수 있는 자는 다음 각 호의 어느 하나에 해당하는 자이어야 한다(보험업법 제83조 제1항).
1. 보험설계사
2. 보험대리점
3. 보험중개사
4. 보험회사의 임원(대표이사·사외이사·감사 및 감사위원은 제외한다) 또는 직원

06 보험업의 허가시 보험종목의 일부만을 취급하려는 보험회사가 납입하여야 하는 보험종목별 자본금 또는 기금의 액수에 관한 설명으로 옳지 않은 것은?
① 생명보험: 200억원
② 연금보험(퇴직보험 포함): 200억원
③ 화재보험: 100억원
④ 책임보험: 50억원

정답 ④
해설 보험종목의 일부만을 취급하려는 보험회사가 납입하여야 하는 보험종목별 자본금 또는 기금의 액수는 다음 각 호의 구분에 따른다.
1. 생명보험: 200억원
2. 연금보험(퇴직보험을 포함한다): 200억원
3. 화재보험: 100억원
4. 해상보험(항공·운송보험을 포함한다): 150억원
5. 자동차보험: 200억원
6. 보증보험: 300억원
7. 재보험: 300억원
8. 책임보험: 100억원
9. 기술보험: 50억원
10. 권리보험: 50억원
11. 상해보험: 100억원
12. 질병보험: 100억원
13. 간병보험: 100억원
14. 제1호부터 제13호까지 외의 보험종목: 50억원

07 다음 중 보험업법상 보험업의 허가에 관한 설명으로 옳은 것은?

① 보험업을 경영하려는 자는 보험종목별로 금융위원회의 허가를 받아야 하며, 금융위원회는 허가에 조건을 붙일 수 없다.
② 생명보험에 관한 허가를 받은 자는 해당 보험종목의 재보험에 대한 허가를 받은 것으로 추정한다.
③ 보험업의 허가를 받을 수 있는 자는 주식회사, 상호회사, 유한회사 및 외국보험회사로 제한하며, 외국보험회사국내지점은 보험업법에 따른 보험회사로 본다.
④ 국내보험회사의 경우 300억원 이상의 자본금 또는 기금을 납입함으로써 보험업을 시작할 수 있으나, 보험회사가 보험종목의 일부만을 취급하려는 경우에는 자본금 또는 기금의 액수를 달리 정할 수 있다.

정답 ④
해설 ① 보험업을 경영하려는 자는 보험종목별로 금융위원회의 허가를 받아야 하며, 금융위원회는 허가에 조건을 붙일 수 있다.
② 생명보험에 관한 허가를 받은 자는 해당 보험종목의 재보험에 대한 허가를 받은 것으로 본다.
③ 보험업의 허가를 받을 수 있는 자는 주식회사, 상호회사 및 외국보험회사로 제한하며, 허가를 받은 외국보험회사국내지점은 보험업법에 따른 보험회사로 본다.

08 다음 중 보험설계사가 모집을 할 수 없는 경우는?

① 생명보험회사에 소속된 보험설계사가 1개의 손해보험회사를 위하여 모집을 하는 경우
② 손해보험회사에 소속된 보험설계사가 1개의 생명보험회사를 위하여 모집을 하는 경우
③ 제3보험을 전업으로 하는 보험회사에 소속된 보험설계사가 1개의 손해보험회사를 위하여 모집을 하는 경우
④ 손해보험회사에 소속된 보험설계사가 1개의 손해보험회사를 위하여 모집을 하는 경우

정답 ④
해설 보험회사 등은 다른 보험회사 등에 소속된 보험설계사에게 모집을 위탁하지 못하며, 보험설계사도 자기가 소속된 보험회사 등 이외의 자를 위하여 모집을 하지 못한다. 다만, 아래의 경우에는 모집을 할 수 있다. 이를 교차모집이라고 한다.
① 생명보험회사 또는 제3보험업을 전업(專業)으로 하는 보험회사에 소속된 보험설계사가 1개의 손해보험회사를 위하여 모집을 하는 경우
② 손해보험회사 또는 제3보험업을 전업으로 하는 보험회사에 소속된 보험설계사가 1개의 생명보험회사를 위하여 모집을 하는 경우
③ 생명보험회사나 손해보험회사에 소속된 보험설계사가 1개의 제3보험업을 전업으로 하는 보험회사를 위하여 모집을 하는 경우

09 다음은 보험업법상 보험계약의 체결 또는 모집에 종사하는 자가 기존계약을 부당하게 소멸하게 하는 행위에 대한 내용이다. 빈칸에 들어갈 말을 순서대로 고르시오.

1. 기존보험계약이 소멸된 날부터 (　) 이내에 새로운 보험계약을 청약하게 하거나 새로운 보험계약을 청약하게 한 날부터 (　) 이내에 기존보험계약을 소멸하게 하는 행위. 다만, 보험계약자가 기존 보험계약 소멸 후 새로운 보험계약 체결 시 손해가 발생할 가능성이 있다는 사실을 알고 있음을 자필로 서명하는 등 대통령령으로 정하는 바에 따라 본인의 의사에 따른 행위임이 명백히 증명되는 경우에는 그러하지 아니하다.
2. 기존보험계약이 소멸된 날부터 (　) 이내에 새로운 보험계약을 청약하게 하거나 새로운 보험계약을 청약하게 한 날부터 (　) 이내에 기존보험계약을 소멸하게 하는 경우로서 해당 보험계약자 또는 피보험자에게 기존보험계약과 새로운 보험계약의 보험기간 및 예정 이자율 등 대통령령으로 정하는 중요한 사항을 비교하여 알리지 아니하는 행위

① 1개월, 1개월, 6개월, 6개월
② 1개월, 3개월, 1개월, 3개월
③ 3개월, 6개월, 1개월, 3개월
④ 6개월, 6개월, 1개월, 1개월

정답 ①

해설 보험업법 제97조 제3항에서 규정하고 있는 보험계약의 체결 또는 모집에 종사하는 자가 기존보험계약을 부당하게 소멸시키거나 소멸하게 하는 행위는 다음의 2가지이다.
1. 기존보험계약이 소멸된 날부터 <u>1개월</u> 이내에 새로운 보험계약을 청약하게 하거나 새로운 보험계약을 청약하게 한 날부터 <u>1개월</u> 이내에 기존보험계약을 소멸하게 하는 행위. 다만, 보험계약자가 기존 보험계약 소멸 후 새로운 보험계약 체결 시 손해가 발생할 가능성이 있다는 사실을 알고 있음을 자필로 서명하는 등 대통령령으로 정하는 바에 따라 본인의 의사에 따른 행위임이 명백히 증명되는 경우에는 그러하지 아니하다.
2. 기존보험계약이 소멸된 날부터 <u>6개월</u> 이내에 새로운 보험계약을 청약하게 하거나 새로운 보험계약을 청약하게 한 날부터 <u>6개월</u> 이내에 기존보험계약을 소멸하게 하는 경우로서 해당 보험계약자 또는 피보험자에게 기존보험계약과 새로운 보험계약의 보험기간 및 예정 이자율 등 대통령령으로 정하는 중요한 사항을 비교하여 알리지 아니하는 행위

10 다음 중 특별이익 제공에 해당하지 않는 것은?

① 보험계약 체결 시부터 최초 1년간 납입되는 보험료의 100분의 10과 3만원(보험계약에 따라 보장되는 위험을 감소시키는 물품의 경우에는 20만원) 중 적은 금액
② 기초서류에 정한 사유에 근거하지 아니한 보험료의 할인 또는 수수료의 지급
③ 기초서류에서 정한 보험금액보다 많은 보험금액의 지급 약속
④ 보험계약자나 피보험자를 위한 보험료의 대납

정답 ①

해설 보험계약의 체결 또는 모집에 종사하는 자는 그 체결 또는 모집과 관련하여 보험계약자나 피보험자에게 다음 각 호의 어느 하나에 해당하는 특별이익을 제공하거나 제공하기로 약속하여서는 아니된다.
(1) 금품. 다만 보험계약 체결 시부터 최초 1년간 납입되는 보험료의 100분의 10과 3만원(보험계약에 따라 보장되는 위험을 감소시키는 물품의 경우에는 20만원) 중 적은 금액을 초과하지 않는 금품의 제공은 <u>가능</u>하다.
(2) 기초서류에 정한 사유에 근거하지 아니한 보험료의 할인 또는 수수료의 지급
(3) 기초서류에서 정한 보험금액보다 많은 보험금액의 지급 약속
(4) 보험계약자나 피보험자를 위한 보험료의 대납

(5) 보험계약자나 피보험자가 해당 보험회사로부터 받은 대출금에 대한 이자의 대납
(6) 보험료 받은 수표 또는 어음에 대한 이자 상당액의 대납
(7) 상법 제682조에 따른 제3자에 대한 청구권 대위행사의 포기

11 보험사기방지 특별법에 대한 다음 설명 중 틀린 것은?

① 보험사기방지 특별법은 보험사기 행위자의 처벌에 관하여 다른 법을 우선 적용한 뒤에 해당 법률에서 처벌받지 못할 경우 보충적으로 적용된다.
② 보험회사는 보험계약의 보험계약자, 피보험자, 보험금을 취득할 자, 그 밖에 보험계약 또는 보험금 지급에 관하여 이해관계가 있는 자의 행위가 보험사기행위로 의심할 만한 합당한 근거가 있는 경우에는 금융위원회에 보고할 수 있다.
③ 금융위원회, 금융감독원, 보험회사는 보험계약자 등의 행위가 보험사기행위로 의심할 만한 합당한 근거가 있는 경우에는 관할 수사기관에 고발 또는 수사의뢰하거나 그 밖에 필요한 조치를 취하여야 한다.
④ 수사기관은 보험사기행위 수사를 위하여 보험계약자 등의 입원이 적정한 것인지 여부에 대한 심사가 필요하다고 판단되는 경우 건강보험심사평가원에 그 심사를 의뢰할 수 있다.

정답 ①
해설 특별법 우선 적용의 원칙에 따라 보험사기방지 특별법은 보험사기행위의 조사·방지 및 보험사기행위자의 처벌에 관하여는 다른 법률에 우선하여 적용된다.

12 보험사기방지 특별법에서 규정하고 있는 '보험사기'의 정의에 대하여 바르게 서술한 것은?

① 보험계약자, 피보험자, 보험금을 취득할 자, 그 밖에 보험계약에 관하여 이해가 있는 자로 하여금 고의로 보험사고를 발생시키거나 발생하지 아니한 보험사고를 발생한 것처럼 조작하여 보험금을 수령하도록 하는 행위
② 보험계약자, 피보험자, 보험금을 취득할 자, 그 밖에 보험계약에 관하여 이해가 있는 자로 하여금 이미 발생한 보험사고의 원인, 시기 또는 내용 등을 조작하거나 피해의 정도를 과장하여 보험금을 수령하도록 하는 행위
③ 계약자 또는 피보험자가 대리진단, 약물복용을 수단으로 진단절차를 통과하거나 진단서 위변조 또는 청약일 이전에 암 또는 에이즈의 진단확정을 받고 이를 숨기고 가입하는 행위
④ 보험사고의 발생, 원인 또는 내용에 관하여 보험자를 기망하여 보험금을 청구하는 행위

정답 ④
해설 1번과 2번 지문은 보험업법 제102조의3에 규정된 보험관계업무 종사자에 대한 규정이다. 3번 지문은 생명보험, 질병 상해보험 표준약관에 규정된 사기에 의한 계약에 대한 규정이다.

13 보험사기 방지 특별법의 처벌에 관한 규정 중에서 틀린 것은?

① 미수범도 처벌한다.
② 보험사기행위로 보험금을 취득한 자는 10년 이하의 징역 또는 3천만원 이하의 벌금에 처한다.
③ 보험회사가 대통령령으로 정하는 사유없이 보험사고 조사를 이유로 보험금 지급을 지체 또는 거절하거나 삭감하여 지급하는 경우에는 1천만원 이하의 과태료가 부과된다.
④ 상습적으로 보험사기죄를 범한 자는 그 죄에 정한 형의 2분의 1까지 가중한다.

정답 ②

해설 ① 보험사기죄 미수범은 처벌한다(보험사기방지 특별법 제10조).
② 보험사기행위로 보험금을 취득하거나 제3자에게 보험금을 취득하게 한 자는 10년 이하의 징역 또는 5천만원 이하의 벌금에 처한다(보험사기방지 특별법 제8조).
③ 보험회사는 대통령령으로 정하는 사유없이 보험사고 조사를 이유로 보험금 지급을 지체 또는 거절하거나 삭감하여 지급하여서는 아니된다. 이를 위반하여 보험금의 지급을 지체 또는 거절하거나 보험금을 삭감하여 지급한 보험회사에게는 1천만원 이하의 과태료를 부과한다(보험사기방지 특별법 제5조 및 제15조).
④ 상습적으로 보험사기죄를 범한 자(상습범)는 그 죄에 정한 형의 2분의 1까지 가중한다(보험사기방지 특별법 제9조).

14 다음은 금융소비자보호법의 금융상품 유형별 영업행위 준수사항 중 하나에 대한 절차이다. 어떠한 준수사항에 대한 절차인가?

> 금융상품판매업자는 대통령령으로 각각 정하는 보장성 상품, 투자성 상품 및 대출성 상품에 대하여 일반금융소비자에게 계약 체결을 권유하지 아니하고 금융상품 판매 계약을 체결하려는 경우에는 미리 면담·질문 등을 통하여 보장성 상품, 투자성 상품, 대출성 상품 등의 구분에 따른 정보를 파악하여야 한다.

① 적합성의 원칙
② 적정성의 원칙
③ 불공정영업행위의 금지
④ 부당권유행위 금지

정답 ②

해설 적정성의 원칙에 대한 설명이다. 적정성의 원칙이란 금융상품판매업자가 대통령령으로 각각 정하는 보장성 상품, 투자성 상품 및 대출성 상품에 대하여 일반금융소비자에게 계약 체결을 권유하지 아니하고 금융상품 판매 계약을 체결하려는 경우에는 미리 면담·질문 등을 통하여 보장성 상품, 투자성 상품, 대출성 상품 등 구분에 따른 정보를 파악하여야 하며, 확인한 사항을 고려하여 해당 금융상품이 그 일반금융소비자에게 적정하지 아니하다고 판단되는 경우에는 대통령령으로 정하는 바에 따라 그 사실을 알리고, 그 일반금융소비자로부터 서명, 기명날인, 녹취, 그 밖에 대통령령으로 정하는 방법으로 확인을 받아야 하는 것을 말한다(금융소비자보호법 제18조).

15 금융소비자보호법에 따른 금융분쟁 조정 절차에 관한 다음 설명 중 틀린 것은?

① 분쟁조정의 신청은 시효 중단의 효력이 있다.
② 조정위원회는 구성원 과반수의 출석과 출석위원 과반수의 찬성으로 의결한다.
③ 양 당사자가 조정안을 수락한 경우 해당 조정안은 재판상 화해와 동일한 효력을 갖는다.
④ 조정대상기관은 일반금융소비자가 신청한 5천만원 이내의 분쟁사건의 조정절차가 개시된 경우에는 조정안을 제시받기 전에 소를 제기할 수 없다.

정답 ④
해설 조정대상기관은 일반금융소비자가 신청한 2천만원 이내의 분쟁사건의 조정절차가 개시된 경우에는 조정안을 제시받기 전에 소를 제기할 수 없다(금융소비자보호법 제42조).

16 금융소비자보호법 규정에 따른 보장성 상품의 청약철회 규정이다. 빈 칸 안에 들어갈 기간은?

보장성 상품은 보험증권을 받은 날부터 (A)과 청약을 한 날부터 (B) 중 먼저 도래하는 기간 내에 청약을 철회할 수 있다.

① A: 10일, B: 15일
② A: 10일, B: 30일
③ A: 15일, B: 30일
④ A: 15일, B: 60일

정답 ③
해설 보장성 상품은 보험증권을 받은 날부터 15일과 청약을 한 날부터 30일 중 먼저 도래하는 기간 내에 청약을 철회할 수 있다.

약관
보험상품편

제3편

CHAPTER 01 보험상품의 구분

제1절 보험업과 보험상품

1. 보험업의 구분

보험업법에서는 보험업을 생명보험업, 손해보험업, 제3보험업의 세가지로 크게 구분하고 있으며, 몇 가지 예외적인 경우를 제외하고는 생명보험업과 손해보험업의 겸영을 금지하고 있다.

2. 보험상품의 구분

가. 생명보험의 종류

(1) 생명보험계약
(2) 연금보험계약(퇴직보험계약을 포함한다)

나. 손해보험의 종류

(1) 화재보험계약
(2) 해상보험계약(항공·운송보험계약을 포함한다)
(3) 자동차보험계약
(4) 보증보험계약
(5) 재보험계약
(6) 책임보험계약
(7) 기술보험계약
(8) 권리보험계약
(9) 도난보험계약
(10) 유리보험계약
(11) 동물보험계약
(12) 원자력보험계약
(13) 비용보험계약
(14) 날씨보험계약

다. 제3보험의 종류

(1) 상해보험계약
(2) 질병보험계약
(3) 간병보험계약

3. 보험상품의 정의

가. 생명보험 상품

위험보장을 목적으로 사람의 생존 또는 사망에 관하여 약정한 금전 및 그 밖의 급여를 지급할 것을 약속하고 대가를 수수하는 계약을 말한다.

나. 손해보험 상품

위험보장을 목적으로 우연한 사건(질병·상해 및 간병은 제외한다)으로 발생하는 손해(계약상 채무불이행 또는 법령상 의무불이행으로 발생하는 손해를 포함한다)에 관하여 금전 및 그 밖의 급여를 지급할 것을 약속하고 대가를 수수하는 계약을 말한다.

다. 제3보험 상품

위험보장을 목적으로 사람의 질병·상해 또는 이에 따른 간병에 관하여 금전 및 그 밖의 급여를 지급할 것을 약속하고 대가를 수수하는 계약을 말한다.

제2절 보험상품과 보험약관

1. 보험증권과 보험약관

가. 보험증권

보험증권이란 계약의 성립과 그 내용을 증명하기 위하여 회사가 보험계약자에게 발급하는 증서를 말한다.

나. 보험약관

보험약관이란 그 명칭이나 형태 또는 범위에 상관없이 보험계약 체결 전에 보험회사가 미리 정해 놓은 보험계약의 정형적이고 표준적인 계약 내용을 말한다. 보험회사는 보험계약의 유효, 무효, 보험사고에 대한 보상 여부, 보험계약 해지 여부 등 다양한 의사결정을 할 때에 보험약관을 기초로 결정한다.

2. 보험약관의 성질과 효력

의사설	보험계약의 당사자가 약관이 정한 바에 따르기로 합의하였기 때문에 그 계약의 내용에 구속된다는 입장이다.
규범설	약관은 법대행적 기능을 하며 보험관계자로 이루어지는 사회에 타당한 규범이라는 입장이다.

→ 의사설이 다수설이자 대법원 판례의 입장이다.[1]

3. 표준약관

금융감독원에서는 보험업감독업무시행세칙에 따라 주요 보험상품별로 각각 표준약관을 제정하여 다수의 보험소비자를 보호하는 최소한의 규제방안을 마련하고 있다. 이러한 표준약관 제도가 보험상품의 자율성을 제한할 수 있다는 지적도 있으나 실손의료보험이나 자동차보험과 같이 표준화가 필요한 상품에 있어서는 유지가 필요하다.

---

[1] 상세 내역은 교재 내 [보험관계법-보험계약법-약관]에 대한 내용을 참고바란다.

CHAPTER 02 질병상해보험 표준약관 해설

제1절 목적 및 용어의 정의

제1조 목적

보험계약은 보험계약자와 보험회사 사이에 피보험자의 질병이나 상해에 대한 위험을 보장하기 위하여 체결된다.

제2조 용어의 정의

1. 계약관계 관련 용어

① 계약자: 회사와 계약을 체결하고 보험료를 납입할 의무를 지는 사람을 말한다.
② 보험수익자: 보험금 지급사유가 발생하는 때에 회사에 보험금을 청구하여 받을 수 있는 사람을 말한다.
③ 보험증권: 계약의 성립과 그 내용을 증명하기 위하여 회사가 계약자에게 교부하는 증서를 말한다.
④ 진단계약: 계약을 체결하기 위하여 피보험자가 건강진단을 받아야 하는 계약을 말한다.
⑤ 피보험자: 보험사고의 대상이 되는 사람을 말한다.

2. 지급사유 관련 용어

① 상해: 보험기간 중에 발생한 급격하고도 우연한 외래의 사고로 신체(의수, 의족, 의안, 의치 등 신체보조장구는 제외하나, 인공장기나 부분 의치 등 신체에 이식되어 그 기능을 대신할 경우는 포함한다)에 입은 상해를 말한다.

> **시험 출제 포인트**
>
> ▶ 신체에 제외되는 것
>   의수, 의족, 의안, 의치 등 신체보조장구
>
> ▶ 신체에 포함되는 것
>   인공장기, 부분 의치 등 신체에 이식되어 기능을 대신하는 것

② 장해: 장해분류표에서 정한 기준에 따른 장해상태를 말한다.
③ 중요한 사항: 계약전 알릴 의무와 관련하여 회사가 그 사실을 알았더라면 계약의 청약을 거절하

거나 보험가입금액 한도 제한, 일부 보장 제외, 보험금 삭감, 보험료 할증과 같이 조건부로 승낙하는 등 계약 승낙에 영향을 미칠 수 있는 사항을 말한다.
→ 회사가 계약을 체결할 때에 청약서 알릴의무 질문표를 이용하여 서면으로 질문하는 사항은 중요한 사항으로 추정한다(상법 제651조의2).

3. 지급금과 이자율 관련 용어

① 연단위 복리: 회사가 지급할 금전에 이자를 줄 때 1년마다 마지막 날에 그 이자를 원금에 더한 금액을 다음 1년의 원금으로 하는 이자 계산방법을 말한다.

> ▮ 용어 설명 ▮
> ▶ **단리와 복리**
> 이자는 계산방법에 따라 단리와 복리로 나눌 수 있다. 단리는 원금에 대해서만 이자를 계산하는 방법이고 복리는 (원금+이자)에 대하여 이자를 계산하는 방법이다.
>
> ▮ 예시 ▮
> **원금 100원, 연간 10% 이자율 적용시 2년 후 금액은?**
> - 단리계산법: 100원+(100원×10%)+(100원×10%)=120원
> - 복리계산법: 100원+(100원×10%)+[100원+(100원×10%)]×10%=121원

② 평균공시이율: 전체 보험회사 공시이율의 평균으로, 계약 체결 시점의 이율을 말한다.
③ 해약환급금: 계약이 해지되는 때에 회사가 계약자에게 돌려주는 금액을 말한다.

4. 기간과 날짜 관련 용어

① 보험기간: 계약에 따라 보장을 받는 기간을 말한다.
② 영업일: 회사가 영업점에서 정상적으로 영업하는 날을 말하며, 토요일, '관공서의 공휴일에 관한 규정'에 따른 공휴일과 근로자의 날을 제외한다.

제2절 보험금의 지급 등

제3조 보험금의 지급사유

사망보험금	보험기간 중에 상해의 직접결과로써 사망한 경우. 다만 질병으로 인한 사망은 제외한다.
후유장해보험금	보험기간 중 진단확정된 질병 또는 상해로 장해분류표에서 정한 각 장해지급률에 해당하는 장해상태가 되었을 때
입원보험금, 간병보험금 등	보험기간 중 진단확정된 질병 또는 상해로 입원, 통원, 요양, 수술 또는 수발(간병)이 필요한 상태가 되었을 때

제4조 보험금 지급에 관한 세부규정

1. 사망의 인정

실종선고	실종선고를 받은 경우에는 법원에서 인정한 실종기간이 끝나는 때에 사망한 것으로 본다.
인정사망	관공서에서 수해, 화재나 그 밖의 재난을 조사하고 사망한 것으로 통보하는 경우에는 가족관계등록부에 기재된 사망연월일을 기준으로 한다.

2. 연명의료중단 등의 결정 및 피보험자의 사망

「호스피스 · 완화의료 및 임종과정에 있는 환자의 연명의료 결정에 관한 법률」에 따른 연명의료중단 등결정 및 그 이행으로 피보험자가 사망하는 경우 연명의료중단등 결정 및 그 이행은 '사망'의 원인 및 '사망보험금' 지급에 영향을 미치지 않는다.

3. 후유장해의 진단

가. 후유장해 진단 시기

장해란 상해 또는 질병에 대하여 치유된 후 신체에 남아 있는 영구적인 정신 또는 육체의 훼손상태 및 기능상실 상태를 말한다. 일정한 치료과정을 거쳤음에도 불구하고 더 이상 치료의 효과를 기대할 수 없고 그 증상이 고정되어 정신적 또는 육체적 훼손상태임이 의학적으로 인정되어야 한다. 만약 상해 또는 질병에 대한 치료가 계속 중이고 아직 증상이 고정되지 않은 상태라면 이는 장해라고 할 수 없다.

나. 확정되지 않은 장해

(1) 장해지급률이 확정되지 않을 때

질병상해보험 표준약관은 상해 발생일 또는 질병의 진단 확정일부터 180일 이내에 장해지급률이 확정되지 않았을 때에는, 상해 발생일 또는 질병의 진단 확정일부터 180일이 되는 날의 의사 진단에 기초하여 고정될 것으로 인정되는 상태를 장해지급률로 결정하도록 규정하고 있다. 이에 따라 적어도 <u>상해 발생일 또는 질병의 진단 확정일부터 180일이 되는 날</u>을 기준으로 장해지급률을 판단하며 그에 따른 장해보험금이 지급될 수 있다. 보험실무상 대부분의 장해평가는 180일을 기준으로 한다.

(2) 별도로 정한 경우

위의 규정에도 불구하고 장해분류표에서 장해 판정시기를 별도로 정한 경우에는 별도의 규정에 따른다.

4. 악화된 장해 평가

가. 악화된 장해

피보험자의 장해지급률이 결정되어 관련 보험금이 지급되었으나 이후 장해가 악화된 경우가 발생할 수 있다. 그러한 경우에 대한 규정이다.

나. 악화된 장해를 기준으로 다시 결정

장해지급률이 결정되었으나 그 이후 보장받을 수 있는 기간(계약의 효력이 없어진 경우에는 보험기간이 10년 이상인 계약은 상해 발생일 또는 질병의 진단확정일부터 2년 이내로 하고, 보험기간이 10년 미만인 계약은 상해 발생일 또는 질병의 진단확정일부터 1년 이내)에 장해상태가 더 악화된 때에는 그 악화된 장해상태를 기준으로 장해지급률을 결정한다.

다. 정리

장해지급률이 결정되어 관련 보험금이 지급되었으나, 이후 남아 있는 보험기간 중 장해상태가 더 악화되었다면 그 악화된 장해상태를 기준으로 추가 보험금을 지급받을 수 있다. 만약 보험기간이 종료되었다면, 보험기간 10년 이상인 계약은 상해 발생일 또는 질병 진단확정일로터 2년 이내, 보험기간 10년 미만은 상해 발생일 또는 질병 진단확정일로터 1년 이내에 장해상태가 악화되었다면 추가 보험금을 지급받을 수 있다.

> **시험 출제 포인트**
> ▶ 악화된 장해에 대한 평가
>   1. 보험기간 중: 악화된 장해로 재평가
>   2. 보험이 종료된 경우라면,
>   (1) 보험기간 10년 미만: 상해 발생일 또는 진단 확정일부터 1년 이내에 악화된 경우 재평가
>   (2) 보험기간 10년 이상: 상해 발생일 또는 진단 확정일부터 2년 이내에 악화된 경우 재평가

5. 장해분류표에 해당하지 않는 후유장해

가. 장해분류표에 없는 경우

장해분류표에 해당되지 않는 후유장해는 피보험자의 직업, 연령, 신분 또는 성별 등에 관계없이 신체의 장해정도에 따라 장해분류표의 구분에 준하여 지급액을 결정한다.

나. 최저 지급률에 미치지 못하는 경우

다만 장해분류표의 각 장해분류별 최저 지급률 장해정도에 이르지 않는 후유장해에 대하여는 후유장해보험금을 지급하지 않는다.

> **시험 출제 포인트**
> ▶ 장해분류표에 해당하지 않는 후유장해
>   1. 원칙
>   피보험자의 직업, 연령, 신분 또는 성별 등에 관계없이 신체의 장해정도에 따라 장해분류표의 구분에 준하여 지급액을 결정한다.
>   2. 최저 지급률에 이르지 않는 경우
>   장해분류표의 각 장해분류별 최저 지급률 장해정도에 이르지 않는 후유장해에 대하여는 후유장해보험금을 지급하지 않는다.

6. 보험금 지급사유에 대해 합의하지 못한 경우

보험수익자와 회사가 보험금 지급사유에 대해 합의하지 못할 때는 보험수익자와 회사가 함께 제3자를 정하고 그 제3자의 의견에 따를 수 있다. 제3자는 의료법 제3조(의료기관)에 규정된 종합병원 소속 전문의 중에 정한다. 보험금 지급사유 판정에 소요되는 의료비용은 회사가 전액 부담한다.

7. 두가지 이상의 장해

가. 같은 원인으로 두가지 이상의 장해

(1) 원칙-합산

같은 질병 또는 상해로 두 가지 이상의 후유장해가 생긴 경우에는 후유장해 지급률을 합산하

여 지급한다. 다만 장해분류표의 각 신체부위별 판정기준에 별도로 정한 경우에는 그 기준에 따른다.

(2) 예시

예를 들어 하나의 교통사고로 눈의 장해(15%)와 귀의 장해(5%) 발생하였다면 이를 합산하여 20% 장해지급률에 해당하는 장해보험금을 지급한다.

> ▌예시▐
> ▶ 하나의 사고로 인한 후유장해
> 1. 장해 상태
>   – 오른쪽 눈의 장해(15%)
>   – 오른쪽 귀의 장해(5%)
> 2. 보험가입금액 1억원 가정시 지급보험금
>   – 적용 장해지급률: 15%+5%=20%
>   – 1억원(보험가입금액)×20%(장해지급률)=2천만원

나. 다른 원인으로 두가지 이상의 장해

(1) 원칙-그때마다 결정

다른 질병 또는 상해로 인하여 후유장해가 2회 이상 발생하였을 경우에는 그 때마다 이에 해당하는 후유장해지급률을 결정한다. 다만 장해분류표의 각 신체부위별 판정기준에서 별도로 정한 경우에는 그 기준에 따른다.

(2) 예시

예를 들어 1월 1일 교통사고(첫번째 사고)로 눈의 장해(15%)가 발생하였고, 7월 1일 교통사고(두번째 사고)로 귀의 장해(5%)가 발생하였다면 첫번째 사고의 장해지급률은 15%, 두번째 사고의 장해지급률은 5%이므로, 각각 15%에 해당하는 장해보험금과 5%에 해당하는 장해보험금을 지급한다.

> ▌예시▐
> ▶ 두개 이상의 사고로 인한 후유장해 – 원칙
> 1. 1월 1일 교통사고(1차 사고)로 인한 장해 상태
>   – 오른쪽 눈의 장해(15%)
> 2. 7월 1일 교통사고(2차 사고)로 인한 장해 상태
>   – 오른쪽 귀의 장해(5%)
> 3. 보험가입금액 1억원 가정시 지급보험금
>   (1) 1차 사고 지급보험금
>   – 1억원(보험가입금액)×15%(장해지급률)=1천 5백만원
>   (2) 2차 사고 지급보험금
>   – 1억원(보험가입금액)×5%(장해지급률)=5백만원

다. 이미 지급된 동일부위에 가중된 경우

(1) 원칙-차감

다른 질병 또는 상해로 인하여 후유장해가 발생하였으나 그 후유장해가 이미 후유장해보험금을 지급받은 동일한 부위에 가중된 때에는 최종 장해상태에 해당하는 후유장해보험금에서 이미 지급받은 후유장해보험금을 차감하여 지급한다.

(2) 예시

예를 들어 1월 1일 교통사고(첫번째 사고)로 오른쪽 눈의 장해 15%가 발생하였고, 7월 1일 교통사고(두번째 사고)로 동일한 부위인 오른쪽 눈의 장해가 25%로 가중되었다면, 첫번째 사고에서는 15%에 해당하는 장해보험금을 지급하고 두번째 사고에서는 가중된 최종 장해지급률 25%에 해당하는 장해보험금에서 첫번째 사고에서 지급되었던 15%에 해당하는 장해보험금을 차감하여 지급한다. 후유장해 담보의 보험가입금액이 1억원이라고 가정한다면 각각의 사고에서 지급되는 장해보험금은 다음과 같다.

> ▮예시▮
> ▶ 두개 이상의 사고로 인한 후유장해 – 동일 부위인 경우
>   1. 1월 1일 교통사고(1차 사고)로 인한 장해 상태
>   - 오른쪽 눈의 장해(15%)
>   2. 7월 1일 교통사고(2차 사고)로 인한 가중된 최종 장해 상태
>   - 오른쪽 눈의 장해(25%)
>   3. 보험가입금액 1억원 가정 시 지급보험금
>   (1) 1차 사고 지급보험금
>   - 1억원(보험가입금액)×15%(장해지급률)=1천 5백만원
>   (2) 2차 사고 지급보험금
>   - 1억원(보험가입금액)×25%(장해지급률)=2천 5백만원
>   - 2천 5백만원(최종 장해 상태 보험금)-1천 5백만원(이미 지급받은 장해보험금)=1천만원

라. 지급되지 않은 후유장해

(1) 원칙 - 차감

계약에서 정한 후유장해보험금 지급사유에 해당되지 않았거나 후유장해보험금이 지급되지 않았던 피보험자에게 그 신체의 동일 부위에 또다시 후유장해 상태가 발생하였을 경우에는 직전까지의 후유장해에 대한 후유장해보험금이 지급된 것으로 보고 최종 후유장해 상태에 해당되는 후유장해보험금에서 이를 차감하여 지급한다. 보장개시 이전의 원인에 의하거나 또는 그 이전에 발생한 후유장해의 경우에도 마찬가지이다.

(2) 예시

예를 들어 보험 가입 이전에 이미 오른쪽 눈의 장해 15%를 가지고 있던 피보험자가 보험 가

입 이후에 생긴 교통사고로 동일한 부위인 오른쪽 눈의 장해가 25%로 가중되었다면, 기존 눈의 장해에 해당하는 장해지급률 15%를 지급된 것으로 보고 장해보험금을 계산한 뒤에, 가중된 최종 장해지급률 25%에 해당하는 장해보험금에서 기존 눈의 장해 15%에 해당하는 장해보험금을 차감한다. 후유장해 담보의 보험가입금액이 1억원이라고 가정한다면 지급되는 장해보험금은 다음과 같다.

> **❚예시❚**
>
> ▶ **지급되지 않은 후유장해 – 동일 부위인 경우**
> 1. 지급사유가 아닌 사고(1차 사고)로 인한 장해 상태
>   – 오른쪽 눈의 장해(15%)
> 2. 지급사유에 해당하는 사고(2차 사고)로 인한 가중된 최종 장해 상태
>   – 오른쪽 눈의 장해(25%)
> 3. 보험가입금액 1억원 가정 시 지급보험금
>   (1) 1차 사고를 지급된 것으로 보고 계산한 보험금
>   – 1억원(보험가입금액)×15%(장해지급률)=1천 5백만원
>   (2) 2차 사고 지급보험금
>   – 1억원(보험가입금액)×25%(장해지급률)=2천 5백만원
>   – 2천 5백만원(최종 장해상태 보험금)–1천 5백만원(지급된 것으로 보고 계산한 장해보험금)
>   =1천만원
>
> **Tip**
> 이미 지급된 동일부위 가중장해 계산방식과 동일하다.

8. 후유장해보험금의 한도

가. 보험가입금액 한도

회사가 지급하여야 할 하나의 진단 확정된 질병 또는 상해로 인한 후유장해보험금은 보험가입금액을 한도로 한다.

나. 예시

예를 들어 후유장해 담보의 보험가입금액이 1억원이라고 할 때에 하나의 교통사고로 눈의 장해(50%), 척추의 장해(40%), 팔의 장해(30%)가 각각 발생하였다면 사고로 인한 합산 장해지급률은 120%(50%+40%+30%)이지만, 장해보험금은 1억2천만원(1억원×120%)을 지급하는 것이 아니라 보험가입금액인 1억원을 지급한다.

┃ 예시 ┃
▶ **후유장해보험금의 한도**
  1. 하나의 사고로 인한 후유장해
     - 오른쪽 눈의 장해(50%)
     - 척추의 장해(40%)
     - 오른쪽 팔의 장해(30%)
     - 합계: 50%+40%+30%=120%
  2. 보험가입금액 1억원 가정시 지급보험금
     - 1억원(보험가입금액)×120%(장해지급률)=1억 2천만원 → 보험가입금액 1억원 지급

9. 뇌사판정 등

가. 뇌사판정과 식물인간상태

(1) 뇌사상태

뇌사상태란 의학적으로 뇌사판정을 받고 호흡기능과 심장박동 기능을 상실하여 인공심박동기 등 장치에 의존하여 생명을 연장하고 있는 것을 말한다. 뇌사상태는 장해의 판정대상에 포함하지 않는다.

(2) 식물인간상태

식물인간상태란 의식이 전혀 없고 사지의 자발적인 움직임이 불가능하여 일상생활에서 항시 간호가 필요한 상태를 말한다. 식물인간상태는 각 신체부위별 판정기준에 따라 평가한다.

나. 장해진단서의 기재사항

▶ **필수 기재사항**
  ① 장해진단명 및 발생시기
  ② 장해의 내용과 그 정도
  ③ 사고와의 인과관계 및 사고의 관여도
  ④ 향후 치료의 문제 및 호전도

▶ **신경계, 정신행동 장해의 경우 추가 기재사항**
  ① 개호(장해로 혼자서 활동이 어려운 사람을 곁에서 돌보는 것) 여부
  ② 객관적 이유 및 개호의 내용

> **시험 출제 포인트**
>
> ▶ 장해의 정의
> 1) '장해'라 함은 상해 또는 질병에 대하여 치유된 후 신체에 남아 있는 영구적인 정신 또는 육체의 훼손상태 및 기능상실 상태를 말한다. 다만, 질병과 부상의 주증상과 합병증상 및 이에 대한 치료를 받는 과정에서 일시적으로 나타나는 증상은 장해에 포함되지 않는다.
> 2) '영구적'이라 함은 원칙적으로 치유하는 때 장래 회복할 가망이 없는 상태로서 정신적 또는 육체적 훼손상태임이 의학적으로 인정되는 경우를 말한다.
> 3) '치유된 후'라 함은 상해 또는 질병에 대한 치료의 효과를 기대할 수 없게 되고 또한 그 증상이 고정된 상태를 말한다.
> 4) 다만, 영구히 고정된 증상은 아니지만 치료 종결 후 한시적으로 나타나는 장해에 대하여는 그 기간이 5년 이상인 경우 해당 장해지급률의 20%를 장해지급률로 한다.
> 5) 위 4)에 따라 장해지급률이 결정되었으나 그 이후 보장받을 수 있는 기간(계약의 효력이 없어진 경우에는 보험기간이 10년 이상인 계약은 상해 발생일 또는 질병의 진단확정일부터 2년 이내로 하고, 보험기간이 10년 미만인 계약은 상해 발생일 또는 질병의 진단확정일부터 1년 이내)에 장해상태가 더 악화된 때에는 그 악화된 장해상태를 기준으로 장해지급률을 결정한다.

제5조 (보험금을 지급하지 않는 사유)

1. 일반 면책사유

① 피보험자가 고의로 자신을 해친 경우. 다만, 피보험자가 심신상실 등으로 자유로운 의사결정을 할 수 없는 상태에서 자신을 해친 경우에는 보험금을 지급한다.
② 보험수익자가 고의로 피보험자를 해친 경우. 다만, 그 보험수익자가 보험금의 일부 보험수익자인 경우에는 다른 보험수익자에 대한 보험금은 지급한다.
③ 계약자가 고의로 피보험자를 해친 경우
④ 피보험자의 임신, 출산(제왕절개를 포함), 산후기. 그러나, 회사가 보장하는 보험금 지급사유와 보장개시일부터 2년이 지난 후에 발생한 습관성 유산, 불임 및 인공수정 관련 합병증으로 인한 경우에는 보험금을 지급한다.

> ▶ 습관성 유산 불임 및 인공수정
> 한국표준질병사인분류상의 N96~N98에 해당하는 질병을 말한다.

⑤ 전쟁, 외국의 무력행사, 혁명, 내란, 사변, 폭동

2. 약관상 상대적 면책사유

회사는 다른 약정이 없으면 피보험자가 직업, 직무 또는 동호회 활동목적으로 아래에 열거된 행위로 인하여 상해 관련 보험금 지급사유가 발생한 때에는 해당 보험금을 지급하지 않는다.

① 전문등반(전문적인 등산용구를 사용하여 암벽 또는 빙벽을 오르내리거나 특수한 기술, 경험, 사전훈련을 필요로 하는 등반을 말한다), 글라이더 조종, 스카이다이빙, 스쿠버다이빙, 행글라이딩, 수상보트, 패러글라이딩
② 모터보트, 자동차 또는 오토바이에 의한 경기, 시범, 흥행(이를 위한 연습을 포함) 또는 시운전. 다만 공용도로상에서 시운전을 하는 동안 보험금 지급사유가 발생한 경우에는 보장한다.
③ 선박에 탑승하는 것을 직무로 하는 사람이 직무상 선박에 탑승하고 있는 동안

제6조(보험금 지급사유의 통지)

계약자 또는 피보험자나 보험수익자는 보험금 지급사유의 발생을 안 때에는 지체 없이 그 사실을 회사에 알려야 한다.

제7조(보험금의 청구)

1. 보험금 청구서류의 제출

① 청구서(회사 양식)
② 사고증명서(진료비계산서, 사망진단서, 장해진단서, 입원치료확인서, 의사처방전(처방조제비) 등)
③ 신분증(주민등록증이나 운전면허증 등 사진이 붙은 정부기관 발행 신분증, 본인이 아니면 본인의 인감증명서, 본인서명사실확인서 또는 안전성과 신뢰성이 확보된 전자적 수단을 활용한 보험수익자 의사표시의 확인방법 포함)
④ 기타 보험수익자가 보험금의 수령에 필요하여 제출하는 서류

2. 사고증명서의 요건

사고증명서는 의료법 제3조(의료기관)에서 규정한 국내의 병원이나 의원 또는 국외의 의료관련법에서 정한 의료기관에서 발급한 것이어야 한다.

제8조(보험금의 지급절차)

1. 청구서류의 접수와 지급기일

회사는 보험금 청구 서류를 접수한 때에는 접수증을 교부하고 휴대전화 문자메시지 또는 전자우편 등으로도 송부하며, 그 서류를 접수한 날부터 <u>3영업일</u> 이내에 보험금을 지급한다.

2. 보험금 지급의 지연

회사가 보험금 지급사유를 조사, 확인하기 위해 필요한 기간이 지급기일을 초과할 것이 명백히 예상되는 경우에는 그 구체적인 사유와 지급예정일 및 보험금 가지급제도(회사가 추정하는 보험금의 50% 이내를 지급)에 대하여 피보험자 또는 보험수익자에게 즉시 통지한다. 다만 지급예정일은 다음 각 호의 어느 하나에 해당하는 경우를 제외하고는 보험금 청구 서류를 접수한 날부터 30영업일 이내에서 정한다.

① 소송제기
② 분쟁조정 신청
③ 수사기관의 조사
④ 해외에서 발생한 보험사고에 대한 조사
⑤ 회사의 조사요청에 대한 동의 거부 등 계약자, 피보험자 또는 보험수익자의 책임있는 사유로 보험금 지급사유의 조사와 확인이 지연되는 경우
⑥ 보험수익자와 회사가 보험금 지급사유에 대해 제3자의 의견에 따르기로 한 경우

> **시험 출제 포인트**
> ▶ 지급기일과 지급예정일은 다른 개념이니 주의할 것!
> – 지급기일: 보험금 청구 서류를 접수한 날부터 3영업일
> – 지급예정일: 보험금 지급이 늦어질 경우, 서류를 접수한 날부터 30영업일 이내로 정하는 날짜

3. 장해보험금 산정 시 분쟁이 발생한 경우의 가지급금

장해지급률의 판정 및 지급할 보험금의 결정과 관련하여 확정된 장해지급률에 따른 보험금을 초과한 부분에 대한 분쟁으로 보험금 지급이 늦어지는 경우에는 보험수익자의 청구에 따라 이미 확정된 보험금을 먼저 가지급한다.

4. 가지급 보험금

추가적인 조사가 이루어지는 경우, 회사는 보험수익자의 청구에 따라 회사가 추정하는 보험금의 50% 상당액을 가지급보험금으로 지급한다.

5. 지연이자의 지급

지급기일 내에 보험금을 지급하지 않았을 때(보험금 지급지연에 따라 지급예정일을 보험수익자에게 통지한 경우를 포함한다)에는 그 다음날부터 지급일까지의 기간에 대하여 '보험금을 지급할 때의 적립이율 계산'에서 정한 이율로 계산한 금액을 보험금에 더하여 지급한다. 그러나 계약자, 피보험자 또는 보험수익자의 책임있는 사유로 지급이 지연된 때에는 그 해당기간에 대한 이자는 더하여 지급하지 않는다.

6. 서면에 의한 조사요청의 동의

계약자, 피보험자 또는 보험수익자는 알릴 의무 위반의 효과 및 보험금 지급사유조사와 관련하여 의료기관 또는 국민건강보험공단, 경찰서 등 관공서에 대한 회사의 서면에 의한 조사요청에 동의하여야 한다. 다만, 정당한 사유 없이 이에 동의하지 않을 경우 사실 확인이 끝날 때까지 회사는 보험금 지급지연에 따른 이자를 지급하지 않는다.

제9조(만기환급금의 지급 등)

1. 만기환급금의 지급

계약자 및 보험수익자의 청구에 의하여 만기환급금을 지급하는 경우 청구일부터 3영업일 이내에 지급한다. 또한 보험기간이 종료되어 만기환급금의 지급시기가 되면 지급시기 7일 이전에 그 사유와 지급할 금액을 계약자 또는 보험수익자에게 알려주며, 만기환급금을 지급함에 있어 지급일까지의 기간에 대한 이자의 계산은 '보험금을 지급할 때의 적립이율 계산'에 따른다.

2. 실손보험에서 진료비확인제도 요청 및 설명요청

가. 진료비확인제도

회사는 보험금 지급금액 결정을 위하여 필요한 경우 계약자, 피보험자 또는 보험수익자에게 건강보험심사평가원의 진료비확인요청제도를 활용할 수 있도록 동의해 줄 것을 요청할 수 있으며 진료비확인요청제도를 활용할 경우 회사는 이를 활용한 사례를 집적하고 먼저 유사 사례가 있는 지를 확인하고 이용한다.

나. 보험수익자의 설명요청

회사는 보험금 지급시 보험수익자에게 휴대전화 문자메시지, 전자우편 또는 이와 유사한 전자적 장치 등으로 다음 각 호의 사항을 안내해주며, 보험수익자는 안내한 사항과 관련하여 구체적인 계산내역 등에 대하여 회사에 설명을 요청할 수 있다.
① 보험금 지급일 등 지급절차
② 보험금 지급 내역
③ 보험금 심사 지연 시 지연 사유 및 예상 지급일
④ 보험금을 감액하여 지급하거나 지급하지 아니하는 경우에는 그 사유 등

제10조 (보험금 받는 방법의 변경)

1. 지급방법의 변경

계약자(보험금 지급사유 발생 후에는 보험수익자)는 회사의 사업방법서에서 정한 바에 따라 보험금의 전부 또는 일부에 대하여 나누어 지급받거나 일시에 지급받는 방법으로 변경할 수 있다.

2. 이자의 계산

일시에 지급할 금액을 나누어 지급하는 경우에는 나중에 지급할 금액에 대하여 평균공시이율을 연단위 복리로 계산한 금액을 더하며, 나누어 지급할 금액을 일시에 지급하는 경우에는 평균공시이율을 연단위 복리로 할인한 금액을 지급한다.

제11조 (주소변경통지)

1. 주소변경 통지의무

계약자(보험수익자가 계약자와 다른 경우 보험수익자를 포함한다)는 주소 또는 연락처가 변경된 경우에는 지체없이 그 변경내용을 회사에 알려야 한다.

2. 도달의제

계약자 또는 보험수익자가 변경내용을 알리지 않은 경우에는 계약자 또는 보험수익자가 회사에 알린 최종의 주소 또는 연락처로 등기우편 등 우편물에 대한 기록이 남는 방법으로 회사가 알린 사항은 일반적으로 도달에 필요한 기간이 지난 때에 계약자 또는 보험수익자에게 도달된 것으로 본다.

제12조 (보험수익자의 지정)

보험수익자를 지정하지 않은 때에는 보험수익자를 만기환급금 지급의 경우에는 계약자로 하고, 사망보험금 지급의 경우는 피보험자의 법정상속인, 후유장해 보험금 및 입원보험금 지급의 경우에는 피보험자로 한다.

제13조 (대표자의 지정)

1. 대표자 지정

계약자 또는 보험수익자가 2명 이상인 경우에는 각 대표자를 1명 지정하여야 한다. 이 경우 그 대표자는 각각 다른 계약자 또는 보험수익자를 대리하는 것으로 한다.

2. 보험회사 행위의 효력

지정된 계약자 또는 보험수익자의 소재가 확실하지 않은 경우에는 계약에 관하여 회사가 계약자 또는 보험수익자 1명에 대하여 한 행위는 각각 다른 계약자 또는 보험수익자에게도 효력이 미친다.

3. 계약자의 연대책임

계약자가 2명 이상인 경우에는 그 책임을 연대로 한다.

제3절 계약 전 알릴 의무 등

제14조 (계약 전 알릴 의무)

계약자 또는 피보험자는 청약할 때(진단계약의 경우에는 건강 진단할 때) 청약서에서 질문한 사항에 대하여 알고 있는 사실을 반드시 사실대로 알려야(상법상 '고지의무'와 같다) 한다. 다만 진단계약의 경우 의료법 제3조(의료기관)의 규정에 따른 종합병원과 병원에서 직장 또는 개인이 실시한 건강진단서 사본 등 건강상태를 판단할 수 있는 자료로 건강진단을 대신할 수 있다.

제15조 (상해보험계약 후 알릴 의무)

1. 상해보험계약 후 알릴 의무

계약자 또는 피보험자는 보험기간 중에 피보험자에게 다음 각 호의 변경이 발생한 경우에는 우편, 전화, 방문 등의 방법으로 지체없이 회사에 알려야 한다.

가. 보험증권에 기재된 직업 또는 직무의 변경

① 현재의 직업 또는 직무가 변경된 경우
② 직업이 없는 자가 취직한 경우
③ 현재의 직업을 그만둔 경우

> **시험 출제 포인트**
>
> ▶ 직업
>   1) 생계유지 등을 위하여 일정한 기간동안(예 6개월 이상) 계속하여 종사하는 일
>   2) 1)에 해당하지 않는 경우에는 개인의 사회적 신분에 따르는 위치나 자리를 말함
>   예 학생, 미취학아동, 무직 등
> ▶ 직무
>   직책이나 직업상 책임을 지고 담당하여 맡은 일

(2) 보험증권에 기재된 피보험자의 운전 목적이 변경된 경우

(예시) 자가용에서 영업용으로 변경, 영업용에서 자가용으로 변경 등

(3) 보험증권에 기재된 피보험자의 운전여부가 변경된 경우

(예시) 비운전자에서 운전자로 변경된 경우

(4) 이륜자동차 또는 원동기장치 자전거(전동킥보드, 전동이륜평행차, 전동기의 동력만으로 움직일 수 있는 자전거 등 개인형 이동장치를 포함)를 계속적으로 사용(직업, 직무 또는 동호회 활동과 출퇴근용도 등으로 주로 사용하는 경우에 한함)하게 된 경우. 다만 전동휠체어, 의료용 스쿠터 등 보행 보조용 의자차는 제외한다.

> **시험 출제 포인트**
> ▶ 원동기장치 자전거에 포함되는 것
> 전동킥보드, 전동이륜평행차, 전동기의 동력만으로 움직일 수 있는 자전거 등 개인형 이동장치
> ▶ 원동기장치 자전거에 포함되지 않는 것
> 전동휠체어, 의료용 스쿠터 등 보행 보조용 의자차

2. 위험변경에 따른 보험료의 환급 및 납입

가. 위험이 감소된 경우

위험이 감소된 경우에는 보험료를 감액하고, 이후 기간 보장을 위한 재원인 계약자적립액 등의 차이로 인하여 발생한 정산금액을 환급한다.

나. 위험이 증가된 경우

위험이 증가된 경우에는 보험료의 증액 및 정산금액의 추가납입을 요구할 수 있으며, 계약자는 일시납 또는 잔여 보험료 납입기간과 5년 중 큰 기간(다만 잔여 보험기간을 초과할 수 없음) 동안의 분납 중 선택하여 정산금액을 납입하여야 한다. 다만 보험료 갱신형 계약 등 일부 보험계약의 경우 분납이 제한될 수 있다.

다. 추가보험료 납입 전 사고 발생

(1) 비례 삭감 지급

위험의 증가로 보험료를 더 내야 할 경우 회사가 청구한 추가보험료(정산금액을 포함한다)를 계약자가 납입하지 않았을 때, 회사는 위험이 증가되기 전에 적용된 보험요율(변경전 요율)의 위험이 증가된 후에 적용해야 할 보험요율(변경후 요율)에 대한 비율에 따라 보험금을 삭감하여 지급한다.

⟨계산식⟩

$$\text{지급보험금} = \text{원래의 보험금} \times \frac{\text{변경 전 요율}}{\text{변경 후 요율}}$$

(2) 증가된 위험과 관련없는 경우

다만 증가된 위험과 관계없이 발생한 보험금 지급사유에 관해서는 원래대로 관련 보험금을 지급한다.

(3) 예시

예를 들어, 피보험자의 직업이 사무직(1급)에서 엘리베이터 정비원(3급)으로 변경되어 보험회사가 추가보험료를 청구하였으나 보험계약자가 아직 이를 납입하지 않은 상황에서 사고가 발생하였고 해당 사고가 증가된 위험과 관련이 있는 사고라면 보험회사는 1급 요율(변경전 요율)의 3급 요율(변경후 요율)에 대한 비율에 따라 관련 보험금을 삭감하여 지급한다.

┃예시┃

▶ **보험요율 예시**

직업급수	보험요율
1급	0.2%
2급	0.3%
3급	0.4%

▶ **계약 사항**
- 장해담보 보험가입금액: 1억원
- 장해지급률: 20%

▶ **사고 내용 등**
- 사무직(1급)에서 엘리베이터 정비원(3급)으로 직업 변경됨
- 직업변경에 따른 추가보험료를 납입하기 전에 엘리베이터 정비 업무 중 사고가 발생함

▶ **지급보험금 계산**
- 장해보험금: 1억원×20%=2천만원
- 지급보험금=2천만원× $\dfrac{0.2\%(1급\ 보험요율)}{0.4\%(3급\ 보험요율)}$ =1천만원

3. 상해보험계약 후 알릴 의무 위반

가. 계약의 해지

계약자 또는 피보험자가 고의 또는 중대한 과실로 상해보험계약 후 알릴 의무를 이행하지 않았을 때에는 손해의 발생 여부와 관계없이 계약을 해지할 수 있다.

나. 비례 삭감 지급

또한 변경후 요율이 변경전 요율보다 높을 때에는 회사는 그 변경사실을 안 날부터 1개월 이내에 계약자 또는 피보험자에게 비례보상 규정에 따라 보장됨을 통보하고 이에 따라 보험금을 지급한다. 즉 상해보험계약 후 알릴 의무를 위반했을 때에도 비례보상 규정에 따라 관련 보험금을 비례 삭감하여 지급한다.

제16조 (알릴 의무 위반의 효과)

1. 보험계약의 해지

회사는 아래 와 같은 사실이 있을 경우에는 손해의 발생여부에 관계없이 계약을 해지할 수 있다.
① 계약자 또는 피보험자가 고의 또는 중대한 과실로 계약 전 알릴 의무를 위반하고 그 의무가 중요한 사항에 해당하는 경우
② 뚜렷한 위험의 증가와 관련된 상해보험계약 후 알릴 의무에서 정한 계약 후 알릴 의무를 계약자 또는 피보험자의 고의 또는 중대한 과실로 이행하지 않았을 때

2. 알릴 의무 위반에도 불구하고 해지할 수 없는 경우

① 회사가 계약 당시에 그 사실을 알았거나 과실로 인하여 알지 못하였을 때
② 회사가 그 사실을 안 날부터 1개월 이상 지났거나 또는 제1회 보험료를 받은 때부터 보험금 지급사유가 발생하지 않고 2년(진단계약의 경우 질병에 대하여는 1년)이 지났을 때
③ 계약을 체결한 날부터 3년이 지났을 때
④ 회사가 계약을 청약할 때 피보험자의 건강상태를 판단할 수 있는 기초자료(건강진단서 사본 등)에 따라 승낙한 경우에 건강진단서 사본 등에 명기되어 있는 사항으로 보험금 지급사유가 발생하였을 때(계약자 또는 피보험자가 회사에 제출한 기초자료의 내용 중 중요사항을 고의로 사실과 다르게 작성한 때에는 계약을 해지할 수 있다)
⑤ 보험설계사 등이 계약자 또는 피보험자에게 고지할 기회를 주지 않았거나 계약자 또는 피보험자가 사실대로 고지하는 것을 방해한 경우, 계약자 또는 피보험자에게 사실대로 고지하지 않게 하였거나 부실한 고지를 권유했을 때. 다만, 보험설계사 등의 행위가 없었다 하더라도 계약자 또는 피보험자가 사실대로 고지하지 않거나 부실한 고지를 했다고 인정되는 경우에는 계약을 해지할 수 있다.

3. 해지 절차

가. 해약환급금의 지급

계약을 해지하였을 때에는 해약환급금을 계약자에게 지급한다.

나. 해지 통지의 방법

보험회사가 계약 전 알릴의무 위반에 따라 보험계약을 해지하고자 할 때에는 그 사실을 서면 또는 전자문서로 계약자에게 통지하여야 한다. 본래 보험계약은 불요식 계약이므로 해지 통지의 방법에 법적으로 아무런 제약이 없으나 질병상해보험 표준약관에서는 불필요한 분쟁을 방지하기 위하여 서면 또는 전자문서에 의한 통지로 그 방법을 제한하고 있다.

다. 알려주어야 하는 사항

보험회사가 보험계약을 해지할 때에는 계약 전 알릴 의무 위반 사실(계약해지 등의 원인이 되는 위반 사실을 구체적으로 명시)뿐만 아니라 계약 전 알릴 의무 사항이 중요한 사항에 해당되는 사유를 "반대증거가 있는 경우 이의를 제기할 수 있습니다"라는 문구와 함께 계약자에게 서면 또는 전자문서 등으로 알려 준다.

> **시험 출제 포인트**
>
> ▶ 해지할 때 알려주어야 하는 사항
> 1) 계약 전 알릴 의무 위반사실(위반사실을 구체적으로 명시)
> 2) 중요한 사항에 해당되는 사유
> 3) "반대증거가 있는 경우 이의를 제기할 수 있습니다"라는 문구

라. 전자문서에 의한 해지 통지

회사가 전자문서로 해지를 안내하고자 할 경우에는 계약자에게 서면 또는 「전자서명법」 제2조 제2호에 따른 전자서명으로 동의를 얻어 수신확인을 조건으로 전자문서를 송신하여야 한다. 계약자의 전자문서 수신이 확인되기 전까지는 그 전자문서는 송신되지 않은 것으로 본다. 전자문서가 수신되지 않은 것을 확인한 경우에는 서면(등기우편 등)으로 다시 알려주어야 한다.

마. 해지통지문

보험회사가 보험계약의 해지를 통지할 때에는 보험계약의 해지 원인이 되는 위반 사실을 구체적으로 명시하여야 한다. 예를 들어 단순하게 "계약 전 알릴의무 위반으로 보험계약이 해지됩니다."라고 하는 것은 제대로 된 해지 통지에 해당하지 않는다. 계약 해지의 원인이 되는 위반 사실과 중요한 사항에 해당하는 사유 등을 구체적으로 명시하여야 한다.

4. 계약 전 알릴 의무 위반에 따른 보험계약의 해지

가. 계약의 해지

계약자 또는 피보험자가 고의 또는 중대한 과실로 계약 전 알릴 의무를 위반하고 그 의무가 중요한 사항에 해당하는 경우에는 손해의 발생 여부와 관계없이 계약을 해지할 수 있다.

나. 보험금 부지급

계약 전 알릴 의무 위반에 따른 보험계약의 해지가 보험금 지급사유 발생 후에 이루어진 경우에 회사는 보험금을 지급하지 않는다.

다. 해지 장래효에 대한 특칙

해지는 장래에 향하여 효력을 상실시키는 법률효과(해지의 장래효)이므로 보험계약의 해지가 이루어지기 이전에 발생한 보험금 지급사유에 대해서는 보험금을 지급하여야 한다. 그러나 질병상

해보험 표준약관은 계약 전 알릴 의무 위반으로 인한 보험계약의 해지가 보험금 지급사유 발생 후에 이루어진 경우에도 해당 보험금을 지급하지 않는다고 규정하고 있다. 즉 해지 이전의 사고도 보험금을 지급하지 않는다.

라. 특칙의 이유

이처럼 계약 전 알릴 의무 위반으로 인한 해지에서 장래효에 대한 특칙을 규정한 이유는, 일반적으로 보험회사가 보험계약자 측의 알릴 의무 위반 사실을 알게 되는 것은 보험사고가 발생한 이후이기 때문이다. 따라서 해지의 장래효를 그대로 인정하면, 보험회사의 입장에서는 알릴 의무 위반에도 불구하고 보험금을 지급해야 하기 때문에 해지가 무의미한 조항이 되어 버린다. 이러한 점에서 특칙을 인정한 것이다.

5. 상해보험계약 후 알릴 의무 위반에 따른 보험계약의 해지

가. 계약의 해지

계약자 또는 피보험자가 고의 또는 중대한 과실로 상해보험계약 후 알릴 의무를 이행하지 않았을 때에는 손해의 발생 여부와 관계없이 계약을 해지할 수 있다. 보험회사의 해지권은 의무 위반 사실을 안 날로부터 1개월 이내에 행사 가능하다.

나. 비례 삭감 지급

상해보험계약 후 알릴 의무 위반에 따른 보험계약의 해지가 보험금 지급사유 발생 후에 이루어진 경우에는 비례보상 규정에 따라 보험금을 지급한다. 즉 위험이 증가되기 전에 적용된 보험요율(변경전 요율)의 위험이 증가된 후에 적용해야 할 보험요율(변경후 요율)에 대한 비율에 따라 보험금을 삭감하여 지급한다.

6. 알릴 의무 위반과 보험금 지급사유의 관계

가. 관련이 없는 경우

알릴 의무를 위반한 사실이 보험금 지급사유 발생에 영향을 미쳤음을 회사가 증명하지 못한 경우에는 보험금을 부지급(계약 전 알릴 의무 위반)하거나 비례보상(상해보험계약 후 알릴 의무 위반)하지 않고 약정한 보험금을 그대로 지급한다.

나. 계약의 해지

관련이 없을 때의 규정은 보험금 지급에 관한 것이므로, 보험계약의 해지는 여전히 가능하다. 즉 보험금은 지급하되 보험계약은 해지한다.

다. 증명책임

알릴 의무 위반과 보험금 지급사유 사이의 관계에 대한 증명책임은 보험회사가 부담한다. 본래 상법 규정상 의무 위반 사실과 보험사고 발생의 관계에 대한 증명책임은 보험계약자 측이 부담하지만, 질병상해보험 표준약관에서는 이를 보험회사 측으로 전환하였다. 따라서 보험회사가 알릴 의무 위반 사실이 보험금 지급사유에 영향을 미쳤음을 증명하지 못한다면, 보험계약자 측의 알릴 의무 위반에도 불구하고 보험금을 지급하여야 한다.

7. 다른 보험 가입내역

회사는 다른 보험 가입내역에 대한 계약 전 알릴 의무 위반을 이유로 계약을 해지하거나 보험금 지급을 거절하지 않는다.

제17조(사기에 의한 계약)

1. 사기에 의한 계약

계약자 또는 피보험자가 다음의 행위로 체결한 계약을 사기에 의한 계약이라고 한다.
① 계약자 또는 피보험자가 대리진단, 약물사용을 수단으로 진단절차를 통과
② 진단서 위·변조
③ 청약일 이전에 암 또는 인간면역결핍바이러스(HIV) 감염의 진단 확정을 받은 후 이를 숨기고 가입

2. 사기에 의한 계약의 효과

사기에 의하여 계약이 성립되었음을 회사가 증명하는 경우에는 계약일부터 <u>5년</u> 이내(사기사실을 안 날부터 <u>1개월</u> 이내)에 계약을 <u>취소</u>할 수 있다.

제4절 보험계약의 성립과 유지

제18조(보험계약의 성립)

1. 계약의 성립

보험계약은 계약자의 청약과 회사의 승낙으로 이루어진다.

2. 계약에 적합하지 않은 피보험자

가. 피보험자가 계약에 적합하지 않은 경우

회사는 피보험자가 계약에 적합하지 않은 경우에는 승낙을 거절하거나 별도의 조건(보험가입금

액 제한, 일부보장 제외, 보험금 삭감, 보험료 할증 등)을 붙여 승낙할 수 있다.

나. 조건부 인수

피보험자의 신체적 위험이 표준미달체(표준하체)에 해당한다면 별도의 조건을 붙여 보험계약을 승낙하는데 위험의 특성에 따라 다음과 같이 조건을 붙인다.

(1) 보험가입금액 제한: 피보험자가 가입하는 담보의 보험가입금액을 일정한 금액 이하로 제한하는 방법이다.

(2) 일부보장 제외: 특정 질병 또는 특정 신체부위의 위험이 높은 피보험자가 보험에 가입하기 위한 방법으로 보험실무상 부담보라고 부른다. 위험이 높은 해당 특정 질병 또는 특정 신체부위를 보장에서 제외하여 보험에 가입하는 방법이다.

(3) 보험금 삭감: 보험 가입 후 기간이 경과함에 따라 위험의 크기 및 정도가 점차 감소하는 위험(체감성 위험)에 대하여 주로 적용하는 방법이다. 보험 가입 후 일정 기간 내에 보험사고가 발생하면 미리 정해진 비율에 따라 보험금을 감액하여 지급한다.

(4) 보험료 할증: 보험 가입 후 기간이 경과함에 따라 위험의 크기 및 정도가 점차 증가하는 위험(체증성 위험) 또는 기간의 경과에 상관없이 일정한 상태를 유지하는 위험(항상성 위험)에 대하여 주로 적용하는 방법이다. 표준체에 부과하는 기본보험료 이외에 특별보험료를 추가적으로 부가한다.

3. 승낙기간

가. 낙부(승낙 또는 거절) 통지기간

회사는 계약의 청약을 받고, 제1회 보험료를 받은 경우에 건강진단을 받지 않는 계약은 청약일, 진단계약은 진단일(재진단의 경우에는 최종 진단일)부터 30일 이내에 승낙 또는 거절하여야 한다.

나. 승낙의제

만약 회사가 낙부 통지기간(30일) 이내에 승낙 또는 거절의 통지를 하지 않았다면 해당 청약은 승낙된 것으로 본다. 즉 유효한 보험계약으로 취급한다. 이를 승낙의제라고 한다.

다. 낙부 통지기간의 기산점

보험회사의 낙부 통지기간의 기산점은 다음과 같다.

(가) 원칙: 청약일로부터 30일 이내
(나) 진단계약의 경우: 진단일로부터 30일 이내
(다) 재진단을 한 경우: 최종 진단일로부터 30일 이내

4. 승낙을 거절한 경우

회사가 제1회 보험료를 받고 승낙을 거절한 경우에는 거절통지와 함께 받은 금액을 계약자에게 돌려주며, 보험료를 받은 기간에 대하여 평균공시이율 +1%를 연단위 복리로 계산한 금액을 더하여 지급한다. 다만 계약자가 신용카드로 제1회 보험료를 납입한 경우에는 신용카드의 매출을 취소하며 이자를 더하여 지급하지 않는다.

5. 일부보장 제외임에도 보장하는 경우

가. 부담보 조건

특정 질병 또는 특정 신체부위의 위험이 높은 피보험자가 보험에 가입하기 위한 방법으로 보험 실무상 부담보라고 부른다. 위험이 높은 해당 특정 질병 또는 특정 신체부위를 보장에서 제외하여 보험에 가입하는 방법이다. 일부보장 제외(부담보)는 보험계약일로부터 일정 기간(1개월~5년) 동안 적용하거나 또는 보험계약의 전기간으로 적용한다.

나. 전기간 부담보에도 불구하고 보장하는 경우

(1) 추가진단 또는 치료 사실이 없을 때

회사가 일부보장 제외(부담보) 조건을 붙여 보험계약을 승낙하였더라도 청약일로부터 5년(갱신형 계약의 경우에는 최초 청약일로부터 5년)이 지나는 동안 보장이 제외되는 질병으로 추가진단(단순 건강검진 제외) 또는 치료 사실이 없을 경우, 청약일로부터 5년이 지난 이후에는 보장한다.

(2) 추가진단의 의미

추가진단(단순 건강검진 제외) 또는 치료 사실이 없는 경우는 다음 각 호의 경우를 포함한다. 예를 들어 갑상선 전기간 부담보 조건으로 보험에 가입한 상태에서 5년 동안 정기적인 추적 관찰 검사만 시행하였고 검진결과 특별한 추가 치료가 필요하지 않았다면 이후의 기간부터는 보장이 가능하다.
① 검진결과 추가검사 또는 치료가 필요하지 않았던 경우
② 부담보가 지정된 질병 또는 증상이 악화되지 않고 유지된 경우

(3) 5년이 지나는 동안의 의미

'청약일로부터 5년이 지나는 동안'이라 함은 보험료 납입 연체로 인한 계약의 해지가 발생하지 않은 경우를 말한다. 즉 보험료 납입 연체로 인하여 보험계약의 해지되었다면 동 조항은 적용되지 않는다.

다. 부활의 경우

보험계약의 부활이 이루어진 경우 부활을 청약한 날을 청약일로 하여 적용한다. 보험계약을 부활할 때에는 새로운 보험계약을 체결하는 것과 동일한 수준의 인수 심사 절차(언더라이팅)를 거치는 것이 일반적이다. 따라서 부활을 하는 경우에도 일부보장 제외 규정이 적용될 수 있으며 이 경우에는 부활청약일을 청약일로 보아 관련 규정을 적용한다.

제19조 (청약의 철회)

1. 청약철회의 의의

가. 의의

본래 민법의 일반 원칙상 계약의 청약은 당사자가 이를 임의로 철회하지 못하며 이를 청약의 구속력이라고 한다(민법 제527조). 그러나 보험계약에 있어서는 보험 소비자 보호를 위하여 일정한 기간 내에 의사표시에 아무런 하자가 없더라도 보험계약자가 자유롭게 계약의 청약을 철회할 수 있는 규정을 마련하고 있다.

나. 청약철회의 효과

보험계약자는 청약서의 청약철회 란을 작성하여 회사에 제출하거나 통신수단을 이용하여 청약철회를 신청할 수 있으며, 보험계약자가 청약을 철회하겠다고 의사표시를 하였다면 청약의 효과가 발생하지 않는다.

2. 청약철회 기간

가. 청약철회 가능 기간

계약자는 보험증권을 받은 날부터 15일 이내에 그 청약을 철회할 수 있다.

나. 청약철회 불가능한 계약

(1) 회사가 건강상태 진단을 지원하는 계약
(2) 보험기간이 90일 이내인 계약
(3) 전문금융소비자가 체결한 계약
(4) 청약을 한 날로부터 30일이 초과한 계약

다. 전문금융소비자와 일반금융소비자

(1) 전문금융소비자

전문금융소비자란 보험계약에 관한 전문성, 자산규모 등에 비추어 보험계약에 따른 위험 감수 능력이 있는 자로서, 국가, 지방자치단체, 한국은행, 금융회사, 주권상장법인 등을 포함하며 「금융소비자 보호에 관한 법률」 제2조(정의) 제9호에서 정하는 전문금융소비자를 말한다.

(2) 일반금융소비자

일반금융소비자란 전문금융소비자가 아닌 계약자를 말한다.

3. 청약철회의 방법 및 효력발생시기

가. 방법

청약철회는 계약자가 전화로 신청하거나, 철회의사를 표시하기 위한 서면, 전자우편, 휴대전화 문자메시지 또는 이에 준하는 전자적 의사표시(서면 등)를 발송하여 신청한다. 계약자가 서면 등으로 청약철회 의사를 표시하였다면 그 의사를 발송한 때에 발송 사실을 회사에 지체없이 알려야 한다.

나. 청약철회의 효력 발생시기

청약철회의 효력은 계약자가 철회의 의사표시를 발송한 때이다. 따라서 계약자가 청약철회 의사를 발송했음이 명백히 증명된다면 해당 의사표시가 아직 보험회사에 도달하기 전이라고 하더라도 청약철회의 효력은 발생한다.

4. 보험료의 반환

가. 반환시기

계약자가 청약을 철회한 때에는 회사는 청약의 철회를 접수한 날부터 3영업일 이내에 납입한 보험료를 돌려준다.

나. 지연이자

만약 보험료의 반환이 늦어졌다면 늦어진 기간에 대하여는 보험계약대출 이율을 연단위 복리로 계산한 금액을 더하여 지급한다. 다만 계약자가 제1회 보험료를 신용카드로 납입한 계약의 청약을 철회하는 경우에 회사는 청약의 철회를 접수한 날부터 3영업일 이내에 해당 신용카드회사로 하여금 대금청구를 하지 않도록 해야 하며, 이 경우 회사는 보험료를 반환한 것으로 본다.

5. 보험금 지급사유가 발생한 경우

청약을 철회할 때에 이미 보험금 지급사유가 발생하였으나 계약자가 그 보험금 지급사유가 발생한 사실을 알지 못한 경우에는 청약철회의 효력이 발생하지 않는다.

6. 보험증권 받은 날에 대한 증명책임

보험증권을 받은 날에 대한 다툼이 발생한 경우 회사가 이를 증명하여야 한다.

제20조 (약관 교부 및 설명의무 등)

1. 약관 교부설명의무

가. 의의

회사는 계약자가 청약할 때에 계약자에게 약관의 중요한 내용을 설명하여야 하며, 청약 후에 지체 없이 약관 및 계약자 보관용 청약서를 제공하여야 한다.

나. 제공 방법

다음의 방법 중 계약자가 원하는 방법으로 제공한다.
(가) 서면교부
(나) 우편 또는 전자우편
(다) 휴대전화 문자메시지 또는 이에 준하는 전자적 의사표시

다. 전자우편 및 전자적 의사표시의 경우

회사가 전자우편 및 전자적 의사표시로 제공한 경우 계약자 또는 그 대리인이 약관 및 계약자 보관용 청약서 등을 수신하였을 때에는 해당 문서를 준 것으로 본다. 따라서 회사가 약관 및 계약자 보관용 청약서 등을 전자우편 및 전자적 의사표시 방법으로 송신하였다고 하더라도 계약자가 이를 수신하지 않았다면 약관 교부의무를 이행하지 않은 것이다.

2. 통신판매계약의 특칙

가. 약관 제공

통신판매계약의 경우, 회사는 계약자가 가입한 특약만 포함한 약관을 준다.

나. 약관의 설명

(1) 설명방법

회사는 계약자의 동의를 얻어 전화를 이용하여 청약내용, 보험료 납입, 보험기간, 계약 전 알릴의무, 약관의 중요한 내용 등 계약을 체결하는 데 필요한 사항을 질문 또는 설명하는 방법으로 약관의 중요한 내용을 설명할 수 있다.

(2) 음성 녹음으로 확인

이 경우 계약자의 답변과 확인내용을 음성 녹음함으로써 약관의 중요한 내용을 설명한 것으로 본다.

> ▶ 통신판매계약
> 전화·우편·인터넷 등 통신수단을 이용하여 체결하는 계약을 말한다

3. 설명의무 위반 시 규정

가. 보험계약의 취소권
회사가 약관 교부 및 설명의무 등을 제대로 이행하지 않은 때에는 계약자는 의무 위반을 이유로 보험계약을 취소할 수 있다.

나. 취소권 행사 기간
계약자는 계약이 성립한 날부터 3개월 이내에 취소권을 행사할 수 있다.

다. 구체적인 사유
계약자가 취소권을 행사할 수 있는 구체적인 사유는 다음과 같다. 보험실무에서는 이를 보통 '3대 기본 지키기'라고 부른다.
(1) 회사가 약관 및 계약자 보관용 청약서를 청약할 때 계약자에게 전달하지 않은 때
(2) 약관의 중요한 내용을 설명하지 않은 때
(3) 계약을 체결할 때 계약자가 청약서에 자필서명(날인(도장을 찍음) 및 「전자서명법」 제2조 제2호에 따른 전자서명을 포함)을 하지 않은 때

라. 전화를 이용하는 계약의 특칙
(1) 특칙 적용 가능 계약
 전화를 이용하여 계약을 체결하는 경우 다음의 각 호의 어느 하나를 충족하는 때에는 특칙 적용이 가능하다.
 ① 계약자, 피보험자 및 보험수익자가 동일한 계약의 경우
 ② 계약자, 피보험자가 동일하고 보험수익자가 계약자의 법정상속인인 계약일 경우

(2) 특칙의 내용
 계약자의 자필서명을 생략할 수 있으며, 음성녹음 내용을 문서화한 확인서를 계약자에게 제공함으로써 계약자 보관용 청약서를 전달한 것으로 본다.

(3) 특칙을 적용할 수 없는 경우
 전화를 이용하여 계약을 체결하는 경우라고 하더라도 특칙 적용 가능한 계약이 아니라면 여전히 자필서명을 필요로 한다. 예를 들어 전화를 이용하여 계약을 체결하였으나 계약자와 피보험자가 다르다면 계약자의 자필서명을 생략할 수 없다. 따라서 계약자가 청약서에 자필서명을 하지 않았다면 계약이 성립한 날로부터 3개월 이내에 취소권을 행사할 수 있다.

마. 보험료 반환
약관 교부 및 설명의무 위반에 따라 계약이 취소된 경우에는 회사는 이미 납입한 보험료를 계약자에게 돌려주며, 보험료를 받은 기간에 대하여 보험계약대출이율을 연단위 복리로 계산한 금액을 더하여 지급한다.

제21조(계약의 무효)

1. 질병상해보험에서의 무효

가. 타인의 서면 동의가 없는 사망보험

(1) 원칙

타인의 사망을 보험금 지급사유로 하는 계약에서 계약을 체결할 때까지 피보험자의 서면(「전자서명법」 제2조 제2호에 따른 전자서명이 있는 경우로서 상법 시행령 제44조의2에 정하는 바에 따라 본인 확인 및 위조·변조 방지에 대한 신뢰성을 갖춘 전자문서를 포함)에 의한 동의를 얻지 않은 경우에는 무효이다.

(2) 예외

다만 단체가 규약에 따라 구성원의 전부 또는 일부를 피보험자로 하는 계약을 체결하는 경우에는 이를 적용하지 않는다.

(3) 예외의 예외

이 때 단체보험의 보험수익자를 피보험자 또는 그 상속인이 아닌 자로 지정할 때에는 단체의 규약에서 명시적으로 정한 경우가 아니면 이를 적용한다.

나. 만 15세 미만자 등의 사망보험

(1) 원칙

만 15세 미만자, 심신상실자 또는 심신박약자를 피보험자로 하여 사망을 보험금 지급사유로 한 경우에는 무효이다.

(2) 예외

다만 심신박약자가 계약을 체결하거나 소속 단체의 규약에 따라 단체보험의 피보험자가 될 때에 의사능력이 있는 경우에는 계약이 유효이다.

다. 피보험자 나이 착오

(1) 원칙

보험계약을 체결할 때 계약에서 정한 피보험자의 나이에 미달되었거나 초과되었을 경우에는 무효이다.

(2) 예외

다만 회사가 나이의 착오를 발견하였을 때 이미 계약나이에 도달한 경우에는 유효한 계약으로 본다.

(3) 예외의 예외

다만 만 15세 미만자 사망보험의 무효에 관한 예외가 인정되는 것은 아니다. 즉 만 15세 미만자의 사망보험이 체결되었다면 나이 착오를 발견한 시점에 피보험자가 설령 만 15세 이상이 되었더라도 그 계약은 여전히 무효이다.

2. 무효인 경우 보험료 반환

가. 보험료의 반환

보험계약이 무효인 경우에는 이미 납입한 보험료를 계약자에게 돌려준다.

나. 이자를 더하여 지급하는 경우

회사의 고의 또는 과실로 계약이 무효로 된 경우와 회사가 승낙 전에 무효임을 알았거나 알 수 있었음에도 보험료를 반환하지 않은 경우에는 보험료를 납입한 날의 다음날부터 반환일까지의 기간에 대하여 회사는 보험계약대출이율을 연단위 복리로 계산한 금액을 더하여 돌려준다.

> **시험 출제 포인트**
>
> ▶ 무효일 때 보험료 반환 규정 정리
> 1. 원칙: 이미 납입한 보험료 반환
> 2. 다음의 경우에는 보험계약대출이율을 연단위 복리로 계산한 금액을 더해서 반환
>   (1) 회사의 고의 또는 과실로 무효로 된 경우
>   (2) 회사가 승낙 전에 무효임을 알았거나 알 수 있었음에도 보험료를 반환하지 않은 경우

제22조(계약내용의 변경 등)

1. 계약 내용의 변경

계약자는 회사의 승낙을 얻어 다음의 사항을 변경할 수 있다. 이 경우 승낙을 서면 등으로 알리거나 보험증권의 뒷면에 기재하여 준다. 보험실무상 이를 배서라고 부른다.
(1) 보험종목
(2) 보험기간
(3) 보험료 납입주기, 납입방법 및 납입기간
(4) 계약자, 피보험자
(5) 보험가입금액, 보험료 등 기타 계약의 내용

2. 보험수익자의 변경

가. 승낙 불필요
계약자는 보험수익자를 변경할 수 있다. 보험수익자를 변경할 때에는 회사의 승낙이 필요하지 않는다.

나. 통지 필요
다만 변경된 보험수익자가 회사에 권리를 대항하기 위해서는 계약자가 보험수익자가 변경되었음을 회사에 통지하여야 한다.

다. 피보험자의 서면 동의 필요
계약자와 피보험자가 다른 보험계약에서 계약자가 보험수익자를 변경하고자 할 경우에는 보험금 지급사유가 발생하기 전에 피보험자가 서면으로 동의하여야 한다. 정리하면 계약자가 보험수익자를 변경하고자 할 때에 회사의 승낙을 필요로 하지는 않으나 피보험자의 서면 동의는 필요하다.

> **시험 출제 포인트**
> ▶ 보험관계자 변경 정리
>   1. 계약자, 피보험자의 변경: 회사의 승낙 필요
>   2. 보험수익자의 변경: 회사의 승낙 불필요. 다만 회사에 통지해야 대항 가능. 피보험자의 서면 동의 필요

3. 기타 세부사항

가. 보험종목의 변경
회사는 계약자가 제1회 보험료를 납입한 때부터 1년 이상 지난 유효한 계약으로서 그 보험종목의 변경을 요청할 때에는 회사의 사업방법서에서 정하는 방법에 따라 이를 변경한다.

나. 보험가입금액의 감액
회사는 계약자가 보험가입금액을 감액하고자 할 때에는 그 감액된 부분은 해지된 것으로 본다. 보험가입금액의 감액으로 회사가 지급하여야 할 해약환급금이 있을 때에는 해약환급금을 계약자에게 지급한다.

다. 계약자의 변경
회사는 계약자를 변경한 경우, 변경된 계약자에게 보험증권 및 약관을 교부한다. 변경된 계약자가 요청하는 경우, 약관의 중요한 내용을 설명한다.

제23조(보험나이 등)

1. 보험나이의 적용

질병상해보험 표준약관에서 피보험자의 나이는 별다른 언급이 없는한 보험나이를 기준으로 한다. 다만 계약의 무효 조항에서 만 15세 미만자에 대한 규정은 실제 만 나이를 적용한다.

2. 보험나이의 계산

보험나이는 계약일 현재 피보험자의 실제 만 나이를 기준으로 6개월 미만의 끝수는 버리고 6개월 이상의 끝수는 1년으로 하여 계산하며, 이후 매년 계약해당일에 나이가 증가하는 것으로 한다.

■ 예시 ■
▶ Case #1
  생년월일: 1988년 10월 2일, 현재(계약일): 2014년 4월 13일
  ⇒ 2014년 4월 13일 - 1988년 10월 2일 = 25년 6월 11일 = 26세
▶ Case #2
  생년월일: 1988년 10월 2일, 현재(계약일): 2014년 3월 13일
  ⇒ 2014년 3월 13일 - 1988년 10월 2일 = 25년 5월 11일 = 25세
▶ 계약해당일
  최초계약일과 동일한 월, 동일한 일을 말한다.
  계약일: 2022년 4월 10일 → 계약해당일: 매년 4월 10일

3. 사실과 다른 경우

피보험자의 나이 또는 성별에 관한 기재사항이 사실과 다른 경우에는 정정된 나이 또는 성별에 해당하는 보험금 및 보험료로 변경한다.

제24조(계약의 소멸)

1. 피보험자의 사망

피보험자의 사망으로 인하여 약관에서 규정하는 보험금 지급사유가 더 이상 발생할 수 없는 경우에는 보험계약은 그 때부터 효력이 없다.

2. 계약자적립액 지급

사망을 보험금 지급사유로 하지 않는 경우에는 '보험료 및 해약환급금 산출방법서'에서 정하는 바에 따라 회사가 적립한 사망 당시의 계약자적립액을 지급한다. 예를 들어 상해보험에 가입한 피보험자

가 암으로 사망하였다면 동 조항에 의하여 보험계약이 소멸하며, 회사는 피보험자 사망 당시의 계약자적립액을 지급한다.

> **시험 출제 포인트**
>
> ▶ 계약자적립액
> 장래의 해약환급금 등을 지급하기 위하여 계약자가 납입한 보험료 중 일정액을 기준으로 보험료 및 해약환급금 산출방법서에서 정한 방법에 따라 계산한 금액을 말한다.

제5절 보험료의 납입

제25조(제1회 보험료 및 회사의 보장개시)

1. 제1회 보험료의 납입과 회사의 보장개시

계약의 청약을 승낙하고 제1회 보험료를 받은 때부터 약관이 정한 바에 따라 보장을 한다. 또한, 회사가 청약과 함께 제1회 보험료를 받은 후 승낙한 경우에도 제1회 보험료를 받은 때부터 보장이 개시된다. 자동이체 또는 신용카드로 납입하는 경우에는 자동이체 신청 또는 신용카드매출승인에 필요한 정보를 제공한 때를 제1회 보험료를 받은 때로 하며, 계약자의 책임 있는 사유로 자동이체 또는 매출승인이 불가능한 경우에는 보험료가 납입되지 않은 것으로 본다. 정리하면 회사의 보장개시는 다음과 같다.

Case1	청약 → 승낙 → 보험료	보험료를 받은 때부터 보장개시
Case2	청약+보험료 → 승낙	보험료를 받은 때부터 보장개시

※ 어느 경우라도 보험료를 받은 때부터 보장이 개시된다고 생각하면 된다.
※ 자동이체 혹은 신용카드 매출승인 정보를 제공한 때를 보험료 받은 때로 본다.

2. 승낙전 사고의 보장

가. 승낙전 사고 보장

청약과 함께 제1회 보험료를 받고 청약을 승낙하기 전에 보험금 지급사유가 발생하였을 때에도 보장개시일부터 약관이 정하는 바에 따라 보장을 한다.

> **시험 출제 포인트**
>
> ▶ 보장개시일
> 보장개시일이란 회사가 보장을 개시하는 날로서 계약이 성립되고 제1회 보험료를 받은 날을 말하나, 회사가 승낙하기 전이라도 청약과 함께 제1회 보험료를 받은 경우에는 제1회 보험료를 받은 날을 말한다. 또한 보장개시일을 계약일로 본다.

나. 승낙전 사고가 발생하였으나 보장하지 않는 경우

    (1) 계약 전 알릴 의무에 따라 계약자 또는 피보험자가 회사에 알린 내용이나 건강진단 내용이 보험금 지급사유의 발생에 영향을 미쳤음을 회사가 증명하는 경우
    (2) 알릴 의무 위반의 효과 조항을 준용하여 회사가 보장을 하지 않을 수 있는 경우
    (3) 진단계약에서 보험금 지급사유가 발생할 때까지 진단을 받지 않은 경우. 다만 진단계약에서 진단을 받지 않은 경우라도 상해로 보험금 지급사유가 발생하는 경우에는 보장한다.

제26조(제2회 이후 보험료의 납입)

1. 보험료의 납입

계약자는 제2회 이후의 보험료를 납입기일까지 납입하여야 한다. 납입기일이란 계약자가 제2회 이후의 보험료를 납입하기로 한 날을 말한다.

2. 영수증의 교부

회사는 계약자가 보험료를 납입한 경우에는 영수증을 발행하여 준다. 다만 금융회사(우체국을 포함)를 통하여 보험료를 납입한 경우에는 그 금융회사 발행 증빙서류를 영수증으로 대신한다.

제27조(보험료의 자동대출납입)

1. 보험료 자동대출납입

가. 보험료 자동대출 납입의 신청

    계약자는 제2회 이후의 보험료 미납에 따른 보험료의 납입최고(독촉)기간이 지나기 전까지 회사가 정한 방법에 따라 보험료의 자동대출납입을 신청할 수 있다. 이 경우 보험계약대출금으로 보험료가 자동으로 납입되어 계약은 유효하게 지속된다.

나. 인터넷 또는 전화 등으로 신청하는 경우

    계약자가 서면 이외에 인터넷 또는 전화(음성녹음) 등으로 자동대출납입을 신청할 경우 회사는 자동대출납입 신청내역을 서면 또는 전화(음성녹음) 등으로 계약자에게 알려준다.

2. 보험료 자동대출액의 한도

가. 한도의 적용

    대출금과 보험료의 자동대출 납입일의 다음날부터 그 다음 보험료의 납입최고(독촉)기간까지의

이자(보험계약대출이율 이내에서 회사가 별도로 정하는 이율을 적용하여 계산)를 더한 금액이 해당 보험료가 납입된 것으로 계산한 해약환급금과 계약자에게 지급할 기타 모든 지급금의 합계액에서 계약자의 회사에 대한 모든 채무액을 뺀 금액을 초과하는 경우에는 보험료의 자동대출납입을 더는 할 수 없다.

나. 보험료 자동대출기간의 한도

보험료의 자동대출납입 기간은 최초 자동대출납입일부터 1년을 한도로 한다. 그 이후의 기간에 대한 보험료의 자동대출납입을 위해서는 재신청을 하여야 한다.

다. 자동대출 납입 중 해지

보험료의 자동대출 납입이 행하여진 경우에도 자동대출 납입전 납입최고(독촉)기간이 끝나는 날의 다음날부터 1개월 이내에 계약자가 계약의 해지를 청구한 때에는 회사는 보험료의 자동대출납입이 없었던 것으로 하여 해약환급금을 지급한다.

제28조 [보험료의 납입이 연체되는 경우 납입최고(독촉)와 계약의 해지]

1. 납입최고(독촉)

가. 납입최고(독촉)가 필요한 경우

계약자가 제2회 이후의 보험료를 납입기일까지 납입하지 않아 보험료 납입이 연체 중인 경우에 회사는 납입최고(독촉)를 하여야 한다.

나. 납입최고(독촉)의 방법

회사는 서면(등기우편 등), 전화(음성녹음) 또는 전자문서 등으로 납입최고(독촉)를 알려준다.

다. 알려주어야 하는 내용

(1) 계약자(보험수익자와 계약자가 다른 경우 보험수익자를 포함한다)에게 납입최고(독촉)기간 내에 연체보험료를 납입하여야 한다는 내용
(2) 납입최고(독촉)기간이 끝나는 날까지 보험료를 납입하지 않을 경우 납입최고(독촉)기간이 끝나는 날의 다음날에 계약이 해지된다는 내용. 이 경우 계약이 해지되는 때에는 즉시 해약환급금에서 보험계약대출원금과 이자가 차감된다는 내용을 포함한다.

라. 납입최고(독촉) 기간

납입최고(독촉) 기간은 14일(보험기간이 1년 미만인 경우에는 7일) 이상의 기간으로 하되, 납입최고(독촉)기간의 마지막 날이 영업일이 아닌 때에는 최고(독촉)기간은 그 다음 날까지로 한다.

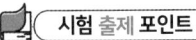 시험 출제 **포인트**

▶ 납입최고(독촉) 기간 정리
1. 보험기간 1년 미만: 7일 이상의 기간
2. 보험기간 1년 이상: 14일 이상의 기간
3. 납입최고 기간의 마지막 날이 영업일이 아닌 경우에는 그 다음 날

마. 해지 전의 사고

보험계약의 해지 이전에 발생한 보험금 지급사유는 보험금을 지급한다.

2. 전자문서에 의한 납입최고

회사가 납입최고(독촉) 등을 전자문서로 안내하고자 할 경우에는 계약자에게 서면 또는 「전자서명법」 제2조 제2호에 따른 전자서명으로 동의를 얻어 수신확인을 조건으로 전자문서를 송신하여야 한다. 계약자가 전자문서에 대하여 수신을 확인하기 전까지는 그 전자문서는 송신되지 않은 것으로 본다. 회사는 전자문서가 수신되지 않은 것을 확인한 경우에는 서면(등기우편 등) 또는 전화(음성녹음)로 납입최고의 내용을 다시 알려 주어야 한다.

3. 전자적 상품설명장치에 의한 납입최고

회사가 납입최고(독촉) 등을 전화(음성녹음)로 안내하고자 할 때 다음 각 호의 요건을 모두 충족하는 경우에 「보험업감독규정」에 따른 전자적 상품설명장치를 활용할 수 있다.
(1) 계약자에게 전자적 상품설명장치를 활용하여 납입최고(독촉) 등을 한다는 사실을 미리 안내하고 동의를 받을 것
(2) 전자적 상품설명장치를 활용하여 안내한 납입최고(독촉) 등을 계약자가 모두 수신하고 이해하였음을 확인할 것
(3) 계약자가 질의를 하거나 추가적인 설명을 요청하는 등 전자적 상품설명장치의 활용을 중단할 것을 요구하는 경우, 회사는 전화(음성녹음) 방법으로 전환하여 납입최고(독촉) 등을 실시할 것
(4) 전자적 상품설명장치에 안내의 속도와 음량을 조절할 수 있는 기능을 갖출 것
(5) 제3호 및 제4호의 내용에 관한 사항을 계약자에게 안내할 것

4. 해약환급금의 지급

보험료 납입 연체에 따라 계약이 해지된 경우에는 해약환급금을 계약자에게 지급한다.

제29조(보험료의 납입연체로 인한 해지계약의 부활(효력회복))

1. 부활 청약

가. 의의

보험료 납입 연체에 따라 계약이 해지되었으나 해약환급금을 받지 않은 경우(보험계약대출 등에 따라 해약환급금이 차감되었으나 받지 않은 경우 또는 해약환급금이 없는 경우를 포함한다) 계약자는 해지된 날부터 3년 이내에 회사가 정한 절차에 따라 계약의 부활(효력회복)을 청약할 수 있다.

나. 연체보험료와 이자

회사가 부활(효력회복)을 승낙한 때에 계약자는 부활(효력회복)을 청약한 날까지의 연체된 보험료에 평균공시이율 +1% 범위 내에서 각 상품별로 회사가 정하는 이율로 계산한 금액을 더하여 납입하여야 한다. 다만 금리연동형보험은 각 상품별 사업방법서에서 별도로 정한 이율로 계산한다.

> **시험 출제 포인트**
>
> ▶ 부활 청약의 대상이 되는 계약의 조건
> 1. 보험료 납입 연체로 인하여 해지된 계약. 즉 계약 전 알릴의무 위반 등을 이유로 해지된 계약은 부활 청약의 대상이 아니다.
> 2. 해약환급금을 받지 않은 계약
> 3. 해지된 날로부터 3년 이내인 계약

2. 부활하는 경우 준용하는 약관 조항

해지계약을 부활(효력회복)하는 경우에는 다음의 각 조항을 준용한다. 이 때 회사는 해지 전 발생한 보험금 지급사유를 이유로 부활(효력회복)을 거절하지 않는다.
1. 제14조(계약 전 알릴의무)
2. 제16조(알릴 의무 위반의 효과)
3. 제17조(사기에 의한 계약)
4. 제18조(보험계약의 성립)
5. 제25조(제1회 보험료 및 회사의 보장개시)

3. 최초 청약에 대한 계약 전 알릴의무 위반 적용

계약의 부활이 이루어진 경우라도 계약자 또는 피보험자가 최초 계약 청약시(2회 이상 부활이 이루어진 경우 종전 모든 부활 청약 포함) 계약 전 알릴 의무를 위반한 경우에는 의무 위반에 따른 알릴 의무 위반의 효과가 적용된다. 즉 보험계약을 부활하였다고 하더라도 최초 청약시 계약 전 알릴 의무 위반은 치유되지 않고 그대로 적용된다.

제30조(강제집행 등으로 인한 해지계약의 특별부활(효력회복))

1. 특별부활의 의의

가. 의의
계약자의 해약환급금 청구권에 대한 강제집행 등의 절차에 따라 계약이 해지된 경우에 해지 당시의 보험수익자가 계약자의 동의를 얻어 계약 해지로 회사가 채권자에게 지급한 금액을 회사에 지급하고 계약자 명의를 보험수익자로 변경하여 특별부활을 청약할 수 있다.

나. 대상이 되는 계약
특별부활의 대상이 되는 계약은 1) 강제집행, 2) 담보권 실행, 3) 국세 및 지방세 체납처분 절차에 따라 해지된 계약이다.

다. 특별부활 절차

(1) 지급한 금액의 보전
해지 당시의 보험수익자가 계약자의 동의를 얻어 계약 해지로 회사가 채권자에게 지급한 금액을 회사에 지급하여야 한다.

(2) 계약자 명의 변경
계약자 명의를 보험수익자로 변경한다.

2. 보험수익자에 대한 통지

가. 통지 대상
강제집행 등으로 계약이 해지되면 회사는 특별부활의 대상이 되는 계약의 보험수익자에게 특별부활을 청약할 수 있음을 통지하여야 한다. 다만 법정상속인이 보험수익자로 지정된 경우에는 계약자에게 통지할 수 있다.

나. 통지 기간
회사는 계약이 해지된 날부터 7일 이내에 통지하여야 한다.

3. 특별부활 가능 기간

보험수익자는 특별부활 청약이 가능함을 통지를 받은 날(계약자에게 통지된 경우에는 계약자가 통지를 받은 날)부터 15일 이내에 특별부활 절차를 이행할 수 있다.

4. 회사의 승낙

회사는 계약자 명의변경 신청 및 계약의 특별부활(효력회복) 청약을 승낙한다. 일반적인 부활 청약이라면 피보험자의 건강상태에 따라 부활 청약의 인수여부를 결정할 수 있으나, 특별부활의 경우에는 부활 청약을 거절할 수 없으며 반드시 승낙하여야 한다.

제6절 계약의 해지 및 해약환급금 등

제31조(계약자의 임의해지 및 피보험자의 서면동의 철회)

1. 계약자의 임의해지

계약자는 계약이 소멸하기 전에는 언제든지 계약을 해지할 수 있다. 보험계약이 해지된 경우 회사는 보험료 및 해약환급금 산출방법서에 따라 계산한 해약환급금을 계약자에게 지급하여야 한다.

2. 피보험자의 서면동의 철회

가. 피보험자의 서면동의

타인의 사망을 보험금 지급사유로 하는 계약을 체결할 때에는, 계약을 체결할 때까지 피보험자의 서면(「전자서명법」 제2조 제2호에 따른 전자서명이 있는 경우로서 상법 시행령 제44조의2에 정하는 바에 따라 본인 확인 및 위조·변조 방지에 대한 신뢰성을 갖춘 전자문서를 포함)에 의한 동의를 얻어야 한다.

나. 서면동의 철회

(1) 장래에 향하여 철회

서면으로 동의를 한 피보험자는 계약의 효력이 유지되는 기간에는 언제든지 서면동의를 장래를 향하여 철회할 수 있다.

(2) 해약환급금의 지급

피보험자의 서면동의 철회로 계약이 해지되어 회사가 지급하여야 할 해약환급금이 있을 때에는 해당 해약환급금을 계약자에게 지급한다.

제31조의2 (위법계약의 해지)

1. 계약자의 위법계약 해지권

가. 의의

「금융소비자 보호에 관한 법률」제47조 및 관련규정이 정하는 바에 따라 계약체결에 대한 회사의 법 위반사항이 있는 경우 계약자는 계약해지 요구서에 증빙서류를 첨부하여 위법계약의 해지를 요구할 수 있다.

나. 기간

위법계약 해지권은 계약체결일부터 <u>5년</u> 이내의 범위에서 계약자가 위반사항을 안 날부터 <u>1년</u> 이내에 행사할 수 있다.

2. 회사의 응답

가. 통지기간

회사는 해지요구를 받은 날부터 <u>10일</u> 이내에 수락여부를 계약자에 통지하여야 한다.

나. 거절하는 경우

(1) **거절 사유 통지**

회사가 계약자의 위법계약 해지 요구를 거절하는 경우에는 거절 사유를 함께 통지하여야 한다.

(2) **정당한 사유없이 거절하는 경우**

회사가 정당한 사유 없이 계약자의 위법계약 해지 요구를 따르지 않는 경우에는 계약자가 해당 계약을 해지할 수 있다.

3. 해지 시 지급하는 금액

가. 계약자적립액의 지급

위법계약 해지에 따라 계약이 해지된 경우 회사가 적립한 해지 당시의 계약자적립액을 계약자에게 지급한다.

나. 계약자적립액을 지급하는 이유

일반적인 해지시에는 해약환급금을 지급하나, 위법계약에 따른 계약의 해지는 금융소비자보호에 관한 법률 제47조의 규정에 의하여 수수료, 위약금 등 계약의 해지와 관련된 비용을 계약자에게 요구할 수 없기 때문이다. 즉 해지공제를 적용할 수 없으며 계약자적립액을 지급하여야 한다.

4. 제척기간의 적용

계약자는 제척기간(계약 체결일부터 5년 이내의 범위에서 계약자가 위반사항을 안 날부터 1년 이내)에도 불구하고 민법 등 관계 법령에서 정하는 바에 따라 법률상의 권리를 행사할 수 있다.

> **시험 출제 포인트**
>
> ▶ 위법계약 해지 키워드 정리
> 1. 위법계약 해지는 계약체결일로부터 5년, 안 날로부터 1년 이내 가능
> 2. 회사는 10일 이내 수락 여부 통지해야 함
> 3. 해지시 계약자적립액을 지급함

제32조 [중대사유로 인한 해지]

1. 의의

보험계약은 사행계약의 특성 때문에 최대선의의 원칙에 기초하여 당사자의 선의성이 강하게 요구되는 계약이므로, 만약 보험계약을 지속할 수 없는 중대한 사유가 발생하였다면 보험회사가 보험계약을 해지할 수 있도록 하여 사행계약화를 방지하는 조항이다.

2. 중대사유

(1) 계약자, 피보험자 또는 보험수익자가 보험금을 지급받을 목적으로 고의로 보험금 지급사유를 발생시킨 경우
(2) 계약자, 피보험자 또는 보험수익자가 보험금 청구에 관한 서류에 고의로 사실과 다른 것을 기재하였거나 그 서류 또는 증거를 위조 또는 변조한 경우. 다만 이미 보험금 지급사유가 발생한 경우에는 보험금 지급에 영향을 미치지 않는다.

3. 해지권 행사

가. 행사기간

회사는 중대사유가 있을 경우에는 안 날부터 1개월 이내에 계약을 해지할 수 있다.

나. 해약환급금의 지급

중대사유로 인하여 계약을 해지한 경우 회사는 그 취지를 계약자에게 통지하고 해약환급금을 지급한다.

제33조(회사의 파산선고와 해지)

1. 파산선고시 해지
회사가 파산의 선고를 받은 때에는 계약자는 계약을 해지할 수 있다.

2. 해지하지 않은 경우
파산선고에도 불구하고 해지하지 않은 계약은 파산선고 후 3개월이 지난 때에는 그 효력을 잃는다.

3. 해약환급금의 지급
계약이 해지되거나 효력을 잃는 경우에 회사는 해약환급금을 계약자에게 지급한다.

제34조(해약환급금)

1. 해약환급금의 계산
약관에 따른 해약환급금은 보험료 및 해약환급금 산출방법서에 따라 계산한다.

2. 지급기일 및 이자 계산

가. 계약자의 청구

해약환급금의 지급사유가 발생한 경우 계약자는 회사에 해약환급금을 청구하여야 한다.

나. 회사의 지급

회사는 청구를 접수한 날부터 3영업일 이내에 해약환급금을 지급한다.

다. 이자의 계산

해약환급금 지급일까지의 기간에 대한 이자의 계산은 〈부표〉 '보험금을 지급할 때의 적립이율 계산'에 따르며, 구체적인 이율은 다음과 같다.

구분	기간	지급이자
만기환급금 및 해약환급금	지급사유가 발생한 날의 다음날부터 청구일까지의 기간	• 1년 이내: 평균공시이율의 50% • 1년 초과기간: 평균공시이율의 40%
	청구일의 다음 날부터 지급일까지의 기간	보험계약대출이율

3. 위법계약의 해지 시 지급금

위법계약의 해지 조항에 따라 위법계약이 해지되는 경우에는 회사가 적립한 해지 당시의 계약자적립액을 반환한다. 일반적인 해지 시에 지급하는 해약환급금과는 달리 위법계약에 따른 계약의 해지는 금융소비자보호에 관한 법률 제47조의 규정에 의하여 수수료, 위약금 등 계약의 해지와 관련된 비용을 계약자에게 요구할 수 없기 때문이다.

제35조(보험계약대출)

1. 보험계약대출의 범위

가. 범위

계약자는 계약의 해약환급금 범위 내에서 회사가 정한 방법에 따라 대출(보험계약대출)을 받을 수 있다. 그러나 순수보장성보험 등 보험상품의 종류에 따라 보험계약대출이 제한될 수도 있다.

나. 원금과 이자의 상환

계약자는 보험계약대출금과 그 이자를 언제든지 상환할 수 있다. 만약 계약자가 금액을 상환하지 않은 때에는 회사는 보험금, 해약환급금 등의 지급사유가 발생한 날에 지급금에서 보험계약대출의 원금과 이자를 차감할 수 있다.

다. 계약이 해지되는 때

회사는 제2회 이후의 보험료 납입 연체에 따라 계약이 해지되는 때에는 즉시 해약환급금에서 보험계약대출의 원금과 이자를 차감한다.

2. 보험수익자에 대한 통지

회사는 보험수익자에게 보험계약대출 사실을 통지할 수 있다.

제36조(배당금의 지급)

1. 배당금의 지급

회사는 보험업감독규정 및 보험업감독업무시행세칙에서 정하는 방법에 따라 회사가 결정한 배당금을 계약자에게 지급한다.

2. 계약자에 대한 통보

회사는 배당금 지급이 결정되었을 때에는 그 내역을 계약자에게 알려 준다.

제7절 분쟁의 조정 등

제37조(분쟁의 조정)

1. 분쟁 조정 신청

계약에 관하여 분쟁이 있는 경우 분쟁 당사자 또는 기타 이해관계인과 회사는 금융감독원장에게 분쟁의 조정을 신청할 수 있다.

2. 자료 열람 요구

분쟁조정 과정에서 계약자는 관계 법령이 정하는 바에 따라 회사가 기록 및 유지·관리하는 자료의 열람(사본의 제공 또는 청취를 포함)을 요구할 수 있다.

3. 회사의 소제기 금지

회사는 일반금융소비자인 계약자가 조정을 통하여 주장하는 권리나 이익의 가액이 「금융소비자 보호에 관한 법률」 제42조에서 정하는 일정 금액(현재는 2천만원) 이내인 분쟁사건에 대하여 조정절차가 개시된 경우에는 관계 법령이 정하는 경우를 제외하고는 소를 제기하지 않는다.

제38조(관할법원)

1. 원칙 - 계약자의 주소지

계약에 관한 소송 및 민사조정은 계약자의 주소지를 관할하는 법원으로 한다.

2. 합의관할 인정

다만 회사와 계약자가 합의하여 관할법원을 달리 정할 수 있다.

제39조(소멸시효)

1. 청구권의 종류

보험금청구권, 만기환급금청구권, 보험료 반환청구권, 해약환급금청구권, 계약자적립액 반환청구권 및 배당금청구권이 규정되어 있다.

2. 소멸시효

위의 청구권은 3년간 행사하지 않으면 소멸시효가 완성된다.

제40조(약관의 해석)

1. 신의성실의 원칙

회사는 신의성실의 원칙에 따라 공정하게 약관을 해석하여야 하며 계약자에 따라 다르게 해석하지 않는다.

2. 작성자 불이익 해석의 원칙

회사는 약관의 뜻이 명백하지 않은 경우에는 계약자에게 유리하게 해석한다.

3. 확대해석 금지의 원칙

회사는 보험금을 지급하지 않는 사유 등 계약자나 피보험자에게 불리하거나 부담을 주는 내용은 확대하여 해석하지 않는다.

제41조(설명서 교부 및 보험안내자료 등의 효력)

1. 설명의무

가. 의의

회사는 일반금융소비자에게 청약을 권유하거나 일반금융소비자가 설명을 요청하는 경우 보험상품에 관한 중요한 사항을 계약자가 이해할 수 있도록 설명하고 계약자가 이해하였음을 서명(「전자서명법」 제2조 제2호에 따른 전자서명을 포함), 기명날인 또는 녹취 등을 통해 확인받아야 하며, 설명서를 제공하여야 한다.

나. 설명의무의 대상

설명의무의 대상은 일반금융소비자이다. 전문금융소비자는 설명의무 대상이 아니니 주의하여야 한다.

다. 설명의 정도

보험상품의 중요한 사항을 계약자가 이해할 수 있도록 설명하여야 한다. 보험실무상 보험업법 규정에 따른 상품설명서를 이용하여 설명하는 경우가 대부분이다.

라. 확인 방법

계약자가 이해하였음을 서명(전자서명 포함), 기명날인 또는 녹취 등을 통해 확인받아야 한다.

2. 증명책임 등

가. 증명책임

설명서, 약관, 계약자 보관용 청약서 및 보험증권의 제공 사실에 관하여 계약자와 회사간에 다툼이 있는 경우에는 회사가 이를 증명하여야 한다.

나. 약관의 내용과 다른 경우

보험설계사 등이 모집과정에서 사용한 회사 제작의 보험안내자료(계약의 청약을 권유하기 위해 만든 자료 등을 말한다)의 내용이 약관의 내용과 다른 경우에는 계약자에게 유리한 내용으로 계약이 성립된 것으로 본다.

제42조(회사의 손해배상책임)

1. 계약과 관련된 책임

회사는 계약과 관련하여 임직원, 보험설계사 및 대리점의 책임있는 사유로 계약자, 피보험자 및 보험수익자에게 발생된 손해에 대하여 관계 법령 등에 따라 손해배상의 책임을 진다.

2. 소제기와 관련된 책임

회사는 보험금 지급 거절 및 지연지급의 사유가 없음을 알았거나 알 수 있었는데도 소를 제기하여 계약자, 피보험자 또는 보험수익자에게 손해를 가한 경우에는 그에 따른 손해를 배상할 책임을 진다.

3. 현저하게 공정을 잃은 합의와 관련된 책임

회사가 보험금 지급여부 및 지급금액에 관하여 현저하게 공정을 잃은 합의로 보험수익자에게 손해를 가한 경우에도 회사는 손해를 배상할 책임을 진다.

제43조(개인정보보호)

1. 개인정보의 제공

가. 동의없는 수집, 이용, 조회, 제공 금지

회사는 계약과 관련된 개인정보를 계약의 체결, 유지, 보험금 지급 등을 위하여 「개인정보 보호법」, 「신용정보의 이용 및 보호에 관한 법률」 등 관계 법령에 정한 경우를 제외하고 계약자, 피보험자 또는 보험수익자의 동의없이 수집, 이용, 조회 또는 제공하지 않는다.

나. 동의가 있는 경우에만 제공 가능

회사는 계약의 체결, 유지, 보험금 지급 등을 위하여 위 관계 법령에 따라 계약자 및 피보험자의 동의를 받아 다른 보험회사 및 보험관련단체 등에 개인정보를 제공할 수 있다.

2. 개인정보 관리책임

회사는 계약과 관련된 개인정보를 안전하게 관리하여야 한다.

제44조(준거법)

계약은 대한민국 법에 따라 규율되고 해석되며, 약관에서 정하지 않은 사항은 「금융소비자 보호에 관한 법률」, 상법, 민법 등 관계 법령을 따른다.

제45조(예금보험에 의한 지급보장)

회사가 파산 등으로 인하여 보험금 등을 지급하지 못할 경우에는 예금자보호법에서 정하는 바에 따라 그 지급을 보장한다.

O X 오엑스 문제풀이

01 중요한 사항이란 계약 전 알릴 의무와 관련하여 회사가 그 사실을 알았더라면 계약의 청약을 거절하거나 보험가입금액 한도 제한, 일부 보장 제외, 보험금 삭감, 보험료 할증과 같이 조건부로 승낙하는 등 계약 승낙에 영향을 미칠 수 있는 사항을 말한다. O/X

해설 중요한 사항이란 계약 전 알릴 의무와 관련하여 회사가 그 사실을 알았더라면 계약의 청약을 거절하거나 보험가입금액 한도 제한, 일부 보장 제외, 보험금 삭감, 보험료 할증과 같이 조건부로 승낙하는 등 계약 승낙에 영향을 미칠 수 있는 사항을 말한다.

02 동일한 신체부위에 두 가지 이상의 장해가 발생한 경우에는 합산하는 것을 원칙으로 한다. O/X

해설 동일한 신체부위에 두 가지 이상의 장해가 발생한 경우에는 합산하지 않고 그 중 높은 지급률을 적용함을 원칙으로 한다.

03 보험수익자와 회사가 보험금 지급사유에 대해 합의하지 못할 때는 보험수익자와 회사가 함께 제3자를 정하고 그 제3자의 의견에 따를 수 있으며 이때 보험금 지급사유 판정에 드는 의료비용은 보험수익자가 전액 부담한다. O/X

해설 보험수익자와 회사가 보험금 지급사유에 대해 합의하지 못할 때는 보험수익자와 회사가 함께 제3자를 정하고 그 제3자의 의견에 따를 수 있다. 이 때 제3자는 「의료법」 제3조(의료기관)에 규정한 종합병원 소속 전문의 중에 정하며, 보험금 지급사유 판정에 드는 의료비용은 회사가 전액 부담한다.

04 회사는 보험수익자의 청구에 따라 회사가 추정하는 보험금의 50% 상당액을 가지급보험금으로 지급한다.
O/X

해설 추가적인 조사가 이루어지는 경우, 회사는 보험수익자의 청구에 따라 회사가 추정하는 보험금의 50% 상당액을 가지급보험금으로 지급한다.

05 계약을 체결한 날로부터 2년이 지났을 때에는 계약 전 알릴 의무 위반에도 불구하고 보험계약을 해지할 수 없다.
O/X

해설 계약을 체결한 날로부터 3년이 지났을 때에는 계약 전 알릴 의무 위반에도 불구하고 보험계약을 해지할 수 없다.

06 사기에 의하여 계약이 성립되었음을 회사가 증명하는 경우에는 계약일부터 3년 이내(사기사실을 안 날부터 1개월 이내)에 계약을 취소할 수 있다.
O/X

해설 사기에 의하여 계약이 성립되었음을 회사가 증명하는 경우에는 계약일부터 5년 이내(사기사실을 안 날부터 1개월 이내)에 계약을 취소할 수 있다.

07 회사가 별도의 보장제외 조건을 붙여 보험계약을 승낙하였어도 청약일로부터 3년이 지나는 동안 보장이 제외되는 질병으로 추가진단이나 치료 사실이 없다면 청약일로부터 3년이 지난 이후에는 보장을 한다.
O/X

해설 회사가 별도의 보장제외 조건을 붙여 승낙하였어도 청약일로부터 5년(갱신계약의 경우 최초 계약일로부터 5년)이 지나는 동안 보장이 제외되는 질병으로 추가 진단(단순 건강검진 제외) 또는 치료사실이 없을 경우, 청약일로부터 5년이 지난 이후에는 보장한다.

08 납입최고를 전자문서로 할 때에 보험계약자가 전자문서를 수신한 것을 확인하기 전까지는 그 전자문서는 송신되지 않은 것으로 본다.
O/X

해설 납입최고(독촉) 등을 전자문서로 안내하고자 할 경우에는 계약자에게 서면, 전자서명법 제2조 제2호에 따른 전자서명으로 동의를 얻어 수신확인을 조건으로 전자문서를 송신하여야 하며, 계약자가 전자문서에 대하여 수신을 확인하기 전까지는 그 전자문서는 송신되지 않은 것으로 본다. 회사는 전자문서가 수신되지 않은 것을 확인한 경우에는 납입최고장의 내용을 서면(등기우편 등) 또는 전화(음성녹음)로 다시 알려 준다.

09 계약에 관하여 분쟁이 있는 경우 분쟁 당사자 또는 기타 이해관계인과 회사는 손해보험협회에게 조정을 신청할 수 있다.
O/X

해설 계약에 관하여 분쟁이 있는 경우 분쟁 당사자 또는 기타 이해관계인과 회사는 금융감독원장에게 조정을 신청할 수 있으며, 분쟁조정 과정에서 계약자는 관계 법령이 정하는 바에 따라 회사가 기록 및 유지·관리하는 자료의 열람(사본의 제공 또는 청취를 포함한다)을 요구할 수 있다.

10 계약자, 피보험자 또는 보험수익자가 보험금을 지급받을 목적으로 고의로 보험금 지급사유를 발생시켰다면 보험회사는 그 사실을 안 날부터 1개월 이내에 계약을 해지할 수 있다.
O/X

해설 계약자, 피보험자 또는 보험수익자가 보험금을 지급받을 목적으로 고의로 보험금 지급사유를 발생시켰다면 보험회사는 그 사실을 안 날부터 1개월 이내에 계약을 해지할 수 있다.

01. ○ 02. × 03. × 04. ○ 05. × 06. × 07. × 08. ○ 09. × 10. ○

제3편 출제예상문제

01 다음 중 질병상해보험 표준약관에서 규정하고 있는 용어의 뜻이 틀린 것은?
① 피보험자 : 회사와 계약을 체결하고 보험료를 납입할 의무를 지는 사람
② 보험수익자 : 보험금 지급사유가 발생하는 때에 회사에 보험금을 청구하여 받을 수 있는 사람
③ 보험증권 : 계약의 성립과 그 내용을 증명하기 위하여 회사가 계약자에게 드리는 증서
④ 진단계약 : 계약을 체결하기 위하여 피보험자가 건강진단을 받아야 하는 계약

정답 ①
해설 회사와 계약을 체결하고 보험료를 납입할 의무를 지는 사람은 계약자이다.

02 다음 중 질병·상해보험 표준약관상 후유장해와 관련된 내용 중 틀린 것은?
① 하나의 진단확정된 질병 또는 상해로 인한 후유장해 보험금은 보험가입금액을 한도로 한다.
② 장해지급률이 상해 발생일 또는 질병의 진단 확정일부터 180일 이내에 확정되지 않는 경우에는 상해 발생일 또는 질병의 진단확정일부터 180일이 되는 날의 의사 진단에 기초하여 고정될 것으로 인정되는 상태를 장해지급률로 결정한다.
③ 장해분류표에 해당되지 않는 후유장해는 피보험자의 직업, 연령 등을 고려하여 신체의 장해 정도에 따라 장해분류표에 준하여 지급액을 결정한다.
④ 피보험자가 장해지급률의 합의에 도달하지 못한 경우 쌍방의 동의에 의해 종합병원 소속전문의로 제3자를 정하고 그의 의견에 따를 수 있다.

정답 ③
해설 장해분류표에 해당되지 않는 후유장해는 피보험자의 직업, 연령, 신분 또는 성별 등에 관계없이 신체의 장해정도에 따라 장해분류표에 준하여 지급액을 결정한다.

03 장해의 정의에 대한 다음 설명 중 틀린 것은?
① 질병과 부상의 주증상과 합병증상 및 이에 대한 치료를 받는 과정에서 일시적으로 나타나는 증상은 장해에 포함되지 않는다.
② '영구적'이라 함은 원칙적으로 치유하는 때 장래 회복할 가망이 없는 상태로서 정신적 또는 육체적 훼손상태임이 의학적으로 인정되는 경우를 말한다.
③ '치유된 후'라 함은 상해 또는 질병에 대한 치료의 효과를 기대할 수 없게 되고 또한 그 증상이 고정된 상태를 말한다.
④ 영구히 고정된 증상은 아니지만 치료 종결 후 한시적으로 나타나는 장해에 대하여는 그 기간이 5년 이상인 경우 해당 장해지급률의 10%를 장해지급률로 한다.

정답 ④
해설 영구히 고정된 증상은 아니지만 치료 종결 후 한시적으로 나타나는 장해에 대하여는 그 기간이 5년 이상인 경우 해당 장해지급률의 20%를 장해지급률로 한다.

04 다음의 경우에서 보험회사가 지급하여야 하는 보험금은 얼마인가?

- 후유장해 가입금액 1억원
- 보험가입 이전 오른쪽 귀의 청력에 약간의 장해를 남긴 때 5% 장해상태
- 보험가입 이후 오른쪽 귀의 청력에 심한 장해를 남긴 때 15% 장해상태

① 1억원　　　　　　　　　　② 1천 5백만원
③ 1천만원　　　　　　　　　 ④ 5백만원

정답 ③
해설 보장개시 이전에 발생한 후유장해를 가진 피보험자에게 그 신체의 동일 부위에 또다시 후유장해상태가 발생하였을 경우에는 직전까지의 후유장해에 대한 후유장해보험금이 지급된 것으로 보고 최종 후유장해 상태에 해당되는 후유장해보험금에서 이를 차감하여 지급한다.

▶ 보장개시 이전에 발생한 후유장해상태에 해당하는 후유장해보험금
1억원(후유장해 가입금액) × 5%(장해지급률) = 5백만원
▶ 보장개시 이후에 발생한 후유장해상태에 해당하는 후유장해보험금
1억원(후유장해 가입금액) × 15%(장해지급률) = 1천 5백만원
▶ 1천 5백만원 − 5백만원 = 1천만원

05 피보험자가 직업, 직무 또는 동호회 활동목적으로 행위를 하였을 때 보험금을 지급하지 않는 약관상 상대적 면책사유에 해당하지 않는 것은?

① 전문등반(전문적인 등산용구를 사용하여 암벽 또는 빙벽을 오르내리거나 특수한 기술, 경험, 사전훈련을 필요로 하는 등반을 말한다), 글라이더 조종, 스카이다이빙, 스쿠버다이빙, 행글라이딩, 수상보트, 패러글라이딩
② 모터보트, 자동차 또는 오토바이에 의한 경기, 시범, 흥행(이를 위한 연습을 포함한다) 또는 시운전(다만, 공용도로상에서 시운전을 하는 동안 보험금 지급사유가 발생한 경우에는 보장한다)
③ 선박에 탑승하는 것을 직무로 하는 사람이 직무상 선박에 탑승하고 있는 동안
④ 전쟁, 외국의 무력행사, 혁명, 내란, 사변, 폭동

정답 ④
해설 전쟁, 외국의 무력행사, 혁명, 내란, 사변, 폭동은 일반 면책사유에 해당한다. 나머지 지문은 모두 약관상 상대적 면책사유이다.

06 질병, 상해보험 표준약관에서 보험금 조사가 이루어지는 경우 가지급 보험금과 관련되어 바르게 설명된 것은?

① 조사가 완료될 때까지 가지급 보험금은 지급할 수 없다.
② 회사가 추정하는 보험금의 50% 상당액을 가지급보험금으로 지급한다.
③ 해외에서 발생한 보험사고에 대한 조사 시에는 30영업일 이내에서 지급예정일을 정해야 한다.
④ 장해지급률의 판정 및 지급할 보험금의 결정과 관련하여 확정된 장해지급률에 따른 보험금을 초과한 부분에 대한 분쟁으로 보험금 지급이 늦어지는 경우에는 보험수익자의 청구에 따라 전체 보험금을 먼저 가지급한다.

정답 ②
해설 ① 가지급 보험금은 추가적인 조사가 이루어지는 경우 보험수익자의 청구에 따라 지급되며, 조사완료여부와는 관계없다.
② 회사가 추정하는 보험금의 50% 상당액을 가지급보험금으로 지급한다.
③ 지급예정일은 다음 각 호의 어느 하나에 해당하는 경우를 제외하고는 보험금 청구 서류를 접수한 날부터 30영업일 이내에서 정한다. 즉, 아래의 경우에는 30영업일을 초과할 수 있다.

  1) 소송제기
  2) 분쟁조정 신청
  3) 수사기관의 조사
  4) 해외에서 발생한 보험사고에 대한 조사
  5) 회사의 조사요청에 대한 동의 거부 등 계약자, 피보험자 또는 보험수익자의 책임있는 사유로 보험금 지급사유의 조사와 확인이 지연되는 경우
  6) 보험수익자와 회사가 보험금 지급사유에 대해 제3자의 의견에 따르기로 한 경우

④ 장해지급률의 판정 및 지급할 보험금의 결정과 관련하여 확정된 장해지급률에 따른 보험금을 초과한 부분에 대한 분쟁으로 보험금 지급이 늦어지는 경우에는 보험수익자의 청구에 따라 이미 확정된 보험금을 먼저 가지급한다.

07 다음은 계약자 또는 피보험자가 고의 또는 중대한 과실로 계약 전 알릴 의무를 위반한 경우에도 불구하고 다음 중 하나에 해당하는 경우에는 계약을 해지할 수 없다고 규정하고 있는 사항들이다. 다음 중 하나에 해당하는 경우로 적합한 항목 수는?

(a) 회사가 계약 당시에 그 사실을 알았거나 과실로 인하여 알지 못하였을 때
(b) 회사가 그 사실을 안 날부터 1개월 이상 지났을 때
(c) 제1회 보험료를 받은 때부터 보험금 지급사유가 발생하지 아니하고 2년이 지났을 때
(d) 계약체결일부터 3년이 지났을 때
(e) 회사가 계약의 청약시 피보험자의 건강상태를 판단할 수 있는 기초자료에 의하여 승낙한 경우에 건강진단서 사본 등에 명기되어 있는 사항으로 보험금 지급사유가 발생하였을 때
(f) 보험설계사 등이 계약자 또는 피보험자에게 고지할 기회를 부여하지 아니하였거나 계약자 또는 피보험자가 사실대로 고지하는 것을 방해한 경우
(g) 보험설계사 등이 계약자 또는 피보험자에 대해 사실대로 고지하지 않게 하였거나 부실한 고지를 권유했을 때

① 4항목
② 5항목
③ 6항목
④ 7항목 모두

정답 ④

해설 다음의 사유가 있는 경우, 보험회사는 보험계약자나 피보험자의 계약 전 알릴 의무 위반에도 불구하고 보험계약을 해지할 수 없다.
① 회사가 계약 당시에 그 사실을 알았거나 과실로 인하여 알지 못하였을 때
② 회사가 그 사실을 안 날부터 1개월 이상 지났거나 또는 제1회 보험료를 받은 때부터 보험금 지급사유가 발생하지 않고 2년(진단계약의 경우 질병에 대하여는 1년)이 지났을 때
③ 계약을 체결한 날부터 3년이 지났을 때
④ 회사가 계약을 청약할 때 피보험자의 건강상태를 판단할 수 있는 기초자료(건강진단서 사본 등)에 따라 승낙한 경우에 건강진단서 사본 등에 명기되어 있는 사항으로 보험금 지급사유가 발생하였을 때(계약자 또는 피보험자가 회사에 제출한 기초자료의 내용 중 중요사항을 고의로 사실과 다르게 작성한 때에는 계약을 해지할 수 있다)
⑤ 보험설계사 등이 계약자 또는 피보험자에게 고지할 기회를 주지 않았거나 계약자 또는 피보험자가 사실대로 고지하는 것을 방해한 경우, 계약자 또는 피보험자에게 사실대로 고지하지 않게 하였거나 부실한 고지를 권유했을 때. 다만, 보험설계사 등의 행위가 없었다 하더라도 계약자 또는 피보험자가 사실대로 고지하지 않거나 부실한 고지를 했다고 인정되는 경우에는 계약을 해지할 수 있다.

08 청약철회에 대한 다음 설명 중 틀린 것은?

① 진단계약, 보험기간이 90일 이내인 계약, 전문금융소비자가 체결한 계약은 청약철회가 불가능하다.
② 청약철회시 회사는 청약철회 접수한 날부터 보험료 반환일까지 기간에 대한 가산이자를 지급한다.
③ 제1회 보험료를 신용카드로 납입한 계약의 청약을 철회하는 경우에 회사는 신용카드의 매출을 취소하며 이자를 더하여 지급하지 아니한다.
④ 청약을 철회할 때에 이미 보험금 지급사유가 발생하였으나 계약자가 그 보험금 지급사유가 발생한 사실을 알지 못한 경우에는 청약철회의 효력은 발생하지 않는다.

정답 ②

해설 계약자가 청약을 철회한 때에는 회사는 청약의 철회를 접수한 날부터 3영업일 이내에 납입한 보험료를 돌려주며, 보험료 반환이 늦어진 기간에 대하여는 보험계약대출 이율을 연단위 복리로 계산한 금액을 더하여 지급한다.

09 질병·상해보험 표준약관에서는 사기에 의하여 계약이 성립되었음을 회사가 증명하는 경우에는 일정한 기간 내에 계약을 취소할 수 있음을 규정하고 있다. 다음 중 표준약관에서 사기에 의한 계약의 예시로 들고 있지 않은 것은?

① 대리진단을 통하여 진단절차를 통과한 계약
② 진단서를 위조하여 체결된 계약
③ 청약일 이전에 암으로 진단 확정을 받고 이를 숨기고 가입한 계약
④ 피보험이익이 없는 자를 보험수익자로 지정한 계약

정답 ④

해설 질병·상해보험 표준약관에서는 계약자 또는 피보험자의 아래의 행위로 체결된 계약을 사기에 의한 계약이라고 본다. 피보험이익이 없는 자를 보험수익자로 지정하는 것은 질병·상해보험 표준약관에서 규정하고 있는 사기에 의한 계약의 예시에 해당하지 않는다.
① 대리진단, 약물사용을 수단으로 진단절차를 통과
② 진단서 위·변조
③ 청약일 이전에 암 또는 인간면역결핍바이러스(HIV) 감염의 진단 확정을 받은 후 이를 숨기고 가입

10 질병·상해보험 표준약관상 계약의 무효사유가 아닌 것은?

① 타인의 사망을 보험금 지급사유로 하는 계약에서 계약을 체결할 때까지 피보험자의 서면에 의한 동의를 얻지 아니한 경우
② 만 15세 미만자, 심신상실자 또는 심신박약자의 사망을 보험금 지급사유로 한 경우
③ 계약체결시 계약에서 정한 피보험자의 나이에 미달되었거나 초과되었을 경우
④ 계약자, 피보험자 또는 보험수익자가 보험금 청구에 관한 서류에 고의로 사실과 다른 것을 기재하였거나 그 서류 또는 증거를 위조 또는 변조한 경우

정답 ④

해설 ④번 지문의 '계약자, 피보험자 또는 보험수익자가 보험금 청구에 관한 서류에 고의로 사실과 다른 것을 기재하였거나 그 서류 또는 증거를 위조 또는 변조한 경우'는 중대사유로 인한 해지 조항에서 규정하는 내용이다. 계약자, 피보험자 또는 보험수익자가 보험금 청구에 관한 서류에 고의로 사실과 다른 것을 기재하였거나 그 서류 또는 증거를 위조 또는 변조한 경우처럼 보험계약을 지속할 수 없는 중대한 사유가 발생하였을 때에 보험회사가 보험계약을 해지할 수 있도록 하여 보험계약의 사행화를 방지한다.

11 다음의 빈칸에 들어갈 알맞은 말을 고르세요.

사망을 보험금 지급사유로 하지 않는 보험계약에서 피보험자가 사망한 경우에는 (　　)에서 정하는 바에 따라 회사가 적립한 사망 당시의 계약자적립액을 지급한다.

① 관계 법령
② 보험료 및 해약환급금 산출방법서
③ 보험약관
④ 정관

정답 ②

해설 사망을 보험금 지급사유로 하지 않는 보험계약에서 피보험자가 사망한 경우에는 보험료 및 해약환급금 산출방법서에서 정하는 바에 따라 회사가 적립한 사망 당시의 계약자적립액을 지급한다.

12 다음의 내용을 보고 보험나이를 구하세요.

- 생년월일: 1988년 10월 2일
- 현재(계약일): 2018년 4월 13일

① 28세
② 29세
③ 30세
④ 31세

정답 ③

해설 보험나이는 계약일 현재 피보험자의 실제 만 나이를 기준으로 6개월 미만의 끝수는 버리고 6개월 이상의 끝수는 1년으로 하여 계산하며, 이후 매년 계약 해당일에 나이가 증가하는 것으로 계산한다.

2018년 4월 13일 - 1988년 10월 2일 = 29년 6월 11일 → 30세

13 질병·상해보험 표준약관상 보험료의 납입이 연체되는 경우 및 납입최고(독촉)에 관한 다음 설명 중 틀린 것은?

① 계약자가 제2회 이후의 보험료를 납입기일까지 납입하지 않아 보험료 납입이 연체 중인 경우에 회사는 보험기간이 1년 미만인 경우에는 7일, 1년 이상인 경우에는 14일 이상의 기간을 납입최고(독촉) 기간으로 정하여 계약자 등에게 알려야 한다.
② 납입최고(독촉)의 방법은 서면(등기우편 등)은 물론이고 전화(음성녹음) 또는 전자문서 등으로도 가능하다.
③ 회사가 납입최고(독촉)를 할 때에는 계약자(피보험자와 계약자가 다른 경우 피보험자를 포함한다)에게 납입최고(독촉)기간 내에 연체보험료를 납입하여야 한다는 내용이 포함되어야 한다.
④ 납입최고(독촉) 등을 전자문서로 안내하고자 할 경우에는, 송신이 완료되었더라도 계약자가 전자문서에 대하여 수신을 확인하기 전까지는 그 전자문서는 송신되지 않은 것으로 본다.

정답 ③

해설 회사가 납입최고(독촉)를 할 때에는 계약자(보험수익자와 계약자가 다른 경우 보험수익자를 포함한다)에게 납입최고(독촉)기간 내에 연체보험료를 납입하여야 한다는 내용이 포함되어야 한다. 피보험자와 보험계약자가 다른 경우가 아님에 주의해야 한다.

14 대표자의 지정에 대한 다음 설명 중 틀린 것은?

① 계약자 또는 피보험자가 2명 이상인 경우에는 각 대표자를 1명 지정하여야 한다.
② 대표자는 각각 다른 계약자 또는 보험수익자를 대리하는 것으로 한다.
③ 지정된 계약자 또는 보험수익자의 소재가 확실하지 않은 경우에는 계약에 관하여 회사가 계약자 또는 보험수익자 1명에 대하여 한 행위는 각각 다른 계약자 또는 보험수익자에게도 효력이 미친다.
④ 계약자가 2명 이상인 경우에는 그 책임을 연대로 한다.

정답 ①

해설 계약자 또는 보험수익자가 2명 이상인 경우에는 각 대표자를 1명 지정하여야 한다. 피보험자가 2명 이상이라고 하더라도 대표자를 지정할 필요는 없다.

15 다음 괄호 안에 들어갈 말을 순서대로 적은 것은?

보험수익자를 지정하지 않은 때에는 보험수익자를 만기환급금 지급의 경우에는 (   )로 하고, 사망보험금 지급의 경우는 (   )의 법정상속인, 후유장해 보험금 및 입원보험금 지급의 경우에는 (   )로 한다.

① 계약자, 피보험자, 피보험자
② 계약자, 계약자, 피보험자
③ 피보험자, 피보험자, 계약자
④ 피보험자, 피보험자, 피보험자

정답 ①

해설 보험수익자를 지정하지 않은 때에는 보험수익자를 만기환급금 지급의 경우에는 계약자로 하고, 사망보험금 지급의 경우는 피보험자의 법정상속인, 후유장해 보험금 및 입원보험금 지급의 경우에는 피보험자로 한다.

16 다음 중 원동기장치 자전거에 포함되지 않는 것은?

① 전동킥보드
② 전동휠체어
③ 전동이륜평행차
④ 전동기의 동력만으로 움직일 수 있는 개인형 이동장치

정답 ②

해설 이륜자동차 또는 원동기장치 자전거(전동킥보드, 전동이륜평행차, 전동기의 동력만으로 움직일 수 있는 자전거 등 개인형 이동장치를 포함)를 계속적으로 사용(직업, 직무 또는 동호회 활동과 출퇴근용도 등으로 주로 사용하는 경우에 한함)하게 된 경우(다만 전동휠체어, 의료용 스쿠터 등 보행 보조용 의자차는 제외한다.)

17 다음 괄호 안에 들어갈 기간은?

일부 보장 제외 조건을 붙여 승낙하였더라도 청약일로부터 (   )이 지나는 동안 보장이 제외되는 질병으로 추가 진단(단순 건강검진 제외) 또는 치료 사실이 없을 경우, 청약일로부터 (   )이 지난 이후에는 보장한다.

① 1년
② 2년
③ 3년
④ 5년

정답 ④

해설 일부 보장 제외 조건을 붙여 승낙하였더라도 청약일로부터 5년이 지나는 동안 보장이 제외되는 질병으로 추가 진단(단순 건강검진 제외) 또는 치료 사실이 없을 경우, 청약일로부터 5년이 지난 이후에는 보장한다.

18 다음 중 계약자가 청약철회를 할 수 있는 계약은?

① 회사가 건강상태 진단을 지원하는 계약
② 보험기간이 90일 이내인 계약
③ 보험증권을 받은 날부터 15일 이내인 계약
④ 전문금융소비자가 체결한 계약

정답 ③

해설 계약자는 보험증권을 받은 날부터 15일 이내에 그 청약을 철회할 수 있다. 다만 다음의 계약은 청약철회를 할 수 없다.
① 회사가 건강상태 진단을 지원하는 계약
② 보험기간이 90 이내인 계약
③ 전문금융소비자가 체결한 계약
④ 청약한 날부터 30일이 초과한 계약

19 위법계약 해지에 대한 다음 설명 중 틀린 것은?

① 회사의 금융소비자 보호에 관한 법률 위반사항이 있는 경우에 계약자가 해지를 요구할 수 있다.
② 계약체결일부터 5년 이내의 범위에서 계약자가 위반사항을 안 날부터 30일 이내에 해지를 요구할 수 있다.
③ 계약자가 위법계약 해지를 요구할 때에는 계약해지요구서에 증빙서류를 첨부하여야 한다.
④ 회사는 해지요구를 받은 날부터 10일 이내에 수락여부를 계약자에 통지하여야 하며, 거절할 때에는 거절 사유를 함께 통지하여야 한다.

정답 ②

해설 계약자는 「금융소비자 보호에 관한 법률」 제47조 및 관련규정이 정하는 바에 따라 계약체결에 대한 회사의 법 위반사항이 있는 경우 계약체결일부터 5년 이내의 범위에서 계약자가 위반사항을 안 날부터 1년 이내에 계약해지요구서에 증빙서류를 첨부하여 위법계약의 해지를 요구할 수 있다. 회사는 해지요구를 받은 날부터 10일 이내에 수락여부를 계약자에 통지하여야 하며, 거절할 때에는 거절 사유를 함께 통지하여야 한다.

20 약관 해석의 원칙 중 약관의 뜻이 명백하지 않은 경우에 계약자에게 유리하게 해석한다는 원칙은 어떠한 것인가?

① 작성자 불이익 해석의 원칙
② 신의성실의 원칙
③ 동종제한 해석의 원칙
④ 수기문언 우선의 원칙

정답 ①

해설 작성자 불이익 해석의 원칙은 약관의 뜻이 명백하지 않은 경우에는 계약자에게 유리하게 해석한다는 뜻이다.

21 다음 빈 칸 안에 들어갈 기간은?

> 보험금청구권, 만기환급금청구권, 보험료 반환청구권, 해약환급금청구권, 계약자적립액 반환청구권 및 배당금청구권은 ( )간 행사하지 않으면 소멸시효가 완성된다.

① 1년
② 2년
③ 3년
④ 4년

정답 ③

해설 보험금청구권, 만기환급금청구권, 보험료 반환청구권, 해약환급금청구권, 계약자적립액 반환청구권 및 배당금청구권은 <u>3년</u>간 행사하지 않으면 소멸시효가 완성된다.

22 강제집행으로 인한 해지계약의 특별부활 절차이다. 틀린 것은?

① 강제집행으로 인한 해지계약을 특별부활하기 위해서는 계약자의 명의를 그대로 유지하여야 한다.
② 회사는 특별부활을 청약할 수 있다는 통지를 지정된 보험수익자에게 하여야 한다. 다만 회사는 법정상속인이 보험수익자로 지정된 경우에는 계약자에게 통지할 수 있다.
③ 회사는 특별부활을 청약할 수 있다는 통지를 계약이 해지된 날부터 7일 이내에 하여야 한다.
④ 보험수익자는 통지를 받은 날부터 15일 이내에 특별부활 청약의 절차를 이행할 수 있다.

정답 ①

해설 ① 강제집행으로 인한 해지계약이란 계약자의 해약환급금 청구권에 대한 강제집행, 담보권실행, 국세 및 지방세 체납처분절차에 따라 계약이 해지된 계약을 말한다. 이러한 계약의 경우에 해지 당시의 보험수익자가 계약자의 동의를 얻어 계약 해지로 회사가 채권자에게 지급한 금액을 회사에 지급하고 <u>계약자 명의를 보험수익자로 변경</u>하여 계약의 특별부활(효력회복)을 청약할 수 있다.
② 회사는 특별부활을 청약할 수 있다는 통지를 지정된 보험수익자에게 하여야 한다. 다만 회사는 법정상속인이 보험수익자로 지정된 경우에는 계약자에게 통지할 수 있다.
③ 회사는 특별부활을 청약할 수 있다는 통지를 계약이 해지된 날부터 7일 이내에 하여야 한다.
④ 보험수익자는 통지를 받은 날부터 15일 이내에 특별부활 청약의 절차를 이행할 수 있다.

약관
손해보험편

제4편

CHAPTER 01 화재보험

제1절 화재보험의 개요

1. 화재보험의 구분

종류	대상물건	담보내용	보험기간
주택화재보험	주택물건의 건물과 가재	화재(벼락포함), 폭발, 파열, 소방손해와 피난손해	1~3년 단기
(일반)화재보험	일반물건, 공장물건	화재(벼락포함), 소방손해와 피난손해	1~3년 단기
장기화재보험	주택물건의 건물과 가재, 공장물건, 일반물건	화재(벼락포함), 소방손해와 피난손해	3년 이상 장기

※ 이하에서는 특별한 언급이 없는한, 일반화재보험을 기준으로 설명하겠다.

2. 주요 용어의 정의

가. 보험의 목적

(1) 다른 약정이 없으면 보험의 목적에 포함되는 것

건물의 경우	건물의 부속물	피보험자의 소유인 칸막이, 대문, 담, 곳간 및 이와 비슷한 것
	건물의 부착물	피보험자 소유인 간판, 네온사인, 안테나, 선전탑 및 이와 비슷한 것
건물 이외의 경우		피보험자 또는 그와 같은 세대에 속하는 사람의 소유물(생활용품, 집기·비품 등)

(2) 보험증권에 기재하여야만 보험의 목적에 포함되는 것

① 통화, 유가증권, 인지, 우표 및 이와 비슷한 것
② 귀금속, 귀중품, 보옥, 보석, 글·그림, 골동품, 조각물 및 이와 비슷한 것
③ 원고, 설계서, 도안, 물건의 원본, 모형, 증서, 장부, 금형(쇠틀), 목형(나무틀), 소프트웨어 및 이와 비슷한 것
④ 실외 및 옥외에 쌓아 둔 동산

 시험 출제 포인트
귀중품: 무게나 부피가 휴대할 수 있으며, 점당 300만원 이상

나. 보험가입금액

회사와 계약자 간에 약정한 금액으로 보험사고가 발생할 때 회사가 지급할 최대 보험금을 말한다.

다. 보험가액

재산보험에 있어 피보험이익을 금전으로 평가한 금액으로 보험목적에 발생할 수 있는 최대 손해액을 말한다. 회사가 실제 지급하는 보험금은 보험가액을 초과할 수 없다.

- 초과보험: 보험가액<보험가입금액
- 전부보험: 보험가액=보험가입금액
- 일부보험: 보험가액>보험가입금액

라. 자기부담금

보험사고로 인하여 발생한 손해에 대하여 계약자 또는 피보험자가 부담하는 일정 금액을 말한다. 보험회사는 손해액에서 자기부담금으로 설정한 금액만큼 공제한 후 지급한다.

마. 보험금의 분담

화재보험계약에서 보장하는 위험과 같은 위험을 보장하는 다른 계약(공제계약을 포함한다)이 있을 경우 보험약관에 정한 비율에 따라 손해를 보상한다.

라. 대위권

회사가 보험금을 지급하고 취득하는 법률상의 권리를 말한다. 화재보험에서는 보험목적물에 대한 대위와 청구권에 대한 대위 두 가지가 있다.

제2절 화재보험 표준약관상 보상하는 손해

1. 보상하는 손해의 종류

가. 사고에 따른 직접 손해

화재사고로 입은 직접 손해를 의미하지만, 화재사고와 손해의 발생 사이에 상당인과관계가 성립하는 경우에는 이를 보상한다. 예를 들어 화재사고 발생 후 벽이 그대로 남아 있다가 7일 후에 바람에 의해 그 벽이 무너졌다면 벽의 붕괴와 화재사고 사이에는 상당인과관계가 있는 것으로 보아 화재사고로 인한 직접 손해로 보상한다.

나. 사고에 따른 소방 손해

사고에 따른 소방 손해란 화재의 소방으로 인한 수침손이나 파괴손을 말한다. 화재를 진압하는 과정에서 소방호스로 물을 뿌려 보험목적물이 물에 젖는 손해가 발생할 수 있는데 이렇게 화재를 진압하는 과정에서 발생한 손해까지도 보상한다는 의미이다.

다. 사고에 따른 피난 손해

화재가 발생하여 보험의 목적이 객관적으로 화재의 위험에 직면하여 이를 방치할 경우에는 화재손해를 입을 것이 확실한 경우 보험목적물을 피난으로 인해 발생한 손해를 말한다. 예를 들어 주택에 화재가 발생할 경우 주택 내에 있던 고가의 가구를 건물 밖으로 던지는 과정에서 발생할 수 있는 파손이나 오손과 같은 손해를 보상한다. 또한 피난지에서 5일의 기간 동안 보험의 목적에 생긴 직접손해와 소방손해도 보상한다.

2. 추가적으로 보상하는 비용손해

잔존물 제거비용	사고현장에서의 잔존물의 해체비용, 청소비용* 및 차에 싣는 비용. 다만 보장하지 않는 위험으로 보험의 목적이 손해를 입거나 관계법령에 의하여 제거됨으로써 생긴 손해에 대하여는 보상하지 않는다. * 청소비용: 사고현장 및 인근 지역의 토양, 대기 및 수질 오염물질 제거비용과 차에 실은 후 폐기물 처리비용은 포함되지 않는다.
손해방지비용	손해의 방지 또는 경감을 위하여 지출한 필요 또는 유익한 비용
대위권 보전비용	제3자로부터 손해의 배상을 받을 수 있는 경우에는 그 권리를 지키거나 행사하기 위하여 지출한 필요 또는 유익한 비용
잔존물 보전비용	잔존물을 보전하기 위하여 지출한 필요 또는 유익한 비용. 다만, 보험사고의 발생에 따라 회사가 보험금을 지급하고 그 잔존물을 취득할 의사표시를 하여 회사가 잔존물을 취득한 경우에 한정한다.
기타 협력비용	회사의 요구에 따르기 위하여 지출한 필요 또는 유익한 비용

제3절 화재보험에서 보상하지 않는 손해

1. 계약자, 피보험자 또는 이들의 법정대리인의 고의 또는 중대한 과실
2. 화재가 발생했을 때 생긴 도난 또는 분실로 생긴 손해
3. 보험의 목적의 발효, 자연발열, 자연발화로 생긴 손해. 그러나 자연발열 또는 자연발화로 연소된 다른 보험의 목적에 생긴 손해는 보상하여 준다.
4. 화재에 기인되지 않는 수도관, 수관 또는 수압기 등의 파열로 생긴 손해
5. 발전기, 여자기(정류기 포함), 변류기, 변압기, 전압조정기, 축전기, 개폐기, 차단기, 피뢰기, 배전반 및 그 밖의 전기기기 또는 장치의 전기적 사고로 생긴 손해. 그러나 그 결과로 생긴 화재손해는 보상하여 준다.
6. 원인의 직접, 간접을 묻지 않고 지진, 분화 또는 전쟁, 혁명, 내란, 사변, 폭동, 소요, 노동쟁의, 기타 이들과 유사한 사태로 생긴 화재 및 연소 또는 그 밖의 손해

7. 핵연료물질 또는 핵연료 물질에 의하여 오염된 물질의 방사성, 폭발성 그 밖의 유해한 특성 또는 이들의 특성에 의한 사고로 인한 손해
8. 위 제7호 이외의 방사선을 쬐는 것 또는 방사능 오염으로 인한 손해
9. 국가 및 지방자치단체의 명령에 의한 재산의 소각 및 이와 유사한 손해

제4절 보험금의 지급

1. 손해의 통지 및 조사

가. 손해발생 통지의무

보험의 목적에 손해가 생긴 경우 계약자 또는 피보험자는 지체 없이 손해 발생 사실을 회사에 알려야 한다. 만약 통지를 게을리하여 손해가 증가된 때에는 회사는 그 증가된 손해는 보상하지 않는다.

나. 손해사실 확인이 어려운 경우

회사가 손해의 사실을 확인하기 어려운 경우에는 계약자 또는 피보험자에게 필요한 증거자료의 제출을 요청할 수 있다.

다. 보험사고의 통지와 보험회사의 조사

회사는 사고의 통지를 받은 때에는 사고가 생긴 건물 또는 그 구내와 거기에 들어있는 피보험자의 소유물을 조사할 수 있다.

2. 보험금의 지급절차

가. 보험사고의 접수

회사는 보험금 청구 서류를 접수한 때에는 접수증을 교부하고, 그 서류를 접수 받은 후 지체없이 지급할 보험금을 결정하고 지급할 보험금이 결정되면 7일 이내에 이를 지급한다. 또한 지급할 보험금이 결정되기 전이라도 피보험자의 청구가 있을 때에는 회사가 추정한 보험금의 50% 상당액을 가지급보험금으로 지급한다.

나. 보험금 지급 지연에 따른 이자

회사가 보험금 청구서류를 접수한 후 지급기일 내에 보험금을 지급하지 않았을 때에는 그 다음 날부터 지급일까지의 기간에 대하여 '보험금을 지급할 때의 적립이율'에 따라 연단위 복리로 계산한 금액을 보험금에 더하여 지급한다. 그러나 계약자 또는 피보험자의 책임 있는 사유로 지급이 지연될 때에는 그 해당기간에 대한 이자를 더하여 지급하지 않는다.

3. 보험금 등의 지급한도

가. 보험금 지급한도

화재로 인한 손해에 의한 보험금과 잔존물 제거비용은 각각 '지급보험금의 계산'을 준용하여 계산하며, 그 합계액은 보험증권에 기재된 보험가입금액을 한도로 한다. 다만, 잔존물 제거비용은 손해액의 10%를 초과할 수 없다.

> ▮예시▮
> - 화재손해액: 1억원
> - 잔존물 제거비용: 2천만원
> - 보험가입금액: 2억원
> - 보험회사의 지급보험금: 화재손해액+잔존물제거비용(손해액의 10% 한도)
> - 1억원(화재손해액)+1천만원(잔존물제거비용, 손해액의 10% 한도)=<u>1억 1천만원</u>

나. 비용손해가 보험가입금액을 초과하는 경우

비용손해 중 손해방지비용, 대위권 보전비용 및 잔존물 보전비용은 '지급보험금의 계산'을 준용하여 계산한 금액이 보험가입금액을 초과하는 경우에도 이를 지급한다.

다. 기타 협력비용의 보상

비용손해 중 기타 협력비용은 보험가입금액을 초과한 경우에도 이를 전액 지급한다.

라. 보험금의 지급과 잔존보험가입금액

회사가 손해를 보상한 경우에는 보험가입금액에서 보상액을 뺀 잔액을 손해가 생긴 후의 나머지 보험기간에 대한 잔존보험가입금액으로 한다. 보험의 목적이 둘 이상일 경우에도 각각 동 항의 규정을 적용한다.

[비용 계산식 및 한도 정리]

비용	지급보험금 계산식	가입금액 한도
잔존물제거비용	지급보험금 계산식 적용. 다만, 손해액의 10% 한도	손해액과 합산하여 보험가입금액 한도 적용
손해방지비용, 대위권 보전비용, 잔존물 보전비용	지급보험금 계산식 적용	손해액과 합산하여 보험가입금액 초과한 경우에도 지급
기타 협력비용	지급보험금 계산식 미적용	손해액과 합산하여 보험가입금액 초과한 경우에도 지급

4. 지급보험금의 계산

가. 보험가입금액에 따른 계산방식

(1) 보험가입금액이 보험가액의 80% 해당액과 같거나 클 때

보험가입금액을 한도로 손해액 전액. 그러나 보험가입금액이 보험가액보다 클 때에는 보험가액을 한도로 한다.

(2) 보험가입금액이 보험가액의 80% 해당액보다 작을 때

보험가입금액을 한도로 아래의 계산식을 적용한 금액

$$손해액 \times \frac{보험가입금액}{보험가액의\ 80\%\ 해당액}$$

나. 중복보험 계산방식

동일한 계약의 목적과 동일한 사고에 관하여 보험금을 지급하는 다른 계약(공제계약을 포함)이 있고 이들의 보험가입금액의 합계액이 보험가액보다 클 경우에는 아래에 따라 지급보험금을 계산한다. 이 경우 보험자 1인에 대한 보험금 청구를 포기한 경우에도 다른 보험자의 지급보험금 결정에는 영향을 미치지 않는다.

(1) 다른 계약이 이 계약과 지급보험금의 계산방법이 같은 경우

$$손해액 \times \frac{이\ 계약의\ 보험가입금액}{다른\ 계약이\ 없는\ 것으로\ 하여\ 각각\ 계산한\ 보험가입금액의\ 합계액}$$

(2) 다른 계약이 이 계약과 지급보험금의 계산방법이 다른 경우

$$손해액 \times \frac{이\ 계약의\ 보험금}{다른\ 계약이\ 없는\ 것으로\ 하여\ 각각\ 계산한\ 보험금의\ 합계액}$$

다. 대위권 행사

(1) 이 계약이 타인을 위한 계약이면서 보험계약자가 다른 계약으로 인하여 상법 제682조에 따른 대위권 행사의 대상이 된 경우에는 실제 그 다른 계약이 존재함에도 불구하고 그 다른 계약이 없다는 가정하에 계산한 보험금을 그 다른 계약에 우선하여 이 계약에서 지급한다.

(2) 이 계약을 체결한 보험회사가 타인을 위한 보험에 해당하는 다른 계약의 보험계약자에게 상법 제682조에 따른 대위권을 행사할 수 있는 경우에는 이 계약이 없다는 가정하에 다른 계약에서 지급받을 수 있는 보험금을 초과한 손해액을 이 계약에서 보상한다.

라. 둘 이상의 보험목적을 계약하는 경우

하나의 보험가입금액으로 둘 이상의 보험목적물을 계약하는 경우에는 전체 가액에 대한 각 가액의 비율로 보험가입금액을 비례 배분하여 지급보험금을 계산한다.

마. 현물보상

회사는 손해의 일부 또는 전부에 대하여 재건축, 수리 또는 현물의 보상으로서 보험금의 지급을 대신할 수 있다.

제5절 손해방지의무와 대위권

1. 손해방지의무

보험사고가 생긴 때에는 계약자 또는 피보험자는 손해의 방지와 경감에 힘써야 한다. 만약 계약자 또는 피보험자가 고의 또는 중대한 과실로 이를 게을리한 때에는 방지 또는 경감할 수 있었을 것으로 밝혀진 값을 손해액에서 공제하여 지급한다.

2. 잔존물

회사가 보험금을 지급하고 잔존물을 취득할 의사표시를 하는 경우에는 그 잔존물은 회사의 소유가 된다.

3. 대위권

가. 제3자에 대한 보험자대위

회사가 보험금을 지급한 때(현물 보상한 경우를 포함)에는 회사는 지급한 보험금 한도 내에서 계약자 또는 피보험자가 제3자에 대하여 가지는 손해배상청구권을 취득한다. 다만, 회사가 보상한 금액이 피보험자가 입은 손해의 일부인 경우에는 피보험자의 권리를 침해하지 않는 범위 내에서 그 권리를 취득한다.

나. 타인을 위한 계약에서 계약자에 대한 대위권 포기

타인을 위한 계약의 경우에는 계약자에 대한 대위권을 포기한다.

다. 생계를 같이 하는 가족에 대한 대위권

회사는 대위하는 권리가 계약자 또는 피보험자와 생계를 같이 하는 가족에 대한 것인 경우에는 그 권리를 취득하지 못한다. 다만, 손해가 그 가족의 고의로 인하여 발생한 경우에는 그 권리를 취득한다.

라. 임차인등에 대한 대위권

회사는 대위하는 권리가 계약자 또는 피보험자와 임대차계약을 체결하는 등 거주를 허락한 자(이하 '임차인등')에 대한 것으로서, 임차인등이 보험료를 납부하는 경우 임차인등 및 이들과 생계를 같이하는 가족에 대한 대위권을 포기한다. 다만 손해가 임차인등 및 가족의 고의로 인하여 발생한 경우에는 그러하지 아니하다.

제6절 계약자의 계약 전 알릴의무 등

1. 계약 전 알릴의무

가. 계약 전 알릴의무

계약자, 피보험자 또는 이들의 대리인은 청약할 때 청약서(질문서를 포함)에서 질문한 사항에 대하여 알고 있는 사실을 반드시 사실대로 알려야 한다.

나. 알릴의무 위반의 효과

계약자, 피보험자 또는 이들의 대리인의 고의 또는 중대한 과실로 중요한 사항에 대하여 사실과 다르게 알린 때에는 회사는 손해의 발생여부에 관계없이 그 사실을 안 날부터 1개월 이내에 계약을 해지할 수 있다.

2. 계약 후 알릴의무

가. 보험목적에 대한 계약 후 알릴의무

아래와 같은 사실이 생긴 경우에는 계약자 또는 피보험자는 지체 없이 서면으로 회사에 알리고 보험증권에 확인을 받아야 한다.

(1) 이 계약에서 보장하는 위험과 동일한 위험을 보장하는 계약을 다른 보험자와 체결하고자 할 때 또는 이와 같은 계약이 있음을 알았을 때
(2) 양도할 때
(3) 보험의 목적 또는 보험의 목적을 수용하는 건물의 구조를 변경, 개축, 증축하거나 계속하여 15일 이상 수선할 때
(4) 보험의 목적 또는 보험의 목적을 수용하는 건물의 용도를 변경함으로써 위험이 변경되는 경우
(5) 보험의 목적 또는 보험의 목적이 들어있는 건물을 계속하여 30일 이상 비워 두거나 휴업하는 경우
(6) 다른 곳으로 옮길 때
(7) 위험이 뚜렷이 변경되거나 변경되었음을 알았을 때

나. 계약 후 알릴의무 이행의 효과

회사는 계약 후 알릴의무 이행에 따라 위험이 감소된 경우에는 그 차액보험료를 돌려주며, 위험이 증가된 경우에는 통지를 받은 날부터 1개월 이내에 보험료의 증액을 청구하거나 계약을 해지할 수 있다.

다. 계약 후 알릴의무 위반의 효과

뚜렷한 위험의 변경 또는 증가와 관련된 계약 후 알릴 의무를 이행하지 않았을 때에는 회사는 손해의 발생여부에 관계없이 그 사실을 안 날부터 1개월 이내에 계약을 해지할 수 있다.

3. 계약의 해지

가. 계약자의 임의해지

계약자는 손해가 발생하기 전에는 언제든지 계약을 해지할 수 있다. 다만 타인을 위한 계약의 경우에는 계약자는 그 타인의 동의를 얻거나 보험증권을 소지한 경우에 한하여 계약을 해지할 수 있다.

나. 고의 사고

회사는 계약자 또는 피보험자의 고의로 손해가 발생한 경우 계약을 해지할 수 있다.

다. 알릴의무 위반으로 인한 해지

회사는 아래와 같은 사실이 있을 경우에는 손해의 발생여부에 관계없이 그 사실을 안 날부터 1개월 이내에 이 계약을 해지할 수 있습니다.
(1) 계약자, 피보험자 또는 이들의 대리인이 계약 전 알릴 의무에도 불구하고 고의 또는 중대한 과실로 중요한 사항에 대하여 사실과 다르게 알린 때
(2) 뚜렷한 위험의 변경 또는 증가와 관련된 계약 후 알릴 의무에서 정한 계약 후 알릴 의무를 이행하지 않았을 때

라. 회사의 해지권 행사 제한

계약 전 알릴의무 위반에도 불구하고 다음 중 하나에 해당하는 경우에는 회사는 계약을 해지할 수 없다.
(1) 회사가 계약 당시에 그 사실을 알았거나 과실로 인하여 알지 못하였을 때
(2) 회사가 그 사실을 안 날부터 1개월 이상 지났거나 또는 제1회 보험료 등을 받은 때부터 보험금 지급사유가 발생하지 않고 2년이 지났을 때
(3) 계약을 체결한 날부터 3년이 지났을 때
(4) 보험을 모집한 자(이하 "보험설계사 등")가 계약자 또는 피보험자에게 알릴 기회를 주지 않았거나 계약자 또는 피보험자가 사실대로 알리는 것을 방해한 경우, 계약자 또는 피보험자에게 사실대로 알리지 않게 하였거나 부실한 사항을 알릴 것을 권유했을 때. 다만 보험설계사 등의 행위가 없었다 하더라도 계약자 또는 피보험자가 사실대로 알리지 않거나 부실한 사항을 알렸다고 인정되는 경우에는 계약을 해지할 수 있다.

마. 인과관계

계약의 해지는 손해가 생긴 후에 이루어진 경우에도 회사는 그 손해를 보상하지 않는다. 그러나 손해가 알릴의무 위반한 사실로 생긴 것이 아님을 계약자 또는 피보험자가 증명한 경우에는 보상한다.

바. 다른 보험가입내역

회사는 다른 보험가입내역에 대한 계약 전·후 알릴 의무 위반을 이유로 계약을 해지하거나 보험금 지급을 거절하지 않는다.

제7절 사기에 의한 계약 등

1. 사기에 의한 계약

계약자, 피보험자 또는 이들의 대리인의 사기에 의하여 계약이 성립되었음을 회사가 증명하는 경우에는 계약일부터 <u>5년</u> 이내(사기사실을 안 날부터 <u>1개월</u> 이내)에 계약을 취소할 수 있다.

2. 중대사유로 인한 해지

가. 의의

회사는 아래와 같은 사실이 있을 경우에는 그 사실을 안 날부터 <u>1개월</u> 이내에 계약을 <u>해지</u>할 수 있다.

나. 고의사고

계약자 또는 피보험자가 보험금을 지급받을 목적으로 고의로 보험금 지급사유를 발생시킨 경우

다. 보험금 허위 청구

계약자 또는 피보험자가 보험금 청구에 관한 서류에 고의로 사실과 다른 것을 기재하였거나 그 서류 또는 증거를 위조 또는 변조한 경우. 다만 이미 보험금 지급사유가 발생한 경우에는 보험금 지급에 영향을 미치지 않는다.

3. 계약자의 위법계약 해지권

가. 위법계약 해지 요구

계약자는 「금융소비자 보호에 관한 법률」 제47조 및 관련규정이 정하는 바에 따라 계약체결에 대한 회사의 법 위반사항이 있는 경우 계약해지 요구서에 증빙서류를 첨부하여 위법계약의 해지를 요구할 수 있다.

나. 해지 가능 기간

위법계약 해지권은 <u>계약 체결일부터 5년</u> 이내의 범위에서 계약자가 위반사항을 <u>안 날부터 1년</u> 이내에 행사할 수 있다.

다. 수락 기간

회사는 해지요구를 받은 날부터 <u>10일</u> 이내에 수락여부를 계약자에 통지하여야 한다. 만약 해지요구를 거절할 때에는 거절 사유를 함께 통지하여야 한다. 계약자는 회사가 정당한 사유 없이 요구를 따르지 않는 경우 해당 계약을 해지할 수 있다.

라. 미경과기간에 대한 보험료

위법계약 해지에 따라 계약이 해지된 경우 경과하지 않은 기간에 대하여 일단위로 계산한 보험료를 지급한다. 일반적인 해지시에 지급하는 해약환급금과는 달리 위법계약에 따른 계약의 해지는 금융소비자보호에 관한 법률에 의하여 수수료, 위약금 등 계약의 해지와 관련된 비용을 계약자에게 요구할 수 없기 때문이다.

4. 보험료의 환급

가. 의의

보험계약이 무효, 효력상실 또는 해지된 때에는 보험료를 돌려준다. 다만 보험기간 중 보험사고가 발생하고 보험금이 지급되어 보험가입금액이 감액된 경우에는 감액된 보험가입금액을 기준으로 환급금을 계산하여 돌려준다.

나. 환급금의 계산

(1) 계약자 또는 피보험자의 책임 없는 사유에 의하는 경우

무효의 경우에는 회사에 납입한 보험료의 전액, 효력상실 또는 해지의 경우에는 경과하지 않은 기간에 대하여 일단위로 계산한 보험료

(2) 계약자 또는 피보험자의 책임 있는 사유에 의하는 경우

이미 경과한 기간에 대하여 단기요율(1년 미만의 기간에 적용되는 요율)로 계산한 보험료를 뺀 잔액. 다만 계약자, 피보험자의 고의 또는 중대한 과실로 무효가 된 때에는 보험료를 돌려주지 않는다.

(3) 보험기간이 1년을 초과하는 계약이 무효 또는 효력상실인 경우

무효 또는 효력상실의 원인이 생긴 날 또는 해지일이 속하는 보험년도의 보험료는 위 1항의 규정을 적용하고 그 이후의 보험년도에 속하는 보험료는 전액을 돌려준다.

다. 계약자 또는 피보험자의 책임 있는 사유

(1) 계약자 또는 피보험자가 임의 해지하는 경우
(2) 회사가 (사기에 의한 계약), (계약자의 임의 해지), (고의사고 또는 알릴의무 위반으로 인한 계약의 해지) 또는 (중대사유로 인한 해지)에 따라 계약을 취소 또는 해지하는 경우

(3) 보험료 미납으로 인한 계약의 효력 상실

라. 이자의 지급

계약의 무효, 효력상실 또는 해지로 인하여 회사가 돌려드려야 할 보험료가 있을 때에는 계약자는 환급금을 청구하여야 하며, 회사는 청구일의 다음 날부터 지급일까지의 기간에 대하여 '보험개발원이 공시하는 보험계약대출이율'을 연단위 복리로 계산한 금액을 더하여 지급합니다.

제8절 화재보험의 주요 특별약관

1. 구내폭발손해 담보

보험의 목적물에 있는 구내에서 발생한 폭발 또는 파열의 손해를 담보하는 특별약관이다. 여기에서 말하는 '폭발 또는 파열'이란 급격한 산화반응을 포함하는 파괴 또는 그러한 현상을 말한다. 일반화재보험 보통약관에서는 폭발 및 파열 손해를 담보하지 않기 때문에, 동 특약을 첨부하면 해당 손해를 보장받을 수 있다.

> **시험 출제 포인트**
>
> 기관, 기기, 증기기관, 내연기관, 수도관, 유압기, 수압기 등에서 발생하는 물리적 폭발이나 파열, 기계의 운동부분 또는 회전부분이 분해되어 날아 흩어지는 손해는 제외되니 주의하여야 한다. 물리적 폭발이나 파열 등은 기계보험에서 담보하는 위험이다.

2. 도난위험 담보

강도, 절도로 생긴 도난, 훼손 또는 망가짐 손해와 도난품을 회수하는데 소요된 필요하고도 정당한 비용을 보상한다. <u>1사고당 10만원의 자기부담금</u>이 있다.

3. 풍수재위험 담보

태풍, 회오리바람, 폭풍, 폭풍우, 홍수, 해일, 범람 및 이와 유사한 풍재 또는 수해로 생긴 손해를 보상한다. <u>1사고당 50만원의 자기부담금</u>이 있다.

4. 전기적 사고위험 담보

발전기, 여자기(정류기 포함), 변류기, 변압기, 전압조정기, 축전지, 개폐기, 차단기, 피뢰기, 배전반 및 그 밖의 전기기기 또는 장치 중 일부 또는 전부를 보험의 목적으로 하였을 경우, 그 전자기기 또는 전기적 사고로 발생한 손해를 보상한다. 그러나 어떠한 경우라도 자연열화의 손해 또는 안전장치의 기능상 당연히 발생할 수 있는 손해는 보상하지 않는다.

5. 재조달가액 담보

시가가 아니라 재조달가액을 기준으로 보상한다. 보험가입금액이 재조달가액의 80% 이상인 경우에는 보험가입금액을 한도로 재조달가액 기준의 손해액을 전액 보상하고, 80%에 미달하는 경우에는 비례보상한다.

※ 재조달가액: 보험의 목적과 동형, 동질의 신품을 재조달하기 위하여 소요되는 금액
※ 재조달가액 – 감가상각액 = 시가

6. 구내냉동(냉장)보장 담보

구내에서 화재로 냉동(냉장)장치의 파손 또는 변조로 온도변화가 발생하여 보험의 목적인 냉동(냉장)물에 생긴 손해를 보상한다.

오엑스 문제풀이

01 장기화재보험의 보험기간은 3년 이상의 장기이다. O/X

> 해설 장기화재보험의 보험기간은 3년 이상의 장기이다. 반면에 일반화재보험은 1~3년의 단기이다.

02 귀중품은 무게나 부피가 휴대할 수 있으며, 점당 300만원 이상인 물건을 말한다. O/X

> 해설 귀중품은 무게나 부피가 휴대할 수 있으며, 점당 300만원 이상인 물건을 말한다. 귀중품은 보험증권에 기재하여야만 보험의 목적에 포함된다.

03 화재가 발생하여 보험의 목적이 객관적으로 화재의 위험에 직면하여 이를 방치할 경우에는 화재손해를 입을 것이 확실한 경우 보험목적물을 피난으로 인해 발생한 손해는 소방손해를 의미한다. O/X

> 해설 화재가 발생하여 보험의 목적이 객관적으로 화재의 위험에 직면하여 이를 방치할 경우에는 화재손해를 입을 것이 확실한 경우 보험목적물을 피난으로 인해 발생한 손해는 피난손해를 의미한다. 소방손해는 화재의 소방으로 인한 수침손이나 파괴손을 말한다.

04 보험의 목적의 발효, 자연발열, 자연발화로 생긴 손해와 자연발열 또는 자연발화로 연소된 다른 보험의 목적에 생긴 손해는 보상하지 않는다. O/X

> 해설 보험의 목적의 발효, 자연발열, 자연발화로 생긴 손해는 보상하지 않는다. 그러나 자연발열 또는 자연발화로 연소된 다른 보험의 목적에 생긴 손해는 보상하여 준다.

05 잔존물 제거비용은 손해액의 20%를 초과할 수 없다. O/X

> 해설 화재로 인한 손해에 의한 보험금과 잔존물 제거비용은 각각 '지급보험금의 계산'을 준용하여 계산하며, 그 합계액은 보험증권에 기재된 보험가입금액을 한도로 한다. 다만, 잔존물 제거비용은 손해액의 10%를 초과할 수 없다.

06 타인을 위한 계약의 경우에는 계약자에 대한 대위권을 포기한다. O/X

> 해설 회사는 타인을 위한 계약의 경우에는 계약자에 대한 대위권을 포기한다. 따라서 계약자에게는 대위권을 행사하지 못한다.

07 보험의 목적 또는 보험의 목적을 수용하는 건물의 구조를 변경, 개축, 증축하거나 계속하여 10일 이상 수선할 때에는 지체없이 서면으로 회사에 알리고 보험증권에 확인을 받아야 한다. O/X

> 해설 보험의 목적 또는 보험의 목적을 수용하는 건물의 구조를 변경, 개축, 증축하거나 계속하여 15일 이상 수선할 때에는 지체없이 서면으로 회사에 알리고 보험증권에 확인을 받아야 한다.

08 풍수재위험 담보는 태풍, 회오리바람, 폭풍, 폭풍우, 홍수, 해일, 범람 및 이와 유사한 풍재 또는 수해로 생긴 손해를 보상한다. 1사고당 50만원의 자기부담금이 있다. O/X

> 해설 풍수재위험 담보는 화재보험 보통약관의 면책위험인 태풍, 회오리바람, 폭풍, 폭풍우, 홍수, 해일, 범람 및 이와 유사한 풍재 또는 수해로 생긴 손해를 보상하는 특별약관이다. 1사고당 50만원의 자기부담금이 적용된다.

01. ○ 02. ○ 03. × 04. × 05. × 06. ○ 07. × 08. ○

CHAPTER 02 배상책임보험

제1절 배상책임보험의 개요

1. 의의

피보험자의 일상생활부터 기업활동 등의 과정에서 다른 사람의 신체에 손상을 주거나 다른 사람의 재산 상의 손해를 입힘으로써 발생하는 법률상 배상책임을 보상하는 보험을 말한다.

2. 배상책임보험의 분류

가. 일반배상책임보험과 전문직업인배상책임보험

일반배상책임보험	일반적인 사고에 대한 배상책임보험 예 시설소유관리자배상책임보험, 도급업자배상책임보험, 생산물배상책임보험 등
전문직업인배상책임보험	특정 전문직업인의 배상책임을 보상하는 보험 예 의사배상책임보험, 변호사배상책임보험, 임원배상책임보험 등

나. 의무배상책임보험과 임의배상책임보험

의무배상책임보험	법률 등에 의하여 가입이 강제되는 보험 예 가스배상책임보험, 유도선사업자배상책임보험, 체육시설업자배상책임보험 등
임의배상책임보험	보험계약자의 자유의사에 따라 가입하는 보험 예 생산물배상책임보험, 의사배상책임보험, 임원배상책임보험 등

다. 배상청구기준 배상책임보험과 사고발생기준 배상책임보험

배상청구기준	보험기간 중 최초로 피보험자에게 청구된 사고를 기준으로 보상책임을 결정하는 보험 예 생산물배상책임보험, 전문직업인배상책임보험 등
사고발생기준	보험기간 중 발생한 사고를 기준으로 보상책임을 결정하는 보험 예 자동차보험 등

라. 제3자배상책임보험과 보관자배상책임보험

제3자배상책임	피해자에 대한 불법행위로 인한 손해배상책임을 보상하는 보험 예 자동차보험 등
보관자배상책임	피보험자가 타인의 물건을 보관하는 경우 그 보관한 물건에 대한 손해로 인해 발생하는 배상책임을 보상하는 보험 예 임차자배상책임보험, 창고업자배상책임보험, 주차장배상책임보험 등

마. 개인배상책임보험과 영업배상책임보험

개인배상책임보험	개인이 일상적인 생활을 영위하면서 발생하는 배상책임을 보상하는 보험
영업배상책임보험	영리활동을 포함한 일체의 사무활동 중에 발생하는 배상책임을 보상하는 보험

바. 국문배상책임보험과 영문배상책임보험

국문배상책임보험	보통약관에 필요한 특별약관을 첨부하여 보상하는 형태 예 시설소유관리자 특별약관, 체육시설업자 배상책임 특별약관 등
영문배상책임보험	업종에 관계없이 포괄적으로 담보하고 필요에 따라 면책약관(Exclusion)을 부가하는 형태 예 CGL(Commercial General Liability Policy)

3. 배상책임보험의 주요 용어

가. 배상책임

법률상 배상책임	법률 규정에 의하여 피보험자가 부담하는 배상책임을 말한다.
계약상 가중책임	별도로 가해자와 피해자 등의 당사자 간 계약에 의해 부담하는 배상책임을 말한다. 일반적인 배상책임보험에서는 당사자 간의 계약상 가중책임을 보상하지 않는 손해로 규정하고 있다.

나. 보상 한도액

회사와 계약자 간에 약정한 금액으로 피보험자가 법률상의 배상책임을 부담함으로써 입은 손해 중 보험금 등의 지급한도에 따라 회사가 책임지는 금액의 최대 한도를 말한다. 보상한도는 통상 1사고당 금액과 1인당 금액을 별도로 설정한다.

다. 자기부담금

보험사고로 인하여 발생한 손해에 대하여 계약자 또는 피보험자가 부담하는 일정한 금액을 말한다. 즉, 보험회사는 자기부담금을 제외하고 보험금을 지급한다.

라. 보험금 분담

보장하는 위험과 같은 위험을 보장하는 다른 계약(공제계약을 포함한다)이 있을 경우 보험약관에 정한 비율에 따라 손해를 보상한다.

마. 대위권

회사가 보험금을 지급하고 취득하는 법률상의 권리를 말한다.

제2절 배상책임보험의 보상하는 손해

1. 법률상의 손해배상금

피보험자가 피해자에게 지급할 책임을 지는 법률상의 손해배상금을 보상하며 여기에는 지연이자도 포함된다.

2. 비용 손해

손해방지비용	손해의 방지 또는 경감을 위하여 지출한 필요 또는 유익하였던 비용
대위권 보전비용	제3자로부터 손해의 배상을 받을 수 있는 그 권리를 지키거나 행사하기 위하여 지출한 필요 또는 유익하였던 비용
소송비용	소송비용, 변호사비용, 중재, 화해 또는 조정에 관한 비용
공탁보증보험료	보험증권상의 보상한도액 내의 금액에 대한 공탁보증보험료. 그러나 회사는 그러한 보증을 제공할 책임은 부담하지 않는다.
협력비용	회사의 요구에 따르기 위하여 지출한 비용

제3절 배상책임보험의 보상하지 않는 손해

1. 계약자, 피보험자 또는 이들의 법정대리인의 고의로 생긴 손해에 대한 배상책임
2. 전쟁, 혁명, 내란, 사변, 테러, 폭동, 소요, 노동쟁의 기타 이들과 유사한 사태로 생긴 손해에 대한 배상책임
3. 지진, 분화, 홍수, 해일 또는 이와 비슷한 천재지변으로 생긴 손해에 대한 배상책임
4. 피보험자가 소유, 사용 또는 관리하는 재물이 손해를 입었을 경우에 그 재물에 대하여 정당한 권리를 가진 사람에게 부담하는 손해에 대한 배상책임
5. 피보험자와 타인간에 손해배상에 관한 약정이 있는 경우, 그 약정에 의하여 가중된 배상책임
6. 핵연료물질 또는 핵연료 물질에 의하여 오염된 물질의 방사성, 폭발성 그 밖의 유해한 특성 또는 이들의 특성에 의한 사고로 생긴 손해에 대한 배상책임
7. 위 제6호 이외의 방사선을 쬐는 것 또는 방사능 오염으로 인한 손해

8. 티끌, 먼지, 석면, 분진 또는 소음으로 생긴 손해에 대한 배상책임
9. 전자파, 전자장(EMF)으로 생긴 손해에 대한 배상책임
10. 벌과금 및 징벌적 손해에 대한 배상책임

제4절 보험금의 지급 등

1. 손해의 통지 및 조사

아래의 사실이 있는 경우에는 지체없이 그 내용을 회사에 알려야 한다. 만약 이를 게을리하여 손해가 증가된 때에는 그 증가된 손해는 보상하지 않는다.
가. 사고가 발생하였을 경우 사고가 발생한 때와 곳, 피해자의 주소와 성명, 사고상황 및 이들 사항의 증인이 있을 경우 그 주소와 성명
나. 피해자로부터 손해배상청구를 받았을 경우
다. 피해자로부터 손해배상책임에 관한 소송을 제기 받았을 경우

2. 보험금 지급절차

가. 보험금청구서류의 접수와 가지급보험금의 지급

회사는 보험금 청구 서류를 접수한 때에는 접수증을 교부하고, 그 서류를 접수받은 후 지체 없이 지급할 보험금을 결정하고 지급할 보험금이 결정되면 7일 이내에 이를 지급한다. 또한, 지급할 보험금이 결정되기 전이라도 피보험자의 청구가 있을 때에는 회사가 추정한 보험금의 50% 상당액을 가지급보험금으로 지급한다.

나. 지연이자의 지급

지급보험금이 결정된 후 7일(지급기일)이 지나도록 보험금을 지급하지 않았을 때에는 지급기일의 다음날부터 지급일까지의 기간에 대하여 '보험금을 지급할 때의 적립이율'에 따라 연단위 복리로 계산한 금액을 보험금에 더하여 지급한다. 그러나 피보험자의 책임있는 사유로 지체된 경우에는 그 해당기간에 대한 이자를 더하여 지급하지 않는다.

3. 보험금 등의 지급한도

손해배상금	보상한도액을 한도로 보상하되, 자기부담금이 약정된 경우에는 그 자기부담금을 초과한 부분만 보상
손해방지비용, 대위권보전비용, 협력비용	전액을 보상
소송비용, 공탁보증보험료	비용과 손해배상금의 합계액을 보상한도액 내에서 보상

4. 의무보험과의 관계

가. 보험금 분담

보상하여야 하는 금액이 의무보험에서 보상하는 금액을 초과할 때에 한하여 그 초과액만을 보상한다. 다만, 의무보험이 다수인 경우에는 '보험금의 분담' 규정을 따른다.

나. 의무보험의 범위

피보험자가 법률에 의하여 의무적으로 가입하여야 하는 보험으로서 공제계약을 포함한다.

다. 의무보험을 가입하지 않은 경우

피보험자가 의무보험에 가입하여야 함에도 불구하고 가입하지 않은 경우에는 그가 가입했더라면 의무보험에서 보상했을 금액을 "의무보험에서 보상하는 금액"으로 본다.

5. 보험금의 분담 등

가. 동일한 위험을 보장하는 다른 계약이 있는 경우

$$손해액 \times \frac{이\ 계약의\ 보상책임액}{다른\ 계약이\ 없는\ 것으로\ 하여\ 각각\ 계산한\ 보상책임액의\ 합계액}$$

나. 다른 의무보험이 있는 경우

다른 의무보험이 있는 경우에는 다른 의무보험에서 보상되는 금액(피보험자가 가입을 하지 않은 경우에는 보상될 것으로 추정되는 금액)을 차감한 금액을 손해액으로 간주하여 보상할 금액을 결정한다.

다. 다른 보험계약에 대한 청구 포기의 효과

피보험자가 다른 계약에 대하여 보험금 청구를 포기한 경우에도 동일한 위험을 보장하는 다른 계약이 있는 경우와 같이 지급보험금 결정에는 영향을 미치지 않는다.

제5절 손해방지의무와 대위권

1. 손해방지의무

가. 손해의 방지 또는 경감을 위하여 노력하는 일(피해자에 대한 응급처치, 긴급호송 또는 그 밖의 긴급조치를 포함)

나. 제3자로부터 손해의 배상을 받을 수 있는 경우에는 그 권리를 지키거나 행사하기 위한 필요한 조치를 취하는 일

다. 손해배상책임의 전부 또는 일부에 관하여 지급(변제), 승인 또는 화해를 하거나 소송, 중재 또는 조정을 제기하거나 신청하고자 할 경우에는 미리 회사의 동의를 받는 일

2. 손해방지의무를 이행하지 않은 경우

보상하는 손해에 따라 산출한 금액에서 다음의 금액을 뺀다.

가. 손해방지의무와 관련해서 그 노력을 하였더라면 손해를 방지 또는 경감할 수 있었던 금액

나. 대위권 보전과 관련해서 제3자로부터 손해의 배상을 받을 수 있었던 금액

다. 손해배상책임의 전부 또는 일부와 관련해서 지급(변제), 승인 또는 화해를 하거나 소송, 중재 또는 조정을 제기하거나 신청하고자 할 때 미리 회사의 동의를 받지 않은 경우의 소송비용(중재 또는 조정에 관한 비용 포함) 및 변호사비용과 회사의 동의를 받지 않은 행위에 의하여 증가된 손해

3. 손해배상청구에 대한 회사의 해결

가. 피해자 직접청구권

피보험자가 피해자에게 손해배상책임을 지는 사고가 생긴 때에는 피해자는 회사가 피보험자에게 지급책임을 지는 금액 한도 내에서 회사에 대하여 보험금 지급을 직접 청구할 수 있다. 그러나 회사는 피보험자가 그 사고에 관하여 가지는 항변으로써 피해자에게 대항할 수 있다.

나. 피해자 직접청구의 통지와 협조의무

회사는 피해자로부터 직접청구를 받은 때에는 지체 없이 피보험자에게 통지해야 하며, 계약자 및 피보험자는 회사의 요구에 따라 필요한 서류증거의 제출, 증언 또는 증인출석에 협조해야 한다.

다. 피보험자가 손해배상청구를 받은 경우

회사가 필요하다고 인정할 때에는 피보험자를 대신하여 회사의 비용으로 이를 해결할 수 있다. 이때 계약자 및 피보험자는 회사의 요구에 따라 협력하여야 한다.

라. 협조의무 미이행의 효과

그로 인하여 늘어난 손해는 보상하지 않는다.

4. 대위권

회사가 보험금을 지급한 때(현물보상한 경우를 포함)에는 지급한 보험금의 한도 내에서 아래의 권리를 가진다. 다만, 회사가 보상한 금액이 피보험자가 입은 손해의 일부인 경우에는 피보험자의 권리를 침해하지 않는 범위 내에서 그 권리를 가진다.
가. 피보험자가 제3자로부터 손해배상을 받을 수 있는 경우에는 그 손해배상청구권
나. 피보험자가 손해배상을 함으로써 대위 취득하는 것이 있을 경우에는 그 대위권

5. 타인을 위한 계약에서 대위권 포기

타인을 위한 계약의 경우에는 계약자에 대한 대위권을 포기한다.

6. 생계를 같이 하는 가족에 대한 대위권

회사는 대위하는 권리가 계약자 또는 피보험자와 생계를 같이 하는 가족에 대한 것인 경우에는 그 권리를 취득하지 못한다. 다만, 손해가 그 가족의 고의로 인하여 발생한 경우에는 그 권리를 취득한다.

제6절 주요 배상책임보험

1. 영업배상책임보험

가. 시설소유관리자 특별약관

시설을 소유, 사용 또는 관리하는 사람이 통제하는 시설에 기인한 사고 혹은 시설을 이용하는 활동에 기인한 사고가 발생하였을 경우에 그러한 사고로 피해를 입은 사람에게 부담하는 배상책임을 담보하는 보험상품이다. 여기서 말하는 시설이란 동산과 부동산을 모두 포함하는 개념이지만, 자동차, 선박, 항공기와 같은 교통수단은 시설에 포함되지 않는다.

> **시험 출제 포인트**
> ▶ 3C 면책
> 3C란 Care(보호), Custody(관리), Control(통제)를 뜻하는 것을 시설소유관리자 배상책임보험에서 담보되지 않는 전형적인 유형의 위험을 말한다. 이러한 위험은 보관자위험으로 분류된다.

나. 도급업자 특별약관

도급이란 당사자 일방(수급인)이 어떤 일의 완성을 약속하고 상대방(도급인)이 그 일의 결과에 대해서 일정한 보수를 지급할 것을 약정하여 성립하는 계약이다. 도급업자 배상책임과 시설소유

관리자 배상책임은 모두 시설에 기인한 손해와 위험을 담보하며, 피보험자가 소유, 사용, 관리, 통제하는 재물에 대한 배상책임(3C 면책 ; Care, Custody, Control)은 담보하지 않는다. 둘이 담보하는 위험은 같은 법리가 적용되기 때문에 실제로 같은 유형의 위험이지만, 보험 기술적인 측면에서 담보 약관을 분리한 것 뿐이다. 실제로 국문약관에서는 둘이 구분되지만, 영문 CGL Policy에서는 별도로 구분하지 않고 같이 담보하고 있다.

다. 경비업자 특별약관

피보험자가 보험증권에 기재된 경비업무의 수행으로 생긴 우연한 사고로 타인에게 신체상해 또는 재물손해를 입혀 부담하는 법률상 손해배상책임을 보상한다.

라. 주차장 특별약관

피보험자가 소유, 사용, 관리하는 주차시설 및 그 주차시설의 용도에 따른 주차업무의 수행으로 생긴 우연한 사고로 수탁 자동차 및 제3자의 인명이나 재산에 입힌 피해에 대한 손해배상책임을 담보한다. 즉, 수탁 자동차에 대한 보관자 배상책임과 제3자의 인명 및 재산 손해에 대한 제3자 배상책임을 같이 담보한다.

마. 차량정비업자 특별약관

차량정비업자 특약Ⅰ은 피보험자가 소유, 사용, 관리하는 차량 정비시설 및 그 시설의 용도에 따른 차량 정비업무의 수행으로 인한 우연한 사고를 담보하며, 차량정비업자 특약Ⅱ는 그 밖의 정비 목적의 차량의 수탁, 시험운전, 인도 과정의 사고도 추가로 담보한다.

바. 임차자배상 특별약관

임차자 특약(Tenant's liability)은 피보험자가 임차한 시설이 우연한 사고로 손해를 입어 임차인이 임대인에게 부담하는 손해배상책임을 담보한다. 보관자 책임보험에 해당한다.

사. 창고업자 특별약관

창고업자 특약Ⅰ은 수탁화물이 화재(낙뢰 포함), 폭발, 파손, 강도 및 도난으로 생긴 손해를 보상하며, 창고업자 특약Ⅱ는 우연한 사고로 수탁화물에 생긴 손해를 담보한다. 창고업자 특약Ⅰ이 열거위험 담보라면, 창고업자 특약Ⅱ는 포괄위험 담보이다.

2. 생산물배상책임보험

제품의 결함으로 인하여 피보험자가 타인에게 입힌 손해에 대한 법률상 손해배상책임을 담보하는 보험이다.

> **시험 출제 포인트**
>
> ▶ 생산물 결함
> 1. "제조상의 결함"이란 제조업자가 제조물에 대하여 제조상·가공상의 주의의무를 이행하였는지에 관계없이 제조물이 원래 의도한 설계와 다르게 제조·가공됨으로써 안전하지 못하게 된 경우를 말한다.
> 2. "설계상의 결함"이란 제조업자가 합리적인 대체설계(代替設計)를 채용하였더라면 피해나 위험을 줄이거나 피할 수 있었음에도 대체설계를 채용하지 아니하여 해당 제조물이 안전하지 못하게 된 경우를 말한다.
> 3. "표시상의 결함"이란 제조업자가 합리적인 설명·지시·경고 또는 그 밖의 표시를 하였더라면 해당 제조물에 의하여 발생할 수 있는 피해나 위험을 줄이거나 피할 수 있었음에도 이를 하지 아니한 경우를 말한다.

3. 가스사고배상책임보험

가스의 제조 및 판매업자, 가스용기 제조업자 및 일정규모 이상의 가스사용자가 가스사고로 인하여 타인에게 입힌 손해에 대한 배상책임을 담보한다. 법률상 보험 가입이 강제되어 있는 의무보험이다.

4. 적재물배상책임보험

피보험자가 운송의 목적으로 수탁받은 화물을 화물자동차로 운송하는 기간 동안에 생긴 우연한 사고로 화물이 손상을 입었을 때에 화물의 소유자에게 부담하는 법률상 손해배상책임을 담보한다. 보관자 책임보험에 해당한다.

5. 체육시설업자배상책임보험

체육시설의 설치 이용에 관한 법률에 따라 체육시설 운영자가 체육시설 이용자가 입은 신체손해나 재산손해에 대해서 부담하는 손해배상책임을 담보한다. 법률상 보험 가입이 강제되어 있는 의무보험이다.

6. 의사배상책임보험

의사의 의료행위 중 환자에게 입힌 인명피해에 대한 손해배상책임을 담보하는 전문직업배상책임보험으로 배상청구기준증권이다.

7. 임원배상책임보험

주식회사의 임원이 직무를 수행하면서 관련 법률에서 규정하고 있는 의무를 위반하여 법률상 손해배상책임을 부담하여 입은 손해를 보상하는 보험상품이다. 우리나라에서는 1990년대말 IMF 위기로 많은 회사들이 도산하면서 임원배상책임보험의 필요성이 대두되어, 해외에서 AIG 약관을 도입하여 사용하였으며 현재는 국문약관도 개발하여 같이 사용 중이다.

8. 재난배상책임보험

가. 의무가입 대상시설

① 숙박시설, ② 과학관, ③ 물류창고, ④ 박물관, ⑤ 미술관, ⑥ 1층 음식점, ⑦ 장례식장, ⑧ 경

륜장, ⑨ 경정장, ⑩ 장외매장, ⑪ 국제회의시설, ⑫ 지하상가, ⑬ 도서관, ⑭ 주유소, ⑮ 여객자동차터미널, ⑯ 전시시설, ⑰ 15층 이하 아파트, ⑱ 경마장, ⑲ 장외발매소, ⑳ 농어촌민박시설

나. 가입의무 면제시설

① 「다중이용업소의 안전관리에 관한 특별법」에 따른 다중이용업으로 화재배상책임보험에 가입해야 하는 시설
② 「화재로 인한 재해보상과 보험가입에 관한 법률」에 따른 특수건물로서 신체손해배상특약부 화재보험에 가입해야 하는 시설
③ 「국유재산법」, 「공유재산 및 물품관리법」에 따라 보험 또는 공제 등에 가입해야 하는 국·공유 시설

다. 담보위험

재난배상책임보험은 재난취약시설이 의무적으로 가입하여야 하는 보험으로 화재, 폭발, 붕괴 등으로 인한 타인의 신체 또는 재산상 손해에 대하여 피보험자가 부담하는 법률상 손해배상책임을 보상한다. 법률상 책임법리에 대한 명시적 규정은 없으나, 피보험자의 과실이 없는 사고라도 보상책임을 지는 무과실책임주의에 따라 운영된다. 즉 피해자 과실상계 후 손해액을 보상한도액 내에서 보상책임을 부담한다.

라. 보험가입 의무자

① 가입대상시설의 소유자와 점유자가 동일한 경우: 소유자
② 가입대상시설의 소유자와 점유자가 다른 경우: 점유자
③ 소유자 또는 점유자와의 계약에 따라 가입대상시설에 대한 관리책임과 권한을 부여받은 자(관리자)가 있거나 다른 법령에 따라 관리자로 규정된 자가 있는 경우: 관리자

마. 보상한도

(1) 대인: 사고당 한도는 별도 제한규정이 없음 → 무한
① 사망: 1억 5천만원(실손해액이 2천만원 미만인 경우에는 2천만원)
② 부상: 1급 3,000만원~14급 50만원(상해등급별 한도로 실손해)
③ 후유장애: 1급 1억 5천만원~14급 1,000만원(후유장해등급별 한도로 실손해)
④ 손해가 중복되었을 때 보험금의 지급기준
  가. 부상한 자가 치료 중 그 부상이 원인이 되어 사망한 경우: 사망, 부상에 따른 한도금액의 합산액 범위에서 피해자에게 발생한 손해액
  나. 부상한 자에게 후유장애가 생긴 경우: 부상과 후유장애에 따른 금액의 합산액
  다. 후유장애에 따른 금액을 지급한 후 그 부상이 원인이 되어 사망한 경우: 사망에 따른 금액에서 후유장애에 따른 금액 중 사망한 날 이후에 해당하는 손해액을 뺀 금액

(2) 대물 손해의 경우: 1사고당 10억원

오엑스 문제풀이

01 임원배상책임보험은 의무배상책임보험에 해당한다. O/X

해설 의무배상책임보험은 법률 등에 의하여 가입이 강제되는 보험으로 가스배상책임보험, 유도선사업자배상책임보험, 체육시설업자배상책임보험 등이 있다. 임원배상책임보험은 보험계약자의 자유의사에 따라 가입하는 보험으로 임의배상책임보험에 해당한다.

02 계약상 가중책임은 별도의 약정이 없는한 배상책임보험에서 보상하지 않는다. O/X

해설 계약상 가중책임은 별도로 가해자와 피해자 등의 당사자간 계약에 의해 부담하는 배상책임을 말한다. 일반적인 배상책임보험에서는 당사자 간의 계약상 가중책임을 보상하지 않는 손해로 규정하고 있다.

03 보험금 청구에 관한 서류를 접수받은 후 지체없이 지급할 보험금을 결정하고 지급할 보험금이 결정되면 10일 이내에 이를 지급한다. O/X

해설 보험금 청구에 관한 서류를 접수받은 후 지체없이 지급할 보험금을 결정하고 지급할 보험금이 결정되면 7일 이내에 이를 지급한다.

04 피보험자가 의무보험에 가입하여야 함에도 불구하고 가입하지 않은 경우에는 그가 가입했더라면 의무보험에서 보상했을 금액을 "의무보험에서 보상하는 금액"으로 본다. O/X

해설 피보험자가 의무보험에 가입하여야 함에도 불구하고 가입하지 않은 경우에는 그가 가입했더라면 의무보험에서 보상했을 금액을 "의무보험에서 보상하는 금액"으로 보고 보험금 분담에 대한 규정을 적용한다.

05 피해자가 보험회사에게 직접 청구권을 행사했을 때에 회사는 피보험자가 그 사고에 관하여 가지는 항변으로써 피해자에게 대항할 수 있다. O/X

해설 피보험자가 피해자에게 손해배상책임을 지는 사고가 생긴 때에는 피해자는 회사가 피보험자에게 지급책임을 지는 금액 한도 내에서 회사에 대하여 보험금 지급을 직접 청구할 수 있다. 그러나 회사는 피보험자가 그 사고에 관하여 가지는 항변으로써 피해자에게 대항할 수 있다.

06 3C란 Care(보호), Custody(관리), Control(통제)를 뜻한다. O/X

해설 3C란 Care(보호), Custody(관리), Control(통제)를 뜻하는 것을 시설소유관리자 배상책임보험에서 담보되지 않는 전형적인 유형의 위험을 말한다. 이러한 위험은 보관자위험으로 분류된다.

07 창고업자 특약Ⅰ이 포괄위험 담보라면, 창고업자 특약Ⅱ는 열거위험 담보이다. O/X

해설 창고업자 특약Ⅰ이 열거위험 담보라면, 창고업자 특약Ⅱ는 포괄위험 담보이다.

08 제조업자가 제조물에 대하여 제조상·가공상의 주의의무를 이행하였는지에 관계없이 제조물이 원래 의도한 설계와 다르게 제조·가공됨으로써 안전하지 못하게 된 경우는 설계상의 결함이다. O/X

해설 "제조상의 결함"이란 제조업자가 제조물에 대하여 제조상·가공상의 주의의무를 이행하였는지에 관계없이 제조물이 원래 의도한 설계와 다르게 제조·가공됨으로써 안전하지 못하게 된 경우를 말한다. "설계상의 결함"이란 제조업자가 합리적인 대체설계(代替設計)를 채용하였더라면 피해나 위험을 줄이거나 피할 수 있었음에도 대체설계를 채용하지 아니하여 해당 제조물이 안전하지 못하게 된 경우를 말한다.

🔒 01. × 02. ○ 03. × 04. ○ 05. ○ 06. ○ 07. × 08. ×

CHAPTER 03 자동차보험

제1절 교통사고와 책임

교통사고가 발생한 경우 가해자는 피해자의 신체 또는 재물에 대한 배상책임을 부담한다. 이와 같은 책임을 민사상 책임이라고 하며, 민법과 자동차손해배상보장법에 따라 손해배상의무를 이행해야 한다. 가해자는 민사상 책임 이외에도 피해자에 대한 형사상의 책임도 부담하여야 한다. 이는 형법과 교통사고처리특례법에 의한다. 이외에 교통사고를 일으킨 것에 대한 행정상의 책임도 부담한다. 사고의 경중에 따라 도로교통법의 규정대로 벌점을 부여받고 운전면허가 정지되거나 취소된다.

법적 책임	관련 법률	보험상품
민사상 책임	민법, 자동차손해배상보장법	자동차보험
형사상 책임	형법, 교통사고처리특례법	운전자보험
행정상 책임	도로교통법	

제2절 교통사고처리특례법

1. 형사처벌

다른 사람을 고의든 과실이든 사람을 다치게 하거나 사망에 이르게 한 자는 형법에 의하여 처벌을 받는다. 따라서 과실 또는 중대한 과실로 교통사고를 발생시켜 다른 사람을 다치게 하거나 죽게 한 사람은 업무상 과실 치사상, 업무상 중과실 치사상에 해당하여 형사처벌을 받게 된다.

2. 교통사고처리특례법의 특례

수많은 교통사고가 빈번하게 발생하는 현실을 감안할 때 모든 교통사고를 형법으로 처리하는 것은 무수히 많은 범죄자를 양산하는 불합리한 결과를 낳는다. 따라서 교통사고처리특례법을 제정하여 교통사고로 다른 사람을 다치게 하거나 사망에 이르게 한 경우에는 형법보다 우선하여 적용하도록 하였다. 교통사고처리특례법에서는 교통사고를 일으킨 운전자에 대하여 형사처벌에 대한 특례를 정함으로써 신속한 피해의 회복을 촉진하고 국민생활의 편익을 증진함을 목적으로 한다.

3. 반의사불벌죄

교통사고처리특례법에서는 피해자의 명시적인 의사에 반하여 공소를 제기할 수 없도록 특례를 두고 있다. 반의사불벌죄란, 피해자의 고소가 없어도 공소를 제기할 수는 있으나 피해자가 가해자의 처벌을 원하지 않는다는 의사표시를 할 경우에는 처벌되지 않도록 하는 규정이다. 그러나 이 경우에도 도주사고, 피해자 유기사고 등 중대한 사고(12대 중대법규 위반)에 대해서는 이 특례를 적용하지 않고 형사처벌 한다.

> **플러스 스터디**
>
> ▶ 반의사불벌죄
>   일단 공소는 제기할 수 있으나 피해자의 명시된 의사에 반하여 죄를 물을 수 없는 죄
> ▶ 친고죄
>   피해자가 고소하지 않으면 죄를 물을 수 없는 죄

4. 보험 등에 가입된 경우의 특례

피해자의 명시된 의사에 의한 처벌 제외 특례 이외에도 보험 등에 가입에 의한 제외 특례도 적용된다. 여기에서 말하는 보험 등이란, '피보험자와 피해자 간의 손해배상에 관한 합의 여부와 상관없이 피보험자를 갈음하여 피해자의 치료비에 관하여는 통상비용의 전액, 그 밖의 손해에 관하여는 보험약관이 정한 지급기준금액을 대통령령으로 정하는 바에 따라 우선 지급하되, 종국적으로는 확정판결에 의한 손해배상금 전액은 보상하는 보험'을 말한다. 다만, 이 경우에도 12대 중대법규위반, 피해자에게 중상해가 발생한 경우, 보험계약이나 공제계약의 면책규정 등으로 지급의무가 없어진 경우에는 특례를 적용하지 않고 형사처벌한다.

5. 교통사고처리특례법의 위헌 여부

2009년 2월 헌법재판소는 업무상과실 또는 중대한 과실로 인한 교통사고로 피해자에게 중상해를 입힌 경우에 공소를 제기할 수 없도록 규정한 구 교통사고처리특례법 제4조 제1항에 대하여 헌법에 위반된다고 심판하였다. 이에 따라 기존의 운전자보험 형사합의지원금은 일반교통사고로 피해자가 중상해를 입은 경우까지 보상하도록 범위를 넓히는 방향으로 개정되었다.

제3절 자동차보험의 종류와 주요 용어

1. 자동차보험의 종류

종류	가입 대상
개인용자동차보험	법정 정원 10인승 이하의 개인 소유 자가용 자동차, 다만, 인가된 자동차 학원 또는 자동차 학원 대표자가 소유하는 자동차로서 운전교습, 도로주행교육 및 시험에 사용되는 승용자동차는 제외
업무용자동차보험	개인용 자동차를 제외한 모든 비사업용 자동차
영업용자동차보험	사업용 자동차
이륜자동차보험	이륜자동차 및 원동기장치 자전거
농기계보험	동력경운기, 농용트랙터 및 콤바인 등 농기계

2. 자동차보험의 구성

가. 강제 가입여부

의무보험	대인배상 I 과 대물배상(자배법에서 정한 보상한도에 한함)
임의보험	의무보험에 해당하지 않는 보장종목을 선택하여 가입 가능

나. 배상책임 여부에 따른 분류

(1) 배상책임 보장종목

대인배상 I	자동차사고로 다른 사람을 죽게 하거나 다치게 한 경우에 자동차손해배상보장법에서 정한 한도에서 보상
대인배상 II	자동차사고로 다른 사람을 죽게 하거나 다치게 한 경우에 그 손해가 대인배상 I 에서 지급하는 금액을 초과하는 경우에 그 초과손해를 보상
대물배상	자동차사고로 다른 사람의 재물을 없애거나 훼손한 경우에 보상

(2) 배상책임 외 보장종목

자기신체사고	피보험자가 죽거나 다친 경우에 보상
무보험자동차에 의한 상해	무보험자동차에 의해 피보험자가 죽거나 다친 경우에 보상
자기차량손해	피보험자동차에 생긴 손해를 보상

3. 주요 용어 정의

1. 가지급금: 자동차사고로 인하여 소요되는 비용을 충당하기 위하여, 보험회사가 피보험자에 대한 보상책임이나 피해자에 대한 손해배상책임을 확정하기 전에 그 비용의 일부를 피보험자 또는 피해자에게 미리 지급하는 것을 말합니다.
2. 단기요율: 보험기간이 1년 미만인 보험계약에 적용되는 보험요율을 말합니다.
3. 마약 또는 약물 등:「도로교통법」제45조에서 정한 '마약, 대마, 향정신성의약품 그 밖의 행정자치부령이 정하는 것'을 말합니다.
4. 무면허운전(조종):「도로교통법」또는「건설기계관리법」의 운전(조종)면허에 관한 규정에 위반되는 무면허 또는 무자격운전(조종)을 말하며, 운전(조종)면허의 효력이 정지된 상황이거나 운전(조종)이 금지된 상황에서 운전(조종)하는 것을 포함합니다.
5. 무보험자동차: 피보험자동차가 아니면서 피보험자를 죽게 하거나 다치게 한 자동차로서 다음 중 어느 하나에 해당하는 것을 말합니다. 이 경우 자동차라 함은「자동차관리법」에 의한 자동차,「건설기계관리법」에 의한 건설기계,「군수품관리법」에 의한 차량,「도로교통법」에 의한 원동기장치자전거 및 개인형이동장치,「농업기계화촉진법」에 의한 농업기계를 말하며, 피보험자가 소유한 자동차를 제외합니다.
   가. 자동차보험「대인배상Ⅱ」나 공제계약이 없는 자동차
   나. 자동차보험「대인배상Ⅱ」나 공제계약에서 보상하지 않는 경우에 해당하는 자동차
   다. 이 약관에서 보상될 수 있는 금액보다 보상한도가 낮은 자동차보험의「대인배상Ⅱ」나 공제계약이 적용되는 자동차. 다만, 피보험자를 죽게 하거나 다치게 한 자동차가 2대 이상이고 각각의 자동차에 적용되는 자동차보험의「대인배상Ⅱ」또는 공제계약에서 보상되는 금액의 합계액이 이 약관에서 보상될 수 있는 금액보다 낮은 경우에 한하는 그 각각의 자동차
   라. 피보험자를 죽게 하거나 다치게 한 자동차가 명확히 밝혀지지 않은 경우 그 자동차(「도로교통법」에 의한 개인형이동장치는 제외)
6. 부분품, 부속품, 부속기계장치
   가. 부분품: 엔진, 변속기(트랜스미션) 등 자동차가 공장에서 출고될 때 원형 그대로 부착되어 자동차의 조성부분이 되는 재료를 말합니다.
   나. 부속품: 자동차에 정착[*1] 또는 장비[*2]되어 있는 물품을 말하며, 자동차 실내에서만 사용하는 것을 목적으로 해서 자동차에 고정되어 있는 내비게이션이나 고속도로통행료단말기[*3]를 포함합니다. 다만, 다음의 물품을 제외합니다.
      (1) 연료, 보디커버, 세차용품
      (2) 법령에 의해 자동차에 정착[*1]하거나 장비[*2]하는 것이 금지되어 있는 물건
      (3) 통상 장식품으로 보는 물건
      (4) 부속기계장치

다. 부속기계장치: 의료방역차, 검사측정차, 전원차, 방송중계차 등 자동차등록증상 그 용도가 특정한 자동차에 정착되거나 장비되어 있는 정밀기계장치를 말합니다.

(*1) 정착: 볼트, 너트 등으로 고정되어 있어서 공구 등을 사용하지 않으면 쉽게 분리할 수 없는 상태
(*2) 장비: 자동차의 기능을 충분히 발휘하기 위해 갖추어 두고 있는 상태 또는 법령에 따라 자동차에 갖추어 두고 있는 상태
(*3) 고속도로통행료단말기: 고속도로 통행료 등의 지급을 위해 고속도로 요금소와 통행료 등에 관한 정보를 주고받는 송수신장치(예 하이패스 단말기)

7. 운전(조종):「도로교통법」상 도로{도로교통법 제44조(술에 취한 상태에서의 운전금지)·제45조(과로한 때의 운전 금지)·제54조(사고발생 시 조치) 제1항·제148조(벌칙) 및 제148조의2(벌칙)의 경우에는 도로 외의 곳을 포함}에서 자동차 또는 건설기계를 그 본래의 사용방법에 따라 사용하는 것을 말합니다.

8. 운행: 사람 또는 물건의 운송 여부와 관계없이 자동차를 그 용법에 따라 사용하거나 관리하는 것을 말합니다(「자동차손해배상보장법」 제2조 제2호).

9. 음주운전(조종):「도로교통법」에 정한 술에 취한 상태에서 운전(조종)하거나 음주측정에 불응하는 행위를 말합니다.

10. 의무보험:「자동차손해배상보장법」 제5조에 따라 자동차보유자가 의무적으로 가입하는 보험을 말합니다.

11. 자동차보유자: 자동차의 소유자나 자동차를 사용할 권리가 있는 자로서 자기를 위하여 자동차를 운행하는 자를 말합니다(「자동차손해배상보장법」 제2조 제3호).

12. 자동차 취급업자: 자동차정비업, 대리운전업, 주차장업, 급유업, 세차업, 자동차판매업, 자동차탁송업 등 자동차를 취급하는 것을 업으로 하는 자(이들의 피용자 및 이들이 법인인 경우에는 그 이사와 감사를 포함)를 말합니다.

13. 피보험자: 보험회사에 보상을 청구할 수 있는 자로서 다음 중 어느 하나에 해당하는 자를 말하며, 구체적인 피보험자의 범위는 각각의 보장종목에서 정하는 바에 따릅니다.

가. 기명피보험자: 피보험자동차를 소유·사용·관리하는 자 중에서 보험계약자가 지정하여 보험증권의 기명피보험자란에 기재되어 있는 피보험자를 말합니다.

나. 친족피보험자: 기명피보험자와 같이 살거나 살림을 같이 하는 친족으로서 피보험자동차를 사용하거나 관리하고 있는 자를 말합니다.

다. 승낙피보험자: 기명피보험자의 승낙을 얻어 피보험자동차를 사용하거나 관리하고 있는 자를 말합니다.

라. 사용피보험자: 기명피보험자의 사용자 또는 계약에 따라 기명피보험자의 사용자에 준하는 지위를 얻은 자. 다만, 기명피보험자가 피보험자동차를 사용자의 업무에 사용하고 있는 때에 한합니다.

마. 운전피보험자: 다른 피보험자(기명피보험자, 친족피보험자, 승낙피보험자, 사용피보험자

를 말함)를 위하여 피보험자동차를 운전 중인 자(운전보조자를 포함)를 말합니다.

14. 피보험자동차: 보험증권에 기재된 자동차를 말합니다.
15. 피보험자의 부모, 배우자, 자녀
    가. 피보험자의 부모: 피보험자의 부모, 양부모를 말합니다.
    나. 피보험자의 배우자: 법률상의 배우자 또는 사실혼관계에 있는 배우자를 말합니다.
    다. 피보험자의 자녀: 법률상의 혼인관계에서 출생한 자녀, 사실혼관계에서 출생한 자녀, 양자 또는 양녀를 말합니다.
16. 휴대품, 인명보호장구 및 소지품
    가. 휴대품: 통상적으로 몸에 지니고 있는 물품으로 현금, 유가증권, 만년필, 소모품, 손목시계, 귀금속, 장신구, 그 밖에 이와 유사한 물품을 말합니다.
    나. 인명보호장구: 외부충격으로부터 탑승자의 신체를 보호하는 특수기능이 포함된 것으로 「도로교통법 시행규칙」 제32조에서 정하는 승차용 안전모 또는 전용의류$^{(*1)}$를 말합니다.
    다. 소지품: 휴대품을 제외한 물품으로 정착$^{(*2)}$되어 있지 않고 휴대할 수 있는 물품을 말합니다.$^{(*3)}$

    (*1) 예 바이크 전용 슈트, 에어백 등 (라이더자켓·팬츠·부츠 등 이와 유사한 일반의류는 제외)
    (*2) 정착: 볼트, 너트 등으로 고정되어 있어서 공구 등을 사용하지 않으면 쉽게 분리할 수 없는 상태
    (*3) 예 휴대전화기, 노트북, 캠코더, 카메라, 음성재생기(CD 플레이어, MP3 플레이어, 카세트테이프 플레이어 등), 녹음기, 전자수첩, 전자사전, 휴대용라디오, 핸드백, 서류가방, 골프채 등

17. 사고발생 시의 조치의무 위반: 「도로교통법」에서 정한 사고발생 시의 조치를 하지 않은 경우를 말합니다. 다만, 주·정차된 차만 손괴한 것이 분명한 경우에 피해자에게 인적사항을 제공하지 아니한 경우는 제외합니다.
18. 보험가액
    가. 보험계약을 체결하는 경우 보험계약 체결 당시 보험개발원이 정한 최근의 자동차보험 차량기준가액표(적용요령 포함)에 정한 가액을 말합니다.
    나. 보험계약 체결 후 사고가 발생한 경우 보험사고 발생 당시 보험개발원이 정한 최근의 자동차보험 차량기준가액표(적용요령 포함)에 정한 가액을 말합니다.
19. 마약 약물운전: 마약 또는 약물 등의 영향으로 인하여 정상적인 운전을 하지 못할 우려가 있는 상태에서 운전하는 행위를 말합니다.

제4절 배상책임 보장종목

1. 대인배상 I

가. 보상하는 손해

「대인배상 I」에서 보험회사는 피보험자가 피보험자동차의 운행으로 인하여 다른 사람을 죽거나 다치게 하여 <u>「자동차손해배상보장법」 제3조에 의한 손해배상책임</u>을 짐으로써 입은 손해를 보상합니다.

나. 피보험자

「대인배상 I」에서 피보험자라 함은 다음 중 어느 하나에 해당하는 자를 말하며, 다음에서 정하는 자 외에도「자동차손해배상보장법」상 자동차보유자에 해당하는 자가 있는 경우에는 그 자를 「대인배상 I」의 피보험자로 봅니다.
① 기명피보험자
② 친족피보험자
③ 승낙피보험자
④ 사용피보험자
⑤ 운전피보험자

다. 보상하지 않는 손해

보험계약자 또는 피보험자의 고의로 인한 손해는「대인배상 I」에서 보상하지 않습니다. 다만, 「자동차손해배상보장법」 제10조의 규정에 따라 피해자가 보험회사에 직접청구를 한 경우, 보험회사는 자동차손해배상보장법령에서 정한 금액을 한도로 피해자에게 손해배상금을 지급한 다음 지급한 날부터 3년 이내에 고의로 사고를 일으킨 보험계약자나 피보험자에게 그 금액의 지급을 청구합니다.

2. 대인배상 II와 대물배상

가. 보상하는 손해

① 「대인배상 II」에서 보험회사는 피보험자가 피보험자동차를 소유·사용·관리하는 동안에 생긴 피보험자동차의 사고로 인하여 다른 사람을 죽게 하거나 다치게 하여 <u>법률상 손해배상책임</u>을 짐으로써 입은 손해(「대인배상 I」에서 보상하는 손해를 초과하는 손해에 한함)를 보상합니다.
② 「대물배상」에서 보험회사는 피보험자가 피보험자동차를 소유·사용·관리하는 동안에 생긴 피보험자동차의 사고로 인하여 다른 사람의 재물을 없애거나 훼손하여 <u>법률상 손해배상책임</u>을 짐으로써 입은 손해를 보상합니다.

나. 피보험자

「대인배상Ⅱ」와 「대물배상」에서 피보험자라 함은 다음 중 어느 하나에 해당하는 자를 말합니다.
① 기명피보험자
② 친족피보험자
③ 승낙피보험자. 다만, 자동차 취급업자가 업무상 위탁받은 피보험자동차를 사용하거나 관리하는 경우에는 피보험자로 보지 않습니다.
④ 사용피보험자
⑤ 운전피보험자. 다만, 자동차 취급업자가 업무상 위탁받은 피보험자동차를 사용하거나 관리하는 경우에는 피보험자로 보지 않습니다.

다. 보상하지 않는 손해

① 다음 중 어느 하나에 해당하는 손해는 「대인배상Ⅱ」와 「대물배상」에서 보상하지 않습니다.
　1. 보험계약자 또는 기명피보험자의 고의로 인한 손해
　2. 기명피보험자 이외의 피보험자의 고의로 인한 손해
　3. 전쟁, 혁명, 내란, 사변, 폭동, 소요 또는 이와 유사한 사태로 인한 손해
　4. 지진, 분화, 태풍, 홍수, 해일 등 천재지변으로 인한 손해
　5. 핵연료물질의 직접 또는 간접적인 영향으로 인한 손해
　6. 영리를 목적으로 요금이나 대가를 받고 피보험자동차를 반복적으로 사용하거나 빌려준 때에 생긴 손해. 다만, 다음 각목의 어느 하나에 해당하는 경우에는 보상합니다.
　　가. 임대차계약(계약기간이 30일을 초과하는 경우에 한함)에 따라 임차인이 피보험자동차를 전속적으로 사용하는 경우(다만, 임차인이 피보험자동차를 영리를 목적으로 요금이나 대가를 받고 반복적으로 사용하는 경우에는 보상하지 않습니다.)
　　나. 피보험자와 동승자가 「여객자동차운수사업법」에 따른 토요일, 일요일 및 공휴일을 제외한 날의 출·퇴근 시간대(오전 7시부터 오전 9시까지 및 오후 6시부터 오후 8시까지를 말한다)에 실제의 출·퇴근 용도로 자택과 직장 사이를 이동하면서 승용차 함께 타기를 실시한 경우
　7. 피보험자가 제3자와 손해배상에 관한 계약을 맺고 있을 때 그 계약으로 인하여 늘어난 손해
　8. 피보험자동차를 시험용, 경기용 또는 경기를 위해 연습용으로 사용하던 중 생긴 손해. 다만, 운전면허시험을 위한 도로주행시험용으로 사용하던 중 생긴 손해는 보상합니다.

② 다음 중 어느 하나에 해당하는 사람이 죽거나 다친 경우에는 「대인배상Ⅱ」에서 보상하지 않습니다.
　1. 피보험자 또는 그 부모, 배우자 및 자녀
　2. 배상책임이 있는 피보험자의 피용자로서 「산업재해보상보험법」에 의한 재해보상을 받을 수 있는 사람. 다만, 그 사람이 입은 손해가 같은 법에 의한 보상범위를 넘어서는 경우 그

초과손해를 보상합니다.
  3. 피보험자동차가 피보험자의 사용자의 업무에 사용되는 경우 그 사용자의 업무에 종사 중인 다른 피용자로서, 「산업재해보상보험법」에 의한 재해보상을 받을 수 있는 사람. 다만, 그 사람이 입은 손해가 같은 법에 의한 보상범위를 넘는 경우 그 초과손해를 보상합니다.
③ 다음 중 어느 하나에 해당하는 손해는 「대물배상」에서 보상하지 않습니다.
  1. 피보험자 또는 그 부모, 배우자나 자녀가 소유·사용·관리하는 재물에 생긴 손해
  2. 피보험자가 사용자의 업무에 종사하고 있을 때 피보험자의 사용자가 소유·사용·관리하는 재물에 생긴 손해
  3. 피보험자동차에 싣고 있거나 운송중인 물품에 생긴 손해
  4. 다른 사람의 서화, 골동품, 조각물, 그 밖에 미술품과 탑승자와 통행인의 의류나 휴대품에 생긴 손해. 그러나 탑승자의 신체를 보호할 인명보호장구에 한하여 피해자 1인당 200만원의 한도에서 실제 손해를 보상합니다.
  5. 탑승자와 통행인의 분실 또는 도난으로 인한 소지품에 생긴 손해. 그러나 훼손된 소지품에 한하여 피해자 1인당 200만원의 한도에서 실제 손해를 보상합니다.
④ 제1항 제2호와 관련해서 보험회사가 (피보험자 개별적용)에 따라 피해자에게 손해배상을 하는 경우, 보험회사는 손해배상액을 지급한 날부터 3년 이내에 고의로 사고를 일으킨 피보험자에게 그 금액의 지급을 청구합니다.

3. 공통 적용 사항

가. 피보험자 개별적용

① 각각의 피보험자마다 개별적으로 적용합니다. 다만, (보상하지 않는 손해) 제1항 제1호, 제6호, 제8호를 제외합니다.
② 제1항에 따라 (지급보험금의 계산)에 정하는 보험금의 한도가 증액되지는 않습니다.

나. 한도금액

① 대인배상Ⅰ: 자동차손해배상보장법령에서 정한 기준에 따라 산출한 금액
② 대인배상Ⅱ 및 대물배상: 보험증권에 기재된 보험가입금액

다. 계산식

지급보험금 = '보험금지급기준에 의해 산출한 금액' 또는 '법원의 확정판결 등$^{(*1)}$에 따라 피보험자가 배상하여야 할 금액' + 비용 − 공제액

라. 소송이 제기된 경우(민사 조정, 중재를 포함)

대한민국 법원의 확정판결 등[*1]에 따라 피보험자가 손해배상청구권자에게 배상하여야 할 금액(지연배상금을 포함)을 '보험금지급기준에 의해 산출한 금액'으로 본다.

(*1) '법원의 확정판결 등'이라 함은 법원의 확정판결 또는 법원의 확정판결과 동일한 효력을 갖는 조정결정, 중재판정 등을 말한다.

마. 비용의 범위

다음의 금액은 보험가입금액과 관계없이 보상한다.
(1) 손해의 방지와 경감을 위하여 지출한 비용(긴급조치비용을 포함)
(2) 다른 사람으로부터 손해배상을 받을 수 있는 권리의 보전과 행사를 위하여 지출한 필요 비용 또는 유익한 비용
(3) 그 밖에 보험회사의 동의를 얻어 지출한 비용

바. 공제액

(1) 「대인배상Ⅱ」:「대인배상Ⅰ」에서 지급되는 금액 또는 피보험자동차가 「대인배상Ⅰ」에 가입되지 않은 경우에는 「대인배상Ⅰ」에서 지급될 수 있는 금액
(2) 「대물배상」: 사고차량을 고칠 때에 엔진, 변속기(트랜스미션), 모터, 구동용배터리 등 부분품을 교체한 경우 교체된 기존 부분품의 감가상각에 해당하는 금액

4. 사고부담금

가. 적용 기준

피보험자 본인이 음주운전이나 무면허운전 또는 마약·약물운전을 하는 동안에 생긴 사고 또는 사고 발생 시의 조치의무를 위반한 경우 또는 기명피보험자의 명시적·묵시적 승인 하에서 피보험자동차의 운전자가 음주운전이나 무면허운전 또는 마약·약물운전을 하는 동안에 생긴 사고 또는 사고발생 시의 조치의무를 위반한 경우로 인하여 보험회사가 「대인배상Ⅰ」,「대인배상 Ⅱ」 또는 「대물배상」에서 보험금을 지급하는 경우, 피보험자는 다음에서 정하는 사고부담금을 보험회사에 납입하여야 합니다. 다만, 마약·약물운전은 「대인배상Ⅱ」 및 「자동차손해배상보장법」의 규정에 따라 자동차보유자가 의무적으로 가입하여야 하는 「대물배상」 보험가입금액 초과 손해에 대해서만 적용합니다.

1. 「대인배상Ⅰ」:「대인배상Ⅰ」 한도 내 지급보험금
2. 「대인배상Ⅱ」: 1사고당 1억원
3. 「대물배상」
   가. 「자동차손해배상보장법」 제5조 제2항의 규정에 따라 자동차보유자가 의무적으로 가입하여야 하는 「대물배상」 보험가입금액 이하 손해: 지급보험금

나. 「자동차손해배상보장법」 제5조 제2항의 규정에 따라 자동차보유자가 의무적으로 가입하여야 하는 「대물배상」 보험가입금액 초과 손해: 1사고당 5,000만원

나. 미납한 경우

피보험자는 지체 없이 음주운전, 무면허운전, 마약·약물운전 또는 사고발생 시의 조치의무 위반 사고부담금을 보험회사에 납입하여야 합니다. 다만 피보험자가 경제적인 사유 등으로 사고부담금을 미납하였을 때 보험회사는 피해자에게 사고부담금을 포함하여 손해배상금을 우선 지급하고 피보험자에게 사고부담금의 지급을 청구할 수 있습니다.

제5절 배상책임 외의 보장종목

1. 자기신체사고

가. 보상하는 손해

「자기신체사고」에서 보험회사는 피보험자가 피보험자동차를 소유·사용·관리하는 동안에 생긴 자동차의 사고로 인하여 죽거나 다친 때 그로 인한 손해를 보상하여 드립니다.

* 다만, 구체적인 사항은 개별 보험회사의 약관에서 규정

나. 피보험자

「자기신체사고」에서 피보험자는 보험회사에 보상을 청구할 수 있는 사람으로 그 범위는 개별 보험회사의 약관에서 규정

다. 보상하지 않는 손해

1. 피보험자의 고의로 그 본인이 상해를 입은 때. 이 경우 그 피보험자에 대한 보험금만 지급하지 않습니다.
2. 상해가 보험금을 받을 자의 고의로 생긴 때에는 그 사람이 받을 수 있는 금액
3. 피보험자동차 또는 피보험자동차 이외의 자동차를 시험용, 경기용 또는 경기를 위해 연습용으로 사용하던 중 생긴 손해. 다만, 운전면허시험을 위한 도로주행시험용으로 사용하던 중 생긴 손해는 보상합니다.
4. 전쟁, 혁명, 내란, 사변, 폭동, 소요 및 이와 유사한 사태로 인한 손해
5. 지진, 분화 등 천재지변으로 인한 손해
6. 핵연료물질의 직접 또는 간접적인 영향으로 인한 손해
7. 영리를 목적으로 요금이나 대가를 받고 피보험자동차를 반복적으로 사용하거나 빌려준 때에 생긴 손해. 다만, 다음 각목의 어느 하나에 해당하는 경우에는 보상합니다.

가. 임대차계약(계약기간이 30일을 초과하는 경우에 한함)에 따라 임차인이 피보험자동차를 전속적으로 사용하는 경우(다만, 임차인이 피보험자동차를 영리를 목적으로 요금이나 대가를 받고 반복적으로 사용하는 경우에는 보상하지 않습니다.)
나. 피보험자와 동승자가 「여객자동차운수사업법」에 따른 토요일, 일요일 및 공휴일을 제외한 날의 출·퇴근 시간대(오전 7시부터 오전 9시까지 및 오후 6시부터 오후 8시까지를 말한다)에 실제의 출·퇴근 용도로 자택과 직장 사이를 이동하면서 승용차 함께타기를 실시한 경우

2. 무보험자동차에 의한 상해

가. 보상하는 손해

「무보험자동차에 의한 상해」에서 보험회사는 피보험자가 무보험자동차로 인하여 생긴 사고로 죽거나 다친 때에 그로 인한 손해에 대하여 배상의무자[*1]가 있는 경우에 이 약관에서 정하는 바에 따라 보상하여 드립니다.

(*1) '배상의무자'라 함은 무보험자동차로 인하여 생긴 사고로 피보험자를 죽게 하거나 다치게 함으로써 피보험자에게 입힌 손해에 대하여 법률상 손해배상책임을 지는 사람을 말합니다.

나. 피보험자

「무보험자동차에 의한 상해」에서 피보험자는 보험회사에 보상을 청구할 수 있는 사람으로 그 범위는 개별 보험회사의 약관에서 규정

다. 보상하지 않는 손해

1. 보험계약자의 고의로 인한 손해
2. 피보험자의 고의로 그 본인이 상해를 입은 때. 이 경우 당해 피보험자에 대한 보험금만 지급하지 않습니다.
3. 상해가 보험금을 받을 자의 고의로 생긴 때는 그 사람이 받을 수 있는 금액
4. 전쟁, 혁명, 내란, 사변, 폭동, 소요 및 이와 유사한 사태로 인한 손해
5. 지진, 분화, 태풍, 홍수, 해일 등 천재지변으로 인한 손해
6. 핵연료물질의 직접 또는 간접적인 영향으로 인한 손해
7. 영리를 목적으로 요금이나 대가를 받고 피보험자동차를 반복적으로 사용하거나 빌려준 때에 생긴 손해. 다만, 다음 각목의 어느 하나에 해당하는 경우에는 보상합니다.
    가. 임대차계약(계약기간이 30일을 초과하는 경우에 한함)에 따라 임차인이 피보험자동차를 전속적으로 사용하는 경우(다만, 임차인이 피보험자동차를 영리를 목적으로 요금이나 대가를 받고 반복적으로 사용하는 경우에는 보상하지 않습니다.)
    나. 피보험자와 동승자가 「여객자동차운수사업법」에 따른 토요일, 일요일 및 공휴일을 제외한 날의 출·퇴근 시간대(오전 7시부터 오전 9시까지 및 오후 6시부터 오후 8시까지를 말한다)

에 실제의 출·퇴근 용도로 자택과 직장 사이를 이동하면서 승용차 함께타기를 실시한 경우
8. 피보험자동차 또는 피보험자동차 이외의 자동차를 시험용, 경기용 또는 경기를 위해 연습용으로 사용하던 중 생긴 손해. 다만, 운전면허시험을 위한 도로주행시험용으로 사용하던 중 생긴 손해는 보상합니다.
9. 피보험자가 피보험자동차가 아닌 자동차를 영리를 목적으로 요금이나 대가를 받고 운전하던 중 생긴 사고로 인한 손해
10. 다음 중 어느 하나에 해당하는 사람이 배상의무자[*1]일 경우에는 보상하지 않습니다. 다만, 이들이 무보험자동차를 운전하지 않은 경우로, 이들 이외에 다른 배상의무자[*1]가 있는 경우에는 보상합니다.
    가. 상해를 입은 피보험자의 부모, 배우자, 자녀
    나. 피보험자가 사용자의 업무에 종사하고 있을 때 피보험자의 사용자 또는 피보험자의 사용자의 업무에 종사 중인 다른 피용자

(*1) '배상의무자'라 함은 무보험자동차의 사고로 인하여 피보험자를 죽게 하거나 다치게 함으로써 피보험자에게 입힌 손해에 대하여 법률상 손해배상책임을 지는 사람을 말합니다.

3. 자기차량손해

가. 보상하는 손해

「자기차량손해」에서 보험회사는 피보험자가 피보험자동차를 소유·사용·관리하는 동안에 발생한 사고로 인하여 피보험자동차에 직접적으로 생긴 손해를 보험증권에 기재된 보험가입금액을 한도로 보상하되 다음 각 호의 기준에 따릅니다.

1. 보험가입금액이 보험가액보다 많은 경우에는 보험가액을 한도로 보상합니다.
2. 피보험자동차에 통상 붙어있거나 장치되어 있는 부속품과 부속기계장치는 피보험자동차의 일부로 봅니다. 그러나 통상 붙어 있거나 장치되어 있는 것이 아닌 것은 보험증권에 기재한 것에 한합니다.
3. 피보험자동차의 단독사고(가해자 불명사고를 포함합니다) 또는 일방과실사고의 경우에는 실제 수리를 원칙으로 합니다.
4. 경미한 손상[*1]의 경우 보험개발원이 정한 경미손상 수리기준에 따라 복원수리하거나 품질인증부품[*2]으로 교환수리하는데 소요되는 비용을 한도로 보상합니다.

(*1) 외장부품 중 자동차의 기능과 안전성을 고려할 때 부품교체 없이 복원이 가능한 손상
(*2) 품질인증부품이란 자동차관리법 제30조의5에 따라 인증된 부품을 말합니다.

나. 피보험자

「자기차량손해」에서 피보험자는 보험회사에 보상을 청구할 수 있는 사람으로 보험증권에 기재된 기명피보험자입니다.

다. 보상하지 않는 손해

1. 보험계약자 또는 피보험자의 고의로 인한 손해
2. 전쟁, 혁명, 내란, 사변, 폭동, 소요 및 이와 유사한 사태로 인한 손해
3. 지진, 분화 등 천재지변으로 인한 손해
4. 핵연료물질의 직접 또는 간접적인 영향으로 인한 손해
5. 영리를 목적으로 요금이나 대가를 받고 피보험자동차를 반복적으로 사용하거나 빌려준 때에 생긴 손해. 다만, 다음 각목의 어느 하나에 해당하는 경우에는 보상합니다.
    가. 임대차계약(계약기간이 30일을 초과하는 경우에 한함)에 따라 임차인이 피보험자동차를 전속적으로 사용하는 경우(다만, 임차인이 피보험자동차를 영리를 목적으로 요금이나 대가를 받고 반복적으로 사용하는 경우에는 보상하지 않습니다.)
    나. 피보험자와 동승자가 「여객자동차운수사업법」에 따른 토요일, 일요일 및 공휴일을 제외한 날의 출·퇴근 시간대(오전 7시부터 오전 9시까지 및 오후 6시부터 오후 8시까지를 말한다)에 실제의 출·퇴근 용도로 자택과 직장 사이를 이동하면서 승용차 함께타기를 실시한 경우
6. 사기 또는 횡령으로 인한 손해
7. 국가나 공공단체의 공권력 행사에 의한 압류, 징발, 몰수, 파괴 등으로 인한 손해. 그러나 소방이나 피난에 필요한 조치로 손해가 발생한 경우에는 그 손해를 보상합니다.
8. 피보험자동차에 생긴 흠, 마멸, 부식, 녹, 그 밖에 자연소모로 인한 손해
9. 피보험자동차의 일부 부분품, 부속품, 부속기계장치만의 도난으로 인한 손해
10. 동파로 인한 손해 또는 우연한 외래의 사고에 직접 관련이 없는 전기적, 기계적 손해
11. 피보험자동차를 시험용, 경기용 또는 경기를 위해 연습용으로 사용하던 중 생긴 손해. 다만, 운전면허시험을 위한 도로주행시험용으로 사용하던 중 생긴 손해는 보상합니다.
12. 피보험자동차를 운송 또는 싣고 내릴 때에 생긴 손해
13. 피보험자동차가 주정차 중일 때 피보험자동차의 타이어나 튜브에만 생긴 손해. 다만, 다음 중 어느 하나에 해당하는 손해는 보상합니다(타이어나 튜브의 물리적 변형이 없는 단순 오손의 경우는 제외).
    가. 다른 자동차가 충돌하거나 접촉하여 입은 손해
    나. 화재, 산사태로 입은 손해
    다. 가해자가 확정된 사고[*1]로 인한 손해

    (*1) '가해자가 확정된 사고'라 함은 피보험자동차에 장착되어 있는 타이어나 튜브를 훼손하거나 파손한 사고로, 경찰관서를 통하여 가해자(기명피보험자 및 기명피보험자의 부모, 배우자, 자녀는 제외)의 신원이 확인된 사고를 말합니다.
14. 다음 각목의 어느 하나에 해당하는 자가 무면허운전, 음주운전 또는 마약·약물운전을 하였을 때 생긴 손해
    가. 보험계약자, 기명피보험자

나. 30일을 초과하는 기간을 정한 임대차계약에 의해 피보험자동차를 빌린 임차인[*1]
다. 기명피보험자와 같이 살거나 생계를 같이 하는 친족

[*1] 임차인이 법인인 경우에는 그 이사, 감사 또는 피고용자(피고용자가 피보험자동차를 법인의 업무에 사용하고 있는 때에 한함)를 포함합니다.

제6절 보험금 또는 손해배상의 청구

1. 보험금을 청구할 수 있는 경우

대인배상 I 대인배상 II 대물배상	대한민국 법원에 의한 판결의 확정, 재판상의 화해, 중재 또는 서면에 의한 합의로 손해배상액이 확정된 때
자기신체사고	피보험자가 피보험자동차를 소유, 사용, 관리하는 동안에 생긴 자동차의 사고로 인하여 죽거나 다친 때
무보험자동차에 의한 상해	피보험자가 무보험자동차에 의해 생긴 사고로 죽거나 다친 때
자기차량손해	사고가 발생한 때. 다만, 피보험자동차를 도난당한 경우에는 도난사실을 경찰관서에 신고한 후 30일이 지나야 보험금을 청구할 수 있습니다. 만약, 경찰관서에 신고한 후 30일이 지나 보험금을 청구하였으나 피보험자동차가 회수되었을 경우에는, 보험금의 지급 및 피보험자동차의 반환여부는 피보험자의 의사에 따릅니다.

2. 청구 절차 및 유의사항

① 보험회사는 보험금 청구에 관한 서류를 받았을 때에는 지체 없이 지급할 보험금액을 정하고 그 정하여진 날부터 7일 이내에 지급합니다.

② 보험회사가 정당한 사유 없이 보험금액을 정하는 것을 지연하였거나 제1항에서 정한 지급기일 내에 보험금을 지급하지 않았을 때, 지급할 보험금이 있는 경우에는 그 다음날부터 지급일까지의 기간에 대하여 〈부표〉 '보험금을 지급할 때의 적립이율'에 따라 연단위 복리로 계산한 금액을 보험금에 더하여 지급합니다. 다만, 피보험자의 책임 있는 사유로 지급이 지연될 때에는 그 해당기간에 대한 이자를 더하여 드리지 않습니다.

③ 보험회사가 보험금 청구에 관한 서류를 받은 때부터 30일 이내에 피보험자에게 보험금을 지급하는 것을 거절하는 이유 또는 그 지급을 연기하는 이유(추가 조사가 필요한 때에는 확인이 필요한 사항과 확인이 종료되는 시기를 포함)를 서면(전자우편 등 서면에 갈음할 수 있는 통신수단을 포함)으로 통지하지 않는 경우, 정당한 사유 없이 보험금액을 정하는 것을 지연한 것으로 봅니다.

④ 보험회사는 손해배상청구권자가 손해배상을 받기 전에는 보험금의 전부 또는 일부를 피보험자에게 지급하지 않으며, 피보험자가 손해배상청구권자에게 지급한 손해배상액을 초과하여 피보험자에게 지급하지 않습니다.

⑤ 피보험자의 보험금 청구가 손해배상청구권자의 직접청구와 경합할 때에는 보험회사가 손해배상청구권자에게 우선하여 보험금을 지급합니다.
⑥ 「대인배상Ⅰ」, 「대인배상Ⅱ」, 「자기신체사고」, 「무보험자동차에 의한 상해」에서 보험회사는 피보험자 또는 손해배상청구권자의 청구가 있거나 그 밖의 원인으로 보험사고가 발생한 사실을 알았을 때에는 피해자 또는 손해배상청구권자를 진료하는 의료기관에 그 진료에 따른 자동차보험 진료수가의 지급의사 유무 및 지급한도 등을 통지합니다.

3. 가지급금

① 피보험자가 가지급금을 청구한 경우 보험회사는 이 약관에 따라 지급할 금액의 한도에서 가지급금(자동차보험 진료수가는 전액, 진료수가 이외의 보험금은 이 약관에 따라 지급할 금액의 50%)을 지급합니다.
② 보험회사는 가지급금 청구에 관한 서류를 받았을 때에는 지체 없이 지급할 가지급액을 정하고 그 정하여진 날부터 7일 이내에 지급합니다.
③ 보험회사가 정당한 사유 없이 가지급액을 정하는 것을 지연하거나 제2항에서 정하는 지급기일 내에 가지급금을 지급하지 않았을 때, 지급할 가지급금이 있는 경우에는 그 다음날부터 지급일까지의 기간에 대하여 보험개발원이 공시한 보험계약대출이율을 연단위 복리로 계산한 금액을 가지급금에 더하여 드립니다.
④ 보험회사가 가지급금 청구에 관한 서류를 받은 때부터 10일 이내에 피보험자에게 가지급금을 지급하는 것을 거절하는 이유 또는 그 지급을 연기하는 이유(추가 조사가 필요한 때에는 확인이 필요한 사항과 확인이 종료되는 시기를 포함)를 서면(전자우편 등 서면에 갈음할 수 있는 통신수단을 포함)으로 통지하지 않는 경우, 정당한 사유 없이 가지급액을 정하는 것을 지연한 것으로 봅니다.
⑤ 보험회사는 이 약관상 보험회사의 보험금 지급책임이 발생하지 않는 것이 객관적으로 명백할 경우에 가지급금을 지급하지 않을 수 있습니다.
⑥ 피보험자에게 지급한 가지급금은 장래 지급될 보험금에서 공제되나, 최종적인 보험금의 결정에는 영향을 미치지 않습니다.
⑦ 피보험자가 가지급금을 청구할 때는 보험금을 청구하는 경우와 동일하게 (제출 서류)에서 정하는 서류 등을 보험회사에 제출하여야 합니다.

4. 손해배상청구권자의 직접청구

가. 청구할 수 있는 경우

피보험자가 법률상의 손해배상책임을 지는 사고가 생긴 경우, 손해배상청구권자는 보험회사에 직접 손해배상금을 청구할 수 있습니다. 다만, 보험회사는 피보험자가 그 사고에 관하여 가지는 항변으로 손해배상청구권자에게 대항할 수 있습니다.

나. 청구 절차 및 유의사항

① 보험회사가 손해배상청구권자의 청구를 받았을 때에는 지체 없이 피보험자에게 통지합니다. 이 경우 피보험자는 보험회사의 요청에 따라 증거확보, 권리보전 등에 협력하여야 하며, 만일 피보험자가 정당한 이유 없이 협력하지 않은 경우 그로 인하여 늘어난 손해에 대하여는 보상하지 않습니다.

② 보험회사가 손해배상청구권자에게 지급하는 손해배상금은 이 약관에 의하여 보험회사가 피보험자에게 지급책임을 지는 금액을 한도로 합니다.

③ 보험회사가 손해배상청구권자에게 손해배상금을 직접 지급할 때에는 그 금액의 한도에서 피보험자에게 보험금을 지급하는 것으로 합니다.

④ 보험회사는 손해배상청구에 관한 서류 등을 받았을 때에는 지체 없이 지급할 손해배상액을 정하고 그 정하여진 날부터 7일 이내에 지급합니다.

⑤ 보험회사가 정당한 사유 없이 손해배상액을 정하는 것을 지연하였거나 제4항에서 정하는 지급기일 내에 손해배상금을 지급하지 않았을 때, 지급할 손해배상금이 있는 경우에는 그 다음 날부터 지급일까지의 기간에 대하여 〈부표〉 '보험금을 지급할 때의 적립이율'에 따라 연단위 복리로 계산한 금액을 손해배상금에 더하여 지급합니다. 그러나 손해배상청구권자의 책임 있는 사유로 지급이 지연될 때에는 그 해당기간에 대한 이자를 더하여 드리지 않습니다.

⑥ 보험회사가 손해배상 청구에 관한 서류를 받은 때부터 30일 이내에 손해배상청구권자에게 손해배상금을 지급하는 것을 거절하는 이유 또는 그 지급을 연기하는 이유(추가 조사가 필요한 때에는 확인이 필요한 사항과 확인이 종료되는 시기를 포함)를 서면(전자우편 등 서면에 갈음할 수 있는 통신수단을 포함)으로 통지하지 않는 경우, 정당한 사유 없이 손해배상액을 정하는 것을 지연한 것으로 봅니다.

⑦ 보험회사는 손해배상청구권자의 요청이 있을 때는 손해배상액을 일정기간으로 정하여 정기금으로 지급할 수 있습니다. 이 경우 각 정기금의 지급기일의 다음날부터 다 지급하는 날까지의 기간에 대하여 보험개발원이 공시한 정기예금이율에 따라 연 단위 복리로 계산한 금액을 손해배상금에 더하여 드립니다.

다. 손해배상청구권자의 가지급금 청구

① 손해배상청구권자가 가지급금을 청구한 경우 보험회사는 「자동차손해배상보장법」 또는 「교통사고처리특례법」 등에 의해 이 약관에 따라 지급할 금액의 한도에서 가지급금(자동차보험진료수가는 전액, 진료수가 이외의 손해배상금은 이 약관에 따라 지급할 금액의 50%)을 지급합니다.

② 보험회사는 가지급금 청구에 관한 서류 등을 받았을 때에는 지체 없이 지급할 가지급액을 정하고 그 정하여진 날부터 7일 이내에 지급합니다.

③ 보험회사가 정당한 사유 없이 가지급액을 정하는 것을 지연하거나 제2항에 정한 지급기일 내

에 가지급금을 지급하지 않았을 때에는, 지급할 가지급금이 있는 경우 그 다음날부터 지급일까지의 기간에 대하여 보험개발원이 공시한 보험계약대출이율에 따라 연 단위 복리로 계산한 금액을 가지급금에 더하여 드립니다.

④ 보험회사가 가지급금 청구에 관한 서류를 받은 때부터 10일 이내에 손해배상청구권자에게 가지급금을 지급하는 것을 거절하는 이유 또는 그 지급을 연기하는 이유(추가 조사가 필요한 때에는 확인이 필요한 사항과 확인이 종료되는 시기를 포함)를 서면(전자우편 등 서면에 갈음할 수 있는 통신수단을 포함)으로 통지하지 않는 경우, 정당한 사유 없이 가지급액을 정하는 것을 지연한 것으로 봅니다.

⑤ 보험회사는 「자동차손해배상보장법」 등 관련 법령상 피보험자의 손해배상책임이 발생하지 않거나 이 약관상 보험회사의 보험금 지급책임이 발생하지 않는 것이 객관적으로 명백할 경우에는 가지급금을 지급하지 아니할 수 있습니다.

⑥ 손해배상청구권자에게 지급한 가지급금은 장래 지급될 손해배상액에서 공제되나, 최종적인 손해배상액의 결정에는 영향을 미치지 않습니다.

⑦ 손해배상청구권자가 가지급금을 청구할 때는 손해배상을 청구하는 경우와 동일하게 (제출 서류)에 정한 서류 등을 보험회사에 제출하여야 합니다.

5. 보험금의 분담

가. 보험금의 분담

「대인배상Ⅰ·Ⅱ」, 「대물배상」, 「무보험자동차에 의한 상해」, 「자기신체사고」, 「자기차량손해」에서는 다음과 같이 보험금을 분담합니다.

① 이 보험계약과 보상책임의 전부 또는 일부가 중복되는 다른 보험계약(공제계약을 포함)이 있는 경우: 다른 보험계약이 없는 것으로 가정하여 각각의 보험회사에 가입된 자동차 보험계약에 의해 산출한 보상책임액의 합계액이 손해액보다 많을 때에는 다음의 산식에 따라 산출한 보험금을 지급합니다.

$$손해액 \times \frac{\text{이 보험계약에 의해 산출한 보상책임액}}{\text{다른 보험계약이 없는 것으로 하여 각 보험계약에 의해 산출한 보상책임액의 합계액}}$$

② 이 보험계약의 「대인배상Ⅰ」, 「대인배상Ⅱ」, 「대물배상」에서 동일한 사고로 인하여 이 보험계약에서 배상책임이 있는 피보험자가 둘 이상 있는 경우에는 제10조(지급보험금의 계산)에 의한 보상한도와 범위에 따른 보험금을 각 피보험자의 배상책임의 비율에 따라 분담하여 지급합니다.

③ 제1호 또는 제2호의 규정에도 불구하고 자동차 취급업자가 가입한 보험계약에서 보험금이 지급될 수 있는 경우에는 그 보험금을 초과하는 손해를 보상합니다.

나. 보험회사의 대위

① 보험회사가 피보험자 또는 손해배상청구권자에게 보험금 또는 손해배상금을 지급한 경우에는 지급한 보험금 또는 손해배상금의 범위에서 제3자에 대한 피보험자의 권리를 취득합니다. 다만, 보험회사가 보상한 금액이 피보험자의 손해의 일부를 보상한 경우에는 피보험자의 권리를 침해하지 않는 범위에서 그 권리를 취득합니다.

② 보험회사는 다음의 권리는 취득하지 않습니다.
   1. 「자기신체사고」의 경우 제3자에 대한 피보험자의 권리. 다만, 보험금을 '별표 1. 대인배상, 무보험자동차에 의한 상해 지급 기준'에 의해 지급할 때는 피보험자의 권리를 취득합니다.
   2. 「자기차량손해」의 경우 피보험자동차를 정당한 권리에 따라 사용하거나 관리하던 자에 대한 피보험자의 권리. 다만, 다음의 경우에는 피보험자의 권리를 취득합니다.
      가. 고의로 사고를 낸 경우, 무면허운전이나 음주운전을 하던 중에 사고를 낸 경우, 또는 마약 또는 약물 등의 영향으로 정상적인 운전을 하지 못할 우려가 있는 상태에서 운전을 하던 중에 사고를 낸 경우
      나. 자동차 취급업자가 업무로 위탁받은 피보험자동차를 사용하거나 관리하는 동안에 사고를 낸 경우
   3. 피보험자가 생계를 같이하는 가족에 대하여 갖는 권리. 다만, 손해가 그 가족의 고의로 인하여 발생한 경우에는 피보험자의 권리를 취득합니다.

③ 피보험자는 보험회사가 제1항 또는 제2항에 따라 취득한 권리의 행사 및 보전에 관하여 필요한 조치를 취하여야 하며, 또한 보험회사가 요구하는 자료를 제출하여야 합니다.

6. 합의 등의 협조 · 대행

① 보험회사는 피보험자의 협조 요청이 있는 경우 피보험자의 법률상 손해배상책임을 확정하기 위하여 피보험자가 손해배상청구권자와 행하는 합의 · 절충 · 중재 또는 소송(확인의 소를 포함)에 대하여 협조하거나, 피보험자를 위하여 이러한 절차를 대행합니다.

② 보험회사는 피보험자에 대하여 보상책임을 지는 한도(동일한 사고로 이미 지급한 보험금이나 가지급금이 있는 경우에는 그 금액을 공제한 금액. 이하 같음) 내에서 제1항의 절차에 협조하거나 대행합니다.

③ 보험회사가 제1항의 절차에 협조하거나 대행하는 경우에는 피보험자는 보험회사의 요청에 따라 협력해야 합니다. 피보험자가 정당한 이유 없이 협력하지 않는 경우 그로 인하여 늘어난 손해에 대하여는 보상하지 않습니다.

④ 보험회사는 다음의 경우에는 제1항의 절차를 대행하지 않습니다.
   1. 피보험자가 손해배상청구권자에 대하여 부담하는 법률상의 손해배상책임액이 보험증권에 기재된 보험가입금액을 명백하게 초과하는 때
   2. 피보험자가 정당한 이유 없이 협력하지 않는 때

7. 공탁금의 대출

보험회사가 (합의 등의 협조·대행) 제1항의 절차를 대행하는 경우에는, 피보험자에 대하여 보상책임을 지는 한도에서 가압류나 가집행을 면하기 위한 공탁금을 피보험자에게 대출할 수 있으며 이에 소요되는 비용을 보상합니다. 이 경우 대출금의 이자는 공탁금에 붙여지는 것과 같은 이율로 정하며, 피보험자는 공탁금(이자를 포함)의 회수청구권을 보험회사에 양도하여야 합니다.

제7절 일반사항

1. 보험계약의 성립

① 이 보험계약은 보험계약자가 청약을 하고 보험회사가 승낙을 하면 성립합니다.
② 보험계약자가 청약을 할 때 '제1회 보험료(보험료를 분납하기로 약정한 경우)' 또는 '보험료 전액(보험료를 일시에 지급하기로 약정한 경우)'(이하 '제1회 보험료 등'이라 함)을 지급하였을 때, 보험회사가 이를 받은 날부터 15일 이내에 승낙 또는 거절의 통지를 발송하지 않으면 승낙한 것으로 봅니다.
③ 보험회사가 청약을 승낙했을 때에는 지체 없이 보험증권을 보험계약자에게 드립니다. 그러나 보험계약자가 제1회 보험료 등을 지급하지 않은 경우에는 그러하지 않습니다.
④ 보험계약이 성립되면 보험회사는 (보험기간)의 규정에 따라 보험기간의 첫 날부터 보상책임을 집니다. 다만, 보험계약자로부터 제1회 보험료 등을 받은 경우에는, 그 이후 승낙 전에 발생한 사고에 대해서도 청약을 거절할 사유가 없는 한 보상합니다.

2. 보험기간

구분	보험기간
원칙	보험증권에 기재된 보험기간의 첫날 24시부터 마지막 날 24시까지. 다만, 의무보험(책임공제를 포함)의 경우 전(前) 계약의 보험기간과 중복되는 경우에는 전 계약의 보험기간이 끝나는 시점부터 시작합니다.
예외 (자동차보험에 처음 가입하는 자동차 및 의무보험)	보험료를 받은 때부터 마지막 날 24시까지. 다만, 보험증권에 기재된 보험기간 이전에 보험료를 받았을 경우에는 그 보험기간의 첫날 0시부터 시작합니다.

㈜ '자동차보험에 처음 가입하는 자동차'라 함은 자동차 판매업자 또는 그 밖의 양도인 등으로부터 매수인 또는 양수인에게 인도된 날부터 10일 이내에 처음으로 그 매수인 또는 양수인을 기명피보험자로 하는 자동차보험에 가입하는 신차 또는 중고차를 말합니다. 다만, 피보험자동차의 양도인이 맺은 보험계약을 양수인이 승계한 후 그 보험기간이 종료되어 이 보험계약을 맺은 경우를 제외합니다.

3. 보험계약자 등의 의무

가. 계약 전 알릴의무

① 보험계약자는 청약을 할 때 다음의 사항에 관해서 알고 있는 사실을 보험회사에 알려야 하며, 제3호의 경우에는 기명피보험자의 동의가 필요합니다.
  1. 피보험자동차의 검사에 관한 사항
  2. 피보험자동차의 용도, 차종, 등록번호(이에 준하는 번호도 포함하며 이하 같음), 차명, 연식, 적재정량, 구조 등 피보험자동차에 관한 사항
  3. 기명피보험자의 성명, 연령 등에 관한 사항
  4. 그 밖에 보험청약서에 기재된 사항 중에서 보험료의 계산에 영향을 미치는 사항

② 보험회사는 이 보험계약을 맺은 후 보험계약자가 계약 전 알릴 의무를 위반한 사실이 확인되었을 때에는 추가보험료를 더 내도록 청구하거나, (보험회사의 보험계약 해지) 조항에 따라 해지할 수 있습니다.

나. 계약 후 알릴의무

① 보험계약자는 보험계약을 맺은 후 다음의 사실이 생긴 것을 알았을 때에는 지체 없이 보험회사에 그 사실을 알리고 승인을 받아야 합니다. 이 경우 그 사실에 따라 보험료가 변경되는 경우 보험회사는 보험료를 더 받거나 돌려주고 계약을 승인하거나, (보험회사의 보험계약 해지) 조항에 따라 해지할 수 있습니다.
  1. 용도, 차종, 등록번호, 적재정량, 구조 등 피보험자동차에 관한 사항이 변경된 사실
  2. 피보험자동차에 화약류, 고압가스, 폭발물, 인화물 등 위험물을 싣게 된 사실
  3. 그 밖에 위험이 뚜렷이 증가하는 사실이나 적용할 보험료에 차이가 발생한 사실

② 보험계약자는 보험증권에 기재된 주소 또는 연락처가 변경된 때에는 지체 없이 보험회사에 알려야 합니다. 보험계약자가 이를 알리지 않으면 보험회사가 알고 있는 최근의 주소로 알리게 되므로 불이익을 당할 수 있습니다.

다. 사고발생 시 의무

① 보험계약자 또는 피보험자는 사고가 생긴 것을 알았을 때에는 다음의 사항을 이행하여야 합니다.
  1. 지체 없이 손해의 방지와 경감에 힘쓰고, 다른 사람으로부터 손해배상을 받을 수 있는 권리가 있는 경우에는 그 권리(공동불법행위에서 연대채무자 상호간의 구상권을 포함하며 이하 같음)의 보전과 행사에 필요한 절차를 밟아야 합니다.
  2. 다음 사항을 보험회사에 지체 없이 알려야 합니다.
     가. 사고가 발생한 때, 곳, 상황(출·퇴근 시 승용차 함께타기 등) 및 손해의 정도
     나. 피해자 및 가해자의 성명, 주소, 전화번호

다. 사고에 대한 증인이 있을 때에는 그의 성명, 주소, 전화번호

라. 손해배상의 청구를 받은 때에는 그 내용

3. 손해배상의 청구를 받은 경우에는 미리 보험회사의 동의 없이 그 전부 또는 일부를 합의하여서는 안 됩니다. 그러나 피해자의 응급치료, 호송 그 밖의 긴급조치는 보험회사의 동의가 필요하지 않습니다.
4. 손해배상청구의 소송을 제기하려고 할 때 또는 제기 당한 때에는 지체 없이 보험회사에 알려야 합니다.
5. 피보험자동차를 도난당하였을 때에는 지체 없이 그 사실을 경찰관서에 신고하여야 합니다.
6. 보험회사가 사고를 증명하는 서류 등 꼭 필요하다고 인정하는 자료를 요구한 경우에는 지체 없이 이를 제출하여야 하며, 또한 보험회사가 사고에 관해 조사하는 데 협력하여야 합니다.

② 보험회사는 보험계약자 또는 피보험자가 정당한 이유 없이 제1항에서 정한 사항을 이행하지 않은 경우 그로 인하여 늘어난 손해액이나 회복할 수 있었을 금액을 보험금에서 공제하거나 지급하지 않습니다.

4. 피보험자동차의 양도

① 보험계약자 또는 기명피보험자가 보험기간 중에 피보험자동차를 양도한 경우에는 이 보험계약으로 인하여 생긴 보험계약자 및 피보험자의 권리와 의무는 피보험자동차의 양수인에게 승계되지 않습니다. 그러나 보험계약자가 이 권리와 의무를 양수인에게 이전하고자 한다는 뜻을 서면 등으로 보험회사에 통지하여 보험회사가 승인한 경우에는 그 승인한 때부터 양수인에 대하여 이 보험계약을 적용합니다.
② 보험회사가 제1항에 의한 보험계약자의 통지를 받은 날부터 10일 이내에 승인 여부를 보험계약자에게 통지하지 않으면, 그 10일이 되는 날의 다음날 0시에 승인한 것으로 봅니다.
③ 제1항에서 규정하는 피보험자동차의 양도에는 소유권을 유보한 매매계약에 따라 자동차를 '산 사람' 또는 대차계약에 따라 자동차를 '빌린 사람'이 그 자동차를 피보험자동차로 하고, 자신을 보험계약자 또는 기명피보험자로 하는 보험계약이 존속하는 동안에 그 자동차를 '판 사람' 또는 '빌려준 사람'에게 반환하는 경우도 포함합니다. 이 경우 '판 사람' 또는 '빌려준 사람'은 양수인으로 봅니다.
④ 보험회사가 제1항의 승인을 하는 경우에는 피보험자동차의 양수인에게 적용되는 보험요율에 따라 보험료의 차이가 나는 경우 피보험자동차가 양도되기 전의 보험계약자에게 남는 보험료를 돌려드리거나, 피보험자동차의 양도 후의 보험계약자에게 추가보험료를 청구합니다.
⑤ 보험회사가 제1항의 승인을 거절한 경우 피보험자동차가 양도된 후에 발생한 사고에 대하여는 보험금을 지급하지 않습니다.
⑥ 보험계약자 또는 기명피보험자가 보험기간 중에 사망하여 법정상속인이 피보험자동차를 상속하

는 경우 이 보험계약도 승계된 것으로 봅니다. 다만, 보험기간이 종료되거나 자동차의 명의를 변경하는 경우에는 법정상속인을 보험계약자 또는 기명피보험자로 하는 새로운 보험계약을 맺어야 합니다.

5. 피보험자동차의 교체

① 보험계약자 또는 기명피보험자가 보험기간 중에 기존의 피보험자동차를 폐차 또는 양도한 다음 그 자동차와 동일한 차종의 다른 자동차로 교체한 경우에는, 보험계약자가 이 보험계약을 교체된 자동차에 승계시키고자 한다는 뜻을 서면 등으로 보험회사에 통지하여 보험회사가 승인한 때부터 이 보험계약이 교체된 자동차에 적용됩니다. 이 경우 기존의 피보험자동차에 대한 보험계약의 효력은 보험회사가 승인할 때에 상실됩니다.
② 보험회사가 서면 등의 방법으로 통지를 받은 날부터 10일 이내에 제1항에 의한 승인 여부를 보험계약자에게 통지하지 않으면, 그 10일이 되는 날의 다음날 0시에 승인한 것으로 봅니다.
③ 제1항에서 규정하는 '동일한 차종의 다른 자동차로 교체한 경우'라 함은 개인소유 자가용승용자동차 간에 교체한 경우를 말합니다.
④ 보험회사가 제1항의 승인을 하는 경우에는 교체된 자동차에 적용하는 보험요율에 따라 보험료의 차이가 나는 경우 보험계약자에게 남는 보험료를 돌려드리거나 추가보험료를 청구할 수 있습니다. 이 경우 기존의 피보험자동차를 말소등록한 날 또는 소유권을 이전등록한 날부터 승계를 승인한 날의 전날까지의 기간에 해당하는 보험료를 일할로 계산하여 보험계약자에게 반환하여 드립니다.
⑤ 보험회사가 제1항의 승인을 거절한 경우 교체된 자동차를 사용하다가 발생한 사고에 대해서는 보험금을 지급하지 않습니다.

6. 보험계약자의 보험계약 해지·해제

① 보험계약자는 언제든지 임의로 보험계약의 일부 또는 전부를 해지할 수 있습니다. 다만, 의무보험은 다음 중 어느 하나에 해당하는 경우에만 해지할 수 있습니다.
  1. 피보험자동차가 「자동차손해배상보장법」 제5조 제4항에 정한 자동차(의무보험 가입대상에서 제외되거나 도로가 아닌 장소에 한하여 운행하는 자동차)로 변경된 경우
  2. 피보험자동차를 양도한 경우. 다만, (피보험자동차의 양도) 또는 (피보험자동차의 교체)에 따라 보험계약이 양수인 또는 교체된 자동차에 승계된 경우에는 의무보험에 대한 보험계약을 해지할 수 없습니다.
  3. 피보험자동차의 말소등록으로 운행을 중지한 경우. 다만, (피보험자동차의 교체)에 따라 보험계약이 교체된 자동차에 승계된 경우에는 의무보험에 대한 보험계약을 해지할 수 없습니다.
  4. 천재지변, 교통사고, 화재, 도난 등의 사유로 인하여 피보험자동차를 더 이상 운행할 수 없게 된 경우. 다만, (피보험자동차의 교체)에 따라 보험계약이 교체된 자동차에 승계된 경우에는

의무보험에 대한 보험계약을 해지할 수 없습니다.
  5. 이 보험계약을 맺은 후에 피보험자동차에 대하여 이 보험계약과 보험기간의 일부 또는 전부가 중복되는 의무보험이 포함된 다른 보험계약(공제계약을 포함)을 맺은 경우
  6. 보험회사가 파산선고를 받은 경우
  7. 「자동차손해배상보장법」 제5조의2에서 정하는 '보험 등의 가입의무 면제' 사유에 해당하는 경우
  8. 자동차해체재활용업자가 해당 자동차·자동차등록증·등록번호판 및 봉인을 인수하고 그 사실을 증명하는 서류를 발급한 경우
  9. 건설기계관리법에 따라 건설기계해체재활용업자가 해당 건설기계와 등록번호표를 인수하고 그 사실을 증명하는 서류를 발급한 경우
② 이 보험계약이 의무보험만 체결된 경우로서, 이 보험계약을 맺기 전에 피보험자동차에 대하여 의무보험이 포함된 다른 보험계약(공제계약을 포함하며 이하 같음)이 유효하게 맺어져 있는 경우에는, 보험계약자는 그 다른 보험계약이 종료하기 전에 이 보험계약을 해제할 수 있습니다. 만일, 그 다른 보험계약이 종료된 후에는 그 종료일 다음날부터 보험기간이 개시되는 의무보험이 포함된 새로운 보험계약을 맺은 경우에 한하여 이 보험계약을 해제할 수 있습니다.
③ 타인을 위한 보험계약에서 보험계약자는 기명피보험자의 동의를 얻거나 보험증권을 소지한 경우에 한하여 제1항 또는 제2항의 규정에 따라 보험계약을 해지하거나 또는 해제할 수 있습니다.

7. 위법계약의 해지

① 계약자는 「금융소비자 보호에 관한 법률」 제47조 및 관련규정이 정하는 바에 따라 계약체결에 대한 회사의 법 위반사항이 있는 경우 계약체결일부터 5년 이내의 범위에서 계약자가 위반사항을 안 날부터 1년 이내에 계약해지요구서에 증빙서류를 첨부하여 위법계약의 해지를 요구할 수 있습니다. 다만 「자동차손해배상 보장법」에 따른 의무보험에 대해 해지 요구를 할 때에는 동종의 다른 의무보험에 가입되어 있는 경우에만 해지할 수 있습니다.
② 회사는 해지요구를 받은 날부터 10일 이내에 수락여부를 계약자에 통지하여야 하며, 거절할 때에는 거절 사유를 함께 통지하여야 합니다.
③ 계약자는 회사가 정당한 사유 없이 제1항의 요구를 따르지 않는 경우 해당 계약을 해지할 수 있습니다.
④ 계약이 해지된 경우 회사는 경과하지 않은 기간에 대하여 일단위로 계산한 보험료를 계약자에게 지급합니다. 다만 계약을 해지하기 전에 보험회사가 보상하여야 하는 사고가 발생한 때에는 보험료를 환급하지 않습니다.
⑤ 계약자는 위법계약 해지권의 제척기간에도 불구하고 민법 등 관계 법령에서 정하는 바에 따라 법률상의 권리를 행사할 수 있습니다.

8. 보험회사의 보험계약 해지

① 보험회사는 다음 중 어느 하나에 해당하는 경우가 발생하였을 때, 그 사실을 안 날부터 1월 이내에 보험계약을 해지할 수 있습니다. 다만, 제1호, 제2호, 제4호, 제5호에 의한 계약해지는 의무보험에 대해 적용하지 않습니다.

1. 보험계약자가 보험계약을 맺을 때 고의 또는 중대한 과실로 (계약 전 알릴 의무) 제1항의 사항에 관하여 알고 있는 사실을 알리지 않거나 사실과 다르게 알린 경우. 다만, 다음 중 어느 하나에 해당하는 경우 보험회사는 보험계약을 해지하지 못합니다.
   가. 보험계약을 맺은 때에 보험회사가 보험계약자가 알려야 할 사실을 알고 있었거나 과실로 알지 못하였을 때
   나. 보험계약자가 보험금을 지급할 사고가 발생하기 전에 보험청약서의 기재사항에 대하여 서면으로 변경을 신청하여 보험회사가 이를 승인하였을 때
   다. 보험회사가 보험계약을 맺은 날부터 보험계약을 해지하지 않고 6개월이 경과한 때
   라. 보험을 모집한 자(이하 "보험설계사 등"이라 합니다)가 보험계약자 또는 피보험자에게 계약 전 알릴 의무를 이행할 기회를 부여하지 아니하였거나 보험계약자 또는 피보험자가 사실대로 알리는 것을 방해한 경우, 또는 보험계약자 또는 피보험자에 대해 사실대로 알리지 않게 하였거나 부실하게 알리도록 권유했을 때. 다만, 보험설계사 등의 행위가 없었다 하더라도 보험계약자 또는 피보험자가 사실대로 알리지 않거나 부실하게 알린 것으로 인정되는 경우에는 그러하지 아니합니다.
   마. 보험계약자가 알려야 할 사항이 보험회사가 위험을 측정하는 데 관련이 없을 때 또는 적용할 보험료에 차액이 생기지 않은 때
2. 보험계약자가 보험계약을 맺은 후에 (계약 후 알릴 의무) 제1항에 정한 사실이 생긴 것을 알았음에도 불구하고 지체 없이 알리지 않거나 사실과 다르게 알린 경우. 다만, 보험계약자가 알려야 할 사실이 뚜렷하게 위험을 증가시킨 것이 아닌 때에는 보험회사가 보험계약을 해지하지 못합니다.
3. 보험계약자가 정당한 이유 없이 법령에 정한 자동차검사를 받지 않은 경우
4. 보험회사가 (계약 전 알릴 의무) 제2항, (계약 후 알릴 의무) 제1항, (피보험자동차의 양도) 제4항, (피보험자동차의 교체) 제4항에 따라 추가보험료를 청구한 날부터 14일 이내에 보험계약자가 그 보험료를 내지 않은 경우. 다만, 다음 중 어느 하나에 해당하는 경우 보험회사는 보험계약을 해지하지 못합니다.
   가. 보험회사가 계약 전 알릴의무 위반 사실을 안 날부터 1월이 지난 경우
   나. 보험회사가 보험계약자로부터 (계약 후 알릴 의무) 제1항에서 정하는 사실을 통지받은 후 1월이 지난 경우
5. 보험금의 청구에 관하여 보험계약자, 피보험자, 보험금을 수령하는 자 또는 이들의 법정대리

인의 사기행위가 발생한 경우
② 보험회사는 보험계약자가 계약 전 알릴 의무 또는 계약 후 알릴 의무를 이행하지 아니하여 제1항 제1호 또는 제2호에 따라 보험계약을 해지한 때에는 해지 이전에 생긴 사고에 대해서도 보상하지 않으며, 이 경우 보험회사는 지급한 보험금의 반환을 청구할 수 있습니다. 다만, 계약 전 알릴 의무 또는 계약 후 알릴 의무를 위반한 사실이 사고의 발생에 영향을 미치지 않았음이 증명된 때에는 보험회사는 보상합니다.
③ 보험회사는 보험계약자가 다른 보험의 가입내역을 알리지 않거나 사실과 다르게 알렸다는 이유로 계약을 해지하거나 보험금 지급을 거절하지 아니합니다.

제8절 대인배상보험금의 지급기준

1. 사망보험금

가. 구성
① 장례비
② 위자료
③ 상실 수익액

나. 장례비
500만원을 지급한다.

다. 위자료
① 사망자 연령이 65세 미만인 경우: 8,000만원
② 사망자 연령이 65세 이상인 경우: 5,000만원
③ 청구권자의 범위 및 청구권자별 지급기준은 민법상 상속규정에 따름

라. 상실 수익액

(1) 산정방법

사망한 본인의 월평균 현실소득액(제세액공제)에서 본인의 생활비(월평균현실소득액에 생활비율을 곱한 금액)를 공제한 금액에 취업가능월수에 해당하는 호프만 계수를 곱하여 산정. 다만 사망일부터 취업가능연한까지 월수에 해당하는 호프만계수의 총합은 240을 한도로 함.

(2) 계산식

(월평균현실소득액－생활비)×(사망일부터 보험금지급일까지의 월수＋보험금지급일부터 취업가능연한까지 월수에 해당하는 호프만 계수)

(3) 생활비율

상실수익액을 산정함에 있어서 1/3의 생활비를 공제한다.

(4) 취업가능 월수

① 취업가능연한을 65세로 하여 취업가능월수를 산정함. 다만, 법령, 단체협약 또는 그 밖의 별도의 정년에 관한 규정이 있으면 이에 의하여 취업가능월수를 산정하며, 피해자가 「농업·농촌 및 식품산업 기본법」 제3조 제2호에 따른 농업인이나 「수산업·어촌 발전 기본법」 제3조 제3호에 따른 어업인일 경우(피해자가 객관적 자료를 통해 증명한 경우에 한함)에는 취업가능연한을 70세로 하여 취업가능월수를 산정함.

② 피해자가 사망 당시(후유장애를 입은 경우에는 노동능력상실일) 62세 이상인 경우에는 다음의 「62세 이상 피해자의 취업가능월수」에 의하되, 사망일 또는 노동능력상실일부터 정년에 이르기까지는 월현실소득액을, 그 이후부터 취업가능월수까지는 일용근로자 임금을 인정함

[62세 이상 피해자의 취업가능월수]

피해자의 나이	취업가능월수
62세부터 67세 미만	36월
67세부터 76세 미만	24월
76세 이상	12월

③ 취업가능연한이 사회통념상 65세 미만인 직종에 종사하는 자인 경우 해당 직종에 타당한 취업가능연한 이후 65세에 이르기까지의 현실소득액은 사망 또는 노동능력 상실 당시의 일용근로자 임금을 인정함.

④ 취업시기는 19세로 함.

⑤ 외국인

가. 적법한 일시체류자[*1]인 경우 생활 본거지인 본국의 소득기준을 적용함.

나. 적법한 취업활동자[*2]인 경우 외국인 근로자의 적법한 체류기간 동안은 국내의 소득기준을 적용하고, 적법한 체류기간 종료 후에는 본국의 소득기준을 적용함. 다만, 사고 당시 남은 적법한 체류기간이 3년 미만인 경우 사고일부터 3년간 국내의 소득기준을 적용함.

다. 그 밖의 경우 사고일부터 3년은 국내의 소득기준을, 그 후부터는 본국의 소득기준을 적용함.

[*1] '적법한 일시체류자'라 함은 국내 입국허가를 득하였으나 취업활동의 허가를 얻지 못한 자를 말합니다.
[*2] '적법한 취업활동자'라 함은 국내 취업활동 허가를 얻은 자를 말합니다.

(5) 호프만 계수

법정이율 월 5/12%, 단리에 따라 중간이자를 공제하고 계산하는 방법

2. 부상보험금

가. 구성

① 적극손해
② 위자료
③ 휴업손해
④ 간병비
⑤ 그 밖의 손해 배상금

나. 적극손해

(1) 구조수색비

사회통념상으로 보아 필요타당한 실비

(2) 치료관계비

의사의 진단 기간에서 치료에 소요되는 다음의 비용(외국에서 치료를 받은 경우에는 국내의료기관에서의 치료에 소요되는 비용 상당액. 다만 국내의료기관에서 치료가 불가능하여 외국에서 치료를 받는 경우에는 그에 소요되는 타당한 비용)으로 하되, 관련법규에서 환자의 진료비로 인정하는 선택진료비를 포함함. 다만 「자동차손해배상보장법 시행령」〈별표1〉에서 정한 상해급별 구분 중 12급 내지 14급에 해당하는 교통사고 환자가 상해를 입은 날로부터 4주를 경과한 후에도 의학적 소견에 따른 향후 치료를 요하는 경우에는 의료법에 따른 진단서상 향후 치료에 대한 소견 범위에 기재된 치료기간 내 치료에 소요되는 비용으로 함

① 입원료
  (가) 입원료는 대중적인 일반병실(이하 '기준병실'이라 함)의 입원료를 지급함. 다만, 의사가 치료상 부득이 기준병실 보다 입원료가 비싼 병실(이하 '상급병실'이라 함)에 입원하여야 한다고 판단하여 상급병실에 입원하였을 때에는 그 병실의 입원료를 지급함.
  (나) 기준병실이 없어 부득이하게 병원급 이상 의료기관의 상급병실에 입원하였을 때에는 7일의 범위에서는 그 병실의 입원료를 지급함. 입원일수가 7일을 초과한 때에는 그 초과한 기간은 기준병실의 입원료와 상급병실의 입원료와의 차액은 지급하지 아니함.
  (다) 피보험자나 피해자의 희망으로 상급병실에 입원하였을 때는 기준병실의 입원료와 상급병실의 입원료와의 차액은 지급하지 아니함.

② 응급치료, 호송, 진찰, 전원, 퇴원, 투약, 수술(성형수술 포함), 처치, 의지, 의치, 안경, 보청기 등에 소요되는 필요타당한 실비

③ 치아보철비: 금주조관보철(백금관보철 포함) 또는 임플란트(실제 시술한 경우로 1치당 1회에 한함)에 소요되는 비용. 다만, 치아보철물이 외상으로 인하여 손상 또는 파괴되어 사용할 수 없게 된 경우에는 원상회복에 소요되는 비용

다. 위자료

책임보험 상해 구분에 따라 별도로 정한 금액을 급별로 피해자 본인에게 지급한다. 과실상계 후 후유장애 상실수익액과 가정간호비가 후유장애 보험금 보상한도를 초과하는 경우에는 부상보험금 한도 내에서 부상 위자료를 지급한다.

라. 휴업손해

부상으로 인하여 휴업함으로써 수입의 감소가 있었음을 관계 서류를 통해 증명할 수 있는 경우에 한하여 휴업기간 중 피해자 실제 수입감소액의 85% 해당액을 지급한다.

마. 간병비

(1) 청구권자의 범위: 피해자 본인

(2) 인정 대상

   (가) 책임보험 상해구분상 1~5급에 해당하는 자 중 객관적인 증빙자료를 제출한 경우 인정함.

   (나) 동일한 사고로 부모 중 1인이 사망 또는 상해등급 1~5급의 상해를 입은 7세 미만의 자 중 객관적인 증빙자료를 제출한 경우 인정함.

   (다) 의료법 제4조의2에 따른 비용을 보험회사가 부담하는 경우에는 비용 및 기간에 관계없이 인정하지 않음. 의료법 제4조의2는 간호·간병통합서비스 제공 등 규정을 말함.

(3) 지급 기준

   (가) 위 인정대상 (가)에 해당하는 자는 책임보험 상해구분에 따라 다음과 같이 상해등급별 인정일수를 한도로 하여 실제 입원기간을 인정함.

   (나) 위 인정대상 (나)에 해당하는 자는 최대 60일을 한도로 하여 실제 입원기간을 인정함.

   (다) 간병인원은 1일 1인 이내에 한하며, 1일 일용근로자 임금을 기준으로 지급함.

   (라) 위 (가)과 (나)의 간병비가 피해자 1인에게 중복될 때에는 양자 중 많은 금액을 지급함.

상해등급	인정일수
1급~2급	60일
3급~4급	30일
5급	15일

바. 그 밖의 손해배상금
  (1) 입원하는 경우
    입원 기간 중 한끼당 4,030원(병원에서 환자의 식사를 제공하지 않거나 환자의 요청에 따라 병원에서 제공하는 식사를 이용하지 않는 경우에 한함)
  (2) 통원하는 경우
    실제 통원한 일수에 대하여 1일 8,000원

3. 후유장해보험금

가. 구성
  ① 위자료
  ② 상실수익액
  ③ 가정간호비

나. 위자료
  (1) 청구권자의 범위: 피해자 본인
  (2) 지급기준: 노동능력상실률에 따라 (가)항 또는 (나)항에 의해 산정한 금액을 피해자 본인에게 지급함.
    (가) 노동능력상실률이 50% 이상인 경우
      ① 후유장애 판정 당시[*1] 피해자의 나이가 65세 미만인 경우: 45,000,000원×노동능력상실률×85%
      ② 후유장애 판정 당시[*1] 피해자의 나이가 65세 이상인 경우: 40,000,000원×노동능력상실률×85%
      ③ 상기 ①, ②에도 불구하고 피해자가 이 약관에 따른 가정간호비 지급 대상인 경우에는 아래 기준을 적용함
        가. 후유장애 판정 당시[*1] 피해자의 나이가 65세 미만인 경우: 80,000,000원×노동능력상실률×85%
        나. 후유장애 판정 당시[*1] 피해자의 나이가 65세 이상인 경우: 50,000,000원×노동능력상실률×85%
      (*1) 후유장애 판정에 대한 다툼이 있을 경우 최초 후유장애 판정 시점의 피해자 연령을 기준으로 후유장애 위자료를 산정합니다.

(나) 노동능력상실률이 50% 미만인 경우

노동능력상실률	인정액(만원)
45% 이상 50% 미만	400
35% 이상 45% 미만	240
27% 이상 35% 미만	200
20% 이상 27% 미만	160
14% 이상 20% 미만	120
9% 이상 14% 미만	100
5% 이상 9% 미만	80
0 초과 5% 미만	50

(3) 후유장애 상실수익액을 지급하는 경우에는 후유장애 위자료를 지급함. 다만, 부상 위자료 해당액이 더 많은 경우에는 그 금액을 후유장애 위자료로 지급함

다. 상실수익액

(1) 계산식

(월평균현실소득액)×(노동능력상실률)×(노동능력상실일부터 보험금 지급일까지의 월수+보험금 지급일부터 취업 가능 연한까지의 월수에 해당하는 호프만 계수)

(2) 노동능력상실률

맥브라이드식 장애평가방법에 따라 실질적으로 부상 치료 진단을 실시한 의사 또는 해당과목 전문의가 진단, 판정한 타당한 노동능력상실률을 적용하며, 동 판정과 관련하여 다툼이 있을 경우 보험금 청구권자와 보험회사가 협의하여 정한 제3의 전문의료기관의 전문의에게 판정을 의뢰할 수 있다.

(3) 노동능력상실 기간 및 호프만 계수

사망과 동일하게 적용한다.

라. 가정간호비

치료가 종결되어 더 이상 치료 효과를 기대할 수 없게 된 때에 1인 이상의 해당 전문의로부터 노동능력상실률 100%의 후유장애 판정을 받은 자로서 '식물인간 상태의 환자 또는 척수손상으로 인한 사지완전마비환자'로 생명유지에 필요한 일상생활의 처리동작에 있어 항상 다른 사람의 개호를 요하는 자에게 지급한다. 가정간호 인원은 1일 1인 이내에 한하며, 가정간호비는 일용근로자 임금을 기준으로 보험금수령권자의 선택에 따라 일시금 또는 퇴원일부터 향후 생존기간에 한하여 매월 정기금으로 지급한다.

(1) 식물인간상태의 환자

뇌손상으로 다음 항목에 모두 해당되는 상태에 있는 자

① 스스로는 이동이 불가능하다.
② 자력으로는 식사가 불가능하다.
③ 대소변을 가릴 수 없는 상태이다.
④ 안구는 겨우 물건을 쫓아가는 수가 있으나, 알아보지는 못한다.
⑤ 소리를 내도 뜻이 있는 말은 못한다.
⑥ '눈을 떠라', '손으로 물건을 쥐어라'하는 정도의 간단한 명령에는 가까스로 응할 수 있어도 그 이상의 의사소통은 불가능하다.

(2) 척수손상으로 인한 사지완전마비 환자

척수손상으로 인해 양팔과 양다리가 모두 마비된 환자로서 다음 항목에 모두 해당되는 자
① 생존에 필요한 일상생활의 동작(식사, 배설, 보행 등)을 자력으로 할 수 없다.
② 침대에서 몸을 일으켜 의자로 옮기거나 집안에서 걷기 등의 자력이동이 불가능하다.
③ 욕창을 방지하기 위해 수시로 체위를 변경시켜야 하는 등 다른 사람의 상시 개호를 필요로 한다.

제9절 대물배상보험금의 지급기준

1. 수리비용

가. 수리비

사고 직전의 상태로 원상회복하는데 소요되는 필요 타당한 비용으로서 실제 수리비용. 다만 경미한 손상$^{(*1)}$의 경우 보험개발원이 정한 경미손상 수리기준에 따라 복원수리하거나 품질인증부품으로 교환수리하는데 소요되는 비용을 한도로 한다.

(*1) 경미한 손상: 외장부품 중 자동차의 기능과 안전성을 고려할 때 부품교체 없이 복원이 가능한 손상

나. 열처리 도장료

수리 시 열처리 도장을 한 경우 차량연식에 관계없이 열처리 도장료 전액

다. 한도

수리비 및 열처리 도장료의 합계액은 피해물의 사고 직전 가액의 120%를 한도로 지급한다. 다만 피해물이 다음 중 어느 하나에 해당하는 경우에는 130%를 한도로 한다.
(가) 내용연수$^{(*1)}$가 지난 경우
(나) 「여객자동차 운수사업법」 제84조 제2항에 의한 차량충당연한을 적용받는 승용자동차나 승합자동차
(다) 「화물자동차 운수사업법」 제57조 제1항에 의한 차량충당연한을 적용받는 화물자동차
(*1) 내용연수: 보험개발원의 「차량가액기준표」에서 정하는 내용연수를 말한다.

2. 교환가액

가. 지급대상
① 수리비용이 피해물의 사고 직전 가액을 초과하여 수리하지 않고 폐차하는 경우
② 원상회복이 불가능한 경우

나. 인정기준
① 사고 직전 피해물의 가액 상당액
② 사고 직전 피해물의 가액에 상당하는 동종의 대용품을 취득할 때 실제로 소요된 필요 타당한 비용

3. 대차료

가. 지급대상
비사업용자동차(건설기계 포함)가 파손 또는 오손되어 가동하지 못하는 기간 동안에 다른 자동차를 대신 사용할 필요가 있는 경우에 지급한다.

나. 대차를 하는 경우
(가) 대여자동차는「여객자동차운수사업법」에 따라 등록한 대여사업자에게서 차량만을 빌릴 때를 기준으로 동급[*1]의 대여자동차 중 최저요금의 대여자동차를 빌리는데 소요되는 통상의 요금[*2]. 다만 피해차량이 사고시점을 기준으로「여객자동차운수사업법」에 따른 운행연한 초과로 동급의 대여자동차를 구할 수 없는 경우에는 피해차량과 동일한 규모[*3]의 대여자동차 중 최저요금의 대여자동차를 기준으로 함.

[*1] "동급"이라 함은 배기량, 연식이 유사한 차량을 말합니다. 다만 배기량, 연식만을 고려하는 경우 차량성능을 반영하기 어려운 자동차(예 하이브리드 차량, 다운사이징엔진 장착 차량)에 대해서는 차량크기(길이, 너비, 높이)를 고려한다.

[*2] "통상의 요금"이라 함은 자동차 대여시장에서 소비자가 자동차대여사업자로부터 자동차를 빌릴 때 소요되는 합리적인 시장가격을 말한다.

[*3] "규모"라 함은「자동차관리법시행규칙」별표1 자동차의 종류 중 규모별 세부기준(경형, 소형, 중형, 대형)에 따른 자동차의 규모를 말한다.

(나) 대여자동차가 없는 차종[*1]은 보험개발원이 산정한 사업용 해당차종(사업용 해당차종의 구분이 곤란할 때에는 사용방법이 유사한 차종으로 하며, 이하 같음) 휴차료 일람표 범위에서 실임차료. 다만 5톤 이하 또는 밴형 화물자동차 및 대형 이륜자동차(260cc 초과)의 경우 중형승용차급 중 최저요금 한도로 대차 가능

[*1] "대여자동차가 없는 차종"이라 함은「여객자동차운수사업법」제30조에 따라 자동차대여사업에 사용할 수 있는 자동차 외의 차종을 말한다.

다. 대차를 하지 않는 경우

① 동급의 대여자동차가 있는 경우: 해당 차량과 동급의 최저요금 대여자동차 대여 시 소요되는 통상의 요금의 35% 상당액
② 「여객자동차운수사업법」에 따른 운행연한 초과로 동급의 대여자동차를 구할 수 없는 경우: 피해차량과 동일한 규모의 대여자동차 중 최저요금의 대여자동차를 대차를 하는 경우 소요되는 대차료의 35% 상당액
③ 대여자동차가 없는 경우: 사업용 해당 차종 휴차료 일람표 금액의 35% 상당액

라. 인정기간

① 수리 가능한 경우: 수리를 위해 자동차정비업자에게 인도하여 수리가 완료될 때까지 소요된 기간으로 하되, 25일(실제 정비작업시간이 160시간을 초과하는 경우에는 30일)을 한도로 한다. 다만 부당한 수리지연이나 출고지연 등의 사유로 인해 통상의 수리기간[*1]을 초과하는 기간은 인정하지 않는다.

    (*1) 통상의 수리기간: 보험개발원이 과거 3년간 렌트기간과 작업시간 등과의 상관관계를 합리적으로 분석하여 산출한 수리기간(범위)를 말한다.

② 수리 불가능한 경우: 10일

4. 휴차료

가. 지급대상

사업용자동차(건설기계 포함)가 파손 또는 오손되어 사용하지 못하는 기간 동안에 발생하는 타당한 영업손해를 지급한다.

나. 인정 기준액

① 증명 자료가 있는 경우: 1일 영업수입에서 운행경비를 공제한 금액에 휴차 기간을 곱한 금액
② 증명 자료가 없는 경우: 보험개발원이 산정한 사업용 해당 차종 휴차료 일람표 금액에 휴차 기간을 곱한 금액

다. 인정기간

① 수리 가능한 경우: 수리를 위해 자동차정비업자에게 인도하여 수리가 완료될 때까지 소요된 기간으로 하되, 30일을 한도로 한다. 「여객자동차운수사업법 시행규칙」에 의하여 개인택시운송사업 면허를 받은 자가 부상으로 자동차의 수리가 완료된 후에도 자동차를 운행할 수 없는 경우에는 사고일부터 30일을 초과하지 않는 범위에서 운행하지 못한 기간으로 함.
② 수리 불가능한 경우: 10일

5. 영업손실

가. 지급대상
소득세법 시행령에서 규정하고 있는 사업을 경영하는 자의 사업장 또는 그 시설물을 파괴하여 휴업함으로써 상실된 이익

나. 인정 기준액
① **증명 자료가 있는 경우**: 소득을 인정할 수 있는 세법에 따른 관계증빙서에 의하여 산정한 금액
② **증명 자료가 없는 경우**: 일용근로자 임금

다. 인정기간
① 원상복구에 소요되는 기간으로 한다. 그러나 합의지연 또는 부당한 복구지연으로 연장되는 기간은 휴업기간에 넣지 않는다.
② 영업손실 인정기간은 30일을 한도로 한다.

6. 자동차시세 하락 손해

가. 지급대상
출고 후 <u>5년 이하</u>인 자동차에 한한다.

나. 인정 대상 사고
사고로 인한 수리비용이 사고 직전 자동차가액의 20%를 초과하는 경우에 인정한다.

다. 인정금액
① 1년 이하: 수리비용의 20%
② 1년 초과 2년 이하: 수리비용의 15%
③ 2년 초과 5년 이하: 수리비용의 10%

7. 견인비용

가. 지급대상
피해물이 자력 이동이 불가능하여 이를 정비 가능한 곳까지 운반할 필요가 있는 경우

나. 인정기준액
피해물을 고칠 수 있는 정비공장 등까지 운반하거나 그 곳까지 운반하기 위한 임시수리에 소요되는 비용 중 필요 타당한 비용

제10절 과실상계 등

1. 과실상계

가. 방법

① 이 기준의 「대인배상Ⅰ」, 「대인배상Ⅱ」, 「대물배상」에 의하여 산출한 금액에 대하여 피해자 측의 과실비율에 따라 상계하며, 「무보험자동차에 의한 상해」의 경우에는 피보험자의 과실비율에 따라 상계함.

② 「대인배상Ⅰ」에서 사망보험금은 위 ①에 의하여 상계한 후의 금액이 2,000만원에 미달하면 2,000만원을 보상하며, 부상보험금의 경우 위 ①에 의하여 상계한 후의 금액이 치료관계비와 간병비의 합산액에 미달하면 치료관계비(입원환자 식대를 포함)와 간병비를 보상함.

③ 「대인배상Ⅱ」 또는 「무보험자동차에 의한 상해」에서 사망보험금, 부상보험금 및 후유장애보험금을 합산한 금액을 기준으로 위 ①에 의하여 상계한 후의 금액이 치료관계비와 간병비의 합산액에 미달하면 치료관계비(입원환자 식대를 포함하며, 「대인배상Ⅰ」에서 지급될 수 있는 금액을 공제)와 간병비를 보상함. 다만, 차량운전자[*1]가 '자동차손해배상보장법 시행령' 〈별표1〉에서 정한 상해급별 구분 중 12급 내지 14급의 상해를 입은 경우 위 ①에 의하여 상계하기 전의 치료관계비가 「대인배상Ⅰ」 한도를 초과할 경우 보험회사는 과실상계 없이 우선 보상한 후, 그 초과액에 대하여 피해자 측의 과실비율에 해당하는 금액을 청구할 수 있음.

(*1) "차량운전자"에서 차량이라 함은 「자동차관리법」 제3조에 의한 자동차(이륜자동차 제외), 군수품관리법에 의한 차량, 건설기계관리법의 적용을 받는 건설기계를 말하며, 차량운전자에는 피해자 측 과실비율을 적용받는 자를 포함한다.

나. 적용 기준

별도로 정한 자동차사고 과실비율의 인정기준을 참고하여 산정하고, 사고유형이 그 기준에 없거나 그 기준에 의한 과실비율의 적용이 곤란할 때에는 판결례를 참작하여 적용한다. 그러나 소송이 제기되었을 경우에는 확정판결에 의한 과실비율을 적용한다.

2. 손익상계

보험사고로 인하여 다른 이익을 받을 경우에는 이를 상계하여 보험금을 지급한다.

3. 동승자에 대한 감액

피보험자동차에 동승한 자는 별도로 정한 「동승자 유형별 감액비율표」에 따라 감액한다.

[동승자 유형별 감액비율표]

동승의 유형 및 운행목적	감액비율
동승자의 강요 및 무단 동승	100%
음주운전자의 차량 동승	40%
동승자의 요청 동승	30%
상호 의논합의 동승	20%
운전자의 권유 동승	10%
운전자의 강요 동승	0%

※ 다만 피보험자와 동승자가 「여객자동차운수사업법」에 따른 토요일, 일요일 및 공휴일을 제외한 날의 출·퇴근 시간대(오전 7시부터 오전 9시까지 및 오후 6시부터 오후 8시까지를 말한다)에 실제의 출·퇴근 용도로 자택과 직장 사이를 이동하면서 승용차 함께타기를 실시한 경우에는 위 동승자 감액비율을 적용하지 않는다.

[수정요소]

수정요소	수정비율
동승자의 동승과정에 과실이 있는 경우	+10~20%

4. 기왕증

기왕증으로 인한 손해는 보상하지 않는다. 다만, 당해 자동차사고로 인하여 기왕증이 악화된 경우에는 기왕증이 손해에 관여한 정도(기왕증 관여도)를 반영하여 보상한다. 기왕증은 해당과목 전문의가 판정한 비율에 따라 공제한다. 다만, 그 판정에 다툼이 있을 경우 보험금 청구권자와 보험회사가 협의하여 정한 제3의 전문의료기관의 전문의에게 판정을 의뢰할 수 있다.

> **시험 출제 포인트**
>
> ▶ 기왕증
> 당해 자동차사고가 있기 전에 이미 가지고 있던 증상으로 특이체질 및 병적 소인 등을 포함하는 것을 말한다.

제11절 상해등급과 후유장해 등급

1. 상해등급

가. 상해등급 구분표가 자동차보험에서 사용되는 곳

① 대인배상Ⅰ 부상 한도액: 1급 3,000만원에서 14급 50만원까지로 상해등급별로 구분되어 있다.
② 부상 위자료 산정기준: 대인배상Ⅰ, 대인배상Ⅱ, 자기신체사고, 자동차상해 및 무보험차상해의 부상보험금 중 위자료 산정 시 상해등급에 따라 14단계로 구분되어 있다.
③ 자기신체사고 부상 한도액: 자기신체사고의 부상보험금 한도액이 14등급으로 구분되어 있다.

나. 상해등급 적용 요령

① 2급부터 11급까지 상해 내용 중 2가지 이상의 상해가 중복되는 경우에는 가장 높은 등급에 해당하는 상해부터 하위 3등급 사이의 상해가 중복된 경우에만 가장 높은 상해 내용의 등급보다 한 등급 높은 금액으로 배상한다.

> ▎예시▎
> ▶사례 1
> 상해등급 3급, 6급이 중복
> → 가장 높은 등급인 3급에서 하위 3등급 사이에 상해가 중복되었으므로, 한 등급 높은 등급으로 배상함. 즉, 2급으로 배상함
>
> ▶사례 2
> 상해등급 3급, 7급이 중복
> → 가장 높은 등급인 3급에서 하위 3등급 사이를 넘어선 상해가 중복되었으므로, 높은 등급을 적용하지 않음. 즉, 3급으로 배상함

② 일반 외상과 치과보철을 필요로 하는 상해가 중복된 경우에는 각각의 상해 등급별 금액을 배상하되, 그 합산액이 1급의 금액을 초과하지 않는 범위에서 배상한다.
③ 1개의 상해에서 2개 이상의 상향 또는 하향 조정의 요인이 있을 때 등급 상향 또는 하향 조정은 1회만 큰 폭의 조정을 적용한다. 다만, 상향 조정 요인과 하향 조정 요인이 여러 개가 함께 있을 때에는 큰 폭의 상향 또는 큰 폭의 하향 조정 요인을 각각 선택하여 함께 반영한다.
④ 재해 발생 시 만 13세 미만인 사람은 소아로 인정한다.
⑤ 연부 조직에 손상이 심하여 유리 피판술, 유경 피판술, 원거리 피판술, 국소 피판술이나 피부 이식술을 시행할 경우 안면부는 1등급 상위등급을 적용하고, 수부, 족부에 국한된 손상에 대해서는 한 등급 아래의 등급을 적용한다.

2. 장해등급

가. 후유장애등급이 적용되는 곳

① 대인배상 I 후유장애보험금 한도액: 1급 1억 5천만원에서 14급 1천만원까지로 14단계로 구분되어 있다.

② 자기신체사고 후유장애보험금 한도액: 자기신체사고의 후유장애보험금 한도액이 14등급으로 구분되어 있다.

③ 후유장애 위자료: 위자료는 노동능력상실률에 따라 계산되기 때문에 장애등급이 적용되지 않는다.

나. 후유장애등급 결정방법

신체장애가 둘 이상 있는 경우에는 중한 신체장애에 해당하는 장애등급보다 한 급 높이 배상한다.

○✕ 오엑스 문제풀이

01 무면허운전(조종)이란,「도로교통법」또는「건설기계관리법」의 운전(조종)면허에 관한 규정에 위반되는 무면허 또는 무자격운전(조종)을 말하며, 운전(조종)면허의 효력이 정지된 상황이거나 운전(조종)이 금지된 상황에서 운전(조종)하는 것을 제외한다. ○/✕

해설 무면허운전(조종)이란,「도로교통법」또는「건설기계관리법」의 운전(조종)면허에 관한 규정에 위반되는 무면허 또는 무자격운전(조종)을 말하며, 운전(조종)면허의 효력이 정지된 상황이거나 운전(조종)이 금지된 상황에서 운전(조종)하는 것을 포함한다.

02 「대인배상 I」에서 보험회사는 피보험자가 피보험자동차의 운행으로 인하여 다른 사람을 죽거나 다치게 하여「자동차손해배상보장법」제3조에 의한 손해배상책임을 짐으로써 입은 손해를 보상한다. ○/✕

해설 「대인배상 I」에서 보험회사는 피보험자가 피보험자동차의 운행으로 인하여 다른 사람을 죽거나 다치게 하여「자동차손해배상보장법」제3조에 의한 손해배상책임을 짐으로써 입은 손해를 보상한다.

03 지진, 분화, 태풍, 홍수, 해일 등 천재지변으로 인한 손해는 「대인배상 I」에서 보상하지 않는다. ○/✕

해설 「대인배상 I」에서는 보험계약자 또는 피보험자의 고의로 인한 손해를 보상하지 않는다. 지진, 분화, 태풍, 홍수, 해일 등 천재지변으로 인한 손해는 「대인배상 II」에서 보상하지 않는다.

04 피보험자가 경제적인 사유 등으로 사고부담금을 미납하였을 때 보험회사는 사고부담금이 납부될 때까지 보험금 지급을 거절할 수 있다. ○/✕

해설 피보험자는 지체 없이 음주운전, 무면허운전 또는 사고발생 시의 조치의무 위반 사고부담금을 보험회사에 납입하여야 한다. 다만, 피보험자가 경제적인 사유 등으로 사고부담금을 미납하였을 때 보험회사는 피해자에게 이 사고부담금을 포함하여 손해배상금을 우선 지급하고 피보험자에게 이 사고부담금의 지급을 청구할 수 있다.

05 「자기차량손해」에서 피보험자는 보험회사에 보상을 청구할 수 있는 사람으로 기명피보험자, 친족피보험자, 승낙피보험자, 사용피보험자, 운전피보험자이다. ○/✕

해설 「자기차량손해」에서 피보험자는 보험회사에 보상을 청구할 수 있는 사람으로 보험증권에 기재된 기명피보험자이다.

06 피보험자가 가지급금을 청구한 경우에는 보험회사는 약관에 따라 지급할 금액의 한도에서 가지급금(자동차보험 진료수가는 전액, 진료수가 이외의 보험금은 약관에 따라 지급할 금액의 50%)을 지급한다. O/X

해설 피보험자가 가지급금을 청구한 경우 보험회사는 약관에 따라 지급할 금액의 한도에서 가지급금(자동차보험 진료수가는 전액, 진료수가 이외의 보험금은 약관에 따라 지급할 금액의 50%)을 지급한다.

07 장례비는 5백만원이다. O/X

해설 장례비 지급액은 5백만원이다.

08 대물배상의 수리비 및 열처리 도장료의 합계액은 피해물의 사고 직전 가액의 120%를 한도로 지급한다. O/X

해설 대물배상의 수리비 및 열처리 도장료의 합계액은 피해물의 사고 직전 가액의 120%를 한도로 지급한다.

09 수리가 불가능한 경우 대차료는 20일을 인정한다. O/X

해설 수리가 불가능한 경우 대차료는 10일을 인정한다.

10 자동차 시세하락 손해의 지급대상 중 출고 후 1년 이하인 자동차는 수리비용의 20%를 인정한다. O/X

해설 자동차 시세하락 손해는 사고로 인한 자동차(출고 후 5년 이하인 자동차에 한함)의 수리비용이 사고 직전 자동차가액의 20%를 초과하는 경우에 인정한다. 지급대상 중 출고 후 1년 이하인 자동차는 수리비용의 20%를 인정한다.

01. × 02. ○ 03. × 04. × 05. × 06. ○ 07. ○ 08. ○ 09. × 10. ○

CHAPTER 04 운전자보험

제1절 운전자보험의 보장종목

1. 운전자보험의 의의

피보험자가 자동차를 운전하던 중에 급격하고 우연한 자동차사고로 발생하는 형사상, 행정상 책임 등 비용손해를 보장하는 보험상품이다. 실질적으로 종합보험(패키지)의 형태라고 할 수 있다.

2. 운전자보험의 특징

가. 보험에서 적용되는 운전의 정의

운전자보험에서 운전이라 함은 '도로여부, 주정차여부, 엔진의 시동여부를 불문하고 피보험자가 자동차 운전석에 탑승하여 핸들을 조작하거나 조작 가능한 상태에 있는 것'을 말한다.

> **시험 출제 포인트**
> ▶ 운전에 해당하지 않는 것
>   1. 운전석을 이탈하여 하차 중이거나 탑승하려던 중에 발생한 사고
>   2. 자동차의 시동을 끄지 않고 정차 시킨 후 적재된 물건을 내리다가 쓰러지면서 운전석 뒷부분에 부딪힌 사고
>   → 이러한 사고들은 운전자보험에서 보상하는 운전중 사고에 해당하지 않는다.

나. 실손보상

벌금특약, 교통사고처리지원금특약, 변호사선임비용특약 등은 해당 특약에 2개 이상 가입한 경우에는 보험료를 각각 납입하였더라도 실제 발생한 손해까지만 보상한다.

제2절 교통사고처리지원금담보 특별약관

1. 개요

피보험자가 자동차를 운전하던 중 급격하고도 우연한 자동차사고로 피해자(피보험자의 부모, 배우자, 자녀는 제외)를 사망하게 하거나 상해를 입힌 경우 피해자와의 형사합의로 발생할 수 있는 피보험자의 경제적 손실을 대비하는 보험이다. 피보험자가 피해자에게 지급한 형사합의금을 보상함으로써 신속한 피해자 구제와 피보험자의 형사처벌 완화를 기대할 수 있다.

2. 보상하는 손해

가. 형사합의금

상품에 따라 약간의 차이가 있으나 일반적으로 피보험자가 보험기간 중에 자동차를 운전하던 중 급격하고도 우연히 발생한 자동차사고로 타인(피해자)에게 다음 각 호의 어느 하나에 해당하는 상해를 입혀 형사합의를 한 경우 피보험자가 형사합의금으로 실제로 지급한 금액(형사합의금)을 지급한다.

(1) 피해자를 사망하게 한 경우
(2) 중대법규위반 교통사고로 피해자가 42일(피해자 1명 기준) 이상 치료를 요한다는 진단을 받은 경우(참고 – 최근 일부 상품 중에는 특정범죄 가중처벌 등에 관한 법률 제5조의 13(어린이 보호구역에서 어린이 치사상의 가중처벌)에 해당되는 사고에 한하여 피해자가 42일 미만 치료를 요한다는 진단을 받은 경우를 포함하는 경우도 있음)
(3) 일반교통사고로 피해자에게 중상해를 입혀 형법 제258조 제1항 또는 제2항, 형법 제268조, 교통사고처리특례법 제3조에 따라 검찰에 의해 공소제기(기소)되거나, 자동차사고 부상 등급표에서 정한 상해급수 1급, 2급 또는 3급에 해당하는 부상을 입힌 경우

사고유형	사망	중대법규 위반 교통사고		일반 교통사고	
피해	사망	6주 이상 진단	6주 미만 진단	중상해를 입혀 공소제기되거나 1~3급 부상	그 밖의 사고
보상	○	○	X (별도 특약 가입시 가능*)	○	×

* 통상 6주 이상 진단을 받았을 경우 보상되며, 약관에 따라 보상 요건이 다를 수 있음
* 일부 보험회사의 경우 6주 미만 진단을 받더라도 보험금을 지급하는 상품도 판매함

나. 공탁금

피해자와 형사합의가 이루어지지 않아 공탁을 한 경우에는 피해자의 공탁금 출급 이후 공탁금액을 위의 한도금액 내에서 보상한다.

3. 피해자에게 직접 지급하는 경우

다음 각 호 모두에 해당하는 경우 피해자에게 직접 보험금을 지급할 수 있다.
(1) 피보험자와 피해자간 형사합의금액을 확정하고, 피해자가 형사합의금액을 별도로 장래에 지급받는 조건으로 형사합의를 한 경우
(2) 보험회사가 피해자에게 형사합의금을 직접 지급하는 경우 피보험자가 피해자에게 직접 지급되는 교통사고처리지원금에 상응하는 청구권을 포기한 경우

4. 보험금을 지급하지 않는 사유

(1) 계약자 및 피보험자의 고의
(2) 피보험자가 사고를 내고 도주하였을 때
(3) 피보험자가 도로교통법에서 정한 음주·무면허 상태 또는 약물 상태에서 운전하던 중 사고를 일으킨 때
(4) 피보험자가 자동차를 경기용이나 경기를 위한 연습용 또는 시험용으로 운전하던 중 사고를 일으킨 때

5. 비례분담

가. 실손보상

교통사고처리지원금은 피보험자가 실제 부담한 금액을 지급하는 실손보상의 원칙에 따른다.

나. 다수계약

교통사고처리지원금을 지급할 다수 계약(공제계약 포함)이 체결되어 있는 경우 각 계약의 보상책임액에 따라 각 계약의 비례분담액을 보상책임액으로 지급한다.

다. 비례분담 계산식

$$비례분담액 = 형사합의금 \times \frac{각\ 계약별\ 보상책임액}{각\ 계약별\ 보상책임액\ 합계액}$$

제3절 자동차사고 변호사선임비용 특별약관

1. 보상하는 손해

피보험자가 보험기간 중 자동차를 운전하던 중 급격하고도 우연한 자동차사고로 타인의 신체에 상해를 입힘으로써 구속영장에 의하여 구속되었거나, 검사에 의해 공소제기(약식기소 제외)된 경우 또는 검사에 의하여 약식기소 되었으나 법원에 의해 보통의 심판절차인 공판절차에 의해 재판이 진행되게 되는 경우에는 변호사선임비용으로 실제 부담한 금액을 1사고당 지급한다.

2. 실손 보상

변호사 선임비용은 실제 부담한 금액을 지급하므로, 다수 계약이 체결된 경우에는 그에 따라 비례분담하여 지급한다.

3. 1사고의 의미

하나의 자동차 운전 중 교통사고를 말하며, 항소심, 상고심을 포함하여 다수의 소송을 하였을 경우 그 소송 동안 피보험자가 실제 부담한 전체 변호사 선임비용을 합쳐서 한도를 적용한다.

제4절 면허정지취소위로금담보 특별약관

1. 면허정지 위로금

피보험자가 자동차를 운전하던 중 급격하고도 우연한 자동차사고로 타인의 신체에 상해를 입히거나 타인의 재물을 손상함으로써 행정처분에 의하여 운전면허가 정지되었을 경우 최고 60일을 한도로 1일당 보상한다. 만약 행정기관의 교정교육을 이수하여 감경받았거나 받을 수 있는 경우에는 그 기간을 차감하여 보상한다. 다만 행정기관의 교정교육을 이수하지 않아 면허정지기간을 감경받지 못하여 면허정지 처분기간 이후에 경찰서의 행정처분 조회 확인서를 제출한다면 보상 가능하다.

2. 면허취소 위로금

피보험자가 자동차를 운전하던 중 급격하고도 우연한 자동차사고로 타인의 신체에 상해를 입히거나 타인의 재물을 손상함으로써 행정처분에 의하여 운전면허가 취소되었을 경우 일정한 금액을 정액 보상한다.

제5절 자동차부상치료비

1. 지급사유

피보험자가 보험기간 중 교통사고로 신체에 상해를 입고 그 직접결과로 자동차손해배상보장법 시행령에서 정한 자동차사고 부상등급표에 해당하는 부상등급을 받은 경우에 정해진 금액을 지급한다.

2. 지급유형 구분

가. 부상등급에 따라 차등 지급

부상등급(1급~14급)에 따라 차등 지급한다. 1급이 가장 높은 금액을 지급하며 14급의 지급액이 가장 낮다.

나. 일정 부상등급 이상 지급

부상등급 5급 이상(1급~5급)인 경우에 일정한 금액을 지급한다.

다. 모든 부상등급 지급

부상등급 전부(1급~14급)에 대해서 동일한 금액을 지급한다.

제6절 기타 담보

1. 교통상해 임시생활비

피보험자가 보험기간 중 교통상해를 입고 그 직접적인 결과로 생활기능 또는 업무능력에 지장을 가져와 입원한 경우에 입원 1일당 보상한다. 다만 사고일로부터 180일 이내에 발생한 입원일수를 한도로 한다.

2. 생활유지비

피보험자가 자동차를 운전하던 중 급격하고도 우연한 자동차사고로 상해를 입고 입원하거나 타인의 신체에 상해를 입힘으로써 구속영장에 의하여 구속되었을 경우 입원 또는 구속기간 동안 최고 180일을 한도로 1일당 보상한다.

3. 방어비용

피보험자가 자동차를 운전하던 중 급격하고도 우연한 자동차사고로 타인의 신체에 상해를 입힘으로써 구속영장에 의하여 구속되었거나 검찰에 의하여 공소 제기된 경우 1사고당 보험가입금액을 정액 지급한다. 현재는 판매가 중지된 담보이다.

4. 긴급비용

피보험자가 자동차를 운전하던 중 급격하고도 우연한 자동차사고로 피보험자의 자동차가 가동불능 상태가 되었을 경우에 보상한다.

5. 차량손해 위로금

피보험자가 자동차를 운전하던 중 급격하고도 우연한 자동차사고로 피보험자 또는 배우자의 자동차에 전손이 발생했거나, 도난 사실을 경찰관서에 신고한 후 30일이 지나도록 찾지 못한 경우 또는 부분손해를 당하여 자기차량손해 100만원 이상 지급받은 경우에 보상한다.

6. 벌금담보

가. 의의

피보험자가 자동차를 운전하던 중 급격하고도 우연한 자동차사고로 타인의 신체에 상해를 입힘으로써 받은 벌금액을 1사고당 보험가입금액을 한도로 실손 보상한다. 다만 아래의 경우에는 보험금을 지급하지 않는다.
(1) 피보험자가 사고를 내고 도주한 경우
(2) 피보험자가 자동차를 경기용이나 경기를 위한 연습용 또는 시험용으로 운전하던 중 사고를 일으킨 경우
(3) 피보험자가 도로교통법에 따른 음주운전 또는 무면허 운전 상태에서 사고를 일으킨 경우

나. 벌금의 보상

1사고마다 2,000만원을 한도로 실손해액을 보상한다. 최근 일부 상품 중에는 특정범죄 가중처벌 등에 관한 법률 제5조의 13(어린이 보호구역에서 어린이 치사상의 가중처벌)에 해당되는 사고로 벌금이 부과되었을 때에, 500만원 이상 3,000만원 이하의 금액을 담보하기도 한다.

다. 비례보상

실손해를 보상하기 때문에 동일한 보장을 하는 다른 계약(공제계약 포함)이 있는 때에는 실제 손해액을 한도로 비례보상한다.

CHAPTER 05 여행보험

제1절 국내여행보험

보험기간 중 피보험자가 국내여행 중에 입을 수 있는 사망 및 후유장해, 질병사망, 실손의료비, 배상책임, 휴대품 손해 등을 보상한다.

구분	보장항목	보장 내용
기본계약	상해사망, 후유장해	여행 도중에 발생한 급격하고도 우연한 사고로 인해 사망하거나 후유장해가 발생한 경우에 보상
특별약관	질병사망, 후유장해	여행 도중에 발생한 질병으로 인해 사망하거나 후유장해가 발생한 경우에 보상
	실손의료비	여행 도중에 발생한 상해 또는 질병으로 인해 치료한 경우 입원과 통원의료비를 보상
	배상책임손해	여행 도중에 발생한 우연한 사고로 타인의 신체나 재산에 피해를 입혀 법률상 손해배상책임을 진 경우에 보상
	휴대품 손해	여행 도중에 발생한 우연한 사고로 휴대품에 도난 또는 파손 손해가 발생했을 경우에 점당 또는 조당 20만원을 한도로 1만원을 공제한 다음 보험가입금액을 한도로 보상

제2절 해외여행보험

보험기간 중 피보험자가 해외여행을 위하여 주거지를 출발하여 주거지에 도착할 때까지 발생한 보험사고를 보상하는 보험이다.

구분	보장항목			보장 내용
기본계약	상해사망, 후유장해			여행 도중에 발생한 급격하고도 우연한 사고로 인해 사망하거나 후유장해가 발생한 경우에 보상
특별약관	질병사망, 후유장해			여행 도중에 발생한 질병으로 인해 사망하거나 후유장해가 발생한 경우에 보상
	해외실손의료비	상해	해외	여행 도중에 발생한 상해 또는 질병으로 인해 해외의료기관 또는 국내의료기관에서 치료한 경우 입원과 통원의료비를 보상
			국내	
		질병	해외	
			국내	
	배상책임손해			여행 도중에 발생한 우연한 사고로 타인의 신체나 재산에 피해를 입혀 법률상 손해배상책임을 진 경우에 보상
	특별비용			탑승한 항공기나 선박이 행방불명 또는 조난된 경우, 산악등반 중에 조난된 경우, 상해나 질병으로 사망한 경우 또는 상해나 질병을 직접원인으로 14일 이상 입원하여 피보험자 또는 법정상속인이 부담하는 비용이 발생한 경우에 보상
	항공기 납치			피보험자가 탑승한 항공기가 납치되어 예정된 목적지에 도착할 수 없게 된 경우에 매일 7만원씩 보상
	휴대품 손해			여행 도중에 발생한 우연한 사고로 휴대품에 도난 또는 파손 손해가 발생했을 경우에 점당 또는 조당 20만원을 한도로 1만원을 공제한 다음 보험가입금액을 한도로 보상

⭕❌ 오엑스 문제풀이

01 운전석을 이탈하여 하차 중이거나 탑승하려던 중에 발생한 사고는 운전중 사고에 해당한다. O/X

해설 운전석을 이탈하여 하차 중이거나 탑승하려던 중에 발생한 사고, 자동차의 시동을 끄지 않고 정차 시킨 후 적재된 물건을 내리다가 쓰러지면서 운전석 뒷부분에 부딪힌 사고는 운전자보험에서 보상하는 운전중 사고에 해당하지 않는다.

02 변호사선임비용에서 1사고당이란 하나의 자동차 운전 중 교통사고를 말하며, 항소심, 상고심을 포함하여 다수의 소송을 하였을 경우 그 소송 동안 피보험자가 실제 부담한 전체 변호사 선임비용을 합쳐서 한도를 적용한다. O/X

해설 변호사선임비용에서 1사고당이란 하나의 자동차 운전 중 교통사고를 말하며, 항소심, 상고심을 포함하여 다수의 소송을 하였을 경우 그 소송 동안 피보험자가 실제 부담한 전체 변호사 선임비용을 합쳐서 한도를 적용한다.

03 방어비용은 피보험자가 자동차사고로 검찰에 의하여 공소 제기된 경우 지급 가능하다. O/X

해설 방어비용은 피보험자가 자동차를 운전하던 중 급격하고도 우연한 자동차사고로 타인의 신체에 상해를 입힘으로써 구속영장에 의하여 구속되었거나 검찰에 의하여 공소 제기된 경우 1사고당 보험가입금액을 정액 지급한다.

04 중대법규위반 교통사고로 피해자가 42일(피해자가 여러 명일 때에는 합산 기준) 이상 치료를 요한다는 진단을 받은 경우에는 교통사고처리지원금 지급대상이다. O/X

해설 중대법규위반 교통사고로 피해자가 42일(피해자 1명 기준) 이상 치료를 요한다는 진단을 받은 경우에는 교통사고처리지원금 지급대상이다.

05 해외여행보험의 실손의료비는 담보는 여행 도중에 발생한 상해 또는 질병으로 인해 해외의료기관에서 치료한 경우를 담보하며 국내의료기관은 담보하지 않는다. O/X

해설 해외여행보험의 실손의료비는 담보는 여행 도중에 발생한 상해 또는 질병으로 인해 해외의료기관 또는 국내의료기관에서 치료한 경우를 모두 담보한다.

06 항공기 납치담보는 피보험자가 탑승한 항공기가 납치되어 예정된 목적지에 도착할 수 없게 된 경우에 매일 7만원씩 보상한다. O/X

해설 항공기 납치담보는 피보험자가 탑승한 항공기가 납치되어 예정된 목적지에 도착할 수 없게 된 경우에 매일 7만원씩 보상한다.

07 면허정지 위로금은 최고 60일을 한도로 1일당 보상한다. O/X

해설 면허정지 위로금은 최고 60일을 한도로 1일당 보상한다.

01. ✕ 02. ⭕ 03. ⭕ 04. ✕ 05. ✕ 06. ⭕ 07. ⭕

제4편 출제예상문제

01 화재보험의 구분에 대한 다음 설명 중 틀린 것은?
① 주택화재보험은 폭발, 파열 손해를 보상하지 않는다.
② 일반화재보험의 보험기간은 1~3년 단기이다.
③ 일반화재보험의 대상물건은 일반물건과 공장물건이다.
④ 장기화재보험의 보험기간은 3년 이상 장기이다.

정답 ①
해설 주택화재보험에서 보상하는 손해는 화재(벼락 포함), 폭발, 파열, 소방손해와 피난손해이다.

02 다음 중 화재보험에서 보험증권에 기재하여야만 보험의 목적에 포함되는 것은?
① 귀금속
② 피보험자 소유의 칸막이
③ 피보험자 소유의 간판
④ 피보험자의 생활용품

정답 ①
해설 보험증권에 기재하여야만 보험의 목적에 포함되는 것은 다음과 같다.
(가) 통화, 유가증권, 인지, 우표 및 이와 비슷한 것
(나) 귀금속, 귀중품, 보옥, 보석, 글·그림, 골동품, 조각물 및 이와 비슷한 것
(다) 원고, 설계서, 도안, 물건의 원본, 모형, 증서, 장부, 금형(쇠틀), 목형(나무틀), 소프트웨어 및 이와 비슷한 것
(라) 실외 및 옥외에 쌓아 둔 동산

03 다음의 설명하는 손해는 화재보험의 어떤 손해를 뜻하는가?

화재가 발생하여 보험의 목적이 객관적으로 화재의 위험에 직면하여 이를 방치할 경우에는 화재손해를 입을 것이 확실한 경우 보험목적물을 피난으로 인해 발생한 손해를 말한다. 예를 들어 주택에 화재가 발생할 경우 주택 내에 있던 고가의 가구를 건물 밖으로 던지는 과정에서 발생할 수 있는 파손이나 오손과 같은 손해를 보상한다. 또한 피난지에서 5일의 기간 동안 보험의 목적에 생긴 직접손해와 소방손해도 보상한다.

① 사고에 따른 직접 손해
② 사고에 따른 간접 손해
③ 사고에 따른 소방 손해
④ 사고에 따른 피난 손해

정답 ④
해설 사고에 따른 피난 손해에 대한 설명이다.

04 화재보험에서 보상하는 손해는?

① 화재가 발생했을 때 생긴 도난 또는 분실로 생긴 손해
② 자연발열 또는 자연발화로 연소된 다른 보험의 목적에 생긴 손해
③ 화재에 기인되지 않는 수도관, 수관 또는 수압기 등의 파열로 생긴 손해
④ 발전기, 여자기(정류기 포함), 변류기, 변압기, 전압조정기, 축전기, 개폐기, 차단기, 피뢰기, 배전반 및 그 밖의 전기기기 또는 장치의 전기적 사고로 생긴 손해

정답 ②

해설 보험의 목적의 발효, 자연발열, 자연발화로 생긴 손해는 보상하지 않는다. 그러나 자연발열 또는 자연발화로 연소된 다른 보험의 목적에 생긴 손해는 보상하여 준다.

05 다음 주어진 내용을 바탕으로 보험회사가 지급해야 하는 보험금은 얼마인가?

- 화재손해액: 1억원
- 잔존물 제거비용: 2천만원
- 보험가입금액: 2억원
- 보험가액: 2억원

① 1억원
② 1억 1천만원
③ 1억 2천만원
④ 1억 3천만원

정답 ②

해설 화재보험에서의 잔존물 제거비용은 사고현장에서의 잔존물의 해체비용, 청소비용 및 차에 싣는 비용 등을 말한다. 화재로 인한 손해에 의한 보험금과 잔존물 제거비용은 각각 '지급보험금의 계산'을 준용하여 계산하며, 그 합계액은 보험증권에 기재된 보험가입금액을 한도로 한다. 다만 잔존물 제거비용은 손해액의 10%를 초과할 수 없다. 따라서 보험회사의 지급보험금은 "화재손해액 + 잔존물제거비용(손해액의 10% 한도)"이다. 이를 바탕으로 보험회사가 지급해야 하는 금액을 계산하면 다음과 같다.

1억원(화재손해액) + 1천만원(잔존물제거비용, 손해액의 10% 한도) = 1억 1천만원

06 다음의 조건에서 보험회사가 지급해야 하는 보험금은 얼마인가?

- 화재보험 가입, 80% 공동보험조항 조건
- 화재가 발생하여 건물에 손해를 입었음
- 보험가액 1억원
- 보험가입금액 6천만원
- 손해액 4천만원

① 1천만원
② 2천만원
③ 3천만원
④ 4천만원

정답 ③

해설 ▶ 보험가입금액이 보험가액의 80%보다 같거나 클 때
보험가입금액을 한도로 손해액 전액. 그러나 보험가입금액이 보험가액보다 클 때에는 보험가액을 한도로 한다.

▶ 보험가입금액이 보험가액의 80%보다 작을 때
보험가입금액을 한도로 아래 계산식을 적용한 금액

$$손해액 \times \frac{보험가입금액}{보험가액의\ 80\%\ 해당액}$$

주어진 문제에서 보험가액은 1억원, 보험가입금액은 6천만원이므로 [보험가입금액이 보험가액의 80%보다 작을 때]에 해당한다. 따라서 계산식은 다음과 같다.

$$4천만원 \times \frac{6천만원}{1억원 \times 80\%} = 3천만원$$

07 화재보험의 대위권과 관련된 다음 설명 중 틀린 것은?

① 현물을 보상한 경우에도 대위권을 취득한다.
② 피보험자가 입은 손해의 일부만 보상한 때에는 피보험자의 권리를 침해하지 않는 범위 내에서 권리를 취득한다.
③ 타인을 위한 계약의 경우에는 계약자에 대한 대위권을 포기한다.
④ 임차인등 및 가족의 고의 또는 중대한 과실로 인하여 손해가 발생한 경우에는 대위권을 취득한다.

정답 ④

해설 회사는 대위하는 권리가 계약자 또는 피보험자와 임대차계약을 체결하는 등 거주를 허락한 자에 대한 것으로서, 임차인등이 보험료를 납부하는 경우 임차인등 및 이들과 생계를 같이하는 가족에 대한 대위권을 포기한다. 다만, 손해가 임차인등 및 가족의 고의로 인하여 발생한 경우에는 그러하지 않다.

08 다음 중 화재보험의 계약 후 알릴의무에 해당하지 않는 것은?

① 이 계약에서 보장하는 위험과 동일한 위험을 보장하는 계약을 다른 보험자와 체결하고자 할 때
② 보험의 목적 또는 보험의 목적을 수용하는 건물의 구조를 변경, 개축, 증축할 때
③ 보험의 목적 또는 보험의 목적이 들어있는 건물을 계속하여 30일 이상 비워 둘 때
④ 보험의 목적 또는 보험의 목적을 수용하는 건물을 계속하여 10일 이상 수선할 때

정답 ④

해설 계약자 또는 피보험자는 보험의 목적 또는 보험의 목적을 수용하는 건물의 구조를 변경, 개축, 증축하거나 계속하여 15일 이상 수선할 경우에 지체 없이 서면으로 보험회사에게 그 사실을 알려야 하는 계약 후 알릴의무를 부담한다.

09 화재보험 특별약관에 대한 다음 설명 중 틀린 것은?

① 구내폭발손해 담보는 구내에서 발생한 폭발 또는 파열의 손해를 담보하며, 여기에서 말하는 폭발 또는 파열이란 급격한 산화반응을 포함하는 파괴는 물론이고 물리적 폭발이나 파열을 말한다.
② 도난위험 담보는 1사고당 10만원의 자기부담금이 있다.
③ 풍수재위험 담보는 1사고당 50만원의 자기부담금이 있다.
④ 전기적 사고위험 담보는 자연열화의 손해 또는 안전장치의 기능상 당연히 발생할 수 있는 손해는 보상하지 않는다.

정답 ①

해설 구내폭발손해 담보는 보험의 목적물에 있는 구내에서 발생한 폭발 또는 파열의 손해를 담보하는 특별약관이다. 여기에서 말하는 '폭발 또는 파열'이란 급격한 산화반응을 포함하는 파괴 또는 그러한 현상을 말한다. 기관, 기기, 증기기관, 내연기관, 수도관, 유압기, 수압기 등에서 발생하는 물리적 폭발이나 파열, 기계의 운동부분 또는 회전부분이 분해되어 날아 흩어지는 손해는 제외되니 주의하여야 한다. 물리적 폭발이나 파열 등은 기계보험에서 담보하는 위험이다.

10 배상책임보험을 일반배상책임보험과 전문직업인배상책임보험으로 분류할 때 다음 중 그 분류가 다른 하나는?

① 시설소유관리자배상책임보험
② 도급업자배상책임보험
③ 의사배상책임보험
④ 생산물배상책임보험

정답 ③

해설 배상책임보험은 일반적인 사고에 대한 일반배상책임보험과 특정 전문직업인의 배상책임을 보상하는 전문직업인배상책임보험으로 나눌 수 있다. 의사배상책임보험은 전문직업배상책임보험에 속하며, 나머지는 모두 일반배상책임보험이다.

11 배상책임보험에서 보상하지 않는 손해는?

① 피보험자가 소유, 사용 또는 관리하는 재물이 손해를 입었을 경우에 그 재물에 대하여 정당한 권리를 가진 사람에게 부담하는 손해에 대한 배상책임
② 제3자 또는 이들의 법정대리인의 고의로 생긴 손해에 대한 배상책임
③ 피보험자와 타인간에 손해배상에 관한 약정이 있는 경우, 법률상 규정에 따른 배상책임
④ 손해의 배상을 받을 수 있는 그 권리를 지키거나 행사하기 위하여 지출한 필요 또는 유익하였던 비용

정답 ①

해설 ① 피보험자가 소유, 사용 또는 관리하는 재물이 손해를 입었을 경우에 그 재물에 대하여 정당한 권리를 가진 사람에게 부담하는 손해에 대한 배상책임은 배상책임책임에서 보상하지 않는 손해에 해당한다. 이는 배상책임보험에서 보상하는 영역이 아니며, 보관자배상책임보험에서 보상하는 손해에 해당한다.
② 제3자 또는 이들의 법정대리인의 고의로 생긴 손해에 대한 배상책임은 배상책임보험에서 보상하지 않는 손해에 해당하지 않는다. 따라서 만약 이들의 행위로 인하여 피보험자에게 배상책임이 발생하였다면 이를 보

상하여야 한다.
③ 피보험자와 타인간에 손해배상에 관한 약정이 있는 경우, 그 약정에 의하여 가중된 배상책임을 배상책임보험에서 보상하지 않는 것이지, 법률상 규정에 따른 배상책임은 당연히 배상책임보험에서 보상하여야 한다.
④ 손해의 배상을 받을 수 있는 그 권리를 지키거나 행사하기 위하여 지출한 필요 또는 유익하였던 비용은 비용손해이므로 배상책임보험에서 이를 보상하여야 한다.

12 다음 중 배상책임보험의 대위권에 대한 설명 중 틀린 것은?
① 배상책임보험 표준약관에서는 타인을 위한 계약에서 피보험자에 대한 대위권을 포기한다고 규정하고 있다.
② 보험금 지급뿐만 아니라 현물보상을 한 때에도 대위권을 행사할 수 있다.
③ 회사가 보상한 금액이 피보험자가 입은 손해의 일부인 경우에는 피보험자의 권리를 침해하지 않는 범위 내에서 그 권리를 가진다.
④ 피보험자와 생계를 같이 하는 가족의 고의로 손해가 발생하였다면 대위권을 행사할 수 있다.

정답 ①
해설 배상책임보험 표준약관에서는 타인을 위한 계약에서 계약자에 대한 대위권을 포기한다고 규정하고 있다.

13 다음 중 잘못 짝지워진 것은?
① 업무용 자동차보험: 개인용 자동차를 제외한 모든 사업용 자동차
② 영업용 자동차보험: 사업용 자동차
③ 이륜자동차보험: 이륜자동차 및 원동기 장치 자전거
④ 농기계보험: 동력경운기, 농용트랙터 및 콤바인 등 농기계

정답 ①
해설 업무용 자동차보험: 개인용 자동차를 제외한 모든 비사업용 자동차

14 다음 중 자동차보험 대인배상Ⅰ에서 보상하는 손해는?
①「자동차손해배상보장법」제3조에 의한 손해배상책임을 짐으로써 입은 손해
②「민법」제750조에 의한 불법행위 손해배상책임을 짐으로써 입은 손해
③「민법」제756조에 의한 사용자의 손해배상책임을 짐으로써 입은 손해
④「교통사고처리특례법」제2조에 의한 업무상과실치상죄의 손해배상책임을 짐으로써 입은 손해

정답 ①
해설 대인배상Ⅰ은 피보험자가 피보험자동차의 운행으로 인하여 다른 사람을 죽거나 다치게 하여「자동차손해배상보장법」제3조에 의한 손해배상책임을 짐으로써 입은 손해를 보상한다.

15 다음에서 설명하는 사람은 누구인가?

> 다른 피보험자를 위하여 피보험자동차를 운전 중인 자(운전보조자를 포함)를 말한다.

① 기명피보험자 ② 승낙피보험자
③ 친족피보험자 ④ 운전피보험자

정답 ④

해설 운전피보험자란 다른 피보험자(기명피보험자, 친족피보험자, 승낙피보험자, 사용피보험자를 말함)를 위하여 피보험자동차를 운전 중인 자(운전보조자를 포함)를 말한다.

16 자동차보험에서 사용하는 주요 용어의 정의 중 틀린 것은?
① 무면허운전이란 「도로교통법」 또는 「건설기계관리법」의 운전(조종)면허에 관한 규정에 위반되는 무면허 또는 무자격운전(조종)을 말하며, 운전(조종)면허의 효력이 정지된 상황이거나 운전(조종)이 금지된 상황에서 운전(조종)하는 것은 제외한다.
② 부분품이란 엔진, 변속기(트랜스미션) 등 자동차가 공장에서 출고될 때 원형 그대로 부착되어 자동차의 조성부분이 되는 재료를 말한다.
③ 부속품이란 자동차에 정착 또는 장비되어 있는 물품을 말하며, 자동차 실내에서만 사용하는 것을 목적으로 해서 자동차에 고정되어 있는 내비게이션이나 고속도로통행료단말기를 포함한다.
④ 부속기계장치란 의료방역차, 검사측정차, 전원차, 방송중계차 등 자동차등록증상 그 용도가 특정한 자동차에 정착되거나 장비되어 있는 정밀기계장치를 말한다.

정답 ①

해설 무면허운전이란 「도로교통법」 또는 「건설기계관리법」의 운전(조종)면허에 관한 규정에 위반되는 무면허 또는 무자격운전(조종)을 말하며, 운전(조종)면허의 효력이 정지된 상황이거나 운전(조종)이 금지된 상황에서 운전(조종)하는 것을 포함한다.

17 자동차보험에서 음주운전, 무면허운전 등과 관련된 사고부담금 규정이다. 중 틀린 것은?
① 기명피보험자의 명시적·묵시적 승인하에서 피보험자동차의 운전자가 음주운전이나 무면허운전 또는 마약 약물운전을 하는 동안에 생긴 사고도 사고부담금 대상이다.
② 대인배상Ⅱ의 사고 부담금액은 1사고당 5,000만원이다.
③ 대물배상에서 「자동차손해배상보장법」 제5조 제2항의 규정에 따라 자동차보유자가 의무적으로 가입하여야 하는 보험가입금액 이하 손해는 지급보험금 전액이 대상이다.
④ 피보험자가 경제적인 사유 등으로 사고부담금을 미납하였을 때 보험회사는 피해자에게 사고부담금을 포함하여 손해배상금을 우선 지급하고 피보험자에게 사고부담금의 지급을 청구할 수 있다.

정답 ②

해설 사고부담금은 다음과 같다.
  1. 「대인배상Ⅰ」: 「대인배상Ⅰ」 한도 내 지급보험금
  2. 「대인배상Ⅱ」: 1사고당 1억원
  3. 「대물배상」
      가. 「자동차손해배상보장법」 제5조 제2항의 규정에 따라 자동차보유자가 의무적으로 가입하여야 하는 「대물배상」 보험가입금액 이하 손해: 지급보험금
      나. 「자동차손해배상보장법」 제5조 제2항의 규정에 따라 자동차보유자가 의무적으로 가입하여야 하는 「대물배상」 보험가입금액 초과 손해: 1사고당 5,000만원

18 자동차보험에서 말하는 무보험자동차에 해당하지 않는 것은?
① 자동차보험 「대인배상Ⅱ」나 공제계약이 없는 자동차
② 자동차보험 「대인배상Ⅱ」나 공제계약에서 보상하지 않는 경우에 해당하는 자동차
③ 약관에서 보상될 수 있는 금액보다 보상한도가 높은 자동차보험의 「대인배상Ⅱ」나 공제계약이 적용되는 자동차.
④ 피보험자를 죽게 하거나 다치게 한 자동차가 명확히 밝혀지지 않은 경우 그 자동차

정답 ③

해설 무보험자동차에 포함되는 것은 약관에서 보상될 수 있는 금액보다 보상한도가 낮은 자동차보험의 「대인배상Ⅱ」나 공제계약이 적용되는 자동차를 말한다.

19 보험회사의 합의·절충·중재·소송의 협조·대행에 관한 설명이다. 다음 중 옳지 않은 것은?
① 손해배상청구권자의 손해배상청구권을 보호하기 위한 약관상의 규정이다.
② 보험회사가 협조하거나 대행하는 경우 피보험자는 보험회사에 협력할 의무가 있다.
③ 보험회사는 피보험자가 정당한 이유 없이 협력하지 아니한 경우 절차를 대행하지 않을 수 있다.
④ 피보험자가 손해배상청구권자에 대하여 부담하는 법률상의 손해배상책임액이 보험증권에 기재된 보험가입금액을 명백히 초과하는 경우 절차를 대행하지 않을 수 있다.

정답 ①

해설 보험회사의 합의·절충·중재·소송의 협조·대행에 대한 규정은 손해배상청구권자의 손해배상청구권을 보호하기 위한 것이 아니라, 피보험자 및 보험회사 본인을 보호하기 위한 규정이다.

20 비사업용자동차가 파손 또는 오손되어 가동하지 못하는 기간 동안에 다른 자동차를 대신 사용할 필요가 있는 경우에 지급하는 것은?

① 교환가액 ② 대차료
③ 휴차료 ④ 영업손실

정답 ②

해설 비사업용자동차(건설기계 포함)가 파손 또는 오손되어 가동하지 못하는 기간 동안에 다른 자동차를 대신 사용할 필요가 있는 경우에 지급하는 것은 대차료이다.

21 대차료와 휴차료에 대한 다음 설명 중 틀린 것은?

① 대차를 하지 않았을 때 동급의 대여자동차가 있는 경우에는 해당 차량과 동급의 최저요금 대여자동차 대여 시 소요되는 통상의 요금의 25% 상당액을 대차료로 지급한다.
② 대차료 인정기간은 수리를 위해 자동차정비업자에게 인도하여 수리가 완료될 때까지 소요된 기간으로 하되, 25일을 한도로 한다. 다만 실제 정비작업시간이 160시간을 초과하는 경우에는 30일을 한도로 한다.
③ 휴차료는 사업용자동차(건설기계 포함)가 파손 또는 오손되어 사용하지 못하는 기간 동안에 발생하는 타당한 영업손해를 지급한다.
④ 수리가 불가능한 경우 휴차료는 10일을 지급한다.

정답 ①

해설 ① 대차를 하지 않았을 때 동급의 대여자동차가 있는 경우에는 해당 차량과 동급의 최저요금 대여자동차 대여 시 소요되는 통상의 요금의 35% 상당액을 대차료로 지급한다.
② 대차료 인정기간은 수리를 위해 자동차정비업자에게 인도하여 수리가 완료될 때까지 소요된 기간으로 하되, 25일을 한도로 한다. 다만 실제 정비작업시간이 160시간을 초과하는 경우에는 30일을 한도로 한다.
③ 휴차료는 사업용자동차(건설기계 포함)가 파손 또는 오손되어 사용하지 못하는 기간 동안에 발생하는 타당한 영업손해를 지급한다.
④ 수리가 불가능한 경우 휴차료는 10일을 지급한다.

22 대인배상Ⅱ와 대물배상에서 보상하지 않는 사유에 대한 다음 내용 중에서 ⓐ에 들어갈 기간은?

영리를 목적으로 요금이나 대가를 받고 피보험자동차를 반복적으로 사용하거나 빌려준 때에 생긴 손해. 다만, 다음 각목의 어느 하나에 해당하는 경우에는 보상합니다.
가. 임대차계약(계약기간이 ⓐ 을/를 초과하는 경우에 한함)에 따라 임차인이 피보험자동차를 전속적으로 사용하는 경우(다만, 임차인이 피보험자동차를 영리를 목적으로 요금이나 대가를 받고 반복적으로 사용하는 경우에는 보상하지 않습니다.)
나. 피보험자와 동승자가 「여객자동차운수사업법」에 따른 토요일, 일요일 및 공휴일을 제외한 날의 출·퇴근 시간대(오전 7시부터 오전 9시까지 및 오후 6시부터 오후 8시까지를 말한다)에 실제의 출·퇴근 용도로 자택과 직장 사이를 이동하면서 승용차 함께 타기를 실시한 경우

① 10일
② 30일
③ 3개월
④ 6개월

정답 ②

해설 유상운송 면책사유는 다음과 같다.
영리를 목적으로 요금이나 대가를 받고 피보험자동차를 반복적으로 사용하거나 빌려준 때에 생긴 손해. 다만, 다음 각목의 어느 하나에 해당하는 경우에는 보상합니다.
가. 임대차계약(계약기간이 30일을 초과하는 경우에 한함)에 따라 임차인이 피보험자동차를 전속적으로 사용하는 경우(다만, 임차인이 피보험자동차를 영리를 목적으로 요금이나 대가를 받고 반복적으로 사용하는 경우에는 보상하지 않습니다.)
나. 피보험자와 동승자가 「여객자동차운수사업법」에 따른 토요일, 일요일 및 공휴일을 제외한 날의 출·퇴근 시간대(오전 7시부터 오전 9시까지 및 오후 6시부터 오후 8시까지를 말한다)에 실제의 출·퇴근 용도로 자택과 직장 사이를 이동하면서 승용차 함께 타기를 실시한 경우

23 대인배상 사망보험금의 지급기준에 대한 다음 설명 중 틀린 것은?

① 장례비는 500만원을 지급한다.
② 사망자 연령이 65세 미만인 경우 8,000만원을 위자료로 지급한다.
③ 상실수익액을 산정함에 있어서 1/4의 생활비를 공제한다.
④ 취업가능연한을 65세로 하여 취업가능월수를 산정한다.

정답 ③

해설 ① 장례비는 500만원을 지급한다.
② 사망자 연령이 65세 미만인 경우 8,000만원을 위자료로 지급하며, 65세 이상일 경우에는 5,000만원을 지급한다.
③ 상실수익액을 산정함에 있어서 1/3의 생활비를 공제한다.
④ 취업가능연한을 65세로 하여 취업가능월수를 산정한다.

24 자동차시세 하락 손해에 대한 다음 설명 중 틀린 것은?

① 출고 후 2년 이하인 자동차를 대상으로 한다.
② 사고로 인한 수리비용이 사고 직전 자동차 가액의 20%를 초과하는 경우에 인정한다.
③ 1년 이하일 경우 수리비용의 20%를 인정한다.
④ 1년 초과 2년 이하일 경우 수리비용의 15%를 인정한다.

정답 ①

해설 자동차시세하락 손해는 출고 후 5년 이하인 자동차를 대상으로 하며, 사고로 인한 수리비용이 사고 직전 자동차가액의 20%를 초과하는 경우에 인정한다. 인정금액은 다음과 같다.
① 1년 이하: 수리비용의 20%
② 1년 초과 2년 이하: 수리비용의 15%
③ 2년 초과 5년 이하: 수리비용의 10%

25 과실상계와 손익상계에 대한 다음 설명 중 틀린 것은?

① 상계한 후의 금액이 사망의 경우 2,000만원에 미달하면 2,000만원을 보상한다.
② 상계한 후의 금액이 부상의 경우 치료관계비와 간병비의 합산액에 미달하면 치료관계비와 간병비를 보상한다.
③ 보험사고로 인하여 다른 이익을 받은 경우에는 이를 상계하여 보험금을 지급한다.
④ 당해 자동차사고로 인하여 기왕증이 악화된 경우에는 기왕증이 손해에 관여한 정도(기왕증 관여도)를 고려하지 않고 보상한다.

정답 ④

해설 기왕증으로 인한 손해는 보상하지 않는다. 다만, 당해 자동차사고로 인하여 기왕증이 악화된 경우에는 기왕증이 손해에 관여한 정도(기왕증 관여도)를 반영하여 보상한다.

26 다음의 보험계약 및 사고내용을 읽고 A보험과 B보험이 지급해야 할 보험금으로 맞는 것을 고르시오.

〈계약사항〉
- A 운전자보험: 교통사고처리지원금 피해자 사망 시 3,000만원 한도(계약일: 2024. 1. 1.)
- B 운전자보험: 교통사고처리지원금 피해자 사망 시 2,000만원 한도(계약일: 2024. 2. 1.)

〈사고사항〉(사고일: 2024. 3. 1.)
- 자동차를 운전하던 중에 졸음운전으로 중앙선을 침범한 급격하고도 우연한 자동차 사고로 인하여 타차와 충돌하여 타차에 탑승한 타인을 사망하게 함
- 사고로 피해자 유가족과 교통사고 형사합의서(합의금액이 명시됨)를 작성하여 경찰서에 제출하고, 형사합의서에 명시된 대로 타인의 유가족에게 형사합의금 4,000만원을 지급함

〈기타사항〉
- 약관상 보상하는 손해이며, 계약 전·후 알릴 의무 위반사실은 없음

① A보험: 2,000만원, B보험: 2,000만원
② A보험: 2,400만원, B보험: 1,600만원
③ A보험: 3,000만원, B보험: 2,000만원
④ A보험: 4,000만원, B보험: 0원

정답 ②

해설
- A 운전자보험의 독립책임액: 3,000만원
- B 운전자보험의 독립책임액: 2,000만원
- 손해액: 4,000만원
- A 보험 보상액: 4,000만원 × 3,000만원 / (3,000만원+2,000만원) = 2,400만원
- B 보험 보상액: 4,000만원 × 2,000만원 / (3,000만원+2,000만원) = 1,600만원

27 운전자보험 특별약관에 대한 다음 설명 중 틀린 것은?

① 자동차사고 변호사 선임비용은 1사고당 실손보상한다.
② 피해자가 사망한 경우에도 교통사고 처리 지원금 대상이다.
③ 면허정지 위로금은 1일당 보상한다.
④ 자동차손해배상보장법 시행령 제3조에서 정한 상해급수 4급에 해당하는 부상을 입힌 경우에는 교통사고 처리지원금 대상에 해당한다.

정답 ④

해설 교통사고처리지원금은 피보험자가 보험기간 중 자동차를 운전하던 중 급격하고도 우연한 자동차사고로 타인(피보험자의 부모, 배우자 및 자녀는 제외)에게 다음의 상해를 입혀 형사합의를 한 경우 매 사고당 피해자 각각에 대하여 실제 지급한 금액을 보상한다.
  가. 피해자를 사망하게 한 경우
  나. 중대법규위반 교통사고로 피해자가 42일(피해자 1명 기준) 이상 치료를 요한다는 진단을 받은 경우
      (참고 – 최근 일부 상품 중에는 특정범죄 가중처벌 등에 관한 법률 제5조의 13(어린이 보호구역에서 어린이 치사상의 가중처벌)에 해당되는 사고에 한하여 피해자가 42일 미만 치료를 요한다는 진단을 받은 경우를 포함하는 경우도 있음)
  다. 일반교통사고로 피해자에게 형법 제258조 제1항 또는 제2항의 중상해를 입혀 검찰에 의하여 공소제기 되거나 자동차손해배상보장법 시행령 제3조에서 정한 상해급수 1급, 2급 또는 3급에 해당하는 부상을 입힌 경우

28 다음 중 해외여행보험 특별약관에서 보상하는 비용의 범위에 관한 다음 설명 중 틀린 것은?

① 해외실손의료비는 여행 도중에 발생한 상해 또는 질병으로 해외의료기관에서 치료받은 경우에 보상한다.
② 배상책임손해 특별약관은 여행 도중에 발생한 우연한 사고로 타인의 신체에 피해를 입혀 피보험자가 법률상 손해배상책임을 진 경우에 보상한다.
③ 항공기 납치 특별약관은 피보험자가 탑승한 항공기가 납치되어 예정된 목적지에 도착할 수 없게 된 경우에 보상한다.
④ 휴대품 손해 특별약관은 여행 도중에 발생한 우연한 사고로 휴대품에 고장이 생겼을 경우에 보상한다.

정답 ④

해설 휴대품 손해 특별약관은 여행 도중에 발생한 우연한 사고로 휴대품에 도난 또는 파손 손해가 발생했을 경우에 보상한다. 고장 손해는 보상대상이 아니다.

29 자동차보험의 자기차량손해 담보에서 보험금을 청구할 수 있는 경우이다. 빈 칸 안에 들어갈 기간은?

> 사고가 발생한 때. 다만 피보험자동차를 도난당한 경우에는 도난사실을 경찰관서에 신고한 후 (　)이 지나야 보험금을 청구할 수 있습니다. 만약 경찰관서에 신고한 후 (　)일이 지나 보험금을 청구하였으나 피보험자동차가 회수되었을 경우에는, 보험금의 지급 및 피보험자동차의 반환여부는 피보험자의 의사에 따릅니다.

① 10일
② 30일
③ 60일
④ 90일

정답 ②

해설 사고가 발생한 때. 다만 피보험자동차를 도난당한 경우에는 도난사실을 경찰관서에 신고한 후 30일이 지나야 보험금을 청구할 수 있습니다. 만약 경찰관서에 신고한 후 30일이 지나 보험금을 청구하였으나 피보험자동차가 회수되었을 경우에는, 보험금의 지급 및 피보험자동차의 반환여부는 피보험자의 의사에 따릅니다.

약관
인보험편

제5편

CHAPTER 01 상해보험

제1절 손해보험의 상해

1. 급격성

급격성이란 사고를 피할 수 없는 긴박성을 말한다. 여기서의 긴박성은 시간적 긴박성만을 의미하는 것이 아니고 피보험자가 예견하지 아니하였거나 예견할 수 없는 순간에 사고가 발생한 것을 말한다. 따라서 예측 불능과 회피 불가능성의 여부는 급격성의 판단에 중요한 요소가 된다. 예를 들어 다른 사람이 피보험자를 살해할 목적으로 소량의 독극물을 계속적으로 음식물에 섞어 섭취하게 한 경우, 이는 시간적으로는 장기간이 소요되었지만 피보험자에게 예측 불능과 회피 불가능성이 인정되기 때문에 급격성을 만족하는 것이다.

2. 우연성

우연성이란 우연히 발생하여 통상적인 과정으로는 예측할 수 없는 결과를 가져오는 사고를 의미한다. 고의와 반대되는 개념으로 이해하면 쉽다. 판례는 상해보험에서 우연한 사고로 함은 사고가 피보험자가 예측할 수 없는 원인에 의하여 발생하는 것으로 고의에 의한 것이 아니고 예견치 않았는데 우연히 발생하고 통상적인 과정으로는 기대할 수 없는 결과를 가져오는 사고를 의미한다고 보았다(대법원 2003. 11. 28. 선고 2003다35215, 35222 판결).

3. 외래성

외래성이란 상해의 원인이 외부로부터 야기되어야 한다는 뜻이다. 질병과 반대되는 개념으로 이해하면 쉽다. 외래성은 상해의 원인이 피보험자의 신체 밖으로부터 작용하여야 한다는 의미이며 상해 자체가 신체 밖에서 발생하여야 한다는 의미는 아니다. 따라서 술에 취하여 자다가 구토로 인하여 구토물이 기도를 막아 사망한 경우에는 비록 구토물이 신체 내부에서 비롯된 것이기는 하지만, 신체적 결함이나 체질적인 요인 등에 기인한 것이 아닌 술을 마신 외부의 행위에 의한 것이기 때문에 외래성이 인정된다(대법원 1998. 10. 13. 선고 98다28114 판결). 외부로부터 야기되는 것은 유형물뿐만 아니라 온도, 습도, 열 등과 같은 자연력도 포함된다.

4. 인과관계

우리나라에서는 일정한 사실이 어떤 결과를 발생하게 한 조건을 구성하는 경우, 실제 발생한 특정의 경우 뿐만 아니라 다른 일반적인 경우에도 동일한 결과를 발생시킬 것으로 인정되는 조건을 결과의 원인으로 한다는 상당인과관계설을 취하고 있다. 한편 민사 분쟁에서의 인과관계는 의학적 또는 자연적 인과관계가 아니라 사회적 또는 법적 의미에서의 인과관계를 말하며, 그 인과관계는 반드시 의학적 또는 자연과학적으로 명백하게 입증되어야 하는 것은 아니다.

5. 신체손상

신체의 직접적인 물리적 손상 뿐만 아니라, 익수사고, 질식, 유독가스 또는 유독물질을 우연하게도 일시에 흡입하는 경우 또는 이로 인한 중독증상도 포함된다.

6. 중독

가. 상해로 보는 경우

유독가스 또는 유독물질을 우연하게도 일시에 흡입하여 발생하는 중독증상은 상해로 본다.

나. 상해로 보지 않는 경우

상습적으로 흡입, 흡수 또는 섭취한 경과로 생긴 중독증상이나 세균성 음식물 중독은 상해로 보지 않는다. 다만, 복어의 독이나 독버섯 등을 우연하게 섭취한 경우는 상해사고로 본다.

7. 증명책임

증명책임은 그 사실이 증명되었을 경우에 수혜를 입는 자가 부담하는 것이 원칙이다. 상해보험에서는 보험금을 청구하는 자가 피보험자에게 '급격하고도 우연한 외래의 사고로 신체에 상해'가 보험기간에 발생하였다는 사실을 입증하면 충분하며, 보험자가 보험금 지급책임을 면하기 위해서는 보험약관에 열거된 면책위험으로 손해가 발생하였다는 사실을 증명하여야 한다.

제2절 생명보험의 재해

1. 재해의 의의

가. 한국표준질병사인분류상의 (S00~Y84)에 해당하는 우발적인 외래의 사고
나. 감염병의 예방 및 관리에 관한 법률 제2조 제2호에서 규정한 제1급 감염병

2. 보험금을 지급하지 않는 재해

① 질병 또는 체질적 요인이 있는 자로서 경미한 외부 요인으로 발병하거나 그 증상이 더욱 악화된 경우
② 사고의 원인이 다음과 같은 경우
 - 과잉노력 및 격심한 또는 반복적 운동(X50)
 - 무중력 환경에서의 장시간 체류(X52)
 - 식량부족(X53)
 - 물 부족(X54)
 - 상세불명의 결핍(X57)
 - 고의적 자해(X60~X84)
 - 법적 개입 중 법적 처형(Y35.5)
③ '외과적 및 내과적 치료 중 환자의 재난(Y60~Y69)' 중 진료기관의 고의 또는 과실이 없는 사고(단, 처치 당시에는 재난의 언급이 없었으나 환자의 이상반응 또는 이후 합병증의 원인이 된 외과적 및 기타 내과적 처치(Y83~Y84)는 보장)
④ '자연의 힘에 노출(X30~X39)' 중 급격한 액체손실로 인한 탈수
⑤ '우발적 익사 및 익수(W65~W74), 호흡과 관련된 불의의 위협(W75~W84), 눈 또는 인체의 개구부를 통하여 들어온 이물(W44)' 중 질병에 의한 호흡장해 및 삼킴장해
⑥ 한국표준질병·사인분류상의 (U00~U99)에 해당하는 질병

> **시험 출제 포인트**
>
> **1. 개정되었을 경우**
>   ( )안은 제8차 개정 한국표준질병·사인분류(통계청고시 제2020-175호, 2021. 1. 1. 시행)상의 분류번호이며, 제9차 개정 이후 상기 재해 이외에 추가로 위 1 및 2의 각 호에 해당하는 재해가 있는 경우에는 그 재해도 포함되는 것으로 한다.
>
> **2. 감염병의 경우**
>   위 1. 보장대상이 되는 재해 ②에 해당하는 감염병은 보험사고 발생 당시 시행 중인 법률을 적용하며, 2. 보험금을 지급하지 않는 재해 ⑥에 해당하더라도 보장대상에서 제외하지 않는다.

CHAPTER 02 교통상해보험

제1절 손해보험의 교통상해보험

1. 보상하는 손해

자동차 운전 중 교통사고	자동차를 운전하던 중에 급격하고도 우연한 자동차사고로 상해를 입은 경우
탑승 중 교통사고	운행 중인 자동차에 운전을 하고 있지 않은 상태로 탑승 중이거나 운행 중인 기타 교통수단에 탑승(운전을 포함)하고 있을 때에 발생한 급격하고도 우연한 외래의 사고
비탑승 중 교통사고	운행 중인 자동차 및 기타 교통수단에 탑승하지 아니한 때, 운행 중인 자동차 및 기타 교통수단(적재물 포함)과의 충돌, 접촉 또는 이들 자동차 및 기타 교통수단의 충돌, 접촉, 화재 또는 폭발 등으로 인한 사고

2. 교통수단의 의의

가. 자동차의 정의

자동차관리법 시행규칙 제2조에 정한 승용자동차, 승합자동차, 화물자동차, 특수자동차, 이륜자동차 및 자동차손해배상보장법 시행령 제2조에서 정한 건설기계(덤프트럭, 타이어식 기중기, 콘크리트 믹서트럭, 트럭 적재식 콘크리트 펌프, 트럭 적재식 아스팔트 살포기, 타이어식 굴삭기, 트럭 지게차, 도로보수 트럭, 노면 측정장비)를 말한다.

나. 기타 교통수단

(1) 기차, 전동차, 기동차, 케이블카(공중 케이블카를 포함한다), 리프트, 엘리베이터 및 에스컬레이터, 모노레일
(2) 스쿠터, 자전거, 원동기를 붙인 자전거
(3) 항공기, 선박(요트, 모터보트, 보트를 포함한다)
(4) 9종 건설기계를 제외한 건설기계, 농업기계. 다만 이들이 작업기계로 사용되는 동안은 교통수단으로 보지 않는다.

> **시험 출제 포인트**
> 자전거가 교통수단이 되기 위해서는 이동을 목적으로 한 교통수단이 되어야 하나, 유아들을 위한 세발자전거나 유모차 등은 교통수단으로 보지 않는다.

다. 보상하지 아니하는 손해

   (1) 시운전, 경기(연습을 포함) 또는 흥행(연습을 포함)을 위하여 운행중의 교통수단에 탑승하고 있는 동안
   (2) 하역작업을 하는 동안 발생된 손해
   (3) 자동차 및 기타 교통수단의 설치, 수선, 점검, 정비나 청소작업을 하는 동안 발생된 손해
   (4) 건설기계 및 농업기계가 작업기계로 사용되는 동안 발생된 손해

제2절 생명보험의 교통재해보험

1. 교통재해의 정의

가. 교통재해

   (1) 운행 중인 교통기관(적재되어 있는 것을 포함)의 충돌, 접촉, 화재, 폭발, 도주 등으로 인하여 그 운행 중인 교통기관에 탑승하고 있지 아니한 피보험자가 입은 불의의 사고
   (2) 운행 중인 교통기관에 탑승하고 있는 동안 또는 승객으로서 개찰구를 갖는 교통기관의 승강장 구내(개찰구의 안쪽)에 있는 동안 피보험자가 입은 불의의 사고
   (3) 도로 통행 중 건조물, 공작물 등의 도괴 또는 건조물, 공작물 등으로부터 낙하물로 인하여 피보험자가 입은 불의의 사고

나. 운행의 의미

자동차손해배상보장법 제2조 제2호의 규정과 같다.

> **시험 출제 포인트**
>
> ▶ 자동차손해배상보장법 제2조 제2호의 규정하고 있는 운행의 의미
> "운행"이란 사람 또는 물건의 운송 여부와 관계없이 자동차를 그 용법에 따라 사용하거나 관리하는 것을 말한다.

2. 교통기관의 정의

(1) 기차, 전동차, 기동차, 모노레일, 케이블카(공중 케이블카를 포함한다), 엘리베이터 및 에스컬레이터 등
(2) 승용차, 버스, 화물자동차, 오토바이, 스쿠터, 자전거, 화차, 경운기 및 우마차 등
(3) 항공기, 선박(요트, 모터보트, 보트를 포함한다) 등
(4) 위의 교통기관과 유사한 기관으로 인한 불의의 사고일지라도 도로 상에서 사람 또는 물건의 운

반에 사용되고 있는 동안이나 도로를 주행 중에 발생한 사고는 교통재해로 본다.
(5) 위의 교통기관 (1), (2)에 의한 사고일지라도 공장, 토목작업장, 채석장, 탄광 또는 광산의 구내에서 사용되는 교통기관에 직무상 관계하는 피보험자의 그 교통기관으로 인한 직무상의 사고는 교통재해로 보지 않는다.
(6) 도로라 함은 일반의 교통에 사용할 목적으로 공중에 개방되어 있는 모든 도로(자동차 전용도로 및 통로를 포함)로서 터널, 교량, 도선시설 등 도로와 일체가 되어 그 효용을 보완하는 시설 또는 공작물을 포함한다.

> **참고사례**
>
> ▶ 생명보험에서 교통재해가 인정된 경우
>
> 대법원 2006. 10. 13. 선고 2006다35896 판결
> [1] 보험계약의 약관이 피보험자가 교통재해를 직접적 원인으로 사망한 경우와 교통재해 외의 재해로 인하여 사망한 경우의 보험금액을 달리 정하고 교통재해에 관하여 ① 운행중의 교통기관의 충돌, 접촉, 화재, 폭발, 도주 등으로 인하여 그 운행중의 교통기관에 탑승하고 있지 아니한 피보험자가 입은 불의의 사고, ② 운행중인 교통기관에 탑승하고 있는 동안 또는 승객으로서 개찰구를 갖는 교통기관의 승강장 구내에 있는 동안 피보험자가 입은 불의의 사고, ③ 도로 통행중 건조물, 공작물 등의 도괴 또는 건조물, 공작물 등으로부터의 낙하물로 인하여 피보험자가 입은 불의의 사고를 의미하는 것으로 규정하고 있는 경우, 위 교통재해 유형 ①이 가지는 문언적 의미 등과 대비하여 볼 때, 위 교통재해의 유형 중 ②의 전단 부분은 피보험자가 운행중인 교통기관에 탑승하고 있는 동안, 즉 공간적으로 운행중인 교통기관 안에 있는 동안에 불의의 사고를 입은 경우를 가리키고, 이때 교통기관의 '운행'은 자동차손해배상보장법 제2조 제2호의 규정과 같이 교통기관을 그 용법에 따라 사용 또는 관리하는 것을 의미한다고 보아야 한다.
> [2] 개인영업용택시 운전자가 운전 중에 승객으로부터 칼에 찔려 사망한 경우, 피보험자가 운행중인 교통기관에 탑승하고 있는 동안에 입은 불의의 사고를 직접적 원인으로 사망한 경우에 해당하므로 교통재해를 직접적 원인으로 한 보험금 지급 사유가 있다.

CHAPTER 03 사망보험금과 후유장해

제1절 사망의 의의

1. 사망

호흡의 정지, 심장박동의 정지, 뇌기능의 상실, 폐기능의 상실, 세포의 파괴 등 의학적으로 여러 가지 분류 기준에 따른 정의가 있다. 인보험에서는 의사의 진단에 의하여 사망진단서가 발급되고 가족관계등록부 등에 의해 확인된 경우만 사망으로 인정하고 사망보험금을 지급한다.

2. 보험에서의 사망

가. 생체적 사망

의사의 진단에 따라 사망진단서 또는 사체검안서를 발급받은 경우를 말한다.

나. 사망의 인정

실종선고	실종선고를 받은 경우에는 법원에서 인정한 실종기간이 끝나는 때에 사망한 것으로 본다. (※법원이 실종선고를 한 때가 아님에 주의할 것!)
인정사망	관공서에서 수해, 화재나 그 밖의 재난을 조사하고 사망한 것으로 통보하는 경우에는 가족관계등록부에 기재된 사망연월을 기준으로 한다.

다. 연명의료중단 등 결정 및 피보험자의 사망

「호스피스·완화의료 및 임종과정에 있는 환자의 연명의료 결정에 관한 법률」에 따른 연명의료중단등결정 및 그 이행으로 피보험자가 사망하는 경우 연명의료중단 등 결정 및 그 이행은 '사망'의 원인 및 '사망보험금' 지급에 영향을 미치지 않는다.

제2절 사망진단서의 이해

1. 인적사항

성명, 성별, 주민등록번호, 생년월일, 직업, 본적, 주소 등을 기재한다. 사망진단서는 의사 자신이 진료하던 환자가 자신이 알고 있는 질병 때문에 사망하는 경우에 작성하는 것으로 48시간 이내에 사망할 경우 시체를 다시 보지 않더라도 사망진단서 작성이 가능하다. 반면에 사체검안서는 이미 죽어서 온 경우 사망했다는 것만 확인하는 의미이며, 작성의사가 사망자를 진료한 바가 없으므로 사인은 미기재한다.

2. 발병일시와 사망일시

발병일시는 사망의 원인이 된 질병의 발병시기를 기재하며, 사망일시는 매우 중요한 문제이므로 정확한 일시를 기재한다. 발병이란 상병이 발생한 시점을 의미하며 교통사고처럼 실제 사고가 발생한 시간 등이 있다면 분명하지만 대부분의 만성질환은 발병 시점을 명확히 확정 짓기 어렵다는 문제가 있다. 사망일시는 의사가 확인하여 정확한 일시를 기재하는 것이 원칙이나 이미 사망한 상태로 병원에 도착하였다면 최초 발견자나 119 구급대원의 진술을 기재할 수 있다.

3. 사망장소

실제 사망이 이루어진 장소를 기재한다. 예를 들어 고속도로에서 교통사고 발생 후 병원으로 이송되어 사망하였다면, 사망장소는 병원이다.

4. 사망의 종류

병사, 외인사, 기타 및 불상으로 구분되며 사망의 종류는 한 가지만 선택하여야 한다.

> **시험 출제 포인트**
> 사망의 종류를 결정할 때에는 질병보다는 손상이 우선한다. 여러 가진 사망원인 중 하나를 선택할 때에는 원칙적으로 선행사인에 따라 결정한다.

5. 사망의 원인

직접사인이란 죽음에 이르게 하는 직접적인 원인, 중간선행사인은 원인정도가 선행사인보다 약한 경우, 선행사인은 직접사인을 일으키는 질병이나 상해, 원사인은 직접적으로 사망에 이르게 한 일련의 사건들을 야기한 질병이나 사고, 폭력상황을 의미한다. 사망진단서에 기재하는 사망의 원인에는 실제 사망의 결과를 초래하였거나 사망에 관여한 모든 사항을 인과관계에 따라 한 칸에 1개씩 기재하여야 한다. 즉, 직접사인부터 필요한 만큼 기입하고 도중에 빈칸을 두지 않으며 원사인을 마지막에 기재하지만 호흡정지, 심폐정지, 심장마비와 같은 현상이나 고령이나 노환같은 포괄적인 상황은 기재하지 않는다.

제3절 생명보험의 사망보험금

1. 상품구조

가. 주계약

(1) 생존보험

보험기간이 끝날 때까지 피보험자가 생존해 있는 경우 약정한 보험금을 지급하는 보험을 말한다. 각종 연금보험이나 교육보험 등이 대표적인 생존보험이다.

(2) 사망보험

보험기간 중에 피보험자가 사망한 경우에 약정한 보험금을 지급하는 보험을 말한다. 종신보험, 정기보험 등이 대표적이다.

(3) 생사혼합보험

사람의 생존과 사망을 모두 보험사고로 하며 보험기간 중에 피보험자가 사망한 경우에는 사망보험금을 지급하고, 만기 시까지 피보험자가 생존해 있으면 생존보험금을 지급하는 보험을 말한다. 보험실무에 있어서는 연금보험, 교육보험, 보장성보험을 제외한 나머지 보험을 생사혼합보험으로 분류하고 있다.

나. 특별약관(특약)

주계약만으로는 다양한 보험소비자의 니즈를 해소할 수 없으므로 여러 가지 보장을 덧붙일 수 있도록 제작한 약관이다. 암진단, 수술, 입원, 심근경색, 뇌혈관질환 등 본인이 원하는 보장을 선택하여 가입할 수 있다. 이외에도 우량체 할인 특별약관, 선지급서비스 특별약관 등 제도성 특약 등도 있다.

2. 일반사망과 재해사망

가. 일반사망

보험기간 중 피보험자가 사망한 경우에 지급되는 사망보험금이다. 즉, 질병이든 재해이든 그 원인을 묻지 않고 보험기간 중 피보험자가 사망하였다면 보험금이 지급된다. 다만, 아래의 경우에는 보험금을 지급하지 않는다.

(1) 피보험자가 고의로 자신을 해친 경우. 다만, 다음 중 어느 하나에 해당하면 보험금을 지급한다.

　① 피보험자가 심신상실 등으로 자유로운 의사결정을 할 수 없는 상태에서 자신을 해친 경우. 특히 그 결과 사망에 이르게 된 경우에는 재해사망보험금(약관에서 정한 재해사망보험금이 없는 경우에는 재해 이외의 원인으로 인한 사망보험금)을 지급한다.

　② 계약의 보장개시일(부활(효력회복)계약의 경우는 부활(효력회복)청약일)부터 2년이 지난 후에 자살한 경우에는 재해 이외의 원인에 해당하는 사망보험금을 지급한다.

(2) 보험수익자가 고의로 피보험자를 해친 경우. 다만, 그 보험수익자가 보험금의 일부 보험수익자인 경우에는 다른 보험수익자에 대한 보험금은 지급한다.

(3) 계약자가 고의로 피보험자를 해친 경우

나. 재해사망

보험기간 중 피보험자가 재해로 사망한 경우에 지급되는 사망보험금이다.

다. 적용사례

사망의 원인을 불문하고 피보험자가 사망할 경우에 지급하는 일반사망을 기본으로 하며, 재해를 원인으로 사망할 경우에 지급하는 재해사망을 특약으로 운영하는 것이 보통이다. 예를 들어 생명보험계약에서 주계약 일반사망 1억원, 특약 재해사망 1억원을 가입한 상태에서, 피보험자가 사망할 경우 사망의 원인을 불문하고 일반사망보험금 1억원을 지급하며, 재해로 인하여 사망하였다면 2억원(일반사망보험금 1억원+재해사망보험금 1억원)을 지급한다.

3. 교통재해사망

피보험자가 보험기간 중에 교통재해로 인하여 사망한 경우에 지급하는 보험금이다. 만약 재해사망 특약보험료와 교통재해사망 특약보험료를 각각 납입한 상태에서 피보험자가 교통재해로 사망하였다면 재해사망보험금과 교통재해사망보험금을 모두 지급한다.

제4절 손해보험의 사망보험금

1. 상품구조

가. 일반손해보험

순보험료가 위험보험료만으로 구성된 손해보험으로, 일반적으로 보험기간을 1~3년 이내의 단기간으로 하는 보험이다.

나. 장기손해보험

위험보험료 이외에 저축보험료도 순보험료에 포함되어 있으며, 일반적으로 보험기간이 3년 이상 장기간인 보험이다.

2. 상해사망과 질병사망

손해보험의 사망보험금은 생명보험과는 다르게 상해사망과 질병사망으로 구분한다. 즉, 사람의 사망을 상해와 질병의 이분법적으로 구분한 뒤 피보험자의 사망원인이 상해사고이면 상해사망 보험금을 지급하고, 질병이면 질병사망 보험금을 지급한다. 보험실무상 손해보험회사에서 판매하는 대부분의 인보험 상품은 '상해사망' 혹은 '상해사망, 후유장해'를 기본계약으로 하고 질병사망을 특별약관으로 부가하는 구조를 가지고 있다.

질병상해보험	생명보험
질병사망, 상해사망	일반사망, 재해사망

제5절 사망보험금과 상속

1. 상속의 개시

사망으로 개시되는 것이 일반적이지만, 실종선고, 인정사망 등으로도 개시된다.

2. 민법에 의한 상속 순위

① 1순위: 피상속인의 직계비속
② 2순위: 피상속인의 직계존속
③ 3순위: 피상속인의 형제, 자매
④ 4순위: 피상속인의 4촌 이내 방계혈족

⑤ 피상속인의 배우자: 직계존비속이 있을 경우 그들과 공동상속인이 된다. 그러나 직계존속 또는 직계비속이 없을 경우에는 단독상속인이 된다.
⑥ 사실혼 배우자: 사실혼 배우자는 상속관계가 인정되지 않는다. 그러나 사실혼 관계자와 사이에서 출생한 자녀의 상속권은 인정된다.

3. 대습상속

상속인이 될 직계비속 또는 형제자매가 상속개시 전에 사망하거나 결격자가 된 경우에 그 직계비속이 있는 때에는 그 직계비속이 사망하거나 결격된 자의 순위에 갈음하여 상속인이 되는 것을 말한다. 상속개시전에 사망 또는 결격된 자의 배우자는 대습상속에 의한 상속인과 동순위로 공동상속인이 되고 그 상속인이 없는 때에는 단독상속인이 된다(민법 제1001조 및 제1003조).

4. 동시사망

가. 동시사망의 추정

2인 이상이 동일한 위난으로 사망한 경우에는 동시에 사망한 것으로 추정한다.

시험 출제 포인트	
추정하다	일단 효과가 발생하나, 반대 사실이 입증되면 적용이 배제되는 것
본다(간주하다)	반대 사실이 입증되더라도 효과를 바로 뒤집을 수 없는 것

나. 상속관계

동시사망자 상호 간에는 상속이 발생하지 않는다.

5. 상속의 포기 등

상속인은 상속개시 있음을 안 날로부터 3개월이내에 상속포기 등을 신청하여 자신의 상속권을 포기할 수 있다. 그러나 피보험자의 사망을 원인으로 지급하는 보험금은 상속재산이 아니라 상속인의 고유재산에 해당하므로, 설령 수익자가 상속포기 등으로 자신의 상속권을 포기하였더라도 보험계약에서 지급받는 사망보험금에는 아무런 영향을 주지 않는다. 또한 상속인 중 1인이 자신에게 귀속된 보험금청구권을 포기하였더라도 그 포기한 부분이 다른 상속인에게 귀속되는 것은 아니다.

6. 태아의 권리

태아는 상속 순위에 관하여 이미 출생한 것으로 본다. 다만, 대법원은 정지조건설의 입장으로, 태아로 있는 동안에는 아직 권리능력을 취득하지 못하나 출생한 이후에 그 권리를 소급하여 취득한다.

7. 법정상속분

동순위의 상속인이 수인인 때에는 그 상속분은 균분으로 한다. 피상속인의 배우자의 상속분은 직계비속과 공동으로 상속하는 때에는 직계비속의 상속분의 5할을 가산하고, 직계존속과 공동으로 상속하는 때에는 직계존속의 상속분의 5할을 가산한다.

제6절 후유장해

1. 후유장해보험금의 지급

① '장해'라 함은 상해 또는 질병에 대하여 치유된 후 신체에 남아 있는 영구적인 정신 또는 육체의 훼손상태 및 기능상실 상태를 말한다. 다만, 질병과 부상의 주증상과 합병증상 및 이에 대한 치료를 받는 과정에서 일시적으로 나타나는 증상은 장해에 포함되지 않는다.
② '영구적'이라 함은 원칙적으로 치유하는 때 장래 회복할 가망이 없는 상태로서 정신적 또는 육체적 훼손상태임이 의학적으로 인정되는 경우를 말한다.
③ '치유된 후'라 함은 상해 또는 질병에 대한 치료의 효과를 기대할 수 없게 되고 또한 그 증상이 고정된 상태를 말한다.
④ 다만, 영구히 고정된 증상은 아니지만 치료 종결 후 한시적으로 나타나는 장해에 대하여는 그 기간이 <u>5년 이상</u>인 경우 해당 장해지급률의 <u>20%</u>를 장해지급률로 한다.

> **시험 출제 포인트**
> 예를 들어, 영구장해의 보험금이 1,000만원이라고 한다면 한시장해 5년의 보험금은 200만원이다.

2. 후유장해보험금 산정기준

가. 산정방식

보험가입금액을 한도로 보험가입금액에 장해지급률을 곱하여 산정한다.

나. 두 가지 이상의 후유장해

같은 질병 또는 상해로 두 가지 이상의 후유장해가 생긴 경우에는 후유장해 지급률을 합산하여 지급한다. 다만, 장해분류표의 각 신체부위별 판정기준에 별도로 정한 경우에는 그 기준에 따른다.

다. 동일한 신체부위에 두 가지 이상의 장해가 발생한 경우

동일한 신체부위에 2가지 이상의 장해가 발생한 경우에는 합산하지 않고 그 중 높은 지급률을 적용함을 원칙으로 한다. 그러나 각 신체부위별 판정기준에서 별도로 정한 경우에는 그 기준에 따른다.

라. 동일한 신체부위

'신체부위'라 함은 ① 눈, ② 귀, ③ 코, ④ 씹어먹거나 말하는 기능, ⑤ 외모, ⑥ 척추(등뼈), ⑦ 체간골, ⑧ 팔, ⑨ 다리, ⑩ 손가락, ⑪ 발가락, ⑫ 흉·복부장기 및 비뇨생식기, ⑬ 신경계·정신행동의 13개 부위를 말하며, 이를 각각 동일한 신체부위라 한다. 다만, 좌·우의 눈, 귀, 팔, 다리는 각각 다른 신체부위로 본다.

마. 파생장해

하나의 장해에 다른 장해가 통상 파생하는 관계에 있는 경우에는 각각 그 중 높은 지급률만을 적용하며, 하나의 장해로 둘 이상의 파생장해가 발생하는 경우 각 파생장해의 지급률을 합산한 지급률과 최초 장해의 지급률을 비교하여 그 중 높은 지급률을 적용한다.

바. 2회 이상 발생

다른 질병 또는 상해로 인하여 후유장해가 2회 이상 발생하였을 경우에는 그 때마다 이에 해당하는 후유장해지급률을 결정한다. 그러나 그 후유장해가 이미 후유장해보험금을 지급받은 동일한 부위에 가중된 때에는 최종 장해상태에 해당하는 후유장해보험금에서 이미 지급받은 후유장해보험금을 차감하여 지급한다. 다만, 장해분류표의 각 신체부위별 판정기준에서 별도로 정한 경우에는 그 기준에 따른다.

사. 악화된 장해

장해지급률이 결정되었으나 그 이후 보장받을 수 있는 기간(계약의 효력이 없어진 경우에는 보험기간이 10년 이상인 계약은 상해일 또는 진단 확정일부터 2년 이내로 하고, 보험기간이 10년 미만인 계약은 상해일 또는 진단 확정일부터 1년 이내)에 장해상태가 더 악화된 때에는 그 악화된 장해상태를 기준으로 장해지급률을 결정한다.

보험기간 10년 이상	상해일 또는 진단 확정일부터 2년 이내
보험기간 10년 미만	상해일 또는 진단 확정일부터 1년 이내

아. 후유장해보험금의 차감

이미 후유장해보험금 지급사유에 해당되지 않았거나(보장개시 이전의 원인에 의하거나 또는 그 이전에 발생한 후유장해를 포함), 후유장해보험금이 지급되지 않았던 피보험자에게 그 신체의 동일 부위에 또다시 후유장해상태가 발생하였을 경우에는 직전까지의 후유장해에 대한 후유장해보험금이 지급된 것으로 보고 최종 후유장해 상태에 해당되는 후유장해보험금에서 이를 차감하여 지급한다.

자. 장해분류표에 해당하지 않는 후유장해

장해분류표에 해당되지 않는 후유장해는 피보험자의 직업, 연령, 신분 또는 성별 등에 관계없이 신체의 장해정도에 따라 장해분류표의 구분에 준하여 지급액을 결정한다. 다만, 장해분류표의 각 장해분류별 최저 지급률 장해정도에 이르지 않는 후유장해에 대하여는 후유장해보험금을 지급하지 않는다.

차. 분쟁이 생긴 경우

보험수익자와 회사가 보험금 지급사유에 대해 합의하지 못할 때는 보험수익자와 회사가 함께 제3자를 정하고 그 제3자의 의견에 따를 수 있다. 이 때 제3자는 「의료법」 제3조(의료기관)에 규정한 종합병원 소속 전문의 중에 정하며, 보험금 지급사유 판정에 드는 의료비용은 회사가 전액 부담한다.

3. 뇌사와 장해

의학적으로 뇌사판정을 받고 호흡기능과 심장박동기능을 상실하여 인공심박동기 등 장치에 의존하여 생명을 연장하고 있는 뇌사상태는 장해의 판정대상에 포함되지 않는다. 다만, 뇌사판정을 받은 경우가 아닌 식물인간상태(의식이 전혀 없고 사지의 자발적인 움직임이 불가능하여 일상생활에서 항시 간호가 필요한 상태)는 각 신체부위별 판정기준에 따라 평가한다.

4. 장해진단서에 기재할 사항

가. 필수 기재사항

① 장해진단명 및 발생시기
② 장해의 내용과 그 정도
③ 사고와의 인과관계 및 사고의 관여도
④ 향후 치료의 문제 및 호전도

나. 신경계, 정신행동 장해의 경우 추가 기재사항

① 개호(장해로 혼자서 활동이 어려운 사람을 곁에서 돌보는 것) 여부
② 객관적 이유 및 개호의 내용

5. 척추체의 장해와 기왕증

가. 척추체의 장해산정

척추(등뼈)는 경추에서 흉추, 요추, 제1천추까지를 동일 부위로 한다. 제2천추 이하의 천골 및 미골은 체간골의 장해로 평가한다.

나. 기왕증의 차감

퇴행성 기왕증 병변과 사고가 그 증상을 악화시킨 부분만큼, 즉, 사고와의 관여도를 산정하여 평가한다.

다. 추간판탈출증 장해의 평가

(1) 신경 장해의 평가

추간판탈출증으로 인한 신경 장해는 수술 또는 시술(비수술적 치료) 후 <u>6개월</u> 이상 지난 후에 평가한다.

(2) 진단 방법

신경학적 검사상 나타난 저린감이나 방사통 등 신경자극증상의 원인으로 CT, MRI 등 영상검사에서 추간판탈출증이 확인된 경우를 추간판탈출증으로 진단하며, 수술 여부에 관계없이 운동장해 및 기형장해로 평가하지 않는다.

6. 팔과 다리의 장해

가. 지급률의 한도

1상지(팔과 손가락) 또는 1하지(다리와 발가락)의 후유장해지급률은 원칙적으로 각각 합산하되, 지급률은 <u>60% 한도</u>로 한다.

나. 팔과 다리의 기능 장해

원래 동일한 신체부위에 두 가지 이상의 후유장해가 생긴 경우에는 합산하지 않고 그 중 높은 지급률을 적용하는 것이 원칙이다. 그러나 팔과 다리의 기능장해는 예외적으로 <u>각각 적용하여 합산</u>한다. 즉, 한 팔의 3대 관절 중 관절 하나에 기능장해가 생기고 다른 관절 하나에 기능장해가 발생한 경우 지급률은 각각 적용하여 합산한다.

오엑스 문제풀이

01 다른 사람이 피보험자를 살해할 목적으로 소량의 독극물을 계속적으로 음식물에 섞어 섭취하게 한 것은 급격성을 만족하지 못한다. O/X

> **해설** 급격성이란 사고를 피할 수 없는 긴박성을 말한다. 여기서의 긴박성은 시간적 긴박성만을 의미하는 것이 아니고 피보험자가 예견하지 아니하였거나 예견할 수 없는 순간에 사고가 발생한 것을 말한다. 따라서 예측 불능과 회피 불가능성의 여부는 급격성의 판단에 중요한 요소가 된다. 예를 들어 다른 사람이 피보험자를 살해할 목적으로 소량의 독극물을 계속적으로 음식물에 섞어 섭취하게 한 경우, 이는 시간적으로는 장기간이 소요되었지만 피보험자에게 예측 불능과 회피 불가능성이 인정되기 때문에 급격성을 만족하는 것이다.

02 감염병의 예방 및 관리에 관한 법률 제2조 제2호에서 규정한 제1군 감염병은 손해보험에서 말하는 상해에 해당한다. O/X

> **해설** 감염병의 예방 및 관리에 관한 법률 제2조 제2호에서 규정한 제1군 감염병은 생명보험에서 말하는 재해에 해당한다.

03 보장대상이 되는 재해에 해당하는 감염병은 보험사고 발생 당시 시행 중인 법률을 적용하며, 보험금을 지급하지 않는 재해에 해당하더라도 보장대상에서 제외하지 않는다. O/X

> **해설** 재해분류표에 따르면 보장대상이 되는 재해에 해당하는 감염병은 보험사고 발생 당시 시행 중인 법률을 적용하며, 보험금을 지급하지 않는 재해에 해당하더라도 보장대상에서 제외하지 않는다.

04 직계존속은 상속순위 2순위이다. O/X

> **해설** 1순위: 피상속인의 직계비속, 2순위: 피상속인의 직계존속, 3순위: 피상속인의 형제자매, 4순위: 피상속인의 4촌 이내 방계혈족

05 5년 이상의 한시장해의 경우 영구장해 지급률의 20%를 인정하여 지급한다. O/X

> **해설** 장해분류표상 5년 이상의 한시장해의 경우 영구장해 지급률의 20%를 인정하여 지급한다.

06 장해분류표상 좌·우의 눈, 귀, 팔, 다리, 손가락, 발가락은 각각 동일한 신체부위로 본다. O/X

> **해설** 장해분류표상 좌·우의 눈, 귀, 팔, 다리, 손가락, 발가락은 각각 다른 신체부위로 본다.

07 1상지(팔과 손가락) 또는 1하지(다리와 발가락)의 후유장해지급률은 원칙적으로 각각 합산하되, 지급률은 60% 한도로 한다. O/X

> **해설** 1상지(팔과 손가락) 또는 1하지(다리와 발가락)의 후유장해지급률은 원칙적으로 각각 합산하되, 지급률은 60% 한도로 한다.

08 유아들을 위한 세발자전거나 유모차 등도 교통수단에 해당한다. O/X

> **해설** 자전거가 교통수단이 되기 위해서는 이동을 목적으로 한 교통수단이 되어야 하나, 유아들을 위한 세발자전거나 유모차 등은 교통수단으로 보지 않는다.

🔒 01. × 02. × 03. ○ 04. ○ 05. ○ 06. × 07. ○ 08. ×

CHAPTER 04 질병보험과 특별약관

제1절 질병보험

1. 질병보험의 의의

보험기간 중 피보험자가 질병에 걸리거나 질병으로 인한 입원, 통원, 수술 등과 같은 의료처치로 인한 경제적 위험을 보장하는 보험을 말한다.

2. 질병보험의 분류

암보험	암, 기타피부암, 갑상선암, 제자리암, 경계성종양 등을 보장한다.
치명적 질병보험 (CI보험)	보험약관에서 정한 중대한 질병으로 진단을 받거나, 중대한 수술을 받는 경우에 보장한다.
소득보상보험 (DI보험)	상해 또는 질병으로 인하여 신체장해를 입고 취업불능 상태가 된 경우에 사고발생 전 소득의 일정비율을 보장한다.
실손의료보험	상해 또는 질병으로 인하여 국내의 의료기관에서 입원 또는 통원하는 경우 발생한 의료비를 보장한다.
해외여행 실손의료보험	해외여행 과정에서 상해 또는 질병으로 인하여 국외 또는 국내의 의료기관에서 입원 또는 통원하는 경우 발생한 의료비를 보장한다.
질병보험 특별약관	특정 질병의 진단이나 수술, 입원 등의 경우 부가하여 보장한다.

3. 면책기간

질병보험의 경우 피보험자가 질병을 숨기고 가입하는 도덕적 위험을 피하기 위하여 일정한 기간 이후부터 보장이 개시되는 경우가 많다. 이를 면책기간이라고 부른다. 대표적인 면책기간에는 암보험이 있으며, 암보장은 보험계약일로부터 그 날을 포함하여 90일이 지난 날의 다음 날부터 개시한다. 다만 최근에는 보험회사에 따라 암보장개시일을 "보험계약일부터 그 날을 포함하여 60일이 지난 날의 다음날"로 정하거나, "보험계약일부터"로 정한 상품도 판매되고 있다. 생명보험의 간병보험은 치매상태일 때 보험계약일로부터 그 날을 포함하여 2년이 지난 날의 다음 날부터 보장이 개시한다.

제2절 질병보험의 계약 전 알릴의무

1. 중요한 사항

보험회사가 그 사실을 알았더라면 보험계약을 체결하지 않았거나 적어도 같은 조건으로 계약을 체결하지는 않았으리라 인정되는 사항을 말한다.

2. 질문표

청약서의 질문사항은 아래의 표준사업방법서 질문사항을 준용하되, 각 상품의 특성에 따라 이를 조정하여 사용하고 있다. 예를 들어 최근 많이 판매되고 있는 간편고지보험, 간편심사보험은 질문사항의 상당부분을 축소(이른바 325 질문)하여 사용한다.

「중요한 사항」이란 회사가 그 사실을 알았더라면 보험계약의 청약을 거절하거나 보험가입금액 한도 제한, 일부 보장 제외, 보험금 삭감, 보험료 할증과 같이 조건부로 인수하는 등 계약인수에 영향을 미치는 사항을 말합니다.

보험료의 납입연체로 인한 해지계약을 부활하는 경우, 1번~5번 항목의 알릴의무 기간은 해지일 이후로부터 부활(효력회복)을 청약한 날까지의 기간과 각 질문별 알릴의무 기간 중 짧은 기간으로 합니다.

1. 최근 3개월 이내에 의사로부터 진찰 또는 검사(건강검진 포함)를 통하여 다음과 같은 의료행위를 받은 사실이 있습니까? (예, 아니오)
   1) 질병확정진단   2) 질병의심소견   3) 치료
   4) 입원   5) 수술(제왕절개포함)   6) 투약

   ※ 질병의심소견이란 의사가 진단서나 소견서 또는 진료의뢰서 등을 포함하여 서면(전자문서 포함)으로 교부한 경우를 말합니다.
   ※ 투약이란 의사가 환자에게 약을 처방하는 행위를 말하는 것으로 실제로 약을 구입하지 않았어도 기재해야 합니다.

2. 최근 3개월 이내에 마약을 사용하거나 혈압강하제, 신경안정제, 수면제, 각성제 (흥분제), 진통제 등 약물을 상시 복용한 사실이 있습니까? (예, 아니오)

   ※ 혈압강하제란 혈압을 내리게 하는 의약품을 말합니다.
   ※ 각성제란 신경계를 흥분시켜 잠이 오는 것을 억제하는 의약품을 말합니다.

3. 최근 1년 이내에 의사로부터 진찰 또는 검사를 받고, 이를 통하여 추가검사(재검사)를 받은 사실이 있습니까? (예, 아니오)

   ※ 추가검사(재검사)란 검사 결과 이상 소견이 확인되어 보다 정확한 진단을 위해 시행한 검사를 의미하며, 병증에 대한 치료 필요 없이 유지되는 상태에서 시행하는 정기검사 또는 추적관찰은 포함하지 않습니다.

4. 최근 5년 이내에 의사로부터 진찰 또는 검사를 통하여 다음과 같은 의료행위를 받은 사실이 있습니까? (예, 아니오)

　1) 입원　2) 수술(제왕절개포함)　3) 계속하여 7일 이상 치료　4) 계속하여 30일 이상 투약

　※ 여기서 "계속하여"란 같은 원인으로 치료 시작후 완료일까지 실제 치료, 투약 받은 일수를 말합니다.

5. 최근 5년 이내에 아래 10대질병으로 의사로부터 진찰 또는 검사를 통하여 다음과 같은 의료행위를 받은 사실이 있습니까? (예, 아니오)

> 〈10대질병〉
> ① 암, ② 백혈병, ③ 고혈압, ④ 협심증, ⑤ 심근경색, ⑥ 심장판막증, ⑦ 간경화증, ⑧ 뇌졸중증(뇌출혈, 뇌경색), ⑨ 당뇨병, ⑩ 에이즈(AIDS) 및 HIV 보균

　1) 질병확정진단　　　　　　2) 치료　　　　　　3) 입원
　4) 수술　　　　　　　　　　5) 투약

　※ 단, 실손의료보험은 "⑪직장 또는 항문 관련 질환(치질, 치루(누공), 치열(찢어짐), 항문 농양(고름집), 직장 또는 항문 탈출, 항문출혈, 항문궤양)" 추가
　※ 1번~5번까지 "예"인 경우 병명, 치료기간, 치료내용, 치료병원, 재발경험, 완치여부를 기재하여 주십시오.

6. 〈삭제, 2022. 9. 30.〉

7. 〈삭제, 2018. 7. 10.〉

8. 〈삭제, 2018. 7. 10.〉

9. 귀하의 직업은 무엇입니까?

　1) 근무처　　　　　　　　　2) 근무지역　　　　　　3) 업종
　4) 취급하는 업무(구체적으로 기재하여 주십시오)

　※ 보험계약 체결 당시 직업 또는 직무를 사실대로 알리지 않거나 보험계약 체결 후 직업 또는 직무가 변경된 사실(예) 사무관리 ↔ 현장관리)을 지체없이 회사에 알리지 않은 경우 계약 해지 등 알릴 의무 위반에 따른 불이익이 발생할 수 있습니다.

10-1. 현재 운전을 하고 있습니까? (예, 아니오)

10-2. "예"인 경우 운전 차종(　　,　　)

　1) 승용차(영업용)　　　　　　2) 승용차(자가용)
　3) 승합차(영업용)　　　　　　4) 승합차(자가용)
　5) 화물차(영업용)　　　　　　6) 화물차(자가용)

7) 이륜자동차(영업용)　　　　　　8) 이륜자동차(자가용)
　　9) 건설기계　　　　　　　　　　　10) 농기계
　　11) 기타(　　　　　　　　)

　　※ 기타에 해당하는 경우 차종을 구체적으로 기재하고, 둘 이상의 차량을 운전하거나 하나의 차량을 둘 이상의 목적으로 사용하는 경우 해당되는 사항을 모두 기재하십시오

10-3. 원동기장치 자전거(전동킥보드, 전동이륜평행차, 전동기의 동력만으로 움직일 수 있는 자전거 등 개인형 이동장치를 포함)를 사용하십니까?(다만, 전동휠체어, 의료용 스쿠터 등 보행보조용 의자차는 제외합니다) (예, 아니오)

　　※ 계속적으로 사용(직업, 직무 또는 동호회 활동과 출퇴근용도 등으로 주로 사용하는 경우에 한함)하는 경우 기재
　　※ 본 질문에 '아니오'로 기재하고 보험계약 체결 후 이륜자동차 또는 전동킥보드 등 개인형이동장치를 포함한 원동기장치 자전거를 사용하게 된 사실을 지체없이 회사에 알리지 않은 경우 계약 해지 등 알릴 의무 위반에 따른 불이익이 발생할 수 있습니다.

11. 최근 1년 이내에 다음과 같은 취미를 자주 반복적으로 하고 있거나 관련 자격증을 가지고 있습니까? (예, 아니오)
　　(빈도: 년간/월간　회)
　　(자격증 명칭:　　　　)
　　1) 스쿠버다이빙　　　　　　　　2) 행글라이딩, 패러글라이딩
　　3) 스카이다이빙　　　　　　　　4) 수상스키
　　5) 자동차, 오토바이 경주　　　　6) 번지점프
　　7) 빙벽, 암벽등반　　　　　　　8) 제트스키
　　9) 래프팅

12. 부업 또는 겸업, 계절적으로 종사하는 업무가 있습니까? (예, 아니오) ("예"인 경우 자세히 기술하여 주십시오)

13. 향후 3개월 이내에 다음과 같은 해외위험지역으로 출국할 예정이 있습니까? (예, 아니오)
　　전쟁지역, 미개척지(열대·한대), 등반산악지대
　　("예"인 경우 기간:　　　　지역:　　　　목적:　　　　　　)

14. 월소득(계약자 기준)
　　월소득 - 월평균(　　　)만원

15. 음주: 음주횟수(주   회), 음주량(소주 기준 1회   병)

16. 흡연: 현재 흡연여부(예, 아니오), 흡연량(1일   개피), 흡연기간(현재부터 과거   년간)

17. 체격: 키(   )㎝, 몸무게(   )㎏

18. 다른 보험회사(우체국보험 및 각종 공제계약 판매사 포함)에 생명보험, 손해보험, 제3보험 또는 각종 공제계약을 가입하고 있습니까?

제3절 한국표준질병사인분류

1. 질병분류의 목적

모든 형태의 보건 및 인구 동태에 기재되어 있는 질병 및 기타 보건문제를 분류하는데 이용하기 위하여 작성, 분류된다.

2. 한국표준질병사인분류

우리나라는 1938년 국제질병분류(ICD) 4차 개정을 채택하여 사용하기 시작하였으며, 해방 이후 ICD 5차 개정을 사용하였다. 현재는 ICD 체계를 기본으로 하되 우리나라에서 많이 발생하는 질병에 대해서 세분화하여 한국표준질병사인분류(KCD)를 사용하고 있다. 현재 사용하고 있는 KCD는 제8차에 해당하며 2021년 1월 1일부터 적용 중이다. 제8차 개정 기준으로 대분류 22개, 중분류 267개, 소분류 2,093개, 세분류 12,603개, 세세분류 6,335개로 분류되어 있으며, 신생물에 대해서는 조직학적 형태 분류를 따로 규정하고 있다. 대략적인 분류 체계는 다음과 같다.

〈한국표준질병사인분류〉
Ⅰ. 특정 감염성 및 기생충성 질환(A00-B99)
Ⅱ. 신생물(C00-D48)
Ⅲ. 혈액 및 조혈기관의 질환과 면역메커니즘을 침범한 특정 장애(D50-D89)
Ⅳ. 내분비, 영양 및 대사 질환(E00-E90)
Ⅴ. 정신 및 행동 장애(F00-F99)
Ⅵ. 신경계통의 질환(G00-G99)
Ⅶ. 눈 및 눈 부속기의 질환(H00-H59)
Ⅷ. 귀 및 유돌의 질환(H60-H95)
Ⅸ. 순환계통의 질환(I00-I99)
Ⅹ. 호흡계통의 질환(J00-J99)
Ⅺ. 소화계통의 질환(K00-K93)
Ⅻ. 피부 및 피하조직의 질환(L00-L99)
ⅩⅢ. 근골격계통 및 결합조직의 질환(M00-M99)
ⅩⅣ. 비뇨생식계통의 질환(N00-N99)
ⅩⅤ. 임신, 출산 및 산후기(O00-O99)
ⅩⅥ. 출생전후기에 기원한 특정 병태(P00-P96)
ⅩⅦ. 선천기형, 변형 및 염색체이상(Q00-Q99)
ⅩⅧ. 달리 분류되지 않은 증상, 징후와 임상 및 검사의 이상소견(R00-R99)
ⅩⅨ. 손상, 중독 및 외인에 의한 특정 기타 결과(S00-T98)
ⅩⅩ. 질병이환 및 사망의 외인(V01-Y98)
ⅩⅩⅠ. 건강상태 및 보건서비스 접촉에 영향을 주는 요인(Z00-Z99)
ⅩⅩⅡ. 특수목적 코드(U00-U99)

〈신생물 형태학적 분류〉
신생물형태분류(M800-M958)

제4절 입원일당 관련 질병보험의 특별약관

1. 입원일당의 종류

가. 입원 첫날부터 입원일당을 지급

입원을 한 첫날부터 입원일당을 지급하는 유형이다. 예를 들어 총 10일을 입원하고 입원 하루당 2만원을 지급한다면 총 지급보험금은 20만원이다. 손해보험 상품에서 많이 판매 중이다.

나. 3일을 초과한 경우에 입원일당을 지급

입원일수가 3일을 초과하는 경우 3일을 공제한 나머지 기간에 대해서 입원일당을 지급하는 유형이다. 예를 들어 총 10일을 입원하고 입원 하루당 2만원을 지급한다면 3일을 공제한 7일에 대해서만 입원일당을 지급하므로 총 지급보험금은 14만원이다. 생명보험 상품에서 많이 판매하였으며 최근에는 손해보험회사에서도 이러한 유형의 상품을 판매하고 있다.

다. 보험약관에서 별도로 정한 입원기간을 충족하는 경우에 지급

보험약관에서 입원기간을 별도로 정하여 해당 입원기간을 충족할 경우에 보험금을 지급하는 유형이다. 예를 들어 30일 이상 입원하였다면 50만원, 60일 이상 입원하였다면 100만원과 같이 입원기간을 일정한 구간을 나누어 지급하는 방식이다. 예전에는 많이 판매 되었으나 최근에는 입원의 필요가 없음에도 보험금을 지급받기 위해 의도적으로 입원기간을 연장하는 도덕적 위험으로 인해 극히 일부회사에서만 판매 중이다.

라. 암직접치료 입원일당(요양병원 제외)

(1) 지급기준

암에 대한 보장개시일 이후에 암으로 진단 확정되고 그 암의 직접적인 치료를 목적으로 병원 또는 의원(요양병원 제외)에 계속하여 입원 치료받은 경우에 1일당 금액을 지급한다. 암이라는 질병의 특수성을 감안하여 일반적인 입원일당보다는 고액의 입원일당을 지급하며, 보험 실무상 3일 초과 1일당 입원일당을 지급하며 120일을 한도로 지급하는 담보가 가장 많다.

(2) 암의 직접적인 치료

암의 직접적인 치료라 함은 암을 제거하거나 암의 증식을 억제하는 치료로서, 의학적으로 그 안전성과 유효성이 입증되어 임상적으로 통용되는 치료(암의 제거 및 증식 억제 치료)를 말한다.

(3) 암의 직접적인 치료에 포함되는 것

(가) 보건복지부 산하 신의료기술평가위원회(향후 제도변경 시에는 동 위원회와 동일한 기능을 수행하는 기관)가 인정한 최신 암 치료법

(나) 항암방사선치료, 항암화학치료, 암을 제거하거나 암의 증식을 억제하는 수술 또는 이들을 병합한 복합치료
(다) 암의 제거 또는 증식 억제를 위하여 의학적으로 안전성과 유효성이 입증된 면역치료
(라) 암의 제거 및 증식 억제 치료를 받기 위해 필수불가결한 면역력 강화 치료
(마) 암의 제거 및 증식 억제 치료를 받기 위해 필수불가결한 암치료나 암으로 인하여 발생한 후유증 또는 합병증의 치료
(바) 「호스피스·완화의료 및 임종과정에 있는 환자의 연명의료결정에 관한 법률」 제2조 제3호에 해당하는 말기암 환자에 대한 치료

(4) 직접적인 치료에 포함되지 않는 것
(가) 식이요법, 명상요법 등 암의 제거 또는 암의 증식 억제를 위하여 의학적으로 안정성과 유효성이 입증되지 않은 치료
(나) 면역력 강화 치료
(다) 암의 직접적인 치료로 인하여 발생한 후유증 또는 합병증의 치료

> **시험 출제 포인트**
>
> ▶ 암의 직접적인 치료 포함
> 1. 암수술
> 2. 항암치료
> 3. 필수불가결
> 4. 말기암
>
> ▶ 암의 직접적인 치료 미포함
> 1. 후유증, 합병증
> 2. 식이요법, 명상요법
> 3. 면역력 강화

마. 요양병원 암입원일당

(1) 지급기준

암에 대한 보장개시일 이후에 암으로 진단 확정되고 그 암의 치료를 목적으로 요양병원에 계속하여 입원 치료를 받은 경우에 1일당 금액을 지급한다. 보통 90일을 한도로 한다.

(2) 요양병원

'요양병원'이라 함은 의료법 제3조(의료기관)에서 규정한 요양병원 또는 국외의 의료관련법에서 정한 요양병원을 말한다.

2. 입원의 정의

의사, 치과의사 또는 한의사의 자격을 가진 자가 질병의 치료가 필요하다고 인정한 경우로서 자택 등에서 치료가 곤란하여 국내의 병원, 의원 또는 이와 동등하다고 회사가 인정하는 국외의 의료기관에 입실하여 의사의 관리를 받으며 치료에 전념하는 것을 말한다.

3. 보상한도

가. 지급일수

생명보험은 주로 120일을 입원급여금 보상한도로 하며, 손해보험은 180일을 한도로 한다. 그러나 최근에는 생명보험에서도 180일 한도를 적용하거나 손해보험에서 120일 한도를 적용하는 상품도 많이 판매되고 있으므로 이 차이는 절대적인 것은 아니다. 이하 교재에서는 별다른 언급이 없으면 180일을 한도로 가정하여 설명하겠다.

나. 2회 이상의 입원

동일한 질병의 치료를 직접목적으로 2회 이상 입원한 경우 이를 계속 입원으로 보아 각 입원일수를 더한다. 그러나 동일한 질병에 의한 입원이라도 질병입원일당이 지급된 최종입원의 퇴원일로부터 180일이 경과하여 입원한 경우에는 새로운 입원으로 간주한다.

다. 입원기간 중 보험기간의 만료

입원하여 치료를 받던 중 보험기간이 만료되었을 때에도 퇴원하기 전까지의 계속 중인 입원기간에 대하여는 보험기간 만료 전 입원일부터 180일을 한도로 보상한다.

라. 퇴원없이 장기간 입원하는 경우

180일이 경과하도록 퇴원없이 계속 입원 중인 경우에는 입원일당이 지급된 최종입원일의 그 다음날을 퇴원일로 보며 보상 제외기간(180일)이 지나면 다시 새로운 입원으로 보아 보상한다.

마. 의사의 지시를 따르지 아니하는 경우

정당한 이유없이 입원기간 중 의사의 지시를 따르지 아니한 때에는 입원급여금의 전부 또는 일부를 지급하지 아니한다.

제5절 수술 관련 질병보험의 특별약관

1. 수술의 정의

병원 또는 의원의 의사, 치과의사의 자격을 가진 자에 의하여 치료가 필요하다고 인정한 경우로서 자택 등에서 치료가 곤란하여 의료법 제3조(의료기관) 제2항에 정한 국내의 병원 또는 이와 동등하다고 회사가 인정하는 국외의 의료기관에서 의사의 관리 하에 치료를 직접적인 목적으로 의료기구를 사용하여 생체(生體)에 절단(切斷, 특정부위를 잘라내는 것), 절제(切除, 특정부위를 잘라 없애는 것) 등의 조작을 가하는 것을 말하며, 흡인(吸引, 주사기 등으로 빨아들이는 것), 천자(穿刺, 바늘 또는 관을 꽂아 체액조직을 뽑아내거나 약물을 주입하는 것) 등의 조치 및 신경(神經)차단(NERVE BLOCK)은 제외한다.

> **시험 출제 포인트**
>
> ▶ 수술에 포함되는 것
>   절단, 절제
>
> ▶ 수술에 제외되는 것
>   흡인, 천자, 신경차단

> **시험 출제 포인트**
>
> ▶ 아래의 경우는 금융감독원 분쟁조정을 통해 수술보험금 지급사유로 인정되었다.
>   1. 자궁소파술
>   2. 화염상모반 치료 레이저수술
>   3. 비관혈적 정복술
>   4. 식도정맥류 출혈수술
>   5. 실리콘 오일 제거수술
>   6. 요관 부목 삽입술
>   7. 동정맥루 조성술
>   8. 중심정맥관 삽입술

2. 수술 특별약관의 종류

가. 여성만성질환 수술비

여성만성질환으로 진단받고 이에 대한 치료를 직접적인 목적으로 수술받은 경우에 수술 1회당 보험약관에서 정한 보험가입금액을 정액 지급한다. 여성만성질환은 골다공증이나 관절염 등 보험약관에서 별도로 규정하고 있다.

나. 부인과질병 수술비

부인과질병으로 진단받고 이에 대한 치료를 직접적인 목적으로 수술받은 경우에 수술 1회당 보험약관에서 정한 보험가입금액을 정액 지급한다. 부인과질병은 보험약관에서 별도로 규정하고 있다.

다. 7대 질병 수술비

7대 질병으로 진단받고 이에 대한 치료를 직접적인 목적으로 수술받은 경우에 수술 1회당 보험약관에서 정한 보험가입금액을 정액 지급한다. 7대 질병은 각 보험회사마다, 각 보험상품마다 다르게 규정하고 있으며, 보통 심장질환, 뇌혈관질환, 간질환, 고혈압, 당뇨, 만성하기도질환, 위궤양 및 십이지장궤양을 말한다.

라. 16대 질병 수술비

16대 질병으로 진단받고 이에 대한 치료를 직접적인 목적으로 수술받은 경우에 수술 1회당 보험약관에서 정한 보험가입금액을 정액 지급한다. 16대 질병은 각 보험회사마다, 각 보험상품마다 다르게 규정하고 있으며, 보통 심장질환, 뇌혈관질환, 간질환, 고혈압, 당뇨, 만성하기도질환, 위궤양 및 십이지장궤양, 동맥경화증, 폐렴, 갑상선질환, 관절염, 백내장, 녹내장, 결핵, 신부전, 생식기 질환을 말한다.

마. 선천성이상 수술비

보험증권이 기재된 20세 이하의 피보험자가 선천성기형, 변형 및 염색체 이상으로 진단받고 이에 대한 치료를 직접적인 목적으로 수술 받은 경우에 수술 1회당 보험약관에서 정한 보험가입금액을 정액 지급한다.

제6절 진단비용 관련 질병보험의 특별약관

1. 뇌졸중 진단비

가. 지급기준

보험기간 중 약관에서 정한 뇌졸중분류표상의 뇌졸중(I60, I61, I62, I63, I65, I66, I67, I68, I69)으로 진단 확정된 경우에 최초 1회에 한하여 지급한다. 진단 확정은 의료기관의 의사(치과의사 제외) 자격을 가진 자에 의하여 내려져야 하며, 이 진단은 병력 신경학적 검진과 함께 뇌전산화단층촬영(brain CT scan), 자기공명영상(MRI), 뇌혈관조영술, 양전자방출단층술(PET), 단일광자방출전산화단층슬(SPECT), 뇌척수액검사를 기초로 하여야 한다.

> **시험 출제 포인트**
> I64는 뇌졸중 진단에서 제외된다.

> **시험 출제 포인트**
> ▶ 뇌졸중 진단확정
> ①과 함께 ②의 검사를 기초로 하여야 한다.
> ① 병력·신경학적 검진
> ② 뇌 전산화단층촬영(brain CT scan), 자기공명영상법(MRI), 뇌혈관조영술, 양전자방출단층술(PET), 단일광자방출 전산화 단층술(SPECT), 뇌척수액검사

나. 사망한 경우

피보험자가 사망하여 상기 검사방법을 진단의 기초로 할 수 없는 경우에는 다음 각 호의 어느 하나에 해당하는 경우 진단확정이 있는 것으로 볼 수 있다.

(1) 보험기간 중 뇌출혈로 진단 또는 치료를 받고 있었음을 증명할 수 있는 문서화된 기록 또는 증거가 있는 경우
(2) 부검감정서상 사인이 뇌출혈로 확정되거나 추정되는 경우

2. 급성심근경색 진단비

가. 지급기준

보험기간 중 약관에서 정한 급성심근경색증 분류표상의 급성심근경색증(I20~I25)으로 진단 확정된 경우에 최초 1회에 한하여 지급한다. 진단 확정은 의료기관의 의사(치과의사 제외) 자격을 가진 자에 의하여 내려져야 하며, 이 진단은 병력과 함께 심전도(EKG), 심장초음파, 관상동맥촬영술, 혈액 중 심장효소 검사 등을 기초로 하여야 한다.

> **시험 출제 포인트**
> ▶ 급성심근경색 진단확정
> ①과 함께 ②의 검사를 기초로 하여야 한다.
> ① 병력
> ② 심전도, 심장초음파, 관상동맥(심장동맥)촬영술, 혈액 중 심장 효소검사

나. 사망한 경우

피보험자가 사망하여 상기 검사방법을 진단의 기초로 할 수 없는 경우에는 다음 각 호의 어느 하나에 해당하는 경우 진단확정이 있는 것으로 볼 수 있다.

(1) 보험기간 중 급성심근경색으로 진단 또는 치료를 받고 있었음을 증명할 수 있는 문서화된 기록 또는 증거가 있는 경우

(2) 부검감정서상 사인이 급성심근경색으로 확정되거나 추정되는 경우

3. 과로사 담보 특별약관

과중한 업무부담의 지속으로 인해 업무를 하던 중 과로사 질병분류표에서 정한 뇌혈관질환 내지 심질환의 급격한 발현 또는 악화로 돌연히 사망하게 된 경우에 지급한다. 과중한 업무부담이란 다음 중 하나 이상의 상태가 사망일 직전에 지속된 것을 말한다.
① 직전 3일 이상 연속적으로 일상업무보다 30% 이상 업무량과 시간이 증가
② 월 50시간 이상의 잔업
③ 직전 1개월 내에 소정 휴일의 반 이상이 출근 근무
④ 직전 1개월 내의 10일 이상의 지방출장
⑤ 직전 1주일 이내의 근무환경의 급격한 변화로 인정되는 전환배치
⑥ 직전 24시간 이내의 일반인이 적응하기 어렵다고 여겨지는 근로의 수행

제7절 태아보험

1. 출생 전 자녀가입 특별약관

가. 태아보험의 책임개시

출생일이 보장개시일이 된다.

나. 유산 또는 사산의 경우

유산 또는 사산 등에 의해 출생하지 못한 경우에는 계약을 무효로 하며 이미 납입한 보험료를 반환한다.

다. 복수출생의 경우

태아가 복수로 출생한 경우에는 가족관계등록상 선순위로 기재된 자를 피보험자로 하며, 보험계약자가 가족관계등록상 먼저 기재된 자가 아닌 다른 자녀를 피보험자로 지정할 경우에는 이에 따른다.

2. 저체중아 입원일당 담보 특별약관

보험기간 중 미숙아를 출산하여 인큐베이터를 3일 이상 사용했을 때 최고 60일을 한도로 인큐베이터 사용일 2일 초과 1일당 지급한다. 피보험자는 특별약관 체결시 임신 22주 이내인 임산부에 의하

여 태어날 자녀로 하되 인공수정에 의한 임신은 제외한다. 만약 임산부가 23주 이상으로 피보험자에 해당하지 아니한 경우에는 입원일당을 지급하지 않는다.

3. 주산기질환 담보 특별약관

약관에서 정한 '출생전후기에 발생한 주요 병태 분류표'에 정한 질병을 원인으로 그 치료를 직접 목적으로 4일 이상 계속 입원하였을 경우에 120일 한도로 지급한다. 출생전후기라 함은 임신 28주부터 생후 1주 사이의 기간을 말한다.

제8절 제도성 특별약관

1. 특정부위, 특정질병 보장 제한부 인수 특별약관

가. 의의

피보험자의 건강상태가 보험회사가 정한 기준에 적합하지 않은 경우 특정부위나 특정질병에 대하여 면책을 조건으로 체결할 수 있는 약관을 말한다. 흔히 부담보라고 부르며, 부담보는 결함의 내용, 정도에 따라 전기간 또는 5년 이하의 일정기간으로 적용한다. 보험회사마다 차이가 있으나 현재 40여개의 특정부위와 23여개의 특정질병을 운영하고 있다.

나. 면책기간의 적용

1개월에서 5년까지 또는 보험기간 전체로 정한다.

다. 보상하는 경우

면책사항에도 불구하고 다음 중 어느 한 가지에 해당하는 경우에는 보험금을 지급한다.
(1) 특정신체부위에 발생한 질병의 합병증으로 인하여 특정신체부위 이외의 부위에 발생한 질병으로 보험금의 지급사유가 발생한 경우
(2) 특정질병의 합병증으로 인해 발생한 특정질병 이외의 질병으로 보험금의 지급사유가 발생한 경우
(3) 상해를 직접적인 원인으로 하여 보험금의 지급사유가 발생한 경우
(4) 특정 부위에 진단 확정된 질병 또는 특정 부위에 진단 확정된 질병의 전이로 인하여 특정 부위 이외의 부위에 진단 확정된 질병과 특정질병으로 인하여 사망하여 보험금 지급사유가 발생한 경우
(5) 보험계약 청약일 이후 5년이 지나는 동안 추가적인 진단(단순 건강검진 제외) 또는 치료 사실이 없고, 청약일로부터 5년이 지난 이후 보험금의 지급사유가 발생한 경우

▶ 추가진단의 의미
추가진단(단순 건강검진 제외) 또는 치료 사실이 없는 경우는 다음 각 호의 경우를 포함한다. 예를 들어 갑상선 전기간 부담보 조건으로 보험에 가입한 상태에서 5년 동안 정기적인 추적관찰 검사만 시행하였고 검진결과 특별한 추가 치료가 필요하지 않았다면 이후의 기간부터는 보장이 가능하다.
1) 검진결과 추가검사 또는 치료가 필요하지 않았던 경우
2) 부담보가 지정된 질병 또는 증상이 악화되지 않고 유지된 경우

2. 특별조건부 특별약관

가. 할증보험료법

표준체보다 높은 위험을 가진 피보험자에게 표준체 보험료에 회사에서 정한 할증보험료를 더하여 납부하는 방식을 말한다. 피보험자의 신체적 결함이 한가지 이상이라면 단순 합산하는 것이 일반적이지만, 특정 의적결함의 경우에는 가산 점수를 부여하는 경우가 있다. 예를 들어 고혈압(50%)과 호흡기질환(30%)이 같이 있는 피보험자에 대하여 단순 합산하여 180%(100%+50%+30%)를 적용하나, 고혈압(50%)과 당뇨(30%)가 복합적으로 있는 피보험자라면 두 위험은 복합질환을 발생시킬 가능성이 더 크므로 증가된 위험을 추가 할증지수(20%)로 부여하여 200%(100%+50%+30%+20%)를 적용한다.

▎예시▎
사정점수가 30인 피보험자의 할증 퍼센트가 25%이고, 표준보험료가 30만원이라고 한다면 이 피보험자에게 적용해야 하는 보험료는 얼마인가?
→ 30만원×125%=37만 5천원

나. 보험금 감액법

체감성 위험에 주로 적용하며 표준보험료를 납부하지만 일정기간 내에 보험사고가 발생하면 보험금을 감액하여 지급하는 방식이다. 미국이나 선진국에서는 더 이상 사용하지 않는 방식이다.

[계단식 보험금 감액표]

사망시기	1년	2년	3년	4년	5년
~1년	50%	30%	25%	20%	15%
1년~2년	100%	60%	50%	40%	30%
2년~3년	100%	100%	75%	60%	45%
3년~4년	100%	100%	100%	80%	60%
4년~5년	100%	100%	100%	100%	80%

> **시험 출제 포인트**
> ▶ **보험금 감액법의 장점**
>   이해가 쉽고 대부분의 사람은 미래에 대해 생존가능성을 낙관하기 때문에 쉽게 동의한다.
> ▶ **보험금 감액법의 단점**
>   실제 사고 시 불만을 제기한다.

3. 선지급서비스 특별약관

가. 의의

피보험자가 아직 사망하지 않았음에도 불구하고 일정한 조건에 부합하는 경우 피보험자의 사망보험금의 일부 또는 전부를 선지급하는 특별약관을 의미한다.

나. 취지

단기간 내에 피보험자의 사망이 예상되는 경우에 사망보험금의 일부 또는 전부를 선지급하여 피보험자가 생존해 있을 때 치료비 등에 사용할 수 있도록 하는 서비스를 제공하는 제도성 특별약관이다.

다. 적용대상

계약자와 피보험자가 동일하며 사망보험금이 부가된 계약에 한한다. 선지급서비스 특별약관의 보험기간은 보통약관 또는 사망보장 특별약관의 보험기간이 끝나는 날의 12개월 이전까지를 특별약관의 보험기간으로 한다. 생명보험상품 중에는 이 기간을 18개월로 정한 경우도 있다. 보통약관이나 사망보장의 보험기간이 종료하면 사망보험금도 지급하지 않기 때문에 특별약관의 보험기간에 제한을 둔 것이다.

라. 잔여수명

특약의 보험기간 중에 의료법 제3조(의료기관)에 규정한 국내의 종합병원 또는 이와 동등하다고 인정되는 국외의 의료기관에서 전문의 자격을 가진 자가 실시한 진단결과 피보험자의 잔여수명이 6개월 이내라고 판단한 경우에 사망보험금액의 일부 또는 전부를 선지급 사망보험금으로 지급한다. 생명보험상품 중에는 잔여수명 기간을 12개월로 정한 경우도 있다.

마. 보험금을 받는 사람

피보험자에게 지급한다(보험수익자가 아님에 주의).

바. 선지급보험금

사망보험금의 50%를 선지급한다.

사. 선지급 후의 보험가입금액

선지급하였을 경우에는 지급한 보험금액에 해당하는 보험가입금액이 지급일에 감액된 것으로 본다. 다만 감액으로 인하여 해약환급금이 있더라도 이를 지급하지는 않는다. 선지급 후에 피보험자가 사망한 경우에는 선지급된 보험금액에 해당하는 사망보험금은 지급하지 않는다. 즉 잔여 보험가입금액에 해당하는 사망보험금만 지급한다.

4. 지정대리청구인 특별약관

가. 의의

보험금을 직접 청구할 수 없는 특별한 사정이 있을 경우에 대비하여 보험계약을 체결할 때 혹은 계약을 체결한 이후에 보험금의 대리청구인을 지정하는 제도를 말한다.

나. 취지

치매보험이나 CI보험의 경우 보장내용의 특성상 발병(發病) 시 스스로 보험금을 청구하는 것이 어려우므로 보험에 가입하고도 보험금 신청에 어려움을 겪는 상황이 발생할 수 있다. 이처럼 치매, 무의식 등 보험수익자가 직접 보험금을 청구할 수 없는 특별한 사정이 발생했을 경우를 대비하여 피보험자와 일정한 관계에 있는 자가 대신 보험금을 청구할 수 있도록 하는 제도이다.

다. 지정대리청구인의 자격

(1) 피보험자의 가족관계등록부상 또는 주민등록상의 배우자
(2) 피보험자의 3촌 이내의 친족
(3) 지정대리청구인은 보험금을 청구하는 때에도 위의 자격을 유지하여야 한다.

라. 대상 보험금

지정대리청구인은 보험수익자가 직접 청구할 수 없는 특별한 사정이 있음을 증명하는 서류를 제출하고 보험수익자의 대리인으로서 보험금을 청구하고 수령할 수 있다. 다만 사망보험금은 제외한다.

마. 적용 대상 계약

보험금 청구 관련 분쟁 방지 등을 위하여 보험계약자, 피보험자, 보험수익자가 모두 동일한 보험계약에 적용한다.

CHAPTER 05 암보험과 CI보험

제1절 암보험

1. 암과 암보험
암으로 진단된 경우의 암진단비, 암수술비, 암입원비 등을 보장항목으로 한다.

2. 암보험의 보장개시일

암	보험계약일로부터 그 날을 포함하여 90일이 지난 날의 다음날부터
기타피부암, 갑상선암, 제자리암, 경계성종양	보험계약일
보험나이 15세 미만자	보험계약일
갱신계약	갱신일

3. 암의 진단

가. 암의 정의

(1) 암의 정의

"암"이라 함은 한국표준질병사인분류 중 악성신생물(암)분류표에서 정한 질병을 말한다. 다만, 분류번호 C44(기타 피부의 악성신생물(암)), 분류번호 C73(갑상선의 악성신생물(암), 대장점막내암 및 전암(前癌)상태(암으로 변하기 이전 상태)(premalignant condition or condition with malignant potential)는 제외한다.

(2) 암의 진단 확정

암의 진단확정은 병리 또는 진단검사 의학의 전문의 자격증을 가진 자에 의하여 내려져야 하며, 이 진단은 <u>조직(fixed tissue)검사, 미세바늘흡인검사(fine needle aspiration) 또는 혈액검사(hemic system)에 대한 현미경 소견</u>을 기초로 하여야 한다. 그러나, 상기의 진단이 가능하지 않을 때에는 피보험자가 암으로 진단 또는 치료를 받고 있음을 증명할 만한 문서화된 기록 또는 증거가 있어야 한다.

▶ 진단이 가능하지 않을 경우 예시
1) 피보험자가 조직검사 등 병리학적 검사를 받을 여유없이 급속한 병증 악화로 사망한 경우
2) 종양의 발생부위 및 피보험자의 신체상태 등의 이유로 조직을 추출하는 경우 생명의 위험을 초래할 수 있어 병리학적 검사를 시행할 수 없는 경우

> **시험 출제 포인트**
> ▶ 암의 진단확정 방법으로 인정되는 것
> ① 조직검사
> ② 미세바늘흡인검사
> ③ 혈액검사에 대한 현미경 소견
> ④ ①~③의 검사가 가능하지 않을 때에는 문서화된 기록 또는 증거. 즉 ①~③의 검사가 가능하다면 이를 기초로 암진단이 이루어져야 한다.

> **시험 출제 포인트**
> ▶ 진단이 가능하지 않을 경우 예시
> 1) 피보험자가 조직검사 등 병리학적 검사를 받을 여유없이 급속한 병증 악화로 사망한 경우
> 2) 종양의 발생부위 및 피보험자의 신체상태 등의 이유로 조직을 추출하는 경우 생명의 위험을 초래할 수 있어 병리학적 검사를 시행할 수 없는 경우

나. 제자리암의 정의

"제자리암"이라 함은 한국표준질병사인분류 중 제자리의 신생물 분류표에서 정한 질병을 말한다.

다. 경계성종양의 정의

"경계성종양"이라 함은 한국표준질병사인분류 중 행동양식 불명 또는 미상의 신생물 분류표에서 정한 질병을 말한다.

라. 기타피부암의 정의

"기타피부암"이라 함은 한국표준질병사인분류 중 C44(기타 피부의 악성신생물)에 해당하는 질병을 말한다.

마. 갑상선암의 정의

"갑상선암"이라 함은 한국표준질병사인분류 중 C73(갑상선의 악성신생물)에 해당하는 질병을 말한다.

바. 대장점막내암의 정의

"대장점막내암"이라 함은 한국표준질병사인분류 중 분류번호 C18~C20(대장의 악성신생물)에 해당하는 질병 중에서 대장의 상피세포층(epithelium)에서 발생한 악성종양 세포가 기저막(basement membrane)을 뚫고 내려가서 점막고유층(lamina propria) 또는 점막근층(muscularis mucosa)

을 침범하였으나 점막하층(submucosa)까지는 침범하지 않은 상태의 질병을 말하며, 대장은 맹장, 충수, 결장, 직장을 말한다.

```
● 대장점막내암 예시
상피세포층(epithelium)
점막고유층(lamina propria)         ⓐ        ⓑ        ← 기저막
점막근층(muscularis mucosa)                          (basement membrane)
점막하층(submucosa)

                              (     악성종양세포 침범깊이)
  ⓐ 악성종양세포가 점막고유층을 침범한 경우    ⓑ 악성종양세포가 점막근층을 침범한 경우
```

사. 원발암(1차성 암)과 속발암(2차성 암)

(1) 원발암 기준 진단

최초로 암이 발생하여 전이된 경우, 원발암(1차성 암)이 확인되는 경우에는 원발부위(최초 발생한 부위)를 기준으로 분류한다. 하지만 일차성 암 발생부위를 알 수 없거나 상세불명인 경우에는 진단받은 한국표준질병사인분류대로 보험금을 지급한다. 이차성암으로 진단시 이차성암의 원인이 되는 원발암이 확인된 경우 원발암을 기준으로 보험금을 지급하며, 이차성암에 대한 보험금은 별도로 지급하지 않는다. 예를 들어, '갑상선암(C73)'과 '갑상선암의 림프절 전이로 인해 림프절의 이차성 및 상세 불명의 악성신생물(C77)'로 진단된 경우, 원발암인 '갑상선암(C73)'이므로 '갑상선암(C73)'에 해당하는 보험금을 지급한다. 다만, 원발암이 확인되지 않은 경우에는 이차성암이 발생된 부위의 암을 기준으로 보험금을 지급한다.

(2) 이차성암 진단시점

다만, 원발암이 완치된 이후에 이차성암이 확인되는 경우에는 이차성암의 진단 확정시점은 원발암 진단 확정시점으로 변경되지 않는다. 예를 들어, 2015년 01월 원발암 완치 후 암보험에 가입(고지의무 위반 無)한 피보험자가 2017년 01월 이차성암으로 진단 확정되었다면, 이차성암의 진단시점은 암 보장개시 이후이므로 암진단보험금을 지급한다. 다만 원발암이 완치되지 않은 상태에서 이차성암으로 진단되었다면 이미 발생한 보험사고이므로 보험금을 지급하지 않는다.

4. 암수술급여금

암수술급여금은 수술을 시행할 때마다 반복적으로 보험약관에서 정해진 금액을 정액으로 지급한다.

5. 암입원일당

가. 한도
암입원일당은 암의 종류별로 3일 초과 1일당 보험증권이 기재된 금액을 120일 한도로 지급한다.

나. 암 직접치료 입원보험금(요양병원 제외)
암으로 진단받고 암의 직접치료 목적으로 입원한 경우에 지급하며, 요양병원에 입원한 경우에는 지급하지 않는다.

다. 요양병원 암 입원보험금
암으로 진단받고 암의 치료, 합병증이나 후유증, 요양목적으로 입원하는 경우를 포함하여 요양병원에 입원하는 경우에 보험금을 지급한다.

6. 암의 직접치료의 범위

암의 직접치료	암을 제거하거나 암의 증식을 억제하는 치료로서, 의학적으로 그 안전성과 유효성이 입증되어 임상적으로 통용되는 치료
포함	(가) 보건복지부 산하 신의료기술평가위원회(향후 제도변경 시에는 동 위원회와 동일한 기능을 수행하는 기관)가 인정한 최신 암 치료법 (나) 항암방사선치료, 항암화학치료, 암을 제거하거나 암의 증식을 억제하는 수술 또는 이들을 병합한 복합치료 (다) 암의 제거 또는 증식 억제를 위하여 의학적으로 안전성과 유효성이 입증된 면역치료 (라) 암의 제거 및 증식 억제 치료를 받기 위해 필수불가결한 면역력 강화 치료 (마) 암의 제거 및 증식 억제 치료를 받기 위해 필수불가결한 암치료나 암으로 인하여 발생한 후유증 또는 합병증의 치료 (바) 「호스피스·완화의료 및 임종과정에 있는 환자의 연명의료결정에 관한 법률」 제2조 제3호에 해당하는 말기암 환자에 대한 치료
불포함	(가) 식이법, 명상요법 등 암의 제거 또는 암의 증식 억제를 위하여 의학적으로 안정성과 유효성이 입증되지 않은 치료 (나) 면역력 강화 치료 (다) 암의 직접적인 치료로 인하여 발생한 후유증 또는 합병증의 치료

제2절 CI보험

1. 개요

가. 상품유형

선지급형	중대한 질병이 발생하면 약정 사망보험금에서 50~100%를 선지급하며, 이후 사망 시 유가족에게 이를 차감한 금액을 지급한다. 주로 생명보험에서 주계약으로 설정된 사망보험금의 일부를 선지급하는 형태로 운용되고 있다.
추가지급형	중대한 질병이 발생하여 일정 생존기간 지난 후에도 생존할 경우에 지급하고, 이후 사망 시 약정 사망보험금을 추가 지급한다.
독립급부형	사망에 대한 보장없이 중대한 질병만을 독립적으로 보장한다.

나. 보장의 개시

중대한 질병, 중대한 수술	보험계약일(부활일)로부터 그 날을 포함하여 90일이 지난 날의 다음날부터
중대한 화상 및 부식 치료비	보험계약일(부활일)부터

2. 치명적 질병의 종류

가. 중대한 암

악성종양세포의 존재 및 주위조직으로 침윤하여 파괴하는 악성세포의 무차별적 증식으로 특정지을 수 있는 악성종양을 말하며, 백혈병, 악성림프종, 호치킨병을 포함한다.

나. 중대한 급성심근경색

중대한 급성심근경색증이라 함은 관상동맥의 폐색으로 인하여 심근으로의 혈액공급이 급격히 감소되어 전형적인 흉부 통증과 함께 해당 심근조직의 비가역적 괴사를 가져오는 질병으로서 발병 당시 다음의 2가지 특징을 모두 보여야 한다.
① 전형적인 급성심근경색 심전도 변화(ST분절, T파, Q파)가 새롭게 출현
② CK-MB를 포함한 심근효소의 발병 당시 새롭게 상승. 여기서 상승이라 함은 CK-MB 정상범위 최고치의 2배 이상 상승한 경우를 말한다. 다만 Troponin은 CK-MB와 함께 심근효소의 상승을 보여주는 자료로 제시될 수는 있으나 CK-MB없이 Troponin 단독으로는 인정되지 않는다.

다. 중대한 뇌졸중

중대한 뇌졸중이라 함은 지주막하출혈, 뇌내출혈, 기타 비외상성 머리내출혈, 뇌경색(증)이 발생하여 뇌혈액순환의 급격한 차단이 생겨서 그 결과 영구적인 신경학적 결손(언어장애, 운동실조, 마비 등)이 나타나는 질병을 말한다.

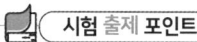 시험 출제 포인트

▶ 다음은 중대한 뇌졸중에서 제외된다.
① 일과성 허혈발작, 가역적 허혈성 신경학적 결손은 보장에서 제외한다.
② 다음의 뇌출혈, 뇌경색은 보장에서 제외한다.
ⓐ 외상에 의한 뇌출혈
ⓑ 뇌종양으로 인한 뇌출혈
ⓒ 뇌수술 합병증으로 인한 뇌출혈
ⓓ 신경학적 결손을 가져오는 안동맥의 폐색

라. 말기 신부전(End Stage Renal Disease)

말기신부전증이라 함은 양쪽 신장 모두가 만성적으로 비가역적 기능부전을 보이는 말기 신장질환(End Stage Renal Disease)으로서, 보존요법으로는 치료가 불가능하여 정기적인 신장 투석요법(혈액투석이나 복막투석)을 받고 있거나 받는 경우를 말한다.

마. 말기 간질환(End Stage Liver Disease)

말기간질환이라 함은 간질환 중에서 간경변증을 일으키는 말기의 간질환을 말하며, 다음의 3가지 특징을 모두 보여야 한다.
① 영구적인 황달(jaundice): "영구적인 황달"이란 혈청 빌리루빈 검사 수치가 3mg/dl 이상을 말한다.
② 통제 불가능한 복수(ascites)
③ 간성 뇌병증(hepatic encephalopathy)

바. 말기 폐질환(End Stage Lung Disease)

말기폐질환이라 함은 만성 호흡부전을 일으키는 폐질환이 악화된 상황으로서 폐가 심한 비가역적 기능 부전을 보이는 상태이며 다음의 2가지 특징을 모두 보여야 한다.
① 폐기능 검사에서 1초간 노력성 호기량(Forced Expiratory Volume in 1 second ; FEV1.0)이 정상예측치의 25% 이하
② 저산소증으로 인하여 영구적인 산소공급 치료를 요구하는 상태(동맥혈가스분석 결과 PaO2 수치가 60mmHg 이하)

3. 중대한 수술

가. 관상동맥우회술(Coronary Artery Bypass Graft, CABG)

(1) 정의

관상동맥우회술이라 함은 관상동맥질환(Coronary Artery Disease)의 근본적인 치료를 직접 목적으로 하여 개흉술을 한 후 대복재정맥(greater saphenous vein), 내유동맥(internal mammary artery) 등의 자가우회도관을 협착이 있는 부위보다 원위부(遠位部)의 관상동맥에 연결하여 주는 수술을 말한다.

(2) 제외

카테터를 이용한 수술이나 개흉술을 동반하지 않는 수술은 모두 제외한다. 예를 들면 관상동맥성형술(Percutaneous Transluminal Coronary Angioplasty, PTCA), 스텐트삽입술(Coronary Stent), 회전죽상반절제술(Rotational Atherectomy) 등은 보장에서 제외한다.

나. 대동맥류인조혈관치환수술(Aorta Graft Surgery)

(1) 정의

대동맥류인조혈관치환수술(Aorta Graft Surgery)이라 함은 대동맥류의 근본적인 치료를 직접목적으로 하여 개흉술 또는 개복술을 한 후 반드시 대동맥류 병소를 절제(excision)하고 인조혈관(graft)으로 치환하는 두가지 수술을 해주는 것을 의미한다.

(2) 대동맥

대동맥이라 함은 흉부 또는 복부 대동맥을 말하는 것으로 대동맥의 분지(branch)동맥들은 제외한다.

(3) 제외

카테터를 이용한 수술들은 제외한다. 예를 들면 경피적 혈관내 대동맥류 수술(percutaneous endovascular aneurysm repair)은 보장에서 제외한다.

다. 심장판막수술(Heart Valve Surgery)

(1) 정의

심장판막수술(Heart Valve Surgery)이라 함은 심장판막질환의 근본적인 치료를 직접목적으로 하여 다음의 두가지 기준 중 한가지 이상에 해당하여야 한다.
① 반드시 개흉술 및 개심술을 한 후 병변이 있는 판막을 완전히 제거한 뒤에 인공심장판막 또는 생체판막으로 치환하여 주는 수술
② 반드시 개흉술 및 개심술을 한 후 병변이 있는 판막에 대해 판막성형술(valvuloplasty)을 해주는 수술

(2) 제외

① 카테터를 이용한 수술들은 제외한다. 예를 들면 경피적 판막성형술(percutaneous balloon valvuloplasty)은 보장에서 제외한다.
② 개흉술 또는 개심술을 동반하지 않는 수술은 보장에서 제외한다.

라. 5대 장기이식 수술(5 Major Organ Transplantation)

(1) 정의

5대 장기이식 수술이라 함은 5대 장기의 만성 부전상태로부터 근본적인 회복과 치료를 목적으로 관련법규에 따라 정부에서 인정한 장기이식 의료기관 또는 이와 동등하다고 회사가 인정하는 의료기관에서 간장, 신장, 심장, 췌장, 폐장에 대하여 장기이식을 하는 것으로 타인의 내부 장기를 적출하여 장기부전상태에 있는 수혜자에게 이식을 시행한 경우에 대한 수술을 말한다.

(2) 제외

랑게르한스 소도 세포 이식수술은 보장에서 제외한다.

* 랑게르한스 소도 세포 이식수술은 췌장에서 인슐린이 충분히 생성되지 않는 사람들(당뇨병 환자)에게 시행하는 치료방법 중 하나이다. 췌장에서 인슐린을 생산하는 세포를 랑게르한스 소도 세포라고 한다. 랑게르한스 소도 세포 이식은 췌장 이식보다 간단하고 안전하며, 소도 세포 이식을 받은 사람의 약 75%가 1년 후에 인슐린이 필요 없게 된다는 연구결과가 있다. 그러나 소도 세포의 장기적 성공 여부는 아직 정확하게 검증되지 않았다.

4. 중대한 화상 및 부식 치료비 담보

가. 중대한 화상 및 부식의 정의

① 중대한 화상 및 부식(화학약품 등에 의한 피부 손상)이라 함은 화상 및 부식이 9의 법칙(Rule of 9's) 또는 룬드와 브라우더 신체 표면적 차트(Lund & Browder body surface chart)에 의해 측정된 신체 표면적으로 최소 20% 이상의 3도 화상 또는 부식을 입은 경우를 말한다.
② 다만 9의 법칙 또는 룬드와 브라우더 신체 표면적 차트 측정법처럼 표준화되고 임상학적으로 받아들여지는 다른 신체표면적 차트를 사용하여 유사한 결과가 나온 것도 인정한다.

나. 진단방법

중대한 화상 및 부식(화학약품 등에 의한 피부 손상)의 진단확정은 의료법 제3조 및 제5조의 규정에 의한 국내의 병원 또는 국외의 의료관련법에서 정한 의료기관의 의사(한의사, 치과의사 제외) 자격을 가진 자가 작성한 문서화된 기록 또는 검사결과를 기초로 하여 내려져야 한다.

다. 9의 법칙

화상을 당한 신체부위의 면적을 표현하는 것으로, 우리 몸의 체표 면적을 9% 혹은 그의 배수로 표현하는 방법으로 두경부를 9%, 체부 전면을 18%, 체부후면을 18%, 상지 9%, 하지 18%, 회음부를 1%로 계산하는 방법이다.

라. 룬드의 법칙

연령에 따른 체표면적의 비율 변화를 고려한 화상범위 측정방법이다. 9의 법칙보다 좀더 세밀한 분류를 할 수 있다는 장점이 있다.

CHAPTER 06 실손의료보험

제1절 개요

1. 종류

국내 의료기관에서 치료한 경우에 적용되는 '실손의료보험 표준약관'과 해외여행 중에 발생하는 사고에 대비하기 위한 '해외여행 실손의료보험 표준약관', 고령의 피보험자를 위한 '노후실손의료보험', 그리고 '유병력자 실손의료보험'이 있다.

2. 실손의료보험 보험사기 사례

가. 진단명 조작

실손의료보험의 보장대상이 아닌 미용이나 성형 또는 건강증진 목적의 시술을 시행하고 질병 또는 상해사고로 인한 치료를 시행한 것처럼 진단명을 조작하여 보험금을 청구하는 유형이다.

나. 치료횟수 및 금액을 부풀린 보험금 청구

실제 치료는 실시하지만 정상적인 치료범위를 초과하여 치료를 하거나 투약 횟수와 금액을 허위로 기재하는 방법 등을 통하여 보험금을 편취하는 유형이다.

다. 고가의 미승인 의료기술을 보장되는 치료로 조작

실손의료보험은 신의료기술평가위원회로부터 안전성과 유효성 평가를 받지 않은 미승인 의료기술에 의한 치료는 보상하지 않는다. 그러나 환자에게 보장되지 않은 신의료기술을 이용한 치료행위를 한 이후에 진료기록부를 조작하여 보장되는 치료를 시행한 것처럼 청구하는 유형이다.

제2절 제4세대 실손의료보험

1. 상품구조

가. 주계약-급여

(1) 구성

2021년 7월부터 도입된 4세대 실손의료보험은 기본형 실손의료보험에서 급여 항목만 보장하고, 비급여 항목은 특별약관에서 보장한다. 기본형 실손의료보험상품의 주계약은 상해급여형, 질병급여형의 2개 보장종목으로 구성되어 있다.

(2) 상해급여

피보험자가 상해로 인하여 의료기관에 입원 또는 통원하여 급여 치료를 받거나 급여 처방조제를 받은 경우에 보상한다.

(3) 질병급여

피보험자가 질병으로 인하여 의료기관에 입원 또는 통원하여 급여 치료를 받거나 급여 처방조제를 받은 경우에 보상한다.

나. 특약-비급여

(1) 비급여의 정의

「국민건강보험법」 또는 「의료급여법」에 따라 보건복지부장관이 정한 비급여 대상을 말한다. 「국민건강보험법」에서 정한 요양급여 또는 「의료급여법」에서 정한 의료급여 절차를 거쳤지만 급여항목이 발생하지 않은 경우로 「국민건강보험법」 또는 「의료급여법」에 따른 비급여 항목을 포함한다.

(2) 상해비급여

피보험자가 상해로 인하여 의료기관에 입원 또는 통원하여 비급여 치료를 받거나 비급여 처방조제를 받은 경우에 보상한다. 다만 3대 비급여는 제외한다.

(3) 질병비급여

피보험자가 질병으로 의료기관에 입원 또는 통원하여 비급여 치료를 받거나 비급여 처방조제를 받은 경우에 보상한다. 다만 3대 비급여는 제외한다.

다. 특약-3대 비급여

(1) 3대 비급여의 정의

(가) 도수치료, 체외충격파 치료, 증식치료

(나) 주사료

(다) 자기공명영상진단

(2) 3대 비급여 특약

피보험자가 상해 또는 질병의 치료목적으로 의료기관에 입원 또는 통원하여 3대비급여 치료를 받은 경우에 보상한다.

2. 국민건강보험과 실손의료보험 비교

	국민건강보험	실손의료보험
관련 법규	국민건강보험법	보험업법
운영 주체	국가(국민건강보험공단)	민영 보험사
의무가입	전 국민을 대상으로 가입이 강제됨	가입여부를 자유롭게 선택
보상 방법	국민건강보험법 등에서 정한 금액을 국가가 보전	국민건강보험에서 보장하지 않는 의료비를 대상으로 함
보험료 산정방식	소득수준과 재산규모에 따라 보험료를 산출	과거 위험발생률을 토대로 대수의 법칙에 따라 보험료 산출

3. 제4세대 실손의료보험의 구성

가. 주계약 – 급여

(1) 구성

2021년 7월부터 도입된 4세대 실손의료보험은 기본형 실손의료보험에서 급여 항목만 보장하고, 비급여 항목은 특별약관에서 보장한다. 기본형 실손의료보험상품의 주계약은 상해급여형, 질병급여형의 2개 보장종목으로 구성되어 있다.

(2) 상해급여

피보험자가 상해로 인하여 의료기관에 입원 또는 통원하여 급여 치료를 받거나 급여 처방조제를 받은 경우에 보상한다.

(3) 질병급여

피보험자가 질병으로 인하여 의료기관에 입원 또는 통원하여 급여 치료를 받거나 급여 처방조제를 받은 경우에 보상한다.

나. 특약-비급여

(1) 비급여의 정의

「국민건강보험법」 또는 「의료급여법」에 따라 보건복지부장관이 정한 비급여 대상을 말한다. 「국민건강보험법」에서 정한 요양급여 또는 「의료급여법」에서 정한 의료급여 절차를 거쳤지만 급여항목이 발생하지 않은 경우로 「국민건강보험법」 또는 「의료급여법」에 따른 비급여 항목을 포함한다.

(2) 상해비급여

피보험자가 상해로 인하여 의료기관에 입원 또는 통원하여 비급여 치료를 받거나 비급여 처방조제를 받은 경우에 보상한다. 다만 3대 비급여는 제외한다.

(3) 질병비급여

피보험자가 질병으로 의료기관에 입원 또는 통원하여 비급여 치료를 받거나 비급여 처방조제를 받은 경우에 보상한다. 다만 3대 비급여는 제외한다.

다. 특약-3대 비급여

(1) 3대 비급여의 정의

(가) 도수치료, 체외충격파 치료, 증식치료
(나) 주사료
(다) 자기공명영상진단

(2) 3대 비급여 특약

피보험자가 상해 또는 질병의 치료목적으로 의료기관에 입원 또는 통원하여 3대비급여 치료를 받은 경우에 보상한다.

4. 기본형 - 급여 보장

가. 상해급여

(1) 상해의 정의

상해란 보험기간 중 발생한 급격하고 우연한 외래의 사고를 말한다. 상해에는 유독가스 또는 유독물질을 우연히 일시에 흡입, 흡수 또는 섭취한 결과로 생긴 중독 증상도 포함한다. 다만 유독가스 또는 유독물질을 상습적으로 흡입, 흡수 또는 섭취한 결과로 생긴 중독 증상과 세균성 음식물 중독은 상해로 보지 않는다.

(2) 보상하는 손해

회사는 피보험자가 상해로 인하여 의료기관에 입원 또는 통원(외래 및 처방조제)하여 치료를 받은 경우에는 급여의료비를 연간 보험가입금액(5,000만원 한도로 계약자가 정한 금액)의 한도 내에서 보상한다.

(3) 보상금액

구분	보상금액
입원(입원실료, 입원제비용, 입원수술비)	「국민건강보험법」에서 정한 요양급여 또는 「의료급여법」에서 정한 의료급여 중 본인부담금(본인이 실제로 부담한 금액으로서 요양급여 비용 또는 의료급여 비용의 일부를 본인이 부담하는 일부본인부담금과 요양급여 비용 또는 의료급여 비용의 전부를 본인이 부담하는 전액본인부담금을 말한다)의 80%에 해당하는 금액
통원(외래제비용, 외래수술비, 처방조제비)	통원 1회당(외래 및 처방조제 합산) 「국민건강보험법」에서 정한 요양급여 또는 「의료급여법」에서 정한 의료급여 중 본인부담금(본인이 실제로 부담한 금액으로서 요양급여 비용 또는 의료급여 비용의 일부를 본인이 부담하는 일부본인부담금과 요양급여 비용 또는 의료급여 비용의 전부를 본인이 부담하는 전액본인부담금을 말한다)에서 〈표1〉의 '통원항목별 공제금액'을 뺀 금액

〈표1〉 통원항목별 공제금액

항목	공제금액
「의료법」 제3조 제2항에 의한 의료기관(동법 제3조의3에 의한 종합병원은 제외), 「국민건강보험법」 제42조 제1항 제4호에 의한 보건소·보건의료원·보건지소, 동법 제42조 제1항 제5호에 의한 보건진료소에서의 외래 및 「국민건강보험법」 제42조 제1항 제2호에 의한 약국, 동법 제42조 제1항 제3호에 의한 한국희귀·필수의약품센터에서의 처방·조제(의약분업 예외지역 등에서의 약사의 직접 조제 포함)	1만원과 보장대상 의료비의 20% 중 큰 금액
「국민건강보험법」 제42조 제2항에 의한 전문요양기관, 「의료법」 제3조의4에 의한 상급종합병원, 동법 제3조의3에 의한 종합병원에서의 외래 및 그에 따른 「국민건강보험법」 제42조 제1항 제2호에 의한 약국, 동법 제42조 제1항 제3호에 의한 한국희귀·필수의약품센터에서의 처방·조제	2만원과 보장대상 의료비의 20% 중 큰 금액

나. 질병급여

(1) 질병의 정의

질병이란 심신(心身)의 전체 또는 일부가 일차적 혹은 계속적으로 장애를 일으켜서 정상적인 기능을 할 수 없는 상태를 말한다. 실손의료보험은 질병과 상해를 이분법적으로 구분하고 있으므로, 상해에 해당하지 않는 것을 질병으로 보아도 무방하다. 질병과 상해를 구분하는 가장 큰 특징은 외래성의 인정 여부이다. 예를 들어 추간판탈출증이 외부의 충격으로부터 야기된 것이라면 상해로 인정될 수 있으나, 노화로 인한 퇴행성 질환이라면 질병으로 분류된다.

(2) 보상하는 손해

회사는 피보험자가 질병으로 의료기관에 입원 또는 통원(외래 및 처방조제)하여 치료를 받은 경우에는 급여의료비를 연간 보험가입금액(5,000만원 한도로 계약자가 정한 금액)의 한도 내에서 보상한다.

(3) 보상금액

구분	보상금액
입원(입원실료, 입원제비용, 입원수술비)	「국민건강보험법」에서 정한 요양급여 또는 「의료급여법」에서 정한 의료급여 중 본인부담금(본인이 실제로 부담한 금액으로서 요양급여 비용 또는 의료급여 비용의 일부를 본인이 부담하는 일부본인부담금과 요양급여 비용 또는 의료급여 비용의 전부를 본인이 부담하는 전액본인부담금을 말한다)의 80%에 해당하는 금액
통원(외래제비용, 외래수술비, 처방조제비)	통원 1회당(외래 및 처방조제 합산) 「국민건강보험법」에서 정한 요양급여 또는 「의료급여법」에서 정한 의료급여 중 본인부담금(본인이 실제로 부담한 금액으로서 요양급여 비용 또는 의료급여 비용의 일부를 본인이 부담하는 일부본인부담금과 요양급여 비용 또는 의료급여 비용의 전부를 본인이 부담하는 전액본인부담금을 말한다)에서 〈표1〉의 '통원항목별 공제금액'을 뺀 금액

〈표1〉 통원항목별 공제금액

항목	공제금액
「의료법」 제3조 제2항에 의한 의료기관(동법 제3조의3에 의한 종합병원은 제외), 「국민건강보험법」 제42조 제1항 제4호에 의한 보건소·보건의료원·보건지소, 동법 제42조 제1항 제5호에 의한 보건진료소에서의 외래 및 「국민건강보험법」 제42조 제1항 제2호에 의한 약국, 동법 제42조 제1항 제3호에 의한 한국희귀·필수의약품센터에서의 처방·조제(의약분업 예외지역 등에서의 약사의 직접 조제 포함)	1만원과 보장대상 의료비의 20% 중 큰 금액
「국민건강보험법」 제42조 제2항에 의한 전문요양기관, 「의료법」 제3조의4에 의한 상급종합병원, 동법 제3조의3에 의한 종합병원에서의 외래 및 그에 따른 「국민건강보험법」 제42조 제1항 제2호에 의한 약국, 동법 제42조 제1항 제3호에 의한 한국희귀·필수의약품센터에서의 처방·조제	2만원과 보장대상 의료비의 20% 중 큰 금액

다. 보상하지 않는 사항

(1) 상해급여

① 회사는 다음의 사유로 인하여 생긴 급여의료비는 보상하지 않는다.

1. 피보험자가 고의로 자신을 해친 경우. 다만, 피보험자가 심신상실 등으로 자유로운 의사결정을 할 수 없는 상태에서 자신을 해친 사실이 증명된 경우에는 보상한다.
2. 보험수익자가 고의로 피보험자를 해친 경우. 다만, 그 보험수익자가 보험금의 일부 보험수익자인 경우에는 다른 보험수익자에 대한 보험금은 지급한다.
3. 계약자가 고의로 피보험자를 해친 경우
4. 피보험자가 임신, 출산(제왕절개를 포함한다), 산후기로 입원 또는 통원한 경우. 다만, 회사가 보상하는 상해로 인하여 입원 또는 통원한 경우에는 보상한다.

5. 전쟁, 외국의 무력행사, 혁명, 내란, 사변, 폭동으로 인한 경우
6. 피보험자가 정당한 이유없이 입원기간 중 의사의 지시를 따르지 않거나 의사가 통원치료가 가능하다고 인정함에도 피보험자 본인이 자의적으로 입원하여 발생한 입원의료비
7. 피보험자가 정당한 이유없이 통원기간 중 의사의 지시를 따르지 않아 발생한 통원의료비

② 회사는 다른 약정이 없으면 피보험자가 직업, 직무 또는 동호회 활동 목적으로 한 다음의 어느 하나에 해당하는 행위로 인하여 생긴 상해에 대해서는 보상하지 않는다.
1. 전문등반(전문적인 등산용구를 사용하여 암벽 또는 빙벽을 오르내리거나 특수한 기술, 경험, 사전 훈련이 필요한 등반을 말한다), 글라이더 조종, 스카이다이빙, 스쿠버다이빙, 행글라이딩, 수상보트, 패러글라이딩
2. 모터보트·자동차 또는 오토바이에 의한 경기, 시범, 행사(이를 위한 연습을 포함한다) 또는 시운전(다만, 공용도로에서 시운전을 하는 동안 발생한 상해는 보상한다)
3. 선박에 탑승하는 것을 직무로 하는 사람이 직무상 선박에 탑승하고 있는 동안

③ 회사는 다음의 급여의료비에 대해서는 보상하지 않는다.
1. 「국민건강보험법」에 따른 요양급여 중 본인부담금의 경우 국민건강보험 관련 법령에 따라 국민건강보험공단으로부터 사전 또는 사후 환급이 가능한 금액(본인부담금 상한제)
2. 「의료급여법」에 따른 의료급여 중 본인부담금의 경우 의료급여 관련 법령에 따라 의료급여기금 등으로부터 사전 또는 사후 환급이 가능한 금액(「의료급여법」에 따른 본인부담금 보상제 및 본인부담금 상한제)
3. 자동차보험(공제를 포함한다)에서 보상받는 치료관계비(과실상계 후 금액을 기준으로 한다) 또는 산재보험에서 보상받는 의료비. 다만, 본인부담의료비(자동차보험 진료수가에 관한 기준 및 산재보험 요양급여 산정기준에 따라 발생한 실제 본인 부담의료비)는 보상한다.
4. 「응급의료에 관한 법률」 및 동법 시행규칙에서 정한 응급환자에 해당하지 않는 자가 동법 제26조 권역응급의료센터 또는 「의료법」 제3조의4에 따른 상급종합병원 응급실을 이용하면서 발생한 응급의료관리료로서 전액본인부담금에 해당하는 의료비

(2) 질병급여

① 회사는 다음의 사유로 인하여 생긴 급여의료비는 보상하지 않는다.
1. 피보험자가 고의로 자신을 해친 경우. 다만, 피보험자가 심신상실 등으로 자유로운 의사결정을 할 수 없는 상태에서 자신을 해친 사실이 증명된 경우에는 보상한다.
2. 보험수익자가 고의로 피보험자를 해친 경우. 다만, 그 보험수익자가 보험금의 일부 보험수익자인 경우에는 다른 보험수익자에 대한 보험금은 지급한다.
3. 계약자가 고의로 피보험자를 해친 경우
4. 피보험자가 정당한 이유 없이 입원기간 중 의사의 지시를 따르지 않거나 의사가 통원치

료가 가능하다고 인정함에도 피보험자 본인이 자의적으로 입원하여 발생한 입원의료비
  5. 피보험자가 정당한 이유 없이 통원기간 중 의사의 지시를 따르지 않아 발생한 통원의료비
② 회사는 '한국표준질병사인분류'에 따른 다음의 의료비에 대해서는 보상하지 않는다.
  1. 정신 및 행동장애(F04~F99). 다만, F04~F09, F20~F29, F30~F39, F40~F48, F51, F90~F98과 관련한 치료에서 발생한 「국민건강보험법」에 따른 요양급여에 해당하는 의료비는 보상한다.
  2. 여성생식기의 비염증성 장애로 인한 습관성 유산, 불임 및 인공수정관련 합병증(N96~N98)으로 발생한 의료비 중 전액본인부담금 및 보험가입일로부터 2년 이내에 발생한 의료비
  3. 피보험자가 임신, 출산(제왕절개를 포함한다), 산후기로 입원 또는 통원한 경우(O00~O99)
  4. 선천성 뇌질환(Q00~Q04). 다만, 피보험자가 보험가입당시 태아인 경우에는 보상한다.
  5. 요실금(N39.3, N39.4, R32)
③ 회사는 다음의 급여의료비에 대해서는 보상하지 않는다.
  1. 「국민건강보험법」에 따른 요양급여 중 본인부담금의 경우 국민건강보험 관련 법령에 따라 국민건강보험공단으로부터 사전 또는 사후 환급이 가능한 금액(본인부담금 상한제)
  2. 「의료급여법」에 따른 의료급여 중 본인부담금의 경우 의료급여 관련 법령에 따라 의료급여기금 등으로부터 사전 또는 사후 환급이 가능한 금액(「의료급여법」에 따른 본인부담금 보상제 및 본인부담금 상한제)
  3. 성장호르몬제 투여에 소요된 비용으로 부담한 전액본인부담금
  4. 산재보험에서 보상받는 의료비. 다만, 본인부담의료비(산재보험 요양급여 산정기준에 따라 발생한 실제 본인 부담의료비)는 보상한다.
  5. 사람면역결핍바이러스(HIV) 감염으로 인한 치료비(다만, 「의료법」에서 정한 의료인의 진료상 또는 치료 중 혈액에 의한 HIV 감염은 해당 진료기록을 통해 객관적으로 확인되는 경우는 보상한다)
  6. 「응급의료에 관한 법률」 및 동법 시행규칙에서 정한 응급환자에 해당하지 않는 자가 동법 제26조 권역응급의료센터 또는 「의료법」 제3조의4에 따른 상급종합병원 응급실을 이용하면서 발생한 응급의료관리료로서 전액본인부담금에 해당하는 의료비

(3) 특별약관에서 보상하는 사항

다음 각 호에 해당하는 의료비는 특별약관에서 보상하는 사항으로, 기본형 실손의료보험에서 보상하지 않는다. 만약 이러한 의료비와 다른 의료비가 함께 청구되어 각 항목별 의료비가 구분되지 않는 경우 회사는 보험금 지급금액 결정을 위해 계약자, 피보험자 또는 보험수익자에게 각각의 의료비에 대한 확인을 요청할 수 있다.
  1. 비급여 의료비

2. 비급여 의료비와 관련하여 자동차보험(공제를 포함한다) 또는 산재보험에서 발생한 본인 부담의료비

라. 처방조제의 적용 기준

하나의 상해 또는 질병으로 동일한 의료기관에서 같은 날 외래 및 처방을 함께 받은 경우 처방일자를 기준으로 외래 및 처방조제를 합산하되(조제일자가 다른 경우도 동일하게 적용) 통원 1회로 보아 보상금액 및 보험계약의 종료 조항을 적용한다.

마. 공제금액의 적용 기준

하나의 상해 또는 질병으로 하루에 같은 치료를 목적으로 2회 이상 통원치료(외래 및 처방조제 합산)를 받은 경우 1회의 통원으로 보아 보상금액 및 보험계약의 종료 조항을 적용한다. 이 때 공제금액은 2회 이상의 중복 방문 의료기관 중 가장 높은 공제금액을 적용한다.

> **시험 출제 포인트**
> ▶ 2회 이상 통원 치료 공제금액
> 1. 급여: 1회로 보아 계산. 공제금액은 중복 방문 의료기관 중 높은 공제금액 적용
> 2. 비급여: 1회로 보아 계산.(* 높은 공제금액을 적용한다는 내용 없음에 주의할 것)

바. 의료비를 감면받거나 요양급여 또는 의료급여를 적용받지 못하는 경우

피보험자가 「국민건강보험법」 제5조, 제53조, 제54조에 따라 요양급여 또는 「의료급여법」 제4조, 제15조, 제17조에 따라 의료급여를 적용받지 못하는 경우에는 다음과 같이 보상한다.

(1) 의료비(「국민건강보험 요양급여의 기준에 관한 규칙」에 따라 보건복지부장관이 정한 급여의 료비 항목만 해당한다) 중 본인이 실제로 부담한 금액(통원의 경우 본인이 실제로 부담한 금액에서 〈표1〉의 '통원항목별 공제금액'을 뺀 금액)의 40%를 보험가입금액 한도 등에서 정한 연간 보험가입금액의 한도 내에서 보상한다.

(2) 법령 등에 따라 의료비를 감면받거나 의료기관으로부터 의료비를 감면받은 경우(의료비를 납부하는 대가로 수수한 금액 등은 감면받은 의료비에 포함)에는 감면 후 실제 본인이 부담한 의료비 기준으로 계산하며, 감면받은 의료비가 근로소득에 포함된 경우, 「국가유공자 등 예우 및 지원에 관한 법률」 및 「독립유공자 예우에 관한 법률」에 따라 의료비를 감면받은 경우에는 감면 전 의료비로 급여 의료비를 계산한다.

> **시험 출제 포인트**
> ▶ 의료비 감면받는 경우 정리
> 1. 원칙: 감면 후 의료비 기준
> 2. 예외: 아래 경우에는 감면 전 의료비 기준
>   2-1. 근로소득에 포함된 경우
>   2-2. 국가유공자, 독립유공자

사. 장기이식

회사는 피보험자가 상해 또는 질병으로 인하여 의료기관에서 본인의 장기등(「장기등 이식에 관한 법률」 제4조에 의한 "장기등"을 의미한다)의 기능회복을 위하여 「장기등 이식에 관한 법률」 제42조 및 관련 고시에 따라 장기등의 적출 및 이식에 드는 비용(공여적합성 여부를 확인하기 위한 검사비, 뇌사장기기증자 관리료 및 이에 속하는 비용항목 포함)은 보상한다.

아. 급여 입원 초과금액

입원의 경우 급여의료비 중 보상금액을 제외한 나머지 금액(국민건강보험법에서 정한 요양급여 또는 의료급여법에서 정한 의료급여 중 본인부담금의 20% 해당 금액)이 계약일 또는 매년 계약해당일부터 기산하여 연간 200만원을 초과하는 경우 그 초과금액은 연간 보험가입금액 한도 내에서 보상한다.

> **시험 출제 포인트**
> 상해급여 및 질병급여 합산 본인부담금의 20%가 계약일 또는 매년 계약해당일부터 기산하여 연간 200만원을 초과하는 경우 그 초과금액은 보상한다.

자. 본인부담금 상한제 등

국민건강보험법에 따른 본인부담금 상한제 또는 의료급여법에 따른 본인부담금 보상제 및 본인부담금 상한제 적용 항목은 실제 본인이 부담한 금액을 한도로 보상한다. 다만 관련 법령에서 사전 또는 사후 환급이 가능한 금액은 제외하여 보상하지 않는다.

차. 통원 보상한도

통원의 경우 상해급여 또는 질병급여 각각에 대하여 통원 1회당 20만원 이내에서 회사가 정한 금액 중 계약자가 선택한 금액의 한도 내에서 보상한다.

5. 특약 - 비급여 보장

가. 상해비급여

(1) 보상하는 손해

회사는 피보험자가 상해로 인하여 의료기관에 입원 또는 통원(외래 및 처방조제)하여 치료를 받은 경우에는 비급여의료비(3대비급여는 제외)를 연간 보험가입금액(5,000만원 한도로 계약자가 정한 금액)의 한도 내에서 보상한다.

(2) 보상금액

구분	보상금액
입원(입원실료, 입원제비용, 입원수술비)	'비급여 의료비(비급여병실료는 제외한다)' (본인이 실제로 부담한 금액을 말한다)의 70%에 해당하는 금액
상급병실료 차액	비급여 병실료의 50%. 다만, 1일 평균금액 10만원을 한도로 하며, 1일 평균금액은 입원기간 동안 비급여 병실료 전체를 총 입원일수로 나누어 산출한다.
통원(외래제비용, 외래수술비, 처방조제비)	통원 1회당(외래 및 처방·조제비 합산) '비급여 의료비(비급여병실료는 제외한다)'(본인이 실제로 부담한 금액을 말한다)에서 〈표1〉의 '통원항목별 공제금액'을 뺀 금액(매년 계약해당일부터 1년간 통원 100회를 한도로 한다)

〈표1〉 통원항목별 공제금액

항목	공제금액
「국민건강보험법」 제42조 제1항 제1호에 의한 의료기관, 동법 제42조 제1항 제4호에 의한 보건소·보건의료원·보건지소, 동법 제42조 제1항 제5호에 의한 보건진료소에서의 외래 및 「국민건강보험법」 제42조 제1항 제2호에 의한 약국, 동법 제42조 제1항 제3호에 의한 한국희귀·필수의약품센터에서의 처방·조제)	3만원과 보장대상 의료비의 30% 중 큰 금액

나. 질병비급여

(1) 보상하는 손해

회사는 피보험자가 질병으로 의료기관에 입원 또는 통원(외래 및 처방조제)하여 치료를 받은 경우에는 비급여의료비를 연간 보험가입금액(5,000만원 한도로 계약자가 정한 금액)의 한도 내에서 보상한다.

(2) 보상금액

구분	보상금액
입원(입원실료, 입원제비용, 입원수술비)	'비급여 의료비(비급여병실료는 제외한다)'(본인이 실제로 부담한 금액을 말한다)의 70%에 해당하는 금액
상급병실료 차액	비급여 병실료의 50%. 다만, 1일 평균금액 10만원을 한도로 하며, 1일 평균금액은 입원기간 동안 비급여 병실료 전체를 총 입원일수로 나누어 산출한다.
통원(외래제비용, 외래수술비, 처방조제비)	통원 1회당(외래 및 처방·조제비 합산) '비급여 의료비(비급여병실료는 제외한다)'(본인이 실제로 부담한 금액을 말한다)에서 〈표1〉의 '통원항목별 공제금액'을 뺀 금액(매년 계약해당일부터 1년간 통원 100회를 한도로 한다)

<표1> 통원항목별 공제금액

항목	공제금액
「국민건강보험법」 제42조 제1항 제1호에 의한 의료기관, 동법 제42조제1항 제4호에 의한 보건소·보건의료원·보건지소, 동법 제42조 제1항 제5호에 의한 보건진료소에서의 외래 및 「국민건강보험법」 제42조 제1항 제2호에 의한 약국, 동법 제42조 제1항 제3호에 의한 한국희귀·필수의약품센터에서의 처방·조제)	3만원과 보장대상 의료비의 30% 중 큰 금액

> **시험 출제 포인트**
>
> ▶ 입원 지급보험금 정리
> 1. 급여: 급여 중 본인부담금×80%
> 2-1. 비급여: 비급여 의료비(비급여 병실료 제외)×70%
> 2-2. 상급병실료 차액: 비급여 병실료×50%
>
> ▶ 급여 통원 공제금액 정리
> 1. 의원, 병원급: 1만원과 보장대상의료비 20% 중 큰 금액
> 2. 종합병원 이상: 2만원과 보장대상의료비 20% 중 큰 금액
>
> ▶ 비급여 통원 공제금액 정리
> 병원 규모에 관계없이 3만원과 보장대상의료비 30% 중 큰 금액

라. 처방조제의 적용 기준

하나의 상해 또는 질병으로 동일한 의료기관에서 같은 날 외래 및 처방을 함께 받은 경우 처방일자를 기준으로 외래 및 처방조제를 합산하되(조제일자가 다른 경우도 동일하게 적용) 통원 1회로 보아 보상금액 및 보험계약의 종료 조항을 적용한다.

마. 공제금액의 적용 기준

하나의 상해 또는 질병으로 하루에 같은 치료를 목적으로 2회 이상 통원치료(외래 및 처방조제 합산)를 받은 경우 1회의 통원으로 보아 보상금액 및 보험계약의 종료 조항을 적용한다. 이 때 공제금액은 2회 이상의 중복 방문 의료기관 중 가장 높은 공제금액을 적용한다.

> **시험 출제 포인트**
>
> ▶ 2회 이상 통원 치료 공제금액
> 1. 급여: 1회로 보아 계산. 공제금액은 중복 방문 의료기관 중 높은 공제금액 적용
> 2. 비급여: 1회로 보아 계산.(*높은 공제금액을 적용한다는 내용 없음에 주의할 것)

바. 의료비를 감면받거나 요양급여 또는 의료급여를 적용받지 못하는 경우

피보험자가 「국민건강보험법」 제5조, 제53조, 제54조에 따라 요양급여 또는 「의료급여법」 제4조, 제15조, 제17조에 따라 의료급여를 적용받지 못하는 경우에는 다음과 같이 보상한다.

(1) 의료비(「국민건강보험 요양급여의 기준에 관한 규칙」에 따라 보건복지부장관이 정한 급여의 료비 항목만 해당한다) 중 본인이 실제로 부담한 금액(통원의 경우 본인이 실제로 부담한 금 액에서 〈표1〉의 '통원항목별 공제금액'을 뺀 금액)의 40%를 보험가입금액 한도 등에서 정한 연간 보험가입금액의 한도 내에서 보상한다.

(2) 법령 등에 따라 의료비를 감면받거나 의료기관으로부터 의료비를 감면받은 경우(의료비를 납부하는 대가로 수수한 금액 등은 감면받은 의료비에 포함)에는 감면 후 실제 본인이 부담 한 의료비 기준으로 계산하며, 감면받은 의료비가 근로소득에 포함된 경우, 「국가유공자 등 예우 및 지원에 관한 법률」 및 「독립유공자 예우에 관한 법률」에 따라 의료비를 감면받은 경 우에는 감면 전 의료비로 급여 의료비를 계산한다.

> **시험 출제 포인트**
> ▶ 의료비 감면받는 경우 정리
> 1. 원칙: 감면 후 의료비 기준
> 2. 예외: 아래 경우에는 감면 전 의료비 기준
> 2-1. 근로소득에 포함된 경우
> 2-2. 국가유공자, 독립유공자

사. 장기이식

회사는 피보험자가 상해 또는 질병으로 인하여 의료기관에서 본인의 장기등(「장기등 이식에 관한 법률」 제4조에 의한 "장기등"을 의미한다)의 기능회복을 위하여 「장기등 이식에 관한 법률」 제42조 및 관련 고시에 따라 장기등의 적출 및 이식에 드는 비용(공여적합성 여부를 확인하기 위한 검사비, 뇌사장기기증자 관리료 및 이에 속하는 비용항목 포함)은 보상한다.

아. 통원 보상한도

통원의 경우 상해급여 또는 질병급여 각각에 대하여 통원 1회당 20만원 이내에서 회사가 정한 금액 중 계약자가 선택한 금액의 한도 내에서 보상한다.

6. 특약 - 3대비급여 보장

가. 3대비급여

회사는 특별약관의 보험기간 중 상해 또는 질병의 치료목적으로 의료기관에 입원 또는 통원하여 아래의 비급여 의료행위로 치료를 받은 경우에는 본인이 실제로 부담한 비급여의료비(행위료, 약제비, 치료재료대, 조영제, 판독료 포함)에서 공제금액을 뺀 금액을 아래의 보장한도 범위 내 에서 각각 보상한다. 다만 법령 등에 따라 의료비를 감면받거나 의료기관으로부터 의료비를 감 면받은 경우(의료비를 납부하는 대가로 수수한 금액 등은 감면받은 의료비에 포함)에는 감면 후 실제 본인이 부담한 의료비 기준으로 계산하며, 감면받은 의료비가 근로소득에 포함된 경우, 「국가유공자 등 예우 및 지원에 관한 법률」 및 「독립유공자 예우에 관한 법률」에 따라 의료비를 감면받은 경우에는 감면 전 의료비로 비급여 의료비를 계산한다.

나. 공제금액 및 보장한도

구분		공제금액	보장한도
도수치료 · 체외충격파치료 · 증식치료	"도수치료 · 체외충격파치료 · 증식치료"로 인하여 본인이 실제로 부담한 비급여의료비(행위료, 약제비, 치료재료대 포함)	1회당 3만원과 보장대상의료비의 30%중 큰 금액	계약일 또는 매년 계약해당일부터 1년 단위로 각 상해 · 질병 치료행위를 합산하여 350만원 이내에서 50회까지 보상
주사료	주사치료를 받아 본인이 실제로 부담한 비급여의료비	1회당 3만원과 보장대상의료비의 30%중 큰 금액	계약일 또는 매년 계약해당일부터 1년 단위로 각 상해 · 질병 치료행위를 합산하여 250만원 이내에서 50회까지 보상
자기공명영상진단	자기공명영상진단을 받아 본인이 실제로 부담한 비급여의료비(조영제, 판독료 포함)	1회당 3만원과 보장대상의료비의 30%중 큰 금액	계약일 또는 매년 계약해당일부터 1년 단위로 각 상해 · 질병 치료행위를 합산하여 300만원 이내에서 보상

다. 도수치료 · 체외충격파치료 · 증식치료의 확인절차

도수치료 · 체외충격파치료 · 증식치료의 각 치료횟수를 합산하여 최초 10회 보장하고, 이후 객관적이고 일반적으로 인정되는 검사결과 등을 토대로 증상의 개선, 병변호전 등이 확인된 경우에 한하여 10회 단위로 연간 50회까지 보상한다.

라. 항암제 등의 경우

주사료에서 항암제, 항생제(항진균제 포함), 희귀의약품을 위해 사용된 비급여 주사료는 상해비급여 또는 질병비급여에서 보상한다.

마. 2회 이상 치료받은 경우

의료기관을 1회 통원(또는 1회 입원)하여 2종류(회) 이상 치료를 받거나 동일한 치료를 2회 이상 받은 경우는 다음과 같이 1회당 공제금액 및 보상한도를 적용한다.

(1) 도수치료, 체외충격파치료, 증식치료 중 2종류 이상의 치료를 받거나 동일한 치료를 2회 이상 받는 경우 각 치료행위를 1회로 보고 각각 1회당 공제금액 및 보상한도를 적용한다.
(2) 의료기관을 1회 통원(또는 1회 입원)하여 치료목적으로 2회 이상 주사치료를 받더라도 1회로 보고 공제금액 및 보상한도를 적용한다.
(3) 의료기관을 1회 통원(또는 1회 입원)하여 2개 이상 부위에 걸쳐 자기공명영상진단을 받거나 동일한 부위에 대해 2회 이상 이 특별약관에서 정한 자기공명영상진단을 받는 경우 각 진단행위를 1회로 보아 각각 1회당 공제금액 및 보상한도를 적용한다.

7. 비급여 보상하지 않는 사항

가. 상해비급여

① 회사는 다음의 사유로 인하여 생긴 비급여 의료비는 보상하지 않는다.
　1. 피보험자가 고의로 자신을 해친 경우. 다만, 피보험자가 심신상실 등으로 자유로운 의사결정을 할 수 없는 상태에서 자신을 해친 사실이 증명된 경우에는 보상한다.
　2. 보험수익자가 고의로 피보험자를 해친 경우. 다만, 그 보험수익자가 보험금의 일부 보험수익자인 경우에는 다른 보험수익자에 대한 보험금은 지급한다.
　3. 계약자가 고의로 피보험자를 해친 경우
　4. 피보험자가 임신, 출산(제왕절개를 포함한다), 산후기로 입원 또는 통원한 경우. 다만, 회사가 보상하는 상해로 인하여 입원 또는 통원한 경우에는 보상한다.
　5. 전쟁, 외국의 무력행사, 혁명, 내란, 사변, 폭동으로 인한 경우
　6. 피보험자가 정당한 이유없이 입원기간 중 의사의 지시를 따르지 않거나 의사가 통원치료가 가능하다고 인정함에도 피보험자 본인이 자의적으로 입원하여 발생한 입원의료비
　7. 피보험자가 정당한 이유없이 통원기간 중 의사의 지시를 따르지 않아 발생한 통원의료비

② 회사는 다른 약정이 없으면 피보험자가 직업, 직무 또는 동호회 활동 목적으로 한 다음의 어느 하나에 해당하는 행위로 인하여 생긴 상해에 대해서는 보상하지 않는다.
　1. 전문등반(전문적인 등산용구를 사용하여 암벽 또는 빙벽을 오르내리거나 특수한 기술, 경험, 사전 훈련이 필요한 등반을 말한다), 글라이더 조종, 스카이다이빙, 스쿠버다이빙, 행글라이딩, 수상보트, 패러글라이딩
　2. 모터보트·자동차 또는 오토바이에 의한 경기, 시범, 행사(이를 위한 연습을 포함한다) 또는 시운전(다만, 공용도로에서 시운전을 하는 동안 발생한 상해는 보상한다)
　3. 선박에 탑승하는 것을 직무로 하는 사람이 직무상 선박에 탑승하고 있는 동안

③ 회사는 다음의 비급여 의료비에 대해서는 보상하지 않는다.
　1. 치과치료(다만, 안면부 골절로 발생한 의료비는 치아관련 치료를 제외하고 보상한다)·한방치료(다만 「의료법」 제2조에 따른 한의사를 제외한 '의사'의 의료행위에 의해서 발생한 의료비는 보상한다)
　2. 영양제, 비타민제 등의 약제와 관련하여 소요된 비용. 다만 약관상 보상하는 상해를 치료함에 있어 아래 각목에 해당하는 경우는 치료 목적으로 보아 보상한다.
　　가. 약사법령에 의하여 약제별 허가사항 또는 신고된 사항(효능/효과 및 용법/용량 등)대로 사용된 경우
　　나. 요양급여 약제가 관련 법령 또는 고시 등에서 정한 별도의 적용기준대로 비급여 약제로 사용된 경우
　　다. 요양급여 약제가 관련 법령에 따라 별도의 비급여사용승인 절차를 거쳐 그 승인 내용

대로 사용된 경우

　　라. 상기 가목부터 다목의 약제가 두 가지 이상 함께 사용된 경우(함께 사용된 약제 중 어느 하나라도 상기 가목부터 다목에 해당하지 않는 경우 제외)

3. 호르몬 투여, 보신용 투약, 의약외품과 관련하여 소요된 비용
4. 의치, 의수족, 의안, 안경, 콘택트렌즈, 보청기, 목발, 팔걸이(Arm Sling), 보조기 등 진료 재료의 구입 및 대체 비용. 다만, 인공장기 등 신체에 이식되어 그 기능을 대신하는 경우에는 보상한다.
5. 진료와 무관한 각종 비용(TV시청료, 전화료, 각종 증명료 등을 말한다), 의사의 임상적 소견과 관련이 없는 검사비용, 간병비
6. 자동차보험(공제를 포함한다)에서 보상받는 치료관계비(과실상계 후 금액을 기준으로 한다) 또는 산재보험에서 보상받는 의료비. 다만, 본인부담의료비(자동차보험 진료수가에 관한 기준 및 산재보험 요양급여 산정기준에 따라 발생한 실제 본인 부담의료비)는 보상한다.
7. 「국민건강보험법」 제42조의 요양기관이 아닌 외국에 있는 의료기관에서 발생한 의료비
8. 「응급의료에 관한 법률」 및 동법 시행규칙에서 정한 응급환자에 해당하지 않는 자가 동법 제26조 권역응급의료센터 또는 「의료법」 제3조의4에 따른 상급종합병원 응급실을 이용하면서 발생한 응급의료관리료

나. 질병비급여

① 회사는 다음의 사유로 인하여 생긴 비급여 의료비는 보상하지 않는다.
1. 피보험자가 고의로 자신을 해친 경우. 다만, 피보험자가 심신상실 등으로 자유로운 의사결정을 할 수 없는 상태에서 자신을 해친 사실이 증명된 경우에는 보상한다.
2. 보험수익자가 고의로 피보험자를 해친 경우. 다만, 그 보험수익자가 보험금의 일부 보험수익자인 경우에는 다른 보험수익자에 대한 보험금은 지급한다.
3. 계약자가 고의로 피보험자를 해친 경우
4. 피보험자가 정당한 이유 없이 입원기간 중 의사의 지시를 따르지 않거나 의사가 통원치료가 가능하다고 인정함에도 피보험자 본인이 자의적으로 입원하여 발생한 입원의료비
5. 피보험자가 정당한 이유 없이 통원기간 중 의사의 지시를 따르지 않아 발생한 통원의료비

② 회사는 '한국표준질병사인분류'에 따른 다음의 비급여 의료비에 대해서는 보상하지 않는다.
1. 정신 및 행동장애(F04~F99)
2. 여성생식기의 비염증성 장애로 인한 습관성 유산, 불임 및 인공수정관련 합병증(N96~N98)
3. 피보험자가 임신, 출산(제왕절개를 포함한다), 산후기로 입원 또는 통원한 경우(O00~O99)

    4. 선천성 뇌질환(Q00~Q04)
    5. 비만(E66)
    6. 요실금(N39.3, N39.4, R32)
    7. 직장 또는 항문 질환(K60~K62, K64)
③ 회사는 다음의 비급여 의료비에 대해서는 보상하지 않는다.
    1. 치과치료(K00~K08) 및 한방치료(다만, 「의료법」제2조에 따른 한의사를 제외한 '의사'의 의료행위에 의해서 발생한 의료비는 보상한다)
    2. 영양제, 비타민제 등의 약제와 관련하여 소요된 비용. 다만 약관상 보상하는 질병을 치료함에 있어 아래 각목에 해당하는 경우는 치료 목적으로 보아 보상한다.
        가. 약사법령에 의하여 약제별 허가사항 또는 신고된 사항(효능/효과 및 용법/용량 등)대로 사용된 경우
        나. 요양급여 약제가 관련 법령 또는 고시 등에서 정한 별도의 적용기준대로 비급여 약제로 사용된 경우
        다. 요양급여 약제가 관련 법령에 따라 별도의 비급여사용승인 절차를 거쳐 그 승인 내용대로 사용된 경우
        라. 상기 가목부터 다목의 약제가 두 가지 이상 함께 사용된 경우(함께 사용된 약제 중 어느 하나라도 상기 가목부터 다목에 해당하지 않는 경우 제외)
    3. 호르몬 투여, 보신용 투약, 의약외품과 관련하여 소요된 비용
    4. 의치, 의수족, 의안, 안경, 콘택트렌즈, 보청기, 목발, 팔걸이(Arm Sling), 보조기 등 진료 재료의 구입 및 대체 비용. 다만, 인공장기 등 신체에 이식되어 그 기능을 대신하는 경우에는 보상한다.
    5. 진료와 무관한 각종 비용(TV시청료, 전화료, 각종 증명료 등을 말한다), 의사의 임상적 소견과 관련이 없는 검사비용, 간병비
    6. 산재보험에서 보상받는 의료비. 다만, 본인부담의료비(산재보험 요양급여 산정기준에 따라 발생한 실제 본인 부담의료비)는 보상한다.
    7. 사람면역결핍바이러스(HIV) 감염으로 인한 치료비(다만, 「의료법」에서 정한 의료인의 진료상 또는 치료 중 혈액에 의한 HIV 감염은 해당 진료기록을 통해 객관적으로 확인되는 경우는 보상한다)
    8. 「국민건강보험법」제42조의 요양기관이 아닌 외국에 있는 의료기관에서 발생한 의료비
    9. 「응급의료에 관한 법률」및 동법 시행규칙에서 정한 응급환자에 해당하지 않는 자가 동법 제26조 권역응급의료센터 또는 「의료법」제3조의4에 따른 상급종합병원 응급실을 이용하면서 발생한 응급의료관리료

다. 3대비급여

① 회사는 다음의 사유로 인하여 생긴 비급여 의료비는 보상하지 않는다.
  1. 피보험자가 고의로 자신을 해친 경우. 다만, 피보험자가 심신상실 등으로 자유로운 의사결정을 할 수 없는 상태에서 자신을 해친 사실이 증명된 경우에는 보상한다.
  2. 보험수익자가 고의로 피보험자를 해친 경우. 다만, 그 보험수익자가 보험금의 일부 보험수익자인 경우에는 다른 보험수익자에 대한 보험금은 지급한다.
  3. 계약자가 고의로 피보험자를 해친 경우
  4. 전쟁, 외국의 무력행사, 혁명, 내란, 사변, 폭동으로 인한 경우
  5. 피보험자가 정당한 이유없이 입원 또는 통원 기간 중 의사의 지시를 따르지 않아 발생한 의료비

② 회사는 다른 약정이 없으면 피보험자가 직업, 직무 또는 동호회 활동 목적으로 한 다음의 어느 하나에 해당하는 행위로 인하여 생긴 상해에 대해서는 보상하지 않는다.
  1. 전문등반(전문적인 등산용구를 사용하여 암벽 또는 빙벽을 오르내리거나 특수한 기술, 경험, 사전 훈련이 필요한 등반을 말한다), 글라이더 조종, 스카이다이빙, 스쿠버다이빙, 행글라이딩, 수상보트, 패러글라이딩
  2. 모터보트·자동차 또는 오토바이에 의한 경기, 시범, 행사(이를 위한 연습을 포함한다) 또는 시운전(다만, 공용도로에서 시운전을 하는 동안 발생한 상해는 보상한다)
  3. 선박에 탑승하는 것을 직무로 하는 사람이 직무상 선박에 탑승하고 있는 동안

③ 회사는 '한국표준질병사인분류'에 따른 다음의 비급여 의료비에 대해서는 보상하지 않는다.
  1. 정신 및 행동장애(F04~F99)
  2. 여성생식기의 비염증성 장애로 인한 습관성 유산, 불임 및 인공수정관련 합병증(N96~N98)
  3. 피보험자가 임신, 출산(제왕절개를 포함한다), 산후기로 입원 또는 통원한 경우(O00~O99). 다만, 회사가 보상하는 상해로 인하여 입원 또는 통원한 경우에는 보상한다.
  4. 선천성 뇌질환(Q00~Q04)
  5. 비만(E66)
  6. 요실금(N39.3, N39.4, R32)
  7. 직장 또는 항문 질환(K60~K62, K64)

④ 회사는 다음의 비급여 의료비에 대해서는 보상하지 않는다.
  1. 치과치료(다만, 안면부 골절로 발생한 의료비는 치아관련 치료를 제외하고 보상하며, K00~K08과 무관한 질병으로 인한 의료비는 보상한다)·한방치료(다만, 「의료법」 제2조에 따른 한의사를 제외한 '의사'의 의료행위에 의해서 발생한 의료비는 보상한다)
  2. 영양제, 비타민제 등의 약제와 관련하여 소요된 비용. 다만 약관상 보상하는 상해 또는 질

병을 치료함에 있어 아래 각목에 해당하는 경우는 치료 목적으로 보아 보상한다.
  가. 약사법령에 의하여 약제별 허가사항 또는 신고된 사항(효능/효과 및 용법/용량 등)대로 사용된 경우
  나. 요양급여 약제가 관련 법령 또는 고시 등에서 정한 별도의 적용기준대로 비급여 약제로 사용된 경우
  다. 요양급여 약제가 관련 법령에 따라 별도의 비급여사용승인 절차를 거쳐 그 승인 내용대로 사용된 경우
  라. 상기 가목부터 다목의 약제가 두 가지 이상 함께 사용된 경우(함께 사용된 약제 중 어느 하나라도 상기 가목부터 다목에 해당하지 않는 경우 제외)
3. 호르몬 투여, 보신용 투약, 의약외품과 관련하여 소요된 비용
4. 의치, 의수족, 의안, 안경, 콘택트렌즈, 보청기, 목발, 팔걸이(Arm Sling), 보조기 등 진료 재료의 구입 및 대체 비용. 다만, 인공장기 등 신체에 이식되어 그 기능을 대신하는 경우에는 보상한다.
5. 진료와 무관한 각종 비용(TV시청료, 전화료, 각종 증명료 등을 말한다), 의사의 임상적 소견과 관련이 없는 검사비용, 간병비
6. 자동차보험(공제를 포함한다)에서 보상받는 치료관계비(과실상계 후 금액을 기준으로 한다) 또는 산재보험에서 보상받는 의료비. 다만, 본인부담의료비(자동차보험 진료수가에 관한 기준 및 산재보험 요양급여 산정기준에 따라 발생한 실제 본인 부담의료비)는 보상한다.
7. 사람면역결핍바이러스(HIV) 감염으로 인한 치료비(다만, 「의료법」에서 정한 의료인의 진료상 또는 치료 중 혈액에 의한 HIV 감염은 해당 진료기록을 통해 객관적으로 확인되는 경우는 보상한다)
8. 「국민건강보험법」 제42조의 요양기관이 아닌 외국에 있는 의료기관에서 발생한 의료비
9. 「응급의료에 관한 법률」 및 동법 시행규칙에서 정한 응급환자에 해당하지 않는 자가 동법 제26조 권역응급의료센터 또는 「의료법」 제3조의4에 따른 상급종합병원 응급실을 이용하면서 발생한 응급의료관리료

라. 공통(상해비급여, 질병비급여, 3대비급여 공통적으로 적용)

회사는 「국민건강보험 요양급여의 기준에 관한 규칙」 제9조 제1항([별표2]비급여대상)에 따른 아래 각호의 비급여 의료비에 대해서는 보상하지 않는다.
1. 다음 각 목의 질환으로서 업무 또는 일상생활에 지장이 없는 경우에 실시 또는 사용되는 치료로 인하여 발생한 비급여 의료비
  가. 단순한 피로 또는 권태
  나. 주근깨, 다모, 무모, 백모증, 딸기코(주사비), 점, 모반(피보험자가 보험 가입 당시 태아인

경우 화염상모반 등 선천성 비신생물성모반(Q82.5)은 보상한다), 사마귀, 여드름, 노화현상으로 인한 탈모 등 피부질환
  다. 발기부전(impotence)·불감증
  라. 단순 코골음(수면무호흡증(G47.3)은 보상한다)
  마. 치료를 동반하지 않는 단순포경(phimosis)
  바. 검열반 등 안과질환
  사. 그 밖에 일상생활에 지장이 없는 경우로 국민건강보험 비급여 대상에 해당하는 치료
2. 다음 각 목의 진료로서 신체의 필수 기능 개선 목적이 아닌 경우에 실시 또는 사용되는 치료로 인하여 발생한 비급여 의료비
  가. 쌍꺼풀수술(이중검수술), 성형수술(융·비술), 유방 확대(다만, 유방암 환자의 환측 유방재건술은 보상한다)·축소술, 지방흡입술, 주름살 제거술 등 미용목적의 성형수술과 그로 인한 후유증치료
  나. 사시교정, 안와격리증(양쪽 눈을 감싸고 있는 뼈와 뼈 사이의 거리가 넓은 증상)의 교정 등 시각계 수술로서 시력개선 목적이 아닌 외모개선 목적의 수술
  다. 치과교정
  라. 씹는 기능 및 발음 기능의 개선 목적이 아닌 외모개선 목적의 턱얼굴(안면)교정술
  마. 관절운동 제한이 없는 반흔구축성형술 등 외모개선 목적의 반흔제거술
  바. 안경, 콘택트렌즈 등을 대체하기 위한 시력교정술(국민건강보험 요양급여 대상 수술방법 또는 치료재료가 사용되지 않은 부분은 시력교정술로 본다)
  사. 질병 치료가 아닌 단순히 키 성장(성장촉진)을 목적으로 하는 진료
  아. 외모개선 목적의 다리정맥류 수술
  자. 그 밖에 외모개선 목적의 치료로 국민건강보험 비급여 대상에 해당하는 치료
3. 다음 각 목의 예방진료로서 질병·부상의 진료를 직접목적으로 하지 아니하는 경우에 실시 또는 사용으로 인하여 발생한 비급여 의료비
  가. 본인의 희망에 의한 건강검진(다만, 검사결과 이상 소견에 따라 건강검진센터 등에서 발생한 추가 의료비용은 보상한다)
  나. 예방접종(파상풍 혈청주사 등 치료목적으로 사용하는 예방주사 제외)
  다. 그 밖에 예방진료로서 국민건강보험 비급여 대상에 해당하는 치료
4. 다음 각 목의 진료로서 보험급여시책상 요양급여로 인정하기 어려운 경우 및 그 밖에 건강보험급여 원리에 부합하지 아니하는 경우 발생한 비급여 의료비
  가. 친자확인을 위한 진단
  나. 불임검사, 불임수술, 불임복원술
  다. 보조생식술(체내, 체외 인공수정을 포함한다)

라. 인공유산에 든 비용(다만, 회사가 보상하는 상해 또는 질병으로 임신상태를 유지하기 어려워 의사의 권고에 따라 불가피하게 시행한 경우는 제외)
마. 그 밖에 요양급여를 함에 있어서 비용효과성 등 진료상의 경제성이 불분명하여 국민건강보험 비급여 대상에 해당하는 치료

8. 기타 사항

가. 보험가입금액 한도 등
① 연간 보험가입금액은 (1)상해급여에 대하여 입원과 통원의 보상금액을 합산하여 5천만원 이내에서, (2)질병급여에 대하여 입원과 통원의 보상금액을 합산하여 5천만원 이내에서 회사가 정한 금액 중 계약자가 선택한 금액을 말하며, 급여의료비를 이 금액 한도 내에서 보상한다.
② '연간'이라 함은 계약일로부터 매1년 단위로 도래하는 계약해당일 전일까지의 기간을 말하며, 입원 또는 통원 치료시 해당일이 속한 보험연도의 보험가입금액 한도를 적용한다.
③ 제1항 및 제2항에도 불구하고 「국민건강보험법」에 따른 본인부담금 상한제 또는 「의료급여법」에 따른 본인부담금 보상제 및 본인부담금 상한제 적용항목은 실제 본인이 부담한 금액(「국민건강보험법」 또는 「의료급여법」 등 관련 법령에서 사전 또는 사후 환급이 가능한 금액은 제외한 금액)을 한도로 보상한다.
④ 입원의 경우 급여의료비 중 보상금액을 제외한 나머지 금액(「국민건강보험법」에서 정한 요양급여 또는 「의료급여법」에서 정한 의료급여 중 본인부담금'(본인이 실제로 부담한 금액을 말한다)의 20%에 해당하는 금액)이 계약일 또는 매년 계약해당일부터 기산하여 연간 200만원을 초과하는 경우 그 초과금액은 보험가입금액 한도내에서 보상한다.
⑤ 통원의 경우 상해급여, 상해비급여, 질병급여, 질병비급여 각각에 대하여 통원 1회당 20만원 이내에서 회사가 정한 금액 중 계약자가 선택한 금액의 한도 내에서 보상한다.
⑥ 계속 중인 입원 또는 통원의 보상한도는 연간 보험가입금액에서 직전 보험기간 종료일까지 지급한 금액을 차감한 잔여 금액을 한도로 적용한다.

나. 설명의무
① 회사는 약관 교부 및 설명 의무 등에 따라 계약자가 청약할 때에 약관의 중요한 내용을 설명할 경우, 보험가입금액 한도 등의 내용도 함께 설명한다.
② 제1항에 따라 보험가입금액 한도 등을 설명할 때에, 회사는 계약자에게 '본인부담금 상한제' 및 '본인부담금 보상제'에 대한 사항을 구체적으로 설명한다.

다. 다수보험 가입
① 다수보험의 경우 각 계약의 보장대상의료비 및 보장책임액에 따라 제2항에서 정한 방법으로 계산된 각 계약의 비례분담액을 지급한다.

② 각 계약의 보장책임액 합계액이 각 계약의 보장대상의료비 중 최고액에서 각 계약의 피보험자부담 공제금액 중 최소액을 차감한 금액을 초과한 다수보험은 아래의 산출방식에 따라 각 계약의 비례분담액을 계산한다.

$$각\ 계약별\ 비례분담액 = (각\ 계약의\ 보장대상의료비\ 중\ 최고액 - 각\ 계약의\ 피보험자\ 부담\ 공제금액\ 중\ 최소액) \times \frac{각\ 계약별\ 보장책임액}{각\ 계약별\ 보장책임액을\ 합한\ 금액}$$

라. 연대책임

① 2009년 10월 1일 이후에 신규로 체결된 보험수익자가 동일한 다수보험의 경우 보험수익자는 보험금 전부 또는 일부의 지급을 다수계약이 체결되어 있는 회사 중 한 회사에 청구할 수 있고, 청구를 받은 회사는 해당 보험금을 이 계약의 보험가입금액 한도 내에서 지급한다.

② 제1항에 따라 보험금을 지급한 회사는 보험수익자가 다른 회사에 대하여 가지는 해당 보험금 청구권을 취득한다. 다만, 회사가 지급한 금액이 보험수익자가 다른 회사에 청구할 수 있는 보험금의 일부인 경우에는 해당 보험수익자의 보험금 청구권을 침해하지 않는 범위에서 그 권리를 취득한다.

제3절 노후실손의료보험

1. 노후실손의료보험

가. 개요

기존의 일반 실손의료보험은 가입가능 연령이 통상 65세까지로 제한되어 있으나, 노후실손의료보험은 50세부터 75세까지(최근에는 80세까지 가입가능한 상품도 판매되고 있음)의 고령층을 대상으로 하는 실손의료보험이다. 기본형과 선택계약으로 구분되어 있다. 기본형에서는 상해와 질병을 보장하며, 선택계약에서는 요양병원 실손의료비와 상급병실료 차액을 보장한다. 재가입 시에는 상품내용의 주기적인 안내를 위해서 매3년마다 가입절차를 다시 진행하여야 한다. 재가입 나이는 53세~99세이며 재가입을 통해 보장받을 수 있는 최대 기간은 보험나이 100세 계약 해당일까지이다.

구분		보험기간	보장내용 변경주기
기본계약	[갱신형] 노후실손의료비(상해형) [갱신형] 노후실손의료비(질병형)	1년	3년
선택계약	[갱신형] 요양병원 실손의료비 특별약관 [갱신형] 상급병실료 차액보장 특별약관		

나. 특징

입원과 통원을 구분하지 않고 연간 1억원을 한도로 하며, 통원은 횟수 제한없이 회당 최고 100만원 한도로 보상한다. 공제방식은 일반 실손의료보험과 다르게, 정액 공제 후 정률 공제하는 2단계 공제방식을 적용한다. 입원당 30만원, 통원당 3만원을 일괄 공제하되, 비급여 부분부터 우선 공제한 후 나머지 금액은 급여 본인부담금에서 공제한다. 그리고 급여 부분은 급여 본인부담금에서 공제금액을 차감한 나머지 금액에 대하여 80%를 보장하고, 비급여 부분은 비급여 본인부담금에서 공제금액을 차감한 나머지 부분에 대해서 70%(보험회사별로 차이가 있음)를 보장한다.

다. 보험가입금액

보장항목	보험가입금액
노후실손의료비(상해형)	1억원. 다만 통원은 회당 최고 100만원
노후실손의료비(질병형)	1억원. 다만 통원은 회당 최고 100만원
요양병원 실손의료비	5천만원. 다만 통원은 회당 최고 100만원
상급병실료 차액보장	2천만원

2. 보험금 계산 방식

가. 노후실손의료비(상해형)

구분	내용
의료비(대상금액)	1) 급여 본인부담금: 「국민건강보험법」에서 정한 요양급여 또는 「의료급여법」에서 정한 의료급여 중 본인이 실제로 부담한 의료비 2) 비급여 본인부담금: 「국민건강보험법」 또는 「의료급여법」에 따라 보건복지부장관이 정한 비급여 대상(상급병실료 차액은 제외) 중 본인이 실제로 부담한 의료비
공제금액	입원당 30만원, 통원당 3만원. 다만, 비급여 본인부담금에서 우선 공제한 후 급여 본인부담금에서 공제한다.
보상비율	1) 급여 본인부담금에서 공제금액을 뺀 금액에 대해 80% 2) 비급여 본인부담금에서 공제금액을 뺀 금액에 대해 70%

나. 노후실손의료비(질병형)

구분	내용
의료비(대상금액)	1) 급여 본인부담금: 「국민건강보험법」에서 정한 요양급여 또는 「의료급여법」에서 정한 의료급여 중 본인이 실제로 부담한 의료비 2) 비급여 본인부담금: 「국민건강보험법」 또는 「의료급여법」에 따라 보건복지부장관이 정한 비급여 대상(상급병실료 차액은 제외) 중 본인이 실제로 부담한 의료비
공제금액	입원당 30만원, 통원당 3만원. 다만, 비급여 본인부담금에서 우선 공제한 후 급여 본인부담금에서 공제한다.
보상비율	1) 급여 본인부담금에서 공제금액을 뺀 금액에 대해 80% 2) 비급여 본인부담금에서 공제금액을 뺀 금액에 대해 70%

다. 요양병원 실손의료비

구분	내용
의료비(대상금액)	1) 급여 본인부담금: 「국민건강보험법」에서 정한 요양급여 또는 「의료급여법」에서 정한 의료급여 중 본인이 실제로 부담한 의료비 2) 비급여 본인부담금: 「국민건강보험법」 또는 「의료급여법」에 따라 보건복지부장관이 정한 비급여 대상(상급병실료 차액은 제외) 중 본인이 실제로 부담한 의료비
공제금액	입원당 30만원, 통원당 3만원. 다만, 비급여 본인부담금에서 우선 공제한 후 급여 본인부담금에서 공제한다.
보상비율	1) 급여 본인부담금에서 공제금액을 뺀 금액에 대해 80% 2) 비급여 본인부담금에서 공제금액을 뺀 금액에 대해 50%

라. 상급병실료 차액보장

구분	내용
보상비율	상급병실을 이용함에 따라 요양급여 대상인 입원료 외에 추가로 부담하는 입원실 이용 비용에서 50%를 뺀 금액을 계약일 또는 매년 계약해당일로부터 기산하여 1년 단위로 보험가입금액을 연간 한도로 보상하며, 상해·질병 합산하여 연간 2천만원 한도로 한다. ※ 다만, 1일당 평균금액 10만원 한도로 하며 1일 평균금액은 입원기간 동안 상급병실료 차액 전체를 총 입원일수로 나누어 산출한다.

3. 입원 초과금액의 보상

입원의 경우 피보험자가 부담하는 금액을 합한 금액이 계약일 또는 매년 계약해당일부터 기산하여 연간 500만원을 초과하는 경우에는 그 초과금액을 보상한다. 상해와 질병 각각 따로 적용한다.

제4절 해외여행 실손의료보험

1. 개요

해외여행 실손의료보험은 해외여행 중에 피보험자의 상해 또는 질병으로 인한 의료비를 보상하는 보험상품이다. 기본형은 크게 "상해의료비형", "질병의료비형" 2가지의 보험종목으로 구성되어 있고, 각각의 보장종목은 다시 "해외", "국내(급여)"로 세부 구분된다. 특별약관에는 "상해비급여(국내)", "질병비급여(국내)", "3대비급여(국내)"의 3가지 보장종목이 있다.

기본형	상해의료비	해외
		국내(급여)
	질병의료비	해외
		국내(급여)
특별약관		상해비급여(국내)
		질병비급여(국내)
	3대비급여(국내)	비급여 도수치료·체외충격파치료·증식치료
		비급여 주사료
		비급여 자기공명영상진단

> **시험 출제 포인트**
> ▶ 해외의료기관의 뜻
> 해외의료기관은 해외소재 의료기관을 말하며, 해외소재약국을 포함한다.

2. 보상하는 사항

기본형 "상해의료비 국내(급여)", "질병의료비 국내(급여)"와 특별약관 "상해비급여(국내)", "질병비급여(국내)", "3대비급여(국내)"의 보장내용 및 공제기준 등은 일반 실손의료보험과 거의 동일하다. "상해의료비 해외", "질병의료비 해외" 보장은 별도의 공제를 적용하지 않고 피보험자가 해외의료기관에서 부담한 실제 의료비 전액을 보장한다는 특징을 가지고 있다.

보장종목		보상하는 사항
기본형	상해의료비-해외	해외의료기관에서 부담한 실제 의료비 전액 보장
	상해의료비-국내(급여)	일반 실손의료보험과 동일
	질병의료비-해외	해외의료기관에서 부담한 실제 의료비 전액 보장
	질병의료비-국내(급여)	일반 실손의료보험과 동일

보장종목		보상하는 사항
특별약관	상해비급여(국내)	일반 실손의료보험과 동일
	질병비급여(국내)	일반 실손의료보험과 동일
	3대비급여(국내)	일반 실손의료보험과 동일

3. 보험기간이 끝났을 경우

가. 상해의료비-해외

해외여행 중에 피보험자가 입은 상해로 인해 치료를 받던 중 보험기간이 끝났을 경우에는 보험기간 종료일부터 180일까지(보험기간 종료일은 제외) 보상한다.

나. 상해의료비-국내(급여)

보험기간이 1년 미만인 경우에는 해외여행 중에 피보험자가 입은 상해로 보험기간 종료 후 30일(보험기간 종료일은 제외) 이내에 의사의 치료를 받기 시작했을 때에는 의사의 치료를 받기 시작한 날부터 180일(통원은 180일 동안 90회)까지만(보험기간 종료일은 제외다) 보상한다.

다. 질병의료비-해외

해외여행 중에 피보험자가 입은 질병으로 인해 치료를 받던 중 보험기간이 끝났을 경우에는 보험기간 종료일부터 180일까지(보험기간 종료일은 제외) 보상한다.

라. 질병의료비-국내(급여)

보험기간이 1년 미만인 경우에는 해외여행 중에 질병을 원인으로 하여 보험기간 종료 후 30일(보험기간 종료일은 제외) 이내에 의사의 치료를 받기 시작했을 때에는 의사의 치료를 받기 시작한 날부터 180일(통원은 180일 동안 90회)까지만(보험기간 종료일은 제외) 보상한다.

마. 상해비급여(국내)

(1) 입원 치료

피보험자가 입원하여 치료를 받던 중 보험계약이 종료되더라도 그 계속 중인 입원에 대해서는 보험계약 종료일 다음날부터 180일까지 보상한다.

(2) 통원 치료

피보험자가 통원하여 치료를 받던 중 보험계약이 종료되더라도 그 계속 중인 통원에 대해서는 보험계약 종료일 다음날부터 180일 이내의 통원을 보상하며 최대 90회 한도 내에서 보상한다.

바. 질병비급여(국내)

(1) 입원 치료

피보험자가 입원하여 치료를 받던 중 보험계약이 종료되더라도 그 계속 중인 입원에 대해서는 보험계약 종료일 다음날부터 180일까지 보상한다.

(2) 통원 치료

피보험자가 통원하여 치료를 받던 중 보험계약이 종료되더라도 그 계속 중인 통원에 대해서는 보험계약 종료일 다음날부터 180일 이내의 통원을 보상하며 최대 90회 한도 내에서 보상한다.

사. 3대비급여(국내)

피보험자가 입원 또는 통원하여 치료를 받던 중 보험계약이 종료되더라도 그 계속 중인 치료에 대하여는 보험계약 종료일 다음날부터 180일까지 보상한다. 이 경우 보상한도는 연간 보상한도(금액)에서 직전 보험계약 종료일까지 지급한 금액을 차감한 잔여 금액과 연간 보상한도(횟수)에서 직전 보험계약 종료일까지 보상한 횟수를 차감한 잔여 횟수를 한도로 적용한다.

제5편 출제예상문제

01 다음 중 손해보험 교통상해보험에서 말하는 '기타 교통수단'에 속하지 않는 것은?
① 공중 케이블카
② 작업기계로 사용 중인 건설기계
③ 요트
④ 원동기를 붙인 자전거

정답 ②
해설 건설기계 자체는 기타 교통수단에 포함된다. 다만, 건설기계가 작업기계로 사용되는 동안에는 교통수단으로 보지 않으니 주의해야 한다.

02 다음 중 암의 정의에서 제외하는 악성신생물은?
① 갑상선의 악성신생물(C73)
② 난소의 악성신생물(C56)
③ 간세포암종(C22.0)
④ 충수의 악성신생물(C18.1)

정답 ①
해설 "암"이라 함은 한국표준질병사인분류 중 악성신생물(암)분류표에서 정한 질병을 말한다. 다만, 분류번호 C44(기타 피부의 악성신생물(암)), 분류번호 C73(갑상선의 악성신생물(암), 대장점막내암 및 전암(前癌)상태(암으로 변하기 이전 상태)(premalignant condition or condition with malignant potential)는 제외한다.

03 다음 중 생명보험에서 보험금을 지급하는 재해에 해당하는 것은?
① 과로 및 격심한 또는 반복적 운동
② 식량부족
③ 자연의 힘에 노출 중 급격한 액체손실로 인한 탈수
④ 감염병의 예방 및 관리에 관한 법률 제2조 제2호에서 규정한 제1급 감염병

정답 ④
해설 생명보험에서 말하는 재해란 다음의 두가지를 의미한다.
① 한국표준질병·사인분류상의 (S00~Y84)에 해당하는 우발적인 외래의 사고
② 감염병의 예방 및 관리에 관한 법률 제2조 제2호에서 규정한 제1급 감염병

다음 각 호에 해당하는 경우에는 재해분류에서 제외하여 보험금을 지급하지 않는다.
① 질병 또는 체질적 요인이 있는 자로서 경미한 외부 요인으로 발병하거나 그 증상이 더욱 악화된 경우
② 사고의 원인이 다음과 같은 경우
  - 과잉노력 및 격심한 또는 반복적 운동(X50)
  - 무중력 환경에서의 장시간 체류(X52)
  - 식량부족(X53)
  - 물 부족(X54)
  - 상세불명의 결핍(X57)
  - 고의적 자해(X60~X84)
  - 법적 개입 중 법적 처형(Y35.5)
③ '외과적 및 내과적 치료 중 환자의 재난(Y60~Y69)' 중 진료기관의 고의 또는 과실이 없는 사고(단, 처치 당시에는 재난의 언급이 없었으나 환자의 이상반응 또는 이후 합병증의 원인이 된 외과적 및 기타 내과적 처치(Y83~Y84)는 보장)
④ '자연의 힘에 노출(X30~X39)' 중 급격한 액체손실로 인한 탈수
⑤ '우발적 익사 및 익수(W65~W74), 호흡과 관련된 기타 불의의 위협(W75~W84), 눈 또는 인체의 개구부를 통하여 들어온 이물(W44)' 중 질병에 의한 호흡장해 및 삼킴장해
⑥ 한국표준질병 · 사인분류상의 (U00~U99)에 해당하는 질병

04 보험에서 말하는 사망에 대한 다음 설명 중 틀린 것은?

① 실종선고를 받은 경우에는 법원이 실종선고 판결을 한 때에 사망한 것으로 본다.
② 관공서에서 수해, 화재나 그 밖의 재난을 조사하고 사망한 것으로 통보하는 경우에는 가족관계등록부에 기재된 사망연월을 사망한 날짜로 본다.
③ 의사의 진단에 따라 사망진단서 또는 사체검안서를 발급받은 경우 생체적 사망으로 보아 사망보험금을 지급한다.
④ 「호스피스 · 완화의료 및 임종과정에 있는 환자의 연명의료 결정에 관한 법률」에 따른 연명의료중단등결정 및 그 이행으로 피보험자가 사망하는 경우 연명의료중단등 결정 및 그 이행은 '사망'의 원인 및 '사망보험금' 지급에 영향을 미치지 않는다.

정답 ①

해설 ▶ 생체적 사망
의사의 진단에 따라 사망진단서 또는 사체검안서를 발급받은 경우를 말한다.
▶ 실종선고
실종선고를 받은 경우에는 법원에서 인정한 실종기간이 끝나는 때에 사망한 것으로 본다.
▶ 인정사망
관공서에서 수해, 화재나 그 밖의 재난을 조사하고 사망한 것으로 통보하는 경우에는 가족관계등록부에 기재된 사망연월을 기준으로 한다.
▶ 연명의료중단 등 결정 및 피보험자의 사망
「호스피스 · 완화의료 및 임종과정에 있는 환자의 연명의료 결정에 관한 법률」에 따른 연명의료중단등결정 및 그 이행으로 피보험자가 사망하는 경우 연명의료중단등 결정 및 그 이행은 '사망'의 원인 및 '사망보험금' 지급에 영향을 미치지 않는다.

05 민법에 의한 상속에 대한 다음 설명 중 틀린 것은?
① 배우자는 직계존비속이 없을 경우 단독 상속인이 된다.
② 사실혼 배우자는 상속관계가 인정되지 않으며 사실혼 관계자와 사이에서 출생한 자녀의 상속권도 인정되지 않는다.
③ 상속인이 될 직계비속 또는 형제자매가 상속개시 전에 사망하거나 결격자가 된 경우에 그 직계비속이 있는 때에는 그 직계비속이 사망하거나 결격된 자의 순위에 갈음하여 상속인이 된다.
④ 2인 이상이 동일한 위난으로 사망한 경우에는 동시에 사망한 것으로 추정한다.

정답 ②
해설 상속에서는 기본적으로 법률혼 배우자만 인정이 되면 사실혼 배우자는 상속관계가 인정되지 않는다. 그러나 사실혼 관계자와 사이에서 출생한 자녀의 상속권은 인정되니 주의해야 한다.

06 다음 중 장해분류표에서 규정하고 있는 동일한 신체부위가 아닌 것은?
① 경추와 흉추
② 씹어먹거나 말하는 기능
③ 좌우의 다리
④ 흉 · 복부장기 및 비뇨생식기

정답 ③
해설 신체부위라 함은 ① 눈, ② 귀, ③ 코, ④ 씹어먹거나 말하는 기능, ⑤ 외모, ⑥ 척추(등뼈), ⑦ 체간골, ⑧ 팔, ⑨ 다리, ⑩ 손가락, ⑪ 발가락, ⑫ 흉 · 복부장기 및 비뇨생식기, ⑬ 신경계 · 정신행동의 13개 부위를 말하며, 이를 각각 동일한 신체부위라 한다. 다만, 좌 · 우의 눈, 귀, 팔, 다리는 각각 다른 신체부위로 본다.
① 경추와 흉추는 모두 척추에 속하여 동일 부위이다.
② 씹어먹거나 말하는 기능은 하나의 동일 부위이다.
③ 좌우의 다리는 각각 다른 신체부위로 본다.
④ 흉 · 복부장기 및 비뇨생식기는 하나의 동일 부위이다.

07 장해분류표에서 척추체의 장해에 대한 다음 설명 틀린 것은?
① 제1천추는 척추(등뼈)에 포함되나, 제2천추 이하의 천골 및 미골은 체간골의 장해로 평가한다.
② 척추의 장해를 평가할 때는 퇴행성 기왕증 병변과 사고가 그 증상을 악화시킨 부분만큼, 즉, 사고와의 관여도를 산정하여 평가한다.
③ 추간판탈출증으로 인한 신경 장해는 수술 또는 시술(비수술적 치료) 후 3개월 이상 지난 후에 평가한다.
④ 추간판탈출증으로 인한 후유장해는 수술 여부에 관계없이 운동장해 및 기형장해로 평가하지 않는다.

정답 ③
해설 추간판탈출증으로 인한 신경 장해는 수술 또는 시술(비수술적 치료) 후 6개월 이상 지난 후에 평가한다.

08 입원급여금에 대한 다음 설명 틀린 것은?

① 1회 입원일당은 180일을 한도로 한다. 생명보험 상품은 120일이 한도이다.
② 동일한 질병의 치료를 직접목적으로 2회 이상 입원한 경우 이를 각각의 입원으로 보며 각 입원일수를 합산하지 않는다.
③ 동일한 질병에 의한 입원이라도 질병입원일당이 지급된 최종입원의 퇴원일로부터 180일이 경과하여 입원한 경우에는 새로운 입원으로 간주한다.
④ 180일이 경과하도록 퇴원없이 계속 입원 중인 경우에는 입원일당이 지급된 최종입원일의 그 다음날을 퇴원일로 보며 보상 제외기간(180일)이 지나면 다시 새로운 입원으로 보아 보상한다.

정답 ②

해설 동일한 질병의 치료를 직접목적으로 2회 이상 입원한 경우 이를 계속 입원으로 보아 각 입원일수를 더한다. 다만, 동일한 질병에 의한 입원이라도 질병입원일당이 지급된 최종입원의 퇴원일로부터 180일이 경과하여 입원한 경우에는 새로운 입원으로 간주한다.

09 다음 중 암의 직접치료에 포함되지 않는 것은?

① 항암방사선치료
② 항암화학치료
③ 연명의료결정법에 해당하는 말기암 환자에 대한 치료
④ 면역력 강화를 위한 치료

정답 ④

해설 암의 직접치료란, 암을 제거하거나 암의 증식을 억제하는 치료로서 의학적으로 그 안전성과 유효성이 입증되어 임상적으로 통용되는 치료를 말한다. 면역력 강화를 위한 치료는 필수불가결한 일부 치료를 제외하고는 기본적으로 암의 직접치료에 포함되지 않는다.

10 질병보험에 관한 다음 지문 중에서 틀린 것은?

① 암보험은 암, 기타피부암, 갑상선암, 제자리암, 경계성종양 등을 보장한다.
② 치명적 질병보험(CI보험)은 중대한 질병으로 인하여 신체장해를 입고 취업불능 상태가 된 경우에 사고발생 전 소득의 일정비율을 보장한다.
③ 계약의 부활이 이루어진 경우 부활을 청약한 날을 청약일로 하여 적용한다.
④ 보험회사가 질문표로 질문한 내용은 그것이 해당 계약에 관한 중요한 사항이 아님을 보험계약자가 입증하지 못하는 한 고지의무 위반이 된다.

정답 ②

해설 치명적 질병보험(CI보험)은 보험약관에서 정한 중대한 질병으로 진단을 받거나, 중대한 수술을 받는 경우에 보장한다. 신체장해를 입고 취업불능 상태가 된 경우에 사고 발생 전 소득의 일정비율을 보상하는 보험은 소득보상보험(DI보험)이다.

11 다음은 표준약관상 수술의 용어 정의이다. 다음 중 아래 내용의 괄호 안에 들어갈 말로 적절하지 않은 것은?

> 병원 또는 의원의 의사, 치과의사의 자격을 가진 자에 의하여 치료가 필요하다고 인정한 경우로서 자택 등에서 치료가 곤란하여 의료법 제3조(의료기관) 제2항에 정한 국내의 병원 또는 이와 동등하다고 회사가 인정하는 국외의 의료기관에서 의사의 관리 하에 치료를 직접적인 목적으로 의료기구를 사용하여 생체(生體)에 (A), (B) 등의 조작을 가하는 것을 말하며, (C), (D) 등의 조치 및 신경(神經)차단(NERVE BLOCK)은 제외한다.

① A: 절단
② B: 절제
③ C: 삽입
④ D: 천자

정답 ③

해설 수술이란, 병원 또는 의원의 의사, 치과의사의 자격을 가진 자에 의하여 치료가 필요하다고 인정한 경우로서 자택 등에서 치료가 곤란하여 의료법 제3조(의료기관) 제2항에 정한 국내의 병원 또는 이와 동등하다고 회사가 인정하는 국외의 의료기관에서 의사의 관리 하에 치료를 직접적인 목적으로 의료기구를 사용하여 생체(生體)에 절단(切斷, 특정부위를 잘라내는 것), 절제(切除, 특정부위를 잘라 없애는 것) 등의 조작을 가하는 것을 말하며, 흡인(吸引, 주사기 등으로 빨아들이는 것), 천자(穿刺, 바늘 또는 관을 꽂아 체액·조직을 뽑아내거나 약물을 주입하는 것) 등의 조치 및 신경(神經)차단(NERVE BLOCK)은 제외한다.

12 팔의 장해에 대한 다음 설명 중 틀린 것은?

① 골절부에 금속내고정물 등을 사용하였기 때문에 그것이 기능장해의 원인이 되는 때에는 그 내고정물 등이 제거된 후 장해를 평가한다.
② '팔'이라 함은 어깨관절(견관절)부터 손목관절(완관절)까지를 말한다.
③ 한 팔의 3대 관절 중 관절 하나에 기능장해가 생기고 다른 관절 하나에 기능장해가 발생한 경우 지급률은 합산하지 않고 가장 높은 지급률을 적용한다.
④ 1상지(팔과 손가락)의 후유장해지급률은 원칙적으로 각각 합산하되, 지급률은 60% 한도로 한다.

정답 ③

해설 한 팔의 3대 관절 중 관절 하나에 기능장해가 생기고 다른 관절 하나에 기능장해가 발생한 경우 지급률은 각각 적용하여 합산한다.

13 뇌졸중 진단 확정의 근거 검사로 인정되지 않는 것은?

① 내시경 검사(endoscope)
② 뇌전산화단층촬영(Brain CT)
③ 자기공명영상(MRI)
④ 뇌혈관조영술

정답 ①

해설 뇌졸중의 진단 확정은 뇌전산화단층촬영(Brain CT), 자기공명영상(MRI), 뇌혈관조영술, 양전자방출단층술(PET scan), 단일광자전산화단층술(SPECT), 뇌척수액 검사를 기초로 하여야 한다.

14 실손의료보험 3대비급여의 보장한도에 대한 다음 설명 중 틀린 것은?

① 도수치료·체외충격파치료·증식치료는 계약일 또는 매년 계약해당일부터 1년 단위로 각 상해·질병 치료행위를 합산하여 350만원 이내에서 50회까지 보상한다.
② 도수치료·체외충격파치료·증식치료의 각 치료횟수를 합산하여 최초 10회 보장하고, 이후 객관적이고 일반적으로 인정되는 검사결과 등을 토대로 증상의 개선, 병변호전 등이 확인된 경우에 한하여 10회 단위로 연간 50회까지 보상한다.
③ 주사료는 계약일 또는 매년 계약해당일부터 1년 단위로 각 상해·질병 치료행위를 합산하여 250만원 이내에서 50회까지 보상한다.
④ 자기공명영상진단은 계약일 또는 매년 계약해당일부터 1년 단위로 각 상해·질병 치료행위를 합산하여 200만원 이내에서 보상한다.

정답 ④
해설 자기공명영상진단은 계약일 또는 매년 계약해당일부터 1년 단위로 각 상해·질병 치료행위를 합산하여 300만원 이내에서 보상한다. 나머지는 모두 맞는 지문이다.

15 노후실손의료보험에 대한 다음 설명 중 틀린 것은?

① 입원과 통원을 각각 구분하여 연간 한도를 적용한다.
② 연간 한도는 1억원이다.
③ 통원은 횟수 제한없이 회당 100만원을 한도로 보상한다.
④ 입원의 공제방식은 정액 공제 후 정률 공제하는 2단계 공제를 적용한다.

정답 ①
해설 입원과 통원을 구분하지 않고 연간 1억원을 한도로 하며, 통원은 횟수 제한없이 회당 최고 100만원 한도로 보상한다. 공제방식은 일반 실손의료보험과 다르게, 정액 공제 후 정률 공제하는 2단계 공제방식을 적용한다. 입원당 30만원, 통원당 3만원을 일괄 공제하되, 비급여 부분부터 우선 공제한 후 나머지 금액은 급여 본인부담금에서 공제한다. 그리고 급여 부분은 급여 본인부담금에서 공제금액을 차감한 나머지 금액에 대하여 80%를 보장하고, 비급여 부분은 비급여 본인부담금에서 공제금액을 차감한 나머지 부분에 대해서 70%(보험회사별로 차이가 있음)를 보장한다.

16 해외여행 실손의료보험에 대한 다음 설명 중 틀린 것은?

① 기본형은 크게 "상해의료비형", "질병의료비형" 2가지의 보험종목으로 구성되어 있고, 각각의 보장종목은 다시 "해외", "국내(급여)"로 세부 구분된다. 특별약관에는 "상해비급여(국내)", "질병비급여(국내)", "3대비급여(국내)"의 3가지 보장종목이 있다.
② 상해의료비(해외)는 피보험자가 해외여행 중에 입은 상해로 인하여 해외의료기관에서 의료비가 발생한 경우에 보상한다.
③ 상해의료비(국내)는 피보험자가 보험증권에 기재된 해외여행을 끝낸 이후 국내에서 상해를 입고, 이로 인해 국내 의료기관·약국에서 치료를 받은 때에 보상한다.
④ 해외의료기관은 해외소재 의료기관을 말하며, 해외소재약국을 포함한다.

정답 ③

해설 상해의료비(국내)는 피보험자가 보험증권에 기재된 해외여행 중에 상해를 입고, 이로 인해 국내 의료기관·약국에서 치료를 받은 때에 보상한다.

---

17 다음의 주어진 내용을 보고 4세대 실손의료보험에서 얼마의 보험금을 주어야 하는지 계산하시오.

- 계약일: 2022-01-01, 현재까지 계속 유지 중
- 상해급여, 질병급여 5천만원(통원 1회당 20만원 한도)
- 상해비급여, 질병비급여 5천만원(통원 1회당 20만원 한도)
- 3대비급여 표준약관상 보상한도 적용

a) 2025년 04월 01일, 인스의원 통원, 신경병성 척추병증(M49)

급여			비급여
일부본인부담	공단부담	전액본인부담	
5만원	10만원	–	8만원

b) 2025년 04월 01일, 행복종합병원 통원, 신경병성 척추병증(M49)

급여			비급여
일부본인부담	공단부담	전액본인부담	
5만원	10만원	2만원	8만원

c) 2025년 04월 02일, 사랑의원 조제, (행복종합병원 4월 1일자 처방을 조제)

급여			비급여
일부본인부담	공단부담	전액본인부담	
3만원	5만원	–	4만원

※ a와 b는 같은 날에 각각 오전 오후에 의료기관을 방문함

① 질병급여: 13만원, 질병비급여: 14만원
② 질병급여: 10만원, 질병비급여: 14만원
③ 질병급여: 12만원, 질병비급여: 16만원
④ 질병급여: 10만원, 질병비급여: 16만원

정답 ①

해설 1) **질병급여**

하나의 질병으로 의료기관을 2회 이상 통원치료한 경우 1회 통원으로 보아 계산한다. 이때 공제금액은 중복 방문 의료기관 중 가장 높은 공제금액을 적용한다. 처방조제는 처방일자를 기준으로 외래 및 처방조제를 합산한다.

[5만원+(5만원+2만원+3만원)]−MAX[(1만원, (5만원×20%), 2만원, (10만원×20%)]= 13만원

2) **질병비급여**

하나의 질병으로 의료기관을 2회 이상 통원치료한 경우 1회 통원으로 보아 계산한다. 처방조제는 처방일자를 기준으로 외래 및 처방조제를 합산한다.

[8만원+(8만원+4만원)]−MAX[3만원, (20만원×30%)]= 14만원

모의고사

1과목

1과목 모의고사 1회

01 보험법의 특성에 대한 다음 설명 중에서 틀린 것은?

① 상호보험은 일정한 단체적 결합관계를 전제로 하고, 영리보험의 경우에도 위험단체가 전제되므로 그 단체성이 인정된다.

② 보험계약을 악용하고자 하면 도박으로 변질될 수 있으며 항상 도덕적 위험과 역선택의 가능성에 있으므로 상법 보험편은 다른 법분야에 비하여 당사자의 윤리성과 선의성을 강하게 요구하고 있다.

③ 보험제도는 널리 사회일반의 이해관계에 중대한 영향을 미치므로 보험업법은 여러가지 감독 규정을 마련하고 있다.

④ 상법 보험편의 규정은 보험계약자 등의 보호를 위한 최소한도의 규정이므로 당사자 간의 특약으로 상법의 규정을 변경하지 못하도록 하고 있으며 이를 절대적 강행규정이라고 한다.

① 상호보험은 보험에 가입하는 자가 보험계약자가 되는 것과 동시에 상호 보험회사의 출자자인 사원이 되어야 하므로 일정한 결합관계를 전제로 한다. 영리보험을 구성할 때에도 위험단체가 전제되므로 그 단체성이 인정된다.

② 보험계약은 사행계약적 특성이 있다. 따라서 보험계약을 악용하고자 한다면 보험은 도박으로 변질될 수 있으며 그 때문에 보험계약은 항상 도덕적 위험과 역선택의 가능성에 노출되어 있다. 따라서 상법 보험편은 다른 법률 분야에 비하여 당사자의 윤리성과 선의성을 강하게 요구한다.

③ 보험제도는 널리 사회일반의 이해관계에 중대한 영향을 미치기 때문에 일반적인 계약처럼 대립하는 계약 당사자 사이의 이해관계를 조정하는 것만으로는 불충분하다. 이에 따라 보험업법은 보험회사에 대한 여러가지 감독 규정을 마련하고 있으며, 상법에서도 약관 교부설명의무 등의 규정을 두고 있다.

④ 상법 보험편의 규정은 보험계약자 등의 보호를 위한 최소한의 규정이므로 당사자 간의 특약으로 보험계약자, 피보험자 또는 보험수익자의 불이익으로 상법의 규정을 변경하지 못한다. 불이익으로 변경하는 것이 금지되며, 규정의 변경 적용 자체가 금지되는 것은 아니다. 따라서 보험계약자 측의 이익으로는 얼마든지 변경할 수 있다. 이를 <u>상대적 강행규정 또는 편면적 강행규정</u>이라고 한다.

01.④ 정답

02 다음 중 보험약관의 행정적 통제 방법은 모두 몇 개인가?

ⓐ 상법은 약관의 교부 설명의무를 규정하고 있다.
ⓑ 약관규제법은 약관의 작성 및 설명의무, 약관 해석방법 등을 규정하고 있다.
ⓒ 보험사업자가 되려는 자는 보험업의 보험종목별 기초서류의 하나로 보험약관을 금융위원회에 제출하여야 한다.
ⓓ 금융위원회는 일정한 사유가 있는 경우에는 기초서류의 변경 또는 사용정지를 명할 수 있다.
ⓔ 공정거래위원회는 약관의 규제에 관한 법률을 위반한 사업자에게 시정조치를 권고할 수 있다.
ⓕ 법원은 약관의 내용을 구체적인 사건에서 해석 또는 적용할 때에 그 약관의 내용이 불공정하거나 신의칙 또는 선량한 사회질서에 위반될 때에는 무효로 하거나 적용을 제한할 수 있다.

① 3개　　　　　　　　　　② 4개
③ 5개　　　　　　　　　　④ 6개

▶ **입법적 통제**
　ⓐ 상법은 약관의 교부 설명의무를 규정하고 있다.
　ⓑ 약관규제법은 약관의 작성 및 설명의무, 약관 해석방법 등을 규정하고 있다.
▶ **행정적 통제**
　ⓒ 보험사업자가 되려는 자는 보험업의 보험종목별 기초서류의 하나로 보험약관을 금융위원회에 제출하여야 한다.
　ⓓ 금융위원회는 일정한 사유가 있는 경우에는 기초서류의 변경 또는 사용정지를 명할 수 있다.
　ⓔ 공정거래위원회는 약관의 규제에 관한 법률을 위반한 사업자에게 시정조치를 권고할 수 있다.
▶ **사법적 통제**
　ⓕ 법원은 약관의 내용을 구체적인 사건에서 해석 또는 적용할 때에 그 약관의 내용이 불공정하거나 신의칙 또는 선량한 사회질서에 위반될 때에는 무효로 하거나 적용을 제한할 수 있다.

03 보험자가 보험약관 교부 설명의무를 위반했을 때에 대한 다음 설명 중에서 틀린 것은?
① 중요한 사항이란 보험계약자가 보험계약 체결 시에 그 사실을 알았더라면 보험계약을 체결하지 않았든가 적어도 같은 조건으로는 체결하지 않았으리라고 인정되는 사항이다.
② 보험계약자나 그 대리인이 약관의 내용을 충분히 알고 있다는 사실에 대한 증명책임은 보험자에게 있다.
③ 보험자가 보험약관의 교부 설명의무를 위반하였다면 보험계약자는 보험계약이 성립한 날부터 3개월 이내에 그 계약을 취소할 수 있다.
④ 설명의무 위반 시 상법과 약관규제법 적용에 관하여 대법원은 일관되게 상법 단독적용설을 지지하고 있으며, 실제로 보험계약자 보호를 위하여 상법 제638조의3이 빈번하게 원용되고 있다.

① 보험자가 설명의무를 부담하는 중요한 사항이란 만일 보험계약자가 그 사실을 알았더라면 보험계약을 체결하지 않았든가 적어도 같은 조건으로는 체결하지 않았으리라고 인정되는 사항을 말한다. 이에 반하여 설명하지 않아도 되는 사항에는 1) 가입자가 이미 알고 있는 사항, 2) 거래상 널리 통용되는 사항, 3) 설명하였더

라도 계약이 체결되었으리라 예상되는 사항, 4) 법령에 이미 정하여진 것을 되풀이하거나 부연 설명하는 정도에 불과한 사항 등이 있다.

② 보험약관 교부 설명의무는 보험자의 의무이며, 보험계약자나 그 대리인이 약관의 내용을 충분히 알고 있다는 사실에 대한 증명책임은 보험자에게 있다.

③ 보험자가 보험약관의 교부 설명의무를 위반한 경우 보험계약자는 보험계약이 성립한 날부터 3개월 이내에 그 계약을 취소할 수 있다(상법 제638조의3 제2항).

④ 약관 교부 설명의무의 상법과 약관의 규제에 관한 법률 적용에 관하여 대법원은 일관되게 중첩적용설을 지지하고 있으며, 실제로 보험계약자 보호를 위하여 약관의 규제에 관한 법률 제3조 제4항이 빈번하게 원용되고 있다. 즉 보험자가 보험약관 설명의무를 위반하였다면 해당 약관 조항은 계약의 내용이 될 수 없으며, 따라서 보험자는 약관의 효력을 주장할 수 없다.

04 보험자가 보험대리상과 보험모집에 관한 위탁계약을 체결하였고, 위탁계약을 체결하면서 보험대리상이 보험계약자에게 보험계약의 체결, 변경, 해지 등 보험계약에 관한 의사표시를 할 수 있는 권한을 제한하였다. 다음 설명 중 틀린 것은?

① 보험대리상은 보험자가 작성한 영수증을 보험계약자에게 교부하는 경우에만 보험계약자로부터 보험료를 수령할 수 있는 권한이 있다.

② 보험대리상은 보험계약자로부터 청약, 고지, 통지, 해지, 취소 등 보험계약에 관한 의사표시를 수령할 수 있는 권한을 가지고 있다.

③ 만약 보험계약자가 보험대리상의 권한이 제한되었다는 사실을 몰랐다면, 보험자는 그러한 권한 제한을 이유로 보험계약자에게 대항하지 못한다.

④ 보험대리상은 보험자가 작성한 보험증권을 보험계약자에게 교부할 수 있는 권한이 있다.

①②④ 보험대리상은 다음 각 호의 권한이 있다(상법 제646조의2 제1항).

> 1. 보험계약자로부터 보험료를 수령할 수 있는 권한
> 2. 보험자가 작성한 보험증권을 보험계약자에게 교부할 수 있는 권한
> 3. 보험계약자로부터 청약, 고지, 통지, 해지, 취소 등 보험계약에 관한 의사표시를 수령할 수 있는 권한
> 4. 보험계약자에게 보험계약의 체결, 변경, 해지 등 보험계약에 관한 의사표시를 할 수 있는 권한

보험대리상이 아니면서 특정한 보험자를 위하여 계속적으로 보험계약의 체결을 중개하는 자는 다음 각 호의 권한이 있다.

> 1. 보험계약자로부터 보험료를 수령할 수 있는 권한(보험자가 작성한 영수증을 보험계약자에게 교부하는 경우만 해당한다)
> 2. 보험자가 작성한 보험증권을 보험계약자에게 교부할 수 있는 권한

즉, 보험자가 작성한 영수증을 교부하는 경우에만 보험료 수령권을 가지는 것은 '보험대리상이 아니면서 특정한 보험자를 위하여 계속적으로 보험계약의 체결을 중개하는 자'이며, 보험대리상은 영수증 교부 여부와는 관계없이 보험료 수령권을 가지고 있다.

③ 보험자는 보험대리상의 권한 중 일부를 제한할 수 있다. 다만, 보험자는 그러한 권한 제한을 이유로 선의의 보험계약자에게 대항하지 못한다(상법 제646조의2 제2항).

05 보험료 기간과 보험료 불가분의 원칙에 대한 다음 설명 중 틀린 것은?

① 보험료 기간이란 보험자의 책임이 개시되고 종료할 때까지의 기간을 말하는 것으로 책임기간 또는 위험기간이라고도 한다.
② 보험료 기간은 보험실무상 보통 1년인 경우가 많다.
③ 보험료 불가분의 원칙에 대한 대표적인 상법 조항은 제677조로 보험자가 손해를 보상할 경우에 보험료의 지급을 받지 아니한 잔액이 있으면 그 지급기일이 도래하지 아니한 때라도 보상할 금액에서 이를 공제할 수 있다는 규정이다.
④ 보험료 불가분의 원칙은 통계기술의 발달 등으로 보험료 산출의 기초가 되는 기간이 짧아져서 그 절대성을 잃었다.

 보험료 기간이란 보험자가 보험사고 발생의 위험을 측정하여 보험료를 산출하기 위하여 기초가 되는 단위 기간을 말한다. 보험실무상 보통 1년인 경우가 많으며, 우리 상법은 제677조에서 "보험자가 손해를 보상할 경우에 보험료의 지급을 받지 아니한 잔액이 있으면 그 지급기일이 도래하지 아니한 때라도 보상할 금액에서 이를 공제할 수 있다"라고 규정하여 보험료 불가분의 원칙을 뒷받침하고 있다. 다만 보험료 불가분의 원칙은 보험기술상 도출된 원칙이며 절대적인 것은 아니다. 오늘날에는 통계기술의 발달 등으로 보험료 산출의 기초가 되는 기간이 짧아졌으며 소비자 보호가 강조되고 있어 그 절대성을 잃었다. 보험자의 책임이 개시되고 종료할 때까지의 기간은 보험기간을 의미한다.

06 보험료 지급과 청약에 대한 다음 설명 중에서 틀린 것은?

① 보험자가 보험계약자로부터 보험계약의 청약과 함께 보험료 상당액의 전부 또는 일부의 지급을 받은 때에는 다른 약정이 없으면 30일내에 그 상대방에 대하여 낙부의 통지를 발송하여야 한다.
② 인보험계약에서 피보험자가 신체검사를 받아야 하는 경우에 낙부 통지에 대한 기산점은 신체검사를 받은 날부터이다.
③ 승낙전 사고 보호제도에서 청약을 거절할 사유의 존재에 대한 증명책임은 보험계약자가 부담한다.
④ 보험자가 보험계약자로부터 보험계약의 청약과 함께 보험료 상당액의 전부 또는 일부를 받은 경우에 그 청약을 승낙하기 전에 보험계약에서 정한 보험사고가 생긴 때에는 그 청약을 거절할 사유가 없는 한 보험계약상의 책임을 지지만, 인보험계약의 피보험자가 신체검사를 받아야 하는 경우에 그 검사를 받지 않았다면 보호하지 않는다.

 ①② 보험자가 보험계약자로부터 보험계약의 청약과 함께 보험료 상당액의 전부 또는 일부의 지급을 받은 때에는 다른 약정이 없으면 30일 내에 그 상대방에 대하여 낙부의 통지를 발송하여야 한다. 그러나 인보험계약의 피보험자가 신체검사를 받아야 하는 경우에는 그 기간은 신체검사를 받은 날부터 기산한다(상법 제638조의2 제1항).

정답 05.① 06.③

③ 대법원 판례에 따르면, 청약을 거절할 사유의 존재에 대한 증명책임은 보험자에게 있다(대법원 2008. 11. 27. 선고 2008다40847 판결).
④ 보험자가 보험계약자로부터 보험계약의 청약과 함께 보험료 상당액의 전부 또는 일부를 받은 경우에 그 청약을 승낙하기 전에 보험계약에서 정한 보험사고가 생긴 때에는 그 청약을 거절할 사유가 없는 한 보험계약상의 책임을 부담한다. 이를 승낙전 사고 담보라고 한다. 다만 인보험계약의 피보험자가 신체검사를 받아야 하는 경우에 그 검사를 받지 않았다면 승낙전 사고는 담보되지 않는다(상법 제638조의2 제3항).

07 고지의무에 대한 다음 설명 중에서 틀린 것은?

① 고지의무를 부담하는 사람은 보험계약자, 피보험자 및 보험수익자이다.
② 고지의무는 상법이 규정하는 법정의무이며, 간접의무이다.
③ 타인을 위한 손해보험계약을 체결하면서 타인의 위임이 없다면 보험계약자는 이를 보험자에게 알려야 하는데 이는 보험자가 그 타인에게 고지의무 이행을 촉구할 기회를 주기 위한 것이다.
④ 고지수령권자는 보험자, 보험대리상, 보험의이다. 보험설계사에게는 고지수령권한이 없다.

① 고지의무를 부담하는 사람은 보험계약자와 피보험자이다. 인보험의 보험수익자는 고지의무자가 아님에 주의해야 한다.
② 고지의무는 상법이 규정하는 법정의무이다. 그러나 의무를 이행하지 않아도 보험자가 이행을 강제하거나 손해배상을 청구할 수 없으므로 간접의무에 해당한다.
③ 보험계약자는 위임을 받거나 위임을 받지 아니하고 특정 또는 불특정의 타인을 위하여 보험계약을 체결할 수 있다. 그러나 손해보험계약의 경우에 그 타인의 위임이 없는 때에는 보험계약자는 이를 보험자에게 고지하여야 하고, 그 고지가 없는 때에는 타인이 그 보험계약이 체결된 사실을 알지 못하였다는 사유로 보험자에게 대항하지 못한다(상법 제639조 제1항). 이는 보험자가 그 타인에게 고지의무 이행을 촉구할 기회를 주기 위한 것이다.
④ 고지수령권자는 보험자, 보험대리상, 보험의이다. 보험설계사에게는 고지수령권한이 없다. 보험중개사도 중개행위를 할 뿐이므로 고지수령권한이 없다.

08 고지의무 위반의 효과에 대한 다음 설명 중 틀린 것은? (다툼이 있을 경우 판례에 따름)

① 고지의무 위반 시 보험자는 보험계약을 해지할 수 있으며 해지의 효력은 장래에 향하여 발생한다. 하지만 보험자는 이미 지급한 보험금이 있다면 그 보험금액의 반환을 청구할 수 있다.

② 보험자가 행사하는 해지권은 보험계약의 상대방인 보험계약자 또는 그 대리인에게 행사하여야 한다. 그러므로 타인을 위한 보험계약에서 보험계약자가 아니라 보험수익자에게 행한 해지 의사표시는 효력이 없다.

③ 고지의무 위반 사실이 보험사고 발생에 영향을 미치지 아니하였음이 증명된다면 보험자는 고지의무 위반에도 불구하고 보험금액을 지급하여야 하는데, 이때 보험자가 보험금을 지급하지 않기 위해서는 고지의무 위반 사실과 보험사고 발생 사이에 상당인과관계가 존재하여야 한다.

④ 대법원 판례에 따르면, 보험자가 보험약관의 교부·설명의무를 위반하여 보험계약을 체결한 때에는 보험계약자 또는 피보험자가 고지의무를 위반하였더라도 이를 이유로 보험계약을 해지할 수 없다.

① 고지의무 위반이 있다면 보험자는 보험계약을 해지할 수 있고 이미 지급한 보험금이 있다면 그 보험금액의 반환을 청구할 수 있다. 본래 해지의 효력은 장래에 향하여 발생하지만, 고지의무 위반을 이유로 해지하는 경우에는 이미 지급한 보험금의 반환을 청구할 수 있도록 특칙을 규정한 것이다.

② 해지권은 보험계약의 상대방인 보험계약자 또는 그 대리인에게 행사하여야 한다. 그러므로 타인을 위한 보험계약에서 보험계약자가 아니라 보험수익자에게 행한 해지 의사표시는 효력이 없다(대법원 2002. 11. 8. 선고 2000다19281 판결). 만약 보험계약자가 사망하였다면 보험계약자의 상속인에게 해지 의사표시를 해야 한다.

③ 상법 제655조의 단서 적용 배제를 위한 고지의무 위반 사실과 보험사고 발생과의 인과관계는 상당인과관계를 요구하는 것이 아니라, 그 인과관계의 존재를 조금이라도 주지할 수 있는 여지가 있다면 충분하다(대법원 92다28259 판결).

④ 대법원 판례에 따르면, 보험자 및 보험계약의 체결 또는 모집에 종사하는 자는 보험계약의 체결에 있어서 보험계약자 또는 피보험자에게 보험약관에 기재되어 있는 보험상품의 내용, 보험료율의 체계 및 보험청약서상 기재 사항의 변동 사항 등 보험계약의 중요한 내용에 대하여 구체적이고 상세한 명시·설명의무를 지고 있으며, 보험자가 이러한 보험약관의 명시·설명의무에 위반하여 보험계약을 체결한 때에는 그 약관의 내용을 보험계약의 내용으로 주장할 수 없다. 또한 보험자가 이러한 보험약관 교부설명의무를 위반하였을 때에는 보험계약자나 그 대리인이 그 약관에 규정된 고지의무를 위반하였다 하더라도 이를 이유로 보험계약을 해지할 수 없다(대법원 1998. 4. 10. 선고 97다47255 판결).

정답 08. ③

09 보험증권에 대한 다음 설명 중 틀린 것은?

① 보험증권은 요식증권의 성격을 지니고 있으나 어음이나 수표와 같이 엄격한 요식증권은 아니다.
② 보험자는 보험증권을 제시한 자에게 보험금 등을 지급하면 악의 또는 중과실이 없는 한 그 보험증권을 제시한 자가 권리가 없었던 자라고 하더라도 책임을 면하므로 면책증권이다.
③ 보험증권은 상환증권 성질을 지니고 있으나 다른 방법으로 자신이 권리자임을 증명하면 보험금 수령 등 권리를 행사할 수 있으므로 약한 상환증권이다.
④ 보험증권이 지시식 또는 무기명식으로 발행된 생명보험이라면 유가증권성을 인정할 수도 있으나 보험증권 상의 권리는 일종의 기대권에 불과한 점 등에서 불완전한 유가증권에 불과하다.

 보험증권이 유가증권인지에 대하여는 긍정설과 반대설이 있다. 인보험의 경우 유가증권성을 인정하면 생명보험 계약의 전매를 허용하는 결과가 되므로 유가증권을 인정하기 어렵지만 보험증권이 지시식 또는 무기명식으로 발행된 경우의 운송보험이나 적하보험에는 유가증권성을 인정할 수 있다. 그러나 보험증권의 유가증권성을 인정하더라도 보험증권 상의 권리는 일종의 기대권에 불과하기 때문에 불완전한 유가증권에 불과하다.

10 보험금 지급과 관련된 다음 설명 중 틀린 것은?

① 보험금 청구권자는 손해보험에서는 피보험자, 인보험에서는 보험수익자이다.
② 보험계약은 유상계약이므로 보험금의 지급은 금전으로 지급하여야 하며, 현물 기타 급여로는 지급할 수 없다.
③ 보험금액의 지급에 관하여 약정기간이 없는 경우에는 보험사고의 통지를 받은 후 지체 없이 지급할 보험금액을 정하고 그 정하여진 날부터 10일 이내에 보험금액을 지급하여야 한다.
④ 보험금청구권의 기산점에 대해서 상법은 달리 정하는 바가 없다.

 ① 보험사고 발생 시 보험자에게 보험금을 청구할 수 있는 사람은 손해보험에서는 피보험자, 인보험에서는 보험수익자이다.
② 보험금의 지급은 금전으로 지급하는 것이 원칙이나 당사자 간의 약정에 의하여 현물 또는 기타 급여로 할 수 있다(상법 제638조).
③ 보험금액의 지급에 관하여 약정기간이 없는 경우에는 보험사고의 통지를 받은 후 지체 없이 지급할 보험금액을 정하고 그 정하여진 날부터 10일 이내에 보험금액을 지급하여야 한다(상법 제658조).
④ 보험금청구권의 기산점에 대해서 상법은 달리 정하는 바가 없다. 따라서 민법 제166조 제1항에 따라 권리를 행사할 수 있는 때로부터 진행한다.

11 보험에서 면책사유로 규정된 고의 등에 대한 다음 설명 중 틀린 것은?

① 고의는 절대적 면책사유에 해당한다.
② 고의 사고 시 보험자가 면책되기 위해서는 보험금을 취득하고자 하는 의사가 있어야 한다.
③ 인보험에서는 고의만 면책사유이며, 중과실로 발생한 보험사고는 보험금을 지급하여야 한다.
④ 보증보험에서는 보험계약자의 고의 행위가 있더라도 피보험자에게 책임있는 사유가 없다면 보험금을 지급하여야 한다.

① 고의는 보험에서 절대적 면책사유에 해당한다. 즉 보험의 본질상 고의사고에 대해서는 보험금을 지급할 수 없다.
② 고의 사고 시 보험자가 면책되기 위해서는 고의사고를 일으킨 자에게 보험금을 취득하고자 하는 의사가 있어야 하는 것은 아니다. 즉 사고에 대한 고의만 있으면 충분하며 <u>보험금 취득에 대한 고의까지 필요로 하는 것은 아니다</u>. 예를 들어 피보험자를 고의로 살해하였다면 생명보험금 지급이 면책되는 것이지, 보험금을 받기 위하여 피보험자를 살해하였다는 것까지 요구하는 것은 아니다.
③ 인보험에서는 보험사고 발생의 객체가 생명 또는 신체라는 점에서 고의사고만 보험자의 면책사유에 해당하며, 중과실로 인한 보험사고는 보험금을 지급해야 한다(상법 제732조의2).
④ 보증보험에서는 그 성격상 원칙적으로 보험계약자의 사기, 고의 또는 중대한 과실이 있는 경우에도 이에 대하여 피보험자에게 책임이 있는 사유가 없으면 보험금을 지급하여야 한다(상법 제726조의6). 이는 채권자(피보험자) 보호를 위해 존재하는 보증보험의 특성상 당연한 규정이다.

12 보험료 부지급의 효과에 대한 다음 설명 중 틀린 것은? (다툼이 있을 경우 판례에 따름)

① 최초보험료가 지급되지 않은 때에는 다른 약정이 없는 한 계약 성립 후 2월이 경과하면 계약은 해제된 것으로 추정한다.
② 계속보험료가 납부되지 않으면 보험자는 상당한 기간을 정하여 최고하여야 한다.
③ 특정한 타인을 위한 보험의 경우에 보험계약자가 보험료의 지급을 지체한 때에는 보험자는 그 타인에게도 상당한 기간을 정하여 보험료의 지급을 최고하여야 보험계약을 해지할 수 있다.
④ 계속보험료 미납 시에 최고 절차없이 상당기간의 종료일에 보험계약이 해지되는 것으로 규정한 이른바 실효약관은 무효이다.

① 최초보험료가 지급되지 않은 때에는 다른 약정이 없는 한 계약 성립 후 2월이 경과하면 계약은 해제된 것으로 <u>본다</u>(상법 제650조 제1항).
② 계속보험료가 납부되지 않으면 보험자는 상당한 기간을 정하여 최고하여야 하며, 그 기간 내에도 보험료가 지급되지 않으면 그 계약을 해지할 수 있다(상법 제650조 제2항).
③ 특정한 타인을 위한 보험의 경우에 보험계약자가 보험료의 지급을 지체한 때에는 보험자는 그 타인에게도 상당한 기간을 정하여 보험료의 지급을 최고하여야 보험계약을 해지할 수 있다(상법 제650조 제3항).
④ 대법원은 계속보험료 미납 시에 최고 절차없이 상당기간의 종료일에 계약이 해지되는 것으로 규정한 실효약관을 보험계약자 등의 불이익 변경 금지 원칙(상법 제663조)에 위반하였기 때문에 무효라고 보았다.

정답 11.② 12.①

13 다음 중 상법상 보험계약의 무효사유가 아닌 것은?

① 보험자의 파산선고
② 보험사고가 확정된 후의 보험계약
③ 보험계약자의 사기로 체결된 초과보험
④ 피보험자의 서면 동의 없는 타인의 사망보험

 상법상 보험계약의 무효 사유는 다음과 같다.

(1) 보험사고가 확정된 후의 보험계약
보험계약 당시에 보험사고가 이미 발생하였거나 또는 발생할 수 없는 것인 때에는 그 계약은 무효로 한다. 그러나 당사자 쌍방과 피보험자가 이를 알지 못한 때에는 그러하지 아니한다.

(2) 사기로 체결된 초과, 중복보험
보험계약자의 사기로 인하여 체결된 초과보험과 중복보험은 무효이다. 이 경우 보험자는 그 사실을 안 때까지의 보험료를 청구할 수 있다.

(3) 만 15세 미만자 등을 피보험자로 하는 사망보험
만 15세 미만자, 심신상실자 또는 심신박약자의 사망을 보험사고로 한 보험계약은 무효로 한다. 다만 심신박약자가 보험계약을 체결하거나 단체보험의 피보험자가 될 때에 의사능력이 있는 경우에는 유효하다.

(4) 피보험자의 서면동의 없는 타인의 사망보험
타인의 사망을 보험사고로 하는 보험계약에는 보험계약 체결 시에 그 타인의 서면에 의한 동의를 얻어야 하며, 만약 동의를 얻지 못했다면 해당 보험계약은 무효이다. 이 때 서면동의에는 전자서명법에 따른 전자서명이 있는 경우로서 대통령령으로 정하는 바에 따라 본인 확인 및 위조·변조 방지에 대한 신뢰성을 갖춘 전자문서를 포함한다.

14 보험계약의 부활에 대한 다음 설명 중 틀린 것은?

① 보험계약을 부활하고자 할 때에는 연체보험료와 약정이자를 납부하여야 한다.
② 부활의 대상이 되는 보험계약은 계속보험료를 지급하지 않아 해지된 보험계약이며 고지의무 위반으로 해지된 보험계약은 위반 사실을 치유하더라도 부활을 할 수 없다.
③ 보험계약이 해지된 기간 중에 발생한 사고는 보장하지 않는다.
④ 보험계약이 부활한 경우 보험자의 해지권의 기산점, 자살 면책기간의 기산점은 모두 최초 청약시를 기준으로 한다.

 보험계약의 부활이란 보험계약자가 계속보험료를 지급하지 않아 보험계약이 해지 또는 실효된 경우 일정한 요건을 갖추어 보험계약을 다시 유효하게 하는 행위를 말한다. 보험계약의 부활을 위해서는 다음과 같은 요건이 필요하다.

> 1) 계속보험료의 미지급으로 인한 보험계약의 해지일 것
> 2) 해지 후 아직 해지환급금이 지급되지 아니하였을 것
> 3) 보험계약자가 일정한 기간 내에 연체보험료와 약정이자를 붙여 보험자에게 부활을 청구할 것
> 4) 보험자의 승낙이 있을 것

부활 이후 종전의 계약과 동일한 내용의 효력이 존속하게 된다. 다만 해지부터 부활 사이에 발생한 사고에 대해서는 보상하지 않는다. 고지의무 해지권의 기산점, 자살 면책기간의 기산점은 모두 <u>부활 시를 기준</u>으로 한다.

15 타인을 위한 보험계약에 대한 다음 설명 중 틀린 것은?

① 타인을 위한 보험계약이란 보험계약자가 타인의 이익을 위하여 자기명의로 체결한 보험계약을 말한다.
② 보증보험은 전형적인 타인을 위한 보험에 해당하지만 책임보험은 자기를 위한 보험이다.
③ 대법원 판례에 따르면 타인을 위한 보험계약에서 타인은 계약 체결시 특정되어야 하며, 만약 특정되지 않으면 자기를 위한 보험계약으로 본다.
④ 타인의 위임 또는 타인의 수익 의사표시는 보험계약의 성립요건이 아니므로, 위임이나 수익 의사표시가 없더라도 타인을 위한 보험은 유효하게 성립할 수 있다.

① 타인을 위한 보험계약이란 보험계약자가 특정 또는 불특정한 타인의 이익을 위하여 자기명의로 체결한 보험계약을 말한다(상법 제639조). 여기서 타인이 가지는 주요한 권리는 보험금청구권이므로 손해보험에서는 보험계약자와 피보험자가 다른 계약, 인보험에서는 보험계약자와 보험수익자가 다른 계약을 말한다.
② 보증보험은 전형적인 타인을 위한 보험에 해당하지만 책임보험은 자기를 위한 보험이다.
③ 타인을 위한 보험계약을 체결할 때에 보험계약자는 위임을 받거나 위임을 받지 아니하고 <u>특정 또는 불특정의 타인을 위하여 보험계약을 체결할 수 있다</u>(상법 제639조 제1항).
④ 타인의 위임 또는 타인의 수익 의사표시는 계약의 성립요건이 아니므로, 위임이나 수익 의사표시가 없더라도 타인을 위한 보험은 유효하게 성립할 수 있다. 다만, 손해보험 계약의 경우에 그 타인의 위임이 없는 때에는 보험계약자는 이를 보험자에게 고지하여야 하고, 그 고지가 없는 때에는 타인이 그 보험계약이 체결된 사실을 알지 못하였다는 사유로 보험자에게 대항하지 못한다(상법 제639조 제1항).

16 다음 중 피보험이익의 요건에 해당하지 않는 것은?

① 충분히 거대해야 한다.
② 적법한 것이어야 한다.
③ 금전상 산정이 가능한 것이어야 한다.
④ 확정 가능한 것이어야 한다.

 피보험이익의 요건은 다음과 같다.

적법성	탈세, 절도, 밀수, 성매매 등 불법한 이익이나 선량한 풍속 기타 사회질서에 반하는 이익은 피보험이익이 될 수 없다.
금전 산정 가능성	금전으로 산정이 가능한 경제적 이익이어야 한다. 따라서 피보험자의 도덕적 가치, 종교적 신념 등 금전으로 산정이 불가능한 주관적 가치는 피보험이익이 될 수 없다.
확정 가능성	보험계약 당시에 확정되지 않아도 되나, 적어도 보험사고 발생 시까지는 확정되어야 한다. 따라서 확정 가능성이 있다면 현재의 이익 뿐만 아니라 장래의 이익, 조건부 이익도 보험계약의 목적이 될 수 있다.

정답 15.③ 16.①

17 초과보험에 대한 다음 설명 중 틀린 것은?

① 초과보험이란 보험금액이 보험가액을 현저하게 초과하는 보험을 말한다.
② 초과보험 여부는 원칙적으로 보험계약을 체결할 때의 보험가액을 기준으로 한다.
③ 계약 당시에는 초과보험이 아니었으나 보험기간 중 물가 변동으로 인하여 초과보험이 될 수도 있다.
④ 초과보험이 성립하면 보험자 또는 보험계약자는 보험료와 보험금액의 감액을 청구할 수 있다. 보험료의 감액은 소급하여 그 효력이 있다.

①④ 초과보험이란 보험금액이 보험계약의 목적의 가액(보험가액)을 현저하게 초과하는 보험을 말한다. 초과보험이 성립하면 보험자 또는 보험계약자는 보험료와 보험금액의 감액을 청구할 수 있다. 보험료의 감액은 장래에 향하여 그 효력이 있다(상법 제669조 제1항).
②③ 초과보험 여부는 원칙적으로 보험계약을 체결할 때의 보험가액을 기준으로 한다. 다만 계약 당시에는 초과보험이 아니었으나 보험기간 중 물가 변동으로 인하여 초과보험이 될 수도 있다(상법 제669조 제2항 및 제3항).

18 손해방지의무에 관한 다음의 내용 중 옳은 것은?

① 판례는 보험계약의 최대 선의의 원칙에 따라 보험계약이 체결되지 않은 자기 재산에 기울이는 것보다 넓은 범위의 손해방지 활동을 요구한다.
② 상법상 손해방지의무를 위반할 경우에는 의무위반으로 인해 늘어난 손해는 보상하지 않는다.
③ 보험사고가 발생하지 않도록 막아야 하는 예방의무가 아니다.
④ 보험자의 지시에 의하여 손해방지의무를 이행한 경우에 한하여 손해방지비용과 보상액의 합계액이 보험금액을 초과하였더라도 보험자가 이를 부담한다.

① 손해방지의무는 보험의 사행계약적 성질에 따라 법이 특별히 인정한 의무로, 보험계약자와 피보험자가 손해의 방지와 경감을 위하여 노력하여야 할 의무를 말한다. 이때 손해방지의무의 정도와 범위는 보험계약이 체결되지 않은 자기 재산에 대하여 요구되는 정도의 주의면 충분하다.
② 손해방지의무를 위반할 경우에 대한 내용은 상법에 규정되어 있지 않다. 다만, 개별 보험약관의 규정상 의무위반으로 인해 늘어난 손해는 보상하지 않는다.
③ 손해방지의무는 보험사고가 발생하지 않도록 막아야 하는 예방의무가 아니라, 이미 사고가 발생한 경우에 더 이상 손해가 확대되지 않도록 방지해야 하는 의무이다.
④ 손해방지비용이 발생한 경우 피보험자는 그 비용의 지급을 보험자에게 청구할 수 있다. 이 때 그 비용과 보상액이 보험금액을 초과한 경우에도 보험자는 이를 부담하여야 한다. 본 규정은 보험자의 지시 여부를 따지지 않으므로, 보험계약자나 피보험자가 보험자의 지시없이 스스로 손해방지의무를 이행하여 발생한 비용도 보험자가 부담하여야 한다. 유사한 개념과 비교하여, 책임보험에서 피보험자가 제3자의 청구를 방어하기 위하여 지출한 비용인 방어비용은 보험자의 지시에 의한 경우에만, 그 금액에 손해액을 가산한 금액이 보험금액을 초과한 것을 보험자가 이를 부담하니 주의하여야 한다.

19 A는 자신을 보험계약자 및 피보험자로 하여 화재보험계약을 체결하였고, 이후 그 주택을 B에게 양도하고 이전등기까지 완료하였다. 그러나 A와 B는 모두 주택의 양도 사실을 보험회사에 통보하지 않았다. 이 후 보험기간 중 주택에 화재가 발생하였다. 다음 설명 중 틀린 것은? (다툼이 있을 경우 판례에 따름)

① 상법은 피보험자가 보험목적을 양도한 때에는 양수인은 보험계약에 의하여 생긴 권리와 의무를 승계한 것으로 추정하는 규정을 두고 있다.
② 보험목적 양도의 통지의무 위반은 보험자의 대항요건이 아니며 단순히 보험자의 보호를 위한 규정이므로 설령 양도 통지의무 위반이 있더라도 양수인은 보험금청구권을 행사할 수 있다.
③ 보험목적의 양도 추정은 보험목적의 양수인에게 보험승계가 없다는 것이 증명된 경우에는 번복될 수 있다.
④ 보험계약자의 양도 통지의무 위반이 있다면 보험자는 이를 이유로 계약을 해지할 수 있다.

 ① 상법은 피보험자가 보험목적을 양도한 때에는 양수인은 보험계약에 의하여 생긴 권리와 의무를 승계한 것으로 추정하는 규정을 두고 있다(상법 제679조 제1항).
② 보험목적 양도의 통지의무 위반을 대항요건으로 볼 것인가에 대해 견해가 나뉘는데, 보험자의 대항요건이 아니며 단순히 보험자의 보호를 위한 규정이므로 설령 양도 통지의무 위반이 있더라도 양수인은 보험금청구권을 행사할 수 있다.
③ 보험목적의 양도 추정은 보험목적의 양수인에게 보험승계가 없다는 것이 증명된 경우에는 번복될 수 있다(대법원 1996.5.28 선고 96다6998).
④ 상법에는 양도 통지의무를 규정하고 있으나, 이를 위반했을 경우에 대한 규정은 없다. 대법원은 양도 통지의무를 이행하지 않았더라도 위험의 현저한 변경 증가가 없는 한 보험자는 보험계약을 해지할 수 없다고 보고 있다(대법원 2011.7.28 선고 2011다23743, 23750 판결).

20 운송보험에 대한 다음 설명 중 틀린 것은?

① 운송보험계약의 보험자는 운송인이 운송물을 수령한 때로부터 수하인에게 인도할 때까지 생길 손해를 보상할 책임이 있다.
② 운송보험에서 보험가액은 운송물을 발송한 때와 곳의 가액과 도착지까지의 운임 기타의 비용이다. 운송물의 도착으로 인하여 얻을 이익은 당사자 간에 약정이 있는 때에 한하여 보험가액에 산입한다.
③ 운송의 필요에 의하여 일시운송을 중지하거나 운송의 노순 또는 방법을 변경한 경우에도 그 효력을 잃지 아니한다.
④ 보험사고가 송하인, 수하인 또는 운송인의 고의 또는 중대한 과실로 인하여 발생한 때에는 보험자는 이로 인하여 생긴 손해를 보상할 책임이 없다.

정답 19.④ 20.④

① 운송보험계약의 보험자는 운송인이 운송물을 수령한 때로부터 수하인에게 인도할 때까지 생길 손해를 보상할 책임이 있다(상법 제688조).
② 운송보험에서 보험가액은 운송물을 발송한 때와 곳의 가액과 도착지까지의 운임 기타의 비용이다. 운송물의 도착으로 인하여 얻을 이익은 약정이 당사자 간에 있는 때에 한하여 보험가액에 산입한다(상법 제689조).
③ 운송의 필요에 의하여 일시운송을 중지하거나 운송의 노순 또는 방법을 변경한 경우에도 그 효력을 잃지 아니한다(상법 제691조).
④ 보험사고가 송하인 또는 수하인의 고의 또는 중대한 과실로 인하여 발생한 때에는 보험자는 이로 인하여 생긴 손해를 보상할 책임이 없다(상법 제692조). 운송인의 고의 또는 중대한 과실은 보험자의 면책사유가 아니므로, 보험금을 지급하여야 한다.

21 해상보험에서 공동해손, 구조료 및 특별비용에 대한 다음 설명 중 틀린 것은?
① 보험자는 피보험자가 지급할 공동해손의 분담액을 보상할 책임이 있다. 그러나 보험의 목적의 공동해손 분담가액이 보험가액을 초과할 때에는 그 초과액에 대한 분담액은 보상하지 아니한다.
② 공동해손 분담에 따른 손해액을 보상한 보험자는 피보험자가 이해관계인에 대하여 가지는 공동해손 분담 청구권을 대위 취득한다.
③ 보험자는 피보험자가 보험사고로 인하여 발생하는 손해를 방지하기 위하여 지급할 구조료를 보상할 책임이 있다. 그러나 보험의 목적물의 구조료 분담가액이 보험가액을 초과할 때에는 그 초과액에 대한 분담액은 보상하지 아니한다.
④ 보험자는 보험의 목적의 안전이나 보존을 위하여 지급할 특별비용을 보험가액의 한도내에서 보상할 책임이 있다.

① 보험자는 피보험자가 지급할 공동해손의 분담액을 보상할 책임이 있다. 그러나 보험의 목적의 공동해손 분담가액이 보험가액을 초과할 때에는 그 초과액에 대한 분담액은 보상하지 아니한다(상법 제694조).
② 공동해손 분담에 따른 손해액을 보상한 보험자는 피보험자가 이해관계인에 대하여 가지는 공동해손 분담 청구권을 대위 취득한다(상법 제682조).
③ 보험자는 피보험자가 보험사고로 인하여 발생하는 손해를 방지하기 위하여 지급할 구조료를 보상할 책임이 있다. 그러나 보험의 목적물의 구조료 분담가액이 보험가액을 초과할 때에는 그 초과액에 대한 분담액은 보상하지 아니한다(상법 제694조의2).
④ 보험자는 보험의 목적의 안전이나 보존을 위하여 지급할 특별비용을 보험금액의 한도내에서 보상할 책임이 있다(상법 제694조의3).

22 타인의 생명보험에 관한 다음 설명 중 가장 옳지 않은 것은? (다툼이 있는 경우 판례에 따름)

① 타인의 사망을 보험사고로 하는 보험계약의 체결 시 필요한 타인의 서면동의는 각 보험계약에 대하여 개별적으로 서면에 의하여 이루어져야 하고 포괄적인 동의 또는 묵시적이거나 추정적 동의만으로는 부족하다.
② 타인의 생명보험에서 피보험자가 서면으로 동의의 의사표시를 하여야 하는 시점은 '보험계약 체결 시까지'이고, 이는 강행규정이므로 이를 위반한 보험계약은 무효이다. 따라서 타인의 생명보험 계약 성립 당시 피보험자의 서면동의가 없었다면 보험계약은 확정적으로 무효가 되고, 피보험자가 이미 무효로 된 보험계약을 추인하였다고 하더라도 보험계약이 유효로 될 수는 없다.
③ 타인의 생명보험에서 얻어야 하는 타인의 서면동의 방식에는 「전자서명법」에 따른 전자서명이 있는 경우로서 본인 확인 및 위조·변조 방지에 대한 신뢰성을 갖춘 전자문서도 포함된다.
④ 심신박약자가 보험계약을 체결하거나 상법 제735조의3에 따른 단체보험의 피보험자가 될 때에 심신박약자의 서면에 의한 동의를 얻었다면 그 계약은 유효하다.

①② 타인의 사망을 보험사고로 하는 보험계약의 체결 시 타인의 서면동의를 얻도록 규정한 것은 동의의 시기와 방식을 명확히 함으로써 분쟁의 소지를 없애려는 데 취지가 있으므로, 피보험자인 타인의 동의는 각 보험계약에 대하여 개별적으로 서면에 의하여 이루어져야 하고 포괄적인 동의 또는 묵시적이거나 추정적 동의만으로는 부족하다. 또한 타인의 생명보험에서 피보험자가 서면으로 동의의 의사표시를 하여야 하는 시점은 '보험계약 체결 시까지'이고, 이는 강행규정으로서 이에 위반한 보험계약은 무효이므로, 타인의 생명보험 계약 성립 당시 피보험자의 서면동의가 없다면 보험계약은 확정적으로 무효가 되고, 피보험자가 이미 무효로 된 보험계약을 추인하였다고 하더라도 보험계약이 유효로 될 수는 없다(대법원 2006. 9. 22. 선고 2004다56677 판결, 대법원 2010. 2. 11. 선고 2009다74007 판결).
③ 타인의 생명보험에서 얻어야 하는 타인의 서면동의 방식에는 「전자서명법」에 따른 전자서명이 있는 경우로서 본인 확인 및 위조·변조 방지에 대한 신뢰성을 갖춘 전자문서도 포함된다(상법 제731조 제1항).
④ 15세 미만자, 심신상실자, 심신박약자의 사망을 보험사고로 하는 보험계약은 무효이다. 다만, 심신박약자가 보험계약을 체결하거나 상법 제735조의3에 따른 단체보험의 피보험자가 될 때에 의사능력이 있는 경우에는 그 계약은 유효하다. 의사능력 보유 여부를 묻는 것이지, 서면 동의는 관계없다.

23 다음 중 보험업법의 제정 목적에 해당하지 않는 것은?

① 보험업을 경영하는 자의 건전한 경영을 도모
② 보험계약자, 피보험자 및 보험 관련 업무 종사자의 권익 보호
③ 보험업의 건전한 육성
④ 국민경제의 균형 있는 발전에 기여

보험업법은 보험업을 경영하는 자의 건전한 경영을 도모하고 보험계약자, 피보험자, 그 밖의 이해관계인의 권익을 보호함으로써 보험업의 건전한 육성과 국민경제의 균형 있는 발전에 기여함을 목적으로 한다(보험업법 제1조). 보험 관련 업무 종사자의 권익 보호는 보험업법의 제정 목적에 해당하지 않는다.

정답 22.④ 23.②

24 다음 중 보험 모집을 할 수 없는 자는?

① 보험대리점
② 보험회사 직원
③ 보험회사 사외이사
④ 보험중개사

 보험업법상 모집을 할 수 있는 자는 다음 각 호의 어느 하나에 해당하는 자이어야 한다.
1. 보험설계사
2. 보험대리점
3. 보험중개사
4. 보험회사의 임원(대표이사 · 사외이사 · 감사 및 감사위원은 제외한다) 또는 직원

25 보험사기방지특별법에 관한 다음 설명 중 틀린 것은?

① 보험사기행위를 알선 · 유인 · 권유 또는 광고한 자는 10년 이하의 징역 또는 5천만원 이하의 벌금에 처한다.
② 보험사기 행위의 조사, 방지, 처벌에 관한 사항을 정함으로써 보험계약자, 피보험자, 그 밖의 이해관계인의 권익을 보호하고 보험업의 건전한 육성과 국민의 복리증진에 이바지함을 목적으로 한다.
③ 보험사기방지특별법은 보험사기 행위의 조사, 방지 및 보험사기 행위자의 처벌에 관하여는 다른 법률에 우선하여 적용한다.
④ 상습범에 대하여는 형법에 의하여 처벌하도록 규정하고 있다.

 ① 보험사기행위를 알선 · 유인 · 권유 또는 광고한 자는 10년 이하의 징역 또는 5천만원 이하의 벌금에 처한다(보험사기방지특별법 제8조 제1항).
② 보험사기 행위의 조사, 방지, 처벌에 관한 사항을 정함으로써 보험계약자, 피보험자, 그 밖의 이해관계인의 권익을 보호하고 보험업의 건전한 육성과 국민의 복리증진에 이바지함을 목적으로 한다(보험사기방지특별법 제1조).
③ 보험사기방지특별법은 보험사기 행위의 조사, 방지 및 보험사기 행위자의 처벌에 관하여는 다른 법률에 우선하여 적용한다(보험사기방지특별법 제3조).
④ 보험사기방지특별법 제9조에서는 상습으로 보험사기죄를 범한 자는 그 죄에 정한 형의 2분의 1까지 가중하도록 규정하고 있다. 즉 상습범에 대한 처벌 규정이 마련되어 있다.

26 질병상해보험 표준약관에 기재된 사망에 대한 다음 설명 중 틀린 것은?
① 실종선고를 받은 경우에는 법원에서 실종선고를 한 때에 사망한 것으로 본다.
② 보험에서의 사망은 의사의 진단에 따라 사망진단서 또는 사체검안서를 발급받은 경우를 말한다.
③ 관공서에서 수해, 화재나 그 밖의 재난을 조사하고 사망한 것으로 통보하는 경우에는 가족관계등록부에 기재된 사망연월일을 사망 기준일로 한다.
④ 「호스피스·완화의료 및 임종과정에 있는 환자의 연명의료 결정에 관한 법률」에 따른 연명의료중단 등 결정 및 그 이행으로 피보험자가 사망하는 경우 연명의료중단 등 결정 및 그 이행은 '사망'의 원인 및 '사망보험금' 지급에 영향을 미치지 않는다.

▶ 사망의 인정

실종선고	법원에서 인정한 실종기간이 끝나는 때에 사망한 것으로 본다.
인정사망	관공서에서 수해, 화재나 그 밖의 재난을 조사하고 사망한 것으로 통보하는 경우에는 가족관계등록부에 기재된 사망연월일을 기준으로 한다.

▶ 연명의료중단 등 결정 및 피보험자의 사망
「호스피스·완화의료 및 임종과정에 있는 환자의 연명의료 결정에 관한 법률」에 따른 연명의료중단등결정 및 그 이행으로 피보험자가 사망하는 경우 연명의료중단등 결정 및 그 이행은 '사망'의 원인 및 '사망보험금' 지급에 영향을 미치지 않는다.

27 질병상해보험 표준약관상 상대적 면책사유에 해당하지 않는 것은?
① 전문등반(전문적인 등산용구를 사용하여 암벽 또는 빙벽을 오르내리거나 특수한 기술, 경험, 사전훈련을 필요로 하는 등반을 말한다), 글라이더 조종, 스카이다이빙, 스쿠버다이빙, 행글라이딩, 수상보트, 패러글라이딩
② 피보험자의 임신, 출산(제왕절개를 포함), 산후기. 그러나 회사가 보장하는 보험금 지급사유와 보장개시일부터 2년이 지난 후에 발생한 습관성 유산, 불임 및 인공수정 관련 합병증으로 인한 경우에는 보험금을 지급한다.
③ 모터보트, 자동차 또는 오토바이에 의한 경기, 시범, 흥행(이를 위한 연습을 포함) 또는 시운전. 다만 공용도로상에서 시운전을 하는 동안 보험금 지급사유가 발생한 경우에는 보장한다.
④ 선박에 탑승하는 것을 직무로 하는 사람이 직무상 선박에 탑승하고 있는 동안

회사는 다른 약정이 없으면 피보험자가 직업, 직무 또는 동호회 활동목적으로 아래에 열거된 행위로 인하여 상해 관련 보험금 지급사유가 발생한 때에는 해당 보험금을 지급하지 않는다. 피보험자의 임신, 출산은 일반 면책사유이며, 약관상 상대적 면책사유에는 해당하지 않는다.
1) 전문등반(전문적인 등산용구를 사용하여 암벽 또는 빙벽을 오르내리거나 특수한 기술, 경험, 사전훈련을 필요로 하는 등반을 말한다), 글라이더 조종, 스카이다이빙, 스쿠버다이빙, 행글라이딩, 수상보트, 패러글라이딩
2) 모터보트, 자동차 또는 오토바이에 의한 경기, 시범, 흥행(이를 위한 연습을 포함) 또는 시운전. 다만 공용도로상에서 시운전을 하는 동안 보험금 지급사유가 발생한 경우에는 보장한다.
3) 선박에 탑승하는 것을 직무로 하는 사람이 직무상 선박에 탑승하고 있는 동안

정답 26.① 27.②

28 다음 중 계약 전 알릴의무 위반에도 불구하고 보험회사가 계약 해지 등의 조치를 취할 수 없는 경우가 아닌 것은?

① 회사가 계약 당시에 그 사실을 알았거나 과실로 인하여 알지 못하였을 때
② 회사가 그 사실을 안 날부터 1개월 이상 지났거나 또는 제1회 보험료를 받은 때부터 보험금 지급사유가 발생하지 않고 3년(진단계약의 경우 질병에 대하여는 2년)이 지났을 때
③ 계약을 체결한 날부터 3년이 지났을 때
④ 회사가 계약을 청약할 때 피보험자의 건강상태를 판단할 수 있는 기초자료(건강진단서 사본 등)에 따라 승낙한 경우에 건강진단서 사본 등에 명기되어 있는 사항으로 보험금 지급사유가 발생하였을 때(계약자 또는 피보험자가 회사에 제출한 기초자료의 내용 중 중요사항을 고의로 사실과 다르게 작성한 때에는 계약을 해지할 수 있다)

 ▶ 계약 전 알릴의무 위반에도 불구하고 해지할 수 없는 경우
① 회사가 계약 당시에 그 사실을 알았거나 과실로 인하여 알지 못하였을 때
② 회사가 그 사실을 안 날부터 1개월 이상 지났거나 또는 제1회 보험료를 받은 때부터 보험금 지급사유가 발생하지 않고 2년(진단계약의 경우 질병에 대하여는 1년)이 지났을 때
③ 계약을 체결한 날부터 3년이 지났을 때
④ 회사가 계약을 청약할 때 피보험자의 건강상태를 판단할 수 있는 기초자료(건강진단서 사본 등)에 따라 승낙한 경우에 건강진단서 사본 등에 명기되어 있는 사항으로 보험금 지급사유가 발생하였을 때(계약자 또는 피보험자가 회사에 제출한 기초자료의 내용 중 중요사항을 고의로 사실과 다르게 작성한 때에는 계약을 해지할 수 있다)
⑤ 보험설계사 등이 계약자 또는 피보험자에게 고지할 기회를 주지 않았거나 계약자 또는 피보험자가 사실대로 고지하는 것을 방해한 경우, 계약자 또는 피보험자에게 사실대로 고지하지 않게 하였거나 부실한 고지를 권유했을 때. 다만, 보험설계사 등의 행위가 없었다 하더라도 계약자 또는 피보험자가 사실대로 고지하지 않거나 부실한 고지를 했다고 인정되는 경우에는 계약을 해지할 수 있다.

29 다음 중 상해보험 계약 후 알릴의무 대상이 아닌 것은?

① 보험증권에 기재된 직업 또는 직무가 변경된 경우
② 보험증권에 기재된 피보험자의 운전 목적이 변경된 경우
③ 보험증권에 기재된 피보험자의 운전여부가 변경된 경우
④ 보험증권에 기재된 피보험자의 주소가 변경된 경우

▶ 계약 후 알릴 의무
① 보험증권에 기재된 직업 또는 직무가 변경된 경우
  ㉠ 현재의 직업 또는 직무가 변경된 경우
  ㉡ 직업이 없는 자가 취직한 경우
  ㉢ 현재의 직업을 그만둔 경우
② 보험증권에 기재된 피보험자의 운전 목적이 변경된 경우
  예 자가용 자동차를 운전하다가 영업용 자동차를 운전하게 된 경우
③ 보험증권에 기재된 피보험자의 운전여부가 변경된 경우
  예 비운전자에서 운전자로 변경된 경우
④ 이륜자동차 또는 원동기장치 자전거를 계속적으로 사용하게 된 경우

30 화재보험 약관에서 다른 약정이 없어도 보험의 목적에 포함되는 물건이 아닌 것은?
① 피보험자 소유인 칸막이, 대문, 담, 곳간 및 이와 비슷한 것
② 피보험자 소유인 간판, 네온사인, 안테나, 선전탑 및 이와 비슷한 것
③ 피보험자 소유인 원고, 설계서, 도안, 물건의 원본, 모형, 증서, 장부, 금형(쇠틀), 목형(나무틀), 소프트웨어 및 이와 비슷한 것
④ 피보험자 또는 그와 같은 세대에 속하는 사람의 소유물(생활용품, 집기·비품 등)

▶ 다른 약정이 없으면 보험의 목적에 포함되는 것

건물의 경우	건물의 부속물	피보험자의 소유인 칸막이, 대문, 담, 곳간 및 이와 비슷한 것
	건물의 부착물	피보험자 소유인 간판, 네온사인, 안테나, 선전탑 및 이와 비슷한 것
건물 이외의 경우		피보험자 또는 그와 같은 세대에 속하는 사람의 소유물(생활용품, 집기·비품 등)

▶ 보험증권에 기재하여야 만 보험의 목적에 포함되는 것
(가) 통화, 유가증권, 인지, 우표 및 이와 비슷한 것
(나) 귀금속, 귀중품, 보옥, 보석, 글·그림, 골동품, 조각물 및 이와 비슷한 것
(다) 원고, 설계서, 도안, 물건의 원본, 모형, 증서, 장부, 금형(쇠틀), 목형(나무틀), 소프트웨어 및 이와 비슷한 것
(라) 실외 및 옥외에 쌓아 둔 동산

정답 30.③

31 다음의 예시를 보고 보험회사가 지급해야 하는 보험금이 얼마인지 계산하시오.

- 화재보험에 가입했으며, 해당 보험 약관상 80% 공동보험 조항이 적용됨
- 보험가액 2억원
- 보험가입금액 8천만원
- 손해액 4천만원

① 2천만원 ② 3천만원
③ 4천만원 ④ 5천만원

▶ 보험가입금액이 보험가액의 80% 해당액과 같거나 클 때
  보험가입금액을 한도로 손해액 전액. 그러나 보험가입금액이 보험가액보다 클 때에는 보험가액을 한도로 한다.
▶ 보험가입금액이 보험가액의 80% 해당액보다 작을 때
  보험가입금액을 한도로 아래의 계산식을 적용한 금액

$$손해액 \times \frac{보험가입금액}{보험가액의\ 80\%\ 해당액}$$

주어진 문제에서 보험가액은 2억원이고 보험가입금액은 8천만원이므로 '보험가입금액이 보험가액의 80% 해당액보다 작을 때'에 해당한다. 따라서 계산식은 다음과 같다.

$$4천만원 \times \frac{8천만원}{2억원 \times 80\%} = 2천만원$$

---

32 다음 중 배상책임보험에서 보상하지 않는 손해에 해당하지 않는 것은?

① 피보험자가 소유, 사용 또는 관리하는 재물이 손해를 입었을 경우에 그 재물에 대하여 정당한 권리를 가진 사람에게 부담하는 손해에 대한 배상책임
② 피보험자와 타인간에 손해배상에 관한 약정이 있는 경우, 그 약정에 의하여 가중된 배상책임
③ 피보험자가 지급한 소송비용, 변호사비용, 중재, 화해 또는 조정에 관한 비용과 공탁보증보험료
④ 벌과금 및 징벌적 손해에 대한 배상책임

배상책임보험에서 다음의 사유로 인한 손해는 보상하지 않는다.
1. 계약자, 피보험자 또는 이들의 법정대리인의 고의로 생긴 손해에 대한 배상책임
2. 전쟁, 혁명, 내란, 사변, 테러, 폭동, 소요, 노동쟁의 기타 이들과 유사한 사태로 생긴 손해에 대한 배상책임
3. 지진, 분화, 홍수, 해일 또는 이와 비슷한 천재지변으로 생긴 손해에 대한 배상책임
4. 피보험자가 소유, 사용 또는 관리하는 재물이 손해를 입었을 경우에 그 재물에 대하여 정당한 권리를 가진 사람에게 부담하는 손해에 대한 배상책임
5. 피보험자와 타인간에 손해배상에 관한 약정이 있는 경우, 그 약정에 의하여 가중된 배상책임

6. 핵연료물질 또는 핵연료 물질에 의하여 오염된 물질의 방사성, 폭발성 그 밖의 유해한 특성 또는 이들의 특성에 의한 사고로 생긴 손해에 대한 배상책임
7. 위 제6호 이외의 방사선을 쬐는 것 또는 방사능 오염으로 인한 손해
8. 티끌, 먼지, 석면, 분진 또는 소음으로 생긴 손해에 대한 배상책임
9. 전자파, 전자장(EMF)으로 생긴 손해에 대한 배상책임
10. 벌과금 및 징벌적 손해에 대한 배상책임

33. 재난배상책임보험에 대한 다음 설명 중 틀린 것은?

① 「다중이용업소의 안전관리에 관한 특별법」에 따른 다중이용업으로 화재배상책임보험에 가입해야 하는 시설은 가입의무가 면제된다.
② 가입대상 시설의 소유자와 점유자가 동일한 경우에는 점유자가 가입해야 하며, 다른 경우에는 소유자가 가입해야 한다.
③ 피보험자의 과실이 없는 사고라도 보상책임을 부담하는 무과실책임주의에 따라 운영된다.
④ 대물 손해의 경우 1사고당 10억원을 한도로 보상한다.

- **의무가입 대상시설**
  ① 숙박시설, ② 과학관, ③ 물류창고, ④ 박물관, ⑤ 미술관, ⑥ 1층 음식점, ⑦ 장례식장, ⑧ 경륜장, ⑨ 경정장, ⑩ 장외매장, ⑪ 국제회의시설, ⑫ 지하상가, ⑬ 도서관, ⑭ 주유소, ⑮ 여객자동차터미널, ⑯ 전시시설, ⑰ 15층 이하 아파트, ⑱ 경마장, ⑲ 장외발매소, ⑳ 농어촌민박시설
- **가입의무 면제시설**
  ① 「다중이용업소의 안전관리에 관한 특별법」에 따른 다중이용업으로 화재배상책임보험에 가입해야 하는 시설
  ② 「화재로 인한 재해보상과 보험가입에 관한 법률」에 따른 특수건물로서 신체손해배상특약부 화재보험에 가입해야 하는 시설
  ③ 「국유재산법」, 「공유재산 및 물품관리법」에 따라 보험 또는 공제 등에 가입해야 하는 국·공유 시설
- **담보위험**
  재난배상책임보험은 재난취약시설이 의무적으로 가입하여야 하는 보험으로 화재, 폭발, 붕괴 등으로 인한 타인의 신체 또는 재산상 손해에 대하여 피보험자가 부담하는 법률상 손해배상책임을 보상한다. 피보험자의 과실이 없는 사고라도 보상책임을 지는 무과실책임주의에 따라 운영된다.
- **보험가입 의무자**
  ① 가입대상 시설의 소유자와 점유자가 동일한 경우: 소유자
  ② 가입대상 시설의 소유자와 점유자가 다른 경우: 점유자
  ③ 소유자 또는 점유자와의 계약에 따라 가입대상 시설에 대한 관리책임과 권한을 부여받은 자가 있거나 다른 법령에 따라 관리자로 규정된 자가 있는 경우: 관리자

34 자동차보험에서 사용하는 주요 용어의 정의가 틀린 것은?

① 무면허운전이란 「도로교통법」 또는 「건설기계관리법」의 운전(조종)면허에 관한 규정에 위반되는 무면허 또는 무자격운전(조종)을 말하며, 운전(조종)면허의 효력이 정지된 상황이거나 운전(조종)이 금지된 상황에서 운전(조종)하는 것은 제외한다.
② 부분품이란 엔진, 변속기(트랜스미션) 등 자동차가 공장에서 출고될 때 원형 그대로 부착되어 자동차의 조성부분이 되는 재료를 말한다.
③ 부속품이란 자동차에 정착 또는 장비되어 있는 물품을 말하며, 자동차 실내에서만 사용하는 것을 목적으로 해서 자동차에 고정되어 있는 내비게이션이나 고속도로통행료단말기를 포함한다.
④ 부속기계장치란 의료방역차, 검사측정차, 전원차, 방송중계차 등 자동차등록증상 그 용도가 특정한 자동차에 정착되거나 장비되어 있는 정밀기계장치를 말한다.

무면허운전이란 「도로교통법」 또는 「건설기계관리법」의 운전(조종)면허에 관한 규정에 위반되는 무면허 또는 무자격운전(조종)을 말하며, 운전(조종)면허의 효력이 정지된 상황이거나 운전(조종)이 금지된 상황에서 운전(조종)하는 것을 포함한다.

35 자동차보험에서 과실상계와 손익상계에 대한 다음 설명 중 틀린 것은?

① 「대인배상Ⅰ」, 「대인배상Ⅱ」, 「대물배상」에 의하여 산출한 금액에 대하여 피해자 측의 과실비율에 따라 상계하며, 「무보험자동차에 의한 상해」의 경우에는 피보험자의 과실비율에 따라 상계한다.
② 「대인배상Ⅰ」에서 사망보험금은 상계한 후의 금액이 2,000만원에 미달하면 2,000만원을 보상하며, 부상보험금의 경우 상계한 후의 금액이 치료관계비와 간병비의 합산액에 미달하면 치료관계비(입원환자 식대를 포함)와 간병비를 보상한다.
③ 과실상계에 관하여 기준이 없거나 그 기준에 의한 과실비율의 적용이 곤란할 때에는 별도로 정한 자동차사고 과실비율의 인정기준을 참고하여 산정한다.
④ 생명보험금은 손익상계의 대상이 되지 않는다.

① 「대인배상Ⅰ」, 「대인배상Ⅱ」, 「대물배상」에 의하여 산출한 금액에 대하여 피해자 측의 과실비율에 따라 상계하며, 「무보험자동차에 의한 상해」의 경우에는 피보험자의 과실비율에 따라 상계한다.
② 「대인배상Ⅰ」에서 사망보험금은 상계한 후의 금액이 2,000만원에 미달하면 2,000만원을 보상하며, 부상보험금의 경우 상계한 후의 금액이 치료관계비와 간병비의 합산액에 미달하면 치료관계비(입원환자 식대를 포함)와 간병비를 보상한다.
③ 과실비율을 적용할 때에는 다음에 따른다.
　㉠ 별도로 정한 자동차사고 과실비율을 참고하여 산정
　㉡ 사고유형이 기준에 없거나 적용이 곤란할 때에는 판결례를 참작하여 적용
　㉢ 소송이 제기되었을 경우에는 확정판결에 의한 과실비율 적용
④ 생명보험금은 손익상계의 대상이 되지 않는다.

36 운전자보험의 교통사고처리지원금에서 담보하는 사고에 해당하지 않는 것은?

① 피해자를 사망하게 한 경우
② 중대법규 위반 교통사고로 피해자가 42일 이상 치료를 요한다는 진단을 받은 경우
③ 일반교통사고로 피해자에게 형법 제258조 제1항 또는 제2항의 중상해를 입혀 검찰에 의하여 공소제기 된 경우
④ 일반교통사고로 자동차사고 부상 등급표에서 정한 상해급수 1급, 2급, 3급 또는 4급에 해당하는 부상을 입힌 경우

 상품에 따라 약간의 차이가 있으나 일반적으로 피보험자가 보험기간 중에 자동차를 운전하던 중 급격하고도 우연히 발생한 자동차사고로 타인(피해자)에게 다음 각 호의 어느 하나에 해당하는 상해를 입혀 형사합의를 한 경우 피보험자가 형사합의금으로 실제로 지급한 금액(형사합의금)을 지급한다.
① 피해자를 사망하게 한 경우
② 중대법규위반 교통사고로 피해자가 42일(피해자 1명 기준) 이상 치료를 요한다는 진단을 받은 경우
(참고 – 최근 일부 상품 중에는 특정범죄 가중처벌 등에 관한 법률 제5조의 13(어린이 보호구역에서 어린이 치사상의 가중처벌)에 해당되는 사고에 한하여 피해자가 42일 미만 치료를 요한다는 진단을 받은 경우를 포함하는 경우도 있음)
③ 일반교통사고로 피해자에게 중상해를 입혀 형법 제258조 제1항 또는 제2항, 형법 제268조, 교통사고처리특례법 제3조에 따라 검찰에 의해 공소제기(기소)되거나, 자동차사고 부상 등급표에서 정한 상해급수 <u>1급, 2급 또는 3급</u>에 해당하는 부상을 입은 경우

37 손해보험의 교통상해보험에서 보상하는 손해가 아닌 것은?

① 자동차를 운전하던 중에 급격하고도 우연한 자동차 사고로 상해를 입은 경우
② 운행 중인 자동차에 운전을 하고 있지 않은 상태로 탑승 중이거나 운행 중인 기타 교통수단에 탑승(운전을 포함)하고 있을 때에 발생한 급격하고도 우연한 외래의 사고
③ 자동차 및 기타 교통수단의 설치, 수선, 점검, 정비나 청소작업을 하는 동안 발생한 사고
④ 운행 중인 자동차 및 기타 교통수단에 탑승하지 아니한 때, 운행 중인 자동차 및 기타 교통수단(적재물 포함)과의 충돌, 접촉 또는 이들 자동차 및 기타 교통수단의 충돌, 접촉, 화재 또는 폭발 등으로 인한 사고

 손해보험의 교통상해보험에서 말하는 교통상해란 다음과 같다. 자동차 및 기타 교통수단의 설치, 수선, 점검, 정비나 청소작업을 하는 동안 발생한 사고는 교통상해보험에서 보상하지 아니하는 손해에 해당한다.

자동차 운전 중 교통사고	자동차를 운전하던 중에 급격하고도 우연한 자동차사고로 상해를 입은 경우
탑승 중 교통사고	운행 중인 자동차에 운전을 하고 있지 않은 상태로 탑승 중이거나 운행 중인 기타 교통수단에 탑승(운전을 포함)하고 있을 때에 발생한 급격하고도 우연한 외래의 사고
비탑승 중 교통사고	운행 중인 자동차 및 기타 교통수단에 탑승하지 아니한 때, 운행 중인 자동차 및 기타 교통수단(적재물 포함)과의 충돌, 접촉 또는 이들 자동차 및 기타 교통수단의 충돌, 접촉, 화재 또는 폭발 등으로 인한 사고

정답 36.④ 37.③

38 상속에 관한 다음 설명 중 틀린 것은?

① 피상속인의 배우자는 직계존속 또는 직계비속이 없을 경우에 단독상속인이 된다.
② 사실혼 배우자의 상속권은 인정되지 않지만, 사실혼 관계자와의 사이에서 출생한 자녀의 상속권은 인정된다.
③ 대습상속이란 상속인이 될 직계비속 또는 직계존속이 상속개시 전에 사망하거나 결격자가 된 경우에 그 직계비속이 있는 때에는 그 직계비속이 사망하거나 결격된 자의 순위에 갈음하여 상속인이 되는 것을 말한다.
④ 2인 이상이 동일한 위난으로 사망한 경우에는 동시에 사망한 것으로 추정한다.

① 피상속인의 배우자는 직계존속 또는 직계비속이 있을 경우에는 그들과 공동 상속인이 되며, 직계존속 또는 직계비속이 없을 경우에는 단독상속인이 된다.
② 사실혼 배우자의 상속권은 인정되지 않지만, 사실혼 관계자와의 사이에서 출생한 자녀의 상속권은 인정된다.
③ 대습상속이란 상속인이 될 <u>직계비속 또는 형제자매</u>가 상속개시 전에 사망하거나 결격자가 된 경우에 그 직계비속이 있는 때에는 그 직계비속이 사망하거나 결격된 자의 순위에 갈음하여 상속인이 되는 것을 말한다. 상속개시전에 사망 또는 결격된 자의 배우자는 대습상속에 의한 상속인과 동순위로 공동상속인이 되고 그 상속인이 없는 때에는 단독상속인이 된다(민법 제1001조 및 제1003조).
④ 2인 이상이 동일한 위난으로 사망한 경우에는 동시에 사망한 것으로 추정한다. 동시사망자 상호간에는 상속이 발생하지 않는다.

39 장해분류표의 팔과 다리의 장해 및 추간판탈출증 장해에 대한 다음 설명 중 틀린 것은?

① 1상지(팔과 손가락)의 후유장해지급률은 원칙적으로 각각 합산하되, 지급률은 60%를 한도로 한다.
② 동일한 신체부위에 두 가지 이상의 후유장해가 생긴 경우에는 합산하지 않고 그 중 높은 지급률을 적용해야 한다. 따라서 오른 팔 손목 관절의 기능장해 장해지급률이 20%이고, 오른 팔 팔꿈치 관절의 기능장해 장해지급률이 10%라면, 최종적으로 20%를 장해지급률로 산정한다.
③ 추간판탈출증으로 인한 신경 장해는 수술 또는 시술(비수술적 치료) 후 6개월 이상 지난 후에 평가한다.
④ 신경학적 검사상 나타난 저림감이나 방사통 등 신경자극증상의 원인으로 CT, MRI 등 영상 검사에서 추간판탈출증이 확인된 경우를 추간판탈출증으로 진단하며, 수술 여부에 관계없이 운동장해 및 기형장해로 평가하지 않는다.

① 1상지(팔과 손가락)의 후유장해지급률은 원칙적으로 각각 합산하되, 지급률은 60%를 한도로 한다. 즉 팔과 손가락의 장해지급률은 합산하여 60%가 최대이다.

② 원래 동일한 신체부위에 두 가지 이상의 후유장해가 생긴 경우에는 합산하지 않고 그 중 높은 지급률을 적용하는 것이 원칙이다. 그러나 팔과 다리 관절의 기능장해는 예외적으로 각각 적용하여 합산한다. 따라서 오른 팔 손목 관절의 기능장해 장해지급률이 20%이고, 오른 팔 팔꿈치 관절의 기능장해 장해지급률이 10%라면, 이를 합산하여 30%를 장해지급률로 산정한다.
③ 추간판탈출증으로 인한 신경 장해는 수술 또는 시술(비수술적 치료) 후 6개월 이상 지난 후에 평가한다.
④ 신경학적 검사상 나타난 저린감이나 방사통 등 신경자극증상의 원인으로 CT, MRI 등 영상검사에서 추간판탈출증이 확인된 경우를 추간판탈출증으로 진단하며, 수술 여부에 관계없이 운동장해 및 기형장해로 평가하지 않는다.

40 제도성 특별약관에 대한 다음 설명 중 틀린 것은?

① 특정질병 또는 특정부위 보장제한부 인수 특별약관이 설정되었더라도 상해를 직접적인 원인으로 하여 보험금의 지급사유가 발생한 경우에는 보험금을 지급한다.
② 보험금감액법이란 회사가 정하는 감액기간 내에 상해 이외의 원인으로 보험금 지급사유가 발생하였을 경우에 계약에서 정한 감액비율에 따라 보험금을 지급하는 방식을 말한다.
③ 선지급서비스 특별약관은 보험계약자와 피보험자가 동일한 보험계약으로 사망보험금이 부가된 계약에 한하여 적용한다.
④ 선지급서비스 지급대상이 될 경우 보험회사는 보험수익자에게 선지급보험금(사망보험금의 50%)을 지급한다.

① 특정질병 또는 특정부위 보장제한부 인수 특별약관이 설정되었더라도 상해를 직접적인 원인으로 하여 보험금의 지급사유가 발생한 경우에는 보험금을 지급한다.
② 보험금감액법이란 회사가 정하는 감액기간 내에 상해 이외의 원인으로 보험금 지급사유가 발생하였을 경우에 계약에서 정한 감액비율에 따라 보험금을 지급하는 방식을 말한다.
③ 선지급서비스 특별약관은 보험계약자와 피보험자가 동일한 보험계약으로 사망보험금이 부가된 계약에 한하여 적용한다. 선지급서비스 특별약관의 보험기간은 보통약관의 보험기간이 끝나는 날의 12개월 이전까지로 한다.
④ 선지급서비스 지급대상이 될 경우 보험회사는 피보험자에게 선지급보험금(사망보험금의 50%)을 지급한다. 선지급보험금을 받는 사람은 피보험자이며 보험수익자가 아님에 주의하여야 한다.

정답 40.④

모의고사 2회

01 보험설계사에 대한 다음 설명 중 틀린 것은?

① 보험업법에서 보험설계사는 보험회사·보험대리점 또는 보험중개사에 소속되어 보험계약의 체결을 중개하는 자[법인이 아닌 사단(社團)과 재단을 포함한다]로서 보험업법에 따라 등록된 자로 정의한다.
② 보험설계사는 중개행위를 할 뿐이므로 계약 체결을 대리할 권한이나 고지수령권이 없다.
③ 보험설계사는 보험증권 교부권이 없다.
④ 상법은 보험자가 작성한 영수증을 보험계약자에게 교부하는 경우에 한하여 보험료 수령권을 인정하고 있다.

 보험설계사는 보험회사 등에 소속되어 보험계약의 체결을 중개하는 자로, 중개행위를 할 뿐이므로 계약 체결을 대리할 권한이나 고지수령권이 없다. 다만 상법은 특정한 보험자를 위하여 계속적으로 보험계약의 체결을 중개하는 자(보험설계사)에게 다음의 권한을 인정하고 있다. 즉 보험설계사는 보험증권 교부권이 있다.
1) 보험자가 작성한 보험증권을 보험계약자에게 교부하는 권한
2) 보험자가 작성한 영수증을 보험계약자에게 교부하는 경우에 한하여 보험료를 수령할 권한

02 보험자가 보험약관 교부설명의무를 위반한 경우에 대한 다음 설명 중 틀린 것은?

① 상법상 보험계약자는 보험계약이 성립한 날부터 3개월 이내에 그 계약을 취소할 수 있다.
② 약관규제법에 따르면 사업자는 설명하지 않은 약관을 계약의 내용으로 주장하지 못한다.
③ 약관의 구속력에 관하여 상법단독적용설은 상법이 약관규제법에 대한 특별법이므로 상법만 적용해야 한다는 주장이다.
④ 대법원은 일관되게 상법단독적용설의 입장을 취하고 있다.

 ▶ 관련 법규

상법	보험계약이 성립한 날부터 3개월 이내에 그 계약을 취소할 수 있다.
약관규제법	그 약관을 계약의 내용으로 주장할 수 없다.

▶ 학설

상법단독적용설	상법이 약관규제법에 대한 특별법이므로 상법만 적용해야 한다.
중첩적용설	상법이 보험계약자 보호에 불충분하므로 약관규제법도 적용해야 한다.

→ 대법원 판례는 일관되게 중첩적용설을 지지하고 있다.

03 보험사고 발생 통지의무에 대한 다음 설명 중 틀린 것은?
① 보험사고 발생 통지의무를 부담하는 자는 보험계약자 또는 피보험자, 보험수익자이다.
② 사고 발생을 안 때에는 지체 없이 이를 통지하여야 한다.
③ 통지의 방법에는 제한이 없다.
④ 보험사고 발생 통지의무자가 통지의무를 게을리한 경우에는 보험자의 보험금 지급책임이 면제된다.

보험계약자 또는 피보험자나 보험수익자는 보험사고의 발생을 안 때에는 지체 없이 보험자에게 그 통지를 발송하여야 한다. 만약 보험사고 발생의 통지의무자가 통지를 해태한 경우에 보험자는 그 통지를 게을리 함으로 인하여 증가된 손해를 보상할 책임이 없다(상법 제657조). 증가된 손해를 보상할 책임이 없는 것이지 보험자의 보험금 지급책임이 면제되는 것은 아니다.

04 손해보험과 인보험의 차이에 대한 다음 설명 중 틀린 것은?
① 손해보험은 부정액보험, 인보험은 정액보험에 해당하며 이 차이는 절대적이다.
② 손해보험에서 피보험이익은 절대적이지만 인보험에서는 그렇지 않다.
③ 손해보험의 보험기간은 인보험에 비하여 비교적 단기간인 경우가 많다.
④ 손해보험에서는 고의와 중대한 과실이 모두 보험자의 면책사유이지만 인보험에서는 고의만 면책사유에 해당한다.

손해보험계약은 물건이나 재산에 발생한 실제 손해를 보상하는 것을 목적으로 하며 손해액은 보험사고가 발생해야 알 수 있다는 점에서 부정액보험이다. 이에 반해 인보험은 실제 손해를 보상하는 것이 아니라 정해진 일정한 금액을 보상한다는 점에서 기본적으로 정액보험에 해당한다. 다만, 인보험 중에서도 실제손해액을 보상하는 보험상품(예 실손의료비 보험)이 있으므로 이는 절대적인 차이는 아니다.

05 다음 중 중복보험의 요건에 해당하지 않는 것은?
① 2건 이상의 보험계약을 체결하였을 것
② 보험계약자가 동일인일 것
③ 보험기간이 같거나 일부라도 겹칠 것
④ 보험금액의 총액이 보험가액을 초과할 것

 중복보험이 성립하기 위한 요건은 다음과 같다.
1) 2건 이상의 보험계약을 체결하였을 것
2) 피보험이익이 동일할 것
3) 보험사고가 동일할 것
4) 보험기간이 같거나 일부라도 겹칠 것
5) 보험금액의 총액이 보험가액을 초과할 것
6) 피보험자가 동일인일 것 (판례)
※ 보험계약자가 동일인일 필요는 없으니 주의해야 한다.

06 보험자 대위에 관한 다음 설명 중 틀린 것은?
① 우리 상법은 보험자 대위를 크게 2가지로 구분하고 있다.
② 보험자대위는 상해보험에서도 인정되는 경우가 있다.
③ 보험자대위는 대위권을 행사하겠다는 보험자의 의사표시에 의하여 발생한다.
④ 대법원 판례상 타인을 위한 손해보험 계약에서 보험계약자에 대한 대위권 행사는 인정된다.

 ① 우리 상법은 보험자가 취득하는 권리에 따라 보험자 대위를 크게 2가지로 구분하여 나누고 있다. 피보험자가 보험의 목적에 대하여 가지는 권리를 보험자가 취득하는 경우와 보험계약자와 피보험자가 제3자에 대하여 가지는 권리를 보험자가 취득하는 경우이다. 전자를 잔존물대위, 후자를 청구권대위라고 한다.
② 보험자대위는 원칙적으로 손해보험에서만 인정되고 인보험에서는 인정되지 않는다. 다만 인보험 중에서도 상해보험의 경우에는 당사자 간에 약정이 있는 때에는 피보험자의 권리를 해하지 아니하는 범위에서 보험자대위를 인정한다(상법 제729조).
③ 보험자대위는 보험자가 보험금을 지급하면 법률상 당연히 발생한다. 따라서 보험자가 대위권을 행사하겠다는 의사표시가 없었더라도 보험금을 지급한 보험자는 얼마든지 대위권을 행사할 수 있다.
④ 대법원 판례에 따르면, 타인을 위한 손해보험 계약에서 보험계약자는 대위권 행사의 대상이 되는 제3자이다. 따라서 타인을 위한 손해보험에서 보험계약자는 대위권 행사의 대상으로 인정된다(대법원 1990. 2. 9. 선고 89다카21965).

07 보험목적의 양도에 대한 다음 설명 중 틀린 것은?

① 자동차와 선박의 양도는 일반적인 양도의 규정과는 달리 특칙으로 규정하고 있다.
② 양도되는 보험의 목적은 물건이어야 하며 물건인 이상 동산이나 부동산, 유체재산이나 무체재산을 가리지 않는다.
③ 물건은 특정 또는 개별화되어 있어야 하며 집합보험에서 일부 물건의 양도의 경우에도 보험관계의 이전이 발생한다.
④ 임원배상책임보험이나 전문직업인배상책임보험 등 일정한 지위나 전문자격이 필요한 경우의 책임보험에서는 보험계약이 이전되지 않는다.

 ① 자동차와 선박을 양도하는 경우에 대한 규정은 그 특성을 고려하여 일반적인 보험 목적의 양도 규정과는 달리 따로 규정하고 있다(상법 제726조의4, 제703조의2). 자동차보험에서 자동차의 양도는 보험자의 승낙을 얻은 경우에 한하여 권리의무가 승계되며, 선박보험에서는 보험자의 동의가 없으면 보험계약이 종료한다.
② 보험목적의 양도 규정이 적용되는 보험의 목적은 물건이어야 하며 물건인 이상 동산이나 부동산, 유체재산이나 무체재산을 가리지 않는다.
③ 물건은 특정 또는 개별화되어 있어야 하므로 집합보험에서 일부 물건의 양도의 경우에는 보험관계의 이전이 발생하지 않는다.
④ 임원배상책임보험이나 전문직업인배상책임보험 등 일정한 지위나 전문자격이 필요한 경우의 책임보험에서는 보험계약이 이전되지 않는다.

08 다음은 화재보험 표준약관상 어떠한 손해를 뜻하는 것인가?

> 화재를 진압하는 과정에서 소방호스로 물을 뿌려 보험목적물이 물에 젖는 손해가 발생할 수 있는데 이렇게 화재를 진압하는 과정에서 발생한 손해까지도 보상한다는 의미이다.

① 사고에 따른 직접 손해
② 사고에 따른 간접 손해
③ 사고에 따른 소방 손해
④ 사고에 따른 피난 손해

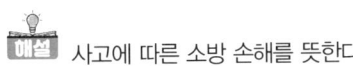 사고에 따른 소방 손해를 뜻한다.

09 해상보험에서 분손이 발생한 경우에 대한 다음 설명 중 틀린 것은?

① 선박의 일부가 훼손되어 그 훼손된 부분의 전부를 수선한 경우에는 보험자는 수선에 따른 비용을 1회의 사고에 대하여 보험금액을 한도로 보상할 책임이 있다.
② 선박의 일부가 훼손되어 그 훼손된 부분의 일부를 수선한 경우에는 보험자는 수선에 따른 비용을 보상하며, 수선을 하지 아니함으로써 생긴 감가액을 보상할 책임이 없다.
③ 선박의 일부가 훼손되었으나 이를 수선하지 아니한 경우에는 보험자는 그로 인한 감가액을 보상할 책임이 있다.
④ 적하가 훼손되어 양륙항에 도착한 때에는 보험자는 그 훼손된 상태의 가액과 훼손되지 아니한 상태의 가액과의 비율에 따라 보험가액의 일부에 대한 손해를 보상할 책임이 있다.

① 선박의 일부가 훼손되어 그 훼손된 부분의 전부를 수선한 경우에는 보험자는 수선에 따른 비용을 1회의 사고에 대하여 보험금액을 한도로 보상할 책임이 있다.
② 선박의 일부가 훼손되어 그 훼손된 부분의 일부를 수선한 경우에는 보험자는 수선에 따른 비용과 수선을 하지 아니함으로써 생긴 감가액을 보상할 책임이 있다.
③ 선박의 일부가 훼손되었으나 이를 수선하지 아니한 경우에는 보험자는 그로 인한 감가액을 보상할 책임이 있다.
④ 적하가 훼손되어 양륙항에 도착한 때에는 보험자는 그 훼손된 상태의 가액과 훼손되지 아니한 상태의 가액과의 비율에 따라 보험가액의 일부에 대한 손해를 보상할 책임이 있다.

10 다음 중 보험위부의 원인에 해당하지 않는 것은?

① 선박의 존부가 2월간 행방불명되어 전손으로 추정된 경우
② 피보험자가 보험사고로 인하여 자기의 선박 또는 적하의 점유를 상실하여 이를 회복할 가능성이 없거나 회복하기 위한 비용이 회복하였을 때의 가액을 초과하리라고 예상될 경우
③ 선박이 보험사고로 인하여 심하게 훼손되어 이를 수선하기 위한 비용이 수선하였을 때의 가액을 초과하리라고 예상될 경우
④ 적하가 보험사고로 인하여 심하게 훼손되어서 이를 수선하기 위한 비용과 그 적하를 목적지까지 운송하기 위한 비용과의 합계액이 도착하는 때의 적하의 가액을 초과하리라고 예상될 경우

상법에서는 아래 세가지 경우를 위부의 원인으로 규정하고 있으며, 이를 추정전손이라고 한다. 선박의 행방불명은 위부의 원인에 해당하지 않으니 주의해야 한다.
(가) 피보험자가 보험사고로 인하여 자기의 선박 또는 적하의 점유를 상실하여 이를 회복할 가능성이 없거나 회복하기 위한 비용이 회복하였을 때의 가액을 초과하리라고 예상될 경우
(나) 선박이 보험사고로 인하여 심하게 훼손되어 이를 수선하기 위한 비용이 수선하였을 때의 가액을 초과하리라고 예상될 경우
(다) 적하가 보험사고로 인하여 심하게 훼손되어서 이를 수선하기 위한 비용과 그 적하를 목적지까지 운송하기 위한 비용과의 합계액이 도착하는 때의 적하의 가액을 초과하리라고 예상될 경우

11 방어비용에 대한 다음 설명 중 틀린 것은?
① 방어비용이란 피해자가 피보험자를 상대로 손해배상을 청구한 경우에 방어를 위하여 지출한 재판상 또는 재판 외의 필요비용을 말한다.
② 방어비용은 피해자의 손해배상 청구가 있는 경우에만 인정되며, 피해자로부터 아직 손해배상 청구가 없다면 방어비용이 인정될 여지가 없다.
③ 피보험자는 보험자에 대하여 방어비용의 선급을 청구할 수 있다.
④ 방어비용의 발생이 보험자의 지시에 의한 것이 아니더라도 그 금액에 손해액을 가산한 금액이 보험금액을 초과하는 때에는 보험자가 이를 부담하여야 한다.

방어비용의 발생이 보험자의 지시에 의한 것인 때에는 그 금액에 손해액을 가산한 금액이 보험금액을 초과하는 때에도 보험자가 이를 부담하여야 한다. 이와 비교하여 손해방지비용은 보험자의 지시에 의한 것이 아닌 때에도 초과금액을 보상하도록 규정하고 있으므로, 주의하여야 한다.

12 보증보험에 대한 다음 설명 중 틀린 것은?
① 보증보험계약의 보험자는 보험계약자가 피보험자에게 계약 상의 채무불이행으로 입힌 손해를 보상할 책임이 있다.
② 보증보험계약의 보험자는 보험계약자가 피보험자에게 법령 상의 의무불이행으로 입힌 손해를 보상할 책임이 있다.
③ 보증보험은 보험계약자가 동시에 피보험자로서 피보증인인 채무자의 채무 불이행 등으로 인하여 발생한 손해의 보상을 위하여 체결하는 자기를 위한 보험이다.
④ 상법은 보증보험계약에 관하여는 그 성질에 반하지 아니하는 범위에서 보증채무에 관한 「민법」의 규정을 준용하도록 하고 있다.

①② 보증보험계약의 보험자는 보험계약자가 피보험자에게 계약상의 채무불이행 또는 법령상의 의무불이행으로 입힌 손해를 보상할 책임이 있다(상법 제726조의5).
③ 보증보험은 채무자인 보험계약자가 채권자를 피보험자로 하여 체결하는 타인을 위한 보험이다. 유사한 개념과 비교하여 신용보험은 보험계약자가 동시에 피보험자이며 채무자의 채무 불이행 등으로 인하여 발생한 손해의 보상을 위하여 체결하는 자기를 위한 보험이다.
④ 상법은 보증보험계약에 관하여는 그 성질에 반하지 아니하는 범위에서 보증채무에 관한 「민법」의 규정을 준용하도록 하고 있다(상법 제726조의7).

13 생명보험의 종류에 대한 다음 설명 중 틀린 것은?

① 연생보험은 피보험자를 '부부'처럼 2인으로 하고 피보험자 2인이 모두 사망한 경우에 보험금이 지급되는 보험이다.
② 생사혼합보험은 피보험자가 일정한 시점까지 살아있는 경우에는 만기환급금을 지급하고 사망하면 사망보험금을 지급하는 보험이다.
③ 회사 등에서 단체의 구성원 전부 또는 일부를 피보험자로 하여 보험계약을 체결할 수도 있는데 이를 단체보험이라고 한다.
④ 보험사고 발생 시에 보험자가 보험금액을 전부 일시에 지급하는 것을 일시금 보험이라 하며, 약정에 따라 보험금액을 분할하여 지급하는 것을 연금식 보험이라고 한다.

 연생보험은 피보험자를 '부부'처럼 2인으로 하고 그 중 1인이 사망한 경우에 다른 1인에게 보험금액을 지급하는 보험이다.

14 상해보험에 대한 다음 설명 중 틀린 것은?

① 만 15세 미만자에 대한 상해보험 계약은 유효하다.
② 상해보험에서 피보험자의 중과실로 인하여 보험사고가 발생한 경우에도 보험자는 보험금을 지급하여야 한다.
③ 둘 이상의 보험수익자 중 일부가 고의로 피보험자에게 상해를 발생시켰다면 보험자는 다른 수익자에 대하여도 보험금 지급책임이 면제된다.
④ 상해보험에는 당사자 간에 다른 약정이 있는 때에는 보험자는 피보험자의 권리를 해하지 아니하는 범위 내에서 그 권리를 대위행사 할 수 있다는 점에서 생명보험과 차이가 있다.

 ① 상해보험에 관하여는 만 15세 미만자 등에 대한 계약을 금지한 상법 제732조를 제외하고 생명보험에 관한 규정이 준용된다(상법 제739조). 따라서 15세 미만자를 대상으로 하는 상해보험 계약은 유효하다.
② 상해보험에서 보험계약자, 피보험자 또는 보험수익자의 중과실로 인하여 보험사고가 발생한 경우에도 보험자는 보험금을 지급하여야 한다(상법 제732조의2 제1항).
③ 둘 이상의 보험수익자 중 일부가 고의로 피보험자에게 상해를 발생시킨 경우 보험자는 다른 수익자에 대한 보험금이 지급책임을 면하지 못한다(상법 제732조의2 제2항).
④ 상해보험에는 당사자 간에 다른 약정이 있는 때에는 보험자는 피보험자의 권리를 해하지 아니하는 범위 내에서 그 권리를 대위행사 할 수 있다는 점에서 생명보험과 차이가 있다(상법 제729조).

15 다음 중 보험업법 상 생명보험 보험종목에 해당하는 것은?

① 연금보험
② 상해보험
③ 질병보험
④ 간병보험

1. 생명보험업의 보험종목
   가. 생명보험
   나. 연금보험(퇴직보험을 포함한다)
   다. 그 밖에 대통령령으로 정하는 보험종목
2. 손해보험업의 보험종목
   가. 화재보험
   나. 해상보험(항공·운송보험을 포함한다)
   다. 자동차보험
   라. 보증보험
   마. 재보험(再保險)
   바. 그 밖에 대통령령으로 정하는 보험종목
3. 제3보험업의 보험종목
   가. 상해보험
   나. 질병보험
   다. 간병보험
   라. 그 밖에 대통령령으로 정하는 보험종목

16 보험업의 허가에 대한 다음 설명 중 틀린 것은?

① 보험업의 허가는 보험사업자 별로 받아야 한다.
② 보험종목에 대한 허가를 받은 자는 해당 보험종목의 재보험에 대한 허가를 받은 것으로 본다.
③ 생명보험업이나 손해보험업에 해당하는 보험종목의 전부에 관하여 허가를 받은 자는 제3보험업에 해당하는 보험종목에 대한 허가를 받은 것으로 본다.
④ 보험업의 허가를 받을 수 있는 자는 주식회사, 상호회사 및 외국보험회사로 제한한다.

① 보험업의 허가는 보험종목별로 받아야 한다(보험업법 제4조 제1항).
② 보험종목에 대한 허가를 받은 자는 해당 보험종목의 재보험에 대한 허가를 받은 것으로 본다(보험업법 제4조 제2항).
③ 생명보험업이나 손해보험업에 해당하는 보험종목의 전부에 관하여 허가를 받은 자는 제3보험업에 해당하는 보험종목에 대한 허가를 받은 것으로 본다(보험업법 제4조 제3항).
④ 보험업의 허가를 받을 수 있는 자는 주식회사, 상호회사 및 외국보험회사로 제한한다(보험업법 제4조 제6항).

17 보험사기방지특별법 제2조에서 정의하고 있는 '보험사기'에 대하여 바르게 서술한 것은?

① 보험계약자, 피보험자, 보험금을 취득할 자, 그 밖에 보험계약에 관하여 이해가 있는 자로 하여금 고의로 보험사고를 발생시키거나 발생하지 아니한 보험사고를 발생한 것처럼 조작하여 보험금을 수령하도록 하는 행위

② 보험계약자, 피보험자, 보험금을 취득할 자, 그 밖에 보험계약에 관하여 이해가 있는 자로 하여금 이미 발생한 보험사고의 원인, 시기 또는 내용 등을 조작하거나 피해의 정도를 과장하여 보험금을 수령하도록 하는 행위

③ 계약자 또는 피보험자가 대리진단, 약물복용을 수단으로 진단절차를 통과하거나 진단서 위변조 또는 청약일 이전에 암 또는 에이즈의 진단확정을 받고 이를 숨기고 가입하는 행위

④ 보험사고의 발생, 원인 또는 내용에 관하여 보험자를 기망하여 보험금을 청구하는 행위

 보험사기방지특별법 제2조에서는 보험사기에 대하여 '보험사고의 발생, 원인 또는 내용에 관하여 보험자를 기망하여 보험금을 청구하는 행위'라고 규정하고 있다.
1번과 2번 지문은 보험업법 제102조의3에 규정된 보험관계업무 종사자에 대한 규정이며, 3번 지문은 생명보험, 질병 상해보험 표준약관에 규정된 사기에 의한 계약에 대한 규정이다.

18 보험사기방지특별법에 대한 다음 설명 중 틀린 것은?

① 보험사기행위로 보험금을 취득한 자는 10년 이하의 징역 또는 2천만원 이하의 벌금에 처한다.
② 보험회사는 보험계약자 등의 행위가 보험사기행위로 의심할 만한 합당한 근거가 있는 경우에는 관할 수사기관에 고발 등의 필요한 조치를 취하여야 한다.
③ 보험사기 미수범에 대하여도 보험사기죄를 적용하여 처벌한다.
④ 상습으로 보험사기죄를 범한 자는 그 죄에 정한 형의 2분의 1까지 가중한다.

 보험사기방지특별법의 규정에 따르면 다음 각 호의 어느 하나에 해당하는 자는 10년 이하의 징역 또는 5천만원 이하의 벌금에 처한다.
　(1) 보험사기행위로 보험금을 취득하거나 제3자에게 보험금을 취득하게 한 자. 이 경우 징역형과 벌금형을 병과할 수 있다.
　(2) 보험사기행위를 알선 · 유인 · 권유 또는 광고한 자

19 후유장해 보험금 산정기준에 대한 다음 설명 중 틀린 것은?
① 하나의 진단 확정된 질병 또는 상해로 인한 후유장해보험금은 보험가입금액을 한도로 한다.
② 같은 질병 또는 상해로 두 가지 이상의 후유장해가 생긴 경우에는 후유장해지급률을 합산하여 지급한다.
③ 동일한 신체부위에 두 가지 이상의 장해가 발생한 경우에는 합산하지 않고 그 중 높은 지급률을 적용한다.
④ 다른 질병 또는 상해로 인하여 후유장해가 2회 이상 발생하였을 경우에는 둘을 비교하여 그 중 높은 지급률을 적용한다.

① 하나의 진단 확정된 질병 또는 상해로 인한 후유장해보험금은 보험가입금액을 한도로 한다.
② 같은 질병 또는 상해로 두 가지 이상의 후유장해가 생긴 경우에는 후유장해지급률을 합산하여 지급한다.
③ 동일한 신체부위에 두 가지 이상의 장해가 발생한 경우에는 합산하지 않고 그 중 높은 지급률을 적용한다.
④ 다른 질병 또는 상해로 인하여 후유장해가 2회 이상 발생하였을 경우에는 그 때마다 이에 해당하는 후유장해지급률을 결정한다.

20 질병상해보험 표준약관에서 사기에 의한 계약으로 보는 경우가 아닌 것은?
① 대리진단, 약물사용을 수단으로 진단절차를 통과한 경우
② 고의로 보험사고를 일으킨 경우
③ 진단서 위·변조
④ 청약일 이전에 암 또는 인간면역결핍바이러스(HIV) 감염의 진단확정을 받은 후 이를 숨기고 가입한 경우

계약자 또는 피보험자가 다음의 행위로 체결한 계약을 사기에 의한 계약이라고 한다.
① 대리진단, 약물사용을 수단으로 진단절차를 통과한 경우
② 진단서 위·변조
③ 청약일 이전에 암 또는 인간면역결핍바이러스(HIV) 감염의 진단 확정을 받은 후 이를 숨기고 가입한 경우

21 다음의 주어진 내용을 보고 피보험자의 보험나이를 구하시오.

생년월일: 1988년 10월 2일
현재(계약일): 2014년 4월 13일

① 25세
② 26세
③ 27세
④ 28세

보험나이는 계약일 현재 피보험자의 실제 만 나이를 기준으로 6개월 미만의 끝수는 버리고 6개월 이상의 끝수는 1년으로 하여 계산하며, 이후 매년 계약 해당일에 나이가 증가하는 것으로 계산한다.
생년월일: 1988년 10월 2일, 현재(계약일): 2014년 4월 13일
⇒ 2014년 4월 13일 − 1988년 10월 2일 = 25년 6월 11일 = 26세

22 화재보험 표준약관의 계약 후 알릴의무에 대한 내용이다. 빈칸에 들어갈 기간은?

아래와 같은 사실이 생긴 경우에는 계약자 또는 피보험자는 지체없이 서면으로 회사에 알리고 보험증권에 확인을 받아야 한다.
(생략)
(3) 보험의 목적 또는 보험의 목적을 수용하는 건물의 구조를 변경, 개축, 증축하거나 계속하여 (   ) 이상 수선할 때
(생략)

① 5일 ② 7일
③ 10일 ④ 15일

 보험의 목적 또는 보험의 목적을 수용하는 건물의 구조를 변경, 개축, 증축하거나 계속하여 15일 이상 수선할 때에는 계약자 또는 피보험자는 지체없이 서면으로 회사에 알리고 보험증권에 확인을 받아야 한다.

23 배상책임보험에서 다른 보험계약이 있을 때 보험금의 분담에 대한 다음 설명 중 틀린 것은?

① 피보험자가 의무보험에 가입하였을 때에는 보상하여야 하는 금액이 의무보험에서 보상하는 금액을 초과할 때에 한하여 그 초과액만을 보상한다.
② 피보험자가 의무보험에 가입하여야 함에도 불구하고 가입하지 않은 경우에는 가입하였더라면 의무보험에서 보상했을 금액을 계산하여 그 초과금액만을 보상한다.
③ 같은 위험을 보장하는 다른 배상책임보험 계약이 있을 경우 각 계약에 대하여 다른 계약이 없는 것으로 하여 각각 산출한 보상책임액의 합계액이 손해액을 초과할 때에는 독립책임액 방식에 의하여 보험금을 계산한다.
④ 피보험자가 다른 계약에 대하여 보험금 청구를 포기한 경우에는 해당 보험계약이 없는 것으로 하여 지급보험금을 산출한다.

 피보험자가 다른 계약에 대하여 보험금 청구를 포기한 경우에도 동일한 위험을 보장하는 다른 계약이 있는 것과 같이 지급보험금 결정에는 영향을 미치지 않는다.

24 교통사고처리특례법에 대한 다음 설명 중 틀린 것은?

① 교통사고처리특례법은 교통사고로 다른 사람을 다치게 하거나 사망에 이르게 한 경우에 형법보다 우선하여 적용한다.
② 교통사고 피해자가 사망한 경우에는 반의사불벌죄가 적용되지 않는다.
③ 피해자의 명시된 의사에 의한 처벌 제외 특례 이외에도 보험 등에 가입에 의한 제외 특례도 적용된다. 여기서 보험 등이란 피보험자와 피해자 간의 손해배상에 관한 합의 여부에 따라 피해자의 치료비에 관하여는 통상비용의 전액, 그 밖의 손해에 관하여는 보험약관이 정한 지급기준금액을 대통령령으로 정하는 바에 따라 우선 지급하되, 종국적으로는 확정판결에 의한 손해배상금 전액을 보상하는 보험을 말한다.
④ 업무상과실 또는 중대한 과실로 인한 교통사고로 피해자에게 중상해를 입힌 경우에 공소를 제기할 수 없도록 규정한 구 교통사고처리특례법 제4조 제1항에 대하여 헌법재판소는 헌법에 어긋나지 아니한다고 심판하였다.

 2009년 2월 26일 헌법재판소는 업무상과실 또는 중대한 과실로 인한 교통사고로 피해자에게 중상해를 입힌 경우에 공소를 제기할 수 없도록 규정한 구 교통사고처리특례법 제4조 제1항에 대하여 헌법에 위반된다고 심판하였다. 이에 따라 기존의 운전자보험 형사합의지원금은 일반교통사고로 피해자가 중상해를 입은 경우까지 보상하도록 범위를 넓히는 방향으로 개정되었다.

25 자동차보험에서 정의하는 용어 중 틀린 것은?

① 자동차 보유자는 자동차의 소유자나 자동차를 사용할 권리가 있는 자로서 자기를 위하여 자동차를 운행하는 자를 말한다.
② 기명피보험자란 피보험자동차를 소유·사용·관리하는 자 중에서 보험계약자가 지정하여 보험증권의 기명피보험자란에 기재되어 있는 피보험자를 말한다
③ 자녀는 법률상의 혼인관계에서 출생한 자녀와 양자 또는 양녀이며 사실혼 관계에서 출생한 자녀는 제외된다.
④ 휴대품이란 통상적으로 몸에 지니고 있는 물품으로 현금, 유가증권, 만년필, 소모품, 손목시계, 귀금속, 장신구, 그 밖에 이와 유사한 물품을 말한다.

 1. **피보험자의 부모**: 피보험자의 부모, 양부모를 말한다.
2. **피보험자의 배우자**: 법률상의 배우자 또는 사실혼관계에 있는 배우자를 말한다.
3. **피보험자의 자녀**: 법률상의 혼인관계에서 출생한 자녀, 사실혼관계에서 출생한 자녀, 양자 또는 양녀를 말한다.

26 자동차보험 약관상 「대인배상Ⅱ」와 「대물배상」에서 보상 가능한 손해는?

① 보험계약자 또는 기명피보험자의 고의로 인한 손해
② 피보험자와 동승자가 「여객자동차운수사업법」에 따른 토요일, 일요일 및 공휴일을 제외한 날의 출·퇴근 시간대(오전 7시부터 오전 9시까지 및 오후 6시부터 오후 8시까지를 말한다)에 실제의 출·퇴근 용도로 자택과 직장 사이를 이동하면서 승용차 함께타기를 실시한 경우
③ 피보험자가 제3자와 손해배상에 관한 계약을 맺고 있을 때 그 계약으로 인하여 늘어난 손해
④ 피보험자동차를 시험용, 경기용 또는 경기를 위해 연습용으로 사용하던 중 생긴 손해

 다음 중 어느 하나에 해당하는 손해는 「대인배상Ⅱ」와 「대물배상」에서 보상하지 않는다.
  1. 보험계약자 또는 기명피보험자의 고의로 인한 손해
  2. 기명피보험자 이외의 피보험자의 고의로 인한 손해
  3. 전쟁, 혁명, 내란, 사변, 폭동, 소요 또는 이와 유사한 사태로 인한 손해
  4. 지진, 분화, 태풍, 홍수, 해일 등 천재지변으로 인한 손해
  5. 핵연료물질의 직접 또는 간접적인 영향으로 인한 손해
  6. 영리를 목적으로 요금이나 대가를 받고 피보험자동차를 반복적으로 사용하거나 빌려준 때에 생긴 손해. 다만, 다음 각목의 어느 하나에 해당하는 경우에는 보상한다.
    가. 임대차계약(계약기간이 30일을 초과하는 경우에 한함)에 따라 임차인이 피보험자동차를 전속적으로 사용하는 경우. 다만 임차인이 피보험자동차를 영리를 목적으로 요금이나 대가를 받고 반복적으로 사용하는 경우에는 보상하지 않는다.
    나. 피보험자와 동승자가 「여객자동차운수사업법」에 따른 토요일, 일요일 및 공휴일을 제외한 날의 출·퇴근 시간대(오전 7시부터 오전 9시까지 및 오후 6시부터 오후 8시까지를 말한다)에 실제의 출·퇴근 용도로 자택과 직장 사이를 이동하면서 승용차 함께타기를 실시한 경우
  7. 피보험자가 제3자와 손해배상에 관한 계약을 맺고 있을 때 그 계약으로 인하여 늘어난 손해
  8. 피보험자동차를 시험용, 경기용 또는 경기를 위해 연습용으로 사용하던 중 생긴 손해. 다만, 운전면허시험을 위한 도로주행시험용으로 사용하던 중 생긴 손해는 보상한다.

26.②

27 자동차보험에서 보험회사가 대위권을 취득하지 않는 경우에 대한 설명 중에서 틀린 것은?
① 「자기신체사고」의 경우 제3자에 대한 피보험자의 권리는 취득한다. 다만, 보험금을 '대인배상, 무보험자동차에 의한 상해 지급 기준'에 의해 지급할 때는 피보험자의 권리를 취득하지 못한다.
② 「자기차량손해」의 경우 피보험자동차를 정당한 권리에 따라 사용하거나 관리하던 자에 대한 피보험자의 권리라고 하더라도 고의로 사고를 낸 경우에는 권리를 취득한다.
③ 「자기차량손해」의 경우 피보험자동차를 정당한 권리에 따라 사용하거나 관리하던 자에 대한 피보험자의 권리라고 하더라도 자동차 취급업자가 업무로 위탁받은 피보험자동차를 사용하거나 관리하는 동안에 사고를 낸 경우에는 권리를 취득한다.
④ 피보험자가 생계를 같이하는 가족에 대하여 갖는 권리는 취득하지 못한다. 다만, 손해가 그 가족의 고의로 인하여 발생한 경우에는 피보험자의 권리를 취득한다.

 보험회사가 대위권을 취득하지 못하는 경우는 다음과 같다.
1. 「자기신체사고」의 경우 제3자에 대한 피보험자의 권리. 다만, 보험금을 '대인배상, 무보험자동차에 의한 상해 지급 기준'에 의해 지급할 때는 피보험자의 권리를 취득한다.
2. 「자기차량손해」의 경우 피보험자동차를 정당한 권리에 따라 사용하거나 관리하던 자에 대한 피보험자의 권리. 다만, 다음의 경우에는 피보험자의 권리를 취득한다.
   가. 고의로 사고를 낸 경우, 무면허운전이나 음주운전을 하던 중에 사고를 낸 경우, 또는 마약 또는 약물 등의 영향으로 정상적인 운전을 하지 못할 우려가 있는 상태에서 운전을 하던 중에 사고를 낸 경우
   나. 자동차 취급업자가 업무로 위탁받은 피보험자동차를 사용하거나 관리하는 동안에 사고를 낸 경우
3. 피보험자가 생계를 같이하는 가족에 대하여 갖는 권리. 다만, 손해가 그 가족의 고의로 인하여 발생한 경우에는 피보험자의 권리를 취득한다.

28 자동차보험 대물배상 보험금 지급기준의 수리비와 교환가액에 대한 다음 설명 중 틀린 것은?
① 수리비 및 열처리 도장료의 합계액은 피해물의 사고 직전 가액의 120%까지 인정하며, 만약 내용연수 경과 차량이라면 130%까지 인정한다.
② 피해차량이 자가용 승용차로서 사고 직전 가액이 100만원이었는데 사고로 수리비가 500만원이 소요될 것으로 예상될 경우 수리하였다면 손해배상금은 100만원이다.
③ 열처리 도장을 한 경우 차량연식에 관계없이 열처리 도장료 전액을 지급한다.
④ 수리비 및 열처리 도장료 합계액은 자기차량손해에서는 보험가액과 보험가입금액을 한도로 한다.

①②④ 수리비 및 열처리 도장료의 합계액은 피해물의 사고 직전 가액의 120%를 한도로 지급한다. 다만, 내용연수 경과 차량이나 「여객자동차 운수사업법」 제84조 제2항에 의한 차량충당연한을 적용받는 승용자동차나 승합자동차, 「화물자동차 운수사업법」 제57조 제1항에 의한 차량충당연한을 적용받는 화물자동차는 130%를 한도로 한다. 이는 대물배상에서 피해차량의 보상기준이며, 자기차량에서는 보험가액과 보험가입금액을 한도로 한다. 예를 들어, 피해차량이 자가용 승용차로서 사고 직전 가액이 100만원이었는데 사고로

수리비가 500만원이 소요될 것으로 예상될 경우 수리하지 않으면 손해배상금은 100만원이다. 만약 이 경우 수리하였다면 손해배상금은 120만원이다.
③ 열처리 도장을 한 경우 차량연식에 관계없이 열처리 도장료 전액을 지급한다.

29 다음의 경우 A계약에서 지급해야 하는 보험금은 얼마인지 구하시오.

[계약사항]
- A계약: 운전자보험 벌금한도 2,000만원
- B계약: 운전자보험 벌금한도 2,000만원
- 확정판결에 의한 벌금 부과액 300만원

① 100만원
② 150만원
③ 200만원
④ 300만원

운전자보험의 벌금담보는 실손해를 보상하기 때문에 피보험자가 벌금을 보상하는 다수의 보험계약에 가입하였다면 이에 대하여 비례보상한다.
▶ 계산식

$$\text{손해액} \times \frac{\text{이 계약의 보상책임액}}{\text{다른 계약이 없는 것으로 하여 각각 계산한 보상책임액의 합계액}}$$

상기 내용에 따라 문제의 주어진 조건을 계산하면 다음과 같다.

[계약사항]
- A계약: 운전자보험 벌금한도 2,000만원
- B계약: 운전자보험 벌금한도 2,000만원
- 확정판결에 의한 벌금 부과액 300만원

[계산내역]
1) A계약

$$300만원(손해액) \times \frac{300만원(A계약의 보상책임액)}{300만원(A계약의 보상책임액)+300만원(B계약의 보상책임액)} = 150만원$$

2) B계약

$$300만원(손해액) \times \frac{300만원(B계약의 보상책임액)}{300만원(A계약의 보상책임액)+300만원(B계약의 보상책임액)} = 150만원$$

30 운전자보험에 대한 다음 설명 중 틀린 것은?
① 자동차사고 변호사 선임비용은 피보험자가 자동차사고로 구속되었거나, 검사에 의해 공소 제기된 경우 또는 법원에 의해 보통의 심판절차인 공판절차에 의해 재판이 진행되게 되는 경우에 실제 부담한 금액을 피해자 1인당 지급한다.
② 1사고의 의미는 하나의 자동차 운전 중 교통사고를 말한다. 따라서 항소심, 상고심을 포함하여 다수의 소송을 하였을 경우 그 소송 동안 피보험자가 실제 부담한 전체 변호사 선임비용을 합쳐서 한도를 적용한다.
③ 면허정지위로금은 피보험자가 자동차를 운전하던 중 급격하고도 우연한 자동차사고로 타인의 신체에 상해를 입히거나 타인의 재물을 손상함으로써 행정처분에 의하여 운전면허가 정지되었을 경우 최고 60일 한도로 1일당 보상한다
④ 면허취소위로금은 피보험자가 보험기간 중 자동차사고로 타인의 신체에 상해를 입히거나 재물을 손상함으로써 자동차운전면허가 행정처분에 의하여 취소되었을 경우 일정한 금액을 정액 보상한다.

① 자동차사고 변호사 선임비용은 피보험자가 보험기간 중 자동차를 운전하던 중 급격하고도 우연한 자동차사고로 타인의 신체에 상해를 입힘으로써 구속영장에 의하여 구속되었거나, 검사에 의해 공소제기(약식기소 제외)된 경우 또는 검사에 의하여 약식기소 되었으나 법원에 의해 보통의 심판절차인 공판절차에 의해 재판이 진행되게 되는 경우에는 변호사선임비용으로 실제 부담한 금액을 <u>1사고당</u> 지급한다.
② 1사고의 의미는 하나의 자동차 운전 중 교통사고를 말한다. 따라서 항소심, 상고심을 포함하여 다수의 소송을 하였을 경우 그 소송 동안 피보험자가 실제 부담한 전체 변호사 선임비용을 합쳐서 한도를 적용한다.
③ 면허정지위로금은 피보험자가 자동차를 운전하던 중 급격하고도 우연한 자동차사고로 타인의 신체에 상해를 입히거나 타인의 재물을 손상함으로써 행정처분에 의하여 운전면허가 정지되었을 경우 최고 60일 한도로 1일당 보상한다
④ 면허취소위로금은 피보험자가 보험기간 중 자동차사고로 타인의 신체에 상해를 입히거나 재물을 손상함으로써 자동차운전면허가 행정처분에 의하여 취소되었을 경우 일정한 금액을 정액 보상한다.

31 해외여행보험에 대한 다음 설명 중 틀린 것은?
① 여행을 위하여 국내를 출발하여 국내에 도착할 때까지 발생한 보험사고를 보상하는 보험이다.
② 사망 및 후유장해 보장을 기본계약으로 하고 각종 특별약관 등을 부가하는 형태이다.
③ 해외여행 중 발생한 상해로 인하여 국내의료기관에서 치료한 경우에도 해외실손의료비에서 보험금을 지급받을 수 있다.
④ 상해나 질병을 직접원인으로 14일 이상 입원하여 피보험자 또는 법정상속인이 부담하는 비용이 발생한 경우 특별비용 보험금 지급사유에 해당한다.

① 해외여행보험은 보험기간 중 여행을 위하여 주거지를 출발하여 주거지에 도착할 때까지 발생한 보험사고를 보상하는 보험이다.
② 사망 및 후유장해 보장을 기본계약으로 하고 각종 특별약관 등을 부가하는 형태이다.
③ 해외실손의료비는 여행 도중에 발생한 상해 또는 질병으로 인해 해외의료기관 또는 국내의료기관에서 치료한 경우 보상한다. 즉 국내의료기관의 치료비도 보상대상이다.
④ 특별비용은 탑승한 항공기나 선박이 행방불명 또는 조난된 경우, 산악등반 중에 조난된 경우, 상해나 질병으로 사망한 경우 또는 상해나 질병을 직접원인으로 14일 이상 입원하여 피보험자 또는 법정상속인이 부담하는 비용이 발생한 경우에 보상한다.

32 생명보험의 재해에 해당하지 않는 것은?

① 제1급 감염병으로 입원한 경우
② 교통사고로 인하여 사망한 경우
③ 처치 당시에는 재난의 언급이 없었으나 환자에게 이상반응이나 합병증을 일으키게 한 외과적 및 기타 내과적 처치
④ 고혈압으로 치료를 받던 사람이 직장에서의 스트레스와 과로로 인하여 자발성 뇌출혈이 발생한 경우

생명보험에서 말하는 재해는 한국표준질병사인분류상의 (S00 ~ Y84)에 해당하는 우발적인 외래의 사고와 감염병의 예방 및 관리에 관한 법률 제2조 제2호에서 규정한 제1급 감염병을 말한다.
여기서 우발적 사고로 함은 피보험자가 예측할 수 없는 원인에 의하여 발생하는 사고로서 고의에 의한 것이 아니고 예견하지 않았는데 우발적으로 발생하고 통상적인 과정으로는 기대할 수 없는 결과를 가져오는 것을 말한다. 외래의 사고라 함은 사고의 원인이 피보험자의 신체적 결함, 즉 질병이나 체질적 요인 등에 기인한 것이 아닌 외부적 요인에 의해 초래된 것을 말한다. 외래성에는 피보험자에게 가해지는 스트레스, 과로와 같은 요인 등은 포함되지 않는다. 예를 들어, 고혈압으로 치료를 받던 사람이 직장에서의 스트레스와 과로로 인하여 자발성 뇌출혈이 발생한 것은 외래의 사고로 볼 수 없다.

33 교통상해보험에서 자동차에 포함되지 않는 것은?

① 타이어식 기중기
② 콘크리트 믹서트럭
③ 원동기를 붙인 자전거
④ 트럭 적재식 아스팔트 살포기

자동차는 자동차관리법 시행규칙 제2조에 정한 승용자동차, 승합자동차, 화물자동차, 특수자동차, 이륜자동차 및 자동차손해배상보장법 시행령 제2조에서 정한 건설기계(덤프트럭, 타이어식 기중기, 콘크리트 믹서트럭, 트럭 적재식 콘크리트 펌프, 트럭 적재식 아스팔트 살포기, 타이어식 굴삭기, 트럭 지게차, 도로보수 트럭, 노면 측정장비)를 말한다. 원동기를 붙인 자전거는 자동차가 아니라 기타 교통수단이다.

34 사망진단서와 사체검안서에 대한 다음 설명 중 틀린 것은?
① 성명, 성별, 생년월일, 직업, 본적, 주소 등을 기재하여야 한다.
② 발병일시는 사망의 원인이 된 질병의 발병시기를 기재하며, 불명확할 경우 환자나 유족의 진술에 의할 수 있다.
③ 사체검안서는 환자를 진료한 의사가 자신이 알고 있는 질병 때문에 사망한 경우에 작성하는 증명서이다.
④ 진료 중이던 환자가 최종진료시부터 48시간 이내에 사망한 경우에는 다시 진료하지 않더라도 사망진단서를 발급할 수 있다.

사망진단서는 환자를 진료한 의사가 자신이 알고 있는 질병 때문에 사망한 경우에 작성하는 것이고, 사체검안서는 의사가 사망원인을 알 수 없거나 사망의 원인이 외인사로서 의학 외적 요인에 의해 사망한 경우에 작성하는 증명서이다.

35 후유장해에 대한 다음 설명 중 틀린 것은?
① '장해'라 함은 상해 또는 질병에 대하여 치유된 후 신체에 남아 있는 영구적인 정신 또는 육체의 훼손상태를 말한다. 다만, 질병과 부상의 주증상과 합병증상 및 이에 대한 치료를 받는 과정에서 일시적으로 나타나는 증상은 장해에 포함되지 않는다.
② '영구적'이라 함은 원칙적으로 치유하는 때 장래 회복할 가망이 없는 상태로서 정신적 또는 육체적 훼손상태임이 의학적으로 인정되는 경우를 말한다.
③ '치유된 후'라 함은 상해 또는 질병에 대한 치료의 효과를 기대할 수 없게 되고 또한 그 증상이 고정된 상태를 말한다.
④ 영구히 고정된 증상은 아니지만 치료 종결 후 한시적으로 나타나는 장해에 대하여는 그 기간이 5년 이상인 경우 해당 장해지급률의 30%를 보험가입금액에 곱하여 산출한 금액을 지급한다.

영구히 고정된 증상은 아니지만 치료 종결 후 한시적으로 나타나는 장해에 대하여는 그 기간이 5년 이상인 경우 해당 장해지급률의 20%를 보험가입금액에 곱하여 산출한 금액을 지급한다.

정답 34.③ 35.④

36 다음 중 계약전 알릴의무의 대상이 되는 중요한 사항에 해당하지 않는 것은?

① 그 사실을 알았더라면 청약을 거절할 사항
② 그 사실을 알았더라면 보험료 할인과 같이 조건부로 인수하는 사항
③ 그 사실을 알았더라면 보험가입금액 제한으로 인수하는 사항
④ 그 사실을 알았더라면 일부 보장 제외로 인수하는 사항

 계약전 알릴의무의 대상이 되는 중요한 사항이란 보험회사가 그 사실을 알았더라면 보험계약을 체결하지 않았거나 적어도 보험가입금액 제한, 일부 보장 제외, 보험금 삭감, 보험료 할증과 같이 조건부로 인수하는 등 계약 인수에 영향을 미치는 사항을 말한다.

37 다음 중 수술에 해당하는 것은?

① 절단
② 흡인
③ 천자
④ 신경 차단

 수술이라 함은 병원 또는 의원의 의사, 치과의사의 자격을 가진 자에 의하여 치료가 필요하다고 인정한 경우로서 자택 등에서 치료가 곤란하여 의료법 제3조(의료기관) 제2항에 정한 국내의 병원 또는 이와 동등하다고 회사가 인정하는 국외의 의료기관에서 의사의 관리 하에 치료를 직접적인 목적으로 의료기구를 사용하여 생체(生體)에 절단(切斷, 특정부위를 잘라내는 것), 절제(切除, 특정부위를 잘라 없애는 것) 등의 조작을 가하는 것을 말하며, 흡인(吸引, 주사기 등으로 빨아들이는 것), 천자(穿刺, 바늘 또는 관을 꽂아 체액조직을 뽑아내거나 약물을 주입하는 것) 등의 조치 및 신경(神經)차단(NERVE BLOCK)은 제외한다.

38 태아보험에 대한 다음 설명 중 틀린 것은?

① 태아가 유산 또는 사산 등에 의해 출생하지 못한 경우에는 계약을 무효로 한다.
② 태아가 복수로 출생한 경우에는 모두 피보험자로 한다.
③ 저체중아 입원일당은 임신 22주 이내인 임산부에 의하여 태어날 자녀를 피보험자로 하며, 인공수정에 의한 임신은 제외한다.
④ 저체중아 입원일당은 보험기간 중 임산부가 미숙아를 출산하여 인큐베이터를 3일 이상 사용했을 때 최고 60일을 한도로 2일 초과 1일당 보험금을 지급한다.

 태아보험에서 태아가 복수로 출생한 경우에는 가족관계등록상 선순위로 기재된 자를 피보험자로 하며, 계약자가 가족관계등록상 먼저 기재된 자가 아닌 다른 자녀를 피보험자로 지정할 경우에는 이에 따른다.

39 다음 중 암의 진단확정 방법으로 인정되지 않는 것은?

① 조직(fixed tissue)검사
② 미세바늘흡인검사(fine needle aspiration)
③ 내시경 검사(endoscope)
④ 혈액검사(hemic system)에 대한 현미경 소견

 암의 진단확정은 병리 또는 진단검사 의학의 전문의 자격증을 가진 자에 의하여 내려져야 하며, 이 진단은 조직(fixed tissue)검사, 미세바늘흡인검사(fine needle aspiration) 또는 혈액검사(hemic system)에 대한 현미경 소견을 기초로 하여야 한다. 그러나, 상기의 진단이 가능하지 않을 때에는 피보험자가 암으로 진단 또는 치료를 받고 있음을 증명할 만한 문서화된 기록 또는 증거가 있어야 한다.

40 제4세대 실손의료보험의 3대 비급여 특약에 대한 다음 설명 중 틀린 것은?

① 자기부담비율은 1회당 3만원과 보상대상의료비의 30% 중 큰 금액이다.
② 도수치료·체외충격파치료·증식치료는 연간 300만원, 50회를 한도로 한다.
③ 주사료는 연간 250만원, 50회를 한도로 한다.
④ 자기공명영상진단은 연간 300만원을 한도로 한다.

구분		공제금액	보장한도
도수치료·체외충격파치료·증식치료	"도수치료·체외충격파치료·증식치료"로 인하여 본인이 실제로 부담한 비급여 의료비(행위료, 약제비, 치료재료대 포함)	1회당 3만원과 보장대상의료비의 30%중 큰 금액	계약일 또는 매년 계약해당일부터 1년 단위로 각 상해·질병 치료행위를 합산하여 350만원 이내에서 50회까지 보상
주사료	주사치료를 받아 본인이 실제로 부담한 비급여의료비	1회당 3만원과 보장대상의료비의 30%중 큰 금액	계약일 또는 매년 계약해당일부터 1년 단위로 각 상해·질병 치료행위를 합산하여 250만원 이내에서 50회까지 보상
자기공명영상진단	자기공명영상진단을 받아 본인이 실제로 부담한 비급여 의료비(조영제, 판독료 포함)	1회당 3만원과 보장대상의료비의 30%중 큰 금액	계약일 또는 매년 계약해당일부터 1년 단위로 각 상해·질병 치료행위를 합산하여 300만원 이내에서 보상

정답 39.③ 40.②

1과목 모의고사 3회

01 보험의 단체성 및 기술성과 가장 관련 없는 것은?

① 고의로 일으킨 보험사고에 대하여 보험자가 책임을 지지 않는 것(상법 제659조)
② 위험변경증가의 통지의무(상법 제652조)
③ 위험유지의무(상법 제653조)
④ 수지상등의 원칙

 고의로 일으킨 보험사고에 대하여 보험자가 책임을 지지 않는 것(상법 제659조)은 단체성이나 기술성과 관련된 것이 아니라, 윤리성과 선의성과 관련된 것이다.

02 보험계약에 적용되는 법원(source of law)에 대한 다음 설명 중 틀린 것은?

① 법원이란 법의 존재형식을 말한다.
② 대법원 판례는 거래계에 사실상의 영향력을 미치므로 법원에 해당한다.
③ 관습법은 거래분야에서 일정한 관행이 있고 그에 대한 법적 확신이 있는 경우에 성립한다.
④ 향후 입법자가 법으로 정할 것으로 예상되는 조리나 유력한 학설은 법원이 아니다.

 대법원 판례는 거래계에 사실상 막대한 영향을 미치고 있으나 법원은 아니다.

03 다음 중 괄호 안에 들어갈 말로 바르게 짝지어진 것을 고르세요.

▶ 상법 제638조의3(보험약관의 교부·설명 의무)
① 보험자는 보험계약을 체결할 때에 보험계약자에게 보험약관을 교부하고 그 약관의 중요한 내용을 설명하여야 한다.
② 보험자가 제1항을 위반한 경우 보험계약자는 보험계약이 성립한 날부터 (____) 이내에 그 계약을 (____) 할 수 있다.

① 3개월, 취소
② 1개월, 취소
③ 3개월, 해지
④ 1개월, 해지

정답 01.① 02.② 03.①

상법 제638조의3(보험약관의 교부·설명 의무)
① 보험자는 보험계약을 체결할 때에 보험계약자에게 보험약관을 교부하고 그 약관의 중요한 내용을 설명하여야 한다.
② 보험자가 제1항을 위반한 경우 보험계약자는 보험계약이 성립한 날부터 3개월 이내에 그 계약을 취소할 수 있다.

04 다음 중 법정 면책사유에 해당하지 않는 것은?
① 보험사고가 보험계약자 또는 피보험자나 보험수익자의 고의 또는 중대한 과실로 인하여 발생한 경우
② 보험사고가 전쟁 기타의 변란으로 인하여 생긴 때
③ 계약자 또는 피보험자가 보험금 청구에 관한 서류에 고의로 사실과 다른 것을 기재하거나 그 서류를 위조 또는 변조하였을 경우
④ 보험의 목적의 성질, 하자 또는 자연소모로 인한 손해

 법정 면책사유에는 고의나 중과실과 같은 인위적 사고, 전쟁 기타의 변란으로 인한 보험사고, 손해보험에서 보험의 목적의 성질, 하자 또는 자연소모로 인한 손해, 운송보험에서 송하인 또는 수하인의 고의 또는 중과실로 발생한 손해 등이 있다. 계약자 또는 피보험자가 보험금 청구에 관한 서류에 고의로 사실과 다른 것을 기재하거나 그 서류를 위조 또는 변조하였을 경우에 보험금 청구권을 상실한다는 이른바 보험금 청구권 상실조항은 상법에 근거를 둔 것이 아니며 약관상 면책사유에 해당한다.

05 다음 중 피보험이익의 효용에 해당하지 않는 것은?
① 보험자의 책임한도 확정
② 초과보험과 중복보험의 판정 기준
③ 도박보험의 방지
④ 피보험자의 이득 보장

 피보험이익의 효용은 다음과 같다. 손해보험은 이득금지의 원칙을 따르기 때문에, 피보험자의 이득을 보장하는 기능은 전혀 없다.

보험자 책임한도 설정	손해보험은 피보험이익에 생긴 실제 손해를 보상할 것을 목적으로 하는 보험계약이기 때문에 보험자의 보상책임을 부담하는 최고 한도는 이 피보험이익의 가액을 한도로 한다. 즉, 피보험자는 피보험이익의 값을 초과하는 금액은 보상받을 수 없고, 보험자는 피보험이익 한도 내에서 보상책임을 부담한다.

정답 04.③ 05.④

초과보험, 중복보험 판정 기준	보험가입금액이 보험가액을 넘어서는 초과, 중복보험의 경우 보험금을 지급할 때 특별한 규제를 받는데, 이러한 초과, 중복보험의 보상액을 판정할 때 피보험이익의 가액을 기준으로 한다.
도박보험 방지	도박과 보험계약은 사행성을 가진다는 점에서 유사하나, 보험은 피보험이익을 가진다는 점에서 도박화를 방지하고 보험사고의 발생 시에 피보험자는 피보험이익의 평가액을 한도로 보상받게 되므로 인위적인 위험 초래를 방지할 수 있다.
보험계약의 동일성 판정	보험의 목적이 동일할 뿐 피보험이익이 동일하지 않으면 중복보험이 되지 않으므로, 피보험이익은 보험계약의 동일성 여부를 판단하는 기준이 된다.

06 중복보험의 처리방법에 대한 다음 설명 중 틀린 것은?

① 보험자들은 각자의 보험금액의 한도 내에서 연대책임을 진다.
② 각 보험자의 보상책임은 각자의 보험금액의 비율에 따른다.
③ 대법원 판례에 따르면 중복보험 보상에 대한 규정은 임의 규정이므로 약관을 통하여 보험자들 사이의 분담방식을 달리 정하는 것도 가능하다.
④ 보험계약자의 사기에 의하여 체결된 중복보험은 무효이므로, 보험계약자와 보험자는 보험료와 보험금액을 반환하여야 한다.

 중복보험이 체결된 경우 보험자들은 각자의 보험금액의 한도 내에서 연대책임을 진다. 이 경우 각 보험자의 보상책임은 각자의 보험금액의 비율에 따른다(상법 제672조 제1항). 대법원 판례에 따르면 연대비례주의를 규정하고 있는 상법 중복보험 보상에 대한 규정은 임의 규정이므로 보험계약의 당사자는 보험계약이나 약관을 통하여 보험자들 사이의 분담방식을 달리 정할 수 있다(대법원 2002. 5. 17. 선고 2000다30127 판결). 만약 중복보험이 보험계약자의 사기에 의하여 체결되었다면 보험계약은 무효이다. 또한 보험자는 그 사실을 안 때까지의 보험료를 청구할 수 있다.

07 보험의 목적에 대한 보험자 대위에 관한 다음 설명 중 틀린 것은?

① 보험의 목적이 전손되어야 하며, 보험금액 전액의 지급이 있어야 한다.
② 이전되는 권리는 보험의 목적에 대하여 보험계약자와 피보험자가 가졌던 권리이다.
③ 보험자는 대위권을 포기할 수 있다.
④ 잔존물 대위가 성립하기 위하여 반드시 전부보험이어야 하는 것은 아니므로 일부보험의 경우에도 잔존물 대위는 성립할 수 있다.

 ① 보험의 목적에 대한 대위(잔존물 대위)가 성립하기 위해서는 보험의 목적이 전손되어야 하며, 보험금액 전액의 지급이 있어야 한다. 따라서 보험금액의 일부만 지급하였다면 잔존물 대위는 발생하지 않는다.

② 보험의 목적에 대한 대위(잔존물 대위)에서 이전되는 권리는 보험의 목적에 대한 피보험자의 권리이다. 이와 비교하여 청구권 대위에서는 보험계약자와 피보험자의 권리가 이전되니 주의해야 한다.
③ 잔존물에 대한 권리를 취득하는 때에 잔존물 제거비용이 오히려 잔존물의 가액을 초과하는 경우가 발생할 수 있는데 이 때 보험자는 대위권을 포기할 수 있다.
④ 잔존물 대위가 성립하기 위하여 반드시 전부보험이어야 하는 것은 아니므로 일부보험의 경우에도 일부보험금액 전액의 지급이 있으면 잔존물 대위는 성립할 수 있다.

08 화재보험자의 손해보상 범위에 대한 다음 설명 중 틀린 것은?
① 화재로 인하여 보험의 목적에 손해가 생긴 때에는 그 화재가 어떤 원인에 의하여 발생하였는가를 따지지 않고 보험자는 피보험자에게 발생한 모든 손해에 대하여 보상할 책임이 있는데 이를 위험보편의 원칙이라고 한다.
② 화재보험에서는 대표자책임이론이 폭넓게 인정되고 있다.
③ 보험자의 보상범위는 화재와 상당인과관계가 있는 모든 손해이며, 상당인과관계가 있는지 여부의 판단은 개별적으로 판단할 사실문제이다.
④ 상법은 화재로 인한 직접적인 손해는 물론이고, 화재의 소방 또는 손해의 감소에 필요한 조치로 인하여 생긴 손해에 대하여도 보상하도록 규정하고 있다.

① 화재로 인하여 보험의 목적에 손해가 생긴 때에는 그 화재가 어떤 원인에 의하여 발생하였는가를 따지지 않고 보험자는 피보험자에게 발생한 모든 손해에 대하여 보상할 책임이 있는데(상법 제683조) 이를 위험보편의 원칙이라고 한다.
② 대표자책임이론은 보험계약자나 피보험자가 아니더라도 피보험자의 친족이나 사용인의 고의 또는 중과실에 의하여 발생한 사고에 대해서도 보험계약자 측의 그것으로 보아 보험자가 면책된다는 이론이다. 대표자책임이론은 우리나라에서 인정되지 않고 있으며, 화재보험 약관에서 일부 이를 인정하였던 규정도 2010년 삭제되었다.
③ 보험자의 보상범위는 화재와 상당인과 관계가 있는 모든 손해이며, 상당인과 관계가 있는지 여부의 판단은 개별적으로 판단할 사실문제이다.
④ 상법은 화재로 인한 직접적인 손해는 물론이고, 화재의 소방 또는 손해의 감소에 필요한 조치로 인하여 생긴 손해에 대하여도 보상하도록 규정하고 있다(상법 제684조).

09 운송보험 보험가액과 계약의 효력에 대한 다음 설명 중 틀린 것은?
① 운송물의 도착으로 인하여 얻을 이익은 약정이 있는 때에 한하여 보험가액 중에 산입한다.
② 운송보험에서 보험가액을 정한 때에는 그 가액을 보험증권에 기재하여야 한다.
③ 운송보험은 보험가액 불변경주의에 따른다.
④ 운송보험의 보험가액은 사고가 발생한 때와 곳의 가액에 따른다.

정답 08.② 09.④

① 운송물의 도착으로 인하여 얻을 이익은 약정이 있는 때에 한하여 보험가액 중에 산입한다(상법 제689조 제2항).
② 운송보험에서 보험가액을 정한 때에는 그 가액을 보험증권에 기재하여야 한다(상법 제690조).
③ 운송보험은 보험기간 중에 보험가액이 변경되지 않는 보험가액 불변경주의에 따른다.
④ 운송물의 보험에 있어서는 발송한 때와 곳의 가액과 도착지까지의 운임 기타의 비용을 보험가액으로 하며, 운송물의 도착으로 인하여 얻을 이익은 약정이 있는 때에 한하여 보험가액 중에 산입한다. 본래 손해보험의 원칙상 보험가액은 사고가 발생한 때와 곳의 가액에 따르도록 되어 있으나 운송보험에 있어서는 별도의 특칙이 적용된다.

10 해상보험의 보험기간에 대한 다음 설명 중 틀린 것은?

① 항해단위로 선박을 보험에 붙인 경우에는 보험기간은 선박이 발항항에서 출발한 때에 개시한다.
② 적하를 보험에 붙인 경우에는 보험기간은 하물의 선적에 착수한 때에 개시한다. 그러나 출하지를 정한 경우에는 그 곳에서 운송에 착수한 때에 개시한다.
③ 하물 또는 저하의 선적에 착수한 후에 보험계약이 체결된 경우에는 보험기간은 계약이 성립한 때에 개시한다.
④ 보험기간은 항해단위의 선박보험은 도착항에서 하물 또는 저하를 양륙한 때에, 적하보험은 양륙항 또는 도착지에서 하물을 인도한 때에 종료한다.

① 항해단위로 선박을 보험에 붙인 경우에는 보험기간은 하물 또는 저하의 선적에 착수한 때에 개시한다(상법 제699조 제1항).
② 적하를 보험에 붙인 경우에는 보험기간은 하물의 선적에 착수한 때에 개시한다. 그러나 출하지를 정한 경우에는 그 곳에서 운송에 착수한 때에 개시한다(상법 제699조 제2항).
③ 하물 또는 저하의 선적에 착수한 후에 보험계약이 체결된 경우에는 보험기간은 계약이 성립한 때에 개시한다(상법 제699조 제3항).
④ 보험기간은 항해단위의 선박보험은 도착항에서 하물 또는 저하를 양륙한 때에, 적하보험은 양륙항 또는 도착지에서 하물을 인도한 때에 종료한다(상법 제700조).

11 해상보험에서 선박의 항해 변경에 대한 다음 설명 중 틀린 것은?

① 선박이 보험계약에서 정하여진 발항항이 아닌 다른 항에서 출항한 때에는 보험자는 책임을 지지 않는다.
② 선박이 보험계약에서 정하여진 도착항이 아닌 다른 항을 향하여 출항한 때에는 보험자는 책임을 지지 않는다.
③ 보험자의 책임이 개시된 후에 보험계약에서 정하여진 도착항이 변경된 경우에는 보험자는 그 항해의 변경이 결정된 때부터 책임을 지지 아니한다.
④ 선박이 정당한 사유없이 보험계약에서 정하여진 항로를 이탈한 경우에는 보험자는 선박이 원항로로 돌아올 때까지 책임을 지지 아니한다.

① 선박이 보험계약에서 정하여진 발항항이 아닌 다른 항에서 출항한 때에는 보험자는 책임을 지지 않는다(상법 제701조 제1항).
② 선박이 보험계약에서 정하여진 도착항이 아닌 다른 항을 향하여 출항한 때에는 보험자는 책임을 지지 않는다(상법 제701조 제2항).
③ 보험자의 책임이 개시된 후에 보험계약에서 정하여진 도착항이 변경된 경우에는 보험자는 그 항해의 변경이 결정된 때부터 책임을 지지 아니한다(상법 제701조 제3항).
④ 선박이 정당한 사유없이 보험계약에서 정하여진 항로를 이탈한 경우에는 보험자는 그때부터 책임을 지지 아니한다. 선박이 손해발생전에 원항로로 돌아온 경우에도 보험자가 책임지지 않는다(상법 제701조의2).

12 보험위부에 대한 다음 설명 중 틀린 것은?

① 위부에는 조건을 붙일 수 있다.
② 보험자가 위부를 승인한 후에는 그 위부에 대하여 이의를 하지 못한다.
③ 위부는 보험의 목적의 전부에 대하여 이를 하여야 한다. 그러나 위부의 원인이 그 일부에 대하여 생긴 때에는 그 부분에 대하여서만 이를 할 수 있다.
④ 보험가액의 일부를 보험에 붙인 경우에는 위부는 보험금액의 보험가액에 대한 비율에 따라서만 이를 할 수 있다.

① 위부는 무조건이어야 한다. 즉 위부에는 조건을 붙일 수 없다(상법 제714조 제1항).
② 보험자가 위부를 승인한 후에는 그 위부에 대하여 이의를 하지 못한다(상법 제716조).
③ 위부는 보험의 목적의 전부에 대하여 이를 하여야 한다. 그러나 위부의 원인이 그 일부에 대하여 생긴 때에는 그 부분에 대하여서만 이를 할 수 있다(상법 제714조 제2항).
④ 보험가액의 일부를 보험에 붙인 경우에는 위부는 보험금액의 보험가액에 대한 비율에 따라서만 이를 할 수 있다(상법 제714조 제3항).

13 책임보험의 직접청구권에 대한 다음 설명 중 틀린 것은?

① 제3자는 피보험자가 책임을 질 사고로 입은 손해에 대하여 보험금액의 한도내에서 보험자에게 직접 보상을 청구할 수 있다.
② 보험자는 피보험자가 그 사고에 관하여 가지는 항변으로써 제3자에게 대항할 수 있다.
③ 판례에 따르면 직접청구권의 법적 성질은 보험금 청구권이다.
④ 보험자가 제3자에게 직접청구권에 의한 청구를 받은 때에는 지체없이 피보험자에게 이를 통지하여야 한다.

정답 12.① 13.③

직접청구권의 법적 성질에 대해서는 크게 두가지 견해가 있다. 손해배상청구권설은 피해자 직접청구권에 대하여 보험자가 피보험자의 제3자에 대한 손해배상채무를 병존적 채무 인수하는 것이라는 이유로 손해배상청구권이라고 본다. 이에 비하여 보험금청구권설은 보험자는 제3자에 대하여 위법행위를 한 사실이 없으며 피보험자가 제3자에게 손해배상을 함으로써 입는 손실을 보상할 뿐이라는 점일 강조한다. 대법원 판례는 일관적으로 <u>손해배상청구권설</u>을 지지한다.

14 생명보험의 종류에 대한 다음 설명 중 틀린 것은?
① 종신보험은 보험기간이 피보험자의 종신에 걸치는 것으로 피보험자의 사망시기를 묻지 않고 보험금을 지급한다.
② 정기보험은 일정한 기간 내에 발생한 사망사고에 한하여 보험금을 지급한다.
③ 타인을 위한 생명보험은 보험계약자가 타인의 생명을 보험에 붙여 그 타인이 피보험자가 되는 생명보험을 말한다. 즉 보험계약자와 피보험자가 다른 생명보험 계약이다.
④ 연생보험은 피보험자를 예컨대 '부부'등 2인으로 하고 그 중 1인이 사망하는 경우에 다른 1인이 보험금액을 지급받는 보험이다.

 ①② 사망보험은 피보험자의 사망을 보험사고로 하는 보험이다. 종신보험은 보험기간이 피보험자의 종신에 걸치는 것으로 피보험자의 사망시기를 묻지 않고 보험금을 지급한다. 이에 비하여 정기보험은 일정한 기간 내에 발생한 사망사고에 한하여 보험금을 지급한다.
③ <u>타인의 생명보험</u>은 보험계약자가 타인의 생명을 보험에 붙여 그 타인이 피보험자가 되는 생명보험을 말한다. 즉 보험계약자와 피보험자가 다른 생명보험 계약이다. 타인을 위한 생명보험은 보험계약자와 보험수익자가 다른 생명보험 계약이다.
④ 연생보험은 피보험자를 예컨대 '부부'등 2인으로 하고 그 중 1인이 사망하는 경우에 다른 1인이 보험금액을 지급받는 보험이다.

15 보험수익자 지정 및 변경권 행사에 대한 다음 설명 중 틀린 것은?
① 보험계약자는 보험수익자를 임의로 지정할 수 있고 보험사고 발생 전에는 언제든지 이를 변경할 권리가 있다.
② 보험계약자가 보험수익자 지정권을 행사하지 아니하고 사망한 때에는 피보험자를 보험수익자로 한다.
③ 보험계약자가 보험수익자 변경권을 행사하지 아니하고 사망한 때에는 보험계약자를 보험수익자로 한다.
④ 보험수익자가 보험 존속 중에 사망한 때에는 보험계약자는 다시 보험수익자를 지정할 수 있으며, 이 경우에 보험계약자가 지정권을 행사하지 아니하고 사망한 때에는 보험수익자의 상속인을 보험수익자로 한다.

① 보험계약자는 보험수익자를 임의로 지정할 수 있고 보험사고 발생 전에는 언제든지 이를 변경할 권리가 있다(상법 제733조 제1항).
②③ 보험계약자가 지정권을 행사하지 아니하고 사망한 때에는 피보험자를 보험수익자로 하고 보험계약자가 변경권을 행사하지 아니하고 사망한 때에는 보험수익자의 권리가 확정된다. 그러나 보험계약자가 사망한 경우에는 그 승계인이 권리를 행사할 수 있다는 약정이 있는 때에는 그러하지 아니하다(상법 제733조 제2항).
④ 보험수익자가 보험 존속 중에 사망한 때에는 보험계약자는 다시 보험수익자를 지정할 수 있다. 이 경우에 보험계약자가 지정권을 행사하지 아니하고 사망한 때에는 보험수익자의 상속인을 보험수익자로 한다(상법 제733조 제3항).

16 상해보험의 증권 기재사항 중에서 생명보험 증권 기재사항과 다른 것은?
① 피보험자와 보험계약자가 동일인이 아닐 때에는 보험계약자의 주소, 성명 및 생년월일에 갈음하여 보험계약자의 직무 또는 직위만을 기재할 수 있다.
② 피보험자와 보험계약자가 동일인이 아닐 때에는 피보험자의 주소, 성명 및 생년월일에 갈음하여 피보험자의 직무 또는 직위만을 기재할 수 있다.
③ 보험수익자와 보험계약자가 동일인이 아닐 때에는 보험계약자의 주소, 성명 및 생년월일에 갈음하여 보험계약자의 직무 또는 직위만을 기재할 수 있다.
④ 보험수익자와 보험계약자가 동일인이 아닐 때에는 보험수익자의 주소, 성명 및 생년월일에 갈음하여 보험수익자의 직무 또는 직위만을 기재할 수 있다.

 상해보험의 증권 기재사항은 생명보험 증권의 기재사항과 같다. 다만, 피보험자와 보험계약자가 동일인이 아닐 때에는 피보험자의 주소, 성명 및 생년월일에 갈음하여 피보험자의 직무 또는 직위만을 기재할 수 있다(상법 제738조). 이는 타인의 상해보험 계약에서 보험계약 체결 당시에 일정한 직무 또는 직위에 있던 사람이 다른 사람으로 바뀐 경우에는 현재 그 직무 또는 직위에 있는 사람을 피보험자로 할 수 있도록 하려는 취지이다.

17 보험업법에 규정된 용어의 정의로 틀린 것은?
① "보험설계사"란 보험회사·보험대리점 또는 보험중개사에 소속되어 보험계약의 체결을 중개하는 자[법인이 아닌 사단(社團)과 재단을 포함한다]로서 보험업법에 따라 등록된 자를 말한다.
② "보험대리점"이란 보험회사를 위하여 보험계약의 체결을 대리하는 자(법인이 아닌 사단과 재단을 포함한다)로서 보험업법에 따라 등록된 자를 말한다.
③ "보험중개사"란 독립적으로 보험계약의 체결을 중개하는 자(법인이 아닌 사단과 재단을 포함한다)로서 보험업법에 따라 등록된 자를 말한다.
④ "모집"이란 보험상품의 취급과 관련하여 발생하는 보험의 인수(引受), 보험료 수수 및 보험금 지급 등을 영업으로 하는 것을 말한다.

① "보험설계사"란 보험회사·보험대리점 또는 보험중개사에 소속되어 보험계약의 체결을 중개하는 자[법인이 아닌 사단(社團)과 재단을 포함한다]로서 보험업법에 따라 등록된 자를 말한다.
② "보험대리점"이란 보험회사를 위하여 보험계약의 체결을 대리하는 자(법인이 아닌 사단과 재단을 포함한다)로서 보험업법에 따라 등록된 자를 말한다.
③ "보험중개사"란 독립적으로 보험계약의 체결을 중개하는 자(법인이 아닌 사단과 재단을 포함한다)로서 보험업법에 따라 등록된 자를 말한다.
④ "모집"이란 보험계약의 체결을 중개하거나 대리하는 것을 말한다. 보험상품의 취급과 관련하여 발생하는 보험의 인수(引受), 보험료 수수 및 보험금 지급 등을 영업으로 하는 것은 "보험업"에 대한 정의이다.

18 보험설계사 등록결격사유로 틀린 것은?

① 피성년후견인 또는 피한정후견인
② 파산선고를 받은 자로서 복권되지 아니한 자
③ 보험업법 또는 금융소비자 보호에 관한 법률에 따라 벌금 이상의 형을 선고받고 그 집행이 끝나거나(집행이 끝난 것으로 보는 경우 포함) 집행이 면제된 날부터 2년이 지나지 아니한 자
④ 이전에 모집에 관하여 보험료, 대출금 또는 보험금을 다른 용도로 유용(流用)한 후 5년이 지나지 아니한 자

(1) 피성년후견인 또는 피한정후견인
(2) 파산선고를 받은 자로서 복권되지 아니한 자
(3) 보험업법 또는 금융소비자 보호에 관한 법률에 따라 벌금 이상의 형을 선고받고 그 집행이 끝나거나(집행이 끝난 것으로 보는 경우 포함) 집행이 면제된 날부터 2년이 지나지 아니한 자
(4) 보험업법 또는 금융소비자 보호에 관한 법률에 따라 금고 이상의 형의 집행유예를 선고받고 그 유예기간 중에 있는 자
(5) 보험업법에 따라 보험설계사, 보험대리점 또는 보험중개사의 등록이 취소(제1호 또는 제2호에 해당하여 등록이 취소된 경우는 제외)된 후 2년이 지나지 아니한 자
(6) 제5호에도 불구하고 보험업법에 따라 보험설계사, 보험대리점 또는 보험중개사의 등록취소 처분을 2회 이상 받은 경우 최종 등록취소 처분을 받은 날부터 3년이 지나지 아니한 자
(7) 보험업법 또는 금융소비자 보호에 관한 법률에 따라 과태료 또는 과징금 처분을 받고 이를 납부하지 아니하거나 업무정지 및 등록취소 처분을 받은 보험대리점, 보험중개사 소속 임직원이었던 자(처분사유의 발생에 관하여 직접 또는 이에 상응하는 책임이 있는 자로서 대통령령으로 정하는 자만 해당)로서 과태료, 과징금, 업무정지 및 등록취소 처분이 있었던 날부터 2년이 지나지 아니한 자
(8) 영업에 관하여 성년자와 같은 능력을 가지지 아니한 미성년자로서 그 법정대리인이 제1호부터 제7호까지의 규정 중 어느 하나에 해당하는 자
(9) 법인 또는 법인이 아닌 사단이나 재단으로서 그 임원이나 관리인 중 제1호부터 제7호까지의 규정 중 어느 하나에 해당하는 자
(10) 이전에 모집에 관하여 보험료, 대출금 또는 보험금을 다른 용도로 유용(流用)한 후 3년이 지나지 아니한 자

19 다음은 보험업법상 고객 응대직원에 대한 보호조치 의무 규정이다. 틀린 것은?

① 피해를 입은 직원이 요청하지 않더라도 해당 고객으로부터의 분리 및 업무담당자 교체
② 직원에 대한 치료 및 상담 지원
③ 고객을 직접 응대하는 직원을 위한 상시적 고충처리 기구 마련
④ 「근로자참여 및 협력증진에 관한 법률」에 따라 고충처리위원을 두는 경우에는 고객을 직접 응대하는 직원을 위한 전담 고충처리위원의 선임 또는 위촉

보험회사는 고객을 직접 응대하는 직원을 고객의 폭언이나 성희롱, 폭행 등으로부터 보호하기 위하여 다음 각 호의 조치를 하여야 한다(보험업법 제85조의4 제1항).
1. 직원이 요청하는 경우 해당 고객으로부터의 분리 및 업무담당자 교체
2. 직원에 대한 치료 및 상담 지원
3. 고객을 직접 응대하는 직원을 위한 상시적 고충처리 기구 마련. 다만 「근로자참여 및 협력증진에 관한 법률」에 따라 고충처리위원을 두는 경우에는 고객을 직접 응대하는 직원을 위한 전담 고충처리위원의 선임 또는 위촉
4. 그 밖에 직원의 보호를 위하여 필요한 법적 조치 등 대통령령으로 정하는 조치

20 보험사기방지특별법의 보험계약자 보호의무 및 고발권 등에 대한 다음 설명 중 틀린 것은?

① 보험회사는 보험사고 조사 과정에서 보험계약자 등의 개인정보를 침해하지 아니하도록 노력하여야 한다.
② 보험회사는 대통령령으로 정하는 사유 없이 보험사고 조사를 이유로 보험금의 지급을 지체 또는 거절하거나 삭감하여 지급하여서는 아니 된다. 여기에서 대통령령으로 정하는 사유에는 해당 보험계약의 약관 또는 다른 법령에서 보험금 지급을 지체 또는 거절하거나 삭감하여 지급하도록 정하는 경우가 포함된다.
③ 보험계약자 등의 행위가 보험사기행위로 의심할 만한 합당한 근거가 있는 경우, 관할 수사기관에 고발 또는 수사의뢰하거나 그 밖에 필요한 조치를 취하여야 하는데, 이 고발권과 수사의뢰권은 금융위원회, 금융감독원에게 부여되어 있으며, 보험회사는 해당하지 않는다.
④ 관할 수사기관에 고발 또는 수사의뢰를 한 경우에는 해당 보험사고와 관련된 자료를 수사기관에 송부하여야 한다.

금융위원회, 금융감독원, 보험회사는 보험계약자 등의 행위가 보험사기행위로 의심할 만한 합당한 근거가 있는 경우에는 관할 수사기관에 고발 또는 수사의뢰하거나 그 밖에 필요한 조치를 취하여야 한다(보험사기방지특별법 제6조 제1항). 따라서 고발권과 수사의뢰권은 금융위원회, 금융감독원 뿐만 아니라 보험회사에게도 부여된다.

21 보험약관의 효력에 관한 다음 설명 중 틀린 것은?

① 규범설의 입장을 취할 경우 보험자가 보험약관 교부설명 의무를 위반한 경우 보험계약자는 정해진 기간 내에 계약을 취소할 수 있는 권리만을 가질 뿐 보험계약의 내용에는 영향을 주지 않는다.
② 의사설은 보통보험약관은 보험자가 일방적으로 작성한 계약의 모형에 불과하기 때문에 이것이 당연히 구속력을 갖는다고 볼 수 없고 보험약관의 내용을 계약의 내용으로 편입한다는 당사자간의 합의, 즉 편입의사가 있는 경우에만 보험약관이 계약의 내용이 된다는 학설이다.
③ 보통보험약관이 계약 당사자에 대하여 구속력을 갖는 것은 그 자체가 법규범 또는 법규범적 성질을 가진 계약이기 때문이 아니라 보험계약 당사자 사이에서 계약의 내용에 포함시키기로 합의하였기 때문이라는 것은 규범설의 입장이다.
④ 대법원은 의사설의 입장에 따르고 있다.

① 규범설은 보험약관은 그 자체만으로 법대행적 기능을 하며 보험관계자로 이루어지는 사회에 타당한 규범이라는 입장이다. 규범설의 입장을 취할 경우 보험자가 보험약관 교부설명 의무를 위반한 경우 보험계약자는 정해진 기간 내에 계약을 취소할 수 있는 권리만을 가질 뿐 보험계약의 내용에는 영향을 주지 않는다.
② 의사설은 보통보험약관은 보험자가 일방적으로 작성한 계약의 모형에 불과하기 때문에 이것이 당연히 구속력을 갖는다고 볼 수 없고 보험약관의 내용을 계약의 내용으로 편입한다는 당사자간의 합의, 즉 편입의사가 있는 경우에만 보험약관이 계약의 내용이 된다는 학설이다. 즉 계약 당사자 사이의 약관 편입 의사가 있는 경우에만 보험약관이 계약의 내용이 될 수 있다.
③ 보통보험약관이 계약 당사자에 대하여 구속력을 갖는 것은 그 자체가 법규범 또는 법규범적 성질을 가진 계약이기 때문이 아니라 보험계약 당사자 사이에서 계약의 내용에 포함시키기로 합의하였기 때문이라는 것은 <u>의사설</u>의 입장이다.
④ 대법원은 일관되게 의사설의 입장을 취하고 있다(대법원 1989. 3. 28. 선고 88다4645 판결). 약관이 계약당사자를 구속하는 것은 그 자체가 법규범의 성질을 가진 것 때문이 아니라 계약 당사자가 상호 간에 약관의 내용을 계약으로 하기로 합의하였기 때문이라는 논리이다.

22 질병상해보험 표준약관에서 정의된 용어가 틀린 것은?

① 보험증권이란 계약의 성립과 그 내용을 증명하기 위하여 회사가 계약자에게 발급하는 증서를 말한다.
② 상해란 보험기간 중에 발생한 급격하고도 우연한 외래의 사고로 신체(의수, 의족, 의안, 의치 등 신체보조장구를 포함한다)에 입은 상해를 말한다.
③ 보험수익자란 보험금 지급사유가 발생하는 때에 보험회사에 보험금을 청구하여 받을 수 있는 사람을 말한다.
④ 영업일이란 회사가 영업점에서 정상적으로 영업하는 날을 말하며, 토요일, 관공서의 공휴일에 관한 규정에 따른 공휴일과 근로자의 날은 제외한다.

21.③ 22.②

상해란 보험기간 중에 발생한 급격하고도 우연한 외래의 사고로 신체(의수, 의족, 의안, 의치 등 신체보조장구는 제외하나, 인공장기나 부분 의치 등 신체에 이식되어 그 기능을 대신할 경우는 포함한다)에 입은 상해를 말한다.

23 후유장해 진단과 관련하여 다음 괄호 안에 들어갈 기간을 고르세요.

> 장해지급률이 상해 발생일 또는 질병의 진단 확정일부터 (   ) 이내에 확정되지 않는 경우에는 상해 발생일 또는 질병의 진단확정일부터 (   )이 되는 날의 의사 진단에 기초하여 고정될 것으로 인정되는 상태를 장해지급률로 결정한다. 다만, 장해분류표에 장해판정시기를 별도로 정한 경우에는 그에 따른다.

① 1개월 ② 3개월
③ 180일 ④ 1년

 장해지급률이 상해 발생일 또는 질병의 진단 확정일부터 180일 이내에 확정되지 않는 경우에는 상해 발생일 또는 질병의 진단확정일부터 180일이 되는 날의 의사 진단에 기초하여 고정될 것으로 인정되는 상태를 장해지급률로 결정한다. 다만, 장해분류표에 장해판정시기를 별도로 정한 경우에는 그에 따른다.

24 질병상해보험 표준약관상 주소변경 통지 및 보험수익자 지정에 대한 다음 설명 중 틀린 것은?

① 계약자는 주소 또는 연락처가 변경된 경우에는 지체없이 그 변경내용을 회사에 알려야 한다.
② 주소변경 통지의무자는 피보험자가 계약자와 다른 경우 피보험자를 포함한다.
③ 주소변경을 알리지 않은 경우, 회사에 알린 최종의 주소 또는 연락처로 등기우편 등 우편물에 대한 기록이 남는 방법으로 회사가 알린 사항은 일반적으로 도달에 필요한 기간이 지난 때에 도달한 것으로 본다.
④ 보험수익자를 지정하지 않은 때에는 보험수익자를 만기환급금 지급의 경우에는 계약자로 하고, 사망보험금 지급의 경우는 피보험자의 법정상속인, 후유장해 보험금 및 입원보험금 지급의 경우에는 피보험자로 한다.

 ①② 계약자(보험수익자가 계약자와 다른 경우 보험수익자를 포함한다)는 주소 또는 연락처가 변경된 경우에는 지체 없이 그 변경내용을 회사에 알려야 한다.
③ 계약자 또는 보험수익자가 변경내용을 알리지 않은 경우에는 계약자 또는 보험수익자가 회사에 알린 최종의 주소 또는 연락처로 등기우편 등 우편물에 대한 기록이 남는 방법으로 회사가 알린 사항은 일반적으로 도달에 필요한 기간이 지난 때에 계약자 또는 보험수익자에게 도달된 것으로 본다.
④ 보험수익자를 지정하지 않은 때에는 보험수익자를 만기환급금 지급의 경우에는 계약자로 하고, 사망보험금 지급의 경우는 피보험자의 법정상속인, 후유장해 보험금 및 입원보험금 지급의 경우에는 피보험자로 한다.

25 승낙의제 기산일에 대한 다음 설명 중 틀린 것은?

① 승낙의제는 청약과 함께 제1회 보험료를 받은 경우에 적용된다.
② 건강진단을 받지 않는 계약은 청약일로부터 기산한다.
③ 건강진단을 받는 계약은 진단일로부터 기산한다.
④ 재진단을 받는 경우에는 최초진단일로부터 기산한다.

 승낙의제는 보험회사가 청약과 함께 제1회 보험료를 받은 경우에 적용하며, 그 기산일은 다음과 같다.
　1. 건강진단을 받지 않은 계약: 청약일
　2. 건강진단을 받는 계약: 진단일
　3. 재진단을 받는 계약: <u>최종진단일</u>
　※ 최초진단일이 아님에 주의해야 한다.

26 청약철회에 대한 다음 설명 중 틀린 것은?

① 계약자는 보험증권을 받은 날부터 15일 이내에 그 청약을 철회할 수 있으나, 청약한 날부터 30일이 초과되면 철회할 수 없다.
② 진단계약, 보험기간이 90일 이내인 계약 또는 일반금융소비자가 체결한 계약은 청약을 철회할 수 없다.
③ 회사는 청약의 철회를 접수한 날부터 3영업일 이내에 납입한 보험료를 돌려주며, 보험료 반환이 늦어진 기간에 대하여는 이자를 계산한 금액을 더하여 지급한다.
④ 청약을 철회할 때에 이미 보험금 지급사유가 발생하였으나 계약자가 그 보험금 지급사유가 발생한 사실을 알지 못한 경우에는 청약철회의 효력은 발생하지 않는다.

 다음의 계약은 청약철회를 할 수 없다.
　(1) 회사가 건강상태 진단을 지원하는 계약
　(2) 보험기간이 90 이내인 계약
　(3) <u>전문금융소비자</u>가 체결한 계약
　(4) 청약한 날부터 30일이 초과한 계약
　(5) 보험증권을 받은 날부터 15일이 초과한 계약

> ※ **전문금융소비자**
> 　보험계약에 관한 전문성, 자산규모 등에 비추어 보험계약에 따른 위험감수능력이 있는 자로서, 국가, 지방자치단체, 한국은행, 금융회사, 주권상장법인 등을 포함하며 「금융소비자 보호에 관한 법률」 제2조(정의) 제9호에서 정하는 전문금융소비자를 말한다.
> ※ **일반금융소비자**
> 　전문금융소비자가 아닌 계약자를 말한다.

25.④　26.②

27 보험회사가 청약과 함께 제1회 보험료를 받고 청약을 승낙하기 전에 보험금 지급사유가 발생했을 때에는 이른바 승낙전 사고의 보장이 적용된다. 승낙전 사고 보장 적용에 대한 다음 설명 중 틀린 것은?

① 계약 전 알릴 의무에 따라 계약자 또는 피보험자가 회사에 알린 내용이나 건강진단 내용이 보험금 지급사유의 발생에 영향을 미치지 않았음을 회사가 증명하는 경우에는 승낙전 사고가 보장되지 않는다.

② 알릴 의무 위반의 효과 조항을 준용하여 회사가 보장을 하지 않을 수 있는 경우에는 승낙전 사고가 보장되지 않는다.

③ 진단계약에서 보험금 지급사유가 발생할 때까지 진단을 받지 않은 경우에는 승낙전 사고가 보장되지 않는다.

④ 진단계약에서 진단을 받지 않은 경우라도 상해로 보험금 지급사유가 발생하는 경우에는 승낙전 사고를 보장한다.

 승낙전 사고의 보장에서 제외되는 경우는 다음과 같다.
(1) 계약 전 알릴 의무에 따라 계약자 또는 피보험자가 회사에 알린 내용이나 건강진단 내용이 보험금 지급사유의 발생에 영향을 미쳤음을 회사가 증명하는 경우
(2) 알릴 의무 위반의 효과 조항을 준용하여 회사가 보장을 하지 않을 수 있는 경우
(3) 진단계약에서 보험금 지급사유가 발생할 때까지 진단을 받지 않은 경우. 다만, 진단계약에서 진단을 받지 않은 경우라도 상해로 보험금 지급사유가 발생하는 경우에는 보장한다.

28 화재보험의 종류에 대한 다음 설명 중 틀린 것은?
① 주택화재보험은 화재, 폭발, 파열, 소방손해와 피난손해를 담보한다.
② 일반화재보험은 화재, 소방손해와 피난손해를 담보하며, 폭발과 파열은 담보하지 않는다.
③ 장기화재보험은 주택물건만을 대상으로 한다.
④ 일반화재보험은 일반물건과 공장물건을 대상으로 한다.

종류	대상물건	담보내용	보험기간
주택화재보험	주택물건의 건물과 가재	화재(벼락포함), 폭발, 파열, 소방손해와 피난손해	1~3년 단기
(일반)화재보험	일반물건 공장물건	화재(벼락포함), 소방손해와 피난손해	
장기화재보험	주택물건과 가재, 공장, 일반물건	화재(벼락포함), 소방손해와 피난손해	3년 이상 장기

정답 27.① 28.③

29 화재보험의 보험금 지급 한도에 대한 다음 설명 중 틀린 것은?

① 화재로 인한 손해에 의한 보험금과 잔존물 제거비용은 각각 '지급보험금의 계산'을 준용하여 계산하며, 그 합계액은 보험증권에 기재된 보험가입금액을 한도로 한다. 다만, 잔존물 제거비용은 손해액의 10%를 초과할 수 없다.
② 비용손해 중 손해방지비용, 대위권 보전비용 및 잔존물 보전비용은 '지급보험금의 계산'을 준용하여 계산한 금액이 보험가입금액을 초과하는 경우에도 이를 지급한다.
③ 비용손해 중 기타 협력비용은 보험증권에 기재된 보험가입금액을 한도로 지급한다.
④ 회사가 손해를 보상한 경우에는 보험가입금액에서 보상액을 뺀 잔액을 손해가 생긴 후의 나머지 보험기간에 대한 잔존보험가입금액으로 한다.

가. 보험금 지급한도
화재로 인한 손해에 의한 보험금과 잔존물 제거비용은 각각 '지급보험금의 계산'을 준용하여 계산하며, 그 합계액은 보험증권에 기재된 보험가입금액을 한도로 한다. 다만, 잔존물 제거비용은 손해액의 10%를 초과할 수 없다.

▶ 예시
- 화재손해액: 1억원
- 잔존물 제거비용: 2천만원
- 보험가입금액: 2억원
- 보험회사의 지급보험금: 화재손해액 + 잔존물제거비용(손해액의 10% 한도)
- 1억원(화재손해액) + 1천만원(잔존물제거비용, 손해액의 10% 한도) = 1억 1천만원

나. 비용 손해가 보험가입금액을 초과하는 경우
비용손해 중 손해방지비용, 대위권 보전비용 및 잔존물 보전비용은 '지급보험금의 계산'을 준용하여 계산한 금액이 보험가입금액을 초과하는 경우에도 이를 지급한다.

다. 기타 협력비용의 보상
비용손해 중 기타 협력비용은 보험가입금액을 초과한 경우에도 이를 전액 지급한다.

라. 보험금의 지급과 잔존보험가입금액
회사가 손해를 보상한 경우에는 보험가입금액에서 보상액을 뺀 잔액을 손해가 생긴 후의 나머지 보험기간에 대한 잔존보험가입금액으로 한다. 보험의 목적이 둘 이상일 경우에도 각각 동 항의 규정을 적용한다.

30 배상책임보험에서 보험금의 지급한도에 대한 다음 설명 중 틀린 것은?

① 피보험자가 피해자에게 지급할 책임을 지는 법률상의 손해배상금은 보상한도액을 한도로 보상하되, 자기부담금이 약정된 경우에는 그 자기부담금을 초과한 부분만 보상한다.
② 손해방지비용은 전액을 보상한다.
③ 대위권보전비용은 전액을 보상한다.
④ 소송비용, 변호사비용, 중재, 화해 또는 조정에 관한 비용과 공탁보증보험료는 비용과 피보험자가 피해자에게 지급할 책임을 지는 법률상의 손해배상금의 합계액이 보험증권에 기재된 보험가입금액을 초과하는 경우에도 이를 보장한다.

손해배상금	보상한도액을 한도로 보상하되, 자기부담금이 약정된 경우에는 그 자기부담금을 초과한 부분만 보상
손해방지비용, 대위권보전비용, 협력비용	전액을 보상
소송비용, 공탁보증보험료	비용과 손해배상금의 합계액을 <u>보상한도액 내에서 보상</u>

31 자동차보험의 피보험자 중에서 다음의 정의된 사람을 무엇이라고 하는가?

> 다른 피보험자를 위하여 피보험자동차를 운전 중인 자

① 기명피보험자
② 친족피보험자
③ 승낙피보험자
④ 운전피보험자

가. 기명피보험자: 피보험자동차를 소유·사용·관리하는 자 중에서 보험계약자가 지정하여 보험증권의 기명피보험자란에 기재되어 있는 피보험자를 말한다.
나. 친족피보험자: 기명피보험자와 같이 살거나 살림을 같이 하는 친족으로서 피보험자동차를 사용하거나 관리하고 있는 자를 말한다.
다. 승낙피보험자: 기명피보험자의 승낙을 얻어 피보험자동차를 사용하거나 관리하고 있는 자를 말한다.
라. 사용피보험자: 기명피보험자의 사용자 또는 계약에 따라 기명피보험자의 사용자에 준하는 지위를 얻은 자. 다만, 기명피보험자가 피보험자동차를 사용자의 업무에 사용하고 있는 때에 한한다.
마. <u>운전피보험자</u>: 다른 피보험자(기명피보험자, 친족피보험자, 승낙피보험자, 사용피보험자를 말함)를 위하여 피보험자동차를 운전 중인 자(운전보조자를 포함)를 말한다.

32 자동차보험의 보험금 청구에 대한 다음 설명 중 틀린 것은?

① 보험금 청구에 관한 서류를 받았을 때에는 지체 없이 지급할 보험금액을 정하고 그 정하여진 날부터 7일 이내에 지급한다.
② 피보험자의 보험금 청구가 손해배상청구권자의 직접청구와 경합할 때에는 보험회사가 피보험자에게 우선하여 보험금을 지급한다.
③ 손해배상청구권자가 손해배상을 받기 전에는 보험금의 전부 또는 일부를 피보험자에게 지급하지 않으며, 피보험자가 손해배상청구권자에게 지급한 손해배상액을 초과하여 피보험자에게 지급하지 않는다.
④ 정당한 사유 없이 보험금액을 정하는 것을 지연하였거나 정한 지급기일 내에 보험금을 지급하지 않았을 때, 지급할 보험금이 있는 경우에는 그 다음날부터 지급일까지의 기간에 대하여 이자를 계산한 금액을 보험금에 더하여 지급한다.

정답 31.④ 32.②

피보험자의 보험금 청구가 손해배상청구권자의 직접청구와 경합할 때에는 보험회사가 손해배상청구권자에게 우선하여 보험금을 지급한다.

33 대차료와 휴차료에 대한 다음 설명 중 틀린 것은?

① 대차를 하지 않았을 때 동급의 대여자동차가 있는 경우에는 해당 차량과 동급의 최저요금 대여자동차 대여 시 소요되는 통상의 요금의 25% 상당액을 대차료로 지급한다.
② 대차료 인정기간은 수리를 위해 자동차정비업자에게 인도하여 수리가 완료될 때까지 소요된 기간으로 하되, 부당한 수리지연이나 출고지연 등의 사유로 인해 통상의 수리기간을 초과하는 기간은 인정하지 않는다.
③ 휴차료는 사업용자동차(건설기계 포함)가 파손 또는 오손되어 사용하지 못하는 기간 동안에 발생하는 타당한 영업손해를 지급한다.
④ 수리가 불가능한 경우 휴차료는 10일을 인정한다.

 대차를 하지 않았을 때 동급의 대여자동차가 있는 경우에는 해당 차량과 동급의 최저요금 대여자동차 대여 시 소요되는 통상의 요금의 35% 상당액을 대차료로 지급한다.

34 사망진단서에 대한 다음 설명 중 틀린 것은?

① 고속도로에서 교통사고 발생 후 병원으로 이송되어 사망하였다면, 사망장소는 고속도로이다.
② 사망의 원인에는 실제 망인에게 사망의 결과를 초래하였거나 사망에 관여한 모든 사항을 인과관계에 따라 한 칸에 1개씩 기재해야 한다.
③ 호흡정지나 심폐정지, 심장마비와 같이 사망에 수반되는 현상은 기재하지 않는다.
④ 사망의 종류를 결정할 때에는 질병보다는 손상이 우선한다. 여러 가진 사망원인 중 하나를 선택할 때에는 원칙적으로 선행사인에 따라 결정한다.

 사망장소는 실제 사망이 이루어진 장소를 기재한다. 예를 들어 고속도로에서 교통사고 발생 후 병원으로 이송되어 사망하였다면, 사망장소는 병원이다.

35 다음의 사례를 보고 상속에 대해 바르게 설명한 것을 고르세요.

▶ 가족관계
A(남편), B(부인), C(자녀), D(A의 모친), E(B의 모친)

▶ 사고내용
일가족 3명, A, B, C가 가족여행 중 중앙선을 넘어온 덤프트럭으로 인해 A와 C가 현장에서 사망하고, B가 그 다음날 치료 중 사망하였다.

① A의 사망보험금은 D가 단독으로 받는다.
② 자녀 C의 사망보험금은 배우자 B에게 전액 상속된다.
③ A와 C는 동시에 사망한 것으로 본다.
④ A와 C는 동시사망 규정에 의하여 상호 간에 상속이 발생한다.

피상속인과 상속인이 동일한 위난으로 사망한 경우에는 동시에 사망한 것으로 추정한다(민법 제30조). 동시 사망이 적용된다면 동시 사망자 상호 간에는 상속이 발생하지 않는다. 동시사망에 대한 규정은 '추정'에 의한 것이기 때문에 반증이 있으면 이러한 추정은 번복될 수 있다.
남편 A의 사망당시 자녀 C도 현장에서 동시에 사망하였으므로 동시사망 추정 규정에 의하여 C에 대한 상속이 발생하지 않는다. 따라서 A에 대한 보험금은 A의 모친 D(1/2.5)와 A의 배우자인 B(1.5/2.5)에게 각각 1:1.5의 비율로 상속한다. 자녀 C에 대한 사망보험금은 자녀C와 A가 동시에 사망하였으므로 A에 대한 상속이 발생하지 않고 배우자인 B에게 전액 상속된다.

36 현재 사용 중인 질병보험의 계약전 알릴의무 질문 사항이 아닌 것은?
① 최근 3개월 이내에 의사로부터 진찰, 검사를 통하여 진단을 받았거나 그 결과로 치료, 입원, 수술, 투약을 받은 사실이 있습니까?
② 최근 3개월 이내에 마약을 사용하거나 혈압강하제, 신경안정제, 수면제, 각성제(흥분제), 진통제 등 약물을 상시 복용한 사실이 있습니까?
③ 현재 팔, 다리, 손(손가락 포함), 발(발가락 포함), 척추에 손실 또는 변형으로 인한 외관상 신체의 장애가 있습니까?
④ 최근 1년 이내에 의사로부터 진찰 또는 검사를 통하여 추가검사(재검사)를 받은 사실이 있습니까?

계약전 알릴의무 사항 중 현재의 장해상태 항목에서 기능적 장애(7. 현재 눈, 코, 귀, 언어, 씹는 기능, 정신 또는 신경기능에 장애가 있습니까?)와 신체적 장애(8. 현재 팔, 다리 손(손가락포함), 발(발가락 포함), 척추에 손실 또는 변형으로 인한 외관상 신체의 장애가 있습니까?)를 물어보던 질문사항은 표준사업방법서 개정에 따라 2018년 7월부터 삭제되었다. 따라서 현재는 보험 가입시에 피보험자의 장해 상태를 묻지 않는다.

정답 35. ② 36. ③

37 다음 중 암의 직접치료에 포함되는 것은?

① 면역력 강화 치료
② 암이나 암 치료로 인하여 발생한 후유증 또는 합병증 치료
③ 연명의료결정법에 해당하는 말기암 환자에 대한 치료
④ 식이요법, 명상요법 등 암의 제거 또는 증식 억제를 위하여 의학적으로 안전성과 유효성이 입증되지 않은 치료

▶ 암의 직접적인 치료에 포함
  (가) 보건복지부 산하 신의료기술평가위원회(향후 제도변경 시에는 동 위원회와 동일한 기능을 수행하는 기관)가 인정한 최신 암 치료법
  (나) 항암방사선치료, 항암화학치료, 암을 제거하거나 암의 증식을 억제하는 수술 또는 이들을 병합한 복합치료
  (다) 암의 제거 또는 증식 억제를 위하여 의학적으로 안전성과 유효성이 입증된 면역치료
  (라) 암의 제거 및 증식 억제 치료를 받기 위해 필수불가결한 면역력 강화 치료
  (마) 암의 제거 및 증식 억제 치료를 받기 위해 필수불가결한 암치료나 암으로 인하여 발생한 후유증 또는 합병증의 치료
  (바) 「호스피스·완화의료 및 임종과정에 있는 환자의 연명의료결정에 관한 법률」 제2조 제3호에 해당하는 말기암 환자에 대한 치료
▶ 암의 직접적인 치료에 불포함
  (가) 식이요법, 명상요법 등 암의 제거 또는 암의 증식 억제를 위하여 의학적으로 안정성과 유효성이 입증되지 않은 치료
  (나) 면역력 강화 치료
  (다) 암의 직접적인 치료로 인하여 발생한 후유증 또는 합병증의 치료

38 CI보험에서 적용되는 치명적 질병에 대한 다음 설명 중 틀린 것은?

① 중대한 뇌졸중이라 함은 지주막하출혈, 뇌내출혈, 기타 비외상성 머리내출혈, 뇌경색(증)이 발생하여 뇌혈액순환의 급격한 차단이 생겨서 그 결과 영구적인 신경학적 결손(언어장애, 운동실조, 마비 등)이 나타나는 질병을 말한다.
② 중대한 급성심근경색증 진단방법의 하나로 심근효소인 Troponin이 단독으로 새롭게 상승되어야 한다.
③ 중대한 암이란 악성종양세포의 존재 및 주위조직으로 침윤하여 파괴하는 악성세포의 무차별적 증식으로 특정 지을 수 있는 악성종양을 말하며, 백혈병, 악성림프종, 호치킨병을 포함한다.
④ 말기신부전증이라 함은 양쪽 신장 모두가 만성적으로 비가역적 기능부전을 보이는 말기 신장질환(End Stage Renal Disease)으로서, 보존요법으로는 치료가 불가능하여 정기적인 신장 투석 요법(혈액투석이나 복막투석)을 받고 있거나 받는 경우를 말한다.

① 중대한 뇌졸중이라 함은 지주막하출혈, 뇌내출혈, 기타 비외상성 머리내출혈, 뇌경색(증)이 발생하여 뇌혈액순환의 급격한 차단이 생겨서 그 결과 영구적인 신경학적 결손(언어장애, 운동실조, 마비 등)이 나타나는 질병을 말한다.

② 중대한 급성심근경색증이라 함은 관상동맥의 폐색으로 인하여 심근으로의 혈액공급이 급격히 감소되어 전형적인 흉부 통증과 함께 해당 심근조직의 비가역적 괴사를 가져오는 질병으로서 발병 당시 다음의 2가지 특징을 모두 보여야 한다.
(1) 전형적인 급성심근경색 심전도 변화(ST분절, T파, Q파)가 새롭게 출현
(2) CK-MB를 포함한 심장효소의 발병 당시 새롭게 상승. 여기서 상승이라 함은 CK-MB 정상범위 최고치의 2배 이상 상승한 경우를 말한다. 다만 Troponin은 CK-MB와 함께 심장효소의 상승을 보여주는 자료로 제시될 수는 있으나 CK-MB없이 Troponin 단독으로는 인정되지 않는다.
③ 중대한 암이란 악성종양세포의 존재 및 주위조직으로 침윤하여 파괴하는 악성세포의 무차별적 증식으로 특정 지을 수 있는 악성종양을 말하며, 백혈병, 악성림프종, 호치킨병을 포함한다.
④ 말기신부전증이라 함은 양쪽 신장 모두가 만성적으로 비가역적 기능부전을 보이는 말기 신장질환(End Stage Renal Disease)으로서, 보존요법으로는 치료가 불가능하여 정기적인 신장 투석 요법(혈액투석이나 복막투석)을 받고 있거나 받는 경우를 말한다.

39 CI보험의 중대한 뇌졸중에서 제외되는 경우가 아닌 것은?

① 외상으로 인한 경우
② 뇌종양으로 인한 경우
③ 신경학적 결손을 가져오는 안동맥의 폐색
④ 뇌혈관의 급격한 장애로 인해 뇌혈액순환의 급격한 차단이 생긴 경우

 중대한 뇌졸중이라 함은 지주막하출혈, 뇌내출혈, 기타 비외상성 머리내출혈, 뇌경색(증)이 발생하여 뇌혈액순환의 급격한 차단이 생겨서 그 결과 영구적인 신경학적 결손(언어장애, 운동실조, 마비 등)이 나타나는 질병을 말한다. 다만 다음의 경우는 중대한 뇌졸중에서 제외된다.
(가) 일과성 허혈발작, 가역적 허혈성 신경학적 결손
(나) 다음의 지주막하출혈, 뇌내출혈, 기타 비외상성 머리내출혈, 뇌경색(증) 경우에도 제외한다.
① 외상으로 인한 경우
② 뇌종양으로 인한 경우
③ 뇌수술 합병증으로 인한 경우
④ 신경학적 결손을 가져오는 안동맥의 폐색

40 실손의료보험 입원의료비에 대한 다음 설명 중 틀린 것은?

① 상급병실료차액은 비급여 병실료의 50%를 보상하되, 1일 평균금액은 10만원이 한도이다.
② 국민건강보험법 또는 의료급여법을 적용받지 못하는 경우에는 입원의료비 중 본인이 실제로 부담한 금액의 40%를 보상한다.
③ 급여 입원의료비는 본인이 납부한 비용의 80%를 보상한다.
④ 입원의 경우 급여의료비 중 보상금액을 제외한 나머지 금액이 계약일 또는 매년 계약해당일부터 기산하여 연간 500만원을 초과하는 경우 그 초과금액은 보험가입금액 한도내에서 보상한다.

 입원의 경우 급여의료비 중 보상금액을 제외한 나머지 금액이 계약일 또는 매년 계약해당일부터 기산하여 연간 200만원을 초과하는 경우 그 초과금액은 보험가입금액 한도내에서 보상한다.

제2과목

형사법 및 범죄학개론

형사법
형법총칙

제1편

CHAPTER 01 형법의 의의

제1절 형법의 의의

1. 형법의 기능

(1) 보호적 기능

범죄로부터 사회질서와 안전을 보호하는 역할을 한다.

(2) 보장적 기능

어떤 행위가 범죄이며 어떤 처벌을 받는지를 규정함으로써 일반국민에게 예측가능성을 부여하여 자유와 인권을 보장하는 역할을 하며, 범죄인의 인권도 보장한다는 점에서 범죄인의 마그나 카르타(대헌장)이라고도 한다.

(3) 형법의 보충성 원칙

보장적 기능에서 파생되는 것으로, 형벌은 강력한 규제수단이므로 다른 규제수단을 사용하고도 범죄를 막을 수 없는 최후적 상황에서 사용되어야 한다는 것이 원칙이다.

2. 죄형법정주의의 5가지 파생원칙

파생원칙	주요내용
성문법주의	• 법률이 없으면 범죄도 없고 형벌도 없다는 근대 형법의 기본원칙을 죄형법정주의라 한다. • 법률주의: 범죄와 형벌의 중요내용은 국회가 제정하는 법률로 미리 명시해두어야 한다. 명령, 규칙, 자치법규 등 하위법령으로는 규정할 수 없다. • 관습형법금지: 관습법은 보충적 해석기준으로 사용될 수는 있으나, 관습법 형태로 범죄와 형벌을 규정해서는 아니된다. 다만, 피고인에게 유리한 관습법을 적용하는 것은 가능하다.
명확성원칙	• 범죄와 형벌은 국민이 예측할 수 있도록 명확해야 한다(예측가능성=법적 안정성). 너무 다의적이어서 법관의 자의적 해석이 가능한 수준이어서는 안된다. • 상대적 부정기형은 허용되지만, 절대적 부정기형은 인정되지 않는다.
유추해석금지의 원칙	• 유추해석이란 일정한 사항을 규정하는 법률이 없는 경우 유사한 사항을 규정한 법률을 적용한 것이다. • 형법에서 유추해석, 확장해석은 원칙상 금지된다. 그러나 피고인에게 유리한 유추해석이나 확장해석은 가능하다. • 예컨대, 강도죄, 강간죄의 폭행에는 마취제, 수면제를 사용하여 의식불명에 빠뜨리는 것도 포함하는 것, 유기죄의 객체인 도움이 필요한 사람에 사실혼관계에 있는 자가 포함된다는 해석 등은 허용되는 확장해석에 해당한다.

파생원칙	주요내용
소급효금지원칙	• 형벌법규는 그 시행 이전의 행위에까지 소급하여 적용될 수 없다는 원칙=사후형사입법금지=행위시법(우리 형법 제1조 제1항) • 소급이 가능한 경우 – 피고인에게 유리한 경우에는 소급이 가능 – 소송법(절차법)규정 – 형벌이 아닌 보안처분: 보호관찰, 전자감시장치부착명령, 신상공개 등(단 사회봉사명령은 소급 불가) – 양형위원회의 양형기준, 대법원의 판례 변경 – 진정소급효(완료된 공소시효의 연장)은 원칙상 허용되지 않지만, 심히 중대한 공익상의 사유가 있으면 예외적으로 허용된다. – 이에 비해서, 부진정소급효(완료되지 않은 공소시효의 연장)은 원칙상 허용된다.
적정성 원칙	• 실질적 의미의 죄형법정주의로서 범죄와 형벌 사이에 적정한 균형과 비례성이 있어야 하는 것으로 이에 위배되면 헌법상의 과잉금지원칙, 비례성원칙에 위반되어 무효가 된다.

제2절 형법의 적용범위

1. 시간적 적용범위

(1) 행위시법 원칙

우리 형법 제1조 제1항 "범죄의 성립과 처벌은 행위시법에 의한다."=행위시법=형벌불소급의 원칙

(2) 재판시법 예외

행위시법을 원칙으로 하면서도 재판시법(신법)을 예외적으로 적용하는 경우가 있다.

① 형법 제1조 제2항: 범죄 후 재판확정 전에 법률이 변경으로 범죄를 구성하지 않게 된 경우(간통사건으로 재판 중이었는데 간통죄가 폐지된 경우), 재판시법에 따라 처벌하지 않고 면소판결 해야 함

② 형법 제1조 제2항: 범죄 후 재판확정 전에 법률 변경으로 가벼운 형으로 변경된 경우, 가벼운 신법을 적용함. 종전 판례는 동기설에 입각하였으나, 최근 판례가 변경되어 법률이념의 변경이나 과형이 과중하다는 반성적 고려 여부를 따지지 않고 가벼운 신법을 적용하기로 하였음

③ 형법 제1조 제3항: 재판확정 후 법률변경으로 범죄를 구성하지 않게 된 경우, 형집행을 면제함. 다만, 재판확정 후 법률변경으로 가벼운 형으로 변경된 경우에는 가벼운 신법을 적용하는 규정이 없다.

(3) 행위자에게 불리한 행위시법(구법)의 추급

신법에 경과규정을 두어 유리한 신법의 적용을 배제하고 불리한 구법을 추급하여 적용한다는 것도 가능하다.

(4) 한시법
① 한시법은 법이 제정될 때부터 유효기간이 미리 정해져 있는 경우이다. 대체로 한시법은 추급효를 명시하여 법의 집행의 실효성을 높이는 편이다.
② 명문규정이 없는 경우, 한시법이 법률이념의 변경이면 구법을 추급하지 않고 단순 사실 변경이면 구법을 추급하자는 동기설이 유력하다.

2. 장소적 적용범위

파생원칙	주요내용
속지주의 (원칙)	• 우리나라 영토 안에서는 내국인, 외국인을 불문하고 우리 형법을 적용하여 재판하고 처벌할 수 있다는 원칙(형법 제2조) • 속지주의를 원칙으로 삼고, 나머지를 보충적으로 가미 • 북한도 우리 법이 적용되는 우리 영역 내로 본다. • 기국주의(旗國主義): 속지주의의 일종. 우리나라 국적의 선박이나 비행기가 공해(公海)상에 있더라도 그 안에서 일어난 내국인, 외국인의 범죄에 우리 형법을 적용할 수 있음(제4조)
속인주의	• 우리나라 국적자가 외국에서 우리 형법상 범죄를 저지른 경우, 우리 형법을 적용·재판하고 처벌할 수 있음(형법 제3조) • 우리 국민이 필리핀에서 도박범죄를 저지른 경우, 필리핀법에서는 범죄가 아니라도 우리 형법에는 도박죄가 있으므로 처벌할 수 있다.
보호주의	• 외국인이 외국에서 범죄를 했더라도 우리나라 또는 우리 국민의 법익을 침해하는 범죄인 경우, 우리 형법을 적용하여 재판하고 처벌할 수 있음 • 국가보호주의가 적용되는 범죄 유형(형법 제5조): 내란, 외환, 국기(國旗), 통화(通貨), 유가증권, 우표, 인지(印紙), 공문서, 공인장에 관한 죄 • 국민보호주의(형법 제6조): 대한민국 영역 외에서 대한민국 또는 국민에 대하여 범죄를 범한 외국인에게도 적용한다. 단, 행위지(외국)의 법률에 의하여 범죄를 구성하지 아니하거나 소추 또는 형의 집행을 면제할 경우에는 예외로 한다. • 내국법인의 대표자인 외국인이 내국법인이 외국에 설립한 특수목적법인에 위탁해 둔 자금을 정해진 목적과 용도 외에 임의로 사용한 경우, 그 행위가 외국에서 이루어진 경우라도 해당 외국에게 우리 형법을 적용하여 우리 법원이 재판권을 행사할 수 있다.
세계주의	• 내국인이든 외국인이든 어느 나라에서 범행을 했는지를 상관하지 않고 전세계적인 보편적 법익을 침해한다면, 우리 형법을 적용하여 재판하고 처벌할 수 있음 • 약취유인, 인신매매(제296조의2)에 대해서 2013년부터 우리 형법도 세계주의를 채택

3. 외국판결의 효력

① 외국에서 형의 전부 또는 일부가 집행된 사람에 대해서는 그 집행된 형의 전부 또는 일부를 선고하는 형에 산입한다(형법 제7조).
② 다만, 외국에서 미결구금되었다가 온 자는 형집행을 받지 않은 것으로 보아서 산입해주지 않는다.

CHAPTER 02 범죄론

제1절 범죄의 의의

1. 범죄의 요건

(1) 범죄의 성립요건

어떤 행위가 범죄로 성립하려면, 다음의 3단계를 충족해야 함

① 구성요건해당성: 어떤 행위가 형사법률에 규정되어 있는 범죄행위의 유형(법조문의 범죄요건)에 해당되는지 여부

② 위법성: 구성요건해당성이 있는 행위가 법질서에 위반되는지 여부

③ 책임성: 구성요건해당성이 있고 위법성도 있는 행위를 한 사람에게 그 행위에 대한 비난을 할 수 있는지, 즉 비난가능성 여부

(2) 범죄의 처벌조건

범죄성립요건이 있는 행위는 대부분 범죄로서 처벌된다. 다만, 범죄성립요건을 충족한 행위로 범죄임에도 처벌하기 위해서 별도의 처벌조건이 더 필요한 경우가 있다.

① 객관적 처벌조건: 사전수뢰죄에서 수뢰행위를 한 사람이 공무원 또는 중재인이 된 사실이 있어야 함

② 인적 처벌조건: 친족상도례에서 신분, 대통령의 불체포특권의 신분, 국회의원의 면책특권에서 국회의원의 신분, 외교사절의 행위가 있음

(3) 범죄의 소추조건(소송조건)

① 범죄성립요건을 갖춘 경우라도 일정한 범죄유형들은 별도로 형사소송법상 공소제기를 위한 소추조건이 더 필요함

② 소추조건이 결여된 경우, 법원은 공소기각판결을 내려야 함

친고죄	반의사불벌죄
• 피해자 등 고소권자의 고소가 있어야만 가해자를 공소제기(기소)할 수 있는 범죄 • 고소는 제1심 판결선고 전까지 취소할 수 있다. (형사소송법 내용) • 모욕죄, 비밀침해죄, 업무상 비밀누설죄, 사자(死者: 죽은 사람)에 대한 명예훼손	• 친고죄와 달리 공소제기를 위해서 피해자 등 고소권자의 고소가 필요하지 않지만, 만일 피해자가 명시적으로 가해자의 처벌을 원하지 않는 의사를 밝힌 경우에는 공소제기(기소)할 수 없는 범죄 • 폭행죄, 협박죄, 존속폭행죄, 존속협박죄, 명예훼손죄, 과실치상 • 그러나 특수폭행, 특수협박, 상습폭행, 상습협박, 과실치사, 업무상 과실치상죄는 반의사불벌죄가 아니다.

2. 범죄의 유형

기준	종류		내용
범죄결과 발생 여부	결과범 (실질범)		• 살인죄, 상해죄 등 거의 대다수 범죄 • 범죄가 성립되려면 범죄결과가 발생해야 하는 범죄군 • 인과관계 필요 / 미수 문제 있음
	거동범 (형식범)		• 폭행죄, 명예훼손죄, 모욕죄 등 • 결과발생이 없더라도 일정 행위만 있으면 범죄가 성립 • 인과관계 없음 / 미수 문제 없음.
현실적 침해 여부	침해범		• 대부분의 범죄: 살인죄, 상해죄, 사기죄 등
	위험범	추상적 위험범	• 구성요건에 현실적 위험 요소를 필요로 하지 않는 유형 • 협박, 명예훼손, 업무방해, 현주건조물방화, 타인소유 일반건조물 방화, 교통방해, 통화위조, 위증, 무고 등
		구체적 위험범	• 구성요건에 현실적 위험 요소를 필요로 하는 유형 • 자기소유 일반건조물 방화, 일반물건방화 등
작위 여부	작위범		• 범죄를 행위를 통하여 이루는 경우 • 대부분의 범죄
	부작위범		• 작위의무 있는 사람이 행위를 하지 않음으로써 범죄를 이루는 경우 • 진정부작위범: 퇴거불응죄, 다중불해산죄 • 부진정부작위범: 부작위에 의한 살인, 부작위에 의한 사기 등
위법 상태의 계속성	즉시범		• 대부분의 범죄 • 범죄가 구성요건적 행위 완성(기수)과 동시에 종료
	상태범		• 즉시범의 일종이지만 위법상태가 범죄완성(기수) 이후에도 계속되지만 이후에 계속되는 위법상태는 별개의 범죄를 구성하지 않는다고 봄 • 따라서 범죄완성(기수)과 동시에 범죄종료로 이해 • 절도죄 등 대부분의 재산범죄
	계속범		• 구성요건적 행위의 시간적 계속이 필요한 범죄, 즉 범죄완성(기수)가 된 이후에도 위법상태가 종료되지 않고 계속되는 것 • 기수 이후에도 공범성립 및 정당방위 등이 가능 • 감금죄, 불법체포죄, 약취유인죄 등
신분 필요 여부	일반범		• 대부분의 범죄
	신분범	진정 신분범	• 일정한 신분이 있는 자만이 범죄를 일으킬 수 있는 경우 • 수뢰죄 등 공무원범죄, 횡령죄, 배임죄, 위증죄, 업무상비밀누설죄, 직무유기죄, 허위진단서작성죄 등
		부진정 신분범	• 일정 신분이 없는 자도 범죄를 일으킬 수 있으나, 신분 있는 자가 일으킨 경우에는 형이 가중 또는 감경되는 경우 • 존속살해죄, 업무상 횡령죄, 업무상 배임죄, 상습도박죄 등
	자수범		• 직접 자기 손으로 실행해야만 범죄가 성립되는 경우 • 위증죄 등 / 간통죄가 대표적이었으나 없어짐

3. 행위론

인과적 행위론	• 구성요건과 위법성은 객관적 요소로, 책임요소를 주관적 요소로 이해하며, 고의, 과실을 책임요소로만 보고 있다. • 수면 중의 행위와 같은 무의식적 신체활동이 범죄인지 아닌지를 설명하지 못하는 단점이 있다.
목적적 행위론	• 행위의 본질적 요소를 목적성에 두고 있다. • 고의, 과실을 주관적 구성요건요소로 파악한다는 점에서 인과적 행위론과 구별된다.
사회적 행위론	• 목적적 행위론에 입각하여 인과적 행위론을 가미하여 절충한 이론이다(다수설). • 과실과 부작위 설명이 가능하다는 장점이 있지만, 사회적으로 중요한 인간행위라는 관념이 모호하다는 비판을 받는다.

4. 행위의 주체, 객체, 보호법익

(1) 행위의 주체
① 범죄행위의 주체는 범죄자
② 자연인은 당연히 범죄행위의 주체가 될 수 있음
③ 법인(法人)은 범죄능력 긍정설과 부정설이 나누어진다. 통설은 법인의 범죄능력을 부정하면서도 형벌능력은 인정하여 양벌규정이 있다면 처벌할 수 있다고 본다.
④ 이때 법인을 처벌하는 이유는 소속 구성원을 제대로 관리감독하지 못했다는 점에서 자기책임을 지우는 것(자기 과실책임설)에 입각한다. 헌법재판소도 영업주에 대하여 무과실 책임을 부여하는 것은 위헌이라고 보았다.

(2) 행위의 객체와 보호법익
① 범죄행위의 객체(客體)는 피해자나 피해대상물이고, 보호법익은 형사법령이 보호하려는 법적 이익이다.
② 예를 들어,
   예 살인죄에서, 행위객체는 피해자, 보호법익은 사람의 생명
   예 절도죄에서, 행위객체는 물건, 보호법익은 소유권(재산권)
③ 행위의 객체가 없는 범죄는 있을 수 있지만(단순도주죄, 집합명령위반죄, 다중불해산죄), 보호의 객체가 없는 범죄는 있을 수 없다.

제2절 구성요건해당성론

1. 주관적 구성요건요소: 고의와 과실

(1) 고의의 개념

① 고의란 행위자 자신이 범죄를 저지른다는 인식(지적 요소)과 의사(의지적 요소)를 가지고 범죄를 일으킨 것 = 객관적 구성요건요소들을 지적으로 인식하면서 범죄결과 발생을 용인하는 내적 의사(의지)를 가지고 범죄를 실현하는 것(범죄사실 인식과 결과발생의 용인)

고의의 인식대상인 것	고의의 인식대상이 아닌 것
• 주체: 진정신분범에서 신분, 수뢰죄에서 공무원이라는 신분 • 객체: 존속범죄에서 '직계존속, 살인죄에서 범죄행위의 대상 등 • 행위: 사기죄에서 기망행위 • 수단: 강도죄에서 '폭행, 협박' • 상황: 모욕죄에서 '공연성', 야간주거침입절도죄에서 '야간'이라는 상황, 공연음란죄의 공연성 • 결과: 구체적 위험범(자기소유일반건조물방화죄 등)에서 '공공의 위험의 발생' • 인과관계	• 주관적 구성요건요소: 고의, 과실, 목적, 경향 등 • 객관적 처벌조건: 사전수뢰죄에서 '공무원이 된 때', 인적 처벌조각사유로서 친족상도례 • 소추조건: 친고죄의 고소, 반의사불벌죄에서 피해자의 처벌희망의사 • 추상적 위험범에서 행위객체에 대한 '위험' • 결과적 가중범에서 발생된 '중한 결과' = 폭행치사죄에서 '사망의 결과' • 상습도박죄에서 '상습성' • 범죄실행의 동기, 법률의 착오에서 정당한 이유 • 위법성조각사유의 방위의사, 피난의사, 자구의사 • 책임능력, 기대가능성

② 형법 제13조: 죄의 성립요소인 사실을 인식하지 못한 행위는 벌하지 아니한다. 단, 법률에 특별한 규정이 있는 경우에는 예외로 한다.

(2) 과실의 개념

① 과실은 행위자가 인식과 의사 없이도 부주의하게 실수로 형사법상 금지하는 결과를 발생시킨 것 = 행위자가 범죄결과를 예견하면서 회피하지 않고 객관적 주의의무를 위반하여 결과를 발생시킨 것 = 즉, 과실범이 성립하려면, 결과예견의무와 결과회피의무, 그리고 인과관계와 객관적 귀속, 객관적 예견가능성이 필요하다.

② 형법 제14조: 정상의 주의를 태만함으로 인하여 죄의 성립요소인 사실을 인식하지 못한 행위는 법률에 특별한 규정이 있는 경우에 한하여 처벌한다.

③ 즉, 과실범죄는 언제나 처벌하는 것이 아니라, 법률에 특별한 규정이 있는 경우에만 처벌한다.

④ 보통과실보다 가중된 유형으로 중과실과 업무상 과실이 있으며, 양자는 법정형이 동일하다.

⑤ 재산죄에는 중과실장물죄와 업무상 과실장물죄 이외에는 과실범 규정이 없다.

⑥ 폭발성 물건 파열죄는 과실범 규정이 있으나, 폭발물 사용죄에는 과실범 규정이 없다.

⑦ 과실범의 미수는 처벌하지 않는다.

과실범 유형	일반 과실범	업무상 과실범	중과실범
과실치상죄	○	○	○
과실치사죄	○	○	○
폭발성 물건 파열죄	○	○	○
실화죄	○	○	○
교통방해죄	○	○	○
일수죄	○	×	×
장물죄	×	○	○

(3) 고의와 과실의 종류

① 확정적 고의와 미필적 고의, 그리고 과실

확정적 고의	범죄사실(객관적 구성요건요소)을 지적으로 명확히 인식하고 범행결과 실행의 의사(의지)를 가지고 실현하는 경우
미필적 고의	범죄사실은 지적으로 인식하되 결과발생을 의욕하지는 않았으나 결과발생을 '될 대로 되라'는 식으로 용인(감수)하는 경우 예 강도가 베개로 피해자의 머리 부분을 약 3분간 누르던 중 피해자의 팔다리가 축 늘어졌음에도 계속 눌러서 사망하게 한 경우
인식있는 과실	범죄사실을 인식하면서도(결과예견의무) 이를 회피하지 않고 부주의하여 범죄결과를 발생시킨 경우 = 미필적 고의 정도는 아닌 경우
인식없는 과실	범죄사실에 대한 인식은 부족했으나 결과발생 예견가능성은 인정되는 경우로 부주의하여 범죄결과를 발생시킨 경우

② 택일적 고의와 개괄적 고의

택일적 고의	• 결과발생 자체는 의욕했으나 대상이 확실히 정해지지 않은 경우 • 甲이 돌을 던지면서 乙, 丙 중에 아무나 맞아도 상관없다는 식으로 객체가 2명(2개)인 경우에 어느 하나에게 결과가 발생할 수 있는 경우
개괄적 고의	• 엄밀히 말하면, 인과관계의 착오임 • 甲이 피해자 乙을 살해의도로 구타하였는데(제1행위) 이에 직접 사망한 것이 아니라 기절한 상태에서 甲이 죄적을 인멸하려고 매장하는(제2행위) 바람에 질식사하였다면 전체 과정을 개괄적으로 살인죄로 본다.

불확정적 고의는 미필적 고의, 택일적 고의, 개괄적 고의로 나누어진다.

2. 구성요건적 사실의 착오(고의의 착오)

(1) 착오의 일반 개념

① 사실의 착오: 구성요건해당성이 있는데 해당성이 없다고 착오한 것 = 과실범으로 처리하는 것이 원칙임. 다만, 학설상 고의로 처리하기도 함.

② 환각범, 미신범, 불능범: 구성요건해당성이 없는데 해당성이 있다고 착오한 것 = 불가벌(처벌하지 않음).

③ 법률의 착오(금지착오): 행위가 위법한데 위법하지 않다고 착각하고 행위한 것 = 정당한 이유가 없으면 고의로 처벌, 정당한 이유가 있으면 책임을 조각하여 불가벌

(2) 사실의 착오

	구체적 사실의 착오 (구성요건이 동일)	추상적 사실의 착오 (구성요건이 다름)
객체의 착오	사례① A라고 생각하고 살해하려고 흉기로 내려쳤는데 B가 살해당한 경우	사례③ A라고 생각하고 살해하려고 흉기로 내려쳤는데 A가 키우는 개 D가 죽은 경우
방법의 착오	사례② A를 향하여 흉기를 휘둘렀는데 빗나가서 옆에 있던 B가 상해를 입은 경우	사례④ A를 향하여 흉기를 휘둘렀는데 빗나가서 옆에 있던 A가 키우던 개 D가 맞아서 죽은 경우

		구체적 부합설	법정적 부합설(판례)	추상적 부합설
구체적 사실의 착오	객체의 착오 사례①	발생사실의 기수로 처리: B에 대한 살인기수	발생사실의 기수로 처리: B에 대한 살인기수	
	방법의 착오 사례②	인식사실의 미수와 발생사실의 과실의 상상적 경합: A에 대한 상해미수와 B에 대한 과실치상의 상상적 경합	발생사실의 기수로 처리: B에 대한 상해의 기수	
추상적 사실의 착오	객체의 착오 사례③	인식사실의 미수와 발생사실의 과실의 상상적 경합: A에 대한 살인미수와 개 D에 대한 과실손괴(무죄)의 상상적 경합	• 중죄를 인식했으나 경죄가 발생한 경우 : 중죄미수와 경죄기수의 상상적 경합 • 경죄를 인식, 중죄 발생 경우: 경죄의 기수와 중죄의 과실을 상상적 경합
	방법의 착오 사례④	인식사실의 미수와 발생사실의 과실의 상상적 경합: A에 대한 상해미수와 개 D에 대한 과실손괴(무죄)의 상상적 경합	

3. 과실과 신뢰의 원칙

(1) 신뢰의 원칙은 자신이 주의의무를 다하는 경우 다른 사람도 주의의무를 다하리라고 신뢰하면 충분하고 상대방의 비이성적인 행동까지 예견하여 방어조치를 할 필요까지는 없다는 원칙을 말한다.
(2) 명문규정은 없으나 학설과 판례상 인정되고 적용범위가 확대되는 추세
① 피고인 甲이 녹색등화에 따라 4거리 교차로를 통과할 무렵 제한속도를 초과하였더라도 신호를 무시하고 교차로를 가로 질러 진행한 피해자 B에 대해서는 업무상 과실이 없다.
② 고속국도를 주행하는 차량 운전자는 도로 양측에 휴게소가 있는 경우 도로상에 보행자가 있음을 예상하여 감속조치를 할 주의의무는 없다.
③ 육교 밑 차도에서 운행하는 차량 운전자는 불시에 뛰어드는 보행자를 예상하여 사전 방지조치를 취할 업무상 주의의무는 없다.

(3) 신뢰의 원칙이 적용되지 않는 경우
  ① 유아, 노인 등은 사고위험이 높으므로 유치원 앞이나 초등학교 앞, 이면도로(골목) 등에서 이들이 보행하는 경우에 운전자의 주의의무
  ② 운전자가 스스로 교통규칙을 위반한 경우 = 예컨대, 과속으로 진행하면서 제동조치를 취하지 못한 경우, 상대방의 중앙선 침범 등을 들어 신뢰의 원칙을 주장할 수 없다.
  ③ 정신장애자를 감호할 책임있는 자, 어린이의 보호책임자 등에 대한 피보호자의 주의의무

4. 결과적 가중범

(1) 의의
  ① 1개의 고의범죄 행위가 중첩적으로 동시에 과실범죄까지 초래하는 경우로서 가중하여 처벌을 한다.
  ② 형법 제15조 제2항: 결과로 인하여 형이 무거워지는 죄의 경우에 그 결과의 발생을 예견할 수 없었을 때에는 무거운 죄로 벌하지 아니한다.

(2) 유형
  ① 진정 결과적 가중범
    ㉠ 기본범죄는 고의 + 중한 결과 발생의 과실이 중첩되는 범죄
    ㉡ 결과적 가중범은 대부분이 진정 결과적 가중범
    ㉢ 폭행치사상, 상해치사, 강도치사상, 강간치사상, 특수공무집행방해치사죄 등
    ㉣ 결과발생의 예견가능성과 인과관계가 필요하다.
  ② 부진정 결과적 가중범
    ㉠ 기본범죄는 고의 + 중한 결과의 고의 또는 과실이 중첩되는 범죄
    ㉡ 부진정 결과적 가중범은 고의범을 상상적 경합하는 경우의 형량보다 결과적 가중범의 형량이 높을 때에 결과적 가중범만 1죄로 성립하는 것으로 극히 예외적으로 인정될 뿐임
    ㉢ 현주건조물방화치사죄, 특수공무집행방해치상죄, 중상해죄 등

(3) 특징
  ① 결과적 가중범이 성립하려면 기본범죄의 고의가 필요한데, 이때 기수인지 미수인지는 상관없지만 실행의 착수는 인정되어야 한다.
  ② 중한 결과의 발생에 대하여 예견가능성과 인과관계가 모두 인정되어야 한다.
  ③ 피해자가 폭행, 감금, 강간을 피하기 위하여 도망하다가 사상의 결과가 발생하는 경우는 인과관계가 인정되지만, 강간피해자가 수치심으로 자살한 경우는 인과관계가 부정된다.
  ④ 미수처벌규정이 없는 것이 일반적이지만, 인질치사상, 강도치사상, 현주건조물일수치사상은 미수 처벌규정을 가지고 있다.
  ⑤ 결과적 가중범의 공동정범은 기본범죄를 공동으로 할 의사만 있으면 인정된다. 예컨대, 상해

의 공동정범 중 1인이 살인의 고의로 사람을 살해한 경우, 나머지 공범은 상해치사죄의 공동 정범이 인정된다.
⑥ 결과적 가중범의 교사나 방조도 인정된다.

5. 인과관계와 객관적 귀속

(1) 인과관계의 개념
① 인과관계란 행위와 결과 사이에 인정되는 원인과 결과 관계를 말한다.
② 형법 제17조: 어떤 행위라도 죄의 요소되는 위험발생에 연결되지 아니한 때에는 그 결과로 인하여 벌하지 아니한다.
③ 고의범에서 인과관계가 인정되지 않으면 기수가 아니라 미수로 처리되고, 과실범에서 인과관계가 인정되지 않으면 불가벌(무죄)이 된다.

(2) 인과관계 학설
① 조건설: 어떤 결과발생에 필요한 모든 조건들을 결과발생의 원인으로 본다. 원인을 지나치게 넓게 인정하게 된다는 점이 단점이다.
② 상당인과관계설(판례): 행위가 범죄결과의 원인으로 상당하다고 보이는 경우 인과관계 인정한다. 우리나라의 판례가 따르는 학설이다.
③ 합법칙적 조건설: 조건설의 단점을 자연법칙적 관련성이라는 합법칙적 조건으로 수정한 학설이다. 과학적 지식에 입각하여 조건을 판별한다.

(3) 객관적 귀속이론
① 인과관계 문제와 책임의 문제를 별도로 구별하는 학설로서 인과관계는 합법칙적 조건설에 따르되 책임의 범위를 줄이려는 학설이다.
② 행위자에게 예견가능성이 없는 경우, 행위자가 합법적인 행위를 하여도 그 (피해의) 결과가 발생했을 개연성이 존재하는 경우 등에서 객관적 귀속을 부정하여 책임을 면해주는 이론이다.

6. 부작위범

(1) 부작위범의 유형
① 진정부작위범
  ㉠ 진정부작위범은 부작위가 구성요건에 명시되어 있는 경우=그래서 부작위에 의한 부작위범
  ㉡ 형법상 퇴거불응죄, 다중불해산죄, 집합명령위반죄, 전시공수계약불이행죄, 전시군수계약불이행죄, 그리고 각종 행정형벌에서 신고의무나 이행의무를 기간 내에 이행하지 않는 유형의 범죄
  ㉢ 미수 처벌규정이 있음

② 부진정부작위범과 보증인적 지위(작위의무)
  ㉠ 구성요건은 작위범으로 규정되어 있는 범죄를 부작위로 실현하는 경우 = 그래서 부진정부작위범은 부작위에 의한 작위범
  ㉡ 성립요건은 첫째, 일반적 행위가능성, 즉 인간으로서 행할 수 있는 행동일 것, 둘째 작위의무의 내용을 인식할 수 있는 사실관계인 구성요건적 상황이 존재할 것, 셋째, 명령규범을 위반하는 부작위가 있을 것, 넷째, 행위자가 규범이 요구하는 작위를 객관적으로 할 수 있는 능력이 있을 것 등을 요구한다.
  ㉢ 즉 외적 조건으로서 현장성, 적절한 구조수단 및 신체적 능력, 기술적 지식, 일정한 지식 등을 필요로 한다는 것이다.
  ㉣ 부진정부작위범이 인정되는 작위의무(보증인적 지위)

법령상 의무	• 친권자(부모)의 미성년자녀에 대한 보호의무(민법) • 친족 간의 부양의무(자식의 노령의 부모에 대한 보호의무, 민법) • 경찰관의 시민보호조치의무(경찰관 직무집행법: 경찰은 주취자 등 위험상태에 있는 시민을 보호할 의무가 있음) • 의사의 응급환자 진료의무(의료법) • 도로교통법상 운전자의 구호의무
계약(법률행위)상의 의무	• 고용계약에 의한 보호의무 • 간호사나 요양보호사의 환자에 대한 간호의무 • 어린이집 선생님의 유아 보호의무 • 신호수의 직무상의 의무
선행행위에 의한 의무	• 자기 행위로 위험을 초래한 자는 위험을 방치해서는 안 된다. • 실화자(失火者)의 소화조치 의무 • 교통사고를 일으킨 사고차량 운전자는 해당 사고가 자신의 잘못이든 상대방의 잘못이든 상관없이 사고피해자를 구호할 의무가 있음
사회상규에 의한 의무	• 동거하는 종업원(피용자)에 대한 고용주의 보호의무 • 관리자의 위험발생방지의무 • 목적물의 하자에 대한 신의칙상의 고지의무

  ㉤ 작위의무에는 사인의 현행범 체포의무도 없고, 범인신고, 고소, 고발 의무도 없음에 유의

(2) 부작위범의 처벌
 ① 부작위범은 작위범과 동일하게 처벌한다.
 ② 진정부작위범은 논리적으로 미수가 성립할 수 없으나, 퇴거불응죄는 미수처벌규정을 가지고 있다.
 ③ 부진정부작위범은 작위범과 동일하게 미수를 처벌할 수 있다.

제3절 위법성론

1. 위법성조각사유의 의의

(1) 위법성조각사유의 유형
① 형법총칙상의 위법성조각사유: 정당방위(제21조), 긴급피난(제22조), 자구행위(제23조), 피해자의 승낙(제24조), 정당행위(제20조)
② 형법각칙상의 위법성조각사유: 명예훼손죄에서 공익성과 진실성이 인정되는 경우(제310조)

(2) 객관적 정당화사유와 주관적 정당화사유
① 위법성이 조각되기 위해서는 객관적인 정당화사유(정당방위에서 부당한 침해를 당하고 있는 상황)와 행위자 자신의 주관적 정당화사유(정당방위에서 방위의사, 긴급피난에서 피난의사)가 모두 필요하다.
② 우연방위처럼 객관적 정당화사유는 있으나 주관적 정당화사유가 결여된 경우에 대해서 학설의 대립이 있다.

위법성 조각설 (무죄설)	주관적 정당화요소 불요설에 입각하여 객관적 정당화요소는 있으므로 위법성이 조각되어 무죄라고 보는 학설로서, 순수한 결과반가치론에 입각하여 위법성조각사유에서 주관적 정당화요소가 없어도 위법성이 조각될 수 있다는 것이다.
불능 미수범설	객관적 정당화요소는 있어서 결과반가치는 낮거나 배제되지만, 주관적 정당화요소가 없어서 행위반가치는 존재하므로 위법성을 조각할 수는 없어서 처벌대상이다. 다만, 불능미수와 비슷하므로 불능미수 규정을 유추적용하자는 학설(다수설)
기수범설	주관적 정당화요소가 없으므로 행위반가치가 있어서 위법성을 조각할 수 없고 처벌대상이다. 또한 구성요건적 결과도 발생하였으므로 결과반가치가 없다고 볼 수도 없으므로 불능미수를 유추적용할 것이 아니라 기수범으로 보아야 한다는 학설

2. 위법성조각사유의 내용

정당방위	① 형법 제21조: 현재의 부당한 침해로부터 자기 또는 타인의 법익을 방위하기 위하여 한 행위는 상당한 이유가 있는 경우에는 벌하지 아니한다.
	② 현재성이 인정되어야 하므로 과거나 장래의 침해에 대한 정당방위는 인정될 수 없음이 원칙이다.
	③ 부정(不正) 대 정(正) 관계로서 보충성 원칙, 균형성 원칙은 적용되지 아니한다.
	④ 개인적 법익에 대해서만 인정되고, 국가적 법익, 사회적 법익에 대해서는 인정되지 않음이 원칙이지만, 급박한 경우에는 예외적으로 인정되기도 한다.
	⑤ 방위의사(주관적 정당화사유)가 필요하다.
	⑥ 정당방위가 아닌 경우
	   - 보복행위: 현재 침해가 아니라 과거 침해에 대한 보복이기 때문
	   - 적법한 공무집행에 대한 저항: 부당한 침해가 아니라 적법한 침해에 대해서는 정당방위할 수 없음
	   - 싸움(쌍방폭행): 방위행위가 아니라 공격행위이기 때문에 정당방위도 안 되고 과잉방위도 안 된다. 즉, 부정 대 부정의 관계이기 때문이다.

정당방위	⑦ 과잉방위: 방위행위가 정도를 초과한 때에는 정황에 의하여 그 형을 감경 또는 면제할 수 있다(임의적 감면사유: 제21조 제2항). 　- 이혼소송 중 남편이 찾아와 폭행하면서 변태 성행위를 요구하자 이에 부인이 칼로 남편의 복부를 찔러 사망하게 한 경우, 정당방위도 아니고 과잉방위도 아니다. ⑧ 과잉방위가 야간 기타 불안스러운 상황 하에서 공포, 경악, 흥분 또는 당황으로 인한 때에는 벌하지 아니한다(제21조 제3항). ⑨ 오상방위: 방위의사는 있으나 객관적 정당화사유가 없는 경우로서, 위법성조각사유 전제사실 착오의 법리에 따라서, 객관적 정당화상황이 아니라는 점을 인식하지 못한 부분에 대한 과실범으로 처벌되는 편임. ⑩ 정당방위의 제한 이론: 어린 아이, 정신병자, 만취자 등 책임능력이 결여된 자로부터 공격을 받을 경우에는 피할 수 없는 불가피한 경우에만 정당방위가 허용되고, 극히 경미한 침해에 대한 방위는 침해법익과 보호법익간의 현저한 불균형이 있는 경우에는 정당방위가 인정될 수 없고 과잉방위가 될 수 있다.
긴급피난	① 자기 또는 타인의 법익에 대한 <u>현재의 위난을 피하기 위한</u> 행위는 <u>상당한 이유가 있는</u> 때에는 벌하지 아니한다(제22조 제1항). ② 정(正) 대 정(正) = 적법한 침해행위에 대해서도 긴급피난이 가능함. ③ 국가적 법익, 사회적 법익에 대해서도 긴급피난 행사가 가능함. ④ 균형성과 보충성이 필요 = 긴급피난할 필요가 없었다면 긴급피난이 인정되지 않음 ⑤ 방어적 긴급피난(위난원인에 대해 직접 반격)은 물론 공격적 긴급피난(위난과 무관한 제3자의 법익을 침해하는 것)도 인정된다. ⑥ 피난의사(주관적 정당화사유)가 필요하다. ⑦ <u>자초위난에서는 긴급피난이 인정되지 않음</u> = 甲이 乙(女)을 강간하려던 차에 乙이 甲의 손가락을 물자, 甲이 긴급히 손가락을 빼다가 乙의 치아를 결손케 한 경우 ⑧ 다만 군인, 경찰관, 소방관, 의사 등 위난을 피하지 못하는 책임이 있는 자에게는 긴급피난을 허용하지 않는다. 다만, 이들도 타인을 위한 긴급피난, 감수해야 할 범위를 넘는 자기의 위난에 대해서는 긴급피난이 가능하다. ⑨ 과잉피난은 형을 감경 또는 면제할 수 있고(임의적 감면사유), 야간 기타 불안스러운 상태 하에서 공포 등으로 이루어진 경우에는 벌하지 아니한다(제22조 제3항). ⑩ 오상피난: 위난이 존재하지 않음에도 존재한다고 오신하고 피난행위를 한 경우로서 오상방위와 마찬가지로 위법성조각사유 전제사실의 착오 문제가 된다. ⑪ 의무의 충돌: 2개 이상의 의무가 존재하지만 그 중에 1개만을 이행할 수밖에 없고 나머지 1개는 할 수 없는 경우에서 이익형량으로 상위가치의 의무를 이행한 경우 위법성이 조각된다. = 소방관(시민을 구해야 하는 의무자)이 화재 속에서 사람을 구하는 과정에서 건물의 문짝을 부셔야 할 때, 생명이 재물보다 상위가치라서 재물손괴죄는 위법성이 조각된다.
자구행위	① 법률에서 정한 절차에 의하여 청구권을 보전할 수 없는 경우에 그 청구권의 실행이 불가능해지거나 현저히 곤란해지는 상황을 피하기 위하여 한 행위는 상당한 이유가 있는 때에는 벌하지 아니한다(제23조 제1항). ② 청구권이란 상대방에게 일정한 행위를 요구할 수 있는 권리로서 청구권의 발생원인이 채권인지 물권인지, 친족상속권에 기한 청구권인지 등은 중요하지 않다. 그러나 원상회복이 불가능한 생명, 신체, 자유, 명예 등은 제외된다. ③ 자구행위는 형법상 개념이고, 자력구제는 민법상 개념으로 구별됨 ④ 청구권의 불법적 침해에 대한 대응이라는 점에서 부정(不正) 대 정(正)의 관계라는 정당방위와 유사하고, 보충성과 균형성이 요구되지만, 긴급피난만큼 엄격하게 요구되지는 아니한다. ⑤ 과잉자구행위는 형을 감경 또는 면제할 수 있다(임의적 감면: 제23조 제2항).

피해자의 승낙	① 처분할 수 있는 자의 승낙에 의하여 그 법익을 훼손한 행위는 법률에 특별한 규정이 없는 한 벌하지 아니한다(제24조). ② 양해: 피해자의 동의가 있으면 구성요건해당성 자체가 부정되는 것으로 강간죄, 강제추행, 주거침입죄, 감금죄, 절도죄, 횡령죄, 손괴죄, 비밀침해죄 등에서 인정됨. ③ 피해자의 승낙: 구성요건해당성은 있으나 위법성이 조각되는 것으로 상해죄, 폭행죄 등에서 인정됨. = 의사의 흠결, 하자가 있는 경우, 단순방임 등은 유효한 승낙이 아니다. ④ 승낙은 사회상규와 윤리적 한계에 의해서 제한된다. ⑤ 피해자의 승낙이 있어도 범죄가 성립하여 처벌되는 경우: 13세 미만자에 대한 간음·추행죄, 피구금자에 대한 간음죄 등 ⑥ 피해자의 승낙이 있어도 범죄는 성립하되 감경되는 경우: 자기 소유 일반건조물 방화죄, 촉탁승낙살인, 자살교사·방조죄 등 ⑦ 피해자의 승낙은 법익 침해 이전에 해야지, 사후승낙은 인정되지 않음. ⑧ 추정적 승낙: 피해자의 명시적 승낙이 없었더라도 사후적으로 볼 때 승낙을 했을 것임이 추정되는 경우 = 혼수상태 환자를 동의 없이 응급수술을 한 경우
정당행위	① 형법 제20조: 법령에 의한 행위 또는 업무로 인한 행위 기타 사회상규에 위배되지 아니하는 행위는 벌하지 아니한다. ② 법령에 의한 행위: 공무원의 적법한 공무집행, 사인(私人)의 현행범인 체포행위, 노조의 합법적 쟁의행위, 장기이식에 관한 법률상의 장기적출행위 등 = 그러나 상관의 위법한 명령에 복종한 경우에는 위법성이 조각되지 않는 것이 원칙이되, 구속력이 있는 위법명령에 대해서 어쩔 수 없이 복종한 경우에는 책임이 조각될 뿐이다. 예컨대, 교도관의 사형집행의 경우, 살인교사죄와 살인죄의 구성요건에 해당하지만 법령에 의한 업무행위로서 정당행위이므로 위법성이 조각됨. 징계행위에 관해서는 법률에 규정이 없으나 판례에 의해 일정 범위의 징계행위가 인정되고 있음. 그러나 군대에서 상관에 의한 체벌의 경우는 군대 내의 처벌을 금지하는 규정으로 볼 때, 법령에 의한 행위로 위법성이 조각될 수 없음. ③ 업무로 인한 행위: 변호사의 직무수행상의 법정에서의 변론(명예훼손이 아님), 격투기 등 운동경기에서 경기규칙에 따른 경기한 경우, 의사의 환자 치료(상해 아님) = 최근 의사의 치료행위와 관련하여 소극적 안락사(연명치료 중단)이 인정되고 있는데, 그 요건으로 사기(死期)가 절박하고 치료가 불가능할 것, 격렬한 육체적 고통을 받을 것, 본인의 사망에 대한 진지한 부탁이 있을 것, 원칙상 의사에 의해 시행되고 그 수단·방법이 사회상규에 위배되지 않을 것을 필요로 한다. ④ 사회상규에 위배되지 아니하는 행위: 상대방의 폭행이나 강제연행을 피하기 위한 소극적 저항행위, 친권자의 자녀에 대한 훈육권 행사 등

제4절 책임론

1. 책임이론

(1) 책임의 개념과 본질
① 구성요건과 위법성을 행위에 대한 불법요소라고 하는데 비해서, 책임은 행위자에 대한 비난가능성이라고 본다.
② 합일태적 책임론(다수설)에 의하면, 책임이란 고의와 과실(심리적 요소), 책임능력, 기대가능성, 위법성 인식으로 구성된다고 본다.

(2) 책임의 근거

	도의적 책임론	사회적 책임론
이론	객관주의	주관주의
근거	개인의 자유의사(환경 비결정론)	개인의 유전요소와 환경(환경결정론)
초점	행위책임, 의사책임	행위자 책임, 성격책임
책임능력	범죄능력	형벌능력
형벌과 보안처분	이원론(형벌 중심으로 보안처분 가미)	일원론(보안처분 중심)

(3) 책임의 본질

	심리적 책임론	규범적 책임론
책임의 본질	범행에 대한 범인의 심리적 관계인 고의나 과실	기대가능성
책임의 구성요소	고의, 과실	고의, 과실이 있다고 하여 바로 책임을 인정할 수 있는 것이 아니라고 봄
책임능력의 성질	책임의 구성부분이 아니라 책임의 전제일 뿐이라고 봄	고의나 과실로 위법한 행위를 한 사람에 대한 비난가능성

2. 책임능력

(1) 책임능력의 의의
① 사물변별능력이나 의사결정능력 중 하나라도 갖추지 못한 자의 행위는 범죄가 될 수 없다.
② 형법 제10조의 책임능력은 생물학적 방법(14세 미만자)과 심리적 방법(심신상실과 심신미약)을 혼합적으로 규정하고 있다.

(2) 책임무능력자

형사 미성 년자	• 만 14세 미만자의 행위는 벌하지 아니한다(제9조). • 다만, 소년법상 만 10세~18세(만 19세 미만) 사이의 청소년에게는 소년법상 보호처분을 내릴 수 있어서, 사실상 일체의 형사법적 제재를 받지 않는 연령은 만 10세 미만자임. 즉, 10~14세 미만은 보호처분이 가능하다.	
심신 장애인	• 심신장애란 심신상실(제10조 제1항)과 심신미약(제10조 제2항)이 있음. • 보통 정신병 의사와 같은 전문감정인의 감정을 받아서 결정하지만, 법원은 반드시 감정에 기속될 필요는 없음 • 심신장애 여부는 재판시점이 아니라 행위시점을 기준으로 판단하는 것이다.	
	심신 상실자	• 사물변별능력이나 의사결정능력이 없는 자 = 처벌하지 않는다(형벌면제) = 대신 치료감호 대상
	심신 미약자	• 사물변별능력이나 의사결정능력이 미약한 자 • 형벌면제는 아니고 형을 감경할 수 있다(임의적 감경).
청각 및 언어 장애인	• 형을 감경한다(필요적 감경: 제11조). 그러나 청각 및 언어장애인이라도 아동청소년 대상 성범죄를 저지른 경우 형을 감경하는 규정을 적용하지 아니하고 그냥 처벌한다.	

(3) 원인에 있어서 자유로운 행위

① 행위자가 고의 또는 과실로 자기 스스로 심신장애 상태를 야기하여 이 상태에서 범죄를 저지르는 경우

㉠ 살인의 용기를 얻으려고 자의로 술을 마셔서 만취상태에서 살인을 하는 경우(고의)

㉡ 술 마시고 음주운전중과실로 사고를 내는 경우(과실)

② 형법 제10조 제3항에 따라 심신장애에 의한 면책을 해주지 않고 그냥 처벌함

③ 가벌성 근거에 대한 학설

	원인행위시설(구성요건 모델)	결과행위시설(예외 모델)
장점	행위와 책임의 동시존재성에 적합	구성요건행위 정형성에 적합
단점	구성요건행위 정형성에 부적합	행위와 책임의 동시존재성에 부적합

3. 법률의 착오(금지착오) = 위법성 인식의 결여 문제

(1) 행위자가 행위의 위법성을 인식하지 못하고(위법성인식의 결여) 위법행위를 하는 경우를 말한다. 이때 위법성인식은 자신의 행위가 사회정의와 조리에 어긋난다는 것을 인식하면 족하다고 본다.

(2) 적극적 착오

적법한 행위를 위법하다고 인식하고 행위한 경우: 환각범, 미신범=불가벌

(3) 소극적 착오

위법한 행위를 적법하다고 인식하고 행위한 경우: 이것이 법률의 착오문제이다.

직접적 착오	간접적 착오
① 법률의 부지: 법규정 자체를 인식하지 못한 경우(판례는 인정하지 않음) ② 효력의 착오: 법규정 자체는 인식하였으나 무효라고 오인한 경우 ③ 포섭의 착오: 법규정·효력발생은 인식하였으나 효력발생범위를 좁게 해석한 경우	① 위법성조각사유 존재에 대한 착오: 남편의 부인에 대한 징계권이 있다고 착오한 경우 ② 위법성조각사유 허용한계에 대한 착오: 사인이 체포한 현행범인은 사인 스스로가 장시간 구금해도 된다고 착오한 경우 ③ 위법성조각사유 전제사실에 대한 착오: 한밤 중에 찾아온 친구를 강도로 오인하고 상해를 입힌 경우 (오상방위)

(4) 해당 착오에 정당한 이유가 있다고 판단되면 면책이고, 정당한 이유가 없다고 판단되면 범죄가 성립하여 처벌된다(형법 제16조).

정당한 이유 인정된 판례(처벌되지 않음)	정당한 이유 부정된 판례(처벌됨)
• 담당공무원의 잘못된 통보를 믿고 한 행위 • 관계 관청의 법령해석에 따라 행위한 경우 • 상관의 허가에 의한 경우 • 법원의 판결을 신뢰하고 행위한 경우	• 관행에 따라서 공무원에게 금원을 제공한 행위자가 위법한지를 몰랐다고 주장하는 경우 • 운전자가 변경된 교통법규를 모르고 행한 경우와 같이 행위자가 직업상 필요한 교육을 받지 못하여 위법성을 인식하지 못한 경우

(5) 위법성조각사유 전제사실에 대한 착오(오상방위 사례)
 ① 오상방위란 한밤 중에 찾아온 친구를 강도로 오인하고 상해를 입힌 경우와 같이 객관적 정당화사유는 존재하지 않지만 주관적 정당화사유는 가지고 있는 경우를 말한다.
 ② 다수설인 법효과제한적 책임설에 의하면 고의가 조각되어 과실범으로 처리하지만, 엄격책임설에 의하면 금지착오로 이해하여 정당한 이유가 없으면 고의범죄가 성립한다.

4. 기대가능성

(1) 의의
 ① 적법을 기대할 수 없는 경우에는 불법을 실행했더라도 면책한다.
 ② 예컨대, 어선이 표류 중에 북한으로 나포되어 가는 바람에 해당 선원들이 북한에서 북한을 찬양·고무한 경우 = 기대가능성이 없으므로 국가보안법 위반이 아님
 ③ 기대가능성의 판단기준은 일반인이 행위자와 동일 상황에서 어떻게 행위하였을 것인지를 기준으로 판단해야 한다는 것이 판례의 입장이다.
 ④ 과잉방위, 과잉피난, 과잉자구행위 등은 기대가능성이 축소되어 책임 자체가 조각되지는 않지만 책임이 감경된다고 보는 것이다.
 ⑤ 범인은닉죄, 증거인멸죄, 증거위조죄에서의 친족간 특례조항, 도주원조죄에 비해서 도주죄 형벌이 가벼운 것 등은 책임조각사유로 본다.

⑥ 판례는 기대가능성을 형법상 명문규정이 없는 이른바 초법규적 책임조각사유로 인정한 바 있다.

(2) 강요된 행위

① 저항할 수 없는 폭력이나 자기 또는 친족의 생명·신체에 대한 위해를 방어할 방법이 없는 협박에 의하여 강요된 행위는 벌하지 아니한다.
② 절대적 폭력(힘센 사람이 억지로 손을 잡아서 강제로 허위문서에 도장을 찍게 한 경우)는 강요된 행위가 아니다.
③ 친족에는 사실혼관계, 혼외자 등까지 포함한다.
④ 자초한 강제상태는 강요된 행위에 해당하지 않음=자의로 북한에 탈출한 이상, 북한 구성원과 회합(만남)은 강요된 행위가 아님
⑤ 강요된 행위를 강요한 강요자는 간접정범으로 처벌된다.

제5절 미수론

1. 미수의 개념과 특징

(1) 범죄 실행단계별 개념 비교

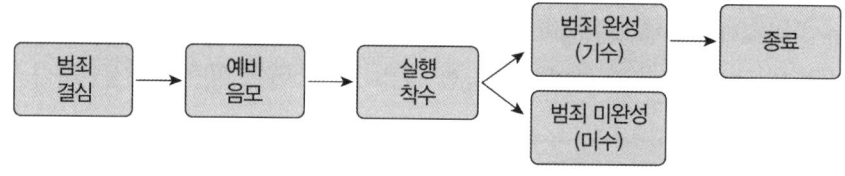

[범죄 실행과 완성의 단계]

① 내심(內心)의 범죄결심만으로는 범죄가 아니므로 처벌할 수 없음
② 예비: 아직 범죄실행착수는 없으나, 외부적 범죄 준비행위를 하는 경우
③ 음모(공모): 아직 범죄실행착수는 없으나, 2인 이상이 범죄에 대해서 언어를 통한 무형적 범죄 준비행위를 하는 경우
④ 미수(未遂): 고의범죄에서 실행착수는 있었으나 범죄 결과를 완성하지 못한 경우(착수미수) 또는 범죄행위는 종료하였지만 결과가 발생하지 않은 경우(실행미수)=실행착수 자체가 인정되지 않는 경우에는 미수로 처벌할 수 없음
⑤ 기수(旣遂): 범죄 결과를 완성한 경우
⑥ 종료: 범죄행위와 결과의 일체가 종료된 상태

⑦ 대부분 범죄는 기수와 종료가 일치하는 상태범이지만, 계속범(예 감금죄 등)에서는 범죄의 기수가 이루어진 이후에도 범죄행위가 계속되므로 기수와 종료가 일치하지 않는다.

(2) 예비 · 음모

① 예비는 기본범죄의 실현을 목적으로 하는 것이므로, 기본범죄에 대한 미필적인 인식은 필요
② 구체적이고 실질적인 준비행위가 필요하며(강도를 위한 흉기 구입, 통화위조를 위한 원판 준비행위, 범죄장소 물색행위 등), 단순한 범죄계획의 수립이나 외부로의 의사표시, 상대방이 특정되지 않은 경우(누군가 죽이고 싶다는 충동으로 총기를 구입한 경우)는 예비음모로 볼 수 없다.
③ 예비죄는 공동정범은 인정되지만, 예비죄의 방조범(종범)은 인정되지 않음
④ 예비 · 음모는 언제나 처벌하는 것이 아니라, 처벌규정이 있는 경우에만 처벌하는 것＝예컨대, 강도죄는 예비음모를 처벌하지만, 절도죄는 예비음모를 처벌하지 않음

예비음모를 처벌하는 범죄유형	예비음모를 처벌하지 않는 범죄유형
내란, 외환, 폭발물사용, 도주원조, 방화, 일수, 기차전복, 수도불통, 통화위조, 유가증권 및 인지 · 우표의 위조, 살인, 약취유인 및 인신매매, 강도, 강간(2020. 5.)	도주, 특수도주, 상해, 절도, 사기, 횡령, 배임, 문서위조, 강제추행 등

(3) 미수의 특징

① 미수는 고의범죄에서만 있는 것이지 과실범죄에서는 논리적으로 성립하지 않음. 이때 고의는 미수의 고의가 아니라 기수의 고의이어야 하며, 목적, 불법영득의사 등이 필요한 경우에는 이런 초과주관적 구성요건요소도 갖추어야 한다.
② 미수는 언제나 처벌하는 것이 아니라 처벌규정이 있는 경우에만 처벌함
③ 실행의 착수가 있으나 범죄결과가 미완성인 경우＝실행착수 자체가 없다면 미수가 아니고, 범죄결과를 완성했다면 미수가 아니라 기수범이다.

미수 처벌 범죄유형	미수 처벌하지 않는 범죄유형
• 거의 대부분의 범죄 유형 • 사기도 미수 처벌 규정이 있음	• 강제집행면탈, 점유이탈횡령, 일반물건방화, 폭행, 모욕, 명예훼손, 업무방해, 공무집행방해, 뇌물, 직권남용, 직무유기, 범인은닉, 위증, 무고

2. 미수범의 유형

장애미수	• 일반적으로 미수라고 하면 장애미수: 범죄실행에 착수했으나 자신의 의사와는 달리 경찰의 등장과 같은 외부적 장애 때문에 실행종료를 하지 못했거나 범죄결과가 발생하지 않은 경우
	• 형을 감경할 수 있다(임의적 감경).
	  − 집을 소훼하려다 불길을 보고 겁이 나서 불을 끈 경우
	  − 사기꾼이 금원을 편취하려고 피해자를 속인 상태에서 피해자와 함께 은행에 대출을 받으러 가다가 중도에 되돌아온 경우
	  − 보험금 청구사유가 아님을 잘 알면서도 사기로 보험금을 청구하였으나, 보험회사가 사안을 적발하여 보험금을 수령하지 못한 경우

중지미수	• 범죄실행자가 의외의 외부적 장애 때문이 아니라 기수에 이르기 전에 자의로 행위를 중지하거나 결과발생을 방지한 경우
	• 형을 감경 또는 면제한다(필요적 감면).
	  − 강간하려다가 피해자의 다음에 만나서 친해지면 응하겠다는 말에 범행을 중단한 경우
	  − 그러나 범행이 발각되었거나 발각되었다고 생각하고 중지한 경우는 중지미수로 보지 않음.
	• 공동정범 중 일부가 자의로 중지하였더라도 다른 공동정범이 결과를 발생시킨 경우에는 중지한 자에게도 중지미수를 인정하지 아니하고 그냥 기수범으로 처리한다.
	• 예비음모의 행위를 처벌하는 경우에는 중지범(필요적 감면)을 인정하지 않는다(판례).

불능미수	• 실행의 수단 또는 대상의 착오로 인하여 결과의 발생이 불가능한 경우이지만 위험성은 있는 경우 • 위험성은 행위 시 행위자가 인식한 사정을 기초로 하여 일반인의 판단에 따라 결정한다(추상적 위험설 = 주관적 위험설 = 판례의 입장). • 형을 감경 또는 면제할 수 있다(임의적 감면). − 모기박멸제 등 인체에 치명적이지 않은 약품을 먹인 경우, 시체를 살아있는 것으로 오인하고 살해할 생각으로 시체에 총을 쏜 경우
불능범	• 불능범은 미수가 아니다: 사실상 결과발생 자체가 불가능할 뿐만 아니라 위험성마저 없어서 처벌하지 않는다. − 설탕으로도 사람을 죽일 수 있다고 믿고서 상대방에게 설탕을 먹인 경우

제6절 정범 및 공범론

1. 정범과 공범의 개념

(1) 정범
범죄행위의 의사를 가지고 범행을 실행하는 사람

(2) 공범
범죄행위의 의사를 가지고 범죄를 부추기거나 돕는 사람

2. 공동정범

(1) 공동정범의 성립요건
① 단독정범이 가능한 범죄유형을 2인 이상이 공동으로 범행하는 것
② 각자 정범으로 처벌함.
③ 공동의 가공의사의 상호 연락과 실행의 역할분담(기능적 행위지배)이 있어야 한다.

(2) 상호 의사의 연락(연결): 승계적 공동정범, 동시범
① 승계적 공동정범
   ㉠ 상호의사의 연락은 반드시 사전적·명시적일 필요는 없다. 즉, 사후에 순차적으로 공모가 이루어질 수 있고, 묵시적으로도 가능하다. 이때 사후에 순차적으로 공모에 가담하는 것을 승계적 공동정범이라 함
   ㉡ 승계적 공동정범은 종전 범행을 알았더라도 가담 이후로만 공동정범의 죄책을 질 뿐임
② 동시범
   ㉠ 범죄자 甲과 乙이 공모없이 동시(同時) 또는 이시(다른 시간, 異時)에 동일한 피해객체에 대하여 각자 범죄를 한 경우=의사연락이 없으므로 공동정범이 될 수 없음
   예 만취하여 노상에 누워 있는 피해자 丙으로부터 甲이 지갑을 절취해 간 이후, 甲과 공모하지 않은 乙이 역시 피해자 丙으로부터 휴대전화기를 절취해 간 경우
   ㉡ 동시범은 결과발생의 원인행위가 판명되지 아니하면 각 행위를 미수범으로 처벌하는데(제19조), 이 경우 폭행죄나 상해죄에서는 법적 감정에 어긋나는 방식이 생길 수 있음
   ㉢ 그래서 상해죄의 동시범 특례(형법 제263조)를 규정하고 있음=독립행위가 경합하여 상해의 결과를 발생하게 한 경우, 원인행위가 판명되지 아니한 때에는 공동정범의 예에 의한다.
   ㉣ 예컨대, 공모하지 않은 甲과 乙이 각각 이시(異時)에 피해자 丙을 폭행하여 상해를 입혔고 이에 丙이 사망하였다. 그런데 丙이 甲과 乙 중 누구의 폭행·상해로 사망한 것인지 원인이 판명되지 않는다면, 甲, 乙이 상해치사의 미수가 된다는 것이다. 이는 법적 감정상 문제라고 보아, 폭행·상해죄에 대한 동시범특례를 두어 이런 경우에는 공동정범으로 처벌함. 그러나 강간, 강도, 살인 등에서는 동시범특례를 적용하지 않음

(3) 공동실행행위

① 일부실행 전부책임
  ㉠ 공범자는 각각 자신의 맡은 역할을 수행하면(범행 전체의 일부 실행), 다른 공범자가 실행한 행위까지 포함하여 범죄 전체에 대해 죄책을 진다.
  ㉡ 역할분담이라서 공동정범 중 1인이 실행착수를 개시되면 나머지 공동정범들도 모두 실행이 착수된 것으로 이해
  ㉢ 강도의 공동정범 중에 1인이 피해자에게 상해를 입힌 경우, 나머지 공동정범들도 강도상해죄의 공동정범의 죄책을 부담한다.
  ㉣ 절도의 공동정범 중 1인이 준강도를 범한 경우 나머지 공동정범도 준강도죄의 죄책을 부담한다.
  ㉤ 특수절도죄의 범인들이 범행 후 서로 다른 길로 도주하다가 그 중 1인이 폭행하고 상해를 가한 때에도 다른 공범자도 강도상해죄의 책임을 진다.
② 합동범: 공동정범 중 특수절도, 특수강도, 특수도주, 특수강간, 특수강제추행은 시공간적으로 밀접하게 협동을 한 경우에는 합동범이라고 하여 일반공동정범보다 가중처벌 = 밀접한 협동이 없다면 합동범이 아니라 단순히 일반공동정범일 뿐
③ 공모공동정범: 실행행위를 실제로 하지 않고 단지 모의(공모)에만 주도적으로 참여한 사람을 이른바 공모공동정범이라고 하여 공동정범으로 처벌한다.
④ 그 밖의 공동정범: 부분적 공동정범, 과실범의 공동정범은 인정되지만, 편면적 공동정범은 인정되지 않는다.

(4) 공동정범의 처벌
공동정범은 각자를 그 죄의 정범으로 처벌한다(제30조).

3. 협의의 공범: 교사범과 방조범

(1) 교사범

① 교사의 의미
  ㉠ 범죄의도가 없는 타인을 부추겨서 범죄로 나아가게 하는 경우 = 즉, 범죄의도 없는 타인을 범죄의 실행정범으로 유도하는 것
  ㉡ 범행결의가 이미 있는 자를 교사한 경우는 교사가 아니라 방조나 실패한 교사로 본다.
  ㉢ 교사범은 실행정범과 동일한 형으로 처벌한다(제31조 제1항).
  ㉣ 다만, 자기의 지휘·감독을 받는 자를 교사한 경우에는 특수교사라고 하여 형의 장기 또는 다액에 그 2분의 1까지 가중하여 처벌한다.
② 교사의 내용
  ㉠ 이중의 고의가 필요하다. 즉, 교사자 자신이 피교사자(정범)을 교사한다는 교사의 고의와

피교사자가 특정한 범죄를 하려는 고의가 필요하다.

ⓒ 과실에 의한 교사, 부작위에 의한 교사, 편면적 교사란 없다.

ⓒ 피교사자가 실행행위에 착수해야 한다. 피교사자가 기수에 이르면 교사도 기수이고, 미수에 그치면 교사도 미수로 처벌한다.

③ 실패한 교사와 효과 없는 교사

	상황	처벌	
		피교사자 甲	교사자 乙
실패한 교사 (제31조 제3항)	피교사자 甲이 乙의 교사에도 불구하고 승낙하지 않은 경우	무죄	예비음모
효과없는 교사 (제31조 제2항)	피교사자 甲이 乙의 교사를 승낙했으나 실행행위로 나아가지는 않은 경우	예비음모	예비음모
협의의 미수범의 교사	피교사자 甲이 乙의 교사를 승낙하여 실행에 착수했으나 기수를 이루지 못한 경우	미수	미수

④ 미수의 교사란 없다. 교사는 기수의 교사만을 의미한다.

⑤ 다만 실행착수를 한 경우에는 미수, 기수를 불문하기 때문에, 정범인 피교사자가 미수에 그친 경우에는 교사자도 미수의 책임을 진다.

(2) 방조범(종범)

① 범죄의도 있는 정범의 결의를 강화시키도록 부추기는 경우 또는 정범의 실행행위를 용이하게 해주는 실행행위 외의 도움을 주는 것이다. 즉 물질적 도움 뿐만 아니라 범의를 가진 자에 대한 정신적 도움도 방조에 해당한다.

② 방조범은 정범보다 형을 감경한다(필요적 감경: 제32조 제1항). 다만, 자기의 지휘·감독을 받는 자를 방조한 경우에는 정범의 형으로 처벌한다.

③ 작위에 의한 방조는 물론 부작위에 의한 방조도 가능하다.

④ 편면적 종범도 가능하다.

⑤ 교사와 마찬가지로 이중의 고의가 필요하고, 정범의 실행착수가 있어야 한다.

⑥ 사기범죄자의 사기범행에 이용되리라는 사정을 알면서도 자신 명의 계좌의 접근매체(통장 등)를 양도하여 사기범행을 방조한 종범이 사기이용계좌로 송금된 피해자의 자금을 임의로 인출·소비한 경우, 사기의 방조범일 뿐이지 사기범죄자에 대한 횡령죄도 아니며 피해자에 대한 횡령죄도 아니다.

4. 간접정범

① 간접정범은 타인을 생명있는 범죄의 도구로 이용하여 범죄를 실현하는 것이다. 즉, 어느 행위로 인하여 처벌되지 아니하는 자 또는 과실범으로 처벌되는 자를 교사 또는 방조하여 범죄행위의 결

과를 발생하게 한 자는 교사 또는 방조의 예에 의하여 처벌한다(제34조 제2항).
② 의사 甲이 丙을 죽일 목적으로 이 사실을 모르는 간호사 乙을 이용하여 치사량의 독약을 丙에게 주사하게끔 만든 경우, 甲을 간접정범이 인정된다.
③ 보조자인 공무원 A가 허위내용의 문서를 작성하여 그 사정을 모르는 작성권한자(상사) B의 결재를 받은 경우에는 허위공문서작성죄의 간접정범이 된다. 그러나 B의 결재를 받지 않고 스스로 작성자의 직인(도장)을 사용하여 공문서를 작성한 경우에는 공문서위조죄에 불과하다.
④ 즉 과실범으로 처벌되는 자를 이용하는 경우, 구성요건해당성이 없는 자나 위법성이 없는 자를 이용하는 경우가 간접정범이다.
⑤ 다만 구성요건해당성, 위법성은 있으나 책임이 없는 자를 이용하는 경우에 해당 피이용자가 의사능력이 있다면 제한적 종속형식에 의할 때 행위지배가 될 수 없어서 교사범이 된다고 보는 것이 원칙이지만, 만일 피이용자가 의사능력이 없다면 행위지배가 이루어진다고 보아서 간접정범으로 볼 것이다.
⑥ 부작위에 의한 간접정범은 성립할 수 없지만, 실행을 착수한 이후 미수는 간접정범의 미수에 해당한다.

5. 필요적 공범

범죄가 성립하려면 반드시 2명 이상이 공범으로 참여해야 하는 범죄유형

집합범	• 다수자가 함께 모여서 같은 방향의 범죄로 나아가는 경우 • 소요죄, 다중불해산죄 등
대향범 (對向犯)	• 범죄자들이 상호 서로를 향하여 범죄를 진행하는 경우 • 도박죄, 수뢰죄와 증뢰죄, 배임수재죄와 배임증재죄 등

필요적 공범은 내부참가자들 사이에서는 형법총칙의 공범규정(공동정범, 교사, 방조)을 적용하지 아니한다.

6. 공범과 신분

(1) 신분범의 의의

신분범이란 공무원, 의사, 친족관계 등과 같은 사회적 지위, 남녀의 성별이나 내외국인의 구별과 같은 인적 성질, 상습성이나 업무성 여부와 같은 범인의 상태 등의 신분에 따라 범죄가 구성되거나 가감되는 범죄유형이다.

(2) 적극적 신분범
범행자에게 신분이 있으면 범죄가 성립하거나 가감되어 처벌되는 경우

진정신분범 (구성적 신분범)	• 범죄가 성립하려면 반드시 일정 신분(직업이나 지위 등)이 있어야만 하는 경우 • 직무유기죄, 직권남용죄, 뇌물수수죄, 횡령죄, 배임죄 등
부진정신분범 (가감적 신분범)	• 누구든지 해당 범죄를 행할 수 있으나, 일정 신분이 있는 자가 해당 범죄를 행한 경우 처벌이 가중되는 경우 • 존속살인죄, 존속상해죄, 존속폭행죄 등 존속 관련범죄, 업무상 횡령죄, 업무상 배임죄 등

(3) 적극적 신분범에서 비신분자의 신분범죄 가담 경우
① 진정신분범의 경우 비신분자는 아예 범죄 자체가 성립하지 않는다고 보는 것이 원칙이기 때문에 적극 가담한 비신분자를 처벌하지 못할 수 있다는 문제가 생김
② 이를 해소하기 위해서 형법 제33조 본문에서 "신분관계로 인하여 성립될 범죄(신분범)에 가공한(가담한) 행위는 신분관계가 없는 자(비신분자)에게도 제30조부터 제32조(공동정범, 교사, 방조)까지의 규정을 적용한다"고 하고 있다.
③ 다만, 동조 단서에서 "신분관계로 인하여 형의 경중이 있는 경우에는 중한 형으로 벌하지 아니한다"고 하여 부진정신분범의 경우에는 형벌을 완화하는 방식을 취하고 있음
④ 예컨대, 아들 갑이 아버지 A를 살해하는 경우 갑의 친구 을이 범행에 가담한 경우, 아들 갑은 존속살인죄이고 친구 을도 제33조 본문에 의하여 갑의 존속살인의 공동정범이 된다. 다만, 을은 신분관계가 없기 때문에(부진정신분범) 제33조 단서에 의하여 존속살인죄로 처벌하지 않고 보통살인죄로만 처벌한다.

(4) 소극적 신분범
범행자에게 신분이 있으면 처벌을 하지 아니하는 경우

위법조각적 신분	경찰관의 범인 체포 행위 = 겉보기에는 폭력을 사용하는 것처럼 보이지만 경찰의 정당한 공무집행이므로 정당행위로서 위법성이 조각됨
책임조각적 신분	형사미성년자의 범행 = 14세 미만자가 범행(예 절도 등)을 하였더라도 책임이 조각되기 때문에 처벌할 수 없음
처벌조각적 신분	재산범죄에서의 친족상도례 = 자녀가 부모의 지갑을 절도한 경우라도 친족 사이의 재산범죄이므로 범죄는 성립하되 처벌은 할 수 없음.

제7절 죄수론

1. 죄수의 의의

(1) 죄수의 의미

  죄수(罪數)란 범죄의 개수를 말하는 것으로, 어떤 1개의 행위를 1개의 범죄로 볼 것인가 2개 이상의 범죄로 볼 것인가, 또는 여러 개의 행위를 1개의 범죄로 볼 것인가, 2개 이상의 범죄로 볼 것인가의 문제를 말한다.

(2) 죄수 결정의 기준에 대한 학설

행위표준설	행위의 수에 따라서 죄수를 결정
의사표준설	행위자의 범죄의사의 수에 따라서 죄수를 결정
법익표준설	• 행위가 침해하는 보호법익의 수에 따라서 죄수를 결정 • 단일한 범의 하에 세금을 횡령한 경우, 국세와 지방세별로 별죄가 성립함.
구성요건표준설	• 행위가 해당하는 구성요건의 수에 따라서 죄수를 결정 • 감금행위가 강간죄나 강도죄의 수단이 된 경우, 감금행위가 강간죄나 강도죄에 흡수되지 않고 별죄를 구성함.

2. 일죄

(1) 단순일죄

  범행 행위자가 1개의 행위로 1개의 범죄(구성요건)를 이루는 경우이다.

(2) 포괄일죄

  여러 개의 행위가 포괄적으로 1개의 범죄(구성요건)에 해당하는 경우이다.

연속범	• 1개의 범죄의도로 동종 범행을 연속적으로 반복하는 경우 • 수차례 동일인으로부터 뇌물을 나누어서 수수하는 경우: 뇌물수수 1죄 • 수년에 걸쳐 동일 회사에서 경리직원이 금원을 횡령한 경우: 업무상 횡령죄 1죄
결합범	• 수개의 범죄가 결합하여 1개의 범죄로 규정되어 있는 경우 • 강도죄는 폭행과 협박을 수단으로 하여 재물을 강취하는 것으로 폭행죄(협박죄) + 절도죄의 성질 • 강도살인죄(강도죄와 살인죄의 결합범), 강도강간죄(강도죄와 강간죄의 결합범)
접속범	• 동일 기회에 시공간적으로 동일 법익에 대해서 수개 행위가 접속하여 이루어지는 경우 • 동일 기회에 동일 피해자를 수차례 강간하는 경우(강간죄 1죄), 하나의 문서에 같은 사람에 대한 수개의 명예훼손 사실을 적시한 경우(명예훼손죄 1죄)
계속범	• 범죄가 기수에 이른 이후에도 일정기간 범행이 계속 지속되는 경우 • 감금죄, 약취유인죄, 주거침입죄, 퇴거불응죄 • 피해자를 감금한 이후(감금시점에 기수) 7일동안 감금해둔 경우: 감금죄 1죄
집합범	• 동종의 수개 행위가 상습적 또는 영업으로써 일으키는 경우 • 절도범이 각 편의점을 수개월에 걸쳐 상습적으로 절도한 경우: 상습절도 1죄(상습범) • 도박장을 개설하여 수개월 또는 수년에 걸쳐 수많은 이용객을 받은 경우: 도박개장죄 1죄(영업범)

(3) 법조경합

1개 또는 여러 개의 행위가 외관상 여러 개의 구성요건(형벌법규)에 해당하는 것처럼 보이지만, 성질상 1개의 구성요건만이 적용되는 경우

특별관계	가중·감경적 구성요건	• 비속이 존속을 살해하는 경우, 보통살인은 성립하지 않고 존속살해죄만 성립
	결합범의 요소	• 결합범인 강도죄에서 수단인 폭행·협박은 별죄를 구성하지 않고 강도죄만 성립
보충관계		• 2개의 형벌법규가 기본법과 보충법 관계에 있는 경우, 행위가 먼저 기본법이 성립하면 보충법은 성립하지 않으나 기본법이 없으면 보충법을 적용하게 된다.
	명문상 보충관계	• 명문규정이 있는 경우 예 현주건조물방화 → 일반건조물방화 → 일반물건방화
	보다 경한 침해의 배제	• 동일한 법익침해 행위에서 보다 중한 침해방법과 경한 침해방법이 같이 성립하면, 경한 침해방법은 성립하지 않음 예 작위범이 성립하면 부작위범은 성립하지 않음. 고의범이 성립하면 과실범은 성립하지 않음. 정범이 성립하면 교사나 방조는 성립하지 않음.
	불가벌적 사전행위	• 주된 범행 이전의 범행의 사전단계 예 기수에 대한 미수, 예비음모, 살인에 대한 상해 등
흡수관계	불가벌적 수반행위	• 살인에 수반되는 의복에 대한 손괴는 별죄를 성립하지 않고 살인죄에 흡수 • 감금에 수반되는 폭행, 협박은 별죄를 성립하지 않고 감금죄에 흡수
	불가벌적 사후행위	• 절도범이 절취한 현금으로 물건을 구입하는 경우, 절도 외에 별도의 사기죄는 성립하지 않고 절도죄에 흡수 • 피해자의 손목시계를 훔친 후 그 시계가 마음에 들지 않아 망치로 부숴버린 경우, 절도죄와 손괴죄 간의 관계
택일관계		• 2개 이상의 구성요건 중에 하나만 선택하는 경우 • 재물을 불법영득하는 경우 그 상황에 따라 절도죄, 횡령죄, 점유이탈횡령죄 중 하나

3. 수죄

(1) 상상적 경합

① 1개의 행위로 2개 이상의 범죄를 저지른 경우
② 과형상 일죄로 결론이 법조경합과 비슷하지만, 친고죄와 공소시효 문제에서 법조경합과 구별되는 개념임
③ 여러 개 범죄 중에 가장 무거운 죄에 정한 형으로 처벌
④ 폭발물사용으로 사람을 살해하는 동시에 재물도 손괴한 경우, 살인죄와 손괴죄의 상상적 경합=둘 중에 중한 죄인 살인죄로 처벌된 것임.

(2) **실체적 경합**
　① 2개 이상의 행위로 2개 이상의 범죄를 저지른 경우
　② 동시적 경합범: 판결이 확정되지 않은 여러 개의 범죄
　③ 여러 죄에서 사형, 무기 등이 규정되어 있는 죄가 있으면 그 가장 중한 죄를 선택하고(흡수주의), 여러 죄들이 사형, 무기 외의 죄들인 경우에는 형량이 가장 중한 죄에 정한 장기 또는 다액에 1/2까지 가중하여 처벌하되 전체 형은 개개의 형을 합산한 형량을 초과하지 못함(가중주의). 각 죄에 이종(異種)의 형인 때에는 병과함(병과주의).
　④ 사후적 경합범: 금고 이상의 형에 처한 판결이 확정된 범죄와 그 판결이 확정되기 전에 범한 범죄 사이 사후적 경합범은 형평을 고려하여 그 형을 감경 또는 면제할 수 있다.
　⑤ 주간에 주거침입하여 절도하는 경우: 주거침입죄(3년 이하 징역 또는 500만원 이하 벌금)와 절도죄(6년 이하 징역 또는 1000만원 이하 벌금)의 실체적 경합범＝형이 이종이 아니라 동종이므로 가장 중한 죄인 징역을 기준으로 장기 1/2 가중하므로 절도죄의 6년을 기준으로 9년까지 처벌할 수 있음.

CHAPTER 03 형벌 및 보안처분론

제1절 형벌의 종류와 구별

유형	특징
사형	• 법정 최고형으로 우리나라는 현재 집행을 하고 있지 않으나 사형제 자체는 합헌인 상태 • 여적죄(사형만 규정), 내란, 외환유치죄, 간첩죄, 범죄단체조직죄, 폭발물사용죄, 현주건조물방화치사죄, 살인죄, 존속살인죄, 강도살인죄, 강간살인죄
징역	• 교도소 내에 구치하고 정역(定役: 일정한 노역)에 복무하게 하는 형벌 • 무기징역, 1개월~30년(가중시 50년)의 유기징역
금고	• 교도소 내에 구치하는 것은 징역과 동일하지만 정역에 복무하지 않는 점에 징역과 다름 • 무기금고, 1개월~30년(가중시 50년)의 유기금고
자격상실	• 사형, 무기징역, 무기금고의 형벌을 선고받으면 그 부수적 효과로 당연히 일정한 자격(공무담임권, 선거권이나 피선거권, 법정업무자격(법인의 이사 등)이 상실되는 일종의 부가형
자격정지	• 수형자의 일정자격을 일정기간 정지시키는 형벌 • 유기징역 · 유기금고와 병과할 수도 있고 자격정지만 단독으로 부과할 수 있음 • 당연정지: 유기징역, 유기금고의 판결을 받은 사람에게 그 형의 집행이 종료되거나 면제될 때까지 일정자격을 당연히 정지되는 것 • 판결에 의한 선고정지: 1년 이상 15년 이하로 정하여 일정 자격을 판사의 선고로 정지하는 것
벌금	• 5만원 이상의 금액 지급의무를 강제 부과하는 형벌. 다만, 5만원 미만으로 할 수 있음. • 판결확정일로부터 30일 이내 납입해야 함 • 벌금을 납입하지 않으면 1일 이상 3년 이하의 노역장 유치가 가능 • 법원은 벌금을 선고할 때 노역장유치기간을 동시에 선고하여야 한다. • 벌금 1억원 이상 5억원 미만은 300일 이상, 5억원 이상 50억원 미만은 500일 이상, 50억원 이상은 1000일 이상의 노역장유치기간을 부과한다. 단, 3년을 초과할 수는 없다.
구류	• 주로 경범죄에 대한 단기구금형으로 역시 정역에 복무하지 않음 • 1일 이상~30일 미만
과료	• 경범죄에 대한 2천원 이상 5만원 미만의 금액 강제부과 형벌 • 역시 미납자에 대하여 1일 이상 30일 미만의 노역장 유치 가능
몰수	• 범행도구나 범죄수익 등을 강제로 압수하거나 폐기하는 형벌 • 부가형이라서 단독으로 부과하는 경우는 없음. 다만, 행위자에게 유죄의 재판을 아니할 때에도 몰수의 요건이 있는 때에는 몰수만을 선고할 수 있음. • 몰수가 불가능한 경우에는 그 가액을 추징한다. • 기소범죄사실에서 인정되지 아니한 사실에 관하여는 몰수 · 추징을 선고할 수 없다. • 필요적 몰수: 수뢰, 증뢰, 배임수재

※ 사형, 징역, 금고, 자격상실, 자격정지, 벌금, 구류, 과료, 몰수 순서로 형의 경중에 해당
※ 형벌이 아닌 것: 과태료, 감치, 과징금, 범칙금, 징계처분, 민사상 손해배상

제2절 양형

1. 형의 가중 및 감면

형의 가중	일반적 가중		• 누범 가중, 경합범 가중
	특수가중사유		• 상습범 가중, 특수범죄 가중
형의 감면	법률상 감면사유	필요적 감면	• 중지미수 • 내란, 방화, 통화위조, 위증, 무고에서의 사전자수 제도
		임의적 감면	• 과잉방위, 과잉피난 등 • 불능미수 • 자수 및 자복 • 사후적 경합범
		필요적 감경	• 청각 및 언어장애인 • 종범(방조범)
		임의적 감경	• 장애미수 • 심신미약
	재판상 감경		• 정상참작감경(임의적 감경)
	형의 면제		• 범인도피·증거인멸·증거위조 등에서의 친족 특례 • 과잉방위, 과잉피난에서 야간 기타 불안스러운 상태

2. 양형의 내용

(1) 누범가중

① 금고 이상의 형을 받아 그 집행을 종료하거나 면제를 받은 후 3년 내에 금고 이상에 해당하는 죄를 범한 경우, 누범의 형을 장기의 2배까지 가중한다. 이때에 자격정지나 벌금형의 경우에는 누범가중을 할 수 없음.

② 판결선고 후 누범인 것이 발각된 때에는 그 선고한 형을 통산하여 다시 형을 정할 수 있음.

(2) 형의 가중은 법률상 가중만 인정되고, 재판상 가중은 할 수 없음.

(3) 총칙상의 자수·자복은 임의적 감면사유이지만, 각칙상의 자수·자복은 필요적 감면사유에 해당한다.

(4) 양형의 기준(제51조)

① 범인의 연령, 성행, 지능과 환경

② 피해자에 대한 관계

③ 범행의 동기, 수단과 결과

④ 범행 후의 정황

제3절 유예제도

1. 선고유예

의의	• 범죄의 사정이 경미한 범죄인에게 일정 기간(2년)동안 형의 선고를 유예해주고 그 기간이 경과하면 면소된 것으로 간주해 주는 것
요건	• 1년 이하 징역·금고, 자격정지 또는 벌금의 형을 선고할 경우 • 자격정지 이상의 형을 받은 전과가 없어야 할 것(즉, 초범자이어야 함) • 제51조의 사항을 고려하여 뉘우치는 정상이 뚜렷할 때
특징	• 형을 병과할 경우 형의 전부 또는 일부에 대하여 선고유예를 할 수 있음 • 법원은 선고유예 시에 1년 기간의 보호관찰을 명할 수 있음 • 유예기간 중에 자격정지 이상의 형에 처한 판결이 확정되거나 자격정지 이상의 형에 처한 전과가 발견된 때에는 선고유예는 실효되고 유예한 형을 선고함 • 선고유예를 받은 날로부터 2년을 경과한 때에는 면소된 것으로 간주

2. 집행유예

의의	• 유죄를 인정하여 형을 선고하되 일정기간 그 형의 집행을 유예하고 그 기간을 경과하면 형의 선고의 효력을 상실케 하는 것(전과도 없어지는 것)
요건	• 3년 이하 징역이나 금고 또는 500만원 이하의 벌금의 형을 선고할 경우 • 정상에 참작할 만한 사유가 있을 것 • 금고 이상의 형을 선고한 판결이 확정된 때부터 그 집행을 종료하거나 면제된 후 3년까지의 기간에 범한 죄가 아닐 것(즉, 누범이 없을 것)
특징	• 집행유예의 기간: 1년 이상 5년 이하 • 집행유예 선고시 보호관찰, 사회봉사, 수강명령을 같이 내릴 수 있음. 이때 유예기간 범위 내에서 보호관찰을 내릴 수 있는 것임. 해당 준수사항이나 명령을 위반하고 그 정도가 무거운 때에는 집행유예 선고를 취소할 수 있음. • 유예기간 중 고의범죄로 금고 이상의 실형을 선고받아 그 판결이 확정된 때에는 집행유예의 선고는 효력을 잃고 선고된 형이 집행됨 • 유예기간을 경과하면 선고의 효력을 잃음. 전과도 없어지는 것이 원칙이지만, 선고유예 시에는 집행유예를 전과로 이해하여 선고유예를 선고하지 못함.

3. 가석방

의의	• 징역 또는 금고의 집행 중에 있는 자가 그 행상이 양호하여 개전의 정이 현저한 때 형기 만료 전에 조건부로 수형자를 석방하는 제도
특징	• 무기에 있어서는 20년, 유기에 있어서는 형기의 3분 1을 경과한 후 행정처분으로 가석방할 수 있음. 이때 벌금 또는 과료의 병과가 있는 경우에는 금액을 완납해야만 가능하다. • 가석방 기간은 무기형은 10년, 유기형은 남은 형기로 하되 최장 10년으로 한다. • 가석방 후 일정기간이 경과하면 형의 집행을 종료한 것으로 간주

제4절 형의 시효와 소멸

1. 형의 시효

(1) 형의 선고를 받고 재판이 확정된 후 그 집행을 받음이 없이 일정기간이 경과하여 시효가 완성되면 그 집행이 면제되는 제도이다.

(2) **시효의 기간**

사형은 30년(2023. 삭제), 무기징역·무기금고는 20년, 10년 이상의 징역·금고는 15년, 3년 이상 징역·금고 또는 10년 이상의 자격정지는 10년, 3년 미만의 징역·금고 또는 5년 이상의 자격정지는 7년, 5년 미만의 자격정지, 벌금, 몰수, 추징은 5년, 구류 또는 과료는 1년이다.

(3) **시효의 정지**

시효는 형의 집행의 유예나 정지 또는 가석방 기타 집행할 수 없는 기간은 진행되지 아니한다. 다만, 시효는 형이 확정된 후 그 형의 집행을 받지 아니한 자가 형의 집행을 면할 목적으로 국외에 있는 기간 동안은 진행되지 아니한다.

(4) **시효의 중단**

시효는 사형, 징역, 금고와 구류의 경우에는 수형자를 체포한 때, 벌금, 과료, 몰수 및 추징에는 강제처분을 개시한 때에 중단된다.

2. 형의 소멸

(1) **형의 실효**

징역 또는 금고의 집행을 종료하거나 집행이 면제된 자가 피해자의 손해를 보상하고 자격정지 이상의 형을 받음이 없이 7년을 경과한 때에는 본인 또는 검사의 신청에 의하여 그 재판의 실효를 선고할 수 있다.

(2) **복권**

자격정지의 선고를 받은 자가 피해자의 손해를 보상하고 자격정지 이상의 형을 받음이 없이 정지기간의 2분의 1을 경과한 때에는 본인 또는 검사의 신청에 의하여 자격의 회복을 선고할 수 있다.

형사법
형법각론

제2편

CHAPTER 01 개인적 법익에 대한 죄

제1절 생명·신체에 대한 죄

1. 살인의 죄

(1) 보통살인죄

① 보호법익은 사람의 생명, 객체는 살아있는 사람

② 사람의 시기(始期: 시작시점)는 진통설(분만개시설)이고, 종기(終期: 종료시점)은 심박정지설이다.

③ 부작위에 의한 살인도 가능하다. 이것이 성립하려면, 타인의 사망을 방지해야 할 의무를 가진 자(작위의무자)가 해당 타인의 사망을 방지하기 위한 행위를 할 수 있었음에도(작위가능성) 자신에 의해서만 사망이 방지될 수 있는 상황에서(보증인적 상황) 사망을 막는 행위를 하지 않았고(부작위) 해당 부작위가 작위에 의한 살인과 동일한 가치가 있다고 판단되며(동가치성) 고의가 있다고 인정되어야 한다. 그러나 주술이나 기도 등으로 타인을 죽이고자 하였더라도 미신범일 뿐으로 살인죄가 인정되지 않는다.

④ 피고인 甲이 피해자 乙과 결혼한 후 피보험자를 배우자인 乙, 수익자를 甲 자신으로 하는 다수의 생명보험을 가입한 후 보험금 지급 목적으로 배우자 乙을 조수석에 태운 채 고속도로에서 화물차량 뒷부분에 추돌하는 방법으로 乙을 살해했다는 사안에서, 고의성 여부를 입증하지 못하여 살인죄를 인정하지 못함(다만, 교통사고특례법상 과실치사죄를 인정하여 금고 2년의 형을 선고함)

⑤ 사람을 살해하였더라도 정당방위나 정당행위가 인정되는 경우 위법성이 조각된다.

⑥ 예비음모, 미수 처벌규정이 있다. 다만, 살해를 위한 권총을 마련했더라도 살해대상자를 특정하지 않은 경우 살인예비죄가 성립하지 아니한다.

⑦ 사형, 무기, 5년 이상의 유기징역에 처한다.

(2) 존속살해죄

① 자기 또는 배우자의 직계존속을 살해하는 경우 = 보통살인죄보다 가중처벌(부진정 신분범)

② 사실혼관계는 제외한다.

③ 혼외자가 생모를 죽인 경우는 존속살해 인정되지만, 혼외자가 생부를 죽인 경우: 아직 인지

전이라면 존속살해가 아니라 보통살인죄일 뿐이다.
④ 입양아는 양부모를 죽인 경우든 친부모를 죽인 경우이든 모두 존속살해죄가 성립한다.
⑤ 존속이라는 점을 인식하지 못한 경우에는 보통살인죄일 뿐이다.
⑥ 甲과 乙이 공동으로 甲의 존속을 살해한 경우, 甲과 乙 모두 甲 존속에 대한 존속살해죄가 성립하되 甲은 존속살해죄로 처벌되고 乙은 보통살인죄로 처벌된다(판례).
⑦ 사형, 무기, 7년 이상의 유기징역에 처한다.

(3) 영아살해죄(2023. 전면 삭제)
① 직계존속이 치욕을 은폐하기 위하거나 양육할 수 없음을 예상하거나 특히 참작할 만한 동기로 인하여 분만 중 또는 분만 직후의 영아를 살해한 경우
② 보통살인보다 감경(부진정신분범)

(4) 촉탁·승낙살인죄
① 사망이 임박한 사람(타인)의 진지한 촉탁 또는 승낙을 받아 살해한 경우(위법성이 조각되지 않으나, 보통살인죄보다는 감경) = 심신장애자나 유아는 객체가 될 수 없다.
② 시한부 말기 환자에 대한 연명치료중단은 절차를 거친 경우 합법이므로 촉탁승낙살인죄가 아니다.
③ 1년 이상 10년 이하의 징역에 처한다.

(5) 자살교사·방조죄
① 자살의 의미를 이해하는 사람에게 자살을 교사하거나 방조하는 것을 의미할 뿐이라서, 심신상실자나 유아처럼 의사결정능력이 없는 사람에게 자살을 교사·방조한 것은 보통살인죄가 인정
② 자살방조의 방법은 작위, 부작위, 유형적, 무형적 방법이 모두 상관없이 인정된다.
③ 해당 범죄는 형법총칙상의 공범규정에 대한 특칙으로 총칙상 교사나 방조는 적용되지 않는다.
④ 1년 이상 10년 이하의 징역에 처한다.

(6) 위계·위력에 의한 살인죄
① 촉탁·승낙 살인이나 자살의 교사 등이 위계나 위력에 의한 경우에는 보통살인죄와 동일하게 처벌
② 위력이란 사람의 의사를 제압할 수 있는 유무형적인 힘 행사이고, 위계란 기망이나 유혹 등을 통해 상대방의 착오를 이용하는 행위이다.
③ 합의동사(同死)의 경우, 살아난 사람은 자살교사방조죄가 성립할 것이다. 그러나 자기는 죽을 생각이 없으면서 동반자살한다고 상대방을 기망하여 자살하게 한 경우, 자살교사방조죄가 아니라 위계에 의한 살인죄이다.
④ 보통살인죄나 존속살해죄와 동일한 형에 처한다.

2. 상해죄

(1) 상해죄
① 상해죄의 객체는 사람의 신체이고, 보호법익은 신체의 완전성(생리적 기능)
② 상해란 육체적 기능훼손은 물론 정신적 기능장애를 야기하는 것도 포함. 즉, 피해자를 기절시킨 것도 상해로 본다.
③ 그러나 단순히 머리카락 등 체모의 절단, 손톱 깎기 등은 폭행으로 보지 상해로 보지 않는다.
④ 피해자의 승낙(격투기 등 운동경기 중의 상해)이나 정당행위(의사의 치료행위 등)가 인정되면 위법성이 조각된다.
⑤ 존속상해, 상습상해에 대한 가중규정이 있다.

(2) 중상해죄
① 신체 상해로 생명에 대한 위험 발생 또는 불구, 불치나 난치의 질병을 발생시킨 경우로 가중처벌(부진정 결과적 가중범)
② **중상해**: 실명, 혀의 절단, 하반신 영구마비, 성기 절단 등
③ **중상해 아닌 경우**: 치아 2개 부러진 경우, 요부찰과상, 피아니스트 새끼손가락 절단

(3) 특수상해죄
① 단체 또는 다중의 위력을 보이면서 상해를 가하는 경우, 또는 위험한 물건을 휴대하여 상해를 가하는 경우
② 위험한 물건: 약병, 가위, 드라이버, 곡괭이, 차량 등등으로 성질상 위험한 물건 뿐만 아니라 사용할 때 위험한 물건도 포함
③ 휴대의 개념은 범행에 사용하려는 의도로 소지하는 것으로 위험한 물건을 실제로 사용해야 하는 것은 아니며 피해자가 인식하지 못한 경우라도 상관 없다.
④ 상습특수상해죄가 신설되어 장기와 단기의 1/2까지 가중처벌한다.

(4) 상해치사죄
① 상해의 고의로 범죄 중에 피해자가 사망하는 중한 결과(과실)까지 초래한 경우(진정 결과적 가중범) = 예견가능성과 인과관계가 필요하다.
② 존속상해치사죄도 규정하고 있다.

(5) 상해죄의 동시범 특례(제263조)
① 요건은 ㉠ 범죄행위자가 공동정범이 아니라 각자의 독립행위가 경합할 것, ㉡ 상해 결과 발생, ㉢ 원인행위가 판명되지 않음
② 처벌: 공동정범의 예에 따라 처벌
③ 상해치사, 폭행치상, 폭행치사에만 적용될 뿐이고, 강간치상죄나 살인죄에는 적용되지 않음

3. 폭행죄

(1) 폭행죄
① 객체는 사람의 신체이고 보호법익은 신체의 온전성
② 폭행이란 신체에 대한 직접적인 유형력 행사
③ 신체접촉이 없더라도 근접거리에서 유형력이 행사된 경우, 사람을 향하여 물건 등을 던지는 것, 침을 뱉는 것, 체모를 자르는 것, 피해자의 고막을 자극할 정도의 고성을 근접거리에서 지르는 것 등
④ 폭행이 아닌 경우: 단순욕설이나 단순 고성, 대문을 발로 찬 경우, 상대방을 향해서가 아니라 마당을 향해 인분을 뿌린 경우, 욕설을 한 경우, 소화기를 사람이 없는 방향을 향하여 던진 경우
⑤ 상해와 폭행은 행위방법이 유사하므로 상해 고의로 폭행하여 폭행 정도에 그친 경우라면 상해미수죄이고, 폭행 고의로 폭행하여 상해 결과가 발생한 경우는 폭행치상죄가 되는 것이다.
⑥ 반의사불벌죄이지만, 미수범과 과실범 처벌규정은 없다.

(2) 폭행 · 협박의 정도

최협의	최강	• 상대방의 항거를 현저히 곤란하게 하거나 반항을 억압할 정도의 강한 폭행 · 협박 • 강도죄, 강간죄 등
협의	강	• 사람의 신체에 대한 유형력 행사 • 폭행죄, 협박죄, 강제추행죄, 특수공무원폭행죄(폭행가혹행위죄)
광의	약	• 사람에 대한 직접 · 간접적인 유형력 행사 • 공무집행방해죄, 강요죄, 특수도주죄, 업무방해죄
최광의	최약	• 일체의 유형력 행사 • 내란죄, 소요죄, 다중불해산죄

(3) 그 밖의 폭행죄 유형
① 존속폭행죄 가중처벌. 존속폭행도 반의사불벌죄이지만, 상습존속폭행이면 반의사불벌죄가 아님.
② 특수폭행죄: 단체 또는 다중의 위력을 보이거나 위험한 물건을 휴대하여(사용하여) 행한 경우임. 특수폭행은 반의사불벌죄가 아님.
③ 폭행치사죄 · 폭행치상죄: 결과적 가중범
④ 상습폭행죄: 1/2까지 가중. 반의사불벌죄가 아님.

4. 과실치사상의 죄

과실치사죄	• 과실로 사람을 사망에 이르게 한 경우, 2년 이하 금고 또는 700만원 이하 벌금 • 반의사불벌죄가 아님
과실치상죄	• 과실로 사람을 상해에 이르게 한 경우, 500만원 이하 벌금, 구류, 과료 • 반의사불벌죄

업무상
과실치사상죄
중과실치사상죄
	• 업무상 과실 또는 중대한 과실로 사상에 이르게 한 경우, 5년 이하 금고 또는 2천만원 이하 벌금
	• 반의사불벌죄가 아님
	• 업무: 사회적 사무로서 계속 반복하여 이루어지는 것이며, 형법상 보호가치 없는 업무에 의한 경우도 포함함
	  – 오토바이로 물건을 배달하는 행위는 업무에 해당하지만, 식사, 수면, 육아, 가사노동은 업무가 아님
	  – 단 1회일지라도 계속성, 반복성이 인정되면 업무로 본다. 따라서 개업첫날 의사의 의료사고는 업무에 해당하지만, 공장을 직접 운영하지 않고 임대 경영하는 자는 업무상 과실치사상죄의 주체가 될 수 없다.
	• 업무상 과실 인정: 산부인과 의사가 태반조기박리에 대한 응급제왕절개수술을 결정하면서 혈액을 미처 준비하지 못한 경우
	• 업무상 과실 부정: 제왕절개수술 후 폐색전증으로 산모가 사망해 경우 매우 특이한 증상으로 사망한 경우

5. 낙태죄

① 낙태죄는 태아를 자연분만기에 앞서서 인위적으로 모체 밖으로 배출하거나 모체 안에서 살해하는 행위
② 자기낙태죄와 동의낙태죄는 헌법불합치결정을 받아서 폐지되었고, 부동의낙태죄는 아직도 존재함

6. 유기죄

① 나이가 많거나 어림, 질병 그 밖의 사정으로 도움이 필요한 사람을 법률상 또는 계약상 보호할 의무가 있는 자가 유기한 경우=부진정부작위범보다 인정근거 범위가 좁다.
② 진정신분범, 추상적 위험범이지만, 미수범과 과실범 처벌규정은 없음.

제2절 자유에 대한 죄

1. 협박죄

(1) 의의
① 피해자에게 공포심을 일으킬 만한 해악을 고지하는 것으로 피해자의 의사결정자유를 제한하는 범죄이며, 자연인(유아, 정신병자 제외)만을 객체로 삼는 범죄임
② 피해 당사자에 대한 직접적 해악을 고지한 것은 물론 피해자와 밀접한 제3자(법인 포함)에 대해서 해악을 끼치겠다고 피해자에게 고지한 경우도 협박에 해당
③ 피해자가 공포를 일으켜야만 협박이 되는 것이 아니라, 공포를 느끼지 않더라도 일반인 입장에서 볼 때 공포를 일으킬만한 해악의 고지이면 협박죄 성립(추상적 위험범)
④ 다만, 단순히 무속적인 길흉화복을 경고하는 것은 협박이 아님 = "조상천도제를 지내지 않으면 안 좋은 일이 생긴다"는 것도 실현가능성이 없는 일이므로 협박이 아님
⑤ 정당한 권리행사는 협박이 아님 = 노동쟁의행위, 채무변제의 독촉, 훈육권의 사용
⑥ 그러나 권리행사라도 지나치면 협박죄 성립 = 노동쟁의가 불법적 행사로 이어지면 협박, 채무변제독촉이라도 생명·신체를 해하겠다는 식이면 협박, 아버지의 아들에 대한 훈육권이라도 야구방망이를 들고 죽여버리겠다는 식이면 협박
⑦ 반의사불벌죄이고, 미수 처벌규정이 있음

(2) 미수와 기수

기수	• 협박(해악의 고지)이 상대방에게 도달하여 의미를 인식한 때
미수	• 현실적으로 상대방에게 도달하지 아니한 경우 • 도달은 하였으나 상대방이 이를 지각하지 못한 경우 • 도달은 하였으나 고지된 해악의 의미를 인식하지 못한 경우

(3) 협박죄의 유형
① 존속협박죄 가중처벌, 반의사불벌죄임.
② 특수협박: 단체 또는 다중의 위력, 위험한 물건을 휴대하여 협박하는 경우, 반의사불벌죄 아님.
③ 상습협박: 1/2까지 가중, 반의사불벌죄 아님

2. 강요죄

(1) 강요죄
① 폭행 또는 협박으로 사람의 권리행사를 방해하거나 의무없는 일을 하게 한 경우
② 객체는 의사자유를 가진 자연인이고, 보호법익은 의사결정의 자유
③ 폭행은 광의의 폭행으로 이해하여, 직접적·간접적인 유형력의 행사, 권위적 위협(심리적

인 강압), 심지어 피강요자의 재물에 대한 손괴 등을 통해서도 성립할 수 있다.
④ 의무없는 일을 하게 하는 것이므로 의무 있는 일을 강요한 경우에는 강요죄가 아니라 협박죄일 뿐임
⑤ 단체 또는 다중의 위력을 보이거나 위험한 물건을 휴대하여 강요한 경우, 특수강요죄가 성립함.

(2) 인질강요죄
① 체포감금죄나 약취유인죄와 강요죄의 결합범
② 인질살인·상해죄: 인질강요죄와 살인죄·상해죄의 결합범
③ 인질치사·치상죄: 인질강요죄에 따른 과실치사상(중한 결과) 발생으로 진정결과적 가중범
④ 해방감경규정: 피해자를 안전한 곳에 풀어준 경우 형을 감경할 수 있음(임의적 감경)

해방감경 규정이 있는 경우	해방감경 규정이 없는 경우
• 약취·유인·인신매매죄(모두) • 인질강요죄 • 인질상해·치상죄	• 피약취유인매자살인·치사죄 • 인질강도죄 • 인질살해·치사죄 • 체포·감금죄

제3절 사생활의 평온에 대한 죄

1. 비밀침해죄
① 객체는 봉함 기타 비밀장치한 타인의 편지, 문서, 도화, 전자기록 등 특수매체기록이고, 보호법익은 개인의 비밀임. 여기서의 개인은 자연인은 물론 법인, 법인격 없는 단체도 포함함.
② 봉함 기타 비밀장치한 사람의 편지·문서 또는 도화를 개봉한 경우, 특수매체기록(전자문서 등)의 내용을 기술적 수단으로 알아낸 경우(해킹 등)
③ 특수매체란 녹화·녹음파일, 마이크로필름, 컴퓨터나 휴대전화 저장기록 등 일체
④ 친고죄임
⑤ 타인의 편지를 자기의 편지로 오인하고 개봉한 경우, 사실의 착오로서 고의가 조각되고 과실을 검토하는데, 과실에 대한 처벌규정도 없으므로 아예 불가벌이다.
⑥ 타인의 편지임을 알면서도 자신에게 권한이 있다고 오인하고 개봉한 경우에는 금지착오로서 정당한 이유가 있는 경우에는 책임이 조각된다.
⑦ 형사소송법상 피고인의 우편물 등에 대한 압수, 통신비밀보호법상 편지 개봉 권한이 법령에 규정되어 있는 경우 등은 위법성이 조각된다.

비밀침해죄에 해당	비밀침해죄가 아님
• 기술적 수단(투사기, 자외선, 약물 등)을 이용하여 내용을 탐지한 경우 • 컴퓨터조작으로 내용을 알아낸 경우(해킹)	• 단순히 불빛으로 투시하여 내용을 알아낸 경우 • 친권자가 자녀에게 온 편지를 열어본 경우(정당행위 = 위법성조각) • 부부일방에게 온 전보를 다른 일방이 개봉한 경우 (추정적 승낙 = 위법성조각)

2. 업무상 비밀누설죄

① 주체는 의사·한의사·치과의사·약제사·약종상·조산사·변호사·변리사·공인회계사·공증인·대서업자나 그 직무보조자, 그 차등의 직에 있던 자, 종교직에 있는 자나 있던 자(진정신분범)
② 따라서 위에 열거된 자 이외는 주체가 아님. 즉, 간호사, 손해사정사, 세무사, 기자는 주체가 아님. 즉, 이들이 업무상 비밀을 누설하더라도 형법상 업무상 비밀누설죄는 되지 않음. 보통 특별법상 벌칙규정을 가지고 있어서 형사처벌을 받게 됨.
③ 객체는 업무상 지득한 타인의 비밀. 이때 비밀이란 일반적으로 알려지지 않는 것이 해당 타인에게 이익인 경우를 말한다.
④ 누설이란 비밀을 알지 못하는 제3자들에게 알리는 일체의 행위로서 공연성을 요하지는 않음.
⑤ 고의가 필요함. 따라서 업무상 지득한 비밀을 비밀이 아니라고 오인하고 알린 경우는 과실누설이라서 업무상비밀누설죄가 아님.
⑥ 본인이 명시적·묵시적으로 승낙한 경우, 증언과 같이 정당한 이유가 있는 경우에는 위법성이 조각됨.
⑦ 친고죄임
⑧ 이와 비교하여, 공무원이나 공무원이었던 자가 직무상 비밀을 누설하면 공무상 비밀누설죄로 처벌하고, 누구든지 외교상의 비밀을 누설하면 외교상 비밀누설죄로 처벌한다.

3. 주거침입죄

① 사람의 주거, 관리하는 건조물, 선박이나 항공기 또는 점유하는 방실에 소유자 등의 허락을 받지 않고 침입한 경우
② 주거에 사용하는 건물 이외의 부속물, 즉 계단, 복도, 엘리베이터, 위요지(화단 등으로 경계가 표시된 주거의 부분) 등은 주거침입죄의 객체에 해당한다. 예컨대, 외부인의 출입이 통제되는 아파트 공동현관 내로 범인이 성범죄 목적으로 출입한 경우는 주거침입죄가 성립한다.
③ 신체 일부만이라도 주거에 들어간 경우(얼굴을 창문으로 들이민 경우), 주거침입의 기수(판례)
④ 돌이나 오물을 주거로 던진 정도는 주거침입죄가 아님.
⑤ 거주자의 동의를 받고 들어간 경우에는 양해로서 구성요건해당성 자체가 없어서 범죄가 아님. 심

지어 남편이 부재 중에 부인이 상간남을 주거에 들여 불륜행위를 한 경우라도 상간남에게 주거침입죄는 성립하지 아니한다.
⑥ 부부싸움 이후 주거에서 퇴거한 남편이 부인의 부재 중에 부인 허락 없이 주거에 들어온 경우라도 주거침입죄가 성립하지 아니한다. 공동주거와 관련하여 공동주거자 일방이 다른 공동주거자의 의사에 반하여 들어간 경우에도, 주거침입죄를 구성하지 아니한다.
⑦ 상점 등 공중의 자유로운 출입이 허용된 장소에 출입한 경우, 범죄목적으로 들어간 경우라도 주거침입죄가 성립하지 아니한다.
⑧ 특수주거침입죄, 특수퇴거불응죄 규정도 있음.

4. 퇴거불응죄

① 주거 등에 적법하게 들어온 자(주거침입죄는 아닌 경우)가 소유자 등으로부터 퇴거요구를 받고도 퇴거하지 아니한 경우(진정신분범, 거동범) = 따라서 불법하게 들어온 자가 퇴거요구를 받고도 퇴거하지 아니한 경우는 퇴거불응죄가 아니라 주거침입죄일 뿐임.
② 그러나 음식점에서 식사 중인 손님과 같이 정당한 권리가 있는 경우에는 퇴거불응 요청을 받더라도 식사 등 권리를 완료하기 전까지는 퇴거불응죄가 아님.
③ 미수 처벌규정이 있음.

5. 주거 · 신체수색죄

주거수색죄의 보호법익은 주거의 사실상 평온이고, 신체수색죄의 보호법익은 신체의 불가침성이다.

제4절 재산에 대한 죄

1. 재산범죄의 의의

(1) 탈취죄와 편취죄

탈취죄	• 피해자 의사에 반해서 재물을 취득하는 행위 • 범인 입장에서 타인소유 타인점유의 재물을 탈취하는 행위: 절도죄, 강도죄 • 범인 입장에서 타인소유(합법) 자기점유의 재물을 탈취하는 행위: 횡령죄=화물차 택배기사가 운반 중인 화물을 영득한 경우, 절도죄가 아니라 횡령죄이다. 왜냐하면 타인소유, 자기점유에 해당하기 때문이다. • 자기소유 타인점유를 탈취하는 행위: 권리행사방해죄
편취죄	• 피해자의 하자있는 의사표시를 통하여 피해자 스스로의 처분행위로 재물이나 재산상 이익을 취득하는 행위 • 사기죄, 공갈죄 등

(2) 소유와 점유

① 소유란 재물이나 재산상 이익(권리)의 일체의 처분권을 가지고 있는 상태이고, 점유란 재물에 대한 사실상의 지배를 하고 있는 상태를 말한다.
② 재물이나 재산상 이익의 소유권, 점유권 상태에 따라서 범죄유형이 달라진다.
③ 형법상의 점유는 규범적으로 정해진다. 주차장이나 차변에 세워둔 차량 안의 물건은 점유이탈상태처럼 보이지만 관리가능하다고 보아 소유자의 점유를 인정한다. 따라서 차량 안의 물건을 절취해 가면 점유이탈횡령죄가 아니라 절도죄가 성립한다.
④ 그러나 누구도 관리하지 않는 상태, 즉 길가에 떨어져 있는 지갑은 소유자의 점유를 이탈한 것으로 이해하므로, 이를 무단히 가져간 경우는 절도죄가 아니라 점유이탈횡령죄이다.
⑤ 공동소유 공동점유 재물을 공동소유자 중 1인이 임의처분한 행위는 다른 공동소유자에 대하여 절도죄가 성립하고, 공동소유 단독점유 재물을 공동소유자 중 1인이 임의처분한 행위는 다른 공동소유자에 대하여 횡령죄가 성립한다.
⑥ 형법상 제조나 유통이 금지되는 금제품(禁制品)에 대해서는 위조통화, 아편흡식기와 같은 절대적 금제품은 재물성이 부정되어 이를 절취하더라도 절도죄가 되지 않으나, 밀수품, 불법원인급여물과 같은 상대적 금제품은 재물성이 인정되어 이를 절취하면 절도죄가 성립한다.

(3) 재물죄와 재산상 이득죄

재물죄	① 재물이란 유체물 뿐만 아니라 관리할 수 있는 동력(전기, 가스 등) 등 무체물을 포괄한다. ② 그러나 관리 불가능한 것, 즉 바닷물, 공기, 햇빛 등은 재물이 아니다. ③ 반드시 경제적 가치가 있어야 하는 것은 아니고, 주관적 가치가 있는 것(부모님의 사진 등)도 재물에 해당한다. ④ 신체의 일부(모발, 치아, 장기 등)는 재물이 아니다. 그러나 신체의 일부라도 신체와 분리되면 재물이 될 수 있다. ⑤ 의수나 의족도 신체에 부착되어 사용 중에는 재물이 아니고, 분리되어 있으면 재물이다. ⑥ 사체, 유골 등은 재물죄의 객체가 아니라 사체영득죄, 신앙에 관한 죄의 객체가 된다. ⑦ 순수재물죄: 절도죄, 횡령죄, 장물죄, 손괴죄
재산상 이득죄	① 재산상 이득이란 재물 이외의 재산적 가치를 가지는 이익으로 적극적 이익(채권 등 권리의 취득, 노무의 제공 등), 소극적 이익(채무면제, 채무이행의 유예나 연기 등)을 불문한다. ② 순수 이득죄: 배임죄, 컴퓨터사용사기죄
재물죄이자 재산상 이득죄	재물죄인 동시에 재산상 이득죄인 경우=강도죄, 사기죄, 공갈죄 등

(4) 불법영득의사: 영득죄와 비영득죄

불법영득의사	① 재산의 원래 권리자의 권리를 배제하고 타인의 재물을 자기 소유로 취득하거나 이를 무단히 이용 또는 처분할 의사를 의미한다. ② 일시 사용하고 반환하는 경우, 이른바 사용절도는 불법영득의사가 없다고 보므로 절도죄가 성립하지 않는다. 그래서 타인의 신용카드를 무단히 사용하고 제자리로 반환한 경우, 신용카드부정사용죄가 성립하더라도 신용카드 자체에 대한 절도죄는 성립하지 않는다. ③ 그러나 예금통장 등을 무단히 가져가서 현금지급기에서 현금을 인출하고 다시 통장은 제자리에 반환한 경우, 현금에 대한 절도죄가 성립함은 물론 예금통장에 대해서도 사용절도가 아니라 절도죄를 인정한다. 왜냐하면 일시사용 후 반환이라도 현저한 가치 감소를 가져온 경우는 불법영득의사를 인정하기 때문이다. ④ 보관자(횡령죄의 주체)가 신탁자(맡긴 사람)의 동의 없이 자기 또는 제3자에게 이익을 취득하게 하려고 임의처분하는 경우, 불법영득의사가 인정되어 횡령죄가 성립한다. 그러나 신탁자 본인을 위하여 처분한 경우에는 영득의사를 인정할 수 없어서 횡령죄가 아니다.
영득죄	절도죄, 강도죄, 사기, 컴퓨터사용사기, 공갈, 횡령, 배임, 점유이탈횡령죄 등
비영득죄	손괴죄, 권리행사방해죄, 강제집행면탈죄, 장물취득죄 이외의 장물죄(장물보관죄, 장물운반죄 등)

(5) 친족상도례

개념	• 직계혈족, 배우자, 동거친족, 동거가족 또는 그 배우자간에는 재산범죄가 일어난 경우 형을 면제함(처벌면제) (현재 헌법불합치결정으로 시행 중단 중이며, 2025년 12월 31일까지 개정입법이 없으면 폐지됨) • 다만, 비동거친족 간에 일어난 경우=상대적 친고죄(고소가 있으면 소추할 수 있어서 처벌이 가능함)	
적용대상	적용 ○	• 절도, 사기, 공갈, 횡령, 배임, 권리행사방해 등 대부분의 재산범죄
	적용 ×	• 강도, 강제집행면탈, 손괴, 경계침범
판례	• 공범이 있는 경우, 행위자와 재물소유자 모두가 친족관계가 있어야 함 = 횡령범인과 피해물건의 소유자간에만 친족관계가 있거나, 횡령범인과 피해물건의 위탁자간에만 친족관계가 있는 경우, 친족상도례 적용할 수 없음 • 절취한 친족 소유의 예금통장을 현금자동지급기에 넣고 조작하여 예금잔고를 다른 금융기관의 자기 계좌로 이체하는 방법으로 저지른 컴퓨터사용사기죄는 금융기관에 대한 범죄이므로 친족상도례 적용할 수 없음	

2. 절도죄

(1) 단순절도죄

① 타인 소유·타인 점유의 재물을 절취한 경우를 말한다.
② 절도의 피해객체는 재물로서, 동산만일 뿐 부동산은 객체가 아니다.
③ 타인 소유·자기 점유의 재물 절취 경우는 절도가 아니라 횡령이고, 점유이탈물(길에 떨어져 있는 타인의 재물)을 임의 취득한 것은 절도가 아니라 점유이탈물횡령죄이다.
④ 공동소유 공동점유 물건을 일방의 승낙없이 처분한 경우도 절도에 해당한다.

⑤ 절취하려고 기망적 행위를 한 경우는 책략절도라고 하여 절도죄로 볼 뿐이지 사기죄로 보지 않는다. =예컨대, 가방주인을 기망하여 한 눈을 팔게 하고서 가방을 훔쳐간 경우
⑥ 다만 자동차를 살 의사 없이 시운전을 빙자하여 이를 교부받아 시운전하는 척 하다가 그대로 차량을 가지고 도망한 경우는 처분행위가 있다고 보아서 사기죄로 본다.(판례)
⑦ 고의범죄이고 불법영득의사가 필요하다. 그러나 과실절도란 불가벌이다.
⑧ 실행착수 시점은 물색행위를 한 때이다. 예컨대, 자동차 안에 물건을 훔치려고 차량문을 잡아당긴 경우, 남의 담을 넘어가서 쌓여있는 철근 등을 훔치려고 담에 붙어 걸어가면서 살펴본 경우 등은 절도의 착수에 해당한다. 그러나 절도하려고 남의 집에 들어간 것만으로는 주거침입죄일 뿐이지 절도죄가 아님.
⑨ 절도한 후에 도품(장물)을 손괴, 처분한 행위는 불가벌적 사후행위이기 때문에 절도죄만 성립할 뿐이지 별도의 손괴죄나 횡령죄가 성립하지 않는다.
⑩ 주간에 타인의 주거에 침입하여 절도한 경우, 주거침입죄와 절도죄의 경합범이 된다.

(2) 그 밖의 절도죄의 범죄유형

야간주거침입 절도죄		• 사람의 주거, 관리하는 건조물, 선박, 항공기 또는 점유하는 방실에 야간에 침입하여 타인의 재물을 절취한 경우=주거침입죄와 절도죄의 결합범 • 실행착수시점은 물색행위 시점이 아니라 주거침입시점으로 본다. • 야간에 길가에서 창문을 열고 손을 넣어 방안의 물건을 절취한 경우, 야간주거침입절도죄의 기수에 해당한다.
특수절도죄	야간 문호 손괴 침입 절도	• 야간에 문호 또는 장벽 기타 건조물의 일부를 손괴하고 타인의 주거 등에 침입하여 절도를 한 경우
	흉기휴대 절도	• 흉기를 휴대하고 절도를 한 경우 – 장난감 권총, 작은 칼, 지팡이 등은 흉기로 보지 않음. – 휴대는 범행에 사용하기 위해 소지하고 있거나 언제라도 사용할 수 있을 정도의 가까운 곳에 소지하는 것을 의미하지만, 항상 몸에 지니고 있을 것을 요하지는 않는다.
	합동절도	• 2인 이상이 합동하여(시공간적으로 협동) 절도를 한 경우
상습절도죄		• 1/2까지 가중처벌
자동차 불법사용죄		• 권리자의 동의 없이 타인의 자동차, 선박, 항공기, 원동기장치자전거를 일시 사용한 경우 • 자동차 등을 일시 사용 후 제자리 반환(사용절도)한 경우에는 절도죄로 처벌할 수 없어서 이 경우 자동차불법사용죄 규정을 만들어서 처벌하고 있음. • 다만, 일시 사용 후 제자리가 아니라 다른 장소에 방치한 경우, 일시가 아니라 장기간 사용한 경우, 현저히 가치를 훼손시킨 경우에는 절도죄로 봄.

(3) 점유이탈횡령죄

① 점유이탈횡령죄는 절도죄가 아니므로 구별해야 하는 범죄유형이다.
② 절도죄의 객체는 관리가능한 상태의 타인소유 타인점유 재물이지만, 점유이탈횡령죄의 객체는 권리자의 점유를 이탈하여 누구도 관리하지 않는 상태에 놓인 재물이다. 즉, 유실물, 표류물, 매장물, 타인의 점유를 이탈한 재물을 임의취득하는 것이다.
③ 다만, 무주물(쓰레기 등 버려진 물건임이 확실한 경우)을 획득한 것은 점유이탈물횡령죄가 아니다.

3. 강도죄

(1) 단순강도죄

① 폭행·협박으로 타인소유·타인점유의 재물을 강취하거나 또는 재산상 이익을 취득하거나 제3자로 하여금 취득하게 하는 것 = 객체는 타인의 재물 또는 재산상 이익
② 예비음모와 미수 처벌규정이 있으며, 친족상도례는 적용되지 않음.
③ 상대방의 항거를 곤란하게 할 정도, 즉 억압 수준의 최협의(최강)의 폭행협박이 필요하다. 강도의 고의를 가졌더라도 폭행·협박이 객관적으로 공갈 정도에 불과한 경우에는 공갈죄가 성립할 뿐이다.
④ 이때 해당 폭행협박이 상대방의 억압 수준에 이르렀는지는 피해자의 주관적 입장이 아니라 일반인의 객관적 입장에 의해 판단한다. 따라서 다만, 상대방이 폭행협박을 인식하지 못한 경우에도 강도죄가 성립할 수 있다.
⑤ 강도죄의 착수시점은 폭행협박을 개시한 때이고, 기수 시점은 재물이나 재산상 이익을 취득한 때이다.
⑥ 피해자를 폭행하여 열쇠를 강취하고 다음날 그의 집에 가서 재물을 절취한 경우, 열쇠에 대해서는 강도죄가 성립할 수 있지만, 절취한 재물에 대해서는 강도죄가 아니라 절도죄일 뿐이다.

(2) 준강도죄

① 절도범이 재물탈환 항거, 체포면탈, 죄적인멸 목적으로 폭행·협박을 행한 경우(절도가 강도로 변경되는 것임)
② 절도의 기수이든 미수이든 상관 없음 = 야간에 절도의 목적으로 타인의 집에 담을 넘어 들어 갔다가 발각되어 도주하였다면, 이때에 이미 야간주거침입절도의 미수 상태임. 이 도주 중에 추격해 오는 피해자를 폭행하였다면, 준강도죄 인정
③ 고의가 있어야 하면 초과주관적 구성요건요소로서 목적까지 있어야 하는 목적범이다.
④ 절도죄의 공동정범 중 1인이 공동의사 범위를 초과하여 도주 중에 추격자를 폭행하여 준강도죄가 성립한 경우, 다른 공범자에게 준강도죄의 성립을 인정하지 않는 것이 원칙이다. 그러나 판례는 예견가능성이 인정되는 경우 다른 공범자들에게도 준강도죄의 공동정범을 성립시키는 편이다.

(3) 그 밖의 강도죄 유형

특수강도죄	• 절도죄와 마찬가지로, 야간주거침입강도죄, 흉기휴대강도죄, 합동강도죄가 있다.
강도상해· 강도치상죄	• 강도가 피해자에게 고의로 상해를 가한 경우는 강도상해죄(결합범) • 강도가 피해자에게 과실로 중한 결과로 상해를 입힌 경우는 강도치상죄(결과적 가중범) • 강도상해죄의 기수·미수 시점은 강도의 기수·미수와는 상관 없고 상해의 기수·미수 시점으로 이해한다.
강도살인· 강도치사죄	• 강도가 피해자에게 고의로 살해를 한 경우는 강도살인죄(결합범) • 강도가 피해자에게 과실로 중한 결과로 사망의 결과를 일으킨 경우는 강도치사죄(결과적 가중범) • 사람을 살해한 직후 재물의 영득의사가 생겨서 재물을 가져간 경우, 강도살인죄로 보지 않고 살인죄와 절도죄의 경합범으로 본다.
강도강간죄	• 강도가 사람을 강간한 경우(결합범) • 그러나 강간범이 강간의 기수 이후에 강도의 범의를 일으켜 부녀의 재물을 강취한 경우에는 강도강간죄가 아니라 강간죄와 강도죄의 실체적 경합범이다.
해상강도죄	• 다중의 위력으로 해상에서 선박을 강취하거나 선박 내에 침입하여 타인의 재물을 강취한 경우(해적행위)
인질강도죄	• 사람을 체포·감금·약취 또는 유인하여 이를 인질로 삼아 재물 또는 재산상 이익을 취득하거나 제3자로 하여금 이를 취득하게 한 경우 • 체포감금 또는 약취유인죄와 강도죄의 결합범

4. 사기죄

(1) 사기죄의 의의

① 사람을 기망하여 재물의 교부를 받거나 재산상 이익을 자신이 취득한 경우 또는 제3자로 하여금 취득하게 한 경우로서 편취죄에 해당한다.
② 사기죄가 성립하려면, ㉠범죄자의 기망행위(속임수), ㉡피기망자의 착오, ㉢착오에 따른 피기망의 처분행위, ㉣범행자의 취득행위, ㉤이들 사이의 인과관계가 필요하다. 다만, 피해자에게 재산상의 현실적인 손해발생이 없더라도 위험성만 존재하면 사기죄가 성립할 수 있다.
③ 미수 처벌/예비음모 처벌규정 없음
④ 고의범죄이기 때문에 과실사기란 없음
⑤ 실행의 착수시점은 기망행위를 개시한 시점이고, 기수시점은 동산은 인도시점, 부동산은 소유권이전등기시점이다.
⑥ 보험사기의 경우, 착수시점은 보험금의 지급 청구시점(단순히 준비서류의 제출시점은 아님)이고, 기수시점은 보험금을 지급받은 시점이다.
⑦ 소송사기의 경우, 착수시점은 소송제기(소제기) 시점이고, 기수시점은 사기범죄자의 승소판결 선고시점이다(역으로 사기범죄자가 패소 판결선고를 받으면 미수가 된다).
⑧ 사기죄에서 그 대가가 일부 지급된 경우라도 사기행위로 인한 편취금액은 사기의 목적이 된 대가 전부로 본다.

⑨ 사기죄의 보호법익은 개인의 재산권이기 때문에 공무원을 기망하여 세금을 포탈한 경우는 탈세로서 국가적 법익 침해 범죄이지 사기죄가 아니다.

(2) 사기행위의 내용

기망행위	① 사기죄의 기망행위란 반드시 법률행위의 중요부분의 허위표시임을 요하지 아니하고, 상대방을 착오에 빠지게 하여 처분행위를 하게끔 할 정도이면 충분함 ② 작위, 부작위, 명시적 기망, 묵시적 기망을 불문한다. ③ 따라서 처음부터 지불의사나 능력이 없음에도 무전취식·무전숙박한 경우는 사기죄로 본다 (묵시적인 기망행위). ④ 누구나 알 수 있는 수준의 단순한 거짓말, 추상적인 과장광고는 사기죄가 되지 못한다. ⑤ 그러나 중요부분을 속이는 경우는 사기죄에 해당한다. =예를 들어, 구체적인 과장광고, 또는 매매목적물에 하자가 있음에도 숨기고 매도하는 경우 등이 중요부분에 해당하여 사기죄가 성립한다. ⑥ 어떤 문서에 피기망자가 문서의 구체적 내용을 알지 못하고 사기범행자의 말만 믿고 처분문서에 스스로 서명 날인한 경우는 피기망자의 처분의사가 인정되어 범행자에게 사기죄가 성립한다. ⑦ 사기죄가 성립하려면, 행위자의 기망행위, 피기망자의 착오, 그에 따른 피기망자의 처분행위(가져다 바치는 행동), 행위자의 재물이나 재산상 이득의 취득이 필요하다. 그리고 이들 기망, 착오, 처분행위 사이에 인과관계가 있어야 한다. ⑧ 예컨대, 피고인들이 아파트 부지 매매가격을 부풀린 매매계약서 등을 제출하여 은행으로부터 대출을 받은 경우라도, 은행은 감정평가법인의 감정평가액을 기초로 사정가격을 결정하였고 감정평가액이 피고인들의 기망행위로 부당하게 높게 산정되었음이 증명되었다고 보기에는 부족한 경우라면 인과관계가 부정되어 사기죄가 성립되지 아니한다.
부작위에 의한 사기	① 부작위에 의한 기망행위(부작위에 의한 사기죄)도 가능하다. 즉, 고지의무가 있음에도 고지하지 않음으로써 상대방이 착오를 일으켜 처분행위를 하게끔 되어 피해를 입는 경우이다. ② 예컨대, 저당권이나 가등기가 설정된 부동산에 대해서 사실을 알리지 않고 매도한 경우 – 도시계획 입안되어 있어서 협의매수나 수용 대상임을 알면서도 이 사실을 숨기고 매도하여 대금을 받은 경우 ③ 거스름돈과 관련하여 초과금원을 받았음을 알면서도 과오납금을 반환하지 않고 수령한 경우는 부작위에 의한 사기죄에 해당한다. 다만, 이때 처음에는 초과금원을 받았음을 몰랐다가 나중에 알고 반환하지 않는 경우는 점유이탈횡령죄로 본다.
보험사기	① 보험계약자가 보험자와 보험계약을 체결하면서 상법상 고지의무를 위반한 경우(예컨대, 질병을 숨기고 보험계약을 드는 경우)에서 사기죄가 성립할 수 있다. ② 고지의무위반이 보험사고로 이미 발생하였음에도 이를 묵비한 채 보험계약을 체결하는 경우 ③ 보험사고 발생의 개연성이 매우 높음을 알면서도 보험계약을 체결하는 경우 ④ 보험사고를 임의로 조작하려는 의도를 가지고 보험계약을 체결하는 경우
기망의 상대방	① 미성년자, 심신미약자는 기망의 상대방이 됨 ② 유아, 심신상실자(중증 정신병자)는 기망의 상대방이 될 수 없어서, 사기가 아니라 절도죄가 된다. ③ 피해자가 법인이나 단체인 경우, 법인의 대표자, 실질적인 최종결재권자 등 기망의 상대방이 기망의 상대방이 된다. ④ 따라서 법인의 대표자나 최종결재권자가 법인을 상대로 한 사기범죄의 기망행위자(사기범행자)인 경우에는 기망행위자와 기망상대방이 동일인이 되어버려서 사기죄가 성립할 수 없다. 이런 경우 배임죄가 성립할 것이다.

소비대차의 사기죄	① 금전소비대차관계는 대체로 채권채무관계이므로 채무자(차주)가 채권자(대주)에게 변제하지 못하더라도 사기로 보지 않고 채무불이행으로 볼 뿐이다. ② 다만, 채무자(차주)가 처음부터 채권자(대주)를 속여서 변제하지 않을 의사로 대출받은 경우라면 사기죄로 볼 수 있다.
죄수	① 공무원이 직무에 관하여 타인을 기망하여 재물을 교부받은 경우, 사기죄와 수뢰죄의 상상적 경합이 된다. ② 위조통화를 행사하여 타인의 재물을 편취한 경우, 위조통화행사죄와 사기죄의 실체적 경합범이 된다.

(3) 그 밖의 사기죄의 유형

컴퓨터 사용사기죄	① 컴퓨터 등 정보처리장치에 허위정보 또는 부정한 명령을 입력하거나 권한 없이 정보를 입력·변경하여 정보처리를 하게 함으로써 재산상의 이익을 취득하거나 제3자로 하여금 취득하게 한 경우 ② 사람을 매개로 하는 경우는 사기죄이고, 사람을 매개로 하는 경우가 아니라(사람을 속이는 것이 아니라) 컴퓨터장치를 매개로 하는 사기행각이다. ③ 컴퓨터장치에는 현금지급기(ATM), 휴대폰뱅킹, 인터넷뱅킹 등을 포괄한다. ④ 착수시점은 부정한 명령의 입력시점이고, 기수시점은 피해자의 재산상 손해발생 시점이다. ⑤ 순수이득죄에 해당한다.
준사기죄	미성년자의 사리분별력 부족 또는 사람의 심신장애를 이용하여 재물의 교부를 받거나 재산상의 이익을 취득한 경우
편의시설 부정이용죄	부정한 방법으로 대가를 지급하지 아니하고 자동판매기, 공중전화 기타 유료자동설비를 이용하여 재물 또는 재산상 이익을 취득한 경우
부당이득죄	사람의 곤궁하고 절박한 상태를 이용하여 현저하게 부당한 이익을 취득한 경우
상습사기죄	1/2까지 가중처벌

5. 공갈죄

① 공갈이란 폭행·협박을 통하여 재물이나 재산상 이익을 취득하거나 제3자로 하여금 취득하게 하는 것으로 역시 편취죄이다.
② 정당한 청구권의 행사는 공갈죄가 성립하지 않는다. 예를 들어, 손해배상을 청구하면서 고소하겠다고 말한 경우, 공사대금을 지급하지 않으면 전정하겠다는 경우, 일조권 침해에 대해서 배상합의금을 받은 경우는 공갈죄가 아니다.
③ 그러나 정당한 청구권 행사라도 방법이 지나친 경우에는 공갈죄가 성립할 수 있다. 예를 들어, 채권자가 채권을 추심하는 경우라도 채무자의 과거 행적을 시댁에 알리겠다는 협박한 경우, 공사대금을 지급하지 않으면 채무자의 비리를 관계기관에 고발하겠다면서 자인서를 받아서 압박하는 경우는 공갈죄가 될 수 있다.
④ 특수공갈 가중처벌(단체나 다중의 위력, 위험물 물건 휴대)
⑤ 상습공갈죄는 1/2 가중처벌

⑥ 공갈에 의해 상대방의 처분행위가 필요. 다만, 상대방은 처분행위권한을 가진 자이어야 하지만, 재산상 피해자와 동일할 필요는 없음
⑦ 공무원이 직무행위에 관하여 상대방을 공갈하여 재물을 교부받은 경우, 공무원이 직무집행 의사가 있다면 수뢰죄와 공갈죄의 상상적 경합이다. 그런데 공무원이 직무집행 의사도 없으면서 공갈하여 재물을 교부받은 경우는 공갈죄만 성립한다.

6. 횡령죄

개념	① 타인 소유의 재물을 점유·보관하는 자(타인소유, 자기점유)가 그 재물을 횡령하거나 반환을 거부하는 행위 ② 타인의 재물보관자 지위가 있어야만 성립(진정신분범) = 보관자의 지위라는 위탁관계는 임대차, 위임과 같은 계약은 물론이고, 사무관리, 관습, 조리, 신의칙에 의해서도 성립함 ③ 보관은 형법상 점유개념보다는 넓은 개념으로 점유, 소지뿐만 아니라 법률상의 관리를 포함하는 개념이다. 예컨대, 예금의 경우, 예금에 대한 법률적 지배가 인정되므로 수탁자가 점유자가 된다. ④ 배임죄에 대해서 특별관계에 있어서 배임죄와 횡령죄가 경합하면 횡령죄만 성립
객체	① 횡령죄는 순수재물죄로서 동산, 부동산이 객체이다. 재산상 이익은 객체가 아니다. ② 공동소유 단독점유 상태의 재물을 영득한 경우 횡령죄가 성립한다. ③ 할부로 구매한 물건을 완납 전에 매수인이 매도인의 동의 없이 임의처분한 경우 횡령죄에 해당한다(소유권 유보부 판매). ④ 불법원인급여는 반환의무가 없으므로 이를 임의소비하더라도 횡령죄가 되지 않는다. 예컨대, 범죄수익 등 은닉범행 등을 위해 교부받은 수표는 불법원인급여로서 피고인이 교환하지 못한 수표와 이미 교환한 현금을 임의소비하더라도 횡령죄가 성립하지 않는다. ⑤ 다만, 성매매대금은 불법원인급여임에도 횡령죄의 객체가 된다고 판시한 바 있다.
고의와 불법영득의사	① 고의와 불법영득의사 필요하다. ② 회사의 경영자가 장부상 직원들의 봉급을 인상한 것처럼 하되 실제로는 종전의 봉급을 지급하면서 해당 금원으로 회사의 채무를 변제한 경우 불법영득의사가 없어서 횡령죄는 아니라고 함.
범행행위	① 보관자가 신탁자의 승낙 없이 임의소비, 임의처분(매매, 질권이나 저당권의 설정행위)하는 경우, 신탁자의 반환 요구에도 반환을 거부하는 경우 ② 다만, 처분행위(매매, 질권이나 저당권 설정행위)가 무효인 때에는 횡령죄가 성립하지 않음
부동산의 횡령	① 부동산은 행위자에게 처분권능이 있어야만 횡령이 성립할 수 있다. 즉, 처분권능이 없으면 횡령죄가 성립할 수 없음이 원칙이다. ② 부동산의 처분권능이란 해당 행위자인 보관자(수탁자)가 해당 부동산을 신탁자(실소유자)로부터 수탁받아 등기상 소유자의 지위에 있어야 한다. ③ 다만, 현재 부동산 실권리자 명의등기에 관한 법률(부동산 실명법)에 따라 부동산 명의신탁은 민사상 무효로 보기 때문에(벌칙규정까지 있음), 2자간 명의신탁, 중간등기생략형 명의신탁, 계약명의신탁 모두에서 수탁자가 신탁자의 동의 없이 수탁된 부동산을 임의처분하더라도 횡령죄가 되지 않는다(판례). ④ 그러나 부동산 실명법상 종교단체, 종중 등에 대해서는 부동산명의신탁이 예외적으로 인정되고 있어서, 종중(신탁자)으로부터 종중 토지를 수탁받아 보관 중이던 종중 회장(수탁자)이 이를 종중의 동의 없이 자신의 개인 채무 등을 변제하기 위해서 근저당권을 설정하고 이후 매도해버린 경우에는 수탁자인 종중 회장은 횡령죄가 성립한다.

	⑤ 부동산에 대해서 처분권능이 없는 경우(등기명의가 없는 경우)라도 극히 예외적으로 미등기건물 등에 대해서 사실상의 타인의 부동산을 지배하는 경우를 인정하여 보관자(점유자)로 보아서 횡령죄의 주체가 될 수 있다고 판시한 바도 있다.
송금착오 등 사실상의 지배	① 타인의 송금착오로 인하여 자신의 계좌에 들어온 금원을 알면서도 임의소비한 경우는 횡령죄에 해당한다. 그에게 사실상의 지배로 인한 보관자 지위를 인정하기 때문이다. ② 그러나 사기의 방조범이 사기에 제공한 자신의 계좌로 사기피해자가 송금한 금원을 임의로 인출한 경우는 사기의 방조죄일 뿐이지 별도로 횡령죄로 보지는 않는다. ③ 비트코인이 송금착오로 자신의 전자지갑에 들어온 것을 다른 전자지갑으로 이체한 경우는 횡령죄가 아니라고 판시함. 왜냐하면 재물이 아니기 때문임.
업무상 횡령죄	① 업무상 보관자 지위에 있는 자가 횡령행위를 한 경우 가중처벌하는 것으로 진정신분범이자 부진정신분범의 이중적 성격을 가진다. ② 단순보관자가 업무상 보관자의 횡령행위에 가담한 경우, 단순보관자는 업무상 배임죄가 성립하지만 제33조 단서에 의하여 단순횡령죄로 처벌을 한다.
점유이탈물 횡령죄	① 점유이탈물 횡령죄는 신뢰에 대한 배신이 없다는 점에서 횡령죄에 비해서 형벌이 가볍다. ② 유실물, 표류물, 매장물, 기타 점유를 이탈할 물건을 무단히 취거하는 행위가 점유이탈물횡령죄이다. ③ 재산범죄 중 장물죄, 점유이탈횡령죄, 권리행사방해죄는 미수 처벌규정이 없다.

7. 배임의 죄

개념	① 타인의 사무를 처리하는 자가 그 임무에 위배하는 행위로써 재산상 이익을 취득하거나 제3자로 하여금 취득하게 하여 본인에게 손해를 가하는 행위 ② 진정신분범: 타인의 사무를 처리하는 지위에 있어야 함. 어느 정도 재량권을 가진 사무의 보조자로 관여한 경우도 포함 ③ 역시 고의범죄로서 과실배임은 없음 ④ 배임수증재죄와는 다른 것임
객체	① 순수이득죄: 객체는 재물이 아니라 재산상 이익=적극적 이익은 물론 소극적 이익(채무면제 등)을 포괄함. ② 부동산에 대한 이중매매 행위, 부동산에 대한 이중증여 행위는 배임죄로 본다. ③ 그러나 동산에 대한 이중매매, 부동산에 대한 이중저당(저당권설정을 해주기로 했으나 순위를 달리 설정한 경우), 권리의 이중양도, 대물변제예약의 불이행, 채무자의 양도담보 불이행만으로는 배임죄로 볼 수 없음.
손해 발생	① 피해자에게 재산상 손해가 발생하여 범행자 자신이나 제3자가 이득을 취득해야만이 배임죄가 성립함이 원칙이다. ② 따라서 회사 대표이사가 불법적 처분행위를 하여 회사에 손해를 입히는 행위를 하였더라도 해당 처분행위(매매 등 계약)이 무효가 되는 경우에는 회사는 실제로 해당 처분행위에 따른 금원을 지급할 필요가 없어서 범행자 자신이나 제3자가 이득을 취득할 수도 없고 피해자인 회사가 궁극적으로 손해도 입지 않으므로 배임죄가 아니라고 본다.
어음과 배임	① 그러나 어음발행행위는 다르다. 회사 대표이사가 대표권을 남용하여 회사에 손해를 입힐 수 있는 약속어음을 발행하였더라도 약속어음 발행행위 자체가 무효가 되는 경우가 있을 수 있다. 이때 위처럼 생각하면 배임죄가 아니라고 생각할 수 있다. ② 그러나 어음발행은 위험성이 매우 크기 때문에 무효라도 배임죄를 성립시킨다는 점에 유의해야 한다. ③ 따라서 약속어음 발행자체가 무효인 경우라도, ㉠ 어음이 유통되지 않았다면 배임죄의 미수로 처리하고, ㉡ 어음이 유통되었다면 배임죄의 기수로 처리한다.

공동정범	배임죄의 공동정범이 성립하려면, 소극적으로 배임행위에 편승하여 이익을 취득한 것만으로는 부족하고, 배임행위에 적극 가담해야만 함
업무상 배임죄	① 업무상 배임죄는 배임죄의 가중처벌규정으로 진정신분범이자 부진정신분범이다. ② 회사직원이 회사의 영업비밀 등을 유출시킨 경우에는 ㉠ 아직 재직 중이라면 그 유출시점에 업무상 배임죄의 기수로 보고, ㉡ 퇴사한 경우에는 퇴사시점에 업무상 배임죄의 기수로 본다. ③ 다만 퇴사 후 경쟁업체에 유출하거나 스스로의 이익을 위하여 이용하더라도 업무상 배임죄의 기수 이후의 행위로서 불가벌적 사후행위에 불과하므로 별도의 업무상 배임죄가 성립하지는 않는다.

8. 배임수증재죄

① 배임수재죄는 타인의 사무를 처리하는 자가 그 임무에 관하여 부정한 청탁을 받고 재물 또는 재산상의 이익을 취득하거나 제3자로 하여금 취득하게 한 경우로서, 진정신분범이다.
② 배임증재죄는 위와 같은 재물 또는 재산상의 이익을 공여한 경우이다. 배임증재죄는 누구나 할 수 있으므로 신분범이 아니다.
③ 배임수증재죄가 성립하려면 부정한 청탁 행위가 필요하다.
④ 배임수재한 재물은 필요적 몰수지만, 배임증재한 재물은 임의적 몰수 대상일 뿐이다.

9. 장물죄

개념	① 장물죄란 재산죄(본범)에 의한 도품 등 이른바 장물을 취득·보관·양도·운반·알선하는 행위 ② 고의범죄가 기본이다. 일반과실장물죄는 없으나, 업무상 과실장물죄, 중과실장물죄는 있음 ③ 장물죄의 주체는 본범 이외의 자이어야 하므로, 본범의 정범, 공동정범, 합동범은 주체가 될 수 없고, 교사범과 방조범은 주체가 될 수 있다. ④ 상습범 가중처벌규정이 있다.
장물성	① 본범이 재물죄 성격이 있어야 함=즉, 본범이 절도죄, 강도죄, 사기죄, 공갈죄, 횡령죄, 권리행사방해죄, 강제집행면탈죄, 장물죄 등 ② 본범이 순수 재산상 이득죄인 경우(컴퓨터사용사기죄, 배임죄), 재산죄가 아닌 경우(뇌물죄, 통화위조죄)인 경우에는 장물죄가 성립하지 않음 ③ 즉 9살 아이가 절취한 카메라, 집에서 훔친 자기 아버지의 시계, 유류물이나 표류물, 사기도박으로 취득한 금전 등은 장물죄의 객체가 되지만, 도박죄로 취득한 돈, 자구행위로 취득한 금전, 배임죄에 의한 재산상 이익, 공무원이 뇌물로 받은 금전 등은 장물이 아니다. ④ 장물은 본범의 재물과의 물리적 동일성이 인정되어야 한다. ⑤ 따라서, 장물의 매각대금, 장물인 금전으로 구입한 물건 등 대체장물은 재산죄에 의해 취득한 재물 그 자체가 아니므로 장물이 아님=즉, 장물의 매각대금인 사정을 잘 알고 취득한 경우라도 장물취득죄는 성립하지 않음 ⑥ 다만, 장물인 현금이나 수표를 은행에 예금했다가 인출하는 방식으로 다른 금전으로 바꾼 경우에는 가치의 동일성이 인정되어 장물성이 인정된다.

친족 상도례	장물범과 피해자가 친족인 경우	직계혈족, 배우자, 동거친족인 경우	면제
		비동거친족인 경우	상대적 친고죄
	장물범과 본범이 친족인 경우	직계혈족, 배우자, 동거친족인 경우	필요적 감면
		비동거친족인 경우	감면, 감경 없음. 상대적 친고죄도 아님. 그냥 처벌함.

10. 손괴죄

(1) 의의
① 타인의 재물, 문서, 전자기록 등 특수매체기록을 손괴·은닉 또는 기타 방법으로 그 효용을 해하는 것
② 비영득죄＝불법영득의사 필요하지 않다.
③ 손괴란 물리적 훼손은 물론이고, 물건을 본래 용도에 따라 사용할 수 없게 된 경우도 해당하며, 일시적으로 사용할 수 없게 함도 손괴에 해당한다.
④ 고의가 필요하여 과실손괴란 없음＝불법영득의사는 필요 없음
⑤ 자기명의이지만 공동소유 또는 타인소유의 문서(자기가 교부해준 차용증, 영수증, 약속어음) 등에 대해서 명의자 자신 또는 명의자의 부탁을 받은 제3자가 해당 문서의 내용을 고치거나 훼손하는 경우, 문서위조죄나 변조죄가 아니라 문서손괴죄에 해당한다.
⑥ 손괴죄에 해당하는 경우: 우물의 물을 오염시킨 것, 벽에 광고를 붙이는 것, 금반지를 녹이는 것, 문서에 첨부된 인지를 떼어내는 것, 얼음을 녹이는 것, 장부 중 일부를 떼어버리는 것, 가축에 사료를 주지 않아 아사시키는 것, 자동문을 수동으로만 개폐가 되도록 자동잠금장치를 기능하지 못하게 조작해 놓는 것, 그림에 낙서를 하는 것, 음식용 그릇에 방뇨하는 것, 앵무새에게 욕을 가르치는 것, 컴퓨터 입력 자료를 말소하거나 바이러스에 감염시키는 것

(2) 그 밖의 손괴죄 유형

공익건조물 파괴죄	공익에 공하는 건조물을 파괴한 경우
중손괴죄	손괴를 통하여 사람의 생명 또는 신체에 대하여 위험을 발생하게 한 경우(결과적 가중범)
손괴치사상죄	손괴를 통하여 사람을 상해에 이르게 한 경우(손괴치상), 사망에 이르게 한 경우(손괴치사) ＝결과적 가중범
특수손괴죄	단체 또는 다중의 위력을 보이거나 위험한 물건을 휴대하여 손괴를 범한 경우
경계침범죄	경계표를 손괴, 이동 또는 제거하거나 기타 방법으로 토지의 경계를 인식 불능하게 한 경우

11. 권리행사를 방해하는 죄

권리행사 방해죄	① 타인의 점유 또는 권리의 목적이 된 자기의 물건 또는 전자기록 등 특수매체기록을 취거·은닉·손괴하여 타인의 권리행사를 방해하는 것=자기점유 타인점유 물건의 무단 취거 등 ② 타인의 점유란 적법한 권원에 기초한 점유에 한정하므로, 본권을 가지지 못하는 절도범인의 점유는 여기의 점유에 해당하지 않아서, 절도범인으로부터 피해물품을 실력으로 탈환하더라도 권리행사방해죄가 아님 ③ 타인소유 물건에 대해서는 권리행사방해죄가 성립하지 않는다. ④ 물건 소유자가 아닌 사람은 소유자의 권리행사방해죄에 가담한 경우에 한하여 공범이 될 수 있을 뿐이고, 만일 물건의 소유자에게 고의가 없어서 본죄가 성립하지 않으면 이에 가담한 자에게 공동정범이 성립할 수 없다. ⑤ 동산, 부동산, 특수매체기록을 모두 포괄한다. ⑥ 친족상도례가 적용된다.
점유강취죄	폭행 또는 협박으로 타인의 점유에 속하는 자기의 물건을 강취한 경우
준점유강취죄	타인의 점유에 속하는 자기의 물건을 취거함에 당하여 그 탈환을 항거하거나 체포를 면탈하거나 죄적을 인멸할 목적으로 폭행 또는 협박을 가한 경우
중 권리행사 방해죄	점유강취나 준점유강취죄를 범하는 중에 사람의 생명에 대한 위험을 발생하게 경우
강제집행 면탈죄	① 강제집행을 면할 목적으로 재산을 은닉·손괴·허위양도 또는 허위의 채무를 부담하여 채권자를 해한 경우로서 현실적으로 해를 입을 것을 요하는 것은 아니라 위험성이 있으면 성립하는 위험범이다. ② 객체는 재산으로 재물(동산, 부동산 모두)은 물론 권리(채권, 산업재산권(특허권, 상표권 등) 등) 포함 ③ 강제집행을 받을 위험이 있는 상황(강제집행, 가압류, 가처분 등)에 있어야지, 이런 상태가 없는 경우에는 허위양도를 했더라도 강제집행면탈죄가 성립하지 않음 ④ 고의범죄이자 목적범이다. ⑤ 친족상도례는 적용되지 않음.

CHAPTER 02 사회적 법익에 대한 범죄

제1절 사회적 법익에 대한 죄 일반론

공공안전에 대한 죄	공안을 해하는 죄	범죄단체조직죄, 소요죄, 다중불해산죄
	폭발물에 관한 죄	폭발물사용죄, 전시폭발물 제조죄
	방화와 실화의 죄	현주건조물방화죄, 공용건조물방화죄, 일반건조물방화죄, 일반물건방화죄, 연소죄, 실화죄 등
	일수와 수리에 관한 죄	현주건조물일수죄, 과실일수죄, 수리방해죄 등
	교통방해죄	교통방해죄, 과실교통방해죄, 기차전복죄 등
공공 신용에 대한 죄	통화에 관한 죄	통화위조·변조죄 등
	유가증권에 관한 죄	유가증권위조·변조죄, 허위유가증권작성죄 등
	문서에 관한 죄	사문서위조·변조죄, 공문서위조·변조죄, 자격모용사문서·공문서작성죄, 허위공문서작성죄 등
	인장에 관한 죄	사인장·공인장 위조·변조죄, 소인말소죄 등
공중위생에 대한 죄	먹는물에 관한 죄	먹는물사용방해죄, 먹는물혼독치사상죄, 수도불통죄
	아편에 관한 죄	아편제조·판매죄, 아편흡식기제조·판매죄 등
국가기능에 관한 죄	풍속을 해하는 죄	공연음란죄, 음행매개죄(성매매죄), 음화반포죄 등
	도박과 복표에 관한 죄	도박죄, 도박개장죄 등
	신앙에 관한 죄	시체유기(은닉)죄, 분묘발굴죄, 예배방해죄 등

제2절 방화와 실화의 죄

(1) 방화죄의 의의
① 주된 보호법익은 공공의 안전으로 위험범 성격이지만, 부차적으로 개인의 재산도 보호법익에 포함
② 추상적 위험범: 현주건조물방화, 공용건조물방화, 타인소유일반건조물방화죄(예비음모, 미수 처벌규정 있음)
③ 구체적 위험범: 자기소유일반건조물방화, 일반물건방화죄(예비음모, 미수 처벌규정 없음)

(2) 방화죄의 유형

현주 건조물 방화죄	개념	• 불을 놓아 사람의 주거로 사용하거나 사람이 현존하는 건조물, 기차, 전차, 자동차, 선박, 항공기, 광갱을 불태운 경우 • 방화 시에 거주자가 현존할 것을 요하지 않고, 일부분이 주거로 사용되는 경우도 현존건조물 방화죄 • 자기 가족들과 사는 자기 집이라도 자기소유건조물이 아니라 현주건조물방화죄에 해당함. • 작위는 물론 부작위에 의한 방화죄도 성립할 수는 있다.
	착수와 기수	• 착수: 목적물에 점화하거나 매개물에 발화한 경우 • 기수: 불이 매개물을 떠나 독립 연소되는 경우
	보험사기 방화	• 보험금 편취 목적으로 방화한 후 보험금을 편취한 경우, 현주건조물방화죄와 사기죄의 실체적 경합 = 착수는 보험금청구 시가 되고, 기수는 보험금을 지급받은 시점이 된다.
		• 현주건조물방화치사상죄 는 부진정결과적 가중범
공용건조물 방화죄		• 공용 또는 공익에 제공하는 건조물 등을 불 태우는 경우 • 해당 건조물에 사람이 주거로 사용되는 경우나 사람이 현존하는 경우에는 공용건조물방화죄가 아니라 현주건조물방화죄에 해당한다.
타인소유 일반건조물 방화죄		• 현주건조물, 공용건조물 이외 타인소유 일반건조물 등을 불 태우는 경우
자기소유 일반건조물 방화죄		• 현주건조물, 공용건조물 이외 자기소유 일반건조물 등을 불태워 공공의 위험을 발생하게 한 경우 • 자기소유 건조물이라도 압류 등 강제처분을 받거나 타인의 권리, 보험의 목적물이 된 때에는 타인의 건조물로 간주된다.
타인소유 일반물건 방화죄		• 현주건조물, 공용건조물, 일반건조물 이외 타인의 물건 불태워 공공의 위험을 발생하게 한 경우(구체적 위험범)
자기소유 일반물건 방화죄		• 자기소유 물건을 불태워 공공의 위험을 발생하게 한 경우(구체적 위험범) • 자기소유 물건이라도 압류 등 강제처분을 받거나 타인의 권리, 보험의 목적물이 된 때에는 타인의 물건으로 간주된다. • 노상 전봇대 주변에 놓인 재활용품과 쓰레기를 불태운 경우, 무주물이므로 자기소유 일반물건 방화죄 성립
연소죄		• 자기소유 일반건조물, 타인소유나 자기소유의 일반물건을 불태워 현주건조물, 공용건조물, 타인소유 일반건조물을 연소한 경우 또는 일반물건을 소훼하여 타인소유 물건을 연소한 경우 • 연소죄는 진정 결과적 가중범
실화죄		• 과실로 현주건조물, 공용건조물, 타인소유 일반건조물 불태운 경우 • 과실로 자기소유 일반건조물, 타인소유나 자기소유의 일반물건을 불태워 공공의 위험을 발생하게 한 경우
업무상 실화, 중실화죄		• 업무상 과실 또는 중대한 과실로 실화죄 • 피고인이 성냥불이 꺼진 것을 확인하지 않고 휴지가 들어있는 플라스틱 휴지통에 던진 경우, 부작위에 의한 방화치사상죄가 아니라 중실화죄 성립

(3) 방화죄 유사 범죄 유형

폭발물 사용죄	• 본죄의 객체는 폭발물로서 화약, 다이너마이트, 지뢰, 수류탄 등을 의미하는 것이지, 파괴력이 부족한 폭죽, 총알, 화염병은 이에 속하지 않는다. • 폭발물을 설치하였다고 협박하는 것은 본죄가 아니라 협박죄일 뿐이다. • 고의 범죄로서 과실범 규정이 없다.
폭발성물건 파열죄 폭발성물건 파열치사상	• 본죄는 보일러, 고압가스, 기타 폭발성 물건을 파열시켜 사람의 생명, 신체, 재산에 위협을 가하거나 상해, 사망에 이르게 하는 범죄이다. • 고의 범죄는 물론 과실에 의한 경우도 처벌하며, 결과적 가중범도 있다.
가스·전기 등 방류죄 가스·전기 등 방류치사상	• 가스, 전기, 증기, 방사선, 방사성물질을 방출, 유출, 살포시켜 사람의 생명, 신체, 재산에 위험을 발생시키거나 이를 통해 사람을 상해 또는 사망에 이르게 하는 범죄이다. • 역시 고의범죄는 물론 과실에 의한 경우도 처벌하며, 결과적 가중범도 있다.
가스·전기등 공급방해죄 가스·전기등 방해치사상	• 가스, 전기, 증기의 공급이나 사용을 방해하여 공공의 위험을 발생시키거나, 이로 인하여 사람을 상해 또는 사망하게 하는 범죄이다. • 역시 고의범죄는 물론 과실에 의한 경우도 처벌하며, 결과적 가중범도 있다.
진화방해죄	• 화재 시에 화재경보기, 소화전, 소화자동차 등 진화용 시설·물건을 은닉, 손괴, 기타 방법으로 진화를 방해하는 범죄 • 소방관 폭행, 소방차의 진로방해 등도 이에 포함된다. • 그러나 단순히 소화의무나 화재현장에서 공무원의 소화협력요구에 응하지 않는 것은 경범죄 처벌법 또는 소방법위반일 뿐 진화방해죄가 아니다.

제3절 교통방해의 죄

일반교통 방해죄	• 육로, 수로, 교량을 손괴·불통하게 하거나, 기타 방법으로 교통을 방해한 경우 • 객체: 육로, 수로, 교량, 터널 등. 다만, 철도(철로)는 제외 • 일시적으로 통행에 사용되는 도로, 개인사유지에 지름길로 사용되는 길은 교통방해죄의 객체인 육로가 아님. 그러나 개인사유지에 난 길이라도 오랜 기간동안 도로로 사용되고 해당 길 밖에는 없는 경우에는 육로로 본다. • 집회시위 등으로 교통에 방해되는 경우, 통행이 가능한 차선을 남겨둔 경우에는 교통방해죄가 아니지만, 허가받은 차선을 넘어서 전 차로를 막은 경우에는 교통방해죄에 해당한다(추상적 위험범).
기차선박 교통방해죄	• 기차 궤도, 등대, 표지를 손괴하거나 기타 방법으로 기차, 전차, 자동차, 선박, 항공기의 교통을 방해한 경우 • 이 죄에서 철도(철로)가 객체가 된다.
기차 전복죄	• 사람의 현존하는 기차, 전차, 자동차, 선박 또는 항공기를 전복, 매몰, 추락 또는 파괴한 경우
교통방해 치사상죄	• 교통방해를 통하여 사람을 상해에 이르게 한 경우(교통방해치상) • 사망에 이르게 한 경우(교통방해치사)
과실교통방해죄	• 일반과실교통방해죄, 중과실교통방해죄, 업무상 과실에 의한 교통방해죄

제4절 문서와 인장에 관한 죄

1. 문서죄의 의의

(1) 문서의 의미
① 문서죄의 문서란 모든 문서를 말하는 것이 아니라, 증명력과 보증력을 가진 문서만을 말한다. 즉, 단순한 일기, 메모, 책 등은 문서죄의 문서가 아니며, 확정적 의사가 없는 초안(초고), 예술작품의 서명도 문서가 아니다.
② 공문서란 공무원이 공무와 관련하여 작성하는 문서이고, 사문서란 공무원 이외의 사람이 개인적 업무 등을 위하여 작성한 증명력을 가지는 문서이다. 즉, 사문서로 보자면, 계약서, 차용증, 각종 신청서, 신고서 등이 사문서인 것이다.

(2) 위조의 유형: 유형위조와 무형위조
① 유형위조: 작성권한 없는 자(명의 없는 자)가 작성권한자(명의자)의 명의를 도용하여 서명하거나 날인하여 문서를 작출하는 행위=사문서위조, 변조, 자격모용사문서작성, 공문서위조, 변조, 자격모용공문서작성
② 무형위조: 작성권한 있는 자(명의자)가 문서의 내용을 허위로 작성하는 행위=허위공문서작성, 허위진단서작성

2. 사문서 위조·변조죄 및 행사죄 및 자격모용 사문서작성죄

사문서위조죄	① 행사 목적으로 권리의무 또는 사실증명에 관한 타인의 문서 또는 도화를 위조한 경우=위임장, 계약서, 차용증, 영수증, 사원증, 사립학교 학생증 등 ② 작성권한이 없는 자가 타인명의를 모용하여 타인의 문서를 작성하는 것 ③ 사자(死者)나 허무인의 문서라도 일반인으로 하여금 작성명의자가 진정하게 작성한 사문서로 믿기에 충분한 형식과 외관을 갖춘 경우라면, 사문서위조죄의 객체에 해당 ④ 문서의 원본을 그대로 컬러복사기로 복사한 후 사본을 원본처럼 행사한 경우도 사문서위조 및 행사죄에 해당한다.
사문서변조죄	① 행사목적으로 문서작성 권한없는 자가 이미 진정 성립한 타인의 문서내용에 동일성을 해하지 않을 정도의 변경을 가하는 것 ② 만일 동일성을 해할 정도로 문서의 중요부분을 변경을 가한 경우에는 문서위조죄에 해당 ③ 예컨대, 이미 명의자가 서명하여 작성된 진정문서에 일정 숫자, 일정 일자 등을 동일성 해하지 않는 정도에서만 변경하는 경우
자격모용 사문서작성죄	① 행사목적으로 타인의 자격을 모용하여 권리의무 또는 사실증명에 관한 문서 또는 도화를 작성한 경우 ② 명의모용이 아니라 자격모용이라는 점에서 사문서위조·변조죄와 구별 ③ 예컨대, 회사에서 퇴임한 사장이 회사 문서에 회사사장 직함을 사용하여 자신의 이름을 적어 넣어서 회사 문서를 작성하는 것

사전자기록 위작·변작죄	① 사무처리를 그르치게 할 목적으로 권리의무 또는 사실증명에 관한 타인의 특수매체기록을 위작 또는 변작 ② 램에 올려진 전자기록을 변경한 경우, 원본파일 변경까지 초래하지 아니하였더라도 허구 내용을 권한 없이 수정입력한 것이므로 사전자기록변작죄 ③ 사전자기록 위작·변작죄와 공전자기록 위작·변작죄는 권한없는 자에 의한 명의도용방식의 유형위조도 가능하고, 권한있는 자가 허위내용을 기록하는 방식의 무형위조도 가능하다.

3. 공문서 위조·변조죄 및 행사죄

공문서위조죄	① 행사 목적으로 문서작성 권한 없는 자가 공무원 또는 공무소의 문서 또는 도화를 위조한 경우 ② 작성권한이 없는 자가 공무원 명의를 모용하여 그 공무원의 문서를 작성하는 것 ③ 우리나라 공무원 또는 공문서의 문서이어야 하지, 외국 공무원 작성 문서를 위조하는 것은 사문서위조죄일 뿐이다. 예컨대, 미국대사관 발급 비자문서를 위조한 경우 이는 공문서위조죄가 아니라 사문서위조죄이다.
공문서변조죄	행사목적으로 권한없는 자가 이미 진정 성립한 다른 공무원의 문서내용에 동일성을 해하지 않을 정도의 변경을 가하는 것 = 동일성을 해할 정도로 문서의 중요부분을 변경을 가한 경우에는 문서위조죄에 해당
자격모용 공문서작성죄	① 행사목적으로 공무원 또는 공무소의 자격을 모용하여 문서 또는 도화를 작성한 경우 ② 갑은 A구청장에서 B구청장으로 전보되었다는 인사발령을 전화로 통보받은 후, A구청장 권한의 건축허가 기안용지의 결재란에 서명한 경우, 자격모용 공문서작성죄
공전자기록 위작·변작죄	사무처리를 그르치게 할 목적으로 공무원 또는 공무소의 특수매체기록을 위작 또는 변작

4. 허위공문서작성죄 및 허위진단서작성죄

허위 공문서 작성죄	① 권한 있는 공무원이 행사목적으로 직무관련 문서 또는 도화를 허위로 작성하거나 변개하는 경우 ② 작성 권한있는 공무원이 공문서의 내용을 허위로 작성한 것임. 즉, 공무원이라도 작성권한이 없는 자가 공문서를 허위내용으로 작성하는 경우, 이는 허위공문서작성죄가 아니라 공문서위조죄 ③ 공문서작성 보조자가 그 사정을 모르는 작성권한 있는 공무원(상사)을 이용하여 결재를 받는 경우, 허위공문서작성죄 성립(간접정범) = 왜냐하면, 허위공문서작성죄는 공무원(또는 공증업무를 대행하는 변호사)만이 범죄주체가 될 수 있는 진정신분범이기 때문임 ④ 다만, 공무원이 아닌 자가 그 사정을 모르는 담당공무원을 이용하여 간접정범 형태로는 허위공문서작성죄를 범할 수 없으며, 이 경우 공문서위조죄도 성립하지 않음(판례)
허위 진단서 작성죄	① 의사, 한의사, 치과의사, 조산사가 진단서, 검안서, 생사 증명서를 허위로 작성한 경우 = 역시 권한 있는 의사 등이 사문서의 일종인 진단서의 내용 자체를 허위로 작성하는 것임 ② 행사목적은 필요가 없음 ③ 다만, 군의관이 허위진단서를 작성하는 경우, 이는 허위진단서작성이 흡수되어 허위공문서작성죄만 성립

5. 공정증서원본(공전자기록) 등 부실기재죄

개념	① 공무원에 대하여 허위신고를 하여 공정증서원본 또는 이와 동일한 특수매체기록에 불실(진실이 아닌 내용)의 사실을 기재·기록하게 한 경우 ② 공무원에 대하여 허위신고를 하여 면허증, 허가증, 등록증, 여권에 불실(진실아닌 내용)의 사실을 기재하게 한 경우 ③ 이 죄는 스스로 문서를 위조·변조하는 것이 아니라 공정증서원본에 내용을 기재(기록)할 권한을 가진 공무원에게 허위의 내용을 신고하여 부실한 허위사실이 원본에 기재되도록 하는 것이다. ④ 예컨대, 갑이 을이란 여성과 결혼하지 않았음에도 결혼하였다고 허위사실의 혼인신고서를 작성하여 담당공무원에게 제출하는 바람에 공무원이 그 허위사실을 가족관계등록 원본에 기재하게 된 경우가 바로 공정증서원본부실기재죄이다. ⑤ 부실의 사실을 기재한다는 것은 진실에 반하는 사실을 기재하는 것으로, 권리의무와 관계없는 예고등기를 말소하는 것, 등기원인을 명의신탁 대신 매매로 기재하는 것, 매매가액을 허위로 기재하는 것은 부실기재죄가 아니다.
공정 증서 원본	공문서 중에서 권리의무에 관한 사실을 증명하는 문서만을 의미

공정증서원본 ○	공정증서원본 ×
부동산등기부, 상업등기부, 자동차등록원부, 가족관계등록, 면허증, 허가증, 등록증, 여권 등	주민등록부, 주민등록증, 사업자등록증, 인감대장, 토지대장, 가옥대장 등

6. 문서의 부정행사죄

개념	• 위조·변조, 자격모용작성, 허위작성된 문서가 아니라, 진정하게 성립한 문서를 부정하게 행사하는 것
사문서 부정행사죄	• 타인의 후불식 전화카드를 공중전화기에 넣어 사용한 경우
공문서 부정행사죄	• 경찰로부터 신분증 제시 요구를 받고서 길에서 주운 타인의 운전면허증을 제시한 경우(권한 없는 자가 타인의 문서를 본래 용도로 사용) • 자신의 주민증을 채권담보의 수단으로 채권자에게 제공하는 경우(권한 있는 자가 본래 용도와 다른 목적으로 사용하는 경우) 다만, 이미지 파일 형태의 타인 운전면허증을 제시한 경우에는 이미지 파일을 문서로 볼 수 없고, 도로교통법상 운전면허증 제시에 해당하지 않아 공문서부정행사죄가 성립하지 않음.

7. 인장(도장)에 관한 죄

개념	• 인장의 진정성(명의)이 훼손된 경우만을 범죄로 볼 뿐이지, 인장의 내용은 문제삼지 않음.
사인장 위조 및 행사죄	• 개인의 날인의 대상이 되는 도장, 또는 이런 문자나 부호, 서명 등을 의미한다. • 이를 행사목적으로 위조하고(사인장 위조죄), 이를 사용하는 것(사인장 행사죄)는 실체적 경합한다.
공인장 위조 및 행사죄	• 공인장은 공무소·공무원의 직무상의 날인대상이 되는 도장, 문자, 부호, 서명 등을 의미한다. • 공기호에는 자동차번호판, 전매청의 기호, 택시미터기의 검정납봉의 봉인 등이 해당된다.

CHAPTER 03 국가적 법익에 대한 죄

제1절 국가적 법익 대한 죄 일반론

국가적 법익을 침해하는 범죄는 다음과 같이 구분할 수 있다.

국가존립에 관한 죄	내란죄, 외환죄, 간첩죄 등	
국가권위에 관한 죄	우리나라 국기·국장·국가에 대한 죄 외국원수·외국사절에 대한 폭행죄나 외국 국기에 대한 모독죄 등	
국가기능에 관한 죄	공무원 직무에 관한 죄	직무유기, 직권남용, 공무상 비밀누설, 뇌물죄
	공무방해에 관한 죄	공무집행방해죄, 법정 또는 국회의장 모욕죄
	도주 및 범인은닉죄	도주죄, 도주원조죄, 범인도피(은닉)죄
	증거에 관한 죄	위증죄, 증거인멸죄, 증거위조죄, 증인도피죄
	무고죄	

제2절 증거에 관한 죄

1. 위증죄

(1) 위증죄의 주체

▶ 법정에서 선서한 증인

① 법률에 의하여 선서한 증인이 허위의 진술을 한 경우로서, 진정신분범, 거동범(미수 없음), 자수범의 성질을 가짐
② 선서하지 않은 증인은 허위의 증언을 하였더라도 위증죄가 성립하지 않는다.
③ 형사소송, 민사소송, 행정소송이든 모든 재판을 포괄한다. 다만, 선서한 증인이어야 하므로 수사기관(경찰, 검찰) 앞에서 참고인이 허위진술한 것은 위증죄가 되지 아니한다.
④ 형사피고인, 민사소송 당사자는 증인이 아니므로 허위진술을 하여도 위증죄가 아님
⑤ 선서무능력자(미성년자, 심신장애자 등)의 선서는 무효라서, 이들이 선서하고 허위진술을 하여도 위증죄가 아님(선서 자체가 의미가 없기 때문임)

(2) 위증의 의미
① 증인의 증언이 객관적 사실과 일치하더라도, 자기 기억에 반하는 진술을 하였다면, 위증죄 성립
② 신문절차 종료 전까지 허위진술을 철회할 경우 위증죄가 성립하지 않지만, 신문절차 종료하여 철회할 수 없는 때에는 기수에 이른다. 다만, 재판확정 전에 자백·자수하면 형을 감경·면제해야 한다.
③ 위증죄, 모해위증죄 모두 미수 처벌규정이 없다.

(3) 모해위증죄
형사사건 또는 징계사건에 관하여 피고인, 피의자 또는 징계혐의자를 모해할 목적으로 위증을 한 경우, 단순위증죄보다 가중처벌한다.

2. 그 밖의 증거에 관한 죄 유형

증거인멸죄 등	① 타인의 형사사건 또는 징계사건에 관한 증거를 인멸, 은닉, 위조 또는 변조하거나 위조 또는 변조한 증거를 사용한 경우 ② 형사와 징계사건만 대상으로 하므로 민사, 행정, 선거사건에서 증거를 인멸하여도 증거인멸죄가 성립하지 않는다. ③ 증거인멸, 증거은닉, 증거위조, 증거변조 방식으로 이루어진다. ④ 범인 자신이 형사징계 사건의 증거를 인멸하는 행위는 증거인멸죄로 보지 않는다. 그러나 범인이 아닌 사람이 범인의 증거를 인멸하는 행위를 증거인멸죄로 본다. 그런데, 범인이라도 타인을 교사하여 자신의 형사징계사건의 증거를 인멸하도록 시킨 경우에는 증거인멸죄의 교사범이 된다.
증인도피죄	① 역시 타인의 형사사건 또는 징계사건에 관한 증인을 은닉 또는 도피하게 한 경우 ② 증거인멸죄나 증인도피죄는 친족 또는 동거가족이 본인(해당 범인)을 위하여 행한 경우 처벌하지 아니한다.

제3절 무고죄

(1) 무고죄의 의의
① 타인으로 하여금 형사처분이나 징계처분을 받게 할 목적으로 공무소 또는 공무원에게 허위사실을 신고한 경우
② 보호법익은 국가의 형사 또는 징계권의 적정 행사가 1차적이고, 2차적으로 피무고자(무고를 당한 자)의 개인적 이익을 보호한다.

(2) 무고의 행위
① 허위사실은 객관적 진실에 반하는 사실을 의미한다. 따라서 기억에 반하는 것이라도 객관적 진실에 부합하면 무고죄가 아니다.
② 다만, 객관적으로 허위라도 신고자가 진실이라 믿고 신고한 경우, 고의가 없으므로 무고죄가 아니다.
③ 고의는 물론 목적이 필요한 목적범이다.
④ 정황이 다소 과장되었더라도 허위신고로 단정할 수는 없다. 무고죄가 성립하려면 해당 신고가 무고라는 점을 수사기관이 소극적으로 증명한 수준으로는 안 되고 적극적 증명이 필요하다.
⑤ 자기 자신을 무고하는 것(자기무고)는 무고죄가 아니다. 그러나 자기 자신에 대해서 허위신고를 하라고 제3자에게 시킨 경우, 제3자가 피무고자의 승낙을 받고 무고한 경우(승낙무고)라도 무고죄에 해당하며, 피무고자 자신도 무고죄의 교사나 방조가 된다.
⑥ 행위자의 허위 신고 사실로 인한 무고행위 당시 피해자가 형사처분 대상이 될 수 있었던 경우라면 이후에 그러한 사실이 형사범죄가 되지 않는 것으로 판례가 변경되어 피해자가 처벌대상이 되지 않게 되었더라도 행위자에게 이미 성립한 무고죄에는 영향을 미치지 않는다. 즉 무고죄가 성립한 것이다.

(3) 무고죄의 기수 여부와 처벌
① 고소장 등 문서를 공무소·공무원에게 도달하지 않으며 범죄가 성립하지 않지만, 도달하면 이후 되돌려 받더라도 본죄는 기수
② 피무고자에 대한 재판 또는 징계처분이 확정되기 전에 무고자가 자백 또는 자수한 때에는 그 형을 감경 또는 면제한다.

형사법
형사소송법

제3편

CHAPTER 01 형사소송법의 의의

제1절 형사소송법의 의의

1. 형사소송절차의 흐름

(1) 형사소송의 전체 흐름

범죄가 발생하면 경찰 및 검찰이 수사를 하고, 범죄혐의가 인정되어 검사가 공소제기를 하면 재판이 진행되고, 재판절차에서 범죄사실이 증명되면 법원이 유죄를 선고하며, 선고된 형을 교정당국이 집행하는 절차를 거친다. 즉, 형사절차는 크게 수사, 공판, 형집행이라는 3단계로 나누어지며, 그 중에서 수사, 공판만을 형사소송법에서 규율한다.

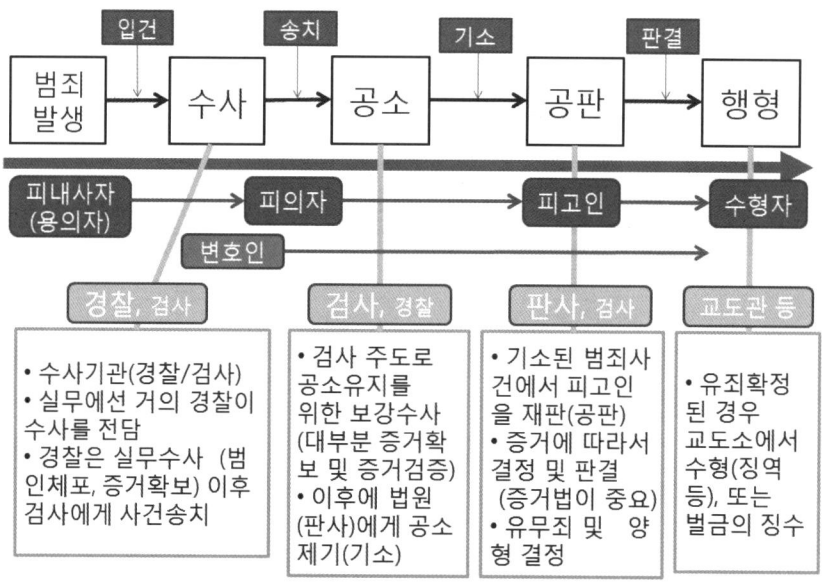

[형사절차의 흐름도]

(2) 수사와 공소제기

① 수사는 비공개(밀행성), 신속성에 입각하여 진행한다.

② 수사 단계에서 범죄용의자는 피의자라고 부르고, 목격자, 피해자, 공범자 등은 참고인이라고 부른다.

③ 수사는 임의수사, 불구속 수사가 원칙이되, 이것이 어려운 경우 영장주의에 입각한 강제

수사법정주의에 따라서 강제수사를 할 수 있다.
④ 강제수사에는 대인적 강제수사인 체포, 구속과 대물적 강제수사인 압수, 수색, 검증, 감정유치가 있으며, 영장주의에 입각해야 한다. 예외적으로 영장 없이 체포 또는 압수, 수색, 검증이 가능하지만, 이때에는 사후영장을 청구하여 발부받아야 한다.
⑤ 과학수사의 일종인 통신감청, 예금계좌추적 수사도 법원의 영장이 필요하다.
⑥ 수사가 종결되면 검사는 기소편의주의에 입각하여 종국처분으로 불기소처분 또는 공소제기(구약식, 구공판) 중에 선택하여 진행한다.
⑦ 범인의 신병을 확보하지 못한 경우에는 기소중지, 국가보안법상 문제는 공소보류, 공수처 등 다른 수사기관으로 이관해야 하는 타관송치를 할 수도 있는데, 이를 중간처분이라고한다.

(3) 공판절차
① 검사의 공소제기 중 구공판(공판의 청구)이 있으면 공판절차가 진행된다. 구약식을 하면 약식절차에 의하여 비공개 서면절차가 진행된다.
② 공소제기 이후 공판단계에서는 범죄용의자는 피고인이라고 부르고, 목격자, 피해자, 공범자 등은 증인이라고 부른다.
③ 법원의 공판은 공개주의, 직접주의, 공판중심주의, 구두변론주의 등에 입각하여 진행한다.
④ 공판절차는 모두절차(인정신문절차), 사실심리절차(증거조사와 피고인 신문 등), 판결선고절차로 나누어진다.
⑤ 3심제도를 원칙으로 하므로 1심 판결에 불복하여 2심에 항소할 수 있고, 2심 판결에 불복하여 3심에 상고할 수 있다. 다만, 1심과 2심은 사실심으로 유무죄 판결을 위한 증거조사를 하지만, 3심은 법률심으로서 원심판결(대체로 2심판결)의 증거조사 등 절차상의 위법과 부당을 다툴 뿐이다.
⑥ 확정판결에 대하여 일정한 사유가 발생한 경우에는 재심청구절차가 가능하다. 재심은 재심개시결정절차와 개시결정이 있으면 재심공판 절차로 이루어진다.
⑦ 이외에도 특별절차로서 약식절차(벌금, 과료, 몰수), 즉결심판(20만원 이하 벌금, 구류, 과료, 몰수), 배상명령절차, 국민참여재판 등이 있다.

(4) 구체적인 사례
① 성폭력 사건이 발생한 경우, 피해자로부터 신고가 접수되면, 경찰이 수사를 개시한다.
② 현장에서 유류물 등 증거를 수집한 다음 피해자의 진술을 토대로 범인을 식별하고 피의자를 검거한다.
③ 조사 후 검찰에 송치하면 검사는 조사를 통해 피의자가 범인이라고 확신을 하면, 성폭력법률 위반죄로 공소제기할 것이다.
④ 이에 대해서 법원은 증거를 토대로 성폭력 범죄가 있었고 피고인이 범인이라는 확신이 서면, 그 책임에 합당한 징역형을 선고할 것이다.
⑤ 형이 확정되면 검사가 이를 집행하게 된다.

2. 형사소송법의 법원(法源)

① 헌법을 최고규범으로 삼아 형사소송법, 형사소송규칙, 경찰수사규칙, 그리고 각종 형사특별절차법(법원조직법, 경찰관직무집행법, 국민형사재판참여법, 즉결심판법, 국민의 형사재판참여에 관한 법률, 형의실효 등에 관한 법률, 범죄인인도법 등)을 포괄한다.
② 헌법 제12조와 제13조의 신체의 자유 조항에서 적법절차 원칙을 중심으로 고문의 금지, 자백배제, 자백보강, 체포구속적부심, 영장주의, 변호인조력권과 국선변호인제도, 긴급체포의 요건, 무죄추정원칙, 일사부재리, 연좌제 금지, 신속한 재판받을 권리, 형사보상청구권 등을 규율하고 있다.
③ 다만, 위법수집증거배제법칙, 불이익변경금지, 증거재판주의, 전문법칙, 보석청구권, 간이공판절차 등은 헌법에서 규율하고 있지 않다.
④ 판례의 법원성에 대해서 영미법계는 긍정하지만, 대륙법계에 가까운 우리나라는 부정한다.

3. 형사소송법의 기본원리

실체적 진실발견	• 재판의 기초인 사실인정을 할 때 당사자가 제시한 주장과 증거에만 국한하지 않고 진상의 객관적 진실을 밝히려는 원칙 • 명문규정은 없지만 당연한 지도원리
적정절차 (적법절차)	• 피의자나 피고인을 소송의 도구로 삼지 않고 한 인간으로 취급하여 방어권을 행사할 수 있도록 행정절차는 법적 절차에 따라야 한다는 것 • 형식적 절차는 물론 실질적인 절차의 내용까지도 적정할 것을 요구한다. • 헌법 제12조와 형사소송법의 제308조의2 위법수집증거배제의 법칙이 중심으로서, 적법절차에 따르지 않고 수집된 증거는 유죄의 증거로 사용할 수 없다.
신속한 재판	• 실체적 진실발견과 피고인의 인권보장을 동시에 도모하는 원리이다. • 신속한 재판받을 권리와 형사피고인에 대하여 지체없이 공개재판 받을 권리는 헌법에서 보장하고 있다.

4. 형사소송법의 기본구조

규문주의		• 중세 봉건시대의 인권유린적 형사소송절차 • 공소관(소추)과 심판관(재판)의 미분리
탄핵주의		• 현대의 인권보장적 형사소송절차 • 공소관(소추)과 심판관(재판)을 분리하여 공정하게 운영 • 우리나라는 당사자주의를 원칙으로 직권주의를 가미한 형태
	당사자주의	• 당사자(검사, 피고인)이 소송절차를 주도하고, 법원은 이를 중립적 입장에서 심판하는 구조 • 교호신문주의, 증거신청권, 검사의 공소장변경 신청 등
	직권주의	• 법원이 주도적으로 개입하는 방식이지만, 과거의 규문주의와는 다른 것임 • 법원의 직권조사, 재판장의 공소장변경요구, 법원의 피고인신문

5. 검사와 사법경찰관의 수사권

(1) 사법경찰관과 검사의 상호협력관계
① 검사의 사법경찰관리에 대한 지휘·감독권 규정은 삭제되었고, 대신 "검사와 사법경찰관은 수사, 공소제기유지에 관하여 서로 협력하여야 한다"로 변경되었다.
② 1차적인 수사권은 사법경찰관에게 주어진다. 다만 검사는 사법경찰관과 동일한 범죄사실을 수사하게 된 때에는 사법경찰관에게 사건을 송치할 것을 요구할 수 있다.
③ 사법경찰관은 지체 없이(요구받은 날부터 7일 이내에) 검사에게 사건을 송치하여야 한다.
④ 다만, 검사가 영장을 청구하기 전에 동일한 범죄사실에 관하여 사법경찰관이 영장을 신청한 경우에는 해당 영장에 기재된 범죄사실을 계속 수사할 수 있다.

(2) 검사의 보완수사 요청
① 사법경찰관은 1차적 수사개시권을 가지며, 스스로 수사를 종결할 권한도 가지고 있다.
② 사법경찰관은 수사한 내용에 범죄 혐의가 있다고 인정되는 경우 지체 없이 검사에게 사건을 송치하고, 관계서류와 증거물을 송부하여야 한다.
③ 검사는 공소제기 여부 결정과 공소유지(또는 영장청구)에 관하여 필요한 경우, 사법경찰관에게 보완수사를 요구할 수 있다.
④ 보완수사를 요구받은 사법경찰관은 정당한 이유가 없는 한 지체 없이 이행하여 그 결과를 검사에게 통보하여야 한다.
⑤ 만일 보완수사요구에 따르지 않는 경우, 검찰청 검사장은 경찰관서장에게 해당 사법경찰관에 대한 직무배제 또는 징계를 요구할 수 있다.

(3) 검사의 재수사 요구
① 사법경찰관이 범죄 혐의가 없다고 판단되는 경우에는 불송치하는 이유를 명시한 서면(불송치의견서)과 함께 관계 서류와 증거물을 지체 없이 검사에게 송부하여 수사를 종결할 수 있다.
② 검사는 사법경찰관의 불송치에 대해서 별다른 문제가 없다고 판단되면 90일 이내에 관계서류를 다시 사법경찰관에게 반환하여 사건을 종료한다.
③ 그러나 해당 90일 이내에 검사는 불송치가 위법·부당하다고 판단되면 사법경찰관에게 재수사를 요청할 수 있으며, 재수사 요청을 받은 사법경찰관은 지체 없이 재수사하여 다시 송치하거나 불송치의견을 보낼 수 있다.
④ 재차 불송치한 경우, 검사는 다시 재수사를 요청하거나 사건송치를 요구할 수 없음이 원칙이다. 다만 사법경찰관의 재수사에도 불구하고 불송치를 한 경우에 해당 불송치의 위법·부당이 시정되지 않아서 사건을 송치받아 수사할 필요한 경우에는 재수사 후 통지를 받은 날부터 30일 이내에 사건송치를 요구할 수 있다.

(4) 검사의 시정조치 요구

① 사법경찰관은 피의자를 신문하기 전에 수사과정에서 법령위반, 인권침해 또는 현저한 수사권 남용이 있는 경우 검사에게 구제를 신청할 수 있음을 피의자에게 알려주어야 한다.

② 검사는 사법경찰관의 수사과정에서 위법, 인권침해, 수사권 남용이 의심되는 사실의 신고가 있는 경우, 또는 검사는 그러한 사실을 (직권으로) 인식하게 된 경우에는 사법경찰관에게 사건기록 등본의 송부를 요구할 수 있다.

③ 사건기록 등본의 송부 요구를 받은 사법경찰관은 지체 없이(요구를 받은 날로부터 7일 이내)에 사건기록 등본을 검사에게 송부하여야 한다.

④ 사건기록을 송부받은 검사는 사건기록등본을 송부받은 날부터 30일 이내에(사안의 경중을 고려하여 10일 범위에서 1차례 연장할 수는 있음) 필요하다고 인정되는 경우, 시정조치 요구 여부를 결정하여 사법경찰관에게 통보하여야 한다.

⑤ 사법경찰관은 검사의 시정조치 요구가 있는 때에는(시정조치 요구의 통보를 받은 경우) 정당한 이유가 없으면(정당한 이유가 있는 경우를 제외하고는) 지체 없이 시정조치를 이행하고, 그 이행결과를 서면에 구체적으로 적어 검사에게 통보하여야 한다.

⑥ 시정조치 결과의 통보를 받은 검사는 시정조치 요구가 정당한 이유 없이 이행되지 않았다고 인정되는 경우, 사법경찰관에게 사건을 송치할 것을 요구할 수 있다.

⑦ 사건의 송치요구를 받은 사법경찰관은 사건송치를 요구받은 날부터 7일 이내에 서면으로 사건을 검사에게 사건을 송치하여야 한다.

⑧ 검찰총장 또는 각급 검찰청 검사장은 사법경찰관리의 수사과정에서 법령위반, 인권침해 또는 현저한 수사권 남용이 있었던 때에는 권한 있는 사람에게 해당 사법경찰관리의 징계를 요구할 수 있다.

CHAPTER 02 소송의 주체

제1절 법원

1. 소송의 주체

소송주체		• 법원, 검사, 피고인
소송관계인	당사자	• 검사, 피고인
	보조자	• 검사 보조자: 사법경찰관과 사법경찰리 • 피고인의 보조자: 변호인, 대리인, 보조인
소송관여자		• 증인, 감정인, 고소인, 고발인

2. 법원의 의의

① 법원이란 사법권을 행사하는 국가기관으로서 두 가지 의미로 구별하여 정의된다.
② 법원조직법상 법원이란 사법행정권의 주체로서의 법원을 말하는 것으로, 지방법원, 고등법원, 대법원의 위계를 가진다.
③ 소송법상 법원이란 개개의 소송사건에서 재판권을 가지는 재판기관을 말하는 것으로, 합의부와 단독판사로 구별된다.

3. 법원의 관할

(1) 고유사건관할

① 심급관할: 심급관할은 상소에서의 관할이다.

3심	대법원	
↑ 상고		
2심	지방법원본원 합의부	고등법원 합의부
↑ 항소		
1심	지방법원 단독판사 사건	지방법원 합의부 사건

② 사물관할: 사물관할이란 사건의 경중 또는 성질에 따라 제1심 법원의 관할을 분배하는 것

합의부 (재판관 3인)관할	• 사형 · 무기 · 단기 1년 이상의 징역 · 금고에 해당하는 사건 • 국민참여재판 / 치료감호사건 / 지방법원판사에 관한 기피 · 제척 사건 등
단독판사 (재판관 1인)관할	• 합의부 관할 사건 이외의 모든 사건 • 단기 1년 이상이라도 폭행, 절도, 병역법 위반, 도로교통법 위반 사건 등은 단독 관할

③ 토지관할

의의	동급 법원 사이에서 해당사건 지역에 따라 1심 관할을 분배하는 것, 즉 지역관할 배정
내용	① 토지관할은 범죄지, 피고인의 주소, 거소, 현재지 ② 범죄란 범죄실행행위지, 범죄결과발생지 등을 포함하는 것으로, 공모지도 범죄지로 봄 ③ 피고인의 현재지란 공소제기 당시 피고인의 현재지인 이상 범죄지 또는 피고인의 주소, 거소가 아니라도 토지관할 인정 ④ 공소제기 당시 피고인의 임의에 의한 현재지뿐만 아니라 적법한 강제에 의한 현재지도 토지관할 인정 ⑤ 국외에 있는 대한민국 선박 내에서 범한 죄에 관하여는 선적지 또는 범죄 후 선착지도 토지관할 인정

④ 관할의 위반: 관할권이 없는 경우에는 관할위반의 판결을 한다(제319조). 그러나 현재지 법원으로 이송하지 않고 관할위반의 판결을 하더라도 위법은 아니다.

(2) 관할의 변경(재정관할)

관할의 지정	검사는 다음 경우에 관계있는 제1심법원에 바로 위의 직근 상급법원에 관할지정을 신청해야 한다. ① 법원의 관할이 명확하지 아니한 때 ② 관할위반 선고한 재판이 확정된 사건에 관하여 다른 관할법원이 없는 때
관할의 이전	검사는 다음 경우에 바로 위의 상급법원에 관할이전을 신청해야 하며, 피고인도 신청할 수 있다. ① 관할법원이 법률상 이유 또는 특별한 사정으로 재판권을 행할 수 없는 때 ② 범죄의 성질, 지방의 민심, 소송의 상황 기타 사정으로 재판의 공평을 유지하기 어려운 염려가 있는 때

(3) 사건의 직권이송

현재지 이송	법원은 피고인이 그 관할구역 내에 현재하지 아니하는 경우, 특별한 사정이 있으면 결정으로 사건을 피고인의 현재지를 관할하는 동급법원으로 이송할 수 있다.
공소장변경에 따른 이송	단독판사 관할사건이 공소장변경에 의해 합의부 관할사건으로 변경된 경우, 법원은 결정으로 관할권 있는 법원(즉, 합의부)에 이송한다.
군사법원으로 이송	① 법원은 공소제기된 사건에 대해서 군사법원이 재판권을 가지게 되었거나 재판권을 가졌음이 판명된 경우, 결정으로 사건을 재판권이 있는 같은 심급의 군사법원으로 이송한다. 이 경우 이송 전에 행한 소송행위는 이송 후에도 그 효력에 영향이 없다. ② 재심청구를 받은 군사법원이 재판권이 없음에도 재심개시결정을 한 후에 비로소 사건을 일반법원으로 이송한 경우, 사건을 이송받은 일반법원은 군사법원의 재심개시결정을 유효한 것으로 보아 후속절차를 진행할 수 있다.

4. 제척, 기피, 회피 제도

제척	• 법관이 공정성을 보장하기 어려운 경우에 재판에서 배제 • 법관이 피해자의 친족이거나 피의자의 친족인 경우 또는 전심재판에 관여한 경우 등이다.
기피	• 검사, 피고인 또는 변호인의 기피신청에 의한 법관 배제 제도 • 기피사유: 법관이 제척사유에 해당하는 때 또는 법관이 불공평한 재판을 할 염려가 있는 때 기피하는 이유를 구체적으로 서면으로 소명해야 한다. • 기피신청에 대한 재판은 해당 법관의 소속법원 합의부에서 결정으로 해야 한다.
회피	• 법관 스스로 자발적으로 재판에서 배제를 신청하는 제도 문서로 하여야 한다.

제2절 검사와 사법경찰관

1. 소송법상 지위

검사	지위	① 형사소송에서 공익의 대표자: 공소제기 및 공소유지권을 가진다. 다만, 검사는 피고인의 이익을 위해서도 역할을 해야 하는 객관의무를 가짐. 따라서 검사가 수사 및 공판과정에서 피고인에게 유리한 증거를 발견하게 되었다면, 피고인의 이익을 위하여 이를 법원에 제출하여야 함. ② 공소권자: 기소독점주의와 기소편의주의상 검사만이 공소제기(기소)를 할 수 있음 ③ 공소권 남용이론: 공소제기가 위법에 가까울 정도의 남용에 해당하는 경우(검사에게 최소 미필적 인식이 인정되어야 함), 법원은 공소기각판결을 내려서 빨리 피고인의 공소를 해소시킬 수 있다는 이론.
	신분보장	① 준사법기관으로서의 지위를 인정받음. ② 징계처분, 적격심사에 의하지 아니하고는 해임 · 면직 · 정직 · 감봉 · 견책 · 퇴직의 처분을 받지 않는다. ③ 직무수행상 국민전체의 봉사자로서 정치적 중립을 지켜야 하며, 권한을 남용하지 않고 공정하게 수행하여야 한다. ④ 과거에는 검사동일체원칙이 강조되었으나, 현재에는 삭제되었다. 검찰사무에 대한 지휘나 감독이 검찰사무의 독립성을 저해하지 않도록 검사에게 이의제기권을 부여하고 있다.
경찰		① 사법경찰관 – 경무관 ~ 경위: 수사개시권, 독자 수사권, 수사종결권을 가짐. 　사법경찰관과 검사는 수사에서 협력한다. ② 사법경찰리 – 경사 ~ 순경: 수사의 보조자

2. 검사와 경찰의 관계

(1) 1차적인 수사권은 경찰이 가지며, 검사가 수사 개시할 수 있는 범죄는 검찰청법에서 부패범죄, 경제범죄 등 대통령령으로 정하는 중요범죄, 경찰공무원(다른 법률에 따라 사법경찰관리의 직무를 행하는 자 포함) 및 고위공직자수사처 소속 공무원이 범한 범죄, 위 범죄 및 사법경찰관이 송치한 범죄와 관련하여 인지한 각 해당 범죄와 직접 관련성이 있는 범죄로만 제한적으로 규정하고 있다.

(2) 검사와 사법경찰관리는 상호협력관계에 있으며, 검사는 일반사법경찰관리에 대한 지휘·감독권은 없다. 검사는 사법경찰관이 행한 수사에 대하여 보완수사 요구, 시정조치 및 사건송치 요구, 경합사건에 대한 송치 요구, 재수사요청 등을 통하여 경찰 수사를 견제할 수 있다. 다만, 검사는 특별사법경찰관리 및 사법경찰관리의 직무를 행하는 자치경찰공무원은 지휘·감독할 수 있다.

(3) 수사를 위하여 준수하여야 하는 일반적 수사준칙에 관한 사항은 대통령령으로 정한다.

(4) 검사는 사법경찰관으로부터 송치받은 사건에 관하여는 해당 사건과 동일성을 해치지 아니하는 범위 내에서 수사할 수 있다.

제3절 피의자와 피고인

1. 피의자

(1) 피의자란 범죄혐의자로 공소제기 전의 수사단계에 있는 자
(2) 임의수사(불구속 수사)가 원칙
(3) 아직 입건(수사개시)도 안 된 상태의 피내사자와는 구별됨

피의자, 피고인 모두의 권리	피의자만의 권리	피고인만의 권리
무죄추정원칙 진술거부권 체포·구속 시 고지권 및 가족통지권 변호인조력권(접견교통권)	체포구속 적부심사	보석청구권 증거개시청구권(수사기록 열람등사권) 국선변호인 청구권

2. 피고인

(1) **피고인의 개념**
   ① 공소제기 이후(공판단계)의 범죄혐의자
   ② 당사자능력·소송능력 유무를 불문하고 공소제기(기소)된 자
   ③ 즉결심판, 약식명령이 청구된 자도 포함

(2) 피고인의 소송법상 지위

당사자로서의 지위	참여권 (적극적 측면)	• 법관기피신청권, 관할이전신청권, 피고인의 공판정출석권, 증거조사참여권 등
	방어권 (소극적 측면)	• 변호인선임권, 접견교통권, 국선변호인제도, 증거보전청구권, 증거신청권, 수사서류 등의 열람등사권, 진술거부권 등 • 진술거부가 법원을 오도하려는 시도에 의한 때에는 가중적 양형조건으로 참작될 수는 있다.
증거방법으로서의 지위		• 공판에서 피조사자의 입장=피고인신문절차가 있음. • 해당 피고인은 자기 공판에서 증인적격이 없으므로, 다른 공범인 공동피고인에 대한 공소사실에 관해서도 증인이 될 수 없다. • 그러나 공범인 공동피고인은 소송이 분리되면 다른 공범자에 대한 증인적격이 인정된다.
절차의 대상으로서의 지위		• 수사와 공판에서 소환·구속·압수·수색의 대상 • 구속된 피의자는 피의자신문을 위한 수사기관의 출석요구에 불응하는 경우, 구속영장에 입각하여 수사기관 조사실로 구인할 수 있다. 다만, 이때에도 피의자신문은 임의수사이기 때문에 진술거부권을 고지받아야 하고 이에 따라 진술을 거부할 수 있다. • 피의자나 피고인은 압수수색검증 등에서 참여권을 보장받는다.

제4절 변호인

1. 변호인의 권한과 의무

(1) 변호인의 권한
① 피고인·피의자의 보호자
② 변호인조력권은 헌법에서도 보장하고 있다.
③ 공익적 지위상 진실의무가 있어서 피고인 등에게 허위진술 교사 도망 권유 등을 해서는 아니 된다.
④ 다만, 진술거부권 행사를 권유할 수 있고, 유죄임을 알게 된 때라도 무죄변론을 할 수 있다.

(2) 대리권
① 선임된 변호인은 모든 소송행위를 할 수 있는 포괄적 대리권이 부여된다.
② 피고인의 의사에 종속되어야 하는 종속대리권: 관할이전의 신청, 증거동의, 상소취하, 정식재판청구권 등
③ 피고인의 의사에 반하여 행사할 수 있는 독립대리권: 구속취소의 청구, 보석의 청구, 증거보전의 청구, 공판기일변경 신청, 증거조사의 이의신청

(3) 고유권
① 대리권이 아닌 변호인 스스로의 독자적인 권리를 고유권이라고 한다.
② 접견교통권: 변호인 또는 변호인이 되려는 자는 신체구속 당한 피고인, 피의자와 접견하고

서류 또는 물건을 수수할 수 있으며, 의사로 하여금 진료하게 할 수 있다. 이때 교도관이 가청거리 내에 입회할 수 없고 서신을 검열할 수도 없다.

③ 기록열람등사권: 소송계속 중(공판절차)에는 관계서류 및 증거물을 열람 또는 등사(복사)할 수 있다. 공판절차에서는 검사 측이 보관하는 증거물 등에 대해서도 열람등사를 요청할 수 있으며(증거개시제도), 검사가 이에 불복하는 경우 법원에 증거개시를 청구할 수 있다. 피고인도 열람등사권을 가진다.

④ 피의자신문참여권: 검사 또는 사법경찰관은 피의자 또는 변호인, 법정대리인, 배우자, 직계친족, 형제자매의 신청에 따라 변호인을 피의자와 접견하게 하거나 정당한 사유가 없는 한 피의자에 대한 신문에 참여하게 하여야 한다.

⑤ 업무상 비밀과 압수·증언 거부권: 변호사 또는 그 직에 있던 자가 그 업무상 위탁을 받아 소지 또는 보관하는 물건으로 타인의 비밀에 관한 것은 압수·증언을 거절할 수 있다. 다만, 이러한 권리도 본인의 승낙이 있거나 중대한 공익상 필요가 있는 때에는 거절할 수 없다고 예외를 두고 있다.

(4) 변호인의 의무
① 공익적 지위에서 진실의무를 부담한다. 즉, 진실을 은폐하거나 허위진술을 하여서는 안 되고 이를 피의자나 피고인에게 권해서도 안 된다.
② 다만, 진술거부권을 권유하는 것은 진실의무에 반하지 아니한다.

2. 사선변호인

변호인 선임	• 변호인 선임권자: 피의자, 피고인 • 선임대리권자: 법정대리인, 배우자, 직계친족, 형제자매 • 이외의 사람들은 피의자를 대리하여 변호인을 선임할 수 없음. 그래서 법인이 피고인일 때, 법인의 대표자가 제3자에게 위임하여 변호인을 선임할 수 없고 직접 선임해야 한다.
변호인의 수	• 제한이 없음 • 다만, 변호인이 수인이라면 대표변호인 3인 이내 지정

3. 국선변호인

법원의 직권(필수) 선정사유	• 피고인 구속된 때, 미성년자, 70세 이상, 청각언어장애인, 심신장애 의심되는 때, 사형·무기·단기 3년 이상 징역·금고 사건(피의자에게도 준용 가능) • 피고인의 연령·지능 등 참작하여 권리보호상 필요한 경우 피고인의 명시적 의사에 반하지 아니하는 범위 내에서 국선변호인 선정해야 함
청구 선정사유	• 피고인이 빈곤 그 밖의 사유로 변호인 선임할 수 없는 경우
필요적 변호사건	• 구속전 피의자신문, 체포구속적부심, 국민참여재판, 공판준비기일, 치료감호사건, 군사법원법 적용사건

내용	• 국선변호인 선정청구에 대하여 아무런 결정도 하지 아니한 채 변호인 없이 피고인만 출석한 상태에서 공판기일을 진행하여 실질적 변론과 심리를 모두 마치고 난 뒤에야 국선변호인 선정청구를 기각하는 결정을 고지한 법원의 조치는 위법하다. • 필요적 변호사건에서 변호인 없이 공판심리가 이루어져서 1심판결이 선고된 경우 위법무효하므로 항소심(제2심)은 변호인 있는 상태에서 소송행위를 새로이 한 후 위법한 제1심판결을 파기하고 항소심의 증거조사에 의거하여 다시 판결하여야 한다. • 원칙은 변호사이어야 하지만, 변호사가 아닌 수습 중 사법연수생 등을 선정할 수 있음 • 피고인마다 1인을 선정하는 것이 원칙이지만, 수인의 피고인 간 이해관계가 상반되지 않으면 1인 선정할 수 있음

제5절 피해자

1. 피해자의 수사과정에서의 권리

① 피해자는 고소권자가 될 수 있다. 고소권자는 원칙상 직접 피해자에 한정하며 피해자가 사망한 경우에 그의 배우자, 직계친족, 형제자매가 고소권을 대행하는 것이다.
② 피해자는 수사과정에서 참고인의 지위에 선다. 그리고 재산범죄 등에서 압수물의 가환부나 환부의 청구권을 가지는 편이다.
③ 검사는 고소사건의 기소 또는 불기소처분에 대해서 고소인에게는 반드시 7일 이내에 통지해야 하고 불기소의 경우에는 고소인의 청구가 있으면 그 사유도 청구받은 날로부터 7일 이내에 통지하여야 한다.
④ 고소인인 피해자는 불기소처분에 대해서 검찰항고, 재정신청, 헌법소원을 청구할 수 있는 권리를 가진다.

2. 피해자의 공판과정에서의 권리

피해자 재판 진술권	① 헌법상 명문규정이 있음 ② 법원은 범죄피해자 또는 그의 법정대리인(피해자 사망 시 배우자, 직계존속, 형제자매)의 신청이 있으면 피해자를 증인으로 신문해야 한다. ③ 다만, 이미 공판절차에서 충분히 진술기회를 주었다면, 진술기회를 부여하지 않아도 된다. ④ 피해자가 재판진술할 때 생활 비밀이나 신변 보호를 위해 필요하다고 인정하는 때에는 결정으로 심리를 공개하지 않거나 차단막 시설 등을 설치하고 신문할 수 있다.
피해자 열람등사권	① 피해자, 법정대리인(피해자 사망이나 심신장애 시에 배우자, 직계친족, 형제자매, 변호사)은 형사소송 중에 기록의 열람등사를 재판장에게 신청할 수 있다. ② 재판장의 허가여부에 대해서 불복할 수 없다.

CHAPTER 03 수사

제1절 수사의 단서: 고소와 고발

1. 고소

(1) 고소의 의의
① 고소권자(피해자 또는 피해자의 친족 등)가 수사기관에 범죄사실을 신고하여 범인의 처벌을 구하는 의사표시
② 범인의 처벌을 구한다는 점에서 단순 범죄신고와 다르다.
③ 고소권자의 의사표시로서 범인의 자수, 고소권자 이외의 제3자가 범인의 처벌을 구하는 고발과도 다르다.
④ 수사기관에게 알리는 것이므로, 공판 중에 판사에게 피고인의 처벌을 구한다는 진술은 고소로서의 효력이 없다.
⑤ 고소는 구술 또는 서면으로 할 수 있으며, 대리도 가능하다.

(2) 고소권자
① 고소권자는 고소능력이 있어야 함=민법상 행위능력(19세 이상)이 아니라 사실상의 의사능력을 말하는 것임. 만일 피해자가 범행을 당할 때에는 나이가 어려 고소능력이 없었다가 그 후에 비로소 고소능력이 생겼다면 그 고소기간은 고소능력이 생긴 때로부터 기산되어야 한다.
② 원칙상 고소권자는 직접 피해자로서, 간접피해자는 고소권이 없음이 원칙이다.
③ 법정대리인: 미성년자 등이 피해자이면 법정대리인이 독립 고소권한을 가짐(피해자 본인의 고소권 소멸이라도 고소 가능하며 피해자의 의사에 반해서도 행사할 수 있다.) 심지어 모자관계는 호적에 입적되어 있는 여부와는 관계없이 자의 출생으로 법률상 당연히 생기는 것이기 때문에, 고소 당시 이혼한 생모라도 피해자인 그의 자의 친권자로서 독립하여 고소할 수 있다.
④ 피해자의 친족: 법정대리인이나 친족이 피의자인 경우, 피해자의 다른 친족에게 고소권 인정됨.
⑤ 배우자·직계친족·형제자매: 피해자가 사망한 경우(단, 이 경우는 피해자의 명시적 의사에 반해서 고소할 수 없음)
⑥ 친고죄에서 고소권이 없는 경우: 이해관계인의 신청이 있으면, 검사는 10일 이내에 고소권자를 지정해야 한다.

(3) 친고죄와 반의사불벌죄
① 일반적으로 고소는 수사의 단서일 뿐이지, 소추조건(소송조건)이 아님
② 그러나 친고죄에서는 소추조건(소송조건)임 = 즉, 고소권자의 고소가 없으면 수사를 할 수는 있어도 소추할 수는 없음(처벌할 수 없음). 다만, 친고죄나 세무공무원의 고발이 있어야 논할 수 있는 죄에서 고소 또는 고발은 소추조건에 불과하고 당해 범죄의 성립요건이나 수사의 조건은 아니므로, 수사가 장차 고소나 고발이 있을 가능성이 없는 상태 하에서 행해졌다는 등의 특단의 사정이 없는 한, 고소나 고발이 있기 전에 수사를 하였다는 이유만으로 그 수사가 위법하다고 볼 수는 없다.
③ 친고죄: 모욕죄, 업무상 비밀누설, 사자의 명예훼손, 비밀침해죄 등 극소수
④ 고소제기기간은 범인을 알게 된 날로부터 6개월이다. 이때 '범인을 알았음'이란 범인이 누구라고 특정할 수 있을 정도이면 충분하고 범인의 주소, 성명 등까지 알아야 할 필요는 없다.
⑤ 친고죄에서 고소할 자가 없는 경우에는 이해관계인의 사정이 있으면 검사는 10일 이내에 고소할 수 있는 자를 지정하여야 한다.
⑥ 피해자가 범행을 당할 때에 나이가 어려 고소능력이 없었다가 그 이후에 비로소 고소능력이 생겼다면 그 고소기간은 고소능력이 생긴 때로부터 기산한다.
⑦ 고소권자가 친고죄의 공범자 중 1인에 대해서 고소를 하면, 다른 공범자에게도 효력이 있어서 고소가 된 것으로 봄. 역으로 친고죄의 공범자 중 1인에 대해서 고소취소하면 다른 공범자도 고소취소 됨(고소의 주관적 불가분의 원칙)
⑧ 반의사불벌죄, 고발에서는 주관적 불가분 원칙이 적용되지 않음. 반의사불벌죄란 피해자가 범인의 처벌을 희망하지 아니한다는 의사표시를 하는 경우, 범인을 처벌하지 아니하는 것으로, 폭행, 존속폭행, 협박, 존속협박, 명예훼손, 출판물에 의한 명예훼손, 과실치상 등이다.

(4) 고소의 취소
① 제1심 판결선고 전까지 고소를 취소할 수 있음. 즉, 2심, 3심에서는 고소를 취소해도 고소취소의 효력이 없음. 반의사불벌죄의 처벌희망의사표시의 철회도 제1심 판결선고 전가지 이루어져야 하므로, 제1심 판결 선고 후에 피해자가 처벌희망의사표시를 철회하더라도 철회의 효력이 없다. 예컨대, 피고인이 제1심 법원이 재심을 청구하는 대신 항소권회복청구를 하여 항소심(2심)재판을 받게 되었더라도 항소심(2심)은 제1심이라고 할 수 없으므로 항소심절차에서 처벌희망의사표시를 철회할 수 없다.
② 친고죄의 공범 중 한 사람에 대하여 이미 제1심 판결이 선고되어 그 사람에 대하여 고소취소의 효력이 미칠 수 없는 경우에는 제1심 판결이 선고되기 이전이라도 고소를 취소할 수 없고 그 고소의 취소가 있다 하더라도 그 효력을 발생할 수 없다.
③ 고소는 수사기관에 하는 의사표시지만, 고소취소는 수사기관은 물론 법원에 대해서도 서면

또는 구술로 가능함. 수사과정에서는 검사 또는 사법경찰관에게 하여야 하고, 공소제기 후에는 검사에게 합의서를 제출하는 것으로 부족하고 수소법원에 도달하여야 한다.
　④ 고소를 취소한 자는 다시 고소하지 못한다.
　⑤ 비친고죄에서는 고소취소를 하여도 수사기관이 공소제기(소추)할 수 있어서 그 의미가 없으나, 친고죄에서는 고소취소가 있으면 수사종결 또는 공소기각판결을 받게 된다.
　⑥ 반의사불벌죄에서 처벌희망 의사표시의 철회에는 고소취소 규정을 준용함
　⑦ 고소의 포기는 인정되지 않는 것이 원칙이다. 피해자의 고소권은 형사소송법상 부여된 공권이므로 명문 규정이 없는 이상 고소의 사전포기는 허용되지 아니한다.

2. 고발

① 누두근지 범죄가 있다고 사료하는 때에는 고발할 수 있다.
② 공무원은 그 직무를 행함에 있어 범죄가 있다고 사료하는 때에는 고발을 하여야 한다.
③ 친고죄의 고소와 같이 고발의 경우에도 일죄의 관계에 있는 범죄사실의 일부에 대한 공소제기 및 고발의 효력은 그 일죄의 전부에 대하여 미친다.
④ 고발에는 친고죄의 주관적 불가분의 원칙이 적용되지 않는다.

구분	고소	고발
주체	고소권자	누구든지
대리	가능	불가능
주관적 불가분원칙	친고죄에서 적용 (비친고죄에서는 없음)	적용되지 않음
제기기간	친고죄에서 범인을 안 날로부터 6개월 (비친고죄는 기간제한 없음)	기간제한 없음
방법	서면 또는 구술로 수사기관에게 범인 처벌을 구하는 표시	
제한	직계존속에 대한 고소, 고발은 제한	

3. 자수

① 자수는 스스로 자신의 범행을 신고하는 것으로 수사기관의 피의자신문과정에서 자백하는 것은 자수에 해당하지 않는다.
② 범죄사실의 발각 전후를 불문하고 자수를 인정한다. 즉 범죄사실이 전혀 알려져 있지 않은 경우는 물론 범죄사실의 발각이나 지명수배 여부와 관계없이 체포 전에만 자수하면 자수에 해당한다.

4. 불심검문(직무질문)

① 경찰직무집행법상 경찰관은 수상한 거동 기타 주위의 사정을 합리적으로 판단하여 어떠한 죄를 범하였거나 범하려 하고 있다고 의심할 만한 상당한 이유가 있는 자 또는 이미 행하여진 범죄나 행하여지려고 하는 범죄행위에 관하여 그 사실을 안다고 인정되는 자를 정지시켜 질문할 수 있다.

② 질문을 할 때에 흉기의 소지 여부를 조사할 수 있다고 규정하고 있으며, 소지품의 검사도 명문규정은 없으나 가능하다고 본다.

제2절 임의수사 방식

1. 수사의 원칙

① 형사소송법상 임의수사가 원칙이고, 강제수사는 법령 규정에 따라 예외적으로 가능(강제수사 법정주의)
② 수사 필요성원칙: 수사는 필요한 경우에만 실시하는 것
③ 수사 비례성원칙: 강제수사는 필요최소한도 범위 내에서 진행
④ 피의자 임의동행의 경우, 수사관이 동행에 앞서 피의자에게 동행을 거부할 수 있음을 알려주었거나 동행한 피의자가 언제든지 자유로이 동행과정에서 이탈 또는 동행장소에서 퇴거할 수 있었음이 인정되는 등 오로지 피의자의 자발적인 의사에 의하여 수사관서 등에 동행이 이루어졌음이 객관적 사정에 의하여 명백하게 입증된 경우에만 임의동행은 적법하다.
⑤ 피의자의 승낙(동의)이 있어도 철야조사(밤샘조사) 등은 인정될 수 없다.
⑥ 증거확보를 위하여 경찰이 시위 현장에서 사진촬영하는 것은 허용되며, 속도감지장치에 의한 속도위반차량과 그 위반자에 대한 사진촬영도 허용된다.
⑦ 거짓말탐지기는 피검자가 동의하는 경우에만 가능하며, 간접증거(정황증거)로만 사용할 수 있다.
⑧ 거짓말탐지기 검사결과가 증거로서 증거능력을 인정받으려면, 첫째, 거짓말을 하면 반드시 일정 심리상태 변동이 일어나고, 둘째, 그 심리상태 변동은 반드시 일정한 생리적 반응을 일으키며, 셋째, 그 생리적 반응에 의해서 피검사자의 말이 거짓인지 아닌지가 정확히 판정될 수 있다는 점이 충족되어야 하며, 넷째, 거짓말탐지기가 생리적 반응을 정확히 측정할 수 있는 장치이며 검사자가 측정내용을 객관적으로 판독할 능력을 갖춘 경우이어야 한다.

2. 함정수사

기회제공형 함정수사	• 단순히 범행기회를 제공하는 것에 불과한 수준인 정도로 위법한 수사가 아니라 적법수사임 • 부축빼기 절도범 단속을 위해 추가범행을 기다렸다가 체포한 경우 • 유인자가 수사기관과 직접 관련을 맺지 아니한 상태에서 피유인자에게 범행을 반복 부탁하였고 이를 수사기관이 검거한 경우
범의유발형 함정수사	• 본래 범의가 없는 자에게 수사기관이 사술이나 계략으로 범의를 유발하게 한 경우 • 위법한 수사이므로 이에 따른 공소제기는 무효라서 무죄판결이 아니라 공소기각판결 선고해야 함 • 경찰관들이 손님을 가장하여 노래방업주에게 노래방도우미를 요청하여 불러낸 경우

3. 피의자신문과 참고인조사

개념	피의자 신문	• 수사기관이 피의자에게 출석을 요구하여 진술을 듣는 것 • 피의자는 출석요구에 응할 의무가 없으며, 출석한 경우라도 언제든지 퇴거(집으로 귀가)가 가능 = 임의수사
	참고인 조사	• 수사기관이 피의자 아닌 자에게 출석요구하여 진술을 듣는 것 = 역시 응할 의무 없고, 퇴거 가능 = 임의수사
방법	피의자 신문	• 검사나 사법경찰관이 단독으로 할 수 없고, 2인 이상이 참여하여야 한다. 따라서 검사가 신문할 때에는 검찰청 수사관 또는 서기관이나 서기를 참여하게 하여야 하고, 사법경찰관의 경우 사법경찰관리를 참여하게 하여야 한다. • 피의자가 사물변별능력 등이 미약한 경우, 수사기관의 직권 또는 신뢰관계인 동석이 가능 • 피의자신문 시작 전에 진술거부권, 변호인참여권 고지하여야 한다. 진술거부권 고지 시에 행사 여부를 질문하고 그 답변을 조서에 기재하여야 한다. 만일 진술거부권 행사 여부에 대한 피의자의 답변이 기재되어 있지 않거나 답변부분에 기명날인 또는 서명이 없는 경우 적법절차에 의해 작성된 것으로 볼 수 없어서 증거능력이 인정되지 않는다. • 그리고 사법경찰관은 피의자신문을 하기 전에 수사과정에서 법령위반, 인권침해 또는 현저한 수사권남용이 있는 경우 검사에게 구제를 신청할 수 있음을 피의자 측에 고지하여야 한다.
	참고인조사	• 진술거부권을 사전고지할 필요는 없음 • 수사과정에서 진술서 작성 시에 조사과정을 기록하지 아니하였다면 그 참고인진술조서의 증거능력은 인정되지 않는다.
변호인 참여권	피의자신문	• 신청이 있으면 정당한 사유가 없는 한 변호인을 피의자신문에 참여하게 해야 한다.
	참고인 조사	• 참고인이 변호인과 동석할 수 있음
조서의 증거 능력 요건	검사 작성 피신조서 (제312조 제1항)	• 적법한 절차와 방식에 의해 작성되었음이 증명되고 • 공판준비, 공판기일에 그 피의자였던 피고인 또는 변호인이 그 내용을 인정할 때에 한정하여 증거로 할 수 있다.
	사경 작성 피신조서 (제312조 제3항)	• 적법한 절차와 방식에 의하여 작성되었음이 증명되고 • 공판준비 또는 공판기일에 그 피의자였던 피고인 또는 변호인이 그 내용을 인정한 때에 한하여 증거로 사용할 수 있다. → 부인하는 경우 증거능력이 부정된다.
	참고인 진술조서 (제312조 제4항)	• 적법한 절차와 방식에 의하여 작성되었음이 증명되고 • 원진술자인 참고인이 검사 또는 사법경찰관 앞에서 진술한 내용과 동일하게 기재되어 있음을 공판준비 또는 공판기일에서 진술로서 실질적 진정을 인정하고 → 부인하는 경우에는 영상녹화물 또는 그 밖의 객관적인 방법에 의하여 증명이 가능 • 피고인 또는 변호인이 공판준비 또는 공판기일에 그 기재내용에 관하여 원진술자(참고인)을 반대신문할 수 있으며 • 조서에 기재된 진술이 특히 신빙할 수 있는 상태 하에서 행하여진 것이 증명된 때에 증거로 할 수 있다. 이른바 특신상태는 개연성이 있다는 정도로는 부족하고 합리적인 의심의 여지를 배제할 정도의 증명이 이루어져야 함.

영상 녹화 제도	피의자 신문	• 영상녹화 전에 동의를 받을 필요 없고, 미리 알려주면 됨. 이때 피의자가 미성년자라도 법정대리인의 동의를 받을 필요도 없음 • 영상녹화는 개시부터 종료까지 전과정을 녹화해야 함 • 공판단계에서 검사 작성 피의자신문조서를 부인하는 경우, 피의자에게 영상녹화를 기억 환기용으로 재생하여 시청하게 할 수 있고, 이를 통해 조서의 진정성립을 인정할 수 있다. 영상녹화물은 본증이나 탄핵증거로 사용할 수 없음
	참고인조사	• 영상녹화하려면, 참고인에게 동의를 반드시 받아야 함

4. 공무소 등에 대한 사실조회

① 수사에 관하여 공무소 기타 공사단체에 조회하여 필요사항의 보고를 요구할 수 있다.
② 그러나 피의자 등에 대한 통신사실을 통신사업자에게 확인요청하는 경우 또는 피의자 등의 금융거래계좌 등을 금융기관 등에 확인요청하는 경우에는 영장이 필요하다. 이들 경우는 영장 없이 한 경우 위법으로 본다.

5. 감정, 통역, 번역의 위촉

① 수사에 필요한 때에는 감정, 통역 또는 번역을 위촉할 수 있다.
② 감정에는 특별한 지식, 경험에 속하는 법칙 또는 그 법칙에 근거한 구체적 사실의 판단을 수사기관에 보고하는 것을 말한다.

제3절 대인적 강제수사 방식

1. 피의자 체포

(1) 체포영장에 의한 체포

개념	• 범죄를 저질렀다고 의심할 만한 객관적 혐의가 있는 사람, 즉, 피의자(被疑者)가 정당한 이유 없이 수사기관의 임의적 출석요구에 응하지 아니하거나 응하지 아니할 우려가 있는 경우, 범인에 대한 수사, 재판 및 형집행 담보를 위한 강제수사 • 경미사건(다액 50만원 이하 벌금, 구류, 과료)은 피의자가 일정 주거가 없는 경우, 출석에 불응한 경우에만 체포 가능
영장주의	• 검사가 청구하고 지방법원판사가 발부한 영장에 의함 • 판사가 영장기각해도 검사는 불복(항고, 준항고)할 수 없음. 다만, 증거를 보충하여 다시 청구할 수밖에 없음 • 영장의 유효기간은 7일

집행	• 피의자에게 영장을 제시해야 함. 단, 급속을 요하는 경우, 요지와 영장이 발부되었음을 고하고 집행할 수 있음
	• 피의자에게 피의사실 요지, 체포이유, 변호인선임권, 변명기회 고지해야 함(미란다고지)
	  - 체포장 제시나 변호인 선임권 고지는 체포를 위한 실력행사에 들어가기 전에 미리 하여야 함이 원칙이지만, 달아나는 피의자를 쫓아가 붙들거나 폭력으로 대항하는 피의자를 실력으로 제압하는 경우에는 붙들거나 제압하는 과정에서 하거나 그것이 여의치 않은 경우에는 일단 붙들거나 제압한 후에 지체 없이 행하면 충분하다.
	  - 피고인이 경찰관들과 마주하자마자 도망가려는 태도를 보이거나 먼저 폭력을 행사하며 대항한 바가 없는 등 경찰관들이 체포를 위한 실력행사에 나아가기 전에 체포영장을 제시하고 미란다 원칙을 고지할 여유가 있었음에도 애초부터 미란다 원칙을 체포 후에 고지할 생각으로 먼저 체포행위에 나선 행위는 적법한 공무집행으로 보기 어렵다.
	• 변호인이 있으면 변호인에게, 변호인이 없으면 배우자, 직계친족, 형제자매 중 피의자가 지정하는 자에게 24시간 이내에 서면으로 체포취지 등을 통지하여야 한다.
	• 체포에 수반하여 별도의 압수수색영장 없이도 압수수색검증 가능
	• 체포된 피의자는 타인과 접견하고, 서류 또는 물건을 수수하고, 변호인의 선임을 의뢰할 수 있다.
	• 비변호인과의 접견은 일정한 경우 제한할 수 있으나, 의류, 식량, 의료품의 수수를 금지 또는 압수할 수는 없다.

구속영장 청구	• 체포된 피의자를 구속하려면, 검사가 체포시로부터 48시간 이내에 지방법원 판사에게 구속영장을 청구해야 함 • 영장청구를 안 하거나, 청구했음에도 판사가 발부해주지 않으면 즉시 피의자를 석방해야 함

(2) 긴급체포

개념	• 중대범죄 의심할 만한 상당 이유 있는 피의자를 체포영장 없이 체포하는 것
요건	• 사형, 무기, 장기 3년 이상의 징역·금고의 죄를 범했다고 의심할 만한 상당한 이유 • 증거인멸의 염려나 도망 또는 도망할 우려(구속사유) • 긴급을 요하여 판사의 체포영장을 받을 수 없는 경우 - 요건을 갖추지 못한 경우에는 위법한 체포로서, 이때 작성된 피신조서는 증거능력이 부정된다.
집행	• 미란다고지, 체포의 통지 해야 함 • 긴급체포에 수반하여, 긴급체포된 피의자가 소유·소지·보관하는 물건에 대해서 체포시로부터 24시간 이내에 별도의 압수수색검증 영장없이 압수수색검증이 가능함. 이때 압수한 물건에 대해 압수를 유지하려면, 지체 없이 체포시로부터 48시간 이내에 압수수색이 사후영장을 판사에게 청구해야 함
구속영장 청구	• 긴급체포된 피의자를 계속 구속하려면, 검사는 체포시로부터 즉시(48시간 이내)에 판사에게 구속영장을 청구해야 함 • 영장을 청구하지 아니하거나 발부받지 못한 때에는 피의자를 즉시 석방해야 함 • 긴급체포되었다가 석방된 자를 영장 없이는 동일 범죄사실로 재차 긴급체포할 수 없음

(3) 현행범인 체포

개념	• 현행범인이나 준현행범인을 체포영장 없이 체포하는 것 • 현행범인: 범죄를 실행하고 있거나 실행하고 난 직후의 사람 • 준현행범인: 범인으로 불리며 추적되고 있는 자, 누구임을 물음에 도망하려는 자, 신체 또는 의복류에 증거가 될 만한 뚜렷한 흔적이 있는 자, 장물이나 범죄사용 흉기 등을 소지한 자
요건	• 현행범인이나 준현행범인 • 증거인멸의 염려나 도망 또는 도망할 우려(구속사유): 경미사건은 범인이 주거불명인 경우에만 현행범체포 가능
집행	• 누구든지(수사기관이든 사인이든) 체포 가능 • 현행범인(준현행범인) 여부는 체포자 입장에서 볼 때 명백한 경우이어야 함 • 사인이 체포한 경우, 불필요한 지체 없이 수사기관(검사, 경찰)에게 인도해야 하고, 이때 구속영장 청구기간은 체포시가 아니라 인도시로부터 48시간 이내에 해야 함 • 경찰은 사인이 현행범인을 체포한 경우, 체포한 사인에게 경찰관서에 동행할 것을 요구할 수 있다. • 미란다고지, 체포통지 해야 함

2. 피의자 구속

개념	• 수사기관이 지방법원 판사의 영장을 받아서 공소제기 전에 피의자를 구속하는 수사절차 • 공소제기 후에 법원이 행하는 피고인구속과 구별됨 • 체포된 자에 대한 구속영장 청구 경우도 있고, 체포되지 않은 자에 대해서 바로 구속영장이 청구되는 경우도 있음
구속 사유	• 증거인멸의 염려 • 도망 또는 도망의 염려 • 주거불명(다액 50만원 이하 벌금, 과료, 구류 등 경미사건만)

절차	① 사법경찰관은 검사에게 신청 → ② 검사는 지방법원판사에게 반드시 구속영장청구서(서면)으로 청구 → ③ 판사의 피의자구속 여부를 판단하기 위한 필수적 피의자심문절차 → ④ 영장 발부 또는 기각 (이에 대해서 검사는 항고나 준항고로 불복을 할 수 없음) → ⑤ 만일 영장청구가 기각되면 피의자 즉시 석방 • 영장 유효기간 7일 • 구속영장 집행 시에 반드시 피의자에게 제시하고 그 사본을 교부하여야 하지만, 긴급한 경우에는 영장 발부를 고하고 집행한 후 사후제시하는 것도 가능하다. • 체포영장·구속영장을 발부받은 후 피의자를 체포·구속하지 아니하거나 체포·구속한 피의자를 석방한 때에는 검사는 지체없이 영장발부 법원에 그 사유를 서면통지 • 구속되었다가 석방된 자는 다른 중요한 증거를 발견한 경우를 제외하고는 동일 범죄사실에 관하여 재차 구속하지 못한다.
구속전 피의자 심문 (영장 실질심사)	• 필수절차 • 체포된 피의자: 판사는 지체없이 심문해야 하는데, 이는 구속영장이 청구된 날의 다음날까지 심문해야 함 • 체포되지 아니한 피의자: 지체없이 피의자를 구인을 위한 구속영장을 발부하여 구인 후 심문해야 함 (단, 피의자가 도주한 경우에는 그러하지 아니한다.) • 필요적 변호사건이므로 변호사가 없는 경우, 직권으로 변호사 선정해야 함. • 비공개로 진행함이 원칙이다.
피의자 구속 기간	• 사법경찰관 10일 이내(구속영장 청구 시나 발부시가 아니라 체포 시로부터 10일 이내) + 검사 10일 이내+검사는 1차에 한하여 법원의 허가를 받아 10일 이내(수사기관은 최대 30일) • 구속기간 연장 허가결정이 있으면 연장기간은 구속기간만료 다음날부터 기산 • 구속기간 만료일 즈음에 별건으로 영장을 발부받아 다시 구속하는 것은 위법이 아님 • 초일은 시간 계산없이 1일로 산정하여 산입 • 기간말일이 공휴일, 토요일이면 구속기간에 산입

3. 피고인 구속

개념	• 수소법원이 직접 내리는 것으로 검사의 청구가 필요치 않음 • 피고인의 공판 불출석 시 법원이 구인한 경우, 계속하여 구속할 필요가 없으면 인치한 때로부터 24시간 내에 석방 • 계속 구속할 필요가 있으면 법원이 피고인을 구금할 수 있음
절차	• 수소법원은 피고인에게 범죄사실요지, 구속이유, 변호인선임권, 변명기회를 고지해 주어야 함(제72조의 사전청문절차). 이를 하지 않은 경우, 법원의 피고인 구속은 원칙상 위법함 • 집행 시 미란다고지, 체포의 통지 등은 피의자구속과 동일하다.
피고인 구속 기간	• 각 심급마다 2개월. 단 2개월 단위로 2차에 한하여 연장 가능=1심, 2심, 3심 모두 최장 6개월씩 최대 18개월까지 가능 • 다만, 구속기간 만료 무렵 별건으로 피고인을 다시 구속하더라도 위법은 아님 • 공소제기 전 체포·구인·구금된 기간은 피고인 구속기간에 산입하지 않음

[피의자구속과 피고인구속의 비교]

구분		피의자 구속	피고인 구속
차이점	구속의 주체	수사기관	법원
	검사의 영장청구	○	×
	영장발부기관	지방법원판사	수소법원
	구속전 피의자심문	○	×
	영장발부 불복	×	보통항고
	영장의 성질	허가장	명령장
	구속기간	최장 30일(국가보안법 50일)	최장 18개월
	재구속 요건	다른 중요 증거 발견 시	도주, 증거인멸, 주거부정
공통점		• 구속의 요건 • 영장의 유효기관과 영장의 방식 • 영장의 집행기관과 집행방식 • 구속의 통지 및 변호인 조력받을 권리	

4. 체포·구속에 대한 석방제도

(1) 체포 · 구속적부심사

개념	• 체포 · 구속된 피의자에 대하여 법원이 심사하여 체포 · 구속의 위법부당한 경우 피의자를 석방하는 제도
청구권자	• 체포된 피의자, 구속된 피의자, 그 변호인, 법정대리인, 배우자, 직계친족, 형제자매, 가족, 동거인, 고용주 • 단, 피고인은 체포 · 구속적부심사 청구권자가 아니라 보석청구
절차	• 청구권자가 적부심사청구서(서면)으로 청구해야 함 • 청구서 접수로부터 48시간 이내에 법원은 심문해야 하고, 신문 종료된 후 24시간 이내에 결정하여야 한다. • 필수 변호사건이라서 변호인 없으면 직권으로 국선 선정 • 변호인은 고소장, 피의자신문조서를 열람등사 가능 • 체포 · 구속적부심사에 따른 법원의 결정에 대해서 불복 불가
피의자보석	• 구속적부심사 청구가 있는 경우에 한하여, 법원이 직권으로만 피의자에 대해 보증금납입조건부 피의자석방이 가능 • 체포된 피의자에게는 인정되지 않음 • 법원의 직권으로만 가능하므로 구속된 피의자는 청구할 수 없음 • 피의자보석 결정에 대해서는 항고가 가능

(2) 보석

개념	• 피고인이 신청을 통하여 보증금 납부 조건으로 구속집행을 정지하여 석방 제도 • 필요적 보석이 원칙이라서 보석청구가 들어오면 보석제외사유에 해당하지 않는 이상 보석을 허가해 주어야 한다. 심지어 보석제외사유에 해당하는 경우에도 법원은 직권으로 임의적 보석을 허가할 수도 있음
보석 제외 사유	• ① 사형, 무기, 장기 10년 이상의 징역·금고의 범죄, ② 누범이나 상습범, ③ 죄증인멸이나 인멸의 염려, ④ 도망이나 도망의 염려, ⑤ 주거불명, ⑥ 피해자 등에 대한 해를 가하거나 가할 염려
청구 권자	• 피고인, 변호인, 법정대리인, 배우자, 직계친족, 형제자매, 가족, 동거인, 고용주 • 단, 피의자는 보석청구권자가 아님
절차	• 서면으로 청구 • 청구받은 법원은 지체없이 심문한 후 7일 이내 결정 • 보석허가결정에 대해서 검사가 항고(불복) 가능
보석 취소	• 보석 석방 피고인이 사유없이 불출석하는 경우, 피고인에게 과태료 또는 감치 결정 가능 + 출석보증인에게도 과태료 부과 가능 • 과태료, 감치 결정에 대해서 즉시항고 가능
보증금 문제	• 보석취소 시 전부나 일부 몰취 가능 • 형확정판결 받고도 도망하는 경우 필요적 몰취 • 그러나 구속취소, 보석취소, 구속영장 실효(무죄, 면소, 형의 면제, 선고유예, 집행유예, 벌금, 과료의 판결 등) 시에는 보석효력이 상실되고, 몰취하지 아니하는 보증금은 7일 이내 환부

(3) 구속집행정지와 구속의 실효

구속 집행 정지		① 법원이나 검사가 직권으로 구속영장 효력은 그대로 유지하면서 구속집행만 정지시켜 피고인이나 피의자를 석방하는 제도 ② 상당한 이유가 있는 경우 법원은 결정으로 구속된 피의자 또는 피고인을 친족, 보호단체 기타 적당한 자에게 부탁하거나 피의자·피고인의 주거를 제한하여 구속의 집행을 정지할 수 있다. ③ 피고인이나 변호인이 청구할 수는 없다. ④ 구속된 국회의원에 대한 석방요구가 있으면 당연히 구속집행이 정지된다. ⑤ 직권 또는 검사의 청구에 의한 결정으로 구속집행정지를 취소할 수 있다. ⑥ 다만, 국회의원에 대한 집행정지는 그 회기 중에 취소하지 못한다.
구속의 실효	당연실효	① 구속기간 만료 ② 무죄, 면소, 형의 면제, 형의 선고유예, 집행유예, 공소기각, 벌금이나 과료를 과하는 판결이 선고된 때 ③ 사형이나 자유형의 판결이 확정된 때
	구속취소	① 구속사유 없거나 소멸한 경우 법원이 직권 또는 당사자 등의 청구에 의해 피고인에 대한 구속의 취소하여야 한다. ② 피의자에 대해서는 직권으로 검사가 구속취소 가능 ③ 구속취소 후 새로운 구속사유 발생 시 재구속 가능

제4절 대물적 강제수사

1. 영장에 의한 압수·수색

(1) 개념
① 압수: 증거물 또는 몰수할 것으로 사료되는 물건을 수사기관이나 법원이 피압수자로부터 강제로 취득·점유하는 것
② 영장이 원칙이지만 긴급한 경우에는 영장없이 집행하고 체포 후 48시간 이내에 사후영장을 검사가 판사에게 청구하는 것도 가능하다.
③ 피고인 아닌 자의 신체, 물건, 주거 등 장소에 대해서는 피고인이 있거나 압수할 물건이 있음을 인정할 수 있는 경우에 한하여 수색할 수 있다.

(2) 요건
① 압수수색 요건은 구속요건 정도까지는 필요치 않고 단순한 혐의만으로도 충분하다.
② 필요성(범죄수사에 필요한 경우)과 비례성(필요한 최소한의 범위 안에서 집행)이 충족되어야 한다.
③ 피의사실과 관련된 것이어야 한다. 즉, 압수영장은 압수물, 장소, 사유 등이 특정되어야 하지, 현장에 있는 모든 물건과 같은 식의 일반영장은 안 됨=압수물을 '압수장소에 보관 중인 물건'이라고 기재하고 있는 것을 '압수장소에 현존하는 물건'으로 해석할 수는 없다.
④ 압수의 대상을 압수·수색영장의 범죄사실 자체와 직접적으로 연관된 물건에 한정할 것은 아니고, 압수·수색영장의 범죄사실과 기본적 사실관계가 동일한 범행 또는 동종유사의 범행과 관련된다고 의심할만한 상당한 이유가 있는 범위 내에서는 압수·수색할 수 있다.
⑤ 다만 그 객관적 관련성은 단순히 동종유사하다는 것만으로 부족하고 객관적·구체적 관련성이 필요하다.
⑥ 피의자와의 인적 관련성도 영장에 기재된 대상자와 공동정범, 교사범 등 공범이나 간접정범은 물론 필요적 공범에 대한 피고사건에 대해서 인정할 수 있다.

압수 적법	• 피고인을 전화사기죄로 긴급체포하면서 압수한 타인의 주민증을 점유이탈물횡령죄의 유죄의 증거로 사용한 경우=적법하여 인정된다. • 통신비밀보호법상 통신사실확인자료 제공요청도 관련범죄에 한정되는데, 여기서 관련범죄란 혐의사실과 객관적 관련성이 인정되고 대상자와 피의자 사이의 인적 관련성이 인정되는 범죄이어야 한다. 이때 인적 관련성은 대상자의 공동정범, 교사, 간접정범은 물론 필요적 공범까지 포함한다. • 상대방에게 의사 전달하는 말이 아니라 단순한 비명소리 또는 탄식은 타인간의 대화로 볼 수 없으므로 위와 같은 목소리를 들었다는 진술은 형사절차에서 증거로 사용할 수 있다.

압수 위법	• 압수수색영장에 기재된 피의자와 무관한 타인의 범죄사실에 관한 녹음파일을 압수한 경우, 수사기관이 별도의 압수수색영장을 발부받지 아니한 채 압수한 녹음파일을 압수한 경우 = 증거능력 부정 • 범죄사실과 직·간접적으로 관련성이 없거나 피의자와 관계가 없는 자들에 대한 정보가 기록되어 있는 디스크, 휴대전화 등 전자저장매체의 압수는 물론 수사기관 사무실에서 복제하거나 출력하는 과정에서 영장범죄사실과 무관한 것에 대한 압수가 부정된다.

(3) 압수수색의 집행

① 압수수색영장을 반드시 사전제시해야 하며 그 사본을 교부하여야 함. 급속을 요하는 경우라도 영장 발부되었음을 고하고 집행 후 사후제시하는 방식은 안 됨

② 압수수색 피대상자가 여러 명인 경우 모두에게 개별 제시해야 하며, 관리책임자에게 제시했더라도 해당 물건 소지자에게 압수할 때 그에게도 따라 영장을 제시해야 함

③ 압수수색영장 집행 당시 피처분자가 현장에 없거나 현장에서 발견할 수 없는 경우, 또는 처분을 받는 자가 영장제시, 사본교부를 거부한 경우 등과 같이 영장제시가 현실적으로 불가능한 경우, 영장제시 없이 압수수색해도 위법하다 볼 수 없음

④ 압수수색영장 집행 시에 건정(자물쇠)을 열거나 개봉 기타 필요한 처분을 할 수 있다.

⑤ 군사상 기밀, 공무상 비밀, 업무상 비밀에 속하는 경우, 책임자, 소속공무소, 당해 감독관공서의 승낙을 받도록 하여 압수거절권을 인정하고 있다. 다만 국가의 중대한 이익을 해하는 경우를 제외하고는 승낙을 거부하지 못한다.

⑥ 압수수색 시에 피의자 또는 변호인에게 참여기회(참여권)를 보장하여야 한다.

⑦ 야간에는 영장에 별도 기재가 없으면 집행하지 못함. 단, 도박, 기타 풍속을 해하는 행위에 이용된다고 인정되는 장소에 대해서 야간 압수수색이 가능하다. 또한 여관, 음식점 등 야간에 공중이 출입할 수 있는 장소에 대해서는 공개된 시간에 한하여 야간 압수수색이 가능

⑧ 압수수색 중 압수조서, 압수목록을 작성하며, 압수수색 후에는 피처분자(소유자, 소지자, 보관자 등)에게 압수목록은 교부해야 함. 만일 압수한 것이 없는 경우에는 수색증명서를 교부해야 함.

2. 전자정보의 압수수색

① 전자정보(디지털 저장매체 등 특수매체)에 대한 압수수색 집행 시 원칙은 현장에서 혐의 관련부분만을 선별적으로 출력복제하여 압수하는 것이 원칙임

② 다만, 현장에서 출력·복사하기 현저히 곤란한 경우에는 예외적으로 현장에서 외부(수사기관 사무실)로 반출하여 출력·복제할 수 있다. 즉 예외적으로 파일 전체에 대해 이미징을 하거나 '저장매체자체'를 압수할 수 있도록 하고 있다. 이때 반드시 외부반출은 영장에 기재되어 있어야만 가능함

③ 혐의사실과 관련된 정보만을 출력·복제하여야지 구분 없이 임의로 저장된 전자정보를 출력·복제하는 행위는 영장주의에 위반된다.
④ 압수영장에 기재된 혐의에 대한 전자정보 압수수색 중에 별도의 다른 혐의에 대한 정보를 우연히 발견한 경우, 추가탐색을 중단하고 별도의 영장을 발부받아서 압수수색을 해야 한다.
⑤ 전자정보를 현장에서 복제·출력할 때 피압수자 측의 참여권(참여 기회)을 보장하여야 한다. 적법한 1차 압수에 의하여 수사기관 사무실로 이동한 파일을 당사자 참여 없이 무분별하게 출력·복제한 경우에는 위법에 해당하여 1차 처분도 소급하여 취소될 수 있다.
⑥ 다만, 압수현장에서 전자정보를 선별하여 압수한 경우에 참여기회를 보장한 것이라면, 수사기관에 가져와서 추가 탐색하는 과정에서까지 참여기회를 보장할 필요는 없다.
⑦ 피의자가 해당 전자정보 저장매체를 실질적으로 근접 시기까지 현실적으로 지배·관리하였다면 그에게도 참여권을 보장해야 하지만, 이를 사실상 양도하거나 포기한 것으로 볼 수 있다면 그에게 참여권을 보장할 필요가 없음
⑧ 컴퓨터디스크에 담긴 문자정보를 증거자료로 하는 경우 읽을 수 있도록 출력하여 인증된 등본을 낼 수 있음
⑨ 컴퓨터디스크에 담긴 문자정보를 증거로 증거조사를 신청한 당사자는 법원이 명하거나 상대방이 요구하는 경우, 컴퓨터디스크에 입력한 사람, 입력일시, 출력한 사람, 출력일시를 밝혀야 함
⑩ 저장매체 원본이 압수시부터 문건 출력시까지 변경되지 않았음이 담보되어야 한다(동일성과 무결성의 담보).
⑪ 압수목적 전자정보가 저장매체가 아니라 원격지 서버에 저장되어 있는 경우, 압수현장에서 아이디와 비밀번호를 입력한 후 내려받기 형식으로 저장하여 압수할 수 있다. 이때 반드시 원격지 서버에 대한 압수수색이라고 압수영장에 특정되어 있어야 한다.

3. 영장 없는 압수·수색(사후영장제도)

(1) 의의
① 헌법은 영장주의를 원칙으로 하면서도 긴급체포 시에 체포된 자의 소지, 보관물에 대한 압수수색에 대한 사후영장 청구의 가능성을 열어두었다.
② 피의자의 체포(영장에 의한 체포는 긴급한 경우에만 한정하여, 긴급체포, 현행범인 체포), 구속(구속영장에 의한 구속도 긴급한 경우에 한하여)에서 영장없이 주거 등에서 피의자 수사(수색)할 수 있다.
③ 체포현장, 범죄현장에서 영장 없이 압수수색검증이 가능하다.
④ 이처럼 영장없이 압수한 물건을 계속 압수할 필요가 있으면 지체 없이 사후영장을 청구해야 함. 지체 없이란 48시간 이내 의미한다.
⑤ 압수수색영장을 발부받지 못하면 압수물을 즉시 반환해야 함

(2) 내용

내용	사후영장 필요 여부
체포목적 피의자수색	• 필요 없음
체포·구속영장 집행현장에서의 압수	• 계속 압수 필요 시 지체 없이 사후영장 필요= 체포시로부터 48시간 이내
피고인 구속영장 집행시의 압수	• 필요 없음. 수소법원의 전권이기 때문임. • 즉 수소법원의 집행을 수사기관이 대행할 뿐이기 때문
범죄장소에서의 압수	• 지체 없이(체포시로부터 48시간 이내) 사후영장 필요 • 피의자의 생명·신체를 구조하기 위해 사고현장에서 곧바로 후송된 병원 응급실 등은 범죄장소에 준한다고 할 수 있으므로, 수사기관이 필요최소한의 한도 내에서 간호사 등 의료인에게 피의자의 혈액을 채취하게 한 후 이를 영장 없이 압수하더라도 적법하다. 이 경우 지체 없이 사후영장은 청구하여 발부 받아야 한다.
긴급체포 시의 압수	• 긴급체포 후 24시간 이내 영장없는 압수수색 가능 • 계속 압수 필요 시 지체 없이 사후영장 필요= 체포시로부터 48시간 이내
임의제출물 또는 유류물의 압수	• 나중에 사후영장을 청구하여 발부받을 필요도 없음. • 왜냐면, 소유자, 소지자, 보관자가 자의로 제출한 것이기 때문 • 다만, 소유자, 소지자, 보관자가 아닌 자로부터 임의제출받은 물건을 계속 압수 필요 시에는 지체 없이 사후영장 필요

4. 압수물의 처리: 가환부와 환부

(1) **가환부**

① 가환부는 압수효력 자체가 상실되는 것이 아니어서 수사기관이나 법원이 요구하면 다시 제출해야 함

② 검사는 사본을 확보한 경우 등 압수를 계속할 필요가 없다고 인정되는 압수물 및 증거에 사용할 압수물에 대하여 공소제기 전이라도 소유자, 소지자, 보관자, 제출인의 청구가 있는 때에는 가환부하여야 한다.

③ 법원은 증거에 제공할 압수물은 소유자, 소지자, 보관자, 제출인의 청구에 의하여 가환부할 수 있다. 증거에 제공할 압수물은 가환부의 대상일 뿐 환부 대상이 아니다.

④ 몰수대상 압수물은 원칙상 가환부 대상이 아님. 그러나 임의적 몰수대상 압수물은 법원의 재량에 의해 가환부 가능

⑤ 증거에만 (제)공할 목적으로 압수한 물건으로서 소유자 또는 소지자가 계속 사용하여야 할 물건은 (법원은) 사진촬영 기타 원형보존의 조치를 취하고 신속히 가환부하여야 한다.

(2) **환부**

① 환부는 유치의 필요가 없는 경우, 즉, 법원이나 수사기관이 더 이상 압수를 계속할 필요가 없는 경우에 종국적으로 반환하는 것이다.

② 검사는 사본을 확보한 경우 등 압수를 계속할 필요가 없다고 인정되는 압수물 및 증거에 사용

할 압수물에 대하여 공소제기 전이라도 소유자, 소지자, 보관자, 제출인의 청구가 있는 때에는 환부하여야 한다.
③ 법원은 압수를 계속할 필요가 없다고 인정되는 압수물(=피고사건과 관련성이 없거나 증거물로서의 가치가 전혀 없는 압수물)은 피고사건 종결전이라도 (법원은) 결정으로 환부해야 한다.
④ 압수한 장물은 피해자에게 환부할 이유가 명백한 때에는 피고사건의 종결 전이라도 결정으로 피해자에게 환부할 수 있다.
⑤ 압수한 장물로서 피해자에게 환부할 이유가 명백한 것은 판결로써 피해자에게 환부하는 선고를 하여야 한다.
⑥ 피압수자(환부받을 자)가 압수 후 그 소유권을 포기하여 환부청구권을 포기하더라도, 수사기관의 환부의무에 어떤 영향을 미칠 수 없으므로 필요적 환부의무가 면제된다고 할 수 없다. 판례는 환부청구권은 공권이므로 피의자가 소유권포기각서를 작성·제출하더라도 환부청구권은 소멸하지 않는다는 입장이다.
⑦ 압수장물 환부에 대해서 이해관계인이 민사소송절차에 의하여 그 권리를 주장함에 영향을 미치지 아니한다.

5. 검증과 감정

(1) 검증
① 감각기관의 작용으로 사람, 장소, 물건의 형상·성질을 인식하는 강제처분이므로 원칙상 영장이 필요하다.
② 지문채취, 문신확인과 같은 신체검사, 범죄현장에 대한 실황조사 등이다.
③ 법원의 검증조서는 제311조, 실황조사서와 같은 수사기관의 검증조서는 제312조 제6항의 요건에 따라 증거능력 인정한다.
④ 다만, 사법경찰관이 피의자로부터 진술을 청취한 후 이를 실황조사서에 기재한 경우, 실황조사서는 사실상 사경 작성 피의자신문조서(제312조 제3항)와 동일하므로 피고인이 공판정에서 범행재연진술의 내용을 부인하면 증거능력이 없다.
⑤ 검증 시 참여권자에게 통지하여 참여권을 보장하되, 임의로 참여하지 않는 경우 검증을 개시하면 된다.

(2) 감정
① 수사기관이 전문지식이 부족하여 제3의 전문가 등에게 조사를 의뢰하는 조치
② 혈액검사, 방사선촬영, 신체의 검사, 사체의 해부, 분묘의 발굴, 물건의 파괴 등이 감정을 위하여 할 수 있다.
③ 감정유치는 피의자·피고인의 정신이나 신체를 감정하기 위해서 일정기간 병원 등 장소에 유

치하는 강제처분이므로, 수사기관이 이를 하기 위해서는 지방법원판사에게 감정유치장을 발부받아서 집행해야 한다.
④ 수사기관이 범죄증거를 수집할 목적으로 피의자의 혈액을 취득·보관하는 해우이는 법원으로부터 감정처분허가장을 받아서 '감정에 필요한 처분'으로도 할 수 있지만, 압수의 방법으로도 할 수 있다. 나아가 피의자를 병원으로 연행하는 것은 영장이 필요하다.
⑤ 감정서는 제313조 제3항에 의하여 공판정에서 작성자의 진술에 의하여 성립의 진정이 증명되면 증거능력을 갖춘다.

제5절 증거보전(제184조)와 증인신문(제221조의2)

증거보전 (제184조)	① 검사, 피고인, 피의자 또는 변호인은 미리 증거를 보전하지 아니하면 그 증거를 사용하기 곤란한 사정이 있는 때에는 제1회 공판기일 전이라도 판사에게 압수, 수색, 검증, 증인신문 또는 감정을 청구할 수 있다. ② 사유를 서면으로 소명해야 함 ③ 법원이 청구기각결정을 하는 경우, 3일 이내 항고로 불복할 수 있음 ④ 청구권자는 판사의 허가를 얻어 증거물 등의 열람등사 가능 ⑤ 증거보전한 조서 등은 법원이 보관
증인신문 (제221조의2)	① 범죄의 수사에 없어서는 아니될 사실을 안다고 명백히 인정되는 자가 공판에 출석 또는 진술을 거부한 경우에는 검사는 제1회 공판기일 전에 한하여 판사에게 그에 대한 증인신문을 청구할 수 있다. ② 사유를 서면으로 소명해야 함 ③ 증인신문 청구에 대해 판사가 기각한 경우, 검사는 항고 불가 ④ 피의자 등에게는 열람등사권이 없음 ⑤ 증인신문한 조서 등은 검사에게 송부해야 함

제6절 준항고 제도

① 수사절차상 준항고란 검사 또는 사법경찰관의 구금, 압수 또는 압수물의 환부 처분, 변호인의 피의자접견 및 심문참여에 관한 처분에 대하여 피처분자가 불복이 있을 때 그 직무집행한 검사의 소속 검찰청에 대응하는 법원에 그 처분의 취소 또는 변경을 구할 수 있는 제도이다.
② 준항고를 받은 법원은 결정으로 준항고 결정이 있을 때까지 수사기관의 해당 처분 등의 집행을 정지할 수 있다.

제7절 수사의 종결

1. 수사종결처분의 종류

(1) 기소처분

구공판	• 구공판(공판청구)이란 법원(판사)에게 정식재판을 열어서 피의자(피고인)를 심판해 달라는 기소처분임
약식기소	• 약식은 벌금형을 내리는 심판을 해달라는 기소처분임

(2) 불기소처분

혐의 없음	• 범죄 구성요건에 대한 혐의 자체가 없는 경우 • 유죄판결의 증거가 불충분한 경우
죄가 안 됨	• 위법성조각사유가 있는 경우 • 책임조각사유가 있는 경우 예 형사미성년자
공소권 없음	• 소송조건이 없는 경우 예 친고죄에서 고소가 없거나 고소가 취소된 경우, 즉시고발사건에서 고발이 없거나 고발이 취소된 경우, 반의사불벌죄에서 처벌희망의사표시의 철회 • 형이 면제된 경우, 사면 • 공소시효가 완성된 경우, 공소기각결정사유, 공소기각판결사유 등의 내용
각하	• 고소 또는 고발 사건에 관하여 수사 필요성이 인정되지 않는 경우
기소유예	• 범죄의 객관적 혐의가 인정되지만 피의자가 초범이라든지 피해가 중대한 정도는 아니라든지 등등의 여러 사정을 고려하여 기소하지 않는 것 • 다만, 기소유예는 무혐의와는 달리 유죄를 인정하는 것임 • 그래서 기소유예할 때 검사가 피의자에게 근신할 것과 같은 선도조건을 제시할 수도 있다.

(3) 중간처분

기소중지	• 피의자 등의 행방을 알 수 없어서 기소를 할 수 없어서 일단 기소를 중지해 놓는 것 • 하지만 기소를 아예 포기한 것이 아니라서 피의자 신병확보를 하면 기소할 수 있다.
참고인 중지	• 피의자 소재는 판명되었으나, 고소인, 고발인 등 참고인의 소재가 불명하여 수사를 종결할 수 없는 경우, 그 사유가 해소될 때까지 수사를 중지해 놓는 것 • 역시 기소 포기가 아니라서 참고인 신병 확보되면 다시 수사하여 기소할 수 있다.
공소보류	• 국가보안법 위반사건에서 소추요건이 구비되고 형의 필요적 면제사유에 해당하지도 않고 범죄성립요건이 갖추어진 사건으로 범죄 혐의가 있음에도 형법 제51조 양형사유를 참작하여 공소제기를 보류할 수 있다. • 공소보류 후 공소제기 없이 2년이 경과하면 기소할 수 없다.

(4) 송치 및 이송

보호사건 송치	• 소년보호사건 송치: 소년사건 중 벌금 이하, 보호처분 해당사유라면 소년부나 가정법원으로 송치 • 가정보호사건 송치: 가정폭력범죄로 보호처분에 처함이 상당하면 가정법원으로 송치
이송	• 소속 검찰청 대응 법원의 관할에 속하지 아니하는 경우: 검사는 해당 검찰청으로 송치 • 군사법원 재판권 사건에 해당하는 경우: 검사는 군사법원검찰부로 송치

2. 검찰의 불기소 처분에 대한 통제

(1) 고소인 등에 대한 통지
① 검사는 고소·고발 사건에 관하여 공소제기, 불기소, 공소취소, 타관송치한 때에는 처분한 날로부터 7일 이내에 고소인 또는 고발인에게 그 취지를 통지하여야 한다.
② 이에 고소인 또는 고발인이 청구가 있는 때에는 7일 이내에 그 이유를 서면으로 설명하여야 한다.
③ 불기소 시에는 피의자에게도 즉시 그 취지를 통지하여야 한다.

(2) 검찰항고와 재항고
① 검사의 불기소에 대해서 고소인 또는 고발인이 불복하는 경우, 검사 소속 지방검찰청청 또는 지청을 경유하여 서면으로 관할고등검찰청의 장에게 항고할 수 있다.
② 항고를 기각하는 경우 고발인은 그 결정을 받은 날로부터 30일 이내에 검찰총장에게 재항고할 수 있다.

(3) 재정신청
① 고소인 또는 일부 고발인(직권남용, 불법체포감금, 폭행가혹행위, 피의사실공표죄의 고발인)은 항고기각에 대해서 10일 이내에 지방검찰청 또는 지청에 재정신청서를 제출할 수 있고, 이 경우 검찰은 고등검찰청을 경유하여 7일 이내에 고등법원에 재정신청서를 송부하여야 한다.
② 재정신청을 받은 고등법원은 법률상 방식 위배가 명백하면 이를 기각하여야 하지만, 그렇지 않으면 10일 이내에 피의자와 재정신청인에게 통지한 후 3개월 이내에 항고절차에 따라서 결정을 하여야 한다.
③ 재정신청이 이유가 없는 때에는 기각결정을 하는데, 이에 대해서 즉시항고 할 수 있다.
④ 이와 반대로 이유가 있는 때에는 공소제기결정을 하고 검사는 이 결정에 대해서 불복할 수 없으므로 반드시 공소제기를 하여야 함은 물론 공소취소를 할 수도 없다.
⑤ 재정신청 대상이 아님에도 법원이 이를 간과하고 재정신청에서 공소제기결정을 내린 경우라도 본안사건절차가 개시된 이상 이 같은 잘못을 다툴 수 없다.

CHAPTER 04 공소제기 및 공판절차

제1절 공소제기

1. 공소제기절차

공소제기 원리	① 국가소추주의와 기소독점주의=검사만이 공소제기를 할 수 있다. ② 기소편의주의=검사는 형법 제51조 사항을 참작하여(정상참작) 공소를 제기하지 아니할 수 있다. =범죄혐의가 있음에도 기소유예를 해줄 수 있음.
공소장 제출주의	① 검사의 공소제기(기소)는 반드시 공소장(서면)을 관할법원에 제출하는 방식이다. 구두로는 안 된다. ② 검사가 전자문서나 저장매체를 이용하여 공소제기를 한 경우 그 부분을 제외하고 서면으로 제출한 부분만을 공소제기한 것으로 본다. 전자문서 형식으로 첨부한 부분은 공소를 기각할 수밖에 없다. ③ 공소장에는 피고인 수에 상응한 부본을 첨부하여야 한다.
공소장의 특정	① 공소장에는 필수적으로 피고인, 공소사실, 죄명, 적용법조를 기재해야 함 ② 공소사실은 법원의 심판대상과 피고인 측의 방어대상을 명확하게 특정되어야 함. 다만, 공소사실이 다소 불명확해도 다른 사항으로 특정할 수 있다면, 아무 영향 없음 ③ 공소제기의 취지가 명료하지 못한 경우 법원은 석명권(검사에게 해석과 설명을 요구하는 권한)을 행사하여 그 취지를 명확하게 하여야 한다. ④ 특정이 되지 않으면 공소제기는 무효이므로 공소기각판결을 하여야 한다.
예비적· 택일적 기재	① 검사가 공소장에 예비적·택일적 기재를 하여 법원에 공소제기하는 것도 가능. ② 예비적 기재: 수개의 범죄사실 또는 적용법조의 순위를 기재하여 공소제기하는 방식으로 선순위 기재내용을 주위적 청구, 후순위 기재내용을 예비적 청구라고 한다. 이때 법원은 주위적 청구를 먼저 심리하고 이것이 성립하지 않을 때 예비적 청구를 살핀다. ③ 택일적 기재: 수개의 범죄사실이나 법조를 순위를 정함이 없이 택일적으로 기재하는 방식을 말한다. 순위가 없으므로 법원은 판단하여 공소사실 중에 선택하여 심리하면 된다.
공소장 일본주의	① 공소제기를 할 때 공소장에 법원의 선입견(예단)을 초래할 수 있는 서류 기타 증거물을 첨부하여서는 안 된다. ② 공소장일본주의를 위반한 경우 공소제기가 위법하므로 법원은 공소기각판결을 하여야 한다. ③ 공소장일본주의 위반 여부 판단기준으로, 법관 또는 배심원이 범죄사실 실체를 파악하는데 장애가 있는지 여부를 기준으로 당해 사건에서 구체적으로 판단해야 하며, 증거조사절차가 마무리되어 법관의 심증형성이 이루어진 단계에서는 더 이상 공소장일본주의 위배를 주장하여 이미 진행된 소송절차의 효력을 다툴 수 없다고 보는 것이 판례의 다수의견이다. ④ 하지만, 언론의 예측보도 등을 공소장일본주의에 따라 규제할 수는 없다. 다만, 보도기관의 보도가 공정한 재판을 침해할 우려가 있는 경우, 피고인 입장에서 공판기일 변경, 관할이전 신청, 법관의 기피신청 등을 할 수 있고, 법원도 심각한 문제가 있다고 판단되는 경우에는 공소기각판결을 할 수도 있다.

공소제기 소송법적 효력	① 불고불리의 원칙: 공소제기를 통하여 심판대상이 정해진다. 즉, 법원은 공소제기된 사실만을 심판할 뿐이다. = 심판대상이 무엇인지에 대해서는 현실적 심판대상과 잠재적 심판대상을 나누는 이원설을 판례는 취하고 있다. ② 범죄사실 일부에 대한 공소라도 동일성이 인정되는 범죄사실 전체에 대해 공소제기된 것으로 봄 ③ 공소제기는 피고인 이외 다른 사람에게 효력을 미치지 않음. 그래서 공범 중 1인에 대한 공소제기는 다른 공범자에게 효력이 미치지 않음 ④ 단, 공소제기로 인한 공소시효 정지는 다른 공범에게도 미침
공소제기 후 절차	① 법원은 공소장 부분을 제1회 공판기일 전 5일까지 송달하여야 한다. ② 변호인 없는 피고인에게는 필요적 변호사건에서는 국선변호인 선정 취지를 서면 고지하고, 이후 국선변호인을 직권으로 선정하여야 한다. ③ 피고인 또는 변호인은 공소장부본을 송달받은 날로부터 7일 이내에 의견서를 제출하되, 진술거부를 할 때에는 그 취지를 기재한 의견서를 제출할 수 있다. ④ 재판장은 공판기일을 지정하되, 여러 기일을 일괄지정할 경우에는 검사, 피고인 또는 변호인의 의견을 들어야 한다.

2. 공소시효

(1) 의의

① 공소시효란 범죄행위가 종료된 후 공소제기 없이 일정 기간이 경과하면 공소권이 소멸하는 것
② 공소시효를 인정이유: ㉠ 시간경과에 따른 가벌성의 감소와 증거 현출의 어려움, ㉡ 범죄수사의 장기화에 따른 수사 인력과 예산의 부담 가중 때문
③ 공소시효가 완성되면 수사단계의 검사는 공소권 없음, 공판단계의 법원은 면소판결을 내려야 함
④ 공소시효가 완성되었음에도 이를 간과하고 법원이 약식명령을 내린 경우 법령위반이므로 피고인은 비상상고를 할 수 있다.

(2) 공소시효기간

범죄유형	공소시효 기간
사형	25
단, 사람을 살해한 범죄로 사형에 해당하는 경우(종범은 제외)는 공소시효가 없음	
무기징역, 무기금고	15
장기 10년 이상 징역·금고	10
장기 10년 미만 징역·금고	7
장기 5년 미만 징역·금고, 장기 10년 이상 자격정지, 벌금	5
장기 5년 이상 자격정지	3
장기 5년 미만 자격정지, 구류, 과료, 몰수	1
의제 공소시효	판결확정 없이 공소제기 후 25년 경과

(3) 공소시효 결정기준과 기산점

결정 기준	① 법정형 기준 ② 2개 이상 형을 병과하는 경우, 중한 형을 기준으로 함 ③ 형법에 의해 형을 가감할 경우 가감되지 아니한 원래 법정형 기준 ④ 형사특별법에 의해 형을 가감할 경우, 가감된 법정형이 기준 ⑤ 범죄 후 형법개정으로 법정형이 가벼워진 경우 가벼운 신법 기준 ⑥ 공소장변경 경우, 변경된 범죄의 법정형에 의하되, 공소제기는 공소장변경시점이 아니라 당초 공소제기가 있었던 시점을 기준
기산점	① 범죄의 실행착수시점이 아니라 범죄가 종료된 시점부터 기산 ② 포괄일죄의 경우, 최종범행 종료시점부터 기산 ③ 공범이 있는 경우, 최종행위 종료시점에 공범 전체 시효 기산

(4) 공소시효 정지

개념	• 정지사유 발생 시 일시정지했다가 정지사유 소멸시부터 다시 남은 시효 진행 • 공소시효의 중단제도는 우리나라에 없음	
공소 시효 정지 사유	공소제기	• 공소제기로 공소시효 진행 정지 → 관할위반 또는 공소기각의 재판이 확정된 때부터 다시 진행된다. • 공소제기는 다른 공범자에게 효력을 미치지 않는 것이 원칙이지만, 공소제기에 의한 공소시효 정지는 다른 공범자에게도 영향을 미친다. 즉, 공범자 중 1인에 대하여 공소제기가 있으면 그는 물론 다른 공범자들도 공소시효가 정지되며, 공소제기된 공범자의 당해 사건의 재판이 확정된 때부터 다른 공범자들의 공소시효가 다시 진행됨
	재정신청	• 재정신청 있으면 고등법원의 재정결정 확정될 때까지 공소시효 진행 정지 • 공소제기결정이 있는 때에는 공소시효에 관하여 그 결정이 있는 날에 공소제기로 본다.
	국외도피	• 형사처분을 면할 목적으로 국외에 있는 경우 • 범인의 국외체류 목적이 여러 가지이지만 그 중 형사처분을 면할 목적이 있는 경우 • 국외에서 범죄를 저지르고 국외에 체류 중인 경우
	소년사건	• 소년보호사건의 심리개시 결정이 있었던 때부터 그 사건에 대한 보호처분의 결정이 확정될 때까지 정지
	대통령	• 대통령은 내란 또는 외환의 죄를 범한 경우를 제외하고는 재직 중 소추를 받지 않으므로 재직 중에는 공소시효가 정지
	성범죄	• 아동·청소년 성폭력, 아동학대범죄는 해당 아동·청소년이 성년(19세)에 이르기 전까지는 정지 • 성폭력범죄에서 DNA 등이 발견된 경우 공소시효는 10년 연장됨

3. 증거개시

(1) 수사단계에서의 열람등사권

① 수사단계에서는 원칙적으로 수사기록을 피의자나 변호인이 열람등사할 수 없다.
② 다만, 수사단계라도 긴급체포되었다가 석방된 경우, 구속 전 피의자심문, 체포구속적부심사,

증거보전(제184조) 등에서 피의자 또는 변호인 측에게 일정 부분에 한해서(모든 수사서류가 아님) 열람등사를 판사가 인정할 수 있다.

(2) 공판단계(공소제기 후)에서의 소송기록 열람등사권
① 소송계속 중에는 피고인과 변호인은 관계서류 또는 증거물, 공판조서를 열람등사할 수 있다.
② 이때 법정대리인, 배우자, 직계친족, 형제자매, 특별대리인도 위임장이나 신분관계증명서를 제출한 경우에 열람등사를 할 수 있다.

(3) 증거개시(공소제기 이후)
① 피고인 또는 변호인은 검사에게 공소제기된 사건에 관한 수사서류 또는 증거물의 목록 등에 대해서 열람등사 또는 서면의 교부를 신청할 수 있다. 이를 증거개시라고 한다.
② 검사는 국가안보, 공공질서, 증인보호 등의 이유를 들어 이를 거부할 수 있으며, 이때에는 지체없이 그 사유를 통지해야 한다. 단, 이때에도 목록의 공개를 거부할 수는 없다.
③ 검사의 거부가 있으면 피고인 측은 법원에 증거개시를 신청할 수 있고, 법원은 증거개시가 필요하다고 인정되면 검사에게 증거개시를 명한다.
④ 검사가 법원의 증거개시 명령에 불응하는 경우 법원은 검사의 증거신청을 받아들이지 않는다.
⑤ 반대로 검사도 피고인 또는 변호인이 공판기일 또는 공판준비절차에서 현장부재·심신상실이나 심신미약을 주장하는 경우 피고인 측에게 해당 서류의 열람등사 또는 서면교부를 요청할 수 있다.

제2절 공판절차

1. 공소장 변경제도

의의		• 불고불리(不告不理) 원칙상 법원은 검사가 소추한 범위 내에서만 심리·판결할 수 있음 • 따라서 공소장에 기재된 죄명, 적용법조, 피고인 등 내용에 추가·철회·변경이 필요한 경우, 법원은 공소사실에 동일성을 해하지 않는 범위 안에서는 공소장변경을 허가하여야 한다.
절차	검사의 신청에 의한 방식	• 검사는 공소장변경 허가신청서를 법원에 제출. 다만, 공판정에서는 구두로도 가능하되, 이때에는 피고인 측의 동의가 필요. • 동일성을 해하지 않으면 법원은 반드시 허가해주어야 한다. • 공소장변경에 대한 법원의 결정에 대해 항고 불가
	법원의 요구에 의한 방식	• 수소법원이 검사에게 추가, 변경을 요구 • 공판정에서 구두로 이루어짐 • 법원의 재량이므로, 공소장에 문제가 있어도 반드시 공소장변경을 법원이 요구할 필요는 없음

공소장 변경 불가능	• 검사의 공소장변경 신청이 있어도 기본적 사실관계의 동일성이 인정되지 않는 경우에는 공소장변경신청을 법원은 기각한다. • 규범적 요소도 기본적 사실관계 동일성의 실질적 내용의 일부를 이루는 것이다. • 강도상해죄 → 장물취득죄: 공소장변경을 불허 • 비자금의 사용으로 인한 업무상횡령의 점과 비자금의 조성으로 인한 업무상배임의 점은 기본적 사실관계가 동일하다고 보기 어렵다.
공소장 변경	• 공소장변경(법원의 허가절차)가 필요한 경우 – 미수 → 기수(확대사실) – 미수 → 예비음모, 예비음모 → 미수 – 사실 적시 명예훼손 → 허위사실 적시 명예훼손 – 공갈죄의 수단으로서 한 협박은 공갈죄에 흡수될 뿐 별도로 협박죄를 구성하지 않으므로, 검사가 공소를 제기할 당시에는 그 범죄사실을 협박죄로 구성하여 기소하였다 하더라도, 그 후 공판 중에 기본적 사실관계가 동일하여 공소사실을 공갈미수로 공소장 변경하는 것은 허용된다.
공소장 정정	• 피고인의 방어권에 실질적으로 불이익이 없는 경우, 공소장변경(법원의 허가절차) 필요없이 정정만으로 가능한 경우 – 상해죄 치료기간 4개월에서 8개월로 정정 – 범행일시만 다소 다르거나 명백한 오기를 정정하는 경우 – 공동정범 → 방조범(축소사실) – 기수 → 미수(축소사실)

2. 공판준비절차

① 재판장은 공판준비절차에 부칠 수 있다. 이때 공판준비절차는 주장 및 입증계획 등을 서면으로 준비하게 하거나 공판준비기일을 열어 진행한다.
② 공판준비기일에는 ㉠ 주장과 쟁점 사항, ㉡ 증거신청, ㉢ 증거개시 사항, ㉣ 심리일정과 기타 진행사항을 정리한다.
③ 공판준비절차의 신속 진행을 위하여 검사, 피고인 또는 변호인은 협력하여야 한다.
④ 공판준비기일에는 검사와 변호인의 출석은 필수이지만, 피고인의 출석은 필수가 아니다. 다만, 피고인을 법원이 소환할 수 있으며, 피고인도 소환 없이도 자진하여 출석할 수 있다.
⑤ 쟁점 및 증거사항의 정리 완료된 경우에는 공판준비절차를 종료한다. 다만, 공판준비절차에 부친 후 3개월의 경과, 검사, 변호인 또는 소환받은 피고인의 불출석의 경우에는 공판준비절차를 종료할 수도 있고 계속해야 할 이유가 있으면 계속 할 수도 있다.
⑥ 공판준비기일에 신청하지 아니한 새로운 증거를 공판기일에 신청하지 못하는 것이 원칙이다(실권효). 그러나 중대한 과실 없이 공판준비기일에 제출하지 못하는 등 부득이한 사유를 소명하는 경우, 공판기일에 증거신청이 가능하다.
⑦ 법원은 쟁점 및 증거 정리를 위하여 필요한 경우, 제1회 공판기일 후에도 사건을 공판준비절차에 부칠 수 있다(기일간 공판준비절차).

3. 공판의 원칙

공판중심주의	• 공판절차는 공개법정에서 당사자들의 구두 주장(구두변론주의)에 의하여 법원이 직접 심증을 형성하여야 한다.
공개주의	• 재판의 심리와 판결은 공개가 원칙 • 다만, 심리는 국가 안정보장 또는 안녕질서를 방해하거나 선량한 풍속을 해할 염려가 있을 때에는 법원의 결정으로 비공개 가능 • 범죄피해자를 증인으로 심문하는 경우, 소년보호사건의 경우는 비공개 가능 • 판결은 어떠한 경우에도 반드시 공개하여야 한다.
구두변론주의	• 공판정에서의 당사자의 변론은 구두로 하여야 한다. • 증거서류의 경우, 구두로 낭독하되 열람 및 고지로 대체할 수 있다. • 판결도 구두로 낭독하여야 한다.
직접주의	• 법관의 면전에서 직접 조사한 증거만을 재판의 기초로 삼을 수 있고 증명대상이 되는 사실과 가장 가까운 원본증거를 재판의 기초로 삼아야 하며, 원본증거의 대체물 사용은 원칙적으로 허용되어서는 안 된다.
집중심리주의	• 심리에 2일 이상 필요한 경우, 부득이한 사정이 없는 한, 매일 계속 개정하여야 하며, 재판장은 여러 공판기일을 일괄하여 지정할 수 있다. • 부득이한 사정으로 매일 계속 개정하지 못하는 경우, 특별한 사정이 없는 한 전회 공판기일부터 14일 이내에 다음 공판기일을 지정하여야 한다. • 판결선고도 변론종결 기일에 하여야 하지만, 특별한 사정이 있으면 변론종결 후 14일 이내로 지정되어야 한다.

4. 공판기일의 절차

(1) 소송관계인의 출석

판사 법원사무관	• 출석이 필수=개정요건
검사	• 출석이 필수=개정요건 • 검사가 출석하지 않았음에도 개정하는 것은 위법하다. • 그러나 2회 이상 불출석하는 경우 출석없이 개정 가능
피고인	• 출석이 필수=개정요건 • 다만, 무죄, 면소, 형의 면제, 공소기각, 벌금, 과료 등의 재판을 받는 경우, 또는 피고인의 소재불명, 출석거부 등 사유가 있으면 피고인 없이 개정할 수 있음
변호인	• 변호인의 출석은 필수가 아니다. =개정요건이 아님. • 다만, 필요적 변호사건에서는 변호인 없이 개정할 수 없다.
항소심	• 항소심 공판기일에 피고인이 출석하지 아니한 경우 기일을 연기함이 원칙 • 다만, 피고인이 정당한 사유 없이 2회 연속하여 불출석한 경우 피고인 없이 개정할 수 있다.
무단퇴정 등	• 피고인이 재판장 허가 없이 퇴정한 경우(무단퇴정) 또는 재판장이 피고인을 퇴정시킨 경우(퇴정명령), 피고인 없이 심리판결할 수 있다.

(2) 모두절차

진술거부권 고지	• 피고인은 진술하지 아니하거나 개개의 질문에 대하여 진술을 거부할 수 있음을 재판장이 고지해야 한다.
인정신문	• 재판장은 피고인의 성명·연령·등록기준지·주거와 직업을 물어서 피고인이 틀림없음을 확인해야 하는데, 이에 대한 진술거부도 가능하다.
검사의 모두진술	• 공소사실, 죄명, 적용법조 낭독
피고인의 모두진술	• 공소사실의 인정 여부에 관한 진술 • 아예 진술거부를 할 수도 있음
쟁점정리	• 재판장은 쟁점정리를 위해 당사자에게 질문할 수 있다. • 사실심리의 증거조사 전에 검사 및 변호인에게 공소사실 증명과 주장, 입증계획을 진술하게 할 수 있다.

(3) 사실심리절차

① 증거조사

증거 신청	① 신청은 검사가 먼저 한 후에 피고인(변호인)이 함 ② 특별한 사정이 없는 한 일괄신청 ③ 증거서류나 증거물은 개별적으로 특정하여 분리제출 ④ 검사와 피고인 측은 증거와 증명사실과의 관계를 구체적으로 명시하여야 함. ⑤ 증거신청에 대한 증거채택여부는 법원의 직권(재량)사항임. = 법원의 증거채택 결정이 위법한 경우에만 당사자는 이의신청을 할 수 있음.
증거조사 방법	① 원칙은 검사 신청 증거 먼저 조사 → 피고인(변호인) 신청 증거 조사 → 법원이 직권으로 증거조사 이지만, 법원은 순서를 변경할 수 있다. ② 증거물(물증) → 서증 → 인증(증인신문) 순으로 진행 ③ 증거물은 제시, 증거서류는 낭독(단 고지와 열람 가능), 전자파일 등 특수매체는 출력하여 등본으로 제공, 녹화녹음매체는 재생하여 시청·청취, 인증은 증인신문을 통하여 조사한다. ④ 증거물인 서면은 제시와 낭독(열람 고지)을 함께 하여야 한다.
증거조사 이의신청	① 검사, 피고인(변호인)은 법령위반, 부당한 경우에 증거조사에 관하여 이의신청을 할 수 있고, 법원은 이에 대해서 즉시 결정을 내려야 한다. ② 이의신청에 대한 법원 결정에 항고할 수 없고, 이의신청에 대한 결정으로 판단이 이루어진 사항에 대해서는 다시 이의신청을 할 수도 없다.

② 증인의 지위와 증인신문

증인 적격	① 증인이란 당사자 이외의 제3자(목격자, 피해자, 공범자, 감정증인 등)으로 법원이나 법관에게 과거경험을 진술하는 자 ② 감정증인이란 특별한 지식에 의하여 알게 된 과거 사실을 진술하는 자 ③ 수사담당 경찰관, 공범자인 공동피고인은 증인적격 가짐

증인 의무	출석 의무	• 증인이 불출석하는 경우 과태료 또는 감치 처분을 내릴 있으나, 감치 중 증언을 하면 즉시 석방한다.
	선서 의무	• 출석한 증인은 신문 전 선서해야 하며, 선서 없이 한 증언은 증거능력이 없다. • 선서하지 않은 경우에도 과태료를 부과할 수 있다.
증언 거부권		① 출석의무, 선서의무는 있으나 증언의무는 없음 ② 누구든지 자기나 친족, 친족관계에 있었던 자, 또는 법정대리인, 후견감독인에 관계있는 자가 형사소추, 공소제기를 당하거나 유죄판결을 받을 사실로 발로될 염려가 있는 경우 증언을 거부할 수 있다. ③ 변호사, 변리사, 공증인, 공인회계사, 세무사, 대서업자, 의사, 한의사, 치과의사, 약사, 약종상, 조산사, 간호사, 종교의 직에 있는 자 또는 이러한 직에 있던 자는 업무상 지득한 타인의 비밀에 대해 증언을 거부할 수 있다. ④ 증언거부권자라도 거부하지 않고 선서 후 증언하는 경우, 허위진술하면 위증죄 성립
증인 신문 방식		① 당사자는 증인신문에 참여권·반대신문권이 보장되어야 함. ② 당사자 쌍방이 주신문 → 반대신문 → 재(再)주신문 → 재(再)반대신문 순서로 증인신문방식(교호신문)이 이루어지는데, 재주신문, 재반대신문 시에는 법원의 허락을 받아야 한다. ③ 유도신문은 주신문에서는 할 수 없고 반대신문에서는 가능한데, 다만, 예외적으로 주신문에서도 허용되는 경우가 있음.

③ 피고인신문과 최종변론

피고인 신문	① 피고인은 증거방법의 지위에 서는 절차. ② 검사, 변호인은 증거조사 후 순차로 피고인에게 필요사항을 신문할 수 있음 ③ 피고인 신문 시 유도신문 금지
최종 변론	① 최종변론은 검사(구형) → 변호인 → 피고인 순서로 진행 ② 최종 진술기회를 주지 않은 채 심리를 마치고 판결한 선고는 위법하다.

(4) 판결선고절차

① 심판의 합의는 공개되지 아니한다. 판결선고는 반드시 공개
② 변론을 종결한 기일에 하는 것이 원칙이지만, 특별한 사정이 있으면 변론종결 후 14일 이내로 선고기일을 지정하여야 한다.
③ 검사나 변호인(필요적 변호사건이라도) 출석 없이 판결선고가 가능하지만, 피고인은 출석해야 한다. 다만, 피고인이 퇴정명령 받은 경우, 무단히 퇴정한 경우에는 그러하지 아니하다.

5. 간이공판절차

① 공판정에서 피고인이 자백한 경우, 법원은 증거조사절차를 간이화하고 전문법칙에 의한 증거능력 제한을 완화하여 공판을 진행할 수 있다.
② 즉, 증인신문방식, 증거물이나 증거서류의 조사방식 등에서 법원이 상당하다고 인정하는 방식으로 증거조사를 진행할 수 있다.

③ 그러나 증거조사 자체를 생략할 수는 없고, 당사자의 증거신청, 증거신청에 대한 이의신청, 증거조사에 대한 이의신청, 피해자의 재판상 진술권 등은 인정된다.
④ 전문법칙상의 서면, 전문진술 등은 증거동의가 있는 것으로 간주한다. 다만, 검사, 피고인 또는 변호인이 증거로 함에 이의가 있는 때에는 증거동의로 보지 않는다.
⑤ 간이공판절차라도 위법수집증거배제법칙, 자백배제법칙, 자백보강법칙 등은 그대로 적용된다.
⑥ 공판절차 이외, 즉 수사기관에서의 자백, 공판준비절차에서의 자백으로는 간이공판을 개시할 수 없다.
⑦ 자백의 임의성이 인정되지 않으면 간이공판절차를 취소하여야 한다. 즉, 위법성조각사유나 책임조각사유를 주장하는 경우 간이공판으로 진행할 수 없다. 따라서 피고인이 "술에 취해 기억이 나지 않는다"고 공소사실을 부인한 경우 간이공판절차로 진행할 수 없다.
⑧ 간이공판절차가 취소되면 공판을 갱신하여 진술거부권 고지부터 다시 진행하여야 하지만, 당사자가 이의가 없다고 명백히 밝히는 경우 그러하지 아니한다.

제3절 국민참여재판

1. 국민참여재판의 개시

① 대상사건은 제1심 합의부 사건 중 중죄사건이다. 항소심(제2심), 상고심(제3심)에서는 개시할 수 없다.
② 국민참여재판은 피고인의 동의에 의해서 개시할 수 있는 것일 뿐으로 피고인의 동의가 없으면 개시할 수 없다. = 대상사건인 경우 법원은 피고인에게 공소장부본을 송달할 때 국민참여재판 확인서면을 첨부하여야 하고, 피고인은 7일 이내에 국민참여재판 여부를 서면으로 제출할 수 있다.
③ 피고인의 희망의사가 있더라도 법원은 배심원 침해, 공범이나 성폭력 피해자가 원하지 않는 경우 등에는 국민참여재판을 하지 아니할 수 있다.
④ 국민참여재판을 진행하던 중에 공소장변경 등의 문제가 생기면 국민참여재판이 아닌 통상 공판절차로 회부하는 결정을 할 수 있다.

2. 국민참여재판의 진행절차

① 반드시 공판준비기일을 부쳐야 함
② 배심원의 수는 사형이나 무기징역·금고 사건은 9인, 일반 대상사건은 7인, 자백한 경우는 5인으로 진행한다.
③ 필요적 변호사건으로 변호인이 없으면 국선변호인 선정

④ 피고인이 자백해도 간이공판절차를 적용하지 않음
⑤ 배심원은 증거능력에 대해서는 관여할 수 없고 증거능력 판단은 법원의 전권사항이다.
⑥ 평의는 전원일치가 원칙이지만, 평결 전 판사의 의견을 듣고 다수결로 결정할 수 있음
⑦ 재판장은 배심원의 평결결과와 다른 판결을 선고할 수 있는데, 이 경우 그 이유를 설명해야 함

3. 배심원

① 20세 이상의 자(19세 이상이 아님)
② 선거직 공무원(대통령, 국회의원, 지자체장 등), 경찰, 소방, 군인 등 공무원은 제외된다.
③ 배심원 결격사유: 피성년후견인, 피한정후견인, 파산선고 받고 복권되지 않은 자, 금고 이상 형의 집행유예 선고받고 그 기간이 완료된 날부터 2년 경과하지 아니한 사람, 법원의 판결로 자격상실 또는 자격정지된 사람, 금고 이상 형 선고유예 받고 선고유예기간 중인 사람, 금고 이상 실형 선고받고 그 집행이 종료되거나 집행이 면제된 후 5년을 경과하지 아니한 사람
④ 무이유부 기피신청: 배심원 선정 시에 검사와 변호인은 배심원 중에서 9인 중 5인/7인 중 4인/5인 중 3인 범위 내에서 무이유부 기피를 할 수 있고, 법원은 해당자를 배심원 선정할 수 없음

CHAPTER 05 증거

제1절 증명의 기본원칙

1. 증거능력과 증명력

증거능력	• 증거가 증명의 자료로 사용될 수 있는 자격 • 증거가치 있는 증거라도 증거수집상 하자나 공정성 문제가 있으면 자료로 쓸 수 없음 • 자백배제법칙, 위법수집증거배제법칙, 전문법칙
증명력	• 사실입증을 위한 증거의 신빙성 문제 • 자유심증주의, 자백보강법칙

2. 증거의 종류

직접증거와 간접증거	• 직접증거: 추론 없이 바로 요증사실을 증명=범행현장 목격자의 증언 • 간접증거: 일정 추론을 통하여 요증사실에 접근=범행현장에 남은 지문 • 직접증거 없이 간접증거만으로도 유죄를 인정할 수 있으나, 간접사실들 사이에 상호 모순이 있어서는 안 된다.
본증과 반증	• 본증: 거증책임을 지는 당사자가 제출하는 증거=원칙상 검사 제출 • 반증: 본증의 증명을 부인하기 위해 제출하는 증거=대체로 피고인 제출
진술증거와 비진술증거	• 진술증거: 구두의 진술과 서면에 기재된 진술 • 비진술증거: 진술이 아닌 형태, 즉 물증
실질증거와 보조증거	• 실질증거: 주요사실의 존재여부를 직간접적으로 증명하기 위한 증거 • 보조증거: 실질증거의 증명력을 다투기 위한 증거 • 보조증거는 다시 증강증거(증명력 증강)와 탄핵증거(증명력 감쇄)로 구분
증거물인 서면과 증거서류	• 증거물인 서면: 서류의 내용과 동시에 그 존재 또는 상태가 증거가 되는 것으로 물증의 성질이 강하다. 따라서 증거조사에서 제시 및 낭독이 요구된다. • 증거서류: 서류의 내용을 증거로 하는 것으로 진술증거의 성질이 강하다. 따라서 증거조사는 낭독이 원칙이되, 고지나 열람으로 대체할 수 있다.

3. 증거재판주의

의의	• 사실의 인정은 반드시 증거에 의해야 한다(형사소송의 특징). • 범죄사실의 인정은 합리적인 의심이 없는 정도의 증명에 이르러야 한다.
증명	• 증명은 엄격한 증명과 자유로운 증명이 있는데, 증거능력의 유무, 증거조사의 방법의 차이일 뿐이지 심증의 정도에 차이가 있는 것이 아니므로 모두 합리적 의심의 여지없는 증명이 필요하다. • 피고인이 수사기관에서부터 공판기일에 이르기까지 일관되게 범행을 자백하다가 어느 공판기일부터 갑자기 자백을 번복한 경우, 자백진술의 신빙성 유무를 살피는 외에도 자백을 번복하게 된 동기나 이유 및 경위 등과 함께 수사기관 이래의 진술 경과와 진술의 내용 등에 비추어 번복진술이 납득할만한 것이고 이를 뒷받침할 증거가 있는지 등을 법관은 살펴보아야 한다.
증명	**엄격한 증명 대상** • 형벌권의 존부와 그 범위에 관한 사실 • 범죄 구성요건해당성 • 위법성과 책임 여부 • 처벌조건, 형의 가중사유 • 외국법규의 존재 여부 • 명예훼손죄의 명예훼손사실	**자유로운 증명 대상** • 몰수와 추징에 관한 사유 • 소송법적 사실(친고죄의 고소, 반의사불벌죄의 처벌희망의사, 진술의 임의성, 특신상태 등) • 탄핵증거 • 명예훼손죄에서 위법성조각사유 • 심신장애 여부

거증
책임
	• 공소사실, 처벌조각사유, 형의 가중감면사유 등 모든 부분에 대해서 거증책임은 검사에게 있다. 이는 in dubio pro reo(의심스러울 때는 피고인에게 유리하게)의 원칙상 당연하다.
	• 다만, 피고인에게 거증책임이 전환되는 예외가 있다.
	  - 형법 제310조 명예훼손의 위법성조각사유로서 공익성과 진실성
	  - 제263조 상해죄 동시범 특례에서 인과관계가 없다는 사실

4. 자유심증주의

① 제308조는 증거의 증명력은 법관의 자유판단에 의한다고 규정한다. 즉, 증거의 증명력을 법률로 규정하지 않고 법관이 자유롭게 판단하도록 하는 원칙이다. 그러나 자의적 판단을 인정하는 것이 아님
② 항소법원은 1심에서 채용한 증거의 신빙성에 의문이 있는 경우, 증거조사를 거친 동일한 증거라도 그 증거의 신빙성에 대해 더 심리한 후 채부를 판단해야 함
③ 공동피고인 중 1인이 다른 공동피고인들과 공동으로 범행하였다는 자백만을 믿어 공동피고인들 전부를 유죄를 인정하거나 또는 전부를 배척해야 하는 것은 아님
④ 형사재판에서 관련된 형사사건의 확정판결의 인정사실은 유력한 증거가 되지만, 사실판단상 그대로 채택하기 어려운 경우에는 배척할 수 있음
⑤ 상해진단서는 특별한 사정이 없는 한 유력한 증거가 되며, 합리적 근거 없이 그 증명력을 함부로 배척할 수 없으나, 어디까지나 합리적 의심이 없는 정도의 증명을 위하여 면밀하게 살펴보고 결정해야 함
⑥ 수사기관에서의 진술과 법정에서의 진술이 엇갈리는 경우 법관이 검찰진술의 신빙성을 높게 판단하여 유죄로 인정하더라도 자유심증주의에 위배가 아니다.

제2절 자백배제법칙과 자백보강법칙

1. 자백배제법칙

(1) 자백의 의미
① 자백이란 피고인·피의자가 수사기관 또는 공판정에서 범죄사실의 전부나 일부를 인정하는 진술
② 구성요건해당성을 인정하면서도 위법성조각사유나 책임조각사유를 주장하는 경우도 넓게 자백의 개념에 속함

(2) 자백배제법칙의 개념과 대상
① 자백이 수사기관의 고문·폭행·협박·부당한 구속의 장기화·기망 등으로 이루어진 경우 등과 같이 그 자백에 임의성이 없거나 의심이 있는 경우에는 증거능력을 인정하지 않는 제도
② 임의성이 의심되는 그 밖의 사유라는 것은 기망(약속)에 의한 자백, 밤샘조사, 진술거부권의 미고지, 변호인조력권의 침해상태에서의 자백, 유도신문에 의한 자백 등을 예로 들 수 있다.

(3) 임의성 입증책임과 자백배제법칙의 효과
① 자백의 임의성의 입증책임은 검사에게 있고, 판사는 이를 자유로운 증명으로 판단하면 된다.
② 임의성이 의심되는 자백은 증거로 사용할 수 없으며, 탄핵증거로 사용할 수도 없고 증거동의도 이루어지지 못한다.
③ 다만, 임의성을 의심하게 되는 수사방식과 피의자의 자백 사이에 인과관계가 인정되지 않는 경우에는 증거능력을 인정한다.

2. 자백보강의 법칙

(1) 의의
① 피고인의 자백이 당해 피고인에게 불이익한 유일한 증거인 때에는 이를 유죄 증거로 사용하지 못한다.
② 피고인의 자백 이외에 이를 보강할 만한 다른 증거(보강증거)가 1개라도 있어야 법원이 피고인에게 유죄를 내릴 수 있음
③ 일반 공판, 간이공판, 약식명령에서는 적용되지만, 즉결심판, 소년보호사건에서는 적용되지 않는다.

(2) 보강증거의 성질
① 보강증거는 증거능력이 있어야 함
② 직접증거 아닌 간접증거, 정황증거도 보강증거가 될 수 있음
③ 당해 피고인의 자백과는 독립적인 별개의 증거이어야 함. 다만, 피고인의 자백을 내용으로

하는(피고인이 범행을 자인하는 것을 들었다는 식의) 피고인 아닌 자의 진술은 비록 독립적 별개 증거의 성질은 가지지만, 보강증거가 될 수 없음
④ 공범자, 공동피고인의 자백은 피고인의 자백은 아니므로 서로에게 보강증거가 될 수 있음＝피고인의 자백에 공범자, 공동피고인의 진술은 포함되지 않음

제3절 위법수집증거배제법칙

1. 의의

① 헌법과 형사소송법이 정한 절차에 따르지 아니하고 수집된 증거는 원칙상 유죄인정의 증거로 할 수 없다. 즉, 증거능력이 부정됨.
② 피고인 또는 변호인이 공판에서 증거로 동의하더라도 증거능력이 부정되는 것이 원칙이다.
③ 다만, 절차위반행위가 적법절차의 실질 내용을 침해하는 경우에 해당하지 않고, 오히려 그 증거의 증거를 배제하는 것이 형사사법정의를 실현하려 한 취지에 반하는 예외적인 경우에는 증거능력을 인정하기도 한다. 그리고 사인에 의한 위법수집증거는 형사소송상의 진실발견이라는 공익과 개인 사생활보호라는 이익을 비교형량하여 결정하므로 증거로 사용될 수 있다.
④ 위법수집증거는 탄핵증거로 사용할 수 없으며, 증거동의도 허용할 수 없다.

2. 독수과실 이론

① 위법하게 수집된 1차 증거(독수＝독나무)에 의하여 발견된 제2차 증거(과실＝열매)는 증거능력을 부정한다.
② 다만, 위법수집된 1차 증거와 과실인 2차 증거 사이에 인과관계가 단절·희석된 경우에는 예외적으로 2차 증거의 증거능력을 인정한다.

3. 증거능력 인정 및 부정 사례

위법수집증거라서 배제 = 증거능력 부정	위법수집증거가 아니라서 배제 안 함 = 증거능력 인정
① 영장에 의하지 않은 신용카드 매출전표의 거래명의자에 대한 정보수집 ② 소지자·소유자·보관자가 아닌 자로부터 임의제출받은 압수물 ③ 공소제기 후 수소법원이 아닌 검사의 강제처분에 의해 취득한 압수물 ④ 진술거부권행사 여부에 대한 피의자의 답변이 기재되어 있지 않은 피의자신문조서 ⑤ 선거관리위원회의 직원이 진술이 녹음된다는 사실을 미리 알려주지 않은 채 녹음한 녹음테이프와 녹취록 ⑥ 법정에서의 증언을 재 번복하는 취지의 수사기관 작성 조서 ⑦ 압수수색영장을 피처분자에게 개별적으로 제시되지 않았고, 집행에 착수한 이후 우연히 반입된 물건에 대한 압수 ⑧ 영장 없이 위법하게 압수가 있은 직후에 피고인으로부터 작성 받은 그 압수물에 대한 '임의제출동의서'도 특별한 사정이 없는 한 증거로 사용할 수 없다. ⑨ 임의제출에 따른 압수의 동기가 된 범죄혐의사실과 구체적·개별적 연관관계 있는 전자정보로 보기 어려운 경우 수사기관이 사전영장 없이 이를 취득한 이상 증거능력이 없고, 사후에 압수·수색영장을 받아 압수절차가 진행되었더라도 달리 볼 수 없다. ⑩ 수사기관이 영장에서 '외부 서버에 저장된 전자정보'를 압수할 대상으로 특정하지 않고, 단지 PC나 휴대전화만을 기재한 경우 외부에 있는 클라우드에 대한 압수수색을 하는 것은 영장에 기재된 압수의 범위를 벗어나고, 이러한 영장에 의해 클라우드에서 수집한 불법 촬영물	① 피고인의 자백이 진술거부권 미고지 상태에서 이루어졌으나, 최초 자백 이후 40여일 지난 후에 변호인의 충분한 조력을 받는 상태에서 공개법정에서 임의로 자백이 다시 이루어진 경우=하자의 치유 ② 피해자에 대한 수사기관의 조사 시에 절차상의하자가 있었으나, 이후 공판절차에서 피해자가 자발적으로 출석하여 위증의 경고를 받고 선서 후 공개법정에서 임의로 진술을 한 경우=하자의 치유

4. 사인(私人)의 위법수집증거

국가기관이 아니라 사인(私人)이 위법하게 증거를 수집한 경우에는 학설이 나누어진다.

(1) 이익형량설

진실발견이라는 공익과 개인의 사생활보호라는 사익 사이에 비교형량을 하여 공익이 중대한 경우에는 증거능력을 인정하자.(판례의 입장)

(2) 권리범위설

기본권의 핵심영역을 침해하는 경우에는 증거능력을 부인하고, 기본권의 침해와 상관이 없는 경우에는 증거능력을 인정하자.

제4절 전문법칙

1. 전문법칙의 의의

① 전문증거란 공소사실 인정의 기초가 되는 사실을 범죄경험자(목격자, 피해자, 공범자, 심지어 피고인)가 직접 법원(판사)에게 진술하지 않고 다른 형태, 즉 서면이나 타인의 진술 형식 등 간접적으로 법원에 보고되는 증거이다.
② 전문증거는 진술증거로서, 물증과 같은 비진술증거는 전문증거에 해당하지 않는다.
③ 그리고 진술증거라고 하더라도 원진술의 내용이 된 사실의 존부가 요증사실인 경우에만 전문증거일 뿐이지, 원진술 존재 자체가 요증사실인 경우에는 전문증거가 아니다.
④ 원칙상 법관의 직접주의, 당사자의 반대신문권의 보장 결여, 증거의 신용성 결여를 이유로 하여 증거능력을 인정하지 않는다. 이를 전문법칙이라고 한다.
⑤ 다만, 일정한 요건을 갖추는 경우에는 증거능력을 예외적으로 인정한다.
⑥ 그리고 전문증거는 증거동의가 가능하다. 즉, 증거동의가 있으면 전문법칙을 적용하지 않고 전문증거의 증거능력을 인정한다.
⑦ 증거의 요건을 갖추지 못한 전문증거라도 이를 탄핵증거로 사용할 수는 있다.

2. 전문법칙의 예외

(1) 법관·법원의 면전조서(제311조)
① 당연히 증거능력을 인정한다.
② 공판준비 또는 공판기일에 피고인이나 피고인 아닌 자의 진술을 기재한 조서(공판준비조서, 공판기일조서), 법원 또는 법관의 검증조서, 증거보전절차(제184조)의 조서, 증인신문절차(제221조의2)의 증인신문조서가 이에 속한다.
③ 그러나 구속전 피의자신문조서, 체포·구속적부심문 조서, 다른 공판의 공판조서 등은 제311조가 아니라 제315조를 적용한다.

(2) 검사 작성 피의자신문조서(제312조 제1항, 제2항)
검사 작성 피신조서는 증거능력 요건은 다음과 같다.
① 적법절차와 방식에 의해 작성된 것(형식적 진정성립)
② 공판준비 또는 공판기일에 그 피의자였던 피고인 또는 변호인이 그 내용을 인정할 때에 한정하여 증거로 할 수 있다(2020년 개정).

(3) 검사 이외의 수사기관(사법경찰관) 작성 피의자신문조서(제312조 제3항)
① 사경 작성 피신조서의 증거능력요건은 다음과 같다.

㉠ 적법한 절차와 방식에 따라 작성된 것(형식적 진정성립)
　　㉡ 공판준비 또는 공판기일에 그 피의자였던 피고인 또는 변호인이 그 내용을 인정할 때에 한정하여 증거로 할 수 있다. = 실제 사실에 부합함을 의미한다.
　② 이때 피고인이 공판정에서 내용을 부인하면 증거로 사용할 수 없다는 것이다.

(4) 참고인진술조서(제312조 제4항)
진술조서의 증거능력요건은 다음과 같다.
① 적법한 절차와 방식에 따라 작성된 것(형식적 진정성립)
② 그 조서가 검사 또는 사법경찰관 앞에서 진술한 내용과 동일하게 기재되어 있음이 원진술자의 공판준비 또는 공판기일에서의 진술 또는 〈영상녹화물 또는 그 밖의 객관적인 방법〉에 의하여 증명(실질적 진정성립)
③ 피고인 또는 변호인이 공판준비 또는 공판기일에 그 기재 내용에 관하여 원진술자를 신문할 수 있었던 때(반대신문권의 보장)
④ 그 조서에 기재된 진술이 특히 신빙할 수 있는 상태 하에서 행하여졌음(특신상태)이 증명된 때에 한한다.

(5) 수사기관의 검증조서(제312조 제6항)
① 증거능력요건은 다음과 같다.
　　㉠ 적법한 절차와 방식에 따라 작성된 것(형식적 진정성립)
　　㉡ 공판준비 또는 공판기일에서의 작성자의 진술에 따라 그 성립의 진정함이 증명된 때
② 이때, 검증조서에 기재되었더라도 피의자나 피의자 아닌 자의 범행현장재연진술, 현장사진은 물적 증거가 아니라 진술증거의 성질을 가질 뿐이므로, 이는 제312조 제6항이 아니라 제312조 제1항부터 제4항의 요건에 따라서 증거능력 여부를 검토한다.
③ 사법경찰관이 피의자가 자백한 범행내용을 현장에 따라 진술·재연한 내용이 기재되고 재연 과정을 촬영한 사진을 실황조사서에 기재한 경우 실황조사서의 해당부분은 피의자신문조서와 실질적으로 동일하므로 피고인이 공판정에서 기재된 진술 내용 및 범행재연의 상황을 모두 부인한다면 그 실황조사서는 증거능력이 없다.

(6) 진술서(제313조 제1항, 제2항)
① 진술서란 수사기관 이외에서 피고인 또는 피고인 아닌 자가 작성한 진술서나 그 진술을 기재한 서류를 말한 것으로, 즉 사인이 수사기관 이외에서 작성한 일체의 자료(문서는 물론 사진, 영상, 녹음, 정보저장매체 등 특수매체를 포괄)을 의미한다.
② 이에 대한 증거능력 요건은 다음과 같다.
　　㉠ 공판준비 또는 공판기일에서의 그 작성자 또는 진술자의 진술에 의하여 그 성립의 진정함이 증명되면 증거로 사용할 수 있다.
　　㉡ 다만, 피고인의 진술을 기재한 서류인 경우에는 공판준비 또는 공판기일에서 그 작성자의

진술에 의하여 그 성립의 진정함이 증명되고, 그 진술이 특히 신빙할 수 있는 상태하에서 행하여 진 때(특신상태)에 한하여 피고인의 공판준비 또는 공판기일에 진술에도 불구하고 증거로 할 수 있다.

③ 그런데 진술서의 작성자가 공판준비나 공판기일에서 그 성립의 진정을 부인하는 경우: <u>과학적 분석결과에 기초한 디지털포렌식 자료, 감정 등 객관적 방법으로 성립의 진정함이 증명할 수 있다.</u> 이때 피고인 아닌 자가 작성한 진술서는 피고인 또는 변호인이 공판준비 또는 공판기일에 그 기재 내용에 관하여 작성자를 신문할 수 있었을 것(반대신문권 보장)을 요한다.

(7) 감정서(제313조 제3항)

감정서는 법원의 명령에 의한 감정이든 수사기관의 촉탁에 의한 감정이든, 제313조 제1항·제2항의 요건에 따라서 증거능력 여부를 판단한다.

(8) 증거능력의 예외(제314조)

공판준비 또는 공판기일에 진술을 요하는 자가 〈사망, 질병, 외국거주, 소재불명, 그 밖에 이에 준하는 사유〉로 인하여 진술할 수 없는 때에는(증거능력 예외 인정의 필요성), 그 진술이나 작성이 특히 신빙할 수 있는 상태 하에서 행하여졌음이 증명된 때에 한하여(특신상태), 그 조서 및 서류를 증거로 할 수 있다.

(9) 당연히 증거능력이 인정되는 서류

다음과 같이 특히 신용성이 높은 경우에는 당연히 증거능력을 인정한다.

① 가족관계기록사항에 관한 증명서, 공정증서등본 기타 공무원 또는 외국공무원의 직무상 증명할 수 있는 사항에 관하여 작성한 문서
② 상업장부, 항해일지 기타 업무상 필요로 작성한 통상문서
③ 기타 특히 신용할 만한 정황에 의하여 작성된 문서

(10) 전문진술

① 피고인이 아닌 자(공소제기 전 피고인을 피의자로 조사하였거나 조사에 참여했던 경찰관 등 포함)의 공판준비 또는 공판기일의 진술이 피고인의 진술을 그 내용으로 하는 것인 때에는 그 진술이 특히 신빙할 수 있는 상태하에서 행하여졌음이 증명된 때에 한하여 이를 증거로 할 수 있다(제316조 제1항).
② 피고인 아닌 자의 공판준비 또는 공판기일에서의 진술이 피고인 아닌 타인의 진술을 그 내용으로 하는 것인 때에는 원진술자가 사망, 질병, 외국거주, 소재불명 그 밖에 이에 준하는 사유로 인하여 진술할 수 없고, 그 진술이 특히 신빙할 수 있는 상태하에서 행하여졌음이 증명된 때에 한하여 이를 증거로 할 수 있다(제316조 제2항).

(11) 재전문진술

① 재전문진술이나 재전문진술을 기재한 조서에 대하여는 달리 그 증거능력을 인정하는 규정을 두고 있지 아니하고 있으므로, 피고인이 증거 동의를 하지 아니하는 한, 이를 증거로 할 수 없다.

② 판례는 경우에 따라서 재전문조서를 전문진술이 기재된 조서라고 표현하면서 "형사소송법 제312조 또는 제314조의 규정에 의하여 각 그 증거능력이 인정될 수 있는 경우에 해당하여야 함은 물론 나아가 형사소송법 제316조 제2항의 규정에 따른 위와 같은 요건을 갖추는 경우에 예외적으로 증거능력이 있다"고 판시하였다.

제5절 증거동의

1. 의의

① 검사와 피고인이 증거로 함에 동의한 서류 또는 물건은 법원이 진정한 것으로 인정한 때에 한하여 증거로 할 수 있다.
② 위법수집증거, 임의성이 없는 증거는 증거동의를 할 수 없으므로, 증거동의의 대상은 전문법칙이 적용되는 전문증거에 한정된다고 볼 수 있다.

2. 동의의 방식과 철회

① 증거동의의 주체는 당사자로서, 검사와 피고인이 법원을 향하여 동의하는 것이지, 피고인이 검사를 향해서 동의하는 것이 아니다.
② 변호인은 피고인의 명시적, 묵시적 의사에 반하지 않는 경우에만 동의를 할 수 있다.
③ 증거동의는 서면 또는 구술로서 가능하되, 명시적으로 하여야 한다.
④ 증거동의는 개개의 증거에 대해서 개별적으로 이루어져야 한다.
⑤ 증거동의의 철회와 취소가 가능하지만, 증거조사 완료 전까지만 가능할 뿐이고 증거조사 완료 후에는 할 수 없다고 본다. 따라서 증거조사 완료 후에 증거동의를 철회, 취소하더라도 증거능력이 상실되지 않음이 원칙이다. 다만, 증거동의를 한 최초의 진술에 그 효력을 그대로 유지하기 어려운 중대한 하자가 있고 그에 관하여 진술인에게 귀책사유가 없는 경우에는 그에 한하여 예외적으로 증거조사절차 완료 이후에도 증거동의의 진술을 취소할 수 있다.

3. 증거동의의 의제

① 피고인의 출정없이 증거조사를 할 수 있는 경우, 피고인이 출정하지 아니한 때에는, 대리인 또는 변호인이 출정한 경우를 제외하고, 피고인의 증거동의가 있는 것으로 간주함.
② 그러나 피고인이 출정하여 진술거부하는 경우는 증거동의한 것이 아님.
③ 간이공판절차에서는 전문증거에 대하여 증거동의가 의제되지만, 이에 대해서 검사, 피고인이 이의를 표시하면 증거동의를 의제하지 아니한다.

제6절 탄핵증거

1. 의의

① 전문증거라도 공판준비 또는 공판기일에 피고인 또는 피고인 아닌 자의 진술의 증명력(신빙성)을 다투기 위해서(보강이 아니라 감쇄하기 위해서) 증거로 할 수 있다. 이를 탄핵증거라고 한다.
② 탄핵증거는 전문증거에 대하여 진술자의 성격, 이해관계, 평판, 전과사실 등이 될 수 있으나, 범죄사실에 관한 주요사실 및 간접사실의 증거는 탄핵증거가 될 수 없다.

2. 탄핵의 대상과 방식

① 엄격한 증거조사를 거칠 필요는 없으나, 증거조사 자체를 생략할 수는 없음
② 전문법칙상 증거능력이 인정되지 않는 전문증거라도 탄핵증거로 사용할 수 있다. = 피고인이 내용을 부인한 사경 작성 피신조서는 제312조 제3항에 의해 증거능력이 없지만, 탄핵증거로는 사용할 수 있다.
③ 자백배제법칙, 위법수집증거배제법칙에 따라 아예 임의성이 없는 자백이나 증거는 탄핵증거로도 사용할 수 없음
④ 탄핵증거의 제출은 상대방에게 이에 대한 공격방어의 수단을 강구할 기회를 사전에 부여하여야 한다.

CHAPTER 06 재판

제1절 재판의 의의와 종류

1. 재판의 기본 개념

종국성 여부	종국재판	• 피고사건을 해당 심급에서 종결하는 재판 • 유죄판결, 무죄판결, 관할위반, 면소재판, 공소기각결정, 공소기각판결, 상소심의 파기자판·파기환송
	종국 전 재판	• 종국재판에 이르기까지 절차에 관한 재판 • 기피신청기각결정, 보석허가결정, 공소장변경 허가결정, 증거신청 기각결정, 국선변호인 선임신청에 대한 기각결정 등 판결 전 소송절차
실체판단 여부	실체재판	• 실체 법률관계 판단하는 판결로 기판력이 발생 • 유죄판결, 무죄판결
	형식재판	• 실체 심리하지 않고 절차상의 법률관계 판단 • 종국재판 중 공소기각결정, 관할위반판결, 면소판결, 그리고 종국 전 재판 • 면소판결만 기판력이 발생할 뿐이고, 나머지는 기판력 발생하지 않음

2. 종국재판의 유형

유죄판결	• 형의 선고판결(집행유예 포함, 노역장 유치기간 동시에 선고해야 함) • 형의 면제판결 • 형의 선고유예판결
무죄판결	• 범죄구성요건 없는 경우 • 위법성 조각사유나 책임조각사유가 있는 경우
공소기각결정	• 공소취소 • 피고인의 사망, 피고인인 법인이 존속하지 아니함 • 관할경합판결(형소법 제12조, 13조): 동일사건이 수개의 법원에 계속된 때, 관할이 없어진 법원은 공소기각결정 • 공소장 기재사실이 진실해도 범죄 될 사실이 포함되지 않은 경우 = 공소장기재사실 자체가 죄가 되지 않음이 명백한 경우

공소기각판결	• 피고인에 대한 재판권이 없는 경우 • 공소제기절차가 법률규정 위반으로 무효인 경우 • 이중기소(공소제기된 사건에 대하여 다시 공소가 제기된 경우) • 공소취소 후 중요증거가 발견되지 않았음에도 다시 공소제기된 경우 • 친고죄에서 고소취소된 경우 • 반의사불벌죄에서 처벌희망의사 철회된 경우
면소판결	• 확정판결이 있는 경우 = 기판력이 있는 경우 • 사면 = 일반사면만을 의미할 뿐, 특별사면은 × • 공소시효 완성 • 범죄 후 법령개폐로 형이 폐지된 경우
관할위반판결	피고사건이 법원관할에 속하지 아니하는 경우

3. 판결, 결정, 명령

	판결	결정	명령
판단주체	수소법원의 종국재판	수소법원의 종국전 재판	법원이 아니라 재판장, 수명법관 등 법관이 하는 재판 명령은 모두 종국 전 재판
종류	실체재판(유무죄 판결) 형식재판(관할위반, 공소기각, 면소)	보석허가, 증거신청결정, 공소장변경의 허가, 공판기일지정	재판장의 공판기일의 지정, 퇴정명령
구두변론	반드시 구두변론해야 함	구두변론을 해도 되고, 서면으로 해도 그만임. 다만, 필요 시 사실조사 가능	결정과 동일
이유 제시	반드시 선고 이유 제시	결정이유를 붙이지 않아도 됨	
선고	공개 선고	결정서등본 송달	
불복	상소(항소, 상고)	항고, 준항고	불복방법 없음 예외적으로 이의신청 또는 준항고 가능

제2절 상소

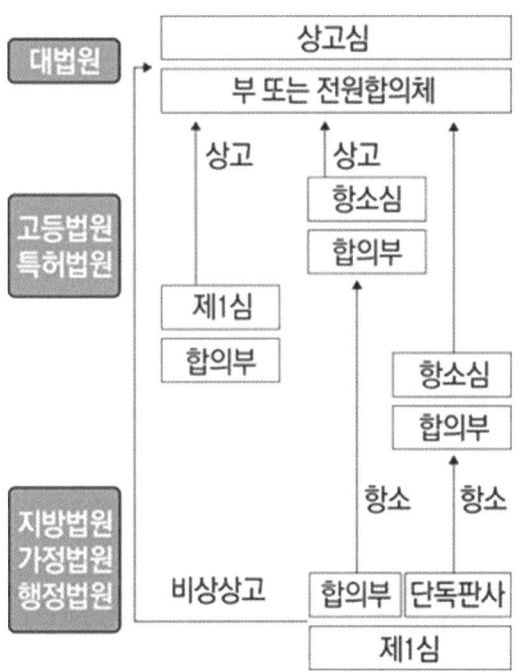

1. 상소의 의의

① 상소란 미확정 재판에 대해서 상급법원에 불복하는 제도를 말한다.
② 상소권자: 검사, 피고인
③ 상소대리권자: 피고인의 법정대리인(피고인의 명시적 의사에 반해서 독립 상소 가능), 피고인의 배우자, 직계친족, 형제자매, 원심 대리인이나 변호인(피고인의 명시적 의사에 반해서는 상소 불가)은 피고인을 위하여 상소할 수 있음
④ 상소제기기간: 선고 또는 고지한 날로부터 7일 이내
⑤ 상소제기기간방식: 상소장(서면)을 원심법원에 제출하여야 한다.
⑥ 재소자특칙: 다만, 재소자인 경우 교도소장, 구치소장, 또는 그 직무대리자에게 제출한 때에 상소를 제기한 것으로 간주한다.
⑦ 상소이익의 존재: 상소는 상소이익이 있어야만 가능하다. 따라서 무죄판결, 공소기각판결, 면소판결에 대해서 피고인이 상소하는 것은 상소이익이 없으므로 불가하다. 그러나, 법령의 폐지가 당초부터 헌법에 위반되어 효력이 없는 법령에 대한 것이라면 무죄사유에 해당하고, 이 경우 법령의 폐지를 이유로 면소를 선고한 판결에 대하여 무죄를 이유로 하는 상소는 가능.

⑧ 일부상소: 심판대상이 가분적인 경우에는 일부에 대해서만 상소를 할 수도 있다. 이때 상소법원은 일부 상소된 부분만을 심판할 뿐이다. 다만, 일죄, 상상적 경합(과형상 일죄) 등은 일부상소가 허용되지 않는다.
⑨ 상상적 경합관계에 있는 두 죄에 대하여 한 죄는 무죄, 한 죄는 유죄가 선고되어 검사만이 무죄부분에 대하여 상고한 경우에는 유죄부분도 상고심의 심판대상이 된다. 이에 비해서, 경합범 중 검사만이 무죄부분에 대하여 상고한 경우, 상고심에서 이를 파기할 때에는 무죄부분만을 파기할 수밖에 없다.
⑩ 상소포기: 상소제기기간 내에 검사나 피고인은 원심에 대해 상소권 행사를 포기할 수 있다.
⑪ 상소취하: 일단 제기한 상소를 철회하는 것으로 상소법원에게 상소심의 종국재판이 있기 전까지 가능하다.
⑫ 상소포기나 취하를 한 경우 다시 상소하지 못함
⑬ 상소권 회복: 상소권자나 그 대리인이 책임질 수 없는 사유로 상소제기기간 내에 상소하지 못한 경우, 당사자가 신청하여 법원의 결정으로 상소권을 회복시키는 것

2. 불이익변경금지

① 피고인이 항소한 사건과 피고인을 위하여 항소한 사건에 대해서는 원심판결의 형보다 중한 형을 선고하지 못함
② 상소심에 중형 부과를 우려하여 상소포기하는 사태를 방지하여 상소권을 보장하려는 차원
③ 즉결심판에 대한 정식재판청구 사건, 파기환송심, 재심 등에서도 적용되지만(즉, 불이익변경을 할 수 없음), 약식명령에 대한 정식재판청구된 사건에서는 불이익변경금지원칙이 적용되지 않는다(즉, 불이익변경이 가능). 다만, 형종을 상향할 수는 없다.
④ 형종이 높아지더라도 형량만 높아지지 않는다면 불이익변경금지원칙에 위배되지 않는다.
⑤ 검사만 상소한 경우, 검사와 피고인 쌍방이 상소한 사건에서는 불이익변경금지 적용되지 않음. 즉 불이익변경금지 원칙은 피고인만이 상소한 사건에서 원심의 형보다 중한 형을 선고할 수 없는 것에 불과하고, 그 형이 같은 이상 원심이 인정한 죄보다 중한 죄를 인정하였더라도 불이익변경금지 원칙에 위배되지 않음.

3. 항소

① 당사자(검사, 피고인)가 제1심에 불복하여 제2심(항소심)에 항소하는 것.
② 항소이유는 제1심 절차의 법령위반 또는 양형상의 부당을 들 수 있다.
③ 항소심은 사후속심의 성질이 있기 때문에 1심에서 증거조사가 완료된 증거는 증거능력을 인정하며, 보통 파기할 경우에도 파기환송하기보다는 파기자판하는 편이다.
④ 항소제기는 1심의 선고나 고지가 있는 날로부터 7일 이내에 하여야 하고, 원심법원에 하여야 한다.

⑤ 원심법원은 항소제기가 항소 자체가 위법하면 기각하지만, 기각하지 않는 경우에는 14일 이내에 소송기록과 증거물을 항소법원에 송부하여야 한다.
⑥ 서류 등을 송부받은 항소법원은 즉시 항소인에게 소송기록접수통지를 하여야 하고, 소송기록 접수통지를 받은 항소인은 20일 이내에 항소이유서를 제출하여야 한다.
⑦ 항소이유서를 제출받은 항소법원은 그 상대방에게 이를 통지해야 하고, 상대방은 통지받은 날로부터 10일 이내에 답변서를 제출하여야 한다.
⑧ 경합범에 대해서 항소장에는 일죄에 대한 형만을 기재하고 나머지 일죄에 대해서 기재하지 않았더라도 항소이유서에 나머지 죄에 대해서도 항소이유를 개진한 경우 판결 전부를 항소한 것으로 간주한다.
⑨ 이미 항소이유서를 제출하였더라도 항소이유의 변경 등이 가능하므로 항소이유서 제출기간을 기다리지 않고 법원이 항소사건을 심판할 수는 없다.

4. 상고

① 당사자가 제2심판결에 대해서 불복하여 제3심(상고심), 즉 대법원에 상고하는 것
② 대법원의 상고심은 법률심이라서 원심판결(제2심)의 증거조사 등 절차의 당부만을 심판하는 것이 원칙이지 형량을 정하는 것이 아니므로 증거조사 자체를 하는 것이 아니다.
③ 따라서 대법원이 직권조사를 하는 경우가 아니고는 새롭게 증거조사를 할 수 없고, 원심판결 후 나타난 증거의 경우로 상고이유서에 첨부했더라도 사용할 수 없음이 원칙이다.
④ 그리고 양형부당을 이유로 상고할 수 없음이 원칙이고, 단지 절차상의 위법만을 이유로 상고할 수 있을 뿐이다. 그래서 항소심에서 항소이유로 다투지 않은 사항, 항소법원이 직권으로 심판대상으로 하지 않은 사항, 양형부당만을 항소하였다가 항소기각된 경우, 법령위반이나 사실오인을 주장하면서 상고하는 경우, 구체적인 논리법칙이나 경험 법칙 위반을 지적하지 아니한 채 원심의 증거 취사와 사실 인정만을 다투는 경우, 피고인의 신병확보를 위한 구속 등 조치와 공판기일의 통지나 재판의 공개 등 소송절차 법령에 위반한 경우는 상고를 부정한다.
⑤ 다만, 법령위반 이외의 사유로는 ㉠ 판결 후 형의 폐지나 변경, 사면이 있는 경우, ㉡ 재심청구 사유가 있는 경우, ㉢ 사형, 무기, 10년 이상의 징역·금고가 선고된 경우, ㉣ 형의 양정이 심히 부당하다고 인정할 현저한 사유가 있는 경우에는 상고가 인정된다. 구체적인 예를 보면, 형사소송법 제180조는 국어에 통하지 아니하는 자의 진술에는 통역인으로 하여금 통역하게 하여야 한다고 규정하고 있으므로 국어에 통하지 아니하는 피고인에게 진술하게 함에 있어서 통역인을 붙이지 아니하고 공판심리를 진행하여 유죄판결을 선고한 경우는 상고이유가 인정된다.
⑥ 상고의 제기도 7일 이내이며, 원심법원(제2심)에 제출하여야 한다. 원심법원은 상고가 위법하거나 상고권 소멸 이후이면 상고기각결정을 하여야 하되, 그렇지 않으면 상고법원에 14일 이내에 송부하여야 한다.
⑦ 상고심은 보통 서면심사가 주를 이루지만, 변론을 개시할 수도 있는데, 이때에는 피고인이 출석

할 필요가 없고, 검사와 변호인은 출석하여야 한다. 즉, 피고인 자신은 변론할 수 없고 변호인만이 피고인을 위해 변론할 수 있을 뿐이다.

⑧ 상고심은 법률심이라서 파기하는 경우라도 파기자판을 거의 하지 않고 파기환송을 하는 편이다.

⑨ 파기환송된 경우 상급심의 판단이 하급심을 구속하는 효력을 가지는데, 이를 파기판결의 기속력이라고 한다. 다만, 파기환송심은 새로운 증거가 있다고 판단되면, 상급심(제3심)의 판단에 기속되지 아니할 수 있다.

5. 기판력(일사부재리)

① 유무죄 실체판결(약식명령, 즉결심판 포함), 면소판결 등이 확정되면(확정판결) 동일사건으로 다시 심리판결받지 않는다는 소송법상 효력

② 확정판결의 기판력은 공소제기된 당해 공소사실 자체 뿐만 아니라 그것과 동성이 인정되는 공소사실 전체에 미친다.

③ 가정폭력사건으로 가정법원의 보호처분사건 또는 소년범죄에 대한 소년보호사건에 대해서는 원칙상 기판력이 존재하지 않는 것이다. 그러나 이에 대해서 가정법원의 처분이 확정된 경우 다시 검사가 이를 공소제기한다면, 법원은 공소기각판결을 하여야 한다.

제3절 특별소송절차

1. 약식명령

개념	① 검사의 청구가 있는 때 공판절차를 거치지 아니하고 서면심리만으로 벌금·과료·몰수의 재산형을 부과하는 간이절차 ② 청구권자: 검사 ③ 서면심사, 비공개심사가 원칙으로 공개재판주의, 직접심리주의, 공소장변경이 적용되지 아니한다. ④ 사실조사와 증거조사는 가능하며, 증거에 대해 위법수집증거배제, 자백배제 및 자백보강법칙은 적용되지만, 서면심사원칙이라서 전문법칙은 적용되지 아니한다. ⑤ 청구가 있는 날로부터 법원은 14일 이내에 약식명령을 하여야 한다. ⑥ 약식명령에서는 무죄, 공소기각 등 다른 판결을 내릴 수 없다. ⑦ 약식명령의 기판력 발생시점은 발령시로 본다. ⑧ 대상자가 약식명령에 따른 벌금 등을 납부하면 기판력이 발생한다.
정식재판 절차	① 약식명령에 불복이 있는 경우에는 약식명령의 고지를 받은 날로부터 7일 이내에 정식재판을 청구할 수 있다. ② 정식재판 청구권자는 제1심 판결선고 전까지는 취하할 수 있으나 한번 취하를 하면 재청구는 할 수 없다. ③ 정식재판의 청구사건에 대해서 확정판결이 있으면 약식명령은 효력을 잃는다.

2. 즉결심판절차

개념	① 피고인에게 20만원 이하의 벌금·구류·과료에 처할 경미범죄에 대하여 지방법원, 지방법원의 지원, 시군법원의 판사가 공판절차에 의하지 아니하고 즉결심판절차법에 의해 신속처리하는 심판절차 ② 청구권자: 경찰서장(검사의 기소독점주의 예외) ③ 자백배제법칙, 위법수집증거배제법칙은 적용되지만, 자백보강법칙이 적용되지 않음 ④ 법원은 사건이 즉결심판을 할 수 없거나 적당하지 않다고 인정되면 결정으로 즉결심판의 청구를 기각하여야 하며, 이때에는 경찰서장은 지체없이 사건을 지방검찰청 또는 지청의 장에게 송치하여야 한다. ⑤ 즉결심판에서는 무죄, 공소기각 등의 판결을 내릴 수 있으며, 즉결심판의 판결이 확정되면 기판력이 발생한다.
정식재판 절차	① 피고인과 경찰서장(경찰서장은 검사 승인)은 즉결심판 선고·고지를 받은 날부터 7일 이내에 정식재판을 청구할 수 있다. ② 정식재판 청구권자는 제1심 판결선고 전까지는 포기·취하할 수 있으나 한번 취하를 하면 재청구는 할 수 없다.

	약식명령절차	즉결심판절차
취지	경미사건이 신속처리	
근거법규	형사소송법	즉결심판절차법
청구권자	검사	경찰서장
관할법원	지방법원	지방법원·지원·시군법원의 판사
대상사건	벌금, 과료, 몰수 사건	20만원 이하의 벌금, 구류 과료 사건
심리방법	서면심리, 비공개	구두·직접·공개주의
피고인 출석	불필요	필요

3. 배상명령제도

개념	범죄의 피고사건에 대해 유죄판결을 선고할 경우, 법원은 직권 또는 피해자의 신청에 의하여 피고사건의 범죄행위로 인해 발생한 직접적인 물적 피해 및 치료비 손해의 배상을 명하는 절차
대상 범죄	① 상해죄, 중상해죄, 상해치사죄, 폭행치사상죄, 과실치사상죄, 장물죄를 제외한 재산죄＝보험사기도 대상임 ② 유죄판결이 선고되는 경우에만 가능한 것이지, 무죄, 면소 등을 선고할 때에는 배상명령을 내릴 수 없다.
배상 범위	① 직접적인 물적 피해 및 치료비, 위자료에 한정되지만, 상호가 합의된 금액에 대해서도 배상명령 범위 내에 포함시키고 있다. ② 따라서 간접적 손해, 기대이익의 상실은 배상명령이 아니라 민사소송에 의해서 진행할 수밖에는 없음
절차	① 피해자의 신청에 의해서 할 수 있으나, 법원의 직권으로 배상명령이 가능함. ② 피해자의 신청은 제1심, 제2심의 판결선고 전까지 가능하다. ③ 피해자나 그 상속인의 신청으로도 가능하지만, 다른 절차에 의해 손해배상청구가 소송 중인 경우에는 신청할 수 없음. ④ 배상신청이 부적법하거나 이유가 없으면 각하함 ⑤ 배상명령은 확정되기 전까지 취하할 수 있으나, 한번 취하한 후에는 다시 청구할 수 없다. ⑥ 법원은 증거조사를 할 수도 있다. ⑦ 배상명령은 유죄판결 선고와 동시에 하여야 함 ⑧ 법원의 결정에 대해서 신청인은 불복할 수 없으나, 피고인은 배상명령에 대해서만 상소제기기간 내에 즉시항고 할 수 있음

범죄학개론
범죄수사학

제4편

CHAPTER 01 수사의 기초이론

제1절 범죄수사

1. 수사의 의의

(1) 개념
① 형사사건에서 공소제기 여부의 결정 또는 공소제기·유지를 위한 준비로서, 범죄사실의 조사, 범인검거, 증거수집, 피해자보호, 사회질서 회복 등 수사기관의 활동
② 실무에서는 이 외에도 피해자보호, 사회질서 회복, 범죄예방 등이 복합적으로 이루어지고 있는 편이다.

(2) 광의의 수사와 협의의 수사

광의의 수사	• 수사실행 전 단계에 이루어지는 내사, 수사단서의 수집 까지 모두 포괄
협의의 수사	• 입건(수사개시)부터 공소제기 전까지의 과정만을 의미
협의의 수사에 포함되지 않는 것	• 민사사건, 주택가 순찰행위, 수사개시 이전의 활동인 내사, 불심검문, 변사체검시, 검사의 증인신문이나 피고인신문, 사인의 현행범인 체포, 법원의 피고인구속 등

2. 수사의 기본이념 및 지도원리

실체적 진실발견	• 수사관 자신이 객관적 사실의 진상 규명 차원(실질적 의미의 수사) • 적법절차의 원칙과 물리적 제약(인력, 시간)에 의해 제한받을 수 있음.
적법절차 준수	• 기본권 인권보장을 위해 법정절차를 준수하는 차원(형식적 의미의 수사) • 형식적 의미에서 현존하는 적법절차의 준수는 물론이고 실질적 의미에서 적정하지 않은 절차를 배제하는 방식이다.
무죄추정 원칙	• 피의자·피고인은 유죄판결 확정될 때까지는 무죄로 추정된다.
임의수사 원칙	• 수사는 임의수사가 원칙이고, 강제수사는 법에 정한 규정이 있는 경우에만 가능(강제수사 법정주의)
영장주의	• 강제수사의 경우, 원칙적으로 영장에 의거해야 함
필요최소한도 법리 (수사비례원칙)	• 임의수사, 강제수사 모두 필요최소한도 범위 내에서만 허용된다.
자기부죄강요 금지	• 피의자·피고인은 진술거부권이 보장되고, 그에 대한 고문이 금지된다.
수사비공개 원칙 (수사밀행 원칙)	• 수사의 개시와 실행은 공개하지 아니 한다. • 공판이 공개주의인 점과 구별된다.

3. 수사의 조건

수사의 필요성	• 범죄혐의가 있다고 사료되는 경우에 수사해야 함 • 수사단계에서 혐의란 수사기관의 주관적 혐의로서 구체적 사실에 근거를 둔 혐의이다. • 공소제기 가능성이 없는 경우는 수사가 허용되지 않음
수사의 상당성 (수사비례 원칙)	• 수사목적 달성에 필요한 경우에 한하여 사회통념상 상당하다고 인정되는 방법 등에 의하여 수사는 수행되어야 함 • 임의수사가 원칙이고 강제수사는 법이 정한 경우에 한하여(강제수사 법정주의), 필요 최소한도 범위 안에서만 하여야 한다.

4. 범죄수사의 원칙

선증후포	• 사건에 관해 먼저 조사하고 증거를 확보한 후에 범인을 체포해야 한다.
법령준수	• 범죄수사 관련 법령을 숙지하고 철저히 준수
민사관계 불간섭	• 형사사건에 한해서만 수사하고, 민사사건은 수사대상에 해당하지 않음
종합수사	• 모든 자료를 종합하여 상황을 파악하고 체계적·조직적으로 종합수사

제2절 수사기관과 경찰조직

1. 검사

① 검사는 공소권자인 동시에 수사기관으로 수사개시권, 수사종결권, 공소제기권 및 유지권, 재판집행의 지휘감독권 등을 가진다.
② 범죄수사에 관하여 검사는 경찰공무원 중 일반사법경찰관(경무관, 총경, 경정, 경감, 경위)과 협조하는 관계에 있다.
③ 검찰청 소속 사법경찰관리(검찰수사관)는 검사의 지휘를 받아 검사의 수사를 보조한다.
④ 검찰은 대검찰청(검찰총장), 고등검찰청(검사장), 지방검찰청(검사장), 지청(지청장)의 조직으로 이루어진다.

2. 사법경찰관리

일반 사법경찰관	• 경찰공무원 중 경무관, 총경, 경정, 경감, 경위는 사법경찰관으로서 범죄의 혐의가 있다고 사료하는 때에는 범인, 범죄사실과 증거를 수사함(독자적 수사개시권 있음) • 검찰수사관 중 검찰수사서기관, 검찰수사사무관, 검찰수사주사, 검찰수사주사보는 사법경찰관으로서 검사의 지휘·감독 하에서 수사를 수행함(독자적 수사개시권 없음)
일반 사법경찰리	• 경찰공무원 중 경사, 경장, 순경 • 검찰수사관 중 검찰서기, 검찰서기보 • 수사개시권이 없고, 수사를 보조함
특별 사법경찰관리	• 일반 사법경찰관리 이외의 자로서 자신의 직무사항에 대해서 사법경찰관리의 직무를 행하는 자로서 검사의 지휘·감독 하에서 수사를 수행함. • 교도소장, 소년원장 등 교정관련 공무원, 출입관리업무 종사 4급 이하 공무원, 산림청 및 지자체 소속 산림보호 단속공무원, 세관공무원, 세무공무원, 소방위 또는 지방소방위 이상의 소방공무원 등 • 대부분 공무원이지만, 선장이나 항공기 기장과 같이 일반 사인 중에서도 특별 사법경찰권을 가진 경우가 있음

3. 경찰의 조직

경찰청	• 시도경찰청과 경찰서의 수사업무를 총괄·기획·지도 • 직접적인 수사기능도 가지고 있음
국가수사본부	• 경찰청에 국가수사본부를 두며, 국가수사본부장은 치안정감으로 보한다. • 국가수사본부장은 형사소송법상 경찰의 수사에 관하여 각 시도경찰청장과 경찰서장 및 수사부서 소속 공무원을 지휘감독한다. • 국가수사본부장의 임기는 2년으로 하며, 중임할 수 없다. 탄핵소추의 대상이 된다. • 국가수사본부장은 임기가 끝나면 당연히 퇴직한다. • 국가수사본부는 수사인권담당관, 수사기획조정관, 수사국, 형사국, 안보수사국으로 구성되며, 수사기획, 조정, 지휘, 관리 등 수사행정 업무를 담당한다. • 다만 국가차원 수사가 필요한 주요사건에 대해 직접 인지하여 수사하고 있는데, 그 예로 수사국 경제범죄수사과(경제금융범죄), 수사국 사이버범죄수사과(사이버테러범죄), 안보수사국 안보수사1과 및 2과(보안범죄)가 있다. • 경찰청장은 개별 사건의 수사에 대해 구체적 지휘·감독을 하려는 경우에는 그 필요성 등을 신중하게 판단해야 한다. • 경찰청장은 국가수사본부장에게 개별사건의 수사에 대해 구체적 지후를 하는 경우에는 서면으로 지휘해야 한다. • 경찰청장은 서면지휘가 불가능하거나 현저히 곤란한 경우에는 구두나 전화 등 서면 이외의 방식으로 지휘할 수 있다. 이 경우 사후에 신속하게 서면으로 지휘내용을 송부해야 함

시도경찰청	• 수사과와 형사과에서 주요사건을 인지하여 직접 수사하여 처리함 • 다만 시도경찰청에서는 고소·고발 사건은 담당하지 않으므로, 고소장이나 고발장이 시도경찰청에 접수되면 일반적으로 관할 경찰서로 이첩하여 경찰서에서 수사함 • 경찰서의 수사 기획·조정·지휘관리 등 행정업무
경찰서	• 경찰서장은 해당 관할 경찰업무를 총괄하지만, 개별사건에서 수사과장, 형사과장 및 수사경찰을 직접 지휘하지 않음 • 수사과에는 지능범죄수사팀, 경제범죄수사팀, 사이버범죄수사팀이 있다. 　- 지능범죄 수사팀: 공무원범죄, 선거범죄, 특별법위반, 보험사기 관련사건 　- 경제범죄수사팀: 사기, 횡령, 배임 등 재산범죄, 각종 기관고발사건, 고소 고발 사건 　- 사이버범죄수사팀: 주로 인터넷 사기 사건, 음란물, 저작권법 위반 사건 • 형사과에는 강력팀과 형사팀이 있다. 　- 강력팀: 살인, 강도, 강간, 방화, 절도, 마약, 조폭 사건 등 　- 형사팀: 상해, 폭행, 공갈, 협박, 손괴, 도박 및 당직사건 등

4. 고위공직자수사처(공수처)

(1) 수사대상

① 고위공직자란 대통령, 국회의장, 국회의원, 대법원장, 대법관, 헌법재판소장, 장차관 등 정무직 공무원, 시도지사, 판사, 검사, 경무관 이상 경찰공무원, 금감원 원장 및 부원장, 감사원이나 국정원 3급 이상 공무원, 장성급 장교(현역 면한 경우도 포함) 등을 말한다.

② 그의 가족이란 배우자, 직계존비속이지만, 대통령은 배우자와 4촌 이내 친족까지이다.

③ 고위공직자의 범죄는 뇌물수수, 직권남용 등 공무원의 직무범죄, 정치자금법 위반, 특정범죄가중처벌법상 알선수재, 변호사법 위반죄 등으로 규율하고 있다.

(2) 수사처검사의 직무와 권한

① 수사처검사는 대상범죄에 대하여 수사와 공소제기 및 유지에 필요한 행위를 한다.

② 수사처검사는 공직자수사처장의 지휘·감독에 따르며, 수사처수사관을 지휘·감독한다.

③ 수사처검사는 구체적 사건과 관련하여 수사처장의 지휘·감독의 적법성 또는 정당성에 대하여 이견이 있을 때에는 이의를 제기할 수 있다.

④ 수사처수사관은 수사처검사의 지휘·감독을 받아 직무를 수행한다.

⑤ 수사처수사관은 고위공직자범죄등에 대한 수사에 관하여 사법경찰관의 직무를 수행한다.

CHAPTER 02 수사의 개시

제1절 내사(입건 전 조사)

1. 내사의 개념

① 수사기관이 범죄혐의 유무를 확인하기 위하여 수사 개시 전에, 즉 입건 전 단계로서 수행하는 사전적 조사절차이다.
② 내사는 정식 수사절차가 아니라 범죄혐의 확인을 위한 정보수집단계일 뿐이다.
③ 보험사기 사건의 경우 대부분 진정서나 수사협조의뢰로 접수되는데, 이때 서류와 접수는 피혐의자에 대한 처벌을 구하는 의사표시, 즉 고소나 고발로 보기 어려워서, 수사개시를 하기보다는 보통 내사를 거쳐 수사필요성을 먼저 확인하는 편이다.

2. 내사의 절차

① 내사의 대상이 된 자를 피내사자라 부르며, 이 밖에도 용의자, 피진정인 피탄원인도 내사대상자가 될 수 있음
② 내사는 주변조사, 사실조회, 피내사자조사 등 임의적 방법으로 진행함이 원칙이지만, 필요시 대물적 강제수사도 가능
③ 내사결과 수사로 전환하는 경우, 내사를 종결하고 범죄인지서를 작성하여 수사를 개시해야 한다. 이처럼 사건을 형사사법포털(KICS)에 등록하고 사건번호를 부여하는 것을 입건이라고 한다.
④ 내사결과 수사절차로 전환하지 않는 경우, 내사종결(혐의 없음, 죄가 안 됨, 공소권 없음), 내사중지(소재불명), 내사병합, 내사이첩 등의 처분을 한다.
⑤ 진정내사의 경우, 단순 풍문이나 인신공격성 내용, 민사소송이나 행정소송의 사항 등인 경우, 공람종결로 처리한다.

제2절 수사의 단서

의의	• 수사를 개시할 수 있는 자료 • 수사개시를 위한 범죄혐의란 객관적 혐의일 필요까지는 없고, 수사기관의 주관적 혐의로 가능 • 고소 · 고발 · 자수 시에는 즉시 수사를 개시하지만, 기타 수사의 단서인 경우에는 범죄혐의가 있다고 판단될 때에만(범죄인지) 수사를 개시함
수사기관의 체험에 의한 단서	• 현행범인 체포 / 불심검문 / 변사자 검시 / 다른 사건 수사 중 범죄발견 / 언론보도, 출판물, 풍설(소문)
수사기관이 아닌 타인의 체험에 의한 단서	• 고소, 고발: 범인을 알고 처벌해달라는 의사표시 / 자수 / 피해신고: 단순히 피해사실을 경찰 등에 알리는 것(범인의 처벌을 구하는 의사표시가 명확하지 않음) / 익명의 신고(투서, 밀고, 탄원, 진정 등)
법률규정과 수사단서	• 형사소송법 규정: 현행범인 체포, 고소, 고발, 변사자 검시 • 경찰관직무집행법 규정: 불심검문 • 법률규정이 없는 경우: 신고, 언론보도, 풍설 등

CHAPTER 03 임의수사와 강제수사

제1절 임의수사

1. 임의수사의 원칙

① 수사는 원칙적으로 임의수사방법으로 이루어져야 한다는 것이 원칙이다.
② 다만, 임의수사가 어려운 경우에 강제수사는 법에 정해진 경우에 한한다고 하여 강제수사 법정주의를 예외로 규정하고 있다.
③ 피의자신문, 참고인: 조사, 사실조회 등은 임의수사로 보고, 물적 증거와 관련한 압수, 수색, 검증, 인적 증거와 관련한 체포, 구속은 강제수사로 본다.

2. 대인적 임의수사

① 대인적 임의수사에는 출석요구, 임의동행, 피의자신문, 참고인조사 등이 있다.
② 임의동행: 상대방이 자발적인 의사로 동행에 응한 경우에 한하여 경찰관서 등 수사기관에 동행할 수 있다.
③ 피의자신문은 출석요구와 출석 시 질문방식으로 이루어진다. 즉, 수사대상자 확보를 위해 검사 또는 사법경찰관은 수사에 필요한 경우 피의자의 출석을 요구하여 진술을 들을 수 있다는 것이다.
④ 수사대상자가 작성한 진술서를 제출받거나 문답형식을 통해 피의자를 신문한 경우에는 피의자신문조서를, 참고인을 조사한 경우에는 참고인진술조서를 작성하여야 한다.
⑤ 수사기관은 진술을 강요해서는 안 된다. 따라서 피의자에게는 신문 전에 진술거부권을 고지하여야 한다. 다만, 피의자가 아닌 자, 즉 참고인에게는 진술거부권을 고지할 필요까지는 없다.
⑥ 진술을 강요하여 얻어낸 경우 해당 조서는 증거능력이 부정된다.
⑦ 보험조사원은 조사착수 단서가 압수되면 조사를 실시하는데, 혐의자에 대해 진술서 또는 조서 형식으로 진술을 기록하는 편이다. 이때 강요에 의한 진술이라면 임의성이 부정되어 증거능력이 부인될 수도 있다.

3. 대물적 임의수사

① 수사기관의 공무소 등 사실조회는 임의수사에 해당한다. 즉, 수사기관은 공무소 기타 공사단체에 조회하여 필요사항의 보고를 요구할 수 있다.

② 다만, 이는 강제할 수 있는 것이 아니라 원칙적으로 협조를 요구하는 것이므로 해당 기관의 동의가 필요하다.
③ 동의가 이루어지지 않는 경우 수사상 반드시 필요하다면 그때에는 영장에 의한 강제수사로 절차가 이전되는 것이다.
④ 거래내용 등 금융정보(계좌추적), 가입자의 전기통신 일시 등 통신관련 정보 등 민감한 개인정보에 대해서는 사실조회 등 임의수사 방식으로 요청하기 어렵고, 법원이 발부한 영장 또는 허가장으로 집행이 이루어져야 한다.
⑤ 소유자, 소지자, 보관자 등의 임의제출물과 유류물은 임의로 확보할 수 있고 사후영장 청구도 필요 없다. 이들도 공판정에서 증거능력을 인정받는다.

제2절 강제수사

1. 체포

(1) 체포영장 청구와 집행
① 대인적 강제수사는 영장에 의해서 이루어진다.
② 범죄혐의가 상당한 자가 출석에 불응하거나 출석불응의 우려가 있다면 사법경찰관은 검사에게 신청하여 검사가 지방법원판사에게 체포영장을 청구할 수 있고 판사가 판단하여 체포영장을 발부할 수 있다.
③ 체포영장을 집행할 때에는 영장을 사전제시하는 것이 원칙이다.
④ 다만, 급속을 요하는 경우에는 영장이 발부되었음을 고하고 먼저 집행한 후 사후제시하는 방식도 가능하다. 체포영장 집행 시 반항하는 경우에도 먼저 집행한 후 사후제시할 수밖에 없는 경우도 있다.
⑤ 체포 시에는 체포되는 피의자에게 피의사실 요지, 체포이유, 변호인선임권, 변명기회를 주어야 한다. 이를 미란다고지원칙이라고 한다.

(2) 체포영장의 신청서의 기재사항
① 영장신청내용에는 죄명, 인치장소로서 소속경찰서, 구금장소에는 소속경찰서가 사용하는 유치장을 사용하고 있는 경찰서를 기재한다.
② 피의자 특정을 비교적 명확히 기재하는 편이다. 이때 피의자의 성명, 주민등록번호, 직업, 주거, 범죄사실 등을 기재하는데, 주거 기재는 생략이 가능하다. 피의자의 성명이나 주민등록번호가 불명확하면 성명불상으로 처리하되 그 신상의 특이점을 기재하여 특정할 수 있다.
③ 범죄사실 및 체포를 필요로 하는 사유를 기재하여야 한다. 범죄사실 혐의가 상당하다는 점,

피의자가 출석요구에 불응 또는 불응우려가 있다는 점, 도망이나 증거인멸의 염려가 있다는 점 등을 기재해야 한다.

④ 영장의 유효기간은 7일을 넘지 않도록 작성하여야 하지만, 7일 이상으로 신청하고자 하면 그 취지와 사유를 기재하여야 한다.

⑤ 체포영장에 의한 기소중지 의견으로 송치할 경우 공소시효 만료 시까지 유효한 영장의 발부를 신청할 수 있는데, 이때 그 사유를 기재하여야 한다.

⑥ 체포영장은 원본집행이 원칙이므로 집행장소가 2군데 이상이면 그 취지와 사유를 기재하여 신청할 수 있다.

⑦ 동일사건으로 이미 체포영장을 신청한 적이 있다면, 다시 체포영장을 신청하는 취지, 이유를 기재하여야 한다. 이전에 발부받은 체포영장의 유효기간이 도과한 경우도 마찬가지이다.

(3) 영장에 의하지 아니한 체포
① 현행범인 체포나 긴급체포가 영장에 의하지 아니한 체포에 해당한다.
② 이에 비해서 구속은 반드시 영장에 의하는 것일 뿐, 영장 없는 구속이란 없다.

2. 구속

(1) 구속의 청구와 발부
① 피의자가 범죄 범하였다고 의심할 만한 상당한 이유가 있고 피의자가 일정 주거가 없거나, 도망하거나 도망의 염려가 있는 경우, 증거인멸의 염려가 있는 경우에는 사법경찰관은 검사에게 구속영장을 청구할 수 있고 검사는 지방법원판사에게 영장을 청구할 수 있으며 판사는 영장을 발부할 수 있다.
② 이때 판사는 구속 전 피의자심문을 반드시 하여야 한다.
③ 판사는 범죄의 중대성, 재범의 위험성, 피해자 및 참고인 등에 대한 위해 우려 등을 고려하여 결정한다.

(2) 구속영장신청서의 기재사항
① 해당하는 죄명, 체포된 피의자에 대한 구속영장 청구인 경우에는 체포의 유형을 기재한다.
② 구속장소에는 소속경찰서가 유치장을 사용하고 있는 경찰서를 기재하고, 영장의 유효기간은 10일을 넘지 않도록 기재한다.
③ 일시장소는 구체적이고 명확하게 기재하여야 한다. 연월일은 물론 시분까지 기재하여야 하며, 장소는 각각 해당장소를 주소는 물론 건물명이나 상호까지 기재하여야 한다.
④ 인치한 경우 피의자를 최초로 인치한 장소를 작성하여야 하는데, 보통 경찰서 사무실에 해당하며, 구금한 경우 피의자를 유치한 유치장에 해당한다.
⑤ 범죄사실 및 체포 전 상황은 물론 체포 후 피의자에 대한 조사, 대질조사, 각 주장과 물증의 부합관계 등을 통해 범죄혐의의 상당한 의심이 있음을 설명하여야 한다.

⑥ 피의자가 일정 주거가 없는 경우 피의자의 주거지에 대한 피의자의 진술 및 경찰의 소재조사 내용을 기재하여야 한다.
⑦ 증거인멸 염려가 있는 경우 피의자가 이미 피해자 등 증인에게 위해를 가한 사실이 있음, 물적 증거가 피의자 관리 하에 있음 등을 기재하여야 한다.
⑧ 도망하거나 도망할 염려의 경우, 피의자가 체포 전에 이미 도망간 사실, 도망하기 위해 재산 등을 정리하거나 도주장소를 마련했다는 사실 등을 기재하여야 한다.
⑨ 피의자는 무죄추정에 따라 불구속수사가 원칙이므로, 범죄의 중대성, 재범의 위험성, 피해자나 참고인에 위해 우려 등에 대하여 구체적인 의견을 제시하여야 한다.
⑩ 범죄의 중대성과 관련하여, 해당 범죄의 형량이 높다는 점, 범행수법이 나쁘다는 점, 피의자가 피해회복에 노력이 없다는 점, 죄를 뉘우치지 않고 있다는 점을 강조하여 의견을 제시하면 된다.
⑪ 재범의 위험성과 관련하여, 피의자가 구속되지 않을 경우, 동종범죄를 저지를 성향이 있다는 점, 피의자로부터 유사 피해를 입을 가능성이 큰 피해자 군이 형성되어 있다는 점을 강조하여 의견을 제시하면 된다.
⑫ 피해자 및 참고인에 대한 위해 우려와 관련하여, 피의자가 피해자 등의 약점을 알고 이를 협박하거나 협박하려 한 점, 이들이 증언하지 못하도록 폭행·협박하거나 폭행·협박하려고 한 점 등을 강조하여 작성하면 된다.

3. 압수수색 영장 기재사항: 금융계좌추적용을 예시로 함

① 영장을 신청하는 사법경찰관이 소속되어 있는 경찰서를 기재한다.
② 신청서 작성 연도, 소속경찰서에서 신청서가 작성된 순번에 따른 번호를 기재한다.
③ 영장신청서 작성일자를 기재한다. 보통 이 날짜를 영장 유효기간(보통 7일)의 기산점으로 삼는다.
④ 소속경찰서 관할 검찰청을 기재한다.
⑤ 신청서의 제목을 단다. 이때 일반적인 압수수색영장에는 괄호부분을 기재하지 아니한다.
⑥ 영장 신청 내용을 기재하고(대체로 금융계좌추적용 영장의 죄명은 사기인 경우가 많음) 유효기간이 7일을 넘는 경우에는 그 취지를 기재해야 한다.
⑦ 피의자란에 성명, 주민번호, 직업, 주거를 한글로 기재하고 성명은 한자명을 병기한다. 이때 피의자의 인적사항이 불명확하면 피의자란에 모두 불상으로 기재할 수도 있다.
⑧ 변호인이 있으면 변호인을 기재한다.
⑨ 대상계좌란에 계좌명의인, 개설은행, 계좌번호, 거래기간, 거래정보 등의 내용으로 분화하여 기입한다. 이때에도 개설은행을 알지 못하면 불상으로 기재할 수도 있다. 해당 정보는 고유한 정보로서 명확한 기재가 필요한 편이다.

⑩ 압수할 물건을 구체적이고 명확하게 기재한다. 압수할 수 있는 물건은 사건과 관련성이 있는 것으로 한한다. 최근 판례에 의하면 객관적 관련성은 범죄사실, 기본적 사실관계가 동일한 사실, 그러한 사실에 대해 정황증거 또는 간접증거가 될 수 있는 물건에 한하고, 인적 관련성은 범인과 공범에 한한다고 엄격하게 판시하고 있다. 이에 따르면, 금융계좌추적용 압수수색영장 신청서에는 피의자 및 제3자 명의 계좌의 금융거래 개설시 거래신청서, 계좌내역 자료, 인터넷 뱅킹 시 접속 아이피 내역, ARS 접속 조회내역, 폰뱅킹 시 이용 전화번호 등을 기재해야 한다.
⑪ 수색·검증할 장소 또는 물건을 구체적으로 특정하여 작성한다.
⑫ 범죄사실 및 압수수색검증을 필요로 하는 사유를 소명할 수 있는 자료로 제시해야 하고 그 필요성과 당위성을 구체적으로 명시해야 한다.
⑬ 영장의 유효기간은 7일 이내로 함이 원칙이다. 다만 7일을 넘는 유효기간이 필요한 경우, 해당 신청서에 그 취지와 사유를 기재하여 신청해야 한다.
⑭ 2개 이상의 영장을 신청하는 경우에도 그 취지와 사유를 제시해야 한다.
⑮ 야간(일출 전 또는 일몰 후) 집행은 원칙이 아니므로, 해당 야간집행이 필요한 경우 신청서에 그 취지와 사유를 기재하여 신청해야 한다.
⑯ 압수수색 영장을 신청하는 사법경찰관을 기재하여야 한다. 이때 사법경찰리는 영장을 신청할 권한을 가지고 있지 않다.

4. 영장에 의하지 않는 압수수색 후 사후영장 기재

① 실제로 긴급 수색과 압수를 한 자(검사와 사법경찰관으로 한정)의 관직과 성명을 기재한다.
② 형소법 제216조는 긴급압수에 대한 시간적 제한을 명시하고 있지 않다. 따라서 가급적 체포시점 또는 범행시점과 근접시간 내에 이루어져야 한다. 다만, 긴급체포에 수반한 압수수색인 경우에는 체포 시로부터 24시간 이내에 압수수색이 가능하므로, 이를 명확히 기재해야 한다.
③ 사후영장 신청 시점에 이미 긴급수색이 이루어졌기 때문에 수색을 실시한 장소나 신체 또는 물건에 대해 기재한다.
④ 긴급압수한 물건을 명확히 기재한다. 사건과 관련성이 있는 물건에 한정한다.
⑤ 범죄사실 및 긴급 압수·수색·검증을 한 사유를 설명하여야 한다.
⑥ 체포한 일시 및 장소를 정확하게 기재하여야 한다.

제3절 범죄사실의 작성

1. 범죄사실의 개념

① 범죄사실이란 이미 발생한 사실로서 수사기관이 범죄혐의가 있다고 판단하여 수사를 진행하고자 하는 사실을 의미한다.
② 범죄사실은 수사진행 방향 설정과 강제수사 여부를 결정하는 기준이 된다.
③ 보험사기 사건과 같은 재산범죄에서 범죄사실의 작성, 즉 피의자신문조서는 수사진행방향을 설정하는데 중요한 기능을 한다.
④ 체포영장, 압수수색 영장의 발부에서도 범죄사실은 기초자료가 된다. 특히 압수수색영장은 수사 초기 또는 내사단계에서도 발부될 수 있으므로, 이 경우 범죄사실의 작성은 내사단계에서도 요구된다.
⑤ 범죄사실은 수사진행 초기에 작성되는 편인데, 범죄사실이 수사진행 과정에서 변경되는 경우도 많다. 수사 초기에 확인할 수 없었던 사실관계가 수사과정에서 밝혀진 경우가 있을 수 있다. 즉, 범죄사실은 사실적·법적 측면에서 가변적이다.

2. 범죄사실 작성방법

(1) 구체적인 사실의 명시

① 6하 원칙(누가, 언제, 어디서, 무엇을, 어떻게, 왜) 또는 8하 원칙(6하 원칙 + 공범이 있는 경우 누구와 함께, 미수범이나 결과적 가중범인 경우 결과요소까지)에 따라서 작성하여야 한다.
② 범죄사실의 원인이 되는 사안이 복잡하거나 여러 사실관계들이 혼재되어 있는 경우, 범죄구성사실과 그 전제가 되는 사실을 혼동하여 기재하는 수가 있다. 이때에는 먼저 구성요건해당부분을 간략히 작성한 후 그에 전제사실은 범죄사실 모두(冒頭)에 기재하거나 범죄사실 내부에 포함하여 기재한다.

(2) 구성요건요소의 기재

① 해당 법조문을 분석하여 구성요건요소를 모두 추출하여 구성요건 해당사실을 기재하여야 한다.
② 구성요건은 추상적으로 규정되어 있는 편이므로 이에 맞게끔 구체적인 사실요소를 기재하여야 한다.
③ 예를 들어, 사기사건에서는 기망자, 피기망자, 피해자 등을 상세히 기재하고, 피기망자의 처분행위와의 인과관계, 그리고 피해를 입은 재물의 종류, 수량, 가격 등을 기재하여야 하는 것이다.

(3) 가급적 시간순서에 따라서 기재함

원칙규정은 없으나, 가급적 범죄사실을 시간순서에 따라 구성하여야 한다.

(4) 짧고 간결한 문장으로 작성
① 범죄사실은 하나의 문장으로 쓰기 보다는 짧고 간결한 여러 개의 문장으로 나누어서 작성하는 것이 바람직하다.
② 대체로 첫 문장은 '피의자는'으로 시작하여 피의자에 대한 설명을 끝나고, 마지막 문장은 구성요건해당행위를 설명하면서 "하였다"로 끝마무리하는 것이 일반적이다.

(5) 주어의 명기
각 문장마다 주어를 명기한다. 다만, 각 문장마다 주어가 피의자로 되어 있어서 바꾸지 아니하고 주어를 생략하여도 문맥이해에 지장이 없다면 생략이 가능하다.

(6) 항목의 구별
① 범죄사실은 그 내용을 일목요연하게 알아볼 수 있도록 항목을 구별하여 작성하여야 한다.
② 즉, 피의자나 죄명이 다수이거나, 범죄사실이 여러 개이고 내용이 복잡한 경우, 개별 범죄사실마다 1. 가. (1) (가) 순서로 번호를 기재하여 항목을 구별한다.
③ 원칙적으로 최상위 단위는 피의자, 그 다음 단위는 죄명으로 작성한다.

CHAPTER 04 수사기법

제1절 강력수사 기법

① 강력수사란 살인, 강도, 강간, 방화, 절도, 마약, 조직폭력사건 등이다.
② 강력범죄의 경우 초동조치 → 현장감식 → 사건분석 → 수사방침설정 → 본격 수사실행 → 피의자 특정이나 검거 → 진범여부 확인 → 사건해결 순서로 진행되는 편이다.
③ 강력수사에서는 피해자 구호가 최우선으로 되어야 한다.
④ 현장은 증거의 보고이기 때문에 현장에 남겨진 범죄흔적과 증거 등을 과학수사로 확보하여야 한다.
⑤ 피의자 특정이 어렵고 피해내용도 불명확한 경우가 많으므로 사건분석과 사건내용에 대한 가설설정을 통한 수사방침의 설정도 중요하다.
⑥ 피의자가 특정되었더라도 현장에서 현행범인체포가 아닌 이상 체포에 어려움이 크므로 피의자의 특정도 꼼꼼 하여야 한다.

제2절 경찰의 과학수사

1. 경찰의 업무처리 원칙

① 경찰은 사실적 관련성이 있는 정거를 시료채취부터 증거물송부까지 동일성과 무결성이 유지되는 방법으로 처리하여야 한다. 이를 통하여 해당 증거의 증거능력과 증명력을 확보하기 위해서이다.
② 증거수집 처리과정은 시료채취 → 변질방지 → 증거물 밀봉 → 증거물 표기 → 증거물 포장 → 증거물 송부 순서로 이루어진다.

2. 지문과 족윤적

① 채취한 지문과 족윤적은 해당 시스템(지문=AFIS, 족윤적=FTIS)에 입력하고 데이터베이스 검색·대조를 통해 동일 지문과 족윤적을 탐색한다.
② 채취자가 직접 감정 업무를 할 수도 있으나 각 시도경찰청마다 전문 감정요원에게 의뢰하여 수행하는 편이다.
③ 지문의 경우 경찰청 과학수사센터 증거분석계 감정요원들이 전담하는 편이다.

3. 거짓말탐지기

① 각 시도경찰청 별로 수사와 교통기능에 2~3명의 전문 검사관을 배치하고 있다.
② 특별한 경우에는 국립과학수사연구원에 검사를 의뢰하기도 한다.

4. 화재감식

① 각 시도경찰청 별로 전문화재감식요원이 있으며, 서울청, 경기청에는 화재감식팀이있다.
② 화재감식은 발굴과 증거수집, 발화부 판단 등 화재감식을 진행하고 수집한 증거물까지 감정한 후 화재감식결과보고서를 제출한다.
③ 정밀감정이나 인화성물질 성분분석 등은 각 지방별 국립과학수사연구원 화재연구실과 휘발성물질연구서에 의뢰한다.

5. 혈흔패턴 분석

① 범죄현장에 남은 혈흔의 모양과 상태 등을 분석하여 혈흔이 유류하게 된 과정을 역추적하여 단서를 찾는 수사방식이다.
② 혈흔패턴 분석은 가장 활성화되어 있는 분야이다.

6. 디지털포렌식

① 디지털포렌식이란 전자정보(디지털 소스)로부터 디지털 증거를 보존·수집·증명·식별·분석·해석·기록·제출하기 위하여 과학적으로 이끌어내고 증명하는 방법이다.
② 경찰청 사이버안전국, 각 시도경찰청 사이버수사대에 디지털포렌식 전담요원이 배치되어 있다.
③ 사이버사건 이외에도 강력사건, 교통사고, 성폭력사건 등 디지털 증거분석을 위해 사이버수사대에 의뢰를 하는 편이다.
④ 증거의 동일성, 무결성이 강조되므로 증거수집단계에서부터 해쉬값 산출 등 증거능력 확보를 위한 노력이 이루어지고 있다.
⑤ 디지털포렌식 시에는 적법절차 준수(인권보호), 원본증거의 보존(동일성과 무결성), 분석자의 신뢰성 확보, 보관의 연속성 등의 원칙이 준수되어야 한다.
⑥ 디지털포렌식은 증거수집 → 증거분석의뢰 → 증거분석 → 결과보고서 작성 순서로 이루어진다.

제3절 국립과학수사연구원

1. 설립

① 범죄수사 증거물에 대한 과학적 감정 및 연구활동을 통해 사건을 해결하고 범인을 검거할 수 있도록 지원함으로써 국민의 생명, 안전을 지키려는 목적에서 1955년 내무부 산하에 설립되었다.
② 현재 본원과 서울, 부산, 광주, 대전, 대구에 지방과학수사연구소를 두고 있다.
③ 국립과학수사연구원의 감정 진행과정의 순서는 다음과 같다.

감정의뢰 → 접수 → 담당자 지정 → 분석/실험 부서간 협조 → 결론 판단 → 감정회시

2. 조직체계

법유전자과	• 강력사건, 교통사고, 상해 및 성범죄와 관련된 현장증거물의 DNA형 분석 및 구속피의자/검색대상자의 DNA형 대조분석 • 신원불상 변사체에 대한 신원확인 및 법생물학 관련업무 • DNA신원확인정보 데이터베이스업무 • 실종아동, 독립유공자 후손 등 가족관계 성립 여부 감정
법독성학과	• 변사사건, 약독물 이용 범죄사건 등의 약독물 감정 및 연구 • 부정 불량 식품류의 감정 및 연구 • 마약류의 감정 및 연구
법화학과	• 동위원소, 미량원소, 분석을 통한 화학적 지문 감정 및 연구 • 섬유, 페인트, 콘크리트 등 미세물질 감정 및 연구 • 교통사고, 음주단속혈액에서 혈중알코올농도 감정 및 연구 • 연소잔류물, 유기용제류에서 휘발성 물질 감정 및 연구 • 산, 알칼리, 중금속 등의 유해화학물질 감정 및 연구
법안전과	• 안전사고 감정 및 연구 • 화재, 폭발 감정 및 연구 • 흔적, 혈흔형태 감정 및 연구 • 총기, 폭약 감정 및 연구
디지털 분석과	• CCTV, 사진 등 각종 영상물 및 디지털 증거에 대한 분석, 감정 및 연구 • 영상물 내 인물에 대한 비교 등 생체인식 감정 및 연구 • 필적, 인영, 문서 위변조, 위조통화 등 문서의 분석, 감정 및 연구 • 디지털 감정물의 의뢰/분석이 가능한 원격 과학수사 실험실(U-Forensic Lab) • 성문에 의한 환자 식별/녹음저장매체의 편집여부/음질개선/변조음복원/주변음 및 기계음 분석 및 음성 음향학적 감정 및 연구
교통사고 분석과	• 차량결함 분석 및 사고해석에 대한 사고재현 시뮬레이션 • 도주차량 여부, 현장유류물 분석, 차량 번호판 판독 • 인체 운동해석: 전후면 추돌, 측면 충격, 탑승자 운동해석 • 보험범죄 및 항공기, 선박, 철도 사고 분석

법심리과	• 진술의 진위 여부 감정 및 연구(폴리그래프, 뇌파, 진술타당도 분석 등) • 범죄 피해자 및 가해자의 정서, 인지, 성격, 재범 위험성 등에 관한 심리 평가 및 연구 • 목격자 기억 관련 감정 및 연구(법최면검사, 몽타주 작성) • 범죄 분석 및 연구(범죄 프로파일링)
중앙법의학 센터	• 법의검시업무, 병리조직업무, 법치의학업무 • 부검감정, 법의학연구 및 실무, 사망의 종류 및 사안 등을 감정

제4절 심리수사

1. 의의

① 물증만으로는 실체적 진실 발견에 한계가 있을 수밖에 없다. 따라서 사람의 진술증거의 확보가 중요하다.
② 진술증거와 이미 확보한 물증과의 관련성 또는 물증이 없거나 부족한 경우 진술증거만으로도 실제 범죄발생 여부, 발생했다면 진범이 누구인지 등을 밝혀낼 수도 있다.
③ 먼저 진술의 왜곡이나 허위진술, 기억력의 한계에 따른 파편화된 진술내용 등을 가려내는 작업이 필요하다.
④ 심리수사는 이러한 진술증거 확보에 중요한 수사기법이다. 즉, 대인적 수사 중 수사면담, 진술분석, 행동분석, 범죄분석, 거짓말탐지기(폴리그래프검사), 최면수사 등 심리학적 지식을 적용하는 수사분야로 볼 수 있다.

2. 라포르의 형성

① 라포르란 신뢰관계, 공감관계, 서로 마음이 닿는 상태를 의미한다.
② 수사기관이나 보험조사원 등은 피의자 등 피면담자와의 사이에서 라포르를 형성하여 의사소통의 장벽을 제거하는 것이 필요하다.
③ 면담장소는 적당한 조용한 분위기 속에서 면담을 위한 테이블이 있는 사무실이 바람직하다.
④ 면담자(조사관)는 피면담자인 진술인과의 첫 대면에서 상호간의 호칭을 정하여야 한다. 호칭을 정하지 아니하면 면담과정에서 호칭 문제가 장애가 될 수 있기 때문이다.
⑤ 면담자는 진술인에게 원하는 호칭이 있는지를 물어보고 정하는 것이 바람직하다.
⑥ 면담자와 진술인 사이에 혈연, 학연, 지연 등 우연한 접점을 찾을 수 있다면 이런 사실을 언급함으로써 동질감을 상승시키고 의사소통의 장벽을 완화할 수 있다.
⑦ 면담 전에 스포츠, 날씨 등 가벼운 내용으로 분위기를 형성하는 것도 좋으나, 정치나 종교와 같은 민감한 내용은 적절하지 않다.

⑧ 가벼운 칭찬으로 분위기를 완화하는 것도 바람직하다. 그러나 과도한 칭찬은 면담자에 대한 진실성에 대한 불신 등 역효과를 피면담자에게 줄 수 있으므로 주의해야 한다.
⑨ 좌석을 권하기, 차 대접 등의 호의 제공 또는 절차의 설명 등을 통하여 면담의 개인화를 이루는 것도 라포르 형성에 기여한다.

3. 질문기법

(1) 의의
① 질문의 종류에는 개방형 질문, 구체적 질문, 폐쇄형 질문이 있다.
② 유도질문은 기억을 오염시킬 수 있으며, 반복질문(같은 질문을 여러 번 질문)은 진술인의 첫 번째 대답이 틀렸다는 암시를 불러일으킬 수 있어서 바람직하지 않다.
③ 또한 한번에 2개 이상의 복합질문은 불명확하여 바람직하지 않다.

(2) 개방형 질문
① 질문 형태라기보다는 진술 자체를 요구하는 형식이다. 예컨대, "당일에 있었던 일을 모두 말해 주세요"와 같은 식이다.
② 진술인에게 면담자가 알고 있는 정보나 관심이 있는 정보를 제공하지 않음으로써 진술인의 기억 왜곡을 최소화한다.
③ 허위진술을 기획하고 있는 진술인에게 도움을 줄만한 정보를 차단하는 효과가 있다.
④ 개방형 질문은 질문들 중에서 최우선적으로 사용하여야 하고, 이후 다른 질문형식을 취하는 것이 일반적이다.

(3) 구체적 질문
① 구체적 질문이란 6하 원칙에 의한 질문이다.
② 개방형 질문에서 확인되지 않은 사실 중 반드시 확인해야 할 필요가 있음에도 진술인이 진술하지 않은 내용에 대해서 6하 원칙에 따라 특정하여 질문할 수 있다.

(4) 폐쇄형 질문
① 폐쇄형 질문이란 예 또는 아니오 질문과 같이 주어진 선택 중 하나만을 선택하여 대답하도록 하는 질문이다.
② 폐쇄형 질문은 진술인의 기억 왜곡, 허위진술자에 대한 정보 제공 등의 문제가 있으므로 처음에 사용하지 않고 개방형 질문 등으로 어느 정도 진술이 구체화된 이후에 반드시 사용할 필요가 있는 경우에 한해서 제한적으로 사용해야 한다.
③ 폐쇄형 질문에 대한 대답을 확인한 후 다시 개방형 질문을 하여 진술인이 계속 진술하게 하여야 한다.

4. 청취기법

① 청취기법에는 대화순서, 피면담자의 기여 기대, 대화주제의 자연스러운 변화 등이 있다.
② 면담자는 수동적으로 진술인의 이야기를 듣고만 있는 것이 아니라 적극적으로 청취하여야 한다.
③ 적극적 청취를 위해서 면담자는 주제에 따라 연대기적 순서에 의해 정보를 조직하고, 진술인이 자신의 입장에서 사실을 이야기하는 것인지 의견을 이야기하는 것인지 분리하여 이해하여야 한다.
④ 진술인이 이야기할 수 있는 충분한 시간을 주고, 고개를 끄덕여주는 등의 비언어적 지지를 제공하여야 한다.
⑤ 진술 도중에 진술인의 이야기를 함부로 끊거나 대화주제를 갑자기 변경하는 것은 해서는 안 된다.

5. 리드테크닉(Reid Technique) 신문기법

리드 테크닉이란 미국 경찰 존 리드(J. Reid)가 고안한 신문기법으로, 면담과 신문을 완전히 분리하고 면담시 행동분석과 진술분석을 병행하여 용의자를 선정한 후 용의자에게 9단계에 걸친 기술적인 질문기법을 사용하여 자백을 얻는 신문기법이다.

(1) 1단계: 긍정적(적극적) 대면
  ① 수사관은 면담을 마친 후 잠시 시간을 두고 다시 면담장소에 올 때 수사기록 등을 가지고 와서 피의자에게 직접 피의자가 범인이라고 말한다.
  ② 면담시 호의적 태도와 다른 수사기관의 모습에 진술인(피면담자)은 당황하고 범행을 부인할 수 없다고 판단할 가능성이 크다.

(2) 2단계: 주제의 발전
  ① 수사관은 일종의 가설적 내용의 독백을 진행한다.
  ② 가설적 내용의 독백이란 공범이나 피해자, 열악한 직업 등에 대해 비난의 초점을 돌린다거나, 범죄유형이 크게 나쁘지 않다, 용의자의 관여도가 크지 않다고 식으로 범죄자체를 최소화하여 이야기하는 것이다.

(3) 3단계: 부인 다루기
  ① 피의자가 자신이 범인임을 부인할 수 있다. 이때 수사기관은 약한 부인의 경우는 무시하고, 가설적 내용의 독백을 계속한다.
  ② 강하게 부인하는 경우에는 손을 들거나 손가락을 들어 올리는 등 부인을 저지한다.

(4) 4단계: 반론 극복
  피의자는 3단계에서 단순한 부인이 통하지 않는다는 점을 인식한 후 논리적인 이유를 들어 부인하려 할 수 있다. 이때 수사기관은 논리적 부인 이유를 다투어서는 안 되고 계속 가설적 내용의 독백을 진행한다.

(5) 5단계: 피의자의 관심유지

피의자는 부인이나 반론이 효과가 없는 경우 심리적으로 공황 상태에서 수사관과의 대화를 하지 않으려 할 수 있다. 이때 수사관은 피의자의 뒤에 서는 행위, 의자를 피의자 쪽으로 당겨 앉는 행위 등을 통하여 신체적 접근을 하여 부담감을 가중시킨다. 그리고 수사기관은 가설적 내용의 독백을 진행한다.

(6) 6단계: 피의자의 수동적 태도 다루기

① 피의자는 자백할 것인지 갈등에 빠질 수 있다. 이때 수사기관은 용의자를 동정하고 현재 상황을 이해하며 공감함을 이야기한다. 자백 시 형이 감경된 사례들을 이야기 해줄 수 있다.
② 다만, 자백을 위한 불법적 회유나 위협을 해서는 안 된다.

(7) 7단계: 양자택일적 질문하기

① 피의자는 자백을 하고 싶은 상태에 이르렀으나 자백에 대한 거부감이 있을 수 있다.
② 이때 수사관은 피의자에게 범행에 대해 매우 부정적 내용과 합리화된 긍정적 질문을 각각 한다. 예컨대, "그 범행은 계획적인 것인가, 우발적인 것인가"라는 식으로 하여 피의자는 자신의 행위를 그나마 긍정적으로 받아들여주는 질문에 답을 하게 될 것이다.

(8) 8단계: 범죄 세부사항에 대한 구두 자백받기

① 유죄를 인정한 피의자에게 세부사항에 대해 자세한 내용의 구두자백을 받는다.
② 시간 순서대로 진술을 하도록 질문함으로써 세부사항을 모두 진술하도록 한다.

(9) 9단계: 구두자백의 서면화

수사관은 피의자의 자백을 서면으로 작성하거나 피의자에게 작성하도록 한다.

6. 수 테크닉(Sue Technic) 신문기법

(1) 개념

① 리드테크닉은 2가지 문제점이 제기된다. 첫째, 행동분석과 진술분석을 통해 용의자를 반드시 선별해낼 수 있다는 전제가 실증될 수 있는지, 즉 오류율이 있다는 점이다. 둘째, 우리 형사소송법은 임의성 없는 진술의 증거능력을 부정하는데, 리드테크닉이 피의자의 심리적 동요를 이용한다는 점에서 임의성 문제가 발생할 수 있다는 점이다. 이런 이유에서 최근 경찰청에서는 수(SUE: Strategic Use of Evidence) 테크닉을 도입하였다.
② 수테크닉은 단순한 참고인과 피의자를 구분하지 아니하고, 신문을 면담에서 따로 분리하지 않는다.

(2) 신문절차

① 1단계: 확인할 수 있는 물증의 확보
면담에 앞서서 CCTV, 휴대전화 위치정보 등 물증을 확보한다.

② 2단계: 질문기법과 청취기법을 통한 진술의 확보

첫 번째 질문은 반드시 개방형 질문을 한다. 자신에게 불리한 내용을 진술하지 않는 자에 대해서는 이미 확보된 증거와 관련된 질문을 하여 진술을 하도록 요구한다. 거짓을 말한 자라면 거짓대답을 할 것이고 이를 확보된 물증과 비교하여 사실을 확인할 수 있다.

③ 3단계: 증거의 제시와 진술과의 불일치에 대한 설명요구

거짓을 말한 자에게 그의 진술과 불일치하는 물증을 제시하고 그 이유를 설명하도록 요구한다. 진술인의 진술과 물증의 괴리만으로도 진술인의 거짓이 증명되므로 무리하게 답변을 강요할 필요는 없다.

수사의 종결

제1절 수사결과보고서의 작성

1. 의의
① 경찰의 수사종결은 수사결과보고서를 작성하여 검찰에 송치하는 것이다.
② 수사결과보고서란 수사관이 고소, 고발, 자수를 수리하거나, 범죄인지 수사를 진행하여 혐의여부가 명확해진 단계에서 수사결과를 관서장에게 보고하는 문서이다.
③ 수사결과보고서에 들어갈 내용은 피의자 인적사항, 범죄경력자료 및 수사경력자료, 범죄사실, 적용법조, 증거관계, 수사사항, 수사결과 및 의견, 수사참여경찰관 등이다.

2. 수사결과보고서의 작성내용

피의자 인적사항	• 피의자의 주민등록번호가 확보되면 주민조회시스템을 통하여 피의자의 주거지, 등록기준지를 확인하여 기재한다.
범죄경력자료 수사경력자료	• 보호감호, 치료감호, 보호관찰, 집행유예 및 집행유예의 취소, 벌금 이상의 형의 선고, 면제 및 선고유예 등이 내용을 기재한다. • 범죄경력자료와 수사경력자료를 구분하여 작성하는 것이 바람직하다.
범죄사실	• 범죄사실은 범죄사실 작성에 따라서 이루어진다.
적용법조	• 범죄사실이 간단하면 수사결과 및 의견 항목의 모두에 기재하면 된다. • 범죄사실이 복잡하면 적용법조 항목을 별도로 구성하여 범죄사실의 각 항목에 따라 적용되는 법조를 작성한다.
증거관계	• 수집한 인적 증거와 물적 증거를 설시한다. • 증거는 유죄판결을 전제로 하는 것이므로 기소 의견으로 검찰에 송치하는 경우에만 기재하고, 불기소 의견인 경우에는 기재할 필요가 없다.
수사사항	• 수사사항은 통상 수사결과 및 의견에 기술하지만, 사안이 복잡한 경우 수사결과와 따로 기재하는 편이다.
의견	• 의견은 내용이 많아서 밑에서 별도로 설명한다.

3. 수사결과 및 의견

(1) 기소 의견
① 공소제기가 상당하다는 결론에 이르렀을 때 작성하는 의견이다.
② 피의자를 구속한 경우 구속기소 의견과 구속하지 아니한 경우인 불구속기소 의견으로 나누어진다.

(2) 수사를 종결한 경우의 불기소 의견

혐의 없음	• 범죄사실이 범죄를 구성하지 아니하는 경우, 범죄사실을 인정할 만한 증거가 불충분한 경우
죄가 안 됨	• 범죄구성요건해당성은 있으나, 위법성조각사유, 책임조각사유가 있는 경우, 인적 처벌조각사유인 친족상도례 등이 있는 경우
공소권 없음	• 확정판결이 있는 경우, 통고처분 이행, 보호처분의 확정, 일반사면이 있는 경우, 공소시효의 완성 경우, 범죄 후 법령 개폐로 형이 폐지된 경우, 법률규정으로 형이 면제된 경우, 재판권이 없는 경우, 친고죄에서 고소가 없는 경우, 반의사불벌죄에서 피해자의 처벌불원의 의사표시가 있는 경우, 피의자가 사망한 경우
각하	• 고소 또는 고발 사건에서 고소인이나 고발인의 진술이나 고소장, 고발장 내용에 혐의 없음, 죄가 안 됨, 공소권 없음이 명백한 경우, 동일 사건에 대해서 검사의 불기소처분이 있는 경우, 고소권자가 아닌 자가 고소한 경우, 고소인이나 고발인의 소재불명으로 진술청취가 어려운 경우 등

(3) 수사를 종결하지 못한 경우의 불기소 의견

기소중지		• 피의자가 도망한 경우, 질병 등으로 장기간 조사를 받기 어려운 경우, 피의자가 누구인지 알 수 없는 경우
수배제도		• 피의자의 소재를 알 수 없어서 기소중지 의견으로 송치할 때에는 수배를 취하여야 한다.
	지명수배	• 특정 피의자에 대해 체포를 의뢰하는 제도
	지명통보	• 특정 피의자에게 형사사건으로 인한 수배가 되어 있고 발견 시로부터 1개월 이내에 당해 수사기관에 자진출석하지 않으면 체포될 수 있음을 알려주는 제도
참고인 중지		• 중요 참고인, 고소인, 고발인, 다른 피의자 등을 조사하여야 혐의 입증이 가능한 경우인데 이들의 소재가 불명하여 수사를 종결할 수밖에 없는 경우에 이루어지는 불기소 의견

(4) 경찰의견의 작성요령

피의자가 혐의를 인정하는 경우	• 다른 증거와 부합여부를 확인하고 그 결과 혐의가 인정되는지를 확인하면 된다.
피의자가 혐의를 부인하는 경우	• 일부라도 인정하는 부분이 있거나 객관적으로 사실로 인정할 수 있는 부분이 있으면 먼저 정리하여 쟁점을 줄인다. • 피의자가 부인하는 부분에 대해서는 쟁점별로 피해자의 주장, 피해자가 제출한 증거, 피의자의 주장, 피의자가 제출한 증거, 기타 수사과정에서 확보한 증거 등을 토대로 혐의사실 인정여부를 판단하여 기소의견 또는 불기소의견으로 작성하면 된다.

CHAPTER 06 사기범죄의 조사 및 수사

제1절 사기범죄의 수사

의의	• 사기란 사람을 기망하여 재물의 교부나 재산상 이익을 취득하는 범죄 • 사기의 수단, 방법은 다양하여 여러 수법이 존재하는 지능범죄 • 상습성을 띠는 경우가 많음
유형	• 사기죄, 컴퓨터사용사기, 준사기, 편의시설부정이용, 부당이득죄
수사 요령	• 수사단서를 면밀히 검토 • 피의자에 대한 기초수사를 철저히 진행 • 현장관찰 시에 증거확보보다도 피해자와 관계자 진술의 진위 규명이 중요 • 수법원지 등 기존자료의 활용이 필요: 상습성이 많기 때문 • 피해자에 대한 조사: 피해자 진술이 매우 중요 • 피의자 조사: 피의자의 자백이 입증을 위해 중요함. 범죄경력 조회, 피해자와의 관계 등을 살핌 • 장물수사를 병행

제2절 보험사기에 대한 조사

1. 금융위원회의 활동

① 금융위원회는 보험업법 및 보험업법에 따른 명령이나 조치에 위반된 사실이 있는 경우, 공익 또는 건전한 보험거래질서의 확립을 위하여 필요하다고 인정되는 경우에 보험회사, 보험계약자, 피보험자, 보험수익자, 기타 관계인을 조사할 수 있다.

② 또한 금융위원회는 조사를 위해 필요하다고 인정하면 관계자에게 조사사항에 대한 사실과 상황에 대한 진술서 제출, 조사에 필요한 장부, 서류, 기타 물건의 제출을 요구할 수 있다.

2. 금융감독원과 수사기관의 조사

① 금융감독원은 보험사로부터의 인지보고 또는 보험범죄신고센터를 통한 제보 등의 단서를 입수하면, 금융감독원이 운영하는 보험사기인지시스템 조회 등을 통해 본조사에 착수할지 여부를 결정한다.

② 본조사에 착수하면 보험사로부터 보험계약 관련 자료를 제공받아 이를 분석하고, 그 결과 보험사기 혐의점이 있다고 판단되면 수사기관에 수사협조를 의뢰하며, 이후 정기적으로 수사기관에 수사진행사항 확인을 요청한다.
③ 수사협조를 의뢰받은 수사기관은 내사를 진행한다. 수사를 할 필요가 없는 경우에는 내사종결을 하고, 수사를 할 필요가 있는 경우에는 인지 후 수사로 전환하여 수사한다.
④ 수사기관은 내사종결한 경우 또는 수사종결한 경우에는 금융감독원에 그 결과를 통보한다.
⑤ 재판결과 등에 대한 사후관리는 피해 보험사에서 한다.

3. 보험사의 조사활동

① 보험사는 보험계약이나 보험금 지급단계에서 보험사기 혐의가 있다고 판단되면, 금융감독원에 인지보고를 하거나 또는 수사기관에 직접 수사협조의뢰 또는 진정서를 제출한다.
② 이때 보험사의 보험사기 특별조사팀(SIU: Special Investigation Unit) 소속 보험조사원은 보험사기 혐의사건 조사의 사전단계부터 사후관리까지 다양한 역할을 담당한다.
③ 보험조사원은 보험사기 혐의사건을 인식하고 내부 조사결과 혐의점이 발견되면 보험사에 보고하여 경찰에 수사협조의뢰가 이루어지도록 한다. 또한 사건이 접수된 후에는 경찰의 내사 또는 수사의 원활한 진행을 위해 관련 수사자료의 제공 및 분석을 지원한다.

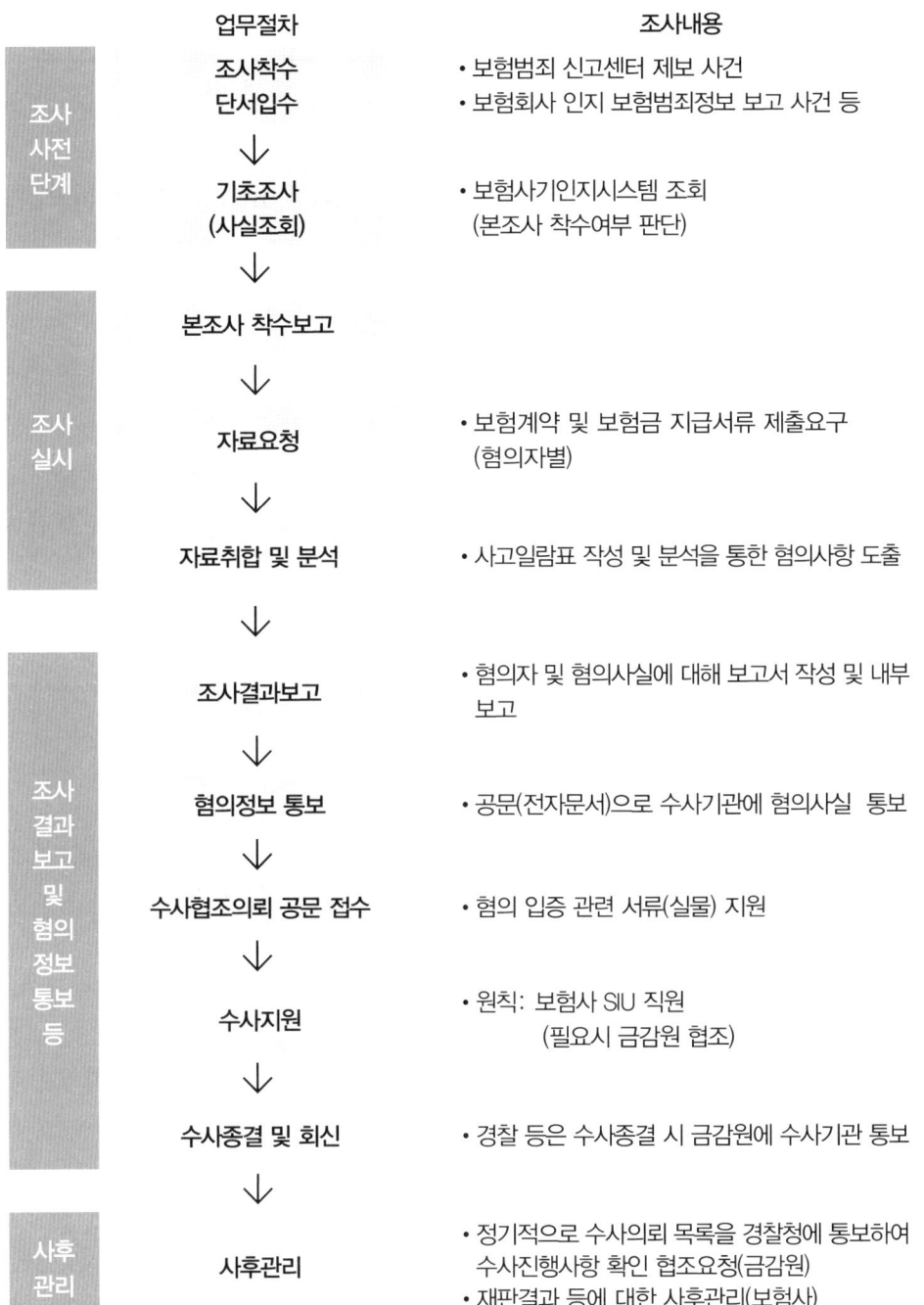

[조사절차 흐름도]

제3절 보험사기에 대한 수사

1. 수사협조의뢰(진정서)의 접수

① 금융감독원 또는 보험회사는 보험사기 혐의점이 있다고 판단할 경우 수사협조의뢰 또는 진정 형식으로 경찰에 사건을 접수한다.
② 보험사기는 수사과 지능범죄수사팀에서 처리하는 것이 일반적이다.

2. 피해진술의 확보

① 피해자의 진술을 통하여 사건의 명확한 내용을 확인하는 과정이다.
② 피해 보험사의 보험조사관은 수사를 의뢰한 보험상품의 계약내용, 보험금 지급 원인이 되는 사실, 피보험자의 보험금 청구과정, 보험사가 사기라고 판단한 이유 등을 진술하고 그 근거자료를 제출한다.
③ 수사를 의뢰한 피보험자의 수가 많거나 범행의 규모가 큰 경우 등 근거자료가 방대하거나 복잡한 경우에는 이를 분석, 정리하는 업무를 지원하기도 한다.

3. 인지여부 판단

① 경찰은 피해내용을 확인하는 과정에서 사건의 인지여부를 결정한다.
② 인지의 결정시점은 사건 담당 수사관이 개별 사건마다 수사로 나아갈 수 있다고 판단한 시점으로 일률적으로 설명할 수 없지만, 빠른 경우에는 피혐의자에게 출석을 요구하기 이전 시점에 이루어진다.
③ 인지여부는 빠른 경우 피혐의자에게 출석요구 이전에, 늦어도 피혐의자에 대한 조사를 마친 후에 이루어진다.
④ 다만, 검사와 사법경찰관의 상호협력과 일반적 수사준칙에 관한 규정에 따라 피혐의자가 출석하여 조사에 임하면 경찰은 즉시 입건을 하여야 한다.
⑤ 수사기관은 금감원 및 보험회사에 보험가입 및 보험사고 내역을 조회하는데, 만일 혐의여부가 불분명한 경우 금감원에 판단을 요청할 수 있다.
⑥ 혐의자 신병 확보 및 공모관계 파악을 위해서 해당자에 대한 전과 유무, 현 주소지, 핸드폰 번호를 조회할 수 있다. 그리고 병·의원의 보험사기 가담여부 확인하기 위해서 국민건강보험공단 급여청구 내역을 조회할 수 있다.
⑦ 경찰이 피혐의자에 대해 수사를 진행하더라도 결국 불송치할 것으로 판단하는 경우에는 내사단계에서 수사를 진행하지 아니하고 사건을 종결짓는 이른바 내사종결을 할 수 있다.

⑧ 내사종결한 경우, 관련 기록은 수사협조의뢰나 진정서를 수리한 경찰서에서 보관한다.
⑨ 피혐의자 등의 소재불명인 경우에는 내사중지, 다른 기관으로 이첩할 경우에는 이송 등 중간처분을 할 수 있다.

4. 피혐의자 또는 피의자의 출석요구

① 경찰은 피해내용과 입증자료를 확보한 후 피혐의자나 피의자에게 출석을 요구한다.
② 출석요구는 서면이 원칙이지만 피의자가 동의한 경우 전화 등 다른 방법을 이용할 수 있다.
③ 출석일시는 피의자 등의 사정에 따라 조정해 줄 수 있으나, 특별한 사정 없이 계속 출석을 연기하는 것은 출석불응으로 볼 수 있다.
④ 피의자가 출석에 응하면 피의자조사를 진행하고, 불응하면 소재수사, 체포영장 신청 등을 판단한다.

5. 피혐의자 또는 피의자 조사

① 해당자가 출석한 경우, 경찰은 즉시 인지하여야 하므로 피혐의자는 피의자가 된다.
② 따라서 경찰은 피의자 진술을 피의자신문조서로 작성하는 방법 또는 피의자로부터 진술서를 제출받는 방법으로 피의자를 조사한다.
③ 다만 경찰이 이미 진행된 내사자료를 보아 인지하지 아니할 것이 명백한 사안으로서 사실여부 확인에 그치는 경우에는 피혐의자를 조사하였더라도 입건하지 아니하고 내사종결을 할 수 있다.
④ 조사 시 피의자가 혐의를 시인하는 경우, 그 내용이 수사의뢰 내용, 관련자료 등과 부합하는지 확인함으로써 수사는 마무리단계인 신병판단으로 넘어간다. 이때 피의자에 대한 구속 필요성 여부를 판단한다.
⑤ 피의자가 혐의를 부인하는 경우, 확보된 자료에 근거한 추궁, 자료의 비교분석을 통하여 피의자의 혐의 유무를 밝혀야 할 것이다.

6. 소재수사 및 체포영장 신청 여부

① 피의자가 출석요구에 불응하거나 출석요구서가 반송되는 경우 등 출석요구를 할 수 없는 경우에는 사건담당 경찰 수사관은 피의자의 주소지, 주거지, 연고지 등에 임장하여(가서) 피의자 본인, 가족, 동거인, 이웃 등을 통하여 피의자의 거주여부를 확인한다. (소재수사)
② 소재수사 결과 피의자 등을 발견하면 출석을 요구하고 출석에 응하면 피의자조사를 진행한다.
③ 피의자 등을 발견하여 출석을 요구했음에도 불응하거나 또는 피의자 등을 발견할 수 없는 경우에는 피의자에 대한 체포영장 신청여부를 판단한다.
④ 피의자에 대해 체포영장을 발부받아서 체포에 주력할 것인지, 체포영장에 의한 지명수배 의견으

로 수사중지할 것인지, 체포영장 없이 지명통보하고 수사중지할 것인지 여부를 판단한다.
⑤ 체포영장을 발부받기로 결정하면 체포영장을 검찰에 신청한다.

7. 송치 및 불송치

① 경찰은 피의자에 대한 신병을 확보하였기에 피의자를 처벌할 수 있으므로 별도로 구속할 필요로 없다고 판단하는 경우, 불구속으로 검사에게 사건을 송치한다.
② 구속이 필요하다는 판단으로 구속영장이 발부된 경우에는 피의자를 구속하여 검찰에 송치하지만, 구속영장이 발부되지 않은 경우에는 불구속으로 검찰에 송치한다.
③ 경찰은 피의자를 처벌할 수 없다고 판단되면, 불송치로 수사를 종결한다.

범죄학개론
범죄심리학

제 5 편

CHAPTER 01 범죄심리학의 개념

제1절 범죄심리학의 의의

1. 범죄심리학의 개요

① 범죄심리학은 범죄, 특히 범죄인의 심리적 측면을 다루는 학문이다.
② 협의로는 범죄의 원인에 대한 심리학적 이론이지만, 광의로는 형사사법체계 전반에 걸쳐 범죄자와 관련한 주제를 다루는 심리학의 영역이다.
③ 초기 범죄심리학은 범죄사회학자나 정신의학자들의 연구에서 발전해오다가, 최근 들어 법 적용과정에서 심리학의 활용도가 높아지면서 심리학자들이 대거 참여하여 심리학의 고유한 연구분야로 자리잡은 것이다.
④ 범죄심리학과 밀접한 분야로는 법정심리학, 법심리학, 경찰심리학 등이 있고 이들 분야의 전문가 감정이나 재범예측 등의 사례에서 범죄심리학이 활용되고 있다.

2. 범죄심리학의 연구영역

① 초기 범죄심리학은 범죄자의 개인적 요인, 즉 외모, 유전적 소양에 대한 실증적 연구에서 시작되었다.
② 그러나 범죄의 실증연구 중 심리학적 원인에 대한 연구는 1980년대에 활성화되었다고 볼 수 있다. 주로 범죄행동에 대한 심리적 원인, 범행동기를 밝히는 연구가 주를 이루고, 살인, 강간, 성범죄, 아동학대 등 특정 문제행동에 대한 심리학적 분석도 주요 연구영역이다.
③ 미국에서는 범죄자의 심리특성을 증거로 채택하는 절차, 목격자 증언의 정확성 정도 확인, 범죄자의 정신감정 등 사법절차와 관련한 법정심리학이 발전하고 있다.
④ 즉, 미국은 범죄학, 법과학, 행동과학, 형사정책, 법심리학, 법정심리학 등 다양한 분야에서 심리학적 접근법이 이용되고 있다. 그리고 영국은 수사심리학이 크게 발전한 편이다.

3. 심리학과 법

① 법은 개인이 자신의 행위와 그에 다른 결과에 대해서 전적인 책임을 지는 규범체계이다. 반면에 심리학은 인간행동은 경험과 상황에 의해 좌우된다고 보는 결정론적 시각을 가진다. 따라서 심리학에서는 인간행동은 자유의지가 아니라 일정한 원칙에 의해 결정된다고 본다.

② 법의 분석단위는 개인이지만, 심리학은 집단 차원에서 분석한다. 즉, 법은 특정 개인의 행위를 분석대상으로 삼지만, 심리학은 일반적인 인간의 사고, 행동, 감정을 분석한다.
③ 대륙법계에서는 훈련된 법률전문가에 의해서 재판이 진행되므로 심리학 등 실증과학이 개입할 여지가 적다. 이에 비해서 배심재판 등을 주로 하는 영미법계에서는 일반시민을 설득하여야 하는 이유로 심리학적 지식이 많이 활용된다.
④ 미 연방대법원 대법관이었던 Holmes는 법이란 고착된 논리가 아니라 경험이라고 주장하였다. 이런 점에서 영미의 보통법(Common law) 체계에서는 심리학과 법의 교류가 활발한 편이다.

제2절 범죄심리학의 역사

1. 고전주의 범죄학

① 18세기 프랑스 계몽사상에서 유래되었다. 17세기까지 마녀사냥 등 비합리적인 방식의 잔인한 처벌이 존재하였고 계몽사상은 이에 대해서 비판적이었다.
② 인간을 자유의지를 가진 합리적·이성적 존재로 보았으므로, 자유의지에 따라 범죄로 나아간 사람들에 대해서는 합당한 처벌을 하는 것은 당연한 일이었다. 국가의 처벌은 필요하지만 그 처벌이 과도하게 잔인하거나 자의적이지 않아야 한다고 보았다.
③ 로크(Locke)는 사회계약설에 따라서 국가의 법제도는 시민의 권리와 자유를 침해해서는 안 된다고 보았다.
④ 베카리아(Beccaria)는 그의 저서 "범죄와 형벌"에서 사형폐지론을 주장하면서 쾌락주의, 인도주의 형벌론을 주장하였다.

2. 실증주의 범죄학

① 19세기 후반 과학적 방법의 중요성에 입각하여 등장하였다.
② 실증주의는 두 가지 전제에서 근거한다. 첫째는 인간 행동은 외적 환경요인(전쟁, 기아 등)과 개인의 생물학적·심리적 요인에 의해서 결정된다고 것이다. 그리고 둘째는 범죄 해결을 위해 과학적·경험적 방법을 채택한다는 것이다.
③ 법률적 접근보다는 범죄인의 특성과 범죄원인에 대한 연구를 강조하였다.
④ 이탈리아의 범죄학자 Lombroso(롬브로조)는 다윈의 진화론에 영향을 받아서 범죄인의 두개골 구조(골상학)에 따른 범죄원인을 연구하여 범죄요인이 격세유전된다고 주장하였다. 그는 범죄학의 창시자이자 대표적인 실증주의 범죄학자로 불린다.

3. 제도학파

① 19세기 프랑스와 벨기에의 통계학자들인 Quetelet(케틀레), Guerry(게리), Fletcher(플레처) 등은 사회를 측정할 수 있다고 보았다.
② 1827년 프랑스에서는 범죄에 대한 전국 통계가 산출되었고, 1831년 영국에서는 런던 경찰 범죄 통계표가 처음으로 발행되었다.
③ Guerry(게리)는 생태학적 범죄학 또는 제도학파의 창시자로서 프랑스의 범죄통계를 이용하여 지도상에 범죄분포를 표기하는 제도법을 이용하였다.
④ Quetelet(케틀레)은 전쟁, 기근, 자연재해, 연령, 성, 직업 등 요인을 분류하고, 사회구조적으로 범죄는 항상 존재하는 현상이라고 주장하였다. 즉, 범죄율에 대한 실증적 연구를 한 것이다.

4. 형사사법제도와 심리학

(1) 1900년대 초반(20세기 초반)

① 홈즈(Holmes) 대법관
  ㉠ 미국의 연방대법관 홈즈(Holmes)는 그의 책 The Common law(보통법)에서 법은 고착된 논리가 아니라 경험이라고 하였다.
  ㉡ 주로 대륙법계는 법률전문가에 의해서 모든 재판절차가 진행되기 때문에 수사과정이나 판결과정에 실증과학적 범죄심리학이 활용될 여지가 적었으나, 이와 달리 보통법을 따르는 영미법계는 배심제 등을 사용했으므로 심리학적 지식이 많이 활용되었던 점을 홈즈 대법관의 표현에서도 알아볼 수 있는 것이다.
② 그로스(Gross)
  ㉠ 범죄의 과학적 접근법으로 범죄현상학, 경찰학, 범죄심리학을 포함시켰다.
  ㉡ 증거, 목격자, 범죄수사, 증언, 여성과 남성의 차이점 등 다양한 주제에 대해서 범죄수사 기법을 위한 범죄심리학 연구에 초점을 두었다.
③ 기억 연구
  ㉠ 에빙하우스(Ebbinghaus)는 기억현상을 심리학에서 선구적으로 연구하였다.
  ㉡ 스턴(Stern)은 그림을 보게 한 후 각각의 시간 간격을 두고 기억할 수 있는지를 연구함으로써 법정의 목격자의 증언의 신빙성에 대하여 연구하였다. 스턴에 의하면, 그림을 본 시간과 그것을 회상하도록 요구한 시간의 간격이 클수록 오류가 증가한다는 점, 그래서 유도질문을 할 경우 잘못된 정보를 회상하는 정도가 크다는 점을 주장하였다.
④ 뮌스터버그(Münsterberg)와 분트(Wundt)
  ㉠ 뮌스터버그는 분트의 초청으로 미국 하버드 대학교 교수로 재직하면서 분트와 함께 최초의 심리학 실험실을 설립하였고, 생리적 변화를 거짓말탐지에 적용할 수 있는 이론적 배경을 제시하였다.

ⓒ 이들은 심리학적 지식의 형사사법 분야에의 적용을 주장하여 법정심리학의 초석을 마련한 것으로 평가받는다.

(2) 1930~1960년대
① 범죄심리학의 과학적 활용의 쇠퇴기이다.
② 사회행동과 인간 기억에 대한 사회심리학적 연구가 대두되었다.

(3) 1960년대 이후
① 심리학적 원인론과 사회학적 원인론의 활발한 연구가 진행되었다.
② 서덜랜드(Sutherland): 차별적 접촉이론
③ 버제스(Burgess)와 에이커스(Akers): 차별적 강화이론
④ 사이크스(Sykes)와 맛차(Matza): 중화이론

(4) 1980년대 이후(범죄원인에 대한 실증연구 및 응용의 부흥기)
① 범죄심리학이 순수 이론영역과 형사사법에 범죄심리를 응용하려는 법정심리학으로 나누어지게 되었다.
② 형사 사법시스템에 대한 심리학적 연구가 활발하게 진행되었다.
③ 법정심리학(Forensic Psychology)이라는 영역이 정착되었다.
④ 심리학자들은 살인, 강간, 성범죄 및 아동학대, 가정폭력 등 범죄유형별로 관심을 두기 시작하였다.

제3절 형사사법에의 심리학 활용

1. 판결단계 이전

목격자 진술	• 목격자 진술은 인간 기억의 한계 때문에 대체로 50%의 정확도를 가진다고 본다. • 심리학적 연구를 통하여 진술의 정확성 저해요인을 밝히는 데에 활발하였다.
면담(인터뷰) 기법	• 경찰의 피의자나 참고인 조사, 법정에서의 심문 등에서의 면담기법 개발에 심리학이 활용된다. • 면담자가 피면담자(목격자나 증인)의 기억을 활성화시켜주는 보조자로서의 역할을 강조하는 인지면담 기법이 주목받는다. • 특히 아동이나 성범죄피해자 등의 면담 등에서 심리적 안정 등이 중요한 면담기법으로 활용된다. • 우리나라도 성폭력범죄 처벌특례법 등에서 여성·아동·장애인 등의 범죄피해자가 수사기관이나 법정에서 진술할 때 진술조력인이 이에 참여할 수 있도록 규정하고 있다.
신문과 자백	• 용의자들이 허위자백, 강압에 의한 자백을 많이 하는 편이라는 사실이 1966년 미란다 원칙을 선언한 판례에서 잘 나와 있음 • 허위의 자백의 특징과 허위자백을 하는 상황적 특성을 심리학적으로 연구하였다.

협상	• 인질범 등과의 협상 시에 활용할 수 있는 행동과학적 정보를 수집하고, 협상가를 훈련하는 프로그램을 개발한다.
행동분석 및 진술분석	• 언어적 또는 비언어적 행동 및 진술내용을 통하여 거짓말 여부를 추정하는 기법에서 활용한다. • 거짓말 탐지의 분석에서 유용하게 활용한다.
프로파일링	• 범죄자의 성격과 유형을 분석하고 그들간의 유사성을 밝혀서 수사선을 설정하고 피의자의 특성을 파악하는 수사기법이다. • 용의자의 범위를 축소하거나 범죄행동의 진위여부 판단에 도움을 준다.

2. 판결단계

책임능력 및 위험성 평가	• 책임능력(사물변별능력과 행위통제능력) 및 재범의 위험성을 심리학적으로 연구한다. • 1843년 책임능력에 관한 최초의 법적 기준인 McNaughton 원칙은 사물변별능력, 즉 인지능력을 기준으로 설정함 • 1954년 새로이 제정된 생성원칙은 사물변별능력과 동시에 행위통제능력을 기준으로 설정함 • 1962년 ALI원칙에서는 충분한 역량의 결여라는 개념을 포함.
범죄 동기와 원인	• 유전, 성격, 지능, 가정환경, 학교교육 등 범죄행동의 종류, 정도를 결정하는 원인을 탐색하고, 범죄실행 시의 범죄자의 사고과정을 규명한다.
배심원 연구	• 영미법계에서는 배심원에 대한 심리학적 연구가 활발하다.
전문가 증언	• 심리학자 등 전문가가 법정에서 전문증인(전문가증인: expert witness)으로서 피고인의 책임능력 여부를 결정하기 위한 피고인의 정신상태 등에 대해서 증언한다. • 정신이상에 의한 형사책임 능력, 정신질환 및 증후군(다중인격장애, 월경 전 증후군, 전쟁증후군, 매맞는 아내 증후군) 등도 전문가 증언의 대상이 되고 있음.
재판상담가 및 중재자	• 미국에서는 배심재판에서 배심원 기피를 위하여 배심원의 태도를 연구하는 재판상담가(trial consultant)로서 심리학자들이 활용된다. • 미국에서 중재자는 재판 이전에 당사자간의 관계를 중재하는 역할을 담당하는데, 이들은 형사사건은 물론 민사사건도 담당한다.

3. 판결단계 이후

교정교화	• 범죄자의 재사회화와 심리치료 등에 활용된다. • 가석방의 시기를 결정하는 데에도 사용된다. • 교정상담은 단순한 상담이 아닌 치료맥락에서 이루어진다. 수형자의 부적응과 문제점에 대해서 치료적으로 개입하는 것이다.
수형자 분류심사	• 수형자에 대한 분류를 통하여 수용 및 교화의 효율성을 확보한다. • 최근 국내외 대부분의 교정시설에서는 주관적인 분류가 아니라 객관적 분류모델을 채택하고 있다.
재범위험성 예측	• 양형, 보석, 가석방, 치료감호 결정 등에서 필수적으로 재범가능성 예측에서 심리학적 기법이 활용된다. • 재범가능성이 높다고 판단된 사람들이 사실상 재범을 하지 않는 비율(오류 긍정률)이 문제가 되므로 신중해야 한다.
교정상담	• 1800년대 목사 등 종교인의 상담에서 시작하여 보호관찰관, 가석방 담당자, 20세기에 들어와서 정신과의사, 심리학자, 상담전문가, 사회학자 등이 치료서비스를 제공하고 있음. • 교정상담은 단순 상담이 아닌 치료맥락에서 이루어짐. 즉 교정상담의 목적은 수형자의 부적응과 문제점에 대한 치료적 개입이므로, 교정상담가는 수형자의 개별사항을 숙지하여 치료계획을 수립한다.

CHAPTER 02 범죄원인론

제1절 생물학적 원인론

1. 초기 범죄생물학

초기 실증주의 범죄학자	• 초기 실증주의 범죄학자: 롬브로조(Lombroso), 가로팔로(Garofalo)
롬브로조(Lombroso)	• 생물학적 결함이 있는 사람이 범죄를 일으킨다고 봄 • 두개골을 연구함(골상학): 범죄인자의 격세유전 • 현대에 와서는 과학적 사실이라고 보지 않고 일종의 역사적 호기심으로 이해되고 있다. • 그러나 실증연구의 시초 격으로서 범죄학의 아버지로 불린다.
고링(Goring)	• 신체적 차이보다 지능결여 문제가 더 중요하다고 보아 지적 능력이 범죄행위 유발인자로 유전된다.
호돈(Horton)	• 미국 수형자를 연구하여 생물학적 열등이 범죄유발인자로 봄
공헌점(장점)	• 실증적인 연구를 거의 최초로 시도
한계(단점)	• 실증적 연구를 시도했으나 연구기법이 허술

2. 체형이론

크레츄머(Krestchmer)	• 최초로 범죄요인으로 체형을 연구 　- 근육질인 강건형: 폭력범죄 　- 키가 크고 마른 쇠약형: 좀도둑 　- 비만형: 횡령이나 사기범죄
셀던(sheldon)	• 근육질인 신체긴장형(mesomorph): 폭력범죄로 나아갈 확률이 높음 • 뚱뚱하고 무기력한 내장긴장형(비만형: endomorph) • 키가 크고 몸이 야윈 비사회적인 두뇌긴장형(ectomorph)
글럭(Glueck)	• 체형은 비행유발요인 중 하나일 뿐 직접 원인이 아니다. • 비행청소년 중 신체긴장형이 많음
한계	• 범죄의 사회환경요소를 무시하여 이론적 한계점이 많다.

3. 유전요인 연구: 유전과 환경

가계(家系)연구	• 더그데일(Dugdale): 19C 미국 요크(Jukes) 가계연구 • 고다드(Goddard): 길리카크(Killikak) 가계연구 • 부모와 자식, 형제 사이에 범죄요인성의 상관성이 높다는 연구결과를 가지고 범죄성향은 유전된다고 주장 • 가족 구성원 사이의 환경적 요인에 대한 완벽한 통제가 부족했다는 비판을 받음.
쌍생아 연구	• 1930년대 쌍생아 연구에서 일란성 쌍생아, 이란성 쌍생아, 일반 형제자매 순서로 행위일치율이 나타났다는 결과가 나왔다며 유전요인을 주장함 • 1970년대 크리스티안센(Christiansen)의 연구에서도 비슷한 결과가 나왔으나, 환경요인도 무시할 수 없다는 주장이 제기됨 • 적은 수의 표본으로 인한 낮은 통계적 타당성과 환경의 영향이 적절히 통제되지 못했다는 비판을 제기받음.
입양아 연구	• 허칭스(Hutchings)와 메드닉(Mednick) 연구: 생부·양부 모두 범죄인인 경우, 생부만 범죄인인 경우, 생부·양부 모두 비범죄인인 경우 순서대로 해당자의 범죄율이 높게 나옴. 즉, 양부모보다 친생부모와의 일치율이 높다는 결과임 • 이에 대해 유전과 환경 영향을 정확히 분리하여 연구하지 못했다는 비판이 제기됨

4. 현대의 생물사회학적 연구

(1) 의의와 연구결과

① 1970년대 윌슨(Wilson)의 「사회생물학(Sociobiology)」 출판 이후 생물학적 범죄원인론이 재등장
② EEG(Electro Encephalo Graph)를 활용한 신경생리학적 연구, 인체 내 비타민 결핍에 대한 생화학적 연구, 염색체 이상에 대한 연관성 연구 등이 이루어졌다.
③ 공격적·폭력적 범죄자의 EEG와 그렇지 않은 범죄자 및 비범죄자의 EEG보다 비정상적인 뇌기능 변이를 보여준다.
④ PET(Positro Emission Tomography)는 뇌혈관의 혈류를 측정하는데, 일부 범죄자의 혈액 속 생화학적 활동수준이 더 저조하다는 사실을 보여준다.
⑤ 폭력적인 범죄자의 경우 그렇지 않은 자에 비해 임신기와 출생 시, 유아기 초기 동안 뇌손상 가능성이 더 많다.

(2) 유전적인 정신이상(신경정신적 문제)

① 유전요인 중 가장 대표적인 것: 정신분열증, 조울증, 간질 등 정신이상
② 부모에게 정신병력이 있으면 범죄율이 높음
③ 슈툼플(Stumpfl): 누범자에서 유전적 정신결함이 초범자보다 높음
④ 리들(Riedl): 어머니보다 아버지의 유전적 결함이 범죄에 영향 큼
⑤ 한계(비판): 유전결함을 곧 범죄성향으로 단정하기 어려움

(3) 염색체 이상

① 클라인펠터(Kleinfelter) 증후군: X염색체가 일반인보다 많음 = 범죄성향이 높음
② XXY형: 여성형 남성 = 지능이 낮고 반사회적임 = 성범죄, 절도의 가능성이 높음
③ XYY형: 초남성형 = 키가 크고 지능이 낮으며 성적으로 조숙하여 어린 나이에 범죄를 일으키며, 강력한 공격성을 나타내는 특성이 있음
④ 한계(비판): 염색체 이상자는 외형상 특이점 때문에 사회적응이 어려워서 범죄로 나아가는 측면이 있음

제2절 심리학적 원인론

1. 프로이드의 정신분석학적 범죄이론

① 범죄행위는 본능인 이드(id)의 반사회적 충동을 자아(ego)와 초자아(superego)가 통제하지 못해 발생하는 것이다.
② 프로이드는 이드의 반사회적 충동이란 오이디푸스 콤플렉스(남아가 어머니를 두고 아버지와 경쟁관계로 이해하는 것) 또는 일렉트라 콤플렉스(여아가 자신의 아버지를 두고 어머니와 경쟁관계로 이해하는 것)로 대표되는 근친상간의 욕구와 그 욕구에 대한 죄책감, 처벌에 대한 위협에서 유래한다고 보았다.
③ 프로이드는 이드의 본능적 욕구에 대한 조절과 초자아에 의한 도덕성 발달이 유아기의 부모와의 친밀 관계형성에 의해 좌우된다고 가정하였다. 특히 이 시기에 형성되는 성충동인 리비도(Libido)에 의해 성격형이 지대한 영향을 받는다고 보았다.
④ 정신분석학자 알렉산더(Alexander)는 항문기에 즉각적인 욕구충족을 지연하는 능력과 현실원칙(reality principle)에 따라 행동하는 능력을 제대로 터득하지 못한 사람이 범죄성향이 크다고 보았다.
⑤ 추상적이고 검증하기 어려운 가설에 불과하다는 비판을 받고 있다.

2. 인성이론(성격이론)

① 습관성 범죄자들은 감정적 갈등과 인성의 문제를 안고 있는 경우가 많음
② 아이젠크(Eysenck)는 성격의 기본요소로 내외향성(E), 신경증(N), 정신증(P)을 주장하면서 이 3가지 사이의 관계에 의해 성격이 형성된다고 보았다.

내외향성(E)	• 일종의 대뇌피질의 타고난 각성수준 • 외향적인 사람이 내재적 각성수준이 낮은 반면, 내향적인 사람이 내재적 각성수준이 높다. • 내재적 각성수준이 낮다는 것은 자체적인 항상성 유지가 어려워서 외부로부터 보다 많은 자극을 필요로 한다.
신경증(N)	• 일종의 정서성으로서 자율신경계 기능에 해당한다. • 신경증이 높은 사람은 쉽게 흥분하여 불안정하고 성격이 괴팍한 반면, 신경증이 낮은 사람은 차분하고 흥분을 잘 하지 않는다. • 신경증이 높은 사람은 사회학습과정을 습득하는데 어려움을 겪는다.
정신증(P)	• 정신증이 높은 사람은 타인에 대한 감정이 부족하고 고립성이 강하여 자극을 추구하는 편으로 우발적인 공격성이 높다.

③ 아이젠크는 가장 폭력적인 범죄자들의 경우, 위 세가지 요소에 대한 척도에서 모두 점수가 높다고 예견하였다. 즉, 높은 N은 분노성향이 높고, 높은 E는 문제해결을 외재화하게 되며, 높은 P는 타인에 대한 이해력을 떨어뜨리고 공격행동을 하게 만든다고 보았다.

④ 외향적 사람이 내성적 사람보다 일탈성이 높다는 주장은 검증되지 않았다는 비판을 받고 있다.

3. 사회인지이론(인지발달이론)

(1) 사회인지이론
① 도덕적 판단력이 인간의 인지발달에 따라 내재화하는 과정을 상정하여 범죄원인을 연구한다.
② 인간은 수동적인 존재가 아니라 적극적으로 인지적 정보를 처리하는 존재라고 본다.
③ 개인의 내적인 인지과정보다 개인간의 인지과정을 중시한다.
④ 범죄와 관련하여 자기통제력의 부재, 즉 충동성은 중요한 원인요인이 된다고 본다.
⑤ 사회적 인지과정에 매우 중요한 요소로서 공감, 조망수용 혹은 역할수용을 들고 있다. 이는 타인의 입장을 이해하는 능력이다. 이 입장에서는 공감능력과 도덕적 추론이라는 두 단계를 중심으로 해석한다.
⑥ 우선 타인의 입장을 이해할 수 있는 능력과 타인의 감정을 공감할 수 있는 감정적 능력이다. 범죄자의 경우 공감능력에 심각한 하자가 있는 경우가 많은데, 특히 성범죄자에게 심각하다.
⑦ 도덕적 추론이란 옳고 그른 것을 구별하여 타인의 권리와 감정을 존중하고 이해하는 능력이다. 비행과 관련하여 전인습적 단계에서 인습적 단계로 발달해 가는 과정상의 지연현상이 있다고 보고 있다.

(2) 사회정보처리 모형
① 반두라(Bundura)에 의해서 주장된 모형
② 범죄자들의 사회적인 자극에 대한 정보처리 양상이 일반인과 다르다는 것을 강조함
③ 공격적인 사람은 비폭력적인 사람보다 사회적 단서를 덜 포착하거나 단서를 지나치게 폭력적인 것으로 해석하며, 갈등관계에서 적절한 반응양식을 찾을 수 없고, 자신의 폭력반응이 사

회적으로 용인되는 것이라고 잘못 판단한다.

(3) 그 밖의 사회인지이론
① 피아제(Piaget): 단순히 처벌을 피한다는 자기이익을 위해 준법하는 사람은 도덕성을 내재화하여 준법하는 사람보다 범죄로 나아갈 가능성이 높음
② 아들러(Adler)와 슈미트(Schmidt): 신체적·사회적 열등감을 채우려는 욕구에서 범죄로 나아간다고 주장함
③ 슈나이더(Schneider): 인지발달이 잘못되어 발생한 정신병질이 범죄로 나아간다고 주장함.

4. 지능이론

(1) 롬브로조(Lombroso)
범죄자는 일반인보다 열등한 존재라는 가정에서 연구함

(2) 고링(Goring)
인류학적 연구방법으로 범죄자들의 외관상 특성을 수량화함. 3,000명의 영국 범죄자들과 동일한 수의 비범죄자들을 모집하여 두개골의 크기 등 외관상의 특징을 찾고자 시도함.

(3) 퀴이(Quay)
비행청소년과 범죄인의 IQ가 일반청소년과 일반인보다 평균적으로 낮다고 주장하며, 지능에서 나타나는 범죄인과 비범죄인의 차이는 주로 언어적 지능 차이일 뿐, 동작적 지능에는 거의 차이가 없다고 보았다.

(4) 헌스타인(Herrnstein)과 Murray(머레이)
지능과 범죄와의 연관성이 과소평가되고 있다고 지적하면서 연구하였다.

(5) 허쉬(Hirschi)와 힌데랑(Hindelang)
지능과 범죄의 연관성을 지나치게 과소평가하는 경향이 있다고 지적하면서, 지능이 비행에 직접 원인은 아니라도 간접적 영향을 준다고 연구하였다.

5. 행동이론·학습이론

(1) 학습이론의 의의와 발전
① 학습이론은 범죄를 정상적인 일반인들의 정상적인 학습과정의 산물로 이해
② 범죄를 비정상적 사람들의 일탈적 비행으로 이해하는 범죄생리학적·심리학적 연구에 반대
③ 파블로브(Pavlov)의 고전적 조건화 개념에 뿌리를 둔 학습과정 연구는 20세기 초에 왓슨(Watson)에 의해 세분화됨. 강화받은 행위는 학습되고 강화가 없거나 처벌받은 행위는 사라진다는 점을 입증하여, 법적 처벌이 억제력을 발휘한다고 보았다.
④ 따르드의 모방이론에서 시작된 학습이론은 1930년대 미국의 서덜랜드에 의해서 체계화

⑤ 1940년대 밀러(Miller)와 달라드(Dollard)는 대리학습 개념을 도입하여 기존 관찰학습 또는 모델링 효과를 지칭하였음.

⑥ 1970년대 반두라(Bundura)에 의해서 사회학습이론, 모방이론이 발전하였다.

(2) 서덜랜드(Sutherland)의 차별적 교제(접촉) 이론

① 범죄는 일반적 행위와 마찬가지로 주로 친밀한 사람들과의 상호작용 속에서 학습된다고 보면서, 범죄도 개인에게 영향을 미치는 사회학습과정의 결과라고 보았다.

② 즉, 범죄원인은 차별적 접촉, 차별적 교제에 의한 것으로, 이런 범죄행위로의 사회화는 일반적 사회화와 비교하여 좋고 나쁨의 문제가 아니라 서로 다른 사회화 과정일 뿐이라고 주장하였다.

③ 다만, 범죄가 학습되는 기제, 방식을 설명하지는 않은 점에서 한계가 있다.

(3) 버게스(Burgess)의 차별적 강화이론

① 버게스(Burgess)와 에이커스(Akers)는 서덜랜드의 차별적 교제이론을 수정보완하여 학습기제에 대한 연구를 통하여 차별적 강화이론을 구성하였다.

② 이 이론에 의하면, 타인과의 직접적인 관계없이도 환경과의 접촉 속에서 범죄를 학습할 수 있다고 보았다.

③ 보상, 처벌, 강화라는 개념을 이용하여 범죄 사회화라는 학습의 기제(방식)을 4가지의 주요한 개념으로 설명한다.

차별적 교제	• 개인은 타인이나 집단과의 상호작용을 통하여 학습을 한다. 범죄자도 범죄를 모방할 모형이 되는 집단이 있다고 보았다. • 중요한 집단은 가족, 친구 등 1차 집단으로, 친밀감이 높은 집단이므로 여기서 범죄가 학습될 가능성이 높다. • 2차적으로 지역사회의 이웃, 교사, 법집행공무원, 심지어 영화, TV 등 매스미디어의 영향도 있다고 보았다.
정의(definition)	• 특정행위에 대해서 개인이 부여하는 의미와 태도를 말한다. • 특정행위를 개인 자신이 옳다거나 그르다거나 평가하는 것이다. • 범죄행위를 나쁘다고 판단하면서도 다른 행위에 대해서 합리화를 통하여 개인 스스로 우호적으로 정의내리는 것이다.
차별적 강화	• 행위는 행위의 결과인 보상과 처벌의 균형성에 따라 달라진다. • 특정행위에 대해서 보상이 처벌보다 컸던 경험이나 그러리라는 예상이 있으면 범죄행위는 강화되어 반복된다. • 반대로, 처벌이 보상보다 크다면 행위를 강화하지 못하고 약화될 것이다. • 이때 보상이란 물질적 보상은 물론이고, 보복감, 스트레스 해소, 명성, 정치적 신념, 정의감 등 상징적인 보상까지도 포함한다.
모방	• 모방은 타인의 행동을 관찰하고 그와 유사하게 행동하는 것이다.

(4) 반두라(Bundura)의 모방이론(사회학습이론)
① 반두라는 사회학습이론을 기반으로 모방에 의하여 범죄행위가 강화될 수 있음을 주장하였다.
② TV, 영화 등 매스미디어의 폭력적 장면 등이 모방학습을 강화시키는 요소가 될 수 있음도 지적하였다.

6. 합리적 선택이론

① 합리적 선택이론은 범죄자를 자유의지와 합리성을 가진 존재이자 쾌락을 추구하고 고통을 회피하는 존재로 이해한다.
② 범죄행위는 범죄자가 범죄충동, 기회 등의 상황적 요인 내에서 범죄로 인해 얻게 되는 이익, 이익의 필요성, 범죄의 성공가능성과 발각될 가능성, 처벌의 위험성 등 범죄로 인해 상실되는 손실에 대해서 합리적으로 계산한 결과 범행에 인한 손실보다 이익이 크다고 판단되는 경우 범행을 선택한다는 이론이다.
③ 합리적 선택이론은 일반예방주의에 입각한 고전주의 범죄학에 기반한 이론이다. 제2차 세계대전 이후 범죄자에 대한 교화모델이 강조되었으나, 오히려 범죄율 증가로 교화모델에 대한 회의론이 대두되면서 다시 고전주의 범죄억제 모형이 재부각되었는데, 바로 합리적 선택이론이 이에 해당한다.

7. 통제이론

(1) 라이스(Reiss)·나이(Nye)의 통제이론
① 범죄와 개인의 자기통제력 사이의 관계를 연구함.
② 라이스(Reiss)는 청소년들의 개인적 자기통제력 부족으로 발생하는 비행은 교육기관의 순화 실패를 의미한다고 주장함
③ 나이(Nye)는 예방책으로 ⊙ 국가기관의 공식통제나 가정과 학교의 비공식통제라는 직접통제방식, ⓒ 청소년들의 주위 기대를 의식하여 비행을 자제하는 간접통제, ⓒ 청소년 스스로의 양심에 의한 내부통제를 열거하면서, 가장 효율적인 방법은 비공식적인 간접통제방식이라고 주장함.

(2) 렉크리스(Reckless)의 억제이론
개인 안에 내재하는 범죄유발요인과 범죄억제요인 사이에서 어느 쪽이 더 우세하냐에 따라 범죄행동 여부 결정된다.

범죄유발 요인	• 가난이나 갈등이라는 압력 • 비행적 일탈문화, 불건전한 대중매체 이용으로의 유인(誘因) • 범죄행동으로의 불안, 불만, 증오 등의 배출
범죄억제 요인	• 외부적 억제요소로 사회적 연대와 끈(Bond and tie)이라고 하여 가족·주위사람들과의 관계 • 내부적 억제요소로 건전한 자아의식이나 목표

(3) 맛차(마짜, Matza) · 사이크스(Sykes)의 표류이론

① 맛차(마짜, Matza)는 사회통제가 느슨할 때 표류(漂流)가 형성되어 그 상황에서 준법적 영향력(합법), 범죄적 영향력(불법) 사이에서 비행청소년이 표류한다는 개념을 주장하였다.
② 사이크스(Sykes)는 중화(中和) 개념을 들어서 비행행위자가 비행에 대한 책임이나 가해 및 피해자의 피해를 피해자의 비난, 상위가치의 호소로 중화시켜버린다고 주장하였다.

(4) 허쉬(Hirschi)와 갓프레드슨(Gotfredson)의 자기통제 이론

① 이익과 손실이라는 점에 주목했다는 점에서 합리적 선택이론의 가정과 의견이 유사하지만, 범죄적 성향에서는 개인적 차이가 있다고 보았다.
② 모든 인간은 동물로서 범죄적 성향을 가지고 있지만, 개인의 범죄적 성향은 자기통제력의 차이에 따라서 다르게 나타난다고 보았다.
③ 이러한 범죄성향과 자기통제력은 비교적 안정적인 특성을 보여서 개인의 사회적 위치 등이 변경되더라도 그대로 유지된다고 보았다.
④ 높은 자기통제력을 가진 사람은 평생 범죄를 저지를 가능성이 낮다고 보았다.
⑤ 반면 낮은 자기통제력을 가진 사람은 충동적이고, 타인의 감정과 고통의 위험에 둔감하고, 이기적이며 즉각적인 만족과 자극에 반응하여 무모한 행동을 즐겨서 범죄성향과 연결된다고 보았다.
⑥ 이런 자기통제력의 차이는 보통 후천적인 것으로 가정환경과 어린 시절의 부모의 양육방법에 따라 발생한다고 보았다. 즉, 유년기에 부모가 자녀에 대해서 가지는 애착, 그리고 자녀의 일탈행위에 대한 적절한 처벌을 주는 경우 자기통제력이 사회화된다고 보았다.
⑦ 그래서 ㉠ 부모나 교사, 친구와의 애착이 클수록, ㉡ 사회적 합법적 목적을 수용하여 수행하기 위해 노력할 몫이 있을수록, ㉢ 학업, 운동, 취미, 가정생활 등 일상생활에 적극 참여할수록, ㉣ 사회가치나 규범체계에 신뢰가 강할수록, 비행과 범죄로 나아가지 않는다.

제3절 사회구조적 원인론

1. 시카고학파의 범죄생태학 및 사회해체이론

(1) 의의
    ① 시카고학파의 창시자인 파크(Park)는 사회를 생태학적 관점에서 협동과 경쟁 과정에서 주기적 변화가 발생한다고 보면서 하나의 유기체적 공동체로 이해
    ② 인간행동은 유기체적인 사회구조와 환경에 지대한 영향을 받음
    ③ 범죄도 이런 사회구조적 환경 영향을 받는 것

(2) 버게스(Burgess)의 동심원이론
    ① 1920~30년대 시카고를 대상으로 도시구역의 성격에 따른 범죄의 성향 분석
    ② 시카고는 동심원형태로 제1구역 중심지대는 상공업지역, 제2구역 변이지대는 빈민슬럼지역, 제3구역은 노동자 주거지대, 제4구역은 중산층 이상 주거지대, 제5구역은 근교 통근거주자 주거지대로 분류
    ③ 범죄는 제2구역인 변이지대를 중심으로 빈발함

(3) 쇼(Shaw)와 맥케이(McKay)의 범죄지대 연구
    ① 버제스의 동심원이론을 계승하여 범죄생태학을 본격화
    ② 제2구역인 변이지대의 범죄율이 높은 이유: 이 지역에 흑인과 유럽이민자들이 혼재하는데 문화적 이질성으로 사회해체(무관심과 갈등)가 촉진되기 때문이라고 주장
    ③ 변이지대의 특징: 사회변화가 빠름 → 사회해체 → 인간고립 → 사회유대성 하락 → 익명성 증대 → 범죄에 유리한 환경 조성

(4) 사회해체이론

버식(Bursik)과 웹(Webb)	• 쇼와 맥케이 이론 재검증 • 범죄문제를 개인의 특성으로 이해할 것이 아니라 사회와 지역의 환경에 영향을 받는 것이라고 주장 • 변이구역은 잦은 구성원 교체에도 지속적으로 높은 범죄율 유지되는 특징
스타크(Strak)	• 범죄지역의 5대 요인: 높은 인구밀도, 빈곤, 용도의 혼재성, 높은 유동성, 황폐화(슬럼화)
샘슨(Sampson)	• 범죄예방을 위해서 '사람이 아니라 장소를 바꾸어야 한다'고 주장 • 범인 검거도 필요하지만, 우범지역 지정, 사회유대성 회복의 단체활동 등이 필요하다.

(5) 이론의 공헌과 한계

공헌(장점)	한계(단점)
• 사회환경적 측면 조명 • 거시적 환경 연구	• 미국사회의 문제에만 국한된 연구로 보편적 연구가 아니라는 비판

2. 긴장이론

(1) 뒤르켐의 아노미이론
① 뒤르켐이 아노미 개념을 처음 범죄원인론에 도입
② 아노미 개념: 사회질서가 흔들리면서 규범의 영향력이 약화된 무규범상태
③ 현대 자본주의 사회에서 사회구조가 급변하면서 개인들의 욕망과 규범 사이의 불일치가 증가하여 개인의 일탈이 증가한다.

(2) 머튼(Merton)의 아노미이론
① 뒤르켐의 아노미이론을 발전시켜 구조기능주의 범죄이론 형성
② 사회 내의 문화적 목표와 사회적 수단 사이에 불일치가 발생 → 아노미 초래 → 사회구성원의 범죄 등 일탈행위 발생
③ 자본주의 사회에서 문화적 목표인 금전적 성공, 제도화된 사회수단인 직업활동 사이의 불일치가 일어나고, 비제도화된 수단인 일탈, 범죄가 발생한다는 것

반응	문화적 목표	제도화된 수단
순응	+	+
혁신	+	−
의식주의	−	+
퇴행	−	−
전복	±	±

• +: 받아들임(승인)　• −: 부정　• ±: 이전가치는 부정하고 새로운 가치로의 대체

순응	• 개인이 문화적 목표도 승인하고 제도화된 수단도 승인하는 것 • 대부분의 사람들의 성향으로 아노미로 빠질 가능성이 낮고 사회구조질서에 적응함
혁신	• 문화적 목표를 승인하지만 제도화된 수단은 부정하는 것으로 일탈이 가장 잘 일어나는 부류 • 금전이란 문화목표를 저축이나 직업활동이라는 제도화된 수단이 아니라 절도·강도와 같은 범죄로 이루는 경우 • 머튼 혁신에 주목하면서, 미국에서 하류층이 상류층에 비해 범죄율이 높은 것은 상대적으로 합법적 수단이 차단되어 있기 때문이라고 지적하였다.
의식주의	• 목표를 부정하고 수단을 승인하는 것으로 수단을 자기목표로 삼음 • 금전적 성공이란 목표 달성이 어려워도 적법한 수단을 어기지 않음으로써 사회적으로 좋은 평가를 받는 것으로 목표로 삼음
퇴행	• 목표와 수단 모두를 부정하는 것 • 사회활동을 거부하는 알코올 중독자나 노숙자 등
전복	• 문화목표와 수단 모두를 부정하는 동시에 아예 새로운 사회질서로 대체할 것을 요구하는 것 • 혁명가와 같은 경우

3. 갈등이론

의의		• 어느 한 사회에 현존하는 법체계를 사회 내의 유력집단의 이익이나 기득권을 보호하려는 수단으로 이해하는 이론
사회주의 갈등이론	마르크스 (Marx)	• 범죄원인: 자본주의 사회의 계급갈등과 경제적 불평등 • 범죄: 물적 자산, 지배적 지위에 사회가 불허하는 방법으로 접근하는 것
	퀴니 (Quinney)	• 지배범죄: 기업범죄(횡령, 배임), 정부범죄(뇌물), 통제범죄(형사사법기관의 탄압행위) • 적응 및 저항 범죄: 자본주의 모순에 반응하여 일어나는 약탈범죄(절도, 강도 등), 대인범죄(살인, 성폭행 등), 노동자의 저항 과정에서 일어나는 폭력이나 업무방해 등
권력관계 갈등이론	막스 베버 (Webers)	• 범죄란 자본주의든 사회주의든 어느 정치체제이든지 존재하는 행동유형 • 범죄: 사회 내의 개인적 권력투쟁의 산물
	터크 (Turk)	• 베버이론 계승 • 지배집단과 피지배집단 사이의 사회문화적 차이가 갈등을 유발하는데, 지배층이 피지배층의 저항을 범죄로 규정하는 것
문화갈등 이론	셀린 (Selin)	• 범죄원인: 다양한 집단 사이의 문화적 충돌 • 다원화된 사회에서 이질적 문화규범 사이의 충돌이 갈등이 되어 사회구성원에게 내면화되면서 범죄로 표출
	볼드 (Vold)	• 집단갈등이론 • 볼드에 의하면, 법이란 집단 간 투쟁에서 이긴 정치집단이 자신들의 이익과 권한을 보호하고 상대집단의 이익을 제거하기 위해 만들어진 것으로 봄. • 집단 간의 투쟁, 이해갈등 과정에서 자신의 이익을 제대로 방어해내지 못한 소수집단의 행위가 범죄행위로 규정되는 것이라고 봄.
신갈등 이론	테일러 (Tailor)	• 신범죄학 • 집단갈등이론이 이익집단간의 갈등으로 본 것을 비판함 • 테일러는 국가와 자본가의 일탈행위는 민사책임일 뿐 범죄를 면하게 되어 형사제재를 받지 않고, 일반 시민계급의 행위만 범죄로 규정됨.
	스피처 (Spitzer)	• 후기자본주의 갈등론 • 자본주의에서 하류계층만의 특정인들만이 형사사법제도의 절차에 회부되도록 선택되며, 그들의 행위가 범죄로 규정된다. • 자본주의의 구조에서 정신질환자, 약물중독자, 사회불만계층 등 부적응자들에 대한 통제시스템 작동과정에서 이들의 행위가 범죄로 규정됨.

4. 하위문화이론

(1) 의의

① 하위문화이론이란 아노미이론을 이론 틀로 하여 사회해체론을 결합한 것으로 이후에 학습이론을 접목하여 발전한 이론

② 하위층 청소년은 교육, 가족지원 등 제도화된 성공수단에서 소외되기 쉽고, 이를 상쇄하기 위해 자신들만의 하위문화, 특히 폭력과 범죄를 강조하면서 범죄를 양산할 수 있다는 이론

(2) 코헨(Cohen)의 비행하위문화이론

① 하류층의 슬럼지역에서 비행이 과도하게 많다는 사실에 착안하여, 하류층의 비행은 중류층

이상의 가치와 규범에 대한 저항의 성질이 있다고 봄
② 하류층 청소년들은 사회적 성공목표를 합법적으로 획득하기 어렵다는 판단이 서게 되면 좌절감으로 인해 비행집단과 어울리면서 비공식적인 비행 문화 속에서 자신들만의 성공가치를 공유하게 되는데, 여기서 쾌락으로 유인되어 비행과 범죄로 이어진다는 이론

(3) 클라우드(Cloward)와 오린(Ohlin)의 차별적 기회이론
① 머튼의 아노미이론과 서덜랜드(Sutherland)의 차별적 접촉이론을 통합하여 차별적 기회이론을 제시
② 합법적 문화목표(대체로 금전적 성공)에 접근하기 어려운 하류층 청소년들은 보다 접근이 쉬운 비행적 대체문화로 유인되어 범죄가 많다는 이론

5. 낙인이론

(1) 의의
① 낙인이론은 범죄를 일정행위의 속성이 아니라 귀속 또는 낙인찍는 과정에서 생긴 산물이라고 이해함
② 범죄의 규정은 선별에 의해서 이루어지는데, 그 선별은 사회구조적으로 지배층의 결정에 의해 이루어진다고 봄
③ 일차적 낙인이 찍힌 사람들은 사회구성원들로부터 배척받으면서 이차적으로 낙인찍혀 사회 속에 융화되지 못하고 계속 범죄로 나아간다.

(2) 탄넨바움(Tannenbaum)의 이론
① 1938년 탄넨바움은 저서 「범죄와 사회」에서 처음 낙인이론 주장
② 악의 극화: 사회에서 범죄자로 규정되는 과정에서 일탈강화의 악순환이 작용하여 오히려 사회적 적개심을 가지고 반사회적 행동으로 나아간다는 것
③ 청소년기의 경미한 비행은 관용으로서 기회를 주어야 한다고 주장

(3) 레머트(Lemert)의 낙인일탈
① 1차적 일탈은 우연한 계기에 발생하지만, 한번 낙인찍히면서 비행적 지위가 구조화되어 2차적 일탈이 진행되게 된다는 것
② 행위자는 1차일탈로 인해 다른 구성원으로부터 소외되고 자기 스스로 일탈자로 자아규정을 내린 후부터는 정상생활을 하지 못하고 2차적 일탈로 자연스럽게 나아간다는 것

(4) 베커(Becker)의 낙인이론
① 레머트를 계승하여 범죄행위로 낙인찍는 것은 행위자에게 낙인찍힌 자라는 주지위(主地位)를 만들어내고 주지위는 그가 가지는 다른 속성을 보조적 지위로 만들어버려서 주지위가 보조적 지위를 압도함으로써 정상생활로 돌아올 수 없게 만든다는 것
② 결국 단계적으로 1차일탈이 2차일탈을 만들어내는 원인이라고 봄

CHAPTER 03 정신병질과 범죄

제1절 공격성

1. 공격성의 정의
① 공격성은 인간본능의 일부이며, 폭력범죄의 기본요소이다.
② 공격성은 일반적으로 신체적·사회적, 그 밖의 방법으로 다른 사람을 해치고 사물을 파괴하려는 의향과 시도로 정의할 수 있다.
③ 심리학자들은 수동적 공격행위라는 정의를 사용하여 그 행동이 수동적이고 간접적이더라도 그들이 일반적으로 공격적인 의향을 나타내는 것을 지칭한다.
④ 반두라(Bundura)는 기존의 공격성 정의를 비판하면서 공격성을 정의하기 위해서는 가해자의 행동과 희생자의 사회적 판단 양쪽 모두를 고려하여야 한다고 주장하였다.

2. 적대적 공격성과 도구적 공격성

적대적 공격성	• 모욕, 신체적 공격, 개인적 실패와 같이 분노나 화(anger)를 유발하는 상태에 대한 반응으로 발생한다. • 이때 공격자의 목표는 희생자를 만드는 것이다. • 보통 살인, 폭력범죄 등이 이러한 적대감에서 일어난다.
도구적 공격성	• 경쟁이나 타인이 소유한 물건, 예컨대 보석, 돈, 부동산, 지위에 대한 욕망과 함께 시작된다. • 가해자는 원하는 물건을 정당한 대가 없이 얻기를 시도한다. • 보통 강도, 절도는 물론 다양한 화이트칼라 범죄의 요소가 된다.

3. 직접적인 공격행동과 간접적인 공격행동

직접적인 공격행동	• 희생자와 직접 대면하는 경우에 나타나는 편이다. • 분노 감정의 분출인 경우가 많다. • 공격적이지 않은 해결방안을 생각해내는 인지 자체가 결여되어 있는 경우가 많아서 우발적이며 공격자 자신이 예상치 못한 치명적인 결과를 초래하기도 한다. • 비교적 저연령에서 일찍 시작되며 소년기에 사회화과정이 잘못되면 이 성향이 발달하는 경향이 높다. • 나이가 들어감에 따라서 대체로 감소하는 편이지만, 심각한 공격성을 가진 아이들은 나이가 들어가면서 심화되는 경우도 있다. • 살인, 폭력 범죄와 연관된다.

간접적인 공격행동	• 직접 대면 없이 은폐나 정직하지 못한 비열한 행동으로 나타난다. • 분노 이외의 감정에서 비롯된다. • 계획적으로 행동하고 재산을 노리거나 발각되면 도망가려는 계획을 세우는 등 인지적 노력을 많이 기울인다. 즉, 처벌을 피하려는 잘 학습된 전략을 발달시키는 편이다. • 나이가 들어감에 따라서 증가하는 경향을 보인다. • 절도, 사기, 횡령 등 범죄와 연관된다.

4. 반사회적 공격과 친사회적 공격

반사회적 공격	• 타인을 해치는 범죄행위나 일탈행위 등으로 사회규범에 어긋나는 유형
친사회적 공격	• 법의 집행, 부모의 적절한 훈육, 전시 지도자의 명령에 대한 복종 등은 필요한 행위로서 적법한 공격행위이다. • 예컨대, 인질범을 경찰이 사살하는 행위와 같은 것이다.
허용된 공격	• 어떤 공격행위가 반사회적인 공격과 친사회적 공격 사이에 있는 유형이다. • 예컨대, 불복종하는 선수를 벤치로 퇴장시키는 코치의 행위, 강간범에 저항하는 여성의 경우와 같이 정당방위와 정당행위에 해당하는 것이다.

제2절 사이코패스

1. 연구의 역사

① 1950년대 미국 정신의학회에서 소시오패스(sociopaths: 사회병질자)라는 용어 사용하기 시작하였다.

② 1968년 미국 정신의학회는 DSM(Diagnostic and Statistical Manual of Mental Disorder: 미국 정신의약협회의 의료편람)에서 반사회적 성격장애(antisocial personality disorder)라고 지칭하였다.

③ 1976 클렉리(Cleckley)에 의해 사이코패스(Psychopaths) 용어가 제시되었다. 그에 의하면 외관상으로는 상당히 정상으로 보이고 지능도 보통 수준 이상을 지니지만 극단적으로 이기적이고 타인을 목적달성의 도구로 이용하며 무책임하면서 냉담하고 거짓말을 쉽게 하는 특징을 가진다고 주장하였다.

④ 1970년대 이후 로버트 헤어(Roberts Hare)에 의해서 사이코패스에 대한 실증연구가 활발히 진행되었고, PCL(Psychopathy Checklist)라는 측정도구가 개발되었다.

2. 사이코패스의 특성

① 헤어(Hare)에 의하면, 사이코패스는 전체 인구의 1~2%, 수형자의 15~25% 정도로 이른다고 본다. 또한 중구금시설 재소자의 80~90%는 반사회적 인격장애를 가지고 있다고 한다.
② 사이코패스는 정신장애를 가지고 있지 않으며, 걱정, 불안, 망상, 우울, 환각상태 또한 보이지 않는다.
③ 자기중심성, 양심의 가책이나 죄책감을 못 느낌(공감능력의 결여), 극단적 이기주의, 냉담성, 충동성 등을 특징으로 나타난다.
④ 적절한 정서를 효과적으로 흉내낼 수는 있으나 진실한 마음은 없다. 따라서 정직한 척 보이게 하는 교활한 능력은 있으나 사실상 정직하려는 마음은 없는 것이다.
⑤ 특히 슬픔과 관련된 정보를 처리하지 못한다. 보통 일반인은 폭력성 제지 메커니즘(Violence Inhibition Mechanism: VIM)이 있어서 타인의 슬픈 표정을 보면 그에 대한 공격성이 억제되는 편인데, 사이코패스는 이런 폭력성 제지 메커니즘에 이상이 있어서 슬픔에 대한 정보를 잘못 처리하므로 잔인한 범죄를 반복하는 특징을 보인다.
⑥ 반사회적 인격장애자들은 언어적 조건화, 고전적 조건화, 수용회피 학습 등에서 열등한 모습을 보이며 처벌이 존재하는 상황 내의 학습, 짝짓기, 연상학습 등의 수행, 즉 회피학습 과정의 수행에서 매우 저조한 모습을 보인다.
⑦ 사이코패스의 이러한 특징은 뇌의 편도체의 정서자극 활성화수준이 매우 저하되어 있기 때문이라는 연구결과가 나와 있다. 특히 전두엽 기능의 손상으로 사이코패스는 분노통제에 상당한 장애를 가지고 있다고 한다.
⑧ 화이트칼라들 속에서도 반사회적인 행위를 반복하는 자들이 있으며 이들을 화이트칼라 사이코패스라고 명명할 수 있다고 주장한 바 있다. 화이트칼라 사이코패스의 특징에는 감정을 자주 바꾸어 동료나 부하직원을 조종하고자 함, 사람들을 고의적으로 따돌림, 타인의 성과물을 낚아 챔, 실수에 대한 책임을 거부함, 여러 명과의 회의를 기피함, 현실적이지 않은 목표를 갖게 함 등이 제시된다.
⑨ 그러나 사이코패스 모두를 범죄자로 규정하는 것은 무리라는 비판도 있다.

제3절 정신병질

1. 과잉행동장애(ADHD) 등

① 주의력 결핍 과잉행동장애(ADHD: Attention Deficit and Hyperactivity Disorder), 반항장애(ODD: Oppositional Defiant Disordeer), 품행장애(CD: Conduct Disorder)는 정신병질의 전조현상으로 이해된다.

② ADHD의 16%가 약물남용, 27%가 반사회적 성격장애 진단을 받는다.
③ ADHD와 ODD/CD가 나타나는 아동은 보통 불안장애 징후가 높게 나타나며, 충동적 행동에서 가학적 행동들이 나타날 수 있다.
④ 이들의 공격행위나 범죄행위는 정서적 격분에 의한 행동이 아니라 자기 목표를 위한 수단적·도구적 형태의 공격으로 목표달성을 위해 잔인한 행위를 하기도 한다.
⑤ 대체로 원인으로는 출생 시 산소결핍, 감염, 가족의 학대나 무관심, 사회적 어려움 등이 제시된다.

2. 부모결핍

① 정신병질과 부모결핍은 높은 상관성을 가지는 것으로 나타난다.
② 그리어(Greer)의 연구에 의하면, 부모상실은 남성 정신병질자보다 여성 정신병질자에서 유의미하게 나타났다.
③ 오트만(Oltman)과 프리드만(Friedman)의 연구에 의하면, 모(母)의 결핍보다 부(父)의 결핍이 더 큰 영향을 준다고 본다.
④ 버스(Buss)에 의하면, 아이에게 거리를 두는 냉정한 부모, 훈육과 보상의 일관성이 없고 변덕스러운 부모가 정신병질을 형성시킬 수 있다고 한다. 이는 옳고 그름에 대한 학습에 실패하였기 때문이라고 본다.
⑤ 헤어(Hare)는 가족의 기능결함이 정신병질과 관련성이 있다고 지적한다.
⑥ 맥코드(McCord)는 '극도의 정서적 박탈이나 심리적 거부' 등이 다른 환경적인 조건이나 초기의 신경적 손상과 결합되었을 때 정신병질 발달을 가장 잘 설명할 수 있다고 하였다.
⑦ 피어스(Phares)는 응석을 받아주거나 지나치게 방임적인 부모에게서 어려서부터 잘못에 대한 용서를 비는 것이 아닌 부모에게 아양을 떨거나 변덕을 맞춰 위글 모면하는 행동패턴을 학습하게 된다고 정리하였다.
⑧ ADHD 진단을 받은 아동일지라도 부모의 적절한 양육으로 아이가 효과적으로 성장할 수 있음이 증명되었고, 더욱이 아버지가 정신병질이나 알코올중독자였던 사람들보다 부모 양육양태가 정신병질과 관련성이 높다는 연구결과가 나오고 있다.
⑨ 주로 정신병질이 초기 유년기 발달의 결손 때문이라는 연구결과가 많다. 그러나 최근에는 결손보다도 부모가 적대적이고 거부적이면서 권위적이지만 자녀에게 책임을 요구하지 않는 양육태도를 보이면 공격성이 촉진된다는 연구결과도 있다.

3. 학습으로 인한 행동습관

① 가족이 반사회적 행동에 미치는 영향에 대한 연구가 진행되면서 정신병질이 주로 초기 유년기 발달 결손 때문이라는 연구가 많았다. 그러나 최근 연구는 역기능적 가족특성과 잘못된 양육방식으로 인해 반사회적 행동습관이 형성된다고 본다.

② 올원스(Olwens)는 부모가 적대적이고 거부적이면서 권위적이지만 자녀에게 책임을 요구하지 않는 양육태도를 보이면 공격성이 촉진되어 청소년비행으로 나아간다고 본다.
③ 두머스(Dumas)와 깁슨(Gibson)은 자녀의 잘못된 행동에 대해 혐오하지만 비일관적인 반응을 보이는 경우에도 비행 가능성이 높다고 하였다.
④ 폴럭(Pollock), 메드닉(Mednick) 등은 학대받았을 경우 학대경험이 비행행동과 관련되는 것은 사실이지만, 부모의 알코올중독 여부나 알코올중독과 신체학대 사이의 상호작용은 반사회적 행동 증가에 영향을 미치지 않는다는 연구결과를 내놓았다.
⑤ 로빈스(Robins)는 품행장애였던 아동의 40%가 성인기에 반사회적 성격장애로 진단받았으며, 아동기의 기질적 특성이나 가족변인보다 아동의 반사회적 행동 횟수나 심각도가 성인기의 반사회적 행동에 영향을 주는 것으로 보고 있다.
⑥ 즉 부모의 양육기술, 부모의 감시, 태도, 간섭, 환경적 어려움, 유전특징, 가족 모델링, 심리사회적 스트레스 등이 유관요인으로 지적되고 있다. 즉 애착은 단순히 심리적 부분에만 영향을 미치는 것이 아니라 기질적인 면에도 영향을 준다고 본다.

4. 문화

① 각 문화권에서의 연구결과와 진단을 연구하여 정신병질의 유병률을 탐구하기도 하였다.
② 영국과 미국의 정신병질로 판명된 죄수 300여명에 대하여 PCL-R을 진행한 쿠크(Cooke)의 연구에 의하면, 스코틀랜드의 경우 정신병질 3%, 경미 정신병질 15%인 반면, 미국은 정신병질 28%, 경미 정신병질 44%로 나왔다.
③ 쿠크의 연구결과는 두 문화권에서 정신병질의 동일한 원인을 측정하였음에도 서로 다른 비율을 보여준 것은 문화간 차이가 있음을 시사한다. 즉 기본기질과 사회환경(문화권) 사이의 상호작용은 아동의 공격행동 표출에 영향을 줄 수 있다는 것이다.

5. 정신병질의 측정

MMPI	• MMPI란 Minnesota Multiphasic Personality Inventory의 약칭이다. • 형사사법 단계에서 위험성 평가를 위해 자주 사용되었다. • 피검자의 반응왜곡 경향이 심각하여 타당도가 떨어지는 문제점이 있었다.
PCL	• PCL(Psychopathy Checklist)는 1980년에 헤어(Hare)에 의해 고안되었다. • PCL-R(revised)는 20개 항목에서 각 항목당 0~2점의 점수를 주고, 총점 40점 중에서 30점 이상은 사이코패스, 20~30점 사이는 중간, 20점 이하는 정상인으로 평가한다. • 피검자와의 면담결과에만 의존하기보다는 가능한 모든 노력을 다 동원해 객관적인 정보를 확보하는 데 총력을 기울인다. • MMPI에서 자기보고식으로 평가된 반사회성 척도보다 PCL-R과 같이 보험통계적 방식으로 전문평가자들에 의해 평정된 지표들의 재범예측력이 상대적으로 더 우수하다.

CHAPTER 04 범죄조사에서의 심리학 활용

제1절 범죄자 프로파일링

1. 개념

① 범죄자 프로파일링은 범죄 현장의 유형 및 무형의 증거에 근거하여 범죄자의 성격 유형을 분석하고 다른 범죄들과의 유사성을 밝힘으로써 수사선을 설정하고 용의자를 파악해내기 위한 수사기법이다.

② 범죄자 프로파일링은 공식적으로 범죄행동분석(한국), 범죄수사분석(FBI), 행동수사자문(영국) 등으로 불리며 단지 범죄자의 특성을 추론하는데 그치지 않고 심리학 등 행동과학적 지식을 적용, 범죄행동 및 범인 특성에 대한 수사관 판단을 지원하는 전문 수사기법으로 실무적 개념이 확장되고 있다.

2. 유형

범죄현장 프로파일링	범죄 현장 조사를 통해 용의자 동기 및 특성 추론	타당도가 결여된 추정에 근거: 범죄 현장을 체계적(organized) vs 비체계적(disorganized)로 단순화 구분; 몰입 편향(commitment bias) 등 수사관들의 인지 편향 가능성; 범죄자들의 사건 현장, 위장 행동 등을 해석하는데 취약(민감성이 떨어짐)
지리적 프로파일링	미확인 연쇄 범죄자들에게 의미 있는 관련 장소를 분석: 범죄 다발지역(hotspots) 분석	범죄자가 연쇄 범행을 저지른 장소 영역에서 이탈(이동) 했을 경우 프로파일링 결과의 오류가능성 상존; 범죄자들의 심리적 안정지역(comfort zone) 개념 이상의 심리 특징들에 대한 고려가 미흡
용의자 기반 프로파일링	과거 발생한 동종 사건의 범죄자 데이터를 체계적으로 수집, 현재 용의자 유형을 분석, 확인	인종, 종교, 민족 특성 등을 기반으로 이루어지는 불법적 혹은 편향된 프로파일링 가정/전제를 차용
심리학적 프로파일링	확인된 범죄 관련자(용의자 포함)의 세부 심리 특성에 대한 상세한 기술; 위협 혹은 위험성 평가 방법을 사용	신뢰도를 보장할 수 없는 자료들을 토대로 이루어지는 추측에 근거한 기술적 분석 결과만을 제시; 위협 및 위험 평가 방식, 기타 평가 방식들에 대한 타당도 결여
모호한 사망 사건 분석	사망 방식을 규명하기 위해, 사망자의 심리 및 배경 특성에 대한 상세한 분석 결과를 제시	일반적으로 수용되는 객관적 분석 지침(가이드라인)의 부재. 법정 증거로 제출될 경우, 인정되지 못하거나, 반박의 여지가 있음

3. 범죄현장 프로파일링

FBI의 이분법	• 체계적 유형과 비체계적인 유형을 이분하는 범죄자 프로파일링의 고전적 기법 • 살인, 방화, 성범죄, 연쇄범죄 등에 대한 범죄자 분류 • 강력범죄자의 범행수법과 인증(signature)에 대한 정의
동기론적 접근법	• 연쇄살인범 등에 대한 면담(인터뷰)을 토대로 수집된 자료를 통해 작성된 범죄분류매뉴얼을 이용하는 방식 • 범죄자 행동분석 방식
수사심리학적 접근법	• 캔터(Canter)는 수사심리학을 명명하고, 행동과학이 범죄자 수사에 도움이 되는 부분에 초점을 맞춘 접근법 • 범죄현장의 범죄자 행동 특징과 피해자와의 상관관계 연구
범죄현장분석	• 행동증거분석 방식 • 범행현장에 대한 분석과 유류된 증거를 통하여 범죄자의 정신상태를 추론하는 방식 • 전문분석가의 능력이 매우 중요함.

제2절 거짓말 탐지(Polygraph)

1. 의의

① 거짓말 탐지기를 이용하여 정신적 동요로 인한 생리반응에 따른 혈압, 맥박, 피부전류, 호흡, 동공의 변화 등을 기록하여 진술의 진위를 발견하는 수사기법
② 피검자가 동의해야만 검사를 진행할 수 있다.
③ 가능한 한 수사의 초기단계에 하여야 한다.
④ 최소한 3회 이상 검사결과를 기초로 하여 판단해야 한다.
⑤ 정황증거(간접증거)로만 활용할 뿐이다.
⑥ 정신질환자, 약물복용자, 음주자 등은 검사의 신빙성이 떨어지므로 검사를 금지한다.

2. 검사 절차

검사준비 → 검사 전 면담 → 본검사 → 차트 해석 → 의뢰관서에 결과 통보

(1) 검사준비

검사를 하기 전에 기기 점검, 질문서 작성, 피검자의 건강 상태 및 동의서를 확인한다.

(2) 검사 전 면담

① 본검사 전 30~40분에 걸쳐 면담을 한다.
② 진실한 피검자에게는 불안감을 제거하고, 허위의 피검자에게는 불안감을 조성하는 데 목적이 있다.

(3) 본검사

타당도와 신뢰도를 위해서 동일한 질문내용을 3회 이상 질문하여야 한다.

(4) 차트해석

고도의 전문성이 필요한 작업이다.

(5) 의뢰관서에 결과 통보

① 진실반응, 거짓반응, 판단불능 등의 여부를 통보하여야 한다.
② 검사 종류 후 피검자가 결과를 문의할 경우, 수사방해가 될 수 있으므로 거부하여야 한다.

3. 거짓말 탐지의 심리학적 기법

(1) 통제질문기법 활용한 거짓말 탐지

① 통제질문(CQ)는 피검자가 확실하게 알고 있는 거짓말이거나 가능성이 높은 거짓말이거나 진실한 피검자가 큰 관심을 가지게 되는 거짓말로서, 이 거짓말이 드러나면 수사상 의심을 받거나 명예나 양심상 문제가 되므로 "아니오"라고 대답하게 되는 질문이다.
② 무고한 사람은 통제질문(CQ)에 대한 대답을 보다 걱정하므로 관련질문(RQ)보다 더 강한 흥분반응을 보인다. 하지만, 유죄인 피의자는 관련질문(RQ)보다 통제질문(CQ)에서 보다 약한 흥분 반응을 보이는 편이다.
③ 정확도를 다소 떨어지는 방식으로 평가되고 있다.

(2) 유죄지식검사(GKT: Guilty Knowledge Test)

① 1959년 라이켄(Lykken)에 의해서 처음 시도되었다.
② 범죄사건에 대한 의심을 받는 사람과 검사자가 모두 숨기려는 내용을 알고 있는 경우, 또는 구체적인 혐의가 있는 피검자가 알고 있는 내용을 탐색할 때 실시하는 편이다.
③ 피검자에게는 목표자극(미리 학습되어 인식된 자극), 탐침자극(탐지자와 범인만이 아는 정보), 무관련자극(범죄사건과 무관한 자극)으로 구성되어 제시된다.
④ 참가자들이 경험한 시나리오에서는 유죄집단으로, 경험하지 않은 시나리오에서는 무죄집단으로 구분하고, 참가자는 다른 시나리오의 존재에 대해선 알지 못하게 하고 실험을 진행함.
⑤ 1991년 파웰(Farwell)과 돈친(Donchin)의 연구에 의하면 90%의 거짓탐지율, 85%의 진실탐지율, 87.5%의 정확률을 나타냈다.

제3절 진술분석 기법

1. 진술분석기법의 의의

① 진술의 신빙성과 타당성 평가를 위한 진술타당성평가(SVA: Statement Validity Assessment)는 전세계적으로 가장 빈번하게 활용되고 있다.
② SVA는 독일의 심리학자 Udo Undeutsch에 의해 개발되었는데, 그는 사법 판단에서 중요한 점은 진술인의 정직성이 아니라 진술에 대한 신뢰도라는 점을 강조하며 아동 진술의 신뢰도 판단을 위한 가설을 수립, 진술 신빙성 판단을 위한 기준에 대해 연구했다. 이후 독일 법원에서 성범죄 재판에서 미성년자와 목격자 증언 진술 신뢰도 판단 시 심리학자들의 진술 평가를 인용하기 시작했고, 이 방법이 이후 SVA로 정립하게 됐다.
③ 특히 독일과 네덜란드 등 유럽 법정에서는 독립된 증거로서 인정받고 있다.
④ SVA의 목적은 진술 내용의 신빙성을 평가하기 위한 것이다. 특히 SVA는 목격자와 피해자, 아동 및 지적 장애인 등을 평가 대상으로 하며, 진실을 말하는 이들, 비도덕적 상상, 공상, 왜곡, 강압 등에 의해 비의도적으로 거짓을 말하는 이들, 의도적 거짓말을 하는 이들이 서로 다르다는 점을 전제로 한다. 이를 토대로 진술인의 특성, 상황, 사건의 맥락에 맞춰 진술 내용을 평가함으로써 의도적, 비의도적 거짓을 배제하는 과정을 통해 진실을 탐지하는 기법이 SVA이다.
⑤ SVA 체계에서 가장 자주 연구된 핵심 구성요소로는 준거기반 내용분석(CBCA), 현실모니터링(RM), 거짓탐지를 목적으로 하는 진술분석도구로서 과학적 내용분석(SCAN)이 있다.

2. 준거기반 내용분석(CBCA: Criteria-Based Content Analysis)

① 주로 성폭력 피해 아동의 진술 신빙성을 평가하기 위해서 사용되는 진술분석방법이다.
② 19개의 내용준거들은 신빙성 있는 보고와 신빙성 없는 보고 간에 질적·양적 차이를 반영하도록 제시된다.

[CBCA의 19개 내용준거]

유형	내용 준거
일반적 특징	1. 논리적 일관성 2. 구조화되지 않은 표현 3. 세부내용의 풍부함
내용상 특징	1. 독특한 세부내용 2. 부가적인 세부내용 3. 정확하게 보고하였으나 이해하지 못한 세부내용 4. 관련된 외적 연합 5. 주관적 심리상태 묘사 6. 가해자의 정신 상태에 대한 귀인

유형	내용 준거
표현상 특징	1. 맥락상 깊이 2. 상호작용 3. 대화의 인용 4. 사건 중 예기치 않은 일 발생
동기적 특징	1. 자발적인 수정 2. 기억의 부족 시인 3. 자기 진술에 대한 의심제기 4. 자기 비난 5. 가해자 용서

3. 현실모니터링(RM: Reality Monitoring)

① RM은 CBCA의 보충대안으로 제시된 것이다.
② 진실된 기억은 지각정보(시각, 청각, 후각, 미각, 촉각 등), 맥락정보(어디서 언제 발생했는지 세부정보), 정서정보(사건에 대한 느낌)를 내포한 가능성이 높은 반면, 상상에 의해 만들어진 기억은 인지적 추론을 내포할 가능성이 크다. 따라서 감각정보와 맥락정보를 질의하는 방식으로 진위를 밝히는 것이다.
③ RM의 구체적 준거는 명료성, 감각정보, 공간정보, 시간정보, 진술의 일관성, 정동, 사실성, 인지적 추론 등 8가지이다.
④ RM의 장점은 CBCA 기준보다 적은 준거로 구성되어 있어서 보다 쉽게 배울 수 있다는 점, RM의 결과가 CBCA보다 성공적이라는 평가 등이다.

[RM의 8가지 준거]

유형	내용 준거
진실 상관 준거	1. 명료성(Clarity): 진술의 명료성과 생생함을 평가 2. 지각적 정보(Perceptual Information): 오감의 평가 3. 공간적 정보(Spatial Information): 사람이나 사물의 공간의 정보 4. 시간적 정보(Temporal Information): 사건의 순서 및 발생 시간 5. 정서(Affect): 주관적 정신상태 및 등장인물이 어떻게 느꼈는지 평가 6. 줄거리 재구성(Reconstructability of the story): 진술의 재구성 가능성 7. 현실성(Realism): 진술 정보가 현실성 있는지 여부
거짓 상관 준거	8. 인지적 조작(Cognitive Operations): 사건 당시 등장인물에 대한 추정 표현

4. 과학적 내용분석(Scientific Content Analysis; SCAN)

① 과학적 내용분석(SCAN)은 SVA와는 달리 거짓을 탐지하는 진술 분석 방법이다.
② SCAN은 이스라엘의 전직 폴리그래프 검사관인 Avinoam Sapir이 거짓의 의사소통을 하는 사람들이 사용하는 언어적 행동에 기초하여 진술의 내용과 구조를 통해 거짓 가능성을 탐지하는 방법을 개발한 것이다.
③ 즉, 진실한 진술자와 거짓 진술자간에 진술 특성의 차이를 착안하여 거짓 진술자의 진술에서 나타나는 준거들을 구성하고 이러한 준거들을 사용하여 거짓 진술 가능성을 확인하는데 초점을 맞추고 있다.
④ SCAN 기법은 기본적으로 대상자가 사건 발생 당일에 경험한 모든 일에 대해 작성한 서면 진술서를 분석 대상으로 한다. 분석가는 진술인의 의도와 목적을 평가하는 13가지 준거를 토대로 거짓 가능성을 판단한다. 하지만 현실적으로 순수한 형태의 진술서를 받는데 한계가 있고, 구체적인 내용을 기재하지 않는 경우가 많으며, 결정적 증거가 나오기 전까지 혐의를 부인하는 경우가 많다.
⑤ 따라서 SCAN을 활용한 진술분석은 그 자체로 진술 신빙성을 판단하기 보다는 추후 수사 단서 확보를 위한 수사면담, 조사전략 수립을 위한 보조적 수단으로 활용하는 것이 바람직하다.

[SCAN의 13가지 준거]

준거 유형	준거 설명
1. 언어의 변화	인칭, 운송수단, 통신수단, 무기 등에 대한 언어 변화
2. 정서표현의 부적절한 위치	진술서 내의 정서 반응 표현, 위치의 적절성
3. 대명사의 부적절한 사용	대명사는 관계, 소유, 책임에 대한 표시임, 문장 내 대명사가 생략 또는 변화했는가?
4. 시간과 관련된 확신과 기억의 부족	애매한 표현(내 생각에는, ~ 같은 종류), 기억을 못함
5. 혐의를 부인하지 않음	사건 연루된 가능성에 대해 직접적으로 부인하지 않음
6. 진술의 흐름에서 벗어난 정보	논리적 정보에서 벗어난 정보 제공
7. 사회적 소개의 부재	등장 인물에 대한 사회적 소개의 생략, 부적절함
8. 자발적 수정	진술서 내 수정, 추가 혹은 부가설명 등의 존재
9. 진술의 비균형적 구조	사건 전·중·후의 비율의 균형
10. 시제 변화	진술인 관점(1인칭 단수, 과거시제)에서 벗어난 변화
11. 시간의 불일치	주관적 시간과 객관적 시간 간에 차이
12. 중요하지 않은 정보의 부각	사건과 관련 없는 무관한 정보의 존재 혹은 부각
13. 불필요한 연결/생략된 정보	이야기 흐름이 부드럽게 이어지지 않는 연결

제4절 책임능력 판정

1. 로저스(Rogers) 형사책임 평가척도(R-CRAS)

(1) 의의
① 로저스 형사책임평가척도(Rogers Criminal Responsibility Assessment Scales: R-CRAS)는 총 25개 변인으로 구성되어 있다.
② 척도의 Part I은 정신장애를 측정하는데 사물변별능력 또는 의사를 결정할 능력이 없다는 심리적 요소를 뒷받침해주고, Part II는 GBMI와 McNaughten(M'Naughten)원칙, ALI 원칙과 관련하여 형사책임에 대한 정확한 의견을 제공하도록 돕는다.
③ Part I에서 매겨진 척도점수를 Part II에서는 각각 ALI과 McNaughten(M'Naughten)원칙, 그리고 GBMI판결 기준에 맞게 제시된 위계적 결정모델을 통해 해석한다.

(2) 판단절차

1단계	• 정신장애 위장 여부를 단단하고 정신장애가 위장된 것이라면 평가는 중단된다.
2단계	• 기질성 결함의 여부를 판단한다.
3단계	• 정신질환 여부를 결정하여 부정적인 판단이 나오면 평가는 중단된다.
4단계	• 인지통제능력 여부를 결정한다.
5단계	• 행동통제능력 여부를 결정한다. 이때 부정적인 판단이 나오면 역시 평가는 중단된다.
6단계	• 인지통제능력 또는 행동통제능력의 부재가 정신질환에 의한 결과인지를 판단한다. 정신장애 위장 판단이 나오면 평가는 중단되지만, 이 단계에서도 긍정 판단이 나오면 범행 당시 정신장애가 있었다고 판단한다.

2. 위장된 정신장애의 감별

(1) SIRS-2(Structured Interview of Reported Symptoms-2)
8개 주요 척도로 구성되는데, 그럴듯하지 않은 증세에 대한 탐지 전략(RS, SC IA, RO), 과장된 증세에 대한 탐지 전략(BL, SU, SEL, SEV)로 나누어진다.

RS	• 희귀증상(Rare Symptoms: RS) • 특정 정신장애와 관련된 증상으로는 매우 희귀하여 자주 나타나지 않는 증상을 호소하는 있는지를 평가한다.
SC	• 증상혼합(Symptom Combinations: SC) • 실제로는 동시 발병이 불가능한 증상을 호소하고 있는지를 평가한다.
IA	• 개연성이 낮거나 모순된 증상(Improbable and Absurd Symptoms: IA) • 비상식적이고 전혀 있을 수 없는 증상을 호소하고 있는지를 평가한다.

BL	• 노골적인 증상(Blatant Symptoms: BL) • 주요 정신장애에 대하여 보고한 대부분의 증상이 실제 해당 병명 환자가 보고하는 정도보다 지나치게 과한지 여부를 평가한다.
SU	• 미묘한 증상(Subtle Symptoms: SU) • 대부분 증상이 매우 일반적이어서 실제 정신장애 환자답지 않은지 정도를 평가한다.
SEL	• 선별적 증상(Selectivity of Symptoms: SEL) • 실제 정신장애 환자들에게 일반적으로 나타나는 증상 및 심리적 문제에 대하여 일부만을 보고하거나 인정하는지 여부를 평가한다.
SEV	• 극심한 증상(Severity of Symptoms: SEV) • 실제 정신장애 환자들에게 있어서 대부분 견딜만한 증상이지만 지나치게 견디기 어렵다고 호소하는 증상이 있는지를 평가한다.
RO	• 보고 대비 관찰 증상(Reported Versus Observed Symptoms: RO) • 보고하고 있는 증상이 실제 행동 상에서 나타나지 않는지 여부를 평가한다.

(2) M-FAST(Miller Forensic Assessment of Symptoms Test)

① 법정에서 정신장애 위장(꾀병)을 평가하는 방식으로 구조화된 면담방식의 검사도구이다.
② 25항목으로 약 5~10분 정도의 비교적 짧은 시간 내에 실시할 수 있다.
③ 각 문항은 0점, 1점, 만점은 25점이다.
④ 대부분 문항이 '네 또는 아니오'로 응답하도록 설계되어 있으며, 일부 문항에서 '항상, 때때로, 전혀'와 같은 응답을 하도록 되어 있다. 일부 문항에 대해서는 검사가가 응답자의 응답과 행동 간의 일치 여부를 판단하도록 되어 있다.
⑤ M-FAST는 심리측정에 매우 뛰어난 효과를 보이고 있다고 보고되고 있으며, 우리나라의 치료감호소 감정환자들을 대상으로 한 진단에서도 가장 정확하게 꾀병집단과 진짜 정신장애 집단을 분류해낸 것으로 평가되고 있다.

제5절 용의자 식별 절차

1. 자유회상

① 자유회상이란 사람 묘사를 얻기 위하여 조사자가 사용하는 가장 일반적인 방법이다.
② 자유회상은 범죄상황에서 범인에 대하여 무엇을 기억하고 있는가를 꾸밈없이 자유롭게 회상하도록 목격자에게 요청한다.
③ 조사자는 진술을 완성시키기 위해서 개폐식 질문을 주로 한다.

2. 구문론적 질문형식

(1) 예-아니오 형식의 질문
① 예-아니오 형식의 질문과 육하원칙 형식의 질문을 하는 것이다.
② 예-아니오 형식의 질문은 조사자가 정보 내용을 포함하여 질문하고, 진술자는 그에 대해 예 또는 아니오라는 대답을 하도록 하는 형식의 질문이다.
③ 진술자는 예-아니오 형식의 질문에 대해 단순히 그것이 사실인지 아닌지만 확인해주면 된다.

(2) 육하원칙 형식의 질문
① 조사자가 정보내용을 미리 언급하지 않은 상태에서 진술자에게 정보를 탐색하여 특정 세부사항을 보고하도록 요구한다.
② 예-아니오 형식의 질문은 유도심문의 가능성이 있어 가급적 배제하고 육하원칙 형식의 질문을 주로 사용하여야 한다.

3. 범인식별진술(라인업)

① 목격자란 범죄피해를 입은 피해자 및 우연히 범죄상황을 보게 된 사람을 말한다.
② 범인식별진술은 목격자 자신이 범죄현장에서 목격한 사람과 피의자(범인)가 일치하는가의 여부에 대한 진술을 말한다.
③ 라인업은 범인식별 방법 중 여러 명의 사람 중에서 한 명의 용의자를 지목하는 방법이다. 이때 동시 라인업은 한 번에 여러 명의 얼굴을 보도록 하는 것이고, 순차 라인업은 한 번에 한 명의 얼굴만 보도록 제시하는 것이다.
④ Wells는 동시 라인업을 하게 되면 목격자가 상대적 판단을 하게 된다고 보았다. 따라서 순차 라인업이 상대적 판단을 줄일 수 있다고 하였다.
⑤ Steblay는 성인의 범인식별에서 범인이 있을 경우 동시 라인업이 순차 라인업보다 식별 정확률을 높인다고 제시하였다.
⑥ Ebbesen은 순차 라인업과 동시 라인을 비교하여, 절대적 판단이 아니라 목격자의 기억 수준에

따라 선택하는 단순방법에 의하여 식별이 이루어진다고 하였다. 즉, 잘못된 식별비율에 관련하여, 무고한 용의자를 라인업으로 식별하는 것보다 무고한 용의자를 혼자 두고 목격자로부터 범인이 맞는지 식별하도록 하는 것이 잘못된 식별비율이 낮게 나왔다고 제시하였다.

⑦ 라인업(lineup) 과정에서 담당 수사관의 말, 행동, 태도 등 또한 목격자 및 피해자들의 식별 판단에 영향을 미쳐 오류가 발생할 수 있다. 그래서 2001년 미국 심리학과 법 학회(American Psychology-Law Society: AP-LS)에서 경찰 라인업(police lineups) 백서를 발간했다(Wells, 2001).

⑧ 경찰 라인업 백서에 4가지 권고사항은 다음과 같다. i) 라인업 진행 경찰관은 진짜 용의자가 알아서는 안 되며, 이 사실을 목격자들에게도 전달해야 한다. 이는 목격자가 라인업 과정에서 진행 경찰관에게 암묵적인 압력을 받는 것을 방지하기 위함으로 이를 이중 블라인드 라인업(double-blind lineup)라 한다. ii) 용의자가 없을 경우 없다고 말할 수 있어야 하며, 그 이유를 설명할 수 있는 자유로운 분위기여야 한다. iii) 라인업 이전 목격자가 진술한 인상착의 부합하는 용의자가 최소 2명 이상으로 구성함으로써 특정 인물이 너무 두드러지는 것을 배제해야 한다. iv) 목격자는 자신이 용의자를 지목한 이유에 대해 명확한 진술을 할 수 있어야 한다.

CHAPTER 05 보험사기 범죄

제1절 보험사기의 분류

연성사기 (soft fraud)	• 보험을 일단 가입하여 보험금 청구가 가능한 사건이 발생한 이후에 과도한 보험금을 청구하는 방식 • 상대적으로 우발적이고 기회주의적인 편임 • 예컨대, 치료비 과다청구나 차량수리비 과다청구 • 연성사기가 경성사기보다 5배 이상 빈발하고 있음＝왜냐하면, 수사기관이 경성사기에 더 관심을 가지기도 하고, 연성사기가 경성사기보다 적발이 쉽지 않기 때문임.
경성사기 (hard fraud)	• 보험금 청구를 목적으로 사건을 계획하여 범행하는 고의적인 보험사기 방식 • 예컨대, 보험금 목적의 배우자 살해, 허위사고의 유발 • 피해액이 높고 계획적이고 고의적이라는 특징

제2절 연성사기

① 연성사기는 행위자의 범죄의식 결여가 크다. 보험사기의 발각 가능성이 적고 처벌이 경미할 것이라는 인식 때문이다.
② 본인이 지급해온 보험료를 보험금으로 환불받고자 하는 보상심리가 보험사기로 연결되는 경향도 있다.
③ 고의적·계획적이라기보다 우발적·기회주의적인 경우가 많다. 예컨대, 피해 과장 사고의 경우 자동차사고, 병원 과장청구, 정비공장 과장 청구 등이다.
④ 연성사기의 착수시기는 보험금의 청구시점으로 본다.

제3절 경성사기

① 보험금을 노린 살인, 방화 등 범죄와 결합하여 보험금을 편취하는 사기범죄이다.
② 고의적·계획적이라는 점에서 적극적 보험사기에 해당한다. 예컨대, 고의적인 자살, 자해, 살인, 상해 등이다.
③ 보험사기에 대한 처벌이 미약하여 도덕의식이 약화되고 이는 경성사기로 이어지는 경향을 보인다.
④ 경성사기의 착수시기는 보험계약 시점으로 볼 수 있다.

제4절 우리나라의 보험사기

1. 보험사기의 실태

① 국내 보험업은 1960년대 처음 등장하며 경제적 발전 및 의료수준의 향상으로 인해 1980년대에 들어서 본격적으로 확장되기 시작했다.

② 보험의 대중화와 1990년대의 IMF로 인한 경제적 빈곤으로 생계형 보험사기가 증가하기 시작했고 최근에는 생명보험, 상해보험, 화재보험 등 다양한 분양에서 보험사기가 일어나고 있으며, 그 적발 건수 역시 기하급수적으로 증가하고 있다.

③ 보험가입이 비교적 쉽기 때문에 보험사기범죄 차제가 보고되지 않은 암수범죄가 상당수 존재한다. 암수범죄율을 고려해 볼 때, 현실적 손실액은 매우 높을 것으로 추정된다.
보험사기 적발금액은 2012년 4,533억원 정도에서 2021년 9,434억원으로 10년간 약 2배 이상 증가하였다. 적발인원은 최근 10년간 평균 86,283명 수준이지만 최근 증가하는 추세이다.

④ 특히 자동차보험(59.8%)과 장기손해보험(30.8%)은 지속적인 증가세를 보였고, 생명보험은 전년 대비 33.4%로 하락했다. 이는 과거 특히 생명보험과 장기손해보험(49.7%)이 자동차보험(47.2%)보다 비중이 높았는데, 이는 전례가 없는 현상이다.

⑤ 이에 대해, 자동차 보험의 경우에는 블랙박스 활성화 및 집중 단속으로 인해 2014년(50.2%)부터 점유율이 낮아지는 추세인 것으로 파악된다. 반면, 생명보험과 장기손해보험은 2014년에 비해(44.5%) 점유율이 높아지고 있다.

2. 보험사기의 특징

① 복합성 측면에서는 보험사기는 형사법상 사기범죄로 분류되나, 범죄 행위자가 모집 대상자인 경우 행정법에 의해 규율되며, 손실 금액은 민사상 반환 청구 대상으로 보험사기 행태는 그 사실관계에 따라 다양한 범죄행위와 동기를 포괄하는 특성을 지닌 복합적인 범법행위이다.

② 모든 보험사기 수법은 상품 유형에 의존적이며 이로 인해 병원, 공장, 여행지, 자동차 사고 현장 등 다양한 환경 맥락에 범죄의 기회의 요인이 존재한다. 따라서 보험사기는 일상생활에서부터 서비스 및 제품 생산 영역까지 다양한 환경에서 동기는 유사하나 상이한 특성을 지닌 범죄자에 의해 자행되는 다양성을 지니고 있다.

③ 보험사기 범죄는 갈수록 지능화, 조직화되고 있다. 즉, 조직적 차원의 보험사기는 브로커, 사기 실행자, 공모 및 협조자 등으로 지능화된 공범 형태를 보이는 경우가 증가하고 있으며 단독범의 경우에도 반복적인 보험범죄를 통해 그 수법은 갈수록 지능화되고 있는 경향이다.

모의고사 2과목

2과목 모의고사 1회

01 형법의 적용범위에 관한 설명으로 옳지 않은 것은?
① 신법에 경과규정을 두어 유리한 신법의 적용을 배제하는 것은 가능하다.
② 한시법에 대한 동기설은 입법자의 법적 견해의 변경에 의한 것이면 추급효가 부인되고 단순 사실관계의 변경이면 추급효를 인정해야 한다는 견해이다.
③ 형법 제5조는 내란죄, 외환죄, 국기에 관한 죄, 통화에 관한 죄, 유가증권에 관한 죄, 사문서와 사인장에 대한 위조·변조죄를 규정하고 있다.
④ 죄를 지어 외국에서 형의 전부 또는 일부가 집행된 사람에 대해서는 집행된 형의 전부 또는 일부를 선고하는 형에 산입한다.

 ③ 공문서, 공인장에 관한 죄(위조나 변조)를 규정하고 있다.

02 부작위범에 관한 설명으로 옳지 않은 것은?
① 퇴거불응죄와 다중불해산죄는 진정부작위범이다.
② 진정부작위범에는 미수처벌규정이 존재한다.
③ 부진정부작위범은 보증인적 지위에 의한 작위의무가 존재하여야 성립한다.
④ 부진정부작위범의 작위의무에는 법령, 법률행위, 선행행위에 의한 작위의무는 인정되지만, 사회상규에 의한 작위의무는 인정되지 아니한다.

 ② 진정부작위범은 개념상 미수가 성립할 수 없으나 형법상 퇴거불응죄의 경우에는 미수처벌규정이 있으므로 진정부작위범에 미수처벌규정이 존재한다는 지문은 옳다.
④ 부진정부작위범의 작위의무에는 사회상규(조리)에 의한 작위의무도 인정된다.

03 위법성조각사유에 관한 설명으로 옳은 것은?
① 현재의 부당한 침해에 대해서는 정당방위를 할 수 있으며, 이에는 싸움도 포함된다.
② 과잉방위는 방위행위가 상당한 정도를 넘은 경우로서, 야간 기타 불안스러운 상태 하에서 공포, 경악, 흥분 또는 당황한 상태의 과잉방위에 대해서는 형을 감경 또는 면제한다.
③ 방어적 긴급피난은 물론 공격적 긴급피난도 인정된다.
④ 피해자의 동의가 있으면 구성요건해당성이 부정되는 것이 피해자의 승낙이고, 피해자의 동의가 있으면 구성요건해당성은 있으나 위법성이 조각되는 것이 양해이다.

① 싸움은 부당한 침해에 대한 대응이라고 볼 수 없고 서로가 공격의사로 행위하는 것이므로 정당방위로 볼 수 없다.
② 과잉방위의 개념 부분은 옳다. 그런데 뒷부분이 틀리다. 과잉방위는 형을 감경 또는 면제한다는 것이 옳은데, 문제는 야간 기타 불안스러운 상태에서의 과잉방위에 대해서는 아예 벌을 하지 아니한다.
③ 긴급피난에는 방어적 긴급피난과 공격적 긴급피난을 모두 포함한다.
④ 반대로 되어야 한다. 전자가 양해이고, 후자가 피해자의 승낙이다.

04 미수에 관한 설명으로 옳은 것은?
① 예비음모란 내심의 준비행위와 외부적 준비행위를 모두 포함한다.
② 미수범에서 고의란 미수의 고의가 아니라 기수의 고의이어야 한다.
③ 중지미수는 행위자가 범죄 착수 이후 자의로 중지하는 것으로 형을 감경 또는 면제할 수 있다.
④ 불능미수는 실행의 주체, 수단 또는 대상의 착오로 인하여 결과의 발생이 불가능하면 위험성 여부를 묻지 않고 미수범으로 처벌하는 것이다.

① 예비음모란 내심의 준비행위가 아니라 외부적 준비행위를 의미하는 것이다.
② 기수의 고의이어야만이 미수범이 성립하는 것이다.
③ 형을 감경 또는 면제한다. 즉, 필요적 감면으로 규정되어 있다.
④ 주체가 아니라 실행의 수단 또는 대상의 착오로 인한 것이라는 점에서 틀리다. 또한 위험성이 없으면 불능범이라고 하여 무죄가 되는 것이고, 위험성이 있어야만 불능미수라고 하여 형을 감경 또는 면제할 수 있다(임의적 감면)으로 처벌하는 것이다. 이 점에서 위험성 여부를 묻지 않는다는 지문은 틀리다.

05 죄수에 관한 설명으로 옳지 않은 것은?
① 불가벌적 사후행위는 절취한 자기 앞 수표의 환금과 같은 행위로서 흡수되어 일죄로 보는 포괄일죄에 해당한다.
② 계속범은 포괄일죄의 일종으로 범죄가 기수에 도달한 이후에도 일정기간동안 범죄행위가 계속될 수 있는 범죄이다.
③ 하나의 행위로 수 개의 죄를 범한 경우는 상상적 경합이라고 한다.
④ 판결이 확정된 죄와 그 판결확정 전에 범한 죄 사이의 경합범 관계를 실체적 경합범 중에서 사후적 경합이라고 한다.

해설 ① 법조경합에 해당하는 것이다.

06 살인죄에 관한 설명으로 옳은 것은?
① 살인죄는 작위로만 가능할 뿐 부작위로는 불가능하다.
② 보통살인의 의사로 존속살해의 결과가 발생한 경우라도 존속살해죄가 성립한다.
③ 촉탁승낙살인죄에서 촉탁이란 단순한 부탁이 아니라 죽음을 결심한 사람의 진지한 부탁을 의미하는 것이다.
④ 위계·위력에 의한 촉탁·승낙을 받거나 자살을 하도록 한 경우 자살관여죄로 처벌한다.

해설 ① 부작위로도 가능하다. 보증인적 지위에 있는 자가 요보호자의 사망 위험상태에서 그를 의도적으로 방치하는 경우 부작위에 의한 살인이 인정된다.
② 보통살인의 의사였다면 존속살해죄가 아니라 보통살해죄이다. 쉽게 설명하면, 아들이 자신의 아버지를 죽이는데 자신의 아버지인 줄 몰랐다면(즉, 존속이라는 인식이 없었다면) 이는 존속살해죄가 성립하지 않고 보통살인죄일 뿐이라는 것이다.
③ 단순히 싸우는 과정에서 '죽여 봐, 죽여 봐'라고 도발하는 것을 피해자가 살인을 촉탁한 것으로 이해할 수 없고, 그래서 심신장애자(미친 사람)의 죽여달라는 부탁도 촉탁으로 볼 수 없는 것이다.
④ 이런 경우를 자살방조죄 정도의 자살관여죄로 볼 수 없고 살인죄(제250조)로 처벌한다. 즉, 가해자가 피해자를 협박하여 자살하도록 강제하였다면 이는 자살관여죄가 아니라 직접적 살인과도 같은 것으로 본다는 의미이다.

07 재산범죄에 관한 설명으로 옳은 것은?

① 재물은 유체물은 물론 관리할 수 있는 동력, 신체와 그 일부를 이루는 모발, 의수나 의족도 포함된다.
② 공동소유 공동점유 중인 물건은 절도죄의 객체가 될 수 있다.
③ 일반적으로 사용절도는 처벌하지 않으므로 자동차를 무단 일시사용한 후 제자리로 반환해 놓은 행위는 처벌하지 않는다.
④ 절도죄의 착수 시점은 물색이므로 야간주거침입절도죄에서도 야간에 절도범이 절도 목적으로 주거에 침입하였더라도 물색을 아직 하지 않은 경우에는 야간주거침입절도죄의 착수를 인정할 수 없다.

① 관리할 수 있는 동력은 재물로 보지만, 신체와 일부를 이루는 것들, 심지어 신체와 붙어서 사용 중인 의수나 의족은 재물로 보지 않는다. 물론 신체와 일부를 이루는 것들이라도 신체로부터 분리되면 재물로 본다.
② 공동소유 공동점유 중인 물건을 공동소유자의 허락 없이 임의처분하는 경우에는 절도죄가 성립한다.
③ 타인의 재물을 허락도 받지 않고 일시 사용 후에 제자리로 되돌려 놓는 이른바 사용절도는 절도죄로 처벌하지 않는다. 그러나 자동차(오토바이, 자전거 포함)의 경우에는 일시사용 후 반환이라도 절도죄는 아니라도 자동차 불법사용죄라고 하여 처벌을 하고 있다.
④ 절도죄의 착수 시점은 물색이라서 주간에 타인의 주거 등에 절도목적으로 침입하였더라도 아직 물색하기 전이라면 주거침입죄는 성립하지만 절도죄는 실행의 착수를 인정할 수 없다. 그런데 야간주거침입절도죄는 야간에 절도목적으로 타인의 주거 등에 침입행위를 한 시점에 바로 착수가 인정된다는 점에서 절도죄와 차이가 있다.

08 사기죄에 관한 설명으로 옳은 것은?

① 행위자의 기망행위, 피기망자의 착오, 피기망자 또는 피해자의 처분행위, 행위자의 재물이나 재산상 이익의 편취 사이에 순차적인 인과관계가 존재하여야 한다.
② 피고인들이 아파트 부지 매매가격을 부풀린 매매계약서를 제출하여 은행에서 대출받은 경우라면 피고인들의 기망행위로 인하여 감정평가액이 부당하게 높게 산정되었음이 증명되지 않았더라도 사기죄의 인과관계가 인정된다.
③ 기망은 방법은 명시적 기망행위만이 인정될 뿐이지 묵시적 방식은 인정되지 않는다.
④ 허위의 가압류 신청은 소송사기의 착수시점으로 볼 수 있다.

② 기망에 의하여 부당하게 높게 산정되었음이 증명되지 않으면 인과관계가 부정되어 사기죄가 성립하지 아니한다.
③ 명시적 기망행위는 물론 묵시적 기망행위도 가능하다. 묵시적 기망행위의 대표적인 경우가 무전취식이나 무전숙박이다.
④ 소송사기의 착수시점은 소송제기 시점이다.

정답 07.② 08.①

09 횡령죄와 배임죄에 관한 설명으로 옳지 않은 것은?
① 횡령죄와 배임죄는 진정신분범에 해당한다.
② 등기명의인이 아니라도 법률상 권한에 기해 사실상 타인의 부동산을 지배하는 경우에도 점유자로 보아 횡령죄의 주체가 될 수 있다.
③ 사기범행을 방조한 종범이 사기 이용계좌로 송금된 피해자의 돈을 임의로 인출한 경우 피해자에 대한 사기죄의 방조죄와 함께 횡령죄가 별도로 성립하여 상상적 경합관계에 선다.
④ 회사직원이 퇴사 시에 영업비밀을 회사에 반환하거나 폐기할 의무가 있음에도 경쟁업체에 유출하거나 자기의 이익을 위하여 이용할 목적으로 반환하거나 폐기하지 않았다면 업무상 배임죄는 퇴사 시점에 기수에 이른다.

① 횡령죄는 타인의 재물의 보관자라는 진정신분범, 배임죄는 타인의 사무 처리자라는 진정신분범이다.
② 미등기 부동산의 사실상의 점유자가 타인의 재물 보관자로 인정되어 횡령죄의 주체가 될 수 있다.
③ 사기죄의 방조죄만 성립할 뿐이고 횡령죄는 별도로 성립하지 아니한다.
④ 옳은 지문이다. 만일 퇴사한 것이 아니라 재직 중에 이러한 불법유출을 하였다면 그 유출시점에 업무상 배임죄의 기수가 된다.

10 방화죄와 실화죄에 대한 설명으로 옳은 것은?
① 자기의 가족과 함께 살고 있는 자기 명의의 주택에 방화한 경우 자기소유건조물방화죄에 해당한다.
② 방화의 착수 시기는 매개물에 발화한 시점이고, 기수 시기는 건조물의 지붕, 벽체 등 목적물 자체에 불이 붙어서 독립연소하는 시점이다.
③ 압류 기타 강제처분을 받거나 타인의 권리 또는 보험목적이 된 물건이라도 자기소유인 건조물은 타인소유로 볼 수 없다.
④ 보험금을 편취할 목적으로 건조물에 방화한 후 보험금 편취한 경우에는 방화죄만 성립할 뿐 보험사기부분은 별도로 사기죄가 성립하지 아니한다.

① 현주건조물방화죄에 해당한다. 자기 명의(자기 소유) 주택이라도 가족 등 타인과 함께 살고 있는 건조물이라면 이는 현주건조물에 해당한다. 심지어 자기 혼자 살고 있더라도 해당 주택이 아파트, 빌라 등 다가구 형태이면 이는 현주건조물방화에 해당하는 것이다.
② 방화 목적 건조물이 완전히 다 타버린 경우(전소한 경우)는 당연히 기수이지만, 아직 전소한 것이 아니라도 벽체 등에 불이 붙어서 독립연소하는 경우에 이미 기수에 이르렀다고 본다.
③ 자기소유 건조물이라도 압류 기타 강제처분을 받거나 타인의 권리 또는 보험목적이 된 물건이라면 타인소유로 간주한다.
④ 방화죄와 보험사기의 사기죄가 모두 성립하여 실체적 경합 관계에 놓인다.

11 형사소송법의 기본원리에 대한 설명으로 옳은 것은?
① 실체적 진실발견은 범죄사실의 객관적 진실을 밝혀야 한다는 요청으로 명문의 규정이 있다.
② 적법절차의 원리는 헌법에 규정되어 있다.
③ 적법절차에 따르지 않고 수집된 증거라도 유죄의 증거로 사용될 수 있음이 원칙이다.
④ 헌법은 신속한 재판을 받을 권리와 형사피고인에 대하여 지체없이 비공개 재판을 받을 권리를 보장하고 있다.

① 명문 규정이 없다.
② 헌법 제12조 제1항에서 "누구든지 법률에 의하지 아니하고는 체포·구속·압수·수색 또는 심문을 받지 아니하며, 법률과 적법한 절차에 의하지 아니하고는 처벌·보안처분 또는 강제노역을 당하지 않는다"고 규정되어 있다.
③ 적법절차에 따르지 않고 수집된 증거는 유죄의 증거로 사용될 수 있는 자격을 상실한다. 위법수집증거배제법칙이다.
④ 비공개 재판이 아니라 공개재판을 받을 권리이다.

12 수사에 관한 설명으로 옳은 것은?
① 고소와 고발은 대리를 할 수 있다.
② 수사기관이 사술이나 계략을 써서 범의를 유발하게 하여 범죄인을 검거하는 경우 위법한 함정수사로서 공소제기는 무효이다.
③ 수사기관은 피의자를 신문하기 전에 진술거부권을 고지하여야 하지만, 고지하지 않고 진행한 경우 피의자신문조서의 증거능력 자체를 부정하지 않는다.
④ 피의자의 진술을 영상녹화할 때에는 피의자로부터 동의를 받아야 하며, 참고인의 진술을 영상녹화할 때에는 미리 알려주어야 한다.

① 고소는 대리할 수 있으나 고발은 대리할 수 없다.
② 함정수사의 의미
③ 진술거부권 사전고지는 맞다. 그런데 고지하지 않고 진행한 경우 피의자신문조서의 증거능력이 부정되지 않는다는 지문이 틀리다. 증거능력이 부정된다.
④ 반대로 되어야 맞다. 피의자신문에 대한 영상녹화 시에는 피의자에게 미리 알려주면 그만이고, 참고인조사 시에 영상녹화는 참고인으로부터 동의를 받아야 한다.

13 체포에 관한 설명으로 옳은 것은?

① 경찰관들이 피의자에 대한 체포를 위한 실력행사에 나아가기 전에 체포영장을 제시하고 미란다원칙을 고지할 여유가 있었음에도 애초부터 미란다 원칙을 체포 후에 고지할 생각으로 먼저 체포행위로 나아갔더라도 공무집행이 위법하다고 볼 수 없다.
② 체포한 피의자를 구속하고자 하는 경우에는 체포한 때로부터 24시간 이내에 구속영장을 청구하여야 한다.
③ 현행범인은 누구든지 영장에 의하여 체포할 수 있다.
④ 피의자가 사형, 무기 또는 3년 이상의 징역·금고에 해당하는 죄를 범하였고 증거인멸할 염려, 도망하거나 도망할 우려가 있으며 긴급을 요하는 경우 긴급체포를 할 수 있다.

① 피고인이 경찰관들과 마주하자마자 도망가려는 태도를 보이거나 먼저 폭력을 행사하며 대항한 바가 없는 등 경찰관들이 체포를 위한 실력행사에 나아가기 전에 체포영장을 제시하고 미란다원칙을 고지할 여유가 있었음에도 애초부터 미란다 원칙을 체포 후에 고지할 생각으로 먼저 체포행위에 나선 행위는 적법한 공무집행으로 보기 어렵다.
② 48시간 이내이다.
③ 현행범인은 누구든지(일반사인이든 경찰이나 검사이든 간에) 영장 없이도 체포할 수 있다.
④ 긴급체포의 요건이다.

14 공소제기에 관한 설명으로 옳은 것은?

① 공소제기는 서면 또는 구두로 할 수 있다.
② 공소제기가 있으면 법원은 공소장 부본을 제1회 공판기일 전 7일까지 송달하여야 한다.
③ 공소제기의 취지가 오해를 불러일으키거나 명료하지 못한 경우, 법원은 검사에 대하여 석명권을 행사하여 그 취지를 명확하게 하여야 한다.
④ 검사가 전자문서나 저장매체를 이용하여 공소제기를 한 경우 법원은 전자문서 기재부분까지 심판하여야 한다.

① 공소제기는 반드시 공소장이라는 서면으로 하여야 한다. 구두로 할 수 없다.
② 제1회 공판기일 전 5일까지 송달하여야 한다.
③ 석명권이란 해석과 설명의 권한의 줄임말이다.
④ 공소제기는 반드시 공소장이라는 서면으로 하여야 하므로 전자문서나 저장매체로 첨부할 수 없다. 만일 전자문서 등으로 첨부한 부분이 있다면 이 부분은 심판하지 않고 공소를 기각할 수밖에 없다.

15 공소시효에 관한 설명으로 옳은 것은?

① 기소 후 공소시효의 완성이 판명된 경우에는 면소판결을 하여야 한다.
② 공소시효의 기산점은 범죄 실행착수 시점이다.
③ 형사처분을 면할 목적으로 국외에 있는 경우 공소시효는 진행된다.
④ 공범 1인에 대한 공소제기가 있더라도 다른 공범자에 대해서는 공소시효는 정지되지 않는다.

② 범죄종료시점이다. 미수범의 경우에는 행위를 종료하지 못했거나 결과가 발생하지 아니하여 더 이상 범죄가 진행될 수 없는 때이다.
③ 공소시효는 정지된다. 공소시효 정지사유는 국외도피(해외도피)는 물론이고, 공소제기, 재정신청의 결정 확정시까지, 소년사건에서 보호처분 결정 확정시까지, 대통령의 재직기간, 아동학대범죄·아동성범죄에서 피해아동이 성년에 이르기까지 등이 있다.
④ 공범 1인에 대한 공소제기가 있으면 다른 공범자에 대해서도 공소시효가 정지된다.

16 다음 중 자유로운 증명의 대상인 것은?

① 범죄의 구성요건해당성
② 처벌조건
③ 몰수·추징의 사항
④ 형의 가중조건

- 엄격한 증명의 대상＝형벌권의 존부와 그 범위에 관한 사실＝구성요건해당성, 위법성, 책임, 처벌조건, 형의 가중사유, 교사나 방조의 사실, 공동정범의 공모사실, 행위지 법률의 범죄 여부, 수뢰액수의 다과(많고 적음) 등
- 자유로운 증명의 대상＝소송법적 사실＝몰수·추징의 대상, 친고죄의 고소 여부, 반의사불벌죄의 처벌희망 의사표시 여부, 진술의 임의성, 탄핵증거, 특신상태, 심신장애의 여부 등

17 전문법칙에 대한 설명으로 옳은 것은?

① 검사 또는 사법경찰관이 피고인 아닌 자(참고인)의 진술을 기재한 조서와 검사 작성 피의자신문조서의 증거능력 요건은 동일하다.
② 수사과정 이외에서 피고인 또는 피고인이 아닌 자가 작성한 진술서나 그 진술을 기재한 진술서에 대해서 만약 진술서의 작성자가 공판기일에 그 성립의 진정을 부인하는 경우 디지털 포렌식 자료, 감정 등으로 성립의 진정함이 증명되는 때에는 증거로 할 수 있다.
③ 검증조서는 적법절차와 방식에 따라 작성된 것으로서 공판준비 또는 공판기일에서 피고인의 진술에 따라 그 성립의 진정함이 증명된 때에 한하여 증거능력이 있다.
④ 공소제기 전에 피고인을 피의자로 조사했던 경찰관이 공판기일에 증인으로 출석할 수 없다.

① 동일하지 않다. 검사 작성 피신조서의 요건은 1) 적법절차와 방식, 2) 공판기일 또는 공판에서 피고인 또는 변호인의 진술에 의한 내용의 인정이 필요한데 비해서, 참고인 진술조서의 요건은 1) 적법절차와 방식, 2) 동일하게 기재되어 있음이 공판에서 원진술자의 진술이나 영상녹화물 등으로 증명되고(실질적 진정성립), 3) 특신상태, 4) 피고인 또는 변호인이 공판에서 그 기재내용에 관하여 원진술자를 신문할 수 있었던 때(반대신문권의 보장)이다. 다 비슷하지만 참고인진술조서는 반대신문권이 보장되어야 한다는 요건이 더 필요한 것이다. 그래서 다르다.
③ 피고인의 진술이 아니라 작성자의 진술이다.
④ 제316조 제1항에 의거하여 피고인 아닌 자의 공판준비 또는 공판기일 내에서의 진술이 피고인의 진술을 그 내용으로 하는 것인 때에는 그 진술이 특히 신빙할 수 있는 상태하에서 행하여졌음이 증명된 때에 한하여 이를 증거로 할 수 있다. 이때 피고인 아닌 자에는 공소제기 전에 피고인을 피의자로 조사한 경찰관이나 조사에 참여했던 통역인, 번역인이 포함된다.

18 증거동의에 대한 설명으로 옳지 않은 것은?

① 위법수집증거와 임의성이 없는 진술은 당사자가 동의하더라도 증거능력이 인정되지 않는다.
② 증거동의는 서면이나 구술로 할 수 있으나 반드시 명시적이어야 한다.
③ 증거동의의 철회는 증거조사 이후에도 할 수 있다.
④ 피고인이 재판에 출정하지 않은 때에는 증거에 동의한 것으로 의제한다.

③ 철회는 증거조사 완료 전에 이루어져야 하고, 증거조사 이후에는 취소나 철회가 인정되지 않는다.
④ 의제와 간주는 동일한 용어이므로 간주한다라고 해도 옳은 것이다.

19 상소에 관한 설명으로 옳지 않은 것은?

① 상소를 취하하면 다시 상소할 수 없다.
② 상소를 하기 위해서는 상소이유만 있으면 될 뿐이고 상소의 이익을 요하지 않는다.
③ 피고인만이 항소한 사건과 피고인을 위한 항소한 사건에 대하여는 원심판결의 형보다 중한 형을 선고하지 못한다.
④ 항소인은 항소법원으로부터 소송기록접수통지를 받은 날로부터 20일 이내에 항소이유서를 제출하여야 한다.

① 연수원교재에 내용이 나오지 않음에도 기출된 것으로 압니다. 알아두십시오.
② 상소이유와 함께 상소의 이익까지 필요하다.
③ 불이익변경금지원칙이다.

20 약식명령 제도에 관한 설명으로 옳은 것은?
① 지방법원의 관할에 속하는 벌금, 구류, 몰수에 처할 사건에 한한다.
② 검사는 약식명령 청구와 동시에 약식명령을 하는데 필요한 증거서류와 증거물을 법원에 제출하여야 한다.
③ 법원은 약식명령의 청구가 있는 날로부터 30일 이내에 약식명령을 하여야 한다.
④ 불복이 있는 경우 약식명령의 고지를 받은 날로부터 10일 이내에 정식재판을 청구할 수 있다.

① 구류가 아니라 과료가 있어야 한다.
③ 30일이 아니라 14일이다.
④ 10일이 아니라 7일이다.

21 수사절차로 전환하지 않는 경우 내사종결 처분을 내려야 하는 사유가 아닌 것은?
① 공소권없음
② 혐의 없음
③ 피혐의자의 소재불명
④ 죄가 안 됨

• 내사종결=혐의 없음, 죄가 안 됨, 공소권 없음
• 내사중지=피혐의자 또는 참고인 등의 소재불명
• 내사병합=다른 사건과 병합처리
• 내사이첩=다른 수사기관으로의 이첩

22 보험사기 업무절차에 관한 설명으로 옳은 것은?
① 금융감독원은 보험사로부터 제보 등을 입수하면 금융감독원이 운영하는 보험사기인지시스템에 조회를 통하여 본조사에 착수할지 여부를 결정한다.
② 보험사 보험사기 특별조사팀(SIU)는 정기적으로 수사의뢰 목록을 경찰청에 통보하여 수사진행사항을 확인을 요청하는 업무를 전담한다.
③ 수사기관은 수사종결한 경우 피해 보험사에 수사결과를 통보하여야 한다.
④ 재판결과 등에 관한 사후관리는 금융감독원이 한다.

② 정기적 수사의뢰 목록의 통보와 확인 등은 금융감독원의 담당 업무이다. 보험사 SIU 보험조사원은 사건 조사 사전단계부터 사후관리까지 다양한 역할을 하지만 그 중에서도 수사지원이 중심업무이다. 수사의뢰의 통보와 진행사항 확인을 전담한다고 볼 수 없다.
③ 수사기관은 내사종결이나 수사를 종결한 경우 금융감독원에 그 결과를 통보한다.
④ 재판결과 등에 관한 사후관리는 피해 보험사가 한다.

23 보험사기 사건에 관한 경찰수사에 대한 설명으로 옳지 않은 것은?
① 금융감독원 또는 보험회사는 보험사기의 혐의점이 있다고 판단할 경우 수사협조의뢰 또는 진정서의 형식으로 경찰에 사건을 접수한다.
② 수사협조의뢰 이후에는 보험사는 당사자이므로 근거자료의 분석·정리하는 업무를 지원할 수 없다.
③ 입증자료를 확보한 후 피의자로 출석을 요구하는 경우, 서면으로 이루어지는 것이 원칙이지만 피의자가 동의할 경우 전화, 이메일 등으로도 할 수 있다.
④ 피혐의자의 조사 도중 혐의점이 인정되면 즉시 피의자로 인지하여 피의자신문조서를 작성하는 방법으로 조사를 하여야 한다.

② 수사를 의뢰한 피보험자의 수가 많거나 범행의 규모가 큰 경우 등 근거자료가 방대하거나 복잡한 경우에는 이를 분석·정리하는 업무를 지원하기도 한다.

24 압수수색에 대한 설명으로 옳지 않은 것은?
① 압수물이 있는 경우 그 목록을 소유자에게 교부한다.
② 압수물이 없는 경우 증명서의 교부를 요하지 아니한다.
③ 긴급체포 시에 긴급히 압수할 필요가 있는 경우 체포한 때부터 24시간 이내에 영장 없이 압수수색을 할 수 있다.
④ 긴급체포로 압수한 압수물을 계속 압수할 필요가 있는 경우 체포한 때부터 48시간 이내에 압수수색영장을 사후에 청구하여야 한다.

 ② 압수물이 없는 경우에도 증명서를 교부하는 등 적법절차를 준수해야 한다.

25 구속영장청구서에 대한 설명으로 옳은 것은?
① 체포된 자에 대한 구속영장신청서에는 실제 체포한 장소로서 주소를 기재하였다면 해당 건물명이나 상호명까지는 기재하여 작성할 필요는 없다.
② 체포된 피의자에 대한 구속영장의 신청일 경우 체포의 유형을 기재하여야 한다.
③ 판사는 구속영장의 발부여부를 결정할 때 범죄의 중요성, 재범의 위험성, 피해자 및 중요 참고인 등에 대한 위해 우려 등을 고려하여야 하며, 경찰은 해당 고려요건에 대하여 소극적으로만 의견을 제시하여야 한다.
④ 구속의 고려요건들의 기재내용은 서로 중첩될 수 있는 것이므로 각 항목에 기재할 사실적인 요소를 명확하게 나누어서 작성해야만 한다.

 ① 체포된 자에 대한 구속영장청구서는 일시는 연월일은 물론 시분까지 정확하게, 그리고 체포장소는 주소는 물론 건물명이나 상호명까지 작성해야 한다.
③ 경찰은 고려요건에 대해서 적극적으로 의견을 제시해야 한다.
④ 명확히 나누어서 작성해야만 하는 것은 아니다. 현실적으로 명확히 나누어서 작성하는 것이 불가능하기 때문이다.

26 범죄사실 작성에 관한 설명으로 옳지 않은 것은?
① 범죄사실은 수사 진행의 초기에 작성하는 것이 원칙이며 한번 작성되면 수사의 종결 시까지 지속적으로 유지되어야 한다.
② 6하 원칙이 기본이지만 공범이 있는 경우 누구와 함께, 미수범이나 결과적 가중범인 경우에는 결과의 요소를 포함하여 8하 원칙으로 작성한다.
③ 피의자가 1명이고 죄명인 수개인 경우, 죄명을 최상위 단위로 하여 각 죄명에 따라 범죄사실을 작성하여야 한다.
④ 피의자가 여러 명이고 죄명이 각 1개이면 피의자를 최상위 단위로 하여 피의자별로 범죄사실을 작성하여야 한다.

 ① 초기에 작성하는 것이 원칙은 옳다. 그런데 한번 작성되었더라도 수사 종결 시까지 유지되어야 하는 것은 아니다. 즉, 가변적인 성질인 것이다.

27 경찰의 증거수집 처리과정을 순서대로 바르게 배열한 것은?
① 시료채취 → 변질방지 → 증거물 밀봉 → 증거물표기 → 증거물포장 → 증거물송부
② 시료채취 → 증거물 밀봉 → 증거물표기 → 증거물포장 → 증거물송부 → 변질방지
③ 시료채취 → 증거물 밀봉 → 증거물포장 → 증거물표기 → 변질방지 → 증거물송부
④ 시료채취 → 변질방지 → 증거물 밀봉 → 증거물포장 → 증거물표기 → 증거물송부

 ①번 순서가 경찰의 증거수집 처리과정이다.

28 디지털포렌식에 대한 설명으로 옳지 않은 것은?
① 경찰국 사이버안전국, 각 지방청 사이버수사대에 전담요원이 배치되어 있다.
② 사이버사건에만 국한하여 디지털 증거분석을 담당하고 있다.
③ 디지털증거의 증거능력과 관련하여 동일성과 무결성이 강조되고 있다.
④ 증거수집단계에서부터 해쉬값 산출 등 증거능력 확보가 중요하다.

 ② 사이버사건 뿐만 아니라 강력사건, 교통사고, 성폭력범죄 등에서 디지털증거 분석을 하고 있다.

29 심리수사에 관한 설명으로 옳은 것은?
① 대인적 수사 중 수사면담, 진술분석, 행동분석, 변사체검시 등이 심리수사에 해당한다.
② 라뽀란 신뢰관계, 공감관계를 말하는 것으로 과도한 칭찬을 통하여 의사소통의 장벽을 제거하는 것이 필요하다.
③ 면담자는 진술인 사이의 혈연, 학연, 지연 등을 철저하게 배제하여 공정한 면담분위기를 조성해야 한다.
④ 면담자는 진술자의 진술내용의 주제에 따라 연대기적 순서에 의해 정보를 조작하고 고개를 끄덕거려 주는 등 비언어적 지지를 제공하여야 한다.

① 변사체 검시, 체포나 구속, 압수수색검증, 감정 등은 심리수사가 아니다. 수사면담, 진술분석, 행동분석은 물론 범죄분석, 폴리그래프(거짓말탐지기), 최면수사 등이 심리수사 기법이다.
② 라뽀란 신뢰관계, 공감관계로서 의사소통의 장벽을 제거하는 것은 옳은데, 과도한 칭찬은 역효과를 일으킬 수 있으므로 주의해야 한다.
③ 혈연, 학연, 지연 등에서 우연한 접점을 찾을 수 있다면 그러한 사실을 언급함으로써 의사소통의 장벽을 허무는데 역할을 해야 한다.
④ 면담자는 수동적으로 진술인의 이야기를 듣고 있는 것이 아니라 적극적으로 청취를 하여야 한다. 그래서 위와 같은 방식은 옳다.

30 출석요구서에 기재함으로써 수사과정에 도움이 되는 제도에 해당하지 않는 것은?
① 변호인참여 제도
② 체포구속적부심사 제도
③ 수사이의신청 제도
④ 수사관 교체요청 제도

아직 체포나 구속도 되지 아니한 자에게 체포구속적부심사제도를 고지할 이유가 없다.

31 사법절차와 심리학에 대한 설명으로 옳지 않은 것은?
① 법학을 전공한 한스 그로스(Gross)는 범죄수사를 위한 범죄심리학 연구에 초점을 두었다.
② 에빙하우스(Ebbinghaus)는 인간의 기억현상에 대해서 선구적인 연구를 하였다.
③ 분트(Wundt)는 독자적으로 심리학 실험실을 만들어서 법정심리학의 선구자로 불린다.
④ 1980년대 이후 법정심리학이라는 영역이 정착되었다.

③ 이는 뮌스터버그(Münsterberg)에 대한 설명이다. 그는 분트와 함께 심리학실험실을 만들었고 그는 법정심리학의 선구자로 불린다.

32 사법단계와 심리학 영역이 바르게 배열된 것은?
① 협상 – 판결단계 이전
② 전문가 증언 – 판결단계 이전
③ 수형자분류심사 – 판결단계
④ 행동분석과 진술분석 – 판결단계 이후

- 판결단계 이전: 목격자진술, 인터뷰, 신문과 자백, 협상, 행동분석과 진술분석, 프로파일링
- 판결단계: 책임능력 판단과 위험성 평가, 범죄의 동기와 원인 연구, 배심원 연구, 전문가증언, 재판상담가 및 중재자
- 판결단계 이후: 교정교화, 교정상담, 수형자분류심사, 재범위험성 예측

33 아노미 이론과 긴장이론에 관한 설명으로 옳지 않은 것은?
① 뒤르켐(Durkheim)에 의하면 아노미란 무규범 상태를 의미한다.
② 머튼(Merton)은 아노미란 목표와 수단 사이의 괴리가 존재하는 상황에서 발생한다고 본다.
③ 머튼(Merton)의 긴장이론에 의하면, 혁신이 하위계층 시민들이 가장 많이 선택하는 일탈적 행동유형으로 범죄로 연결되는 유형이다.
④ 머튼(Merton)의 긴장이론에 의하면 우리나라에서 IMF 구제금융 사태 이후 급증한 보험사기는 도피유형을 선택한 결과로 설명할 수 있다.

④ 혁신유형으로 볼 것이다.

34 생물학적 원인론에 대한 설명으로 옳은 것은?
① 롬브로조(Lombroso)를 범죄학의 창시자로 부르는데, 그의 격세유전이라는 결과는 과학적 사실로 현대에서 받아들여진다.
② 셸던(Shelden)은 체형을 비만형, 근육형, 두뇌형으로 나누어서 두뇌형이 범죄성향과 관련이 높다는 결론을 도출하였다.
③ 더그데일(Dugdale)의 요크(Jukes) 가문 연구는 환경적 요인을 완벽하게 통제하지 못했다는 비판을 받는다.
④ 20세기의 쌍생아 연구와 입양아 연구는 다수의 표본으로 인하여 통계적 타당성이 높다고 평가된다.

① 범죄학의 창시자이자 실증적 연구의 시초로 불리지만, 그의 격세유전 주장은 현대에는 과학적 사실로 받아들여지지 않는다.
② 근육형이 범죄성향과 관련이 있다고 하였다.
④ 쌍생아 연구나 입양아 연구 모두 표본의 수가 적어서 통계적 타당성이 낮다는 평가를 받는다.

35 심리학적 범죄원인론에 대한 설명으로 옳지 않은 것은?

① 프로이드(Freud) 류의 정신분석이론은 항문기에 즉각적인 욕구충족을 지연하는 능력과 현실원칙에 따라 행동하는 능력을 제대로 터득하지 못한 사람이 범죄친화적이라고 본다.
② 아이젠크(Eysenck)는 가장 폭력적인 범죄자들의 경우 신경증(N)과 정신증(P)의 점수는 높지만 내외향성(E)의 점수는 낮다고 예견하였다.
③ 사회인지이론은 인간은 수동적인 존재가 아니라 적극적으로 인지적 정보처리를 하는 존재라고 본다.
④ 사회인지이론은 공감능력의 심각한 하자에 따른 자기통제력 부재, 충동성을 범죄의 중요요소로 본다.

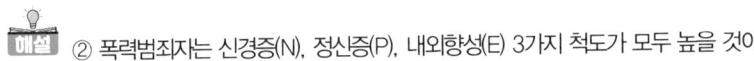
② 폭력범죄자는 신경증(N), 정신증(P), 내외향성(E) 3가지 척도가 모두 높을 것이라고 보았다.

36 정신병질에 대한 설명으로 옳은 것은?

① 올트만(Oltman)과 프리드만(Friedman)의 연구결과에 의하면 엄마의 상실이 아빠의 상실보다 더 큰 영향을 미친다고 본다.
② 부모가 적대적이고 권위적이며 자녀에게 책임을 요구하는 양육태도를 보이면 공격성이 촉진되어 청소년기 비행에 중요한 영향을 미친다.
③ MMPI는 형사 사법단계서 위험성 평가를 위해서 자주 사용되며 피검자의 반응왜곡 경향을 원천적으로 제어할 수 있다.
④ 헤어(Hare) 박사가 고안한 PCL-R은 자기보고식 면담보다는 통계적 방식의 지표들을 제공하여 재범예측력이 MMPI보다 상대적으로 우수하다.

① 아버지의 상실이 어머니의 상실보다 큰 영향을 미친다고 본다.
② 자녀에게 책임을 요구하지 않는 양육태도를 보이면 공격성을 촉진한다고 본다.
③ MMPI는 반응왜곡 경향을 원천적으로 막기 힘들다.

37 정신장애 감별기법인 SIRS-2에 대한 설명으로 옳지 않은 것은?
① 희귀증상(RS)란 특정 정신장애와 관련된 증상으로 자주 나타나지 않는 증상을 호소하고 있는지를 평가한다.
② 증상혼합(SC)는 실제로 동시 발병이 가능한 증상을 호소하고 있는지를 평가한다.
③ 선별적 증상(SEL)은 실제 정신장애 환자들에게 일반적으로 나타나는 증상 및 심리적 문제에 대하여 일부만을 보고하거나 인정하는지 여부를 평가한다.
④ 극심한 증상(SEV)는 실제 정신장애 환자들에게 대부분 견딜만한 증상이지만 지나치게 견디기 어렵다고 호소하는 증상이 있는지를 평가한다.

해설 ② 증상혼합(SC)는 실제 동시 발병이 불가능한 증상을 호소하고 있는지를 평가한다.
이외의 증상으로는 다음과 같다.
• 개연성이 낮거나 모순된 증상(IA)는 비상식적이고 전혀 있을 수 없는 증상을 호소하고 있는지를 평가한다.
• 노골적인 증상(BL)은 주요 정신장애에 대하여 보고한 대부분의 증상이 실제 해당 병명 환자가 보고하는 정도보다 지나치게 과한지 여부를 평가한다.
• 미묘한 증상(SU)은 대부분의 증상이 매우 일반적이어서 실제 정신장애 환자답지 않은지 정도를 평가한다.
• 보고 대비 관찰증상(RO)은 보고하고 있는 증상이 실제 행동 상에서 나타나지 않는지 여부를 평가한다.

38 유죄지식검사(Guilty Knowledge Test)에 관한 설명으로 옳지 않은 것은?
① 1959년 라이켄(Lykken)에 의해 처음 시도되었는데, 피검사자와 검사자가 모두 숨기려는 내용을 알고 있는 경우, 또는 구체적인 혐의가 있는 피검사자가 알고 있는 내용을 탐색하고자 할 때 검사를 실시하게 된다.
② 목표자극이란 탐지자와 범인만이 알고 있는 정보를 말하며, 탐침자극은 미리 학습되어 인식된 자극을 말한다.
③ 1991년 파웰(Farwell)과 돈친(Donchin)의 연구에서 무죄집단과 유죄집단 모두 무관련자극에 대해서는 P300이 나타나지 않았다.
④ 파웰(Farwell)과 돈친(Donchin)의 연구에서는 무죄집단에서 목표자극에서만 정적 파자인 P300이 관찰되었고, 유죄집단에서는 목표자극과 탐침자극이 모두 P300이 발견되었다.

해설 ② 반대로 되어 있다. 목표자극(target)은 미리 학습되어 인식된 자극이고, 탐침자극(probe)는 탐지자와 범인만이 알고 있는 정보이다.
④ 무죄집단이란 경험하지 않은 시나리오를 받은 경우, 유죄집단은 경험한 시나리오를 받은 집단이다. 이때 무죄집단은 목표자극(미리 학습되어 인식된 자극)에서만 반응을 보였다는 것인데, 경험하지 않고 시나리오만 알고 있는 것이므로 학습된 내용에 대해서만 반응한 것이다. 그런데 유죄집단은 목표자극은 물론이고 탐침자극(탐지와 범인이 알고 있는 정보)에 대해서도 반응을 보였다는 것인데, 이는 시나리오로 학습한 부분은 물론 직접 경험한 내용에 대해서도 반응을 하였다는 것이다. 이에 따라 탐침자극의 반응을 보고서 유죄인지(경험한 내용인지) 무죄인지(경험하지 않은 내용)인지를 거짓말탐지해 낼 수 있다는 것이다.

39 사실성평가(RM)의 구체적 기준으로 스포러(Sporer)가 제시한 8가지 준거에 해당하지 않는 것은?

① 맥락적 정보 ② 감각정보
③ 공간정보 ④ 인지적 추론

 1. 명료성, 2. 감각정보, 3. 공간정보, 4. 시간정보, 5. 진술의 일관성, 6. 정동, 7. 사실성, 8. 인지적 추론

40 지리적 프로파일링의 기본 가정으로 옳지 않은 것은?

① 범죄자들이 범행을 위하여 움직이는 거리나 방향은 가변적이다.
② 연쇄적으로 발생하는 범죄 발생장소들에 대한 검토를 통하여 범죄자의 거주지를 추정할 수 있다.
③ 거리에 대한 지각에 영향을 미치는 심리적·환경적 요인을 고려해야 한다.
④ 범죄자의 게으른 심리, 즉 범죄자는 항상 최소의 노력으로 범행을 저지른다는 전제에서 출발한다.

 ① 가변적이지 않고 일정하다.
④ 연수원 교재에는 없는 내용이다. 지리적 프로파일링은 범죄인이 낯선 지역보다 자주 가는 지역을 범행장소로 선택하는 것에 위험부담을 덜 느낀다는 전제에서 출발하는 것이다.

모의고사 2회

01 형법의 시간적 적용범위에 관한 설명으로 옳지 않은 것은?
① 범죄의 성립과 처벌은 행위시의 법률에 의한다.
② 재판확정전 범죄후 법률의 변경으로 범죄를 구성치 않는 경우에는 면소판결을 한다.
③ 범죄 후 법률의 변경으로 가벼운 형으로 변경된 경우에는 가벼운 신법을 적용한다.
④ 재판확정 후 법률의 변경으로 범죄를 구성하지 않는 경우에는 공소기각판결을 한다.

 ④ 공소기각판결이 아니라 '형집행을 면제한다'이다.

02 인과관계에 관한 설명으로 옳지 않은 것은?
① 상당인과관계설이 우리 판례의 입장이다.
② 조건설은 모든 조건을 결과발생의 원인으로 본다는 점에서 지나치게 인과관계의 범위가 넓다는 비판을 받는다.
③ 합법적으로 행위를 하여도 그 결과는 마찬가지로 발생하였을 개연성이 있는 경우라면 객관적 귀속은 인정된다.
④ 어떤 행위라도 죄의 요소가 되는 위험발생에 연결되지 아니한 때에는 그 결과로 인하여 벌하지 아니한다.

 ① 상당인과관계설이 판례의 입장이고, 합법치적 조건설과 객관적 귀속이론의 결합체가 다수의 학자의 입장이다.
③ 합법적 대체행위를 하여도 그 결과가 발생하였을 것이라면 객관적 귀속은 부정된다.

03 구성요건에 대한 설명으로 옳은 것은?

① 미필적 고의는 범죄사실을 인식하고 결과발생을 의욕하지 않고 용인하는 상태를 의미하며, 택일적 고의란 인과관계의 착오로서 누구를 살해하기 위해 기절시킨 것을 사망한 것으로 오인하여 매장한 결과 사망에 이르게 된 경우를 말한다.

② 정상의 주의를 태만함으로 인하여 죄의 성립요소인 사실을 인식하지 못한 행위는 법률에 특별한 규정이 없는 한 처벌한다.

③ 결과적 가중범의 공동정범이 성립하려면 기본범죄를 공동으로 할 의사만 있으면 공동정범을 인정하면서 공동정범의 각자가 중한 결과를 예견할 수 있었음을 요한다.

④ 부진정 결과적 가중범은 기본범죄의 고의와 중한 결과 발생의 고의가 있을 때 해당하는 것으로 특수공무방해치사죄가 이에 속한다.

① 미필적 고의에 대한 표현은 옳다. 그런데 뒷부분은 택일적 고의가 아니라 개괄적 고의의 내용이다. 택일적 고의란 결과발생 자체는 의욕하였으나 대상을 확실히 정하지 않는 상태, 즉 총을 쏘면서 아무나 맞아도 좋다고 생각하는 경우를 말한다.
② 과실범에 대한 규정인 형법 제14조이다. 여기서 틀린 부분은 법률에 특별한 규정이 없는 한이 아니라 법률에 특별한 규정이 있는 경우에 한하여 라고 되어 있어야 옳다.
④ 기본범죄의 고의와 중한 결과 발생의 고의 또는 과실이 있는 때로서, 특수공무방해치사죄가 아니라 특수공무방해치상죄가 이에 속하는 것이다.

04 공범에 관한 설명으로 옳은 것은?

① 어느 행위로 인하여 처벌되지 아니하는 자 또는 과실범으로 처벌되는 자를 교사 또는 방조하여 범죄행위의 결과를 발생하게 한 자를 간접정범이라고 한다.

② 존속범죄와 같이 형벌의 경중을 결정하는 신분을 진정신분범이라고 한다.

③ 피교사자가 승낙한 후 실행착수를 하지 않은 경우, 피교사자는 처벌하지 않고 교사자만 예비음모로 처벌한다.

④ 종범의 형은 정범의 형과 동일한 형으로 처벌한다.

① 간접정범의 개념이다. 간접정범은 타인을 생명 있는 도구로 이용하여 범죄를 저지르는 자를 말한다.
② 이와 같은 경우를 가감적 신분, 즉 부진정신분범이라고 한다. 이에 비해서 신분이 범죄의 구성요소로 규정되어 있는 경우를 구성적 신분, 즉 진정신분범이라고 한다.
③ 이 같은 경우에는 교사자와 피교사자를 모두 예비음모로 처벌한다. 이에 비해서, 교사자가 교사했음에도 피교사자가 승낙하지 않은 경우에는 교사자만 예비음모로 처벌하는 것이다.
④ 교사범은 실행한 정범과 동일한 형으로 처벌(제31조 제1항)하지만, 종범(방조범)은 정범의 형보다 감경하도록 하고 있다(제32조 제1항).

05 형벌에 관한 설명으로 옳은 것은?

① 유기징역 또는 유기금고의 상한선은 30년이다.
② 벌금은 5만원 이상으로 하되 감경하는 경우 5만원 미만으로 할 수 있고, 과료는 1천원 이상 5만원 미만으로 한다.
③ 몰수는 원칙상 부가형으로 행위자에게 유죄의 재판을 아니할 때에는 몰수만을 선고할 수 없다.
④ 판결선고에 의한 자격정지는 1년 이상 15년 이하로 한다.

① 유기징역 또는 금고는 1개월 이상 30년 이하로 하되, 가중하는 때에는 50년까지 한다. 따라서 상한선이 30년 이라는 지문은 틀리다. 50년이라고 하여야 옳다.
② 과료는 2천원 이상 5만원 미만이다. 1천원이 아니다.
③ 부가형이지만 유죄의 재판을 아니할 때에도 몰수의 요건이 있는 때에는 몰수만을 선고할 수 있다.
④ 선고에 의한 자격정지는 1년 이상 15년 이하이다.

06 폭행과 상해에 관한 죄에 대한 설명으로 옳은 것은?

① 상해란 생리적 기능의 훼손을 의미하므로 기절과 같은 정신적 병적 상태의 초래는 포함하지 않는다.
② 독립행위가 경합하여 상해의 결과를 발생케 한 경우에 있어서 원인된 행위가 판명된 때에는 공동정범의 예에 의한다.
③ 유형력이 신체에 접촉하지 않은 정도에 그친 경우에는 폭행죄의 미수에 해당한다.
④ 상해죄와 과실치사죄는 반의사불벌죄가 아니지만, 폭행죄와 과실치상죄는 반의사불벌죄이다.

① 기절과 같은 정신적 기능손상도 상해로 본다.
② 상해죄나 폭행죄는 동시범특례가 인정되어 위와 같은 경우 원인된 행위가 판명되지 아니하는 때에는 공동정범의 예에 의해서 처벌하는 것이다.
③ 폭행죄의 유형력은 사람의 신체를 향한 거의 모든 유형력을 의미한다. 구타행위는 물론이고, 침을 뱉는 행위, 손이나 옷을 세차게 잡아당기는 행위, 모발을 자르는 행위, 청각기관을 심하게 자극하는 행위(귀에 대고 고함을 지르는 행위=다만, 단순히 고함을 지른 것만으로는 폭행이 아님)은 모두 폭행이 인정된다. 이때 반드시 해당 행위가 신체에 접촉되어야만이 폭행죄가 되는 것이 아니라 사람의 신체에 근접거리에서 유형력이 행사되면 폭행으로 인정되는 것이다. 따라서 신체에 접촉되지 않았더라도 폭행죄가 성립할 수 있다. 그리고 폭행죄는 미수범이 없어서, 근접거리 유형력 행사만 인정되면 바로 기수범이 될 뿐이다.
④ 하나 더 알아두시면, 업무상 과실치상죄는 반의사불벌죄가 아니다.

07 강도죄에 설명 중 옳지 않은 것은?

① 강도죄는 예비음모를 처벌한다.
② 강도죄는 재물과 재산상 이익을 모두 객체로 삼고 있다.
③ 강도죄의 폭행·협박의 행위시점은 피해자의 주관적 입장에서 결정한다.
④ 공동정범 중 1인이 공동의사 범위를 초과한 경우에는 다른 공범자가 이를 예견하였다면 준강도죄로 처벌할 수 있다.

① 강도죄는 재산범죄 중에서 유일하게 예비음모를 처벌한다.
② 강도죄, 사기죄, 공갈죄는 재물과 재산상 이익을 모두 객체로 삼는다. 이에 비해서 절도죄, 횡령죄, 손괴죄, 장물죄는 재물만을 객체로 하고, 배임죄, 컴퓨터사용사기죄는 재산상 이익만을 객체로 한다.
③ 피해자의 입장에서 결정하지 않는다. 비록 피해자가 행위자 폭행·협박을 인식하지 못한 경우라도 강도죄가 성립할 수 있기 때문이다. 예를 들어, 만취하여 귀가 중인 피해자를 가해자(행위자)가 뒤에서 벽돌로 퍽치기를 하고 금품을 훔쳐간 경우, 피해자는 폭행·협박 자체를 전혀 알지 못할 수 있으나(인식하지 못함), 이를 강도죄로 보기 때문이다.
④ 공범 중 1인이 초과행위를 한 경우 원칙상 다른 공범자는 그 초과행위에 대해서까지 책임질 필요는 없다. 그러나 다른 공범자가 해당 초과행위를 예견할 수 있었다면 초과행위의 죄책에 대해서 책임을 져야 한다.

08 사기죄에 관한 설명으로 옳은 것은?

① 초과된 거스름돈을 미리 알면서 받은 경우에는 점유이탈횡령죄에 해당한다.
② 보험사고가 이미 발생하였음에도 이를 묵비한 채 보험계약을 체결하거나 보험사고 발생의 개연성이 농후함을 인식하면서도 보험계약을 체결하는 경우는 보험사기에 해당한다.
③ 보험사기에서 기수 시점은 보험금의 지급을 청구한 때이다.
④ 법인의 대표자 등 기망의 상대방이 기망행위자와 동일인이거나 기망행위자와 공모한 경우라도 사기죄는 성립한다.

① 과오납된 거스름돈을 미리 알면서도 받고 있다면 이것은 고지의무를 위반한 것으로 부작위에 의한 사기죄에 해당한다. 이에 비해서 수령 후 나중에 알고도 돌려주지 않은 경우에는 점유이탈물횡령죄에 해당한다.
② 보험계약자가 보험자와 보험계약을 체결하면서 상법상 고지의무를 위반한 경우로서 보험사기에 해당한다.
③ 보험사기의 착수 시점은 보험금의 지급을 청구한 때이고, 기수 시점은 보험금을 지급받은 때이다.
④ 위와 같은 경우 기망행위를 상대방이 알고 있는 경우이므로 사기죄가 성립하지 않는다.

09 재산범죄에 관한 설명으로 옳은 것은?
① 횡령죄는 재물만을 객체로 하며 이 재물에는 부동산이 포함되지 않는다.
② 주식회사의 대표이사가 대표권을 남용하는 등 그 임무에 위배하여 약속어음을 발행하였으나 약속어음 발행이 무효인 때 그 어음이 유통되지 않았다면 배임미수범이고 제3자에게 유통되었다면 배임죄의 기수범이다.
③ 장물죄는 본범의 정범, 공동정범, 합동범은 주체가 될 수 있으나 교사범과 방조범은 주체가 될 수 없다.
④ 타인에게 교부한 자기 명의의 영수증이나 약속어음을 찢어 버리거나 명의인의 부탁을 받고 타인소유의 문서의 내용을 고치는 행위는 사문서변조죄에 해당한다.

① 횡령죄는 재산상 이익(이득)을 객체로 하지 않고 재물만을 객체로 삼는다. 이때 재물에는 부동산도 포함된다. 절도죄가 재물만을 객체로 한다는 점에서 횡령죄와 동일하지만, 절도죄의 재물에는 부동산은 포함되지 않고 동산만 객체로 한다.
③ 반대로 되어야 한다. 본범의 정범, 공동정범, 합동범은 장물죄의 주체가 될 수 없고, 교사범, 방조범은 주체가 될 수 있다.
④ 타인 명의의 문서의 내용을 고치는 것이 사문서변조죄이고, 위와 같은 경우는 문서손괴죄에 해당한다.

10 위증과 무고에 관한 범죄에 대한 설명으로 옳은 것은?
① 증인이 자신의 기억에 반하는 진술을 하더라도 객관적 사실과 일치한다면 범죄는 성립하지 아니한다.
② 위증과 무고는 해당 재판 또는 징계처분이 확정되기 전에 자수 또는 자백한 경우에는 그 형을 감경 또는 면제한다.
③ 무고죄에서 신고가 객관적 진실에 합치하는지 여부는 범죄 성립에 영향을 주지 않는다.
④ 자기 자신을 무고하는 행위라도 형사사법절차를 침해한 것으로 무고죄가 성립한다.

① 위증은 증인이 자신의 기억에 반하는 진술을 법정에서 하는 것이다. 설사 그 기억에 반하는 진술이 객관적 사실과 일치하더라도 범죄가 성립하는 것이다.
③ 행위자가 허위라고 생각하고 신고한 내용이 만일 객관적 진실에 부합하는 경우에는 무고죄가 성립하지 아니한다. 따라서 무고죄는 위증죄와 달리 객관적 진실에 부합하는지 여부가 범죄성립에 영향을 주는 것이다.
④ 자기무고는 무고죄로 성립하지 아니한다. 다만, 자신을 허위신고라고 타인에게 자기무고를 교사한 경우에는 무고죄의 교사나 방조는 성립한다.

11 변호인에 대한 설명으로 옳은 것은?
① 변호인은 소송상의 주체에 해당한다.
② 피고인이 미성년자이거나 70세 이상인 경우로 변호인이 없는 때에는 그가 재산이 많더라도 법원은 직권으로 변호인을 선정해 주어야 한다.
③ 변호인 또는 변호인이 되려는 자는 신체구속을 당한 피고인 또는 피의자와 접견하고 서류 또는 물건을 수수할 수 있으나, 의사로 하여금 진료를 하게 할 수는 없다.
④ 검사 또는 사법경찰관은 피의자 또는 그 변호인의 신청에 따라 변호인을 피의자와 접견하게 하거나 정당한 사유가 없는 한 피의자에 대한 신문에 참여하게 할 수 있다.

① 변호인은 소송의 주체가 아니라 보조자일 뿐이다. 소송의 주체는 법원, 검사, 피고인이고, 이 중에서 검사와 피고인을 형사소송의 당사자라고 하는 것이다.
② 피고인의 재력과 상관 없이 그에게 변호인이 없는 경우 법원이 직권으로 반드시 국선변호인을 선정해주어야 하는 사유는 다음과 같다.
③ 의사로 하여금 구속당한 피고인이나 피의자를 진료하게 할 수도 있다. 이를 수진권이라고 한다.
④ 정당한 사유가 없는 한 신문에 참여하게 하여야 한다라고 규정되어 있음. 할 수 있다가 아니다.

12 고소와 친고죄에 대한 설명으로 옳은 것은?
① 고소는 제1심 판결 선고 전까지 취소할 수 있고, 한번 고소를 취소한 자는 다시 고소할 수 없다.
② 친고죄에서 공범자에 대한 고소는 다른 공범자에게 영향을 주지 아니한다.
③ 친고죄에 대해서 고소할 자가 없는 경우 이해관계인의 사정이 있으면 법원은 7일 이내에 고소할 수 있는 자를 지정하여야 한다.
④ 친고죄는 범인을 알게 된 날로부터 1년이 경과하면 고소하지 못한다.

② 영향을 준다. 친고죄의 공범 중 그 1인 또는 수인에 대한 고소 또는 그 취소는 다른 공범자에 대하여도 효력이 있다.
③ 10일 이내이다. 그리고 법원이 아니라 검사가 지정해야 하는 것이다.
④ 6개월이다.

13 체포구속적부심에 관한 설명으로 옳은 것은?

① 심사청구권이 피고인에게도 인정된다.
② 변호인, 법정대리인, 배우자는 물론 동거인이나 고용주도 청구할 수 있다.
③ 석방되지 않는 경우 청구인은 불복할 수 있다.
④ 체포된 피의자에게 체포·구속적부심사제도에서 보증금 납입조건부 피의자석방이 인정될 수 있다.

① 체포 또는 구속된 피의자에게 인정되는 것이다. 따라서 피고인에게는 인정되지 않는다. 불체포, 불구속된 피의자에게도 인정되지 않는다.
② 심사청구권자는 체포 또는 구속된 피의자, 그의 변호인, 법정대리인, 배우자, 직계친족, 형제자매, 가족, 동거인, 고용주이다.
③ 불복할 수 없다.
④ 구속 피의자에 대해서 구속적부심사를 청구한 경우에 한하여 법원의 직권으로 보증금 납입조건부 피의자 석방을 인정하고 있다. 하지만 체포 피의자에게는 보증금납입조건부 피의자석방을 인정하고 있지 않다.

14 압수수색에 관한 설명으로 옳은 것은?

① 압수수색은 구속사유에 해당하는 구체적 혐의가 있어야 한다.
② 피고인을 전화사기죄로 긴급체포하면서 압수한 타인의 주민등록증은 점유이탈물횡령죄의 증거로 사용할 수 없다.
③ 압수수색 영장은 피압수자가 여러 명일 경우 그들 모두에게 개별적으로 제시하여야 한다.
④ 피의자 또는 변호인은 압수수색 영장의 집행에 참여할 수 없다.

① 구속의 경우의 구체적 혐의가 필요하지만, 압수수색은 단순한 혐의만으로 족하다.
② 증거로 사용할 수 있다.
③ 반드시 제시하여야 하며, 여러 명일 경우에는 모두에게 개별 제시해야 한다.
④ 참여할 수 있다. 참여권을 보장하지 않으면 압수수색 자체가 위법이 된다.

15 공소장변경 제도에 대한 설명으로 옳은 것은?

① 동일성이 인정되지 않는 경우에도 공소장 변경은 허용된다.
② 피고인의 방어권에 실질적으로 불이익이 없는 경우에는 공소장변경을 요하지 않는다.
③ 검사의 적법한 공소장변경에 대해서 법원의 허가는 재량이다.
④ 공소장에 이상이 있는 경우 법원이 검사에게 공소장변경을 요구하는 것은 형성적 효력을 가지므로 반드시 하여야 한다.

① 동일성이 인정되는 범위 내에서 공소장 변경은 허용된다.
② 공소장변경을 필요로 하지 않고 공소장 정정만으로 가능하다.
③ 검사가 법원에게 적법한 공소장변경을 요청하는 경우 법원은 반드시 허가를 해주어야 한다. 즉, 법원의 허가는 의무적이다.
④ 검사가 법원에 공소장변경을 요청하는 것이 아니라, 반대로 공소장이 이상할 경우 법원이 검사에게 공소장 변경을 반드시 요구해야 하느냐는 문제에 있어서는 반드시 해야 할 필요는 없고 법원의 재량이다. 이를 법원의 공소장변경 요구는 형성적 효력은 없고 권고적 효력에 그친다 라고 표현한다.

16 공판기일의 절차 순서로 옳은 것은?
① 진술거부권 고지 → 인정신문 → 모두진술 → 증거조사 → 피고인신문
② 진술거부권 고지 → 인정신문 → 모두진술 → 피고인신문 → 증거조사
③ 인정신문 → 진술거부권 고지 → 모두진술 → 증거조사 → 피고인신문
④ 인정신문 → 진술거부권 고지 → 증거조사 → 피고인신문 → 모두진술

▶ 공판기일의 절차 순서
진술거부권 고지 → 인정신문 → 모두진술 → 재판장의 쟁점정리 → 증거신청 및 채택 → 증거조사(증인신문 포함) → 피고인신문 → 검사의 최종의견(구형) → 변호인의 최종의견 → 피고인 최종진술 → 판결선고

17 증거에 대한 설명으로 옳은 것은?
① 범행목격자의 진술은 간접증거이고, 범행현장에 남아 있는 지문은 직접증거이다.
② 사실의 인정은 증거에 의하여야 하되, 해당 증거의 증명력은 법관의 자유판단에 의한다.
③ 공소범죄사실에 대한 거증책임과 형법 제310조에 의한 명예훼손죄의 위법성조각사유에 대한 거증책임은 검사에게 있다.
④ 엄격한 증명과 자유로운 증명은 심증형성에서 차이가 있다.

① 반대임. 직접증거=목격자의 진술, 범행당시가 녹화된 CCTV 영상/간접증거=지문, 혈흔 등
② 증거재판주의와 자유심증주의에 대한 설명으로 옳다.
③ 공소사실에 대한 거증책임은 물론 처벌조건, 처벌조각사유 거의 모든 것에 대한 거증책임을 검사가 진다. 다만, 명예훼손죄의 위법성조각사유로서의 공익성과 진실성은 피고인이 증명해야 한다.
④ 양자는 증거능력 유무와 증거조사 방법에 차이가 있는 것이지, 심증 정도에 차이가 있는 것이 아니다.

정답 16.① 17.②

18 전문증거에 대한 설명으로 옳은 것은?
① 원진술의 내용의 진실성 여부가 요증사실인 경우에는 전문증거이고, 원진술 존재 자체가 요증사실로 되는 경우에는 전문증거가 아니다.
② 탄핵증거나 증거동의에서는 전문증거의 요건을 못 갖춘 경우에는 사용될 수 없다.
③ 법원 또는 법관의 조서는 무조건 증거능력이 인정되므로 증명력도 당연히 인정된다.
④ 검사 작성 피의자신문조서와 사법경찰관 작성 피의자신문조서의 증거능력의 요건은 동일하지 않다.

① 요증사실이란 증명을 요하는(증명해야 하는) 사실(문제)이라는 의미이다. 위에서 원진술의 내용이 진실 여부(진위)가 증명해야 하는 문제가 되는 경우는 전문증거에 해당하는 것이고, 원진술의 내용이 아니라 원진술 자체가 있었는지 없었는지 그 존재 자체가 증명해야 하는 문제가 되는 경우는 전문증거가 아니라 비진술증거의 성질을 가진다.
② 전문증거인 경우에도 탄핵증거나 당사자의 동의가 있으면 전문법칙이 적용되지 아니한다. 즉, 증거로 사용할 수 있다.
③ 법원 또는 법관의 면전조서는 신용성의 정황적 보장도가 높으므로 제311조에 의하여 당연히 증거능력이 인정되지만, 해당 조서의 내용이 신빙성이 있는지 여부는 알 수 없는 것이므로 법관의 자유심증에 의해서 증명력(신빙성)이 없는 것으로 판단할 수 있다.
④ 검사 작성 피신조서의 요건과 사경 작성 피신조서의 요건은 1) 적법절차와 방식, 2) 피의자였던 피고인 또는 변호인이 공판에서 그 내용을 인정할 때로 동일하다.

19 상소에 관한 설명으로 옳지 않은 것은?
① 교도소나 구치소에 있는 피고인은 재소자특칙이 인정된다.
② 상소는 상소법원에 제기하여야 한다.
③ 상소의 제기는 서면으로 한다.
④ 상소제기기간은 7일이다.

① 재소자특칙이란 교도소나 구치소에 있는 피고인이 상소의 제기기간 내에 상소장을 교도소장, 구치소장에게 제출하면 상소제기기간 내에 상소한 것으로 간주하는 특칙이다.
② 상소(항소, 상고)는 상소장(항소장, 상고장)을 원심법원에 제기하여야 한다.
③ 상소는 서면으로 하는 것이지 구두로 할 수 없다.
④ 항소와 상고를 합하여 상소라고 한다. 그 제기기간은 7일이다.

20 배상명령제도에 관한 설명으로 옳은 것은?
① 제1심에서는 청구할 수 있으나, 제2심, 제3심에서는 청구할 수 없다.
② 상해죄, 폭행치사죄, 존속폭행치상죄, 과실치사상죄, 방화죄, 성범죄에 대해서 배상명령을 청구할 수 있다.
③ 피고인의 범죄행위로 인하여 발생한 직접적인 물적 피해, 치료비손해, 위자료, 일실소득에 대한 손해의 배상을 명할 수 있다.
④ 피해자는 피고사건의 범죄행위로 인하여 발생한 피해에 관하여 다른 절차에 의한 손해배상청구가 법원에 계속 중인 때에는 배상신청을 할 수 없다.

① 제1심, 제2심에서 청구할 수 있는 것이다. 제3심에서는 청구할 수 없다.
② 청구대상사건은 상해, 중상해, 상해치사, 폭행치사, 과실치사상, 절도, 강도, 사기, 공갈, 횡령, 배임, 손괴= 즉, 신체에 대한 손상과 재산범죄(장물죄 제외)로 한정된다. 존속폭행치상죄, 방화죄, 성범죄는 대상이 아니다. 물론 방화, 성범죄 등의 경우에는 피고인과 피해자 사이에 합의된 손해배상액에 대해서도 배상을 명할 수는 있다.
③ 청구범위는 직접적 물적 피해(간접 물적 피해는 제외), 치료비, 위자료까지이다. 일실소득에 대한 손해는 배상명령의 범위가 아니다.

21 수사의 단서 중에 수사기관 입장에서 타인의 체험에 의한 경우인 것은?
① 현행범인의 체포   ② 자수
③ 불심검문   ④ 변사자의 검시

자신의 체험에 의한 경우=현행범인 체포, 변사자 검시, 불심검문/타인의 체험에 의한 경우=고소, 고발, 자수

22 내사에 관한 설명으로 옳지 않은 것은?
① 내사는 강제적인 방법으로 진행하는 것이 원칙이다.
② 실무상 내사 중이던 사건을 범죄사건부에 등재하고 사건번호를 부여하는 것을 입건이라고 한다.
③ 내사결과 수사절차로 전화하지 않는 경우 내사종결, 내사중지, 내사병합, 내사이첩 등의 처분을 한다.
④ 내사란 범죄에 관한 정보, 신고 또는 풍문 중에서 그 진상을 확인할 가치가 있는 사안을 입건 전에 조사하는 활동이다.

① 임의적인 방법으로 진행함이 원칙이지만, 필요한 경우에는 강제수사도 가능하다.

정답 20.④ 21.② 22.①

23 강력범죄의 수사에 관한 설명으로 옳지 않은 것은?
① 피해자에 대한 구호가 우선이 되어야 한다.
② 피의자가 죄증을 인멸하는 경우가 많아서 현장에 범죄의 흔적과 증거가 남아있을 가능성이 희박하다.
③ 피의자가 누구인지 특정하기가 쉽지 않다.
④ 피의자가 특정되었더라도 현장에서 체포하지 않는 이상 체포에 어려움이 크다.

 ② 범죄의 흔적과 증거가 남아있을 가능성이 크다.

24 보험사기의 진행절차의 순서가 바르게 배열된 것은?
① 기초조사 → 자료요청 → 자료취합 및 분석 → 혐의정보 통보 → 수사협조의뢰 공문 접수 → 수사지원 → 수사종결 및 회신 → 조사결과 보고 → 사후관리
② 기초조사 → 자료취합 및 분석 → 자료요청 → 조사결과 보고 → 혐의정보 통보 → 수사협조의뢰 공문 접수 → 수사지원 → 수사종결 및 회신 → 사후관리
③ 자료요청 → 기초조사 → 자료취합 및 분석 → 조사결과 보고 → 혐의정보 통보 → 수사지원 → 수사협조의뢰 공문 접수 → 수사종결 및 회신 → 사후관리
④ 기초조사 → 자료요청 → 자료취합 및 분석 → 조사결과 보고 → 혐의정보 통보 → 수사협조의뢰 공문 접수 → 수사지원 → 수사종결 및 회신 → 사후관리

 ④번이 옳다.

25 수사에 관한 설명으로 옳은 것은?
① 경찰수사는 원칙적으로 강제수사의 방법으로 이루어져야 하고 임의수사는 예외적이다.
② 수사기관은 공무소 기타 공사단체에 조회하여 필요한 사항의 보고를 요구할 수 있으며, 이 규정은 상대방에게 의무를 부과하는 것이다.
③ 공사단체가 거래내역 등 금융정보나 가입자의 전기통신 일시 등 민감한 개인정보를 보관하고 있는 경우, 법원이 발부한 영장이나 허가장 없이는 자료를 제공받을 수 없다.
④ 우리 법원은 사인이 수집한 증거는 위법이라도 증거능력을 무조건 인정한다.

① 임의수사가 원칙이고 강제수사를 예외적으로 법정주의에 따라 한다.
② 공무소 사실조회는 의무 부과가 아니라 협조의 요청 권한일 뿐이다.
④ 사인이 위법하게 수집한 증거도 비교형량에 의하므로 증거능력을 부정할 수 있고 긍정할 수도 있다.

26 금융계좌추적용 압수수색영장 신청에 대한 설명으로 옳은 것은?

① 압수수색영장을 신청하는 시점에서 피의자를 특정하기 어려운 경우 압수수색영장을 청구할 수 없다.
② 피의자가 아닌 제3자의 계좌를 압수수색할 수는 없다.
③ 거래기간은 수사상 필요한 최대한도로 작성하여야 한다.
④ 금융계좌추적용 압수수색영장 신청서에는 계좌 금융거래 개설시 거래신청서(신분증 사본 포함), 계좌내역 자료, 인터넷 뱅킹 시 접속 아이피 내역, ARS 접속 조회내역(전화번호 포함), 폰뱅킹시 이용 전화번호 등을 기재한다.

① 압수수색영장 신청 시점에 피의자가 명확하지 아니하고 압수수색 외의 방법으로는 피의자를 특정하기 어려운 경우 성명불상으로 기재할 수도 있다.
② 피의자의 계좌인 경우 피의자 본인 앞에 체크를, 제3자의 계좌인 경우에는 제3자 앞에 체크를 하면 된다. 그리고 제3자의 계좌에 대한 압수수색을 하고자 할 경우에는 제3자인의 인적사항을 별지 처리하여 기재하여야 하고, 내용을 명확히 기재하여야 한다.
③ 거래기간은 수사비례원칙상 필요최소한도로 작성하여야 한다.

27 범죄사실의 작성방법에 관한 설명으로 옳지 않은 것은?

① 6하 원칙 또는 8하 원칙에 따라서 구체적인 사실을 명시하여야 한다.
② 시간순서에 따라 구성하여야 한다는 원칙은 존재하지 않지만 가급적 시간 순서에 따라서 기재하여야 한다.
③ 짧고 간결한 문장으로 작성하여야 하되 범죄사실은 하나의 문장으로 작성하여야 한다.
④ 각 문장마다 주어를 명기한다.

③ 과거에는 하나의 문장으로 작성해야 했지만 독해에 어려움이 따르고 일반국민들에게 생소하여 짧고 간결한 여러 개의 문장으로 나누어서 작성하고 있다.
④ 물론 주어인 피의자가 바뀌지 아니하고 주어를 생략하여도 전체 문맥을 이해하는데 지장이 없다면 중복 기재하지 않을 수 있다.

28 국립과학수사연구원에 대한 설명으로 옳지 않은 것은?

① 중앙법의학센터에서는 부검을 실시한 후 사망에 이르게 된 내용 등을 적시한 부검감정서를 회시한다.
② 법독성학과는 미세증거와 화학물질 성분분석을 담당한다.
③ 법안전과는 총기, 화재, 폭발을 담당한다.
④ 법심리과는 거짓말탐지, 법최면, 진술분석을 담당한다.

법독성학과는 마약, 독극물 등 약독물검사를 담당한다. 미세증거와 화학물질 분석은 법화학과의 담당이다.

29 질문기법에 대한 설명으로 옳은 것은?

① 개방형 질문은 질문의 형태라기보다는 진술 자체를 요구하는 형식의 질문을 말한다.
② 개방형 질문은 모든 질문 중 최후적으로 선택되어져야 한다.
③ 구체적 질문은 폐쇄형 질문을 통해 확인되지 않는 사실 중 반드시 확인할 필요가 있음에도 진술인이 진술하지 않은 부분에 대한 질문이다.
④ 폐쇄형 질문이란 육하원칙에 의한 질문을 말하는 것으로 폐쇄형 질문에 대한 대답을 얻은 후에 다시 개방형 질문을 하는 식으로 이루어진다.

② 개방형 질문은 모든 질문 중 최우선적으로 선택되어져야 한다.
③ 구체적 질문은 개방형 질문을 통해 확인되지 않은 사실에 대하여 육하원칙에 의하여 행하는 질문이다.
④ 폐쇄형 질문은 예 또는 아니오 질문 중 주어진 선택 중 하나만을 선택하여 대답하도록 하는 질문이다.

30 수사결과보고서에서 경찰의 의견 작성요령에 대한 설명으로 옳지 않은 것은?

① 피의자가 혐의사실을 인정하는 경우, 다른 증거와 부합여부를 확인한다.
② 피의자가 혐의사실을 부인하는 경우, 일부라도 인정하는 부분이 있거나 객관적으로 보아 사실로 인정할 수 있는 부분이 있더라도 해당 부분만을 먼저 정리하지 말아야 한다.
③ 피의자의 소재를 알 수 없다는 사유로 기소중지 의견으로 송치하고자 할 때, 지명수배란 피의자에 대해 체포를 의뢰하는 제도이다.
④ 피의자의 소재를 알 수 없다는 사유로 기소중지 의견으로 송치하고자 할 때, 지명통보란 특정 피의자에게 형사사건으로 인해 수배가 되어 있고 발견 시로부터 1개월 이내에 수사기관에 자진출석하지 않으면 체포될 수 있다는 사실을 알려줄 수 있는 제도이다.

② 인정하는 부분이 있다면 먼저 정리하여 쟁점을 줄이는 것이다.

31 프로파일링은 어느 사법단계에서 활용되는가?

① 판결단계 이전
② 판결단계
③ 판결단계 이후
④ 수형단계

- **판결단계 이전**: 목격자진술, 인터뷰, 신문과 자백, 협상, 행동분석과 진술분석, 프로파일링
- **판결단계**: 책임능력 판단과 위험성 평가, 범죄의 동기와 원인 연구, 배심원 연구, 전문가증언, 재판상담가 및 중재자
- **판결단계 이후**: 교정교화, 교정상담, 수형자분류심사, 재범위험성 예측

32 범죄심리학에 대한 설명으로 옳지 않은 것은?
① 계몽주의에 입각한 고전주의 범죄학은 국가의 처벌은 필요하지만 잔인하게 과도하거나 자의적이지 않아야 한다고 보았다.
② 실증주의는 인간의 행동은 개인이 통제할 수 있는 내적 요인에 의하여 이루어지며 과학적·경험적 방법으로 문제해결을 할 수 있다고 보았다.
③ 케틀레(Quetelet)은 범죄율에 대한 실증적 연구를 수행하여 인구통계학적 요인으로 구분하여 분석함으로써 사회 자체가 범죄의 원인이 된다고 보았다.
④ 미국 연방대법원 대법관이었던 홈즈(Holmes)는 법은 고착된 논리가 아니라 경험이라고 하였다.

 ② 인간행동은 개인이 통제할 수 없는 외적 요인에 의해 이루어진다고 보았다.

33 사회학적 범죄원인론에 관한 설명으로 옳지 않은 것은?
① 합리적 선택이론은 고전주의 범죄학에 기반을 둔 것이다.
② 자기통제이론에 의하면, 낮은 자기통제력이란 부모로부터 필요한 어떤 힘이 작용하지 않는 것보다는 어떤 힘이 작용되었기 때문이라고 본다.
③ 반두라(Bandura)는 아동의 성인 모방을 착안하여 학습이론을 발전시켜 사회학습이론을 제안하였다.
④ 차별적 접촉이론에서 정의(definition)란 특정행위에 대해서 개인이 부여하는 의미와 태도로서 도덕적이고 평가적인 태도를 의미한다.

 ② 낮은 자기통제력은 부모로부터 어떤 힘이 작용되었기 때문이라기보다는 필요한 어떤 힘이 작용하지 않은 원인이라고 본다. 즉, 부모의 자녀에 대한 애착을 중요시한다.

34 머튼(Merton)의 긴장이론의 개인의 적응유형에 관한 설명으로 옳지 않은 것은?
① 동조 – 문화적 목표와 제도화된 수단을 모두 수용하는 것
② 혁신 – 문화적 목표는 수용하지만 제도화된 수단을 거부하는 것
③ 의례 – 문화적 목표와 제도화된 수단을 모두 거부하는 것
④ 반역 – 기존의 문화적 목표와 제도화된 수단을 모두 거부하면서 새로운 목표와 수단으로 대체하려는 것

 ③ 의례가 아니라 도피의 내용이다. 의례는 문화적 목표를 거부하고 제도화된 수단만을 수용하는 것을 말한다.

35 지능이론에 관한 설명으로 옳은 것은?

① 고링(Goring)은 인류학적 연구방법으로 두개골의 크기 등 외관상 공통된 특징을 발견하였다.
② 비행청소년의 지능이 일반청소년보다 평균적으로 낮다고 보면서 언어적 지능의 차이보다는 동작적 지능의 차이가 크다고 하였다.
③ 허쉬(Hirschi)와 힌델랑(Hindelang)은 지능과 범죄의 연관성이 지나치게 과대평가되어 있다고 점에 동의하였다.
④ 허쉬(Hirschi)와 힌델랑(Hindelang)은 지능이 직접적으로 비행과 범죄를 야기하는 요인이 아니라 간접적인 방식으로 연관된다고 보았다.

 ① 다 맞는데, 마지막에 외관상의 공통된 특징을 발견하지 못했다.
② 주로 언어적 지능의 차이일 뿐 동작적 지능의 차이는 거의 없다.
③ 지나치게 과소평가되어 있다고 보았다.

36 사이코패스에 대한 설명으로 옳은 것은?

① 사이코패스는 전체 인구의 5%, 수용되어 있는 범죄자의 50% 정도로 추정한다.
② 걱정, 불안, 망상, 우울, 환각상태를 보인다.
③ 이타심의 부재, 공감능력의 부재, 죄책감의 결여를 보인다.
④ 편도체의 정서자극에 대한 활성화가 매우 고조되어 있다.

 ① 전체 인구의 1~2%, 수용 범죄자의 15~25%.
② 이런 걱정, 불안, 망상, 우울, 환각을 보이지 않고 매우 정상으로 보인다.
④ 매우 저하되어 있다.

37 보험사기에 관한 설명으로 옳지 않은 것은?

① 연성사기는 우발적이며 기회적인 성질을 가진다.
② 연성사기는 보험금 청구가 가능한 사건이 발생한 이후 허위로 과다한 보험금을 청구하는 방식이다.
③ 경성사기는 보험금을 노린 배우자 살해나 허위사고유발처럼 건당 피해액이 높은 고의적 성질이다.
④ 경성사기가 연성사기보다 발생빈도가 높다.

④ 연성사기가 경성사기보다 발생빈도가 높다.

38 거짓말탐지에서 통제질문기법(CQT)에 관한 설명으로 옳은 것은?
① 통제질문(CQ)는 범죄에 대한 특정질문이다.
② 관련질문(RQ)은 피검사자가 확실하게 알고 있는 거짓말이거나 가능성이 높은 거짓말로서 '아니오'라고 대답하게 되는 질문이다.
③ 무고한 용의자는 통제질문(CQ)에 대한 대답을 보다 걱정한다고 가정한다.
④ 유죄의 용의자는 관련 질문(RQ)보다 통제질문(CQ)에 대해 강한 흥분반응을 보이게 되어 있다는 가정에 근거한다.

①② 통제질문과 관련질문의 개념이 반대로 되어 있다. 통제질문은 피검사자가 확실하게 알고 있는 거짓말이거나 가능성이 높은 거짓말 또는 진실한 피검사자가 큰 관심을 가지게 되는(자극이 될 수 있는) 거짓말로서 '아니오'라고 대답하게 되는 질문이다. 반대로 관련질문은 범죄에 대한 특정질문이다.
③ 따라서 무고한 자(무죄자)는 관련질문(RQ)보다 통제질문(CQ)에 더 강한 흥분반응을 보인다.
④ 관련질문보다 통제질문에 대해 약한 흥분반응을 보인다.

39 진술분석에 관한 설명으로 옳지 않은 것은?
① 진술타당성평가(SVA)는 전세계에서 가장 빈번하게 사용되는 언어적 평가도구로 간주된다.
② 진술타당성평가(SVA)의 목적은 진술내용의 신빙성을 평가하기 위한 것보다 개인 스스로의 신빙성을 평가하기 위한 것이다.
③ 준거기반 내용분석(CBCA)는 성폭력 피해아동의 진술 신빙성을 평가하기 위한 방법으로 신빙성 있는 보고와 신빙성 없는 보고 간의 질적·양적 차이를 반영한다.
④ 준거기반 내용분석(CBCA)와 사실성평가(RM)은 구두진술 가운데 허위진술과 진실된 진술을 구별하는 것에 초점을 두고 있는 기법이다.

① 독일, 네덜란드 등 유럽법정에서는 하나의 독립된 증거로 인정받고 있으나, 북미에서는 재판에서 그렇게 사용되지는 않는 편이다. 그래도 전세계에서 가장 빈번하게 사용된다고 본다.
② 반대이다. 개인 스스로의 신빙성보다 진술 내용의 신빙성을 평가하기 위한 것이다.

40 프로파일링에 관한 설명으로 옳지 않은 것은?
① FBI의 이분법적 방법론은 체계적 유형과 비체계적 유형에 근거하는 범죄자 프로파일링의 고전적 기법이다.
② 동기론적 접근론은 검거 이전의 프로파일링으로서 유용하다.
③ 수사심리학적 접근론은 행동과학의 유용성에 초점을 두고 기존의 유형론들의 통계적 타당성을 검증하는 방식으로 이루어진다.
④ 지리적 프로파일링은 범죄자의 생활공간과 범행장소 사이의 관계성에 초점을 두고 있다.

② 범죄동기는 범죄자가 검거된 이후에야 명확해지기 때문에 검거 이전의 프로파일링에는 유용하지 못하다.

정답 38.③ 39.② 40.②

2과목 모의고사 3회

01 죄형법정주의에 관한 설명으로 옳지 않은 것은?
① 관습법은 피고인에게 유리한 경우라도 형법에서 적용될 수 없다.
② 범죄와 형벌은 국회에 의해 법률로 규정되어야 한다.
③ 상대적 부정기형은 허용되지만 절대적 부정기형은 허용되지 않는다.
④ 절차법인 형사소송법에 대해서는 소급효금지가 원칙상 적용되지 않는다.

① 관습법에 의하여 새로운 구성요건을 만들거나 형벌과 보안처분을 가중하는 것은 행위자에게 불리하므로 허용되지 않는다. 하지만 피고인에게 유리한 관습법을 적용하는 것은 죄형법정주의의 취지에 반하지 않으므로 허용된다.

02 과실에 관한 설명으로 옳은 것은?
① 중과실과 업무상 과실은 동일한 법정형으로 처벌한다.
② 재산죄에는 과실을 처벌하는 규정이 없다.
③ 폭발성 물건 파열죄에는 과실범 규정이 없으나 폭발물사용죄에는 과실범 처벌규정이 있다.
④ 신뢰의 원칙은 도로교통상의 적법행위자를 보호하기 위해서 우리 형법상 명문규정이 있다.

① 중과실과 업무상 과실은 동일한 법정형이다. 보통과실보다 가중처벌된다.
② 장물죄는 과실을 처벌하는 규정이 있으므로 재산죄에서도 과실처벌하는 경우가 있다.
③ 지문이 반대로 되어야 한다. 폭발성 물건파열죄에는 과실범 규정이 있고 폭발물사용죄에는 과실범 처벌규정이 없다.
④ 신뢰의 원칙은 도로교통상의 적법행위자를 보호하기 위해서 판례상 발전한 개념이다. 우리 형법상 명문규정이 없다.

03 위법성조각사유와 책임조각사유에 대한 설명으로 옳은 것은?

① 사인의 현행범인 체포행위, 의사의 수술행위는 사회상규에 위배되지 아니하는 행위로서 정당방위로서 인정된다.
② 자구행위에서 청구권은 상대방에게 대해 일정행위를 요구할 수 있는 권리로서 청구권의 발생원인이 중요하다.
③ 피해자의 승낙이 있더라도 13세 미만의 부녀에 대한 간음추행죄나 피구금부녀에 대한 감금죄는 범죄가 성립한다.
④ 저항할 수 없는 폭력이나 자기 또는 타인의 생명, 신체, 재산에 대한 위해를 방어할 방법이 없는 협박에 의하여 강요된 행위는 벌하지 아니한다.

① 양자 모두 정당행위에 해당하는 것으로 그 중에서도 사회상규에 위배되지 아니하는 영역이라기보다는 사인의 현행범 체포행위는 법령에 의한 행위, 의사의 수술행위는 업무로 인한 행위로 이해한다.
② 청구권의 발생원인은 중요하지 않다.
③ 피해자의 승낙은 사회상규와 윤리적 한계에 의해 제한되는 것으로서, 13세 미만의 부녀나 피구금부녀에 대한 간음행위는 피해자의 승낙이 있더라도 처벌하는 규정을 가지고 있다.
④ 강요된 행위를 말하는 것으로 벌하지 아니하는 것은 옳다. 그런데 자기 또는 타인이 아니라 자기 또는 친족으로 되어 있어야 하고, 생명과 신체에 대한 위해만이지 재산에 대한 위해는 포함되지 아니한다.

04 책임에 관한 설명으로 옳은 것은?

① 사물변별능력과 의사결정능력 중 하나라도 갖춘 자의 행위는 범죄라고 할 수 없다.
② 만 14세 미만자의 행위는 벌하지 아니한다.
③ 심신상실자와 심신미약자는 형을 감경 또는 면제한다.
④ 책임능력이 있거나 미약한 상태에서 위험의 발생을 예견하고 자의로 심신장애를 야기하여 범죄를 실행하는 원인에 있어서 자유로운 행위는 고의인 경우에만 인정된다.

① 사물변별능력과 의사결정능력 중 하나라도 갖추지 못한 자의 행위는 범죄가 될 수 없다고 본다. 그렇다면 하나라도 갖춘 자의 행위는 범죄라고 본다는 표현은 틀리다.
② 형사미성년자의 규정으로서 옳다. 미만자이지 이하가 아니라는 점도 익혀두셔야 한다.
③ 심신장애자 중 심신상실자는 벌하지 아니하는 것(반드시 형을 면제)이고, 심신미약자는 형을 감경할 수 있다(임의적 감경)이지 형을 감경 또는 면제해주는 것이 아니다.
④ 원인에서 자유로운 행위는 고의인 경우는 물론이고, 음주운전과 같은 과실인 경우에도 인정된다.

정답 03. ③ 04. ②

05 형벌에 관한 설명으로 옳은 것은?
① 선고유예의 효과는 선고유예를 받은 날로부터 1년을 경과한 때에는 형집행이 면제된 것으로 간주한다.
② 1년 이하의 징역이나 금고, 자격정지 또는 벌금의 형을 선고할 경우 양형조건사항을 참작하여 개전의 정상이 현저한 때에 그 선고를 유예할 수 있다.
③ 집행유예는 3년 이하 징역이나 금고에 대해서 1년 이상 5년 이하의 기간 형의 집행을 유예하는 것으로 벌금형에서는 인정되지 아니한다.
④ 가석방은 무기에 있어서는 10년, 유기에 있어서는 형기의 2분의 1을 경과한 후 행정처분으로 할 수 있다.

① 2년 경과하면 면소된 것으로 간주한다.
③ 500만원 이하 벌금형에서도 집행유예가 가능하다.
④ 무기에 있어서는 20년, 유기에 있어서는 형기의 3분의 1 경과 후

06 살인죄에 대한 설명으로 옳은 것은?
① 형법에서 사람의 시기(始期)는 태아의 신체가 모체로부터 전부 노출된 시점으로 본다.
② 존속살해죄의 존속은 배우자의 존속도 포함하며 이때 배우자에는 사실혼 관계도 포함된다.
③ 존속살해죄에서 생모와 생부는 모두 혼외자에 대해서 인지를 한 경우에만 직계존속으로 인정된다.
④ 우리 법령상 촉탁승낙살인행위에 대한 위법성을 조각하는 경우가 있다.

① 전부노출설이 아니라 진통설(분만개시설)을 취하고 있다.
② 사실혼 관계는 제외된다.
③ 생부는 인지한 경우에만 존속으로 인정되지만, 생모는 인지나 출생신고가 없더라도 존속으로 인정된다.
④ 호스피스 · 완화의료 및 임종과정에 있는 환자의 연명의료결정에 관한 법률(소위 연명치료중단법)에 의한 요건을 충족하는 경우에 해당 절차에 의거하여 존엄사를 인정하고 있기 때문에 촉탁승낙살인죄에 대하여 위법성이 조각될 수 있다.

07 사생활 평온에 관한 죄에 대한 설명으로 옳은 것은?

① 업무상 비밀누설죄의 주체는 의사, 한의사, 치과의사, 간호사, 약제사, 약종상, 변호사, 변리사, 공인회계사, 공인중개사, 공증인, 대서업자나 그 직무상 보조자 또는 차등의 직에 있던 자이다.

② 업무상 알게 된 비밀을 업무상 알게 된 비밀이 아니라고 착오하고 누설한 경우에는 업무상 비밀누설죄가 성립하지 않는다.

③ 주거침입은 거주자의 의사에 반하여 들어가는 것으로 신체가 들어가거나 돌이나 오물 등을 주거 안으로 투척한 경우도 침입에 해당한다.

④ 공중의 자유로운 출입이 허용되는 일반상점 등은 출입하는 것은 주거침입죄가 될 수 없지만 범죄 목적으로 해당 공개 상점에 들어간 경우는 주거침입죄가 될 수 있다.

① 업무상 비밀누설죄의 주체(범죄자가 될 수 있는 자)에는 위의 열거된 사람들 중에 간호사, 공인중개사는 빼고 나머지는 옳다.
② 업무상 비밀누설죄는 고의범죄이므로 위와 같은 과실의 경우에는 범죄가 성립하지 않는다.
③ 신체가 들어가는 것을 말하는 것이지, 돌이나 오물 등을 투척한 것만으로는 주거침입이라고 할 수 없다. 신체가 들어갔다는 것은 신체의 전부가 들어갈 필요까지는 없고 신체의 일부(예를 들어, 머리나 발 정도)가 들어간 경우에도 주거침입죄의 기수가 성립한다.
④ 공중의 자유로운 출입이 허용되는 일반상점 등을 공개시간에 들어간 행위는 당연히 주거침입에 해당하지 않는다. 그러나 그 출입의 목적이 범죄목적이었다면 종전에는 주거침입죄가 성립한다고 보았으나, 최근 판례가 변경되어 주거침입죄가 성립하지 아니한다.

08 사기죄에 관한 설명으로 옳지 않은 것은?

① 저당권이나 가등기가 설정된 부동산에 대해 사실을 알리지 않고 처분한 경우에는 부작위에 의한 사기죄가 성립한다.

② 사기행위자가 기망을 위하여 허위내용을 작성한 어떤 문서에 피해자가 기망당하여 스스로 서명 또는 날인하는 경우, 해당 처분문서에 서명 또는 날인한다는 행위에 관한 인식이 있었다면 피기망자의 처분의사가 인정되어 사기죄가 성립한다.

③ 사기죄의 기수 시점은 동산은 인도받은 때이고, 부동산은 현실로 지배가 이전되거나 이전등기가 경료된 때이다.

④ 소송사기의 착수 시점은 소를 제기하여 법원이 상대방에게 소장 부본이 송달된 때이다.

④ 소를 제기한 때이고, 소장 부본의 송달 여부는 착수와는 관련이 없다. 소송사기의 기수 시점은 사기꾼이 승소(피해자가 패소)한 때이므로 판결선고시점인 것이다.

정답 07.② 08.④

09 재산범죄에 관한 설명으로 옳은 것은?

① 허위로 보험금을 지급받기 위해서 보험회사에 허위의 준비서류를 마련한 시점에 보험사기의 착수가 인정된다.
② 손해배상을 청구하면서 고소하겠다고 한 경우, 공사대금을 지급하지 않으면 진정을 하겠다고 한 경우, 일조권침해를 이유로 손해배상 합의금을 받는 경우 등은 공갈죄에 해당한다.
③ 장물범과 본범 사이가 직계혈족, 배우자, 동거친족 등인 경우 형을 필요적으로 면제하여야 한다.
④ 유실물, 표류물 또는 타인의 점유를 이탈한 재물을 횡령하는 행위는 미수 처벌규정이 없다.

해설 ① 보험사기의 착수는 일반적으로 보험금의 청구 시점으로 보며, 단순히 허위의 준비서류를 마련하거나 제출한 것만으로는 보험사기의 착수로 볼 수 없다.
② 공서양속(공공의 질서와 선량한 풍속)에 위배되지 않으므로(정당한 이유가 있다는 뜻) 공갈죄에 해당하지 않는다. 다만, 이러한 정당한 이유가 있는 경우라도 불법추심행위(폭력 등)을 한 경우에는 공갈죄가 성립할 여지가 높다.
③ 장물범과 피해자가 직계혈족, 배우자, 동거친족(동거하는 형제자매 등)인 경우에는 필요적으로 형을 면제하여야 한다. 장물범과 피해자가 위 이외의 비동거친족인 경우(동거하지 않는 형제자매, 이모, 삼촌, 사촌 등)이면 상대적 친고죄(해당 친족인 피해자가 고소하면 처벌이 됨)에 해당한다.
장물범과 본범(해당 물건을 훔친 절도범 등)이 직계혈족, 배우자, 동거친족인 경우에는 필요적으로 형을 면제하는 것이 아니라 필요적으로 형을 감경 또는 면제한다 이다. 또한 장물범과 본범이 위 이외의 비동거친족인 경우에는 처벌을 감면하는 규정이 없이 그대로 처벌을 한다.
④ 점유이탈횡령죄를 말하는 것으로 이는 미수 처벌규정이 없다. 장물죄, 점유이탈횡령죄, 권리행사방해죄는 재산범죄 중에 미수처벌규정이 없다.

10 문서에 관한 죄에 대한 설명으로 옳지 않은 것은?

① 사문서위조죄란 작성권한이 없는 자가 권한자의 명의를 도용하여 위임장, 매매계약서, 영수증 등 타인의 문서를 위조하는 행위이다.
② 허위공문서작성죄란 작성권한이 없는 공무원이 행사할 목적으로 문서 또는 도화를 허위로 작성하거나 변개하는 행위이다.
③ 공정증서원본부실기재죄에서 객체는 공정증서원본 또는 이와 동일한 전자기록 등 특수매체기록 및 면허증, 허가증, 등록증, 여권이다.
④ 경찰로부터 신분증 제시를 받고 타인의 운전면허증을 제시한 행위는 공문서부정행사죄에 해당한다.

해설 ② 허위공문서작성죄는 작성권한이 없는 자가 아니라 작성권자가 공문서의 내용을 허위로 작성하는 것을 의미한다.

11 법원의 관할에 관한 설명으로 옳은 것은?

① 사물관할은 사건의 경중에 따른 제1심 관할분배를 말하는 것으로, 사형, 무기, 또는 장기 3년 이상의 징역 또는 금고에 해당하는 사건은 합의부 관할이다.
② 법원은 토지관할위반에 대해서는 직권 또는 피고인의 신청에 의하여 관할위반선고를 할 수 있다.
③ 관할지정과 관할이전의 사유가 존재하는 경우, 검사와 피고인은 신청하여야 한다.
④ 단독판사 사건이 공소장변경으로 합의부 사건으로 변경된 경우 법원은 결정으로 관할권이 있는 법원에 이송하여야 한다.

① 사형, 무기, 단기 1년 이상의 징역 또는 금고 사건이 합의부관할이다.
② 토지관할위반은 직권은 안 되고 피고인의 신청이 없으면 관할위반선고를 하지 못한다. 즉, 피고인의 신청이 있어야만 관할위반선고를 할 수 있다.
③ 관할지정은 검사가 신청하여야 하며(피고인은 신청권이 없음), 관할이전은 검사는 신청하여야 하고 피고인은 신청할 수 있다로 되어 있다.
④ 공소장변경에 의한 관할의 이송

12 구속에 관한 설명으로 옳은 것은?

① 피의자에 대한 검사의 구속기간은 10일이고 1회에 한하여 연장될 수 있다.
② 구속되었다가 석방된 자도 다른 중요한 증거가 없더라도 동일한 범죄사건에 대해서 다시 구속할 수 있다.
③ 구속기간 만료 등 구속취소는 법원의 직권에 의하여만 하여야 하는 것이다.
④ 형사소송법은 구속영장 청구를 받은 판사는 피의자를 심문할 수 있다고 규정하여 구속 전 피의자심문은 필수제도가 아니다.

① 수사기관의 구속기간은 경찰은 10일, 검사는 10일(1회에 한하여 법원의 허가를 받아서 10일을 연장할 수 있다.)인 점에서 검사라고 한다면 10일 1회에 한하여 연장될 수 있다는 지문이 옳다.
② 동일한 범죄사건으로는 다시 구속할 수 없다.
③ 구속취소는 구속사유가 없거나 소멸한 때(구속기간만료 등 포함)에는 법원이 직권 또는 당사자의 청구에 의하여 법원이 결정으로 구속을 취소하여야 한다.
④ 구속전 피의자심문(영장실질심사)는 필수로 해야 하는 제도이다.

정답 11.④ 12.①

13 압수수색에 대한 설명으로 옳은 것은?
① 일출 전 일몰 후에는 압수수색영장에 야간집행을 할 수 있다고 기재가 없더라도 영장을 집행할 수 있음이 원칙이다.
② 체포현장, 범죄장소에서 압수수색은 영장 없이도 할 수 있다.
③ 유류물이나 임의제출물의 영치는 영장 없이 할 수 없다.
④ 영장에 의한 압수수색 과정에서 별도의 혐의 정보를 우연히 발견한 경우 별도의 영장을 받을 필요 없이 압수수색을 진행할 수 있다.

① 야간집행은 영장에 기재가 있어야 할 수 있는 것임이 원칙이다. 다만, 영장기재가 없더라도 도박 등 풍속을 해하는 행위를 하는 장소, 또는 공개시간에 공개장소에 대해서는 야간집행이 가능하다.
② 체포현장, 범죄장소, 긴급체포된 자의 소지보관물에 대해서는 긴급한 경우에 해당하므로 별도의 압수수색영장이 없이도 압수수색이 가능하다. 다만, 체포시로부터 48시간 이내에 검사가 법원에 사후영장을 청구하여야 한다.
③ 피의자 기타인의 유류한 물건이나 소유자, 소지자, 보관자가 임의로 제출한 물건은 영장 없이 압수할 수 있다. 이때에는 체포시로부터 48시간 이내의 사후영장 청구도 필요가 없다.
④ 압수수색 과정에서 우연히 다른 범죄혐의 정보를 발견한 경우, 더 이상의 탐색을 중단하고 별도의 압수수색영장을 발부받아 와서 압수수색을 속행하여야 한다.

14 검사의 불기소처분과 그 사유가 올바르게 연결되지 않은 것은?
① 공소권 없음 – 친고죄에서 고소 또는 고발이 무효 또는 취소된 경우
② 죄가 안 됨 – 구성요건해당성이 없는 경우
③ 혐의 없음 – 증거가 불충분한 경우
④ 기소유예 – 혐의가 충분하지만 검사 재량으로 공소를 제기하지 않는 경우

구성요건해당성이 없는 경우는 혐의 없음을 해야 한다. 죄가 안 됨은 위법성조각사유, 책임조각사유가 인정되는 경우이다.

15 공판절차에 대한 설명으로 옳은 것은?
① 피고인에게 변호인이 있는 경우 공판기일에 피고인의 출석은 필수가 아니다.
② 증거조사방식은 증거서류는 낭독, 증거물은 제시, 녹음·녹화매체는 재생하여 청취 또는 시청하는 방법으로 한다.
③ 자기나 친족 또는 친족관계가 있었던 자가 형사소추 또는 공소제기를 당하거나 유죄판결을 받을 사실이 발로될 염려 있는 경우 증인으로 출석하지 아니할 수 있다.
④ 공판정 이외에서 피고인이 자백한 경우에도 간이공판절차로 진행할 수 있다.

① 피고인의 출석은 원칙적으로 필수로서 변호인이 있는지 없는지 여부와는 상관 없다. 다만, 경미사건, 공소기각이나 면소재판이 명백한 경우, 피고인이 소환받고도 출석을 거부하는 경우 등에는 피고인의 출석 없이도 공판을 진행할 수는 있다.
③ 증언거부권은 증언을 거부할 수 있을 뿐인 것이지 증인으로 출석할 의무를 면제하는 것은 아니다.
④ 공판정에서의 피고인의 자백을 전제로 한다.

16 위법수집증거배제법칙이 적용되지 않는 경우는?
① 소지자 · 소유자 · 보관자가 아닌 자로부터 임의제출받은 압수물의 경우
② 진술거부권을 고지받지 않은 상태에서 이루어진 최초의 자백 이후 40여일이 지난 후에 변호인의 충분한 조력 하에서 공개법정에서 자백이 다시 이루어진 경우
③ 공소제기 후 압수물이 수소법원이 아니라 검사가 청구하여 법원이 발부한 영장에 의하여 압수수색으로 취득된 경우
④ 선거관리위원회 직원이 진술이 녹음된다는 사실을 미리 알려주지 않은 채로 녹음한 녹음테이프의 녹취록의 경우

 위법수집증거에 해당하지 않는 것을 고르라는 문제이다.
나머지는 위법수집증거에 해당하여 배제되지만, ②는 하자가 치유되었다고 보아서 위법수집증거로 보지 않는다. 즉, 위법수집증거배제법칙이 적용되지 않는 것이다.

17 형사소송법 제315조에 의하여 당연히 증거능력이 인정되는 서류에 해당하지 않은 것은?
① 가족관계기록사항에 관한 증명서
② 상업장부나 항해일지
③ 외국공무원의 직무상 증명할 수 있는 사항에 관하여 작성한 문서
④ 검사 작성의 공소장이나 피의자신문조서

 검사의 공소장은 아예 증거가 될 수 없는 것이고, 검사 작성 피의자신문조서는 제315조가 아니라 제312조 제1항과 제2항에 의해서 증거능력이 인정되는 서류이다.

18 탄핵증거에 대한 설명으로 옳은 것은?
① 탄핵증거란 진술의 증거능력을 다투기 위한 증거를 말한다.
② 피고인이 내용을 부인하여 증거능력이 없는 사법경찰리 작성의 피의자신문조서는 피고인의 법정진술에 대한 탄핵증거로 사용할 수 없다.
③ 범죄사실에 관한 주요사실 및 간접사실의 증거가 탄핵증거로 사용될 수 있다.
④ 탄핵증거는 엄격한 증거조사를 거칠 필요가 없으나 증거조사는 필요하다.

① 증거능력이 아니라 증명력을 다투기 위한 증거이다.
② 전문법칙상 문제가 있더라도 탄핵증거로는 사용할 수 있다.
③ 주요사실의 증거란 본증으로 사용되는 것이라서 탄핵증거로는 사용될 수 없다.

19 즉결심판절차에 관한 설명으로 옳은 것은?
① 경미한 사건인 20만원 이하의 벌금, 구류, 과료의 형을 선고하는 절차를 말한다.
② 청구권자는 검사이다.
③ 판사가 즉결심판을 할 수 없다고 기각하면 검사는 정식재판을 청구하여야 한다.
④ 즉결심판결정에 대해서 경찰서장은 양형부당을 이유로 정식재판을 청구할 수 있다.

② 검사가 아니라 경찰서장이다.
③ 판사가 즉결심판을 할 수 없다고 기각하면 경찰서장은 지체 없이 사건을 관할 지방 검찰청 또는 지청의 장에게 송치하여야 한다. 이 경우 검찰은 공소제기 여부를 판단하여 공소제기를 하든지 말든지를 결정한다. 위에서처럼 정식재판을 청구하는 것이 아니다.
④ 무죄, 면소, 공소기각 등에 대해서 청구를 할 수 있으나, 양형부당을 이유로는 정식재판을 청구할 수 없다.

20 배상명령제도에 관한 설명으로 옳지 않은 것은?
① 배상신청은 민사소송에 있어서의 소의 제기와 동일한 효력이 있다.
② 신청인은 배상명령이 확정되기까지는 언제든지 배상신청을 취하할 수 있다.
③ 신청인이 공판기일의 통지를 받고도 출석하지 아니한 때에는 재판기일을 연기한다.
④ 신청을 각하하거나 그 일부를 인용한 재판에 대하여 신청인은 불복을 신청하지 못하며, 다시 동일한 배상신청을 할 수 없다.

③ 연기하는 것이 아니라 그 진술 없이 재판할 수 있는 것이다.

21 범죄수사의 개념에 대한 설명으로 옳지 않은 것은?
① 수사란 범죄혐의의 유무를 명백히 하여 공소를 제기·유지하기 위하여 범인을 발견하고 증거를 수집·보전하는 수사기관의 활동이다.
② 수사는 피해자 보호, 사회질서의 회복, 범죄예방 등이 복합적으로 이루어진다.
③ 적법절차는 형식적 의미는 물론이고 실질적 의미에서 적정하지 아니한 절차를 배제하는 방식으로 이루어져야 한다.
④ 실체적 진실주의에는 적법절차 원칙 등의 한계가 없다.

 ④ 실체적 진실주의는 적법절차 원칙 및 물리적 한계(인력과 시간적 한계)에 의해 제약을 받을 수 있다.

22 수사기관에 관한 설명으로 옳지 않은 것은?
① 사법경찰관은 수사관, 경무관, 총경, 경정, 경감, 경위로 수사를 개시하고 진행하며, 사법경찰리는 경사, 경장, 순경으로 수사를 보조한다.
② 사법경찰관리는 범죄수사 대상에 제한이 없는 일반사법경찰관리와 제한된 범위에서 사법경찰관리의 임무를 수행하는 특별사법경찰관리가 있다.
③ 특별사법경찰관리로서 교도소장, 선장, 기장은 토지관할만 제한된 경우이다.
④ 보험사기 관련 사건은 주로 수사협조의뢰 형식으로 접수되므로 형사과의 경제팀에서 관할하는 경우가 대부분이다.

 ④ 보험사기는 수사과의 지능범죄수사팀에서 대부분 처리한다.

23 내사에 관한 설명으로 옳은 것은?
① 내사란 범죄혐의 유무를 확인하기 위해서 입건 후 단계에서 수행하는 조사활동이다.
② 보험사기 사건에서 수사협조의뢰에 의한 서류 접수는 피혐의자에 대한 처벌을 구하는 의사표시로 보기 어렵다.
③ 보험사기 사건도 고소와 같이 접수 즉시 입건되어 수사가 개시된다.
④ 수사기관은 자율적인 사유에 의해서만 내사를 진행할 수 있다.

 ① 입건 전 단계의 조사활동이다.
③ 즉시 입건되어 수사를 개시하는 것이 아니라 내사를 거쳐 수사필요 여부를 먼저 확인하게 된다.
④ 자율적 사유 또는 타율적 사유에 의해서 진행한다.

24 보험사기에 대한 경찰의 수사에 관한 설명으로 옳지 않은 것은?

① 인지의 결정시점은 담당 수사관이 개별사건마다 결정하지만, 늦어도 피혐의자에 대한 조사를 마친 이후에는 이루어진다.
② 피혐의자에 대해서 내사종결하는 경우 관련기록은 수사협조의뢰나 진정서를 제출한 금융감독원이나 보험사에서 보관하게 된다.
③ 피의자 등에 대한 소재수사는 경찰수사관이 피의자 등의 주소지, 주거지, 연고지에 임장하여 피의자 본인, 가족, 동거인, 이웃을 통하여 피의자 등의 실제 거주여부를 확인하는 것이다.
④ 수사가 종결되면 구속기소의견, 불기소의견 등 의견서를 기재하여 검찰에 사건을 송치하여야 한다.

 ② 해당 사건을 수리한 경찰서에 보관하게 된다.

25 통신비밀보호법상 통신사실확인자료의 전기통신사실에 포함되지 않는 것은?

① 가입자의 전기통신일시
② 사용 중인 정보통신기기명
③ 컴퓨터통신 또는 인터넷의 로그기록자료
④ 접속된 정보통신기기의 위치를 확인할 수 있는 발신기지국의 위치추적자료

통신비밀보호법상 통신사실확인자료의 전기통신사실에 관한 자료는 다음과 같다.
1. 가입자의 전기통신일시, 2. 전기통신 개시·종료 시간, 3. 발·착신 통신번호 등 상대방의 가입번호, 4. 사용도수, 5. 컴퓨터 통신 또는 인터넷 사용자가 전기통신역무를 이용한 사실에 관한 컴퓨터통신 또는 인터넷의 로그기록자료, 6. 정보통신망에 접속된 정보통신기기의 위치를 확인할 수 있는 발신기지국의 위치추적자료, 7. 컴퓨터통신 또는 인터넷의 사용자가 정보통신망에 접속하기 위하여 사용하는 정보통신기기의 위치를 확인할 수 있는 접속지의 추적자료

26 체포영장의 기재사항에 대한 설명으로 옳지 않은 것은?

① 유효기간을 7일 이상으로 하고자 한다면 그 취지와 사유를 반드시 기재하여야 한다.
② 범죄사실 및 체포를 필요로 하는 사유에는 혐의점, 피의자의 출석요구 불응, 도주나 증거인멸의 염려 등을 작성한다.
③ 체포영장을 집행할 장소가 두 곳 이상인 경우 그 취지와 사유를 기재하여 신청할 수 있다.
④ 동일사건으로 이미 체포영장을 신청한 사실이 있다면 다시 체포영장을 신청할 때에는 취지 및 이유의 기재를 생략할 수 있다.

② 범죄사실 및 체포를 필요로 하는 사유
③ 둘 이상의 영장을 신청하는 취지와 사유
④ 재신청의 취지 및 이유: 이 또한 기재하여야 한다.

27 과학수사에 대한 설명으로 옳은 것은?
① 지문과 족윤적은 채취자가 직접 감정업무를 수행할 수 없고 각 시도경찰청 감정요원에게 의뢰하여야 한다.
② 거짓말탐지기는 각 시도경찰청별 수사와 보안기능에 2~3명씩 전문검사관을 배치하여 일선수사를 지원하고 있다.
③ 부피가 큰 가전제품의 정밀감정이나 인화성물질 성분분석은 각각 국립과학수사원 화재연구실과 휘발성물질연구실에 감정의뢰한다.
④ 혈흔패턴이 범죄사실을 증명하기 위한 중요한 보강증거로 활용되고 있음에도 혈흔패턴분석은 가장 활성화되어 있지 않은 분야이다.

 ① 채취자가 직접 감정업무를 수행할 수도 있고 감정요원에게 의뢰할 수도 있다.
② 수사와 보안기능이 아니라 수사와 교통 기능에 2~3명씩 배치하고 있다.
④ 보강증거로 활용되고 있다는 부분까지 옳다. 혈흔패턴분석은 가장 활성화된 분야이다.

28 신문기법에 대한 설명으로 옳은 것은?
① 리드(Reid) 테크닉은 면담과 신문을 분리하지 않고 면담시 행동분석과 진술분석을 병행하여 용의자를 선정하는 기법이다.
② 리드(Reid) 테크닉은 1단계에서부터 양자택일적 질문을 하여 용의자를 빠르게 굴복시키는 방식이다.
③ 리드(Reid) 테크닉은 임의수사에 대한 엄격한 해석 태도를 보이는 우리나라 법원의 입장에 매우 부합하는 기법이다.
④ 수(Sue) 테크닉은 단순한 참고인과 용의자를 분리하지 아니하고 신문을 면담에서 따로 떼어내지 않는다.

 ① 리드 테크닉은 미국 경찰관 존 리드(Reid)에 의해서 고안된 기법으로, 면담과 신문을 완전히 분리하고, 면담시 행동분석과 진술분석을 병행하여 용의자를 선정한 후 용의자에게 9단계에 걸친 기술적인 질문기법을 사용하여 자백을 얻는 기법이다.
② 1단계에서는 긍정적 대면이고 7단계에서 양자택일적 질문이다. 단계를 순서대로 나열하면 다음과 같다.

1. 긍정적 대면 → 2. 주제의 발전 → 3. 부인 다루기 → 4. 반론 극복 → 5. 용의자의 관심유지 → 6. 용의자의 수동적 태도 다루기 → 7. 양자택일적 질문하기 → 8. 범죄세부사항에 대한 구두 자백받기 → 9. 구두자백의 서면화 순서이다.
③ 리드 테크닉은 용의자를 선별한 후에 진행하는 방식이기 때문에 임의수사를 원칙으로 삼는 우리 법원의 입장과 형사소송법 제317조에 입각하여 볼 때 위법수집증거배제법칙 등에 부합하지 않는다. 즉, 우리 법원의 임의수사 원칙과 잘 맞지 않는 기법이다.

29 경찰의 증거수집 처리과정에 관련된 원칙이 아닌 것은?
① 수집의 광역성
② 시료채취의 동일성
③ 증거보존의 무결성
④ 사실적 관련성

 증거수집 처리과정 관련원칙은 동일성, 무결성, 관련성이다.

30 다음 중 수사결과보고서에 들어갈 내용이 아닌 것은?
① 피의자 인적사항
② 범죄경력자료 및 수사경력자료
③ 범죄사실
④ 진술거부권의 고지 여부

 수사결과보고서의 기재사항=1. 피의자 인적사항, 2. 범죄경력자료 및 수사경력자료, 3. 범죄사실, 4. 적용법조, 5. 증거관계, 6. 수사결과 및 의견, 7. 수사참여경찰관
진술거부권 및 변호인 조력권의 고지 여부 확인은 제1회 실시하는 피의자신문조서에 들어갈 내용이다.

31 범죄심리학에 대한 설명으로 옳은 것은?
① 고전주의 범죄학은 인간을 자유의지를 부족한 의존적 존재로 이해하였다.
② 실증주의 범죄학은 범죄에 대한 법률적 접근을 강조하였다.
③ 게리(Guerry)는 지도상의 범죄분포를 표기하는 제도법을 이용하였다.
④ 베카리아(Beccaria)는 「범죄와 형벌」을 저술한 형법학자로서 금욕주의, 인도주의적 형벌, 부분적 사형찬성론을 주장하였다.

 ① 인간을 자유의지를 가진 합리적 존재로 이해한다.
② 실증주의 범죄학은 법률적 접근보다는 범죄인의 특성과 범죄의 원인에 대한 연구를 강조한다.
③ 그래서 제도학파의 창시자, 또는 생태학적 범죄학이라고 부른다.
④ 베카리아는 쾌락주의, 인도주의, 사형폐지론자이다.

32 사법단계 중에서 판결단계에서 활용되는 심리학적 영역인 것은?
① 목격자 진술
② 책임능력 판단
③ 범죄프로파일링
④ 재범위험성 예측

- 판결단계 이전: 목격자진술, 인터뷰, 신문과 자백, 협상, 행동분석과 진술분석, 프로파일링
- 판결단계: 책임능력 판단과 위험성 평가, 범죄의 동기와 원인 연구, 배심원 연구, 전문가증언, 재판상담가 및 중재자
- 판결단계 이후: 교정교화, 교정상담, 수형자분류심사, 재범위험성 예측

33 허쉬(Hirschi)의 자기통제이론에 대한 설명으로 옳지 않은 것은?
① 합리적 선택이론의 가정과 의견에 반대하여 개인의 비합리적인 애착에 주목한 이론이다.
② 높은 자기 통제력을 가진 사람은 평생 범죄를 저지를 가능성이 낮다.
③ 낮은 자기 통제력의 원인은 후천적으로 본다.
④ 허쉬는 자기통제력 이론이 보편적 이론으로서 범죄원인을 설명하는 시공간을 초월하여 적용되는 요소라고 보았다.

① 합리적 선택이론의 가정과 의견을 같이하고 있으나 범죄적 성향에서의 개인적 차이가 있다고 본다.

34 학습이론에 대한 설명으로 옳지 않은 것은?
① 왓슨(Watson)의 학습이론은 비행이나 범죄를 통하여 이득을 얻었다면 그 행위는 강화될 것이고, 처벌을 받는 경우에는 행위가 억제될 것이라고 보았다.
② 서덜랜드(Sutherland)는 차별적 교제(접촉)이론을 주장하면서 범죄행위로의 사회화는 정상적인 사회화와 비교하여 보다 나쁜 결과라고 주장하였다.
③ 버제스(Burgess)와 에이커스(Akers)는 차별적 교제이론을 수정·보완하여 차별적 강화이론을 주창하였다.
④ 차별적 강화는 행위의 결과로 돌아오는 보상과 처벌의 균형에 의해 달라진다.

② 양자가 서로 좋고 나쁨의 문제가 아니라 서로 다른 사회화 과정일 뿐이라고 하였다.

정답 32.② 33.① 34.②

35 생물학적 범죄원인론에 대한 설명으로 옳지 않은 것은?
① 쌍생아 연구의 가정은 유전이 환경보다 영향력이 크다면, 범죄행동의 유사성은 일란성 쌍생아 사이가 가장 높고 일반 형제자매 사이가 가장 낮아야 한다.
② 입양아 연구의 가정은 입양아의 행동이 양부모보다 친생부모의 행동과 더 유사하다면 범죄행동에 유전이 영향을 미친다는 것이다.
③ 공격적·폭력적 범죄자의 EEG(일종의 뇌파)는 그렇지 않은 범죄자나 비범죄자의 EEG보다 비정상적인 뇌기능 변이를 보여준다.
④ PET는 뇌혈관 혈류를 측정하는데 일부 범죄자의 혈액 속 생화학적 활동수준이 상당히 고조되어 있다는 사실을 확인하여 준다.

해설 ④ 혈액 속 생화학적 활동수준이 더 저조하다는 사실을 확인해준다.

36 공격성에 관한 설명으로 옳지 않은 것은?
① 반두라(Bundra)는 공격성은 가해자의 행동에 초점을 두어야 하며 희생자의 사회적 판단을 고려해서는 안 된다고 보았다.
② 도구적 공격성은 경쟁이나 타인의 소유물에 대한 욕망에서 시작하며, 대체로 화이트칼라 범죄의 요소가 된다.
③ 적대적 공격성은 모욕, 신체적 공격, 개인적 실패와 같은 분노를 유발하는 상태에 대한 반응으로 발생한다.
④ 간접적 공격은 폭력적인 경향을 드러나는 적대적인 속성을 보이지 않는 것으로 보험사기는 여기에 속한다고 볼 수 있다.

해설 ① 가해자의 행동과 희생자의 사회적 판단 양쪽 모두를 고려하여야 한다고 보았다.

37 보험사기에 관한 설명으로 옳지 않은 것은?
① 보험사기의 가장 큰 원인은 죄의식의 결여로 볼 수 있다.
② 연성사기는 본인이 지급해 온 보험금에 대한 보상심리가 작용한다.
③ 연성사기를 일으키는 사람들은 보험사에 대해 긍정적인 인식을 가지고 있는 경우가 많다.
④ 보험사기의 손실은 결국 보험료 인상으로 다수의 선의의 보험계약자에게 영향을 미친다.

해설 ③ 보험사에 대해서 부정적인 인식을 가지는 경우도 존재한다.

38 범죄조사절차의 심리학에 관한 설명으로 옳지 않은 것은?
① R-CRAS는 정신장애가 위장된 것이라면 평가를 다음 단계로 이전하여 진행한다.
② R-CRAS는 뇌 손상 가능성을 토대로 위장된 정신장애를 평가할 수 있다.
③ M-FAST는 25항목으로 비교적 짧은 시간 내에 실시할 수 있다.
④ M-FAST는 국내 치료감호소 수감환자 감정에서도 상당한 정확성을 보였다.

① 첫단계에서 정신장애 여부를 판단하여 정신장애가 위장된 것이면 평가는 여기서 중단된다.

39 사실성 평가(RM)에 관한 설명으로 옳은 것은?
① 진실한 사건에 대한 기억은 인지적 추론을 내포할 가능성이 크다.
② 상상 또는 환상에 근거한 기억은 지각정보, 맥락적 정보, 정서적 정보를 내포할 가능성이 크다.
③ 실제로 존재했던 사건의 경우는 감각정보와 맥락정보에서 상상에 근거한 사건보다 더 높은 평가를 받는다.
④ 사실성평가(RM)의 장점은 준거기반 내용분석(CBCA)보다 많은 준거로 구성되어 있다는 것이다.

① 진실한 사건에 대한 기억은 지각정보, 맥락적 정보, 정서적 정보를 내포할 가능성이 크다.
② 상상 또는 환상에 근거한 기억은 인지적 추론을 내포할 가능성이 크다.
④ 적은 준거로 구성되어 있어서 배우기 쉽다는 것에 있다.

40 용의자 식별 절차에 관한 설명으로 옳은 것은?
① 사람의 묘사를 얻기 위해서 조사가 사용하는 가장 일반적인 방법은 자유회상이다.
② 구문론적 질문형식은 예-아니오 형식의 질문과 육하원칙 형식의 질문이 있는데, 유도심문이 가능한 예-아니오 형식의 질문을 주로 사용하여야 한다.
③ 무고한 용의자를 라인업으로 식별하는 것보다 무고한 용의자를 혼자 두고 목격자로부터 범인이 맞는지 식별하도록 하는 것이 잘못된 식별비율이 높게 나타났다.
④ 범인이 있을 경우 순차적 제시가 동시적 제시보다 식별 정확률을 높인다.

② 유도심문의 가능성이 있는 예-아니오 형식의 질문을 가급적 배제하고 육하원칙 형식을 주로 하여야 한다.
③ 위와 같은 경우 잘못된 식별비율이 낮게 나타났다.
④ 반대이다. Steblay의 연구결과에 의하면, 동시적 제시가 순차적 제시보다 정확률을 높인다고 본다.

한권으로 끝내기
보험조사분석사

PART 2

보험조사분석사

제1과목
보험조사론 I (이론)

제2과목
보험조사론 II (실무)

제1과목
보험조사론 I
(이론)

보험조사 개론

제1편

CHAPTER 01 보험조사분석사

제1절 보험조사분석사의 자격요건

보험조사분석사란 보험조사 분야의 전문성을 바탕으로 보험범죄의 적발·예방 업무를 담당하는 보험조사 전문가의 인증 및 양성을 위해 보험연수원이 개발·운영하는 자격제도이다.
보험범죄 조사 인력의 전문성을 평가하기 위한 민간자격일뿐 보험조사업무 수행이 필수요건이나 공식적인 수사권한 등을 위임받는 것은 아니다.
자격제도 도입을 통해 보험조사 관련 인력의 역량을 강화하여 보험산업 전체의 전문성을 높일 수 있는 계기가 될 것으로 기대된다.

1. 자격요건

(1) 적성과 책임
① 관찰력, 호기심, 뛰어난 객관적·논리적 분별력
② 다양한 정보수집 기술
③ 수집된 정보 출처에 대한 비밀준수
④ 사명감
⑤ 보험조사 분야에 대한 연구와 노력
⑥ 문제 해결을 위한 의지와 끈기

(2) 능력
① (보험조사업무에 관련된) 증거 보존능력
② (상세한 정보수집을 위한) 사진촬영, 영상편집, 보고서 작성 능력
③ (피해자 및 증인들과의 면담을 통한) 정보수집 능력
④ 법정증언 시(당당하고, 합리적, 논리적으로) 자신의 주장을 펼 수 있는 능력

2. 윤리성

윤리의식, 도덕성, 도덕적 중재능력이 필요한데 보험조사분석사는 업무의 특성상 정보의 수집, 제공과정에서 개인 또는 단체에 대한 방대한 정보를 접하게 되고 이를 이용한 범죄수행 가능성이 높아 다른 직업보다 더 강한 사명감·책임감·윤리성이 요구된다.

3. 결격사유(경찰공무원 결격사유)

보험조사분석사는 업무의 특성상 범죄와 관련된 정보를 주로 취급한다는 점을 생각해 볼 때 경찰, 검찰 등과 같은 공무원의 결격사유와 비슷하게 규정하는 것이 바람직할 것이다.

(1) 대한민국 국적을 가지지 아니한 자
(2) 「국적법」에 따른 복수국적자
(3) 피성년후견인 또는 피한정후견인
(4) 파산자로서 복권되지 아니한 자
(5) 자격정지 이상의 형(刑)의 선고를 받은 자
(6) 자격정지 이상의 형의 선고유예를 받고 그 선고유예기간 중에 있는 자
(7) 공무원으로 재직기간 중 직무와 관련하여 「형법」 제355조 및 제356조에 규정된 죄를 범한 자로서 300만원 이상의 벌금형을 선고받고 그 형이 확정된 후 2년이 지나지 아니한 사람
(8) 「성폭력범죄의 처벌 등에 관한 특례법」 제2조에 규정된 죄를 범한 사람으로서 100만원 이상의 벌금형을 선고받고 그 형이 확정된 후 3년이 지나지 아니한 사람
(9) 미성년자에 대한 다음 각 목의 어느 하나에 해당하는 죄를 저질러 형 또는 치료감호가 확정된 사람 (집행유예를 선고받은 후 그 집행유예기간이 경과한 사람을 포함한다)
　① 「성폭력범죄의 처벌 등에 관한 특례법」 제2조에 따른 성폭력범죄
　② 「아동·청소년의 성보호에 관한 법률」 제2조 제2호에 따른 아동·청소년대상 성범죄
(10) 징계에 의하여 파면 또는 해임처분을 받은 사람

제2절 보험조사분석사의 권한과 의무

1. 보험조사분석사의 권한

(1) 민간조사제도이며 법률규정은 없다. 법안은 아직 국회에 계류 중에 있고, 현행 법 규정에도 보험조사분석사의 조사업무에 대한 권한이 규정되어 있지 않다.
(2) 보험조사업무는 민사상 자구행위에 해당한다(타인의 기본권을 보호하고 침해하지 않는 범위 내에서의 정보수집과 평가활동이 가능).

2. 보험조사분석사의 의무(민간조사법안을 바탕으로 정리)

의무	내용
허위, 부정자격증 취득금지 의무	허위, 그 밖의 부정한 방법으로 자격증을 취득해서는 안된다.
공무집행 방해금지	공무원의 직무집행을 방해하면 안된다.
수집, 조사의 제한	국가의 안보 및 기밀에 관한 정보, 기업의 영업비밀, 독창적 연구개발, 개인의 정치적 사상, 종교적 신념, 기타 조사업무와 무관한 사생활에 관한 정보를 수집·조사해서는 안된다.
폭력사용 및 협박금지	업무를 수행하면서 폭행 또는 협박을 가하거나 위계 또는 위력을 사용하여서는 안된다. 또한 조사대상자에게 자료의 제공이나 답변을 강요하여서는 안된다.
비밀누설 금지의무	법률에 특별한 규정이 있는 경우를 제외하고 업무상 알게 된 비밀을 누설하거나 다른 사람의 이용에 제공하는 등 부당한 목적을 위해서 사용해서는 안된다.
허위사실 제공금지의무	허위사실을 알려서는 안된다.
업무범위 초과행위금지	업무범위를 초과하여 업무를 행할 수 없다.
자격증 대여 금지의무	자격증을 다른 사람에게 대여하지 못한다.

CHAPTER 02 보험사기범죄

제1절 보험사기범죄의 의의

1. 보험사기의 개념

(1) 광의의 보험사기('보험범죄'와 동일한 개념)

보험과 관계된 일체의 사기적 행위, 받을 수 없는 보험급부를 받거나 부당하게 낮은 보험료를 지불한 뒤 보험급부를 받는 것 또는 부당하게 높은 보험급부를 지급 받을 목적을 갖고 행하는 일체의 부정행위를 뜻한다.

합법적 행위도 보험금지급이 과하거나 부당하면 보험사기에 해당된다(<u>특정 행위의 불법성이 보험사기 판단의 기준이 되는 것은 아님</u>).

(2) 협의의 보험사기('보험사기'를 의미)

재산상 이익을 얻을 목적으로 보험회사를 기망하여 보험급부를 청구하고 이를 교부받는 행위이다.
① 준비단계의 행위는 제외된다.
② 보험금 청구 → 실행의 착수
③ 보험금 수령 → 기수

2. 보험사기와 구별하여야 하는 개념

(1) 보험범죄

보험급여를 받을 자격이 없는 사람이 보험급여를 수령하거나, 실제 손해보다 많은 보험급여를 수령하기 위하여 그 손해의 정도를 과장하기 위해 또는 정당한 보험료보다 낮은 보험료를 지급하기 위한 목적을 갖고 고의적으로 행하는 일체의 행위를 의미한다.

(2) 도덕적 해이

보험사고의 발생가능성을 높이거나 손해를 증대시킬 수 있는 보험계약자나 피보험자의 고의 또는 불성실에 의한 행동이다.

(3) 역선택

정보가 부족한 입장에서 바람직하지 못한 상대방과 거래하거나 열등한 재화를 구매하게 되는 상황이다(정보의 비대칭성).

① 공통점: 정보의 불균형에서 비롯됨
② 차이점: 역선택 – 보험계약체결 前
　　　　　도덕적해이 – 보험계약체결 後

제2절　보험범죄의 유래

보험범죄의 발생에 대한 내용은 암수범죄가 많아 정확한 기록이 전해지고 있지 않지만 보험제도의 존재와 함께 보험범죄가 발생하였을 것이라고 추정한다.

1. 세계 최초의 보험범죄

1762년 영국 "이네스"사건
이네스라는 자가 양녀를 피보험자로 하여 생명보험에 가입한 후, 양녀를 독살하고 자신을 유산 상속자로 유서를 위조, 유서의 위조가 적발되어 범행사실이 적발되었다. 이네스는 사형에 처했다.

1896년 일본 대리건강진단 보험금 사취 미수사건

2. 우리나라 최초 보험사기

1924년 보험외교원(모집인)의 협잡
1923년 8월경 중증에 걸린 아내를 대신 다른여자를 처인 것처럼 속여 양로보험 가입 후 아내가 사망하지 않자 허위로 사망 신고를 하고 보험금을 편취하였다가 발각되어 징역형을 선고 받았다.

3. 우리나라 최초 보험살인

1975년 박분례 사건
1973년 11월부터 1976년 1월 사이 3개 생명보험회사에 친척 8명을 피보험자로 하는 보험계약을 체결하고 피보험자를 방화와 독살로 살해했다. 1977년 9월 사건의 전모가 밝혀져 박분례는 사형집행 되었다.

제3절 보험범죄자의 특성과 보험사기의 발생원인

1. 보험범죄자의 특성

(1) 지능적, 죄의식이 결여되어 있음
(2) 범행이 반복적, 재범의 우려가 높음
(3) 금전 욕구가 강하나 경제적으로 궁핍 → 사회적 부적응자가 다수
(4) 소비지출은 높은 반면 소득원이 없음
(5) 소득대비 다수 보험가입, 과다한 보험료 납입
(6) 생계형 범죄에서 주변 가족, 지인을 동원하는 기업형 범죄로 발전하는 경향을 보임

2. 보험사기의 발생원인

(1) 보험에 대한 사회적 경각심 결여
(2) 보험계약의 사행성
(3) 경제위기와 배금주의
(4) 보험회사 업무의 한계
(5) 보험사기에 대한 경미한 처벌
(6) 보험범죄의 복합성과 다양성

제4절 보험사기 범죄의 특성

1. 범죄의 복합다양성
2. 범죄의 지능성
3. 범죄의 조직성(다수 가담자에 의한 범죄)
4. 입증의 곤란성
5. 죄의식의 부재
6. 피해의 전가성(피해자의 확대 문제)

제5절 보험사기 범죄의 폐해

1. 선량한 계약자의 보험료 부담 가중
2. 보험제도 존립기반에 대한 위협
3. 모방범죄 및 동조행위의 증가
4. 살인 등 강력사건 유발
5. 사회적 손실 증가

제6절 보험사기 범죄의 분류

1. 보험종류별 분류(목적물 기준 - 생명, 손해, 제3보험)

(1) 생명보험

사망, 생존, 양로, 연금보험 등 사람의 생사를 담보 → 강력범죄로 연결 가능성이 크다.

(2) 손해보험

재산상 손해를 보상하는 보험으로 보험사기범죄는 화재보험, 자동차보험이 주대상이다. 자가용 대중화(2000년 이후) 이후 자동차보험에서 가장 빈번하게 발생하고 있다.

(3) 제3보험

상해, 질병, 간병보험으로 장기손해보험과 생명보험이 결합된 형태로 발생한다.

2. 행위유형별 분류

(1) 고의사고

가장 악의적 보험사기 유형으로 방화, 살인, 자상, 자살, 차량사고 등의 형태로 발생하며, 수단과 방법이 치밀하고, 점점 더 잔인하며 조직화, 무관한 제3자와도 공모하기로 한다.

(2) 허위사고(사고내용 조작)

모든 분야에서 나타나는 전통적 보험사기이며, 실제 발생하지 않았는데 발생한 것처럼 가장 또는 면책사고를 부책으로 위장하는 유형이다.

(3) 피해과장(허위/과다 청구)

사고 발생 이후, 정액보험보다 실손보험에서 빈번히 발생, 사회 저변에 동조, 모방 행위 확산으로 빈번해지고 있다.

(4) 고지의무위반

보험계약을 사기적으로 체결, 계약 체결시 가입금액을 과도하게 책정하거나 다수의 보험가입이 특징이다. 가입자격 획득 또는 불리한 사실을 숨겨 적은 보험료 지불을 목적으로 한다. 보험사고의 우연성이라는 보험의 본질을 해할 정도에 이르러야 비로소 보험금 편취를 위한 고의의 기망행위에 해당한다.

3. 보험종사자 관련

(1) 보험설계사

계약체결과 생계가 직결되기 때문에 부실고지, 불고지를 유도하는 경우가 있다.

입원환자, 병의원 공모하여 가입 전 사고를 가입 후로 위장, 타인명의 자기계약 후 허위사고 유발하게 한 후 관계 병원으로부터 진단서를 발급받아 보험금을 편취하는 사례까지 등장했다.

(2) 보상담당자

① 정비공장 부품상 공모하여 대가 수령하고 비품, 재생품 사용에 정품가액 청구를 묵인한다.
② 병원 관계자와 공모하여 허위진단서 발급, 진료기록부 허위 작성, 보험금 편취를 묵인한다.

제7절 보험사기 범죄의 분석방법

1. 스코어링 시스템

조기경보시스템, 개인/사건별, 단독사기, 보험사기 징후로 입력변수 생성한 후 회귀분석, 의사결정나무분석, 인공신경망기법과 같은 데이터마이닝기법을 이용해 사기적발 모형을 만든다.

2. Link Analysis

조사자로 하여금 각 요소간의 직접적 및 간접적인 관계를 시각적으로 표현하여 사기성 유·무를 파악하는 방법이다.

3. 보험사기 유형별 적발기법 활용방법

(1) 연성사기의 적발(기회사기)

사고발생 후 기회주의적인 발생에 의해 자행(과다청구, 데이터마이닝 시스템을 이용한 적발 한계가 있다.)

(2) 경성사기의 적발(계획사기)

악의적, 계획적으로 이루어지는 보험사기(데이터마이닝 기법 활용 시 적발 가능성이 높다.)

[경성사기 종류별 데이터마이닝 기법]

구분	사기적발 접근방법	데이터마이닝 기법
단독사기	사기자 1인의 위험도 측정	스코어링 시스템
공모사기	다수 공모 관련성 탐색	Link Analysis

(3) 단독사기 적발을 위한 스코어링 시스템

① 대표적인 보험사기 징후(Fraud Indicator, FI)
  ㉠ 계약자의 월 납입보험료의 수준이 여타 가입자들의 월 평균 보험료를 훨씬 상회
  ㉡ 보험계약을 손해가 발생하기 전에 단기간으로 가입
  ㉢ 사고목격자가 전혀 없음
  ㉣ 경미한 교통사고에 비해 과다한 진료비 청구

② 보험사기 징후 도출 데이터

보험사기 징후	사용데이터
보험계약을 월 마감일에 근접하여 체결	보험계약일, 업무 마감일
계약자의 월 납입보험료의 수준이 여타 가입자들의 월 평균 납입 보험료를 훨씬 상회	계약자 월 납입보험료, 가입자 평균 납입보험료
보험계약을 손해가 발생하기 전에 단기간으로 가입	클레임 청구 전 각 월별 보험가입 여부
사고목격자가 전혀 없음	사고 목격자 존재여부, 목격자수, 목격자와 사고자와의 관계
경미한 교통사고에 비해 과다한 진료비 청구	진료비/수리금액, 사고규모별 평균 진료비
서로 연관 없던 탑승객이 같은 변호사를 선임	차량 탑승객별 관련자(제3자)

(4) 공모사기 적발을 위한 Link Analysis 기법

분류 항목	활용데이터	
사고당사자	보험금 청구번호 전화번호 성별 등	관련자 이름 주민등록번호
계약	계약번호 개시일 만기일 등	보험유형 효력일

CHAPTER 03 보험사기범죄 발생 현황 및 대응체계

제1절 보험사기 범죄 발생 현황

1. 보험사기범죄 적발현황

(1) 적발실적 – 역대 최고금액 적발(2023년 통계기준)

금융감독원의 자료에 의하면 2023년도 우리나라에서 보험사기로 적발된 금액은 1조 1,164억원이며 적발된 인원은 109,522명으로 전년(10,818억원, 102,679명) 대비 금액은 346억원 증가(3.2%↑)하였으며 인원은 6,843명 증가(6.7%↑)하였다.

(2) 주요특징

① 사기유형별 특징

2023년도 보험사기 유형은 사고내용 조작이 59.3%(6,616억원)를 차지하고, 그 외 허위사고 19.0%(2,124억원), 고의사고 14.3%(1,600억원) 순으로 발생하였다. 전년 대비 허위사고(+201억원, 11.0%↑) 및 고의사고(+47억원, 3.0%↑)는 증가한 반면, 사고내용 조작(△65억원, 1.0%↓)은 감소하였다.

② 보험종목별 특징

2023년도 보험종목별 현황은 자동차보험(49.1%, 5,476억원) 및 장기보험(43.4%, 4,840억원)이 대부분이며, 그외 보장성(3.9%, 438억원), 일반보험(3.7%, 409억원) 순으로 발생하였다. 자동차보험은 운전자·피해물 등 조작(+401억원), 고의충돌(+205억원) 증가 등으로 전년 대비 771억원(16.4%↑) 증가한 반면, 장기보험은 허위 입원·수술·진단(△379억원) 감소 등으로 전년 대비 338억원(6.5%↓) 감소하였다.

③ 연령별 특징

2023년도 연령별 현황은 적발인원 기준 50대(22.8%), 60대 이상(22.6%), 40대(20.1%), 30대(18.3%), 20대(14.9%), 10대 이하(1.3%) 순으로 발생하였다. 특히, 30대(14.5%↑), 40대(10.3%↑) 증가율이 평균 증가율(6.7%↑)을 상회하였으며, 20대는 자동차 관련 사기(고의충돌 31.0%, 음주·무면허운전 14.5%)가 많은 반면, 60대 이상은 병원 관련 사기(허위입원 등 18.8%)가 빈번하게 발생하였다.

④ 직업별 특징

2023년도 보험사기 적발자의 직업은 회사원(21.3%), 무직·일용직(13.2%), 주부 (9.3%),

학생(5.0%) 순으로 나타났는데, 무직·일용직(26.4%↑), 회사원(18.6%↑), 보험업 종사자(9.7%↑)의 증가율이 평균(6.7%↑)을 상회하고, 주부는 감소 (6.6%↓)하였다.

2. 보험사기범죄 규모

2018년 기준 민영 보험사기 추정금액은 지급보험금(143조원) 대비 4.3%, 사고보험금(48.6조원) 대비 12.7%에 해당할 정도로 엄청난 수준이다. 보험사기로 인한 소비자의 추가 부담액은 1가구당 30만원 수준으로 추정된다.

3. 보험사기연루 보험업 종사자에 대한 행정제재

(1) 도입배경

2014.7.15.부터 보험업종사자의 보험사기행위에 대해 최고 등록취소 등 행정제재를 부과할 수 있도록 보험업법이 개정되어 시행되고 있다.

(2) 주요내용

① 보험업종사자가 보험계약자 등으로서 직접 보험사기를 범하는 경우, 다른 보험계약자 등을 교사·방조하여 보험사기행위를 하도록 하는 행위를 포함하며 보험사기 규모에 따라 등록취소, 6개월 이내의 업무 정지 처분이 가능하다.
→ 업무정지 처분을 2회 이상 받은 경우 등록이 취소된다.
② 보험회사 임직원의 경우 해임권고(면직), 업무집행정지(정직) 등의 조치가 가능하다.

(3) 효과

보험사기에 대한 경각심을 제고하고 건전한 보험거래 질서를 확립할 수 있고, 보험업 종사자의 조력을 요하는 대규모 보험사기 및 지능적 보험사기를 선제적으로 차단할 것으로 기대된다.

① 보험설계사가 허위의 교통사고 접수(등록취소)
② 보험설계사가 허위의 입퇴원확인서로 보험금 편취(등록취소)
③ 보험설계사가 위조한 골절 진단서로 보험금 편취(등록취소)
④ 보험설계사가 진료비 영수증을 위조하여 보험금 편취(등록취소)
⑤ 보험설계사가 허위의 사고신고로 보험금 편취(등록취소)

> **관련판례**
>
> ▶ 서울행정법원(2024. 6. 13. 선고 2023구합66702 판결)
> 보험설계사의 보험사기행위의 경우 보험계약자 일반과 보험거래질서에 미칠 악영향이 일반적인 경우보다 크고 보험제도에 대한 신뢰를 무너뜨려 보험제도 자체의 존립을 위태롭게 할 우려도 있으므로, 보험설계사의 보 험사기행위에 대하여는 엄격히 제재할 필요성이 크다.

제2절 보험사기범죄 대응 유관기관

1. 금융감독원

(1) 보험사기인지시스템(IFAS)
① 보험계약, 보험금지급, 사고정보를 DB로 관리·분석하여 보험사기 혐의자를 추출하는 정보시스템
② 구성: 혐의인지모델, 연계분석, 사건관리 및 통계분석
③ 혐의인지모델: 혐의자 선정하는 기능, 228개 지표를 혐의주체(개인, 설계사, 병원, 정비업체, 대리점)별로 점수화
④ 연계분석: 주혐의자 중심으로 공모관계 가능성 도식화
⑤ 사건관리: 보험사 인지보고 건에 대한 진행관리
⑥ 통계분석: 기초데이터에서 추출한 정보 → 유형별 분석

(2) 보험사기신고센터 운영
① 일반인 보험사기 신고 활성화 및 인식제고
② 전화, 인터넷 신고, 보험사 홈페이지에 링크 설치

(3) 보험사기 방지실태를 경영실태평가에 반영

(4) 보험사기 연루 보험종사자에 대한 행정적 제재
① 보험업법, 업무정지(6개월 내), 등록취소
② 연루된 일반인이 설계사가 되는 것은 제재규정 없음

(5) 금융감독원 보험사기 조사업무 FLOW
〈단계별 업무 절차 매칭〉
① 조사사전단계 – 조사착수 단서입수, 기초조사(사실조회)
  - 조사착수 단서 입수: 보험사 인지보고, 보험사기신고센터 제보 등
  - 기초조사: 보험사기인지시스템 조회(본조사 착수여부 판단)
② 조사실시 – 본조사 착수보고, 자료요청, 자료취합 및 분석
  - 자료요청: 보험계약 및 보험금 지급서류 요청(혐의자별)
  - 자료취합 및 분석: 사고일람표 작성 및 분석을 통해 혐의사항 도출
③ 조사결과보고 및 혐의정보 통보 등 – 조사결과 보고, 혐의정보 통보(수사기관), 수사협조의뢰 공문접수, 수사지원, 수사종결 및 회신
  - 조사결과보고: 혐의자, 혐의사실 등에 대해 보고서 작성 및 내부보고
  - 혐의정보 통보(수사기관): 수사기관에 혐의사실 통보
  - 수사협조의뢰 및 공문 접수: 혐의입증 관련 서류 지원

- 수사지원: 금감원 및 SIU 직원
- 수사종결 및 회신: 경찰서 등은 수사 종결시 금감원에 수사결과 통보

④ 사후관리 – 사후관리
- 사후관리: 금감원은 정기적으로 수사의뢰 목록을 경찰청에 통보하여 수사진행사항 확인 협조요청, 검찰송치 등에 대해 사후관리

(6) 보험사기 대응 강화

① 공·민영보험 공동조사 협의회를 출범 – 사무장병원 등 의료비 관련 조직적인 보험사기에 대하여 보다 적극 대응

② 금융감독원·국민건강보험공단·생손보협회는 불법 의료기관의 보험사기 근절을 위해 경상남도 의사회와 업무협약(MOU)을 체결('22.03.07.)

③ 금융감독원·경찰청·국민건강보험공단은 민생 침해 보험사기 및 불법 개설 요양기관 범죄 척결을 위한 업무협약(MOU)을 체결('24.01.11.)
- 정보공유 활성화
- 조사·수사 강화
- 적발 역량 제고
- 피해예방 홍보 등 상호 협력 강화

④ 금융감독원·자동차손해배상진흥원·전국렌터카공제조합은 민생 침해 자동차 보험사기 근절을 위한 업무협약(MOU)을 체결('24.03.07.)
- 정보공유 활성화
- 조사 강화
- 피해예방 홍보 등 상호협력 강화

2. 보험회사

(1) 특별조사팀(SIU) 운영
(2) 보험사기 조사업무 모범규준을 마련 자율규제 형식으로 운영: 보험사기 방지능력 제고 및 보험소비자 권익을 보호

3. 경찰

(1) 지능범죄수사팀, 경제팀 → 교통사고 보험사기(교통범죄수사팀)
(2) 경찰청(국가수사본부)은 병원이 연루된 조직적·악의적 보험사기 사건 등에 수사역량을 집중하기 위하여 매년 보험사기 특별단속을 실시하고 있다. 최근 2022년 7. 4.~10. 31, 2023년 5. 1.~6. 30, 9. 1.~10. 31.(2회), 2024년 5. 1.~6. 30, 9. 9.~10. 31.(2회) 실시한 바 있다.

4. 검찰

보험사기 관련 수사, 증거의 수집, 공소의 제기 및 유지 등 보험사기 수사를 지휘한다.

5. 보험범죄전담 합동대책반(컨트롤 타워 기능 수행)

9개 유관기관(서울중앙지검에 설치) – 검찰, 경찰, 금감원, 심평원, 생·손보협회 등
※ 금융위원회는 참여대상 아님

6. 국토교통부

(1) 교통사고 입원환자 명단, 부재 여부, 외출·외박 허락 및 허위 기록관리 등의 점검
(2) 법적근거: 자동차손해배상보장법
(3) 주무부처: 국토교통부
(4) 실질점검: 지방 자치단체
(5) 교통사고 입원환자 관리실태에 대해 민·관 합동 점검을 실시

7. 건강보험심사평가원

(1) 입원 적정성 판단자료와 기준: 수사기관에서 제출한 진료기록부, 간호기록부, 검사(영상진단)결과지, 심사의료내역 등을 종합적으로 검토하여 심의, 결정
(2) 입원치료가 필요하다고 인정되는 경우: 약물투여, 처치 등이 계속적으로 이루어질 필요가 있어 환자의 통원이 오히려 치료에 불편함을 끼치는 경우 또는 환자의 상태가 통원을 감당할 수 없는 상태에 있는 경우나 감염의 위험이 있지에 따라 판단
(3) 허위입원치료에 대한 판단자료와 기준: 의뢰기관에서 제출한 진료기록부 등 제출된 자료가 사실에 부합되게 작성되었다는 전제하에 심사가 진행됨.
(4) 2024. 8. 14.부터 개정 시행 중인 「보험사기방지 특별법」에서 수사기관이 건강 보험심사평가원에 입원적정성심사를 의뢰하는 경우 심평원이 자체적으로 심사기준을 마련하도록 하였다(법 제7조). 수사기관의 의뢰에 따라 입원적정성을 심사하는 건강보험심사평가원의 경우 병력·건강상태 등 환자 개인의 특성과 입원치료의 유효성, 필요성 및 의학적 타당성을 고려한 입원적정성 심사처리기준을 마련하고 그 내용을 건강보험심사평가원의 홈페이지에 공고하게 된다(시행령 제3조의3). 이에 보다 체계적이고 신속한 심사가 이루어질 것으로 기대된다.

8. 국민건강보험공단

요양급여지급 기관, 의료기관 불법행위에 합동대응

9. 근로복지공단

산재, 민영보험의 건전성 강화와 보험금 누수방지를 위한 상호 협력체계를 구축
금융감독원과 근로복지공단은 출퇴근 재해 기획조사를 통해 산재·민영보험 간 보험금 지급 정보가 실시간으로 공유되지 않는 허점을 이용하여 동일한 사고에 대하여 산재와 보험금을 중복 또는 허위로 청구한 혐의가 의심되는 61명을 적발

10. 보험조사협의회

(1) 협의회 업무
① 조사업무의 효율적 수행을 위한 공동 대책의 수립 및 시행에 관한 사항
② 조사한 정보의 교환에 관한 사항
③ 공동조사의 실시 등 관련 기관 간 협조에 관한 사항
④ 조사 지원에 관한 사항

(2) 참여기관
보건복지부, 경찰청, 금융감독원, 건강보험공단, 국민연금공단, 근로복지공단, 심사평가원, 신용정보원, 보험개발원, 보험연구원 및 생·손보협회 등이다.

> ▶ 외국의 보험범죄 방지기구
> • 미국: 보험감독청, 보험사기국(IFB), 미국보험자협회(ISO), 전미보험범죄방지국(NICB)
> • 영국: 영국보험자협회(ABI), 보험사기방지관리소(CUE) 보험범죄 및 사기 방지국(CFPB)
> • 일본: 일본손해보험협회, 손해보험방범대책협의회
> • 프랑스: 프랑스보험협회(FFSA), 보험사기국(ALFA)
> • 독일: 독일보험협회(GDV), 보험정보중앙데이터뱅크(CDB)
> • 벨기에: 벨기에보험사연합(UPEA), 보험사기 위원회(FC)
> • 스페인: 스페인보험협회(UNESPA), 보험범죄방지국(CPIU)
> • 이탈리아: 이탈리아보험협회(ISVAP), 보험사기방지서비스(ASS)

제3절 보험사기범죄 대응의 한계 및 대안

1. 수사기관 대응의 한계

보험범죄에 관한 전문지식을 갖고 있는 수사관이 많지 않고, 수사 착수단계에서부터 검거에 이르기까지 범죄를 증명하는데 장기간 소요된다. 또한, 혐의자들이 증거자료를 사전에 은닉 또는 인멸시키는 경우가 많아 수사에 어려움이 존재하고 보험사기범죄 수사는 보험회사의 이익을 위한 것이라는 인식이 일부 존재하는 부정적인 요인도 작용한다.

2. 보험업계 대응의 한계

보험사기 예방, 근절을 위한 자체적인 노력이 무엇보다 필요하고, 보험상품 개발·판매 단계부터 보험금 지급에 이르는 모든 과정에서 각종 보험사기 유발요인을 검토하여 문제가 있는 부분에 대해서 적극적인 개선이 필요하다.

3. 민간조사제도의 도입

(1) 민간조사원의 정의
탐정, 사립탐정, 공인탐정, 민간조사원 등의 용어가 혼용 사용된다.

(2) 민간조사업의 유래
신용고지업취체규칙(1911년) → 흥신업단속법(1961년) → 신용조사업법(1978년) → 신용정보의 이용 및 보호에 관한 법률

2020년 2월 신용정보의 이용 및 보호에 관한 법률이 개정(8월 시행)되어 탐정명칭 사용금지 조항이 삭제되었다. 일반인의 정보원, 탐정 명칭 사용이 가능해졌다. 외국계업체들이 국내에서 컨설팅 업체로 활동 중이다. 대다수 선진국에서 허용, 면허 인정여부는 상이하다.

(3) 민간조사제도의 필요성
보험조사 분야에서도 수사기관 및 보험업계 대응의 한계를 극복하기 위한 방안으로 보험사기범죄 민간조사제도 도입에 면밀한 검토가 필요하다.

제4절 보험사기 적발사례

1. MZ조폭·보험설계사가 연루된 보험사기 조직 적발

(1) (브로커) MZ조폭·보험설계사가 포함된 브로커 조직이 가짜환자 모집
(2) (병원) 의료진은 허위의 수술기록 발급
(3) (가짜환자) 수술 흔적으로 가장하려고 상처를 내어 보험금 편취

2. 조직형 보험사기 전문 한방병원 적발

(1) (병원장) 허위 진료기록 작성을 지시하는 등 보험사기 기획
(2) (상담실장 겸 간호사) 전문의 명의를 이용하여 허위 진료기록 작성
(3) (병원직원) 보험사기 유형별로 가짜환자를 관리하고 미용시술 등 제공
(4) (가짜환자) 공진단·미용시술을 받고 도수치료로 보험금 청구

3. 피부미용을 도수·무좀치료로 둔갑시킨 보험사기 적발

(1) (의사) '피부미용 → 치료행위' 둔갑시키는 보험사기 설계 및 주도
(2) (브로커) 미용시술 비용을 실손보험으로 충당할 수 있다며 환자 유인
(3) (병원직원) 허위서류 발급, 가짜환자 유인 등 보험사기 가담
(4) (가짜환자) 병원에서 발급받은 허위 진료기록으로 보험금 청구

4. 진료비 쪼개기 수법을 이용한 보험사기 적발

(1) (상담실장) 고가의 치료를 실손보험으로 충당할 수 있다며 권유
(2) (의사) 다양한 수법을 이용하여 허위 진료기록을 작성·발급
  ① (진료비 쪼개기) 전산 진료기록에 "쪼개기"라고 별도로 기재하고, 환자별로 진료비 총액에 맞춰 횟수와 금액까지 구체적으로 기재
   * 예 "쪼개기 20/20/20"로 기재된 환자의 경우 실제로 1회당 60만원에 해당하는 치료를 받고 있는데, 진료비 영수증은 20만원씩 3회로 나누어 분할하라는 의미
  ② (허위 통원) 심지어 환자가 병원에 방문하지 않은 날에도 치료한 것처럼 허위 통원기록을 입력하여 진료비를 분할
   * 예 진료기록을 임의로 입력하다 보니, 진료가 개시되지도 않은 시간에 진료한 것으로 기록하거나 환자가 내원하기도 전에 진료한 것으로 기록하기도 하였음
  ③ (진단명 바꿔치기) 허위로 작성한 도수치료 등의 횟수가 많아지면 보험회사의 의심을 받을 우려가 있어 진단코드를 수시로 변경하는 모습도 다수 발견되었음
   * 예 특정일 이후 치료 부위(팔꿈치→무릎)를 바꾸라는 내용이 전산기록부에 기재
(3) (환자) 병원에서 발급받은 허위 진료기록으로 보험금 청구

5. 숙박형 요양병원의 조직적 보험사기 적발

(1) (병원장·상담실장) 보험사기 구조를 설계하여 환자에게 제안
(2) (병원직원) 피부미용 시술 등 제공
(3) (고용 의사) 허위 진료기록을 발급하여 공·민영 보험금 둘 다 편취
(4) (환자) 허위 진료기록으로 보험금 청구·수령

보험조사의 법률적 이해

제2편

CHAPTER 01 보험조사분석사의 지위와 업무범위

제1절 보험조사분석사의 지위 및 한계

1. 형식적 지위: 사인(私人)

보험조사분석사가 조사한 결과를 금융감독원이나 수사기관에 신고·고발하거나 수사정보를 제공한다고 하더라도 원칙적으로 기관고발사건이나 기관이첩사건이 아닌 사인에 의한 고발 또는 수사단서 제공으로 취급된다.

2. 보험조사분석사의 한계

(1) 변호사법 규정과의 문제

「변호사법」 제109조 제1호는 "변호사가 아니면서 금품·향응 또는 그 밖의 이익을 받거나 받을 것을 약속하고 또는 제3자에게 이를 공여하게 하거나 공여하게 할 것을 약속하고 법률사건에 관하여 감정·대리·중재·화해·청탁·법률상담 또는 법률관계 문서 작성, 그 밖의 법률사무를 취급하거나 이러한 행위를 알선한 자"를 7년 이하의 징역이나 5천만원 이하의 벌금에 처하도록 규정하고 있다.

(2) 헌법상 기본권 규정과의 문제

「헌법」 제17조는 "모든 국민은 사생활의 비밀과 자유를 침해받지 아니한다."고 규정하여 국민의 기본권의 하나로서 '사생활의 비밀과 자유'를 보장하고 있다. 또한 「헌법」 제37조 제1항은 "국민의 자유와 권리는 헌법에 열거되지 아니한 이유로 경시되지 아니한다."라고 규정하고 있다.

(3) 공공기관의 정보공개에 관한 법률 규정과의 문제

「공공기관의 정보공개에 관한 법률」 제9조 제1항 제4호는 "진행 중인 재판과 관련된 정보와 범죄의 예방, 수사, 공소의 제기 및 유지, 형의 집행, 교정, 보안처분에 관한 사항으로서 공개될 경우 그 직무수행을 현저히 곤란하게 하거나 형사피고인의 공정한 재판을 받을 권리를 침해한다고 인정할 만한 상당한 이유가 있는 정보의 공개"를, 동법 제9조 제1항 제6호는 "당해 정보에 포함되어 있는 이름·주민등록번호 등 개인에 관한 사항으로서 공개될 경우 개인의 사생활의 비밀 또는 자유를 침해할 우려가 있다고 인정되는 정보"의 공개를 각각 제한하고 있다.

(4) 준사법적 권한의 인정 여부

보험조사분석사와 같은 민간조사원제도를 법률로써 도입한다고 하더라도 보험조사분석사에게 준사법적 권한을 인정할 것인지 여부에 대해서는 부정적인 견해가 대부분이다.

제2절 보험조사분석사와 전문수사자문위원 제도

1. 현행법상(형사소송법) 전문수사자문위원 제도

전문심리위원 및 전문수사자문위원제도는 2007년 12월 개정 형사소송법에서 첨단산업분야, 지적재산권, 국제금융 기타 전문적인 지식이 필요한 사건에서 법관이나 검사가 전문가의 조력을 받아 재판 및 수사 절차를 보다 충실하게 진행할 수 있도록 전문심리위원 및 전문수사자문위원제도를 도입하였다.

(1) 검사는 공소제기 여부와 관련된 사실관계를 분명하게 하기 위하여 필요한 경우에는 직권이나 피의자 또는 변호인의 신청으로 전문수사자문위원을 지정하여 수사 절차에 참여시킬 수 있다(재량[1]).
(2) 전문수사자문위원은 전문적인 지식에 의한 설명 또는 의견을 기재한 서면을 제출하거나 전문적인 지식에 의하여 설명이나 의견을 진술할 수 있다(재량).
(3) 검사는 전문수사자문위원이 제출한 서면이나 설명, 의견 진술에 대하여 피의자 또는 변호인에게 구술 또는 서면에 의한 의견진술 기회를 주어야 한다(강행[2]).
(4) 전문수사자문위원을 참여시키는 경우, 각 사건마다 1인 이상의 전문수사자문위원을 지정해야 한다(강행).
(5) 검사는 정당한 사유가 있으면 전문수사자문위원 취소할 수 있다(재량).
(6) 피의자, 변호인은 전문수사자문의원 지정에 대하여 관할 고등검찰청 검사장에게 이의를 제기할 수 있다(재량).
(7) 전문수사자문위원에게 수당을 지급하고, 필요한 경우에는 그 밖에 여비, 일당 및 숙박료를 지급 가능하다(재량).
(8) 전문수사자문위원 또는 전문수사자문위원이었던 자가 그 직무수행 중에 알게 된 다른 사람의 비밀을 누설한 때에는 2년 이하의 징역이나 금고 또는 1천만원 이하의 벌금에 처한다.
(9) 전문수사자문위원은 뇌물죄의 적용에 있어서는 공무원으로 본다.

2. 전문수사자문위원 운영규칙

(1) 각급 검찰청의 장이 전문수사자문위원의 후보자를 선정하여 명단을 관리, 국가기관, 공공단체, 교육기간, 연구기관 등에 후보자의 추천을 의뢰할 수 있다.
(2) 전문수사자문위원 후보자에 대하여 국가공무원법 제33조 및 전문심리위원규칙 제3조에 준하여 결격 사유를 규정하고 있다.

---

[1] 재량: 할 수 있다.
[2] 강행: 해야 한다.

(3) 검사
　① 자문위원이 비밀누설, 결격사유가 있을 때에는 지정을 취소해야 한다(강행). 심신장애로 직무수행이 곤란할 경우 지정 취소가 가능하다(재량). → 자문위원의 공정성 보장
　② 피의자, 변호인은 수사담당검사를 통해 전문수사자문위원의 지정에 대해 이의제기가 가능하다(재량). 관할 고검장의 이의신청 인용 여부를 신속히 결정, 수사검사와 피의자(또는 변호인)에게 통보해야 한다(강행).
　③ 자문위원 일당, 수당은 예산 내에서 법무부장관이 정하되, 여비와 숙박료는 공무원여비규정에 따라야 한다.

> ▶ 전문수사자문위원 지정의 취소 사유
> 1. 심신상의 장애로 직무집행을 할 수 없다고 인정될 때
> 2. 정당한 이유 없이 검사의 수사절차 참여 요청에 2회 이상 응하지 아니할 때
> 3. 직무상 의무 위반 행위나 그 밖에 전문수사자문위원으로서 부적절한 행위를 하였을 때
> 4. 불공정한 의견을 진술할 염려가 있거나 그 밖에 공정한 직무집행이 어렵다고 인정되는 상당한 이유가 있을 때

3. 보험조사분석사와 전문수사자문위원의 지정

(1) 검사: 보험조사분석사도 전문수사자문위원 지정 가능하다(재량).
(2) 수사: 어느 단계든지 가능하고, 구두로도 지정이 가능하다.
(3) 지정 요건: 각급 경찰청장은 전문수사자문위원 후보자 명단을 관리 및 국가기관 등에 후보자 추천 의뢰가 가능하다. 그러나 형사소송법 제한 규정이 없어 명단에 없는 자도 지정은 가능하다.

4. 경찰 수사단계에서 전문수사자문위원 지정 가능

형사소송법상 지정은 검사권한이다. 그러나 검찰보다 경찰에서 수사가 이루어지는 만큼 참여가 필요하다. → 구두 지정이 가능하나 절차의 정당성 확보를 위해서는 문서가 바람직하다.

5. 수사과정에 있어 전문수사자문위원의 지위

전문수사자문위원은 '귓속말'과 '손가락질' 수준만 할 수 있으며 이걸 넘어가면 전부 위법으로 볼 것이다.

(1) 압수수색 과정
　① 자문위원이 압수수색에 참여할 수 있는지 → (검사 지휘받아) 수사 어느 단계든 참여 가능하다.
　② 압수수색 과정에 있어서 전문수사자문위원의 활동범위: 직접 압수수색은 불가하며 조력자에 불과하다. 컴퓨터 수색도 옆에서 의견만 제시해야 하고 직접 조작 시에는 위법하다(대법원 판례).
　③ 디지털 증거 압수 수색 절차를 엄격히 해석 → 영장에 기재된 파일만 가져오거나 인쇄할 수

있다(혐의사실과 관련된 부분에 한정하며 압수수색은 사무실로 가져와 증거를 찾고, 인쇄하기까지를 말함).
④ 압수수색 전 과정에 피압수수색 당사자나 변호인의 참여권을 보장해야 하며 복사대상(최종 인쇄 서류), 목록의 작성, 교부해야 한다(강행).
⑤ 대법원 결정의 법리를 엄격하게 적용하면 영장 유효기간 이후에 출력한 증거물은 증거로 사용할 수 없기 때문에 시간적 여유 등에 관하여 전문수사자문위원은 충분한 의견을 개진하여 적절한 유효기간이 적힌 영장을 발부 받아야 한다. 또한, 디지털 증거의 압수수색 절차에 대해 매우 엄격하게 해석한 사례가 있다.

> "저장매체 자체를 외부로 옮긴 후 탐색하여 전자정보를 출력하거나 파일을 복사하는 과정 역시 '전체적으로 압수수색 영장 집행의 일환'이므로 출력·복사대상 역시 혐의사실과 관련된 부분으로 한정하여야하고, 그 과정에 있어 당사자나 변호인의 참여권을 보장하며 복사대상 전자정보 목록을 작성하여 교부하여야 한다."는 부분이다.
> 일반적으로는 압수수색 현장에서 컴퓨터를 이미징하여 사무실로 가져오는 경우 압수수색 절차가 종료한 것으로 인식하고 있는데, 대법원 결정은 이미징된 하드디스크를 수사기관 사무실에서 열람하여 피의사실과 관련된 증거물을 찾고 이를 인쇄하기까지를 압수수색의 과정으로 본 것이다.

(2) 수사서류 열람

수사서류 열람(자문위원은 私人, 수사서류 개인정보 열람 위법?) → 개인정보보호법 위반인지 → 「검찰 및 특별사법경찰관리 등의 개인정보 처리에 관한 규정」으로 해결(민감정보 처리 가능)

※ 공무원이 전문수사자문위원으로 지정된 보험조사분석사에게 수사서류를 열람하게 하더라도 해당 공무원을 직무상 기밀누설죄로 처벌할 수는 없다고 할 것이다.

(3) 피의자신문, 참고인신문 과정에 참여

참여 가능하다(단, 의견제시만 가능하고 직접질문은 불가함).
신문은 검사, 사법경찰관만 가능(공무원의 조력자의 위치)

6. 재판과정에 있어 전문수사자문위원의 지위

전문수사자문위원은 형사재판에서 당사자에 해당되지 않으며 법률적 사인에 해당한다. 그러나 전문가의 입장에서 법원에 증인으로 출석하여 선서한 뒤 전문적인 지식에 관해 증언할 수 있고, 이러한 증언은 상당한 신빙성을 얻게 될 것이다.

제3절 외국의 경우

1. 영미법계

(1) 미국

독자적인 보험조사원 제도에 대한 규율이 없다. → 민사조사원(사설탐정) 제도로 규율하면서 보험사기 조사를 그 업무 중 하나로 이해, 민간인과 다를 바 없다.

(2) 영국

① 민간 경비업법이 제정되어 민간보안법을 규율하고 있다.
② 민간조사업을 독자적으로 규율하게 된 계기는 조사업무 수행 과정에서 주로 협박, 공갈(금전 요구 등), 재판방해, 편지 훔쳐보기, 도청 등의 위법행위가 많았기 때문이라고 한다.
③ 영국의 민간조사원은 경찰과 같이 피의자를 체포하거나 조사할 수 있는 특별한 권한을 보유하지는 않으며, 민간조사원에 대한 자격시험제도를 운영하지 않고 있다.

2. 대륙법계

(1) 프랑스

① 민간조사업을 수행하는 법인은 경찰과 혼동되지 않도록 사적인 활동임을 표시하도록 명시, 전직 경찰 표시도 금지이다(민간조사원 면허를 취득해야 함).
② 프랑스에서 민간조사원에게 일반인 이상의 권한은 부여하지 않는다.

(2) 독일

민간조사원을 원칙적으로 허용하나, 법적 한계를 강조, 민간경비업에 대해 경비업령이 제정되어 있으나 이와 관련해 영업법으로 감독이 필요한 업종으로 규율만 되어 있다(흥신소, 탐정업). 그 외 특별 권한 인정은 없다.

(3) 일본

2006년 탐정업법 제정. 그러나 소비자의 보호와 인권 옹호에 이바지하기 위한 법률에 불과하다(탐정업에 대한 인정만 있고 준사법적 권한은 인정되지 않음).

① 변호사법 규정과의 문제: 급여로 수령하는 것은 가능하지만 특정 사건에 대해 특별보수를 받으면 위반이다.
② 공공기관의 정보공개에 관한 법률 규정과의 문제로 전문수사자문위원으로 지정되지 않은 보험조사분석사가 정보공개청구를 요청한 경우 불허할 가능성이 크다.
③ 준사법적 권한의 인정여부 → 부정적

CHAPTER 02 보험사기의 유형 및 관련 규정

제1절 보험사기범죄의 유형

1. 행위양태에 따른 분류

(1) 사기적 보험계약의 체결
(2) 고의 사고 유발(살인, 자해, 조직화 경향)
(3) 보험사고 위장·날조
(4) 손실액 부풀리기(생명보험보다 손해보험에서 발생)

2. 보험계약과 보험사기 행위의 선후에 따른 분류

(1) 보험계약 사기(보험계약 체결 당시)
(2) 보험금 사기(보험계약 체결 후)

3. 보험사고의 우연성 여부에 따른 분류

(1) 경성보험사기(계획적 사기): 강한 고의, 의도적 연출
(2) 연성보험사기(기회주의적 사기): 일반인의 낮은 죄의식, 법원의 처벌도 경미
  → 발견되지 않은 범죄율이 높을 것으로 추정된다.

4. 사고 형태에 따른 분류

(1) 교통사고 관련 보험사기범죄
  ① 위장사고 – 가·피공모, 고액보험 중복가입
  ② 고의사고(고의유발사고) – 우연성 조작, 사고는 발생
  ③ 가해자 불명 차량 사고 – 면책되는 자손사고 후 가해자불명사고로 신고(단독사고의 한 유형)
  ④ 단독사고 – 가해자불명 사고와 유사
  ⑤ 보행자 사고 – 자해공갈, 장기입원 등
  ⑥ 기타 – 운전자바꿔치기, 피해자 끼워넣기, 차량바꿔치기 등

(2) 병·의원 관련 보험사기범죄

허위진료 청구, 허위진단서 발급, 과잉 진료(수술), 무면허 의료행위

(3) 자동차 정비업체 관련 보험사기범죄

고의파손, 주행 중 사고를 가해자 불명사고로 처리한 뒤 보험금 청구, 기 파손된 것을 교통사고로 위장 청구, 부품대금 과다 청구, 비순정부품 수리 뒤 순정부품으로 청구

5. 보험사기와 관련된 강력범죄

살인, 방화 → 빈부격차 심화, 일확천금 사고의 확산 → 증가추세(화재사고 입증 곤란)

제2절 보험사기범죄 관련 규정

1. 보험사기 금지규정(보험업법)

2008년 보험업법에서 보험사기라는 용어를 최초로 법 규정에서 사용

2. 보험사기 방지규정(상법)

(1) 체결 당시 사고발생 → 무효
(2) 의도적 초과, 중복보험 → 무효(선의는 보험가액 한도로 보상)
(3) 고지의무, 통지의무 위반 시 해지권(재량)
   → 사고 발생 후에도 해지가 가능, 보험금 지급 의무는 없으며, 지급한 보험금도 반환 청구 가능(재량)
(4) 사고 발생 시 신속 통지(강행), 이유없이 통지하지 않을 때
   → 배상 책임 없음

3. 보험사기 처벌규정(형법)

① 형법상 사기죄
② 상습범(형 1/2 가중처벌), 금액별 차등 처벌
③ 보험사기방지특별법 - 사기죄보다 가중 처벌
   → 2016. 9. 30. 이전 형법상 사기죄 적용, 이후에는 보험사기방지특별법 적용
④ 2024. 8. 14.(개정) 「보험사기방지 특별법」
   - 보험사기의 알 선·유인·권유 또는 광고 행위를 금지하고 이를 위반할 경우 10년 이하 징역 또는 5천만원 이하의 벌금형에 처하도록 규정하였다. 보험사기 발생하기 전이라도 이를 알선하거나 광고하는 행위만으로도 처벌할 수 있게됨.

4. 보험사기 조사절차 및 소비자 보호 관련 규정

(1) 보험사기방지 특별법에서는 보험계약자, 피보험자, 보험금을 취득할 자, 그 밖에 보험계약 또는 보험금 지급에 관하여 이해관계가 있는 자의 행위가 보험사기행위로 의심할 만한 합당한 근거가 있는 경우에 금융위원회에 인지보고 할 수 있도록 규정하였다.
(2) 보험사기행위로 의심할 합당한 근거가 있는 경우에는 관할 수사기관에 고발 또는 수사의뢰하거나 그 밖에 필요한 조치를 취하고 관련된 자료를 수사기관에 송부해야 한다.
(3) 보험사고조사를 이유로 보험금 지급을 거절, 지체, 삭감하여서는 안되며 위반 시 1천만원 이하의 과태료를 부과할 수 있도록 하여 보험계약자 등의 보호 또한 도모한다.

▶ 「보험사기방지 특별법 시행령」 제3조의2

1. **보험사기행위 조사 관련**
   - 국민건강보험공단 및 건강보험심사평가원
     - 요양급여의 지급에 관한 자료, 급여의 제한에 관한 자료 및 부당이득의 징수에 관한 자료
   - 국민연금공단
     - 장애연금의 환수(거짓이나 부정한 방법으로 급여를 받은 경우에 한함), 장애등급의 결정에 관한 자료 및 급여의 제한에 관한 자료
   - 도로관리청
     - 도로교통정보체계를 통하여 관리되는 정보 중 폐쇄회로 텔레비전(CCTV) 영상정보
   - 특별시장·광역시장·특별자치시장·특별자치도지사 또는 시장·군수
     - 유류 보조금의 지급에 관한 자료
   - 우정사업본부
     - 우체국 보험금의 지급에 관한 자료 및 부당이득의 징수에 관한 자료
   - 근로복지공단
     - 요양급여의 지급에 관한 자료, 장해급여의 지급에 관한 자료, 보험급여 지급의 제한에 관한 자료, 부당이득의 징수에 관한 자료
   - 자동차손해배상진흥원
     - 검사대상 기관의 보험금 및 공제금 지급에 관한 자료
   - 한국교통안전공단
     - 택시 운행정보 관리시스템으로 처리된 자료

2. **보험사기 알선·권유 등의 행위 조사 관련**
   - 정보통신서비스 제공자(통신사, 포털, SNS 서비스 제공자 등)
     - 혐의 정보 게시자의 정보통신망 접속기록 및 성명, 주소, 연락처

※ 2024. 8. 14.(개정) 「보험사기방지 특별법」
  - 보험회사가 자동차 보험사기에 의해 보험료 할증 등 불이익을 당한 보험가입자 등에게 피해사실 및 후속절차를 고지하는 피해구제 제도를 법정화.

5. 보험사기 근절을 위한 법령 강화

(1) 자동차손해배상보장법(자배법)
① 교통사고 입원환자
  ㉠ 의료기관은 입원환자에 대한 관리, 외출, 외박 기록관리 및 허락을 받아야 함.(강행)
  ㉡ 보험사는 외출, 외박 열람을 청구할수 있음.(재량)
  ㉢ 보험사 요구 시 정당한 사유 없으면 보여줘야 함.(강행)
② 외출, 외박 기재사항(강행): 이름, 생년월일, 주소, 사유, 허락 기간, 귀원 일시→보존기간 3년
③ 의료기관: 환자의 퇴원, 전원 지시 가능(재량)

(2) 자동차관리법
① 자동차 정비업자가 중고품 또는 재생품을 사용하여 정비할 경우 의뢰자 동의가 필요
② 정비관련 의무사항
③ 강행법규로 규정되어 있으나 처벌 규정이 약해서 실효성이 의문 시 된다(위반 시 100만원 이하의 과태료).

CHAPTER 03 보험사기의 성립요건

제1절 사기죄의 성립요건

1. 객관적 구성요건

① 사람을 기망하여 → ② 착오에 빠지게 하고 → ③ 그 착오에 기하여 처분행위를 하고 → ④ 그 처분행위에 기하여 재물의 교부를 받거나 재산상 이익을 취득 → ⑤ 기망과 착오 및 처분행위 사이의 인과관계 존재해야 함.

(1) 기망행위 수단과 방법에는 제한이 없고, 거래의 신의칙에 반하는 정도의 기망행위여야 한다.

(2) 대법원이 기망행위가 있다고 본 사례
① 의료기관이 보험회사가 향후 진료수가를 삭감할 것을 미리 예상하고 과다하게 진료수가를 청구하여 지급받은 경우
② 의사의 오판을 유도하여 장기 입원하여 보험료 청구
③ 통원치료를 입원치료로 속여 보험금을 수령한 경우

(3) 기망의 내용
① 가치판단은 기준 및 입증이 모호하여 기망행위가 될 수 없다.
② 기망은 내부적 사실도 가능(동기, 목적, 고의, 의사 등)
③ 과거, 현재, 미래의 사실에 대한 기망도 가능

(4) 기망의 방법
① 작위에 의한 기망
  ㉠ 명시적(허위사실 언급), 묵시적 기망행위(동작, 행위에 의해 표현)가 모두 포함
  ㉡ 이미 사망한 아버지를 피보험자로 생명보험 체결(묵시적 기망행위가 성립)
② 부작위에 의한 기망: 행위자에게 작위의무가 전제되어야 함(묵시적 기망행위와 유사).
  ㉠ 질병: 불고지로 계약 체결 후 질병사유로 보험 청구
  ㉡ 대법원: 상대방이 고지 받았다면 거래에 임하지 않을 경우가 명백한 때 불고지하여 그 거래로 재물을 수취 했다면 부작위에 의한 사기죄를 구성한다.

  ▶ 기망행위가 되기 위한 요건
  ① 불고지 함으로써 계약상 목적물에 대한 권리 확보를 못할 위험이 있을 것
  ② 이러한 위험이 생김을 알고 있을 것
  ③ 이를 상대방에게 불고지하고 거래를 맺어 상대방으로부터 재산상 이익을 받을 것
  ④ 상대방이 고지를 받았다면 거래를 하지 않을 것이 명백할 것

(5) 피기망자의 착오
① 착오: 객관적 사실과 피기망자가 인식한 사실이 서로 일치하지 않는 것이다.
② 피기망자: 사람이어야 한다(자동판매기에 가짜 동전을 넣어 음료수를 뽑은 경우에는 사기죄가 성립하지 않음).
피기망자와 재산상 피해자가 일치할 필요는 없으나, 피기망자에게는 처분권한이 있어야 함. 권한은 법률상 권한뿐만 아니라 사실상 권한이면 족하다.
③ 착오의 범위: 신의칙에 반하는 기망행위가 있었다면 단순한 동기의 착오만으로 사기죄 성립, 기망행위가 신의칙에 반하지 않는다면 법률행위의 중요부분에 대한 착오가 있었다고 하더라도 사기죄는 성립하지 않는다.

(6) 재물의 교부행위 또는 처분행위(보험사기는 보험금 지급이 처분행위)
피기망자와 재산상 피해자가 일치하지 않는 경우를 '삼각사기'라고 한다. 대표적인 사례가 소송사기이다.

(7) 재물의 교부를 받거나 재산상 이익의 취득
① 대법원: 이득행위 범위 좁게 해석(단순일죄 or 포괄일죄의 합산액, 경합범으로 처벌된 수개의 죄의 합산액 아님, 이득은 실질적 이득액만)

> A가 10개 보험사에서 1억씩 수령한 경우 이득액은?
> 1억(형법만 적용 - 10개의 사기죄 경합)
> 특정경제범죄가중처벌등에 관한 법률이 적용되려면 한 보험사에서 5억 이상의 보험금을 수령해야 한다.

② 대법원: 편취액은 교부받은 재물 전체로 보험청구 위해 지불한 허위진단서 발급비용, 교통비 등을 편취금액에서 공제하지 않는다.

> 필요입원 3일, 과다입원 10일로 보험금 수령 편취액은 13일 해당액

(8) 재산상 손해의 발생
통설은 사기죄가 재산범죄이기 때문에 재산상 손해의 발생을 요한다. 그러나 대법원은 상대방에게 재산상의 손해가 발생함을 요건으로 보지 않는다.

(9) 인과관계
기망행위와 착오, 착오와 처분행위, 처분행위와 재물의 교부를 받는 것 또는 재산상 이익의 취득 사이에는 인과관계가 있어야 한다.
부당 청구 사실을 발견했지만, 상대방의 빈곤을 동정하여 보험금을 지급했다면 보험사기가 성립하지 않는다.

2. 주관적 구성요건

(1) 고의
행위자가 어떤 행위를 하고 있다는 인식이면 족하다(법률상 위법이나 처벌규정 인식 유무는 필요 없고, 피해금액이 차이가 없다거나 괜찮을 줄 알았다는 건 고의 성립에 영향을 미치지 않는다).

(2) 불법영득의사
정당한 권한이 아닌 불법적 수단으로 찾아간 경우는 위법이다.

제2절 미수

사기죄는 미수범도 처벌한다. 실행의 착수 이전은 예비·음모로 사기죄에서는 이러한 예비·음모 처벌규정이 없다(실행의 착수=보험금 청구, 기수=보험금 실질적 수령).

▶ 실행의 착수 여부(대법원)
① 보험회사에 제출 전 체포된 경우 ×
② 허위청구서 접수 없이 보험사 직원에게만 준 경우 ×
③ 보조금 더 받기 위해 허위 보조금 정산 보고서 제출 ×
④ 태풍피해 보조금을 절차에 따라 피해 신고한 경우 ×
⑤ 보상금을 찾아주겠다고 거짓말로 보상금 지급기관까지 유인한 경우 ×
⑥ 교통사고 현장출동 직원에게 거짓 진술 ×

제3절 죄수(죄의 개수)

1. 죄수결정의 기준

동일 피해자를 여러번 기망, 금원을 편취(범행 의도, 방법이 동일하다면 사기죄의 포괄일죄 성립 – 범의의 단일성, 계속성 없거나 방법이 다르면 실체적 경합범(상단 10개 보험사에서 편취한 경우))

2. 보험사기 과정에서 범한 별죄와의 관계

보험금 편취 위한 과정에서 범한 절도, 강도, 문서위조 등은 사기죄와 별도의 죄로 처벌 → 실체적 경합범[1]
대법원은 타인명의 문서를 위조하여 보험금을 청구한 경우, 하나의 행위처럼 보이나 문서위조, 문서

행사, 사기죄가 별도로 각각 성립. 3가지 죄가 실체적 경합 관계에 있다. → 상상적 경합: 한 개의 행위로 수개의 죄 성립, 가장 중한 죄로 처벌

3. 수령한 보험금 임의 소비한 경우 횡령죄의 성립여부

보험금에 대한 보관자의 지위가 인정되어야 한다. 신임관계에 따른 보관자의 지위가 인정되지 않으면 횡령죄는 성립하지 않는다.

제4절 친족간의 범행

사기죄 → 친족상도례 준용된다(친족상도례. 가해자와 피해자가 친족관계에 있는 경우 형을 면제, 다른 친족의 고소가 있어야 공소가 가능하며 강도와 손괴를 제외한 모든 재산 사고에 적용한다.). 친족상도례가 적용되려면 피해자와 행위자가 친족관계를 전제로 하는데 보험사기에서는 피해자가 보험회사이기 때문에 적용될 여지는 없다.

> 헌재는 친족상도례를 규정한 형법 328조 1항에 대해 2024년 6월 27일 재판관 전원일치 의견으로 헌법불합치 결정하였다. 이에 따라 이 조항의 적용은 중지되고 2025년 12월 31일까지 국회가 법을 개정하지 않으면 효력을 상실한다.

제5절 관련문제

1. 소송사기의 문제

소송사기란 법원에 허위 사실을 주장하거나 허위의 증거를 제출하여 법원을 기망하고, 이에 속은 법원으로부터 승소판결을 받아내는 것을 말한다. 주로 민사소송 분야에서 문제가 된다.

2. 민사소송은 변론주의로 당사자가 주장하는 사실, 제출, 입증한 사실만을 근거로 판단

(1) 보험사

허위청구 → 거절 → 법원에 소 제기, 승소한 경우 보험사기의 미수와 소송사기죄가 별개로 성립

---

1) 실체적 경합범의 경우에는 가장 중한 죄에 정한 형의 1/2까지 가중, 각 죄에 정한 형을 합한 것을 넘지 못하게 되어 있다.

(2) 소송사기

피기망자와 재산상 피해자가 일치하지 않는 삼각사기의 전형적 유형, 피기망자는 법원, 재산상 피해자는 피고(보험회사)이다.

→ 보험사가 보험금을 안줬는데 피해자 성립 여부? 법원 판결이 확정되면 즉시 그 판결을 집행할 수 있어 재산상 손해의 발생 위험이 현실화 되었다고 봐서 처분행위로 볼 수 있다.

3. 성립요건

(1) 주관적 요건
① 채권 없음을 알고 법원을 기망한다는 인식 있어야 함
② 권리 없는데 착오로 "권리 있다."고 믿는 경우에는 고의가 성립하지 않음
③ 소송사기는 원고 뿐만 아니라 피고에 의해서도 가능

(2) 실행행위
법원을 적극적으로 기망(상대방에게 유리한 증거를 제출하지 않은 것은 적용되지 않음)
실행행위로 인정되려면 허위의 주장만으로는 부족하고 허위의 입증이 있어야 한다.

(3) 재물 또는 재산상 이익의 취득
승소판결이 판결이 있어야 하고 그 승소판결에 의해 재산 이득이 있어야 한다(사기죄는 재산죄).

(4) 실행의 착수 및 기수시기
① 실행의 착수시기 원고가 소송사기 주체
　㉠ 소 제기 시(소장 송달 상관없음) – 별개의 허위 권원을 주장한 경우는 그 주장을 한 때
　㉡ 본안 소송없이 가압류한 것은 실행의 착수에 해당하지 않는다(가압류만으로는 집행이 불가). 피고가 소송사기 주체 – 허위 증거를 제출
② 기수시기 승소판결 확정된 때(1심, 항소심서 승소판결 받았더라도 판결이 확정되지 못한 상태에서 적발되면 미수)

　허위 보험금 청구 → 거절 → 소 제기 → 패소판결 확정 서로 다른 두 개의 사기미수죄 성립

CHAPTER 04 보험조사분석사의 유의사항

보험조사분석사는 전문수사자문위원으로 지정되지 않으면 私人과 다르지 않다. 그러나 수사의 조력자로 공무원과 같은 고도의 공정성을 필요로 한다.

제1절 이익수수의 금지

1. 보험사기 수사관련 금품·이익수수 금지

(1) 전문수사자문위원은 뇌물죄(형법) 적용 시 공무원으로 의제된다. 금품 수수 후 허위보고는 수뢰후부정처사죄가 성립한다.
(2) 전문수사자문위원인 보험조사분석사가 금품이나 이익을 수수한 경우 변호사법 위반죄가 성립한다.

2. 보험금 지급심사 및 초기조사 관련 금품·이익수수 금지

(1) 보험조사분석사 이익 수수: 형법상 배임수재죄(형법)
(2) 보험조사분석사 수수 후 허위보고서로 보험금 지급 시: 배임수재죄(형법) + 업무상 배임죄(형법)
(3) 보험조사분석사 배임수죄 후 수사기관에 허위 보고서 제출: 위계에 의한 업무집행 방해죄(형법)
(4) 보험조사분석사 법원에서 허위 증언 시: 위증죄(형법) 또는 허위의 감정죄(형법)
(5) 보험조사분석사가 범행사실 알고도 묵비 또는 대가를 받은 경우: 보험사기의 공범

제2절 비밀유지

1. 명예훼손 금지

(1) 보험조사업무 중 알게 된 사실을 타인에게 알릴 경우에는 명예훼손죄(형법)에 해당, 진실한 사실의 적시도 적용된다.
(2) 위의 내용이 정보통신망을 통해 이루어지면 정보통신망법에 따라 가중처벌된다.

2. 비밀누설·미동의 개인정보 제공 금지

(1) 직무수행 중 취득한 정보나 자료를 타인에게 제공 또는 누설하거나 직무상 목적 외의 용도로 사용 금지이다. 위반 시 3년 이하의 징역 또는 3천만원 이하의 벌금에 처한다.
(2) 개인정보보호법 위반 시 5년 이하 징역 또는 5천만원 이하의 벌금에 처한다.
(3) 전문수사자문위원 또는 전문수사자문위원이었던 자가 직무수행 중에 알게 된 다른 사람의 비밀을 누설한 때에는 2년 이하의 징역이나 금고 또는 1천만원 이하의 벌금에 처한다.

3. 서류 유출·은닉 금지

(1) 조사업무 수행 중에 알게 된 사실을 보관해서는 안된다. 수사절차에 참여하여 수사기관을 보조하는 전문수사자문위원이 그 직무수행 중 수사기관에서 작성한 수사기관 명의의 문서를 업무에 참고하기 위해서 유출하는 경우에는 형법의 공용서류은닉죄에 해당하여 7년 이하의 징역 또는 1천만원 이하의 벌금에 처한다.
(2) 보험조사분석사가 조사대상자에게 유불리를 떠나 임의로 은닉하였을때에는 형법에 증거인멸죄에 해당하여 5년 이하 징역 또는 700만원 이하 벌금에 처한다.

제3절 수사과정에서의 공무원 사칭금지

1. 수사에 참여하고 있는 경우

전문수사자문위원 지정 여부와 관계없이 수사단계에 개입하게 되는 경우가 많은데 이때 공무원이 아님에도 불구하고 공무원임을 사칭하여 공무원의 직무를 행사한 경우 공무원자격사칭죄가 성립 3년 이하의 징역 또는 700만원 이하의 벌금형에 처한다.

2. 직무와 무관한 경우

공무원 자격을 사칭한 경우 경범죄 처벌법에 따라 10만원 이하의 벌금, 구류 또는 과료의 처벌을 받는다.

제4절 조사대상자의 권리 보호

1. 신체 및 주거

현행범 체포는 영장 없이 누구나 할 수 있다. 그러나 검사나 사법경찰관이 아닌자가 피의자를 체포하기 위해서 타인의 주거에 침입할 경우 주거침입죄에 해당하여 3년이하의 징역 또는 500만원 이하의 벌금형에 처한다.

2. 비밀장치한 문서

조사 업무 수행 중 증거를 수집하기 위하여 타인의 서신을 동의 없이 개봉하였을 경우에는 비밀침해죄에 해당하여 3년 이하의 징역 또는 500만원 이하의 벌금형에 처한다.

보험조사 관련 판례

제3편

CHAPTER 01 고의사고

1. 개론

고의사고를 이용한 보험사기는 보험사고를 고의로 발생시켰음에도 우연한 보험사고가 발생한 것처럼 보험회사를 기망하여 보험금을 편취하는 유형이다. 고의사고를 이용한 보험사기의 유형을 분류하면, ① 자살·자해, 살인·상해, ② 고의충돌, 자기재산 손괴, 보유불명사고, ③ 방화 등으로 나눌 수 있다.

2023년 기준 전체 보험사기 총 적발금액 1조 1,164억원(109,522명) 중 고의사고 관련 적발금액은 1,600억원으로 14.3%(11,540명, 10.5%)를 차지하고 있다.

2. 자살·자해, 살인·상해

사망·상해를 담보하는 보험가입 후 보험금 편취 목적으로 피보험자를 상해·살해하는 보험사기 유형이다. 피보험자가 혐의자 자신인 경우는 자살·자해, 제3자인 경우는 살인·상해로 분류한다.
2023년 기준 전체 보험사기 총 적발금액 1조 1,164억원(109,522명) 중 자살·자해를 이용한 보험사기는 731억원으로 6.5%(1,121명, 1.0%), 살인·상해를 이용한 보험사기 관련 적발금액은 45억원으로 0.4%(263명, 0.2%)를 차지하고 있다.

(1) **자살·자해**
   피보험자 = 혐의자 본인

(2) **살인·상해**
   피보험자 = 제3자

(3) **적발금액, 인원**
   자살·자해 > 살인·상해

(4) **보험금 목적의 살인은 다음 사실의 입증이 필요하다.**

   ① 피보험자의 사망이 살인에 의한 것
   ② 그 살인이 보험계약자 등의 고의 행위

   위 ①, ②는 자백이 아니면 증거확보 어려움. 따라서 자백하지 않으면 다음 간접사실을 확보해야 한다.

(5) 정황사실(증거)

① 보험계약자 등의 경제상황
② 살인 피해자를 피보험자로 하는 보험가입시기, 보험료, 보험금 액수
③ 살인 당시의 정황
④ 피해자 사체의 부검 결과
⑤ 살인 직후 보험계약자 등의 진술 및 태도 관련 특이성 및 일관성 유지 여부

▶ 이 중 수사를 할지 말지 결정하는 것은?
②: 보험가입시기, 보험료, 보험금 액수, 수익자변경, 부활

▶ 의심될 경우 가장 먼저 보는 것?
- ①: 경제 상황(고정수입, 수입대비 보험료, 채무상황)
- ③, ④, ⑤: 관련 상습적 살인범 아니며 심리적으로 불안

범행 전후 눈에 띄는 행적, 불안하여 앞뒤가 맞지 않는 진술, 증거 인멸을 위한 선택(매장보다 화장) 증거확보 어렵게 고의사고 장소를 외국, 강, 바다 선택 자연사, 음독사로 사인 위장

▶ 고액사망보험금을 노린 보험사기 특성 분석 결과(2022년 8월 30일 금감원 보도자료)
① 고액의 사망보험금 노린 보험사기
약물·흉기 등을 이용한 살인＞일반재해사고 위장＞교통사고 위장＞허위의 사망, 실종
② 가해자 연령
60대＞50대＞40대＞30대＞20대
③ 직업
기타＞무직 일용직＞주부＞회사원, 자영업, 서비스업
④ 혐의자
배우자＞본인, 부모＞기타 가족
⑤ 기타
피해자 평균 3.4건(월 보험료 62만원), 사망보험금 평균 7.8억원

2. 고의충돌, 자기재산 손괴, 보유불명사고

고의충돌이란 혐의자가 단독으로 차량 충돌사고를 고의로 발생시키는 보험사기 유형과 혐의자들이 공모하여 가해자·피해자 역할을 분담한 후 차량 충돌사고를 고의로 발생시키거나 제3의 차량을 대상으로 차량 충돌사고를 발생시키는 보험사기 유형을 말한다.

2023년 기준 전체 보험사기 총 적발금액 1조 1,164억원(109,522명) 중 고의충돌을 이용한 보험사기는 739억원으로 6.5%(9,924명, 9.1%)이며, 고의사고 총 적발인원 11,540명 중 상당한 비중을 차지하고 있다.

(1) 고의충돌(자동차)

① 단독(시체이용, 차량이용), 공동(단순 가피공모, 일반인 차량 대상)으로 분류

② 단독(차량이용)에서 조직범죄 유형으로 발전 중
③ 고가차량 미수선수리비 편취 유형 증가
④ 자동차 고의사고 보험사기 사건에 대해 조직원들이 역할 분담을 하며 조직 체계를 갖춘 것으로 드러나는 경우 범죄단체조직죄를 적용하는 등 처벌을 강화하고 있는 추세이다.

(2) 자동차보험사기(금감원 보도자료)

금융감독원은 2023년 중 진로변경 차량 등을 대상으로 고의사고를 유발하는 보험사기에 대해 상시조사를 실시하여 총 1,825건의 자동차사고를 야기하고 94억원의 보험금을 지급받은 고의사고 혐의자 155명을 적발하였다.

① 자동차 고의사고 유발 유형: 진로변경(62.5%) > 교차로(11.7%) > 후진주행(7.0%)
② 혐의자 대부분 경미사고 유발 후 입원, 수리보다 합의금, 미수선수리비 명목으로 현금 요구
③ 혐의자는 주로 20~30대의 일정한 소득이 없는 무직자, 이륜차 배달원, 자영업 및 자동차관련업 종사자가 다수를 차지한다.
④ 이용수단은 자가용(60.6%) > 렌트카(20.2%) > 이륜차(13.6%) 등의 순으로 나타났다.

(3) 자기재산 손괴 및 보유불명사고

사기범행 대상 자동차 등의 재산을 유기, 손괴하는 등의 사고를 고의로 발생시켜 보험금을 편취하는 유형이다. 2023년 기준 자기재산 손괴를 이용한 보험사기 적발금액 84억원(0.8%), 인원 196명(0.2%)를 차지하고 있으며 보유불명사고는 적발금액 1억원(36명)을 차지하고 있다.

3. 방화

화재보험에서 피보험자(수익자)가 고의적으로 보험계약의 목적물에 방화하여 보험금을 편취하는 유형이다. 2023년 기준 전체 보험사기 총 적발금액 1조 1,164억원(109,522명)중 자기재산 손괴·방화를 이용한 보험사기 관련 적발금액은 84억원으로 0.8%(196명, 0.2%)를 차지하고 있다.

CHAPTER 02 사고 내용 조작(생명·장기보험)

제1절 사고 내용 조작의 보험사기 유형

1. 진단서 위변조 및 입원수술비 과다청구

실제로는 입원·진단·수술·장해보험금 청구사유인 질병·상해가 발생하지 않았음에도 불구하고 마치 발생한 것처럼 관련서류를 조작하는 등의 기망행위를 하거나(허위사고), 실제로 발생한 사고로 인한 보험금보다 훨씬 더 많은 금액을 악의적으로 청구하는 방법으로 보험사기행위를 하는 유형(과다사고)이다.

2. 허위사망·실종

피보험자가 실제로 사망·실종되지 않았음에도 불구하고 사망진단서 등의 위·변조 등의 방법으로 사망한 것처럼 위장하여 보험금을 편취하는 보험사기 유형이다.

3. 고지의무위반

고지의무란 보험계약자 등이 보험가입 시 보험계약과 관련된 중요한 사실을 보험회사에 알릴 의무를 말한다. 만일 보험계약자 등이 고의 또는 중대한 과실로 인하여 고지의무의 대상이 되는 중요한 사실을 고지하지 않거나 부실하게 고지한 경우, 보험회사는 일정 기간 내에 보험계약을 해지할 수 있다.

제2절 유형별 판례 소개

1. 진단서 위변조 및 입원수술비 과다청구

진단서 위변조 및 입원수술비 과다청구 보험사기 관련 적발금액은 2,031억원으로 18.2%(13,992명, 12.8%)를 차지하고 있다.

▶ 사기죄 성립 판례
① 과다 보험금 편취의사로 장기입원
② 치료의 실질이 입원치료가 아닌 통원치료에 해당하는 경우
③ 의사로 하여금 오판유도 과다 장기입원 한 경우 등 사회통념상 권리행사의 수단으로 용인할 수 없을 정도(기망)에 이르렀을 때 사기죄 성립 → 지급보험금 전체에 대해 사기죄 성립(공제 없음)
　㉠ 입원은 입원실 체류시간만으로 판단할 수 없고, 환자의 증상, 진단, 치료내용, 경위, 행동 등 종합하여 판단
　㉡ 보험사가 심사로 부지급 또는 일부지급한 경우에도 사기죄의 '기망행위'가 성립하는지? 성립

▶ 법원 유죄결정 유형
① 혐의자가 부당 입원보험금 목적으로 보험에 가입 또는 기존 가입 보험을 악용하였는지 여부
② 혐의자에게 진정으로 입원할 의사가 있었는지 여부
③ 입원의 의학적인 필요성 유무
　②번 관련 혐의입증 정황증거: 입원 전 정황 경제상태/입원 경위(입원요구여부 등, 의사가 입원시키면↓)/상해의 경우 사고경위(단독사고 여부)
　㉠ 입원 시 정황 외출, 외박 빈도/외출 시 출입 장소/입원 중 장기, 해외여행 여부/병원 밖 통화내역/흡연, 음주 여부/치료식 질병의 경우 사식취식여부 및 빈도/입원관련 서류의 구비 여부/의사의 퇴원지시 및 지시에 따라 퇴원했는지/주거지에서 먼 병원 입원/가족, 지인 동반 입원
　㉡ 입원 후 정황(퇴원 후 정황)/퇴원 후 동일 병명 재입원/입원과 입원 사이 기간/동일 병원에 재입원한 적 있는지/통원치료 병행 여부(병행하면↓)

★ 입원의 의학적 필요성은 의사의 판단 영역: 입증이 어려운 부분이다.
★ 효율적 입증을 위해 건강보험심사평가원 활용
　의사, 병원 주도 허위입원은 환자가 의사를 기망한 경우와 달리 허위진단서 발급(허위진단서 작성 죄) 등 명백한 불법성입증이 필요하다.

※ 금융감독원 보도자료(2015. 2. 23.)
→ 나이롱환자 보험사기 혐의자는 50대 주부가 다수이고, 가족공모 비중이 커지고 있다.
(1) 50대, 주부 등 입원으로 인한 경제적 손실이 작은 혐의자 다수
(2) 보험금 부당취득 목적으로 다수의 고액 보험을 단기간 내 집중가입
(3) 경미한 병증으로 입원과 퇴원을 반복하며 장기입원, 피해과장(메뚜기환자)
(4) 일가족 공모를 통한 편취금액 확대
　　※ 연평균 136.7일이나 1회당은 19일 입원

[입원수술비 과다청구 관련 혐의입증 정황증거]

입원 전 정황	• 혐의자의 경제적 상태: 직업 및 월수입, 지출규모, 대출규모 • 입원경위: 혐의자의 입원요구 여부 • 입원사유가 상해인 경우 사고경위(단독사고 여부)
입원 시 정황	• 외출, 외박유무 및 그 빈도수 • 외출 시 출입한 장소(노래방, 주점 등 유흥업소 포함 여부, 교통단속 무인카메라 적발 유무) • 입원 중 장기여행 또는 해외여행 유무 • 병원 밖 전화통화 내역 • 입원 중 흡연, 음주 유무 • 치료식이 필요한 질병의 경우 사식 취식 여부 및 그 빈도수 • 입원관련 서류의 구비 여부(이는 문제병원으로 번질 수도 있는 내용임) • 의사의 퇴원지시 유무 및 혐의자가 동 지시를 수용하여 퇴원하였는지 여부 • 주거지에서 멀리 떨어진 병원에 입원하였는지 여부 • 가족 또는 지인과 동반입원 여부 ※ 간호기록지 등 서류 확보 및 서류 기재사항으로 입증
퇴원 후 정황	• 퇴원 후 동일 병명으로 재입원 유무 • 입원과 입원 간의 기간 • 동일한 병원에 재입원한 적이 있는지 여부 • 통원치료를 병행하였는지 여부

2. 허위사망, 실종

2023년 기준 전체 보험사기 총 적발금액 1조 1,164억원(109,522명) 중 허위사망·실종 유형의 보험사기 적발금액은 19억원(17명)이다.
(1) 실제로는 사망, 실종이 아닌데 → 사망진단서 위·변조
(2) 외국, 바다에서 실종되어 시신이 발견되지 않는 경우 등 사망 여부를 확인하기 어려운 경우가 많다.

3. 고지의무위반

상법상 보험계약자 또는 피보험자가 고의 또는 중과실로 중요한 사항을 불고지 또는 부실고지한 때 그 사실을 안 날로부터 1월내에, 계약 체결일로부터 3년 내에 계약을 해지할 수 있다(재량). 그러나 회사가 계약 당시 그 사실을 알았거나 중과실로 알지 못했을 때는 해지할 수 없다.

고지의무 위반으로 인한 보험사기죄 성립여부를 판단할 때에는 사고발생의 우연성이 유지되는지 여부를 유의하여 살펴봐야 하는데 대법원은 고의로 보험사로를 일으키려는 의도를 갖고 보험계약을 체결한 경우와 같이 보험사고의 우연성과 같은 보험의 본질을 해칠 정도라고 볼 수 있는 특별한 사정이 없는한, 보험계약을 체결한 행위만으로는 미필적으로라도 보험금을 편취하려는 의사에 의한 기망행위의 실행에 착수한 것으로 볼 것은 아니라는 취지로 판시한 바 있다.

① 중요한 사항: 객관적으로 보험사가 알았다면 계약을 체결하지 않았거나 적어도 동일한 조건으로 체결하지 않았으리라 생각되는 사항
② 민사상 고지의무가 심한 경우 형사상 보험사기도 성립 → 명확한 기준은 없다.
판례(개별사안)에 따라 판단. 질병불고지 하였으나 해당부위 보험청구 안하면 보험사기는 성립하지 않는다.
③ 제3자를 부인처럼 행세하여 부인의 사망보험금 가입하면서 서면동의서를 작성한 경우 사기죄 성립한다.

상해·질병보험계약을 체결하는 보험계약자가 보험사고 발생의 개연성이 농후함을 인식하였는지는 보험계약 체결 전 기왕에 입은 상해의 부위 및 정도, 기존 질병의 종류와 증상 및 정도, 상해나 질병으로 치료받은 전력 및 시기와 횟수, 보험계약 체결 후 보험사고 발생 시까지의 기간과 더불어 이미 가입되어 있는 보험의 유무 및 종류와 내역, 보험계약 체결의 동기 내지 경과 등을 두루 살펴 판단하여야 한다.

CHAPTER 03 사고 내용 조작(자동차)

1. 개론

자동차를 이용한 사고 내용 조작 유형은 매우 다양하다. 크게 나누어 보면 ① 자동차사고 운전자, 피해물, 사고일자 조작 및 과장, ② 음주·무면허인 자가 운전하였음에도 동 사실을 은폐하고 보험금을 청구하는 음주무면허 운전, ③ 병원의 치료비 과장 청구, ④ 정비공장의 수리비 과장청구 등의 유형으로 분류할 수 있다.

2. 자동차사고 운전자, 피해물, 사고일자 조작 및 과장

(1) 적발통계

2023년 기준 전체 보험사기 총 적발금액 1조 1,164억원(109,522명)중 자동차사고 운전자, 피해물, 사고일자 조작 및 과장 유형의 보험사기 적발금액은 1,961억원으로 17.6%(23,414명, 21.4%)를 차지고 있다.

(2) 자동차사고 운전자, 피해물, 사고일자 조작 및 과장의 경우

① 실제로 운전하지 않은 사람이 운전자인 것처럼 가장하여 보험금을 청구하는 유형(운전자 바꿔치기)
② 피해차량의 동승자가 아님에도 불구하고 동승자인 것처럼 가장하여 보험금을 청구하는 유형(피해자 끼워넣기)
③ 실제 사고차량이 아닌 다른 차량을 사고차량인 것처럼 가장하여 보험금을 청구하는 유형(사고차량 바꿔치기)
④ 자동차 사고일자가 보험가입 이후인 것처럼 자동 사고일자를 조작하는 유형(사고 후 보험가입) 등의 유형을 포함한다.

(3) 자동차를 이용한 보험사기의 경우

일반적으로 사기행위 1회당 편취보험금의 액수가 적다는 점에서 허위·과다입원 보험사기(나이롱환자) 유형과 유사하다. 또한 보험사기 혐의자의 사기행위 행태에서도 많은 유사성이 발견

(4) 피해자(물) 끼워넣기

실제 사고 발생 시 또는 허위사고 야기 시 수령할 보험금 액수를 늘리기 위하여 피해차량에 탑승하지 않은 사람(물건)을 탑승자 또는 피해물건으로 허위 신고접수하는 보험사기 유형(사고내용 조작 유형의 보험사기에 포함)

(5) 운전자 바꿔치기

실제로 교통사고가 발생하였으나 운전자로 인하여 보험처리가 되지 않는 경우, 동승자 또는 현장에 없는 제3자가 운전한 것으로 위장하여 보험회사에 사고접수를 하는 보험사기 유형(1회성인 경우가 많고, 타 보험사기에 비해서 적발이 용이함)

(6) 사고 후 보험가입

실제로는 보험 미가입 상태에서 사고가 발생했음에도 불구하고 사고발생 후 보험을 가입한 후에 보험사고 날짜를 보험 가입일 이후로 조작하여 사고를 허위 접수하는 유형

(7) 차량도난

보험금 지급사유가 아닌 사유로 차량의 소유권을 상실하였거나 차량을 도난당하지 않았음에도 불구하고, 마치 보험금 지급대상 차량을 도난당한 것처럼 사고를 허위 접수하는 유형

3. 음주, 무면허 운전

음주, 무면허 운전 유형은 교통사고 발생 시 운전자가 음주 또는 무면허 상태라면 보험처리되지 않는 경우 보험금을 수령할 목적으로 이러한 사실을 숨긴다. 운전자 바꿔치기 수법이 동반되는 경우가 많다.

2023년 기준 전체 보험사기 총 적발금액 1조 1,164억원(109,522명) 중 음주, 무면허 유형의 보험사기 적발금액은 1,435억원으로 12.9%(16,460명, 15.0%)를 차지하고 있다.

4. 병원의 치료비 과장청구

(1) 자배법상 의료기관은 보험회사에 대해 치료비를 직접 청구할 수 있는 제도를 악용하여 허위·과다청구, 의료법 위반행위를 통한 보험금 편취행위 등이 병원 과장청구 보험사기 유형이다. 2023년 기준 전체 보험사기 총 적발금액 1조 1,164억원(109,522명) 중 병원의 치료비 과장청구 유형의 보험사기 적발금액은 71억원으로 0.6%(940명, 0.9%)를 차지하고 있다.

(2) 자배법 관련 조문
　① 보험사는 의료기관에 지급의사와 지급한도를 알려야 한다(강행).
　② 의료기관은 보험사에 국토부장관 고시 기준에 따라 진료수가를 청구할 수 있다(재량).
　③ 의료기관이 청구하면 보험사는 30일 내에 지급해야 한다(강행).
　다만, 전문심사기관에 맡겨 결과를 통지 받은 날부터 14일 내 지급해야 한다(강행).

5. 정비공장의 수리비 과장청구

(1) 정비공장 관계자들이 실제로 발생한 수리비에 비해 허위·과다한 금액을 청구하는 유형의 보험사기이다. 2023년 기준 전체 보험사기 총 적발금액 1조 1,164억원(109,522명) 중 정비공장의 수리

비 과장청구 유형의 보험사기 적발금액은 113억원으로 1.0%(1,356명, 1.2%)를 차지고 있다.
(2) 고가차의 미수선수리비 편취목적의 과장 청구, 렌터카업체, 덴트업체 등이 공모한 유리막코팅 비용 허위·과다 청구 등 대규모 조직형 보험사기가 증가하는 추세이다.
(3) 자동차 정비업체가 보험회사에 보험금을 허위·과장 청구하여 보험사기로 처벌받는 사례가 지속적으로 발생함에 따라, 소비자가 불법임을 인지하지 못하고 보험사기에 연루될 우려가 높아 피해사례 및 예방요령 등을 안내하며 소비자경보를 발령하였다.

CHAPTER 04 부수범죄

1. 개념

부수범죄를 동반하는 보험사기는 단순 보험사기보다 수사 및 기소가 용이하고 경합범 규정이 적용되어 형사처벌을 강화할 수 있는 특성이 있다. 부수범죄가 추가되면 사기죄가 불기소로 종결되더라도 부수범죄가 기소되는 경우 혐의자에 대한 형사처벌이 가능하다. 또한 부수범죄는 대부분 행정법규 위반행위로서 위반사실이 단순하고 행정처분까지 병과될 수 있어 잠재적 보험사기범에 대한 예방효과가 높다.

2. 사무장병원

(1) 협의: 의료법상 의료인이 아닌 사람이 의료인을 고용하여 개설하는 병원을 의미한다.
(2) 광의: 협의의 사무장 병원, 의료인의 명의대여 행위, 동일한 의료인이 둘 이상의 병원을 자기명의로 개설하는 것을 금지하고 있다.

3. 의료기관 개설 가능자(의료법 제33조 제2항)

(1) 의사, 치과의사, 한의사, 조산사
(2) 국가, 지방자치단체
(3) 의료법인
(4) 민법이나 특별법에 따라 설립된 비영리법인(특별법 중 하나 생협법)
(5) 준정부기관, 지방의료원, 한국보훈복지의료공단 등

자격자	개설 가능 병원 종류
의사	종합병원, 병원, 요양병원,의원
치과의사	치과병원, 치과의원
한의사	한방병원, 한의원, 요양병원
조산사	조산원

4. 사무장병원의 의료법 위반행위

(1) 환자를 직접 진찰한 의사라도 다른 사람 명의로 처방전 발급하는 행위 또한 위법하다.
(2) 사무장병원의 건강보험청구의 사기죄 성립여부? 성립

→ 사무장병원은 정당한 진료행위를 청구해도 위법하다. 태생자체가 위법이기 때문이다. "사무장병원의 부당청구는 사기죄의 기망행위에 해당한다."고 판시했다.

(3) 특경가법 징역형이 기본이고, 부당청구 5억원 이상이면 가중처벌 된다.
① 이득액 50억원 이상: 무기 또는 5년 이상의 징역
② 이득액 5억원 이상 50억원 미만: 3년 이상 유기징역
③ 부당청구 5억원 이상이면 사기죄＋특경가법 적용(면허취소 필수)

(4) 의료법 면허정지 – 1년 내에서
① 사무장에게 고용되어 의료행위 한 때
② 진료비 허위 청구
③ 자진 신고 시 처분 감경, 면제

(5) 결격사유: 면허 취소해야 한다(강행). 취소된 날부터 3년내 재교부가 불가하다.
① 정신보건법상 정신질환자
② 마약, 대마, 향정신성의약품 중독자
③ 피성년후견인, 피한정후견인
④ 금고 이상의 형을 받고 그 형의 집행이 종료되지 아니하였거나 집행을 받지 않기로 확정되지 아니한 자

(6) 처벌
① 비의료인의 의료기관 개설행위: 5년 이하의 징역 또는 5천만원 이하의 벌금(의료법 제87조).
② 부정의료업자(영리를 목적으로 의사가 아닌 사람이 의료행위를 업으로 한 경우): 무기 또는 2년 이상의 징역과 100만원 이상 1천만원 이하의 벌금을 병과(보건범죄단속에 관한 특별조치법 제5조).
③ 의료인이 비의료인에게 고용되어 의료행위를 한 경우: 500만원 이하의 벌금(의료법 제90조)

(7) 사무장병원 인정될 경우: 지급한 급여 전부에 대해 반환 청구 가능. 개별환자들의 입원이 허위 과다 입원임을 입증해야 하는 민영보험과 달리 사무장병원이라는 사실만 입증하면 된다.
(실제로 의료인이 진료를 하였을 경우에는 그로부터 진료받은 환자자들이 민영보험회사에 실손보험금 청구를 하더라도 사기죄에서 말하는 기망이 있다고 볼수 없다.)

(8) 식대가산금 등 기타 사무장병원 관련 부수범죄들에 대한 입증이 가능할 경우 혐의자들에 대한 기소 및 유죄판결에 긍정적인 영향을 미칠 수 있다.

5. 진단서 등 위·변조, 허위진단서 작성 등

형법상 허위진단서 작성죄 또는 사문서위조죄, 의료법 위반죄 등이 성립하며, 작성해준 의사 등에 대해서는 범행에 가담한 정도에 따라 공범 또는 방조범이 성립할 수 있다.

6. 환자 알선·유인

최근 병원과 환자를 알선하여 공급하는 브로커 조직이 연계한 보험사기가 확산되는 추세이다.
「의료법」에 따르면 누구든지 「국민건강보험법」이나 「의료급여법」에 따른 본인부담금을 면제하거나 할인하는 행위, 금품 등을 제공하거나 불특정 다수인에게 교통편의를 제공하는 행위 등 영리를 목적으로 환자를 의료기관이나 의료인에게 소개·알선·유인하는 행위 및 이를 사주하는 행위를 하여서는 아니 되며 이를 위반할 경우 3년 이하의 징역이나 3천만원 이하의 벌금에 처하도록 규정하고 있다.
또한, 2024. 8. 14.부터 개정 시행 중인 「보험사기방지 특별법」에서는 보험사기의 알선·유인·권유 또는 광고 행위를 금지하고 이를 위반할 경우 10년 이하 징역 또는 5천만원 이하의 벌금형에 처하도록 규정하였다.

7. 산업재해보상보험 관련 부수범죄

사업장에서의 허위사고 또는 고의사고를 발생시켜 민영보험금뿐만 아니라 산재보험금을 편취하는 유형의 보험사기가 있다.

CHAPTER 05 보험사기 관련 민사판결

1. 보험계약이 무효로 인정되기 위한 경우

(1) 보험계약자의 직업 및 재산상태
(2) 다수 보험계약의 체결시기와 경위
(3) 보험계약의 규모와 성질
(4) 보험계약 체결 후의 정황
   법원은 이러한 내용을 종합적으로 고려하여 개별적으로 판단하고 있다.

2. 내사종결 사건에 대한 민사적 판단

하급심에서는 경찰이 증거불충분을 이유로 입건 전 내사종결 결정을 하였지만 이는 형사처벌에 필요한 합리적 의심을 배제할 정도의 증명이 없다는 의미일 뿐 다수의 보험계약을 통하여 보험금을 부정 취득하고자 하였던 보험계약의 체결 사유를 정당화하는 것이라고 보기 어렵다.

3. 보험사기로 인한 청구권 소멸시효

대법원은 보험금에 대한 부당이득반환청구권에 상법 제64조 유추적용하여 5년의 상사 소멸시효기간이 적용된다고 판시했다.

4. 보험자의 채권자대위권 행사 거부

진료행위가 위법한 임의 비급여 진료행위로서 무효인 동시에 실손의료보험계약상 보험금 지급사유에 해당하지 아니하여 보험자가 피보험자에 대하여 보험금 상당의 부당이득반환채권을 갖게 된 경우, 채권자인 보험자가 위 부당이득 반환채권을 보전하기 위하여 채무자인 피보험자를 대위하여 제3채무자인 요양기관을 상대로 진료비 상당의 부당이득반환채권을 행사하는 형태의 채권자대위소송에서 채무자의 자력이 있는 때에는 보전의 필요성이 인정된다고 볼 수 없다고 판결했다.

5. 사무장병원에 대한 민사적 판단 사례

건강보험 공단의 경우 사무장병원이라는 사실만 입증하면 충분하다. 그러나 민영보험의 경우에는 개별 환자들의 입원이 허위과다입원임을 입증해야 한다.
자동차보험에 한하여 사무장병원임이 확인되면, 보험회사가 지급한 보험금은 법률상 원인 없이 지급한 보험금 또는 불법행위로 인한 손해발생액으로 보아 추가적인 입증 없이 전액에 대한 반환 청구가 가능하다는 하급심 판결도 존재하지만 2018년 대법원이 사무장병원의 실손의료비 청구와 관련하여 보험회사에 대한 사기죄의 성립을 부정한 이후 사무장병원의 행위가 보험회사에 대한 불법행위를 구성한다고 볼 수 없어 손해배상청구권이 인정되지 않는다는 하급심 판례가 이어지고 있다.

모의고사 1과목

1과목 모의고사 1회

01 보험조사분석사의 자격요건에 대한 것으로 옳지 않은 것은?
① 보험조사 업무에 관련된 증거 보존 능력
② 다양한 정보수집 기술 및 수집된 정보 출처에 대한 비밀준수
③ 관찰력, 호기심, 뛰어난 객관적 · 직관적 분별력
④ 상세한 정보수집을 위한 촬영 · 영상편집 · 보고서 작성 능력

▶ 보험조사분석사 자격요건
① 적성과 책임
 - 관찰력, 호기심, 뛰어난 객관적 · 논리적 분별력
 - 다양한 정보수집 기술
 - 수집된 정보 출처에 대한 비밀 준수
 - 사명감
 - 보험조사 분야에 대한 연구와 노력
 - 문제 해결을 위한 의지와 끈기
② 능력
 - 보험조사 업무에 관련된 증거 보존 능력
 - 상세한 정보수집을 위한 사진 촬영 · 영상편집 · 보고서 작성 능력
 - 피해자 및 증인들과의 면담을 통한 정보수집 능력
 - 법정 증언 시 당당하고 합리적이며 논리적으로 자신의 주장을 펼 수 있는 능력

02 보험조사분석사 자격제도에 대한 설명으로 옳지 않은 것은?
① 자격취득자라도 공식적인 수사권한 등을 위임 받는 것은 아니다.
② 영문 약어는 CIFI로 Certificate Insurance Fraud Investigator이다.
③ 보험범죄 조사 인력의 전문성을 평가하기 위해서 보험연수원에서 운영하는 민간자격이다.
④ 보험조사 업무에 있어서 자격취득은 필수요건이다.

 조사업무자의 업무능력이나 전문지식 수준을 평가할 수 있으나 자격취득이 보험조사 업무 수행에 필수요건은 아니다.

03 보험조사분석사의 권한에 대한 내용으로 옳지 않은 것은?
① 보험조사분석사의 업무는 정당행위에 해당한다.
② 타인의 기본권을 보호해야 한다.
③ 타인의 비밀을 침해하지 않아야 한다.
④ 정보수집과 평가활동이 가능하다.

 ▶ 보험조사분석사의 권한
① 민사상 자구행위에 해당한다.
② 타인의 기본권을 보호해야 한다.
③ 침해하지 않는 범위 내에서 정보수집과 평가활동이 가능하다.

04 보험사기 범죄에 대한 내용으로 옳지 않은 것은?
① 합법적인 행위를 통하더라도 전체적으로 보아 그 보험금의 지급이 부당하거나 과하다면 보험사기에 해당한다.
② 보험금을 지급받기 위한 행위들이 모두 불법적인 행위여야 한다.
③ 협의의 보험사기는 재산상의 이익을 얻을 목적으로 보험회사를 기망하는 것이다.
④ 허위로 교통사고를 유발하거나 살인을 하거나 방화를 저지르거나 문서를 위조하는 행위 등이 모두 포함된다.

 ▶ 보험사기범죄의 의의
① 광의의 보험사기란 보험과 관련된 일체의 사기적 행위로 보험금을 타내기 위해 허위로 교통사고를 유발하거나 살인을 하거나 방화를 저지르거나 문서를 위조하는 행위 등이 모두 포함된다.
② 보험금을 타내기 위한 이러한 행위들이 모두 불법일 것을 요구하지는 않는다.
③ 협의의 보험사기는 재산상 이익을 얻을 목적으로 보험회사를 기망하여 보험급부를 청구하고 이를 교부받는 행위를 뜻한다.
※ 현행법상 합법적인 행위를 통하더라도 전체적으로 보아 그 보험금의 지급이 부당하거나 과다하다면 보험사기에 해당한다.

05 보험범죄에 대한 내용으로 옳지 않은 것은?
① 보험범죄는 협의의 보험사기와 같은 개념으로 이해할 수 있다.
② 보험범죄란 보험급여를 받을 자격이 없는 사람이 보험급여를 수령하기 위한 목적을 가지고 고의적으로 행하는 일체의 행위를 의미한다.
③ 정당한 보험료보다 낮은 보험료를 지급하기 위한 것도 보험범죄에 포함된다.
④ 보험계약 산정의 기초가 되는 위험성을 의도적으로 조작하는 행위는 보험범죄의 개념에 포함된다.

정답 03.① 04.② 05.①

▶ 보험범죄 개념
① 보험범죄는 광의의 보험사기와 같은 개념이다.
② 협의의 보험사기는 형법상 사기죄 또는 보험사기방지 특별법상 보험사기죄에 해당하는 것으로 보험범죄의 일종으로 파악할 수 있다.

06 다음은 역선택에 대한 설명이다. 옳은 것은?

① 재산상 이익을 얻을 목적으로 보험회사를 기망하여 보험급부를 청구하고 이를 교부받는 행위를 뜻한다.
② 보험사고의 발생가능성을 높이거나 손해를 증대시킬 수 있는 보험계약자나 피보험자의 고의 또는 불성실에 의한 행동을 뜻한다.
③ 평균적인 위험 발생 가능성보다 더 높은 위험발생 가능성을 갖고 있는 사람이 평균적인 위험 발생 가능성을 갖고 있는 것처럼 평균 보험요율에 따라 보험에 가입하는 상황을 말한다.
④ 정보의 불균형에서 비롯되며 역선택은 보험계약 체결 후 그 효과가 현실화 된다.

 ① 협의의 보험사기에 대한 설명이다.
② 도덕적 해이에 대한 설명이다.
④ 도덕적 해이는 보험계약 체결 후, 역선택은 보험계약 체결 전에 발생한다.

07 문헌상 우리나라 최초의 보험범죄 사건은 어떤 것인가?

① 영국의 이네스 사건
② 보험외교원 협작사건
③ 박복례 사건
④ 대리건강진단 보험금 사취 미수사건

 ▶ 보험사기의 유래
① 최초의 보험범죄는 영국의 이네스 사건
② 일본은 1896년 대리건강진단 보험금사취 미수사건
③ 우리나라 최초의 보험회사는 1921년 조선생명보험
④ 우리나라 최초의 보험범죄는 1924년 보험외교원 협작사건
⑤ 우리나라 최초의 보험살인은 1975년 박복례 사건

08 보험범죄자의 특성에 대한 설명이다. 옳지 않은 것은?
① 소비지출은 높지만 뚜렷한 소득원이 없다.
② 범행이 반복적이고 재범의 우려가 크다.
③ 소득과 비교하면 다수의 보험에 가입하고 과다한 보험료를 낸다.
④ 최근에는 경제적으로 궁핍한 자들이 다양한 고액의 보장성 보험에 가입하고 지능적으로 고액의 보험금을 속여 뺏는 형태로 발전하고 있다.

▶ **보험범죄자의 특성**
① 지능적이고 죄의식이 없다.
② 범행이 반복적이고 재범의 우려가 크다.
③ 금전 소유욕이 강하지만 경제적으로 궁핍하거나 사회적으로 불안정하며 사회 부적응자가 많다.
④ 소비지출은 높지만 뚜렷한 소득원이 없다.
⑤ 소득과 비교하면 다수의 보험에 가입하고 과다한 보험료를 낸다.
⑥ 생계형 범죄에서 주변 가족, 지인들을 동원한 기업형 범죄로 발전하는 경향이 있다.
※ 최근에는 경제적으로 궁핍하지 않은 부유층에 있는 자들도 다양한 고액의 보장성 보험에 가입하고 지능적으로 고액의 보험금을 속여 뺏는 형태로 발전하고 있다.

09 보험사기범죄의 폐해가 아닌 것은?
① 살인 등 강력사건으로 이어진다.
② 선량한 계약자의 보험료 부담이 가중된다.
③ 사회적 손실이 증가한다.
④ 모방범죄는 증가하지만 강력한 처벌이 뒤따라 동조행위는 감소하고 있다.

▶ **보험사기범죄의 폐해**
① 선량한 계약자의 보험료 부담 가중
② 보험제도 존립 기반에 대한 위협
③ 모방범죄 및 동조행위의 증가
④ 살인 등 강력사건 유발
⑤ 사회적 손실증가

10 다음 중 손해보험에 해당하는 것은?
① 상해보험
② 책임보험
③ 질병보험
④ 연금보험

- **생명보험의 종류**: 사망보험, 생존보험, 양로보험, 연금보험
- **손해보험의 종류**: 화재보험, 운송보험, 해상보험, 책임보험, 자동차보험
- **제3보험의 종류**: 상해, 의료, 손실, 장기보험 등 손해보험과 생명보험이 결합한 형태

정답 08.④ 09.④ 10.②

11 보험사기범죄의 분석방법 중 Link Analysis에 대한 설명으로 옳은 것은?
   ① 각 개인 혹은 사건별로 Score 값을 계산하여 점수를 부여함으로써 특정 점수 이상의 사람 및 사건들을 사기 가능성이 큰 위험군으로 분류
   ② 각 개인이나 사건에 대해 평가만을 할 수 있을 뿐, 각 요소 간의 관련성을 파악할 수 없다는 커다란 약점이 존재
   ③ Visualization Data Mining 기법을 기반으로 각 요소 간 직접적 및 간접적인 관계를 시각적으로 표현하여 사기성 유무 파악
   ④ 조기 경보시스템 혹은 의사결정 지원 시스템이라고 불린다.

▶ 보험사기범죄의 분석방법
① 스코어링 시스템
   - 조기경보 시스템이라고도 불린다.
   - 각 개인 혹은 사건별로 Score 값을 계산하여 점수를 부여함으로써 특정 점수 이상의 사람 및 사건들을 사기 가능성이 큰 위험군으로 분류한다.
   - 각 개인이나 사건에 대해 평가만을 할 수 있을 뿐, 각 요소 간의 관련성을 파악할 수 없다는 커다란 약점이 존재한다.
   - 최근 들어 조직화, 대형화되어 가는 각종 사기범죄를 적발하는 데 한계가 있다.
② Link Analysis
   - Visualization Data Mining 기법을 기반으로 각 요소 간 직접적 및 간접적인 관계를 시각적으로 표현하여 사기성 유무 파악하는 것이다.
   - 복잡한 사기 관련성 및 혐의점을 포착할 수 있도록 도와주는 의사결정 지원 시스템의 형태이다.

12 보험사기 징후로 볼 수 없는 것은?
   ① 보험계약이 손해가 발생하기 전 장기간으로 가입
   ② 계약자의 월 납입보험료의 수준이 가입자들의 월평균 납입 보험료를 상회
   ③ 보험계약이 월 마감일에 근접하여 체결
   ④ 가벼운 교통사고에 비해 과다한 진료비 청구

▶ 대표적인 보험사기 징후
   ① 보험계약이 월 마감일에 근접하여 체결
   ② 계약자의 월 납입보험료의 수준이 여타 가입자들의 월평균 납입 보험료를 훨씬 상회
   ③ 보험계약을 손해가 발생하기 전에 단기간으로 가입
   ④ 사고 목격자가 전혀 없음
   ⑤ 경미한 가벼운 교통사고에 비해 과다한 진료비 청구
   ⑥ 서로 연관 없던 탑승객이 같은 변호사를 선임

13 국내 보험사기범죄 대응 관계기관 중 금융감독원의 역할이 <u>아닌</u> 것은?
   ① 보험사기 연루 보험 관계 업무 종사자에 대한 행정적, 형사적 제재
   ② 보험사기신고센터 운영
   ③ 보험사기 방지실태를 경영실태 평가에 반영
   ④ 보험사기인지시스템(IFAS) 개발 및 운영

 ▶ 금융감독원
   ① 자료 분석
   ② 보험사기인지시스템(IFAS) 개발 및 운영
   ③ 보험사기신고센터 운영
   ④ 보험사기 방지실태를 경영실태 평가에 반영
   ⑤ 보험사기 연루 보험 관계 업무 종사자에 대한 행정적 제재
     – 고의로 보험사고를 발생시키거나 발생하지 아니한 보험사고를 발생한 것처럼 조작하여 보험금을 받거나,
     – 이미 발생한 보험사고의 원인, 시기 또는 내용 등을 조작하거나,
     – 피해의 정도를 과장하여 보험금을 받는 경우 업무정지, 등록취소

14 보험회사에서 보험범죄를 조사하는 단계 중 조사결과 보고 및 혐의정보 통보 단계에 해당하지 <u>않는</u> 것은?
   ① 조사결과보고: 혐의자, 혐의사실 등에 대해 보고서 작성 및 내부보고
   ② 혐의정보 통보(수사기관): 공문(전자문서)으로 수사기관에 혐의사실 통보
   ③ 수사 종결 및 회신: 경찰서 등은 수사 종결 시 금융감독원에 수사결과 통보
   ④ 검찰송치 등에 대해 사후관리

 ▶ 보험회사
   ① 조사 사전단계
     – 조사착수 단서 입수: 보험사 인지보고, 보험사기신고센터 제보 등
     – 기초조사: 보험사기인지시스템 조회(본조사 착수여부 판단)
   ② 조사실시
     – 본조사 착수보고
     – 자료요청: 보험계약 및 보험금 지급서류 요청(혐의자별)
     – 자료취합 및 분석: 사고일람표 작성 및 분석을 통해 혐의사항 도출
   ③ 조사결과보고 및 혐의정보 통보 등
     – 조사결과보고: 혐의자, 혐의사실 등에 대해 보고서 작성 및 내부보고
     – 혐의정보 통보(수사기관): 수사기관에 혐의사실 통보
     – 수사협조의뢰 및 공문 접수: 혐의입증 관련 서류 지원
     – 수사지원: 금감원 및 SIU 직원
     – 수사종결 및 회신: 경찰서 등은 수사 종결시 금감원에 수사결과 통보
   ④ 사후관리
     – 사후관리: 금감원은 정기적으로 수사의뢰 목록을 경찰청에 통보하여 수사진행사항 확인 협조요청, 검찰 송치 등에 대해 사후관리

15 의료기관의 부재 환자 점검의 주체는?
① 금융감독원 ② 보건소
③ 보험회사 ④ 지방자치단체

 의료기관에 대한 교통사고 입원환자 명단 및 부재 여부 확인, 외출·외박 허락 및 허위 기록관리 등에 대한 점검의 법적 근거는 '자동차손해배상 보장법'이며, 부재 환자 점검은 각 지방자치단체에서 실시한다.

16 입원 치료가 필요하다고 판단되는 경우가 아닌 것은?
① 환자의 질병에 대한 저항력이 매우 낮거나 투여되는 약물이 가져오는 부작용 혹은 부수효과와 관련하여 의료진의 지속적인 관찰이 필요한 경우
② 환자의 상태가 통원을 감당할 수 없는 상태에 있는 경우
③ 감염의 위험이 있는 경우
④ 영양 상태 및 섭취 음식물에 대한 관리가 필요한 경우와 환자의 입원 요구가 있는 경우

 ▶ 입원 치료가 필요하다고 판단되는 경우
① 환자의 질병에 대한 저항력이 매우 낮거나 투여되는 약물이 가져오는 부작용 혹은 부수효과와 관련하여 의료진의 지속적인 관찰이 필요한 경우
② 영양 상태 및 섭취 음식물에 대한 관리가 필요한 경우
③ 약물투여·처치 등이 계속 이루어질 필요가 있어 환자의 통원이 오히려 치료에 불편함을 끼치는 경우
④ 환자의 상태가 통원을 감당할 수 없는 상태에 있는 경우
⑤ 감염의 위험이 있는 경우

17 생명·장기보험 관련 보험범죄에 해당하는 것은?
① 부주의로 넘어져 상처를 입고 교통사고가 발생한 것처럼 가장하여 보험금 편취
② 발생하지 않은 교통사고를 뺑소니 당하였다며 신고하여 보험금 편취
③ 과거 질병을 숨기고 다수의 보험에 가입한 후 장기간 입원하여 보험금 편취
④ 팔목 치기로 고의교통사고 유발 후 합의금 요구 또는 보험금 편취

 ▶ 생명·장기보험 관련 보험범죄
① 거액의 사망보험금이 나오는 종신보험을 가입시킨 후 살해하여 보험금 편취
② 생명보험에 가입 후 실종신고하고 살해하여 보험금 편취
③ 뇌 질환이 없음에도 뇌 질환이 있는 타인을 이용하여 진단서를 발급받아 보험금 편취
④ 과거 질병을 숨기고 다수의 보험에 가입한 후 장기간 입원하여 보험금 편취
⑤ 입원 일당 보험금이 지급되는 특약을 노려 장기 허위입원 등의 수법으로 보험금 편취
⑥ 병명을 달리하는 수법으로 여러 병원을 돌며 장기 입원 보험금 편취
⑦ 특정 질병으로 입원 시 보장받는 보험상품에 집중적으로 가입하여 보험금 편취

▶ 자동차보험 관련 보험범죄
① 외제차량 이용 고의교통사고 유발 및 미수선수리비 지급받아 편취
② 팔목 치기로 고의교통사고 유발 후 합의금 요구 또는 보험금 편취
③ 법규위반 차량 상대 고의사고 유발
④ 부주의로 넘어져 상처를 입고 교통사고가 발생한 것처럼 가장하여 보험금 편취
⑤ 발생하지 않은 교통사고를 뺑소니 당하였다며 신고하여 보험금 편취

18 보험조사분석사의 업무 범위 및 권한에 해당하는 것은?
① 보험조사분석사 제도가 법률상 정착되어 있고 그 업무 범위가 명확히 특정되어 있다.
② 보험조사분석사가 수사 과정에 참여하게 되는 경우 수사절차에 있어 어떠한 권한을 갖는지 어느 범위까지 참여할 수 있는지 그 한계가 명확히 특정되어 있다.
③ 형사소송법상 전문수사자문위원제도가 있다.
④ 외국에는 보험사고만을 조사하는 조사원이 따로 있고 여러 업무를 총괄하는 민간조사원제도는 운용되지 않는다.

▶ 보험조사분석사의 업무 범위 및 권한
① 보험조사분석사 제도가 법률상 정착되어 있지 않은 우리나라에서는 그 업무 범위를 명확히 특정하기 어렵다.
② 그 업무를 수행하기 위해 어떠한 권한을 행사할 수 있는지도 명확히 확정하기 어렵다.
③ 보험조사분석사가 수사 과정에 참여하게 되는 경우 수사절차에 있어 어떠한 권한을 갖는지 어느 범위까지 참여할 수 있는지 그 한계가 명확하지 않다.
④ 형사소송법에는 전문수사자문위원 제도가 있다.
⑤ 외국에서도 보험사고만을 조사하는 조사원이 따로 있지 않고 여러 업무를 총괄하는 민간조사원 제도가 운용되고 있다.

19 전문수사자문위원에 대한 설명 중 맞는 것은?
① 전문수사자문위원을 수사절차에 참여시키는 경우 검사는 사건마다 1인의 전문수사자문위원을 지정하여야 한다.
② 검사는 상당하다고 인정하는 때에는 전문수사자문위원의 지정을 취소하여야 한다.
③ 전문수사자문위원은 원칙적으로 사인(私人)이기 때문에 뇌물죄의 적용이 되지 않는다.
④ 전문수사자문위원 또는 전문수사자문위원이었던 자가 그 직무수행 중에 알게 된 다른 사람의 비밀을 누설한 때에는 2년 이하의 징역이나 금고 또는 1천만원 이하의 벌금에 처한다.

▶ 형사소송법상 전문수사자문위원 제도 주요 내용
① 형사소송법 제245조의2 제1항에 근거하여 검사는 공소 제기 여부와 관련된 사실관계를 분명하게 하는 데 필요한 경우 직권이나 피의자 또는 변호인의 신청에 따라 전문수사자문위원을 지정하여 수사절차에 참여하게 하고 자문을 둘 수 있다.
- 지정 시에는 문서가 아닌 구두로도 지정할 수 있다.

정답 18.③ 19.④

- 사법경찰관도 수사하는 보험사기 사건에 분석사를 수사 과정에 참여시켜 조력을 받을 필요가 있을 시 관할 검찰청 검사에게 지휘를 받아 전문수사자문위원 지정을 받아 참여시킬 수 있다.
② 전문수사자문위원은 전문적인 지식에 의한 설명 또는 의견을 기재한 서면을 제출하거나 전문적인 지식에 의하여 설명이나 의견을 진술할 수 있다.
③ 검사는 전문수사자문위원이 제출한 서면이나 전문수사자문위원의 설명 또는 의견의 진술에 관하여 피의자 또는 변호인에게 구술 또는 서면에 의한 의견 진술의 기회를 주어야 한다.
④ 전문수사자문위원을 수사절차에 참여시키는 경우 검사는 사건마다 1인 이상의 전문수사자문위원을 지정하여야 한다.
⑤ 검사는 상당하다고 인정하는 때에는 전문수사자문위원의 지정을 취소할 수 있다.
⑥ 피의자 또는 변호인은 검사의 전문수사자문위원 지정에 대하여 관할 고등검찰청 검사장에게 이의를 제기할 수 있다.
⑦ 전문수사자문위원에게는 수당을 지급하고 필요한 경우에는 그 밖의 여비, 일당 및 숙박료를 지급할 수 있다.
⑧ 전문수사자문위원의 지정 및 지정취소, 이의제기 절차 및 방법, 수당 지급 그 밖의 필요한 사항은 법무부령으로 정한다.
⑨ 전문수사자문위원은 뇌물죄의 적용에서는 공무원으로 본다.
⑩ 전문수사자문위원 또는 전문수사자문위원이었던 자가 그 직무수행 중에 알게 된 다른 사람의 비밀을 누설한 때에는 2년 이하의 징역이나 금고 또는 1천만원 이하의 벌금에 처한다.

20 다음은 전문수사자문위원의 지정 취소에 관한 설명이다. 옳지 않은 것은?

① 검사는 전문수사자문위원이 직무상 알게 된 비밀을 누설하면 지정을 취소하여야 한다.
② 심신상의 장애로 직무집행을 할 수 없다고 인정될 때 지정을 취소할 수 있다.
③ 공정한 직무집행이 어렵다고 인정되는 타당한 이유가 있을 때 지정을 취소하여야 한다.
④ 후보자가 결격 사유에 해당할 때에는 지정을 취소하여야 한다.

▶ **전문수사자문위원의 지정 취소 사유**
① 검사는 전문수사자문위원이 직무상 알게 된 비밀을 누설하거나 후보자 결격 사유에 해당할 때에는 지정을 취소하여야 한다.
② 심신상의 장애로 직무집행을 할 수 없다고 인정되거나 공정한 직무집행이 어렵다고 인정되는 타당한 이유가 있을 때 등에는 지정을 취소할 수 있다.

21 수사 과정에 있어 전문수사자문위원에 대한 설명 중 옳은 것은?

① 전문수사자문위원이 압수수색 현장에서 독자적으로 수색을 한 뒤 발견한 증거물을 압수하는 경우 그 증거능력으로 인정받는다.
② 공무원이 전문수사자문위원으로 지정된 보험조사분석사에게 수사서류를 열람하였다면 해당 공무원을 직무상 기밀누설죄로 처벌할 수 있다.
③ 전문수사자문위원으로 지정된 보험조사분석사가 피의자 신문 또는 참고인 신문에 참여한다고 할 때 질문을 하는 공무원의 조력자로서 질문과 답변 내용을 이해할 수 있는데 정리하거나 그 의견을 진술할 수 있고 때에 따라 조사대상자로서 참고인 진술을 할 수는 있으나 직접 질문자가 되어 피의자 또는 참고인에게 질문하며 조서를 작성하는 등 직접 당사자를 조사할 수 없다.
④ 검사 또는 사법경찰관으로부터 포괄적으로 위임을 받기 때문에 피의자 또는 참고인을 심문하거나 심문조서를 작성할 수 있다.

 ▶ **수사 과정에 있어 전문수사자문위원의 지위**
① 전문수사자문위원은 압수수색 현장에도 참여할 수 있지만 직접 압수수색을 할 수 없다.
 – 다만, 수색의 과정에서 수사기관 종사자들의 요청에 따라 일반적으로 증거물들이 어느 곳에 있는지, 어떤 형태로 보관되어 있는지 등에 관한 의견을 진술할 수 있고 수사기관이 발견한 증거물이 압수할 정도의 가치가 있는 것인지 등에 대한 의견을 진술할 수 있다.
② 디지털 증거의 경우 전문수사자문위원이 직접 컴퓨터를 조작하여 증거를 찾을 수 없고 수사관과 함께 모니터를 보면서 의견을 진술하고 이에 따라 수사관이 컴퓨터를 조작하여 필요한 증거자료를 확인하고 이를 출력해야 한다.
 – 전문수사자문위원이 압수수색 현장에서 독자적으로 수색을 한 뒤 발견한 증거물을 압수하는 경우 위법수집증거로서 그 증거능력에 배제될 수 있다.
③ 전문수사자문위원은 수사절차에의 참여 및 관련 서류의 검토 등 전문수사자문위원의 직무를 수행하기 위하여 불가피한 경우 개인정보가 포함된 자료를 처리할 수 있다.
④ 공무원이 전문수사자문위원으로 지정된 보험조사분석사에게 수사서류를 열람하게 하더라도 해당 공무원을 직무상 기밀누설죄로 처벌할 수 없다.
⑤ 전문수사자문위원으로 지정된 보험조사분석사는 피의자 신문 또는 참고인 신문에 참여한다고 하면 질문을 하는 공무원의 조력자로서 질문과 답변 내용을 이해할 수 있는데 정리하거나 그 의견을 진술할 수 있고 때에 따라 조사대상자로서 참고인 진술을 할 수는 있으나 직접 질문자가 되어 피의자 또는 참고인에게 질문하며 조서를 작성하는 등 직접 당사자를 조사할 수 없다.
⑥ 검사 또는 사법경찰관으로부터 포괄적으로 위임을 받는다고 하더라도 독자적으로 피의자 또는 참고인을 신문하거나 신문조서를 작성할 수 없다.
 – 보험조사분석사는 전문수사자문위원으로 지정되어 있는지에 관계없이 검사나 사법경찰관이 아니므로 단독으로 현행범인의 체포를 위하여 타인의 주거에 침입할 수 없다.
 – 검사 또는 사법경찰관과 동행할 수는 있지만, 이때에도 전문수사자문위원이 직접 피의자를 체포할 수 없다.

정답 21.③

22 재판과정에서 전문수사자문위원의 지위에 관한 설명 중 옳지 않은 것은?
① 전문수사자문위원은 전문가 관점에서 법원에 증인으로 출석하여 선서한 뒤 전문적인 지식을 증언할 수 있다.
② 조사자 증언제도에 의해 증언한 수사기관의 증언과는 달리 전문 지식인의 증언으로 인정된다.
③ 보험조사분석사는 수사절차에 있어서 수사기관을 조력하는 조력자에 불과하여 형사재판에서 공소 유지에 꼭 필요한 중요한 증언을 한다고 하더라도 신빙성을 얻기는 어렵다.
④ 경찰 수사단계부터 검찰 수사를 거쳐 재판절차에 이르기까지 형사소송의 전 과정에 참여하는 거의 유일한 직책이 전문수사자문위원인 보험조사분석사이다.

▶ 재판과정에서의 전문수사자문위원의 지위
① 전문수사자문위원은 전문가 관점에서 법원에 증인으로 출석하여 선서한 뒤 전문적인 지식을 증언할 수 있고,
② 위와 같은 증언은 조사자 증언제도에 의해 증언한 수사기관의 증언과는 달리 전문 지식인의 증언으로 상당한 신빙성을 얻게 된다.
③ 경찰 수사단계부터 검찰 수사를 거쳐 재판절차에 이르기까지 형사소송의 전 과정에 참여하는 거의 유일한 직책이 전문수사자문위원인 보험조사분석사이다.

23 보험조사분석사의 업무 수행 중 지켜야 할 사항이 아닌 것은?
① 공정, 성실한 직무수행
② 이익 수수의 금지
③ 전문수사자문위원으로 수사 과정에서 공무원으로 해야 할 역할 수행
④ 조사대상자의 권리 보호

▶ 보험조사분석사의 업무 수행 중 지켜야 할 사항은?
① 공정, 성실한 직무수행   ② 이익 수수의 금지
③ 비밀유지   ④ 수사 과정에서 공무원 사칭 금지
⑤ 조사대상자의 권리 보호

24 전문수사자문위원 또는 전문수사자문위원이었던 자가 그 직무수행 중 알게 된 '비밀'의 내용이 아닌 것은?
① 공지의 사실이 아니어야 한다.
② 타인에게 알려지지 않는 것이 본인에게 이익이 되는 사실이어야 한다.
③ 수사기관에서 직무상 알게 되는 사실은 비밀이라고 할 수 없다.
④ 수사를 조력하면서 알게 된 사실을 사석에서 동료나 가족에게 알리는 경우 비밀을 누설한 것에 해당할 수 있다.

▶ 전문수사자문위원 또는 전문수사자문위원이었던 자가 그 직무수행 중 알게 된 '비밀'이란?
① 공지의 사실이 아닌, ② 타인에게 알려지지 않는 것이, ③ 본인에게 이익이 되는 사실
- 수사기관에서 직무상 알게 되는 대부분의 사실이 비밀에 해당한다.
- 수사를 조력하면서 알게 된 사실을 사석에서 동료나 가족에게 알리는 경우, 이에 해당할 수 있다.

25 보험조사분석사의 공무원 자격사칭에 대한 설명이다. 옳지 않은 것은?

① 압수수색 현장에 참여한 보험조사분석사가 마치 경찰관 또는 수사관인 것처럼 행세하며 직접 수색 또는 증거물을 압수하는 행위
② 조사과정에서 경찰관 또는 수사관인 것처럼 행세하며 직접 피의자 또는 참고인을 조사하는 행위
③ 공무원을 사칭하여야 할 뿐만 아니라 공무원의 직무를 행사하여야 한다.
④ 보험조사분석사는 직무를 수행하지 않고 공무원 자격을 사칭만 해도 형법으로 처벌된다.

▶ 보험조사분석사의 공무원자격사칭은?
① 공무원을 사칭하여야 할 뿐만 아니라 공무원의 직무를 행사하여야 한다.
② 압수수색 현장에 참여한 보험조사분석사가 마치 경찰관 또는 수사관인 것처럼 행세하며 직접 수색 또는 증거물을 압수하거나,
③ 조사과정에서 경찰관 또는 수사관인 것처럼 행세하며 직접 피의자 또는 참고인을 조사한 경우,
④ 공무원의 직무를 수행하지는 않고 공무원 자격을 사칭하면 경범죄 처벌법 위반에 해당한다.

26 전문수사자문위원의 임의적 지정 취소 사유가 아닌 것은?

① 심신상의 장애로 직무집행을 할 수 없다고 인정될 때
② 불공정한 의견을 진술할 염려가 있을 때
③ 직무상 알게 된 비밀을 누설하거나 후보자 결격 사유에 해당할 때
④ 공정한 직무집행이 어렵다고 인정되는 타당한 이유가 있을 때

▶ 전문수사자문위원 지정취소 사유?
① 직무상 의무위반
② 전문수사자문위원으로서 부적절한 행위를 하였을 때
③ 불공정한 의견을 진술할 염려가 있거나
④ 그 밖에 공정한 직무집행이 어렵다고 인정되는 타당한 이유가 있을 때

27 보험사기범죄의 행위 양태에 따른 분류가 아닌 것은?

① 사기로 보험계약을 체결하는 유형
② 보험사고를 과실로 유발하는 유형
③ 보험사고를 위장 또는 날조하는 유형
④ 보험사고 발생 시 손실액을 부풀려서 청구하는 유형

 ▶ 보험사기범죄의 유형
▶ 행위 양태에 따른 분류
① 사기로 보험계약을 체결하는 유형
- 보험에 가입할 수 없는 부적격자가 보험 가입을 할 수 있는 자격을 취득하기 위하여 또는 적은 보험료를 지불하기 위하여 불리한 사실을 숨기는 것
- 암 진단을 받은 자가 보험계약을 체결하기 위하여 진단 사실을 숨김으로써 계약 전 알릴 의무를 수행하지 않는 것
- 이미 보험사고가 발생한 후에 보험계약을 체결하는 경우
- 이미 사망한 사람을 피보험자로 하여 생명보험에 가입하거나
- 자동차 사고 발생 후 보험에 가입한 뒤 사고 일자 등을 조작, 변경하는 행위
② 보험사고를 고의로 유발하는 유형 : 가장 악의적인 보험사기 유형
- 피보험자 본인이 보험사고를 유발하는 경우로 신체 절단, 고층에서 뛰어내리기, 진행 중인 차량에 고의로 부딪히는 등 '자해'에 해당하는 경우
- 보험수익자가 보험급여를 노리고 피보험자의 신체나 재산에 손해를 끼치는 경우
- 제3자로 하여금 보험사고를 유발토록 하는 경우(음주운전, 일방통행 역주행, 중앙선 침범, 신호 위반 등)
③ 보험사고를 위장 또는 날조하는 유형 : 전통적인 보험사기 유형
- 생명보험 가입 후 사망보험금을 받기 위하여 피보험자가 보험사고로 사망하지 않았음에도 불구하고 보험사고로 인하여 사망한 것처럼 위장하거나,
- 상해보험에 있어 보험사고를 조작하여 병원이나 의원으로부터 허위진단서 등을 발급받아 보험금을 청구하거나,
- 기존의 다른 사고로 인한 부상을 교통사고로 인한 것처럼 보험금을 청구하는 경우
- 자동차 소유주가 자신의 자동차를 매도한 뒤에 보험회사에 도난신고를 하여 보험금을 청구하거나,
- 교통사고와 무관하게 파손된 부분을 교통사고로 인하여 파손된 것처럼 보험금을 청구하는 경우
④ 보험사고 발생 시 손실액을 부풀려서 청구하는 유형
- 이미 발생한 보험사고를 악용
- 생명보험보다는 손해보험 분야에서 주로 발생
- 의사에게 부탁하여 상해의 정도나 장해등급을 상향 조정하거나,
- 통원 치료를 하였음에도 입원 치료를 받은 것처럼 서류를 조작하거나,
- 치료 기간을 연장하는 방법으로 손해액을 부풀리는 유형

28 연성사기에 대한 설명이다. 옳지 않은 것은?

① 기회주의적 사기라고 불린다.
② 사전에 계획하지는 않았지만 사고 후 보험회사를 기망하려는 의도가 생겨 발생한다.
③ 일반인의 죄의식이 낮고, 법원의 처벌도 가볍지만 보험회사와 수사기관의 적극적인 조사와 수사로 인하여 적발률이 높아 발견되지 않은 범죄율이 경성사기에 비해 낮다.
④ 피해액 과장이나 운전자 바꿔치기, 차량 바꿔치기의 행위이다.

 연성사기는 일반인의 죄의식이 낮고, 법원의 처벌도 경미한 편으로 발견되지 않은 범죄율이 매우 높을 것으로 추정된다.

29 외출, 외박 대장에 기재하여야 하는 사항이 아닌 것은?

① 외출, 외박자의 이름
② 외출, 외박 동반자나 보호자의 이름과 연락처
③ 외출, 외박의 사유
④ 외출, 외박 귀원 일시

 ▶ 외출·외박 대장 기재사항
외출·외박자의 이름, 생년월일, 주소, 외출 또는 외박의 사유, 의료기관이 외출 또는 외박을 허락한 기간, 외출 또는 외박 및 귀원 일시, 외출 또는 외박을 허락한 의료인 및 귀원을 확인한 의료인의 서명 또는 날인

30 다음은 사기죄 성립요건에 대한 설명이다. 옳은 것은?

① 기망과 기망에 의한 상대방의 착오와 착오에 의한 재산상의 처분행위가 있어야 하며 기망과 처분행위 사이에 인과관계가 있어야 하고 처분행위로 인한 손해 발생이 필요하다.
② 어떤 행위가 다른 사람을 착오에 빠지게 한 기망행위에 해당하는가의 여부는 거래의 상황, 상대방의 지식, 경험, 직업 등 행위 당시의 구체적 사정을 고려하여 일반적, 주관적으로 결정하여야 한다.
③ 기망은 사실관계나 법률관계에 관한 착오이며 법률효과와는 관계가 없다.
④ 기망행위는 작위에 의한 것만 해당하고 아무 행위도 하지 않는 부작위에 의해서는 발생할 수 없다.

 ▶ 기망이란 상대방을 착오에 빠지게 하는 일체의 행위로 착오는 사실에 관한 것이거나 법률관계에 관한 것이거나 법률효과에 관한 것이거나를 묻지 않는다. 기망행위에 해당하는지 여부는 구체적 사정을 고려하여 일반적, 객관적으로 결정하여야 한다. 기망행위는 작위에 의해서 뿐만 아니라 부작위에 의해서도 할 수 있다.

31 사기죄에 있어 '기망'에 대한 설명으로 옳지 않은 것은?

① 작위에 의한 기망행위는 명시적 기망행위와 묵시적 기망행위가 모두 포함된다.
② 과거나 현재의 사실에 대해서만 기망행위를 할 수 있고 미래의 사실에 대한 기망은 할 수 없다.
③ 기망의 내용인 사실은 외부적 사실에 국한되지 않고 동기, 목적, 고의, 의사 등과 같은 내부적 사실도 포함한다.
④ 기망은 내용이 증명할 수 있는 객관적 사실만을 포함하고 가치판단은 그 옳고 그름을 판단할 수 있는 뚜렷한 기준이 없어 기망행위가 될 수 없다.

 ▶ 기망
① 기망은 내용이 증명할 수 있는 객관적 사실만을 포함하고 가치판단은 그 옳고 그름을 판단할 수 있는 뚜렷한 기준이 없어 기망행위가 될 수 없다.
② 기망의 내용인 사실은 외부적 사실에 국한되지 않고 동기, 목적, 고의, 의사 등과 같은 내부적 사실도 포함한다.
③ 과거나 현재의 사실 뿐만 아니라 미래의 사실에 대해서도 기망을 할 수 있다.
④ 작위에 의한 기망행위는 명시적 기망행위와 묵시적 기망행위가 모두 포함된다.
 • 명시적 기망행위란 적극적으로 허위의 사실을 말하거나 표시하는 것
 • 묵시적 기망행위란 어떠한 말이나 동작, 행위 등에 의해 어떠한 사실을 말하는 것과 동일한 표현을 하는 것
  - 식당에 들어가 음식을 주문하는 것은 음식을 먹고 난 뒤 대금을 지급하겠다는 표현
  - 유료주차장에 주차하는 것은 주차료를 지급하겠다는 표현
  - 아들이 아버지를 피보험자로 하는 생명보험 계약을 체결하는 것은 아버지가 살아 있다는 표현
  - 특정 질병을 앓고 있는 사람이 질병에 대해 알리지 아니한 채 보험회사와 그 질병을 담보하는 보험계약을 체결한 뒤 바로 그 질병의 발병을 사유로 하여 보험금을 청구한 경우 특정 질병을 담보로 하는 보험계약 체결 자체가 아직 그 질병에 걸리지 않았다는 것을 표현하는 것

32 사기죄에 있어 피기망자에 대한 착오를 설명한 것으로 옳지 않은 것은?

① 기망행위로 인해 피기망자가 착오에 빠져야 한다. 착오란 객관적 사실과 피기망자가 인식한 사실이 서로 일치하지 않는 것을 뜻한다.
② 피기망자와 재산상 피해자가 일치할 필요는 없으나 피기망자에게는 처분 권한이 있어야 한다.
③ 착오는 법률행위의 중요 부분에 관한 착오가 필요하고 단순한 동기의 착오는 포함되지 않는다.
④ 기망행위가 '거래상의 신의칙에 반할 것'을 요건으로 하므로 신의칙에 반하는 기망행위가 있었다면 단순한 동기의 착오만으로도 사기죄가 성립할 수 있다. 기망행위가 신의칙에 반하지 않는다면 법률행위의 중요 부분에 대한 착오가 있었다고 하더라도 사기죄는 성립할 수 없다.

 ▶ 피기망자의 착오
① 기망행위로 인해 피기망자가 착오에 빠져야 한다. 착오란 객관적 사실과 피기망자가 인식한 사실이 서로 일치하지 않는 것을 뜻한다.
② 피기망자는 사람이어야 한다.

③ 피기망자와 재산상 피해자가 일치할 필요는 없으나 피기망자에게는 처분 권한이 있어야 한다.
④ 착오는 법률행위의 중요 부분에 관한 착오일 필요는 없고 단순한 동기의 착오도 포함된다.
⑤ 기망행위가 '거래상의 신의칙에 반할 것'을 요건으로 하므로 신의칙에 반하는 기망행위가 있었다면 단순한 동기의 착오만으로도 사기죄가 성립할 수 있다. 기망행위가 신의칙에 반하지 않는다면 법률행위의 중요 부분에 대한 착오가 있었다고 하더라도 사기죄는 성립할 수 없다.

33 다음은 사기 미수에 대한 설명이다. 옳지 않은 것은?

① 사기죄의 미수범은 처벌한다.
② 사기죄의 예비·음모는 처벌하는 규정이 없다.
③ 보험회사에서 행위자에 대해 보험금을 지급하기로 하였다고 하더라도 행위자가 실제로 보험금을 수령하지 못하였다면 미수에 불과하다.
④ 보험회사가 보험금을 우편으로 발송하였다면 우편으로 발송할 때 보험회사의 재산상 손해 발생의 위험은 현실화하였다고 할 것이므로 보험사기 기수가 된다.

 ▶ 미수
① 사기죄의 미수범은 처벌한다.
② 사기죄의 예비·음모는 처벌하는 규정이 없다.
③ 사기죄 실행의 착수 시기는 기망을 시작한 때, 즉 보험회사에 보험금을 청구한 때
④ 보험회사에서 행위자에 대해 보험금을 지급하기로 하였다고 하더라도 행위자가 실제로 보험금을 수령하지 못하였다면 미수에 불과
⑤ 보험회사가 보험금을 우편으로 발송하였다면 우편으로 발송할 때 보험회사의 재산상 손해 발생의 위험은 현실화하였다고 할 것이지만 행위자가 아직 그 우편물을 현실적으로 수령하기 전에는 미수가 될 뿐이다.

34 친족상도례에 대한 설명 중 옳은 것은?

① 친족상도례란 재산죄에 있어 가해자와 피해자가 직계혈족, 배우자, 동거친족, 동거가족 또는 그 배우자의 관계에 있는 때에는 그 형을 감경 또는 면제된다.
② 보험사기의 법률상 피해자는 실제 보험수익자이므로 친족상도례가 적용된다.
③ A가 아버지의 통장을 몰래 가지고 가서 예금을 해약한 뒤 이를 인출한 경우, 그 예금의 소유권은 통장 명의자인 A의 아버지이기 때문에 친족상도례가 적용된다.
④ 친족상도례란 가해자와 피해자가 직계혈족, 배우자, 동거친족, 동거가족 또는 그 배우자의 관계에만 해당되고 그 외에 친족 간에는 고소가 있어야 공소를 제기할 수 있다.

 ▶ 친족간의 범행
① 사기죄는 친족상도례가 준용된다.
② 친족상도례란 재산죄에 있어 가해자와 피해자가 직계혈족, 배우자, 동거친족, 동거가족 또는 그 배우자의 관계에 있는 때에는 그 형을 면제
③ 그 외에 친족 간에는 고소가 있어야 공소를 제기할 수 있다

정답 33.④ 34.④

- A가 아버지의 통장을 몰래 가지고 가서 예금을 해약한 뒤 이를 인출한 경우, 그 예금의 소유권은 은행에 있으므로 재산상의 피해자는 통장 명의자인 A의 아버지가 아니라 은행이고 따라서 A와 예금주 사이에 친족관계가 있더라도 이 경우 친족상도례가 적용되지 않는다.
④ 보험사기의 법률상 피해자는 실제 보험수익자가 아니라 보험회사이므로 친족상도례가 적용될 여지가 없다.

35 소송사기의 주관적 성립요건으로 옳은 것은?

① 제소 당시 행위자에게 실체적 권리가 없었다고 하더라도 행위자가 사실을 잘못 인식하였거나 자신에게 권리가 있다고 믿고 소송을 제기한 경우에는 소송사기의 고의를 인정할 수 없다.
② 소송사기는 피고에 의해서만 성립할 수 있다.
③ 상대방에게 유리한 증거를 제출하지 않거나 상대방에게 유리한 사실을 진술하지 않는 것만으로도 기망행위가 될 수 있다.
④ 자신에게 보험금을 청구할 정당한 권한이 없음을 알고 있으면 족하고 법원을 기망하여 승소 판결을 얻어내려는 의사가 필요한 것은 아니다.

▶ 주관적 성립요건
① 자신에게 보험금을 청구할 정당한 권한이 없음을 알고 있음에도 불구하고 법원을 기망하여 승소판결을 얻어내려는 의사가 있어야 한다.
② 제소 당시에 그 주장과 같은 채권이 존재하지 아니한다는 것만으로는 부족하고 그 주장의 채권이 존재하지 아니한 사실을 잘 알고 있으면서도 허위의 주장과 입증으로써 법원을 기망한다는 인식을 하고 있어야 한다.
- 제소 당시 행위자에게 실체적 권리가 없었다고 하더라도 행위자가 사실을 잘못 인식하였거나 자신에게 권리가 있다고 믿고 소송을 제기한 경우에는 소송사기의 고의를 인정할 수 없다.
③ 소송사기는 원고 뿐만 아니라 피고에 의해서도 성립할 수 있다.
④ 보험회사도 소송사기로 처벌될 수 있다.
- 상대방에게 유리한 증거를 제출하지 않거나 상대방에게 유리한 사실을 진술하지 않는 것만으로는 기망행위가 될 수 없다.
- 허위의 주장만으로는 기망행위로 부족하다.

36 고액 사망보험금을 노린 보험사기의 특성이 아닌 것은?

① 여러 건의 생명보험 및 장기보험의 가입
② 단기간 내에 집중적 보험가입
③ 고액의 사망보험금 설계
④ 수익자 선정 및 변경내역의 존재

▶ 고액 사망보험금을 노린 보험사기 특성은?
① 단기간 내에 집중 가입
② 고액의 사망보험금 설계
③ 수익자 선정 및 변경내역 존재

37 허위 과다입원을 통한 보험사기 유죄 판결을 하는 정황 중 옳지 않은 것은?
① 혐의자가 부당한 입원 보험금 수령을 목적으로 보험에 가입하였는지 여부
② 혐의자에게 진정으로 입원할 의사가 있었는지 여부
③ 입원의 법률적인 필요성 유무
④ 기존에 가입한 보험을 악용하였는지 여부

▶ 허위과다입원 보험사기 유죄 판결 정황사실 3가지는?
 ① 혐의자가 부당한 입원 보험금 수령을 목적으로 보험에 가입 또는 기존에 가입한 보험을 악용하였는지
 ② 혐의자에게 진정으로 입원할 의사가 있었는지 여부
 ③ 입원의 의학적인 필요성 유무
▶ 부당한 입원 보험금 수령목적으로 보험에 가입했는지 여부 판단은?
 ① 고지의무 위반여부
 ② 보험가입 내역 정보
 ③ 보험금 지급정보

38 보험자가 고지의무 위반을 이유로 보험계약을 해지하기 위한 사유가 아닌 것은?
① 보험계약자 또는 피보험자가 고지의무가 있는 사항에 대한 고지의무 존부와는 관계없다.
② 그러한 사항의 존재에 대하여 이를 알고도 고의로 이를 알지 못하여야 한다.
③ 고지의무 존재에 대해 중대한 과실로 이를 알지 못하여야 한다.
④ 고지의무를 다하지 않은 사실이 증명되어야 한다.

▶ 보험자가 고지의무 위반을 이유로 보험계약을 해지하기 위해서는
 ① 보험계약자 또는 피보험자가 고지의무가 있는 사항에 대한 고지의무 존재와
 ② 그러한 사항의 존재에 대하여 이를 알고도 고의 또는 중대한 과실로 인하여 이를 알지 못하고
 ③ 고지의무를 다하지 않은 사실이 증명되어야 함

39 보험계약자가 보험금을 부정 취득할 목적으로 다수 보험을 계약했는지 여부를 판단하는 방법으로 옳지 않은 것은?
① 보험계약자의 직업 및 재산상태
② 보험계약자 자신의 수입 등 경제적 사정에 비추어 부담할 수 있는 정도로 고액인 보험료를 정기적으로 불입
③ 단기간에 다수의 보험에 가입할 합리적인 이유가 없음에도 불구하고 집중적으로 다수의 보험에 가입
④ 통상적인 계약체결 경위와는 달리 적극적으로 자의에 의하여 과다한 보험계약 체결

▶ 보험계약자가 보험금을 부정 취득할 목적으로 다수 보험을 계약했는지 여부 판단 기준
① 보험계약자의 직업 및 재산상태
② 다수 보험계약의 체결시기와 경위
③ 보험계약의 규모와 성질
④ 보험계약 체결 후의 정황
⑤ 보험계약자 자신의 수입 등 경제적 사정에 비추어 부담하기 어려울 정도로 고액인 보험료를 정기적으로 불입
⑥ 단기간에 다수의 보험에 가입할 합리적인 이유가 없음에도 불구하고 집중적으로 다수의 보험에 가입
⑦ 통상적인 계약체결 경위와는 달리 적극적으로 자의에 의하여 과다한 보험계약 체결

40 의료인의 '영리를 목적으로'에서 '영리'에 해당하는 설명으로 옳지 <u>않은</u> 것은?
① 무면허 의료행위를 행한 자와 그 경제적 이익의 귀속자가 일치하여야 한다.
② 영리의 목적이란 널리 경제적인 이익을 취득할 목적을 말한다.
③ 의사가 영리의 목적으로 비의료인과 공모하여 무면허의료행위를 하였다면 그 행위는 보건범죄단속에 관한 특별조치법에 해당한다.
④ 의료행위를 한 자와 경영주체가 일치할 필요는 없다.

 의사가 영리의 목적으로 비의료인과 공모하여 무면허의료행위를 하였다면 그 행위는 보건범죄단속에 관한 특별조치법에 해당한다고 할 수 있고, 영리의 목적이란 널리 경제적인 이익을 취득할 목적을 말하는 것으로서 <u>무면허의료행위를 행하는 자가 반드시 그 경제적 이익의 귀속자나 경영의 주체와 일치할 필요는 없다</u>.

41 사무장 병원과 관련된 판례에 대한 설명이다. 옳지 <u>않은</u> 것은?
① 의료인에 의해 적법하게 개설된 의료기관을 비의료인이 인수하여 운영하는 경우에도 비의료인의 의료기관 개설행위에 해당된다.
② 의료법을 위반하여 의료기관의 개설자가 될 수 없는 자가 의사를 고용하여 의료행위를 하게 한 경우에는 국민건강보험법상 요양급여비용을 청구할 수 없다.
③ 사무장병원으로 인정될 경우 자동차보험진료수가 및 실손의료보험금을 지급한 보험회사에 대하여 사기죄가 성립, 반환할 필요가 있다.
④ 의료법을 위반하여 개설된 요양병원에서 한 진료계약 역시 강행법규를 위반하는 무효의 계약으로 본다.

 형식적으로 소비자생활협동조합을 설립한 것으로 사무장 병원에 해당하고 이러한 경우 의료기관에 지급된 자동차보험 보험금은 해당 보험회사에 반환해야 한다(전주지방법원 2013 가단 23565 판결). 대법원 판결 이후 사무장병원의 행위가 보험회사에 대한 불법행위를 구성한다고 볼 수 없어 손해배상청구권이 인정되지 않는다는 하급심 판례가 이어지고 있다.

1과목 모의고사 2회

01 보험조사 분석사가 갖춰야 할 윤리성에 대한 설명으로 옳지 <u>않은</u> 것은?

① 사명감, 책임감, 윤리성이 요구된다.
② 부정과 유혹에 노출될 가능성이 높아서 지속적인 교육을 통한 윤리의식 배양이 필요하다.
③ 이해관계자가 충돌이 일어날 경우에는 반드시 규정된 절차에 따라 처리해야 한다.
④ 다양한 관점에서 올바른 업무방향을 설정해야 한다.

 보험조사분석사가 갖춰야 할 윤리성 중 ③은 도덕적 중재능력의 필요성이 요구되는 상황으로 인과관계 규범을 바탕으로 도덕적으로 중재할 수 있어야 한다.

02 보험조사분석사의 결격요건이 <u>아닌</u> 것은?

① 자격정지 이상의 형을 선고받은 자
② 파산자로 복권된 자
③ 징계에 의해 파면된 자
④ 피성년후견인 또는 피한정후견인

 ▶ 보험조사분석사의 결격요건은? (경찰공무원법 준한 진입제한이 필요)
 (1) 대한민국 국적을 가지지 아니한 자
 (2) 「국적법」에 따른 복수국적자
 (3) 피성년후견인 또는 피한정후견인
 (4) 파산자로서 복권되지 아니한 자
 (5) 자격정지 이상의 형(刑)의 선고를 받은 자
 (6) 자격정지 이상의 형의 선고유예를 받고 그 선고유예기간 중에 있는 자
 (7) 공무원으로 재직기간 중 직무와 관련하여 「형법」 제355조 및 제356조에 규정된 죄를 범한 자로서 300만원 이상의 벌금형을 선고받고 그 형이 확정된 후 2년이 지나지 아니한 사람
 (8) 「성폭력범죄의 처벌 등에 관한 특례법」 제2조에 규정된 죄를 범한 사람으로서 100만원 이상의 벌금형을 선고받고 그 형이 확정된 후 3년이 지나지 아니한 사람
 (9) 미성년자에 대한 다음 각 목의 어느 하나에 해당하는 죄를 저질러 형 또는 치료감호가 확정된 사람(집행유예를 선고받은 후 그 집행유예기간이 경과한 사람을 포함한다)
  ① 「성폭력범죄의 처벌 등에 관한 특례법」 제2조에 따른 성폭력범죄
  ② 「아동·청소년의 성보호에 관한 법률」 제2조 제2호에 따른 아동·청소년대상 성범죄
 (10) 징계에 의하여 파면 또는 해임처분을 받은 사람

03 보험조사분석사의 의무에 대한 내용으로 옳지 않은 것은?
① 허위, 부정한 방법으로 자격증을 취득해서는 아니된다.
② 국가안보나 기밀, 기업의 영업 비밀, 연구개발에 관한 사항은 조사할 수 없다.
③ 피조사자를 협박하거나 폭력을 행사해서는 아니된다.
④ 보험조사분석사는 조사업무 수행 중 알게 된 사실을 다음 조사를 위해 보관할 수 있다.

 ▶ 보험조사분석사의 의무는?
① 허위, 부정 자격증 취득금지의무 ② 공무집행방해 금지
③ 수집, 조사의 제한 ④ 폭력사용 및 협박금지
⑤ 비밀누설 금지의무 ⑥ 허위사실 제공금지 의무
⑦ 업무범위 초과행위 금지
⑧ 자격증 대여 금지의무
- 보험조사분석사는 개인적인 목적으로 정보를 수집하는 것이 아니므로 조사업무 수행 중 알게된 사실을 보관해서는 안된다.
- 국가안보나 기밀, 기업의 영업비밀, 연구개발정보, 개인의 정치적 성향, 종교적 신념, 그 밖에 보험사기와 무관한 사생활에 관한 정보를 수집하거나 이에 대해 조사하여서는 아니된다.

04 보험업법 제102조의2 규정에 보험사기를 행해서는 아니 된다고 규정된 자가 아닌 자는?
① 보험설계사 ② 보험계약에 관하여 이해관계 있는 자
③ 보험금을 취득할 자 ④ 보험계약자

 ▶ 보험사기와 구별하여야 하는 개념
① 2008년 3월 '보험업법'에 보험사기 금지에 관한 제102조의2 규정이 신설되었다.
② 2010. 7. 23. 동 규정이 '보험계약자, 피보험자, 보험금을 취득할 자, 그 밖에 보험계약에 관하여 이해관계가 있는 자는 보험사기 행위를 하여서는 아니된다'라고 전문 개정이 됨에 따라 '보험사기'라는 개념은 실정법에서 규정하는 개념이 되었다.

05 다음은 도덕적 해이에 대한 설명이다. 옳지 않은 것은?
① 도덕적 해이는 내적 도덕적 해이와 외적 도덕적 해이로 구분된다.
② 내적 도덕적 해이는 보험계약자 또는 피보험자가 직접적으로 보험제도를 악용하거나 남용하는 행위에 의해 야기되는 경우를 말한다.
③ 외적 도덕적 해이는 피보험자와 관계있는 의사, 병원, 자동차 수리인, 변호사 등이 간접적으로 보험을 악용하거나 남용하는 행위를 말한다.
④ 도덕적 해이란 보험계약자나 피보험자의 고의에 의한 행동만을 말한다.

▶ 도덕적 해이
① 도덕적 해이란 보험계약자나 피보험자의 고의 또는 불성실에 의한 행동을 말한다.
② 내적 도덕적 해이란 보험계약자 또는 피보험자가 직접적으로 보험제도를 악용하거나 남용하는 행위에 의해 야기되는 경우를 말한다.
③ 외적 도덕적 해이란 피보험자와 관계있는 의사, 병원, 자동차 수리인, 변호사 등이 간접적으로 보험을 악용하거나 남용하는 행위를 말한다.
④ 역선택이란 특정 군(群)의 특성에 기초하여 계산된 위험보다 훨씬 높은 위험을 가진 집단이 동일한 군(群)으로 분류되어 보험계약을 체결함으로 인해 가입한 군(群)의 사고 발생률을 증가시키는 현상이다.

06 역선택 방지를 위한 상법상 대책을 보기에서 모두 고르시오.

㉠ 고지의무　　㉡ 위험변경증가의 통지의무　　㉢ 고의, 중과실 면책　　㉣ 중복보험의 제한

① ㉠㉡㉢㉣　　　　② ㉠㉡㉢
③ ㉠㉡　　　　　　④ ㉠㉢㉣

 ▶ 역선택을 방지하기 위한 상법상 규정
① 고지의무(상법 제651조)　　② 위험변경증가의 통지의무(상법 제652조)
③ 고의, 중과실 면책(상법 제657조)　　④ 초과보험의 제한(상법 제669조)
⑤ 중복보험의 제한(상법 672조)

07 보험사기의 원인이 <u>아닌</u> 것은?
① 보험범죄에 대한 가벼운 처벌　　② 경제 위기와 배금주의
③ 보험계약의 우연성　　　　　　　④ 보험에 대한 사회적 경각심 결여

 ▶ 보험사기의 발생원인
① 보험에 대한 사회적 경각심 결여, ② 보험계약의 사행성, ③ 경제 위기와 배금주의, ④ 보험회사 업무의 한계, ⑤ 보험범죄에 대한 가벼운 처벌

08 보험사기범죄의 특성에서 피해자의 확대문제가 나타나는 이유는 무엇 때문인가?
① 범죄의 복합 다양성　　② 범죄의 지능성
③ 범죄의 조직성　　　　④ 피해의 전가성

 ▶ 보험사기범죄의 특성
① 범죄의 복합 다양성　　② 범죄의 지능성
③ 범죄의 조직성　　　　④ 입증의 곤란성
⑤ 죄의식의 부재　　　　⑥ 피해의 전가성
— 보험범죄의 특성 중 피해의 전가성이 피해자의 확대문제로 나타난다.

정답 06.① 07.③ 08.④

09 보험 종류별 분류에 해당하지 <u>않는</u> 것은?

① 제3보험 ② 생명보험
③ 손해보험 ④ 장기보험

 ▶ 보험의 종류별 분류
① 손해보험, ② 생명보험, ③ 제3보험

10 범죄 유형별 분류 중 허위사고에 대한 설명이 <u>아닌</u> 것은?

① 사망하지 않은 피보험자를 사망한 것처럼 위장하거나 이미 사망한 사람을 피보험자로 하여 보험에 가입하거나 상해보험금을 편취하기 위해 실제 발생하지도 않은 상해사고를 발생한 것으로 위장
② 실제로 사고는 발생하였으나 보험자의 보상책임이 없는 보험사고가 발생한 경우 보험사고로 가장
③ 가장 악의적인 유형으로 방화·살인·자상·자살·차 사고 등의 형태, 수단·방법이 치밀, 범행 수법도 잔인하고 조직화, 가족·학교 선·후배 또는 전혀 관계가 없는 제3자와 공모하여 보험사고를 유발하기도 함.
④ 자동차 소유주가 차량을 처분한 후 허위로 도난신고 하는 경우

 ▶ 범죄 유형별 분류
① 고의사고: 가장 악의적인 유형, 방화·살인·자상·자살·차 사고 등의 형태, 수단·방법이 치밀, 범행 수법도 잔인하고 조직화, 가족·학교 선·후배 또는 전혀 관계가 없는 제3자와 공모하여 보험사고를 유발하기도 함.
② 허위사고(사고내용 조작): 전통적 보험사기범죄
  - 보험사고가 발생하지 않았는데 발생한 것처럼 가장
  - 실제로 사고는 발생하였으나 보험자의 보상책임이 없는 보험사고가 발생한 경우 보험사고로 가장
  - 사망하지 않은 피보험자를 사망한 것처럼 위장하거나 이미 사망한 사람을 피보험자로 하여 보험에 가입하거나 상해보험금 편취하기 위해 실제 발생하지도 않은 상해사고를 발생한 것으로 위장
  - 자동차 소유주가 차량을 처분한 후 허위로 도난신고 하는 경우
③ 피해과장(허위/과다청구)
  - 생명보험과 같은 정액보험에서는 쉽게 발생하지 않는다.
  - 자동차보험과 상해보험에서 매우 빈번하게 발생한다.
④ 고지의무 위반: 고지의무를 위반하는 목적은 보험가입자격을 얻거나 불리한 사실을 숨겨 보다 적은 보험료를 지불하기 위함이다.

11 다음은 보험범죄 분석방법에 대한 설명이다. 옳은 것은?

① 여러 사람 간 공모 관련성을 탐색하는 데는 Link Analysis 기법을 이용하는 것이 좋다.
② 경성사기는 데이터마이닝 기법을 이용해 적발에 한계가 있다.
③ 연성사기는 데이터마이닝 기법을 이용해 적발할 수 있는 확률이 높다.
④ 스코어링 시스템은 단독사기뿐만 아니라 공모 사기 적발에도 도움이 된다.

▶ **연성사기**는 데이터마이닝 시스템을 이용하더라도 적발에 한계가 있다.
▶ **경성사기**는 데이터 마이닝 기법을 이용해 적발할 수 있는 확률이 높다.

구분	사기 적발 접근 방법	데이터 마이닝 기법
단독사기	1인의 위험도 측정	스코어링 시스템
공모사기	여러 사람 간 공모 관련성을 탐색	Link Analysis

12 보험사기 증가의 원인은 무엇인가?

① 타 범죄보다 강력한 처벌
② 모방 및 동조행위 증가
③ 보험사기에 대한 배타적 태도
④ 죄의식 결여

▶ 보험사기범죄의 증가원인
 ① 보험사기에 대한 관용적 태도
 ② 죄의식 결여
 ③ 보험의 사행적 특성
 ④ 타 범죄보다 미약한 처벌

13 다음은 보험사기인지시스템에 대한 내용이다. 옳지 않은 것은?

① 혐의인지 모델: 혐의 주체별로 점수화
② 사건관리 및 통계 분석
③ 보험개발원에서 운영
④ 연계분석: 혐의자 간의 보험사기 공모관계 가능성을 도식화

▶ 보험사기인지시스템의 구성
 ① 혐의인지 모델: 혐의 주체별로 점수화
 ② 연계분석: 혐의자 간의 보험사기 공모관계 가능성을 도식화
 ③ 사건관리 및 통계 분석

정답 11.① 12.④ 13.③

14 다음은 보험범죄전담 합동대책반에 대한 설명이다. 옳지 않은 것은?

① 2009년 7월에 서울 중앙지검에 설치 운영하고 있다.
② 금융위원회 산하의 한시적인 보험범죄 대책반이다.
③ 금융감독원, 손해보험협회, 생명보험협회 등으로 구성되어 있다.
④ 검사도 국가기관으로 참여하고 있다.

 ▶ 보험범죄전담 합동대책반
① 2009년 7월 서울 중앙지검에 설치, 총리실(국가정책조정회의) 주관이다.
② 검사, 검찰 수사관, 경찰청, 금융감독원, 건강보험심사평가원, 손해보험협회, 생명보험협회

15 건강보험심사평가원에 대한 설명 중 옳지 않은 것은?

① 2015년 공공심사부를 신설하고 입원 적정성 심의 업무 강화
② 검찰청, 경찰청 등에서 보험사기 의심 환자의 입원 진료 적정성에 대해 심의를 의뢰하면 의료차트 내용을 중심으로 입원 기간의 적정성 여부를 분석 회신한다.
③ 입원 적정성 심의는 보험사기와 관련된 입원진료비 심사를 사전에만 실시한다.
④ 의료기관이 제출한 진료기록부 등 제출된 자료가 사실에 부합되게 작성되었다는 전제하에 심사가 이루어지는바, 진료기록부의 허위 작성에 의한 허위입원에 대하여는 심사평가원에서 판단할 수 없다.

 ▶ 건강보험심사평가원
① 2015년 공공심사부를 신설하고 입원 적정성 심의 업무 강화
② 입원 적정성 심의는 보험사기와 관련된 입원진료비 심사를 사전, 사후에 실시
③ 검찰청, 경찰청 등에서 보험사기 의심 환자의 입원 진료 적정성에 대해 심의를 의뢰하면 의료차트 내용을 중심으로 입원 기간의 적정성 여부를 분석 회신한다.
④ 의료기관이 제출한 진료기록부 등 제출된 자료가 사실에 부합되게 작성되었다는 전제하에 심사가 이루어지는바, 진료기록부의 허위 작성에 의한 허위입원에 대하여는 심사평가원에서 판단할 수 없다.

16 국내 보험사기범죄 대응체계 중 수사기관 대응의 한계는?

① 유관기관 업무협조 미흡
② 보험범죄에 대처하기 위한 조사, 연구 활동 미진
③ 조사권 부재 및 전문인력 부족
④ 보험사기범죄 수사는 보험회사의 이익을 위한 것이라는 인식이 일부 존재

- ▶ 수사기관 대응의 한계
  ① 수사 착수부터 증거확보에 의한 검거까지 증거확보의 어려움이 많다.
  ② 수사기관 자체에 보험범죄에 관한 전문지식을 가진 수사관이 많지 않고, 이를 지원하는 보험회사의 보험사기 특별조사팀 또한 인력 증원에 어려움을 겪고 있다.
  ③ 보험사기범죄 수사는 보험회사의 이익을 위한 것이라는 인식이 일부 존재하는 한편 보험회사 측에서도 보험사기 적발 시스템을 적극적으로 강화하기보다는 수사기관에 의존하는 경향이 강하다.
- ▶ 보험업계 대응의 한계
  ① 보험회사 조사권 부재 및 전문인력 부족
  ② 유관기관 업무협조 미흡
  ③ 보험범죄에 대처하기 위한 조사, 연구 활동 미진

17 다음은 보험조사분석사의 법률상 지위에 대한 설명 이다. 옳지 않은 것은?

① 보험조사분석사는 특별법에 따라 공무원의 자격이 주어지거나 공무원으로 의제되지 않는 한 법률상 지위는 사인(私人)이다.
② 보험조사분석사가 조사한 결과를 금융위원회나 수사기관에 고발하거나 수사 정보를 제공하면 원칙적으로는 기관 고발사건이나 기관 이첩사건으로 취급할 수 있다.
③ 보험조사분석사는 금융감독원 등 국가기관에 소속된 경우에는 당연히 공무원의 신분을 갖게 되는 것은 아니다.
④ 보험조사분석사가 처리하는 직무의 공공성을 강조하고 공정성 및 책임감을 담보하기 위해 관련법 제정이 필요하다.

- ▶ 보험조사의 법률적 이해
  - ▶ 보험조사분석사의 법률상 지위
    ① 사인의 지위: 특별법에 따라 공무원의 자격이 주어지거나 공무원으로 의제되지 않는 한 법률상 지위는 사인(私人)이다.
    ② 금융감독원이나 수사기관에 신고·고발하거나 수사정보를 제공한다고 하더라도 원칙적으로는 기관 고발사건이나 기관 이첩사건이 아닌 사인에 의한 고발 또는 수사단서 제공으로 취급될 것이다.

18 다음은 전문수사자문위원 제도의 대한 내용이다. 옳지 않은 것은?

① 형사소송법 제245조의2 제1항에 근거하여 검사는 공소 제기 여부와 관련된 사실관계를 분명하게 하는 데 필요한 경우 직권이나 피의자 또는 변호인의 신청에 따라 전문수사자문위원을 지정하여 수사절차에 참여하게 하고 자문을 둘 수 있으며 지정 시에는 문서로만 지정할 수 있다.
② 사법경찰관도 수사하는 보험사기 사건에 분석사를 수사 과정에 참여시켜 조력을 받을 필요가 있을 시 관할 검찰청 검사에게 지휘를 받아 전문수사자문위원 지정을 받아 참여시킬 수 있다.
③ 전문수사자문위원은 전문적인 지식에 의한 설명 또는 의견을 기재한 서면을 제출하거나 전문적인 지식에 의하여 설명이나 의견을 진술할 수 있다.
④ 검사는 전문수사자문위원이 제출한 서면이나 전문수사자문위원의 설명 또는 의견의 진술에 관하여 피의자 또는 변호인에게 구술 또는 서면에 의한 의견 진술의 기회를 주어야 한다.

▶ 전문수사자문위원 지정은 반드시 문서로만 하여야 하는 것은 아니라, 구두로도 지정할 수 있다.

19 전문수사자문위원 운영규칙에 대한 내용으로 옳은 것은?

① 전문수사자문위원은 후보자 명단에 등재된 자만을 전문수사자문위원으로 지정할 수 있다.
② 각급 검찰청의 장이 전문지식과 경험을 가진 자 중에서 전문수사자문위원의 후보자를 선정하여 명단을 관리하고 국가기관, 공공단체, 교육기관, 연구기관 등에 후보자의 추천을 의뢰할 수 있다.
③ 검사는 수사에 착수하기 전 단계에서 필요한 경우 전문수사자문위원을 지정하여 수사절차에 참여하게 하고 설명이나 의견을 들을 수 있다.
④ 전문수사자문위원 지정 사실을 피의자 또는 변호인에게 서면으로 통보하여야 한다.

▶ 전문수사자문위원 운영규칙 주요 내용
　① 검사는 수사절차의 모든 단계에서 필요한 경우 전문수사자문위원을 지정하여 수사절차에 참여하게 하고 설명이나 의견을 들을 수 있다.
　② 그 지정 사실을 피의자 또는 변호인에게 구두 또는 서면으로 알려야 한다.
　③ 지정된 전문수사자문위원은 관련 서류를 검토하거나 피의자 등의 진술을 듣는 자리에 동석하여 설명하거나 의견을 진술할 수 있도록 하였다.
　④ 각급 검찰청의 장이 전문지식과 경험을 가진 자 중에서 전문수사자문위원의 후보자를 선정하여 명단을 관리하고 국가기관, 공공단체, 교육기관, 연구기관 등에 후보자의 추천을 의뢰할 수 있다.
　　– 전문수사자문위원은 후보자 명단에 등재되어 있지 않아도 각각 사건에서 필요한 경우 전문수사자문위원을 지정할 수 있다.

20 다음은 수사 과정에 있어 전문수사자문위원에 대한 설명이다. 옳지 않은 것은?
① 보험조사분석사는 전문수사자문위원으로 지정되어 있으면 공무원으로 의제되기 때문에 단독으로 현행범인의 체포를 위하여 타인의 주거에 침입할 수 있다.
② 수색의 과정에서 수사기관 종사자들의 요청에 따라 일반적으로 증거물들이 어느 곳에 있는지, 어떤 형태로 보관되어 있는지 등에 관한 의견을 진술할 수 있고 수사기관이 발견한 증거물이 압수할 정도의 가치가 있는 것인지 등에 대한 의견을 진술할 수 있다.
③ 디지털 증거의 경우 전문수사자문위원이 직접 컴퓨터를 조작하여 증거를 찾을 수 없고 수사관과 함께 모니터를 보면서 의견을 진술하고 이에 따라 수사관이 컴퓨터를 조작하여 필요한 증거자료를 확인하고 이를 출력해야 한다.
④ 전문수사자문위원은 수사절차에의 참여 및 관련 서류의 검토 등 전문수사자문위원의 직무를 수행하기 위하여 불가피한 경우 개인정보가 포함된 자료를 처리할 수 있다.

 현행법 체포는 일반인 누구가 할 수 있다. 그렇다고 사법경찰관이 아닌 전문수사자문위원이 체포를 위해서 주거에 침입하는 것은 불가하다.

21 디지털 증거의 압수수색에 대한 내용으로 옳지 않은 것은?
① 디지털 증거에 대한 압수수색 영장의 집행은 혐의사실과 관련된 부분만을 문서로 출력하거나 파일을 복사하는 방식으로 이루어져야 한다.
② 집행할 수 없거나 현저히 곤란한 부득이한 사정이 존재한다고 하더라도 저장매체 자체를 직접 혹은 하드카피나 이미징 등 형태로 수사기관 사무실 등 외부로 반출할 수 없으며 해당 파일을 압수수색 할 수 있도록 영장에 기재되어 있고 그와 같은 사정이 발생하였다 하더라도 외부 반출은 예외적으로 허용될 수 없다.
③ 수사기관 사무실에서 저장매체 내 전자정보를 복사하면서 당사자 동의 등 특별한 사정이 없는 이상 관련 파일의 검색 등 적절한 작업을 통해 그 대상을 이 사건 범죄 혐의와 관련 있는 부분에 한정하고 나머지는 대상에서 제외하여야 할 것이다.
④ 압수수색 현장에서 컴퓨터를 이미징하여 사무실로 가져오는 경우와 이미징 된 하드디스크를 수사기관 사무실에서 열람하여 피의사실과 관련된 증거물을 찾고 이를 인쇄하기까지를 압수수색 과정으로 본다.

 ▶ 디지털 증거의 압수수색
① 디지털 증거에 대한 압수수색 영장의 집행은 혐의사실과 관련된 부분만을 문서로 출력하거나 파일을 복사하는 방식으로 이루어져야 하며,
② 집행현장 사정상 위와 같은 방식에 의한 집행이 불가능하거나 현저히 곤란한 부득이한 사정이 존재할 경우 저장매체 자체를 직접 혹은 하드카피나 이미징 등 형태로 수사기관 사무실 등 외부로 반출하여 해당

파일을 압수수색 할 수 있도록 영장에 기재되어 있고 그와 같은 사정이 발생한 때만 위 방법이 예외적으로 허용될 수 있을 뿐이고,
③ 저장매체 자체를 외부로 옮긴 후 탐색하여 전자정보를 출력하거나 파일을 복사하는 과정 역시 '전체적으로 압수수색 영장 집행의 일환'이므로 출력·복사대상 역시 혐의사실과 관련된 부분으로 한정하여야 하고,
④ 저장매체 자체를 외부로 옮겨 열람 혹은 복사해도 전체 과정을 통해 피압수수색 당사자나 변호인의 계속된 참여권 보장, 복사대상 전자정보 목록의 작성·교부 등 저장매체 내 전자정보의 왜곡이나 훼손과 오·남용 및 임의적인 복제나 복사 등을 막기 위한 적절한 조치가 이루어져야 적법한 집행 절차라고 할 수 있고,
⑤ 수사기관 사무실에서 저장매체 내 전자정보를 복사하면서 당사자 동의 등 특별한 사정이 없는 이상 관련 파일의 검색 등 적절한 작업을 통해 그 대상을 이 사건 범죄 혐의와 관련 있는 부분에 한정하고 나머지는 대상에서 제외하여야 할 것이다.
⑥ 압수수색 현장에서 컴퓨터를 이미징하여 사무실로 가져오는 경우 압수수색이 종료된 것이 아니고 이미징된 하드디스크를 수사기관 사무실에서 열람하여 피의사실과 관련된 증거물을 찾고 이를 인쇄하기까지를 압수수색 과정으로 본다.

22 보험조사분석사의 한계에 대한 설명으로 옳은 것은?
① 보험조사분석사의 활동이 보장되기 때문에 추적 장비 운용, 감청 등을 실시할 수 있으며 취득한 증거는 민사 또는 형사 절차에서 증거로 사용할 수 있다.
② '공공기관의 정보공개에 관한 법률' 제9조 제1항 4호에 기재된 '진행 중인 재판과 관련된 정보와 범죄의 예방, 수사, 공소의 제기 및 유지, 형의 집행, 교정, 보안처분에 관한 사항으로 공개될 경우 그 직무수행을 현저히 곤란하게 하거나 형사 피고인의 공정한 재판을 받을 권리를 침해한다고 인정할만한 타당한 이유가 있는 정보의 공개'를 제한한다는 규정에도 불구하고 보험조사분석사의 정보공개 청구에 응해야 한다.
③ 보험조사분석사의 활동은 필연적으로 타인의 사생활의 비밀 또는 자유 등 권리를 침해하지 않을 수 없어 제한될 수 있으며 그 침해가 수인한도를 넘어서는 경우 형법의 관련 규정에 따라 처벌될 수 있다.
④ 외국의 입법례에서 보험조사분석사는 사인(私人)과 다른 특별한 권한을 부여한 예가 있다.

▶ **보험조사분석사의 한계**
① 보험조사분석사는 전문수사자문위원으로 지정되지 않으면 일반 사인(私人)과 아무 차이가 없어 그 활동에 여러 제한이 따른다.
② 분석사가 특정한 사건에 관하여 보험사로부터 조사 의뢰를 받아 그 사건에 대한 보수를 받는다면 변호사법 위반에 해당하고
  - 특정한 조사 대가로 금품을 받는 것이 아니라 보험사 또는 특정 단체의 직원으로 보수를 받는다면 무방
  - 변호사 사무실 직원으로 근무하면서 보험조사를 하는 것은 무방하나 보수를 직원과 나눠 가지면 변호사법 위반
③ 보험조사분석사의 활동은 필연적으로 타인의 사생활의 비밀 또는 자유 등 권리를 침해하지 않을 수 없어 제한될 수 있으며 그 침해가 수인한도를 넘어서는 경우 형법의 관련 규정에 따라 처벌될 수 있다.
④ 공공기관에서 보험조사분석사의 정보공개 청구를 불허할 소지가 매우 크다.
⑤ 외국의 입법례에서도 보험조사분석사는 사인(私人)과 다른 특별한 권한을 부여한 예가 없다.

23 보험조사분석사가 조사업무를 수행할 때 가져야 할 마음가짐으로 옳지 않은 것은?

① 예단을 갖지 말 것
② 객관적인 견지에서 증거를 찾아 주관적으로 판단
③ 증거를 토대로 실체적 진실을 발견하려는 마음가짐
④ 업무 수행 중 알게 된 타인의 비밀준수

▶ 보험조사분석사의 조사업무를 담당할 때에는
　① 예단을 갖지 말고,
　② 객관적인 견지에서 증거를 찾고,
　③ 그 증거를 토대로 실체적 진실을 발견하려는 마음가짐이 중요함

24 보험조사분석사의 유의사항에 대한 내용이다. 옳지 않은 것은?

① 개인적인 목적으로 정보를 수집하는 것이 아니므로 조사업무 수행 중 알게 된 사실을 보관해서는 안 된다.
② 조사대상자에게 불리한 자료는 물론이고 유리한 자료라 하더라도 이를 임의로 은닉했을 때 증거인멸죄에 해당한다.
③ 보험조사분석사 스스로 작성한 서류가 수사기관에서 수사목적으로 제공하였다면 임의로 부본을 만들어 이를 수집할 수 있다.
④ 국가안보나 기밀, 기업의 영업비밀, 연구개발, 개인의 정치적 사상, 종교적 신념, 그 밖에 보험사기와 무관한 사생활에 관한 정보를 수집하거나 조사해서는 안 된다.

▶ 보험조사분석사는
　① 개인적인 목적으로 정보를 수집하는 것이 아니므로 조사업무 수행 중 알게 된 사실을 보관해서는 안 된다.
　② 국가안보나 기밀, 기업의 영업비밀, 연구개발, 개인의 정치적 사상, 종교적 신념, 그 밖에 보험사기와 무관한 사생활에 관한 정보를 수집하거나 조사해서는 안 된다.
　③ 수사절차에 참여하는 수사기관을 보조하는 전문수사자문위원이 그 직무수행 중 수사기관에서 작성한 수사기관 명의의 문서를 업무에 참고하기 위해 유출하는 경우 공용서류 등의 은닉죄에 해당
　④ 보험조사분석사 스스로 작성한 서류라 하더라도 수사기관에서 수사목적으로 작성한 서류는 보험조사분석사는 임의로 부본을 만들어 이를 수집할 수 없다.
　⑤ 조사대상자에게 불리한 자료는 물론이고 유리한 자료라 하더라도 이를 임의로 은닉했을 때 증거인멸죄

정답 23.② 24.③

25 다음은 전문수사자문위원의 위법사항에 대한 설명한 것이다. 옳지 않은 것은?

① 전문수사자문위원은 사인(私人)으로 의제되기 때문에 수사를 조력하면서 수사대상자 또는 제3자에게 직무와 관련된 금품이나 이익을 수수한 경우 뇌물죄로 처벌되지는 않는다.
② 전문수사자문위원으로 지정되지 않은 보험조사분석사가 특정한 사건의 조사와 관련하여 금품이나 이익을 수수한 경우 변호사법 위반이다.
③ 보험조사분석사는 배임수재죄를 범한 뒤에 수사기관에 허위의 보고서나 의견서를 제출하였다면 위계에 의한 공무집행방해죄, 법원에 증인으로 출석하여 허위의 증언을 하였다면 위증죄나 허위감정죄에 해당한다.
④ 보험사기 수사와는 별도로 보험금 청구에 대한 초기 사건 조사에 관여하는 보험조사분석사는 청구권자로부터 금품이나 이익을 수수한 경우 배임수재죄에 해당한다.

 ▶ 전문수사자문위원의 위법사항
① 수사를 조력하는 데 수사대상자 또는 제3자에게 직무와 관련된 금품이나 이익을 수수한 경우 뇌물죄로 처벌
② 직무와 관련된 금품이나 이익을 수수한 뒤 수사기관에 허위의 문서나 의견을 제출한 경우 수뢰후부정처사죄
③ 전문수사자문위원으로 지정되지 않은 보험조사분석사는 특정한 사건의 조사와 관련하여 금품이나 이익을 수수한 경우 변호사법 위반
④ 보험사기 수사와는 별도로 보험금 청구에 대한 초기 사건 조사에 관여하는 보험조사분석사는 청구권자로부터 금품이나 이익을 수수한 경우 배임수재죄
⑤ 보험조사분석사가 금품을 수수한 뒤 보험회사에 허위의 보고서나 의견서를 제출하여 보험금을 지급하게 하였다면 배임수재죄 외에 업무상배임죄
⑥ 보험조사분석사가 배임수재죄를 범한 뒤에 수사기관에 허위의 보고서나 의견서를 제출하였다면 위계에 의한 공무집행방해죄, 법원에 증인으로 출석하여 허위의 증언을 하였다면 위증죄나 허위감정죄
⑦ 보험조사분석사가 조사업무 과정에서 알게 된 사실을 타인에게 알릴 경우 명예훼손죄
⑧ 보험조사분석사가 직무를 수행하지 않고 공무원 자격을 사칭하기만 했다면 경범죄 처벌법
- 압수수색 현장에 참여하여 직접 수색이나 압수를 하지는 않았지만, 경찰관이나 수사관인 것처럼 행세하거나, 조사과정에 참여하여 피의자나 참고인을 직접 조사하지는 않았지만, 경찰관이나 수사관인 것처럼 행세

26 보험조사분석사가 특정사건에 관하여 보험회사로부터 조사의뢰를 받아 조사업무를 담당하고 보수를 받는 경우 변호사법 위반에 해당된다. 이때 벌칙으로 올바른 것은?

① 3년 이하 징역 또는 3천만원 이하의 벌금
② 5년 이하 징역 또는 5천만원 이하의 벌금
③ 7년 이하 징역 또는 5천만원 이하의 벌금
④ 10년 이하 징역 또는 1억원 이하의 벌금

 변호사가 아니면서 대가를 약속고 법률사무를 취급하거나 이러한 행위를 알선한 자는 7년 이하의 징역이나 5천만원 이하의 벌금에 처하도록 되어 있다(변호사법 제109조 제1호).

27 보험계약과 보험사기 행위에 대한 설명이다. 옳지 않은 것은?

① 보험계약 사기는 보험계약 체결 당시 이미 기망행위가 존재하는 경우이다.
② 보험계약 사기의 대표적인 사례가 고지의무위반, 피해 과장과 이와 관련되어 연성사기 형태로 나타난다.
③ 보험금 사기는 보험계약 체결 후 나타난다.
④ 보험금 사기는 보험금을 부당하게 편취할 목적으로 보험범죄를 저지르는 경우로 경성사기의 형태로 나타난다.

▶ **보험계약과 보험사기 행위의 선후에 따른 분류**
보험계약 사기는 보험계약 체결 당시 이미 기망행위가 존재하는 경우이고,
보험금 사기는 보험계약 체결 후 보험금을 부당하게 편취할 목적으로 보험범죄를 저지르는 경우이다.

28 다음은 경성사기에 대한 설명이다. 옳지 않은 것은?

① 위장, 날조한 후 보험회사를 기망하는 범죄이다.
② 손실액을 부풀려 청구하는 행위이다.
③ 계획된 보험사기이다.
④ 가·피공모, 고의사고의 형태로 나타난다.

▶ **보험사고의 우연성 여부에 따른 분류**
① 경성사기: 계획적 보험사기, 손실을 의도적으로 연출, 위장·날조한 후 보험회사를 기망
② 연성사기: 기회주의적 사기, 사전에 계획하지는 않았지만 사고 후 보험회사를 기망하려는 의도가 생겨 행해짐. 피해액 과장이나 운전자 바꿔치기, 차량 바꿔치기 등의 행위, 일반인의 죄의식이 낮고, 법원의 처벌도 가벼우며, 발견되지 않은 범죄율이 매우 높을 것으로 추정됨.

▶ **보험범죄 방지규정**
① 상법 제638조 제2항 위험단체에 의한 불량위험을 배제하기 위하여 보험계약자의 청약에 대하여 보험회사에 인수 선택권 부여
② 상법 제644조 보험계약 체결 당시에 보험사고가 이미 발생하였을 때는 원칙적으로 보험계약을 무효화
③ 상법 제651조 보험계약자가 알려야 할 중대한 사항에 대하여 고의 또는 중과실에 의하여 불고지 또는 부실고지한 경우 보험자에게 해지권을 부여
④ 상법 제652조 계약 당시에 보험료 산정의 기초가 된 위험이 변경되거나 증가한 경우에는 보험계약자가 보험자에게 이를 통지하여야 하는데 이를 통지하지 않으면 보험회사는 그 위험이 현저한 것이라는 점을 입증하고 계약을 해지할 수 있다.
⑤ 상법 제655조 보험계약자의 불고지 또는 통지의무 미이행의 경우에 보험자는 보험사고 발생 후라도 보험계약을 해지할 수 있고 따라서 보험금을 비겁할 의무가 없으며, 이미 지급한 보험금의 반환을 청구할 수 있도록 하고 있다.
⑥ 상법 제657조 보험사고 발생 시 신속하게 통지할 것을 규정하고 있으며, 정당한 이유 없이 이 의무를 이행하지 아니한 경우 이로 인하여 늘어난 손해에 대해서는 보험자가 배상하지 않도록 하고 있다.
⑦ 상법 제659조 보험사고가 보험계약자 또는 피보험자나 보험수익자의 고의 또는 중대한 과실로 인하여 생

정답 27.② 28.②

긴 때에는 보험자는 보험금을 지급할 책임이 없고,
⑧ 상법 제699조 제672조 의도적인 초과보험 및 중복보험은 무효로 하고 있으며, 선의의 초과보험 또는 중복보험의 경우 보험가액을 보상한도로 결정하도록 하였다.
⑨ 상법 제681조 제682조 보험금을 지급한 보험자가 피보험자의 보험의 목적 또는 제3자에게 갖는 손해배상 청구권을 대위 취득하게 하여 피보험자에게 손해를 초과하는 부당한 이득이 발생하지 않도록 하고 있다.

29 자동차관리법상 자동차 정비업과 관련된 내용으로 옳지 않은 것은?

① 정비에 필요한 신부품, 중고품 또는 재생품, 모방품 등을 정비 의뢰자가 선택할 수 있도록 알려줄 것
② 중고품 또는 재생품을 사용하여 정비할 경우 그 이상 여부를 확인할 것
③ 정비를 의뢰한 자에게 점검, 정비 견적서와 점검, 정비 명세서를 발급하고 사후관리 내용을 알릴 것
④ 거짓으로 이를 발급하지 아니할 것

▶ 자동차관리법
자동차관리법은 자동차 정비업자에게
① 정비에 필요한 신부품, 중고품 또는 재생품 등을 정비 의뢰자가 선택할 수 있도록 알려줄 것
② 중고품 또는 재생품을 사용하여 정비할 경우 그 이상 여부를 확인할 것
③ 정비를 의뢰한 자에게 점검 · 정비 견적서와 점검 · 정비 명세서를 발급하고 사후관리 내용을 알릴 것
④ 거짓으로 이를 발급하지 아니할 것 등의 의무를 부과

30 사기죄 중 신의칙에 반하는 기망행위에 해당하지 않는 것은?

① 의료기관이 보험회사가 향후 진료수가를 삭감할 것을 예상하고 과다하게 진료수가를 청구하여 보험회사로부터 실제 발생하지 않은 진료비를 받은 경우
② 입원의 필요성이 없음에도 의사가 입원 치료의 필요성이 있다고 오판하도록 하여 필요 이상의 장기 입원을 한 후 이를 알리지 않은 채 보험회사에 대하여 보험약관에 정한 입원 기간을 충족시켰다고 주장하면서 보험금을 청구하는 행위
③ 통원 치료를 받았으면서도 입원 치료를 받은 것처럼 보험회사를 기망하여 보험금을 수령한 경우
④ 의료실비 보전을 주요 내용으로 하는 보험에 자신을 피보험자로 가입한 다음, 거주하던 원룸에서 추락하여 상해를 입게 되자 경위를 허위로 기재한 보험금 청구서를 제출하여 보험금을 지급받은 경우

- ▶ 보험사기의 성립요건
- ▶ 사기죄의 객관적 구성요건
  ① 기망
  ② 기망에 의한 상대방의 착오
  ③ 착오에 의한 재산상의 처분행위
  ④ 기망과 처분행위 사이의 인과관계
  ⑤ 처분행위로 인한 손해 발생
- ▶ 주관적 구성요건: 고의 및 불법영득 의사
- ▶ 사기죄의 성립요건
  ① 기망이란 상대방을 착오에 빠지게 하는 일체의 행위를 말한다.
    – 기망행위는 거래의 신의칙에 반하는 정도의 기망행위여야 한다.
    – 어떤 행위가 다른 사람을 착오에 빠지게 한 기망행위에 해당하는 가의 여부는 거래의 상황, 상대방의 지식, 경험, 직업 등 행위 당시의 구체적 사정을 고려하여 일반적, 객관적으로 결정하여야 한다.
  ② 그 착오는 사실에 관한 것이나 법률관계에 관한 것이거나,
  ③ 법률효과에 관한 것이거나를 묻지 않고,
  ④ 그 수단과 방법에도 아무런 제한이 없다.
  ⑤ 기망행위는 작위에 의할 뿐만 아니라 부작위에 의해서도 할 수 있다.
    • 신의칙에 반하는 기망행위(판례)
      – 의료기관이 보험회사가 향후 진료수가를 삭감할 것을 예상하고 과다하게 진료수가를 청구하여 보험회사로부터 실제 발생하지 않은 진료비를 지급받은 경우(대법원 2008.2.29. 2006도5945)
      – 입원의 필요성이 없음에도 의사가 입원 치료의 필요성이 있다고 오판하도록 하여 필요 이상의 장기 입원을 한 후 이를 알리지 않은 채 보험회사에 대하여 보험약관에 정한 입원 기간을 충족시켰다고 주장하면서 보험금을 청구하는 행위(대법원 2007.6.15. 2007도2941)
      – 통원 치료를 받았으면서도 입원 치료를 받은 것처럼 보험회사를 기망하여 보험금을 수령한 경우(대법원 2006.1.12. 2004도6557)

31 부작위에 의한 기망이 인정되기 위한 판례 내용이 <u>아닌</u> 것은?

① 일방이 상대방에게 거래에 관련된 사항을 알리지 않음으로서 장차 계약상의 목적물에 대한 권리를 확보하지 못할 위험이 있어야 한다.
② 이러한 위험이 생길 수 있음을 알고 있었어야 한다.
③ 이를 상대방에게 알리지 아니하고 거래 관계를 맺어 상대방으로부터 재물의 교부가 필요하고 재산상 이익을 받을 것까지는 필요로 하지 않는다.
④ 상대방은 그와 같은 사정에 관한 고지를 받았더라면 당해 거래 관계를 맺지 아니하였을 것이 명백해야 한다.

- ▶ 부작위에 의한 기망이 인정되기 위한 대법원 판례
  ① 일방이 상대방에게 거래에 관련된 사항을 알리지 않음으로서 장차 계약상의 목적물에 대한 권리를 확보하지 못할 위험이 있을 것
  ② 이러한 위험이 생길 수 있음을 알고 있었을 것
  ③ 이를 상대방에게 알리지 아니하고 거래 관계를 맺어 상대방으로부터 재물의 교부를 받거나 재산상 이익을 받을 것
  ④ 상대방은 그와 같은 사정에 관한 고지를 받았더라면 당해 거래 관계를 맺지 아니하였을 것이 명백할 것

정답 31.③

32 다음 중 사기 실행의 착수라고 볼 수 있는 것은?

① A가 보험금을 노리고 B를 살해한 뒤 보험금 청구서를 작성하여 보험회사에 이를 제출하려다가 체포된 경우
② 보험금 신청서를 접수하지 않고 허위의 정비내역서만을 보험회사 직원에게 준 경우
③ 교통사고 현장에 출동한 보험회사 직원에게 가해자나 피해차량을 바꿔치기하여 진술하거나 사고 전에 이미 있었던 파손 부위를 그 사고로 인하여 파손된 것이라고 진술한 것
④ 장애인단체의 지회장이 지방자치단체로부터 보조금을 더 많이 지원받기 위하여 허위의 보조금 정산 보고서를 작성하여 청구서와 함께 제출한 경우

▶ 사기 실행의 착수라고 볼 수 없는 경우
① A가 보험금을 노리고 B를 살해한 뒤 보험금 청구서를 작성하여 보험회사에 이를 제출하려다가 체포된 경우
② 보험금 신청서를 접수하지 않고 허위의 정비내용서만을 보험회사 직원에게 준 경우
③ 장애인단체의 지회장이 지방자치단체로부터 보조금을 더 많이 지원받기 위하여 허위의 보조금 정산 보고서를 제출한 경우
④ 태풍피해복구 보조금 지원절차에 따라 피해를 신고한 경우
⑤ 장해보상 지급 청구권자에게 보상금을 찾아주겠다고 거짓말을 하여 동인을 보상금 지급기관까지 유인한 경우
⑥ 교통사고 현장에 출동한 보험회사 직원에게 가해자나 피해차량을 바꿔치기하여 진술하거나 사고 전에 이미 있었던 파손 부위를 그 사고로 인하여 파손된 것이라고 진술한 것

33 사기죄에 대한 설명으로 옳은 것은?

① 여러 명의 피해자에 대해 피해자별로 기망행위를 하여 각각 재물을 편취한 경우 포괄일죄가 성립한다.
② 단일의 의사로 같은 기회에 수 개의 생명보험에 가입한 뒤 교통사고로 위장하여 살인하고 수 개의 보험회사로부터 각각 보험금을 편취한 경우 상상적 경합범이다.
③ 범의의 단일성과 계속성이 인정되지 않거나 범행방법이 다를 경우 상상적 경합범이다.
④ 동일한 피해자에 대해 수회에 걸쳐 기망행위를 하여 금원을 편취한 경우 범의가 단일하고 범행방법이 동일하다면 사기죄의 포괄일죄만 성립한다.

▶ 사기죄의 죄수(罪數)
① 사기죄의 보호법익은 피해자의 재산 및 피기망자의 의사결정의 자유이다.
② 동일한 피해자에 대해 수회에 걸쳐 기망행위를 하여 금원을 편취한 경우 범의가 단일하고 범행방법이 동일하다면 사기죄의 포괄일죄만 성립
③ 범의의 단일성과 계속성이 인정되지 않거나 범행방법이 다를 경우 실체적 경합범
– 여러 명의 피해자에 대해 각 피해자별로 기망행위를 하여 각각 재물을 편취한 경우 피해자별로 1개씩의 사기죄가 성립하여 포괄일죄가 아니다.
– 단일의 의사로 같은 기회에 수 개의 생명보험에 가입한 뒤 교통사고로 위장하여 살인을 하고 수 개의 보험회사로부터 각각 보험금을 편취한 경우 실체적 경합범

34 소송사기에 대한 설명으로 옳은 것은?

① 소송사기란 법원에 허위 사실을 주장하거나 허위의 증거를 제출하여 법원을 기망했을 때 기수로 본다.
② 피기망자는 법원이고 재산상의 피해자는 보험회사이므로 피기망자와 재산상 피해자가 일치하지 않는 삼각사기의 전형적인 유형이다.
③ 1심 또는 항소심에서 승소판결을 받았다면 기수에 이르렀다고 본다.
④ 패소판결을 받은 경우 소송사기는 성립하지 않는다.

 ▶ 소송사기
① 소송사기란 법원에 허위 사실을 주장하거나 허위의 증거를 제출하여 법원을 기망하고, 이에 속은 법원으로부터 승소판결을 받아내는 것을 말한다.
② 당사자가 제출한 자료와 입증한 사실만을 근거로 판단하는 민사소송 분야에 나타난다.
③ 피기망자는 법원이고 재산상의 피해자는 보험회사이므로 피기망자와 재산상 피해자가 일치하지 않는 삼각사기의 전형적인 유형이다.
④ 판결은 사기죄의 구성요건 요소인 '처분행위'로 볼 것이다.
⑤ 실행의 착수 시기는 소송을 제기한 때, 기수 시기는 승소판결이 확정될 때
 – 확정판결에 기하여 재물 또는 재산상이익을 취할 것을 요하지 않는다.
 – 1심 또는 항소심에서 승소판결을 받았다고 하더라도 아직 기수에 이르지 못했다.
 – 패소판결을 받은 경우 소송사기는 미수로 종료된다.

35 보험 살인을 입증할 수 있는 간접 사실에 해당하지 <u>않는</u> 것은?

① 피보험자의 경제상황
② 살인 피해자를 피보험자로 하는 보험가입 시기 및 보험료, 보험금 액수
③ 살인 당시의 정황
④ 살인 직후 보험계약자 등의 진술 및 태도 관련 특이성 및 일관성 여부

 ▶ 살인의 간접사실은?
① 보험계약자의 경제상황
② 살인 피해자를 피보험자로 하는 보험가입 시기 및 보험료, 보험금 액수
③ 살인 당시의 정황
④ 피해자 사체 부검결과
⑤ 살인 직후 보험계약자 등의 진술 및 태도 관련 특이성 및 일관성 여부

정답 34.② 35.①

36 허위 과다입원을 판단하는 내용에 해당하는 것은?
① 질병, 상해 등이 존재하여 보험금을 지급받을 사유가 있었다 하더라도 이를 기화로 실제 지급받을 수 있는 보험금보다 다액의 보험금을 편취할 의사로 장기간 입원 등을 통하여 과다한 보험금을 지급받는 경우
② 사회 통념상 권리행사의 수단으로 용인할 수 있을 정도에 이르렀을 경우
③ 치료의 실질이 통원 치료가 아닌 입원 치료에 해당하는 경우
④ 입원의 필요성이 있는 사유로 인하여 의사에게 입원치료의 필요성을 말하고 장기입원을 한 경우

▶ 허위 과다입원의 판단은?
　① 질병, 상해 등이 존재하여 보험금을 지급받을 사유가 있었다 하더라도 이를 기화로 실제 지급받을 수 있는 보험금보다 다액의 보험금을 편취할 의사로 장기간 입원 등을 통하여 과다한 보험금을 지급받는 경우
　② 사회 통념상 권리행사의 수단으로 용인할 수 없는 정도에 이르렀을 경우
　③ 치료의 실질이 입원 치료가 아닌 통원 치료에 해당하는 경우
　④ 입원의 필요성이 없음에도 의사로 하여금 입원치료의 필요성이 있다고 오판하도록 하여 필요 이상의 장기입원을 한 경우
▶ 입원의 의학적인 필요성 확인은?
　① 심평원 또는 사설 분석원 등 의료전문가의 의료분석을 활용할 필요가 있고
　② 입원 경위, 입원의 원인이 된 상병명 또는 사고경위, 입원 시 치료내역, 총 입원일수

37 부당한 보험금 수령 목적의 보험 가입 내역을 확인하기 위한 사항으로 옳지 않은 것은?
① 입원 보험금이 지급되는 보험의 가입 개수
② 보험가입시기
③ 입원 급여를 극대화 할 수 있는 특약 또는 추가보험금 존재 여부
④ 연납 보험료 총액이 수입에 비해 과다한지 여부

▶ 보험 가입내역 확인 사항은?
　① 입원 보험금이 지급되는 보험의 가입 개수
　② 보험가입시기
　③ 입원 급여를 극대화 할 수 있는 특약 또는 추가보험금 존재 여부
　④ 월납 보험료의 총액
　⑤ 월납 보험료 총액이 수입에 비해 과다한지 여부
▶ 보험금 지급내역 관련 확인사항은?
　① 수령한 보험금 총액
　② 수령한 보험금의 용처
　③ 보험금 지급제한 기간 회피여부

38 보험계약자의 고지의무 중 '중대한 과실'에 대한 설명이다. 옳지 않은 것은?
① 고지하여야 할 사실의 존부와 관계없이
② 현저한 부주의로 인하여 그 사실의 중요성의 판단을 잘못하거나
③ 그 사실이 고지하여야 할 중요한 사실이라는 것을 알지 못하는 것
④ 고지의무를 다하지 않은 사실이 증명되어야 함

 ▶ "중대한 과실"이란?
① 고지하여야 할 사실은 알고 있지만,
② 현저한 부주의로 인하여 그 사실의 중요성의 판단을 잘못하거나,
③ 그 사실이 고지하여야 할 중요한 사실이라는 것을 알지 못하는 것

39 다음은 의료인의 면허자격 정지 사유에 대한 설명이다. 옳지 않은 것은?
① 진단서, 감안서 또는 증명서를 거짓으로 작성하여 내주거나 진료기록부 등을 거짓으로 작성하거나 고의로 사실과 다르게 추가기재, 수정한 때, 의료인이 아닌 자로 하여금 의료행위를 하게 한 때
② 의료기관 개설자가 될 수 없는 자에게 고용되어 의료행위를 한 때
③ 의료기사가 아닌 자에게 의료기사의 업무를 하게 하거나 혹은 의료기사의 그 업무 범위내에서 업무를 하게 한 때
④ 관련 서류를 위조, 변조하거나 속임수 등 부정한 방법으로 진료비를 거짓 청구한 때

 ▶ 면허자격정지 사유
① 의료인의 품위를 심하게 손상시키는 행위를 한 때
② 의료기관 개설자가 될 수 없는 자에게 고용되어 의료행위를 한 때
③ 진단서, 감안서 또는 증명서를 거짓으로 작성하여 내주거나 진료기록부 등을 거짓으로 작성하거나 고의로 사실과 다르게 추가기재, 수정한 때
④ 의료인이 아닌 자로 하여금 의료행위를 하게 한 때
⑤ 의료기사가 아닌 자에게 의료기사의 업무를 하게 하거나 의료기사에게 그 업무 범위를 벗어나게 한 때
⑥ 관련 서류를 위조, 변조하거나 속임수 등 부정한 방법으로 진료비를 거짓 청구한 때
  – 의료인은 금고 이상의 형을 받을 경우 필수적 면허 취소사유에 포함한다.
  – 면허가 취소된 자라도 취소된 사유가 없어지거나 개선의 정이 뚜렷하다고 인정되면 면허를 재교부할 수 있다.

40 다음 중 사무장병원이라고 볼 수 없는 형태는?

① 의료생협에서 조합원 외에 비조합원을 진료하는 경우
② 의료인의 명의를 대여받아 운영하는 병원
③ 의료인이 둘 이상의 병원을 각각 다른 의료인 명의로 개설 운영하는 병원
④ 비의료인이 의료인을 고용하여 운영하는 병원

▶ 사무장병원이란?
① 비의료인이 의료인을 고용하여 운영하는 병원
② 의료인의 명의를 대여받아 운영하는 병원
③ 동일한 의료인이 둘 이상의 병원을 자기 명의로 개설 운영하는 병원

제2과목
보험조사론 II
(실무)

보험조사 실무

제1편

CHAPTER 01 보험사기범죄 조사 개관

제1절 보험사기범죄 조사 일반

1. 보험제도

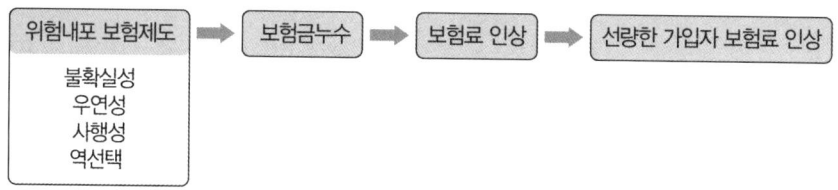

2. 보험범죄

지능화, 조직화, 광역화되고 있어 이로 인한 사회적 문제도 심각해지는 추세이다.

3. 보험범죄 전담대책반(서울중앙지검에 설치, 운영)

검찰, 경찰, 금융감독원 등 9개 기관이 참여한다.
※ 금융위원회는 참여기관이 아님

(1) 경찰청
교통범죄수사팀

(2) 민영 보험사
특별조사팀(SIU)

(3) 금감원, 보험협회
보험조사협의회 TF 구성
▶ 보험사기 적발금액: 1조 818억원(2022년 기준)
▶ 보험사기 적발인원: 102,679명(2022년 기준)

제2절 보험사기범죄 조사의 법적 근거

1. 보험사기범죄 조사 근거

(1) 보험사기방지특별법

보험회사는 보험사기 행위로 의심할 만한 합당한 근거 존재 → 금융위원회에 보고 가능

> ▶ 보고는 금융위원회
> ① 금융위원회, 금융감독원, 보험회사는 사기의심(합당한 근거) → 관할 수사기관에 고발, 수사의뢰하거나 그 밖에 조치를 취해야 한다.
> ② 수사의뢰를 한 경우 해당 보험사고와 관련된 자료를 수사기관에 송부해야 한다(심평원에 입원 적정성 평가 의뢰).

(2) 보험업법

① 제102조의2(보험계약자 등의 의무) 보험사기 금지 의무 규정(명령규정) 그러나 처벌 규정은 없다.
② 제162조(조사대상 및 방법 등) 금융위원회가 조사 가능하다.
③ 제194조(업무의 위탁) 조사업무를 금융감독원장에게 위탁 가능하다.

※ 102조 위반 → 금융위조사(162조), 금감원조사(194조) → 보험조사협의회 조사(163조) → 고발(보험사기특별법)
예 162조(조사대상 및 방법) 자료요구 가능, 자료 허위 제공 시 소속 단체장 문책 요구도 가능

2. 보험조사협의회

보험업법 제162조(조사대상 및 방법 등) 및 제163조(보험조사협의회)에 근거하여 금융위원회에 설치(보건복지부, 금감원, 보험 관련 기관 및 단체 등으로 구성)

3. 보험사기 조사업무 모범 규준

3개 분야 8개 세부내용

(1) 보험사기방지체계

전담조직 설치 · 업무 · 평가, 보험사기 신고센터 설치 · 운영(제보자 비밀보호, 신고포상금 지급), 내부통제(보험사기방지업무 규정, 이행실태 점검, 보험사기연루 업무종사자 처리)

(2) 조사단계별 준수사항

조사 실시(조사착수 및 인지보고), 결과 처리(결과보고 및 수사의뢰), 사후 관리(보험금 환수 및 정보공유)

(3) 소비자보호

개인정보 보호, 분쟁방지 및 조정

CHAPTER 02 보험사기범죄 조사 기법

제1절 보험사기 단계별 조사내용

1. 조사순서

(1) 1단계 예비조사: 보험사기 범죄 인지
   범죄 인지 경로
   ① 보험범죄 제보(일반시민 및 관련자)
   ② 일반사고의 접수, 보상, 처리 과정 중 인지
   ③ 보험회사의 보상과정 중 인지
   ④ 수사기관에서 보험 관련 혐의 자료를 요청한 자료 중 인지
   ⑤ 유관기관 제보 건
   ⑥ 보험사기인지시스템 등 시스템을 통한 기획조사 건

(2) 2단계 예비조사: 기초사실 조회
   조회 대상 정보
   ① 혐의자 사고경력
   ② 사고 관련 계약사항
   ③ 피해 내용과 정도
   ④ 병원 내원 내역, 치료 내역
   ⑤ 사고 관련자 인적사항

(3) 3단계 본조사: 자료 취합
   취합대상 자료
   ① 보험계약, 사고접수 내역
   ② 보험금 지급내역 및 품의내역(심의 결과서), 기타 보험범죄 관련자료 일체

(4) 4단계 본조사: 자료 분석
   혐의분석 방법 및 관련 시스템
   ① 제보내용을 고려한 보험사고 유형 및 특징 분석
   ② 취합자료 분석을 통한 혐의사항 도출
   ③ IFAS, ICPS, KICS 등

① 조사자가 요구하는 다양한 정보를 기초데이터에서 추출, 내용을 정리 분석하여 비정형적인 결과를 얻을 수 있는 분석 방법 → 통계분석
② 주 혐의자를 중심으로 관련자들의 공모가능성을 도식화함으로써 조사대상 혐의자를 한정하는 분석방법 → 연계 분석
  ※ 시스템은 조직과 시스템을 연결하는 문제도 가능
③ 보험범죄 분석시스템
  ㉠ 금감원: IFAS(보험사기인지시스템)
  ㉡ 한국신용정보원: ICPS(보험신용정보통합조회시스템)
  ㉢ 수사기관(검, 경찰): KICS(형사사법정보시스템)
  ㉣ 보험사에서 운용하고 있는 보험사기 적발시스템(현대해상 HI-FDS, HI-SNA, DB손보 T-SYSTEM)

(5) 5단계 본조사: 범죄일람표 작성

범죄일람표 작성 방법
① 범죄 관련 사항을 6하 원칙으로 기재
② 혐의내용 입증을 위해 분석보고서 작성

(6) 6단계: 수사의뢰(보험사기 조사업무 모범규준에 따른 수사의뢰 기준을 마련)

수사절차 참여 방안
① 보험사기 범죄 인지로 인해 조사·분석된 자료를 바탕으로 수사의뢰
② 수사기관이 지정되면 협의 후 추가 분석 진행
③ 혐의 관련자 조사 시 심층적인 자료 분석에 근거한 적극적인 증거자료 제시가 필요

▶ 수사의뢰 기준
㉠ 보험금 편취를 목적으로 한 살인, 방화
㉡ 보험금 편취를 목적으로 한 유기, 학대 등 사회 취약계측을 이용한 범죄
㉢ 보험금 편취를 목적으로 보험계약자, 피보험자, 보험수익자가 진단서를 위, 변조하여 암, 뇌혈관, 심혈관 진단비를 청구한 경우
㉣ 보험사기방지특별법 위반에 따른 형의 확정판결을 받은 사실이 확인되는 자의 보험사기
㉤ 보험사기해위로 의실할 만한 합당한 근거가 있는 경우에도 이를 지속적으로 부인하는 경우

제2절 보험사기범죄 사고별 조사내용

1. 허위장해

장해등급을 받기 위해 고의로 신체를 훼손하거나, 실제 장해상태보다 과장하여 장해진단을 받는 수법 등을 통해 보험금을 편취하는 것으로 브로커 또는 병원관계자와 공모하므로써 조직화, 지능화, 치밀화되는 추세이다.

(1) 유형
① 기존 장해를 새로운 장해로 위장(기왕증)
② 경미 장해를 조작 또는 영구장해로 가장(운동범위 제한)
③ 고의상해 사고로 장해진단(신체절단, 안구(시력)훼손)
④ 장해진단서 위, 변조
⑤ 실제 장해자가 공모하여 인적사항 바꿔치기하여 진단서 발급

> ▶ 주요 확인 사항
> ① 객관적인 증거 확보
> ② 보험가입 전 상황 관련 주요 사항
> ③ 보험가입 관련 주요 사항
> ④ 기본적인 인적사항 및 계약내용 등의 파악(보험사기 의도 파악에 활용)
> ⑤ 사고 경위 및 원인 과정, 치료내역, 치료과정 등 주요 사항
> ⑥ 재해 구성요건인 급격성, 우발성, 외래성 및 약관상 보험금 지급대상이 되는 불의 사고인지, 위장된 사고인지, 과장된 내용인지 여부를 종합적으로 비교·확인

2. 사망

사망을 담보로 하는 보험을 이용하여 고액의 사망보험금을 편취하기 위해 고의적, 악의적으로 행하는 인위적인 불법행위이다.

(1) 유형
① 사체가 확인된 사고(자살, 타살, 지병)
② 사체가 확인되지 않는 사고(실종, 유기, 사고사)
  → 사망신고제도 악용, 실종(일반, 특별)
③ 진단서 등 사망 관련 서류 위·변조

▶ 주요 확인 사항
고액담보 집중가입, 청약서 자필(대필)서명, 재정상태

▶ 사체가 확인된 사고
사망자 수익자 관계, 사고 유형에 따른 사고경위(교통, 화재), 사고 발생 전 사망자의 행적 분석

▶ 사체가 확인되지 않는 사고
사고 경위(실종, 밀항, 바다관련), 사고일 이후 보험계약 또는 보험사고, 실종선고 취소 여부

▶ 서류위조를 통한 보험사기
보험가입사항 분석, 발행기관에 대한 현지방문을 통한 일치여부 확인

3. 가족(친인척)공모

장기 조직형 보험사기의 전형적인 유형으로 가족(친인척) 관계의 피보험자가 경미한 사고로 발생한 염좌 및 경미한 질병으로 단기간 반복 입원하는 등의 방법으로 입원의료비 및 입원일단을 편취하는 유형이다.

(1) 유형
① 다수 보험가입 및 가족 동반 입원
② 1개의 병원에 장기입원 하지 않음
③ 경미 상해나 질병으로 반복, 지속 입원
④ 특정 병원을 돌아가며 입원(메뚜기)
⑤ 목격자 없는 단독 상해사고가 많음

▶ 주요 확인 사항
① 보험금 지급건 확인
② 주 입원병원, 진단명, 입퇴원일, 입원기간, 청구일, 지급일 등 전반적인 입원내역 확인
③ 보험계약사항 및 보험금 지급내역 확인 후 전체 보험금 지급 규모 확인

4. 입원

(1) 진료기록 조사 및 분석

보험사에 제출된 진단서 또는 입원확인서에는 진단명, 입원기간 등 기본정보만 제공
① 진단 및 치료 병원 진료기록부와 진료비 영수증에 대한 분석 중요
② 2014년 판례 – 병원에서 6시간 이상 병원에 머물면 입원으로 인정

(2) 입원적정성 분석

조사 Point	확인사항
입원차트 분석	외출, 외박, 식사대장, 투약대장, TPR
최초 부상의 원인 및 정도	진술의 신빙성, 부합성, 모순점
최초 병원 내원사항 및 문진회동	부상의 원인, 정도와 병원의 주장 간 부합성
심평원 입원기간 적정성 분석	필요시 심평원의 입원기간 적정성 분석 의뢰
진단명별 상해진단서 작성지침	진단명에 따른 상해진단서 작성지침 상의 치료기간
보험사 지급관련 조사서류	과다입원에 대한 의사소견서 및 감액지급서류 등
근무지 출근기록부 등 직업특성에 따른 서류	출근기록부상 출근여부 등
국민건강보험공단 요양급여 지급내역	입원 기간 중 타 병원과 먼 지역에서의 신용카드 사용내역
간호일지 및 인계장, 입원환자 관리대장	간호일지, 인계장 등 입원환자 재원현황
식사관리 대장	처방내역과 식당 식사내역과 비교
휴대폰 통화내역	휴대폰 발신지 확인을 통해 병원 외 지역통화내역
인터넷 접속내역	입원기간 중 인터넷 접속 기록 ID, IP 등 확인
고속도로, 유료도로 통행기록	입원기간 중 차량운행 내역(톨케이트, 터널)
병원의 이동과정, 기간, 원인 및 이동 후 치료사항	설계사, 브로커 등의 개입여부
외박, 외출의 빈도	외박, 외출 기간, 간격, 시기, 의료차트 내용 비교

5. 보험업 관련자 공모 보험사기

보험업 관계자가 조직적으로 개입하여 보험금 편취를 도운 후 소정의 수수료를 챙기는 일련의 사기 형태를 말한다.

(1) 특징

① 계약 체결 경위가 대부분 자진 청약 및 다수 체결
② 일정기간 계약 유지 후 실효 및 해지 처리
③ 최초 사고발생일과 가입일자가 근접(1개월 이내)
④ 보험청구 시 사고조사 방해, 민원제기 등 과정 개입

> ▶ 주요 확인 사항
> ① 설계사, 대리점 보험계약 체결 내역 및 보험금 지급내역 분석
> ② 법인대리점일 경우 사용인의 입원내역 확인
> ③ 설계사 및 사용인 입원의 경우 입원기간 중 계약체결 및 IP 접속내역 확인

6. 운전자 바꿔치기

특약위반(연령, 관계 등), 무면허, 음주운전 등의 사고에 대한 보험처리를 받기 위해 운전자를 바꾸어 보험사에 접수하는 일련의 행위를 말한다.

(1) 유형

① 한정특약(1인 한정, 연령 한정) 사항 있는 단독사고
② 가입자가 면허 정지 또는 취소
③ 사고접수 전 특약사항 문의
④ 가해자가 지나치게 피해자를 보호
⑤ 운전자와 동승자간 나이차이가 많이 나는 경우
⑥ 고액사고 또는 피해자 다수임에도 사고와 경찰서 신고시간에 차이가 많은 건(지연접수)

▶ 주요 확인 사항
① 상대 운전자를 통한 운전자의 성별, 나이, 인상착의, 의류 색깔, 나눈 대화 내용 등을 구체적으로 조사
② 차량운전자 사고개요에 대하여 구체적 확인
③ 보험의 특약사항 확인, 사고당시 운전자와의 관계 확인
④ 사고현장에 출동한 견인기사, 병원 관계자, 목격자를 상대로 운전자 진위 여부 확인
⑤ 최초 내원병원 진료기록 확인(사고경위, 가해차량, 내원 일시 등)
⑥ 차량 파손부위와 운전자 등 탑승자의 부상 부위의 일치여부 확인

7. 차량 바꿔치기

책임보험 미가입차량, 차량등록이 안된 대포차량, 책임보험만 가입한 차량 등 고액의 보험금 지급이 예상되는 사고 건에 대해 종합보험에 가입되어 있는 차량으로 바꿔치기하여 보험처리하는 일련의 행위를 말한다.

(1) 유형

① 단독사고임에도 동승자가 중상
② 고액사고, 지연접수인데 경찰서 미신고
③ 공사현장 등 무보험 건설기계가 많은 곳의 사고
④ 배달업체 이륜차 사고
⑤ 차량 보유대수가 많은 영업용(특약위배)차량 사고

▶ 주요 확인 사항
① 피해자 상대로 차종(특징) 및 차량색상에 대한 정확한 조사
② 목격자, 현장출동인력, 견인기사를 상대로 한 사고차량 파악
③ 차량 운전자의 병원 내원여부, 진료차트 및 차량 손상부위와 상해부위 일치여부 확인

8. 비(非)보험사고

일반상해 또는 산재사고를 자동차보험으로 처리받기 위해 교통사고로 위장 접수하는 일련의 행위를 말한다.

(1) 유형
① 불상차량으로 인해 사고를 당한 사고건
② 경찰이나 보험사에 지연 접수된 사고건
③ 심야에 도로상에서 도주차량에 사고를 당한 사고건
④ 공사현장 등 재해에 의한 사고가 많이 발생하는 장소의 사고건
⑤ 부상 정도가 중함에도 경찰신고가 되지 않는 사고건

▶ 주요 확인 사항
① 피해자의 사고경력 및 보험가입사항
② 가·피해자간의 인적관계를 확인하기 위한 보험사고경력 조회
③ 사고현장 정밀 조사, 피해자의 후송경위 및 후송차량 운전자를 통한 사고경위 확인
④ 사고차량 운전자의 운행 경위, 사고차량 파손부위와 피해자의 상해부위 확인
⑤ 최초 응급진료기록, 접수자 파악이 중요하며 지연접수시 사유를 반드시 확인

9. 보험계약 전 사고

보험적용이 되지 않는 상태에서 사고가 발생하였고, 이후 보험처리를 받을 목적으로 보험에 가입하거나 배서 변경을 한 후 사고접수를 하여 보상처리를 받는 일련의 행위를 말한다.

(1) 유형
① 책임보험만 가입, 자차 미가입, 연령한정 위배 등의 사고
② 평균 3개월 이내 보험가입 또는 배서변경 한 사고
③ 모집인이 사고접수 또는 보상진행에 과도하게 개입
　　(계약 전 사고의 60~70% 보험모집인과 연관)

▶ 주요 확인 사항
① 사고현장 조사를 통한 사고현장의 잔존물 및 목격자 확보가 중요(사고일자 입증)
② 실질적인 사고발생일보다 지연접수 되므로 사고차량의 파손부위에 쓴 녹 등 증빙자료 확보

10. 피해자 끼워 넣기

교통사고 당시 사고차량에 탑승한 사실이 없음에도 탑승한 것으로 위장하여 보험금을 편취하는 일련의 행위를 말한다.

(1) 유형

① 가해자가 음주, 무면허 등 법규를 위반한 사고인 경우 피해 차량측에서 약점을 이용
② 가해자가 노약자, 부녀자인 경우 사고 조치가 서툼 이용
③ 보험사에 대인 추가접수
④ 피해차량이 택시인 경우 동료, 지인을 승객으로 둔갑
⑤ 뺑소니 사고 시 피해차량 승객 끼워넣기

▶ 주요 확인 사항
① 피해자들의 관계 및 보험사고경력을 반드시 확인
② 가해차량 운전자의 음주, 무면허, 특약위반 등 약점이 잡혀 있었는지 여부 확인
③ 사고발생 전, 사고 당시, 사고 직후 등 행적에 대해 확인
④ 사고현장에서 견인하지 못한 견인차량 운전자를 통해 사고 직후 상황에 대해 확인

11. 음주운전사고(혈중알콜농도 0.03%)

도로교통법에서 규정한 혈중알콜농도(0.03%) 이상으로 술을 마시고 운전하거나 음주측정에 불응한 사고를 말한다. 물증이 없는 경우 적발이 곤란한 특징이 있다.

(1) 특징

① 심야사고
② 경찰 미신고 단독사고
③ 지연접수 사고
④ 피보험자가 피해자 과실에 대하여 지나치게 관대
⑤ 사고 후 운전자가 현장에서 이탈

※ 위드마크로 음주수치 산출(확인서-몸무게, 술 종류, 음주량, 음주시간, 사고시간 기재)

▶ 주요 확인 사항
① 운행경위, 목적 등 운전자의 당일 행적 조사(음주사실 여부를 확인)
② 피해자와 탑승객을 개별적으로 면담 운전자의 행동, 말투, 냄새 등 확인해야 한다.
③ 관련자 조사(견인기사, 신고자, 정비업체 관계자, 병원 관계자)
④ 단독사고건의 경우는 경찰서 신고, 접수 경위 확인
⑤ 음주사실 인정 시 음주량, 술의 종류, 몸무게, 음주시간, 사고시간 등을 정확하게 확인하고 확인서를 징구하여 위드마크 산식에 의한 음주수치를 산출한다.

12. 자동차를 이용한 조직형 보험사기

가해자와 피해자로 역할을 분담하여 고의로 교통사고를 유발하거나 교통사고가 없었음에도 마치 교통사고가 발생한 것처럼 보험사 등에 보험접수하여 보험금을 편취하는 일련의 행위이다.

(1) 특징

① 단순 후미추돌(쌍방과실이 아닌 일방과실 사고)
② 심야시간때 사고를 즉시 보험접수(의심 요소를 최소화하기 위해서 지연접수 하지 않음)
③ 자차 파손없이 경미한 대물사고
④ 가·피해자 나이가 비슷하고 피해차량에 3~4명 동승한 사고 → SNS, 승차경위, 사고유형 등 일정한 패턴 유·무 조사가 필요하다.
⑤ 1인이 대표해서 조기합의를 요구한다.
⑥ 책임보험만 가입하고 경찰에 미신고

> ▶ 주요 확인 사항
> ① 가·피해자 관계 확인(주소지, 등록지, 직장 등)
> ② 가·피해자 차량의 파손상태 가 사고내용과 일치하는지 여부 조사
> ③ 가·피해자의 보험사고경력 및 생·손보 가입상황 확인
> ④ 기 사고에 대한 가·피해자와의 연관관계 조사
> ⑤ SNS를 통한 가·피해자의 연계여부 조사
> ⑥ 가·피해자 전원에 대한 상호관계 확인과 승차경위 등 확인
> ⑦ 사고 유형 등 일정 패턴의 파악, 유사 이력 등 보험사 자료 추가 확인

13. 자해공갈(보행, 자전거 등)

상가 밀집지역, 주택가 좁은 도로 등에서 서행하거나 교행하기 위해 일시 정지하였다가 출발하는 차량에 타이어에 발을 집어넣거나, 사이드미러에 고의로 팔 등을 충격한 후 피해를 입었다고 병원에 입원하는 행위, 자전거를 이용하여 서행하는 차량을 상대로 고의로 접촉하여 보험금을 편취하는 일련의 행위이다.

(1) 특징

① 가해 운전자가 피해자 고의사고 의구심 주장
② 서행지역(골목길, 시장)에서 사이드미러 접촉, 바퀴에 역과, 자전거 사고 발생
③ 주차장 또는 도로 후진 차량에 충격
④ 사고현장에 피해자 주장에 동의하는 목격자 존재
⑤ 충격 형태와 과정이 경미함에도 넘어지거나 피해과장
⑥ 반복, 상습적

▶ 주요 확인 사항
① 피해자의 보상사고경력 확인을 통한 동일 유형의 사고여부 확인(반복, 상습성의 특징이므로 보험사, 공제조합, 112신고 내역 등 전반적인 확인 필요)
② 목격자 유무 및 피해자 자해여부 확인
③ 피해자의 부상 정도 및 사고와의 인과관계 확인
④ 피해자 기왕 병력 확인
⑤ 보상합의에 제3자가 개인하는 경우 피해자와의 관계 확인

14. 외제차

고가의 외제차량을 이용하여 고의로 교통사고를 유발시킨 후 미수선처리를 요구하는 경우로 고의사고 후 렌트비 등을 포함하여 고액의 보험금을 편취하는 일련의 행위이다.

(1) 특징
① 중고, 사고, 침수차를 경매 등을 통해 저가에 구입
② 차량번호 및 차량 소유주 변경, 타보험사와 계약체결
③ 자차담보 상향 가입(최대금액), 렌트 특약가입
④ 새벽, 심야에 CCTV 및 인적 없는 간선도로 단독사고
⑤ 사고 후 견인 및 현장출동 요청하여 사고 검증
⑥ 운전자 외 제3자가 보상진행(민원제기)
⑦ 사고장소와 무관한 특정 공업사 사고차량 입고
⑧ 렌트비 과다 발생, 미수선 수리비 요구

▶ 주요 확인 사항
① 혐의자의 사고이력 및 차량이력에 대한 조사
② 소유자 및 영업딜러에 대한 사고경력 등 연계분석
③ 고의사고 및 확대견전에 대한 혐의점 조사
④ 직·간접증거 확인(CCTV, 블랙박스, 사고차량 행적이나 이동경로 파악)
⑤ 보험계약관계

CHAPTER 03 보험사기범죄 주체별 조사 방법

제1절 병·의원

보험급여와 관련된 병원의 각종 위법행위 일체를 병·의원 관련 보험사기범죄라 한다.

1. 진료기록 조사

기본정보(진단명, 입원기간)만 제공되는 진단서, 입원확인서 외에도 진료기록부와 진료비 영수증 분석이 필요하다.

2. 진료기록 분석을 통한 입원 적정성 판단

(1) 진단서상 진단명, 진료기록상 최초병원 내원 시 호소한 증상 및 진단을 내린 검사결과를 확인한다.
(2) 입원병록지, 의사 지시내용 → 진단 근거, 추가진단에 대한 증거를 확보한다.
(3) 투약기록지, 간호사 기록지, 식사대장 → 진단에 대한 실제 치료여부 및 병실부재 여부를 확인한다.
(4) 병원 영수증 → 진단과 직접 관련 없는 치료가 있었는지 여부를 확인한다.

3. 치료비 조사

(1) 진찰료/입원료
의학관리료(40%) + 간호관리료(25%) + 병원관리료(35%)

(2) 주사료
① 근육주사, 수액: 외래 1회/日, 입원 2회/日
② 진통소염제, 골격이완제: 2회/日 투여인정
※ 갈라신주(골격이완제)는 수액제 주입로를 통한 주사, 피하 근육주사시 수기료 산정, 수액에 혼합하여 처방한 경우에는 수기료를 산정하지 아니함.

(3) 이학요법(물리치료): 표층열, 경피적 신경자극, 간섭파 전류치료
외래 1회/日, 입원 2회/日

(4) 입원환자 식대가산 산정기준
① 영양사, 조리사: 의원 1명, 병원 2명(해당병원 소속)
② 직영가산, 선택가산: 영양사 1명 이상(상근영양사 필수)
③ 선택가산은 매일 2식 이상 다른 메뉴 제공

(5) 방사선료(판독료 30% + 촬영료 70%)

상근 방사선 전문의 판독소견서 작성 시 10% 가산

4. 허위청구 조사

(1) 진찰료

① 환자없이 가족이 처방전 수령 시 재진료 50% 지급

② 퇴원일 경구약 없으면 의약품 관리료 불인

> ▶ 심평원 유권해석
> 의사진료 없이 물리치료만 받은 경우 → 의원 3,270원/병원 3,240원 적용
> 의원이 병원보다 많으며 재진료 인정이 아님에 주의해야 한다.

(2) 입원료

① 장기간(24시간 이상) 외출, 외박 → 입원료 35%만 청구

② 잦은 무단외출: 최초 외출 익일~퇴원일, 입원료, 식대 전액 조정

③ 상급병실 허위 청구(일반병실 50% 이상 운영, 의원의 경우 15/29 이상 일반병상)

④ 심평원 유권해석

  ㉠ 입원환자 주치의 허락하여 24시간 이상 외박 시 병원관리료만 산정

  ㉡ 의원 29병상 이하로, 초과시 행정처분대상

(3) 투약료

① 조제복약 지도료(행위료) 관련

② 보건복지부 유권해석

  ㉠ 의사(치과의사)감독 하 간호사, 간호조무사가 의약품 조제 대신할 수 있나?

    → 현행법 간호사 등의 "진료보조"에 대한 명시규정이 없다.

    → 진료보조는 주사, 드레싱, 수술준비, 약무보조로 제한, 조제는 위법이다.

  ㉡ 의사가 진료기록지에 의약품 종류, 용량을 적어 처방, 간호사(조무사)가 의사 지시나 감독 없이 진료기록지에 따라 약을 배합, 밀봉한 것은 의사의 직접 조제로 볼 수 없다. 의사가 퇴근 후 지시 여부와 무관하게 직접 조제로 볼 수 없다.

    → 의사의 구체적, 즉각적 지휘감독 있어야 직접 조제행위로 판단한다.

(4) 방사선 허위청구

① 판독소견서 작성비치 & 진료기록부 기록 후 판독료를 청구해야 적법하다.

② 특수촬영인력 기준

  ㉠ CT: 영상의학과 전문의 비전속(최소 주1회) 1인 이상, 방사선사 전속 1인 이상

  ㉡ MRI: 영상의학과 전문의 & 방사선사 1인 이상

(5) 물리치료
① 의사의 물리치료는 가능
② 물리치료사는 인체에 힘이나 자극을 가하는 물리치료만 가능(약물, 생화학적 치료 ×)

(6) 식대(식대 및 가산료 허위청구)
① 영양사 없이 직영가산 청구 불법
　㉠ 직영가산(○) + 영양사가산(×)는 불가
　㉡ 종합병원은 영양사 1명만 있어도 직영가산(1,670원) 가능
② 조리사가산: 조리사 자격증 소지(면허증 소지 ×)
③ 선택가산: 2식 이상 2가지 이상 식단 제공, 상근 영양사 없으면 불법이다.
④ 영양사 가산: 의원 1명, 병원 2명 이상

5. 병의원 조사 단계별 적용 법률

(1) 긴급자동차 불법행위
응급구조사/의사/간호사 탑승없이 응급구조활동은 불법이다.(응급의료법 위반)

(2) 의료법 제27조 무면허의료 행위 등 금지
'자격정지(행정처분) 가능'은 1년 내 자격정지 의미
① 택시, 렉카기사 등이 환자를 특정병원에 소개, 알선
② 피해자가 진술하지 않은 부위 촬영(자격정지 가능)
③ 의사 면담전 간호사 등이 촬영지시(자격정지 가능)
④ 의사 외의 자(간호사, 원무과 직원)가 입원 결정(자격정지 가능)
⑤ 검사(혈액, 요, 심전도)를 의사, 임상병리사 외의 자가 시행(자격정지 가능)
⑥ 물리치료사 이외의 자가 치료 시행(자격정지 가능)
⑦ 영양사/조리사 없이 가산 청구(자격정지 가능)

(3) 자격정지 1년내 가능 + 형법
① 진료기록부 허위 작성(+사문서 위조)
② 검사, 투약, 물리치료 시행하지 않고 청구(+사기죄)
③ 외출/외박으로 치료행위가 없음에도 청구(+사기죄)
④ 의사지시 없이 퇴원하여 치료비 청구(+사기죄)
⑤ 식사 제공하지 않고 청구(+사기죄, 위반사실 공표)
　※ 위반사실 공표의 경우 거짓청구 금액이 1,500만원 이상 또는 거짓청구 비율이 20% 이상인 경우에 한함

(4) 의료법 위반, 자격정지
① 물리치료일지 허위 작성(2개월)
② 간호일지 허위 작성(1개월)
③ 간호일지 부실 기재(15일)
④ 진료 후 차트 미기재 또는 한번에 몰아서 기재(15일)
⑤ 야간당직자 근무일지 미보관(15일)

(5) 기타 벌칙(징역, 벌금) 또는 행정처분
① 의사, 약사 이외의 자가 조제하는 행위(벌칙)
　※ 주의: 무면허 의료행위는 아님
② 의사의 지도, 감독없이 조제하는 행위(벌칙)
③ 외출, 외박 현황 미기재(벌칙)
④ 유통기한 지난 주사제 및 의약품 진열, 사용(의료기관 - 시정명령)
⑤ 야간당직자 근무일지 미작성(의료기관 - 시정명령)
⑥ 병실 및 병상 운영개수가 신고와 다른 경우(의료기관 - 시정명령)
⑦ 약사 상주 또는 시간제 지정없이 간호조무사가 의사 오더지를 보고 약조제(간호조무사 - 자격정지 3개월, 의료기관 - 업무정지 3개월)

(6) 의료법상 처분규정 없음
① 의약품 입·출고 상태 미기재
② 물리치료대장 및 간호일지 등을 미리 작성해 놓은 경우
③ 입원확인서 및 진단서 발급 기록 관리 미비
④ 입원확인서 및 진단서 발급을 원무과 직원이 대행
⑤ 의사 회진을 생략
⑥ 입원환자 혈압 등 기본검사 생략
⑦ 수술, 입원 시 서약서를 받지 않는 경우
⑧ 당직의료인 배치의무 위반

(7) 물리치료 인정기준
① 상근 물리치료사 1인당 1日 30명까지 인정
② 시간제, 격일제 근무자는 0.5인으로 15명 인정
③ 의료급여 환자 포함
④ 인원수 초과시 요양급여 불인정
⑤ 기재 여부 열람신청 거부(과태료)

※ 상급병실료 차액을 환자에게 청구하지 않을 경우: 상급병차는 비급여대상, 법령의 비급여대상 규정을 위반하지 않는한 의료기관 자율 또한 법령의 비급여 진료비용 고지의무를 준수한다면 처분대상 아니다.

제2절 정비업체

1. 정비업체 일반

(1) **작업범위에 따라 4종으로 구분**
　① 자동차종합정비업: 1급공업사(기술인력 3인, 정비책임자 1명), 모든 자동차 점검, 정비, 튜닝(= 구조변경)
　② 소형자동차종합정비업: 2급공업사(기술인력 3인, 정비책임자 1인), 승용차, 경형 및 소형승합·화물·특수차
　③ 자동차전문정비업: 카센타, 판금, 도색, 엔진보링, 차동장치교환을 제외한 작업(점검, 정비, 튜닝)만 가능
　④ 원동기전문정비업: 보링업체, (원동기 = 엔진) 재생정비 및 튜닝

(2) **자동차정비업 시장규모 대비 업체수 과다**(95년 정비업 허가제 → 등록제), 수익의 80% 보험사고차량 수리

　▶ (업체)분석 보고서의 구성(특정 차량 혐의 내용 입증)
　① 분석서 표지(혐의 주요내용 기재)
　② 지급결의서(보험사 지급내역 포함)
　③ 청구서(부품, 공임 등 보험금 지급관련 서류 일체)
　④ 차량수리 전후 사진(사고 최초 사진 포함)
　⑤ 차량등록증
　⑥ 접수지(보험사 서류)

2. 정비업체 범죄유형

(1) **차량 고의파손**
　① 도구를 사용하여 차체를 긁어 사고를 가공할 경우
　　㉠ 판금도장 쉽게 하기 위해 철판 손상시키지 않음
　　㉡ 차체 표면 페인트만 긁어 차체를 따라 유연하게 도막만 손상
　　㉢ 헤드램프나 시그널램프 등 부품교환이 필요 없도록 도장만 긁음
　　㉣ 반복하여 긁게 되면 긁힌 자국간 평행이 이루지 않음
　　㉤ 긁힌 자국이 물결치는 형태로 발생
　② 실제 차량사고로 고정된 물체에 접촉하여 손상된 경우의 차체손상 특징
　　㉠ 충격이 집중된 철판이 꺾임, 함몰손상 발생
　　㉡ 손상형태가 수평을 이룸

ⓒ 차체 특정부분이 집중적으로 손상
　　ⓓ 차체의 굴곡된 부분 중 돌출된 부분이 더 많이 손상
　　ⓔ 강한 힘에 의해 한방에 긁혀진 손상이 발생
　　　※ 주의!! 공식적인 청구행위가 있어야 보험 사기에 해당한다.

(2) 도장요금 허위청구
　① 사고부위와 인접부분 수리, 도장작업처럼 위장
　② 도장료 허위청구(붓칠)
　③ 크레용 사용 파손부분 연출

(3) 중고부품 사용 후 순정부품 비용 청구

(4) 동일 피해물 중복 보험처리
　① 가해차량만 다르게, 다수 보험사 사고접수
　② 차량번호, 파손부위, 사고일자, 사고장소 유사
　③ 동일 정비업체 입고, 지급보험금은 다름

(5) 동호회를 활용한 사고공모(사고가공, 확대 등)
　① 구형모델, 신형으로 개조
　② 노후 차량 색상 변경
　③ 자동차보험 갱신시 설계사에 의한 영업활동
　④ 중고차량 판매 전 또는 중고 구입 시
　⑤ 자기부담금 면제 또는 보험료 할증 보상

(6) 견인고리 체인을 사용하여 판금공임을 가장
　사고차량에 견인고리를 걸어만 두는 형태로 사진을 촬영하고 판금요금 청구

(7) 휠 얼라인먼트 허위청구
　① 차량번호만 다르고 기준값, 측정값 모두 일치
　② 제원과 수치 변경하며 허위청구

(8) 정비업체 불법행위 관련 용어
　① 가청(가청구), 올가청구, 출고안함, 물건미출, 청구만, 청구용: 부품 납품, 사용한 것처럼 가짜 청구
　② 청대(대청), 공청, 공장청구, 공장가청구, 공장건: 정비 공장에서 미사용 또는 비품사용 후 부품상에서 정비공장을 대신하여 청구
　③ 직청: 정비공장에서 보험사에 직접 청구(가짜 거래명세서 작성)
　④ 사용건: 정비공장 자체 보유 비순정품 이용
　⑤ 반품(반품건): 부품 사용× → 반품 또는 일정기간 보관 반품
　⑥ 매입공제: 부품상에서 받은 부품을 일정기간 보관하고 있다가 일반 수리건 결재 시 공제

제3절 부품업체

1. 용어정리

(1) 순정부품, 비순정부품 구별(차이점)
① 순정부품: 완성차 부품과 동일 부품, 제작사 또는 위임 받은 협력업체 생산, 제작사 상표부착, 제작사 유통망 통해 판매
② 시판품(비순정부품): 협력업체에서 시장판매 목적으로 생산, 제작사 상표×, 독자적 유통망으로 판매
③ 사제품(시중품): 순정 모방품 – 시중품
④ 재생품: 폐차장 또는 정비업체에서 탈착, 재가공

2. 부품업체 범죄유형

(1) 부품 허위청구
① 반납부품 허위청구
   ㉠ 사용여부가 불규칙할 경우 우선 주문
   ㉡ 사고부위와 인접되어 있으나 손상여부가 명확치 않음
   ㉢ 정비업체에서 잦은 주문요청이 귀찮아 주변부품까지 모두 가져오라 할 때
   ㉣ 과잉 납품된 부품을 반품하는데, 이를 정산하지 않고 보험사로 청구하여 편취
② 부품 끼워넣기
   ㉠ 사고 무관부품 끼워넣기: 부품명 어렵거나 특이, 다수 부품 나열되어 확인 어려운 경우
   ㉡ 사고인접 소액부품 끼워넣기: 핀, 몰딩, 힌지 등 보상 직원 잘 확인하지 않는 소액부품

(2) 부품가격 상향청구
① 용품 납품 후 순정부품 가격 청구(몰딩류 용품): 주로 지방 사용, 수리 시 몰딩용품 사용 후 정품 순정가격 청구, ACE 엠블램에서 현대모비스 공급채널로 할당제 판매, 순정부품 동일 품번뒤에 BR 표기하여 서류상 차이 없앰. 그랜저XG, 구형 쏘나타, 구형 아반떼, 베르나에 사용(구형 현대차 등급따라 찍기)
② 비순정품 또는 재생품 사용 후 순정부품가 청구: 부품 장착 후에는 식별이 어려운점을 이용, 순정대비 50~60%, 콘텐샤, 라디에이터, 헤드램프, 사이드미러, 머플러, 몰딩류 등에 주로 사용

제4절 렌터카

사고 후 대여차량을 피해자에게 인도하는 과정에서 발생 렌터카 불법행위 사례

1. 렌터카 차량번호 중복(이중청구)

렌터카 임대차계약서 가공발부, 실제 렌트된 차량번호와 가공한 차량번호가 동일기간에 중복되는 경우

2. 장기렌트차량 사용청구

장기렌트 차번호로 허위청구 또는 장기렌트 보험가입 후 일반사고 대차로 활용(보험료 면탈)

3. 명의도용 불법영업

(1) A사업자가 B사업자의 차량을 빌려 임대차 영업 행위
(2) 렌터카를 임대하여 (운송)영업 행위
(3) (1), (2) 모두 여객자동차 운수사업법 위반에 해당한다.

4. 대여차량 사고시 불법행위

대여차량 사고시 차량 대여료 대비 휴차료가 비교적 낮게 책정되어 있는 것을 이용, 타 렌터카 업체 차량을 대여받아 사용하는 것처럼 허위로 통보하여 보험금을 편취하는 수법을 사용한다.

제5절 도난차

1. 역할

(1) 총책: 관리자(컨트롤타워)
(2) 사고차량 매입책: 사고차 매입 후 절도차량 재등록
(3) 절도책: 총책 주문에 따라 차량절취 후 운반책에 인계
(4) 차대번호 위조책: 운반책에게서 절취차 받아 기매입한 사고차 차대번호를 도난 차량에 이식 또는 타각(차량세탁)
(5) 판매책: 대부분 중고차매매상사 관련자, 차대번호 위조된 절취차를 운반책에게서 받아 중고차 매매상에 이전 등록 후 판매 또는 직접판매(최근)

(6) 수출통관책: 밀수출 시 컨테이너 고정작업 + 수출대행 업체 섭외 및 필요서류 위조(수출 전반 작업)

(7) 해외판매책: 해외판매책, 국내절도범에 필요차 주문하기도, 현지공무원과 우호적 관계 유지

2. 도난차 유통수법: 국내유통

(1) 폐차직전 차량 구입 → 동종차 절취 → 차대번호 위조, 신규번호판 부착(세탁) → 매매상 통해 국내유통
(2) 차량완전분해 → 부품 판매
(3) 번호판 위조 → 국내 실수요자에 저가 판매
(4) 대파차 번호판 확보(폐차장) 부착 판매
(5) 차대번호 위, 변조 등록 후 정식 번호판 부착 판매
(6) 도난 없음에도 보험사, 경찰에 허위신고 → 보험금

3. 도난차 조사방법

(1) 동일성 여부 확인
(2) 전손차량 추적
(3) 폐차처리 대행업체 조사
(4) 외국 기관 등 협조 요청
(5) 컨테이너 차량 확인
(6) 인터넷을 이용한 추적조사

CHAPTER 04 보험사기범죄 사례분석

제1절 생명, 장기손해보험

1. 고의사고(단독/공동)
(1) 직원 살해 후 보험금 편취
(2) 전남편 살해 후 교통사고로 위장
(3) 공모하여 살해 후 시체유기
(4) 아내를 살해 후 익사로 위장
(5) 내연녀를 처로 위장, 사망보험금 편취

2. 고지의무 위반

(1) 작위에 의한 사기, 부작위[1]에 의한 사기

(2) 사기죄 요건(기망)
거래에서 신의성실을 저버리는 모든 적극적(작위), 소극적(부작위) 행위 → 보험사가 그 사실을 알지 못하는데 과실이 있다거나 고지의무위반을 이유로 보험계약을 해제할 수 있는 것은 사기죄 성립에 영향을 미치지 않는다.
※ 사기는 기망과 처분행위 사이에 인과관계도 필수

(3) 사례
① 류마티스 진단 후 보험계약, 보험금 편취
  6~7세경 류마티스 진단 → 치료사실(불고지) → 보험가입(보장성) → 보험금 청구(수령)
② 기왕증을 숨기고 보험계약 후 치료
  간질, 기관지염, 천식 → 불고지 & 간질환 미청구 → 다리치료 청구 → 사기죄 성립 불가, 계약 마지막 단계에서 '최근 3개월 이내 치료사실, 최근 5년 이내 입원, 수술 또는 7일 이상 치료 여부'를 각 1개의 문장으로 확인한 부분도 편취범의(의도)로 부족하다.
③ 질병을 고지하지 않고 보험체결
  특정 질병을 앓고 있는 사람이 질병에 대한 고지의무를 규정하고 있음을 알면서도 이를 고지하지 아니한 채 그 질병을 담보하는 계약을 체결한 다음 그 질병의 발병을 사유로하여 보험금

---
[1] 부작위: 고지의무 있는 자가 상대방이 착오에 빠져 있음을 알면서도 이를 고지하지 않는 것

을 청구한 경우 사기죄 성립

④ 갑상선 결정 고지하지 않고 보험체결

피보험자가 건강검진결과 통보를 통해 어떠한 질병을 확정적으로 진단 받은 것으로 인식하였는지 이후 건강상의 장애나 이상 증상이 있었는지, 갑상선 결정과 관련된 추가적인 검사나 치료 유·무를 고려하여 판단해야 한다.

> ▶ 상법상 '중요한 사항'
> 보험사가 계약 체결 여부, 보험료나 면책조항 부가와 같은 계약 내용을 결정하는 표준이 되는 사항 → 객관적으로 그 사실을 알았다면 계약을 체결하지 않았거나 적어도 동일한 조건으로 계약을 체결하지 않았을 것으로 생각되는 사항이다.
> 보험사가 고지의무 위반으로 계약을 해지하기 위한 조건은 계약자 또는 피보험자가 고지의무의 존재와 그 사항의 존재를 알고도 고의, 중과실로 고지하지 않은게 증명되어야 한다(상법에서 계약 해지는 안 날로부터 1월, 계약을 체결한 날로부터 3년이내 가능하지만 보험사가 그러한 사항을 알았거나 중과실로 알지 못한 때는 해지가 불가하다).

3. 허위·장기입원

(1) 허위 입원하여 보험금을 편취

불필요한 진료를 받거나, 입원 등록만 하고 외출·외박을 계속하며 장기간 입원 치료를 받고 보험금을 편취

(2) 다수 보험계약 체결 후 장기간 입원

일가족이 적정입원입수가 7일에 불과한 경미한 질별을 근거로 장기간 입원한 뒤 병원비를 건강보험으로 처리하지 않고 자비로 지불하는 방법으로 보험금을 편취

(3) 여러병원에 반복입원

뚜렷한 직업 없이 병명을 달리하여 남편과 처가 여러 병원을 돌며 입·퇴원을 반복하여 보험금을 편취

4. 의료기관

(1) 허위진단 성립여부

① 객관적 구성요건 주체: 의사, 한의사, 치과의사, 조산사(진정신분범)

※ 진정신분범: 특정자격이 있는 사람만이 범죄의 주체가 될 수 있음
※ 객체: 진단서, 소견서, 검안서, 생사 증명서
※ 행위: 객관적 사실에 반하여 내용을 허위로 기재

② 주관적 구성요건 행위자가 자신의 신분, 위 객체에 작성하는 내용이 허위라는 사실을 인식하여야 한다.

★ 대한의사협회 발생 진단서 작성지침은 "증상(sign), 징후(symptom), 검사결과와 같은 의학적 근거 있어야 하며, 근거와 진단명 사이에 객관적으로 타당한 상관관계 있어야 한다." 되어 있음

★ 법원: 허위진단서 작성죄는 내용이 허위&허위라는 의사의 주관적 인식 필요 → 진찰 소홀, 착오로 오진한 것은 무죄(오진을 알고도 청구한 피보험자는 사기죄)
※ 경추염좌 문헌, 충돌차량 8km/h 이하, 상해발생 어려움: 후미충돌 시 목은 젖힘 → 중립 → 굽힘으로 움직임(부딪힌 방향으로 먼저 머리가 감, 편타성)

(2) 사례

① **병원의 보험사기 방조**
입원치료 받지 않은 환자를 입원한 것처럼 의무기록을 허위로 작성하여 건강보험공단으로부터 요양급여를 지급받고, 환자들에게 입원확인서를 발급

② **치료한 것처럼 가장하여 보험금 편취**
보험설계사와 한의사가 공모하여 보약을 처방하였음에도 치료를 한 것으로 허위 진료확인서 및 수납영수증을 작성

③ **한의원과 전문브로커가 공모 (실손)보험금 편취**
브로커 조직과 한의사가 공모하여, 고객에게 실제로는 보험금 청구가 불가능한 보약을 처방하였음에도 치료제를 처방한 것처럼 진료기록부 등을 거짓으로 작성, 이에 기초한 허위의 서류를 발급함으로써 보험금을 편취

④ **허위진단서 발급받아 보험금 편취**
진단서의 내용이 실질상 진실에 반하는 기재여야 할 뿐 아니라 그 내용이 허위라는 의사의 주관적 인식이 필요하고, 의사가 주관적으로 진찰을 소홀히 한다던가 착오를 일으켜 오진한 결과로 객관적으로 진실에 반한 진단서를 작성하였다면 허위진단서 작성에 대한 인식이 있다고 할 수 없으므로 허위진단서 작성죄는 성립하지 않는다.

⑤ **병원의 허위입원 권유**
입원이 필요하지 않은 시술 후 환자가 보험처리 받을 수 있도록 입·퇴원확인서를 발급하여 환자를 유치

제2절 자동차보험

1. 고의사고(단독/공동)

(1) 신체 고의사고 다발
생활비 등이 부족하자 좁은 골목길 이면도로를 지나가는 차에 일부러 팔을 부딪힌 후 합의금 및 치료비 명목으로 보험금을 편취하고, 보험사기 혐의를 피하기 위해 타인 명의로 통장 개설하였다.

(2) 운송업자의 고의사고

택시기사가 신호를 위반하거나 차선을 변경하는 차량을 상대로 고의로 교통사고를 유발하고, 충격이 경미한 관계로 입원치료가 필요하지 않음에도 불구하고 입원치료를 받는 방법으로 총 20회에 걸쳐 보험금을 편취하였다.

(3) 교통사고 브러커를 통한 고의사고

고의로 교통사고를 야기하여 직접 보험금을 편취하거나, 보험금을 편취하려는 자들을 모집하고 그 자들을 상대로 수수료를 받아내는 방법으로 보험금을 편취하였다.

(4) 가·피해자 공모 고의사고

4명이 낚시터에서 보험빵(보험사기의 은어)을 공모하고 추가로 전화연락을 통해 9명의 지인들에게 차량에 동승할 것으로 권유하여 3중 추돌사고를 내는 방법으로 보험금을 편취하였다.

(5) 외제차 이용한 고의사고

3형제와 친구들이 외제차로 고의사고를 유발하여 미수선수리비를 편취하기로 공모한 후 수리견적을 부풀리기 위해 2차 사고를 연속으로 발생시키고, 사고 후 탑승자를 바꿔치기하거나 자동차양도증명서를 위조하는 방법으로 보험금을 편취하였다.

(6) 보험종사자 관련 고의사고

손해사정사와 자동차공업사 운영자가 공모하여 중고차로 고의사로를 발생시켜 수리비, 사고차량 대여료, 전손처리 후 잔존물가액 등 보험금을 편취하였다.

전직 보험설계사와 렌터카 영업소장이 보험회사의 자동차보험 사고처리 과정을 잘 알고 있어 그 허점을 이용, 교통사고를 위장하여 보험금을 지급받기로 공모하여 고의사고를 발생시킨 후 렌터카를 사용하지 않으면서도 렌트비를 청구하여 현금으로 지급받는 방법으로 보험금을 편취하였다.

2. 위장·허위사고

(1) 운전자 바꿔치기

렌터카 사고(차량대여계약서 임차인 준수사항에 임차인이 타인에게 차량 또는 키를 양도하는 행위 금지, 보험처리 불가 기재되어 있음)

(2) 가·피 공모 허위 교통사고 신고

가·피 공모하여 허위로 사고신고를 하여 보험금을 편취

(3) 뺑소니 허위 신고

보상처리가 불가한 사고를 주차 중 뺑소니 사고를 당한 것으로 위장하여 보험금 편취

(4) 경주용 차량을 단순 교통사고로 허위 신고

보상처리가 불가한 경주 중 발생한 사고를 단순 교통사고로 보험 접수하여 차량수리비 등을 편취

3. 정비업체 및 렌터카

(1) 정비업체 고의파손
수리내역 과장이나 작업시간을 과다하게 산정하는 방식으로 편취하거나 파손되지 않는 부분을 돌과 망치 등으로 고의파손하여 보험금을 편취

(2) 허위견적서 이용 보험금 편취

(3) 외제차 확대수리로 보험금 편취

(4) 렌터카 - 허위서류 작성, 차량등급 허위고지, 렌트기간 허위고지

(5) 정비업체와 견인업체 공모 보험금 편취
견인기사들에게 소개료를 지급하고 실제 수리하지 않았음에도 수리를 한 것처럼 자료를 만드는 방법으로 수리견적을 부풀려 보험금을 편취

제3절 기타 보험

1. 가축보험

(1) 보험금 지급 업무 담당직원이 가축주와 공모, 밧줄을 이용하여 고의로 가축을 넘어뜨린 후 사진을 찍어서 고관절 탈구로 인해 긴급 도축이 불가피한 것으로 위장하여 보험금 편취를 시도
(2) 가축자해보험에 가입한 것을 기화로 자연폐사로 손해 발생이 예상되자, 마치 가축재해보험 약관에서 정한 보험사고로 폐사로 가장하여 보험금 편취

2. 화재보험

(1) 건물 매매계약 체결후 중도금 및 이자지급이 어려워지자 자신이 방화하고 강도가 불을 질렀다고 허위 신고하여 보험금 편취를 시도
(2) 홍삼을 매도한 것처럼 허위 매매계약서를 작성하고, 종이상자에 홍삼을 담아 저온창고에 보관한 것처럼 가장하여 저온창고를 불상의 방법으로 방화하여 보험금 청구 시도

과학조사 실무

제 2 편

CHAPTER 01 법과학과 증거물

제1절 법과학이란 무엇인가

1. 의의

사법기관이 형사사건 또는 민사사건을 해결하기 위해서 이용하는 모든 과학 분야를 의미한다.

2. 법과학의 필수 업무분야

① 이학 분야: 화학, 물리학, 지질학적 지식을 이용한 증거물의 비교분석, 다양한 약물, 유리, 페인트, 폭약, 토양 등을 감정
② 생물 분야: 혈흔이나 기타 생체 시료에서 DNA의 감정, 섬유와 모발의 비교 감정, 목재나 식물 등의 감정
③ 총기 분야: 총기, 발사된 탄환, 탄피, 실탄 등의 감정수행
④ 문서 분야: 필적 및 프린트 원고를 감정하여 진위 여부를 판별
⑤ 영상사진 분야: 디지털 영상처리, 적외선 촬영, 자외선 촬영, X-선 촬영 등의 기술을 이용하여 눈에 보이지 않는 정보를 가시화
⑥ 독물 분야: 체액과 장기조직에서 독물의 존재여부 검사
⑦ 잠재지문 분야: 잠재지문의 존재여부 검사
⑧ 거짓말탐지 분야: 진술의 진위여부 검사
⑨ 음성감정 분야: 전화나 녹음테이프 등을 이용한 협박사건에서 용의자 목소리 감정
⑩ 법의학 분야: 급사, 비자연사, 의문사, 변사사건 등에서 사인을 밝히는 분야
⑪ 법인류 분야: 유골을 검사하여 신원 혹은 사망 원인을 밝히는 분야
⑫ 법곤충 분야: 곤충을 범죄수사에 접목시켜 사망시간 추정에 이용
⑬ 범죄심리 분야: 범죄 전개과정에서의 행동과 사람의 심리 간 연계고리를 파악하는 학문
⑭ 법치의 분야: 사람 시체가 형체를 알아볼 수 없을 정도로 훼손된 경우에 치아의 특성, 배열, 구강의 구조, 치과진료기록 등을 통하여 신원을 확인하는 분야
⑮ 법공학 분야: 교통사고, 안전사고 등에서 사고재구성 혹은 화재사고에서 폭발원인조사에 관한 학문

제2절 증거물

1. 실물증거(Demonstrative Evidence)

모발, 지문, 페인트, 혈액, 족문 등이 증거물이 될 수 있는데 도표, 범죄현장의 시뮬레이션, 사건사고의 역학적 설명 등도 증거가 될 수 있다. 이러한 증거를 실물증거라고 한다.

(1) 전이
증거물이 기원에서 옮겨지는 것을 전이라고 한다.

(2) 전이 종류
① 직접전이: 중간매체를 거치지 않고 옮겨지는 것
② 간접전이: 하나 또는 그 이상의 중간매체를 통하여 전이되는 것

(3) 전이된 양에 영향을 미치는 조건
① 접촉시의 접촉 강도(강할수록 많이 전이된다)
② 접촉 횟수(많을수록 많이 전이된다)
③ 전이되기 쉬운 물질인가?(진흙은 콘크리트보다 쉽게 전이된다)
④ 증거의 형태(고체, 액체 또는 가스)
⑤ 접촉이 일어난 공간(같은 물질일 때 좁은 공간이 넓은 공간보다 많은 전이가 일어난다)

2. 증거의 종류

(1) 정황증거: 개인의 지식 또는 관찰에 의하지 않은 추론에 의한 증거
(2) 결정적 증거: 다른 증거물을 압도하는 결정적 증거물
(3) 확증증거: 다른 증거물을 강화하거나 확증하는 증거
(4) 유도증거: 불법적으로 발견된 증거로 원래 흠결이 있기 때문에 인정되지 않는 증거
(5) 무죄증명증거: 무죄임을 증명하는 경향이 있는 증거
(6) 기초증거: 다른 증거물의 증거능력을 결정하는 증거
(7) 전문증거: 자신이 직접 인지한 사실이 아니라 다른 사람이 말한 것에 대한 증거로 다른 사람의 신뢰성에 의존하는 증거
(8) 유죄증거: 사실심판관이 유죄를 추정할 수 있는 증거
(9) 추정증거: 의심되지만 다른 증거에 의해 사실로 간주되는 증거
(10) 소명증거: 반증이 없는 한 사실 입증이 충분한 증거
(11) 입증증거: 입증하거나 반증하는 증거
(12) 반증증거: 상대편에 의해 제출된 증거를 반박하거나 반대하는 증거
(13) 오염증거: 불법적 방법에 의해 직·간접적으로 얻어진 증거능력이 없는 증거

3. 법과학 증거물 취급에 있어서 중요한 3가지

(1) 오염: 같은 종류의 증거물이라도 다른 부위에서 채취한 경우 개별적으로 분리 포장(법과학 증거물의 취급에서 가장 민감한 문제이다.)
(2) 증거물 관리체계(인수인계 절차): 증거물은 발견에서부터 법정에 제시될 때까지 인수인계를 명확하게 해야 한다. 절차에 하자가 있으면 증거능력이 부정된다.
(3) 동정: 물리적, 화학적 특성에 의해 세분화된 유형으로 나누고 궁극적으로 그 물체를 식별하는 것

4. 체액증거물

혈액, 정액, 타액, 소변
※ 적혈구는 혈액 내에서 다수를 차지함. 핵이 없어서 DNA를 포함하지 않음.

5. 협박편지에서 확인할 수 있는 사실

(1) 필흔: 봉투 위에 어떤 다른 문서를 작성하였다면 봉투에 필흔이 남겨질 수 있다.
(2) 필적: 다른 사건에서 나타난 협박편지의 필적과 비교하여 볼 수 있다.
(3) DNA 감정: 우표와 봉투 붙인 곳의 타액으로부터 DNA를 채취할 수 있다.
(4) 테이프 자국: 테이프로 붙인 경우 톱니모양의 절단선을 보면 테이프 종류를 알 수 있다.
(5) 미세증거물: 봉투 안에 협박편지를 작성한 이의 모발이나 의복섬유가 봉투 안에 있거나 겉면에 붙어있을 수 있다.
(6) 잉크분석: 메시지와 주소에 어떤 필기구가 사용되었는지 알 수 있다.
(7) 종이감정: 종이의 제조사 및 공급처를 알 수 있다.
(8) 지문: 협박편지의 봉투 및 편지지에서 지문을 현출할 수 있다.
(9) 복사기 토너: 토너의 화학적 성분 및 물리적 성분분석을 통하여 제조회사를 밝힐 수 있다.

CHAPTER 02 거짓의 탐지

바빌로니아 점토판에서 인간이 거짓말을 했을 때 나타나는 행동 징후

① 질문에 대한 답변의 거부나 기피
② 공포로 인한 불안한 태도
③ 안색의 변화
④ 회피나 기피, 그 장소를 떠나고자 하는 태도
⑤ 땅바닥에 엄지발가락을 문지르는 행위

제1절 심리생리검사(Polygraph, 거짓말탐지검사)

① 거짓말시 변화: 긴장시작 → 피부 땀, 두뇌 산소소비량 증가, 심장박동, 호흡 가빠짐(자율신경계의 교감, 부교감 신경 작용의 결과로 이성으로 컨트롤이 불가함)
② 접촉, 비접촉 방식 모두 가능한다.
③ 법원(판례)은 아직 증거력으로 인정하지 않는다.

▶ 폴리그래프의 역사
① 초기(생리학자 롬브로소) 의료용 혈압계, 맥박계 이용 → 형사사건 혐의자들 범죄 질문에 혈압파동 차이 보이는 것을 기초로 진술의 진위 여부를 판단 한다(검사의 시초).
② 우리나라는 1960년초 미국에서 도입, 수사에 활용하고 있다.
③ 목적: 선량한 사람 보호 > 거짓말 밝히기(판례: 아직 증거력은 불인정)

---

1) 생리반응: 호흡, 피부전도도, 뇌파, 심장박동 등

제2절 거짓말 탐지 실무

1. 긴장정검 검사법

질문의 종류는 실제 범인과 담당 수사관만이 알고 있는 범죄 관련 정보인 관련질문과 무관련 질문으로 구성한다.

2. 비교질문 검사법

직접적으로 질문을 제시함으로써 판단하는 방법이다.

제3절 법최면수사

강력 사건 혹은 교통사고를 목격한 피해자·목격자가 충격이나 놀람 등 심리적 외상과 시간의 경과로 인해 사건 관련 내용을 기억하지 못 하는 경우, 법최면을 이용해 정서적 안정과 사건 당시로의 심리적 퇴행을 유도함으로써 범죄 관련 내용을 회상하여 사건 해결에 필요한 단서 확보 및 수사 방향을 설정하기 위한 것이다.

CHAPTER 03 음성음향분석

음향분석은 음향의 특징적 요소를 분석해서 수사에 활용하는 것을 말한다.

제1절 발성자 식별(화자식별)

① 사람 음성을 개인 식별에 사용(=음성지문, 성문)
② 말하는 사람이 누구인지 식별
③ 전자적으로 음성은 주파수 분포의 시계열적 분해의 결과로 얻어지는 그래프로 나타낼 수 있는데, 이를 통해 말하는 사람마다 독자적인 형상을 가져 다른 사람과 구분할 수 있으며 목소리 주인을 가려낼 수도 있기에 성문이라고 불려진다.

제2절 성문을 통한 스트레스 분석

① 심리상태도 파악(감정이 말을 만들어내는 여러기관에 영향을 줘 주파수 변화로 나타남)
② 음성 고저, 속도, 떨림, 옥타브, 반응속도, 진동레벨
  ㉠ 리버맨이 전문프로그램 LVA(Layered Voice Analysis) 개발(대화 중 감정에 따른 특징적 패턴을 분석, 감정을 가시화 한다.)
  ㉡ 비접촉, 음성파일, 컴퓨터분석, 실시간 감시가 가능
  ㉢ 언어, 종족, 문화에 관계없이 분석이 가능

제3절 기타 음성음향학적 감정

① 화자의 성별[음성 높이 비교, 여자 평균 약 240Hz, 남자 평균 약 120Hz], 연령, 언어 영향권에 관한 추정
② 녹음테이프의 인위적 편집 여부
③ 기타 음성음향학적 감정

CHAPTER 04 유리 파괴분석

현장의 유리는 파손형태에 따라
① 열적인 영향에 의한 파손, ② 충격에 의한 파손, ③ 폭발에 의한 파손으로 분류된다.

제1절 충격에 의한 유리의 파손

1. 유리

(1) 압력에 강하나 장력에 약하다. 또한, 탄성을 갖고 있다.
(2) 유리에 충격 → 휘어짐 → 한계 도달 → 장력 받은 부분(충격 반대편) 파손 → 동심원으로 반대편 쪽 파손
(3) 동심원 미세파편은 충격방향으로 3m, 총기는 8m도 날아간다.
(4) 가까운 거리에서 충격하였다면 유리 조각 등의 미세증거물이 유리를 파손시킨 사람 의복이나, 신발, 피부에 부착될 수 있다.

2. 충격지점부터 동심원 형태 & 방사형 형태

(1) 동심원 파손: 충격지점을 중심으로 동심원 형태를 구성하는 파손
(2) 방사형 파손: 충격지점에서 시작하여 주변으로 방사형으로 뻗어나가는 형태의 파손
(3) 파편은 충격지점에 가까울수록 작고 멀수록 크다.

3. 리플마크

파탄면(파손된 단면)에 나타나는 물결 같은 곡선(패각상, 파손흔)

4. 동심원 파탄면

리플마크가 충격면에서는 직선방향, 반대편으로 갈수록 휘어지면서 유리면과 평행한 형태, 동심원들이 서로 굴절되면서 반복되어 판단에 어려움이 있다.

5. 방사형 파단면

리플마크가 충격면에서는 유리면과 평행, 반대편으로 갈수록 충격방향과 직선, 파손된 단면에서 전체적으로 동일한 형태의 리플마크

★ 원추형 파손흔적(Hertzian Cone): 충격면의 맞은편에 원추형으로 움푹 패임(원추형 파손 – 총알, 사입보다 사출면의 파괴가 크게 나타남)
★ 방사형 파단면 통해 내측 충격인지, 외측 충격인지 구분할 수 있다.

6. 현장에서 유리조각 조사 시 주의점

유리창 설치당시 내·외측 구분(전부 맞춰보거나 먼지, 무늬, 필름 등 고려)하여 동심원 파단면인지, 방사형 파단면인지 확인이 중요하다.

7. 동심원, 방사형 구분이 어려운 경우

구별 어려우면 지표 사용하지 말고 떨어져 나간 유리에서 내·외측 구별이 어려우면 창틀에 남은 파편으로 구별해야 한다.

8. 화재현장에서 유리 파손

화재 발생 현장에 유리가 깨져 있다면 깨진 유리의 그을음 부착 여부를 관찰하여 유리 파손과 화재의 선후 관계를 판단하여 볼 수 있다. 종종 자동차나 건물의 유리를 파손하고 침입하여 방화를 하는 경우가 있는데, 이때 깨진 유리의 내측이 바닥과 접하여 그을음이 부착되지 않을 수 있다. 이 경우 화재 이전에 이미 유리가 깨졌다고 볼 수 있으며, 만일 유리가 화재 이전에 깨진 것으로 판단된다면 외부 침입에 의한 방화를 의심해 볼 수 있다.

제2절 열에 의한 유리의 파손

1. 열에 의한 파손의 특징

길고 구불구불(불규칙), 화염에 일부만 노출된 경우는 해당 부분만 깨지기도, 리플마크가 발생하지 않는다.

2. 유리 파손이 시작되는 온도

창틀이 보호하는 테두리와 중앙부의 온도차이가 70℃ 이상될 발생하면 금이간다.

3. 크레이즈드 글라스

급격한 냉각으로 손상(소화수 등에 의해 한쪽 면이 급격히 냉각될 때 발생)

4. 열에 의한 유리가 깨지는 메커니즘

(1) 창틀에 고정되어 있을 경우 유리와 창틀 간 서로 다른 열 팽창율 발생
(2) 직접적으로 열을 받는 내측과 그렇지 않은 외측 간 서로 다른 열 팽창율 발생
(3) 화염이 미친 부분과 미치지 않은 주변 간 서로 다른 열 팽창율 발생

제3절 폭발에 의한 유리의 파손

(1) 폭심으로부터 발생하는 압력파는 주변건물에도 상당한 위력이 미친다.
(2) 폭발은 충격과 달리 압력파가 유리창 전면에 영향(충격과 폭발은 확연하게 구분이 가능)
(3) 파단형태: 방사형보다 평행선에 가까운 모습(동심원 파단없이 각 파편이 단독적으로 파손)
(4) 화재 → 폭발 순: 멀리 비산(날아가 흩어진)된 파편에 그을음
(5) 폭발 → 화재 순: 비산된 파편에 그을음이 없다.

제4절 유리파편의 그을음 부착

유리 파편의 안쪽(바닥에 접한면)은 그을음 등으로부터 보호될 수 있다. 그러나 화재 후 유리가 깨졌다면 유리 파편 안쪽 면을 살펴 화재 이후 유리가 깨진 것인지 화재 전 외부 침입 여부나 물리적 손괴 여부를 확인할 수 있다.

제5절　파괴에 대한 외력의 순서

어떤 물질에 여러 번의 외력이 작용하여 순차적으로 분리되었을 때 발생하는 분리선을 관찰함으로써 외력의 작용순서를 알 수 있다.

▶ 기출
① 파괴선 발생 순서를 묻는 경우
② 열과 충격에 의한 이벤트 선후 관계 판단
③ 두 번의 충격이 작용하여 파괴된 유리의 파단선 분석

제6절 자파현상(= 자발파괴현상)

① 강화유리가 생성과정에서 불순물 등으로 충격없이 스스로 파괴되는 것을 의미한다.
② 제조과정 중 열처리 과정에서 수축했다가 다시 팽창하면서 유리 내부에 응력을 발생시켜 균열을 유발하며 주로 황화니켈이 원인이다.
③ 원인: 불순물 유입, 내부가 불균등하게 강화, 판유리 절단 과정에서 미세한 흠집, 유리의 불안정한 설치
④ 파괴가 시작된 중심부에 나비모양이 관찰된다(6각형).
⑤ 충격과 다른 건 중심부 파편이 상대적으로 크다.

[강화유리 자발파괴]

 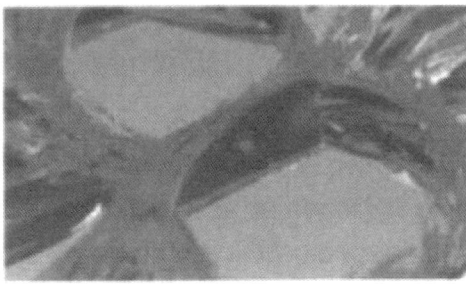

[자발파괴 중심의 패턴]

CHAPTER 05 지문

① 지문: 물건을 잡는 것과 접촉감을 도와주는 손(손가락, 손바닥)과 발(발가락, 발바닥, 뒤꿈치)에 있는 마찰 융선으로 태어나기 전 태아시기에 형성된다(평생 불변).
② 지문의 형태: 궁상문(활모양으로 형성된 지문), 제상문(말발굽 모양으로 형성된 지문), 와상문(중심부 융선이 와상선으로 형성된 지문)
③ 개인의 식별을 위한 시간, 비용 측면에서 최고의 효율이다.
④ 우리나라는 AFIS(Automated Fingerprint ID System, 지문자동 검색시스템), 주민등록법에 따라 성인 지문관리
⑤ 외국은 범죄자(전과자) 지문만 관리한다.
⑥ 지문법 2대 특징
  • 1법칙: 만인부동(다 다르다)
  • 2법칙: 종생불변(평생 안변함)

제1절 범죄현장의 지문감식

1. 현장 지문 3종류

압착지문, 현재지문, 잠재지문

2. 압착지문

융선의 음양이 3차원적인 형태로 찍힌 것(녹은 초콜릿에 남은 손자국)

3. 현재지문

혈흔이나 검댕이 등 손에 묻은 물질이 다른 물질에 부착되어 별도작업 없이 눈으로 확인 가능하다.

4. 잠재지문

눈으로 확인하기 위해 별도 작업이 필요하다.

※ 아미노산과 혼합된 땀 같은 분비물이 도장의 인주 같은 역할을 하여 피부에 있는 기름기가 물체를 만짐으로써 보이지 않는 미세한 지문 흔적을 남김

5. 잠재지문 현출작업(확인 방법) 후 AFIS로 신원확인

잠재지문을 현출하는 방법(3가지)
(1) 광학적인 방법
(2) 물리적인 방법: 분말을 부착시켜 육안으로 관찰
(3) 화학적인 방법: 지문성분인 아미노산, 지방 등의 성분과 화학적 반응으로 발생, 지문을 현출하는 방법

> ▶ 분말법
> 안보이는 미세한 3차원 요철부분에 더욱 미세한 분말을 도포하여 형태가 드러나게 한다.
> ※ 만진다고 다 나오는 것도 아니고, 남은게 흐리기도 하고, 형태가 완벽하지 않기도 하고, 과도하게 터치하거나, 작업을 반복할 경우 사라져 버리기도 함 – 지문은 사라지면 복원이 불가하다.

제2절 지문의 검색

1. AFIS(자동지문검색시스템)
   지문의 특징점을 비교한다(융선이 끊기고, 시작되고, 합쳐지고, 분리되는 걸 점으로 표시).
2. 우리나라는 12개 이상 일치해야 동일인으로 감정(동일확률 400억분의 1)
   미국 FBI는 8개 일치를 기준으로 한다(동일확률 1억분의 1).
3. 자동으로 특징점 찾아 지정, 유사한 지문을 순위별로 나열해 줄 뿐, 전문가보다 정확도 떨어진다(전문가의 교정 및 확인이 필요함). 그렇기 때문에 1순위라고 범인으로 단정하는 것은 어렵다.

제3절 유류지문 데이터베이스

범죄현장에 남은 지문, 신원 확인 안되도 보관(밀입국 외국인, 미성년자 가능성) → 기간을 두고 재검색이 필요하다.

※ 지문분류방식: 함부르크식 – 좌수(왼손) 시지(검지)부터 무지(엄지)순 채취, 독일, 일본, 중국, 한국 사용

CHAPTER 06 DNA

① 세포 내 DNA로 접촉을 증명
② DNA 검사방법: 핵 DNA분석, Y염색체 DNA분석, 미토콘드리아 DNA분석
③ 핵 DNA: 핵 내부 DNA분석
④ Y염색체 DNA분석: 세포핵 내 Y염색체 DNA분석
　※ Y염색체: 부계 유전, 모계와 교차 발생 ×
⑤ 미토콘드리아 DNA분석: 미토콘드리아에 포함된 DNA
⑥ DNA가 동일한 경우도 있다(일란성 쌍둥이).
　→ 범인일 가능성이 높다는 것으로 범인이라 확정하기는 어렵다. 동식물 감식도 가능하다.
　※ 생물학적 증거물: DNA를 분석할 수 있는 생체시료
⑦ 지문은 성별 구별이 불가, DNA는 성별, 유전적 질환, 혼혈의 인종도 확인 가능, DNA 위치 정보도 중요하다. 교통사고에서 운전석과 조수석에서 채취한 DNA를 통해 운전자와 동승자를 구별할 수도 있다.
　※ 법의혈청학: 혈액, 정액, 타액과 같은 신체의 혈청을 연구하며, DNA와 혈흔패턴분석에 관한 정보를 제공함(인체 피: 4.7ℓ, 찔리면 스며나오거나 흩뿌려지거나)
　※ 2010년 우리나라 DNA법 시행
　※ 1980년 초반, 영국 살인사건에 DNA기술 범죄수사에 최초 적용(The Narborough Murders)
⑧ 범죄수사에서 DNA형 분석과정

　　수사기관의 증거물 의뢰 → 증거물에서 검체채취 → DNA추출 및 분리 → 중합효소연쇄반응(PCR) → 전기영동분석 → DNA프로필 판정 → 개인식별(일치확률) 산출 → 감정서 작성

CHAPTER 07 혈흔형태 분석

제1절 혈흔형태 분류 및 용어

수동혈흔(응고, 낙하, 흐름, 고인), 전이혈흔(닦인, 묻힌, 형태전이), 분출 및 충격혈흔(비산, 다량분출, 이탈, 동맥선상분출)

(1) 낙하혈흔: 사람으로부터 낙하한 비산혈흔 혹은 혈액 묻은 물체로부터 낙하한 혈흔
(2) 선상분출혈흔: 혈액이 압력에 의해 분출되어 생성되는 혈흔으로 동맥이나 심장이 파열될 때 잘 나타남
(3) 이탈혈흔: 운동 중에 있거나 갑자기 운동을 멈춘 물체로부터 혈액이 이탈됨으로써 생성되는 혈흔
(4) 낙하연결혈흔: 표면에 낙하한 혈흔이 한 지점에서 다른 지점으로 움직임을 나타내는 혈흔
(5) 충격비산혈흔: 혈액의 발혈부가 외력에 의해 부서져 생성된 작은 혈액방울들이 방사형 형태로 나타나는 경우
(6) 호기혈흔: 입이나 코 또는 호흡기에서 압력으로 분출되어 생성되는 비산혈흔
(7) 누적혈흔: 혈액이 낙하하여 다른 혈흔이나 액체 위에 누적되는 경우
(8) 문지름혈흔: 한 물체에서 다른 물체로 혈액이 전이되어 생성된 혈흔으로 접촉 시 움직임이 있는 경우
(9) 닦인혈흔: 표면에 이미 존재하는 혈흔에 물체가 움직이면서 생성된 혈흔
(10) 묻힌혈흔: 혈액 묻은 물체에서 다른 물체로 혈액의 전이에 의해 생성된 혈흔
(11) 형태전이혈흔: 혈액 묻은 물체에 의해 생성된 혈흔으로 인식 가능한 특징이나 형태가 있는 혈흔
(12) 흐름혈흔: 중력의 영향으로 인한 혈액 덩어리의 움직임
(13) 고인혈흔: 중력의 작용으로 모인 혈흔
(14) 흡수혈흔: 의류와 같은 물체에 흡수된 혈흔
(15) 공간흔: 연결된 혈흔에서 혈흔이 없는 부분

망치로 바닥에 고인 혈액을 내리치는 경우 전방으로 튀는 혈흔을 전방비산혈흔, 동시에 후방으로 튀는 혈흔을 후방비산혈흔이라고 한다. 원심력이나 관성에 의해 망치에 묻은 혈흔이 이탈될 때 나타나는 혈흔을 이탈혈흔이라고 한다.

제2절 혈흔형태 분석

(1) 혈흔형태 분석의 최종 목표는 발혈점을 찾는 것이다.
(2) 혈흔은 타원형으로 나타난다.
(3) 각 타원의 장축과 단축을 측정하면 충돌각, 즉 평면과 이루는 각을 구할 수 있고 이선을 연결하면 발혈점을 찾을 수 있다.

$$충돌각도 = \sin^{-1}\left(\frac{단축}{장축}\right)$$

CHAPTER 08 화재패턴

화재패턴은 그을음, 고온가스, 열기, 화염 등에 의해 탄화, 소실, 변색, 용융 등의 형태로 손상된 물질의 형상이다.

제1절 화재기초이론

1. 연소란
   급격한 반응을 일으켜 다량의 발열화학반응을 일으키고 그 결과 발광 하면서 반응에 의한 열에너지, 활성화학종에 의한 자발적으로 연소반응이 지속되는 현상이다.
2. 연소의 3요소
   공기(산화제), 타는 물질(가연물), 불을 붙이는 것(점화원)이다.
3. 화재역학에서의 열전단
   ① 전도, ② 대류, ③ 복사로 분류 → 복사의 경우 매질이 없어도 열이 전달되는 현상이다.

제2절 화재패턴을 통한 화염과 연기의 이동 판단

1. 패턴의 종류
   V패턴, 역V패턴, U패턴 → 발화부 추적
2. 벽면의 화재패턴은 화염이나 고온가스가 벽에 직접적으로 가해졌을 때 소실, 탄화, 백화 등의 작용이 발생하면서 남게 된다.

제3절 화재패턴의 생성 메커니즘

▶ 화재패턴이 만들어지는 원인
① 열원에서 멀어질수록 복사열이 약해지는 원리
② 열원에서 멀어질수록 고온가스의 온도 낮아지는 원리
③ 화염 및 고온가스의 상승 원리

1. 개구부의 출화와 연기의 이동

내부와 외부의 압력이 같은 부분을 중성대라고 하며, 중성대를 기준으로 상부는 고온가스와 화염이 통과, 하부는 외부의 신선한 공기가 통과하여 연소가 덜 된다.

2. 벽면의 연소현상

(1) 발화실 내부의 화재패턴 또한 열원 주변에서 일어나는 공기의 유입과 상승, 확산이라는 원리가 작용한다.
(2) 대부분 열기둥의 직접적인 접촉에 의해 만들어지기 때문에 천정이나 벽에 의해 열기둥 확산이 제한되는 모습으로 나타난다.

3. 발화부 판단의 간섭요소

(1) 별다른 조건이 없는 이상 최초 불이 시작된 곳이 다른 곳에 비해 가장 많은 열을 받고, 가장 많이 탄다.
(2) 연소 초기 진화 시: 패턴으로 발화부를 정확하게 지목이 가능하다.
(3) 일정 단계 후: 화염의 최종적 진행 방향과 강도를 보여주는 경우가 다수 → 화재패턴은 최종적인 불의 방향과 강도만 나타난다. 화재 현장에서 한 가지 패턴이란 없기 때문에 신중해야 한다.
(4) 화재현장에는 절대적인 1가지 화재패턴이란 없으며 다수의 패턴과 특이점 및 여러 가지 간섭요소 등을 종합적으로 판단해야 한다.
　① 환기지배형 화재
　② 가연물지배형 화재
　③ 액자나 벽걸이용 시계, 벽과 천정의 마감재 등이 소락되어 2차적으로 발화하는 경우
　④ 덕트나 배관용 파이프홀을 통해 다른 층이나 다른 방실로 화재가 확산되는 경우
　⑤ 화재 중 발생되는 단락에 의한 전기 배선이나 접속부의 과전류에 의해 발화하는 경우
　⑥ 기류를 따라 이동하는 비화에 의해 2차 발화하는 경우

제4절 화재패턴의 종류

1. 박리흔(Spalling)

(1) 물리적 힘에 의해 시멘트, 콘크리트, 벽돌 등의 표면이 무너져 내리거나 부서지는 것이다.

　▶ 박리의 원인
　① 열 받은 표면과 그렇지 않은 부분의 서로 다른 열팽창률
　② 보강재(철근)와 콘크리트의 서로 다른 열팽창률
　③ 콘크리트 내부에 생성된 공기방울의 부피 팽창
　④ 콘크리트 내부 물방울의 증기화에 따른 부피 팽창
　⑤ 시멘트, 자갈, 모래의 서로 다른 열팽창률
　⑥ 재질이 다른 보강재(철근, 빔)간 서로 다른 열팽창률

(2) 박리는 대부분 열에 의해 발생하지만, 진화에 사용되는 소방수에 의해 급속 냉각될 때에도 발생한다.
(3) 구획실 화재: 고온 열기층이 체류하는 천장에 생성 多, 화염이 직접 접할 경우 벽면, 바닥에도 생성
(4) 박리는 단순히 해당 부위가 많은 열 또는 급속 냉각을 했다는 의미이지 가연성액체의 사용 여부나 발화부 위치를 지목하는 것은 아니다.
(5) 박리흔적을 발화부와 연관 짓기 위해서는 연소정도, 경로, 구조, 가연물 위치, 개구부 위치 등 간섭요소를 고려하여 판단한다.

(6) 박리가 발생할 때 폭발음 같은 커다란 소음이 발생하고 주변으로 콘크리트나 벽돌 파편이 강하게 날아간다.

2. 목재의 균열흔(Char Blister)

(1) 목재 연소과정
목재 자체가 연소하는 것이 아니고 가열에 의해 열분해 과정을 거쳐 발생된 가연성가스가 연소된 후 숯처럼 탄화된 목재의 표면이 연소되는 것이다(산소 부족 시 연소없이 고온노출만으로도 열분해 또는 균열이 발생).

(2) 목재특성에 따라 다른 균열흔
① 목재 수분율이 낮을수록 탄화가 잘된다.
② 표면적이 넓은 목재가 탄화가 잘된다.
③ 표면 코팅 여부에 따라 탄화정도가 다르게 나타난다.

(3) 노출 온도조건에 따른 다른 균열흔
① 완소흔: 약 700~800℃ 천천히 탄 후 표면에 남은 갈라진 흔적, 갈라진 틈 폭 넓지 않고, 골이 얕으며, 부푼 모양이 삼각형 또는 사각형 형태
② 강소흔: 약 900℃ 강하게 탄 흔적, 골 깊으며, 골 테두리 모양 각 없는 반원형태
③ 열소흔: 1,100℃ 홈 가장 깊고, 넓고, 구형태, 대형화재

(4) 탄화심도
① 화재 시 탄화된 깊이를 의미한다.
② 정확한 온도는 알 수 없으나 장소간 상대적 화염의 크기는 가늠이 가능하다.
③ 탄화심도 측정요령
  ㉠ 탄화요철(凹凸) 중 철(凸) 부위를 측정한다.
  ㉡ 날카로운 측정기구는 사용하지 않는다(안 탄 부분까지 삽입될 수 있음).
  ㉢ 목재와 직각 삽입, 동일압력, 수회 측정(평균값 사용) 등
④ 목재의 탄화심도는 게이지 등을 통해서 측정할 수 있지만, 각 지점의 목재간 탄화정도를 비교하는 것은 대부분 골 사이의 넓이와 깊이를 육안으로 관찰하는 것만으로도 가능하다.

3. 물질의 용융흔

외열에 의한 용융, 전기적 발열에 의한 용융, 저용점 금속의 합금화에 의한 용융으로 구분된다.

(1) 외열에 의한 물질의 용융
건축 구조물의 재료물질의 융점(녹는 점)으로 화염의 온도를 추정한다. 알루미늄 창틀이 녹아 있다면 창틀부위의 온도가 알루미늄의 융점인 660℃ 이상이었을 것으로 추정하는 것이 가능하다.

(2) 저융점 금속의 합금화에 의한 용융
① 금속에 다른 금속이나 불순물이 섞이면 융점이 낮아진다.
② 합금은 융점이 높은 금속보다 융점이 낮아지거나 두 금속 고유 융점보다 더 낮아지기도 한다 (성분비율에 따라).
③ 가열시간↓ : 고융점 금속 표면에 점착된 수준
④ 가열시간↑ : 합금을 이루면서 침식, 모든 금속 해당
⑤ 용융 초기: 색이 달라 구별 쉬움
⑥ 비, 바람에 장시간 노출: 합금 흔적 사라져 전기에 의한 용융으로 오인될 수 있다.

(3) 전기에 의한 금속의 용융
① 줄열에 의한 금속의 용융(저항 → 전력손실 → 열) 줄열: 전류가 흐를 때 도체의 저항 때문에 열 발생 줄열이 크면 화재로, 합선이나 불완전 접촉, 반단선
② 아크에 의한 금속의 용융
　㉠ 아크: 기중방전
　㉡ 공기 절연파괴정도: 30kV/cm 좁은 공간은 저압에도 방전 가능 아크, 용융 구별이 어렵고, 동시에 이루어진다.
③ 전기적 용융의 형태는 국부적(외열에 의한 용융은 전체적이고 광범위) 용융, 비용융 경계가 명확 배선상호간, 배선 접촉 도체, 단자, 접속부 PCB의 박막(PCB는 용융흔적 현미경으로 관찰) 발화부의 추적이나 발화원인 판단에 있어서 중요하다.

4. 철골조의 만곡 및 구조물의 도괴
(1) 물질이 가열되면 용융되기 전에 열팽창 및 연화가 일어나는데, 이때 금속자체가 중력방향으로 휘어지거나 금속으로 만들어진 구조물이 쓰러지기도 한다.
(2) 철골이 가열되는 면은 팽창률이 상승, 휘어진다(열원 반대편으로 만곡).
(3) 기둥: 도망가는 모양
(4) 천장: 늘어나서 무너짐
(5) 기울어져 균형을 잃으면 반대편으로 강한 열이 있어도 다시 반대편으로 휘어지지 않음 → 초기 화염 진행방향 확인이 가능하고, 건물의 어느 위치(내, 외부)에서 불이 났는지는 기둥이 늘어난 모양과 천장의 무너진 방향으로 추적이 가능하다.
※ 구조물 붕괴만으로 발화개소 및 발화부 판단 어려우며 도괴와 만곡의 해석, 화재패턴을 종합적으로 검토해야 한다.

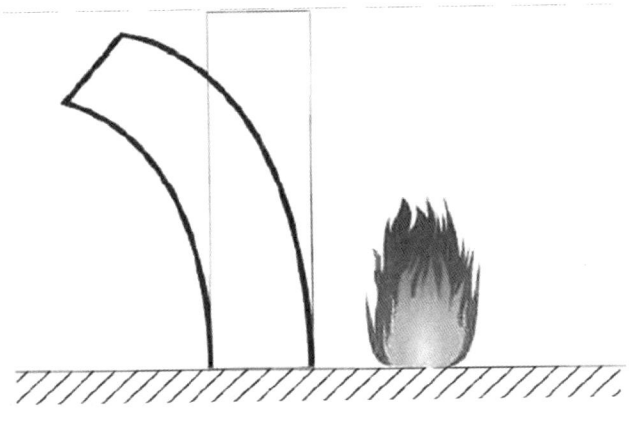

[팽창에 의해 만곡되는 쇠기둥][1]

---

1) 이승훈, 화재조사 이론과 실무, 2019, p.56

5. 금속의 부식 및 변색흔

(1) 화재현장에서 금속물질에 부식, 변색흔이 발견된다.
(2) 부식 경계의 모양 확인을 통해 화염의 진행방향을 확인할 수 있다.
(3) 색으로 판단은 어렵고, 경계의 위치와 형태로 분석한다.
(4) 금속이 열을 받으면 부식이 진행되다 더 높은 열에 노출되면 내부식성 생긴다(열을 많이 받은 부분이 경계보다 부식이 낮음).

수열온도(℃)	변색	수열온도(℃)	변색
230	황색	760	아주 진한 홍색
290	홍갈색	870	분홍색
320	청색	980	연한 황색
480	연한 홍색	1200	백색
590	진한 홍색	1320	아주 밝은 백색

6. 그을음의 부착 흔적

(1) 화재시 발생 ➡ 대기 중 부유 ➡ 여러 곳 부착

(2) **그을음 특징**
   ① 거친 표면에 쉽게 부착(매끄러운 곳보다)
   ② 차가운 표면에 쉽게, 주변보다 뜨거운 표면에는 부착이 안된다.
      → 난로 등 전기기기가 켜져 있었는지 확인하는 지표로 사용한다.
      ※ 단, 켜져 있던 것들도 화재 중 냉각될 수 있어 주의 그을음 부착 위치로 화재 발생
      ※ 이동 추적: 잠금장치, 경첩, 창틀 그을음으로 화재 당시 창문, 출입문 개방 여부 등 현장의 환기와 관련 정보 획득

(3) **백화연소흔(Clean Burn)**
   그을음(탄소 등 가연성 물질), 화염, 복사열에 노출되면 연소되어 벽면, 금속 등의 비가연성 표면이 그대로 노출되는데 이것을 백화연소흔적이라고 한다.
   → 백화연소흔적이 반드시 발화부를 지목하는 것은 아님.

7. 전구의 변형

(1) 25W 이상 전구(내부 가스 확장): 부풀거나 터짐
(2) 25W 이하 전구(내부가 진공): 쭈그러들어 함몰
(3) 고정된 전구는 화염 진행방향을 확인하는 지표로 사용
(4) 매달려 흔들리는 건 신뢰도가 낮아 지표로 사용이 부적절
(5) 필라멘트의 산화여부, 필라멘트 증기의 전구내벽 부착여부를 통해 파손당시 전구의 꺼짐, 켜짐 여부를 확인할 수 있다.

8. 가구스프링의 변형

(1) 소파나 침대 등 스프링이 화재로 열기에 노출될수록 탄성이 상실됨에 따라 어느 곳이 열을 더 받았는지 추정할 수 있다(참고용).
(2) 화재의 확산 방향을 추정해 볼 수 있다.

9. 액체가연물의 연소에 의한 화재 패턴

(1) 액체가연물의 일반적 특징
  ① 낮은 곳에 흘러 고임 – 바닥재의 특성에 광범위하게 퍼지거나 흡수될 수 있다.
  ② 증발하면서 증발잠열에 의한 냉각효과
  ③ 쏟아지거나 끓게 되면 주변에 방울이 튈 수 있다.
  ④ 고분자물질 침식, 변형시키는 등 용매로서의 성질을 가지는 것도 있다.

(2) 방화범의 유류사용으로 의심되는 화재패턴
  포어패턴, 스플래시패턴, 고스트마크, 틈새연소패턴, 도넛패턴, 레인보우 이펙트이다.

(3) 패턴 관련 사항
  ① 포어패턴(Pour Pattern): 인화성 액체가연물이 쏟아진 곳과 쏟아지지 않은 곳에 나타나는 탄화 경계(쏟아진 곳이 탄화정도↑)

② 스플래쉬 패턴
  ㉠ 튀어서 점처럼 연소된 흔적
  ㉡ 바람 반대방향으로 비교적 멀리까지 날아감(바람탐)
③ 고스트마크: 바닥 타일 사이로 스며들어 접착제와 격렬하게 연소 타일 가장자리 변색, 박리, 플래쉬오버 같은 강한 화염
④ 틈새연소패턴
  ㉠ 틈새, 문지방, 모서리에 흘러가 강하게 오래 연소
  ㉡ 고스트와 유사하나 단순 가연성 액체의 연소, 바닥이 아니라 마감재 표면에서 보이는 패턴, 화재초기에 나타나고 플래시오버 같은 강한 화염에서 사라진다는 점이 다르다.
⑤ 도넛패턴
  ㉠ 더 많이 연소된 부분이 덜 연소된 부분을 둘러쌈
  ㉡ 웅덩이가 깊어 중심부는 액체가 증발, 냉각 가장자리가 중심부보다 강하게 연소
⑥ 레인보우 이펙트
  ㉠ 물위에 떠 있는 기름띠의 모습이 광택을 내는 무지개처럼 보여 붙여진 이름
  ㉡ 화재현장에서 촉진제(휘발류 등) 등이 사용되었다고 의심할 수 있는 근거
⑦ 간섭요소
  ㉠ 유류가 사용되지 않은 현장에서 헷갈리게 하는 것
  ㉡ 플래시오버 단계에 근접하여 발생하는 복사열에 의해 바닥이 광범위하게 연소
  ㉢ 벽지 등 소락물에 의한 부분적 연소
  ㉣ 물체에 의해 보호된 지역의 부분적인 미연소
  ㉤ 연소가 계속 진행될 수 있는 바닥재의 성질
  ㉥ 열가소성 고체가연물의 용융과 연소

10. 물건에 의해 보호된 구역

(1) 현장에서 이동된 물건은 제자리로 보내 복원이 필요하다.
(2) 물건이 옮겨져도 안 탄 모양으로 제자리 확인은 가능하다.
(3) 화재패턴은 최종적인 불의 방향과 강도만 나타내며 발화부 지목 판단은 신중해야 한다.

CHAPTER 09 교통사고 조사

제1절 차 대 보행자 충돌흔적

보행자가 서있거나 걷는 중 충격을 받으면 다리는 범퍼에 허벅지, 골반은 엔진 후드(본넷) 앞부분에 상체는 엔진후드에 올라탄 후 머리는 전면유리에 충돌된다. 이때, 보행자 상의는 엔진후드에 마찰(폭 2cm정도), 엔진후드 앞부분에서 전면유리 방향으로 길게 나타난다.

※ 교통사고 발생 물질은 한정적, 현장물질로 성분 추론, 후드 흔적이 의류 아닌 것 같아도 화학섬유일 수 있음

제2절 전면유리에 나타난 흔적(거미줄 형태)

1. 보행자 머리가 전면유리에 충돌, 방사형 파손흔적을 남김
2. 주로 둥글고 부드러운 물체가 충돌 시 발생
3. 조수석은 에어백으로 깨지는 경우도 있어 주의
4. 전면유리는 2장 구조로 한쪽만 깨지니 그걸로 충격이 차량 탑승자인지 보행자이지 구별
5. 단단한 물체와의 구별은 파손범위나 중앙부 함몰흔적으로 구분
6. 모발이 끼는 건 충격과 비례하지 않음(약간의 금이간 정도라도 모발이 끼어 있는 경우도 있음)

제3절 범퍼에 나타나는 흔적

1. 주로 보행자 다리를 충격 → 페인트 표면이 갈라짐 → 섬유가 낌
   섬유가 묻은 건 우연일 수 있으나(이러한 이유에서 단순히 묻어있는 섬유는 증거력이 낮음, 섬유는 날라와서 낄수는 없으나 묻을 수는 있음), 틈새에 낀 섬유는 붓으로 털어도 안 떨어져 높은 증거력을 가진다.
2. 범퍼 마찰 흔적 – 간격이 촘촘하고 일정하면 의류로 판단 → 사람을 충격한 것으로 추정, 최소한 의류와 강하게 접촉한 것을 의미한다.

제4절 보행자 의류에 남겨진 흑색 이물질

1. 페인트는 클리어층과 아래쪽 색상을 나타내는 도막층이 매우 중요하다.
2. 도막층은 수지와 안료 혼재
3. 범퍼 측면에 나타난 쓸린 흔적을 현미경으로 관찰 시 구불구불한 것은 섬유, 흑색으로 보이는 건 수지이다.
4. 광택성 입자가 보이면 교통사고에 의해 차량의 도료가 묻은 것으로 판단, 광택성 입자가 어떤 성분인지 까지 알 필요는 없다.

제5절 역과[1] 시 나타나는 흔적

1. 부검 전 세척과정에서 지워지는 경우가 많다.
2. 타이어 문양은 두피에도 가능하므로 확인이 필요하다. 적색 출혈흔으로 나타난다.
3. 사진 찍을 때 항상 자를 대고 찍어야 한다. 검은 옷은 거의 식별이 거의 불가능해서 광원을 달리하여 관찰하는 경우 타이어 문양을 현출시킬 수 있다.

제6절 차 대 차 충돌흔적

1. 충돌 시 서로간의 물질이 묻는 특이한 현상이 발생
2. 물질이 어느 쪽으로 쓸리면서 묻었는지 구분

▶ 부착물질 형상 비교, 충격방향 좌에서 우
(1) 비늘형태 문양
① 압축, 밀림 형태
② 절삭형태
(2) 유성형태 문양
① 기존 부착 이물질의 형태 변화
② 충격이물질의 형태 변화
③ 이물질에 의한 찰과 형태

※ 러브오프(Rub-off) 흔적은 순간적으로 정지된 상태에서 충돌하지 않고 양차량의 접촉부위가 서로 다른 속도로 움직이고 있다는 것을 나타내주며, 이는 측면 접촉사고시 발생되는 전형적인 모습이다. 이것은 삼중 이상의 충돌사고를 분석하는데 그 가치가 있고, 자동차의 충돌과정을 이해하거나 뺑소니 차량을 추적하는데 차량의 문질러진 자국(Rub-off)이 중요한 단서가 된다.

---

[1] 쓰러진 보행자를 차량의 바퀴로 타고 넘는 현상

제7절 파단면 비교

파단면이란 재료를 굽히거나 잡아당겨 파괴된 단면으로, 파단면이 일치하는 차량은 세상에 두 대가 존재할 수 없다(가장 중요한 증거).

제8절 사고 현장의 흔적

타이어 흔적, 충돌에 의한 유리파편, 플라스틱, 페인트 자동차부품, 바퀴의 토양, 냉각수, 오일, 브레이크액 → ① 충돌방향, ② 속도, ③ 충돌지점 추정이 가능

1. 사고현장에 나타나는 흔적

흔적의 종류	확인사항	추정내용
미끄러진 흔적(Skid Marks)	긴 직선	자동차의 사고속도
문질러진 흔적(Scrub Marks)	일정하지 않는 선	충돌지점
미세한 흔적들	연결 여부	자동차의 이동경로
산란물	산란물 종류(유리, 액체 등)	충돌지점
패인 흔적(Gouges)	차체 및 도로	충돌지점
긁힌 흔적(Scraps)	차체 및 도로	자동차의 이동경로
가는 홈(Grooves)	차체 및 도로	자동차의 이동경로
차량의 파편	전조등, 범퍼조각 등	일반적으로 충돌지점

2. 타이어 흔적 분류

(1) 스키드마크: 속도(시간이 지나면 사라져 신속한 조사 필요), 가장 진한 흔적
   ① 갭(Gap) 스키드 마크
   ② ABS
   ③ 스킵 스키드 마크

(2) 스커프 마크: 바퀴가 구르면서 미끄러질 경우 발생
   ① 요마크
   ② 가속 스커프 마크
   ③ 플랫타이어 마크

(3) 충돌마크
① 굴러가던 바퀴가 충돌의 힘에 의해 순간적으로 고정되면서 문질러진 형태로 타이어 자국이 남는 것이다.
② 최대 접촉 시 타이어의 위치를 의미, 충돌지점을 판단할 수 있다.
③ 크룩(Crook)마크는 제동 중에 발생, 충돌 순간 갑자기 나타나는 충돌스크럽과 구분(차이점)
④ 크룩마크와 충돌마크의 공통점은 충돌지점을 파악할 수 있다는 것이다.

(4) 현장 유류물
① 차량에 의한 유류물 6가지
② 흩어짐, 적하, 웅덩이, 흘러내림, 스며듦, 자국
　㉠ 흩어짐: 용기가 충돌로 인하여 파괴될 때 나타난다. 라디에이터 파손, 부동액 분출 → 충돌 지점 판단
　㉡ 적하(드리블): 차량에서 흘러나온 액체가 아래쪽으로 떨어지며 노면에 남긴 흔적이다. 액체(부동액) 최대충돌지점부터 최종위치까지 노면에 떨어짐(누설속도↑, 움직임↓시선명) → 경로판단
　㉢ 웅덩이: 차량이 정지한 상태에 액체 흘러나와 고임, 차량이 정지했음을 의미한다.
　㉣ 흘러내림: 웅덩이에서 경사면으로 흘러내림
　㉤ 스며듦: 흘러내려 액체가 흙이나 도로 틈새로 흡수 자국, 액체 위를 타이어가 밟고 지나가 발생한다.
　㉥ 자국: 차량에서 누설된 액체 위를 타이어가 밟고 지나갈 때 발생한다(사고와 관련 없는 흔적).

CHAPTER 10 운전자 식별

제1절 압착된 섬유

1. 핸들 아래 플라스틱 커버와 조수석 앞 글로브박스 근처에 압착된 섬유의 증거능력이 가장 높다 (탑승 위치).
2. 안전벨트 착용자도 부딪침, 섬유종류는 면, 폴리에스테르, 모
3. 운전자가 누구인지의 문제는 섬유만 잘 관찰하면 80~90% 해결 가능하다.

제2절 탑승자(운전자, 조수석 탑승자) 손상

1. 탑승자 얼굴이 유리에 충돌 다발성 상처 = 주사위 상처
2. 안전벨트도 정면충돌 시 가슴부 압박, 갈비뼈나 쇄골 골절이 빈번하다.
3. 안전벨트에 운전자의 무게가 순간적으로 작용, 띠부분과 고리부분에 강한 마찰 발생. 이때 벨트 고리부문의 수지가 띠에 옮겨 묻게 된다(안전벨트 착용 증거).

CHAPTER 11 교통사고의 재현

1. 보행자 사고

보행자가 차량에 충돌되면서 나타나는 유형
(1) Wrap Trajectory: 보행자가 차량을 감싸며 낙하하는 형태
(2) Forward Projection: 보행자가 전방으로 날아가는 형태
(3) Fender Vault: 보행자가 펜더 옆으로 넘어지는 형태
(4) Roof Vault: 보행자가 지붕으로 도약하여 넘어가는 형태
(5) Somer Vault: 보행자가 차량 위에서 공중회전(공중제비, 재주넘기)하는 형태

2. 차량의 운동특성

(1) **차량의 기본운동(앞, 뒤: x축, 좌우방향: y축, 상향방향: z축)**
   ① 바운싱: 차체의 전체가 z축을 따라 상하방향으로 병진운동
   ② 러칭: 차체의 전체가 y축을 따라 좌우방향으로 병진운동
   ③ 서징: 차체의 전체가 x축을 따라 전후방향으로 병진운동
   ④ 피칭: 차체가 y축을 중심으로 하는 회전운동
   ⑤ 롤링: 차체가 x축을 중심으로 하는 회전운동
   ⑥ 요잉: 차체가 z축을 중심으로 하는 회전운동
   ⑦ 시밍: 너클핀을 중심으로 앞바퀴가 좌우로 회전하는 진동
   ⑧ 트램핑: 판스프링에 의해 현가된 일체식 차축이 x축에 나란히 회전축을 중심으로 좌우 회전하는 진동

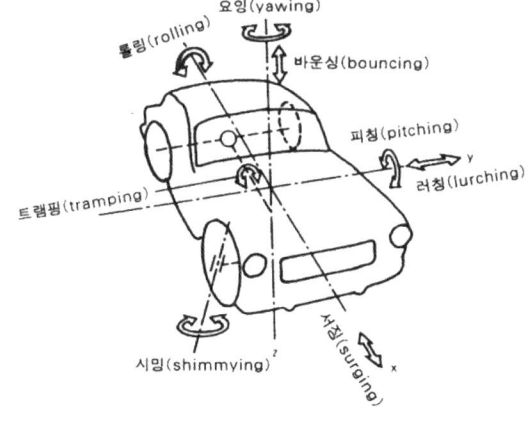

(2) 주요현상

① 수막현상: 도로가 물에 젖어 있을 경우 타이어는 접지면이 트레드에 있는 홈 사이로 물을 배출하며, 지면과 접촉하여 진행하는데 고속으로 주행하면 트레드 홈 사이로 물이 미처 배출되지 못하여 타이어는 도로와의 접촉을 잃게 되고 물 위에 떠있는 것과 같은 현상

② 스탠딩웨이브: 자동차의 타이어에는 주행 중 뒷면 트레드에 변형이 발생하고 이 변형은 타이어가 회전을 계속하며 복원되는 현상이 발생한다. 그러나 타이어의 공기압이 부족한 경우에는 속도가 빨르면 타이어의 트레드 부위가 물결모양으로 떠는 현상이 일어나면서 파열된다.

③ 크리프: 자동변속기 차량에서 시동이 걸려있는 상태에서 변속기 시프트레버를 주행(D)위치에 두게되면 점점 전방으로 나아가는 현상

④ 페이드: 고속주행 중 또는 내리막길 등에서 짧은 시간 동안 풋브레이크를 많이 사용하면 브레이크 슈와 드럼이 과열되어 마찰계수가 극히 작아지며 브레이크가 잘 작동하는 않는 현상

3. 사고속도의 계산

(1) 스키드마크에 의한 속도계산

$v = \sqrt{254\mu d}$ (μ : 견인계수, d : 스키드마크 길이)

■ 예제 1 ■
평탄한 도로에서 직선 스키드마크가 좌우 각각 20m인 경우 제동직전 주행속도는? (단, 견인계수는 0.8)

해설과 정답
$v = \sqrt{254\mu d} = \sqrt{254 \times 0.8 \times 20} = 63.75 km/h$

■ 예제 2 ■
사고차량에 발생된 바퀴의 제동흔적이 평탄한 도로상에 거의 직선으로 좌우측 모두 14m 발생된 후 5m 끊어진 다음 다시 20m가 발생되었을 경우 사고차량의 제동직전 주행속도는?

- 스키드마크 합산 길이 = 14 + 20 = 34m

해설과 정답
$V = \sqrt{254\mu d} = \sqrt{254 \times 0.8 \times 40} = 90.16 km/h$

(2) 요마크 속도계산

$$v = \sqrt{127\mu R}\,(km/h)$$

$$R = \frac{C^2}{8 \cdot M} + \frac{M}{2} \quad (R : \text{곡선반경},\, C: \text{현의 길이},\, M: \text{현의 중앙에서 호까지의 종단거리})$$

┃예제┃

요마크의 현의 길이가 20m이고 현의 중앙에서 호까지의 종단거리가 0.5m인 경우 차량의 주행속도는? (단, 횡방향 견인계수는 0.8)

해설과 정답

$$R = \frac{C^2}{8M} + \frac{M}{2} = \frac{20^2}{8 \times 0.5} + \frac{0.5}{2} = 100m$$

$$v = \sqrt{127 \times 0.8 \times 100} = 101 km/h$$

4. 충돌해석

(1) 충돌과정

① 최초 접촉: 충돌이 시작되는 단계로 두 물체 사이에 상호영향을 미치는 충격힘이 발생하기 시작하며 진행 속도가 감소된다.
② 최대 맞물림: 충돌의 최대 부분, 최대 맞물림 후 탄성율은 거의 '0'에 가깝다.
③ 분리: 최대 접합 후 사고차량들은 분리되면서 정지하게 된다.

(2) 충격력의 방향(PDOF)

최대 충돌 시 힘의 방향을 의미하며 차체의 회전 및 이동방향, 충돌전후 진입각도와 이탈각도 등에 의한 속도추정분석과 사고재현 컴퓨터시뮬레이션 입력항목시 기본자료가 된다.

CHAPTER 12 자동차 기록장치

1. 자동차 주행정보 3가지

사고기록장치(EDR), 운행기록장치, 영상기록장치(블랙박스)

2. 사고기록장치

ACU(에어백제어 컴퓨터)의 부가기능으로 장착, 충돌 전 5초 동안의 속도(시간당 기록 아님), RPM(엔진회전), 제동페달/가속페달 조작 0.5초 단위 기록, 규정KS R5076

3. 운행기록장치

사업용 차량에 창작 의무, 교통안전법 시행규칙에 근거한다.
속도, 엔진회전수, 브레이크 작동에 대하여 1초 단위로 기록, KS R5072(관련표준)

4. 영상기록장치

통상 1/8~1/30초 단위로 저장, KS R5076(자동차용 사고기록 장치) 전방 영상 선택 정보로 규정

5. 급발진 분석

급발진 사고는 통상 "제동효과의 명백한 손실을 수반한 정지 상태 또는 매우 낮은 출발속도로부터 운전자가 의도하지 않고 예상하지 못한 높은 출력에 의해 급가속되는 것"으로 정의한다.
사고현장 타이어흔 발생, 사고차량 엔진 출력 상승, 사고차량 제동장치 미작동 등 3가지로 유형화되는 현상을 수반한다.

> ▶ 충돌 당시 등화장치 작동여부 등
> ① 소등충격(Cold shock): 충돌 시 비점등 상태, 필라멘트만이 충격으로 파손, 끊어진 부위가 날카롭고 필라멘트 자체가 은빛으로 빛난다.
> ② 소등깨짐(Cold break): 충돌 시 비점등 상태, 전구가 깨진 경우이며 필라멘트가 그대로 남아 있는 경우도 있고 파손된 경우도 있다.
> ③ 점등충격(Hot shock): 충돌 시 점등 상태, 필라멘트가 엉키거나 휘어졌으나 전구가 깨지지 않은 상태이다.
> ④ 점등깨짐(Hot break): 충돌 시 점등 상태, 충격으로 전구가 깨어지게 되면 필라멘트가 산화한다.

6. EDR 필수저장

차량속도, 스로틀, 브레이크, 안전벨트 착용 선택저장
→ RPM, 가속도, 롤/요각도, GPS위치 등 에어백도 확인 가능. 단, 충돌시점 5초라 시간당 위치 기록 등은 안됨. GPS 위치 때문에 헷갈리지 않도록

7. 저장장치별 비교

(1) 기록단위 긴 순: 운행 > 사고 > 영상기록장치
(2) 기록범위 긴 순: 운행 > 영상 > 사고기록장치

CHAPTER 13 상해가능성

제1절 1차 충격 손상

1. 범퍼는 차체의 최전방 위치하기 때문에 정면충돌 시 인체에 충격을 가하게 된다. 이를 범퍼손상이라 한다.
2. 성인은 대퇴부, 하퇴부 등 하지에 주로 발생한다.
3. 어린이는 상반신에 주로 발생하며, 목, 머리에도 발생 – 인체손상 위치로 차량의 종류(범퍼 높이) 추정이 가능하다.
4. 범퍼 높이는 제동에 의해 7~8cm정도 낮아진다(Nose Dive).
5. 소형승용차가 대체로 40km/h 이상 전방, 측방 충돌 시 보행자의 다리골절이 발생한다.
6. 후방 충돌로 골절이 발생할 경우에는 무릎관절이 구부러지고, 비교적 두꺼운 근육층이 충격흡수 하므로 70~80km/h 필요하다.

제2절 2차 충격손상

1. 자동차 전면부는 성인 무게중심보다 낮다.
2. 충돌부위 따라 차이 있으나 40~50km/h 속도라면 보행자는 보닛 위로 올라가 상면, 전면 유리창, 와이퍼, 후사경 등이 팔꿈치, 어깨, 머리, 흉부, 안면부에 충격된다.
3. 표피박탈은 범위가 다양하고, 심부조직에는 거의 손상이 없다.(대부분 표재성)
4. 차량속도 70km/h 이상 되면 보행자 차체 위로 떠 차량 지붕, 트렁크, 차량 뒷쪽 노면에 떨어진다.
5. 30km/h 이하면 인체가 뜨지 않고 차량에 재충격되지 않는다. 그러나 운전자가 멈추지 않으면 역과될 수 있다.

제3절 전도손상

1. 차에 충격된 후 지상에 쓰러지거나 떨어져 지면이나 지상구조물에 의하여 형성되는 손상이다 (제3차 충격손상).

2. 거의 모든 보행자에게 관찰된다.
3. 머리 충격된 경우 두개골골절, 뇌손상으로 사망 가능성이 높다.
4. 둔부충격 시(특히 노인) 천장관절 골절이 가능하다.

제4절 역과손상

1. 지상에 전도된 후 충격 가한 차량 또는 후속 차량에 의해 역과될 수 있다.
2. 역과손상은 바퀴와 차량의 하부구조에 의해 발생, 바퀴에 역과될 때 신체에는 심각한 손상 발생
3. 바퀴 접촉 부위에 타이어문양, 눌린 골격, 장기는 차량 무게로 손상, 지면쪽 피부는 마찰로 손상
4. 어린이는 골격 탄력성이 커 골절 가능성이 낮음. 외견상 골절없는 것처럼 보일 수도 있다.
5. 신전손상은 역과 같은 거대 외력이 작용하면 외력이 작용한 부위에서 떨어진 피부가 신전력에 의해 피부할 선을 따라 찢어짐. 속도가 빠르면 열창도 나타난다.

제5절 탑승자 손상

충돌 또는 급제동 시 탑승자는 차내 구조물에 의해 손상, 특히 운전자는 조향휠에 의해 흉부·복부에 손상, 대시보드는 탑승자 무릎부분과 가까워 무릎손상을 야기한다.
1. 보통 좌상, 표피박탈 같은 경미손상, 때로 무릎 충격으로 대퇴골두 탈구가 발생한다(앞좌석 탑승자에 무릎손상이 있으면 정면충돌을 의미).
2. 정강이 표피박탈이나 좌열창 발생 가능, 경골/비골 골절도 발생한다.
3. 편타손상은 갑작스런 가속, 감속으로 두부가 과도하게 전후로 움직여 경추부가 전후로 과신전, 과굴곡되어 생긴다.

제6절 상해가능성에 관한 실험적 접근

1. 추돌실험에서 10km/h 이하 충돌, 경추 손상은 어렵다.
2. 5~8km/h 속도 어깨, 허리 등에 뻐근함 호소하나 통원/입원없이 평균 1.6일 후 자연치유 된다.

CHAPTER 14 사망진단서(시체검안서)

제1절 사망진단서(시체검안서)의 의의

1. 사망진단서는 개인의 죽음을 증명하는 의학적, 법적 문서이다.
2. 사망원인 정보가 국가 사망통계의 기초자료
    (1) 진료 중이거나 최종 진료후 48시간 이내에 진료하던 질병으로 사망하면 사망진단서 발급
    (2) 그 외의 경우(진료×/진료는 O 그러나 질병외 원인/외인사)는 시체검안서 발급

제2절 사망진단서의 내용 및 서식

1. 누가: 성명, 성별, 주민등록번호, 실제 생년월일, 직업, 주소
2. 언제: 사망일시, 발병일시(질병)
3. 어디서: 사망장소
4. 왜: 사망원인
5. 어떻게: 사망의 종류, 외인사인 경우(외인사 사항으로 의도성 여부 기재)
   ※ 외인사 사항: 의도성 여부, 어떤 종류의 사고가 언제, 어디서 발생했는지 추가 기입(병사는 기입하지 않음)
    (1) 진단서 발급일자, 의사 소속 의료기관명, 주소, 의사 면허번호와 성명, 날인 있어야 한다.
    (2) 사망진단서(시체검안서)는 의료법에 의해 의사, 치과의사, 한의사만 작성할 수 있다.

제3절 사망의 원인

1. 세계보건기구(WHO) 권장사항: 제1부 사망원인, 제2부 간접(기여)사인
2. 사망원인: 직접사인과 원사인(선행사인)으로 구별
3. 사망원인 해당 진단명은 한국표준질병 사인분류 따름
4. 원사인(선행사인): 직접 사망에 이르게 한 질병, 손상 또는 치명적 손상을 일으킨 사고나 폭력 상황
5. 사망진단서에 기재할 수 있는 사망 원인은 질병의 명칭이나 손상의 명칭이며, 치명적 손상을 일

으킨 사고나 폭력상황도 사망 원인에 포함된다.
6. 세계보건기구(WHO) 사망진단서에 '사망의 원인' 항목 포함을 권고한다.

제4절 사망진단서 작성 원칙

1. 우리말(한글)로 작성해야 한다.
2. 사망원인의 (가), (나), (다), (라) 각 항목에는 하나의 사인만 적어야 한다.
3. (가)부터 (라)까지와 관계없는 그 밖의 신체상황에는 여러개를 기재해도 된다.
4. (가) 직접사인에는 포괄적인 상황은 적지 않는다.
5. 선행사인이 없는 사망의 기전은 단독으로 직접사인이 될 수 없다.
6. 정신질환은 원칙적으로 직접사인이나 선행사인이 될 수 없다.
7. 사망원인이 확실하지 않으면 진료기록이나 보호자의 설명을 참고하여 가능한 병명을 적고 뒤에 추정이라고 기입할 수 있다. 이때 추정은 막연한 추측이나 상상이 아니라 의학적으로 그러한 진단을 고려할 만큼 충분한 타당성이 있는 증상이나 검사소견들이 있을 때에만 사용해야 한다.

제5절 사망의 종류

1. 병사, 외인사, 기타 및 불상으로 구분하며 어떻게 사망했는지에 관한 법률적 사망원인이다.
2. 자연사(병사)는 대부분 법이 개입할 이유가 없다.
3. 외인사는 자살, 타살, 사고사인지 살펴야 한다.
4. 자살이 확실하다면 법이 개입할 여지가 없다. 타살이라면 가해자 또는 살인자를 처벌해야 한다.
5. 사고사(자기과실, 천재지변으로 사망)는 법이 개입할 필요는 없으나 타인 과실로 사망이면 사정이 다르다.

CHAPTER 15 검시 및 부검

제1절 우리나라의 검시절차

1. 검시(檢視)는 수사기관이 죽음의 법률적 판단을 위해 시체 및 현장을 종합적으로 조사하는 것(검안, 부검 포함)이다.
2. 검안은 시체 손상없이 외부만 검사, 부검은 해부
3. 검시는 검사, 경찰, 검시조사관, 판사, 의사 등 참여
4. 검시의 법률상 주체 및 책임자는 검사, 실질 집행은 경찰, 경찰과 검시조사관이 현장에 동행, 부검허가(영장)는 판사
5. 우리나라는 변사자 검안, 부검에 국과수 법의관, 의대 법의학 교수, 일반의사도 참여 가능. 실제는 경찰이 개업의나 종합병원 의사에 요청하여 실시한다.

제2절 부검의 유용성

1. 유가족은 납득할 만한 죽음의 원인을 들을 권리가 있다.
2. 유가족은 앞으로의 건강을 관리하고, 정당한 보상을 받아야 한다.
   → 유전질환, 전염, 감염 등 대비
3. 부검은 경찰 수사에 협조, 범죄의 입증, 공정한 재판에 도움이 된다.
4. 부검은 의학 교육의 중요한 방법이며 효과가 크다.
5. 의료인들의 진단/치료에 직·간접적 영향 미친다.
6. 공중보건 및 각종 보건정책 수립에 도움이 된다.
7. 장기 기증이나 사후 인체조직 기증 등에 활용 가능하다.

제3절 부검을 통한 사망원인의 판단과정

1. 부검만으로 쉽게 사망원인 판단이 불가할 수 있다.
2. 사망상황, 과거력, 환경 종합 합리적 가설 설정 후 부검 및 검사 → 사인 및 사망 종류 결정

CHAPTER 16 사후변화 및 시체 현상

제1절 죽음의 판단

호흡정지설, 맥박종지설(통설 – 영구 심정지), 뇌사설

1. 통상 사용되는 판정 기준

(1) 호흡기계통 기능의 정지: 자발적 호흡운동 정지
(2) 순환기계통 기능의 정지: 어느 동맥에서도 맥박이 측정되지 않음. 심장박동(심장음) 정지, 혈압 측정이 안됨(인공적 유지 불가능 상태)
(3) 중추신경계통 기능의 정지: 의식소실, 자극에 대한 반응 상실, 동공확대(각막, 동공 반사소실)
  ※ 위 (1)~(3) 증상이 15~30분 지속되면 사망진단 가능. 가능하다면 심전도나 뇌파검사 실시 필요(객관성 판단기준)

제2절 초기 사후변화(조기 시체현상)

▶ 사망시각 측정의 전통적 척도 3가지
  ① 체온 하강(시체의 냉각)   ② 시반(혈액 침하)   ③ 시강(시체 경직)

전적으로 신뢰할 수 없으며 환경요인의 영향이 크다.

1. 체온 하강

(1) 시체 온도가 외부 온도와 같아진다.
(2) 일반적 냉각은 S자 곡선으로 나타난다.
(3) 피부표면의 온도가 떨어져 표면과 중심간의 온도차가 발생하기 전까지는 온도가 떨어질 수 없다.
(4) 마른 체형: 체온이 빨리 떨어진다. 아이들은 반대이다(체중대비 표면적이 넓음).
(5) 계절적 요인도 감안해야 한다.
(6) 체온 하강에 영향을 주는 주요인자: 사망당시 초기 체온, 대기 온도, 체격, 피복과 덮개, 통풍과 습도, 자세, 시체주위 매개체, 출혈 등이다.

▶ 계산문제-사망시간 추정주의
모리츠 공식 [(37℃-직장 체온) / 0.83 × 계절 상수]
봄, 가을: 1, 여름: 1.4, 겨울: 0.7

2. 시반, 혈액침하

(1) 혈액 침하: 혈액 순환이 멈추면 정지된 혈액이 가능한 신체의 가장 낮은 부위로 내려가면서 혈액 침하가 발생한다.
(2) 시반: 혈구(특히 적혈구)도 중력의 영향, 시간이 흐르면서 분해되고 혈색소가 피부에 착색되는 것이다.

※ 부패되지 않은 시체에서 시반과 타박상 구분방법은 시반은 항상 아래쪽에 위치하고, 침윤성 시반이 생기기 전인 초기에는 손가락으로 누르면 누른 자국이 하얗게 남았다가 시간이 지나면 다시 원상태로 되돌아 온다. 또한, 피부를 절개할 경우 혈관 내에 있는 혈액이 흘러내리게 된다.

3. 시강

(1) 사망 시 신경자극이 없어져 근육 이완, 긴장이 사라진다.
(2) 이후 근육 경직, 관절 저항을 느끼게 된다.
(3) 경직된 시체는 일정시기 지나면 부패현상으로 다시 이완된다.
(4) 시체 경직의 시작과 지속시간은 온도에 영향을 받는다.
   → 온도 낮을수록 경직속도가 느리고 영하의 가까운 조건은 거의 무한정
(5) 시체경직은 작은 근육에서 먼저 나타난다.
(6) 근육발달이 미약하면 상대적으로 느리다(유아, 노인).
(7) 평균 사후 최대 6~12시간 내 신체 전체 근육으로 확산, 10~12시간쯤 최고조이다.

제3절 후기 사후변화

1. 자가융해

(1) 조직과 세포가 생명력을 잃으면 효소가 세포 성분을 소화하여 분해하기 시작(미생물과 무관)하는 데 이에 작용하는 효소는 위, 췌장, 담즙, 소장의 소화효소와 세포의 리소짐(lysozyme)이 있다.
(2) 혈관벽, 주변조직 혈색소 침윤, 위액이 위점막을 소화하여 천공이 생기는 경우도 있다.

2. 부패

(1) 미생물, 특히 부패균이 인체의 복잡한 유기물을 분해, 단순 유기화합물로 바꾸는 것(장내세균, 외부 부패균)
(2) 부패 진행은 환경의 영향, 공기 공급이 충분, 적정 습도 및 온도(20~30℃) 유지
   → 빠르게 부패 진행
(3) 통풍은 시체를 건조시켜 속도를 늦춤(공기:수중:땅속 속도＝1주:2주:8주), 날짜 커져도 비례

3. 백골화

연부조직이 완전 분해되는 것으로 기간은 일정하지 않지만 통상 지상에서 1년이내, 매장(건조한 흙) 할 경우 3~4년 이내에 뼈, 연골, 인대, 건만 남게 된다.
→ 구더기, 곤충 등 참여시 빨라짐(환경에 따라 예외 가능성도 있음)

4. 시랍화

(1) 젖은 시체가 부패하면서 지방조직이 비누화반응을 일으키는 것을 말한다.
(2) 습도 높고 공기흐름이 막힌 환경(물 속, 수분 많은 흙)에서 나타난다.
(3) 물에 불린 비누처럼 되며, 오래된 시랍은 딱딱하지만 부서지기 쉬움. 시체의 피하지방에 나타나는데 1~2개월, 완성은 2~4개월, 근육은 2~3개월 지나면 생겨, 전신 시랍은 적어도 1년, 보통 2~3년 정도 걸린다.

5. 미이라화

(1) 온몸이 건조되는 현상이다(온도 높고, 바람 잘 통하면↑).
(2) 유아, 야윈 사람, 흙속이 쉬움, 미생물 부패에 필요한 수분이 없을 때 생긴다.

제4절 생활반응

(1) 사후변화와 대조, 살아있을 때 나타나는 반응
(2) 국소적 생활반응
   ① 출혈(hemorrhage): 혈관이 터지면 혈압 때문에 혈액이 혈관 밖으로 흘러나오는데 이것을 출혈이라 한다. 출혈된 혈액이 고여 덩어리를 이루면 혈종이라고 한다.
   ② 창상의 벌어짐: 개방성 손상은 피부나 근육의 수축으로 넓게 벌어진다.
   ③ 염증성 변화(inflammatory reaction)나 치유 기전(wound healing): 염증은 살아 있는 조

직에서만 일어나는 반응이다. 염증이 일어나면 반드시 치유기전이 이어진다. 살아있을 때에 외력의 영향을 받거나 감염된 조직에서는 염증성 변화(발적, 종창 등)나 조직의 재생(섬유아세포의 증식, 결합조직의 생성 등)이 일어난다.

※ 염증은 살아있는 조직에서만 일어남, 염증이 일어나면 반드시 치유기전으로 이어짐

(3) 전신적 생활반응
① 빈혈: 손상 부위에서 다량의 출혈이 발생하면 전신이 창백하고 핏기가 없는 전신적 빈혈이 생긴다.
② 전색증(embolism): 손상 부위에서 생긴 지방덩이, 공기방울 또는 조직의 작은 조각이 색전을 일으켜 혈관을 막고 있으면 이는 손상을 받은 시점에서 혈류의 흐름이 있었음을 의미한다.
③ 이물 흡인: 익사 때 마신 물속의 플랑크톤이 전신 장기에 분포하거나, 화재사 때 기관과 기관지에 매연이 묻어 있다면 살아 있을 때 호흡을 하였다는 의미이다.
④ 약독물의 전신분포 및 배설: 마신 술이 전신 각 장기에 분포하고 일부가 대사되어 소변으로 배설되는 것도 역시 일종의 생활반응이다.
⑤ 속발성 염증: 외상을 받은 후에 생긴 전신성 염증, 즉 패혈증이나 균혈증
⑥ 헤모글로빈(혈색소)의 변화: 일산화탄소, 청산, 황화수소 중독에서 각각과 결합한 헤모글로빈이 형성된다. 예를 들어, 화재현장에서 연기를 오랫동안 다량으로 들이 마시게 되면 혈중 일산화탄소-헤모글로빈 농도가 높게 나타난다.
⑦ 압박성 울혈: 손이나 끈으로 목이 졸려 사망할 때 혈류의 흐름이 차단되면서 얼굴에 울혈이 생긴다.

CHAPTER 17 질병에 의한 돌연사

제1절 내인성 급사

1. 외인사의 반대, 대부분 질병사, 질병 발현 후 1시간 이내 사망을 급사(세계보건기구는 24시간)로 받아들이고 있다.
2. 내인성 급사 중 법의부검 대상이 되는 경우
    (1) 증상이 나타나서 사망하기까지 매우 빠른 경과를 나타냈을 때
    (2) 질병을 미처 예상치 못했을 때
    (3) 질병을 알고 있으나 죽음을 설명하기 어려울 때
    (4) 질병을 앓고 있으나 이상한 상황에서 사망했을 때
3. 검안시 외상없고 범죄 연관 없으면 내인성 급사 혹은 급성 심장사라 하는 경우가 있는데 보험금 지급 문제가 발생한다.
4. 심혈관계 질환 > 뇌혈관계 > 호흡기계 > 소화기계 순

제2절 급성 심장사

내인성 급사이면서 심장질환으로 급사하는 경우를 말한다.

① 허혈성 심장질환이 가장 흔함
② 관상동맥경화증이 가장 흔한 유발인자
    ※ 심장(관상)동맥경화증: 관상동맥 좁아져 심장 근육으로 혈액공급이 죽어 흉통 유발
    ※ 급성 심근경색증: 관상동맥이 혈전에 의해 막혀 심장 괴사, 대부분 관상동맥경화증으로 발생

CHAPTER 18 손상

제1절 손상의 의의 및 검사

1. 법의학에서의 손상: 물리적 외력, 화학적 작용으로 기능적 장애나 형태 변화가 초래된 것이다.
   → 외상, 상처
2. 상처: 신체조직(피부 등), 장기 등의 연속성이 외상으로 파괴된 상태, 창상(創傷)이라고 표현하기도 한다.
3. 창(創)은 피부 연속성이 단절된 개방성 손상
4. 상(傷)은 비개방성 손상

제2절 둔기손상

1. 돌, 파이프, 망치, 구두, 주먹도 둔기
2. 표피박탈, 좌상, 열창
3. 표피박탈: 찰과상, 생채기, 둔체가 피부표면에 작용하여 피부 맨 위층인 표피가 벗겨져 진피가 노출된 상태
4. 좌상(피하출혈): 모세혈관이나 정맥이 터져 진피나 피하 조직에 출혈이 발생한 상태, 멍, 타박상
5. 열창: 피부와 피하조직에 둔체가 강하게 작용하여 짓이겨 찢어지거나, 피부가 심하게 당겨져 찢어진 손상

제3절 예기손상

1. 날이 있거나 끝이 뾰족한 물체를 예기라 한다.
2. 면도날, 가위, 손도끼, 주사침, 송곳, 포크, 드라이버
3. 기본형태에 따라 절창, 자창, 할창으로 구분
4. 절창: 베인 상처(칼), 주저흔(여러번), 방어흔(막다가)
5. 자창: 찔린 상처(송곳)
6. 할창: 무거운 날이 있는 물체에 체표면이 찍혀 생긴 상처(도끼, 중식도, 군용대검, 삽, 낫)
7. 기본형(절창, 자창, 할창)이 혼합된 형태도 많다.

제4절 총기손상

1. 발사체에 의한 손상을 총칭: 관통총창(뚫고 나감), 맹관총창(탄두 신체 잔존)
2. 접사: 총구, 피부에 밀착 상태로 발사되는 경우
3. 근접사: 조금 떨어져 발사(1~2cm)되는 경우
4. 근사: 사입구 주위로 매와 함께 미연소된 화약잔사가 조밀하게 침착되는 경우(2~60cm)
5. 중간거리사: 화약잔사가 후춧가루를 뿌려 놓은 듯 침착되면서 피부에 점상으로 표피박탈이 일어나는 경우
   ※ 근사와 차이: 매의 침착이 없고, 화약 잔사의 침착 범위 넓음
6. 원사: 화약 잔사나 매 침착없이 단순히 탄두에 의한 변화, 원형이나 나원형의 사입구만 보인다.

제5절 머리손상 및 뇌출혈

① 충격 부위 뇌좌상: 동측충격손상
② (넘어져) 부딪쳐 충격 반대편에 뇌좌상: 대측충격손상
③ 아파트 추락과 같이 두 가지가 동시에 나타나기도 한다.

1. 경막하출혈

(1) 뇌를 감싸고 있는 뇌경막 아래 혈종이 고인 것으로 경미한 두부 외상으로 발생한다(언제 다친지 인지하지 못하는 경우가 많다).
(2) CT, MRI상 혈종이 초승달 모양이다.
(3) 급성 출혈 발생 시기부터 1주일 이내, 아급성 2~3주 이내 만성은 3주 이상(출혈부위 음영으로 급성여부를 판단한다.)

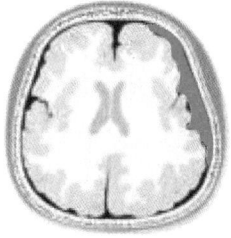 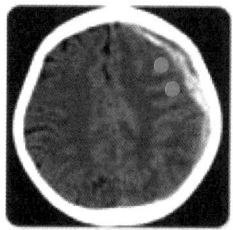 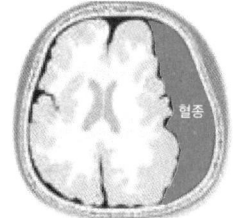 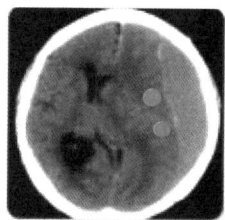

[급성 경막하 혈종]   [만성 경막하 혈종]

2. 경막상출혈 또는 경막외출혈

(1) 외상성으로 발생, 두개골 골절 동반(없는 경우도 가끔), 중간뇌막 동맥의 파열로 발생한다.
(2) 경막하 출혈과 마찬가지로 의식 명료기가 있다.
(3) CT, MRI상 혈종이 볼록렌즈 모양이다.

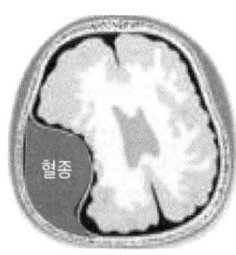 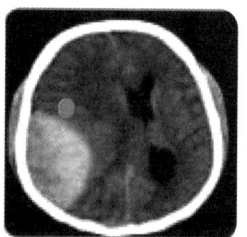

[우측 측두]

두정부에 볼록렌즈 모양의 혈종이 관찰됨(좌측으로 뇌가 밀려 있음)

3. 지주막하출혈 또는 거미막하출혈

(1) 자발성 출혈과 외상성 출혈로 나누어진다.
(2) 자발성은 뇌동맥류 파열에 기인한다.
(3) 안면부 경미한 외력에 의한 출혈(음주 후 주먹으로 턱이나 뺨을 맞아 발생), 급속, 치명적
(4) 혈관조영술, 출혈부위 확인이 필요하다(뇌동맥류 파열인지 외상성으로 척추동맥이 찢어져 발생한 것인지 명확히 구별해야 한다).

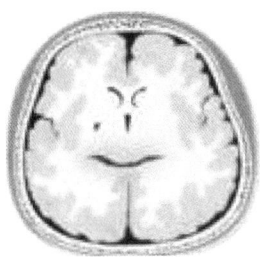 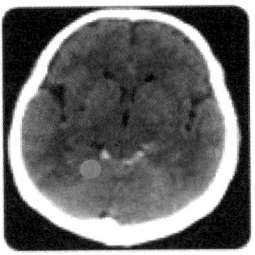

지주막 아래에 흰색의 출혈부위가 관찰됨

4. 뇌실질내출혈

질병에 의한 출혈로 주로 고혈압에 의해 발생한다. 뇌경색/뇌출혈 형태로 흔히 중풍이고 하는 것이다.

CHAPTER 19 질식사

▶ 질식사 3대 징후
① 심장 안 검붉은 유동혈
② 내부 장기의 울혈
③ 결막 및 점막, 장막 밑의 점상출혈
　※ 이러한 징후가 있다고 무조건 질식사 아님

제1절 질식사의 분류

1. 목눌림

목이 눌려 경부 혈관이 압박을 받아 뇌 저산소증으로 사망한 경우 경부압박 질식사로 표현한다.
(1) 의사: 목맴, 자기 체중에 의해 사망
(2) 교사: 끈조임. 타인의 힘에 의해 끈으로 목 졸림
(3) 액사: 손조임. 타인의 힘에 의해 손으로 목 졸림

2. 질식

외호흡의 장애로 인한 질식
(1) 흡입 공기의 산소결핍
(2) 코입막음(비구폐색)
(3) 기도막힘(기도폐색): 주로 이물질에 의해 기도가 막힘
(4) 외상성 질식: 기도는 열려있으나 호흡운동의 장애로 발생, 이상 자세에 의한 질식, 기계적 질식이라고도 한다.

제2절 의사(목맴)

1. 대부분 자살이지만 자살로 위장한 경우도 있다.
2. 매단 점(현수점)에 따라 전형, 비전형으로 구분된다.
   (1) 전형은 매듭이 목 뒤쪽 위치
   (2) 비전형은 그 외
3. 어떤 자세에서도 가능하다.
4. 사망기전: 기도나 기관의 직접적 폐쇄 → 경부 혈관의 막힘 → 경동맥소체를 통한 신경 자극

제3절 교사(끈졸림)

1. 얼굴이나 결막에 일혈점 그리고 코, 귀에 출혈도 가능하다.
2. 삭흔(교흔)은 의사와는 달리 후두나 갑상연골 부위에 낮게 수평의 형태를 띠는 경향이 있다.
3. 방어과정에서 생긴 표피박탈이 교흔 주변에 생기기도 하고, 목의 연부조직과 근육에서 출혈이 발견되기도 한다.
4. 설골, 갑상연골, 윤상연골의 골절이 비교적 자주 관찰된다.
5. 방어가 심할수록 손톱 밑에 가해자의 조직이 남아있을 가능성 높다.
6. 교사는 대부분 타살이지만 자살이나 사고사도 가능하다.

제4절 액사(손졸림)

1. 자살이 아니다.
2. 액흔(상처): 손톱 등에 의한 표피박탈(조흔)을 말하며, 초생달 모양의 짧고 각진 표피박탈이나 좌상의 형태
3. 눈꺼풀에 일혈점이 있으면서 얼굴에 울혈이 심하고 턱에 표피박탈이나 좌상이 여럿 보이면 항상 액사 의심
4. 얼굴, 결막에 울혈이 뚜렷, 점상출혈이 많고 부검에서는 목 근육 출혈을 쉽게 볼수 있다.
5. 설골, 갑상연골의 골절도 다른 유형의 경부압박에 비해 자주 나타난다.
6. 목 근육의 출혈이나 설골의 골절은 중요한 근거이다.

제5절 자기색정 질식사

1. 사망자는 거의 대부분 남성이고, 도색잡지, 성기구 등이 현장에 널린 경우가 많다.
2. 남성임에도 여성의 속옷을 착용하는 경우가 많다.
3. 여성의 경우는 나체로 발견되는 경우가 많다.
4. 대부분 경부 압박의 방법으로 끈을 이용, 저산소증으로 인한 일시적 황홀감을 즐기려다 사망하는 경우이다.
5. 신체 중 손을 묶는 경우가 많다. 스스로 끈을 묶을 수 있는지 확인하는 것이 중요하다.
6. 죽을 의도가 없었기 때문에 사망의 종류는 '사고사'로 분류한다.

CHAPTER 20 환경에 의한 사망

제1절 익사

1. 물 속에서 물과의 접촉에 의해 사망하는 것을 말한다.
2. 익사 구분
    1) 건성익사: 기도와 후두가 자극되면 방어적으로 인후가 폐쇄(10~20%)
    2) 수흡성익사: 물을 들이마시는 전형적인 익사
    3) 지연성익사: 소생 후 24시간 지나 사망하는 경우, 주로 폐부종이나 용혈로 사망한다.
3. 사망기전: 물 흡입 → 폐 가스교환 장애 → 뇌 저산소증(갑작스럽게 찬물에 들어가면 미주신경 억제로 사망 가능) → 알코올 섭취 시 혈관이완으로 이런 변화 촉진
4. 익수와 함께 플랑크톤이 폐로 유입되면 세포벽을 뚫고 혈관 안으로 들어와 흡인된 플랑크톤이 혈액을 따라 전신에 퍼지게 된다. 플랑크톤이 사망이후 유입되면 타 장기에서 플랑크톤이 검출되지 않음.

제2절 화재사

1. 고온, 고열에 노출 사망 또는 질식사(일산화탄소, 유독가스) 한다.
2. 질식사 후 불에 심하게 타게 된다.
3. 소사체는 단순히 탄채로 발견된 시체(탄화시체)라는 의미로 소사 자체가 사망 원인이 되기도 하지만 다른 원인으로 사망 후 불에 탄 것도 포함 → 화재로 사망한 것은 넓은 의미에서 화재사라고 표현하는 것이 바람직하다.

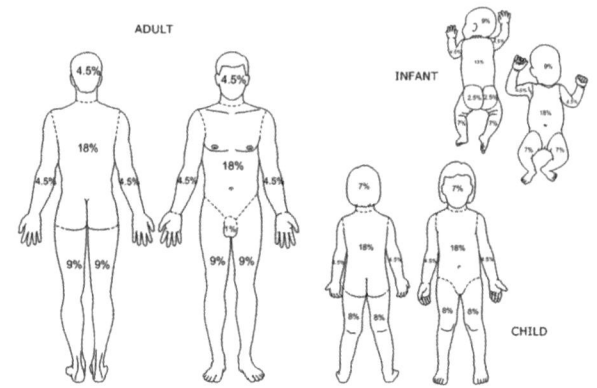

① 외음부: 1%   ② 안면을 포함 머리: 9%   ③ 전흉복부: 18%
④ 배부(등, 허리): 18%   ⑤ 상지: 9% × 2   ⑥ 대퇴부: 9% × 2
⑦ 다리: 9% × 2

[9의 법칙(Rule of 9)]

4. 어른의 경우 9의 법칙이 계산이 간편하고 오차가 없지만, 어린이의 경우 두부는 과소, 사지는 과대하게 평가되는 단점이 있다. 50% 이상의 화상이면 사망할 확률이 높다.
5. 화상의 심도에 따른 분류
    (1) 1도 화상: (표피에만 국한) 수포가 형성되지 않고 빨갛게 붓는 정도, 해수욕장에서 햇빛에 그을려 생기는 화상, 따가운 통증은 있으나 흉터는 남지 않는다.
    (2) 2도 화상: (표피와 진피까지 화상) 수포 생기고, 수포 주위 홍반이 나타나며 대게 흉터가 남는다.
    (3) 3도 화상: (피하지방 포함 피부 전층 침범) 건조하고 회백색을 띠며, 수포를 형성하지는 않지만 조직괴사, 감각 소실/심한 흉터가 남는다.
    (4) 4도 화상: (피부와 그 이하 조직 탄화) 생전에 생긴 경우 주변 피부에도 1도~3도 화상이 함께 나타난다.

제3절 감전

1. 전기에너지가 인체를 통과하여 일어나는 신체의 장애로 근육의 경미한 경련~즉사까지 다양하다.
2. 우리인체는 직류보다 교류전원에 대해 4~6배 정도 더 민감하므로 교류가 더 위험하다.

▶ 인체에 미치는 전류량
① 1mA: 찌릿찌릿 느끼는 최소감지 전류량
② 5mA: 근육경련
③ 40mA: 의식소실가능
④ 75~100mA: 심실세동발생
⑤ 2,000mA(2A): 심정지 야기 수준

제4절 열사병 및 저체온증

1. 열증후군 및 열사병

(1) 열증후군: 열경련(heat cramp), 열탈진(heat exhaustion), 열사병(heat stroke)
(2) 열사병 증상: 두통, 어지러움증, 기절, 혼돈, 호흡증가, 의식소실, 헛소리, 고체온, 허탈 등
(3) 직장온도 40℃(104°F) 이상, 피부는 고온건조, 맥박 호흡이 빨라짐, 쇼크 상태에 빠져 사망하기도 한다.
(4) 근육 속의 미오글로빈이 파괴되어 콜라색 소변을 배출하기도 한다.

2. 저체온증

(1) 체온 35℃(95°F) 이하인 상태, 바깥 기온에 의한 체열의 방산되는 정도가 체내에서 열 생산보다 과도하여 사망한다.
(2) 5℃ 이하면 발생 가능, 냉수에 잠겨 있으면 공기 중에서보다 체온손실이 3배 빠르다.
(3) 영향 인자
① 외적인자: 외계의 기온, 통풍, 풍속(개방, 풍속↑), 몸이나 의복이 물에 젖음
② 내적인자: 음주(알코올 말초혈관을 확장, 체열의 방산 촉진), 피로, 공복, 수면, 두부외상, 약물 중독 등
③ 기타인자: 연령, 영양상태, 착의정도(노인, 소아↑, 마른사람↑, 남성↑)

신용·개인정보보호 제3편

CHAPTER 01 개인정보보호법의 이해

제1절 개인정보보호법의 개요

1. 제정

(1) 1980년 OECD에서 「개인정보 보호 가이드라인」을 권고 → 韓 1994년 「공공기간의 개인정보보호에 관한 법률」 제정 → 2011년 「개인정보보호법」 제정(3월), 시행(9월)
(2) 모든 분야에서 개인정보에 관한 포괄적 기본법으로 공공부문, 민간부문 모두 적용된다.
(3) 정보통신망 이용촉진 및 정보 보호에 관한 법률은 개인정보보호법의 특별법 형태 → 주민등록번호 처리 금지(2013 개정, 2014년 시행), 주민등록번호 보관 시 암호화 의무규정(2016.1.1. 시행) → 2020년 개인정보 관련 규정이 삭제되고 개인정보 보호법으로 이관되었다.

> ▶ 주민등록번호 수집 법정주의
> 2014년 8월. 법령에 근거없는 주민등록번호 수집 금지, 정보제공주체의 동의를 얻었더라도 회원관리, 고객관리 용도 등으로 활용이 금지되었다. 그러나 법령에 활용 근거 있는 경우에는 수집, 이용이 가능하다.
> (약국-의료법, 보험-보험업법)

(4) 2023년 3월 개정에서 정보주체의 개인정보에 대한 통제권 강화, 온라인 사업자와 오프라인 사업자 간 적용되는 규정이 달라 불필요한 혼란이 발생한 점을 고려하여 관련 규정을 정비했다.
(5) 개인정보의 국외 이전이 증가함에 따라 개인정보를 국외로 이전할 수 있는 경우를 확대하여 국제기준에 부합하도록 현행 제도의 운영상 나타난 일부 미비점을 개선, 보완하였다(2023년 9월 15일, 2024년 3월 15일 시행, 개인정도의 전송 요구는 2025년 3월 시행).

2. 개인정보 보호법의 구성

구분	내용
제1장 총칙	목적, 용어의 정의, 개인정보보호원칙, 정보주체의 권리 등
제2장 개인정보 보호정책의 수립 등	개인정보 호호위원회, 기본계획, 시행계획 수립 등
제3장 개인정보의 처리	개인정보의 수집·이용·제공, 개인정보의 처리 제한
제4장 개인정보의 안전한 관리	안전조치의무, 개인정보 처리방침 공개, 개인정보 보호책임자 지정, 개인정보 영향평가 등
제5장 정보주체의 권리 보장	열람 요구권 등 권리행사방법 및 절차, 손해배상책임

구분	내용
제7장 개인정보 분쟁조정위원회	위원회의 구성, 분쟁조정의 신청방법·절차, 집단분쟁조정 등
제8장 개인정보 단체소송	소송대상, 소송허가요건, 확정판결의 효력 등
제9장 보칙	적용의 이부 제외, 의견제시 및 개선권고, 시정조치, 신고 등
제10장 벌칙	벌칙 및 양벌규정, 과태료 등

3. 개인정보 보호법에서 활용되는 주요 용어 정의

(1) 개인정보

생존하고 있는 개인에 관한 정보로 제한된다. 성명, 주민등록번호, 영상을 통해서 개인을 알아볼 수 있는 정보(다른 정보와 결합하여 알아볼 수 있는 경우도 포함. 단, 상당한 시간이 소요되는 경우에는 해당되지 않음) → 개인 보유하는 개인정보를 모두 보호대상으로 하지 않는다.

① 살아있는 자: 사망자 정보가 유족과의 관계 표현으로 유족의 사생활 침해있는 경우 보호 대상이 될 수 있다.
② 개인(특정 개인)의 정보, 개인과 관련된 정보
   ㉠ 법인 제외, (법인, 단체)의 사업자 등록번호, 주소, 대표자 성명, 자산규모는 부정경쟁방지 및 영업비밀보호에 관한 법률 대상이다.
   ㉡ 알아볼 수 있는: 개인을 알아볼 수 없도록 처리된 통계자료는 해당하지 않는다(회사, 직업군 평균연봉, 특정 대학 취업률).
③ 정보의 포괄성: 객관적, 주관적 정보(회사, 학교에서의 평가) 모두 포함된다. 정보처리 형식이나 매체에 대한 제한 없다.
④ 식별 가능성
   ㉠ '알아볼 수 있는' 전혀 모르는 사람도 그 정보로 객관적으로 그 사람을 다른 사람과 구별할 수 있는 정보
   ㉡ 그 정보로는 알 수 없어도 다른 정보와 쉽게(합리적인 시간) 결합하여 알 수 있는 경우도 포함된다.

(2) 처리

수집~파기까지 과정 전체, 유사행위(타인에게 전송, 전달, 열람하거나 다양한 매체를 통한 공유까지 포함)까지 포함된다.

(3) 정보주체

정보에 의해 알아볼 수 있는 사람, 대한민국 내 살아있는 사람이면 누구나(외국인도) 해당된다.

(4) 개인정보파일

쉽게 검색할 수 있도록 구성한 집합물, 단순 정보 집합시켜 검색, 배열이 어려운 경우는 해당하지 않을 수 있다.

(5) 개인정보처리자

업무목적으로 개인정보파일을 운용하기 위하여 스스로 또는 다른 사람을 통해 개인정보를 처리하는 공공기관, 법인, 단체, 개인 등을 말한다.

개인정보취급자(개인정보처리자의 지휘·감독을 받아서 개인정보를 처리하는 임직원, 파견근로자, 시간제 근로자 등)와 구별되는 의미이다. 계모임에서 전화번호를 수집하거나 모임을 알리는 행위는 업무를 목적으로 한 것으로 볼 수 없다.

제2절 정보주체 권리의 종류

1. 개인정보처리에 관한 정보를 제공받을 권리(정보처리자 고지 의무)
2. 개인정보처리에 관한 동의, 범위 등을 선택·결정할 권리
3. 개인정보 처리여부 확인과 열람(사본발급 포함) 및 전송 요구권
4. 개인정보의 처리정지, 정정, 삭제 및 파기 요구권
5. 피해를 신속하고 공정한 절차에 따라 구제받을 권리
6. 손해배상 청구권

   ▶ 개인정보 보호법
   입증책임의 전환, 징벌적 손해배상, 분쟁조정제도, 단체소송제도 명시

   ▶ 징벌적 손해배상제도
   악성 위법행위 발생의 억제 및 예방, 그리고 피해자 보호를 강화하기 위해서 도입(일반적인 손해배상에 실손해의 5배를 넘지 않는 범위내에서 인정)

7. 자동화된 개인정보 처리에 대한 권리

   정보주체는 완전히 자동화된 시스템(인공지능 기술을 적용한 시스템을 포함)으로 개인정보를 처리하여 이루어지는 결정(「행정기본법」 제20조에 따른 행 정청의 자동적 처분은 제외)이 자신의 권리 또는 의 무에 중대한 영향을 미치는 경우에는 해당 개인정보처리자에 대하여 해당 결정을 거부할 수 있는 권리를 가진다. 정보주체는 개인정보처리자가 자동화된 결정을 한 경우에는 그 결정에 대하여 설명 등을 요구할 수 있다. 개인정보처리자는 정보주체가 자동화된 결정을 거부하거나 이에 대한 설명 등을 요구한 경우에는 정당한 사유가 없는 한 자동화된 결정을 적용하지 아니하거나 인적 개입에 의한 재처리·설명 등 필요한 조치를 하여야 한다. 개인정보처리자는 자동화된 결정의 기준과 절차, 개인정보가 처리되는 방식 등을 정보주체가 쉽게 확인할 수 있도록 공개하여야 한다(개인정보 보호법 제37조의2).

제3절 개인정보 처리와 제한

1. 민감정보 처리제한

개인정보처리자의 민감정보 처리는 원칙적으로 제한한다. 단, 정보주체로부터 개인정보의 처리에 대한 별도 동의 또는 법령에서 허용한 경우에는 가능하다.

※ 민감정보: 사생활을 현저히 침해할 우려가 있는 정보 + 정치, 종교, 건강, 성, 범죄 관련 정보
  처리규정 위반 시: 5년이하 징역 또는 5천만원이하의 벌금형
  민감정보 분실, 도난, 유출, 위조, 변조 또는 훼손되지 않도록 안전성 확보 조치 의무위반 시: 3천만원 이하의 과태료를 부과함.

2. 고유식별정보의 처리제한

민감정보와 동일하게 원칙적으로 제한되며, 별도 동의 또는 법령에서 허용하는 경우에는 가능하다.

※ 고유식별정보: 주민등록번호, 여권번호, 면허번호, 외국인 등록번호, 법령에 따라 개인을 고유하게 식별하는 정보 – 개인정보처리자
  고유식별정보 처리 민감정보와 동일. 처벌규정은 민감정보와 동일하다.

3. 주민등록 처리제한

동의해도 수집, 이용이 금지된다(기존법은 가능). → 법으로 정한 경우만 허용된다(강화).

▶ 법에서 정한 경우
  ① 법령에서 구체적으로 허용
  ② 정보주체 또는 제3자의 급박한 생명, 신체, 재산의 이익을 명백히 필요
  ③ 주민등록번호 처리가 불가피한 경우로서 보호위원회가 고시로 정한 경우

  ▶ 개인정보처리자의 위반행위 – 처벌(3천만원 이하의 과태료 부과)
  ① 위 내용 위반하여 처리한 자
  ② 암호화 조치를 하지 않음
  ③ 주민등록번호를 사용하지 않을 방법을 제공하지 않은 경우

  → 위 법에서 정한 3가지 경우에도 인터넷 홈페이지에 회원가입하는 단계에서 주민등록번호 없이도 가입할 수 있는 방법을 제공해야 한다.

CHAPTER 02 개인정보보호법과 보험산업

제1절 보험산업과 개인정보

보험업법 시행령에서 보험사는 타인을 위한 보험계약 체결을 위해 고유식별정보 처리가 가능하다. 이에 따라 보험사는 타인을 위한 계약 체결, 유지·관리, 보험금 지급, 제3자에게 배상책임, 보험수익자 지정·변경, 단체보험 계약관련 사무(체결, 유지, 관리, 보험금 지급)를 정보주체 동의 없이도 고유식별정보를 처리할 수 있다.

제2절 질병상해보험 표준약관에 정한 개인정보보호

기존 표준약관, 동의 받아 타사 및 보험관련 단체에 개인정보 가능했으나 개인정보보호 조항으로 대체됨 → 교환 삭제, 안전관리의무 신설 개인정보보호 조항: 법령에 정한 경우 동의 없이 제공은 가능(당연, 법에서 허락했으니), 그 외는 동의 받아 제공할 수 있음 – 기존에는 보험의 사회보장, 공익적, 사행성 우려, 적정 보험료, 역선택 최소화를 위해 허락되었다.

제3절 손해사정과 대화내용의 녹취

1. 녹취록 증거력을 위한 요건

(1) 상대방 사전 동의 및 동의한 내용이 녹음되어 있어야 한다.
(2) 녹음 날짜, 시간(시작, 종료), 장소, 이름, 연령 등이 녹음되어야 한다.
(3) 녹음하는 목적이나 이유가 분명하게 명시되어야 한다.
(4) 녹음테이프의 원본을 반드시 보관해야 한다.

2. 통신비밀보호법

타인의 대화 내용 녹음, 청취 금지이지만, 대화자(2인이든, 3인이든) 사이의 녹음은 동의 없이도 가능하다. 제3자가 전화통화자 중 일방만의 동의를 얻어 통화내용을 녹음하는 것은 불법감청으로 증거능력이 없을 뿐만 아니라 통신비밀보호법 위반이다.
위반 시 1년 이상 10년 이하의 징역과 5년 이하의 자격정지와 같은 처벌을 받을 수 있다.

3. 전자매체(녹음테이프)의 증거능력

(1) 증거력은 원본만, 복사본은 원본과 동일하다는 것을 입증한 경우에 인정된다.
(2) 전문증거(전해들은 증거)는 증거에 해당하지 않는다. 전문법칙 예외(사진, 비디오, 녹음 그러나 객관적 사실로 안보기 때문에 찍은 사람이 법정에 나와야 함)

> ※ 당사자 없이 제3자가 동의 없이 통화 녹음 → 감청 대화자 사이 녹음은 가능. 즉 보험사와 피보험자(피해자)와의 통화 녹음은 증거력 있음

제4절 증거확보를 위한 몰래카메라 촬영 - 미국은 가능, 우리나라는 ×

1. 개인정보 보호법에 정한 영상정보처리기기

(1) 고정형 영상정보처리기기

① 일정한 공간에 지속적으로 설치(촬영 공간 한정, 이동성 무관), 사람 또는 사물의 영상 등을 촬영(풍경은 해당하지 않음), 촬영된 정보를 유·무선망을 통해 전송(전송장치도 처리기기), 대통령령이 정하는 장치
② 공개된 장소에서 법령 등에서 허용한 경우를 제외하고는 설치 운영할 수 없다.
③ 설치 허용
  ㉠ 법령에서 구체적으로 허용하고 있는 경우
  ㉡ 범죄의 예방 및 수사를 위하여 필요한 경우
  ㉢ 시설의 안전 및 관리, 화재 예방을 위하여 정당한 권한을 가진 자가 설치·운영하는 경우,
  ㉣ 교통단속을 위하여 정당한 권한을 가진 자가 설치·운영하는 경우
  ㉤ 교통정보의 수집·분석 및 제공을 위하여 정당한 권한을 가진 자가 설치·운영하는 경우
  ㉥ 촬영된 영상정보를 저장하지 아니하는 경우로서 (i) 출입자 수, 성별, 연령대 등 통계값 또는 통계적 특성값 산출을 위해 촬영된 영상정보를 일시적으로 처리하는 경우, (ii) 그 밖에 (i)에 준하는 경우로서 개인정보보호위원회의 심의·의결을 거친 경우이다.
④ 쉽게 볼 수 있는 곳에 안내판 설치는 필수

⑤ 목적 외 사용, 임의조작, 다른 곳 촬영, 음성녹음 불가
⑥ 블랙박스는 영상정보처리기기에 해당하지 않는다.

(2) 이동형 영상정보처리기기
① 사람이 신체에 착용 또는 휴대하거나 이동 가능한 물체에 부착 또는 거치(据置)하여 사람 또는 사물의 영상 등을 촬영하거나 이를 유·무선망을 통하여 전송하는 장치로서 대통령령으로 정하는 장치를 말한다.
② 업무를 목적으로 이동형 영상정보처리기기를 운영
　㉠ 개인정보보호 법 제15조 제1항 각 호의 어느 하나에 해당하는 경우
　㉡ 촬영 사실을 명확히 표시하여 정보주체가 촬영 사실을 알 수 있도록 하였음에도 불구하고 촬영 거부 의사를 밝히지 아니한 경우(이 경우 정보주체의 권리를 부당하게 침해할 우려가 없고 합리적인 범위를 초과하지 아니하는 경우로 한정한다)
　㉢ 그 밖에 ㉠ 및 ㉡에 준하는 경우로서 대통령령으로 정하는 경우를 제외하고는 공개된 장소에서 이동형 영상정보처리기기로 사람 또는 그 사람과 관련된 사물의 영상(개인정보에 해당하는 경우로 한정한다)을 촬영하여서는 아니 된다.
③ 불특정 다수가 이용하는 시설 내부에서 촬영금지, 가능한 경우에도 촬영사실을 표시

(3) 손해사정 과정에서 타인의 촬영
① 손해사정 과정에서 계약자, 피보험자 또는 보험수익자 등의 특정 개인을 영상 정보처리기기가 아닌 다른 촬영기기를 이용하여 촬영하는 행위는 「개인정보 보호법」 제25조의 규제대상으로는 볼 수 없으나, 「개인정보 보호법」의 다른 조항이나 다른 법률에 의해서는 저촉될 수 있다.
② 개인 소유의 차량은 공개된 장소가 아니고 사적(私的) 공간이므로, 여기 설치된 "블랙박스"는 개인정보 보호법의 적용을 받지 않는다.

CHAPTER 03 의료법과 개인정보의 제공

1. 진료기록부 작성, 서명, 보존, 허위작성 금지, 수정금지(작성 시기와 방법에 대한 구체적 규정은 없다.) – 작성의무 위반, 보존연한 위반시 500만원 이하의 벌금형, 허위작성시 3년 이하의 징역이나 3천만원 이하의 벌금형, 전지의무기록 훼손 등 위반 시 5년 이하의 징역이나 5천만원 이하의 벌금형에 처한다.
2. 직접 시행한 의사가 아니면 진단서, 검안서, 증명서, 처방전을 환자에게 교부, 발송을 금지한다(보건소는 가능). 위반 시 1년 이하의 징역이나 1천만원 이하의 벌금형에 처한다.
3. 위 서류 교부 요구 시 정당한 사유없이 거부할 수 없다. 위반 시 500만원 이하의 벌금에 처한다.
4. 의료로 알게 된 정보누설 금지, 위반 시 3년이하의 징역이나 3천만원 이하의 벌금에 처한다.
5. 제3자에게 의료기록 열람 허락 금지(행위자와 그 법인 또는 개인도 처벌: 양벌규정)
6. 환자 배우자, 직계 존·비속, 배우자 직계 존속이 동의서와 친족증명서, 대리인이 동의서와 대리권 증명서를 내는 경우는 열람해줘야 한다.
   ※ 대리인 서류: 대리인 신분증 사본, 환자 신분증 사본, 환자 자필서명 동의서, 위임장 병원 제출
   (1) 응급환자 타기관 이송한 경우 내원 당시 진료기록 사본 이송 재량규정
   (2) 보존 기간 연장
   (3) 진료기록 일체 마이크로필름, 광디스크 보관(표지 기록은 재량)
   (4) 진료기록부 전자의무기록 작성, 보관(관리, 보관, 조작금지 장비 필수)
   (5) 환자 최종 진료부터 48시간 내 사망의 경우 다시 진료 없이도 진단서, 증명서 발행 가능
   (6) 환자, 사망자를 직접관찰한 의사가 부득이 진단서, 검안서 발행이 안되면 같은 의료기관 다른 의사가 가능
   (7) 환자 의식 없거나 응급환자는 동의 없이 진료기록 송부 가능

   ▶ 의료법상 보존기간
   ① 10년: 진료기록부, 수술기록
   ② 5년: 간호기록부, 조산기록부, 검사소견 기록, 방사선사진 및 그 소견서, 환자명부
   ③ 3년: 진단서 등의 부본–진단서, 사망진단서, 시체검안서 등을 따로 구분 보존
   ④ 2년: 처방전
   ※ 보존: 마이크로필름, 광디스크 등에 원본대로 수록 가능, 보존 시 필름 촬영책임자가 표지에 촬영 일시, 본인 이름 적고 서명날인

▶ 진단서와 소견서 차이
① 진단서: 진찰, 검사결과 종합 의학적 판단서
② 소견서: 다른 의료인 참고용 형식이 소견서라도 의사가 진찰 결과 알게 된 병명이나 상처부위, 치료기간 등 건강상태 증명 위해 작성된 것이라면 진단서에 해당
개인정보보호법과 의료법 충돌 시 의료법상 개인정보 내용이면 의료법을, 의료법에 없으면 개인정보보호법을 적용
※ 개인정보보호법 규정에 다른 법률 우선 적용하고, 없는 경우 개인정보보호법 적용하도록 되어 있음

7. 국가기관에 대한 의료정보의 제공

(1) 경찰수사를 위한 자료 요구
  ① 의료법 우선 적용, 제공 가능(재량)
  ② 환자 기록 외 정보, 보호자 정보는 개인정보보호법에 해당하는 경우만 가능
(2) 법원에서 민사, 가사소송진행을 위한 자료 요구: 의료기관 임의 제공시(의료법 위반), 의료법에 의한 열람가능한 자에 의한 자료제공만 가능하다.

모의고사 2과목

2과목 모의고사 1회

01 보험사기범죄 조사의 법적 근거에 해당하지 <u>않는</u> 것은?
① 보험사기방지특별법 ② 보험사기방지업무 모범규준
③ 형법 ④ 보험업법

 ▶ 보험사기범죄 조사근거
① 보험사기방지 특별법 제4조(보험사기 행위의 보고), 제6조(수사기관 등에 대한 통보)
② <u>보험사기방지업무 모범규준</u>
④ 보험업법 제102조의2(보험계약자 등의 의무), 제162조(조사대상 및 방법 등), 제194조(업무의 위탁), <u>제163조(보험조사협의회)</u>

02 보험사기방지 특별법의 제정 목적이 <u>아닌</u> 것은?
① 보험계약자, 피보험자, 그 밖의 이해관계인의 권익 보호
② 보험업의 건전육성
③ 보험산업의 이익보장
④ 국민의 복리 증진

 ▶ 보험사기방지 특별법
제1조(목적) 이 법은 보험사기 행위의 조사·방지·처벌에 관한 사항을 정함으로써 보험계약자, 피보험자, 그 밖의 이해관계인의 권익을 보호하고 보험업의 건전한 육성과 국민의 복리 증진에 이바지함을 목적으로 한다.

03 보험조사협의회의 구성원이 <u>아닌</u> 곳은?
① 금융감독원 ② 보건복지부
③ 국토교통부 ④ 보험관련 단체

 ▶ 보험조사협의회 구성
① 금융위원회에 둘 수 있고, ② 보건복지부, ③ 금융감독원, ④ 보험 관련 기관 및 단체 등으로 구성된다.

04 보험사기 조사업무 모범규준의 구분과 세부내용의 연결이 바르지 못한 것은?

① 보험사기방지체계 - 전담조직 설치·업무·평가
② 보험사기방지체계 - 내부통제
③ 조사단계별 준수사항 - 사후관리
④ 조사단계별 준수사항 - 분쟁방지 및 조정

 조사단계별 준수사항은 조사 실시, 결과 처리, 사후 관리이다. 분쟁방지 및 조정은 소비자보호에 해당한다.

05 보험사기범죄 단계별 조사내용을 순서대로 바르게 나열한 것은?

ⓐ 보험사기범죄 인지 ⓑ 자료분석 ⓒ 기초사실 조회
ⓓ 자료취합 ⓔ 범죄일람표 작성 ⓕ 수사의뢰

① ⓐⓑⓒⓓⓔⓕ
② ⓐⓒⓓⓑⓔⓕ
③ ⓐⓒⓑⓓⓔⓕ
④ ⓐⓓⓑⓒⓔⓕ

 ▶ 보험사기 단계별 조사 내용
① 보험사기 범죄 인지, ② 기초사실 조회, ③ 자료취합, ④ 자료분석, ⑤ 범죄일람표 작성, ⑥ 수사의뢰

06 사망사고 보험사기 유형별 사고조사에서 사체가 확인되지 않은 사고에서 조사해야 할 사항과 관련이 적은 것은?

① 사고 경위
② 사고일 이후 보험계약 또는 보험사고
③ 사망자와 수익자와의 관계
④ 실종선고 취소 여부

▶ 사망사고 보험사기 유형
① 사체가 확인된 사고
② 사체가 확인되지 않은 사고
③ 진단서 등 사망 관련 서류 위·변조
▶ 사체가 확인된 사고
① 사망자와 수익자와의 관계
② 사고유형에 따른 사고 경위
③ 사고 발생 전 사망자의 행적
▶ 사체가 확인되지 않은 사고
① 사고 경위
② 사고일 이후 보험계약 또는 보험사고
③ 실종선고 취소 여부

정답 04.④ 05.② 06.③

07 입원 적정성 판단의 조사 포인트와 확인사항에 대한 것으로 바르게 연결되지 않은 것은?

① 최초 부상의 원인 및 정도 – 진술의 부합성, 신빙성, 모순성 확인
② 보험사 지급 관련 조사서류 – 과다입원에 대한 의사소견서 및 감액지급서류 등
③ 간호일지 및 인계장 입원환자 관리대장 – 외출, 외박, 식사 대장, TRP
④ 신용카드 사용내역 – 입원 기간에 병원과 먼 지역에서의 신용카드 사용내역

조사 포인트	확인사항
입원차트 분석	외출, 외박, 식사 대장, 투약 대장, TRP
최초 부상의 원인 및 정도	진술의 신빙성, 부합성, 모순성
최초 병원 내원사항 및 문진 회동	부상의 원인, 정도와 병원의 주장 간 부합성
심평원 입원 기간 적정성 분석	필요하면 심평원의 입원 기간 적정성 분석 의뢰
진단명별 상해진단서 작성지침	진단명에 따른 상해진단서 작성지침 상의 치료 기간
보험사 지급 관련 조사서류	과다입원에 대한 의사소견서 및 감액지급서류 등
근무지 출근기록부 등 직업 특성에 따른 서류	출근기록부상 출근 여부 등
국민건강보험공단 요양급여 지급내역	입원 기간에 타 의료기관이나 약국 이용 내역 확인
신용카드 사용내역	입원 기간에 병원과 먼 지역에서의 신용카드 사용내역
간호일지 및 인계장, 입원환자 관리대장	간호일지, 인계장 등 입원환자 재원 현황
식사 관리대장	처방내용과 식당 식사내용과 비교
휴대전화 통화내역	휴대전화 발신지 확인을 통해 병원 외 지역통화내역
인터넷 접속내역	입원 기간에 인터넷 접속기록 ID, IP 등 확인
고속도로, 유료 도로 통행기록	입원 기간에 차량운행 내역(톨게이트 등)
병원 이동과정, 기간, 원인 및 이동 후 치료사항	설계사, 브로커 등의 개입 여부
외박, 외출의 빈도	외출, 외박 기간, 간격, 시기 의료차트 내용 비교

08 운전자 바꿔치기 관련 사고의 유형이 아닌 것은?

① 고액사고이고 보험사에 지연 접수를 하고도 경찰에 미신고한 사고
② 가해 차량 운전자가 지나치게 피해자를 보호해 주는 건
③ 보험가입자가 면허정지 또는 취소 중인 경우
④ 운전자와 동승자 간 나이 차이가 크게 나는 경우

 고액사고이고 보험사에 지연 접수를 하고도 경찰에 미신고한 사고는 차량 바꿔치기 사고의 유형이다.

09 다음 중 비보험 관련 사고의 유형이 아닌 것은?

① 일체 불상 차량으로 인해 사고를 당한 사고 건
② 평균적으로 3개월 이내 보험가입 또는 배서변경을 한 사고 건
③ 심야에 도로상에서 도주차량에 사고를 당하였다고 하는 사고 건
④ 부상 정도가 중함에도 경찰신고가 되지 않은 사고 건

해설 보험계약의 배서변경이 있다는 것은 보험계약 전 사고일 가능성이 매우 크다.

10 피해자 끼워 넣기의 주요 확인사항이 아닌 것은?

① 병원의 진료차트에 대한 조사
② 가해 차량 운전자로부터 사고 직후 상황에 대한 진술 확인
③ 피해차량이 택시일 때 승객의 직업이 택시기사이거나 택시기사와 지인 관계인지 여부
④ 피해자들의 관계 및 보험사고경력 확인

해설 병원 진료차트에 대한 조사는 음주운전을 확인할 수 있는 자료이다.

11 자동차를 이용한 조직형 보험사기의 유형으로 옳지 않은 것은?

① 쌍방과실 사고가 없는 단순 후미추돌 사고
② 자차의 파손상태가 없고 대물수리비가 가벼운 사고
③ 가해자·피해자의 연령대가 비슷하고 피해차량에 3~4명 다수가 동승한 사고
④ 종합보험에 가입되고 경찰에 신고된 사고

해설 책임보험만 가입되어 있고 경찰에 미신고된 사고이다.

12 외제차 보험사기의 특징으로 옳지 않은 것은?

① 신차, 사고, 침수 외제차량을 경매 및 저가에 구입
② 자차담보 상향가입(최대금액) 및 렌트 특약 가입
③ 사고 후 견인 및 현장출동 요청하여 사고검증
④ 운전자 외 제3자가 보상 진행 및 합의 과정에 개입(민원제기)

해설 중고차, 사고, 침수 외제차량을 경매 및 저가에 구입하는 경우이다.

정답 09.② 10.① 11.④ 12.①

13 의료기관이 투약하지 않은 의료비를 청구하는 경우 "형법"상 처벌 규정으로 옳은 것은?

① 3년 이하의 징역 또는 2천만원 이하의 벌금
② 5년 이하의 징역 또는 2천만원 이하의 벌금
③ 7년 이하의 징역 또는 2천만원 이하의 벌금
④ 10년 이하의 징역 또는 2천만원 이하의 벌금

 형법 제347조 사기에 해당되며 10년 이하의 징역 또는 2천만원 이하의 벌금에 처한다.

14 다음은 정비업의 작업 범위에 따른 분류이다. 옳지 <u>않은</u> 것은?

① 대형자동차 종합정비업
② 소형자동차 종합정비업
③ 자동차 전문정비업
④ 원동기 전문정비업

 ▶ **자동차 관리법 시행규칙 제131조에 의한 정비업의 분류**
① 자동차 종합정비업: 속칭 1급 공업사라 부르는 곳으로 모든 종류의 자동차에 대한 점검·정비 및 구조장치의 변경작업이 가능한 곳, 차종의 크기 및 작업 난이도와 관계없이 자동차에 관한 모든 작업 및 판금 도색이 가능한 곳으로 기술인력 3인과 정비책임자 1명의 등록기준을 충족해야 한다.
② 소형자동차 종합정비업: 속칭 2급 공업사라 부르는 곳으로 승용자동차·경형 및 소형의 승합·화물·특수자동차에 대한 점검·정비 및 구조·장치의 변경작업이 가능하다. 주로 소형자동차의 판금 도색 및 엔진, 미션 수리가 가능한 곳으로 기술인력 3인과 정비책임자 1명의 등록기준을 충족해야 한다.
③ 자동차 전문정비업: 카센타라 부르는 것으로 판금, 도색, 엔진보링, 차동장치 교환을 제외한 작업만 가능하다.
④ 원동기 전문정비업: 자동차 원동기, 즉 엔진의 재생 및 구조변경이 가능하다. 일명 보링업체를 말한다.

15 자동차 부품에 대한 용어 중 시판품에 대한 설명으로 옳은 것은?

① 제작사 또는 제작자로부터 위임받은 협력업체에서 생산하며 제작사 상표를 부착하고 제작사 유통망을 통해 판매되는 제품
② 협력업체에서 시중 판매를 목적으로 생산된 제품으로 제작사 상표를 부착하지 않고 독자적인 유통망을 통해 판매하는 제품
③ 순정품 형태나 기능을 모방하여 부품을 제조하고 판매하는 것을 말하며 모방품, 시중품이라고도 한다.
④ 폐차장 또는 정비업체에서 부품을 탈착한 후 수리, 세척, 재가공 등의 공정을 거친 제품이다.

• **순정부품**: 완성차 제작에 사용된 부품과 동일한 부품으로 제작사 또는 제작자로부터 위임받은 협력업체에서 생산하며 제작사 상표를 부착하고 제작사 유통망을 통해 판매되는 제품이다.
• **시판품(비순정부품)**: 협력업체에서 시중 판매를 목적으로 생산된 제품으로 제작사 상표를 부착하지 않고 독자적인 유통망을 통해 판매하는 제품이다.
• **사제품**: 순정품 형태나 기능을 모방하여 부품을 제조하고 판매하는 것을 말하며 모방품, 시중품이라고도 한다.
• **중고품, 재생품**: 폐차장 또는 정비업체에서 부품을 탈착한 후 수리, 세척, 재가공 등의 공정을 거친 제품이다.

16 다음은 증거물에 대한 설명이다. 옳지 않은 것은?

① 정황증거: 개인의 지식 또는 관찰에 의하지 않은 추론에 의한 증거
② 유도증거: 합법적으로 발견된 증거이지만 인정되지 않는 증거
③ 소명증거: 반증이 없는 한 사실 입증이 충분한 증거
④ 오염증거: 불법적 방법에 따라 직·간접적으로 얻어진 증거능력이 없는 증거

 유도증거는 불법적으로 발견된 증거로 원래 흠결이 있으므로 인정되지 않는 증거를 말한다.

17 다음은 음향분석에 대한 설명이다. 옳지 않은 것은?

① 음성을 개인 식별에 사용하는 것을 음성지문 또는 성문이라고 한다.
② 여성이 남성의 목소리 흉내를 낸다고 하더라도 식별할 수 있다.
③ 음성의 성문은 나이가 들어가더라도 변하지 않는다.
④ 변조된 음성 파일도 분석할 수 있다.

 음성은 나이에 따라서 변화할 수 있으므로 한번 만들어지면 살아가면서 절대로 변하지 않는 지문이나 DNA보다는 개인 식별의 신뢰도가 낮을 수밖에 없다.

18 화재현장에서 유리가 깨어졌다면 알 수 있는 것이 아닌 것은?

① 깨진 유리의 그을음 부착 여부를 관찰하여 유리파손과 화재의 선후 관계를 판단해 볼 수 있다.
② 깨진 유리의 내측이 바닥과 접하여 그을음이 부착되지 않았다는 것은 화재 이전에 깨졌다고 볼 수 있다.
③ 유리가 화재 이전에 깨진 것이라면 외부 침입에 의한 방화를 의심해 볼 수 있다.
④ 자동차 유리가 차량 외측으로 파손이 발생해 있다면 차량에 침입한 흔적이라고 볼 수 있다.

 ① 깨진 유리의 그을음 부착 여부를 관찰하여 유리파손과 화재의 선후 관계를 판단해 볼 수 있다.
② 깨진 유리의 내측이 바닥과 접하여 그을음이 부착되지 않았다는 것은 화재 이전에 깨졌다고 볼 수 있다.
③ 유리가 화재 이전에 깨진 것이라면 외부 침입에 의한 방화를 의심해 볼 수 있다.

정답 16.② 17.③ 18.④

19 열에 의해 유리가 깨지는 메커니즘에 대한 설명 중 옳지 않은 것은?

① 창틀에 의해 보호되는 테두리 부위와 직접 복사열에 의해 영향을 받는 중앙부위 사이에 온도 차이가 발생한다.
② 충격에 의한 파손과 열에 의한 파손은 균열형태와 파단면의 흔적 관찰을 통해서 어렵지 않게 구분할 수 있다.
③ 유리표면에 발생하는 작은 금에 의한 복잡한 형태의 균열 흔적을 크레이즈드 글라스라고 하는데 이는 급격한 가열 때문에 만들어진다.
④ 복사열을 받는 중앙부위와 창틀에 의해 보호되는 테두리 부위의 온도 차이가 약 70℃가량 벌어질 때 유리에 금이 가기 시작한다.

 ▶ 열에 의해 유리가 깨어지는 메커니즘
- 창틀에 고정되어 있을 때 유리와 창틀 간 서로 다른 열 팽창률 발생
- 직접 열을 받는 내측과 그렇지 않은 외측 간 서로 다른 열 팽창률 발생
- 화염이 미친 부분과 미치지 않은 주변 간 서로 다른 열 팽창률 발생
※ 유리표면에 발생하는 작은 금에 의한 복잡한 형태의 균열 흔적을 크레이즈드 글라스라고 하는데 이는 급격한 가열이 아닌 급격한 냉각 때문에 만들어진다.

20 유리의 자파 현상이 발생하는 원인이 아닌 것은?

① 강화유리가 외부의 충격이나 열에 의해 파괴되는 현상을 말한다.
② 유리 내부가 불균등하게 강화되거나 판유리를 자르는 과정에서 미세한 흠집이 생긴 경우 발생한다.
③ 유리가 불안정하게 설치된 경우에도 발생한다.
④ 불순물에 의해 파괴된 경우 결정 입자를 중심으로 방사 형태의 균열이 발생하며 파괴가 시작된 중심부에 나비 모양이 관찰된다.

 자파 현상이란 강화유리가 생성과정에서 포함된 불순물에 의해 외부의 충격이나 열이 없는 상태에서 스스로 파괴되는 현상을 자파 현상 또는 자발파괴 현상이라고 한다.

21 유리창문의 파괴선 A, B, C, D가 다음 그림과 같을 때, 외력에 의한 파괴선의 발생순서가 옳은 것은?

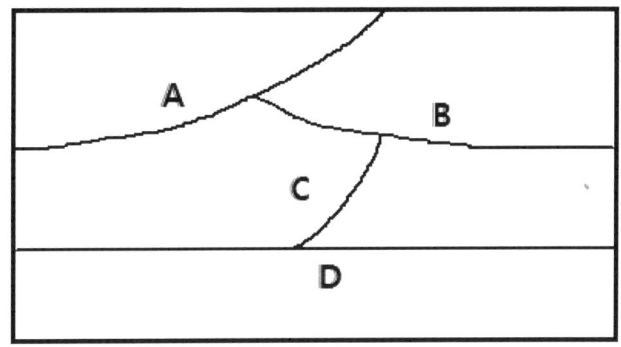

① A → B → C → D
② A → B → D → C
③ A → C → B(D가 C보다 먼저 파손, 나머지는 알 수 없음)
④ A → B → C(D가 C보다 먼저 파손, 나머지는 알 수 없음)

 D의 파괴시점은 A, B보다 우선여부는 알 수 없다. 그러나 C보다는 D가 먼저 파괴된 것은 알 수 있다. 이후 파괴선은 기존 파괴선을 넘을 수 없기 때문이다.

22 다음은 지문에 대한 설명이다. 옳지 <u>않은</u> 것은?

① 지문은 손이 접촉되는 대상 물체의 종류, 표면상태가 다르다고 하더라도 동일한 형태의 흔적을 남긴다.
② 수분이 증발한 이후에도 미량의 물질들이 그대로 융선을 따라 남게 된다.
③ 현출작업을 할 때 과도하게 많은 분말이 붓에 묻은 상태로 표면을 터치한다든지 지문에 압력을 가한다면 지문은 사라질 수 있다.
④ 사라진 지문은 어떠한 방법으로도 복원할 수 없다.

 지문은 손이 접촉되는 대상 물체의 종류, 표면상태에 따라서 각기 다른 형태의 흔적을 남긴다. 사건 현장의 지문은 범인도 모르는 사이 남게 된 지문으로 이들은 대부분 뚜렷하지 않으며 그 형태도 완벽하지 않다.

▶ **지문의 종류**
   ① 궁상문: 활처럼 굽어 있는 모양으로 활형이라고 한다.
   ② 와상문: 델타 모양이 하나 이상 있는 경우로 나선형이라고 한다.
   ③ 제상문: 말굽처럼 굽어 있는 모양으로 말굽형이라고도 한다.

23 다음은 DNA에 대한 설명이다. 옳지 않은 것은?

① DNA를 이용한 개인 식별 방법을 DNA Fingerprint라고 부를 정도로 DNA는 동일한 사람을 구별할 수 있는 매우 유용한 방법이다(단, 일란성 쌍둥이는 제외한다).
② 범인이 자신의 세포를 범죄 현장이나 피해자의 몸에 남기고 가거나 피해자와 접촉하는 과정에서 피해자의 세포가 범인 몸에 남게 된다면 이는 상호 간에 어떠한 접촉이 있었다는 것을 증명해 줄 수 있다.
③ 개인 식별 DNA 검사방법으로는 핵 DNA 분석, Y염색체 DNA 분석, 미토콘드리아 DNA 분석을 사용하는데, 성염색체 중 Y염색체는 모계를 통해서만 유전되며 부계의 영향을 받지 않고 염색체의 교차도 일어나지 않는다.
④ 범죄 현장에서 채취된 DNA가 범인의 것이라고 할지라도 단지 DNA가 일치한다는 것만으로 유죄의 단정적 증거로써 사용할 수 없다.

 개인 식별 DNA 검사방법으로는 핵 DNA 분석, Y염색체 DNA 분석, 미토콘드리아 DNA 분석을 사용하는데, 성염색체 중 Y염색체는 할아버지에서 아버지로, 아버지에서 아들로, 부계(父系)를 통해서만 유전되며 모계(母系)의 영향은 받지 않고 염색체의 교차도 일어나지 않는다.
※ DNA 감정 결과가 일치하는 것은 범인일 확률이 매우 높다는 것을 의미하지만 범인이 아니어도 우연히 동일한 DNA형을 가질 수 있기 때문이다.

24 다음 중 화재패턴의 종류가 아닌 것은?

① V패턴   ② 역V패턴
③ U패턴   ④ 역U패턴

 ▶ 화재패턴의 종류는 V패턴, 역V패턴, U패턴

25 화재패턴의 종류 중 박리흔의 원인이 아닌 것은?

① 열을 직접 받는 표면과 그렇지 않은 주변 또는 내부와의 서로 다른 열팽창률
② 철근 등 보강재와 콘크리트의 서로 같은 열팽창률
③ 콘크리트 등의 내부에 생성되었던 공기 방울의 부피 팽창
④ 콘크리트 등의 내부에 있던 물방울의 증기화에 의한 부피 팽창

 ▶ 박리의 원인
• 열을 직접 받는 표면과 그렇지 않은 주변 또는 내부와의 서로 다른 열팽창률
• 철근 등 보강재와 콘크리트의 서로 다른 열팽창률
• 콘크리트 등의 내부에 생성되었던 공기 방울의 부피 팽창
• 콘크리트 등의 내부에 있던 물방울의 증기화에 의한 부피 팽창

- 시멘트, 자갈, 모래의 서로 다른 열팽창률
- 재질이 다른 보강재 간(철근 또는 빔 등)의 서로 다른 열팽창률

▶ 철근 등 보강재와 콘크리트의 서로 다른 열팽창률
- 박리란 수열에 따른 빔의 팽창과 같이 물리적인 힘으로 시멘트, 콘크리트, 벽돌 등의 표면이 무너져 내리거나 부서지는 것을 말한다.
- 박리는 단순히 해당 부위가 많은 열을 받거나 급격히 냉각되었다는 점을 의미할 뿐, 가연성 액체의 사용 여부나 발화부의 위치를 지목하지는 않는다.
- 박리가 발생할 때는 폭발음과 같은 커다란 소음이 발생하고 주변으로 콘크리트나 벽돌의 파편이 강하게 날아간다.
- 가연성 액체는 연소과정에서 발생하는 증발 잠열에 의해 바닥을 냉각시키는 효과가 있어 오히려 박리가 되지 않는 경우가 더 많다.

26 다음은 탄화심도(炭化深度)에 대한 설명이다. 옳지 않은 것은?

① 화재 시 탄화된 깊이를 탄화심도라고 한다.
② 목재의 탄화심도, 골 사이의 넓이와 깊이는 게이지를 통해서 측정하고 육안 관찰을 해서는 안 된다.
③ 탄화심도로 당시의 정확한 온도를 알 수는 없다.
④ 탄화된 요철(凹凸) 부위 중 철(凸) 부위를 택하여 측정한다.

 목재의 탄화심도는 게이지 등을 통해서 측정할 수 있지만, 각 지점의 목재 간 탄화 정도를 비교하는 것은 대부분 골 사이의 넓이와 깊이를 육안으로 관찰하는 것만으로도 가능하다.

27 다음 그림과 같이 화재현장에서 팽창 때문에 만곡되는 쇠기둥에 대한 설명이다. 옳지 않은 것은?

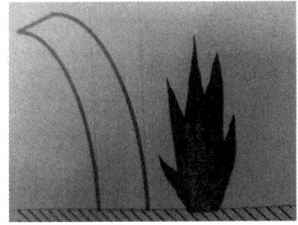

① 쇠기둥이 우측에서 화염을 받게 되면 쇠기둥의 좌측면에 비하여 우측면의 팽창률이 높아져 기둥이 좌측으로 휘어지게 된다.
② 쇠기둥이 한쪽으로 기울어져 한번 균형을 잃으면 다시 반대편으로부터 더욱 강한 열을 받는다고 하더라도 반대 방향으로는 휘어지지 않는다.
③ 금속의 팽창에 의한 굴곡은 화염의 초기 진행 방향에 대한 중요한 정보를 제공해 준다.
④ 화재현장에서 발견되는 금속 기둥은 건물이나 선반 등의 일부로부터 화염에 의해 열을 받기 시작하면 팽창되기 때문에 연화되어 하중에 의한 영향을 더 많이 받지 않는다.

정답 26.② 27.④

- 물질이 가열되면 용융되기 전에 열팽창 및 연화가 일어나는데, 이때 금속 자체가 중력 방향으로 휘어지거나 금속으로 만들어진 구조물이 쓰러지기도 한다.
- 화재현장에서 발견되는 금속 기둥은 건물이나 선반 등의 일부로부터 화염에 의해 열을 받기 시작하면 팽창되기보다는 연화되어 하중에 의한 영향을 더 많이 받는다.
- 구조물이 붕괴한 것만으로 발화 개소 및 발화부를 판단하기는 어려우며 도괴와 만곡의 해석에 있어서 반드시 다른 화재패턴과 종합적으로 검토할 필요가 있다.

28 화재현장에서 그을음의 부착 흔적에 대한 설명 중 옳지 않은 것은?
① 가스히터와 버너처럼 열을 방산하여 주변의 대기보다 뜨거운 표면에는 그을음이 내려앉을 수 없을 정도의 기류가 발생하여 그을음이 부착되기 어렵다.
② 그을음의 부착 여부는 화재 당시 난로, 전열기 등 전기기기의 과열 및 꺼짐, 켜짐 여부를 판단하는 지표로 사용될 수 없다.
③ 과열로 화재를 발생시킨 기기일지라도 화재 진행 과정 중 냉각된다면 다시 그을음이 부착될 수 있으므로 주의하여야 한다.
④ 그을음의 특징은 매끄러운 표면보다 거친 표면에 쉽게 부착되고, 차가운 표면에 부착되기 쉬우며 주변보다 뜨거운 표면에는 부착되지 않는다.

- 그을음의 부착 여부는 화재 당시 난로, 전열기 등 전기기기의 과열 및 꺼짐, 켜짐 여부를 판단하는 지표로 사용되기도 한다.
- 그을음은 화재현장의 대기 중에 부유하며 그 유동에 따라서 열기와 함께 이동하기 때문에 그을음의 부착 위치와 형태를 통해서 어느 곳에서부터 화재가 발생하고 어디로 이동하였는지를 추적해 갈 수 있으며, 잠금장치의 걸쇠, 경첩, 창틀 등에 부착된 그을음 위치의 확인을 통해 화재 당시 창문이나 출입문의 개방 여부 등 현장의 환기와 관련된 중요한 정보를 얻을 수 있다.

29 방화자들은 대부분 효과적인 착화나 연소 확대 등을 위하여 손쉽게 구할 수 있는 시너를 비롯한 석유, 등유, 휘발유 등의 유류를 살포하기도 하는데, 이러한 액화 가연물의 화재패턴에서 나타나는 일반적인 특징이 아닌 것은?
① 낮은 곳으로 흐르며 고인다.
② 증발하면서 증발 잠열에 의한 온도 상승효과가 있다.
③ 쏟아지거나 끓게 되면 주변으로 방울이 튈 수 있다.
④ 바닥재의 특성에 따라 광범위하게 퍼지거나 흡수될 수 있다.

 ▶ 증발 잠열이란?
어떤 물질이 기화할 때 외부로부터 흡수되는 열량을 말하며, 이 열이 클수록 주변에서 더 많은 열을 빼앗으므로 주위의 온도를 낮추게 된다.

30 교통사고 발생 시 차량 전면 유리에 나타난 흔적에 대한 설명이다. 옳지 않은 것은?

① 보행자의 머리가 전면유리에 충돌하면서 남긴 흔적을 방사형 파손 흔적 또는 거미줄 형태의 파손 흔적이라고도 한다.
② 충격의 방향이 안쪽에서 바깥쪽이면 탑승자가 전면유리에 부딪혔다고 볼 수 있으며 에어백 전개로는 파손되지 않는다.
③ 방사형의 범위가 넓지 않고 중앙 부분에 함몰 흔적이 있는 경우에는 망치 등 도구를 사용하여 고의로 파손한 것으로 판단할 수 있다.
④ 전면유리가 방사형으로 파손된 경우에도 모발이 없는 때도 있는가 하면 약간 금이 간 정도라도 모발이 끼어 있는 때도 있다. 즉 파손의 정도와 증거물의 존재 가능성은 비례하지 않는다.

 충격의 방향이 안쪽에서 바깥쪽이면 탑승자가 전면유리에 부딪혔거나 에어백 전개로 인하여 파손되었음을 의미한다.

31 차량에 의한 유류물의 6가지 형태에 대한 설명이다. 바르게 연결된 것은?

① 적하 – 차량에서 흘러나온 액체가 아래쪽으로 떨어지며 노면에 남긴 흔적으로 대개 충돌지점으로부터 최종 위치까지의 경로를 나타낸다.
② 웅덩이 – 도로가 기울어져 있을 때 발생하며 경사면을 따라 개울을 이루기도 하며 도로가 아주 평평한 경우에도 발생한다.
③ 스며듦 – 차량의 누설된 액체 위를 타이어가 밟고 지나갈 때 발생한다.
④ 흘러내림 – 차량이 정지한 상태에서 누설 부분으로부터 액체가 흘러나올 때 발생하며 차량이 정지했음을 나타낸다.

▶ **차량에 의한 유류물 6가지 형태**
① 흩어짐: 용기의 충돌로 인하여 파괴될 때 나타난다. 충돌지점을 판단하기도 한다.
② 적하: 차량에서 흘러나온 액체가 아래쪽으로 떨어지며 노면에 남긴 흔적으로 대개 충돌지점으로부터 최종 위치까지의 경로를 나타낸다.
③ 웅덩이: 차량이 정지한 상태에서 누설 부분으로부터 액체가 흘러나올 때 발생하며 차량이 정지했음을 나타낸다.
④ 흘러내림: 도로가 기울어져 있을 때 발생하고 경사면을 따라 개울을 이루기도 하며 도로가 아주 평평한 경우에도 발생한다.
⑤ 스며듦: 액체가 흙이나 도로의 틈새로 흡수될 때 발생한다.
⑥ 자국: 차량의 누설된 액체 위를 타이어가 밟고 지나갈 때 발생한다.

32 다음은 요마크에 대한 설명이다. 옳지 않은 것은?

① 요마크는 스커프마크 중에서 가장 중요한데 충돌 전 조향으로 인해 발생한다.
② 요마크는 아스팔트 포장도로에서는 거의 알아보기 힘드나 콘크리트 포장도로에서는 확연하게 나타난다.
③ 요마크는 타이어가 계속 회전하는 상황에서 발생하기 때문에 한 지점에서 계속 미끄러지면서 발열하는 스키드마크와는 달리 엷게 나타난다.
④ 요마크의 수명은 스키드마크보다 짧다.

- 요마크는 아스팔트 포장도로에서는 검게 나타나지만 콘크리트 포장도로에서는 거의 알아볼 수 없다.
- 요마크는 조향에 따라 보통 커브의 바깥쪽에 나타나지만 어떤 노면에서는 전체적으로 나타나는 때도 있다.

33 자동차 급발진 사고의 3가지 유형에 해당하지 않는 것은?

① 사고현장 타이어흔 발생
② 사고 차량 엔진 출력 상승
③ 사고 차량 전기장치 미작동
④ 사고 차량 제동장치 미작동

▶ 자동차 급발진 사고 3가지 유형
① 사고현장 타이어 흔 발생
② 사고 차량 엔진 출력 상승
③ 사고 차량 제동장치 미작동

34 다음 법의학 용어 중 칼의 날 또는 날처럼 예리한 부분이 있는 물체에 베어 피부의 연속성이 끊어진 상처는?

① 자창
② 절창
③ 열창
④ 좌창

▶ 법의학 용어
① 역과손상 – 차량의 바퀴가 인체 위를 깔고 넘어감으로써 발생한 손상을 말하는데, 회전력과 중량에 의한 압력에 의해 형성됨.
② 찰과상 – 피부가 거친 둔체에 의해 한쪽으로 마찰하여 생기는 것으로 뒤집히거나 추락 시 지면에 밀리면서 형성됨.
③ 절창 – 칼의 날 또는 날처럼 예리한 부분이 있는 물체에 베어 피부의 연속성이 끊어진 상처
④ 열창 – 둔체에 의한 외력이 하방의 골격에 직접 전달되지 않으면서 피부의 탄력 한계를 넘어설 정도로 강하면 피부가 찢어지는 상처
⑤ 좌창 – 피부 하방의 연조직층 두께가 비교적 얇고 그 바로 아래에 단단한 골격이 있는 부위에 면을 가진 둔기가 직각 또는 이와 거의 같은 방향으로 가격 되어 발생하는 상처

32.② 33.③ 34.②

⑥ 자창 – 칼이나 송곳 등의 끝에 찔려 피부의 연속성이 끊어진 상처
⑦ 타박상 – 대부분 타격 때문에 발생하는 멍을 지칭한다.
⑧ 염좌 – 관절을 지지해 주는 인대 또는 근육이 외부 충격 등에 의해서 늘어나거나 일부 찢어지는 경우를 말하며, 인대의 경우 sprain으로, 근육의 경우 strain으로 구분된다.
⑨ 편타손상 – 가죽 채찍으로 때릴 때 흔들리는 것과 같음 모양으로 목이 흔들려 생기는 상처

35 다음은 사망진단서에 대한 설명이다. 옳지 않은 것은?

① 사망진단서는 한 개인의 죽음을 증명하는 의학적, 법적 문서이다.
② 사망진단서는 기입된 사망원인 정보가 국가 사망통계의 기초 자료가 된다.
③ 사망진단서는 경찰에서 부검 여부를 판단하는 근거가 될 수 있으므로 법질서 유지라는 측면에서 중요한 의의가 있다.
④ 최종 진료 후 24시간 이내에 진료하던 질병으로 사망하면 사망진단서를 발급한다.

- 최종 진료 후 48시간 이내에 진료하던 질병으로 사망하면 사망진단서를 발급한다.
- 시체검안서는 진료한 적이 없거나 진료한 적은 있지만 진료하던 질병이 아닌 다른 원인으로 사망하였거나 외인사일 경우에 의사가 직접 검안하여 작성한다.
- 사망진단서는 의사 개인이 발급하는 사적인 문서이지만 공적인 문서로 취급받는다.
- 사망진단서는 의사, 치과의사, 한의사만이 작성할 수 있게 되어 있다.

36 다음 설명 중 옳은 것은?

① 검시(檢視)란 수사기관이 죽음에 대한 의학적 판단을 위하여 시체 및 그 주변 현장을 종합적으로 조사하는 것을 말한다.
② 검시(檢屍)란 죽음에 대한 법률적 판단을 위하여 의사가 시체를 대상으로 의학적 검사를 하는 것이다.
③ 검안(檢案)은 시체를 손괴하지 않고 그 내·외부를 검사하는 것을 말한다.
④ 부검(剖檢)은 시체를 해부하여 내부장기 및 조직의 절개, 채취 등의 방법으로 검사하는 것을 말한다.

① 검시(檢視): 수사기관이 죽음에 대한 법률적 판단을 위하여 시체 및 그 주변 현장을 종합적으로 조사하는 것을 말한다.
② 검시(檢屍): 죽음에 대한 의학적 판단을 위하여 의사가 시체를 대상으로 의학적 검사를 하는 것이다.
③ 검안(檢案): 시체를 손괴하지 않고 그 외부를 검사하는 것을 말한다.
④ 부검(剖檢): 시체를 해부하여 내부장기 및 조직의 절개, 채취 등의 방법으로 검사하는 것을 말한다.
- 검시의 참여자: 검사, 경찰관, 검시조사관, 판사, 의사

37 초기 사후변화(조기 시체사망) 현상이 <u>아닌</u> 것은?

① 체온 하강 ② 자가 융해
③ 시반 ④ 시강

▶ 체온 하강에 영향을 미치는 인자
① 사망 당시의 초기 체온 ② 대기 온도 ③ 체격(신체의 부피)
④ 피복과 덮개 ⑤ 통풍과 습도 ⑥ 자세
⑦ 시체 주위의 매개체 ⑧ 출혈

▶ 시반 및 혈액침하
혈액 순환이 멈추게 되면 정지된 혈액이 가능한 신체의 가장 낮은 부위로 내려가면서 혈액침하가 발생한다. 혈액 속의 혈구(특히 적혈구)도 중력에 의해 가라앉게 되는데 시간이 흐르면서 분해되고 혈색소가 피부에 착색되는 것을 시반이라고 한다.
• 일반적인 시반: 적색
• 선홍색: 저체온증으로 인한 사망, 일찍 냉장고에 보관된 경우, 일산화탄소 중독, 사이안산(청산염) 중독

▶ 시강
사망하면 신경 자극이 없어져 근육이 이완되고 긴장이 거의 사라진다. 이후 시간이 지나면서 근육은 다시 굳어지고(경직) 각 관절을 움직이면 저항을 느끼게 되는 것을 시체 경직이라고 한다.(시체 경직은 평균적으로 최대 6~12시간 이내에 신체 전체의 근육으로 확산하다가 10~12시간쯤에 최고로 강하게 나타난다. 이 상태는 근육이 자가 융해를 시작할 때까지 지속하며 하루나 이틀 정도 유지되다가 서서히 풀린다)

38 사후 국소적 생활반응의 현상이 <u>아닌</u> 것은?

① 압박성 울혈 ② 창상의 벌어짐
③ 염증성 변화 ④ 출혈

▶ 국소적 생활반응
① 출혈, ② 창상의 벌어짐, ③ 염증성 변화 및 치유기 전

▶ 전신적 생활반응
① 빈혈, ② 전색증, ③ 이물흡입, ④ 약독물의 전신 분포 및 배설, ⑤ 속발성 염증, ⑥ 헤모글로빈(혈색소)의 변화, ⑦ 압박성 울혈

39 다음 중 예기 손상이 <u>아닌</u> 것은?

① 절창 ② 자창
③ 할창 ④ 열창

① 둔기 손상: 둔체로 신체를 직접 때리거나 내리칠 때나 신체가 둔체나 어떤 표면에 부딪쳐 생기는 손상을 말한다.
• 표피 박탈: 둔체가 피부 표면에 작용하여 피부 맨 위층인 표피가 벗겨지고 진피가 노출된 상태를 말한다.
※ 회초리나 막대기, 몽둥이, 채찍처럼 가늘고 긴 둥근 물체로 강하게 때리면 외력이 가해진 부분의 혈관이 눌리면서 주위로 혈액이 밀려나 터지고 압박한 곳 양쪽에 기찻길 모양으로 두 줄의 피하출혈이 나타나

는데 이를 중선출혈이라고 부른다.
- 좌상: 모세혈관이나 정맥이 터져 진피나 피하조직에 출혈이 발생한 상태를 말하며, 주로 멍이나 타박상이라고 부른다.
- 열창: 피부와 피하조직에 둔체가 강하게 작용하여 짓이겨 찢어지거나 피부가 심하게 당겨져 찢어진 손상을 말한다.

② 예기 손상: 날이 있거나 끝이 뾰족한 물체에 의한 손상을 말한다(면도날, 과도, 식칼, 가위, 손도끼, 주사침, 송곳, 포크, 드라이버 등이 대표적인 예기이다).
- 절창: 예리한 날에 의해 베인 상처
- 자창: 날이 있는 물체나 끝이 뾰족한 물체가 체표면을 찔러 생긴 손상
- 할창: 도끼, 손도끼, 중국 음식용 식칼, 군용 대검, 삽, 낫 등 비교적 무거우면서 날이 있는 물체에 의해 체표면이 찍혀 생긴 손상

③ 총기 손상: 총기에서 발사된 발사체에 의한 손상을 총칭해서 총창이라고 한다.
- 발사된 탄두가 신체에 들어가서 몸 밖으로 빠져나오게 될 때를 관통총상
- 탄두가 신체 내에 남게 되는 경우를 맹관총창
- 사입구는 대개 원형 또는 난원형이고 탄두가 피부를 뚫으면서 피부가 말려 안쪽으로 함몰되고 마찰하면 표피박탈륜이 생긴다.
- 사출구는 몸속으로부터 피부를 뚫고 나온 것이기 때문에 표피박탈륜이 생기지 않으며, 피부는 밖으로 벌어지게 된다. 모양이 불규칙하고 아주 다양한 양상을 보인다.
- 사출구가 사입구보다 조금 더 큰 경향이 있으나 접사에서는 사입구가 찢어지면서 더 커 보이는 수도 있다.

40 끈을 목에 매어 자기 체중에 의해 사망하는 것을 무엇이라 하는가?

① 의사 ② 액사
③ 교사 ④ 성자기색정 질식사

▶ 질식사의 3대 징후
① 심장 안의 검붉은 유동혈
② 내부장기의 울혈
③ 결막 및 점막, 장막 밑의 점상 출혈
▶ 질식사의 종류
1. 목눌림: 목이 눌려 경부에 있는 혈관이 압박을 받아 뇌 저산소증으로 사망하는 경우
   ① 의사 – 끈을 목에 매어 자기 체중에 의해 사망하는 것
   ② 교사 – 체중 이외의 손이나 타인의 힘으로 끈으로 목이 졸려 사망하는 것
   ③ 액사 – 타인의 힘으로 주로 손으로 목이 졸려 사망하는 것
2. 질식: 외호흡의 장애로 인한 질식
   ① 흡입 공기의 산소 결핍: 공기 중의 산소 부족으로 인한 경우
   ② 코 입막음(비구폐색): 코와 입을 막아 질식하는 경우
   ③ 기도 막힘(기도폐색): 주로 이물질에 의해 기도가 막혀 질식하는 경우
   ④ 외상성 질식: 기도는 열려 있으나 호흡 운동의 장애로 발생하며 이상 자세에 의한 질식, 기계적 질식이라고도 한다.
3. 성자기색정 질식사: 저산소 혈증으로 인한 일시적인 황홀감을 즐기려다 사고로 사망한 것이며, 사망자는 거의 남성이다.

정답 40.①

41 다음은 개인정보보호법에 대한 설명이다. 옳지 않은 것은?
① 모든 개인정보처리자에 대해 원칙적으로 주민등록번호의 처리를 금지하였다.
② 개인정보 유출의 피해를 최소화하기 위해 주민등록번호를 보관하는 개인정보처리자가 주민등록번호를 암호화하도록 의무화하였다.
③ 법령에 근거가 없는 주민등록번호의 수집이 금지되었지만, 특정 업체가 정보제공 주체로부터 동의를 얻었다면 회원관리, 고객관리 용도 등으로 주민등록번호를 활용할 수 있다.
④ 보험회사는 보험업법에 근거하여 정보제공 주체의 동의를 얻어 주민등록번호를 수집, 이용할 수 있다.

① 2013년 8월 6일 개정안
  - 모든 개인정보처리자에 대해 원칙적으로 주민등록번호의 처리를 금지하였다.
② 2014년 3월 24일 개정안
  - 개인정보 유출의 피해를 최소화하기 위해 주민등록번호를 보관하는 개인정보처리자가 주민등록번호를 암호화하도록 의무화하였다.
③ 2014년 8월 7일부터 시행
  - 법령에 근거가 없는 주민등록번호의 수집이 금지되었으며, 특정 업체가 정보제공 주체로부터 동의를 얻었다 하더라도 업체의 회원관리, 고객관리 용도 등으로 주민등록번호를 활용할 수 없다.

42 개인정보보호법상 정보주체 권리에 대한 설명으로 옳지 않은 것은?
① 정보주체는 정보를 제공한 주체로서 개인정보의 수집, 이용, 제공 등의 처리목적과 범위에 관한 정보를 제공받을 권리가 있다.
② 정보주체는 개인정보 자기결정권을 인정받아 개인정보처리자의 개인정보처리에 대하여 실질적인 통제권을 갖고 개인정보처리 여부 및 동의 범위 등을 선택할 수 있다.
③ 정보주체는 자신의 정보가 처리되었는지와 어떻게 이용되고 있는지를 확인할 수 있고 자신의 개인정보에 접근할 수 있으며 개인정보에 대한 열람신청권을 갖는다.
④ 정보주체는 개인정보처리자의 잘못된 개인정보처리로 인한 피해를 방지하기 위하여 불완전하거나 부정확한 정보에 대한 정정, 삭제, 파기 등을 요구할 수도 있다.

정보주체는 자신의 정보가 처리되었는지와 어떻게 이용되고 있는지를 확인할 수 있고 자신의 개인정보에 접근할 수 있으며 개인정보에 대한 열람요구권을 갖는다.
• 개인정보처리로 인하여 발생한 피해를 신속하고 공정한 절차에 따라 구제받을 권리

43. 민감 정보 처리에 대한 설명 중 옳지 않은 것은?
   ① 민감 정보는 개인정보처리자에 의해 처리되어야 한다.
   ② 민감 정보 처리 규정을 위반한 경우 위반자는 5년 이하의 징역 또는 5천만원 이하의 벌금형에 처한다.
   ③ 정보주체로부터 개인정보처리에 대한 동의와는 별도로 동의를 구하거나 법령에서 처리를 요구하는 경우에는 처리할 수 있다.
   ④ 대통령령이 정한 민감 정보의 종류로는 유전자 검사 등으로 얻어진 유전정보가 포함된다.

 ▶ '민감정보'란 사상·신념, 노동조합이나 정당의 가입·탈퇴, 정치적 견해, 건강, 성생활 등에 관한 정보, 그밖에 정보주체의 사생활을 현저히 침해할 우려가 있는 개인정보로서 대통령령으로 정하는 정보를 말한다. 원칙적으로 개인정보처리자에 의한 처리가 제한된다. 예외적으로 정보주체로부터 개인정보의 처리에 대한 동의와는 별도로 동의를 구하거나 법령에서 처리를 요구하는 경우에는 처리가 가능하다.

44. 다음은 개인정보보호법 상 주민등록번호 처리 제한에 대한 설명이다. 옳지 않은 것은?
   ① 주민등록번호는 정보주체가 동의할 경우 개인정보처리자가 수집하거나 이용할 수 있다.
   ② 시행령에서 구체적으로 주민등록번호의 처리를 요구하거나 허용한 경우 처리할 수 있다.
   ③ 정보주체 또는 제3자의 급박한 생명, 신체, 재산의 이익을 위하여 명백히 필요하다고 인정되는 경우 처리할 수 있다.
   ④ 주민등록번호 처리가 불가피한 경우로서 보호위원회가 고시로 정하는 경우 처리할 수 있다.

 ▶ 주민등록번호 처리 제한
   ① 법령에서 구체적으로 주민등록번호의 처리를 요구하거나 허용한 경우
   ② 정보주체 또는 제3자의 급박한 생명, 신체, 재산의 이익을 위하여 명백히 필요하다고 인정되는 경우
   ③ 주민등록번호 처리가 불가피한 경우로서 안전행정부령으로 정하는 경우
     • 주민등록번호는 정보주체가 동의할 경우 개인정보처리자가 수집하거나 이용하는 것이 금지되며 주민등록번호의 수집, 이용 등은 법에 정한 경우에만 허용된다.

45. 상대방과 대화내용을 녹음한 후 증거로써 효력을 발휘하기 위한 요건이 아닌 것은?
   ① 녹음하는 상대방의 사전 동의를 얻어야 하고 상대방의 동의한다는 내용이 반드시 녹음되어야 한다.
   ② 녹음하는 날짜와 시간(시작과 종료), 장소, 대화 참여자의 이름, 연령 등이 녹음되어 있어야 한다.
   ③ 녹음하는 목적이나 이유를 명시해야 한다.
   ④ 녹음테이프는 증거로 사용될 필요한 부분만 보관해도 된다.

정답 43.① 44.① 45.④

- 녹음테이프의 원본을 반드시 보관해야 한다. 다만 녹음테이프나 디지털 녹음기는 녹음자의 의도나 특정 기술에 의하여 그 내용이 편집되거나 조작될 위험이 있으므로 원본만을 인정하고 있으며, 복사본은 복사과정에서 편집이나 인위적인 개작없이 원본의 내용 그대로 복사된 사본임을 입증하여야만 증거능력이 인정된다(대법원 2007.3.15. 석고 2006도8869 판결).
- '통신비밀 보호법'상 당사자가 아닌 타인의 대화 내용을 녹음하거나 청취할 수 없다. 그러나 타인 간의 대화라 하더라도 3인 간의 대화에서 그 중 한 사람이 대화를 녹음하는 경우에 다른 두 사람의 대화는 타인으로 볼 수 없으므로 이는 통신비밀보호법의 위반이 될 수 없다(대법원 2006.10.12. 선고 2006도4981 판결).
- 대화 내용의 녹취는 전화통화의 경우에도 그대로 적용된다. 제3자가 전화통화자 중 일방만의 동의를 얻어 통화내용을 녹음하는 행위는 당사자 중 한쪽은 전화통화가 녹음되고 있었다는 사실을 전혀 몰랐으므로 이는 감청에 해당하고 이는 불법감청으로서 증거능력이 없을 뿐만 아니라 통신비밀보호법을 위반한 것으로 보아야 한다(대법원 2009.12.24. 선고2009도11401 판결). 그러나 전화통화 당사자 일방이 상대방과의 통화내용을 녹음하는 것은 대화의 당사자 본인으로서 제3자가 당사자의 동의를 받지 않고 감청한 것으로 볼 수 없어 이는 '감청'에 해당하지 않는다. 따라서 보험회사 등에서 보험소비자 등과 통화하는 과정에서 상대방과의 대화 내용을 녹음하고 이를 증거자료로 제시하는 것은 불법행위로 볼 수 없다.

46 개인정보보호법에서 정한 영상정보처리기기에 대한 설명이다. 옳지 않은 것은?
① 일정한 공간에 지속해서 설치되어 있어야 하며 일정한 공간은 고정된 공간을 의미한다.
② 사람 또는 사물의 영상 등을 촬영할 것
③ 촬영된 정보를 유·무선망을 통하여 전송할 것
④ 영상정보처리기기의 종류를 폐쇄회로 텔레비전과 네트워크 카메라로 정의하고 있다.

일정한 공간에 지속해서 설치되어 있어야 하며 '일정한 공간'은 고정된 공간을 의미하는 것은 아니며 이동성이 있더라도 설치 위치와 촬영범위가 일정하게 한정되어 있다면 영상정보처리기기에 포함된다.

47 다음은 의료법과 개인정보에 대한 설명이다. 옳지 않은 것은?
① 의료법상 의료인은 보건복지부 장관의 면허를 받은 의사, 치과의사, 한의사, 조산사 및 간호사를 말하며 진료기록부 작성의무는 이들 의료인에게 있다.
② 간호조무사는 간호보조 업무에 종사할 수 있고 이 경우 간호사에 관한 규정을 준용하도록 하고 있으므로 간호사를 대신하여 간호업무를 수행하는 경우라고 하더라도 간호기록부 작성의무는 부담하지 않는다.
③ 환자명부, 검사소견서, 방사선사진 및 그 소견서, 간호기록부, 조산기록부의 보존 연한은 모두 5년이다.
④ 의료인이 진료기록부 등을 거짓으로 작성하거나 고의로 사실과 다르게 추가 기재 또는 수정해서는 안 되며 이를 위반한 경우 3년 이하의 징역이나 1천만원 이하의 벌금에 처해진다.

간호조무사는 간호보조 업무에 종사할 수 있고 이 경우 간호사에 관한 규정을 준용하도록 하고 있으므로 간호사를 대신하여 간호업무를 수행하는 경우에는 간호기록부 작성의무도 부담한다(서울지법 1997.9.9.. 선고 97노212 판결).

▶ **의료기록 보존 연한**
1. 처방전: 2년
2. 진단서 등의 부본(진단서·사망진단서 및 시체검안서 등을 따로 구분하여 보존): 3년
3. 환자명부: 5년
4. 검사소견기록: 5년
5. 방사선사진 및 그 소견서: 5년
6. 간호기록부: 5년
7. 조산기록부: 5년
8. 수술기록: 10년
9. 진료기록부: 10년

2과목 모의고사 2회

01 보험사기방지 특별법에 대한 설명으로 옳은 것은?
① 보험사기 행위의 조사 방지 및 보험사기 행위자의 처벌에 관하여는 다른 법률에 우선하여 이 법을 적용한다.
② 보험사기방지 특별법상 보험회사는 보험사기 행위로 의심할 만한 합당한 근거가 있는 경우 금융위원회에 보고하여야 한다.
③ 수사기관은 보험사기 행위 수사를 위하여 보험계약자 등의 입원이 적정한 것인지 아닌지에 대한 심사가 필요하다고 판단되는 경우 국민건강보험법 제62조에 따른 건강보험심사평가원에 그 심사를 의뢰하여야 한다.
④ 건강보험심사평가원은 입원 적정성 의뢰를 받으면 보험계약자 등의 입원 적정성을 심사하여 그 결과를 수사기관에 통보할 수 있다.

▶ 보험사기방지 특별법
- 제4조(보험사기 행위의 보고 등)
  보험회사는 보험계약의 보험계약자, 피보험자, 보험금을 취득할 자, 그 밖에 보험계약 또는 보험금 지급에 관하여 이해관계가 있는 자(이하 "보험계약자 등"이라 한다)의 행위가 보험사기 행위로 의심할 만한 합당한 근거가 있는 경우에는 금융위원회에 보고할 수 있다.
- 제6조(수사기관 등에 대한 통보)
  ① 금융위원회, 금융감독원, 보험회사는 보험계약자 등의 행위가 보험사기 행위로 의심할 만한 합당한 근거가 있는 경우에는 관할 수사기관에 고발 또는 수사 의뢰하거나 그 밖에 필요한 조치를 취하여야 한다.
  ② 제1항에 따라 관할 수사기관에 고발 또는 수사 의뢰를 한 경우에는 해당 보험사고와 관련된 자료를 수사기관에 송부하여야 한다.

02 다음은 보험사기방지 특별법의 내용이다. 옳은 것은?
① 보험사기 행위로 보험금을 취득하거나 제3자에게 보험금을 취득하게 한 자는 10년 이하의 징역 또는 2천만원 이하의 벌금에 처한다.
② 상습으로 보험 사기죄를 범한 자는 그 죄에 정한 형의 2배까지 가중한다.
③ 보험사기 미수는 처벌하지 않는다.
④ 보험사기 행위 조사업무에 종사하는 자 또는 해당 업무에 종사하였던 자는 직무수행 중 취득한 정보나 자료를 타인에게 제공 또는 누설하거나 직무상 목적 외의 용도로 사용하여서는 아니 된다.

▶ 보험사기방지 특별법 중요내용
① 이 법은 보험사기 행위의 조사·방지·처벌에 관한 사항을 정함으로써 보험계약자, 피보험자, 그 밖의 이해관계인의 권익을 보호하고 보험업의 건전한 육성과 국민의 복리 증진에 이바지함을 목적으로 한다.
② "보험사기 행위"란 보험사고의 발생, 원인 또는 내용에 관하여 보험자를 기망하여 보험금을 청구하는 행위를 말한다.
③ 보험사기 행위의 조사·방지 및 보험사기 행위자의 처벌에 관하여는 다른 법률에 우선하여 이 법을 적용한다.
④ 보험회사는 보험계약의 보험계약자, 피보험자, 보험금을 취득할 자, 그 밖에 보험계약 또는 보험금 지급에 관하여 이해관계가 있는 자의 행위가 보험사기 행위로 의심할 만한 근거가 있는 경우에는 금융위원회에 보고할 수 있다.
⑤ 보험회사는 보험사고 조사 과정에서 보험계약자 등의 개인정보를 침해하지 아니하도록 노력하여야 한다.
⑥ 보험회사는 대통령령으로 정하는 사유 없이 보험사고 조사를 이유로 보험금의 지급을 지체 또는 거절하거나 삭감하여 지급하여서는 아니 된다.
⑦ 금융위원회, 금융감독원, 보험회사는 보험계약자 등의 행위가 보험사기 행위로 의심할 만한 합당한 근거가 있는 경우에는 관할 수사기관에 고발 또는 수사 의뢰하거나 그 밖에 필요한 조치를 취하여야 한다.
⑧ 수사기관은 보험사기 행위 수사를 위하여 보험계약자 등의 입원이 적정한 것인지 아닌지에 대한 심사가 필요하다고 판단되는 경우 국민건강보험법 제62조에 따른 건강보험심사평가원에 그 심사를 의뢰할 수 있다.
⑨ 보험사기 행위로 보험금을 취득하거나 제3자에게 보험금을 취득하게 한 자는 10년 이하의 징역 또는 5천만원 이하의 벌금에 처한다.
⑩ 상습으로 보험 사기죄를 범한 자는 그 죄에 정한 형의 2분의 1까지 가중한다.
⑪ 보험 사기죄의 미수범은 처벌한다.
⑫ 보험사기 행위 조사업무에 종사하는 자 또는 해당 업무에 종사하였던 자는 직무수행 중 취득한 정보나 자료를 타인에게 제공 또는 누설하거나 직무상 목적 외의 용도로 사용하여서는 아니 된다.
⑬ 금융위원회는 필요한 경우에는 이 법에 다른 권한 일부를 대통령령으로 정하는 바에 따라 금융감독원의 원장에게 위탁할 수 있다.
⑭ 비밀유지의무를 위반하여 직무수행 중 취득한 정보나 자료를 타인에게 제공 또는 누설하거나 목적 외의 용도로 사용한 자는 3년 이하의 징역 또는 3천만원 이하의 벌금에 처한다.
⑮ 보험금의 지급을 지체 또는 거절하거나 삭감하여 지급한 보험회사는 1천만원 이하의 과태료를 부과한다.

03 보험사기 조사업무 모범규준의 내용이 아닌 것은?

① 보험사기방지체계
② 조사단계별 준수사항
③ 보험사기 예방 및 수사
④ 소비자보호

▶ 보험사기 방지업무 모범규준
　① 보험사기방지체계　　　　② 조사단계별 준수사항
　③ 소비자보호
▶ 보험사기 단계별 조사 내용
　① 보험사기 범죄 인지　　　② 기초사실 조회
　③ 자료취합　　　　　　　　④ 자료분석
　⑤ 범죄일람표 작성　　　　　⑥ 수사의뢰

정답 03.③

04 다음은 보험사기범죄의 조사일반에 대한 설명이다. 옳지 않은 것은?

① 오늘날 보험산업은 급속도로 성장하고 있어서 보험상품의 가입이 쉽고 다양하며, 낮은 보험료로도 고액의 보장보험 가입이 용이해짐으로써 역선택의 위험도 높아지고 있다.
② 보험사기범죄는 보험회사의 보험금 누수를 초래하고 이는 다시 보험료 인상으로 이어져 궁극적으로 선량한 모든 보험가입자의 보험료 인상으로 귀착된다.
③ 보험제도는 미래의 불확실성과 우연성, 사행성이라는 특성으로 인하여 범죄에 악용될 위험이 항상 내포되어 있다.
④ 보험사기범죄의 영역은 사회구성원 모두를 희생자로 삼는 심각한 범죄행위지만 민영보험에 한정된다.

 오늘날 보험사기범죄의 영역은 건강보험, 산재보험, 고용보험 등 공영보험까지 확산되고 있다.

05 다음은 허위장해 유형의 주요 확인사항에 대한 것이다. 해당하지 않는 것은?

① 보험가입 관련 주요 사항 및 가입 전 상황 관련 주요사항
② 사고경위 및 원인 과정, 치료내역, 치료과정 등 주요사항
③ 혐의자가 허위장해 또는 기왕장해를 부정할 수 없는 객관적인 증거 확보
④ 최초 내원한 병원을 상대로 부상부위에 대한 경과를 의사 또는 병원 사무장 등을 통해서 확인

 최초 내원한 병원을 상대로 부상부위에 대한 경과를 의사 또는 병원 사무장 등을 통해서 확인은 보험계약 전 사고 주요확인사항이다.

06 가족(친인척) 공모 보험사기 유형이 아닌 것은?

① 다수의 보험가입 및 입원 기간에 가족 다수의 동반입원
② 1개의 병원에 장기 입원함
③ 가벼운 상해 및 질병을 이유로 반복적이고 지속적인 입원
④ 상해의 발생 경위가 목격자가 없는 단독 상해사고로 인한 경우가 다수

▶ 가족(친인척) 공모 보험사기 유형
① 다수의 보험가입 및 입원 기간에 가족 다수의 동반입원
② 1개의 병원에 장기 입원하지 않음
③ 가벼운 상해 및 질병을 이유로 반복적이고 지속적인 입원
④ 상해의 발생 경위가 목격자가 없는 단독 상해사고로 인한 경우가 다수
⑤ 특정 병원을 번갈아 가며 입원

07 보험업 관련자 공모 보험사기의 특징이 아닌 것은?

① 보험계약 체결 경위가 대부분 자진 청약 및 다수 체결
② 일정 기간 계약 유지 후 실효 및 해지 처리
③ 보험사에 사고 접수 전 특약 사항을 문의한 사고
④ 보험금 청구 시 사고조사를 방해하거나 민원을 제기하는 등 보험금 지급 관련 과정에 개입

해설 보험사에 사고 접수 전 특약 사항을 문의하는 경우는 운전자 바꿔치기 관련 사고유형이다.

08 차량 바꿔치기 관련 사고유형이 아닌 것은?

① 공사현장 등 무보험 건설기계가 많은 곳에서의 사고
② 단독 사고임에도 동승자가 중상을 입은 사고
③ 고액사고 또는 피해자들이 다수임에도 사고 발생 시간과 경찰서 신고시간에 차이가 나는 경우(지연 접수)
④ 차량 보유 대수가 많은 영업용 차량 사고

해설 신고 시간이나 사고 접수 시간이 지연되는 경우는 운전자가 바뀌었을 가능성이 매우 크다고 볼 수 있다.

09 보험계약 전 사고 주요 확인사항이 아닌 것은?

① 실질적인 사고발생일보다 지연 접수되므로 사고 차량의 파손 부위는 확인할 필요가 없다.
② 사고현장 조사를 통한 사고현장의 잔존물 및 목격자 확보가 중요하다.
③ 최초 내원한 병원을 상대로 피해자의 부상 부위에 대한 경과를 의사 또는 병원 사무장 등을 통하여 확인한다.
④ 차량을 수리하는 공업사와 공모 가능성이 크므로 공업사 입고 즉시 차량을 확인한다.

해설 실질적인 사고발생일보다 지연 접수되므로 사고 차량의 파손 부위가 녹슨 것 등 증빙자료를 확보해야 한다.

10 음주운전 주요 확인사항이 아닌 것은?

① 견인기사, 신고자 등에 대한 주변 조사
② 정비업체 관계자를 통한 조사
③ 당일 행적 조사를 토대로 시간대별 행적지 탐문조사
④ 가해 차량 운전자로부터 사고 직후 상황에 대한 진술 확인

해설 가해 차량 운전자가 음주운전을 했는지 아닌지를 조사하는 이유는 음주운전 사고부담금과 자차에 대한 면책 때문이다.

정답 07.③ 08.③ 09.① 10.④

11 다음 중 자해공갈 사고의 주요 확인사항으로 옳지 않은 것은?

① 목격자 유·무 및 피해자 자해 여부 확인
② 피해자 기왕 병력 확인
③ 보상합의에 제3자가 개입하는 경우 피해자와의 관계확인
④ 반복, 상습성에 특성이 있으며, 손목치기의 경우 현장합의 요구를 하지 않는 경우가 많으므로 보험사의 보상내역만 확인

- 반복·상습성에 특성이 있으며, 손목치기의 경우 현장합의 요구가 다수이므로 손해보험사뿐만 아니라 유사사고에 대한 112신고 내역을 확인한다.
- 버스, 택시, 화물공제조합 등을 통해 전반적으로 사고 보상내역을 확인한다.

12 병·의원 치료비 조사에 대한 사항이다. 옳지 않은 것은?

① 진찰료와 입원료는 의학관리료 40%, 간호관리료 30%, 병원 관리료 30%로 구성되어 있다.
② 근육주사는 외래는 1일 1회, 입원은 1일 2회 이내로 산정한다.
③ 표층열, 경피적 신경 자극치료, 간섭파 전류치료는 1일 2회 이상 실시한 때도 외래는 1회, 입원은 1일 2회 산정한다.
④ 방사선료는 판독료 30%와 촬영료 70%로 구성되며 상근하는 진단방사선과 전문의 판독소견서 작성 시 10%를 가산한다.

진찰료와 입원료는 의학관리료 40%, 간호관리료 25%, 병원 관리료 35%로 구성되어 있다.

▶ 식대 가산 산정기준

구분	인력 기준	소속
영양사	의원: 1명, 병원: 2명	해당 병원
조리사	의원: 1명, 병원: 2명	해당 병원
직영 가산	해당 병원 영양사 1명 이상	상근 영양사 없이 산정 불가
선택 가산	해당 병원 영양사 1명 이상 매일 2식 이상 다른 메뉴 제공	상근 영양사 없이 산정 불가

▶ 허위청구 조사
① 진찰료: 의사 진료 없이 물치치료만 받으면 의원 3,270원, 병원 3,240원
② 입원료: 장기간 외출, 외박에 따른 입원료 허위청구 → 입원료의 35% 청구
　　허가 병상을 초과 운영: 의원은 입원환자 29인 이하 수용 가능, 위반하면 행정처분 대상
③ 투약료: 의사가 퇴근한 뒤 간호사가 의사의 지시에 따라 의약품을 조제한 경우 의사에 의한 "직접 조제"로 볼 수 없다. 의사의 직접 조제 행위로 판단하려면 의사의 구체적이고 즉각적인 지휘·감독 사실이 인정되어야 한다.
④ 방사선: CT 영상의학과 전문의 비전속(최소 주1일), 방사선사 전속 1인 이상
　　　　　MRI 영상의학과 전문의 및 방사선사 모두 전속 1인 이상

13 물리치료와 관련하여 상근하는 물리치료사가 월평균 1일 최대 인정 환자수는 몇 명인가?
① 10명　　　　　　　　　　　② 20명
③ 30명　　　　　　　　　　　④ 50명

 물리치료 장비를 보유한 의료기관의 경우 상근하는 물리치료사 1인당 물리치료 실시 인원은 월평균 1일 30명까지 인정된다.

14 다음 중 정비업체 범죄유형으로 옳지 <u>않은</u> 것은?
① 차량 고의 파손 후 청구　　　　　② 도장요금 허위청구
③ 견인 고리 체인을 사용하여 판금공인 청구　　④ 협력업체를 이용한 영업 활용

 협력업체나 동호회를 활용한 사고 공모가 범죄행위이지 이들을 이용한 영업 활동 자체는 문제가 없다.

15 도난차량의 국내유통 수법에 대한 설명이다. 옳지 <u>않은</u> 것은?
① 차량을 완전히 분해하여 부품 형태로 판매
② 차량 번호판을 위조하여 국내 실수요자에게 고가로 판매
③ 폐차장 등에서 대파된 차량 번호판을 확보하여 부착 판매
④ 차대번호를 위·변조하여 등록한 후 정식 차량 번호판을 부착 판매

 차량 번호판을 위조하여 국내 실수요자에게 저가로 판매
▶ 도난차량 조직
　• 총책, 사고 차량 매입책, 절도책, 차대번호 위조책, 판매책, 수출통관책, 해외 판매책 등으로 역할을 분담
▶ 불법 수출 유형
　• 차량을 절취하여 차대번호를 위·변조한 후 말소 사실 확인증명을 위조하여 수출
　• 절취 후 차대번호 등의 위·변조 없이 수출 면장에 허위번호를 기재하여 수출
　• 차량을 분해하여 부품 형태로 수출한 후 현지에서 재조립 판매
　• 정상 차량을 수출하는 것으로 위장, 수출 면장을 확인받은 후 컨테이너를 이용 도난차량으로 바꿔치기하여 수출
　• 전혀 다른 물품을 수출하는 것으로 위장하여 관계 서류 등을 제출한 후 실제로는 차량을 넣어 수출
　• 폐차를 헐값에 구입한 후 동종 차량을 절취하여 차대번호 각자를 변조하여 시중에 유통 또는 해외로 밀수출
▶ 도난차량 조사방법
　① 동일성 여부 확인
　　　• 등록번호판과 자동차 등록증상 자동차 등록번호 확인
　　　• 자동차 차대번호 및 원동기 형식의 표기가 등록증과 일치하는지 여부 확인
　　　• 자동차 차대번호 타각 위치 및 표기의 자형, 간격 등을 통해 위변조 타각 여부 확인
　　　• 차대번호 표기란에 수리 흔적이 있는 경우 관심을 갖고 유심히 관찰
　　　• 원동기에 과급기 또는 인터쿨러 등의 설치 여부와 차명과 동일 여부 확인

정답 13.③　14.④　15.②

- 원동기 형식과 차대번호 표기 중 8번째 자리 일치 여부 확인
② 전손 차량 추적
③ 폐차처리 대행업체 조사
④ 외국기관 등 협조요청
⑤ 컨테이너 차량 확인
⑥ 인터넷을 이용한 추적조사

16 BC 2100~BC 689 시기에 서남아시아 제국의 수도 바빌로니아에서 발견된 인간이 거짓말을 했을 때 나타나는 징후가 아닌 것은?

① 회피나 기피, 그 장소를 떠나고자 하는 태도
② 동공의 흔들림
③ 안색의 변화
④ 공포로 인한 불안한 태도

▶ 바빌로니아에서 발견된 점토판에 기재 내용
① 질문에 대한 답변의 거부나 기피
② 공포로 인한 불안한 태도
③ 안색의 변화
④ 회피나 기피, 그 장소를 떠나고자 하는 태도
⑤ 땅바닥에 엄지발가락을 문지르는 행위

17 다음은 충격에 의한 유리파손에 나타나는 현장에 대한 설명이다. 옳지 않은 것은?

① 유리는 압력에는 강하지만 장력에는 비교적 약하다.
② 유리는 충격 부위에서부터 주변으로 순차적인 동심원 모양으로 파단되며, 동심원 순서에 따라서 안팎으로 번갈아가며 장력을 받아 파손된다.
③ 유리판이 충격을 받으면 충격지점으로부터 거미줄과 같은 방사 형태 파손과 동심원 형태의 파손이 일어난다.
④ 파편은 충격지점에서 가까울수록 크고 멀수록 작다.

▶ 파편은 충격지점에서 가까울수록 작고 멀수록 크다.
- 보기에는 매우 딱딱한 물질처럼 보이지만 나름의 탄성이 있으며, 충격을 받았을 때 그대로 깨어지기보다는 휘어지기 시작하다가 한계에 도달하면 장력을 받는 부분(충격의 반대 방향)부터 먼저 파손된다.
- 동심원 파단면 및 방사형 파단면에는 물결 같은 일련의 곡선이 연속해서 만들어지는데 이를 리플마크 또는 패각상 파손흔이라고 한다.

18 열에 의한 유리의 파손 형태를 설명한 것 중 잘못된 것은?

① 열에 의한 파손의 경우 길고 구불구불 불규칙한 형태의 금이 발생한다.
② 열에 의해 깨진 유리의 단면에서는 리플마크가 식별된다.
③ 유리판이 열을 받으면 금이 가면서 깨지기도 하는데 이때의 파손 형태는 충격에 의한 파손 형태와 확연히 다르다.
④ 일부만 화염에 노출된 경우 해당 부분만 깨지기도 한다.

 열에 의해 깨진 유리의 단면에서는 충격 때문에 발생하는 리플마크가 식별되지 않는다.
• 동심원 파단면 및 방사형 파단면에서는 물결 같은 일련의 곡선이 연속해서 만들어지는데, 이를 리플마크(riffle mark) 또는 패각상 파손흔이라고 부른다.

19 폭발에 의한 유리의 파손에 대한 설명이다. 옳지 않은 것은?

① 파단 형태는 대부분 방사 형태보다는 평행선에 가까운 모습을 나타낸다.
② 충격에 의한 파단과 동일하게 동심원 형태의 파단이 일어난다.
③ 각 파편이 단독적으로 파단된다.
④ 폭발 이후 화재가 발생하였다면 폭발로 인해 비산된 파편에는 그을음이 부착될 수 없다.

 충격 때문에 파단 시 발생하는 비교적 균일한 동심원 형태의 파단은 일어나지 않으며, 각 파편이 단독적으로 파단 된다.
• 화재 이후 폭발이 발생했다면 멀리 비산된 파편에 그을음이 부착되어 있을 가능성이 크며, 폭발 이후 화재가 발생하였다면 폭발로 인해 비산된 파편에는 그을음이 부착될 수 없다.

20 파괴선에 대한 그림에 대한 설명으로 옳지 않는 것은?

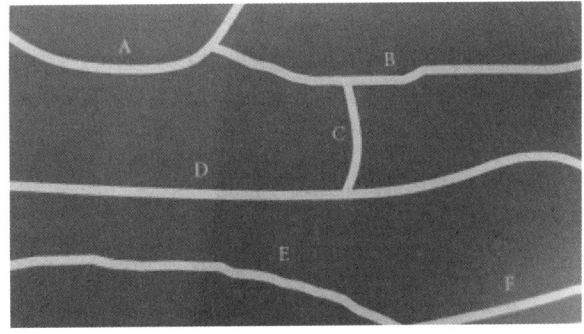

① 파괴선에 대한 발생 순서는 A-B-C 순서로 파괴되었다.
② B와 D는 C보다 먼저 파손된 것은 알 수 있으나 B와 D 중 무엇이 먼저 파손된 것인지 알 수 없다.
③ A와 D 중 A가 먼저 파손되었음을 알 수 있다.
④ D와 E는 먼저 파손된 것을 알 수 없다.

정답 18.② 19.② 20.③

A와 D는 파괴선이 직접 연결되지 않은 상태로 선, 후를 판단할 수 없다.

21 범죄 현장에 남겨진 지문이 아닌 것은?
① 압착지문
② 현출지문
③ 현재지문
④ 잠재지문

▶ 범죄 현장에 남겨진 지문은 압착지문, 현재지문, 잠재지문의 3종류로 구분된다.
① 압착지문: 반쯤 녹기 시작한 부드러운 초콜릿을 잡았을 때 초콜릿 표면에 남는 손자국과 같이 융선의 음양이 3차원적인 형태로 찍혀 나타난 지문
② 현재지문: 혈흔이나 검댕이 등 손에 묻었던 물질이 다른 물체에 부착되어 특별히 별도의 작업을 하지 않아도 눈으로 확인할 수 있는 지문
③ 잠재지문: 눈으로 확인하기 위해서 별도의 작업이 필요한 지문
  • 지문 현출기법: 물리적, 화학적, 광학적 방법 사용
  • 유류지문은 범죄 현장에 남겨진 지문을 말한다.

22 다음 중 지문 검색에 대한 설명으로 옳지 않은 것은?
① 국내의 경우에는 일치하는 특징점이 12개 이상 발견될 경우 동일인으로 감정한다.
② 미국 FBI는 우리나라보다 더 많은 특징점이 일치할 것을 요구하고 있으며 특징점이 일치할 수 있는 확률은 1억분의 1이다.
③ 지문을 통한 동일인 감정에 있어서 비교의 기준이 되는 것은 지문의 특징점이다.
④ 지문의 융선은 한 개의 선으로 연결되지 않고 다양한 선으로 구성되며 그 형태에 따라 종지융선, 분기융선, 도형융선, 단융선, 점, 돌출융선, 교차융선 등으로 분류된다.

 미국 FBI는 특징점 8개가 일치할 것을 요구하고 있는데 지문에서 8개의 특징점이 일치할 수 있는 확률은 1억분의 1이다. 우리나라는 일치하는 특징점이 12개 이상 발견될 경우 동일인으로 감정한다.

23 혈흔 형태에 대한 설명이다. 옳지 않은 것은?
① 혈흔 형태는 크게 수동혈흔, 전이혈흔, 분출 및 충격혈흔으로 나눌 수 있다.
② 운동 중이거나 갑자기 운동을 멈춘 물체로부터 혈액이 이탈됨으로써 생성되는 혈흔을 이탈혈흔이라 한다.
③ 입이나 코 또는 호흡기에서 압력으로 분출되어 생성되는 비산혈흔을 충격비산혈흔이라 한다.
④ 형태전이혈흔은 혈액 묻은 물체에 의해 생성된 혈흔으로 인식 가능한 특징이나 형태가 있다.

입이나 코 또는 호흡기에서 압력으로 분출되어 생성되는 비산혈흔을 호기혈흔이라 한다.

24 화재패턴의 생성 메커니즘에 대한 설명 중 옳지 않은 것은?
   ① 화재패턴이 만들어지는 원인으로는 열변형, 소실, 연소생성물의 퇴적 등이 있다.
   ② 열원으로부터 멀어질수록 복사열이 약해지는 원리
   ③ 열원으로부터 멀어질수록 고온가스 온도가 낮아지는 원리
   ④ 화염 및 고온가스의 하강원리

    ▶ 화재패턴의 생성 메커니즘
   ① 열원으로부터 멀어질수록 복사열이 약해지는 원리
   ② 열원으로부터 멀어질수록 고온가스 온도가 낮아지는 원리
   ③ 화염 및 고온가스의 상승원리

25 다음은 노출 온도 조건에 따른 목재의 균열흔에 대한 설명이다. 옳지 않은 것은?
   ① 완소흔 – 약 700~800℃ 정도에서 천천히 타고 난 후 표면에 남는 갈라진 흔적으로 부푼 삼각형 또는 사각형의 형태를 보인다.
   ② 강소흔 – 약 900℃ 수준으로 연소하였을 때 나타나는 현상으로 나무가 갈라져서 파인 골의 깊이가 깊은 편이며 골의 테두리 모양은 반원형에 가깝다.
   ③ 열소흔 – 약 1,500℃ 온도에서 탈 때 표면이 갈라진 흔적으로 나무의 패인 홈의 깊이가 가장 깊고 폭이 넓으며 구형에 가깝도록 부풀어 오른다.
   ④ 열소흔은 대형 화재와 같이 가연물이 많은 장소에서 볼 수 있고 목재의 균열 정도가 심할수록 연소가 맹렬하였음을 추정해 볼 수 있다.

   열소흔 – 약 1,100℃ 온도에서 탈 때 표면이 갈라진 흔적으로 나무의 패인 홈의 깊이가 가장 깊고 폭이 넓으며 구형에 가깝도록 부풀어 오른다.

26 다음은 물질의 용융흔에 대한 설명이다. 옳지 않은 것은?
   ① 물질의 용융은 외열에 의한 용융, 전기적 발열에 의한 금속의 용융, 저융점금속의 합금화에 의한 용융으로 구분할 수 있다.
   ② 저융점 금속의 합금화에 의한 용융은 중력 방향으로만 작용하기 때문에 볼록하게 올라오거나 망울진 형태를 가진다.
   ③ 전기적 발열은 대부분 국부적으로 발생하기 때문에 열을 발생하는 외열에 의한 용융 형태와는 명확히 다르다.
   ④ 전기적으로 용융된 도체가 다시 외열에 의해 용융된다면 전기적으로 용융되었던 흔적과 특징을 상실하게 되므로 외열에 의해 용융되었다고 하더라도 이전에 전기적 용융이 없었다고 단정하는 것은 바람직하지 않다.

정답 24.④ 25.③ 26.②

- 저융점 금속의 합금화에 의한 용융은 중력 방향으로만 작용하기 때문에 볼록하게 올라오거나 망울진 형태를 가지지 않는 특징이 있다.
- 전기적으로 용융된 각 용융 부위와 비용융 부위의 경계가 명확하지만, 외열에 의한 용융은 전체적으로 용융되거나 용융 전 단계까지의 경계가 명확하지 않은 상태를 보이기 때문에 이 둘의 구분은 어렵지 않다.

27 그림에서 나타난 금속의 부식 및 변색흔에 대한 설명으로 옳지 <u>않은</u> 것은?

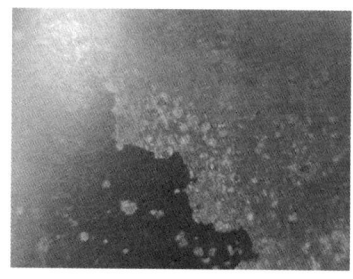

① 한 개의 철판에서도 화염의 진행 방향이나 노출 정도에 따라서 변색이나 부식 정도에 차이가 발생하며 경계가 나타나는데 이러한 차이 또는 경계를 분석하여 화염의 진행 방향을 알 수 있다.
② 위 사진의 경계 모양을 보면 화염이 우측에서 좌측으로 진행되었다는 것을 알 수 있는데, 중간 부위와 비교하면 오히려 열을 가장 많이 받은 우측 부분의 부식 정도가 약하게 관찰된다.
③ 철판의 경우 열을 받게 되면 부식이 진행되다가 더 높은 열에 노출되면 내부식성이 높아지는 것을 알 수 있다.
④ 화재현장에서는 부식 정도나 변색흔의 색상을 판단하여 화염의 진행 방향과 출입문의 개방 여부 등 다양한 현장 정보를 쉽게 얻을 수 있다.

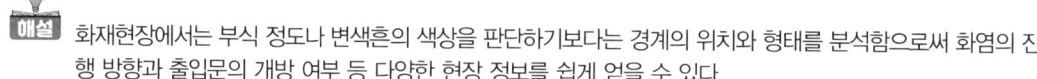
화재현장에서는 부식 정도나 변색흔의 색상을 판단하기보다는 경계의 위치와 형태를 분석함으로써 화염의 진행 방향과 출입문의 개방 여부 등 다양한 현장 정보를 쉽게 얻을 수 있다.

28 백화연소흔은 화재로 인해 방실 전체가 격렬하게 연소하였을 경우 방실 전체에 나타나는 현상이다. 다음 설명 중 옳지 <u>않은</u> 것은?
① 백화연소흔은 그을음이 부착된 부위에 비하여 상대적으로 더 오래, 더 강한 열기에 의해 연소하였는지를 구별할 수 있는 패턴이다.
② 백화연소흔은 발화부가 다른 곳에 비하여 더 오래, 더 강하게 연소하여 발화부에 나타나는 경우가 많다.
③ 환기나 가연물의 영향에 의해서 발화부가 아닌 다른 곳 또는 방실 전체적으로도 빈번하게 발생한다.
④ 백화 연소의 흔적은 반드시 발화부의 위치를 지목한다.

백화 연소의 흔적은 반드시 발화부의 위치를 지목하는 것은 아니라는 것을 명심하여야 한다.

29 액체 가연물의 연소에 의한 화재패턴에 대한 설명이다. 바르게 연결한 것은?
① 포어패턴 – 인화성 액체 가연물이 바닥에 쏟아졌을 때 액체가연물이 쏟아진 부분과 쏟아지지 않은 부분에 나타나는 탄화경계 흔적을 말한다.
② 스플래시 패턴 – 실내가 화염으로 가득하게 되면 액체가연물과 접착제의 화합물은 타일의 틈새에서 더욱 격렬하게 연소하고 결과적으로 타일 아래의 바닥은 타일 등 바닥재의 틈새 모양으로 변색하고 박리되는데 이때 바닥에 보이는 흔적을 스플래시 패턴이라고 한다.
③ 고스트 마크 – 액체가연물이 쏟아지면서 튀거나 연소하면서 발생하는 열에 의해 스스로 가열되어 액면에서 끓으며 주변으로 튄 액체가 포어패턴의 미연소 부분에서 국부적으로 점처럼 연소한 흔적을 말한다.
④ 도넛 패턴 – 주로 화재 초기에 나타나며 플래시오버와 같은 강한 화염 속에서는 쉽게 사라질 수 있다.

① 포어패턴 – 인화성 액체 가연물이 바닥에 쏟아졌을 때 액체가연물이 쏟아진 부분과 쏟아지지 않은 부분에 나타나는 탄화경계 흔적을 말한다.
② 스플래시 패턴 – 액체가연물이 쏟아지면서 튀거나 연소하면서 발생하는 열에 의해 스스로 가열되어 액면에서 끓으며 주변으로 튄 액체가 포어패턴의 미연소 부분에서 국부적으로 점처럼 연소한 흔적을 말한다.
③ 고스트 마크 – 실내가 화염으로 가득하게 되면 액체가연물과 접착제의 화합물은 타일의 틈새에서 더욱 격렬하게 연소하고 결과적으로 타일 아래의 바닥은 타일 등 바닥재의 틈새 모양으로 변색하고 박리되는데 이때 바닥에 보이는 흔적을 고스트 마크라고 한다.
④ 도넛 패턴 – 더 많이 연소한 부분이 덜 연소한 부분을 둘러싸고 있는 "도넛 모양" 형태는 가연성 액체가 웅덩이처럼 고여 있는 경우 발생한다.
⑤ 틈새 연소 패턴 – 목재 마루 및 타일 등의 틈새, 문지방 및 벽과 바닥의 틈새 및 모서리에 가연성액체가 흐르게 되면 액체가 틈새를 따라서 흘러가거나 고이게 되는데 이 액체가 연소하면서 타 부위보다 더 강하게, 더 오래 연소하므로 진화 후에는 탄화 정도에 따라서 패턴을 구별할 수 있고, 주로 화재 초기에 나타나며 플래시오버와 같은 강한 화염 속에서는 쉽게 사라질 수 있다.
⑥ 레인보우 이펙트 – 물 위에 떠 있는 기름띠의 모습이 광택을 내는 무지개처럼 보이기 때문에 붙여진 이름으로 화재현장에 촉진제 등이 사용되었다고 의심할 수 있는 근거이기도 하다.

정답 29.①

30 사고현장에서 나타나는 흔적 중 중앙선을 침범하였는지를 판단하는 근거가 되는 흔적은 무엇인가?

① 스키드마크 ② 패인 흔적
③ 문질러진 흔적 ④ 긁힌 흔적

흔적의 종류	확인사항	추정내용
미끄러진 흔적(skid marks)	긴 직선	자동차의 사고속도
문질러진 흔적(scrub marks)	일정하지 않은 선	충돌지점
미세한 흔적들	연결 여부	자동차의 이동 경로
산란물	종류	충돌지점
패인 흔적(gouges)	차체 또는 도로	충돌지점
긁힌 흔적(scraps)	차체 또는 도로	자동차의 이동 경로
가는 홈(grooves)	차체 또는 도로	자동차의 이동 경로
차량의 파편	흙, 유리, 페인트 등	일반적인 충돌지점

- **스키드마크**: 노면 위에 차량의 타이어가 미끄러진 흔적이므로 이를 이용하여 차량의 속도를 추정할 수 있다.
- **패인 흔적**: 두 차량이 충돌하는 순간 차체 하부 구조물이 노면과 충돌하면서 발생한다. 따라서 패인 흔적은 두 차량이 어느 지점에서 충돌하였는가를 나타내며 어느 차량이 중앙선을 침범하였는지를 판단하는 근거가 된다.
- **문질러진 흔적**: 패인 흔적과 유사하게 충돌지점을 나타낸다. 문질러진 흔적은 충돌 순간과 충돌 직후 차량이 비정상적인 거동을 하면서 타이어에 의해 발생하고 또한 두 차량이 충돌할 때 발생하는 차량 파편으로 충돌지점을 추적할 수도 있다.
- **가속스커프마크**: 정차상태에서 가속 페달을 급격하게 밟았을 때 바퀴가 헛돌면서 노면에 남긴 타이어 흔적
- **요마크**: 주행 중 핸들을 급히 꺾어 옆으로 미끄러지면서 발생한 타이어 흔적
- **플랫타이어마크**: 펑크 난 상태로 굴러갈 때 노면에 남긴 타이어 흔적
- **스키드마크**: 급제동하여 바퀴의 회전이 멈춘 채 미끄러진 타이어 흔적
- **스키드마크로 추정해 볼 수 있는 내용은?** ① 속도, ② 진행 방향, ③ 충돌지점

31 바퀴가 구르면서 발생하는 흔적이 <u>아닌</u> 것은?

① 스키드마크 ② 스커프마크
③ 요마크 ④ 가속스커프

바퀴가 잠겨 생기는 스키드마크와는 달리 바퀴가 구르면서 미끄러지면 스커프 마크, 요마크, 가속스커프, 플랫타이어마크가 발생한다.

30.② 31.①

32 다음은 운전자 식별 방법에 대한 설명이다. 옳지 <u>않은</u> 것은?

① 실내 충돌 시 혈흔은 섬유보다도 우수한 증거능력을 가진다.
② 핸들 아래쪽 플라스틱 커버와 조수석 앞쪽에 위치하는 글로브박스 근처에 압착되는 섬유의 증거능력이 높다.
③ 보행자나 탑승자의 얼굴이 유리와 충돌하게 되면 다발성 상처가 발생하는데 이를 주사위 손상이라고 한다.
④ 안전벨트는 정면충돌 시 운전자에게 상처를 주게 되는데 특히 가슴부를 압박하여 갈비뼈나 쇄골이 골절되는 경우가 많다.

 실내 충돌 시 섬유는 혈흔보다도 우수한 증거능력을 가진다. 왜냐하면 혈흔은 액체 상태에서 튀기 때문에 접촉 흔적이라고 할 수 없지만, 섬유는 직접 충격에 의해서만 압착되기 때문이다. 물론 차량이 전복되는 경우라면 이 또한 증거능력을 상실할 수밖에 없다.
  ① 면: 목화에서 나오는 천연섬유로 형태가 불규칙, 전체적으로 납작하고 가장자리가 말린 듯한 형상을 나타냄.
  ② 폴리에스테르: 단면이 원형이고 형상이 일정함. 제조과정에서 발생하는 기포로 인하여 표면에 무수한 반점이 관찰됨.
  ③ 모: 주로 양털 사용, 표면에 비늘 같은 돌기가 있다.
  • 주사위 손상이란? 보행자나 탑승자의 얼굴이 차량 창문과 충돌하게 되면 다발성 상처가 발생하는 것
  • 신전손상이란? 피부 할선을 따라 찢어짐(큰 외력이 작용할 때 발생한다).

33 사고 당시 자동차의 주행 정보와 운전자의 조작정보를 저장하는 장치가 <u>아닌</u> 것은?

① 엔진 회전 데이터 기록장치　　② 사고기록장치
③ 운행기록장치　　　　　　　　④ 영상기록장치

 ▶ 사고 당시 자동차의 주행 정보와 운전자의 조작정보를 저장하는 장치
  ① 사고기록장치, ② 운행기록장치, ③ 영상기록장치(블랙박스)
▶ 세 가지 장치의 공통점
  ① 자체적으로 내장된 가속도 센터로 충돌을 감지한다.
  ② 속도/가속도/RPM/구동 이력/제동 이력 테이블과 그래프 분석, 운동패턴 분석을 통해 급발진 또는 오조작에 대한 정보를 얻을 수 있다.
▶ 사고기록장치
  ① ACU(에어백 제어 컴퓨터)의 부가기능으로 장착된다.
  ② 내장된 가속도 센서로 충돌을 감지하며(ACU와 가속도 센서 공유), 충돌 전 5초 동안의 차량 속도, 엔진회전수(RPM), 제동 페달/가속 페달 조작 등이 0.5초 단위로 기록된다.
  관련 규정은 KSR5076(자동차용 사고기록장치)이다.
▶ 운행기록장치
  ① 사업용 차량에 의무적으로 장착하도록 규정되어 있다.
  ② '교통안전법 시행규칙'에서는 차량 속도, 엔진회전수, 브레이크 등의 정보를 1초 단위로 기록하도록 규정하고 있다.
▶ 영상기록장치
  ① 통상 1/8~1/30초(프레임 레이트: 8~30프레임/초) 단위로 영상 정보가 자정된다.
  ② KS R5076(자동차용 사고기록장치)에서는 전방 카메라 영상 정보를 선택 정보로 규정하고 있다.

정답 32.① 33.①

34 다음은 교통사고로 인한 상해 가능성에 대한 설명이다. 옳지 않은 것은?

① 소형 승용차의 경우 대체로 40Km/h 이상으로 보행자의 전방 또는 측면을 충격하면 다리에 골절이 발생한다. 그리고 후방에서 충격할 경우 무릎관절이 구부러지고 비교적 두꺼운 근육층에 의하여 충격이 흡수되기 때문에 골절이 발생하기 위해서는 70~80Km/h의 속도가 필요하다.

② 차량 속도가 70Km/h 이상 되면 보행자는 차체의 위쪽으로 뜨게 되며 차량의 지붕이나 트렁크 또는 차량 뒤쪽 노면에 떨어진다. 30Km/h 이하의 속도에서는 인체가 뜨지 않고 차량의 전면이나 측면으로 직접 전도되어 차량과 재차 충격받지 않는다.

③ 자동차에 충격받은 후 지상에 쓰러지거나 떨어지면서 지면이나 지상 구조물에 의하여 형성되는 손상으로 제2차 충격손상이라고 한다. 이러한 손상은 보행자가 생존한 경우나 사망한 경우 할 것 없이 거의 모든 보행자에게서 관찰할 수 있다.

④ 역과와 같은 거대한 외력이 작용하면 외력이 작용한 부위에서 떨어진 피부가 신전력에 의해 피부할선을 따라 찢어지는데 이를 신전손상이라고 한다.

- 범퍼에 부딪히는 동시에 라디에이터 그릴, 전조등, 엔진 후드 및 휀더에 의해서 1차 충격이 발생한다.
- 2차 충격손상은 보행자는 보닛 위로 올라가 상면이나 전면 유리창 또는 와이퍼, 후사경 등에 의해 팔꿈치, 어깨, 머리를 비롯하여 흉부 및 안면부에 충격손상이 발생한다.
- 자동차에 부딪힌 후 지상에 쓰러지거나 떨어지면서 지면이나 지상 구조물에 의하여 형성되는 손상으로 제3차 충격손상이라고 한다.
- 역과 손상에서 어린이의 경우 골격의 탄력성이 크기 때문에 골절이 일어나지 않을 수 있고 외견상 골절이 일어나지 않은 것처럼 보이는 때도 있다.

35 다음은 사망진단서 작성원칙에 대한 설명이다. 옳지 않은 것은?

① 사망진단서는 우리말과 영문으로 작성하여야 한다.
② 사망원인은 하나의 사인만 적어야 하며 두 개를 함께 나열하면 안 된다.
③ 성형수술, 무좀, 백내장 등 사망과 관계가 없는 것은 기재하지 않으며, 찰과상이 있더라도 손상의 정도가 사망에 영향을 줄 정도가 아니라면 적지 않는다.
④ 직접사인에는 심정지, 심폐정지, 심장마비와 같이 사망에 수반된 현상이나 노환이나 고령, 노쇠 등과 같이 포괄적인 상황은 적지 않아야 한다.

 ▶ 사망진단서 작성원칙
① 사망진단서는 우리말로 작성하여야 한다.
② 사망원인은 하나의 사인만 적어야 하며 두 개를 함께 나열하면 안 된다.
③ 성형수술, 무좀, 백내장 등 사망과 관계가 없는 것은 기재하지 않으며, 찰과상이 있더라도 손상의 정도가 사망에 영향을 줄 정도가 아니라면 적지 않는다.
④ 직접사인에는 심정지, 심폐 정지, 심장마비와 같이 사망에 수반된 현상이나 노환이나 고령, 노쇠 등과 같

이 포괄적인 상황은 적지 않아야 한다.
⑤ 심부전, 호흡부전, 간부전, 패혈증, 과다출혈, 쇼크와 같이 비특이적이고 사망의 기전을 의미하는 용어도 원칙적으로 기재하지 않는다.
- 정신질환은 원칙적으로 직접사인이나 원사인이 될 수 없다.
- 사망원인이 확실하지 않으면 진료기록이나 보호자의 설명을 참조하여 가능한 병명을 적고 뒤에 '추정'이라고 기입할 수 있다.
- 단순한 상상이나 통계적으로 가능성이 큰 병명을 적고 '추정'이라고 기입해서는 안된다.

36 죽음에 관한 판단 기준 중 중추신경계통의 기능 정지 시에 나타나는 현상은 무엇인가?

① 어느 동맥에서도 맥박을 감지할 수 없음
② 심장박동(또는 심장음)의 정지
③ 의식소실, 자극에 대한 반응의 상실
④ 자발적인 호흡 운동의 정지

 ▶ 죽음의 판정 기준
1. 호흡기 계통 기능의 정지: 자발적인 호흡 운동의 정지
2. 순환기계통 기능의 정지
   ① 어느 동맥에서도 맥박을 감지할 수 없음
   ② 심장박동(또는 심장음)의 정지
   ③ 혈압측정이 안 됨(인공적 유지가 불가능한 상태)
3. 중추신경계통 기능의 정지
   ① 의식소실, 자극에 대한 반응의 상실
   ② 동공 확대: 각막 및 동공 반사 소실
※ 위와 같은 증상이 15~30분 동안 지속되면 사망으로 진단할 수 있다.

37 후기 사후변화 현상이 아닌 것은?

① 백골화
② 시랍화
③ 미이라화
④ 시강

 ▶ 후기 사후변화
① 자가 융해: 조직과 세포가 생명력을 잃으면 효소가 세포 성분을 소화하여 분해
② 부패: 부패균이 인체의 복잡한 유기물을 분해하여 단순한 유기화합물로 바꾸는 것
③ 백골화: 부패로 시체의 연부 조직이 완전하게 분해되기까지의 기간은 지상에서 1년 이내, 건조한 흙에 매장할 경우 3~4년 이내
④ 시랍화: 시체가 부패하면서 지방조직이 비누화 반응을 일으키는 것을 말한다.
⑤ 미이라화: 온몸이 건조되는 현상

38 내인성 급사 가운데 법의 부검의 대상이 되는 경우가 <u>아닌</u> 것은?
① 증상이 나타나서 사망하기까지 매우 빠른 경과를 나타냈을 때
② 질병을 미리 예상하고 있었을 때
③ 질병을 알고 있으나 죽음을 설명하기 어려울 때
④ 질병을 알고 있으나 이상한 상황에서 사망했을 때

 ▶ 내인성 급사의 법의 부검의 대상
① 증상이 나타나서 사망하기까지 매우 빠른 경과를 나타냈을 때
② 질병을 미처 예상치 못했을 때
③ 질병을 알고 있으나 죽음을 설명하기 어려울 때
④ 질병을 알고 있으나 이상한 상황에서 사망했을 때
⑤ 특이체질 때문에 다른 사람한테는 이상 반응을 보이지 않는 약물이나 가벼운 외력이 사망의 원인이 되는 경우
• 내인성 급사는 질병에 의한 증상이 발생한 후 1시간 이내에 사망하는 경우를 말한다.
• 내인성 급사의 원인은 중 심혈관계 질환의 비율이 가장 높다.

39 코를 골고 자는 것처럼 보이기도 하고 CT나 MRI를 찍으면 초승달 모양으로 혈종이 발생해 있는 머리 손상은 어떤 것인가?
① 경막하 출혈   ② 경막상 출혈
③ 지주막하 출혈   ④ 뇌실질내 출혈

 ① 경막하 출혈: 뇌를 싸고 있는 뇌경막 아래쪽으로 혈종이 고인 것을 말한다.
• 뇌가 움직이는 상황이 발생하면 가벼운 외상에서도 발생할 수 있다.
• 사망률이 높고 사망하지 않더라도 중증의 후유장해를 남긴다.
• 코를 골고 자는 것처럼 보이다가 사망하기도 한다.
• CT나 MRI를 찍으면 초승달 모양으로 혈종이 생겨 있는 것을 볼 수 있다.
② 경막상 출혈: 경막하 출혈과 마찬가지로 외상성으로 발생한다.
• 대부분 두개골 골절을 동반하며, 중간 뇌막 동맥의 파열로 생긴다.
③ 지주막하 출혈 또는 거미막밑 출혈: 병적인 자발성 출혈과 외상성 출혈로 나눌 수 있다.
④ 뇌실질 내 출혈: 질병에 의한 출혈로 주로 고혈압에 의해 뇌실질 속에서 출혈이 발생하는 것을 말한다.

40 다음은 환경에 의한 사망 중 익사에 대한 설명이다. 옳지 <u>않은</u> 것은?
① 익사는 물과 접촉 때문에 사망하는 것을 말하며 물을 많이 흡입한 때도 있지만 흡입하지 않고도 익사할 수 있다.
② 익사를 증명할 만한 특별한 부검 소견은 없으며 익사를 진단할 만한 특별한 검사법도 없다.
③ 익사는 원칙적으로 다른 가능한 사망원인을 전부 배제한 후에 최종적으로 내릴 수 있는 배제적 진단이다.
④ 플랑크톤이 폐로 유입되어 세포벽을 뚫고 혈관 안으로 들어와 전신으로 퍼졌다면 익수 전 이미 사망했다고 볼 수 있다.

▶ 환경에 의한 사망
① 익사: 익사는 물속에서 물과의 접촉 때문에 사망하는 것을 말한다.
- 익사는 물과 접촉 때문에 사망하는 것을 말하며 물을 많이 흡입한 때도 있지만 흡입하지 않고도 익사할 수 있다.
- 익사를 증명할 만한 특별한 부검 소견은 없으며 익사를 진단할 만한 특별한 검사법도 없다.
- 익사는 원칙적으로 다른 가능한 사망원인을 전부 배제한 후에 최종적으로 내릴 수 있는 배제적 진단이다.
- 익사 시 관찰할 수 있는 부검 소견으로는 코와 입의 흰 거품을 들 수 있다.
- 플랑크톤이 폐로 유입되어 세포벽을 뚫고 혈관 안으로 들어와 전신으로 퍼졌다면 입수 전 심장박동이 있었음을 의미하는 근거가 된다.

② 화재사
- 1도 화상: 표피에 국한된 것을 말한다.
- 2도 화상: 표피와 함께 진피까지 침범되는 화상을 말한다.
- 3도 화상: 피하지방을 포함한 피부의 전층이 침범되는 화상을 말한다.
  조직이 괴사에 빠지고 감각이 소실되며 심각한 흉터를 남기게 된다.
- 4도 화상: 피부 및 그 이하의 조직이 탄화되는 것을 말한다.

③ 감전사
- 1mA: 찌릿찌릿한 감각을 느끼는 최소감지 전류량
- 5mA: 근육경련
- 40mA: 의식소실 가능
- 75~100mA: 심실세동 발생
- 2,000mA: 심정지를 일으킬 수 있는 수준
※ 전기 저항의 순서: 피부 → 뼈 → 지방조직 → 신경 → 근육
※ 전기 저항이 가장 낮은 조직은 혈액과 체액이므로 전류는 혈관을 타고 흐른다.

41 개인정보보호법에서의 '개인정보'에 대한 설명이다. 옳지 않은 것은?

① 개인정보보호법은 개인정보 보호와 관련된 일반법으로서 그 영역에 제한이 없이 일반적으로 적용되지만, 개인이 보유하는 개인정보를 모두 보호의 대상으로 하지는 않는다.
② 개인정보는 생존하고 있는 개인에 관한 정보로 제한되며 이미 사망한 자에 대한 정보는 보호하는 개인정보로 볼 수 없다.
③ 법인이나 단체의 사업자등록번호, 주소, 대표자의 성명, 자산 또는 자본의 규모도 개인정보보호법에 따라 보호된다.
④ 개인정보는 객관적 사실에 대한 정보뿐만 아니라 회사나 학교 등에서의 평가와 관련된 주관적 정보도 포함된다.

 개인정보보호법에서 말하는 '개인정보'란 살아있는 개인에 관한 정보로서 성명, 주민등록번호 및 영상 등을 통해 개인을 알아볼 수 있는 정보를 말한다.
① 살아있는 개인
- 사망한 자에 대한 정보는 개인정보로 볼 수 없지만, 유족과의 일정관계를 표현함으로써 유족 등의 사생활을 침범하는 등의 경우에는 살아있는 유족과의 관련성으로 인해 개인정보보호법의 보호 대상이 될 수 있다.

② 개인의 정보
- 개인정보의 주체는 '개인', 즉 자연인을 의미하기 때문에 일정 단체에 관한 정보나 법에 따라 인격이 부여되는 법인에 대한 것은 개인정보에 해당하지 않는다.

③ 개인과 관련된 정보일 것
- 특정 개인을 알아볼 수 없도록 처리된 통계자료 등은 특정 개인을 구별할 수 없으므로 개인정보에 해당하지 않는다.

④ 정보의 포괄성
- 개인정보는 객관적 사실에 대한 정보뿐만 아니라 회사나 학교 등에서의 평가와 관련된 주관적 정보도 포함된다.

⑤ 식별 가능성
- 개인정보는 개인을 '알아볼 수 있는' 정보를 말하는데, 특정 개인을 다른 사람과 구별할 수 있다는 것을 의미한다.
- '쉽게 결합하여'의 의미는 정보주체의 식별을 위한 합리적인 정도의 시간이나 노력 또는 비용만으로도 정보의 결합에 따라 구별할 수 있는 정도의 정보를 의미한다.

▶ 개인정보 파일이란
개인정보를 쉽게 검색할 수 있도록 일정한 규칙에 따라 체계적으로 배열하거나 구성한 개인정보의 집합물을 말한다(단순히 정보를 집합시켜 둔 자료로서 검색이나 배열 등이 어려운 경우에는 때에 따라 개인정보파일에 해당하지 않을 수 있다).

42 다음 중 개인정보보호법상 민감 정보에 해당하지 않는 것은?

① 사상 · 신념
② 주민등록번호
③ 노동조합이나 정당의 가입 · 탈퇴
④ 건강

▶ 민감 정보는 사상 · 신념, 노동조합이나 정당의 가입 · 탈퇴, 정치적 견해, 건강, 성생활 등에 관한 정보, 그 밖에 정보주체의 사생활을 현저히 침해할 우려가 있는 개인정보로서 대통령령으로 정하는 정보를 말한다.
- 대통령령이 정한 민감 정보의 종류는 유전자 검사 등으로 얻어진 유전정보와 형의 선고나 면제 및 선고유예, 보호감호, 치료감호, 보호관찰, 선고유예의 실효, 집행유예의 취소 등 범죄경력에 관한 정보가 해당한다.
- 민감 정보는 개인정보처리자에 의한 처리가 원칙적으로 제한된다.
- 위반시 5년 이하의 징역 또는 5천만원 이하의 벌금형

43 개인정보보호법 상 고유식별 정보에 해당하지 않는 것은?

① 주민등록번호
② 외국인등록번호
③ 면허번호
④ 신용카드번호

▶ 고유식별정보란?
주민등록번호, 여권번호, 면허번호, 외국인 등록번호 등과 같이 법령에 따라 개인을 고유하게 구별하기 위하여 사용되는 식별정보를 말한다.

44. 보험회사 등이 타인을 위한 보험계약 체결 등을 위하여 고유식별정보를 처리할 수 있다고 규정한 법률은 무언인가?
① 개인정보보호법
② 신용정보법
③ 보험업법 시행령
④ 형법

▶ 보험업법 시행령 제102조 제1항
  금융위원회 또는 금융감독원장은 다음 각호의 사무를 수행하기 위해 불가피한 경우 주민등록번호, 여권번호, 운전면허의 면허번호 또는 외국인등록번호가 포함된 자료를 처리할 수 있다.
▶ 보험금 청구와 지급단계에서 다루어지는 중요한 정보는?
  ① 개인의 건강정보
  ② 질병의 진단과 치료에 대한 정보
  ③ 각종 사고정보
  ④ 보험금 지급 계좌에 대한 정보

45. 후유장해 보험금 청구자의 보험금 지급 심사를 위해 증거 수집을 위한 몰래카메라 촬영에 대한 설명이다. 옳지 않는 것은?
① 미국에서는 이른바 Photo Detective를 고용하여 실제의 장해보다 높은 등급으로 과도한 보험금을 받았다고 의심되는 경우 이를 확인하도록 하고 이에 대한 합법성을 인정하고 있다.
② 우리나라에서도 보험회사 직원들의 사진 촬영 행위는 민사재판의 증거수집 및 제출을 위하여 필요하고도 부득이한 경우라고 하더라도 위법성이 없어지지 않는다고 하급심법원과 대법원에서 판시하고 있다.
③ 증거 확보를 위해 공공장소에서 상대방의 사진을 촬영하는 것은 초상권과 사생활의 비밀의 자유를 침해한 것이 되어 불법행위가 된다.
④ 공개된 장소에서 몰래 사진을 찍어 법원에 증거로 제출한 행위가 초상권이나 사생활의 비밀을 침해하는 행위로 보는 것은 실체적 진실의 발견이라는 소송법의 원리에도 어긋난다는 의견이 많다.

우리나라에서도 보험회사 직원들의 사진 촬영 행위는 민사재판의 증거수집 및 제출을 위하여 필요하고도 부득이한 것으로서 교통사고 피해자들의 초상권 및 사생활의 비밀이 침해되는 결과가 초래되었다고 하더라도 그 행위 목적의 정당성, 수단이나 방법의 보충성과 상당성을 참작할 때 공정한 민사재판권의 실현이라는 우월한 이익을 위해서라도 그 위법성이 조각된다고 판시(서울중앙지법 2004.2.6. 선고2003다13979 판결).
이후 이에 반발한 교통사고 피해자의 상고에 대하여 대법원에서는 초상권과 사생활의 비밀과 자유에 대한 침해가 공개된 장소에서 이루어졌다거나 민사소송의 증거자료를 수집할 목적으로 이루어졌다고 하여 정당화되지는 않는다고 판시하였다(대법원 2006.10.13. 선고 2004다16290 판결).
※ 민사소송법에서는 이해 당사자 본인이 상대방 몰래 상대방과의 대화 내용을 녹음한 것에 대해 증거능력을 인정하고 있다.

46 다음은 영상정보처리기기의 설치에 대한 설명이다. 옳은 것은?

① 법령에 따라 영상정보처리기기를 설치·운영하는 경우에는 안내판 설치를 하지 않아도 된다.
② 설치목적과 다른 목적으로 영상정보처리기기를 임의로 조작해서는 안 되지만 다른 곳을 비추거나 음성녹음 기능 사용은 가능하다.
③ 손해사정 과정에서 계약자, 피보험자 또는 보험수익자 등의 특정 개인을 영상정보처리기기가 아닌 다른 촬영기기를 이용하여 촬영하는 행위는 개인정보보호법 제25조의 규제대상이다.
④ 차량의 블랙박스와 같이 차량 내부에 설치되어 있으면서 차량 주행에 따라 차량 주변을 촬영하는 기기의 경우에는 촬영대상이나 촬영의 범위가 시시각각 변하기 때문에 개인정보보호법에 따른 영상정보처리기기에 해당하지 않는다.

▶ **영상정보처리기기의 설치·운영을 허용하는 경우**
① 법령에서 구체적으로 허용하고 있는 경우
② 범죄의 예방 및 수사를 위하여 필요한 경우
③ 시설의 안전 및 관리, 화재 예방을 위하여 정당한 권한을 가진 자가 설치 운영하는 경우
④ 교통단속을 위하여 정당한 권한을 가진 자가 설치 운영하는 경우
⑤ 교통정보의 수집, 분석 및 제공을 위하여 정당한 권한을 가진 자가 설치 운영 하는 경우
⑥ 촬영된 영상정보를 저장하지 아니하는 경우로서 대통령령으로 정하는 경우

- 법령에 따라 영상정보처리기기를 설치·운영하는 경우라 하더라도 정보주체가 쉽게 인식할 수 있도록 대통령령으로 정한 안내판 설치 등의 필요한 조치를 해야 한다.
- 설치목적과 다른 목적으로 영상정보처리기기를 임의로 조작하거나 다른 곳을 비춰서는 안되며 음성녹음 기능은 사용할 수 없다.
- 손해사정 과정에서 계약자, 피보험자 또는 보험수익자 등의 특정 개인을 영상정보처리기기가 아닌 다른 촬영기기를 이용하여 촬영하는 행위는 개인정보보호법 제25조의 규제대상으로 볼 수 없으나 '개인정보보호법'의 다른 조항이나 다른 법률에 따라 저촉될 수 있다.

47 의료법과 개인정보보호법에 대한 설명으로 옳지 않은 것은?
① 개인정보에 관한 사항에서 개인정보보호법과 의료법이 충돌할 경우 개인정보보호법이 먼저 적용된다.
② 경찰관서에서 환자의 진료기록에 대한 자료를 요구할 경우 의료법을 우선 적용하여 환자의 진료기록을 내어줄 수 있다.
③ 진료받은 환자의 진료내용에 대해 법원으로부터 민사소송법 제294조 및 가사소송법 제8조에 의거 사실조회 촉탁을 의뢰받아 의료기관이 임의로 환자의 진료기록을 제공하는 것은 의료법 위반이 될 수 있다.
④ 환자의 의식이 없거나 응급환자일 때 또는 환자의 보호자가 없어 동의를 받을 수 없는 경우에는 환자나 환자 보호자의 동의 없이 의료기록을 송부할 수 있도록 허용하고 있다.

- 개인정보에 관한 사항에서 개인정보보호법과 의료법이 충돌할 경우, 의료법상 개인정보 보호에 관한 내용이 있다면 의료법을 우선 적용하되, 의료법상 규정되지 않은 개인정보 보호에 관해서는 개인정보보호법을 적용한다. – 개인정보보호법 제6조
- 경찰관서에서 환자의 진료기록에 대한 자료를 요구할 경우 의료법을 우선 적용한다. 따라서 「의료법」 제21조 제2항 제6호에 따라 「형사소송법」 제106조, 제215조 또는 제218조에 따른 경우라면 환자의 진료기록을 내어줄 수 있다.
- 「민사소송법」 제294조 및 「가사소송법」 제8조에 의거 사실조회 촉탁을 의뢰받아 의료기관이 임의로 환자의 진료기록을 제공하는 것은 「의료법」 위반이 될 수 있다.

▶ 환자의 의료기록을 열람할 수 있는자?
환자, 환자의 배우자, 환자의 직계존비속, 배우자의 직계존속, 환자가 지정하는 대리인

▶ 환자의 대리인에 의한 진료기록 열람에 필요한 서류?
사본발급 요청자의 신분증 사본, 환자의 자필로 서명한 동의서, 환자의 신분증 사본

정답 47.①

참고문헌

- 보험조사분석사 제1권 「보험관계법령 및 약관」, 보험연수원, 2024.
- 보험조사분석사 제2권 「형사법 및 범죄학개론」, 보험연수원, 2024.
- 보험조사분석사 제3권 「보험조사론Ⅰ(이론)」, 보험연수원, 2024.
- 보험조사분석사 제4권 「보험조사론Ⅱ(실무)」, 보험연수원, 2024.

보험조사분석사 한권으로 끝내기

발 행 일	2025년 5월 10일
편 저 자	인스TV보험교육원
펴 낸 이	김영훈
펴 낸 곳	㈜고시아카데미(InsTV)
등 록	2003년 9월 17일 제2012-000101호
주 소	서울시 금천구 서부샛길 606, 215호
대표전화	02-363-0606
팩 스	0505-009-9507
홈페이지	www.instv.net
전자우편	help@instv.net
I S B N	978-89-6631-369-3

저자와의 협의 하에 인지 생략

정가 32,000원

ⓒ ㈜고시아카데미

이 책의 무단복제, 복사, 전재는 저작권법에 저촉됩니다.
잘못 만들어진 책은 바꾸어 드립니다.